華東政法大學

建校六十周年《法学》创刊五十六周年文丛

总主编／何勤华　杜志淳

法学的历史

第12卷

刑法·下卷

2003年-2011年

主　编／刘宪权

副主编／卢勤忠　吴允峰

法律出版社
LAW PRESS·CHINA

华东政法大学建校60周年
《法学》创刊56周年文丛
编委会

主编简介

刘宪权

荷兰艾柔默斯大学法学博士，华东政法大学刑法学教授、博士研究生导师。现任华东政法大学法律学院院长、刑法学研究中心主任、中国刑法学研究会副会长、上海市刑法学研究会会长、上海市重点学科刑法学科带头人，享受国务院政府特殊津贴。

在核心报刊发表学术论文数百篇，独著和参著学术著作共40余部。论文曾获中国法学会优秀论文奖、中国刑法学会优秀论文特等奖、上海市社联优秀论文奖、上海市哲学社会科学优秀成果一、二等奖等奖项多项；著作曾获上海市哲学社会科学优秀成果三等奖、上海市教育成果奖、全国法学科研成果奖二、三等奖；教材曾获上海市普通高校优秀教材一等奖等奖项多项。

曾获“全国先进工作者”、“国家高等学校教学名师”、“全国优秀教师”、“宝钢教育基金全国优秀教师”、“上海市劳动模范”、“上海市领军人才”、“中国杰出人文社会科学家”、“上海市高等学校教学名师”、“上海市教书育人楷模”、“全国百佳教授”、“全国最具魅力教授”、“上海市十佳教授”等荣誉称号多项，并连续14年被华东政法大学学生投票评为“我心目中的最佳教师”。

副主编简介

卢勤忠

1965年8月生。法学博士，华东政法大学教授、博士研究生导师，现为《华东政法大学学报》编辑部副主编。

在《法学》、《法律科学》、《法学评论》、《法商研究》等核心期刊发表论文数十篇。出版专著《中国金融刑法国际化研究》、《基金犯罪研究》、《商业贿赂犯罪研究》、《金融犯罪理论专题研究》4部，参与多部教材、著作的编写。

吴允锋

1976年11月生。法学博士，华东政法大学副教授、硕士研究生导师，法律学院刑法教研室主任。

在《法学》、《政治与法律》等核心期刊发表论文30余篇，合著、参著、参编《侵犯知识产权犯罪理论与实务》、《反贪侦查案件认定疑难问题研究》、《西方刑法史》、《不起诉实务》、《刑法学》、《刑法学专题理论研究》等著作10余部。

解放思想是法学进步的原动力
（代总序）

1981 年 11 月，由华东政法大学主办的《法学》复刊了。它的复刊，源自 1978 年年底的那场解放思想运动。

回顾新中国 60 多年的历史，我们可以清楚地看到，我们国家的发展，大体可以 30 年为时段分为前后两个阶段。前 30 年，我们党在治理国家的指导思想方面，出现了“左”的倾向。从“批武训传”、批俞平伯的红楼梦研究、批胡风“反革命集团”到 1957 年“反右”运动扩大化、1962 年提出“以阶级斗争为纲”，直至 1966 年爆发“文化大革命”，“左”的思想不断升级，最终导致国民经济濒于崩溃、各项建设事业停滞、学术（包括法学）陷入一片沙漠状态。

1978 年年底，中国共产党召开了十一届三中全会，实行改革开放之国策，社会各界解放思想，因而改变了整个中国的面貌，也迎来了法学研究的春天，导致了《法学》的复刊。自那时以来，我们也已经走过了整整 30 年。在这 30 年中，《法学》在上级部门的领导下，通过全体办刊人的持续努力，紧贴时代发展的脉搏，跟踪社会发展的前沿，及时回应法律界所遇到的热点和难点问题，发表了一大批高水平的作品，对我国的立法、执法和司法实践形成了重要的理论支持，在学术界乃至全社会产生了巨大影响力，推动了改革开放以后中国法律和法学的进步与繁荣。

在回顾总结《法学》30 年历程，探索法学理论与法律实践互动之规律时，我们感受最深的一点就是，解放思想是法学进步、繁荣的原动力，没有中国的改革开放和解放思想，就没有中国法律和法学的今天，更没有《法学》的今天。

一

关于解放思想，邓小平同志有一个定义，就是“解放思想是指在马克思主义指导下打破习惯势力和主观偏见的束缚，研究新情况，解决新问题”。[①] 这个定义，包含了三个要素：（1）马克思主义的指导，讲的是政治立场和认识论、方法

① 《邓小平文选》（第 2 卷），人民出版社 1994 年第 2 版，第 279 页。

论;(2)打破习惯势力和主观偏见的束缚,这既包括政治体制上的,也涉及其他各个领域里的;(3)研究新情况、解决新问题,就是要跟上社会发展的步伐,与时俱进。因此,在某种意义上可以说,解放思想的精神实质就在于:一是说真话;二是实事求是;三是不唯书、不唯上;四是打破不合理的偏见和传统;五是在理念、观点和制度上创新。

30年来,《法学》就是贯彻了这一精神,解放思想,不断进步。其中,冲破政治上习惯势力和主观偏见的束缚,提高法学研究在我国政治体制改革中的贡献度,是《法学》首先关注的重点。众所周知,法律与政治紧密相关,法学研究也与社会的政治决策息息相关。要使法学研究对同时代的乃至以后的政治决策有所贡献,必须解放思想。换言之,法学研究在推动社会政治体制改革、回应社会重大政治问题时,如能解放思想、提出有真知灼见的建言建策,就会大大彰显法学研究的贡献。1982年春天,当我国立法机关将宪法草案提交全国人民讨论时,《法学》月刊社就召集各方面专家,就其内容进行广泛讨论,参与者有徐盼秋、潘念之、肖蔚云、高恭佑、浦增元、孔令望、陈云生、胡土贵、周天平等众多法学界知名人士。各位专家学者解放思想,破除禁忌,充分讨论,各抒己见。《法学》在第6期、第7期连续刊登了他们的建言建策,对我国宪法内容的确定产生了很大的影响。

1982年9月1~11日,中国共产党第十二次全国代表大会召开,大会通过的新党章明确规定:"党必须在宪法和法律的范围内活动。"但是,如何理解和执行党章的这一规定,许多党员甚至党的领导干部对此还存在许多疑问。当时,许多领导都曾提出了"到底是法大,还是党委大"的疑问;也有领导认为,规定党必须在宪法和法律范围内活动,就会束缚自己的手脚,妨碍开创新局面。针对党的十二大召开后社会上和党内存在的这些想法,《法学》1982年第11期刊登了楚云飞的文章《在宪法和法律范围内活动是党的一项重要原则》,系统阐述了党章这一规定的法理基础,强调我们必须解放思想,充分认识这一规定对推进我们执政党的建设和推动我国社会主义法制发展,全面开创社会主义现代化建设新局面的极其重要意义。

随着1992年10月12~18日党的十四大提出建设社会主义市场经济的改革目标后,我国市场经济发展迅速,宪法的许多规定就显得落后于客观形势的发展了,但是,真的要提出修宪的主张,在当时还是存在一定风险的。《法学》就在这一点上,以极大的理论勇气,于1992年第12期,以纪念宪法诞生10周年为契机,发表了评论员文章《修宪:市场经济发展的必然要求》。该文指出,修宪问题,无论从宪法学抑或法理学角度来看,应属技术性问题。然而,由于特定的历史条件，重提修宪问题，就不能不在某种程度上引起人们的高度警觉和重视。但是，社会主义市场经济的发展，出现了众多宪法上没有规定的事项。例如，“随着改革开放的不断发展，出现了多种经济形式并存的局面，特别是许多合营、合资、私营企业的出现，能否对这些经济形式进行保护，关系到改革开放能否向纵深发展的问题，而宪法对此并未规定”。同时，改革开放需要合法地出租、转让土地，而这一点也是宪法禁止的。因此，在适应社会主义经济发展和改革开放的历史要求下，1988 年，我们就对宪法进行了修改，允许私营经济形态的存在，以及取消了对土地出租和转让的禁令。现在，改革开放的进程和社会的发展，又一次需要我们对宪法做更大范围的、更大规模的修改，我们应当与时俱进，完成这一历史使命。在发表评论员文章的同时，这一期还刊登了孙潮、戚渊的《论确立市场经济的宪法地位》、李伟的《宪法权威论》、李步云的《不断完善中国人权的保障体系》等文章，对修宪涉及的各个领域的一些重要问题作了阐述。《法学》的这些文章，虽然发表在邓小平同志 1992 年南方讲话之后，但此时在我国，修宪问题还是一个禁区，因此，发表上述言论还是冒了一定政治风险的。

在法理学领域，关于法的定义这一核心问题，在新中国成立的前 30 年，基本上是“阶级斗争论”、“阶级意志论”一统天下。要冲破这一禁区，必须鼓足勇气，在法学理论上来一个大胆的突破。而在这方面，《法学》也走在了全国研究的前列。1986 年，《法学》在第 1 期《新年寄语慰读者》中，率先提出：“科学是没有禁区的，有禁区就不会有发展和深入。法学研究也是如此。”“近年来，我国法制建设和法学研究的现状表明，法学理论的研究正面临着改革和挑战，无论在内容和方法上都亟须有新的突破。”“我们认为，无论是基础法学还是应用法学的研究，都应该把焦点对准现实中涌现出来的或者是历史上没有解决的问题，应该重视和倡导‘问题法学’的研究。”

同期刊登的《中国法制报》政治评论部主任张宗厚的《对法的三个基本概念的质疑》一文，对现行的法的定义中三个核心命题——“法律是阶级社会特有的现象”、“统治阶级意志论”和“阶级性是法的唯一属性”进行了质疑，提出了不同观点，并予以系统阐述。同期还刊登了陈浩然的《对“质疑”的质疑》一文，与张宗厚文中的观点进行了讨论和争辩。《法学》1986 年的《新年寄语慰读者》和张宗厚、陈浩然文章的发表，在我国法学界激起了巨大的冲击波，给我们的思想以极大的震撼。因为直到 20 世纪 80 年代中期，上述从苏联引进的关于法的定义的三个核心命题，是我们熟悉并认为是天经地义的，几乎从未有人提出质疑。而张宗厚的文章则颠覆了我们的传统法学观，其震动不能说不大。而陈浩然的文章，虽然是对张宗厚观点的反质疑，阐述的力度相对小一些，但陈文给学术界带来的推进学术研究"百花齐放、百家争鸣"的贡献,则有目共睹。

在法学研究发展中,一直让我们法律人纠结的就是政治与法律的关系问题。而在阐述法律与政治之关系时,思想最为解放的文章,就是陈鹏生在《法学》1987年第1期发表的《没有法律的政治是危险的政治——法学研究的反思》一文。文中指出:"本来,政治和法律都是上层建筑的组成部分,相互作用,共同为自己的基础服务,是马克思主义的常理。但是,由于高度集权思想的影响,政治被强调到可以冲击,甚至代替一切的荒谬地步。政治与法律相互作用的关系,变成政治决定法律的关系。而按照'左'的一套理论的逻辑推导,政治就是阶级斗争,阶级斗争就是敌我矛盾。于是服务于并决定于政治的法律,就只能是以阶级性作为自己的唯一的质的规定性,以'阶级斗争的工具'作为自己的唯一职能了。以法作为自己研究对象的法学,当然也只能是'阶级斗争'的[学问了]。"

作者认为,这种理论的后果,一方面,使法律失去了自己的独立性,唯政治需要决定自己的兴废存亡:政治安定时,法律成为民主的点缀;政治严峻时,一言可以废法,实际上是以"人治"代替了"法治"。另一方面,也把法律与阶级斗争捆在了一起,使法律与政治一起成为学术讨论和争鸣的禁区,"一旦涉及,就'以言治罪',出现'文笔贾祸',法学研究也就不复存在"。作者进一步指出:"我们的民主,首先是制度,然后才是干部的思想作风。否则民主就会随领导的喜怒哀乐而变样。因此,要政治民主化,就应该依靠法律制度,保障民主不会因领导人的改变而改变,也不能因领导注意力的转移而改变。我们的法学家,应该通过对法制建设深刻的历史反思,从理论上令人信服地告诉人们千万不要忘记一条历史教训:政治离不开法律,没有法律的政治,是危险的政治、灾难的政治。"因此,为了防止这一点,我们必须研究如何通过法律来保障公民权利义务一致性原则的确立和实施,以及这种意识的形成。

应该说,作者关于"没有法律的政治就是危险的政治、灾难的政治"的观点,不仅是对中国"重政治,轻法律",崇尚"人治",轻视"法治"之传统的深刻揭示和批判,而且也阐明了理顺法律与政治的关系,对防止历史悲剧的再次发生、建设社会主义法治的重要意义。应该说,在当时的环境下,没有思想的解放,是不可能有如此大的理论勇气提出这么尖锐和鲜明观点的。①

① 就在此文发表两年前,谢次昌在"论政治与法律的关系"一文中,还强调"政治与法律相比,政治总是处于主导地位,法律的制定和实施必须服从政治的需要",载《法学》1985年第5期。

二

解放思想也促进了法学研究在我国经济体制改革中推动作用的发挥。1982年中期，随着我国改革开放的深入，社会主义经济体制转型，经济领域犯罪日益增多且形态各异，尤其是许多正常的经济活动和犯罪行为容易混淆，这对我国的法学理论研究和定罪量刑等都提出了严峻挑战。《法学》解放思想，敢于打破常规，使法学研究及其对司法实践的指导走在了全国的研究前沿。《法学》1982 年第 7 期刊登的一组关于“职工受外单位聘用接受高额报酬是否构成犯罪”的讨论文章，就是突出的一例。

当时，随着打击经济领域犯罪的深入展开，不少单位和群众对一些在职的或退休的职工受外单位聘请、接受高额报酬的行为，向有关机关举发。当时政法机关内部对这类行为到底是否属于犯罪产生了很大分歧。而这种分歧，在 1982 年春上海某区人民法院受理检察机关诉上海某国营工厂的技术人员王某受贿①一案中获得了集中体现。从 1980 年起，王某私下接受外单位（自己的家乡奉贤县钱桥公社橡胶塑料厂）的委托，在业余时间，利用本单位的设备，从事产品试制并获成功。由此给钱桥公社橡胶塑料厂带来了巨大利润，王某也从该厂获取报酬 3800 余元。检察机关认为王某的行为已构成受贿罪，依照《刑法》第 185 条规定，予以公诉，要求惩处。在审判机关内部，有认为该定受贿罪的，有认为该定贪污罪的，有认为该定投机倒把罪的，有认为该定破坏经济秩序罪的，也有认为不该定罪的，等等，不一而足。《法学》抓住这一典型案例，组织专家进行深入讨论，最后一致认为，王某的行为虽有瑕疵，犯有错误，但还未构成犯罪，不该定刑。特别是，在改革开放的大背景下，为加快社会主义现代化建设事业，法律必须引导广大技术人员发挥自己的专长，多为国家做出贡献。而在此过程中，他们的劳动必须得到尊重，必须获得报酬，这不仅不是犯罪，而且是法律应该鼓励的行为。《法学》所发表的专家意见受到了司法机关的重视，不仅王某最终没有被定罪，而且对以后一些在职的或退休的职工受外单位聘请、接受高额报酬行为的评价也发生了良性变化。②

---

① 根据《法学》1983 年第 3 期发表的龚介民的“重视韩琨案件中的法律与政策问题”和张传桢、铁犁的“韩琨案功与罪之争”，载郭道晖、李步云、郝铁川主编：《中国当代法学争鸣实录》，湖南人民出版社 1998 年版，第 285 页。王某的真名是韩琨，上海橡胶制品研究所助理工程师。

② 之后，《法学》还接连讨论了刘亨年、戴振祥等有罪还是无罪的案件。参见《法学》1987 年第 7 ~ 11 期、1988 年第 10 ~ 12 期。

当然,《法学》在经济领域发表学术观点,并有力地冲击了传统法律观点、推动了我国社会主义市场经济体制确立的最有影响力的文章是曹建明、钱富兴、顾长浩、李朝兴所写的《外商租用土地与经营房产业的理论与实践》。① 该文指出:"土地是一种重要资源,也是利用外资、引进技术、进行生产和经营活动的基本条件。""因此,发挥土地经济杠杆在对外开放中的积极作用,实行出租土地给外商从事综合性经济活动,并允许外商在我国购买和经营房产的政策,将涉及我国对外开放中土地和房产两个方面的法律问题,而其中地产业的问题又是最为关键的。""外商租用土地和经营房产业,可在相当的程度上解决开放城市建设资金不足、外汇不平衡的困难。"

文章接着阐述:实行出租土地给外商以及允许外商在我国购买和经营房产的政策,在目前还是一个非常复杂和严重的问题,比如,允许外商租用开放城市的土地,"是否会重演帝国主义在半殖民地旧中国建立租界的悲剧"?作者认为,不会。因为"在对外开放中出租土地给外国投资者,与帝国主义在旧中国的租界是有本质区别的":不仅性质不同,前者是经济活动范围的概念,后者是政治主权的概念,而且产生的原因和条件也不同。作者接着进一步就外商租用我国土地问题的理论依据和法律依据进行分析。比如,出租土地的法律行为并不违背马克思主义的基本理论,也不违反我国的宪法和法律;各国关于外国人租用本国土地的法律制度及其在我国的实践;外商租用土地、经营房产与开放城市经济发展战略的协调;外商租用土地和经营房产业的法规及其协调;等等。

文章刊登后,在全国引起了很大反响。虽然也有一些不同的观点,认为文章提出的主张违反了我国1982年《宪法》第10条关于"任何组织或者个人不得侵占、买卖、出租或者以其他形式非法转让土地"的规定(因为此时宪法尚未修改),因而是违宪的。② 但大多数学者对文章的观点表示理解、支持和赞赏,认为文章回应了我国改革开放带来的引进外资、迅速发展我国市场经济的实践所提出的实际法律问题,具有重大理论指导意义。1988年宪法修改,吸收了文章提出的观点,取消了出租和转让土地的禁止条款。文章发表以来,我国经济发展的实践证明了该文的正确以及它的强大生命力,也证明了《法学》思想的解放以及非常的理论勇气和远见卓识。

---

① 参见《法学》1986年第7期。

② 实际上,文章本身已经回答了出租土地给外商是否违宪的问题,文章认为,《宪法》第10条并没有禁止"国家"出租土地的行为,只禁止了组织和个人;当时已颁布实施的《中外合资经营企业法》中已经规定了允许出租土地给外商。

三

解放思想也促进了法学学术的进步与繁荣。学术的进步与繁荣，最为重要的就是营造一个有利于学术讨论与学术争鸣的环境和氛围。而这种环境和氛围的形成，必须是在解放思想的前提下，能够说真话，实事求是，不唯书、不唯上，打破不合理的偏见和传统，在理念、观点和制度上创新。在这方面，复刊后的《法学》做得非常好。

比如，在1981年的复刊号上，就发表了华东政法学院院长徐盼秋的《关于社会主义法律与客观规律》一文。在文中，作者解放思想、实事求是，一层一层地分析批判了以往片面夸大意志的作用，要人治，不要法治，权大于法，以言代法等不顾社会发展客观规律的错误观点，明确指出，“利用客观规律来造福于国家和人民是社会主义法律的光荣任务”，但我们“要利用客观规律，必须首先掌握客观规律”。作者认为：“社会主义法律必须反映客观规律，但是它并不等于客观规律。”“客观世界是不可穷尽的，人们对于客观世界的认识也永远没有完结。所以，人们只能随着对客观规律认识的发展来不断完善社会主义法制。”作者最后指出，社会主义法律，作为社会主义社会上层建筑的一部分，它对客观规律的反映，与上层建筑的其他部分相比，具有自己的突出特点：社会主义法律对客观规律的反映不是以原理、定律等科学理论的形式，而是以法律条文的形式使其规范化；被社会主义法律所反映的客观规律，有国家强制力的保障，这使它本来就具有的客观必然性更加强化，能够加速这种客观必然性的实现；法律对客观规律的反映具有稳定性和严肃性，如果能够坚持以法治国，国家就会以更加符合客观规律的方式获得迅速发展。

与徐盼秋的文章相呼应，《法学》1982年第5期发表了余先予的《论法律自身发展的客观规律》一文，该文将社会主义法律与客观规律的学术探讨进一步引向深入。余文指出：“法律自身发展规律的问题，与法律表现客观规律的问题，是两个不同范畴的问题。前者是指法律这种客观的社会现象的自身发展受哪些客观规律的支配；后者是指法律这种客观事物与其他客观事物之间的关系。为了更好地完善我们的社会主义法制，我们不仅要研究法律与其表现的客观规律之间的关系，而且也要研究法律自身发展的客观规律，使我们的法律既符合客观形势所提出的要求，紧密地为解决党和国家所面临的各项任务服务，又符合法律自身发展的要求，建立完备的社会主义法律体系，真正担当起社会主义时代的历史所赋予法律的任务。”

那么，纵观数千年法律发展的历史，它有哪些规律呢？余先予教授认为，法律自身发展的规律，主要有五个方面：第一，法律制度本身是一种社会的客观存在，它源于物质生活关系，受社会经济条件制约，不是什么人想要就要、想不要就可以不要的东西，也不是可以随心所欲地"创造"的东西。第二，法律都具有鲜明的阶级性，它是取得胜利、掌握政权的阶级意志的体现，是建立和维护有利于统治阶级的社会制度和社会秩序强而有力的杠杆。第三，法律由国家机关制定或认可，以国家强制力为后盾，对全社会具有普遍约束力。第四，法律以肯定的明确的行为规范的形式，给予法律关系的当事人以权利和义务，规定他们可以做什么，不可以做什么。第五，法律制定出来就必须执行，在现实生活中兑现，务求做到有法必依，执法必严，违法必究。

又如，比较法研究，包括法系理论，在新中国成立的前30年，是一个遭受批判的领域，也几乎是一个被人们所遗忘的领域。直至改革开放之后的20世纪80年代初，比较法研究和法系理论依旧被认为是资产阶级的学术观点，是西方资本主义的研究领域。在此时，《法学》解放思想，冲破上述认识的樊笼，在全国率先提出比较法和法系的问题，在王召棠、陈鹏生的《社会主义中国法系初探》①和王召棠、张传桢、陈鹏生的《对中国式社会主义法律体系的探讨》②等文章中，作者旗帜鲜明地提出："法系不应是资产阶级法学的专用语，而应是整个法学领域中应该着重研究的一个课题。"建立中国社会主义法系，必须肃清重刑轻民的历史影响，必须正确地处理好政治与法律的关系，肃清以政治代替法律、冲击法律的思想影响。应该说，这些观点不仅在当时，即使在目前，也是一种解放思想的观点。

再如，虽然我国于1982年12月通过了新中国的第四部宪法，但宪法理论的研究并没有很好地展开，这当中，除了人们还没有从1966～1976年10年"文化大革命"的噩梦中清醒过来，我国在言论自由方面还没有确立很明确的法治原则（对此，骆伟雄的《言论自由的若干法律问题》一文③有很好的分析）之外，宪法学研究者不能解放思想、缺乏理论勇气也是一个重要原因。对此，我国著名的比较宪法学家龚祥瑞的《中国需要什么样的宪法理论》④一文，勇开先河。龚文认为，宪法意识是从"权力必须受到限制"这个思想出发的。各国宪法规定的限制权力的表现形式可能有所不同，但立宪政府的一个共同信念，就是政府权力不

① 载《法学》1982年第2期。
② 载《法学》1983年第5期。
③ 载《法学》1989年第2期。
④ 载《法学》1989年第4期。

能无限。而宪法就是授予和限制权力的根本法，它规定了立法、行政和司法机关的职责以及彼此的监督和制约，规定了对公民权利的保障，这就是现代宪法的由来。因此，“宪法是治国之法，治官之法，是从崇尚个性解放，保护私有财产，保护人身、言论出版等自由，遏制暴政、苛政，保障公民利益出发的”。“针对权力的先定性和腐化性、侵略性，人们就要用宪法与行政法来约束它、管制它，使之分别由不同主体行使，并置于人民监督之下，这才是我们重新开始要做的。”作者最后指出：“宪法是保护人民利益的根本大法。我们要研究人性中残酷的一面、人间的疾苦的一面，忠诚地以人类追求正义的精神而不懈地积累、更新如何预防权力被人类弱点所滥用的根源、技术和方法，重新开始宪法理论问题的研究。”

重读20多年前文章中这些即使在现在看来思想也是非常解放的观点，我们不得不佩服作者的理论勇气，也不得不佩服《法学》思想的解放。我们认为，龚文的上述观点，对新中国宪法学的研究一定具有长时间的理论指导力和学术影响力。

又如，就我国改革开放之后几次大的法学学术理论探讨，关于开展法学基本理论研究、关于开展社会主义法律体系的讨论、关于社会主义法的本质、法哲学的内涵和价值、①法的阶级性与社会性、宪法司法化、复员军人进法院、“坦白从宽，抗拒从严”的质疑、“婚内强奸”的讨论、法制建设协调发展、②罪刑法定与罪刑相适应的原则、③关于“廉政建设的法律思考”、法学的现状与发展、著名学者论依法治国、“克隆人”与法律、社会主义法的精神、④创新和繁荣法学理论笔谈、⑤《物权法》草案是否“违宪”、检察监督权之探讨、“双规”的合宪性等，《法学》的研讨也都是走在全国前列的。如关于中国社会主义法的体系的讨论，曾

① 如傅季重：“法律哲学研究的对象及其任务”，载《法学》1982年第3期；公丕祥：“也谈重视法哲学的研究”，载《法学》1983年第4期。

② 详细参见《法学》1984年第5～10期、第12期所发文章。

③ 罗平：“同名数罪，毋须并罚”，载《法学》1982年第10期；邹涛：“关于同种数罪及并罚问题”，载《法学》1983年第4期；魏皓奔：“也谈‘罪刑适应’”，载《法学》1983年第7期。

④ 郭道晖在《法学》1994年第10期发表了“社会主义自由——当代社会主义法的精神”，从孟德斯鸠的著作《论法的精神》一书中的思想，谈了“法的精神”的科学含义以及社会主义法的精神的问题。张光博在《法学》1995年第5期上发表了“法的精神与法律精神论略——与郭道晖同志商榷”。郭道晖在《法学》1995年第6期上再发“再论社会主义法的时代精神——答张光博教授”一文，展开了激烈的思想交锋，引起了法学界的关注。

⑤ 参见《法学》1987年第1期至1988年第8期。其中，有些文章探讨的问题在当时都是非常前沿和大胆的，如夏之的“对‘马克思主义法学’提法的商榷”，魏皓奔的“社会主义社会同样产生犯罪”（当时许多人都认为只有资本主义才是产生犯罪的“温床”），崔敏的“客观性也是法的本质属性”，周叶中的“宪法实施：宪法学研究的一个重要课题”，舒国滢的“对法概念之争的思考”，吴家如的“法学研究应从适应型向创造型转变”，杨海坤的“对建立我国行政诉讼制度的思考”，等等。

经是改革开放初期我国法学界热议的课题,《法学》于1983年4月21～29日联合中国社科院法学所,在上海率先举办了关于法律体系和法学体系的专题研讨会。当时的一些法理学大家,如吴大英、沈宗灵、刘瀚、齐乃宽、王传生、陈汉章、余先予积极参加,撰文发言,有力地推动了中国社会主义法律体系和法学体系的形成。

尤其是从1997年起,《法学》在当时的主编郝铁川教授的主持下,连续刊登了一组“建国以来法学界重大事件研究”的文章,其中有《对新中国摧毁旧法制的历史反思》、《“刀把子”风波记》、《无罪推定在新中国的命运》、《1957年错批杨兆龙的“法律继承论”纪实》、《关于80年代“法的社会性和阶级性问题”大论战》、《关于前苏联法对中国法制建设的影响》、《人权禁区是怎样突破的》、《人权研究中的一场风波》、《一场有缺陷的司法改革》、①《“再为司法独立鼓与呼”一文的风波》、《“法权”还是“权利”之争》、《从“法制”到“法治”二十年改一字》、《新中国第一次法理讨论会的回忆与思考》、《五十年代〈法学〉是为何被迫停刊的》、《1996年“晓南”风波纪实》、《1957年的王造时》、《关于更改反革命罪名的风波》、《死刑的限制与扩张之争》、《正当防卫立法的进展与缺憾》、《我们是怎样逐步实现“罪刑法定”的》等。这些文章,后来结集为《当代中国法学争鸣实录》一书,②在湖南人民出版社出版,在法学界引起了很大的反响。

最后,《法学》还非常重视对实务法律问题以及重大疑难案件展开学术研讨,直面社会现实对法学研究提出的要求,并给予法律实践以指导。这方面的例子非常多,如1997年对“碧纯”水侵权案件的研讨,1999年对“枫叶”诉“鳄鱼”不正当竞争案件的研讨,2000年对全国首例老虎袭人致死案件的研讨,对2001年綦江彩虹桥垮塌案件的讨论,2001年深圳中级法院审理之中国首例贞操损害赔偿案件的研讨,对2002年“陆来富案件”的研讨,2003年对“孙志刚案件”的研讨,对2005年“圆明园环评事件”的研讨,2008年年初关于“许霆案”、“孕妇死亡案”、“彭宇案”的讨论,2009年对“杨佳袭警案”、“齐玉苓案”的热议,等等。与此同时,《法学》也积极参与我国的立法活动,组织专家学者就各项法律草案进行学术研讨,对立法活动建言建策。其中最主要的有《立法法》、《行政处罚法》、

---

① 主要指1952年的司法改革运动。这场运动的结果:一是将6000多名旧法人员从我们的审判队伍中全部剔除了出去;二是将“法律面前人人平等”、“司法独立”、“法不溯及既往”、“尊重诉讼程序”等观点全部认定为“旧法观点”而予以彻底批判;三是用马克思主义和毛泽东思想的国家观和法学观武装我们的司法干部。详细参见何勤华:“论新中国法和法学的起步——以‘废除国民党六法全书’与‘司法改革运动’为线索”,载《中国法学》2009年第4期。

② 郭道晖、李步云、郝铁川主编:《当代中国法学争鸣实录》,湖南人民出版社1998年版。

《行政复议法》、《行政许可法》、《公务员法》、《公司法》、《物权法》、《劳动合同法》、《刑法(修正案)》、《刑事诉讼法》、《国家反腐败法》、《能源法》、《水污染防治法》、《反垄断法》、《政府采购法》、《监督法》、《罢工法》等。从而为我国新时期的立法、加快形成社会主义法律体系做出了贡献。

四

《法学》复刊30年的历史证明,一本杂志的进步需要解放思想,一门学术的进步也需要思想解放。这一点不仅仅是《法学》复刊30年的经验和教训,也是它之前的历史透视出来的经验和教训。

《法学》创刊于1956年6月15日。当时,正是中华人民共和国第一部宪法1954年宪法颁布实施、全国法制建设形势一片大好之时,《法学》(1956年创刊号及后面两期刊名为《华东政法学报》)应运而生。从其诞生的第一天开始,它就宣称要解放思想,鼓励学术创新,展开"百家争鸣"。其发刊词称:"'百家争鸣'是推进学术思想的重要精神。不奖励自由思想,不展开自由讨论,没有批评和自我批评,学术上就不会有进步,不会有新生力量。《华东政法学报》将充分体现'百家争鸣'的精神,重视有独立劳动和首创精神的作品,重视'问难析疑、求同存异'的学术争论。"①

正是在上述解放思想的指导方针下,《法学》在其创刊至1958年9月16日被迫停刊,这不到3年的时间内,发表了一批解放思想、极富学术创造力的好文章,如梅泽濬的《哲学上的因果关系及其在刑法中的运用》、②李良的《"百家争鸣"和法律科学》、③刘焕文的《在"百家争鸣"中谈旧法思想》、④杨兆龙的《法律的阶级性和继承性》、⑤孙晓楼的《关于中国法学遗产问题的看法》、⑥黄道的《略论刑事诉讼中的无罪推定原则》、⑦张光博的《关于"公民在法律上一律平等"的

---

① 载《华东政法学报》1956年第1期。
② 同上。
③ 载《华东政法学报》1956年第2期。
④ 同上。
⑤ 载《华东政法学报》1956年第3期。
⑥ 同上。
⑦ 载《法学》1957年第2期。

意义》、[1]李光灿的《论共犯》、[2]丘日庆的《现阶段国际法的体系》、[3]刘家骥的《谈谈双重国籍问题》、[4]叔思的《对建立我国刑法分则体系的一些意见》、[5]董敬之等的《谈重婚与通奸》[6]等。但到1957年夏天"反右"运动开始、法学界的思想受到禁锢以后,《法学》上也就再没有刊登什么好文章了,甚至登出了黄道被迫写的批判自己无罪推定观点的检讨文章,而中国此时的法制建设和法学研究也基本上处于停顿状态。

法学的历史是这样,其他学科的历史也一样,甚至世界上所有国家的情况都一样。在古代罗马,随着公元426年《学说引证法》(Lex Citationum)的出台,盖尤斯(Gaius,约130~180年)、乌尔比安(D. Ulpianus,约170~228年)、帕比尼安(A. Papinianus,约140~212年)等五大法学家被授予法律解答权(jus responddendi),他们五人的学说观点被认可具有法律效力,而其他法学家则不具有这种权力。百家争鸣的学术环境不再存在时,罗马法学也就失去了学术创造力,日益走向衰弱。中世纪意大利的注释法学派、法国的人文主义法学派、近代欧洲的私法注释学派、第二次世界大战之前的日本民主主义宪法学说等,其走向衰落的重要原因之一,也都是促成这些学派和学说兴盛的解放思想运动日渐衰微。

因此,解放思想是法学进步的原动力:解放思想营造了法学研究领域讲事实、摆道理、说真话这么一种"百花齐放"、"百家争鸣"的环境和氛围,激发了法学研究创造力的勃发,带动了法学方法论的创新,也改变了法学研究的整个面貌。更进一步说,解放思想是法学进步和繁荣的灵魂。应该认识到,在现代社会,包括法学研究在内的科学研究,与现代化生产劳动有着巨大的差异。

一方面,现代化生产劳动(不管是工业生产还是农业劳动)具有重复性,尤其是商业化生产、流水线作业,重复(复制)是其基本特征;而科学研究就不同,它不具有上述特性,它需要每一个项目、每一个专题、每一个观点的创新。如果科学研究不能摆脱重复性,那就是复制,就是模仿,甚至是抄袭,这样的科学研究就没有了原创价值。

---

① 载《法学》1957年第2期。

② 载《法学》1957年第2~3期。

③ 载《法学》1957年第3期。

④ 同上。

⑤ 同上。

⑥ 载《法学》1957年第4期。

另一方面，现代化生产劳动，一般具有集团性、流水作业的性质，这样，才能节约成本，最大限度地利用有限的资源，才具有商业竞争力；而科学研究（尤其是文科研究）不具有这一属性，每一个人大脑里的构思、想法，其他人是无法精确揣摩，也是无法取代的，它完全是个人思考的产物，具有个性化（包括由此带来的多元化）的特征。有没有个性化，是检验学术和科技有没有生命力的首要指标。

因此，科学研究需要解放思想（这么说，并不是否定生产劳动也需要解放思想，而是强调科学研究对解放思想更加具有依赖性，美国苹果公司创始人乔布斯是一个最好的例子），解放思想是科学研究的灵魂，科学研究与解放思想之间的紧密关联，是科学研究发展的规律之一。作为科学研究之重要组成部分的法学研究，当然也无法摆脱，而只能遵循这一规律，《法学》创刊55年、复刊30年的历程已清楚地表明了这一规律。其结论很清楚：遵守这一规律，法学就进步，就繁荣；违背这一规律，法学就退步，就衰微。

《法学》复刊的历史还证明，一个国家、一个民族的进步，也需要解放思想。改革开放30多年我国社会主义各项建设事业的艰难而辉煌的历程表明，什么时候我们的思想解放了，实事求是了，注重理念、观点和制度上的创新了，敢于打破不合理的偏见和传统了，我们的事业就进步；反之，我们的事业就受挫。《法学》复刊30年的历史，只是我们国家改革开放30多年历史发展的一个缩影而已。

本文刊登于2011年第11期《法学》，当时是为纪念《法学》复刊30周年而撰写。此次作为“法学的历史”丛书的代总序，除个别字词之外，没有做大的修改补充。编辑本丛书，基本目的在于纪念华东政法大学成立60周年，以及《法学》创刊56周年，希望通过本丛书，将《法学》（1956年出版的3期称《华东政法学报》）刊登的有影响的文章保存下来，以真实地记录《法学》，更广范围地说也包括了中国法学所走过的曲折道路，了解新中国50多年法学发展的真实面貌，以为中国法学今天的发展繁荣提供历史借鉴。正是基于这一目的，我们在编辑时，对1981年复刊以来的各期，主要是选出比较重要的文章，而对1956～1958年所出的18期（1956年《华东政法学报》共3期，1957年《法学》全年共6期，1958年《法学》1～9月共9期）文章，全文收入，未作删节和修改，以尊重历史真实。

本丛书的出版，得到了法律出版社社长黄闽、财税出版分社社长沈小英以及各位责任编辑的全力支持和帮助。在此，谨表示我们诚挚的谢意。本丛书规模宏大,参与编辑勘校人员众多,错误和疏漏在所难免,对此我们将承担全部责任,也希望广大读者能予以谅解。

何勤华*

于华东政法大学

2012年8月1日

---

* 华东政法大学校长,教授、博士生导师,法学博士。

目 录

2003 年

2004 年

2005 年

2006年

2007年

2008年

2009年

2010年

2011年

2003 年

【栏目】 死刑存废之议

【编者按】 死刑的存废是一个古老但历来颇受世人关注的话题。原因在于,死刑关系一个人的生死。死刑的威慑力究竟有多大?对杀人犯不处死刑能否得到普遍大众的认可?死刑是否真能阻止恶性暴力犯罪的日益增加?废除死刑是否会引发犯罪?这些问题都与死刑的存废密切相关。

本刊特约请我国刑法学界的几位著名中青年法学家谈谈各自对死刑问题的认识,欢迎读者参与讨论。

死刑存废之应然与实然

陈兴良*

死刑,是存置还是废止,这是一个问题。

从应然性上来说,我们应当提出死刑废止的问题,并大力加以弘扬。在进入21世纪的今天,作为一名刑法学者,我们应当进行死刑废止论的启蒙。也许有人会说,在犯罪形势严峻,死刑广泛适用的今日中国,宣扬死刑废止论是不合时宜的。对此,笔者大不以为然。难道我们今天比意大利刑法学家贝卡里亚第一次正式提出死刑废止论时更不具备条件吗?回答是否定的。1764年,贝卡里亚在《论犯罪与刑罚》一书中对欧洲中世纪封建专制社会的刑法进行了猛烈的抨击,并以过人的勇气提出了死刑废止论。贝卡里亚提出:“死刑并不是一种权利,笔者已经证明这是不可能的;而是一场国家同一个公民的战争,因为,它认为消灭这个公民是必要的和有益的。然而,如果笔者要证明死刑既不是必要的也不是有益的,笔者就首先要为人道打赢官司。”①贝卡里亚以人道的名义向死刑发出了死刑令。只要我们考察一下贝卡里亚提出死刑废止论所处的时代背景,就不能不对他的巨大勇气表示由衷地敬佩了。贝卡里亚生活的时代,欧洲刚从

---

* 作者单位:北京大学法学院。

① [意]贝卡里亚著:《论犯罪与刑罚》,黄风译,中国法制出版社2002年版,第52页。

中世纪的黑暗岁月中走出来，但严刑苛罚仍然是这个时期刑法的根本特征。在英国，根据著名法学家布莱克斯通在18世纪60年代保守的估计，当时英国仅规定死刑的成文法便达160多部，而每部成文法中又规定了数种乃至数十种死罪，更不用说普通法上的死罪数了。对于英国刑法的残酷性，恩格斯指出："谁都知道，英国的刑法典在欧洲是最森严的。就野蛮来说，早在1810年它就已经毫不亚于加洛林纳法典了：焚烧，轮辗，砍四块，从活人身上挖出内脏等曾是惯用的几种刑罚。不错，从那时起最令人愤慨的酷刑固然已经废止，但刑法中仍然原封不动地保留了大量野蛮的和卑劣的酷刑，处死刑的有7种罪（杀人、叛国、强奸、兽奸鸡奸、破门入盗、暴力行劫、纵火杀人）；而以前应用范围广泛得多的死刑，也只是到1837年才限制在这几个方面。"①在法国，就在贝卡里亚提出死刑废止论的前十年——1757年3月2日，达米安因谋刺国王被判处死刑并被残酷地执行。

这一死刑执行场景，正如同罗伯斯庇尔所说的那样，是一场整个民族进行的隆重的谋杀。法国著名思想家米歇尔·福柯引述了一位目击现场的官员布东留下的记载，详尽地描述了处死的过程。② 在贝卡里亚的祖国意大利也是如此，废除死刑的观点与18世纪意大利的刑罚残酷现状是格格不入的。1792年1月12日，意大利伦巴第刑事立法改革委员会开会讨论了死刑的存废问题，贝卡里亚处于少数派地位。直至1794年11月28日逝世，贝卡里亚也没有在自己的祖国实现废除死刑的梦想。1859年意大利托斯卡纳地区通过法令废除了死刑。1889年意大利统一后的第一部刑法典第一次废除死刑，但在1926年又恢复了死刑。第二次世界大战结束后，1947年意大利刑法典废除了普通刑事犯罪和平时的军事犯罪的死刑，一直到1994年才废止了战时军事犯罪的死刑，从而最终实现了死刑的废止。这时，距离1764年贝卡里亚提出死刑废止论，已经时隔200多年。可以想见，贝卡里亚提出死刑废止论的时间，他的心灵是何等的寂寞。正如贝卡里亚所言："同信守蒙昧习惯的众人发出的喧嚣相比，一个哲学家的呼声确实太微弱了。"③

死刑废止论，是从刑罚人道主义出发所得出的必然结论。如果仅仅从功利主义出发，死刑是具有其存在的合理性的。尽管死刑对于犯罪的威慑力，往往被死刑存置论所夸张，并且被大多数当政者所迷信。但相对于其他较轻的刑罚，作

---

① 《马克思恩格斯全集》（第1卷），第701页。

② ［法］福柯著：《规训与惩罚——监狱的诞生》，刘兆威、杨远婴译，台北桂冠图书股份有限公司1992年版，第1页。

③ ［意］贝卡里亚著：《论犯罪与刑罚》，黄风译，中国法制出版社2002年版，第59页。

为最重之刑的死刑,其威慑力是其他刑罚所难以企及的。问题在于:难道死刑具有其他刑罚所不具备的威慑力,它就一定是正当的吗?如果答案是肯定的,那么,任何一种残酷之刑,包括盗者截手,奸者去势以及历史上曾经广泛存在的肉刑,就具有正当性了。如果说,一种刑罚只要能够起到遏止犯罪的效果,就是一种正当的刑罚,这仅仅是一种刑罚的功利主义。这种刑罚功利主义往往导致重刑主义,陷入只要目的是正当的,就可以不择手段的非道德主义的思想误区。中国春秋时期当政者所宣扬的"以杀去杀,虽杀可也;以刑去刑,虽重刑可也"的思想,就是其极端之例。确实,从古至今,对于刑罚威慑效果的追求始终如一没有任何变化。但是实现这一威慑效果的手段随着社会文明程度的发展和人道思想的弘扬而发生了巨大的变化。如果说,在野蛮落后的古代社会,通过严刑苛罚获得刑罚的威慑效果被认为是理所当然而视为正当,那么,社会文明发展到今天,人道主义已经不允许通过残酷的刑罚去追求刑罚的威慑效果,否则就是不正当的。正是在这样一个社会历史背景下,死刑从过去的天然正当演变为如今因其野蛮残酷而即将退出历史舞台。因此,人道是超越功利的,人道是人类的必然选择。在死刑问题上也是如此,它在人道的法庭上,面临着被审判的命运。为死刑辩解的另一种逻辑是杀人者死。这是一种报应的刑罚理念,它曾经是死刑存置论的理论基础。在历史上,那些著名的报应论者,如康德、黑格尔,大多是坚定的死刑存置论者。刑罚报应主义主张以恶制恶从而实现刑罚之善,以刑罚之不人道应对犯罪之不人道从而实现刑罚之人道。其实,报应主义的这些观点是似是而非的。报应本身起源于原始社会的同态复仇、追求犯罪与刑罚之间的对等性,从而在一定程度上体现了刑罚的公正性。但报应观念当中仍然保留着一种情绪化的、非理性的残余。在一个理性主导的社会里,报应观念逐渐消退,并且受到限制。刑罚人道主义必然要求超越功利与报应,从而为死刑废止论提供理论支持。

从实然性上来说,死刑废止是一个漫长而曲折的过程,不可能一蹴而就。因此,死刑存废也不应囿于抽象地讨论,而必须结合一个国家的实际状况。正如日本学者正田荡三郎指出的:"死刑作为理念是应当废除的。然而抽象地论述死刑是保留还是废除,没有多大意义。关键在于重视历史的社会的现实,根据该社会的现状、文化水平的高下等决定之。"①那么,从现实上来说,目前中国是否具备废除死刑的社会条件呢?笔者的回答是否定的。因为死刑废止,需要具备物

① 转引自马克昌著:《比较刑法原理——外国刑法总论》,武汉大学出版社2002年版,第844页。

质文明程度与精神文明程度这两个方面的条件,目前中国都还是不具备的。从物质文明程度上来说,中国尚是一个发展中国家,虽然我国正在建设全面小康社会,但距离这个目标尚有相当长的一段距离。在这种物质条件落后的情况下,生命价值同样保持在一个与物质条件相对应的较低水平上。犯罪对社会造成的危害就显得比较大。可以设想,同样是盗窃 1000 元财物,在经济发达地区与在经济落后地区,其危害性程度是有所不同的。在经济发达地区,月收入如果 5000 元,这 1000 元是不到一周的收入。而在经济落后地区,月收入如果 1000 元,这 1000 元就是 1 个月的收入。因此,同样是盗窃 1000 元,在经济落后地区造成的危害是经济发达地区的 5 倍。由此可见,犯罪对社会的危害在一定程度上是与经济发达程度成反比例关系的。进一步引申,经济发达的社会对于犯罪越具有容忍性。而且,物质文明程度提高以后,抗制犯罪的物质条件也大为改善,社会可以采用刑罚以外的条件措施有效地防范犯罪。实际上,防范犯罪要优于惩罚犯罪,这个道理是容易懂的。但惩罚犯罪远比防范犯罪省力省钱,因此,在物质文明程度较低的社会,人们往往将惩罚犯罪放在第一位,而死刑则被视为一种最为节省成本的刑罚支出,因而屡屡遭到滥用。当一个社会的物质文明程度没有发展到一定程度,当权者是不可舍弃死刑这一刑罚方法的。除物质文明程度以外,对于死刑废止来说,精神文明程度也是十分重要的。事实证明,在一个精神文明程度较低的社会,报应观念越是强烈,对于死刑的认同感也就越强。而只有当精神文明程度发展到一定水平,超越报应的刑罚人道主义思想才具有存在的社会土壤。我国目前精神文明程度也还处在一个较低的水平上,废止死刑还缺乏广泛的社会认同。尤其是在中国传统法律文化中,杀人者死之类的报应观念源远流长,成为中华民族社会心理的重要组成部分,它对死刑的废止起着强烈的阻却作用。因此,从物质文明与精神文明两个方面来说,我国目前尚不具备死刑废止的条件。

我国死刑目前不宜废止,但却应当加以严格限制。因此,限制死刑是我国的当务之急。死刑的废止是以刑罚轻缓化为前提的,只有经过刑法改革,逐渐实现了刑罚轻缓化,死刑的废除才有可能真正提上议事日程。在欧洲各国,到 19 世纪中叶已经基本上实现了刑罚轻缓化,从而为进一步废除死刑创造了条件。例如,英国 19 世纪司法改革的重要内容之一就是改革严酷的刑法。早在 1826 年,罗伯特·皮尔就呼吁对残酷而混乱的刑法进行修改、整理、汇编,使之明确化、法典化,可惜这一要求未被政府采纳。不过,在以后的几十年内,刑事罪特别是死刑罪有所减少。1837 年,议会通过了几个法案,进一步限制了死刑罪的数量,取消了违背人道主义的颈手枷等酷刑,因债务而被监禁的历史也宣告结束。1861

年，议会又连续通过6个法案，对刑法进行了较大修改，它们构成了现代英国刑法的核心。这些法案规定，只有叛国、谋杀、武装海盗、纵火烧毁皇家造船厂、军械库或船只才可判死刑，不得在公共场所处决死刑犯人。上述改革大大缓和了刑法的严酷性。① 在法国和德国，也大体上在这个时期完成了刑法改革，其标志分别是1810年的《法国刑法典》和1871年的《德国刑法典》。这两部刑法典虽然都还保留死刑，但死刑的罪名已经大量减少，并且死刑执行的残酷方法也已被废除。而在这个时期，我国正处于清朝末期，延续了数千年的严刑苛罚还是我国当时刑罚的主要内容。正如沈家本所言：顺治时，律例内真正死罪，凡二百三十九条，又杂犯斩绞三十六条。而至清末时，死罪凡八百四十余条，较之顺治年间，增十之七八，不惟外人所骇闻，即中国数千年来亦未有若斯之繁且重地。② 此时，中西在刑罚的残酷性程度上形成鲜明的对比与反差，从而也为列强在中国实行治外法权提供了借口。在清末刑法改革中，沈家本主持修订《大清律例》，减八百余项死罪为二十余种。经过清末刑法改革，中国逐步实现了刑法的近代化，在死刑问题上也缩短了与西方国家的距离。清末至今，又一个多世纪过去了。在这一期间，经历了两次世界性的废除死刑高潮。尤其是1989年12月15日，第44届联合国大会通过了废止死刑的国际公约，进一步推动了废除死刑运动的发展。到目前为止，已有将近一半的国家在法律上废除了死刑或者在事实上不执行死刑。即使是在保留死刑的国家，死刑的适用也受到严格限制。与此同时，我国的死刑未减反增。1979年《刑法》中有28个死罪，至1997年已经增至68个，几乎占整个罪名的七分之一，可以说，我国目前刑罚严厉性程度与西方的对比度几乎等同于清末。在这种情况下，死刑限制是十分迫切的。笔者认为，应当在较短的时间内，将死刑罪名减少到20个左右，尤其是经济犯罪与财产犯罪应当废止死刑，那些备而不用的死刑罪名也应予以废止。再经过一个时期的努力，将死刑限于故意杀人等个别特别需要保留死刑的罪名，逐步地减少社会对死刑的依赖程度。在社会条件具备的情况下，最终废止死刑。

综上所述，笔者对死刑是存置还是废止这个问题的回答是：从应然性上来说，我是一个死刑废止论者；从实然性上来说，我是一个死刑存置论者，确切地说，是一个死刑限制论者。

（2003年第4期）

---

① 程汉大主编：《英国法制史》，齐鲁书社2001年版，第406页。

② 李贵连著：《沈家本与中国法律现代化》，光明日报出版社1989年版，第95页。

推动废除死刑:刑法学者的责任

曲新久*

死刑必须废除,这是毫无疑问的。现在,唯一的问题是,今天还是明天废除死刑。我个人认为,推动废除死刑是刑法学者的责任。刑法学者承担这一责任包含如下3项主要工作。

一、引导民意

200多年前,贝卡里亚提出废除死刑时充分意识到:"同信守愚昧习惯的众人发出的喧嚣相比,一个哲学家的呼声确实太微弱了。"废除死刑的障碍之一是所谓的民意。普通人中的大多数不同意废除死刑,中外皆如此。学者是民众中的一分子,所以我说废除死刑,需要学者对民意的引导。

2003年1月,新浪网评论死刑存废问题的帖子条数连续一周占据"热点评论"榜首,帖子总数超过4600条。据不完全统计,其中约有75.8%主张坚决保留死刑,约有13.6%支持废除死刑,约有10.6%为中间派别,认为须视中国发展情况而定死刑存废。反对废除死刑的不少帖子说,如果废除死刑,就去杀人,有的还确切地报出杀人数目,更有帖子充满着网络上所特有的疯言疯语:"应该恢复凌迟和腰斩","应该实行五马分尸,这样才能对犯罪分子有威慑力","只要犯罪就杀!""他NND,废了死刑,中国岂不内乱了","废除死刑,国将不国"……这里有我们不能批评的虚拟、夸张与游戏,但更多的是应当否定的非理性冲动。人有情感,有冲动,有爱,也有恨,更重要的是,人有理智。在任何情况下,学者都有责任反对煽动仇恨。理智告诉我们,煽动仇恨是错误的,甚至是犯罪的。死刑特别是死刑存废问题的争论,应当在理智的范围内展开,这种争论不应该用来煽动仇恨——包括对"死刑犯"的仇恨,而应当是一种彼此尊重、认真的讨论。在我国,正是因为人们有意无意地煽动对罪犯仇恨,才促使我国当代死刑适用范围处于扩张态势,这一态势甚至于超过了我国封建社会的许多时期。

---

* 作者单位:中国政法大学。

在我国，大多数人不同意废除死刑，甚至主张更多地适用死刑、广泛地适用酷刑，这其实是意料之中的。但是出乎我意料的是，新浪网评论死刑存废问题的帖子有13.6%是支持废除死刑的，这些帖子当中所包含着的智慧之珠闪耀着仁爱、宽容的人道光芒，话语间更多的是平和与理性。"每个人的本性都是善良的。我们每个人都是肉做的，都是有血有心有灵魂的。法律应该是教育、挽救那些犯罪分子的工具，而不是一味地置他们于死地"，"废除死刑，只是让大家去珍惜生命，不论你的还是我的"，"生命天赐，犯罪人也是人"……这些话语使人备受鼓舞。虽然13.6%不等于我国支持废除死刑的实际赞同者，但我们还是能够从中看到希望的，废除死刑在我国将不再是痴人说梦。作为法学工作者，尤其是刑法学者，有责任要弘扬这种社会意识，使之逐渐成为主流社会意识，引导民众确信：没有什么价值比生命更珍贵。没有什么刑罚方法比死刑更让人恶心。

二、启蒙政治

在当代任何国家，废除死刑要受到民意的制约，但是废除死刑并非由民众直接决定。在我国，是否应当废除死刑，也不是由民众决定的，而是由法学工作者尤其是刑法学者"决定"的。民主要求重要的决策需要至少简单多数的同意，对于什么样的犯罪才可以适用死刑，算得上是由国民中的多数人作出的，至少是由代表民众的代议机构作出的，但是，废除死刑应当由法学界，进一步讲是由刑法学界（知识界）来"作出"的，应当由刑法学者经过理智的反复的讨论来达成合意在中国废除死刑。

当然，学者并不直接掌管废除死刑的政治权力，废除死刑的最终决策权掌握在政治家的手中。所以，法学工作者应当通过各种渠道，告诉政治家西方国家的研究成果表明，死刑废除论有着相对更为充足的科学根据。刑法学者应当让政治家明白，在我国废除死刑，不会有成千上万的人觉得犯故意杀人、伤害、强奸等罪被判处无期徒刑而不被判处死刑是"占了极大的便宜"，因而会迫不及待地、疯狂地实施这些犯罪。在我国废除死刑，国家和社会不至于就此走向崩溃。我们无论如何都不相信，社会主义新中国的人民所具有的报复犯罪分子的欲望比封建时代的臣民还强烈而非要用死刑来加以满足。死刑不能废除的直接根源主要在于政治，而不在于民意。政治家十分聪明地借助于民意，来维持保留自己手中的维护治安的死刑武器。

三、改造文化

最终废除死刑,决定性的力量是以人道主义精神为内核的民族文化。

自古以来,我们中国人因重情而不乏人道情感,但是在我们的文化当中,宽容、人道精神始终没有从根本上战胜原始的戴着假正义面具的复仇冲动。人们有理由厌恶、憎恨杀人犯,这是健康正直的社会心理,但是杀人犯的生命始终应当受到尊重。我们知道任何人都必须对自己的行为负责,任何罪恶都要受到惩罚,但是我们也应当知道,人生活于特定的社会文化之中,罪犯是每一个人的镜子。己所不欲,勿施于人,我们怎么对待别人,意味着别人将怎样对待我们。罪犯大多都不信这一条,但是我们不能不信。

在中国,废除死刑要多困难就有多困难,但是,人道主义呼吁刑法学者满怀不计成败的豪情壮志来倡言废除死刑。死刑必须立即予以废除,而且越快越好,哪怕提早一天都是好的。推动死刑在我国的废除,是刑法学者的责任。

(2003 年第 4 期)

中国死刑必将走向废止

贾　宇*

一、世界与中国的死刑现状

根据联合国经济与社会理事会关于死刑的第 6 个五年报告的统计,截至 1999 年 2 月,全世界完全废除死刑的国家及地区已多达 74 个,对普通犯罪废除死刑的国家及地区有 11 个,连续 10 年以上或者自独立以来或者已经正式声明在废除死刑之前停止适用死刑的国家达 38 个。这样,以不同方式在实质上废除死刑的国家及地区的总数已达 123 个,而保留并执行死刑的国家和地区仅为 71 个,废除死刑与保留死刑的国家之比接近 2∶1。

---

* 作者单位:西北政法学院(现西北政法大学)。

从保留死刑的国家来看，相互间的差别也很大：(1)公开报道执行死刑的数量较多的国家有中国、伊朗、沙特、美国、尼日利亚与新加坡等，其中，新加坡按每100万人口的年度处决比率达13.33，而同样保留死刑的日本，在1994～1998年5年间共处决24人，按每100万人口的年度处决比率只有0.04。(2)很大一部分保留死刑的国家仅对谋杀罪等几个特别严重的罪名规定死刑，如美国保留死刑的州，仅将死刑适用对象局限于谋杀罪中最严重的罪行——一级谋杀。可以说，尽管还有一些国家和地区保留死刑，但其中不少国家和地区都把死刑作为万不得已时的除恶方法，不等于这些国家和地区都推崇死刑。

根据上述联合国经济与社会理事会的第6个五年报告，在1989～1993年间，有22个国家废除了死刑，其中有20个对在平时或者战时的所有犯罪废除了死刑；在1994～1998年这5年期间，又有17个国家废除了死刑，其中16个国家就所有犯罪、1个国家就平时的普通犯罪废除了死刑；1999年，又有土库曼斯坦、乌克兰与东帝汶3国对所有犯罪废除死刑，拉脱维亚1国对普通犯罪废除了死刑。可见，废除死刑运动已经成为浩浩荡荡的世界潮流，且来势迅猛。中国是至今保留死刑的国家，也是世界上规定死刑罪名的绝对数量最多的国家。我国1979年《刑法》分则中，有7个条文规定了28个死刑罪名，之后的单行刑法即《决定》和《补充规定》中有29个条文规定了40个死刑罪名，共计有36个条文规定了68个死刑罪名。1997年修订后的《刑法》，在42个条文中规定了69个死刑罪名。

可以说，我国《刑法》中的死刑罪名立法有两个特点：其一，死刑罪名在近10年来有大幅度增加。1979年《刑法》死刑罪名数量实际不大，其中15个反革命罪的死刑在实践中很少适用，常用的是13个最严重的危害公共安全罪、侵犯公民人身权利罪和侵犯财产罪，而以后增补的单行刑法中死刑条文和罪名均大量增加，死刑的适用条件由严格限制转为广泛扩展。现行刑法在死刑罪名立法上基本保持了近10年来单行刑法的死刑罪名规模。其二，高死刑率已经成为我国刑法的一大特色。我国刑法罪名总数为413个，其中死刑罪名69个，占全部罪名的1/6。与世界其他国家比较，无论在绝对数量方面，还是在总罪名数量中的相对比例方面，我国的死刑规定都名列前茅。

在司法实践中适用死刑的绝对数量，我国可能也是世界上最多的国家——尽管缺乏准确的数字报告。当然，根据联合国经济与社会理事会的报告，就每100万人口中的年度处决比率而言，中国并非最高，新加坡、沙特阿拉伯、塞拉利昂、吉尔吉斯斯坦、约旦等国高于中国。

中国死刑高适用率的原因，并不能完全归结于立法中规定了较多的死刑罪名。事实上,司法实践中并未严格按照刑法规定的死刑适用条件来适用死刑。换言之,本已规定较多的死刑条款,在司法实践中被进一步滥用了。

第一,刑法对于死刑适用对象的实质性限制条款,没有得到充分重视和严格执行。我国《刑法》第48条对于死刑适用对象做了实质性限制:“死刑只适用于罪行极其严重的犯罪分子”。“只适用于”,立法强调了死刑的适用是特例,必须严加限制。“罪行极其严重”,应当从主客观两方面判断,即犯罪行为在客观方面具有极其严重的社会危害性,犯罪人在主观方面具有极其严重的主观恶性。也就是1979年《刑法》第43条所谓的“罪大恶极”。不仅要客观上“罪大”,而且要主观上“恶极”,二者缺一不可。客观上“罪大”,主要考察犯罪行为及其危害后果的严重性;主观上“恶极”,主要考察行为人犯罪时主观罪过的恶劣程度及其人身危险性的严重程度。司法实践中,时有出现犯罪人罪大恶不极或恶极罪不大,却被判处死刑的情况。前者如受害人有严重过错,甚至长期欺压犯罪人而致后者实施恶性杀人行为;后者如犯罪人长期恶霸一方,吃、拿、卡、要,民愤很大,但并未造成他人死亡等重大危害后果的妨害社会秩序案件。这两类情况事实上都不符合适用死刑的条件。“罪行极其严重”的犯罪,应当是刑法规定有死刑的某一种犯罪中,比较而言最严重的罪行。一起犯罪案件,并不能孤立地判断行为人是否“罪行极其严重”。双方斗殴中一方导致另一方死亡,被害人可能身中数刀,可能死状惨烈,孤立地看,必然认为犯罪人“罪行极其严重”。但比之有预谋地杀害无辜者的杀人案件、为绑架勒赎杀害无辜者的杀人案件、持枪在公众场所滥杀无辜者的杀人案件,前者的罪行只能说是“严重”,而不能说是“极其严重”。但在司法实践中,往往出于“严打”的需要,或出于“社会安定”的需要,即防止受害人家属“上访”的需要等,对于“罪行极其严重”做了扩大的理解或解释,使死刑条款被滥用。

第二,死刑缓期执行制度没有得到充分重视和严格执行。我国《刑法》第48条又规定:“对于应当判处死刑的犯罪分子,如果不是必须立即执行的,可以判处死刑同时宣告缓期2年执行。”这就是我国刑法上独创的死刑缓期执行制度。适用死缓的条件有二:一是“应当判处死刑的犯罪分子”,二是“不是必须立即执行的”。所谓“应当判处死刑的犯罪分子”,当然是“罪行极其严重的犯罪分子”,也就是说,所有应当判处死刑的犯罪分子,都应当首先考虑适用死缓,除非他属于“必须立即执行的”。那么,在确认犯罪人罪该处死的前提下,如何认定死刑必须立即执行呢?基于我国刑法适用死刑的目的和死刑发挥的现实功能,笔者认为,司法实践中可以从如下方面去考察:(1)犯罪人的人身危险性。对人身危险性特别大的适用死刑立即执行;对人身危险性不是特别大的适用死刑缓期执行。(2)受害人及其他人在案件中有无过错。对受害人或其他人有过错的案件应适用死缓。(3)犯罪人是否在共同犯罪中起最重要作用。除最重要的主犯外,其他重要主犯可适用死缓。(4)犯罪人如无自首或者悔改和立功表现。对有自首或者悔改和立功表现的,应当适用死缓。(5)是否“疑罪”。对于基本事实清楚、基本证据确凿,但仍有个别影响犯罪危害程度的事实未查清的,应当适用死缓。(6)是否有利于国际影响。(7)是否属于值得保存的“活证据”。(8)是否属于土地、山林、草场、水源等资源纠纷或民族、宗教、宗派斗争导致的犯罪。这类犯罪往往有复杂的历史、地理等原因,是非掺杂,极难判断。为了有利于化解矛盾,促进和睦,防止新的冲突,对这类案件中的犯罪人,一般不宜判处死刑立即执行。(9)是否严重危害他人的生命权利或公共安全。严重危害他人生命权利、公共安全的犯罪,动辄造成多人死伤,社会公众均认为“罪行极其严重”,“不杀不足以平民愤”,而其他严重犯罪如重大贪污、受贿、走私等案件,即使罪当判处死刑,民愤也很大,但并不存在“必须立即执行”的事由,就应当适用死缓。本来,我国刑法上独创的死缓制度,是严格限制死刑适用的又一道“拦洪坝”,如果适用得当,无疑可收奇效。但在司法实践中,这一制度的运用走形了,事实上被作为死刑和无期徒刑之间的又一种刑罚方法来适用。罪当判处死刑的犯罪人,往往并非“不是必须立即执行的”就适用死缓,而是要具备法定的或酌定的从轻、减轻情节才适用死缓。

第三,死刑复核权的下放,使一大批案件的死刑复核程序名存实亡,死刑适用的“方便化”使死刑适用率大幅度上升。我国《刑法》第48条第2款规定:“死刑除依法由最高人民法院判处的以外,都应当报请最高人民法院核准。死刑缓期执行的,可以由高级人民法院判决或者核准。”这就是死刑复核程序。死刑复核是在一审、二审程序之外,对于死刑案件的特别监督程序。每一宗判处死刑立即执行的案件都要逐级上报最高人民法院核准,这种程序上的繁难性必然在客观上限制死刑适用的数量,也有利于最高人民法院在全国范围内宏观把握死刑适用的平衡。通过个案审查和对一些死刑判决的否定,又自然会使下级法院更加慎用死刑。但是,1983年以后,为了适应从重从快打击严重刑事犯罪的需要,最高人民法院将杀人、抢劫、爆炸以及其他严重危害公共安全和社会治安判处死刑的案件的核准权,授权省、自治区、直辖市的高级人民法院行使,1991年后,又将毒品犯罪死刑案件的核准权,先后下放给云南、广东、广西、甘肃、四川、贵州等省区高级人民法院行使。这样做的实际效果是,这些死刑案件的二审程序和复核程序合二为一,死刑复核程序在本质上不复存在。这无疑是在程序上给死刑的滥用大开了方便之门。

二、中国死刑存置的思想根基批判

在世界死刑废止运动如火如荼地发展的同时,中国的死刑制度似乎岿然不为所动。在绝大多数中国人的观念里,中国绝对不应该也不可能废除死刑,想要在中国废除死刑无异于天方夜谭。

中国人对于死刑的这种普遍肯定态度,源于两方面的重要思想根基:第一,对于死刑威慑力的迷信。即认为死刑具有最大的威慑力,是预防犯罪最有效的手段。第二,以死刑"平民愤"。即通过适用死刑,解决"不杀不足以平民愤"的社会压力。而这两大思想根基的合理性都是大可质疑的。

(一)死刑对于犯罪并无有效的威慑力

1. 从理论上讲,死刑不可能对犯罪产生有效的威慑力

"治乱世用重典",以重刑威慑阻遏犯罪的思想,早在我国春秋战国时期就已经被法家一派的法律思想家们奉为预防犯罪、治理国家的经典。按照近代德国刑法学家费尔巴哈的"心理强制说",人人都有趋乐避苦的本能,只要刑罚有可能带给犯罪人足够的痛苦,他就不会选择犯罪。死刑能够带给犯罪人的痛苦是最大的,当然就对犯罪人有着最大的心理强制,对犯罪行为有着最有效的威慑力。

然而,思想家们却忽视了一个根本的道理:乱世并不是轻典的结果。犯罪人实施犯罪,特别是某些重大犯罪,主要原因也不是他权衡后认为刑罚不重才选择的结果。因此,重典治不了乱世,死刑也吓不住重罪。

首先,从犯罪产生的根源来看,犯罪是一定社会中政治、经济、文化教育、道德观念、家庭关系等社会因素与犯罪者个体相互作用的产物。死刑不可能根除产生犯罪的复杂根源、自然也不可能从根本上遏制犯罪的产生。中国清末伟大的法学家和法律改革家沈家本就曾指出:"苟不能化其心,而专任刑罚,民失义方,动罹刑纲,求世休和,焉可得哉?""化民之道,固在政教,不在刑威也。"

其次,从潜在犯罪人对死刑的态度来看,死刑很难对判不了死刑的一般犯罪人产生威慑,我们期望的应该是对那些可能被判处死刑的潜在犯罪人产生心理威慑作用。那么,潜在的重大犯罪人都是些什么人呢?(1)谋杀犯、贪污犯、受贿犯、抢劫犯、盗窃金融机构的犯罪人等,都有时间、有可能清醒地权衡犯罪之乐与刑罚之苦的比重,但逃避惩罚的强大侥幸心理,往往将这种权衡冲抵得荡然无存。(2)政治犯罪人可能十分清楚其犯罪与死刑之间咫尺之遥的因果联系,但这些被刑法学家称为"确信犯"的人,对其理想和信念的追求,往往早已湮没了

对死刑的恐惧。(3)激情犯、情境犯实施严重罪行,如某些杀人、伤害、强奸等,犯罪人多是由于某种矛盾激化或情境刺激,以致丧失理智、感情冲动而在一瞬间实施了犯罪行为。这种情况下,犯罪人"鬼迷心窍",往往不可能准确地去酌量其犯罪可能造成的法律后果,更不可能清醒地权衡实施犯罪之乐与应得刑罚之苦的得失比例。对这些人,死刑的威慑力可以说来不及发挥。(4)还有一些可以称为"亡命徒"的犯罪人,虽然明知自己行为的严重性并确信犯罪后必然被判处死刑,却仍然要孤注一掷实施犯罪。对这类犯罪人,死刑的威慑力是明显没有意义的。

2. 从实践中考察,没有证据证明死刑对于犯罪产生过有效的威慑力

中国自古崇尚"治乱世用重典",但基本的历史事实是,从来没有一个乱世是因严刑峻法而得到治理的。殷商作炮烙、醢脯之法,"淫刑以逞,而国亦随之亡矣"。班固《刑法志》之言曰:"'秦始皇兼吞六国,遂毁先王之法,灭礼谊之官,专任刑罚……而奸邪竝生,赭衣塞路,囹圄成市,天下愁怨,溃而叛之。'观于斯言,则重刑之往事大可鉴矣,世之用刑者,慎勿若秦之以刑杀为威,而深体唐虞钦恤之意也。"至隋朝,隋文帝"以盗贼不息,乃益肆淫刑",生杀任情,罪及九族,"其尤重者,行轘裂枭首之刑,或磔而射之,命公卿以下,脔其肉。百姓怨嗟,天下大溃。观于炀帝先轻刑而后淫刑,与文帝如出一辙。文淫刑而身被弑,炀淫刑而国道亡。……世多以隋与秦并称,秦乎隋乎?其淫刑者之龟鉴乎?"

20世纪20年代以来,国外许多学者就死刑与凶杀犯罪发案率之间的关系进行过大量的研究。使用的方法有两种:第一种是在实行死刑的国家与废除死刑的国家之间,或实行死刑的州与废除死刑的州之间就凶杀发案率进行比较,这是一种横向比较。第二种是在同一个国家或同一个州之内对废除死刑或恢复死刑前后的凶杀案发案率进行比较,这是一种纵向比较。大多数研究者的报告,都否认死刑的存废与凶杀犯罪率之间存在因果联系,也就是说,研究结果均不能证明死刑对于犯罪有遏制力。还有人研究过使用死刑的频繁程度与凶杀发案率之间的关系,结果认为二者相互关系不大。

我国近20年来的刑事立法和刑事司法实践,对于死刑是否具备有效威慑力,也有相当大的证明力。如前所述,这一时期我国的死刑立法和死刑适用均相当活跃。按照死刑具有最大威慑力的理论,严重刑事犯罪应当是呈下降趋势的。但事与愿违,根据官方公布的统计数字,凶杀、伤害、强奸和重大盗窃等严重刑事犯罪在刑事案件中的比重、发案率均呈递增长势头。

我国1997年《刑法》废除了普通盗窃罪的死刑,但据笔者的研究调查,近6年来重大盗窃案件的发案率,并未显现出大的变化。这也是一个有力的实证

资料。

当然,我们不能说死刑完全没有威慑力。因为可能有人慑于死刑的威力而放弃了犯罪的意图,但由于这种人不会到司法机关去进行登记,研究者很难掌握这方面的资料。笔者只想着重指出:死刑并不存在我们所期望的那种有效的威慑力,我们对于死刑威慑力的迷信应该破除了。其实,即使死刑具有一定的威慑力,也还有更深层的问题值得思考。马克思说:“一般来说,刑罚应当是一种感化或恫吓的手段。可是,有什么权利用惩罚一个人来感化和恫吓其他人呢?”特别是在我们认为一个罪犯无权杀死其他公民,否则即为重罪的前提下,国家杀死这个罪犯以威慑其他人的权力是从哪儿来的呢?

(二)以死刑“平民愤”,是对民众原始报复本能的放纵

笔者认为,死刑所发挥的最现实的功能,也是死刑得以存在的最强大的支柱,是满足人们的报应观念,或者说是满足人们的本能的报复心。任何动物都有与生俱来的报复侵害的本能。“只看到残忍的杀人现场,或只听到杀人样子的人,可以在即使将犯人碎尸万段也不满足之地位上考虑问题,不会有轻易赞成死刑废除论的心境。”这就是人的本能反应。

尽管刑罚取代民间私刑已有数千年的历史,但同害报复的民间观念始终影响着中国人的刑罚价值观。“杀人偿命,天经地义”,“杀人者死,伤人者刑”,“罪大恶极,死有余辜”,这一系列“民间法谚”,说明亘古至今的同害报复观念何其顽固。时至今日,学者的论述中仍然在表达着同样的诉求:“生命刑是基于伦理、正义的必要要求”,“死刑对被害人和广大群众具有安抚慰藉作用”,“对于情节严重的谋杀者不处以死刑,便意味着被害人的生命不如犯罪人的生命重要”,对严重的犯罪分子“不杀不足以平民愤”,杀了就能“大快人心”。这一系列不同的说法,实际上都表达了相同的意思,即死刑能够满足人们的报应观念,抚慰人们的报复心。

伦理、正义、公平、公正都是抽象的概念。实际上它们运用于刑罚问题上,其核心问题就是一个,即报复或称报应。“如果没有了死刑,社会将感觉到它对犯罪人没有获得充分的报复。”报应和复仇的呼声是一种客观的存在。但这种客观存在,并不是人类理性的产物,而是人类野蛮时代报复本能的沿袭。在原始社会,它是以血复仇制度存在的基础。到了阶级统治的年代,人们仍然要求替代以血复仇的死刑制度,来完成报应和复仇的功能。格劳秀斯就曾明确地指出:刑罚产生于一种人与兽共有的本性,即复仇的欲望。因此他给刑罚下了一个定义:刑罚是“要求惩罚邪恶行为的邪恶欲望”。

要求报复或报应是人类与生俱来的本能。既然是本能,就很难将它彻底磨灭。但人类满足这种本能的方法,则是在不断进化的。这种进化,也从一个方面记录了使人类远离其他动物兄弟的文明化历程。回顾远古"以牙还牙、以眼还眼、以血还血"的同害报复时代,我们可以更清楚地看出,人类在追求报复的本能方面与其他动物相差不远。但后来的死刑制度一直在发生变化。这种变化表现在:适用的对象限制得越来越严格——年老的不适用、年幼的不适用、怀孕的不适用、非"罪行极其严重"的不适用等;适用的手段越来越文明——由车裂、凌迟到绞刑、枪决、注射处死,等等。中国尽管保留着死刑,但100年前"不凌迟不足以平民愤"的极端罪行,今天只要枪决或注射处死,也就足以"平民愤"了。根本的变化则是越来越多的国家和地区纷纷加入彻底废除死刑的行列。这一切说明,尽管人类不可能没有报复心,但随着人类的进步,满足报复心的方法也会变得越来越文明。

不再以适用死刑来满足人们的报复心,是文明时代人类理性的呼唤。受害者的生命很重要,所以损害他的犯罪人要受到严厉的惩罚;人的生命都很重要,所以国家社会不能为了惩罚犯罪人而像犯罪人曾经做的那样再损害一个生命。这才是符合现代人类文明要求的价值观。贝卡里亚说:"体现着公共意志的法律憎恶并惩罚谋杀行为,而自己却在做这种事情,它阻止公民去做杀人犯,却安排一个公共的杀人犯。我认为这是一种荒谬的现象"。马克思说:"的确,想找出一个原则,可以用来论证在以文明自负的社会里死刑是公正的或适宜的,那是很困难的,也许是根本不可能的。"

文明的社会需要引导民众崇尚理性。而司法应当率先承担起这一重任。不幸的是,我们的司法机关却往往被"民愤"——包括"官愤"、"舆论之愤"和"受害人亲友之愤"等所左右。据笔者体会,许多可杀可不杀的案子最终决定适用死刑,往往是由于法官更多地考虑了"领导关注"、"舆论关注"或"受害人强烈要求"之类的因素。这岂不是对民众原始报复本能的放纵?!

三、中国死刑必然走向废止的理由分析

中国人口众多,中国死刑历史悠久。中国刑法中死刑条款的数量和每年执行死刑的绝对数量都名列世界前茅。人民群众要求严惩严重刑事犯罪和贪污腐败现象的呼声十分强烈。这些都是中国的现状和国情。这些现状和国情,使绝大多数的中国人确信:无论世界上的死刑废除运动进行得怎样轰轰烈烈,中国都将自外于这场运动。然而这种确信是经不起推敲的。

笔者认为,中国死刑的发展大势是必然走向废止;20年内,中国刑法中的死刑规定及其适用,必将受到大幅削减和限制。

（一）死刑走向废止是历史规律

死刑的历史在每个国家都是古老而漫长的，在每一个国家都经过了一个由滥用到慎用、由苛酷到轻缓的沿革过程，并且在为数不少的国家已经完全退出了历史舞台。

德国的《加洛林纳刑法典》，是中世纪欧洲国家滥用死刑的典范。根据该法典，连在池塘捕鱼和堕胎也要处死刑，而且死刑的执行方法十分残忍，包括火烧、车裂、四马分尸、尖物刺死等。但是 1780 年至 1790 年执政的德国皇帝约瑟夫二世，由于受到贝卡里亚的启蒙主义思想影响，于 1786 年宣布在他统治下的奥地利各邦废除死刑。他的弟弟托斯卡纳大公利奥波德也在其领地里采取了同样的做法。后来的德国又在相当长的时间里恢复适用死刑，尤其在希特勒法西斯主义统治时代达到了惨虐的高峰。但德国最终废除了死刑，而且这一改革是在德国分裂时期实现的：实行资本主义制度的德意志联邦共和国于 1945 年仅对谋杀罪保留了死刑，1949 年基本法宣布对一切犯罪废除死刑；实行社会主义制度的德意志民主共和国于 1987 年发布命令，声明“遵照联合国关于逐步从国家生活中消除死刑的建议，立即废除一切死刑”。

死刑在法国、英国、意大利、加拿大、澳大利亚等国，也都走过了漫长的由滥而慎、由苛而缓，最终废止的道路。俄罗斯在历史上也曾经有过滥用死刑的时代，并且至今没有彻底废除死刑，但它早在 18 世纪的叶利扎维塔女皇时代，就曾有停止执行死刑 20 年的惊人试验，在社会主义苏联时代又有 3 次废除死刑的努力。土库曼斯坦于 1999 年废除了死刑，而该国在废除死刑前的年度处决比率，每 100 万人中达到 14.92，名列世界第一。

考察中国死刑制度的沿革史，与外国并无大的差异，仍然是一个由多到少、由苛酷到轻缓的过程。《淮南子·俶真训》记载：“夏桀殷纣，燔生人，辜谏者，为炮烙，铸金柱，剖贤人之心，析才士之胫，醢鬼侯之女，菹梅伯之骸”，“刳谏者，剔孕妇，攘天下，虐百姓”，其残酷程度令人不忍卒读。

而至汉唐盛世，死刑较前就大有减轻。根据《九朝律考》，汉朝死刑刑名有三，为枭首、腰斩和弃市。到《唐律》，死刑刑名减为两种，为绞、斩。而且“九十以上七岁以下，虽有死罪不加刑”，从主体上限制死刑的适用。据史籍记载，唐朝贞观四年，断死罪 29 人，开元二十五年，断死罪 58 人。虽然死刑制度在宋、元、明时代时有反复，但自清末《大清新刑律》后，死刑就变为枪决一种，且均规定执行死刑必须秘密进行而不能示众。中华人民共和国成立以后，我党确定了我国“不废除死刑，但要少杀、慎杀”的死刑政策。“不废除死刑”，是基于巩固政权的现实需要；“要少杀、慎杀”，是因为认识到了死刑的不合理本质。比之北洋政府时期和国民党统治时期，我国在死刑制度的轻缓化方面又有了大的进步。

1983年“严打”以来，中国的死刑立法和死刑适用都进入了一个数量较高的时期。但从人类历史发展的长河来看，这只是短暂的一瞬间的反复。可以肯定地说，无论在哪个国家，由原始社会以血复仇制度演变而来的死刑制度，都将随着人类文明的发展而走向衰落，而绝不会随着人类文明的发展而发扬光大。死刑的最终废止是历史的大趋势，是人类文明进化的必然结果。

（二）死刑走向废止是世界潮流

如前所述，世界上有近2/3的国家和地区已经废除了死刑。

联合国人权委员会根据1997年4月3日的1997/12号决议敦请所有尚未废除死刑的国家从完全废除死刑着眼，考虑暂停处决，并号召《公民权利与政治权利国际公约》的所有签约国考虑加入或者批准该公约的旨在废除死刑的第二任择议定书。1989年经联合国大会决议通过并宣布的该议定书宣称：“本议定书缔约国认为废除死刑有助于提高人的尊严和促进人权的继续发展，回顾1948年12月10日通过的《世界人权宣言》第3条和1966年12月16日通过的《公民权利和政治权利国际公约》第6条提出废除死刑所用的措辞强烈暗示废除死刑是可取的，深信废除死刑的所有措施应被视为在生命权方面的进步，且望在此对废除死刑作出国际承诺”。到1999年年底，有41个国家加入了该国际文件，确定它们承担废除死刑的义务。还应该注意的是，1998年7月联合国全权大使外交会议所通过的国际刑事法院的《罗马规约》中，没有就涉及的任何严重国际罪行规定死刑。

欧洲理事会大会对死刑的反对特别强烈。在1994年通过的1044号决议和1246号建议中，该大会敦请世界上所有尚未废除死刑的议会，遵循欧洲理事会大多数成员国的先例，立即废除死刑。而且它主张，死刑在当代开化的社会中没有合法的地位，并且其适用完全可以与酷刑相匹配，应被视为不人道的与有辱人格的刑罚。因此，该大会对希望成为理事会成员的国家提出了一个先决条件——同意立即暂停执行死刑。这种政策在1999年关于无死刑的欧洲的1187号决议中得到重申。

同样，欧盟将死刑的废除作为成员资格的先决条件。欧盟声称，作为由所有欧盟成员国所同意的一种具有强烈约束力的政策观，要朝废除死刑的方向努力。它们强调死刑在当代文明社会的刑罚体系中没有合法的地位，而废除死刑有助于提高人的尊严与促进人权的发展。许多欧洲国家采纳“死刑犯不引渡”的国际法原则，即如果存在被适用死刑的危险，则拒绝将人引渡到保留有死刑的国家。

1998年9月，各国议会联盟在莫斯科举行的大会上，呼吁所有议会及其成员国，为在全世界废除死刑，或至少确立暂停处决直至完全废除死刑而有效地努力。旨在废除死刑的《美洲人权公约》议定书宣称，成员国除有权保留在战时按照国际法而对极其严重的军事性质的犯罪适用死刑的权力以外，不得在其领域内对任何受其管辖的人适用死刑。

大赦国际是致力于废除死刑的重要国际组织。在1997年关于废除死刑的斯德哥尔摩会议上，大赦国际发表了《斯德哥尔摩宣言》。该宣言认为：死刑是根本残忍的、不人道的与有辱人格的刑罚，且侵犯生命权；死刑经常被用作镇压敌对的、种族的、民族的、宗教的与低下阶层群体的手段；死刑是一种暴力行为，而暴力易于引起暴力；死刑的适用对于卷入该过程中的所有人都是残酷无情的；死刑根本没有被表明具有一种特殊的威吓作用；死刑越来越采取原因不明的失踪、法外处决和政治谋杀的形式；死刑是无法纠正的，而且可能被适用于无辜的人。因此，该组织敦请各国政府立即彻底废除死刑，并敦请联合国明确宣布死刑违背国际法。大赦国际认为，任何支持保留死刑的犯罪学上的理由都不如支持废除死刑的人权方面的理由。大赦国际并联合其他42个具有联合国经济与社会理事会咨询资格的国际非政府人权组织，发表了一份《关于废除死刑的联合声明》。

可见，废除死刑运动确已形成浩浩荡荡的世界潮流。

（三）经济发展与对外开放，必然使中国迅速汇入废除死刑的世界潮流

1. 经济的发展会唤醒民众对于生命价值的关注和尊重

中国20年的经济发展是令世人瞩目的。如果发展顺利，未来的20年仍将是中国经济快速增长的黄金时期。经济基础决定上层建筑，经济环境从根本上制约着社会其他方面的发展。衣食足则知荣辱，物质文明得到提高后，处于温馨惬意生活状态中的人们就有可能思考、关注和珍惜生命个体的价值，就有可能形成悲天悯人的宽容情怀，也就有可能形成相对理性的报应观念和刑罚价值观念，从而使废除死刑的阻力得以减少而助力得以增强。

2. 国际社会的影响会促使政治家们作出大力限制以致废除死刑的政策抉择

改革开放是我国的既定国策，也是国家走向繁荣富强的必由之路。而在国际社会中，中国的高死刑率已成为他国攻讦我国的重要口实。有些国家和国际组织往往将死刑问题与人权问题相联系，在与我国交往中设置障碍或提出苛刻的条件刁难我国。所以，保留死刑并保持高死刑率，既有损我国的大国形象，又不利于与世界正常交往，更何况死刑并不能给我们带来所设想的利益，政治家们有什么理由固守不放呢？

在不少国家，死刑的废除更是一种政治选择而非简单的法律变革。俄罗斯是具有长期死刑传统的国家,在其苏联时期,更有滥用死刑的历史记载。但俄罗斯在加入欧洲理事会后,服从理事会的要求,顶着国内巨大的政治压力,自1994年至1999年未执行过一起死刑。原属苏联的土库曼斯坦和乌克兰更于1999年彻底废除了死刑。

我认为,与“死刑的废除更是一种政治选择”的判断相关,死刑的废除并不一定需要等到多数国民赞同才能实现。作为前东欧国家的匈牙利和立陶宛,其国民对于死刑的看法与中国国民不一定有太大差异。但为了加快进入欧盟的步伐,这两个国家都通过由宪法法院——而非议会——判定死刑违宪的途径,彻底废除了死刑。美国的不少州都已经废除了死刑,保留死刑的州也只对少数谋杀罪适用死刑,但盖洛普民意测验表明:1966年,有47%的美国民众表示支持死刑;而在20世纪80年代和90年代初,被调查者中至少有75%的人认为死刑至少在某些情况下应予支持。至1994年年底,死刑支持者达80%,而2002年10月的最新调查表明,仍有70%的被调查者支持死刑。

3. 对外交流的频繁和涉外法律冲突,必然给国人的刑罚价值观带来强烈的冲击

中国加入世界贸易组织后,中外交流将日益频繁。国门大开,世界上废除死刑的国家及其价值观必然更多地为中国人所了解、所接受。外国的公司、企业、科研机构会大量进驻中国,同时以旅游等为目的来华人员也将日益增多,必然会把新的人权观、价值观带进中国,影响国人观念。

频繁的中外交流也必然引起更多的涉外法律冲突,而这些法律冲突,又往往不可能完全按照中国人的法律价值观来解决。例如,目前我国正在面临的一些重大外逃犯罪嫌疑人的引渡问题。如果对方是废除死刑的国家,必然要求中国作出引渡后不判死刑的国家承诺。这样,我国就只有两种结果可以选择:其一,作出并信守国家承诺,引渡后不论罪行多大均不判死刑;其二,不作承诺或不信守国家承诺,导致引渡不成让犯罪嫌疑人逍遥法外,或引渡后判处死刑而断绝以后的一切司法协作途径。事实上我国只能选择前者。但选择前者,国民就得承受连赖昌星这样的重大走私犯都不判死刑的结果,那么,以后公众还会认为数十万元的贪污、受贿罪判处死刑是公平的吗?又如,在处理越来越多的外国人在中国犯罪的案件时,按照中国法律和中国司法惯例可能被判处死刑的,能否做到完全不受外国法律的影响?有些案件判处死刑可能与当事人母国的法律、与当事人母国民众的价值观念差异悬殊,会引起国际争端。这种情况下为国家利益考虑,就有可能不判该犯罪嫌疑人死刑。但这样就造成了内外有别、用刑不公。这种冲突解决的结果,必然也会引发国民对中国人犯有同等罪行时是否有必要适用死刑的反思。

4. 学者的讨论和呼吁,会促进决策层和民众对历史潮流和世界潮流的了解和顺应

理性的思考是需要引导和启蒙的。源自本能的报复心是人性中最深层、最黑暗的角落之一。要让先哲们理性思想的光芒照亮那些黑暗的角落,当今中国的刑法学者们负有不可推卸的责任。

近日笔者对300多名大学生、研究生作关于废除死刑的学术报告,顺带进行了一个小的实证测验:在讲演前后各发一份同样的测验题,了解讲演对学生观点的影响程度。测验结果表明:赞同保留死刑者在讲演前为57.4%,讲演后下降为32.65%;赞同废除死刑者在讲演前为40.3%,讲演后上升为66.57%(因讲演前后被测验人数有小的变化,比例不能完全重合)。这一测验结果也许能在一定程度上说明学者们努力的价值。同时,这次测验还表明,被测验的大学生中,认为中国"不可能废除死刑"的,在讲演前也只有13.1%,讲演后下降到2.45%;认为"可以通过逐步限制和减少适用,在恰当时机废除"的,在讲演前后均为86%左右,说明相当一部分年轻人对于中国最终将废除死刑,是有思想预期的。这也说明,中国死刑最终走向废止,是有可能得到民众支持的。

(2003年第4期)

论财产犯罪未遂的定罪处罚*

薛进展**

财产犯罪中存在犯罪未遂,是理论与实践的共识。对于财产犯罪未遂的认定,包括既遂与未遂的界定,也已经有过相当深入的探讨。但是对于财产犯罪未遂的定罪量刑,却少有比较系统的讨论。为此,本文特就抢劫犯罪之外的其他占有性财产犯罪未遂进行分析。

一、对财产犯罪未遂定罪处罚的法律障碍

在现代刑法理论中,对犯罪未遂应当同犯罪既遂一样,应受刑罚的惩罚,恐怕不会再有什么疑问,只不过应当受什么样的刑罚惩罚或者应当怎样对其处罚,可能会有一些不同的看法。我国《刑法》因此也在第23条中规定犯罪未遂的概念和处罚原则。从法律的明确规定来看,对于犯罪未遂应当以犯罪认定,并应比照既遂犯罪从轻或者减轻处罚。

依据总则规定指导分则的原理,刑法总则对于犯罪未遂的规定,理所当然适用于刑法分则中所有可以由直接故意构成的犯罪,当然也包括刑法分则第5章所规定的财产犯罪。但是我们不能不看到这么一个现实:刑法总则的犯罪未遂规定很难适用于财产犯罪。也就是说,财产犯罪依据刑法总则的原理可以存在未遂,但是对这种未遂不能定罪和量刑。之所以不能定罪量刑,其原因在于刑法分则对这些财产犯罪除抢劫罪之外都规定了构成犯罪的数额条件,如数额较大、数额巨大等。根据刑法分则对这些犯罪的数额规定,实际上意味着犯罪行为没有获得一定的数额,就不能以犯罪认定。即使行为人已经非法占有了一定的数额,但只要其犯罪数额没有达到法定的较大的数额要求,对行为人也不能以犯罪认定。由此,犯罪未遂是犯罪数额没有达到,则就更不能以犯罪认定并处罚。

在包括财产犯罪在内的经济性犯罪中,强调以数额为构成犯罪的条件,这是

---

* 财产犯罪包括占有性财产犯罪和毁坏性财产犯罪两种,其中占有性财产犯罪多有既遂与未遂的探讨,并多涉及如何处理,而毁坏性财产犯罪则少有既遂与未遂的探讨。因此,本文所讨论的财产犯罪的未遂仅限于占有性财产犯罪。

** 作者单位:华东政法学院(现华东政法大学)。

我国刑法的一种特色。以马列主义为理论指导的我国刑法并不主张危害行为即为犯罪的观点,坚持严重的危害行为才是犯罪的理论观点。《刑法》第 13 条所规定的犯罪概念中的“但书”规定,正是这一思想的集中反映。与此规定相适应,我国刑法分则在许多犯罪中设立了数额条件,达到该数额规定的,可以认定为犯罪,没有达到这一数额规定,则不能定罪处罚。在这种以数额为成立犯罪条件的犯罪中,没有犯罪数额的犯罪未遂显然已经失去了定罪量刑的可能性。依照刑法总则的规定,犯罪未遂是一种犯罪的形态,具有犯罪的危害性和定罪的法定性,应当对之定罪量刑。但是在刑法分则中,由于分则对具体犯罪成立设立了特殊的数额要求,因而刑法总则所规定的犯罪未遂在这种以数额为构成条件的犯罪中,很难成为分则规定的具体惩罚对象。按照刑法总则的规定应当定罪处罚,而按照刑法分则的规定则不能定罪处罚,分则的具体数额的规定无形之中成为对犯罪未遂定罪量刑难以逾越的直接障碍。

财产犯罪在刑事司法实践中所占比例极大,其犯罪未遂相应发生的数量也是一个比较大的数字,包括盗窃、诈骗、抢夺、敲诈勒索、侵占等在内的犯罪未遂在实践中时常可见。数量甚多的财产犯罪未遂如何处理,已经成为人们所关心的一个重要问题。理论与实践对此主张定罪处罚的观点也有存在,如有观点主张对盗窃未遂应当定罪处罚。① 与此观点相呼应,也作为对立法规定自相矛盾、法律难以适用的弥补,最高人民法院和最高人民检察院先后在 1984 年和 1992 年两次对办理盗窃案件具体应用法律的若干问题进行司法解释时,明确规定对以巨额现款、国家珍贵文物或者贵重物品为盗窃目标的盗窃未遂,也应定罪处罚。同样,最高人民法院在 1998 年作出的《关于审理盗窃案件具体应用法律若干问题的解释》中也再一次明确:“盗窃未遂,情节严重的,如以数额巨大的财物或者国家珍贵文物等为盗窃目标的,应当定罪处罚。”然而还是应当看到,司法解释强调对财产犯罪未遂应当定罪处罚的规定,实际上也仅限于盗窃等个别财产犯罪的未遂,对其他财产犯罪的未遂并没有作出明确的定罪处罚规定。而且对盗窃未遂具体应当怎么来定罪处罚,应当适用哪一个法定刑,实际上也没有明确。因此在财产犯罪的未遂方面,事实上并没有明确可行的法律依据和司法解释,财产犯罪的未遂,仍然是个尚未解决的问题。

---

① 徐逸仁著:《故意犯罪阶段形态论》,复旦大学出版社 1991 年版,第 273 页。

二、对财产犯罪未遂定罪处罚的理论探讨

在理论上对犯罪未遂进行研究，区分既遂与未遂的界限，以往的研究目的主要是正确认定这两种犯罪形态，这种目的性在对盗窃犯罪既遂与未遂的研究方面表现得最为充分。刑法学界可以就此提出诸如接触说、转移说、隐匿说、控制说、失控说和控制加失控说等多种既遂与未遂的区分标准，目的无非是能够正确认定既遂与未遂。但是在区分既遂与未遂的基础上对犯罪未遂如何定罪处罚很少考虑。理论界虽对盗窃的既遂与未遂有充分的研究，却很少有对盗窃未遂实际定罪处罚的研究。对司法部门而言，不仅需要对既遂未遂的区分标准，更需要对犯罪未遂如何处理的理论指导，而理论部门只有对区分标准的研究，没有具体处罚方面的理论指导，理论与实践的脱节由此可见一斑。

对财产犯罪的未遂是否应当定罪，从刑法一般原理来看，结论应当是肯定的，但是我们不能只从一般原理而脱离刑法分则对财产犯罪的具体规定来讨论这个问题。由于刑法分则对财产犯罪的定罪量刑主要是依据于犯罪的数额，根据犯罪所得的数额确定其是否构成犯罪。因此财产犯罪的未遂如果要以犯罪认定，也应考虑这一数额标准。财产犯罪的未遂应当以什么样的数额作为其定罪的起点标准？在最高人民法院和最高人民检察院上述对盗窃罪的司法解释中，所采用的是以数额巨大作为定罪的标准，即数额巨大的盗窃未遂（数额加重犯的未遂）应当定罪。在对其他数额性犯罪未遂的定罪适用中，我们也注意到最高人民法院和最高人民检察院在《关于办理生产、销售伪劣商品刑事案件具体应用法律若干问题的解释》中，采用了以数额基本犯的定罪起点数额的3倍作为该类犯罪未遂的定罪数额标准，即该《解释》第2条第2款所规定的“伪劣产品尚未销售，货值金额达到刑法第140条规定的销售金额3倍以上的，以生产、销售伪劣产品罪（未遂）定罪处罚”。这项解释没有采用数额加重犯的定罪数额标准为犯罪未遂的定罪数额标准，而是采用略低于数额加重犯的定罪数额标准。除此之外，有些地方在确定具体犯罪定罪数额标准时，也对某些财产犯罪的未遂定罪数额进行了确定，如上海市公、检、法、司四家单位在2000年10月25日作出了《关于本市办理部分刑事犯罪案件标准的意见》中规定：“盗窃公私财物（包括实施终了的盗窃未遂）2000元以上不满2万元，属于《刑法》第264条盗窃罪数额较大的标准。”同时该《意见》还规定，“诈骗未遂以5万元为起点标准。”在这些规定中，可以看到比较普遍的意见是对数额犯罪的未遂采用高于基本犯的定罪起点数额，或者与数额加重犯的定罪数额相同，或者与数额加重犯的定罪数

额相近。

笔者认为,基于财产犯罪的成立应当有一定的数额为构成要件的法律规定,对占有性财产犯罪未遂定罪的起点数额标准,不能以财产犯罪基本犯既遂的定罪起点数额(即数额较大)作为其定罪数额标准,而应当有所区别。因为相对于刑法总则的犯罪未遂的规定,刑法分则对财产犯罪所规定的数额,无疑是一种特殊规定。在特殊规定与刑法总则的普遍规定相对立时,采用特殊规定完全符合特别法优于普通法的法律适用原理。如果完全按照刑法总则对犯罪未遂的规定,不顾刑法分则的这种特殊规定,显然与刑法分则的规定相悖。基于占有性财产犯罪通常有数额较大和数额巨大这两种犯罪形式,以数额巨大(即数额加重犯)的定罪起点数额作为该种财产犯罪未遂的定罪起点数额标准,不仅考虑了《刑法》总则对犯罪未遂应当定罪处罚的基本要求,也兼顾了《刑法》分则对财产犯罪的数额规定的要求,而且也与《刑法》第 13 条犯罪概念中的“但书”规定相符合。因此,“两高”的司法解释对盗窃未遂采用以盗窃既遂数额巨大为定罪的数额标准,应当是比较合理的。这种标准也应当成为其他财产犯罪未遂的定罪标准,从而也可以为司法实践明确一个统一的标准:以数额较大财物为对象的财产犯罪未遂不以犯罪论处,只有以数额巨大财物为对象的财产犯罪的未遂才应当以犯罪论处。

对财产犯罪的未遂如何进行处罚,更是需要考虑的问题。倘若像“两高”的司法解释那样规定以数额巨大的财物为对象的盗窃犯罪未遂应当定罪处罚,对其处罚时适用哪个幅度的法定刑,是适用数额较大盗窃犯罪的法定刑,还是适用数额巨大盗窃犯罪的法定刑,这样的问题同样也产生在其他财产犯罪的未遂中。如果以盗窃为例,就应当看到,由于司法解释对以数额较大为对象的盗窃未遂,是不以犯罪论处的,因此对以数额巨大为对象的盗窃未遂的处罚,就可能存在两种处罚方式。其一是按数额较大的盗窃犯罪的法定刑处罚,即与数额较大的盗窃既遂犯罪相同处罚,适用 3 年以下有期徒刑的法定刑,而不按数额巨大的盗窃犯罪处罚,适用 3 年以上 10 年以下的法定刑。理由是数额较大的盗窃未遂不成立犯罪,只有数额巨大的盗窃未遂才能定罪,这同数额较大的盗窃既遂在构成犯罪上具有同样的意义。如果按照数额巨大盗窃犯罪的法定刑来处罚,势必产生数额较大盗窃未遂的定罪空档。其二是按数额巨大的盗窃犯罪处罚,并按照法律规定对其未遂状况予以从轻或者减轻处罚。采用这种处罚方法的理由是因为未遂具有法定的从轻、减轻处罚情节,如果按照数额较大的盗窃既遂来适用 3 年以下有期徒刑,还应依法对其适用从轻或者减轻处罚的法定量刑情节。这对于盗窃未遂而言,无疑是一种过于宽大的处罚,与罪刑相适应原则明显不符。所以对以数额巨大为对象的盗窃未遂的处罚，应当按照数额巨大的盗窃犯罪的法定刑来处罚。

对上述两种处罚方法，笔者认为后一种处罚方法较为合理。这不仅因为后一种方法可以有效避免前一种方法所导致的罪刑不相适应的问题，而且从法律上看也是完全合理的。我国刑法总则对未遂的处罚规定是明确的，即比照既遂从轻或者减轻处罚。既然是“比照”，“未遂犯只能是和同一量刑幅度的既遂犯相比照”。[①] 脱离了这个同一范围的比照，就没有可比性，未遂也就不可能比照既遂处罚。因此，对数额巨大的财产犯罪未遂所适用的法定刑，只能比照同种数额巨大财产犯罪既遂的法定刑从轻或者减轻处罚。

三、财产犯罪未遂与既遂并存的定罪处罚

在财产犯罪的实践中，可能存在只有既遂，或者只有未遂，或者既遂与未遂并存 3 种形式。对于只有既遂或者未遂的定罪处罚，应当没有什么疑问，但对于既遂与未遂并存的定罪处罚，则可能是比较麻烦的问题。司法实践部门对此有仅以既遂论处的，不再追究其未遂的刑事责任。也有在以既遂论处的同时，将未遂作为量刑从重的情节来考虑。当然也不排除有极少的观点认为应以数罪论处的。为此，有必要加以探讨。

首先，对未遂与既遂并存的财产犯罪的定罪，以一罪论还是以数罪论？我国刑法因为没有同种数罪并罚的规定，而且在对某些财产犯罪又有累计计算其犯罪数额的规定，因而在事实上排斥了同种多个犯罪以数罪认定的可能性，除非在特定情况下（即判决宣告以后，刑罚执行完毕以前又发现同种漏罪未判，或者又犯同种新罪）有数罪认定的可能性。当未遂与既遂的财产犯罪分属于不同种类的犯罪时，对此进行数罪认定并加以并罚，应是恰当的。而当未遂与既遂属同一种类的犯罪时，以一罪论显然是唯一的结论。

其次，对未遂与既遂并存的财产犯罪应当如何处罚，是未遂与既遂的数额累计计算的基础上确定其刑罚，还是从其一处罚？我国的刑法通常有对数额犯罪采用累计计算其犯罪数额的规定，如《刑法》第 383 条第 2 款规定：对多次贪污未经处理的，按照累计贪污数额处罚。另外对走私罪也有类似规定。司法解释通常也对一些以数额或数量为构成犯罪要件的犯罪，规定其犯罪数额累计计算。

① 赵秉志主编：《犯罪停止形态适用中的疑难问题研究》，吉林人民出版社 2001 年版，第 144 页。

但这些都是对犯罪既遂情况下的数额累计计算,不包括未遂与既遂并存的数额累计计算。未遂与既遂是两个不同的犯罪形态,在财产犯罪中所表现的意义也有不同,财产犯罪的既遂表现的是对财物的实际控制和对财物所有人财产的实际损害,未遂则是对财物尚未实际占有和对财物所有人财产的尚未损害,两种犯罪形态在财产侵犯方面的不同,决定了这两种犯罪形态所涉及的犯罪数额是无法进行累计计算的。因此以累计计算其数额的方法来处罚未遂与既遂并存的财产犯罪,显然是不可能的。虽然未遂与既遂是两个犯罪行为,所表现出来的是至少有两次以上对法律保护的权益的侵犯,但选择从一论处的方法应是没有办法的办法。值得注意的是,此类情况并不完全符合吸收犯的特征,①因此按照吸收犯的重行为吸收轻行为的处理原则来处理并不是一种可行的方法。

采用从一论处的方法,可能存在既遂吸收未遂和未遂吸收既遂的两种不同处理方法,选择什么样的方法对处罚也会产生不同的结果。在一般情况下既遂行为的危害应重于未遂行为的危害,所以通常有既遂吸收未遂之说。但是在财产犯罪中,未遂的犯罪数额可能远高于既遂的犯罪数额,因此完全采用既遂吸收未遂的处理方法,可能难以达到法律的预期惩罚目的,因而应当根据不同的情况分别采用不同的处理方法。

在未遂与既遂并存的财产犯罪中,存在以下三种情况:

1. 未遂的犯罪数额小于既遂的犯罪数额,如行为人既有5千元的盗窃未遂事实,又有5万元的盗窃既遂的事实。其未遂的犯罪数额尚不能以犯罪认定,那么应以其盗窃既遂的犯罪数额决定其所应处的刑罚。如果未遂的数额也能构成犯罪,而又小于既遂的数额,也应当按照既遂的犯罪数额来处罚。因为在这种情况下的既遂处罚必定重于未遂的处罚。

2. 未遂的犯罪数额大于既遂的犯罪数额,如行为人诈骗得手的犯罪数额为2万元,而诈骗未得逞的犯罪数额则为50万元。其诈骗既遂的犯罪数额依法应当处3年以下有期徒刑,其诈骗未遂的犯罪数额则应处3年以上10年以下有期徒刑,对此应当采用重刑吸收轻刑的处理方法,以未遂的处罚吸收既遂的处罚。

3. 未遂的犯罪数额与既遂的犯罪数额相同或者相近,如诈骗未遂的数额与诈骗既遂的数额都是8万元。我们认为应当采用既遂吸收未遂的方法来处理,

---

① 有的学者认为:吸收犯须有事实上的数个不同的犯罪行为,事实上的数个犯罪行为必须是不同罪名。马克昌主编:《犯罪通论》,武汉大学出版社2000年版,第666页。虽然也有学者对此持不同观点,认为吸收犯之数行为,不必是不同罪名之行为。但是认为吸收的数行为之间存在密切的关系:前行为可能是后行为发展的必要阶段,后行为可能是前行为发展的自然结果。参见陈兴良著:《刑法适用总论》(上卷),法律出版社1999年版,第705页。

因为在同等数额条件下的既遂处罚没有从轻或者减轻处罚的条件，而未遂则还有比照既遂从轻或者减轻的处罚条件，所以在同等数额条件下的未遂与既遂并存时，采用既遂吸收未遂是比较合理的。

在采用从一论处方法处理的同时，有没有必要把被吸收的部分作为量刑的酌定情节，即实际处罚时给予从重量刑。我们认为没有这种必要，这不仅是因为上述处理方法已经体现了重刑优于轻刑的一般原理，而且在我国刑法的具体实践中，也排斥这种处理方法。如我国刑法对数罪并罚适用吸收或者限制加重原则时没有再酌情从重的法律意图，在吸收犯的处理中同样也没有再酌情从重的做法，所以对被吸收的部分没有必要再予以酌情从重。

（2003年第9期）

2004年

罪刑相适应原则的司法实现

张　屹*

当前,我国法治化进程正向纵深推进,公正与效率已成为司法改革所追求的重要价值目标,而罪刑相适应原则的正确贯彻实施则是公正与效率应有的题中之意。然而,审视当前的司法实践,罪刑相适应原则的执行状况令人担忧,量刑不统一、不平衡现象较为严重。实践表明,正确理解、实现罪刑相适应原则,不仅是学术问题,更是司法领域需要解决的重大课题。因为,刑事立法上的罪刑相适应不会必然导致罪刑相适应原则的司法实现,罪刑相适应的最后实现还有赖于刑事司法。只有刑事立法上的罪刑相适应而没有刑事司法中的罪刑相适应,这一原则也还是不可能最后实现。① 因此,研究罪刑相适应原则司法实现的途径和方法,对于正确量刑,实现刑罚的公平、正义,促进刑事司法法治化的进程具有重要意义。

一、司法实践中刑罚适用存在的主要问题

1. 刑罚适用在空间上缺乏均衡性

不同法院之间量刑不平衡。依据刑事诉讼法,我国实行的是4级法院二审终审制诉讼体制,特殊案件实行复核、核准制度。一般刑事案件,在上下两级法院之间审理后即终结。由此,形成了审判活动的区域性特征,即无期徒刑以下裁量的案件以中级法院为一个审判区域,无期徒刑及死刑案件以高级法院为一个审判区域。应该说,这种区域性分布特征是诉讼体制所不可避免的。然而,由于量刑统一平衡机制尚未有效建立等诸多因素的影响,导致审判活动的地区性特征,不同法院量刑上不平衡,犯罪事实、情节基本相同的案件在不同地区的法院量刑差异明显。表现为:

部分地区法院量刑上呈现总体趋重、趋轻现象,就三大刑(死刑、死缓、无期徒刑)案件而言,省内地区分布特征明显,一些地区判处三大刑的案件,长期居

---

* 作者单位:江苏省高级人民法院。

① 陈兴良著:《刑法适用总论》(上卷),法律出版社1999年版,第70页。

高不下，且在犯罪案件总数中所占比率高（4%），而某些地区三大刑的适用不仅绝对数低，比率也很低（0.61%）；缓刑、管制、拘役、免予刑事处罚的判处情况也有地区分布特点，占所判案件总数最高比率的达49%，最低的仅为20%；财产刑适用上，有的基层法院全年判处罚金累计数额达数百万元，而有的法院则仅有十几万元。

同一法院不同法官量刑及同案各被告人处刑之间不平衡。随着法院审判方式及审判组织制度改革的推行，合议庭、独任审判员定案权限不断扩大和强化，绝大多数案件由合议庭、独任审判员依法独立审判。但是，由于配套措施的缺失和法官素质不一，不同法官之间量刑不平衡现象较为普遍。相同的案件，不同的合议庭常常会选择不同的量刑幅度；同案被告人的量刑上也存在不平衡现象：因为非量刑情节、因素影响而致使量刑轻重失衡的现象时有发生。例如，按起诉被告人的排列顺序，由重到轻裁量刑罚；相同犯罪事实的被告人量刑上出现不合理的差距；犯罪情节有重大不同的，量刑却无区别。

2. 刑罚适用在时间上缺乏稳定性

不同时期量刑差异明显。新中国刑法典实施以来，我国历经刑事法制多种不同的特殊时期，"严打"、各类"专项斗争"未曾间断过，虽然法院努力实现突出打击重点，宽严相济，依法"严打"，但不可否认，刑罚适用轻重波动明显。一个时期内被判死刑的犯罪，另一时期可能仅判有期徒刑。

3. 适用弹性条款随意性大

弹性条款是指刑法规范中对行为人定罪量刑起决定作用，而字面表述不明确或者内涵具有一定弹性的概然性条款。[①] 我国刑法及附属刑法中弹性条款大量出现，依据罪刑法定和罪刑相适应原则，司法适用时应依照立法精神严格执行，防止罪刑擅断。然而，刑事司法中适用弹性条款时往往出现随意性。如依据法官的主观判断随意决定是否适用；对兜底性弹性条款作无限扩大，任意解释适用；对刑法条文及司法解释简单"对号入座"，机械套用，对弹性条款一律排斥适用；等等，从而导致罪与非罪界限不清，轻罪重罪，判罚失当。

4. 裁量刑罚的方法不一致

"估堆"量刑。"估堆"量刑也称综合估量式量刑方法，是指法官凭借自己对法律的理解和过去的办案经验，对被告人进行综合估量的量刑方法，量刑结果虽然建立在犯罪事实、情节之上，但由于缺乏对具体罪质罪量的分析和科学的量刑

---

① 张屹、郇习顶："刑法弹性规定的司法实现"，载游伟主编：《华东刑事司法评论》（第4卷），法律出版社2003年版，第59页。

手段、步骤,一次性地综合估量出宣告刑,必然会产生量刑的盲目性、偶然性与随意性。如“被告人罪行严重,应当判处……”裁判文书中,仅以高度概括的字句表明量刑的方向性意见,量刑结果与理由之间缺乏必然的联系。

二、阻碍罪刑相适应原则司法化的成因分析

1. 刑罚观念上的认识误区

重定罪轻量刑。长期以来,在刑事审判实践中,一贯重视对案件事实的分析认定,而对如何正确裁量刑罚重视不够。从审判运行过程来看,检察机关起诉的重点和注意力主要集中在事实、证据和定罪方面,普遍认为,只要法院定罪就行,判轻判重与己无关,对刑罚适用较为淡漠。而法官、合议庭以及审判委员会,也常常将主要精力投入在能否定罪上(当然,不可否认,定罪问题是量刑的前提因素),对量刑的重要性认识不足,认为多判几年少判几年,只要在法律规定的量刑幅度内就无关紧要。因而,随意量刑就应运而生了,导致量刑畸轻畸重。

法官的功利思想。法官的功利思想是指在审判工作中法官对自己所办案件以及工作成绩所作出的对自己利弊得失的判断。由于一些审判人员错误地对待功利问题,加上法院近年来改革措施上的种种因素的影响,导致法律适用的错误。如“严打”时期审判人员裁量刑罚时宁愿承担重判的后果,也不愿承担打击不力的指责,害怕指导思想出问题;法院改革中普遍采取岗位目标考核制度,而案件被改判、发回以及再审的数量比率是考核的重要指标,并与奖金和职务晋升挂钩。因而,一审法官为了避免案件被改判、发回,在量刑时对一些案件尽量判轻一点,上诉不加刑,就不会被改判,而二审法官发现一审量刑不当时,碍于情面,就会力争大事化小、小事化了,使量刑问题长期存在。

2. 立法不完善,法定标准不明确

法定刑幅度过大。我国刑法在法定刑的规定上,广泛采用的是相对确定的法定刑。相对确定的法定刑设置上的科学、合理又便于操作,应当符合两个条件:一是同种罪,犯罪档次的细化分类;二是各档次相对应的法定刑幅度不能过大。然而,我国《刑法》分则条文则存在各罪分档过粗现象,由此造成法定刑幅度过大。如《刑法》第 237 条第 2 款规定:“聚众或者在公共场所当众犯前款罪的(强制猥亵、侮辱妇女),处 5 年以上有期徒刑。”又如,《刑法》第 232 条规定:“故意杀人的,处死刑、无期徒刑或者 10 年以上有期徒刑;情节较轻的,处 3 年以上 10 年以下有期徒刑。”由于在法定刑内如何根据具体的犯罪情节,选择恰当的刑罚,刑法未作明确规定,刑罚适用标准过于宽泛。因此,幅度过大的法定刑,必

然导致量刑的不稳定性和不一致性，产生同罪异罚现象。

量刑弹性条款过多，内涵难以把握。据不完全统计，我国《刑法》有关量刑的弹性适用条款共计有202条，且绝大多数为法定刑适用条款，可分为7类：包括"情节严重的"、"情节特别严重的"、"情节恶劣的"、"情节特别恶劣的"或"其他特别恶劣情节的"、"造成严重后果或者后果严重"等。

法官面对如此众多且内涵又不清晰的弹性条款，在适用上普遍感到困惑和茫然，由此造成弹性条款适用上的混乱。

刑罚适用原则抽象。刑罚适用原则即量刑原则，可分为一般原则和具体原则。一般原则主要指《刑法》第61条规定："对于犯罪分子决定刑罚的时候，应当根据犯罪的事实、犯罪的性质、情节和对于社会的危害程度，依照本法的有关规定判处。"具体原则主要指刑法中规定的从重处罚原则、从轻处罚原则、免除处罚原则和数罪并罚原则等，亦即适用于某一种犯罪的具体原则。实践表明，我国刑法的量刑原则由于缺乏配套的适用规则，难以得到有效、一致的贯彻执行。例如，就一般原则而言，刑法指明了裁量刑罚时应当考虑的法律因素，但却没有明确这些因素如何对量刑起作用；就具体原则而言，从重、从轻判处如何具体裁量，如何控制，刑法均未作出规定。因而实践中就会出现在适用一般原则时"估堆"量刑，在适用具体原则时忽轻忽重，量刑呈飘忽不定的状态。

3. 司法统一平衡机制未有效建立

司法解释滞后。我国刑法颁布实施以来，最高人民法院有关量刑问题的司法解释非常少，就是在为数不多的量刑问题司法解释中，也一般是对法定刑适用标准以及刑法弹性量刑标准适用的规定，如《关于审理毒品案件定罪量刑标准有关问题的解释》（法释〔2000〕13号），而对于法定刑内具体裁量刑罚的标准、规则及定量分析作出指导性解释的几乎没有。按照法定刑司法运用的基本逻辑方法，可以将量刑过程作如下表述：构建案件事实以确认罪名（定性分析）——寻找抽象个罪的刑种及刑度（第1次定量分析）——估量抽象个罪的量刑基准（第2次定量分析）——确定具体个罪的刑罚量（第3次定量分析）。[①] 可以看出，定性分析及第1次定量分析主要是立法所要解决的课题。第2、3次定量分析则是司法所应解决的问题。其中，量刑基准应由司法解释机关加以明确。由于第3次定量分析涉及变化万千的具体个罪，虽主要由承办具体案件的法官加以融会贯通，正确适用。但由于我国刑法在量刑原则规定上的不足，有关量刑因素的适用原则，也应由司法解释作出具体规定，以统一

---

① 周光权："量刑基准研究"，载《中国法学》1999年第5期。

量刑适用标准和尺度。显然，当前司法解释与司法实践需要相比呈现滞后、薄弱的问题。

判例指导作用缺失。长期以来，法院沿袭着行政化管理模式，习惯用文件、规定、指令、会议等方式进行审判管理。近年来，法院加强了判例的编辑和发布，以期指导审判活动。但是，回顾刑事判例，仍有许多不足和缺憾。一是判例效力定位不明。判例目前仅是指导审判工作的参考，在当前法院内部行政化管理色彩尚未消除时，判例难以发挥其应有作用。二是判例编辑方法不科学，未能形成体系，编辑目的和方向不清晰，涉及量刑问题的判例少。因而停留在表面、一般性指导的层面。

4. 司法体制弊端的干扰因素

外部干扰因素。人民法院依法独立审判是我国宪法确立的一项基本制度。然而，由于体制上原因，人民法院审判工作受到来自各个方面的影响和干扰，不可避免地反映到刑罚裁量活动中。例如，法院设置上条块分割，审判工作难免形成地域性、地方性特点；个别党政机关人员的个人意志对刑罚裁量形成较大冲击，造成个案量刑的偏差。同时在法定监督时缺乏程序性保障，监督机关个别人员对案件直接下达具体处理指令或监督意见，使公正的量刑难以实现；社会舆论的监督在发挥正常功能的同时，也时常对案件的正确处理形成干扰。

内部干扰因素。近年来，随着法院改革的不断推进，公正、中立的司法理念、现代诉讼体制和法官职业化建设正逐步被人们所接受并实施。然而，旧的思维方式和制度非一朝一夕所能革除，制约着量刑活动。如法院责任承担体制，导致部分法院审理案件的法官没有实际裁判权，科学的量刑方法难以有效贯彻；审判委员会组成专业化程度参差不齐，习惯以职位高低选择委员，或者将其作为一种政治待遇，致使一些不熟悉审判业务的人进入审判委员会，因而当对重大疑难案件决定刑罚时，正确量刑、罪刑相当、罚当其罪，时常成为一种形式和口号。

三、构建罪刑相适应原则司法化标准体系

（一）确立量刑司法标准的理论和事实根据

司法量刑标准应当包含哪些内容，如何构建，目前存在广泛的争议。就刑罚理论而言，从罪刑相适应、罪刑相当含义出发，有学者主张绝对的罪刑均衡观点，即坚持罪质罪量与刑质刑量的完全等价。还有学者侧重于用量刑方法解决司法量刑标准问题，如运用决策学原理、数学量刑方法、电脑量刑方法等。上述探索虽取得了一定的成果，但是难以进入司法实践，效果不佳。

究其原因在于，罪刑相适应或罪刑相当的“相适应”、“相当性”标准的不确定性。依据学者的研究可作如下分析[①]：

1. 犯罪的恶性程度难以计量

罪刑相适应的第一层含义，是指刑罚应按照犯罪行为危害程度的大小确定刑罚量的大小。问题在于，“危害程度”本身是一个模糊的概念。因为犯罪具有变动性、复杂性。立法者在确定刑罚的轻重时，不仅无法周全地考虑影响犯罪严重性程度的所有因素，更无法预料以后可能出现的新的变化着的情况。企图在变动的犯罪与刑罚之间寻找一种明确的对应关系是徒劳无功的。

2. 刑罚威慑力的大小难以确定

在对具体犯罪的司法裁量中，必须考虑施以多重的刑罚才能产生应有的威慑力和惩罚力。因此，我们必须在刑罚所能带来的利和弊之间进行权衡。然而我们不具有明确的认定刑罚的轻重与犯罪严重程度之间直接的等价联系的能力。[②]

3. 法官自由裁量具有不确定性

罪刑相适应原则虽然要求刑罚的轻重与犯罪行为的危害程度及犯罪人的人身危险性大小相一致，然而由于不同的法官，其个人经历、专业素养、知识水平等方面的差异，对同一或类似的犯罪行为的严重程度及罪犯的人身危险性大小的理解、判断存在较大的差异，使罪刑之间关系在司法运作过程中，带有不确定因素。因此，机械地划定罪刑相当的标准也是难以做到的。

据此，笔者认为，应当从罪刑相适应原则的“相当性”本身和司法量刑活动的运作规律来进行考察。

刑罚的轻重应当与犯罪行为的严重性相适应，这是“相当性”的一条重要原则。但是，如果撇开了同类罪及同种犯罪这个参照物，仅从个罪角度来谈，这种“相当性”并不具有实际的可操作性。就同类罪而言，立法对某一罪法定刑的配置是否恰当，是在与类似罪的比较中进行判断的。就同种犯罪而言，对一个故意伤害案件宣告无期徒刑或者死刑，符合刑法对该罪的量刑规定，人们会作出不同的评价，也主要是从与先前对此种相同或者近似的案件裁判结果相比较中得来的。同样，司法量刑活动的运作过程，在对个案裁量刑罚时，法官有意或无意识地在参照以往的判例，运用比较的方法来衡量罪与刑之间的“相当性”，从而得

---

① 游伟、谢锡美：“论罪刑相当原则的困境及其实现”，载《刑罚适用及其价值取向研讨会论文汇集（上海）》，2003 年版，第 58 页。

② 何秉松：“试论新刑法的罪刑相当原则（上）”，载《政法论坛》1997 年第 5 期。

出量刑结果。

因此，虽然罪刑相适应要求刑罚的轻重应与犯罪行为的危害程度和犯罪人的人身危险性相一致，但对于“相适应”的判断孤立地依据个罪并不能确定，它是综合权衡同种类罪、同种罪之间的比较关系，再结合个罪具体情况后的结果，它是一个相对的概念。依据这样的观点，我们就可以在现行刑法规范下，在刑事司法实践的基础上，从确立各罪量刑基准、量刑要素及适用规则入手，建立量刑的司法标准。

（二）确立各罪量刑基准及其方法

1. 量刑基准的含义及作用

对于量刑基准的含义，学者之间存在一些分歧。笔者赞同这样的表述：量刑基准是指对已确定适用一定幅度法定刑的抽象个罪，在不考虑任何量刑情节的情况下仅依其构成事实所应当判处的刑罚量。① 但是，在对量刑基准含义把握时，应注意以下四点：一是量刑基准由于受事实和法律的不确定性影响，不可能是一个精确的数值或“点”，在很多情况下，它仍然可能是一个幅度（法定刑为绝对确定刑的除外）。二是量刑基准是抽象符合刑法分则某罪犯罪构成的既遂事实根据法定刑应判处的刑罚，其不考虑案件中的所有从重从轻减轻免除刑罚的情节。比如，将《刑法》第263条抢劫罪的第一档法定刑“处3年以上10年以下有期徒刑”的量刑基准，按照一定的方法确定为4～5年有期徒刑，这个刑罚度只是考虑了抽象的一般抢劫行为已达到既遂状态下的量刑基准，说它抽象，是因为它只考虑了行为的特定的部分属性，如达到犯罪既遂、暴力程度一般，而没有考虑行为可能还具有的其他属性，如果个案量刑时，犯罪人具有法定或酌定的量刑情节，那就应当在4～5年有期徒刑的量刑基准上下浮动确定宣告刑。三是量刑基准是针对我国《刑法》法定刑幅度过大、适用标准不明确、司法实践量刑失衡提出来的，是相对而言的，是甲案相对于类似甲案事实的乙案、丙案比较而言的。四是量刑基准是法官对个案按选定法定刑后，向宣告刑进行第一次过渡的桥梁，因而宣告刑与基准刑发生偏差是正常、合理的。

量刑基准问题的提出和被重视，对刑罚适用具有重要的实践意义。确立量刑基准可以为法官的法定刑运用设置一道起码的栅栏，作为一种具体而又明晰的参照物引导法官的量刑行为，②同时又可以以此构建量刑的司法标准体系，防止量刑失衡和失控。

---

① 周光权：“量刑基准研究”，载《中国法学》1999年第5期。

② 同上。

2. 确立量刑基准的方法

确立量刑基准的方法即寻找量刑基准点,目前有影响的观点有:

中线论。即把基准点固定在法定刑幅度的1/2处。从重在中线以上量刑,从轻在中线以下。

分格论。即在法定刑幅度内增加几个量刑基准,以应付从轻从重错杂的情况。

形势论。即根据治安形势的严峻与否确定基准点,该基准点随治安形势浮动,形势稳定时可适当降低量刑基准点至法定刑最低点,或以中间线为量刑基准;形势动荡时量刑基准须相应水涨船高,可以和法定刑上限重合或者靠近上限某一个点。

重心论。认为法定刑运用中的基准点是表征行为的社会危害性大小的一个主要因素,这个因素就是抽象个罪的重心。与抽象个罪的重心相对应的刑罚就是量刑基准。

对于上述各论,目前理论界多倾向主张重心论。在具体操作方法上主要集中于实证分析法。

实证分析法,即针对某一种犯罪,以大量的业已判决的案例作为调查对象,以计算的方法查明"平均化"的刑罚量的量刑基准确定方法。这种方法在国外刑法界早已被实际运用,我国学者对此也有所研究。主张如果某种情况的犯罪在一定时期内量刑都相对集中于法定刑范围内某个狭小的量刑数值之内,这个较小的范围就是该状况犯罪的量刑常量,它应该成为类似罪的量刑起点。① 这种量刑基准的确定是根据相当大数量的案例与量刑之间的紧密关系所得出的结论,即整体个罪(抽象个罪)是无数具体个罪的集合。表面上看,具体个罪的分布呈无序状态,但只要建立起一套由法定刑和发案率组成的坐标系统,就可以看出问题所在。该系统里纵坐标为发生率,由下至上分别为1%、10%……100%;横坐标为刑罚量,刻度由左至右按法定刑分别排列,如1、3、5、7、10年有期徒刑,或者10、15年有期徒刑、无期徒刑、死刑。然后随刻度分类并在坐标图上标出,连接各点即得到表明发生率高低的一条曲线,曲线顶端是最高发生率,最高发生率就是某一法定刑内该罪的重心,这一重心就是量刑基准。②

笔者认为,实证分析法是目前确定量刑基准最为合理、可行的方法。理由为:首先,符合关于罪刑相适应原则内涵的"比较说"观点。实证分析法通过审

---

① 苏惠渔编:《量刑方法研究专论》,复旦大学出版社1991年版,第778页。

② 郑伟著:《重罪轻罪研究》,中国政法大学出版社1998年版,第52页。

判实例的分析、比较，寻找罪与刑之间的联系，具有事实根据，避免了随意性。其次，简单易行，容易为司法实务部门所接受。可为具体个罪进入法定刑落实宣告刑提供最便捷的通道。最后，以此确定的量刑基准线具有唯一性。因为法定刑内抽象个罪的最高发生率只有一个，其重心也就只有一个。而对个罪的法定刑只设一个基准，其线条清楚，不会使司法人员产生困惑。

要在中国确立量刑基准，主要不应将希望寄托在立法者和学者身上，主要应由实践部门来担当此任。因为，寻找基准点的工作有赖于大规模的统计调查，其对象主要是大量的审判资料，而审判机关则具有绝对优势。

实证分析法以宣告刑为分析对象，得出的犯罪重心结果，虽然不能称为最科学，但由于罪刑相当的不可确定性，只能作出这样的选择。同时，也要注意到，该方法得出的量刑基准，由于以实际判例为统计对象，必然包括一定数量的错误判例在内，所以具有不可靠性。因此，必须对量刑基准进行定期的修正，美国量刑指南的逐年修订为我们提供了很好的范例。

关于数额型（财产型）犯罪的量刑基准的确定，可以采用实证分析法与犯罪数额分级量化相结合的方法进行，即将两种方法分别统计、测算，再进行比较，寻找结合点，确定量刑基准。

（三）作用量刑因素的要素化

根据法定刑司法运用的基本逻辑，确定抽象个罪的量刑基准是量刑的第2次定量分析步骤，解决的是从法定刑向宣告刑第一次过渡。而宣告刑的确定必须进行再次过渡，即确定具体个罪的刑罚量。[①] 对具体个罪刑罚量的确定涉及更为复杂的问题。因为具体个罪情况千差万别，从技术层面而言难以穷尽各种情况。但是，从作用量刑的诸多因素入手，归纳、分析、运用与量刑有关的主要因素，对解决具体个罪的刑罚量，确定宣告刑具有积极的意义，也不失为一种有效的方法。

所谓因素，是指决定事物发展的条件，[②]而要素是指构成事物的必要因素。[③]所以说，量刑要素就是指决定刑罚量的必要条件。

量刑因素应当包含哪些？目前分歧叠出。《刑法》第5条规定：刑法的轻重，应当与犯罪分子所犯罪行和承担的刑事责任相适应。《刑法》第61条规定：对于犯罪分子决定刑罚的时候，应当根据犯罪的事实、犯罪的性质、情节和对于

---

① 周光权："量刑基准研究"，载《中国法学》1999年第5期。

② 《辞海》，上海辞书出版社1979年版，第1745页。

③ 同上，第4212页。

社会危害程度,依照本法的有关规定判处。这些规定为确定量刑因素提供了法定标准。根据《刑法》第5条的规定,实际上包含了刑罚的轻重与犯罪的社会危害性相适应,刑罚的轻重与犯罪人的人身危险性相适应这两部分内容并有机统一。但在这统一中,并非平分秋色,而是有所侧重:是以刑罚的轻重与所犯罪行相适应为主,以刑罚的轻重与刑事责任相适应为辅,这里的刑事责任主要是指行为人的人身危险性程度。[①] 根据《刑法》第61条的规定,决定刑罚时的根据,主要是犯罪事实、性质、情节和社会危害性,这里的犯罪性质主要指定罪,犯罪情节学理上一般认为指刑法总则所规定的量刑情节,包括社会危害性情节和人身危险性情节。因此,我们可以将量刑因素按社会危害性与人身危险性进行划分,再分类进行提取。这样划分的意义在于,对量刑要素适用时可以为各要素对量刑的作用力大小提供评判的参考依据,防止量刑出现明显偏差。上述我们可以统称为量刑的法定因素,《刑法》总则和分则中均有体现,且总则规定明确、集中,分则散见于各罪的具体条文规定之中。此外,我国刑事政策和司法实践中存在大量的酌定量刑因素。酌定因素是指法律上没有明文规定的而在审判实践中总结出来,在量刑时灵活掌握酌情适用的量刑因素。酌定量刑因素应纳入量刑研究之中,并加以规范适用。

1. 法定量刑因素

A类——社会危害性因素

犯罪的社会危害性因素是指犯罪行为对社会主义社会关系造成损害的因素,包括以下几个方面:

(1)犯罪构成法条性客观行为之量刑因素。关于犯罪构成是否能作为量刑因素考虑,不少学者持否定态度,认为这样做违反禁止重复评价原则。笔者认为,这种观点是片面和无事实根据的。犯罪构成固然解决定罪问题,但刑法条文规定的罪状性构成条件,突出表明了该种犯罪的社会危害性特征,且大多是对犯罪的客观行为的明示性规定。因而在确定某一行为达到犯罪程度应予惩罚时,犯罪的客观方面构成事实的轻重程度在评定罪行轻重时当然应当作为一项评价因素要首先予以考虑的。

同样,从量刑基准出发,以一个标准的犯罪构成为对象,数次重复的强奸犯罪即连续犯(该条文的加重犯除外)其社会危害性大于一次强奸罪,因而犯罪次数又自然成为一个判断个罪社会危害性严重程度的标准,成为量刑的因素。此类情形表见于绝大多数《刑法》条文中,如盗窃罪(第264条)、抢劫罪(第263

① 陈兴良著:《刑法适用总论》(上卷),法律出版社1999年版,第65~69页。

条)、强制猥亵、侮辱妇女罪(第 237 条)等。由此可见,犯罪构成法条性客观行为依据其社会危害程度大小,应当成为一项重要的量刑因素作用于量刑,对其判断主要通过比较来进行。结合量刑基准可以看出,该因素是一个从重量刑因素,其因素选取之和越大,量刑就越趋重,因而对该因素用赋值的方式就可以表达为“ + ”,故本因素为“A① + ”。

(2)情节加重、结果加重法条性量刑因素。我国刑法在法定刑适用规定中大量采用了情节加重和结果加重的形式。有单一的情节加重,有单一的结果加重,也有情节加重并结果加重的等形式。这些法定刑加重情形的规定,一方面,可以为加重之前的法定刑的适用提供判断犯罪社会危害程度轻重的法条依据,如《刑法》第 263 条对抢劫罪规定了加重处罚的情形,其中第 4 项规定:“多次抢劫或者抢劫数额巨大的,处 10 年以上有期徒刑、无期徒刑或者死刑……”那么在适用前一个法定刑 3 年以上 10 年以下有期徒刑时,该项规定就可以成为判断罪行轻重的参照,即犯罪次数和犯罪数额。因此,在量刑基准上,刑罚量就应随犯罪次数和犯罪数额的增加而加大,该情形就应当成为一个量刑因素。应该说,司法实践中法官们有意或者无意之中在运用着这样的量刑因素。另一方面,在适用加重法定刑时,也同样应当将法定情形作为量刑因素:一是法定情形危害程度因素,如《刑法》第 234 条对故意伤害罪的规定,“……或者以特别残忍手段致人重伤造成严重残疾的,处十年以上有期徒刑、无期徒刑或者死刑”,根据该项规定,犯罪手段的残忍程度以及造成后果程度,是决定刑罚量大小的关键因素;二是数种法定加重处罚情形的累加因素。在加重法定刑规定中大量存在的是多种情形并存的情况,如《刑法》第 236 条强奸罪规定了 5 种情形,第 240 条拐卖妇女、儿童罪和第 263 条抢劫罪均规定了 8 种情形等。如果犯罪行为同时符合两种或者两种以上情形的,应当作为适用该法定刑时的从重量刑因素。由于加重法条性量刑因素也均为从重量刑因素,因此该因素也应当赋为“ + ”值,表达为“A② + ”。

(3)犯罪形态之量刑因素。我国刑法总则根据各种犯罪形态的社会危害性程度不同,规定了轻重有别的处罚原则,因而犯罪形态应当成为量刑因素加以充分考虑。

“应当型”犯罪形态。即刑法总则对某种犯罪形态在处罚时作出刚性规定,量刑时必须遵照执行。其中以同一犯罪形态对量刑影响的功能多少为标准,可以分为单功能情节和多功能情节。一般而言,多功能情节对量刑的作用力要大于单功能情节。“应当型”犯罪形态从刑法规定的处罚原则来看,除主犯的规定外(须特别对待),均为从轻型量刑因素,对其可赋为“—”值,故表达为“A③ - ”。

"可以型"犯罪形态。即刑法总则对某种犯罪形态在处罚时作出选择性规定,作为量刑的指导。同样地,该犯罪形态均为从轻型量刑因素,可表达为"A③ -"。

(4)刑法分则特别性规定之量刑因素。即指刑法分则在对基本犯罪作出定罪处罚规定的基础上,对特殊主体以及犯罪的特殊情形所作出的处罚规定。该规定散见于数十个分则条文中,应作为重要的量刑因素指导量刑。例如,策划、胁迫、勾引、收买国家工作人员、武装部队人员、人民警察、民兵进行武装暴乱的,依照前款规定从重处罚(第104条第2款);武装掩护走私的依照《刑法》第151条第1款、第4款的规定从重处罚(第157条);奸淫不满14周岁的幼女的,以强奸论,从重处罚(第236条);等等。因上述量刑因素为从重型因素,可表达为"A④ +"。

B类——人身危险性因素

即犯罪人的再犯可能性因素。人身危险性因素对量刑具有重大作用,依据刑法有无明文规定,可将其分为法定和酌定两种。法定因素在刑法总则和分则中均有规定。

(1)从重处罚型量刑因素。该因素在刑法规定中主要体现在累犯制度中。《刑法》第65条规定:被判处有期徒刑以上刑罚的犯罪分子,刑罚执行完毕或者赦免以后,在5年以内再犯应当判处有期徒刑以上刑罚之罪的,是累犯,应当从重处罚。第66条对危害国家安全犯罪的累犯、第356条对毒品犯罪再犯又作出了特别规定。累犯因再犯可能性大而从重处罚。该量刑因素可表达为"B① +"。

(2)从轻处罚型量刑因素。该种因素在《刑法》总则和分则中均有规定。例如,总则中,第67条关于犯罪后自首的从轻、减轻或者免除处罚规定;第68条关于立功以及自首后又有立功表现的从轻、减轻或者免除处罚的规定。分则中,对公司、企业人员行贿,行贿人在被追诉前,主动交代行贿行为的,可以减轻处罚或者免除处罚(第164条第2款);个人贪污数额在5000元以上不满1万元,犯罪后有悔改表现,积极退赃的,可以减轻处罚或者免予刑事处罚(第383条);对国家工作人员行贿,行贿人在被追诉前,主动交代行贿行为的,可以减轻处罚或者免除处罚(第390条);介绍贿赂人在被追诉前,主动交代介绍贿赂行为的,可以减轻处罚或者免除处罚(第392条)。该量刑因素,可表达为"B② -"。

此外,最高人民法院依法对刑法中的法定刑适用中的弹性条款所作出的司法解释,也应当纳入量刑因素中来,并按照上述A、B类划分方法分别进行选取适用。

2. 酌定量刑因素

一般包括以下两类:

C类——社会危害性因素

(1)犯罪侵害的对象。侵害的对象具体情况不同,行为的社会危害性程度不同,因而对量刑的影响也不同。例如,对老、弱、病、残、孕妇、未成年人进行侵害,比侵害无病的身强力壮的中青年的犯罪危害性要大,贪污、盗窃救灾、救济以及经济困难者家庭的款物比贪污、盗窃一般财物的危害性要大,量刑相对要重。由于一般的犯罪对象对量刑不产生作用,只有特殊对象才有影响,因此,该酌定量刑因素,在具备上述条件的情况下,一般表现为从重型量刑因素,可表达为“C① +”。

(2)犯罪手段。犯罪手段在法律没有规定为犯罪构成要件的情况下,手段是否残酷、卑劣、狡猾,反映了行为的社会危害性程度不同,对量刑的作用也不同。由于一般的犯罪手段在司法实践中常常作为一个酌定从轻的量刑情节加以考虑,因此,该因素应从个案相互比较中进行判别,故赋值时要因案而异,其表达为“C② +”或“C② -”。

(3)犯罪的时间、地点。犯罪的时间、地点在法律没有特别规定的情况下,对量刑也有作用。

例如,发生在地震、水灾等灾区的抢劫、盗窃及暴力性犯罪,其社会危害性比非灾区的要大。同样,社会治安形势也对量刑起着一定的作用,在治安状况不好的形势下犯罪,其社会危害性比治安状况好的时候要大。该酌定量刑因素,与上一种相似,也可表达为“C③ +”或者“C③ -”。

D类——人身危险性因素

(1)犯罪动机及犯罪起因。犯罪动机是否卑鄙、恶劣,表明犯罪人主观恶性程度不同,对量刑具有一定的作用。同为杀人行为,出于谋财、奸情、报复等动机,量刑时要酌情从重处罚;犯罪的,起因也往往反映出犯罪人主观恶性程度,因邻里纠纷、婚姻家庭矛盾、民事纠纷等引起的突发性犯罪,犯罪人的主观恶性比有预谋、有组织、有计划的犯罪显然要小,量刑时应有所区别。该量刑因素也要因案而异,因此可表达为“D① +”或者“D① -”。

(2)犯罪后的态度。犯罪分子犯罪后真诚坦白,主动交代罪行,积极退赃。主动赔偿损失,采取措施消除或者减轻危害后果,反映出犯罪分子的主观恶性的减少,应酌情从轻处罚。但是,相反情况的,则不能作为从重处罚因素。因而该因素一旦作为量刑因素考量时,只能选取从轻因素。故该因素可表达为“D② -”。

上述4类,仅是从量刑研究的角度进行表述的,并不能涵盖所有的量刑因素,笔者在此提供的是一种量刑标准体系基本要素的构建方法。而要确立各罪明确具体的量刑要素,则应当由专门的组织根据刑法、司法解释关于各罪的规定以及司法实践经验,按照这一方法分类进行提取、确定。

（四）量刑要素的运用规则

确定了量刑基准及作用量刑的要素之后，接下来需要解决的就是在量刑基准基础上如何运用量刑要素的问题。

在考虑量刑要素运用规则前必须先明确以下4个问题：一是量刑要素是由抽象个罪的量刑标准即由法定刑向具体个罪转化时通过量刑基准调整之后确定宣告刑之前，对刑罚量大小的再一次调整，因此量刑要素既具有抽象个罪的属性，又具有具体个罪的属性。当具体个罪中符合量刑要素之素在司法量刑中被提取，成为现实之素时，就转化为具体个罪的要素，此时该要素就应当对量刑产生作用。所以，量刑要素的有无和多少是因案而异的。因此，只有在相同要素的案件之间比较以及在同罪不同要素的案件之间比较中才能判断个案量刑是否适当。只有这样，量刑规则才具有可操作性。二是量刑要素的功能在于对刑罚量大小进行调节。根据司法规律，量刑活动中法官自由裁量权的因素不可避免，量刑结果存在合理偏差应被允许。因此，量刑要素的调节功能是建立在一定弹性基础之上的。所以，在设定运用规则时应着力于机制性构建，实现对量刑活动的适当控制。三是量刑要素运用规则应包括定性分析及其适用方法，即各量刑要素对量刑的作用力大小、量刑要素的绝对冲突以及判断标准，以指明刑罚量大、小的总体方向，保持宣告刑在宏观上的正确，防止量刑畸轻畸重；同时还应当包括定量分析及适用方法，即量刑要素的多或少，对量刑的直接影响，以控制刑罚量保持在合理的限度内，减少量刑的偏轻偏重。因此，可以用量刑因素分类的方法，确定各因素作用力的大小；用赋值“+”、“-”的方式确定作用力的方向、数量以及同向、逆向、混合作用力并存时，对刑罚量的推算和综合判断。四是有必要在较大幅度的法定刑中，在确定基准刑之后，围绕基准刑上下对刑罚进行二次分格，对从重、从轻、减轻等量刑因素进行分格控制并制定相应的规则，防止量刑要素的过度使用。例如，在法定刑为有期徒刑时，沿着基准刑上下以2～3年为一格，再分成若干刑格；在包含不同刑种的法定刑中，用前述方法结合以刑种为划分标准的方法，分成若干刑格。配以量刑要素在一格或数格内进行调节的规则。

据此，量刑要素的运用规则可包含以下6项：

1. 根据刑罚的轻重与所犯罪行（社会危害性）相适应为主，以刑罚的轻重与刑事责任（犯罪人的人身危险性）相适应为辅的刑罚理论，①以及法定量刑因素优于（作用力大于）酌定量刑因素的司法经验，可以对各类量刑因素对量刑作用

---

① 陈兴良著：《刑法适用总论》（上卷），法律出版社1999年版，第67页。

力的大小作出总体上的判断，即A类因素大于B类、B类大于C类、C类大于D类。其表达式为A>B>C>D。

2. 同类量刑因素"+"、"-"值作用力一般相等。"+"值表示从重类量刑因素，"-"值表示从轻类量刑因素，同向数值增加表示从重或从轻判处幅度的加大；同类因素"+"值与"-"值个数可以相互抵消，以得出该类量刑因素趋重、趋轻以及基本幅度的总体判断。

3. 不同类量刑因素"+"、"-"值一般不相等。依据第1项的表达式，在整体判断的基础上，结合各类量刑因素"+"值"-"值的多少进行二次判断，以调整刑罚量，并应注意同向量刑因素作用力增大对刑罚量的影响，逆向量刑因素之间的平衡关系对刑罚量的影响。因此，在适用第2、3项规则时，考虑到多个逆向量刑因素的复杂性，还特别需要注意第4项规则。

4. 多个逆向量刑因素并存时的综合平衡。(1)在从重与从轻量刑因素并存时，一般应当优先考虑从重因素，这是对刑罚量的第一次调整；再于从重基础上酌情从轻，进行第二次调整。但当从重量刑因素的作用力明显大于从轻因素时，可视为从轻因素的效力被抵消，不予从轻。先重后轻的方法，可以在法定刑幅度内确定上限，防止上浮过限，又能体现从轻。但当从重因素过大时，从轻效力抵消又不失公正。如杀死多人又自首或者立功，不予从轻的量刑是适当的。(2)在从重与减轻处罚因素并存时，应当先予减轻处罚，然后在减轻基础上予以从重处罚。如果根据减轻处罚的因素所确定的刑罚应靠近下一个法定刑幅度的上限，从重因素作用力又较大，如A类，则刑罚的刻度可以再浮回原来的基本法定刑幅度之内，酌情量刑。如果顺序颠倒先予从重，再予减轻，将导致从重量刑因素的适用毫无意义。(3)在从重因素与免刑因素并存时，应先考虑免刑因素，再考虑从重因素，并适当缩小从重因素的分量，但一般不宜最终决定免除处罚。①

5. 单个量刑因素在基准基础上一般浮动一格(二次分格幅度刑)，即上浮一格或下浮一格内量刑，多个同向量刑因素应当浮动一格以上。单个量刑因素包括：一是只有一个从重或者从轻量刑因素，没有其他法定或酌定量刑因素，该情况实践中不太多，但也有一定数量；二是案件中事实上有数个量刑因素，情况比较复杂，综合判断后或者某些因素相互抵消后，决定刑罚量的主要取决于一种量刑因素。单个量刑因素适用时，应对量刑进行必要的控制，这样，对多个量刑因素适用时也就具有了可操作性，量刑就能平衡。

---

① 黄祥青："多种量刑情节的适用原则与方法探讨"，载十省市《刑罚适用及其价值取向》研讨会论文汇集。

6.“应当型”因素优于“可以型”因素。这两种量刑因素在前文已述及,他们对量刑的影响力是有区别的,运用时应分辨清楚。应当型因素是一种法律硬性义务性规定,具有法律规定的明确性和裁判上的确定性,运用时必须执行。可以型因素表明法律上的一种倾向性,运用时由法官选择适用。从法律效力来说,应当型量刑因素当然优于可以型量刑因素。因而前者对量刑的作用力大于后者。该规则应当贯彻到其他规则的适用中,作为判断量刑因素是否优先考虑的依据,从而指导对宣告刑的选择。

四、建立量刑平衡机制和良好的司法运行环境

(一)建立量刑平衡机制

平衡机制的作用在于对建立在共同、规范的量刑标准基础之上的刑罚适用,通过宏观和微观两个方面的措施、手段,进行控制,以保证量刑活动在空间和时间上保持相对一致性,防止刑罚适用出现明显偏差,实现量刑公正。

1. 刚性平衡机制

(1)程序性机制。依照刑事诉讼法的规定,强化二审及审判监督程序功能。按照审判管辖的范围,通过审级监督保证量刑标准、适用规则的有效贯彻执行。为此,要改变二审、复核、再审程序中的一些习惯性做法,高度重视程序性控制机制对实现量刑公正、统一的重要作用,强化监督职能,严格改判案件的标准,对那些量刑明显不当的案件,依法改判。

程序性控制机制中,需要注意把握以下问题:一是关于法官自由裁量权。法官自由裁量权的行使必须合法、适度。刑罚适用既要符合刑法、司法解释规定,也要符合司法适用标准;既要充分尊重一审法官的自由裁量权,又要以二审的自由裁量权为限度标准,对一审量刑不当的,二审当改则改,严格裁量。二是审级监督中,对下列情形之一的,应当予以改判:第一,超越法定刑量刑的;第二,明显违反量刑适用标准和运用规则的;第三,法定量刑因素应当认定而未认定,或者二审审理期间出现法定或酌定从轻量刑因素,二审查实的;第四,二审改变一审认定事实,导致量刑因素发生重大改变,对量刑有直接影响的。

(2)量刑规范意见及其执行。应当由最高人民法院制定量刑规则或指南,作为司法解释颁布执行,成为裁判依据。在司法解释暂时难以出台的情况下,可以由各高级人民法院制定相应的规范意见。作为司法量刑活动的参考,审判时应当作为衡量量刑正确与否的判断依据。对于违反规范意见又与刑法规定不相符的判决,依照法定程序予以纠正。

2. 弹性平衡机制

作为刚性平衡机制的必要补充和配套措施,司法实践中还应当建立对刑罚适用的弹性平衡机制。

(1)判例指导。一是应当由相应的机构从事判例的编撰,加大量刑判例的比重,并分类编撰,便于司法实践中查找,对照适用;二是定期发布、修订,作为量刑规则的配套手段。判例作为对动态的审判活动进行适时指导的重要载体和形式,必须不断丰富和完善;三是逐步强化判例对审判指导的功能作用。由学习、参考性功能向司法适用依据的过渡,依照一定的程序赋予判例以司法解释的效力,成为量刑依据。

(2)一般指导机制。即审判活动经验性指导机制。当前我国审判工作中广泛采取的业务指导,如业务研讨会、工作总结、业务培训、下发指导文件等,对提高审判工作质量具有重要作用。但对刑罚具体适用涉及过少,缺乏可操作性。为此必须加以重视和改进,提高经验性指导工作的针对性和实效性。

(3)例外情形的判断及控制机制。由于犯罪行为的复杂多变,在执行量刑标准过程中,必然经常会遇到特例型犯罪现象。同样,法官自由裁量权的难以确定性也必然导致适用法律上的差异性。因此,国外许多量刑指南、规则均规定了例外适用规则。例如,美国《量刑指南》对偏离指南作出了明确规定。量刑例外情形的适用涉及以下4个问题:一是例外情形必须是刑法和量刑适用规定中未加以规定的特殊情形,并且是与量刑直接有关的情形;二是例外情形必须是案件中客观存在的事实,只有客观事实才能纳入例外情形中进行考量;三是适用例外情形而偏离量刑准则的必须充分说明理由,应当排除一般意义上的理由成为适用例外情形的条件;四是构成一个量刑例外情形的判决结果应当在一个合理、适度的范围内偏离原有的量刑规则,不应偏离过远。

(二)创建司法实现的良好环境

1. 优化内部环境

树立正确的刑罚观念。必须牢固树立现代法治思想,在适用刑罚时重视人权保障,克服轻视量刑、重刑防恶和忽视人权的观念。完善审判组织制度。要进一步完善审判组织,从专业化入手,并对议事规则进行细化,将对量刑问题的评议作为一项硬性议事内容,并建立相应的质量标准,进行考核。改善审判委员会成员的专业结构,提高决策水平。

2. 改善外部环境

切实维护法院依法独立审判。法院依法独立审判是司法公正的重要前提。罪刑相适应原则的司法实现,法院的独立、中立、公正的裁判者角色定位必不可少。如果法院、法官受制于法外意志和利益，裁判就会出现偏差，裁量刑罚就会偏离准绳。因此要在符合法律效果的基础上，正确认识法律效果和社会效果的关系，实现两者的统一。在裁量刑罚过程中，法官应当忠实于事实和法律，独立思维、客观思维、依法思维。同时，应积极呼吁社会各界，共同维护法院依法独立审判。从而确保法官能在一种平和、从容的环境中进行裁判活动。

法定监督程序化。党对司法工作的领导、人大对司法的监督，是我国特色社会主义的法制要求，应当加强和完善。但是，实践中存在监督无序化的现象，以言代法、个人干涉司法，对刑罚适用产生较大的负面影响。为此，有必要制定监督的规范程序，科学设置监督权与审判权的关系，使法定监督通过启动司法内部监督程序来实现，使案件的最终决定归位到司法程序中来。这样，准确量刑才能有所保障。

规范新闻舆论监督。新闻舆论对司法工作的监督是确保司法公正的一个重要方面，但如果掌握不当则会影响对刑罚的恰当适用。为此要从以下 3 个方面进行规范：首先，新闻报道要忠实于客观事实，不能故意夸大案情，追求轰动效应，误导社会舆论；其次，在法院判决前，媒体不应对案件实体处理发表带有明显倾向的评论，尤其是量刑意见，防止影响法官对案件的处理；最后，法官应保持客观、中立的立场，正确对待新闻舆论，不被其所左右，客观判断，依法量刑。

（2004 年第 1 期）

偷窃“天价”科研试验品行为的定性

周光权*

一、问题的提起

行为人在不知情的场合,盗窃“天价葡萄”、“天价豆角”等所谓的“天价”科研试验品的行为近年来时有发生。例如,2003年8月7日凌晨,4名男子在北京香山附近盗窃了47斤科研用葡萄。被害单位声称:它们是北京农林科学院林业果树研究所葡萄研究园投资40万元、历经10年培育研制的科研新品种。案发后,市物价局价格认证中心对被偷的葡萄进行估价,被偷葡萄的直接经济损失为11220元。2004年4月,争议已久的估价问题,经过检察院两次退回补充侦查后,“天价葡萄”最终估价按照葡萄的市场价格估算,价值仅为376元,远未达到目前北京地区实行的盗窃财物价值1000元以上才追究刑事责任的标准。

最近又有媒体报道,2004年7月6日,哈尔滨市一个窃贼从一个蔬菜大棚里偷摘了两袋看似一般的豆角,卖了110元钱。他没有料到:他进的是哈尔滨市农业科学院蔬菜花卉分院的实验棚,偷的是该院投资数万元、经4年苦心研究培育的“太空豆角”。据悉,犯罪嫌疑人刘吉路被警方以涉嫌盗窃刑事拘留。受害方介绍,这些用于科研的豆角是他们经过4年时间培育,又经过太空育种后的CHC55号种子培育出来的。这样的种子一共仅有几十粒,极为珍贵。这些正处在种子成熟期的豆角被盗,使整个试验的完整性受到影响,并使实验数据失去了准确性,直接导致整个研究链断裂,其损失不是可以用价格来估算的。①

类似案件,有一定的代表性,如果不在刑法理论上加以解决,今后或许会出现“天价”樱桃案、“天价”兔子案等,不一而足。所以,需要仔细分析对类似行为是否应当定罪,如何定罪以及如何考虑数额等问题。

---

* 作者单位:清华大学法学院。

① 对此案的详尽报道,请参见郭毅、李丹:“窃贼偷了‘天价豆角’”,载《法制日报》2004年7月12日。

二、责任主义与案件定性

责任主义是一种与结果责任相对应的观念，它强调对行为人是否定罪，不能仅考虑客观危害的大小，还要查明行为人是否有辨认控制能力，是否有故意过失、期待可能性，以主观要件来限制刑罚处罚的范围。换言之，责任是对行为人进行非难的前提，没有责任就没有刑罚。①

“天价太空豆角案”和“天价葡萄案”，这两起案件的共同之处在于犯罪嫌疑人都使用盗窃手段获取了用于科学研究的产品，当地警方又都以盗窃罪对犯罪嫌疑人予以逮捕或刑事拘留。对类似案件是否能够定盗窃罪，最为关键的问题在于行为人对于财产价值的特殊性是否能够认识。

财产的价值，一般应当理解为客观价值，即财产的经济价值，也就是说，具有能够用客观的价值尺度衡量的经济效用的财物，才是财产犯罪的对象。② 由于我国刑法将“数额较大”规定为盗窃罪的客观要素，自然要求行为人认识所盗财物属于“数额较大”的情形。行为人对财物的价值性必须有大致的认识，当然并不要求他有非常确定的认识。例如，盗窃自行车时，行为人一定知道被盗财物是有比较高的价值的财物，才会实施相应行为。在财物具有特殊性的场合，如被盗财物是科研上的试验品时，行为人如果对财物的特殊性无法认识，对财物的价值就无法认识，也就欠缺对行为对象的认识，对行为的社会危害性自然也就无法认识，最终缺乏盗窃罪的犯罪故意。

在这里，比较重要的一点就是：对行为人定罪，不能只考虑结果责任，不能仅仅因为事后证明财物价值高，就一定要对行为人定罪处理。刑法当然要保护合法权益，但是，同时还要坚持责任主义的立场，也就是说，必须要考虑行为人有无罪过。在中国《刑法》中，没有任何关于严格责任的规定，《刑法》在总则第 14 条、第 15 条强调要定罪必须首先判断行为人有无故意、过失。就盗窃罪而言，窃取的故意是一定需要的。而在窃取的故意中，明显地要求行为人对他人的财物属于“数额较大”有大致的认识。而就一般人的认识而言，普通的葡萄、豆角，是难以达到价值 1000 元左右这样的数额较大程度的。

所以，如果偷窃葡萄、豆角者不知道这些特殊财物的价值，是按一般葡萄、豆

① 责任主义包括主观责任与个人责任两个原则，与本文有关的是主观责任问题。对责任主义的分析，参见[日]平野龙一著：《刑法概说》，东京大学出版会 1977 年版，第 74 页。

② 周光权著：《刑法各论讲义》，清华大学出版社 2003 年版，第 89 页。

角偷吃，只属于一般违法行为，乃是治安管理处罚的对象，恐怕不好定盗窃罪。

实务部门有的人认为，对行为人能否定盗窃罪的难点并不在行为人是否知道被偷吃的葡萄、豆角的价值，有无犯罪的主观故意和客观后果，关键在于如何给损失的葡萄、豆角作价。这种观点在实践中有一定影响，但是可能值得商榷。

盗窃罪是“取得型”财产犯罪，必须先确定行为人是否有取得财物的意思，然后再定罪。对财物特殊价值有无认识，又直接决定了行为人是否有取得的意思。所以，判断行为人是否知道所窃取的科研试验品的价值，乃是能否定罪的前提。这个前提不解决，而直接先去鉴定科研试验品的价值，属于本末倒置的行为，是结果责任在刑法中的反映；也是一种严格责任的立场，这与大陆法系国家一贯坚持的罪过责任（责任主义）立场并不相符。

这里有一个问题需要研究：是否在任何情况下，对盗窃特殊试验品的行为人都不能以盗窃罪追究刑事责任？如果这样，这是否不利于保护被害人的财产和科研秩序？因为社会上有一种比较有影响的声音：毕竟犯罪嫌疑人的行为给受害者科研单位和社会造成了巨大的损失，实际上也是破坏了科学研究秩序，对类似行为不定罪，有放纵犯罪的嫌疑。

我的看法是：对盗窃特殊科研试验品的人，是否一律都不定罪，不好一概而论。在以下特殊情况下，也可以考虑定罪：行为人在特定科研试验场所从事劳动，如帮助进行试验或者从事该场所的劳务；曾经听人提起某科研场所试验品的特殊性；某科研试验场所从外观上看，与一般的植物栽培场所有非常明显不同的外观或者警示标志等，行为人在进行该场所盗窃以前，对场所的特殊性有所认识。在这些场合，很难说行为人没有认识到盗窃对象的特殊性，对其以盗窃罪追究就应当是合理的。

如果排除以上情形，对行为人就不能以盗窃罪进行追究。这对保护科研单位的财产当然会有所影响。但是，在行为不符合构成要件主观方面的要求时，对行为人不能定罪，也是罪刑法定原则所明确要求的。当然，对行为人不定罪，不等于完全不保护被害人的财产。被害人完全可以提起侵权损坏赔偿之诉。因为民事上的侵权损坏的归责原则种类繁多，不限于故意的过错责任原则，被害科研单位的财产权在民事上一定能够得到赔偿。

需要进一步分析的是：如果行为人对被盗财物属于科研试验品有所认识，可以定盗窃罪，那么财物价值如何计算？行为人在不知情的情况下盗窃了葡萄、豆角，在计算财产价值的时候是否应计算科研单位所受的损失？

在行为人对科研试验品的特殊性有大致认识的情况下，就客观方面而言，被盗物品的数额是决定罪与非罪的标准。但如何评估科研产品的价值，实务界似乎遇到了难题。如“天价葡萄案”中，一开始北京市物价局价格认证中心对被偷的葡萄进行估价，认定被偷葡萄的直接经济损失为11220元，8个月后，北京市物价局再次估价，认定被偷葡萄价值为376元。前后两次认定相差如此之远，这主要是因为这类科研产品因未进入流通领域而尚在科研之中，价值属于一种动态可变的，此时的估价就是一种“价值”判断，而非纯粹的事实判断。

对于这种情况下的财产价值计算，有两点是比较重要的：

第一，不能以被害人声称的财产损害或者科研总投入计算。在大量财产性犯罪中，都存在被害人夸大财产损失的现象，当然这也是可以理解的。如果按照培植这些葡萄、豆角的总成本计算，往往因为是“天价”，属于数额特别巨大的情形，对被告人就都应该判处无期徒刑，这既不符合情理，又于法无据。按最高人民法院《关于审理盗窃案件具体应用法律若干问题的解释》规定，盗窃的数额是指行为人窃取的公私财物本身的数额，而不包括给被盗者所造成的损失。这些损失只是量刑应考虑的情节，而不是定罪的标准。另外，科研总投入是分阶段的投入，与盗窃行为有关的，可能只是某一阶段数量较少的投入，它们会对量刑发挥一定影响。

第二，在行为人对某些场所属于科研试验场所，某些财物属于科研试验品有大致认识的情况下，如果科研试验品经过鉴定，其价值过高，远远超过一般人的预料的，例如，区区几十颗豆角价值数万元，这是任何人都事先难以预料的，过于使人感到意外。此时，即使行为人对特殊财物属于科研试验品有所认识，有必要对行为人定罪，也不宜单纯以鉴定结论所确定的财产价值定罪量刑。比较合理的处理方式是：对行为人按照盗窃普通财物中的“数额较大”这一档次定罪量刑。对此，《日本刑法》第38条第2款规定“实施了本应属于重罪的事实，但行为时不知属于重罪的事实的，不得以重罪处断”，值得我们借鉴。在行为人无法对盗窃财物属于数额巨大、数额特别巨大有所认识时，对其不按照盗窃罪中的重罪处理，这也是对主客观相统一原则的贯彻。

三、对类似案件不宜以破坏生产经营罪处理

对盗窃科研试验品的案件中犯罪嫌疑人的行为如何定性，目前理论界的观点并不一致。有学者认为，定罪要遵守主客观相统一的原则，如果犯罪嫌疑人从主观上来讲只是想偷点（普通的）葡萄或豆角，其追求的价值就是（普通的）葡萄或豆角的价值，并不是整个科研项目的耗资，所以在主观上他们只有一般违法的故意，并没有盗窃犯罪的故意。前已述及，这种观点坚持了主客观相统一的原

则，有其合理性，应该坚持。

不过，也有学者提出，对盗窃“天价”科研实验品的行为，不应定盗窃罪，而应以破坏生产经营罪定罪。理由是：破坏生产经营罪，是指由于泄愤报复或者其他个人目的，毁坏机器设备、残害耕畜或者以其他方法破坏生产经营的行为。因为破坏生产经营罪的动机还有“其他个人目的”，行为人对破坏生产经营的后果可以持一种放任的心理状态，即间接故意。实施破坏行为的手段是多种多样的，毁坏机器设备、残害耕畜只是其中比较典型的手段，在现实生活中针对不同的生产活动，破坏的手段也会有所不同，这些都应该看成是“其他方法”所包括的内容；对本条中的“生产经营”不是仅指商品生产和商业经营，科研活动也应看做生产经营活动，理应受到刑法保护。

这样，对盗窃“天价”科研试验品的行为，以破坏生产经营罪论处就是合理的。①

这种观点，似乎比较合理，但我并不赞成。因为它在两个方面值得推敲：一方面，根据通行的观念，财产犯罪可以分为两大类：取得罪和毁弃罪。盗窃罪是以非法占有目的，窃取他人财物的行为，是典型的取得罪；破坏生产经营罪和故意毁坏财物罪一样，是典型的毁弃罪，行为人有毁坏财物效用的意思，却没有取得财物的意思。② 在盗窃“天价”科研试验品的案件中，行为人只有取得财物的意思，没有毁弃财物的意思，却成立一个毁弃罪，有难以解释之处。另一方面，科研活动当然可以视为生产经营活动，问题是，该罪的成立要求行为人对于某一项活动是生产经营行为有明确认识。行为人在实施相应行为时，如果不知道该活动是科研活动，其仍然不应当构成破坏生产经营罪。一般果园的葡萄，一般蔬菜大棚的豆角，可能属于财产主人日常劳作的成果，其被偷窃，也只涉及个别财产被盗窃的问题，不会涉及生产经营受大面积破坏。有学者指出，修订后的《刑法》将1979年《刑法》中属于破坏经济秩序的犯罪，归入侵犯财产罪，或许主要着眼于毁坏生产资料的手段行为。③ 在行为人并不知道某一场所是科研场所，偷窃行为只毁损面积较小、数量较少的财物时，不知道该财物与生产资料有关时，认定其行为属于破坏生产经营行为，与破坏生产经营罪的主客观方面要件都不符合，也陷入了客观归责、严格责任的窠臼，并不合理。

---

① 类似的观点，参见尚晓宇：“刑法学家王作富求解‘天价’葡萄案定破坏生产经营罪符合法律和学理”，载《检察日报》2003年8月15日。

② ［日］西山富夫编：《刑法通说各论》，八千代出版株式会社1995年版，第145页。

③ 张明楷著：《刑法学》（第2版），法律出版社2003年版，第790页。

四、余　　论

根据现行《刑法》关于盗窃罪的规定，会得出对“天价”科研试验品完全缺乏认识者不构成犯罪的结论。这一结论，和刑法立法基本一致，也符合责任主义的要求。但是，该结论与一般国民的判断有不太一致的地方，一般人会认为法律放纵了罪犯，无法对科研秩序和科研场的财物给予有效保护，所以该无罪的结论可能有不尽合理之处。要克服司法判决和国民常识判断之间的分歧，就需要检讨以下两方面的问题：

一方面，在刑法中就财产犯罪的定罪标准作定量规定是否合适？前已述及，在外国刑法中，并不对财产犯罪作出定量规定，不要求数额较大、数额巨大，行为人自然无须对财产价值作出判断，在既有窃取意思又有相应行为的场合，就可以成立犯罪。中国刑法出于缩小打击面的需要，对刑罚处罚范围进行限制，似乎合理。但是，这种规定为处罚类似盗窃“天价”科研试验品的行为设置了障碍，反而会产生对财产法益保护不力的弊端。其实，要限制财产犯罪的范围，很多时候并不需要依靠立法上为财产犯罪设置数量标准，而需要司法上对侵犯财产的行为进行实质解释。实务中对财产犯罪的判断，应当具有选择值得刑罚处罚的法益侵害行为的功效。即使刑法上不规定数额较大才构成盗窃罪，只要在解释和适用刑法时，坚持实质的犯罪论，司法部门就不至于形而上学地、形式化地解释构成要件，把盗窃价值微薄的财产的行为定性为盗窃罪。在盗窃行为发生以后，需要司法人员实质判断的是：被害人的财产法益是否遭受实质的侵害。如果能够确定这一点，刑法条文中是否还有必要规定“数额较大”，就是值得考虑的问题。所以，犯罪论中实质主义立场的贯彻，不应当依赖于刑事立法，而是必须依靠刑事司法和刑法解释。

另一方面，现行犯罪构成理论是否妥当？根据通说的立场，犯罪客体要件、犯罪客观方面要件、犯罪主体要件、犯罪主观方面要件是构成犯罪的基本要素，要成立犯罪，要求四大要件同时具备；犯罪构成要件之外，不再有成立犯罪的标准。在刑法中要求主客观相统一，就是自然而然的事情。主客观相统一并不意味着故意犯罪的行为人必须认识到所有的客观要素。事实上，有些客观要素并不要求行为人认识。在德国、日本刑法理论构造中，犯罪成立条件和客观处罚条件是分开的，构成要件符合性、违法性和责任是犯罪成立条件的内容，行为符合这些条件，原则上就可以进行刑罚处罚。但是，在涉及破产、事后受贿等特殊场合，刑罚权的发动，不仅仅取决于犯罪事实，还取决于刑法所规定的其他外部事件或者客观条件。[①]

刑法将故意犯罪中的某些客观要素作为客观处罚条件来看待，从而不要求行为人对这些客观处罚条件具有认识与放任，如此一来，哪些属于故意必须认识的客观处罚条件，哪些不属于故意必须认识的客观处罚条件，就是比较清楚的。但在我国，由于犯罪构成是成立犯罪的唯一根据，成立犯罪所必需的一切要素都被纳入犯罪构成。于是，相当于德国、日本刑法中的客观处罚条件的要素，在我国也成为犯罪构成的客观要素。[②] 这便使盗窃罪中数额较大是否要求行为人认识这一问题变得不太简单。因此，把适度改革犯罪构成理论，分层次、递进式地考虑犯罪成立条件，不把所有的客观要素都纳入需要行为人认识的范畴，就是将来需要考虑的问题。

（2004 年第 9 期）

① ［日］福田平著：《刑法总论》，有斐阁 2001 年版，第 330 页。

② 张明楷著：《刑法分则的解释原理》，中国人民大学出版社 2004 年版，第 182 页。

转化犯基本问题新论

薛进展*

一、转化犯的种类和特点

现行《刑法》中规定的转化犯究竟有哪些,综观各种观点,普遍的看法是以下8种:

1.《刑法》第238条第2款规定的"非法拘禁他人,使用暴力致人伤残、死亡的,依照本法第二百三十四条、第二百三十二条的规定定罪处罚"。

2.《刑法》第241条第5款规定的"收买被拐卖的妇女、儿童又出卖的,依照本法第二百四十条的规定定罪处罚"。

3.《刑法》第247条规定的"司法工作人员对犯罪嫌疑人、被告人实行刑讯逼供或者使用暴力逼取证言,致人伤残、死亡的,依照本法第二百三十四条、第二百三十二条的规定定罪从重处罚"。

4.《刑法》第248条规定的"监狱、拘留所、看守所等监管机构的监管人员对被监管人进行殴打或者体罚虐待,致人伤残、死亡的,依照本法第二百三十四条、第二百三十二条的规定定罪从重处罚"。

5.《刑法》第253条第2款规定的"邮政工作人员私自开拆或者隐匿、毁弃邮件、电报而窃取财物的,依照本法第二百六十四条的规定定罪从重处罚"。

6.《刑法》第269条规定的"犯盗窃、诈骗、抢夺罪,为窝藏赃物、抗拒抓捕或者毁灭罪证而当场使用暴力或者以暴力相威胁的,依照本法第二百六十三条的规定定罪处罚"。

7.《刑法》第292条第2款规定的"聚众斗殴,致人重伤、死亡的,依照本法第二百三十四条、第二百三十二条的规定定罪处罚"。

8.《刑法》第333条规定的"有组织他人卖血、强迫他人卖血行为,对他人造成伤害的,依照本法第二百三十四条的规定定罪处罚"。

---

* 作者单位:华东政法学院(华东政法大学)。

对上述 8 种转化犯罪①作进一步归纳，不难发现各种转化犯既有共性，也各有其不同的特性。

其共性是：(1)转化犯都涉及两个不同的罪，其中一个是转化的基础之罪(以下简称基础罪)，另一个是转化之罪(以下简称转化罪)。(2)转化是从轻罪向重罪转化。其中的基础罪法定刑较轻，转化罪的法定刑较重。(3)轻罪向重罪的转化来自于法律的规定。(4)转化的结果是以转化之罪定罪处罚，不再对转化犯涉及的前后两罪进行数罪并罚。(5)转化所涉及的两个罪名都是故意性质的犯罪。

其不同是：(1)转化犯的类型并不相同。有的是在基础罪实施过程中，犯罪结果超出了基础罪所能容纳的范围，如前述第 3 种、第 4 种、第 7 种、第 8 种转化犯，有的是在基础罪实施当场实施了基础罪所不能容纳的行为，如前述第 6 种转化犯，还有的是在基础罪实施完毕之后又实施了另一个犯罪，如前述第 1 种、第 2 种、第 5 种转化犯。这种差别决定了转化犯罪的实际转化性质的不同，有的是罪名的转化即一个罪名向另一个罪名的转化，如前两类；有的是犯罪构成的转化，即一个犯罪构成向另一个犯罪构成的转化，如最后一类。(2)转化的原因因此而有所差别。有的是因结果而转化，有的是因行为而转化，有的是因实施新的犯罪而转化。正是因为转化原因的不同，使转化犯很难形成统一的模式。学界目前对于转化犯可以有 10 多种不同的概念，对转化犯的特征可以有许多分歧意见，对转化犯的转化条件可以有很多争论，这都是由于转化犯本身的转化原因不具有统一性所决定的。(3)转化的时间和空间有所不同。因结果而引起的转化犯没有转化的时间和空间过程，结果发生即转化，结果不发生则不转化。而因实施新的犯罪行为引起的转化犯，因为是实施新的犯罪行为，又有两个犯罪行为的开始到完成的过程，可以存在转化的时间和空间。这种时空差别决定了转化犯是否存在既遂与未遂的犯罪形态。(4)转化罪的罪过内容不同。在大部分转化犯中行为人具有基础罪的犯罪故意，但不一定具有转化罪的犯罪故意。如《刑法》第 247 条、第 248 条和第 292 条所规定的转化犯，行为人可能不具有伤害或者杀人的犯罪故意，第 269 条的行为人不具有抢劫罪的犯罪故意。而在少部分

① 对转化犯的种类本身就有争议，但大多数观点对这 8 种转化犯中的大部分持肯定意见，其中略有不同的是，《刑法》第 267 条的“携带凶器抢夺的，依照本法第 263 条的规定定罪处罚”，是否属于转化犯。笔者认为，这不属于转化犯。转化犯是罪与罪之间的转化，是一个犯罪实施当场或者之后又实施某种行为或者造成某种严重后果而形成的向另一罪的转化，携带凶器是在抢夺行为实施同时存在，并不是抢夺当场或者之后又实施的行为或后果，这同其他转化犯明显不同，所以本文没有将此列入转化犯之列。

转化犯中，则必须具有转化罪的犯罪故意，如《刑法》第241条和第253条规定的转化犯，就具有拐卖妇女、儿童的犯罪故意和盗窃的犯罪故意。这种不同不仅影响到转化罪的罪过内容和形式，而且影响到转化犯是否存在共同犯罪的可能性。(5)转化的罪数有实际的数罪和形式的数罪之别。转化犯在形式上虽然都涉及两个犯罪，但实际上有很大差别。其中只有少部分转化犯有真正的数罪构成，如收买被拐卖妇女、儿童又出卖的转化为拐卖妇女、儿童罪，既具有收买被拐卖妇女、儿童罪的犯罪构成，又有拐卖妇女、儿童罪的犯罪构成。大多数转化犯实际没有数罪的犯罪构成，仅仅是数个罪名而已。如盗窃转化为抢劫因为缺乏抢劫的犯罪故意而不具备抢劫罪的犯罪构成，刑讯逼供罪转化为故意杀人罪因为可能没有杀人的犯罪故意而缺乏故意杀人罪的犯罪构成。

各种转化犯罪之间就有如此之多的差别，这在罪数形态中是绝无仅有的。学界对于转化犯研究的努力，希图用一个转化犯的概念来涵盖所有的转化犯，用几个特征来反映所有转化犯的共性，显然难以得到圆满的结果。

二、转化犯的转化基础问题

转化犯是从一种犯罪向另一种犯罪的转化，其转化的基础应当具备什么样的条件，学界争议较大，不仅包括是否以罪为基础的争议，也包括是否具备既遂条件的争议，有必要作进一步的分析。

(一)转化基础是否以基础罪的成立为必要

对于转化前提是否以构成犯罪为基础，理论界的争议观点主要有三种。一种是违法行为和犯罪皆可说，认为转化犯是指某一违法行为或者犯罪行为在实施过程中或者非法状态在持续过程中，由于行为者主客观表现的变化，而使整个行为的性质转化为犯罪或者转化为更为严重的犯罪，从而应以转化后的犯罪定罪或应以法律拟制的某一犯罪论处的犯罪形态。[①] 另一种是犯罪基础说，主张转化犯的基础不包括违法行为，只能是犯罪。认为转化犯是由法律特别规定的，某一犯罪在一定条件下转化成另一种更为严重的犯罪，并且应当依照后一种犯罪定罪量刑的犯罪。[②] 或者更进一步认为，转化犯是指行为人在实施某一较轻的故意犯罪过程中，由于行为人的行为的变化，使其性质转化为更为严重的犯

① 杨旺年："转化犯探析"，载《法律科学》1992年第6期。

② 王仲兴："论转化犯"，载《中山大学学报》1990年第2期。

罪，依照法律规定，按重罪定罪处罚的犯罪形态。[①] 还有一种观点是行为或者危害行为说，认为转化犯就是行为人出于一个犯罪故意，行为实施过程中发生性质转化而改变罪名的犯罪形态。[②] 或者认为转化犯是指行为人在实施基本罪的危害行为过程中，由于出现特定的犯罪情节，而使基本罪的犯罪性质发生改变，转化为某一重罪，并且按重罪定罪量刑的犯罪形态。[③]

在上述观点中，第一种观点主张转化犯的基础不以犯罪为必要，违法行为也可转化成为转化犯的基础。这种违法行为也可成为转化基础的观点来源于1997年《刑法》修订以前，司法解释中对没有构成盗窃犯罪也可以转化为抢劫罪的规定。随着1997年《刑法》明文设立了罪刑法定原则，而且《刑法》第269条的规定仍然以"犯盗窃、诈骗、抢夺罪"为前提条件，所以在1997年以后明确主张违法行为可以作为转化犯的基础的观点已不多出现。第二种观点主张转化犯的基础必须是构成犯罪，这种观点在目前的转化犯研究中居于主导地位。普遍认为转化犯是从一个犯罪向另一个犯罪的转化，并且认为是从较轻的犯罪向重的犯罪转化。第三种观点对转化犯是否以犯罪为基础不作明确表态，实际上回避了转化犯的基础是否以犯罪成立为必要条件的问题。当然这种观点回避的用意并不在于主张违法行为也可以成为转化犯的基础，更多的则在于未遂的基本罪也可以转化。

笔者认为，就转化犯的基础而言，笔者赞同上述第二种观点。因为在转化犯罪中，趋重性即轻罪向重罪方向转化，是所有转化犯的共同特性，正是趋重性这一最主要的特征把转化犯同其他犯罪形态加以区别，使转化犯能够成为一种独立的犯罪形态。轻罪向重罪的转化，不仅反映了转化犯只存在于两个犯罪之间，是两个犯罪之间由轻到重变动的犯罪形态，更加反映出以轻罪论处明显不符合罪责刑的一致性，必须以重罪论处才能平衡罪责刑关系的内在立法意图。事实上违法行为向犯罪的转化，只是犯罪成立的问题，还不涉及罪与罪的转化，更不涉及轻罪向重罪的转化。如果没有构成犯罪的违法行为也可以成为转化犯的转化基础，那么将使尚未构成犯罪的违法行为，直接越过了犯罪成立的基本线，越过了轻罪的范围，直接跳入重罪的范围。这同刑法一贯的立法理念不符合，同刑法设立罪刑法定原则的本意相悖，也同刑法设立转化犯意在平衡罪责刑的目的相矛盾。

---

① 王彦、黄明儒、张杰："试论转化犯的概念与基本特征"，载《国家检察官学院学报》1999年第1期。

② 储槐植："论罪数不典型"，载《法学研究》1995年第1期。

③ 金泽刚："论转化犯的构成及立法例分析"，载《山东法学》1998年第4期。

(二)转化基础是否以基础罪的既遂为必要

转化的基础应当以犯罪成立为必要,犯罪既遂和未遂都是属于犯罪的范畴,是否都能成为转化的基础前提,虽然大多数转化犯的论著没有论及此问题,但仍有部分论著涉及此问题。有观点认为,转化犯是指行为人在实施某一较轻的犯罪(基础罪)已在未遂或既遂后,由于其特定的不法行为,而使轻罪转化为某一重罪,法律明文规定以转化后的重罪定罪量刑的犯罪形态。并认为转化犯必须以基本犯罪行为的既遂或未遂为必要,并由此认为转化后的犯罪也有既遂和未遂。[①] 甚至有观点进一步提出,如果行为人实施基本罪的预备行为,构成基本罪的预备犯以后,一旦加入法定的转化条件,则可以向重罪的预备犯转化。[②] 还有观点更具体地提出,盗窃等罪的犯罪预备也应具有转化为抢劫的前提性意义,一旦满足转化型抢劫罪的其他条件,就能构成转化型抢劫罪。[③]

笔者认为,首先,转化基础可以包括既遂、未遂和预备的观点并不能适用于所有转化犯,仅仅是对少部分转化犯有价值。在前述 8 种转化犯,《刑法》第 247 条刑讯逼供或者暴力逼取证言致人伤残、死亡的,第 248 条殴打、体罚虐待被监管人致人伤残、死亡的,第 292 条的聚众斗殴致人重伤、死亡的,第 333 条的组织、强迫他人卖血造成他人伤害的,这 4 种转化犯的转化都是因为产生了严重后果,而且严重后果远远超出基础犯罪可容纳的范围,也就是在基础犯罪既遂状态下所无法容纳的严重后果。因此对这 4 种因严重结果而引起的转化犯罪,其基础犯罪必须以既遂为必要。只有既遂的基础犯罪才能引起转化,未遂不可能引起犯罪的转化。至于《刑法》第 238 条的使用暴力致人伤残、死亡的(该转化犯有特殊性,既是严重结果超出基础罪范围,又是实施新的犯罪行为),第 241 条的收买被拐卖妇女、儿童又出卖的,第 253 条邮政工作人员私自开拆或者隐匿、毁弃邮件、电报而窃取财物的转化犯,则是在基础犯罪已经实施以后再实施新的犯罪而引起的转化,更是应当以基础犯罪的既遂为必要。没有非法拘禁、收买被拐卖妇女、儿童和私自开拆或者隐匿、毁弃邮件、电报的基础犯罪的既遂,也就不会再进一步产生致人伤残、死亡行为、拐卖妇女、儿童的行为和窃取财物的行为,也当然不可能再转化为拐卖妇女、儿童罪和盗窃罪。很显然,基础犯罪可以是未遂、预备的观点实际上仅仅是针对《刑法》第 269 条的转化犯而言的,对于大多数转化犯实际是没有意义的。

---

① 赵嵬:“论转化犯”,载《法制与社会发展》1997 年第 6 期。

② 金泽刚:“论转化犯的构成及立法例分析”,载《山东法学》1998 年第 4 期。

③ 王俊平:“转化犯及相关立法研究”,载《河南省政法管理干部学院学报》2002 年第 1 期。

其次，即使对《刑法》第269条的转化抢劫而言，未遂、预备的基础犯罪也能转化为抢劫的观点也应当受到质疑。《刑法》第269条规定的转化犯的基础是犯盗窃、诈骗、抢夺罪，特别是罪刑法定原则已经明确设立的情况下，基础犯罪应当已构成犯罪这一点已为共识。虽然犯罪未遂和犯罪预备在刑法总论中也属于犯罪的范畴，但谁也不会否认刑法分则中的盗窃、诈骗和抢夺的“数额较大”（暂不讨论盗窃多次的问题）的构成条件，对于盗窃、诈骗、抢夺行为成立犯罪的重要作用。如果没有盗窃、诈骗、抢夺的犯罪数额，或者犯罪数额没有达到数额较大的标准，其盗窃、诈骗或者抢夺的行为也不可能以犯罪来认定。盗窃、诈骗、抢夺是数额犯，与其他犯罪形态所不同的是，数额犯的成立，不是以犯罪的结果、犯罪行为或者犯罪形态为必要要件，而是以达到一定的犯罪数额为成立犯罪的必要要件。当犯罪行为已经获取到一些数额，只要没有达到法定构成犯罪的数额要求，还是不能以犯罪认定。盗窃、诈骗、抢夺犯罪的未遂和预备实际上并没有获得财物数额，因此依据刑法分则的规定，不能成立犯罪是个当然的结论。因为盗窃、诈骗和抢夺的未遂和预备不成立犯罪，那么转化为抢劫犯罪也就缺乏了转化的基础。

需要指出的是，盗窃未遂并非都不能转化为抢劫罪，关键是盗窃未遂本身是否构成犯罪，如果盗窃未遂本身不构成犯罪的，因为不具有转化犯的基础条件而不能转化，反之，盗窃未遂本身应当以犯罪定罪处罚的，就可以转化为抢劫罪。根据1998年最高人民法院《关于审理盗窃案件具体应用法律若干问题的解释》第1条“盗窃未遂，情节严重，如以数额巨大的财物或者国家珍贵文物等为盗窃目标的，应当定罪处罚”的规定，此种盗窃未遂可以转化为抢劫罪，因为这种盗窃未遂已经具有转化犯的基础条件即未遂本身已经构成犯罪。所以就《刑法》第269条而言，以数额较大的财物为盗窃目标的未遂，不能成为转化的基础，而以数额巨大的财物为盗窃目标的未遂，则可以成为转化的基础。

（三）转化基础中的犯罪主体问题

对于转化基础的研究，必然还涉及未成年人的犯罪转化问题。在上述8种转化犯罪中，除《刑法》第247条、第248条和第253条所规定的转化犯是由特定身份的犯罪主体构成的之外，其余5种转化犯都是非身份犯构成的。而且这5种转化犯的基础犯罪如收买被拐卖妇女、儿童罪，非法拘禁罪，盗窃、诈骗、抢夺罪，聚众斗殴罪，组织、强迫他人卖血罪，已满14周岁不满16周岁（以下简称不满16周岁）的未成年人都不能构成。虽然不满16周岁的未成年人不能成为基础犯罪的主体，但是所转化的犯罪的主体资格却大多都能具备，如故意伤害致人重伤、死亡犯罪、故意杀人罪、抢劫罪。

不满16周岁的未成年人不构成转化的基础犯罪，还能否转化为转化之罪，并以转化之罪定罪处罚。学界有观点认为，14周岁到16周岁的未成年人对此类行为（即转化为故意杀人罪和故意伤害罪）仍应负刑事责任。因为从理论上讲，其犯罪性质已由非法拘禁罪、聚众斗殴罪转化为故意杀人罪或者故意伤害致人重伤或死亡罪，符合《刑法》第17条第2款之明列犯罪，完全符合罪刑法定原则。从司法实践来看，近年来未成年人犯此类罪呈上升趋势，如果不要求其承担刑事责任，可能会增加社会不稳定因素，直接影响社会主义现代化建设。[①] 笔者认为，这种观点不可取。因为不满16周岁的未成年人不能成为《刑法》第238条非法拘禁罪，第241条收买被拐卖妇女、儿童罪，第269条盗窃、诈骗、抢夺罪，第292条聚众斗殴罪和第333条组织、强迫他人卖血罪的犯罪主体，已是法律的明确规定。即使行为人实施了这些行为，也不能成立犯罪。转化犯是一个犯罪向另一个犯罪的转化，而且是一个轻罪向另一个重罪的转化，其必然的前提是转化的基础罪本身也能够成立，如果基础罪不能成立，也就失去了转化的基础。不满16周岁的未成年人不构成基础罪，按照转化犯是罪与罪之间的转化原理，当然也不能成立转化犯。如果让基础罪都不能成立的不满16周岁的未成年人承担转化犯罪的刑事责任，无疑是把转化犯的基础犯罪的范围扩大到违法行为，甚至扩大到非违法行为，这显然在理论上是很难成立的。对于不满16周岁的未成年人实施转化性行为的，完全可以以其基础行为实施同时或之后的行为本身是否构成犯罪为依据而分别认定和适用法律。其中如有拐卖妇女、儿童行为的，因为主体不具备，不成立拐卖妇女、儿童罪；非法拘禁使用暴力，盗窃、诈骗、抢夺当场为窝藏赃物、抗拒抓捕、毁灭罪证而使用暴力，或者聚众斗殴，组织、强迫他人卖血，致人伤残、死亡的，依据其主观罪过内容认定为故意杀人罪、故意伤害罪或者过失致人死亡罪、过失重伤罪。没有必要再适用转化犯的法律规定。

与此相关，全国人大常委会法制工作委员会在《关于已满14周岁不满16周岁的人承担刑事责任范围问题的答复意见》中指出，《刑法》第17条中规定的"犯故意杀人、故意伤害致人重伤、死亡的"，是指只要故意实施了杀人、伤害行为并且造成了致人重伤、死亡后果的都应负刑事责任。而不是指只有犯故意杀人罪、故意伤害罪的，才负刑事责任，绑架撕票的，不负刑事责任。这一解释把《刑法》第17条规定的8种犯罪解释成8种罪行，从罪名说转变为罪行说，使不满16周岁的人承担刑事责任的范围扩大到原来所公认的8个条文之外。为此，

---

① 李翔："论相对负刑事责任年龄——兼评我国刑法第17条第2款之规定"，载《中国刑事法杂志》2000年第5期。

可能有观点认为,不满16周岁的人即使基础罪不构成,也可以成立转化罪,诸如盗窃转化为抢劫罪。

笔者认为,这一解释同样不能成为不满16周岁未成年人成立转化犯罪的依据。一方面该解释仅仅限定在《刑法》第17条所规定的故意杀人罪和故意伤害罪的范围,并没有扩大到抢劫罪和其他没有规定的犯罪方面。如果行为人实施了盗窃行为,为抗拒抓捕而使用暴力致人死亡或者伤害的,依照该解释的规定也只能按故意杀人罪和故意伤害罪定罪处罚。另一方面该解释即使对《刑法》第17条规定的故意杀人罪和故意伤害罪适用范围作扩大性解释,但该解释还是有一定的前提条件,那就是以故意实施杀人、伤害行为并且造成致人重伤、死亡后果为前提条件。在转化犯中,特别是因发生严重结果而引起的转化犯罪,行为人对严重结果的发生并不都是故意的,其对伤残、死亡的结果可能是故意,也可能是过失。当出现这一情况时,如果按照转化犯处理,则都应当按照转化之罪定罪处罚,即都按照故意杀人罪或者故意伤害罪定罪处罚。而如果按照该解释的规定处理,则就是故意的按故意杀人罪或者故意伤害罪论,过失的则不能定罪处罚。因此,以该解释作为依据,认定不满16周岁的人不构成基础罪却能构成转化罪的观点,也是缺乏法律依据的。

三、转化犯的罪过问题

在转化犯的研究中,对于转化犯所涉及的两个犯罪的罪过问题也是个值得研究的问题。在现有各种观点中,对于转化的基础罪的罪过,普遍认为必须是故意。虽然有些论著认为过失犯罪也可以向故意犯罪转化,①但学界对此普遍持否定意见。因为在刑法所规定的转化犯中,还没有出现这样的立法例。然而对于转化犯涉及两个犯罪,是否都有犯罪故意,以及转化罪的犯罪故意等问题,却多有分歧意见。

1. 转化犯的罪过转化问题

转化犯的基础罪都有罪过,转化罪又是与基础罪不同的罪名,从基础罪向转化罪的转化过程中,其罪过是否也发生转化。为此,理论界存在截然相反的两种观点。

一种观点持罪过转化肯定说,认为转化犯是犯罪性质的转化,性质转化就是

---

① 侯国云著:《过失犯罪论》,人民出版社1996年版,第151~164页。何金宝:"转化犯的若干问题",载《法学杂志》1995年第6期。

行为性质发生转化或行为性质与故意内容同时发生转化。[①] 意思就是转化犯可能是因故意内容发生转化而使转化罪也具有犯罪的故意。还有观点进一步认为,转化犯存在两个犯罪目的,并存在由基本犯罪目的向转化后的犯罪目的的转化。[②] 还有观点认为,转化犯是犯罪性质发生转化,犯罪故意不转化,犯罪性质并不会发生转化;反之,犯罪性质发生转化,犯罪主观故意亦不可能不发生变化。并且认为转化犯是两个不同罪质的犯罪行为,虽然罪质各异,但在构成要件要素上具有重合性和延展性,即本罪(即基础罪)的构成要件要素可以被转化罪的构成要件要素覆盖,本罪的构成要件要素在客观上可以发展成为转化罪的构成要件要素。[③]

另一种观点持罪过转化否定说,这种观点认为,转化犯中的故意内容并不发生转化,即使转化犯中存在过限行为,但过限行为也没有超出先前犯罪故意的范畴。[④] 还有观点明确指出,刑法规定的转化犯均不要求行为人有犯罪故意之内容的转化,只要具备了法律规定的条件或者出现了某种结果,或者实施了某种行为,或者使用了某种方法,就足以构成罪之转化,而不必考虑行为人主观故意是否转化的问题。[⑤]

在上述争议观点中,实际上存在两个问题,一是转化犯的犯罪故意是否发生转化。二是基础罪的犯罪故意是否就是转化罪的犯罪故意。即基础罪与转化罪的犯罪故意的重合性。

笔者认为,转化犯的犯罪故意是否会发生转化,对这问题不能一概而论。转化犯确实是两个犯罪之间的转化,但实际上只有少部分转化犯是两个具有独立犯罪构成的犯罪之间的转化,大多只是两个罪名之间的转化而已。如果是两个独立的犯罪构成之间的转化,必然产生从基础罪的故意向转化罪故意的转化。如果仅仅是两个罪名之间的转化,不是两个具有独立犯罪构成的犯罪之间的转化,这种转化就并不一定会产生犯罪故意的转化,如《刑法》第 269 条规定的转化犯虽然具有盗窃、诈骗或者抢夺的犯罪故意,在转化过程中甚至也有暴力等行为,但行为人实际并不具有抢劫的犯罪故意,学界常见用“准抢劫”或者“事后抢劫”来概括这种现象,就是这种转化犯的罪过没有转化的最好例证。因此在我

---

① 储槐植:“一罪与数罪”,载《法学研究》1995 年第 3 期。

② 赵嵬:“论转化犯”,载《法制与社会发展》1997 年第 6 期。

③ 肖中:“论转化犯”,载《浙江社会科学》2000 年第 3 期。

④ 王明彦:“试论转化犯的概念与基本特征”,载《国家检察官学院学报》1999 年第 1 期。

⑤ 周少华:“现行刑法中的转化犯之立法检讨——兼论刑法规范的内部协调”,载《法律科学》2000 年第 5 期。

国刑法所规定的转化犯中，有的转化犯必然产生犯罪故意的转化，有的则不一定发生犯罪故意的转化。具有独立犯罪构成的两个犯罪之间的转化，必然发生犯罪故意的转化，而两个罪名之间的转化，则不一定发生犯罪故意的转化。前者如非法拘禁使用暴力致人伤残、死亡的，行为人在实施行为过程中完全可能产生杀人的故意和伤害的故意，从非法拘禁罪向故意杀人或者故意伤害罪的转化中，犯罪故意也相应发生转化。后者如盗窃转化为抢劫，或者再如刑讯逼供致人死亡，在刑讯逼供罪向故意杀人罪的转化过程中，行为人可能并没有杀人的犯罪故意（有可能是过失致死），很难发生刑讯逼供罪的犯罪故意向杀人的犯罪故意的转化。所以完全肯定或者完全否定转化犯的犯罪故意的转化的观点，都是不可取的。

同样，转化犯具有基础罪与转化罪在构成要件方面的重合性（包括犯罪故意的重合性）的观点，意在说明基础罪与转化罪之间罪过的内在转化关系。尽管其出发点是为了表明以转化罪论处也符合主客观相一致原则，但仍值得推敲。转化犯涉及两个不同的犯罪，依照刑法的一般原理，不同的犯罪应当有不同的犯罪构成，也就有不同的犯罪故意。既然是不同的犯罪构成，就很难形成不同犯罪构成的重合情况，除非具有类似法条竞合那样的包含与被包含的关系。我国刑法中的转化犯，诸如收买与拐卖妇女、儿童之间，私自开拆、隐匿或者毁弃邮件、电报与盗窃之间，盗窃诈骗、抢夺与抢劫之间不可能形成犯罪构成的重合性；非法拘禁、刑讯逼供或者暴力取证、虐待被监管人、聚众斗殴与故意杀人罪或者故意伤害罪，同样也不能形成犯罪构成的重合性。即使基础罪在发展过程中产生新的行为，可能符合转化罪的客观方面的构成特征，使基础罪与转化犯罪之间具有一定程度的重合性，但也仅仅是客观方面的重合而已。事实上，基础罪与转化犯罪之间最不能形成重合的恰恰就是主观方面。因此，以基础罪与转化罪之间在犯罪构成要件方面的重合性来解释转化犯的罪过转化，也不符合刑法基本原理。

2. 转化罪的犯罪故意问题

从表面形式来论，转化犯是一个故意犯罪向另一个故意犯罪转化，所转化的犯罪也会具有相应的主观犯罪故意，从而以转化罪论处也符合主客观相一致的原则。但在我国《刑法》所规定的转化犯罪中，除《刑法》第241条和第253条的转化犯因为在事实上具有两个独立的犯罪构成，其转化罪的犯罪故意当然具备之外，第238条规定的采用暴力致人伤残、死亡的行为，因为是在非法拘禁过程中或者过程后实施此行为，同时或者之后产生转化罪的杀人故意或者伤害故意，也是可以理解的。但是在其他的转化犯中，其行为人是否都具有转化罪的犯罪故意，显然是一个不容忽视的问题。

应当承认，我国《刑法》中的大多数转化犯不一定具有转化罪的犯罪故意。按照《刑法》的规定，刑讯逼供、暴力取证、虐待被监管人，致人伤残、死亡的，聚众斗殴致人重伤、死亡的，都应当以故意伤害罪或者故意杀人罪定罪处罚；组织或者强迫他人卖血致人伤害的，以故意伤害罪定罪处罚。对这些致人重伤、伤残、死亡的后果，从司法实践实际发生的情况来看，行为人可能是故意，也可能是过失。对持故意心态的，以转化的故意杀人罪或者故意伤害罪定罪处罚，完全符合主客观一致原则。对持过失心态的，也以故意杀人罪或者故意伤害罪定罪处罚，显然是把结果加重犯也按照转化犯处理。我国刑法对结果加重犯也按照转化犯来论处，这不仅使现有的转化犯在转化罪的主观罪过方面产生了混乱（转化罪在罪名形式上是故意犯罪，实际上却可能根本没有故意），而且也使转化犯与结果加重犯之间的界限已经无法区分。为此，已经有观点认为，刑讯逼供致人伤残、死亡，必须符合故意伤害罪和故意杀人罪规定的基本构成条件的情况下，才以故意伤害罪和故意杀人罪定罪并从重处罚。即以行为人对被逼供人的伤残、死亡主观上至少存在放任的意志态度为必要；如果是处于过失致人伤残、死亡的，似应以刑讯逼供罪的结果加重犯处理为宜。并且认为对这种结果加重犯，在法律现尚规定法定刑的情况下，可以按照过失致人死亡或者过失致人重伤罪与刑讯逼供罪想象竞合的原理处理。① 笔者认为，这种观点的合理性不容置疑，但却脱离了法律规定的实际。现行刑法对转化犯的规定实际就是把对伤残、死亡的故意或者过失心态的情况，都纳入转化犯的范畴，所以法律没有再规定结果加重犯的处罚条款。即使以想象竞合犯的原理处理刑讯逼供的结果加重犯，也无法解决结果加重犯之刑应当高于过失致人死亡罪或者过失致人重伤罪的问题。由此可见，有些转化罪没有犯罪故意，显然是不可回避的现实。

不仅如此，转化犯也不一定具有转化罪所特有的故意内容，这种情况主要存在于因严重结果发生而引起的转化犯中。在此类转化犯罪中，刑法一般都规定按照转化罪即故意杀人罪或者故意伤害罪定罪处罚。众所周知，故意杀人罪和故意伤害罪虽然都是故意犯罪，但其中仍有故意内容的不同。即使是造成了死亡结果，其中也存在故意伤害致死和故意杀人之别；即使是仅造成伤残结果，也存在故意杀人未遂与故意伤害的区别。然而，《刑法》在这方面却没有主观故意内容方面的区别规定，完全是按照所发生的结果来定性，发生死亡结果的以故意杀人罪认定，发生伤残结果的以故意伤害罪论处。不论其主观上是否具有杀人

① 赵秉志、许成磊："刑讯逼供致人伤残、死亡的定性"，载《法制日报》2004 年 1 月 29 日。

故意或者伤害故意，一概以结果定罪，无须考虑行为人的主观故意内容，这样的规定所导致的结果是：行为人只有基础罪的故意，在转化过程中没有转化罪的杀人或者伤害的故意，可以按照伤残或者死亡结果以故意杀人罪或者故意伤害罪定罪处罚；行为人有基础罪故意，在转化过程中有伤害罪故意，没有杀人故意，但只要发生死亡结果的，都应以故意杀人罪定罪处罚；行为人有基础罪故意，在转化过程中有杀人故意，没有发生死亡结果而只有伤害结果的，也只能以故意伤害罪定罪处罚。

毋庸讳言，我国《刑法》中许多转化犯没有转化罪的犯罪故意和相应的故意内容，对此类转化犯以法律规定的转化罪定罪处罚，因其缺乏转化罪的犯罪故意和故意内容，明显违反主客观相一致原则。之所以出现这种状况，学界之所以产生如此之多有关犯罪故意转化的分歧观点，其根源在于转化犯的存在完全是法律的规定（如果刑法没有这种规定，转化犯也就不会存在），而法律对转化犯的规定又不是出于理论的连贯性和完整性的考虑，完全是从减少死刑条款，简化条款设置，简洁立法语言方面的考虑。所以在现有的8种转化犯罪中，除了《刑法》第238条、第241条和第253条的转化犯，是从一个完整的犯罪构成向另一个犯罪构成的转化，具有与转化罪相应的犯罪构成（包括主观罪过）之外，其他转化犯实际是罪名之间的转化，不是犯罪构成的转化，其转化罪并不具有该转化罪所应具有的犯罪构成和主观罪过。因此对这些转化犯以转化罪定罪处罚，缺乏转化罪的主观罪过，存在与主客观相一致原则不符的情况也就是必然的。理论界许多观点试图从维护主客观相一致原则的立场，以犯罪故意转化的理论或者以基础罪与转化罪在构成要件的重合性的理论，甚至用想象竞合犯的处理方法来解决转化犯的主观罪过缺失问题，是没有意义的。最根本的解决方法，还是只能从法律规定本身的修改来考虑。如果法律能够在设置转化犯的时候，根据行为人对所造成的严重结果的主观心理态度分别设立相应的定罪处罚规定，相信这种客观归罪的情况是完全能够避免的。

四、转化犯的共犯问题

基础罪可以存在共同犯罪，已为学界论者所认可。但转化罪是否也能存在共同犯罪，这是理论界探讨的另一个有关转化犯的重要问题。在司法实践中，对于转化犯的共犯，有不同的认定。有的采用全案转化的原则，即实行犯成立转化罪的，则认定所有共犯成立转化罪，不论其他共犯是否具有转化的行为。有的则采用个别转化原则，即只有实施转化行为的行为人，才以转化罪定罪处罚，对没有实施转化行为的其他共犯,以基础罪定罪处罚。也有的则对实行犯和主犯以转化罪定罪处罚,对其他没有转化行为的共犯如为他人盗窃望风的帮助犯,则仍以基础罪认定。司法实践的上述不同认定,反映了对转化犯能否成立共犯的不同看法,虽然各有不同,但蕴涵的理论依据还是能略见一二。

在刑法理论界,对于转化犯的共同犯罪问题,也同样存在不同的看法。主要有以下几种:

第一种观点从共同犯罪的基本原理来论证,认为共同犯罪不同于一人单独犯罪的最大之处在于其刑事责任的承担也是共同的,即每一个人不仅要对自己的行为所造成的危害结果负责,还应对其他共同犯罪人的犯罪行为所造成的危害结果负责。因此,在转化犯的基本犯罪构成共同犯罪的前提下,具备了法律规定的转化条件,是整体行为而不是部分行为的性质发生转化,所有的共同犯罪人都应当依照转化罪定罪处罚,只是考虑到各个共同犯罪人在造成危害结果的过程中所起的作用的大小不同,在量刑时应区别对待。①

第二种观点从因果关系的原理探讨转化犯的共同犯罪问题,认为在转化犯的形成过程中,其中有的共同犯罪人的行为与转化条件即危害结果发生有因果关系,而有的则出现没有因果关系的情况,只有直接引起法律规定的严重后果的共同犯罪人,才能承担转化罪的刑事责任,行为与转化条件没有因果关系的共同犯罪人,就不能依照转化罪定罪处罚。②

第三种观点从共同犯罪的主观方面来研究转化犯的共同犯罪问题,主张各共同犯罪人对是否会造成他人重伤或死亡的结果均持无所谓的放任的态度(如果持希望态度,则应当直接以故意杀人罪或者故意伤害罪进行处罚,无须以转化犯对待),全体犯罪成员均以转化罪论处;如果共犯事先约定避免造成严重结果,而严重结果系由成员中某人行为产生,应由该直接责任者承担转化罪的刑事责任;如果共犯事先约定避免造成严重结果,但是由于局面无法控制,造成他人重伤或者死亡,应对全体共犯以转化罪定罪处罚。③

不可否认,上述观点都有一定的理论为依据,而且都意识到转化罪并不都具有独立的犯罪构成,所以都没有以通说的共同故意和共同的犯罪行为作为成立共同犯罪的依据,都以共同犯罪中的某一方面作为理论依据,但其明显的不足也就在于偏执一面。观点一以共同犯罪刑事责任的基本原理为据,主张所有共同

① 冯英菊:"试论寻衅滋事致人重伤、死亡的定罪问题",载《人民检察》1998年第8期。

② 朱清和、谭立:"不能摒弃行为与结果直接的因果性——与冯英菊同志商榷",载《人民检察》1998年第12期。

③ 周少华:"现行刑法中的转化犯之立法检讨",载《法律科学》2000年第5期。

犯罪人都以转化罪论处，这显然混淆了罪责刑的内在关系。刑事责任的产生前提是犯罪的成立，有犯罪的产生，才有刑事责任的承担，没有犯罪的成立，刑事责任就无从谈起。各共同犯罪人要承担转化罪的共同犯罪的刑事责任，前提当然也是各共同犯罪人能够成立转化罪的共同犯罪。该说认为刑事责任的共同性决定转化罪的共同性，完全颠倒了犯罪和刑事责任的本末关系。观点二以因果关系的原理来确定转化犯的共犯问题，实际上是主张实行犯承担转化罪的刑事责任，其他人均不承担转化罪的刑事责任。虽然重视了转化行为和所造成的结果对转化犯成立的重要作用，但其过分强调客观行为，忽视了共犯的共同故意在成立共同犯罪中的作用，同时也把帮助犯排斥在共同犯罪之外。这显然与共同犯罪的基本原理不相符合。观点三以共同犯罪的主观故意作为转化犯罪共犯成立的依据，比之前两种观点更有合理性，但是应当看到，这种观点对于引起转化的严重结果仅有过失心态的那种转化犯，如刑法规定的刑讯逼供、暴力取证或者虐待被监管人致残或者死亡的，即使行为人对该伤残、死亡结果是过失，也应当以转化罪定罪处罚，①确实难有说服力。上述各种观点除其本身所具有的片面性之外，还忽略了各种转化犯之间本身所存在的差异，没有考虑各种转化犯的不同，所以所提出的观点也不能适用于所有转化犯。

笔者认为，在基础罪成立共同犯罪的前提下研究转化犯的共同犯罪的问题，不仅应当依据共同犯罪的基本理论，而且应当结合我国《刑法》规定的各种转化犯的特点分别讨论，不能一概而论。

1. 因基础罪实施过程中和实施后又实施新的犯罪行为而引起的转化犯，如《刑法》第238条、第241条、第253条规定的转化犯，由于是一个犯罪构成向另一个犯罪构成的转化，转化罪本身具有独立的犯罪构成，因此，如同一般共同犯罪一样，可以存在转化罪的共同犯罪。当然其成立共犯的前提条件，也同一般共同犯罪一样，仍然应当是各共同犯罪人具有转化罪的共同故意和共同的犯罪行为（包括不同的分工）。不具有共同犯罪成立的主客观要件的，即使成立基本罪的共同犯罪，也不应成立转化罪的共同犯罪。

2. 因基础罪实施当场为其他目的而实施不属于个罪犯罪构成行为的转化犯，如《刑法》第269条规定的转化犯，因为该转化犯实际是罪名之间的转化，不是两个犯罪构成之间的转化，要形成共同转化的条件比之前者应更为严格。这不仅需要基础罪的各共同犯罪人都具有为窝藏赃物、抗拒抓捕、毁灭罪证的主观

① 因为法律条文中没有专门对过失致人伤残、死亡的结果加重犯的规定，所以出现过失致人伤残、死亡的，依法应当按照转化罪即故意伤害罪或者故意杀人罪定罪处罚。

目的，而且都应当具有实施暴力或者以暴力相威胁的实行行为和帮助行为，其他基础罪的共同犯罪人不知他人有转化意图和转化行为，或者知道他人有转化意图和转化行为，但无任何参与和帮助行为，也不应当成立转化罪的共同犯罪。如在外负责望风或者接应的行为人，听到盗窃实行犯在屋内对屋主的抓捕进行暴力反抗，但没有参与的行为人，不应当以转化罪的共犯论处。

3. 因发生严重结果而引起转化的转化犯，如《刑法》第 247 条、第 248 条、第 292 条和第 333 条的转化犯，由于该转化犯罪是基于发生严重结果而转化，不是实质意义上的犯罪构成之间的转化，仅仅是罪名之间的转化。其转化罪不具有完整的犯罪构成的特点决定，是否成立该转化罪的共同犯罪，并不以每个共同犯罪人都具有转化罪的共同故意和共同的犯罪行为为必要，应当以因果关系为依据。对于直接致人伤残、死亡的行为人应当以转化罪定罪处罚，对于这一严重结果有共同行为的应当以共犯论处。对于严重结果仅有故意没有任何行为包括实行或者帮助的，不应以转化罪的共同犯罪论。因为这种转化罪的成立不以故意为必要条件，对严重结果没有故意仅有过失的，也应当转化。所以强调故意必然与法律规定的要求不符。

（2004 年第 10 期）

贪污罪对象认定中的争议问题研究

龚培华* 王立华**

贪污罪作为一种传统犯罪,司法认定方面一向争议很大。随着经济体制改革的深化,新类型的贪污犯罪不断出现,原本复杂的贪污犯罪,在司法认定中更显疑难。本文着重就司法实践中与贪污罪犯罪对象相关认定的几个疑难争议问题进行研究,希望能对刑法理论研究与司法实践有所裨益。

一、转制过程中隐匿债权行为的司法认定

国有公司、企业转制过程中,行为人利用职务便利在资产评估时隐匿企业的对外债权,并最终实际控制或实现该债权的情况时有发生。对此应如何认定,引发以下争论:

(一)债权能否成为贪污罪对象

传统刑法理论认为,贪污罪的犯罪对象是公共财产,公共财产本身要具有确定性、现实性、独立存在性。债权作为民法上的请求权,仅仅是一种权利而不是财产,并且债权本身是一种相对权、对人权,这种请求权具有相对性、临时性、依附性,实现与否具有很大的不确定性。因此,债权无法成为贪污罪对象。

我们认为,债权可以成为贪污罪对象。理由如下:

1. 从债权本身的属性及实现方式上看,债权作为一种请求权,其基本特征和功能是债权人可以通过行使债权,要求相对人履行义务,并在实现债权的同时取得对债务人给予财物的所有权,这是法定的继受取得方式之一。虽然从形式上看,企业债权仅是一种权利,但它所对应的是企业的应收款,是财物所有权。国家工作人员利用职务便利隐匿债权,谋求的不是债权本身,而是债权所对应的标的物财产。

2. 从单位财产的组成来看,债权、债务都是单位财产的组成部分。企业转制过程中的资产评估是对企业资金、实物、知识产权(商标权、专利权等)、债权、

* 作者单位:上海市人民检察院。

** 作者单位:上海市人民检察院。

债务等进行整体评估作价的,而不是仅仅把单位的资金、实物作为单位财产进行评价。债权本身就是企业财产权的一个重要组成部分。

3. 从财产本身的内涵、外延上看,《刑法》已经从立法上确立了刑法意义上的财物除有体物、特定的无体物外,还包括特定情况下的财产性利益。司法解释还进一步明确债权可以成为财产性犯罪的对象。如最高人民法院《关于审理盗窃案件具体应用法律若干问题的解释》(法释〔1998〕4 号)第 5 条第 2 项"有价支付凭证、有价证券、有价票证……"的规定就明确了有价支付凭证、有价证券、有价票证等都可以成为盗窃犯罪对象,而无论是有价支付凭证、有价证券还是有价票证本身都仅仅是一种权利凭证而不是财物,但取得这些权利凭证就等于取得了债权,通过主张债权就可以实现对债权对应的财物的非法占有。正是基于此,司法解释将其规定为盗窃罪等侵犯财产类犯罪的对象。虽然贪污罪不是侵犯财产罪,但作为一种以非法占有为目的的财产性职务犯罪,①盗窃、诈骗、抢夺等侵犯财产犯罪的很多规定都可以参照适用于贪污犯罪中,犯罪对象方面的规定当然也可以参照适用。

我们认为,债权可以成为贪污罪对象,当然这里需要明确的是,作为贪污罪犯罪对象的债权必须是法律之债、有效债权,自然债权等无效债权不能成为贪污罪对象。

(二)贪污债权的犯罪数额计算标准

《刑法》第 383 条规定,对犯贪污罪的,根据情节轻重,分别依照下列规定处罚:(1)个人贪污数额在 10 万元以上的,处 10 年以上有期徒刑或者无期徒刑,可以并处没收财产;情节特别严重的,处死刑,并处没收财产……(4)个人贪污数额不满 5000 元,情节较重的,处 2 年以下有期徒刑或者拘役;情节较轻的,由其所在单位或者上级主管机关酌情给予行政处分。对多次贪污未经处理的,按照累计数额处罚。从前述法条规定可以看出,贪污罪是数额犯,②即犯罪数额是贪污罪一般和加重犯罪构成的必要要件,是定罪量刑的重要依据。因此,在解决贪污债权时的犯罪数额计算标准之前,有必要对贪污犯罪数额的确定这一重要问题进行一些共性探讨。

犯罪数额作为具有定罪量刑意义并与犯罪行为相关联的、以货币形式表示

---

① 参见 2003 年 11 月 13 日《全国法院审理经济犯罪案件工作座谈会纪要》(法〔2003〕167 号)。

② 犯罪数额是贪污罪的成立要件还是贪污罪构成犯罪既遂要件,理论界存在争议,但通说观点认为贪污罪作为结果数额犯,犯罪数额是贪污既遂要件而非犯罪成立要件,故贪污罪存在未遂形态。本文采用学界通说观点。

的经济利益数量，[①]根据不同标准，可以将其划分为犯罪所得数额、犯罪损失数额、犯罪所及数额、犯罪指向数额、票面数额、实际数额、销售数额、获利数额等不同种类。[②] 犯罪类型不同，犯罪数额的计算方式也颇不相同，有的以犯罪损失数额作为犯罪数额，如故意毁坏公私财物罪；有的以犯罪所得数额作为犯罪数额，如诈骗类犯罪；有的以获利数额作为犯罪数额，如制作、复制、出版、贩卖、传播淫秽物品牟利罪；有的以销售数额作为犯罪数额，如生产、销售伪劣商品罪等。贪污罪如何计算犯罪数额，刑法没有明确规定，但因其使用的是"个人贪污数额"的表述方式，因此实践中一般采取"实得规则"即行为人在实施犯罪过程中，当其犯罪手段所涉及的数额与其最后实得的犯罪数额不一致时，以其最后实得的犯罪数额为准，其犯罪手段所涉及的数额作为量刑的情节的规则[③]进行认定。但这种认定一般只适用于犯罪既遂形态，当贪污行为处于犯罪预备、中止、未遂等未完成形态时，如何计算犯罪数额实践中存在争议。

有人认为，对贪污罪应以既遂数额作为犯罪数额，而不能把贪污罪未遂、预备、中止涉及的金额作为处罚金额。因为在犯罪未完成的情况下，很难证实确切的数额，因此把这样的目标数额当做定罪处罚的基本依据是不合适的；而且，根据我国的司法习惯，通常只把既遂的数额算入犯罪数额中，作为适用刑罚的基本依据；同时，既然未完成罪不算作累计处罚的金额，自然也就没有必要考虑适用有关预备、未遂、中止的量刑情节。[④]

我们认为，贪污罪法定刑的设置是以犯罪数额为基础的，但这并不意味着仅应以贪污的既遂数额作为犯罪数额。因为贪污罪是直接故意犯罪，属结果犯，[⑤]除既遂形态外，还存在未遂形态，这一点在理论上争议不大，实践中也时见贪污未遂的案例。[⑥] 如果把既遂数额作为贪污犯罪数额，贪污罪未遂、预备、中止涉及的金额只能作为量刑的依据，不能作为处罚金额的话，就无法解决贪污未遂时的定罪处罚问题。因为贪污罪是数额犯，犯罪数额不仅是量刑的依据，也是定罪的基础，直接决定着贪污罪与非罪的认定。如果认为只有既遂数额才能作为贪污的犯罪数额的话，那么在犯罪未遂等未完成的情况下，等于无法认定犯罪数

---

① 张勇、高新杰："犯罪数额问题研究"，载《河南师范大学学报》2002 年第 5 期。

② 刘华："论我国刑法上的数额及数量"，载《刑事法评论》1998 年第 2 卷。

③ 贺平凡："论刑事诉讼中的数量认定规则"，载《法学》2003 年第 2 期。

④ 阮齐林："对贪污受贿应以既遂数额作为犯罪数额"，载《检察日报》2003 年 12 月 3 日。

⑤ 对结果犯，结果的发生是犯罪成立要件还是犯罪既遂要件，学界存在争议，但通说观点认为结果的发生是犯罪既遂要件。本文采用学界通说观点。

⑥ 苗有水、候亚辉："关于《全国法院审理经济犯罪案件工作座谈会纪要》适用解读"（上），载姜伟主编：《刑事司法指南》（2004 年第 2 集），法律出版社 2004 年版，第 142 页。

额，也就无法成立贪污未遂，即等于从根本上否定了贪污罪具有未遂等犯罪未完成形态。这与传统的犯罪形态理论和刑法总则关于犯罪形态的规定不符。因此我们认为，将贪污数额等同于既遂数额的观点值得进一步研究。

我们认为，在现有的立法、司法背景下，应以具体犯罪形态为基础，准确认定贪污犯罪数额①：当贪污罪处于犯罪既遂形态时，应以行为人实际占有的财物数额作为贪污数额并以此为基础进行相应的定罪量刑；当贪污罪处于未遂等未完成形态时，因公共财物的实际损失数额和行为人实际所得数额都不存在，只存在犯罪所及数额，犯罪所及数额也最能反映出贪污行为的社会危害性和行为人主观上想要非法占有的财物数额。根据主客观相一致的原则，应以此作为定罪量刑的依据。当然，在具体量刑时，应按照《刑法》总则第23条第2款的规定，比照既遂犯从轻或者减轻处罚。

在确定了贪污犯罪数额的计算标准之后，我们来看贪污债权时的犯罪数额的计算标准问题：当行为人不仅占有了债权凭证，而且已经实现了全部债权，获得了债权给付，即贪污处于既遂形态时，应以行为人通过实现债权实际获得的财物数额作为犯罪数额；当行为人虽然占有了债权凭证，但尚未实现债权、获得债权给付，即贪污处于未遂形态时，应以被行为人隐匿的债权的标的额作为犯罪数额；当行为人占有了债权凭证后，部分获得了给付、部分尚未获得给付，即贪污处于部分既遂、部分未遂时，应按贪污既遂定罪，未遂部分在量刑中予以考虑。

（三）贪污债权的既、未遂判断标准

债权可以成为贪污罪的犯罪对象，但隐匿债权并不意味着即成立贪污罪既遂。贪污债权的既、未遂判断标准应从以下几方面把握：

1. 应与贪污罪既、未遂的判断标准保持一致

贪污罪的既、未遂的判断标准问题理论界一直争论不休，实际取得说、失控说、控制说、失控加控制说四种主要学说②，不但没有解决实践中关于贪污罪既、未遂判断标准的需要，而且使本来就颇具争议的问题变得更加复杂。为更好地解决这一困扰实务部门的贪污罪既、未遂区分标准问题，《全国法院审理经济犯罪案件工作座谈会纪要》（以下简称《纪要》）采用“控制说”，并作了进一步的解释。《纪要》指出，“贪污罪是一种以非法占有为目的的财产性职务犯罪，与盗窃、诈骗、抢夺等侵犯财产罪一样，应当以行为人是否实际控制财物作为区分贪污罪既遂与未遂的标准。对于行为人利用职务上的便利，实施了虚假平帐等贪

---

① 田鹏辉：“合同诈骗罪的数额认定问题”，载《学术交流》2004年第1期。

② 参见《全国法院审理经济犯罪案件工作座谈会会议纪要》（法〔2003〕167号）。

污行为，但公共财物尚未实际转移，或者尚未被行为人控制就被查获的，应当认定为贪污未遂。行为人控制财物后，是否将财物据为己有，不影响贪污既遂的认定。”可以看出，《纪要》实际采用了“控制说”作为贪污罪既、未遂的判断标准。我们认为，对隐匿债权贪污的既、未遂判断上，应采“控制说”。当然，需明确的是，贪污债权的“控制”不仅指对债权凭证的控制，而且指对债权获得实现后标的物的控制。

2. 正确理解贪污罪中行为人“实际控制财物”的含义

贪污罪中行为人“实际控制财物”强调的是对公共财物的一种有效支配，体现为行为人已经实现了对公共财物的支配权，而不是实际占有。对目标财物控制的有效性、现实可支配性，在判断行为人是否已经实现了对公共财物的“实际控制”上具有至关重要的作用。受害单位对公共财物的失控，不意味着行为人必然已经控制了财物；但行为人“实际控制”了财物，必然意味着受害单位对财物的“失控”。[①] 行为人利用企业改制之机隐匿债权的，因债权的实现有赖于债务人的实际履行，故一般而言，在债务人实际履行债务之前，虽然国有单位已经失去对被隐匿债权的控制，但因行为人尚未取得对应收款（债权的标的物）的有效支配，宜认定为贪污未遂。

3. 贪污债权既、未遂的判断标准要具体情况具体分析

当行为人隐匿债权后，已经实际获得清偿的，无论实际接受债务履行的是行为人个人还是改制后行为人控制的单位，都成立贪污既遂，贪污数额以行为人实际获得债权履行数额为准，获得清偿日为贪污既遂成立之日；当行为人隐匿债权后，尚未来得及将债权转归个人或转制后的企业名下或虽已进行了债权转移但尚未实现债权就案发的，因该债权虽已脱离国资部门控制但并没有为行为人所实际控制，故成立贪污未遂，犯罪数额以被隐匿的债权标的额为准；当行为人隐匿债权后疏于行使债权并使债权因超过诉讼时效而成为自然之债的时候，宜认定为贪污未遂。之所以做这样的认定，主要是因为，虽然经过诉讼时效的自然之债对于国资部门来说已经无法通过法律手段获得清偿，但对行为人而言也还没有实现对该笔债权的有效控制，故无法成立贪污既遂；但如果行为人和债务人恶意串通、故意隐匿债权后，利用诉讼时效的经过免除债务人债务履行义务的，应认定为贪污既遂。诉讼时效经过之日为贪污既遂之日。之所以这样理解，是因为诉讼时效一旦经过，债务人可以拒绝履行债务，行为人实际上是借助债务人实

---

① 苗有水、候亚辉：“关于《全国法院审理经济犯罪案件工作座谈会纪要》适用解读”（上），载姜伟主编：《刑事司法指南》（2004 年第 2 集），法律出版社 2004 年版，第 145 页。

现了对债权的有效控制，成立贪污既遂。

二、转制过程中隐匿国有财产行为的司法认定

利用国有企业转制之机侵吞国有资产已不是个别现象，但司法实践对这种新类型案件是出罪还是入罪、以何种罪名入罪存在争议。从已发生的案例来看，司法实务部门就被隐匿的财产系国有资产，属公共财物，可以成为贪污罪的对象问题上，基本可以达成共识，但对以下问题存在争议。

（一）贪污隐匿的国有财产的犯罪数额计算标准

利用国有企业转制之机贪污的典型形式就是在企业转制过程中利用职务便利隐匿国有资产，待企业转制完成后再将被隐匿的财产转移至改制后的企业。因此，如何计算此类行为的犯罪数额就不仅成为对被告人进行量刑的依据，而且成为决定行为人的行为是否构成犯罪及构成何罪的关键。

我们认为，对于这种国家工作人员利用职务便利，借企业改制之机隐匿国有资产（包括现金或实物），待企业改制完成后归改制后的企业所有的行为。无论行为人在改制后的企业中是否占有份额、占有份额的比例多少，只要其利用职务便利实施了借改制之机隐匿财产的行为的，就可以被其隐匿的财产或被其实际转移的财产数额认定犯罪数额。行为人之所以利用企业改制之机隐匿国有资产，目的就是非法占有这些财产，无论后续占有行为是否实现，仅涉及犯罪既、未遂问题，不影响对犯罪数额的认定。对被隐匿的财产已经转归转制后的企业的，行为人已经构成贪污罪的既遂，犯罪数额以被行为人实际转移的数额为准；当被隐匿的财产不是转移至行为人个人而是转移至行为人控制的企业并为转制后企业所有的，可以视为行为人将部分被其隐匿的公共财物处置给其他股东，属非法占有公共财物后的一种处置方式，不影响对犯罪数额的整体认定，犯罪数额仍以被转移的数额为准。① 这就像行为人贪污公款后，又将部分或全部公款用于家庭开支、社会捐赠，贪污的犯罪数额仍应以行为人最初非法占有的数额进行认定一样。

（二）贪污隐匿的国有财产的犯罪既、未遂判断标准

前述我们已经谈到，《纪要》虽然明确了“应当以行为人是否实际控制财物作为区分贪污既遂与未遂的标准”，但“实际控制”仍然是抽象的原则，需要我们

---

① 最高人民法院刑二庭：“利用企业改制侵吞公共财物构成贪污罪——王一兵贪污案”，载《人民法院报》2004 年 1 月 7 日。

结合具体的个案进行具体分析，特别是对这种利用国有企业转制之机实施贪污的新类型案件的既、未遂的把握，更要给予充分注意。

例如，被告人徐某原系某国有企业经理，经政府主管部门批准该企业实行企业转型。在资产评估过程中，徐某明知公司的应付款账户中有3笔共计47万元系上几年虚设的，但未向评估人作出说明，从而使评估人员将该3笔款项作为应付款评估并予以确认。案发时，企业改制手续尚在办理之中。① 检察机关认为徐某的行为成立贪污既遂，法院认为其成立贪污未遂。我们认为，对这种贪污隐匿债权案件的犯罪既、未遂的判断，应以被隐匿的债权是否已经转移到改制后的企业或个人实际控制为标准：当被隐匿的债权已经转移至个人或改制后的企业时，公共财物不但脱离了国有单位（包括原国有公司和国资管理部门）的控制，而且已经为行为人所实际控制，应成立贪污既遂。但如果在企业转制之前国有资产就已经到达该企业账户上的（一般都发生在对国有单位下属全资企业进行改制的案件中），则一旦转制成功即工商行政管理机关进行变更登记的，即成立贪污既遂，工商行政管理机关做出变更登记日期为犯罪既遂日。因为这种在改制企业事先已经占有被隐匿的国有资产的情况下，一旦改制成功就意味着改制后的企业从"法律意义"上成为该笔资产的所有者，不需要履行其他任何交付手续。当被隐匿的国有资产转移手续尚在办理之中就案发的，因被隐匿的资产尚未到达改制后的企业账户上，行为人尚未实现对其实际控制，应成立贪污未遂，如本案中被告人徐某的行为。

需要明确的是，无论被隐匿的财产是归行为人个人占有，还是归转制后的企业占有，都不影响贪污罪既遂形态的成立。这主要是因为，利用职务便利非法占有公共财物是贪污罪的本质特征，而在建立现代企业制度的过程中，占有的表现形式是多种多样的，既可以由本人占有，也可以处分给他人；既可以先占有后处分，也可以占有一部分的同时处分另一部分，或占有的同时进行处分。但只要行为人未经所有权人同意将公共财物永久控制在个人手中或非法对财物进行具有所有权性质的处置，使财产所有权发生事实上的转移，从而永久排除所有权人对财物行使所有权的，就对公共财产所有权造成了实质性的侵犯，即构成贪污罪所要求的非法占有，可以构成贪污罪。财物实际处于转制后的企业而非行为人个人占有的，可以视为行为人对赃款赃物的一种事后处分行为，不影响对前行为的整体评价。

---

① 苗有水、候亚辉："关于《全国法院审理经济犯罪案件工作座谈会纪要》适用解读"（上），载姜伟主编：《刑事司法指南》（2004年第2集），法律出版社2004年版，第146～147页。

三、非法占有国有单位使用权房[①]行为的司法认定

随着房地产市场的不断升温，一段时间内国家工作人员利用职务便利占有、使用、收益甚至处分国有单位使用权房的案件不断出现，如何处理在实践中争议颇多。尽管已有的判例经过个案协调，都以贪污罪做了有罪判决，但实践中使用权房能否成为贪污对象、其犯罪数额、既未遂的判断标准如何把握等都还存在争议。

例如，被告人屠某原系某国有公司副总经理，在负责清理公司存量房时，发现有五套存量房无相关登记资料，遂与陆某、黄某共谋，将其中的 3 套房产办理使用权或者产权变更、转让手续，且以另一套房产变卖所得款作为支付 3 套房屋产权或者使用权变更的手续费，共同将价值人民币 89.9 万元的 3 套房产占为己有。屠某将实际分得的价值人民币 49.9 万元的使用权房出租牟利，但直至案发未办理产权变更手续。检察机关以贪污罪起诉，法院以贪污罪判决。

又如，被告人于某原系某房管科副科长。1993 年 12 月 18 日利用负责房管所回迁工作之机，将建行开发公司归还的 321.52 平方米商企房填报为 305.75 平方米，并将其中的 4 户面积加大，从中套取商企房 1 户，面积为 52.03 平方米，价值人民币 93133.70 元，用于个人出租牟利。[②] 检察机关以贪污罪起诉，法院以贪污罪判决，二审法院裁定驳回上诉、维持原判。

前述两个案例的共同特点是，国家工作人员利用职务便利非法占有单位的使用权房出租谋利，但直至案发都没有办理房屋产权变更登记手续，即都还没有取得房屋的所有权。由此产生能否以贪污罪对此类案件进行定罪处罚的问题。持否定观点的人认为，使用权房仅具有使用价值，只有在转化为产权房时才具有上市交易的可能性、才具有价值，在尚未转为产权房的情况下，难以直接估定其价值，而且房屋的价值随市场行情不断波动，基准日不同，计算价值也不同。非法占有使用权房的案件，因直至案发尚未办理房屋产权转让手续，一方面，无法确定使用权房的价值；另一方面，只要行为人没有把国有单位的使用权房变更为自己名下的产权房，可能在以后进行产权变更，也可能不进行产权变更，因而具

---

① 本文所探讨的使用权房是指可以上市交易的、可以估价的使用权房，不包括那些无法估价、不能上市交易的特殊使用权房。——笔者注

② 刘为波："于继红贪污案——不动产能否成为贪污罪的犯罪对象"，载最高人民法院刑事审判第一庭编：《刑事审判参考》(2002 年第 6 辑)，法律出版社 2003 年版，第 43 ~ 44 页。

有不确定性。而仅仅行使收益权，也不能排除把使用权房屋交还给单位的可能性。这种不确定性导致了不能以贪污罪对行为人定罪处罚。我们认为，此类案件的定性涉及以下争议问题：

（一）使用权房能否成为贪污罪对象

《刑法》第382条规定，贪污罪的犯罪对象是公共财物，其内涵、外延应当与《刑法》第91条规定的"公共财产"相同。《刑法》第91条规定的公共财产包括国有财产、劳动群众集体所有的财产，用于扶贫和其他公益事业的社会捐助或者专项基金以及在国家机关、国有公司、企业、事业单位和人民团体管理、使用或者运输中的私人财产。国有单位的使用权房属于单位财产的一个组成部分，即属于国有资产，当然能够成为贪污罪的犯罪对象。

当然，作为侵占类财产犯罪，非法占有目的的有无，是区分贪污罪与非罪的一个重要标准。但非法占有目的的判断标准不是看行为人是否进行了产权变更登记或者说将单位的使用权房变更为个人的产权房，这种权属变更在贪污既、未遂的判断中有一定意义，但在非法占有目的有无的判断上不具有决定性意义。在判断行为人是否具有非法占有目的的时候，首先应当解决刑法意义上的占有的含义问题。对何为刑法意义上的占有，学界观点颇不统一，但一般认为，所谓占有，是指主体对财产的实际控制。作为法律意义上的占有，必须是占有人持续、稳定地控制财物，使财物处于其势力范围，而不是一时的接触财物。占有不同于占有权，占有权是法律赋予占有人的权利，是占有所生之法律后果。因此，占有权只有在合法占有情形中才能产生，它是所有权能之一；而占有本身只是一种事实状态，它并不必然产生占有权。① 在明确了何为占有之后，我们来探讨何为刑法意义上的非法占有目的，对此我国刑法学界也存在分歧，有认为非法占有目的是指明知是公共的或他人的财物，而意图把它非法转归自己或者第三者占有；有认为非法占有目的是指意图非法改变财物的所有权，从而非法取得对公私财物的使用、收益和处分的权利；还有认为，非法占有目的既包括以暂时占有使用为目的，也包括以不法所有为目的。② 我们同意非法占有目的的理解必须与对刑法意义上占有的界定相联系，应理解为非法实际控制他人财产的目的以及意图非法实际控制他人财产的目的。

就案例一而言，被告人屠某虽然还没有将公司的使用权房变更为自己的产权房，但该套房屋在公司账上已经没有反映，其中4套已经被变卖，屠分得的1

① 赵秉志主编：《侵犯财产罪研究》，中国法制出版社1998年版，第22页。

② 转引自刘明祥著：《财产罪比较研究》，中国政法大学出版社2001年版，第64页。

套房屋，使用权人也从公司变更为被告人屠，屠又以自己的名义进行出租并收取了租金，其非法占有的目的是非常明显的；就案例二而言，被告人于某利用负责回迁房屋职务便利，通过少下台账、虚增面积等行为，将其他公司归还房管所的商企房予以截留，而且该被截留的商企房在房管所的相关文件中不再有任何体现，证明被告人主观上具有将该商企房脱离房管所管理并非法据为己有的故意。① 所以，对于此类案件，只要行为人违反规定的程序，秘密将单位使用权房转到自己名下，使该使用权房在单位账上再无体现的，就可以认定行为人具有非法占有该使用权房的主观故意，而无论行为人是否实际实行了将使用权房变更为产权房的行为。

（二）贪污使用权房的犯罪数额计算标准

使用权房不仅具有使用价值，而且具有价值。贪污使用权房的犯罪数额计算不能以产权房作为依据，而应委托有资质的价格认证中心对其作出鉴定，并以鉴定的价格作为贪污犯罪数额予以认定。当然鉴定的基准日应当是被告人实际占有房产的日期，而不是案发日。对于被告人已经将使用权房变更为产权房，或者变更为产权房后又进行变卖的，贪污的犯罪数额也应当以其实际占有房屋之日的使用权房价值进行计算，而不能以进行产权变更之日或变卖房屋之日或者产权价格、变卖价格进行计算。这主要是因为，被告人实际占有房屋就已经成立贪污罪的犯罪既遂，后续的变更产权、变卖房屋是对赃物的处理行为，不影响对前行为的认定，当然也就不影响犯罪数额的认定。

（三）贪污使用权房的既、未遂判断标准

对于类似使用权房这类特殊物的贪污既、未遂的判断标准问题，有人认为不仅要考虑对物本身的控制，还必须满足特殊物转让的法律手续或法律行为条件。因为公职人员住在公房里只说明其控制了该房屋本身，并不表明拥有了房屋的所有权。只有把该房产转移到公职人员名下，行为人才真正占有该房屋，才能以贪污罪既遂论处。②

我们认为，这种观点实际上把非法占有理解为民法上所有权四项权能之一的占有权、理解为占有权意义上的占有，但占有权作为一种法律赋予权利人的占有权利，是占有所生之法律后果，只有在合法占有情形中才能产生，违法犯罪行为中的占有或者说贪污罪中的占有，因其基础行为的违法性则无论如何也无法

① 刘为波：“于继红贪污案——不动产能否成为贪污罪的犯罪对象”，载最高人民法院刑事审判第一庭编：《刑事审判参考》（2002 年第 6 辑），法律出版社 2003 年版，第 48 页。

② 魏磊：“略论贪污罪的未遂形态”，载《法律适用》1999 年第 7 期。

产生占有权能的法律后果。贪污罪中的占有或者说侵犯财产类犯罪中的占有都只是一种事实上的占有状态,无法产生占有权,更无法产生所有权。因此,以是否满足不动产或者特殊动产转让的法律手续或法律行为条件作为贪污既、未遂的判断标准,等于是对贪污既遂进行了限制性解释,在一定程度上取消了此类案件的贪污既遂状态。

我们认为,在贪污对象为不动产或者特殊动产等需要以登记为所有权转移要件的情况下,判断犯罪既、未遂的关键是看支配权是否发生转移,只要财物的支配权从原权利人转移至行为人的,即可视为行为人已经实际控制了财物,成立贪污罪的既遂,与所有权是否已经转移没有关系。就像行为人通过盗窃、诈骗、抢劫等方式取得被害人的汽车、船舶等特殊动产,但尚未办理产权登记,同样可以成立盗窃、诈骗、抢劫罪的既遂一样,在贪污使用权房的情况下,只要行为人已经实际支配该使用权房的,无论是否进行权属变更登记或者变卖等具体处分行为,都可以成立贪污既遂。具体可以从行为人采取非法手段占有单位房产以后,被占用的房产在单位账户上是否还有反映,行为人占有单位房产后是否以权利人身份进行了使用、收益甚至处分等方面作出判断。一般而言,只要被非法占有的单位房产在原单位账上已经无法反映的,就可以认定为行为人已经实现了对单位使用权房的实际控制,贪污既遂成立。

(2004年第12期)

2005 年

中国逐步废止死刑论纲

赵秉志*

自贝卡里亚于1764年在其名著《论犯罪与刑罚》中首倡废除和限制死刑的主张以来,死刑存废之争已达近两个半世纪之久。时至今日,死刑存废问题仍然是中国刑事法治领域的热点话题之一。尽管探讨中国死刑存废的学术论著犹如雨后春笋般涌现,但却甚少涉及如何切实废止死刑问题。本文拟在考察死刑存废理论与相关立法的基础上,对中国逐步废止死刑问题提出纲要式的构想与论述,以期促进我国刑事法学界对这一重要问题的关注。

一、关于死刑限制暨逐步废止的理论与立法之考察

近数十年来,随着人权观念的日益弘扬,生命权日益被视为不可剥夺、不可克减的“天赋人权”;死刑之存废也日益成为与社会文明程度、法治发展状况乃至人权发展水平等休戚相关之重要问题。① 可以说,死刑废止问题,不仅仅是一个刑法问题,更是一个复杂的社会问题。就中国社会的现实而言,死刑立法和司法现状可谓问题颇多。在1997年修订《刑法》之前,我国刑法立法中的死刑罪名多达71个。尽管1997年《刑法》在分则编对可处死刑的罪种数略作减少,但仍保持了68个罪名。② 应该说,中国《刑法》中死刑罪名的泛滥乃至司法实践中对死刑的过度适用之现状,与当今世界的法治发展进步趋势是背道而驰的。据大赦国际的最新统计,截至2004年1月,世界上已有79个国家与地区在法律上明确废除了所有罪行的死刑,15个国家和地区废除了普通犯罪的死刑(军事犯罪或战时犯罪除外),还有23个国家和地区在实践中事实上废除了死刑(过去10年内没有执行过死刑,并且确信其不执行死刑的政策将继续下去或者它已向国际社会作出承诺不再使用死刑)。易言之,现今在法律上或事实上废除死刑

---

* 作者单位:中国人民大学。

① 赵秉志:“论中国非暴力犯罪死刑的逐步废止”,载《中美刑法热点问题学术研讨会文集》,2004年5月18日。

② 高铭暄:“略谈我国的死刑立法及其发展趋势”,载赵秉志主编:《中国废止死刑之路探索:以现阶段非暴力犯罪废止死刑为视角》,中国人民公安大学出版社2004年版,第16~17页。

或者废除普通犯罪死刑的国家和地区已多达117个，这其中包括了英国、法国、德国、加拿大、澳大利亚、意大利、南非和俄罗斯等大国，而相应地只剩下相对少数的78个国家和地区依然保留死刑。①

中国死刑立法和司法现状与世界法治发展进步趋势的强烈反差，引发了关于现行刑事法治中死刑的配置与适用问题的深刻反思。如今，越来越多的有识之士逐渐认识到，中国的死刑立法过多，死刑司法状况也令人担忧。刑法学界对死刑弊端之批判日趋增多，开始出现探讨死刑逐步废止甚至立即废止的诸多见解。② 刑法学者乃至高层次的实务专家逐渐趋于一致地认为，中国目前应通过完善刑事立法和司法的方式努力减少与严格限制死刑，在未来则一定要顺应世界法治发展进步的潮流而全面废止死刑。但是，如何对现行死刑制度进行改革，切实推动中国废止死刑的进程，是值得认真思考和研究的重大课题。笔者认为，对待这个问题，采取谨慎、务实的态度是很有必要的，这有利于循序渐进地实现法治进步的目标，同时可避免导致不必要的社会震荡。

因此，就中国现阶段的综合情况而言，死刑的废止应该分阶段、分步骤地进行。遗憾的是，虽然也有个别学者提出过一些设想，③但刑法学界至今还鲜有人提出废止死刑的具体步骤和相关配套制度之构建。笔者认为，死刑废止不能仅仅停留于方向性探讨呼吁，如果不设计废止死刑的具体路径，则无助于问题的解决，至少可以说作用极其有限。有鉴于此，我们应本着理智、务实之态度，寻求一个从现阶段开始切实、逐步废止死刑的具体步骤。本文即以此为基点，以刑法立法改革为视角，探讨中国分阶段废止死刑的初步构想与配套制度之构建问题。

二、关于中国分阶段废止死刑的具体构想

步入新世纪以后，中国进入了全面建设小康社会、加快推进社会主义现代化

---

① Bolitionist and Retentionist Countries, http://www. deathpenaltyinfo. org/article. php.

② 国家重点研究基地中国人民大学刑事法律科学研究中心与英国大使馆文化处合作项目“中国非暴力犯罪废止死刑问题研究”，本着务实而审慎的态度，对死刑逐步废止问题开展了系统的研究，并出版了《中国废止死刑之路探索——以现阶段非暴力犯罪废止死刑为视角》一书，产生了较大的社会影响。而邱兴隆教授则响亮而鲜明地提出了中国应立即废止死刑之主张。参见邱兴隆：“死刑的德性”，载《政治与法律》2002年第2期，其观点虽说多少带有些理想主义之色彩，但确实可谓振聋发聩，也得到了曲新久教授等少数学者的呼应。参见陈兴良主编：《法治的使命：北京大学刑事法论坛暨德恒刑事法论坛》，法律出版社2003年版，第218～221页。

③ 有学者曾主张，经过百余年的努力，至2100年在中国实现“法律上没有死刑，实践中不执行死刑”之目标，从而全面废止死刑。这一观点是基于当时具体的时代背景提出的，尽管略显空泛而久远，但也颇具启迪意义。参见胡云腾著：《死刑通论》，中国政法大学出版社1995年版，第304页。

的新的发展阶段。全面建设小康社会,是连接或贯通邓小平同志提出的“三步走”战略前两大步和后一大步的关键阶段;是实现第三步战略目标必经的承上启下的发展阶段。经过“三步走”战略的前两大步,我们已经达到了总体小康,①这一巨大成就,为我国在新世纪的发展创立了新的起点。基于这个新起点,中国共产党的十五大报告初步把第三步战略部署具体化,提出了到2010年、建党100周年和新中国成立100周年的发展目标,形成21世纪第一个10年、第二个10年一直到世纪中叶的三段划分。② 到了党的十六大,则对这一目标进行了充分论证和全面部署。③ 该报告明确指出,“21世纪头20年,对我国来说,是一个必须紧紧抓住并且可以大有作为的重要战略机遇期”。“我们要在本世纪头20年,集中力量,全面建设惠及十几亿人口的更高水平的小康社会。”“经过这个阶段的建设,再继续奋斗几十年,到本世纪中叶基本实现现代化,把我国建成富强民主文明的社会主义国家。”④

笔者认为,中国死刑的废止进程应与社会文明程度、法治发展状况乃至人权发展水平相适应,与中国社会主义现代化建设的不同发展阶段相适应。根据党中央所提出的在21世纪的阶段性发展目标,我们设想,中国也可以经过如下3个阶段逐步废止死刑:一是至2020年亦即建党100周年,先行逐步废止非暴力犯罪的死刑;二是再经过10至20年的发展,在条件成熟时进一步废止非致命性暴力犯罪(非侵犯生命的暴力犯罪)的死刑;三是在社会文明和法治发展到相当发达程度时,至迟到2050年亦即新中国成立100周年之际,全面废止死刑。

(一)关于逐步废止非暴力犯罪死刑之构想

我们完全有理由相信,至2020年亦即建党100周年之际,中国将步入小康社会,“经济更加发展、民主更加健全、科教更加进步、文化更加繁荣、社会更加

① 江泽民:《全面建设小康社会,开创中国特色社会主义事业新局面——在中国共产党第十六次全国代表大会上的报告》,载人民网2002年11月17日。

② 在十五大报告中,江泽民同志代表党中央提出了如下目标:第一个10年实现国民生产总值比2000年翻一番,使人民的小康生活更加宽裕,形成比较完善的社会主义市场经济体制;再经过10年的努力,到建党一百年时,使国民经济更加发展,各项制度更加完善;到世纪中叶新中国成立100周年时,基本实现现代化,建成富强民主文明的社会主义国家。参见江泽民:“高举邓小平理论伟大旗帜,把建设有中国特色社会主义事业全面推向21世纪——在中国共产党第十五次全国代表大会上的报告”,载人民网1997年9月12日。

③ 张全新:“全面建设小康社会:新的里程碑与新世纪的奋斗目标”,载《人民日报》2003年1月16日。

④ 江泽民:《全面建设小康社会,开创中国特色社会主义事业新局面——在中国共产党第十六次全国代表大会上的报告》,载人民网2002年11月17日。

和谐、人民生活更加殷实”。[1] 而随着小康社会目标之达成，民众的人权观、金钱观、价值观定会有很大的改善，社会公众对于废止非暴力犯罪的死刑已具有相当大的承受能力，废止非暴力犯罪死刑的社会环境业已形成。届时，中国完全有条件也有能力彻底废止非暴力犯罪的死刑，而仅仅保留少数暴力犯罪的死刑。

从许多国家大幅度限制死刑和逐步废止死刑的进程来看，先行废除非暴力犯罪的死刑乃是一条成功之路，也符合社会发展的基本规律。中国废止死刑之路，也应以逐步而及时地废止非暴力犯罪的死刑为突破口和切入点。[2] 中国逐步废止非暴力犯罪之死刑，不仅是积极应对限制和废除死刑的国际趋势的必然要求，也是中国现行死刑政策的具体体现，是遵循合理配置死刑之必要性原则与价值衡量原则的要求，更是由非暴力犯罪自身所具有的诸多特点所决定的。[3] 当然，中国现阶段废止非暴力犯罪的死刑，也并非可以一蹴而就的，而应该在充分考量中国现实综合国情的基础上，有步骤、分阶段地进行。笔者初步设想，中国现阶段废止非暴力犯罪的死刑之立法步骤，应区分以下 4 种情形逐步进行：

1. 对于侵犯个人法益的侵犯财产型非暴力犯罪，以及无具体被害人的侵犯社会法益型非暴力犯罪，诸如破坏市场经济秩序型非暴力犯罪、妨害社会管理秩序型非暴力犯罪等，应当从立法上及时全面地废止其死刑规定。事实上，中国 1979 年刑法中对这两类犯罪中的非暴力犯罪也一概没有规定死刑。废止这些犯罪的死刑，较易为公众所接受而不至于引起较大的负面社会影响。

2. 对于贪污罪、受贿罪等贪污贿赂型非暴力犯罪的死刑规定，从特别预防的角度分析，其必要性也值得检讨。对于这类犯罪人，只要剥夺其犯罪能力和条件即可防止其再犯；但是，中国历来有“从严治吏”的传统，而在目前腐败现象还比较严重的情况下，短时间内即废止其死刑，会与国家基本的政治形势和刑事政策不相吻合。因而废止贪污罪、受贿罪的死刑规定应当保持相当的理性并采用科学合理的方法与步骤。可以考虑目前先在立法与司法上提高其适用死刑的条件，再逐步过渡到废止其死刑。而且，笔者认为，受贿罪相对于贪污罪而言，其社会危害性要小一些，因为贪污罪不仅侵犯了职务行为的廉洁性，更侵犯了公共财产所有权，而受贿罪往往只侵犯了公务人员职务行为的廉洁性，何况司法实践中

---

① 江泽民：《全面建设小康社会，开创中国特色社会主义事业新局面——在中国共产党第十六次全国代表大会上的报告》，载人民网 2002 年 11 月 17 日。

② 这是笔者所主持的“中国非暴力犯罪废止死刑问题研究”项目的基本观点，具体可参见赵秉志主编：《中国废止死刑之路探索：以现阶段非暴力犯罪废止死刑为视角》，中国人民公安大学出版社 2004 年版。

③ 赵秉志：“论中国非暴力犯罪死刑的逐步废止”，载《政法论坛》2005 年第 1 期。

有很多犯罪人并未为他人谋取利益或者其谋取利益行为对社会未造成严重危害，而且受贿罪在1997年《刑法》中也没有死刑，因此，受贿罪相对于贪污罪来说应更早废除其死刑。

3. 对于侵犯社会法益的危害公共安全型非暴力犯罪，由于其对人身安全具有潜在的危险，从刑罚一般预防角度考虑，废止其中的死刑条款还需要更为慎重一些；但是考虑其尚未对社会造成直接损害，因而在条件成熟的时候，也应当废止其死刑规定。

4. 对于侵犯国家法益的危害国家安全型非暴力犯罪、危害国防利益型非暴力犯罪以及军人违反职责型非暴力犯罪，由于其触犯了社会整体的安全利益，严重危及国家赖以存立的基本秩序，其社会危害性与严重暴力犯罪基本相当或非常接近，加之此类犯罪的死刑条款多为备而不用，一般不会影响执行死刑的实际数量，因而在没有全面废止死刑的前提下，保留其死刑规定也是现实的选择。当然，在社会文明和法治发展到相当发达程度时，这类犯罪的死刑也应相对于严重暴力犯罪而言先行废止。

（二）关于逐步废止非致命性普通暴力犯罪死刑之构想

由于暴力犯罪以直接或者借助自然、物理之力对他人人身施加强力打击或者强制行为为特征，[①]因而其轻则给被害人造成身体伤害，重则会导致被害人死亡之结果。对于暴力犯罪，以发生的具体时间是否系战时为标准，我们可以将之区分为普通暴力犯罪和战时暴力犯罪。以普通暴力犯罪是否导致被害人死亡之结果为标准，我们可以将其分为致命性普通暴力犯罪和非致命性普通暴力犯罪。对于致命性普通暴力犯罪，则又可以根据行为人对死亡结果所持的具体罪过心理，区分为故意致命性普通暴力犯罪和过失致命性普通暴力犯罪。[②] 在上述分类之基础上，我们设想，未来中国废止非致命性普通暴力犯罪死刑之立法步骤，应区分以下情形逐步进行：

1. 对于某些暴力程度相对较低通常不危及被害人生命的普通暴力犯罪，也可不必等到2020年，而可随着某些非暴力犯罪的死刑废止进程而先行废止其死刑。在此有必要指出的是，我们主张分阶段逐步废止中国的死刑是从整体上而言的，而并非将每一阶段截然割裂开来。

---

① 赵秉志主编：《中国废止死刑之路探索：以现阶段非暴力犯罪废止死刑为视角》，中国人民公安大学出版社2004年版，第6页。

② 此处所谓过失致命性普通暴力犯罪之行为人在主观方面应体现为复合罪过，即对于普通暴力犯罪是出于故意，但对于被害人死亡之结果则系出于过失。因而，不能将其与纯粹过失犯罪混为一谈。

对于此类普通暴力犯罪，如拐卖妇女、儿童罪，强迫卖淫罪，因为从整体上讲其社会危害性相对较低，当然便可以在条件成熟时即行废止其死刑。

2. 对于某些过失致命性普通暴力犯罪，在适当时机也应先行废止其死刑。尽管此类暴力犯罪后果不可谓不严重，但毕竟行为人对于被害人死亡之结果完全是一种过失的心理态度，其主观恶性相对较小，根本不能与故意致命性暴力犯罪等同视之。比如：强奸过失致死、抢劫过失致死，故意伤害致死，绑架过失致死，等等。中国已于1998年10月签署了联合国《公民权利和政治权利国际公约》，该公约第6条明确规定，不得任意剥夺人的生命，并强调，在未废除死刑的国家，只能对犯有“最严重罪行”的人判处死刑。而这类犯罪的范围，按照有关联合国文件，应该理解为“不超出有致死或者极其严重后果的故意犯罪”。① 而过失致命性普通暴力犯罪显然不在其列。因此，我们认为，可以通过刑法立法提高死刑适用标准的方式，对上述过失致命性暴力犯罪排除适用死刑。

3. 对于大部分原本属于故意致命性的普通暴力犯罪，可以通过立法技术的调整，将其转以故意杀人罪论处，从而从立法技术的角度废止其死刑条款。结合现行立法与司法实务，故意致命性普通暴力犯罪主要包括：放火故意致死，爆炸故意致死，绑架故意致死，抢劫故意致死等。在条件成熟时，完全可以通过调整立法技术，将故意致命性普通暴力犯罪以转致的立法方式，转以故意杀人罪论处。易言之，凡是故意侵犯生命的犯罪情形，一律都按故意杀人罪论处。例如，危害公共安全的爆炸行为本属危害公共安全罪，但是爆炸过程中，故意致人死亡的，应转以故意杀人罪定罪处罚，而不再论以爆炸罪。这实际上就是刑法理论中所谓“转化犯”的立法方式。而转化犯的立法例在1997年刑法典中已经有较多的体现。例如，根据1997年《刑法》第247条规定，如果刑讯逼供致人死亡的，就应转以故意杀人罪定罪从重处罚。这一立法举措不仅可以彻底废止除故意杀人罪外所有普通暴力犯罪的死刑条款，而且也与许多国家废止、减少死刑之实际路径相吻合。②

总之，经过上述逐步努力，在2020年全面废止非暴力犯罪死刑后，再经过10年至20年的发展，随着“全面建设小康社会”之进程，中国的法治持续发展和人权理念不断张扬，届时中国将基本废除普通暴力犯罪的死刑，而在立法上只保

---

① 联合国经济与社会理事会：《保证面临死刑者权利的保护的保障措施》第1条之(1)。

② 很多国家大幅度减少死刑适用条款的途径，往往是通过立法技术的调整，将死刑限制在谋杀、战时犯罪等少数几种性质极其严重的犯罪上。例如，意大利1947年对死刑的废止即首先以普通犯罪和非战时的军事犯罪为开端。参见 Roger Hood, *The Death Penalty: A Worldwide Perspective* (Third Edition), Oxford University Press, 2002, pp. 30－31。

留故意杀人罪和战时暴力犯罪的死刑条款。

（三）关于废除致命性暴力犯罪与战时暴力犯罪死刑之构想

通过前两个阶段的努力，中国死刑立法和司法状况将大为改观。根据我国现行刑法，挂有死刑的战时暴力犯罪主要包括阻碍执行军事职务罪与战时残害居民、掠夺居民财物罪。由于战时暴力犯罪相对于和平时期来说，完全属于备而不用的虚置条款，因而实际执行死刑的罪名就只有故意杀人罪了。我们认为，在中国刑法立法上基本废除普通暴力犯罪死刑后，再经过10年至20年的发展，至迟到2050年亦即新中国成立100周年之际，废除故意杀人罪和战时暴力犯罪之死刑亦应提上日程。当然，在这一过程中，也可根据社会的发展和法治的完善程度，将战时暴力犯罪中非致命性犯罪先行废止。在此基础上，再考虑彻底而全面地废止死刑，最终完成死刑废止之漫漫征途。而这一废除死刑之最后阶段，也是随着中国社会的不断发展而出现的。在达成小康社会之宏伟目标后，再通过几十年的继续奋斗，中国到21世纪中叶将基本实现现代化，跻身于世界中等发达国家行列，并将成为“富强民主文明的社会主义国家”。而已为人类文明和现代法治所摒弃的死刑，届时在中国当然便毫无立足之地了。其实，当今世界绝大多数中等发达国家均已废除死刑之现状，从某种程度上也揭示了中国未来废除死刑的发展方向。

三、中国分阶段废止死刑配套制度之设计

中国从立法层面分阶段逐步废止死刑，无疑需要辅以一系列相关配套制度。就刑事程序而言，死刑核准权回收于最高人民法院、死刑案件审理方式的改革、被宣告死刑者在死刑复核程序中的辩护权之强化等，都是关乎中国死刑废止进程的不可或缺的制度保障。本文仅从刑事实体法角度提出如下构建死刑废止配套制度之设想：

（一）中国分阶段逐步废止死刑进程中的制度配合

中国死刑的废止不可能一蹴而就，①其在废止死刑的进程中，离不开刑事实体法方面补充完善各项制度的配合。

---

① 尽管当今一些国家在废除死刑时一步到位，而不像过去那样先废除普通犯罪的死刑，最后再废除所有犯罪的死刑，但是基于社会治安的严峻形势、经济犯罪的严重情况乃至中国目前死刑观念的基本状况等现实国情，我们仍然主张，中国废止死刑之路应本着务实、审慎之态度分阶段逐步为之。

1. 应不断提高具体犯罪适用死刑之标准，严格限制死刑的适用。1997年刑法对于某些具体犯罪的死刑适用条件已进行了诸多限制，这对于限制和减少死刑的适用具有非常重要的意义。例如，1997年《刑法》对于盗窃罪、抢劫罪等常见多发的犯罪，明确列举了死刑适用的特定情形，收到了很好地减少死刑适用之功效。据某高级人民法院自新刑法典施行后一年多的死刑司法统计，以盗窃罪判处死刑的仅有一人。① 当然，立法者限制死刑的努力仍是有限的，还远不能适应废除与限制死刑之国际趋势。在中国逐步废止死刑的进程中，对于那些条件尚不成熟而一时难以废止之具体犯罪的死刑条款，应对其适用条件及时作趋严修正，以为未来废止该罪的死刑创造必要的条件。

2. 修改设置有绝对死刑的相关罪名，代之以选择性刑罚之条款。1988年全国人大常委会《关于惩治贪污罪贿赂罪的补充规定》第2条第1款第1项明确规定，个人贪污数额在5万元以上，情节特别严重的，"处死刑，并处没收财产"。此举开创了新中国刑法中设置绝对死刑之先河，并在此后多个单行刑法中被沿用。及至1997年《刑法》，亦有6个条文7种罪名采用了这一死刑立法方式。② 我们认为，绝对死刑这一彻底剥夺法官自由裁量权的立法方式值得反思。尽管在近代刑法发展史中，绝对确定的法定刑乃是出于保障人权、实行严格的罪刑法定主义的产物，但各国的刑事司法实践表明，绝对地限制法官的自由裁量权反而有悖于罪刑法定主义的人权保障机能。正因如此，现代各国刑法已普遍采用相对确定的法定刑，而将绝对确定的法定刑予以摒弃。③ 而我国现行刑法却仍采用绝对死刑的立法方式，将死刑适用标准只限于"情节特别严重"等情形，这不仅与慎刑之理念极不吻合，而且也剥夺了司法机关根据案件的具体情况选择适用死刑之权力，为扩大死刑的适用大开方便之门，与严格限制死刑的刑事政策格格不入。④ 有鉴于此，笔者主张，应废止绝对死刑之立法方式，而代之以选择性刑罚之条款，将死刑与无期徒刑或者有期徒刑并列为可以选择之刑种。

3. 死缓制度应得到充分有效的运用。在我国，死刑缓期执行作为隶属于死刑刑种的一种执行制度，它保留了死刑作为极刑对犯罪人最为严厉的否定性社会政治和法律评价；同时，作为生命之刑又给受刑人以生的希望，从而最大限度地减少了死刑立即执行所固有的弊端。因此，我们建议，在中国逐步废止死刑的进程中，应将死缓制度适用的范围尽可能地予以扩大，以最大限度地缩小死刑立

---

① 钊作俊著：《死刑限制论》，武汉大学出版社2001年版，第209页。

② 同上，第232页。

③ 赵秉志著：《刑法改革问题研究》，中国法制出版社1996年版，第216页。

④ 钊作俊著：《死刑限制论》，武汉大学出版社2001年版，第237页。

即执行的范围。[①]

(二)中国死刑逐步废止后的制度建构

中国死刑的逐步废止,不仅需要在其进程中不断创造有利条件,更需要在死刑废止后有完善的配套制度。笔者认为,应从以下方面努力建构死刑废止后的相关配套措施:

1. 适当提高有期徒刑的刑期。根据现行1997年刑法典第45条、第69条之规定,有期徒刑的期限为6个月以上15年以下,数罪并罚时最高不能超过20年。这一关于有期徒刑期限的规定,使有期徒刑与无期徒刑之间存在一定的脱节,不符合罪责刑相适应原则的要求。因此,在死刑废止后,应适当提高有期徒刑的最高刑期,这不仅可以切实贯彻罪责刑相适应的原则,而且多少可以缓冲民众的压力。事实上,尽管意大利、法国、西班牙等国的刑法典,有期徒刑的最高刑期均有所不同,但都远高于我国《刑法》所规定的15年。[②] 笔者认为,可以将有期徒刑最高刑由15年提高到30年,数罪并罚时不超过40年。进言之,甚至对于有期徒刑数罪并罚时所采取的限制加重原则,也应给予必要的反思。以往理论界对英美刑法中所采取的绝对相加之原则予以全盘否定,应该说是显失公平的。实际上,该原则在维护法律尊严的同时,也极大地减少了犯罪者享受违法犯罪收益的机会,因而似乎在根本上更有利于预防犯罪。[③] 因此,可否改变现行限制加重之原则,而代之以绝对相加的原则,也值得进一步深入研究。

2. 对本该判处死刑的严重犯罪,在废止其死刑后应严格限制减刑、假释的适用。而且,应该提高减刑、假释后实际执行的刑期,如可以将现行刑法典所规定的"不能少于原判刑期的二分之一"提高到"四分之三"。判处无期徒刑的,则可将其实际执行的刑期,由10年提高到20年或30年。甚至可以对本该适用死刑的某些极其严重的犯罪情形,在废止其死刑后,禁止适用减刑或者假释。立法机关也可以在必要时,授权法官可根据犯罪人之罪行排除减刑、假释的适用。

---

① 赵秉志著:《刑法改革问题研究》,中国法制出版社1996年版,第213页。

② 根据《意大利刑法典》第23条、第73条之规定,有期徒刑的期限为15日至24年;当对于数罪中的每一项犯罪均应科处24年以上有期徒刑时,适用无期徒刑。《西班牙刑法典》第36条、第70条的规定,监禁的时间不得低于6个月,亦不得高于20年;加重一级后的期限不得超过30年。《法国刑法典》第131~1条规定,对自然人所判处有期徒刑之刑期,最短为10年,最高为30年。

③ 湖舟:"法律可以打折扣么?——反思数罪并罚的原则",载《法学家茶座》2003年第2辑。

四、影响中国逐步废止死刑的两个社会因素之考量

中国逐步废止死刑的进程,无疑会受到诸多社会因素的影响。而“民意”的作用乃至立法者、决策领导层的认识,则是其中无法回避的两个重要问题。

(一)关于民意问题

长久以来,我们似乎已经习惯了“以人民的名义”、“群众拥护和支持”来证明某一项政策的合法性。许多司法机关往往被“民愤”——包括“受害人亲友之愤”、“官愤”乃至“舆论之愤”等所左右。所谓“不杀不足以平民愤”即充分彰显了其中之意蕴。事实上,民意要适当考虑,但绝不能盲从,更不能以民意公投来决定是否废止死刑。以死刑“平民愤”不啻是对民众原始报复本能的放纵。① 更何况,考察那些已经废除死刑的国家,也并非都是建立在民意基础上的。1981年,当法国废除所有犯罪死刑时,国内要求保留死刑的民意还很强烈,高达62%的民众反对废除死刑,但当时的总统密特朗和司法部长巴丹戴尔等人认为,法国作为在世界人权历史上起过伟大作用的国家,却成为西欧唯一一个适用死刑的国家,这是一种很不光彩的记录,不符合他们的政治信仰,因此,死刑应当立即、无条件、一步到位地废除。故法国政府依然坚定地推动死刑的废除,并最终实现这一目标。② 其实,国家不仅仅需要聆听民众的声音,更负有引导民意循着理性方向发展之职责。历史经验表明,在废止死刑的过程中,大多数民众起初是不赞成废止的;但是实践也证明,在废止死刑后一段时间,大多数民众又不赞成恢复死刑。这说明民意是可以引导、进步的。

(二)关于立法者和决策领导层的认识问题

作为立法者的民意代表乃至国家决策领导层,更应把握社会进步的脉搏,始终站在时代潮流之前列,对法治发展、人权进步乃至死刑所固有的弊病有清醒的认识,竭力推动中国废止死刑的进程。尤其是国家决策领导层,对于死刑废止无疑具有举足轻重的作用。南非废止死刑的进程可能对我国废止死刑有很好的启迪。南非在结束种族隔离制度后,先是暂停所有死刑的执行,后又通过宪法法院裁决死刑违宪,最后终于在1997年修改刑法时废除了所有犯罪的死刑。由于在废除死刑时南非的社会治安形势不好,尤其是暴力犯罪严重,因此社会上反对废

---

① 贾宇:“中国死刑必将走向废止”,载《法学》2003年第4期。

② [法]罗贝尔·巴丹戴尔著:《为废除死刑而战》,罗结珍、赵海峰译,法律出版社2003年版,第194页。

除死刑的呼声非常之高,但南非国会还是顶住压力,同意了宪法法院院长的意见,即"减少暴力犯罪应通过创造一种尊重生命的'人权文化'来实现。"①我国1989年"六四风波"后,国家决策领导层毅然排除反对修改反革命罪罪名之干扰,从国家改革开放和社会进步的大局出发,鲜明地支持国家立法机关将反革命罪修改为危害国家安全罪之事例,②亦充分说明,中国国家决策领导层完全有能力顺应死刑废止之国际趋势,以坚定的"政治意志"逐步而渐进地废止中国的死刑。

(2005年第1期)

① Roger Hood, *The Death Penalty: A Worldwide Perspective* (Third Edition), Oxford University Press, 2002, pp. 37-38.

② 赵秉志主编:《新刑法典的创制》,法律出版社1997年版,第11~13页。

犯罪构成的三个层面分析

杨兴培*

一、犯罪构成的技术层面研究

犯罪构成的技术层面实际上是一个如何理解和运用犯罪构成法律规定的问题。法条是法律的基本单位,也是刑法中犯罪规格构成的载体。犯罪构成是通过法条加以规定的,法条又是通过一定的语言加以表现的。这里既有一个如何认识法律条文即犯罪构成规格的问题,也有一个如何理解法律语言的问题。对犯罪构成的技术层面而言,就是怎样从犯罪构成的法条的既定规定中加以认识、理解和运用刑法的问题。

(一)认识和理解犯罪构成,应当遵循"恶法亦法"的司法原则

"恶法亦法"还是"恶法非法",是两个不同层面的观念问题。在立法的层面,在民主制度下的法治观念上,"法治应包含两重意义:已成立的法律获得普遍的服从,而大家所服从的法律又应该本身是制定良好的法律。"①从这一意义上说,"恶法"不是法,"恶法"当然要受到人们批评和批判,是人们痛斥的对象。但"恶法"只有被推倒以后才不能是法,在被取代和更替之前,"恶法"作为一种实在法依然存在,依然作为在司法实践中需要被遵照执行的一个依据。正是从这一意义上说,"恶法"也是法,"恶法"就是法。既定的法律是一种铁的规则,"恶法亦法"的古训应当在司法实践中得到尊重和贯彻。柏拉图有一句名言:"统治者是法律的仆人"。② "恶法"当须改,但"恶法"被修改之前依然是法。在司法实践中,法官只能作为法律的"奴隶"身份而出现,而不能作为法律的"主人"身份去改变法律的实际存在和既有规定(如何理解则是另一个问题了)。在执行刑法的过程中,犯罪构成作为一种法律规定一旦固定在刑法之中,就具有中性的特征,成为全体社会成员共同遵守的行为规范。因此,犯罪构成的现实规定永远是有效的、正确的,法官们包括社会上的各种人群都丝毫不能批评刑法,不能批评刑法中的任何一个犯罪构成,都只能在已有的构成规范的基础上遵守它、

---

* 作者单位:华东政法学院(现华东政法大学)。

① [古希腊]亚里士多德著:《政治学》,吴寿彭译,商务印书馆1981年版,第199页。

② 梁治平著:《法辩:中国法的过去、现在和未来》,贵州人民出版社1992年版,第66页。

执行它。在犯罪构成的司法适用的技术层面，即使犯罪构成规定得不尽如人意，对于法官来说，宁可错在法律，而不能错在执法的“我”。所以对于执法者来说，必须以铁的意志去执行铁的规定。当然，当“我”已经意识到法的“恶法”内容，尽可能以比较宽容的态度对待犯罪，在不影响对犯罪的认定基础上，给予犯罪为法律所允许的比较从宽的处罚，也是不违反法律的实际效能的。

(二)认识和理解犯罪构成，必须从语言文字的既定规定上加以进行

长期以来，在理解刑法规定的问题上，一直有太多的观点认为应当从刑法的立法意图上理解刑法规定的含义。但何为立法意图？人们往往脱离了刑法本身的规定各抒己见，由此使刑法的立法意图成了看不见、摸不着可以任意诉说的一种精神现象，以至于公说公有理，婆说婆有理，究竟谁说了算，就看谁的话语威力大，谁的话语权力大，这样法律往往被权威所替代，崇尚法律最终变成了崇尚权威。这种现象的出现在中国并不稀奇。中国本来就是一个长期信奉人治的国家。所谓的法制和法治在过去相当长的一段时间内不过是在奉行人治需要时的一块遮羞布。这正是中国社会长期以来很难建立起“法治”观念的一个重要原因。

时代不同了，我们现在真正要实行社会主义的法治了，我们的社会也已经临近法治时代的门槛了。在这样的时代背景下，我们对刑法中犯罪构成的理解，当然要一反过去长期信奉的所谓立法意图，而应当深入法律条文文字中去理解法律的规定内容。意大利刑法学者贝卡里亚曾经说过：“当法典中含有应当逐字适用的法律条文，而法典交给法院的唯一职责是查明公民的行为并确定它是否符合成文法的时候；当所有的公民——由最无知的公民一直到哲学家——都应当遵循的关于什么是正义的和不正义的规则是毫无疑义的时候，国民将免受许多人的专制行为。”①当然我国的刑法经常处于变动之中，试想如果我国刑法制定于新中国成立初期，由于国家稳定，社会秩序井然，我国的刑法也能像法国刑法典一样能适用长达近200年之多，当时参与立法的制定者纷纷谢世了，我们不知如何去问当时的立法意图。其实在一个比较民主的社会里，法律实际上是多个社会利益主体在分配和分享多种社会利益时的一种协调或者是一种妥协。这种妥协的结果就表现在法律语言文字的字斟句酌上。法律需要补充修改，又是一次协调和妥协的过程，又一次体现在法律语言文字上。立法意图不通过语言文字加以体现，不过是掌权者个人的意志。集体的意志是需要一定的形式加以固定和体现才能有效，才能被执行。在法治化的时代，这一形式就是法律，就是

① ［意］贝卡里亚著：《论犯罪与刑罚》，西南政法学院（现西南政法大学）1980年刊印，第13～14页。

通过一定的语言文字加以体现的法律。因此提到“立法精神”，人们有必要追问，是谁告诉你的，在什么时间、什么地点告诉你的，是通过什么形式告诉你的。在提及“立法精神”的方面，我们时时警惕“假传圣旨”式的理解“立法精神”是很必要的。因为所谓的“精神”必须通过一定的物质载体才能有所依附，而法律的精神就是通过法律的语言文字加以反映的。同一个法律条文放在不同的理解主体前面会有不同的理解，这是正常的。正因如此，法官的“自由认定度”和“自由裁量权”就成了古今中外司法实践中无法回避的一个既定事实。法官的自己理解和法官的自己认识，表明了法官知识修养和理论水平，在这里没有必要扯上一个“立法精神”为自己拉大旗作虎皮去吓唬他人。

从立法的层面上说，立法意图是通过语言文字加以反映出来而落实在法条上的，立法意图是一种抽象的主观思想，除非人们之间已经由一个“心有灵犀一点通”的精神感受而心领神会，但这只是在理论修养和精神层面才应该发挥作用。而在绝大多数实际生活的情况下，人们只能通过法条的语言文字形式来理解法律的内部含义的。一定的语言文字是一个国家、一个民族、一个社会传统文化的集中反映，具有约定俗成的、基本固定的内涵，不然，社会之间的交流就无法进行和展开。平心而论，我国现行刑法的语言文字是极为普通的，这是由《刑法》本身就是一部大众化的法律所决定的。上海的将面包屑冒充“炭疽病菌”案件、南京的“鸭吧卖淫”案件、足球“黑哨裁判”受贿案件，之所以在刑法理论上和司法实践中发生如此大的争论，就是因为存在案件的结论在理解犯罪构成时发生了偏离犯罪构成原有的语言文字规定要求，最后不得不借助于犯罪构成后面的“立法精神”来加以揭示所引起的。

（三）认识和理解犯罪构成，需要运用逻辑思维和经验知识的方法

法律不管以怎样详尽的语言文字表述立法者的意思表示，在表现形式上总还是一种原则的、概括的、抽象的、精练的文字记载。因此，只有通过逻辑思维的方法，才能认识和理解法律文字所表达出来的行为特征的内涵和外延，弄清行为事实之间的种属关系。特别在一些法律规定的由“其他”、“等等”等文字规定时，我们应当在“咬文嚼字”理解已有的罗列文字规定的基础上，通过逻辑推理，演绎“其他”、“等等”的基本含义。当然，美国著名的大法官霍尔姆斯曾经说过：“法律的生命不是逻辑，而是经验。”①英国的大法官柯可也曾说过：“法律是一门艺术，一个人只有经过长期的学习和实践，才能获得对它的认识。”②我国刑法学

---

① 张乃根著：《西方法哲学史纲》，中国政法大学出版社1993年版，第251页。

② 李学尧：“法治与艺术：论职业法律家显贵的理由”，载《法学》2001年第1期。

者冯亚东感悟道:"立法在有些情况下只是凭着大体的感觉作出大体的规定,其具体的内容上有待于生活自然而然地将它展现,有待于法官和法学家们去努力地挖掘。"①刑法是一种大众化的法律,它的语言文字规定并不是艰难晦涩、高深莫测的。否则,刑法就会失去规范社会大众行为方式的实际效果。但是,法官们应该是社会的精英,他们自身必须具有丰富的社会阅历和生活经验,只有这样,他们才能在更高的层面上对刑法进行更为深刻、透彻的认识和理解,才能在实践中运用自如。这是因为,刑法的制定和它的全部内容,本身就是人类生活经验和与反社会行为作斗争的产物。对刑法的认识和理解,在更高的层面上,是与人的社会阅历、社会知识和生活经验分不开的。对法律的任何理解,实际上是人的认识和理解。法律只有在和社会生活发生联系时,法律才能真正起作用。人们特别是法官们根据自己的生活阅历、社会经验和知识水平来认识和理解法律,这已经在法官的"自由裁量"的允许范围之内了。所以,培养具有丰富的社会阅历、足够的生活经历和较深的法律知识的专业法官群体,对于提高我国的刑法执法水平是十分重要的。

二、犯罪构成的观念层面研究

刑法中的罪刑规定不过是一个尺度和规格标准的形式而已,怎样才能制定好这一罪刑规定,就有一个罪刑观念的问题。而涉及犯罪构成的规定,在观念层面实际上是一个如何认识犯罪现象和犯罪原因,有一个犯罪化和非犯罪化的问题。作为法律的刑法功能,一方面,是为了保卫社会秩序;另一方面,担负着维护社会成员最大自由的职能。刑法要保卫社会秩序,势必要求人人不去犯罪,一旦犯罪,就势必要受到刑罚的制裁。另一方面,刑法的制定也不能过于繁密严酷,一旦刑法密如凝脂,毒如秋荼,势必又伤害到社会成员的自由空间和自由活动。

一国刑法中犯罪与刑罚怎样规定,既有技术的问题,又有观念的问题,从某种意义上说,是人们的观念在引导和制约着法律的制定,而不应该让法律的实在性规定引导和制约人们的观念。在刑法中设立犯罪构成规格的时候,应当尽可能扩大犯罪的范围,还是应当尽量缩小犯罪的范围,在我国刑法理论的观念层面一向存在激烈的争论。

非犯罪化的思想是西方自由主义思想的产物,在资本主义全面发展的过程

① 冯亚东著:《理性主义与刑法模式》,中国政法大学出版社1999年版,第167页。

中,自由主义作为一种新型的思想观念登上了历史舞台。资产阶级的"自由、平等、博爱"的口号成为在资产阶级革命过程中用来摧毁封建制度的有力的思想武器。西方一些法治国家,在经历了反反复复的犹疑彷徨、严刑峻法之后,在民主运动的推动下,在自由主义思潮的鼓动下,在刑法上开始提出了"非犯罪化"的理论。非犯罪化的理论核心是:"国家对个人自由的干预,仅当这种干预能够阻止一个人的行为具有极大的和毫无疑义的冒险性,或者行为具有潜在的危险和不可逆转的后果。"①犯罪是对社会和他人最大的一种破坏与扰乱,没有达到这一程度,就没有必要让刑法来干涉,而通过其他法律加以处理或者通过道德评价加以谴责,是"非犯罪化"理论的观念所在。英国著名法官德富林在法律对与一般人道德不符的行为进行限制时,提出了4条原则:(1)容忍与社会完整相协调的最大限度的个人自由;(2)容忍限度的改变,即社会容忍偏离道德标准的程度是一代一代的变化的;(3)尽可能充分尊重个人隐私;(4)法涉及最低限度的而不是最高限度的标准。②

"非犯罪化"的理论对当今世界刑法观念的转变具有很大的影响作用。但在我国,由于犯罪形势的依然严峻,在长期的"从重、从快、从严"的刑事政策的指导下,"非犯罪化"的观念在我国还没有引起足够的重视。带来的一个直接后果是:司法实践案件大量增加,监狱在押人犯人满为患,司法成本急剧上升。正如德国刑法学者耶林所指出的那样:刑法如两刃之剑,用之不当,则国家与个人两受其害。③ 正是从这一意义上说,在我国引入"非犯罪化"的思想观念,适当地对刑法进行"缩身",是一种值得思考的发展方向。社会对于个人的自由的干涉仅以防止对社会利益的侵犯和对他人的侵害为标准。对于那种没有被害人的犯罪,能否通过行政处罚加以解决,是值得思考的问题。而且,在犯罪设定的问题上,如何认识犯罪的原因和社会深层里的问题,以便及时进行社会改革和有效消除导致大规模犯罪的原因,实在是比如何更好地规定犯罪构成数量多少要好得多。因为,社会成员对于违法犯罪和要求惩治违法犯罪的价值观念,立法者、政治家对于违法犯罪的认识水平和政治态度往往决定着一个时代的犯罪规模,法学家和法官们对法律的理解水平和操作水平仅仅决定了惩罚犯罪的能力。

在进行"非犯罪化"观念的转变过程中,引入刑法具有二次性规范属性的理论,是非常重要的一环。犯罪是什么?犯罪当然是一种触犯刑法的行为。但刑

---

① [美]汤姆·彼彻姆著:《哲学的伦理学:道德哲学引论》,雷克勤等译,中国社会科学出版社1990年版,第430页。

② 张文显著:《二十世纪西方法哲学思潮研究》,法律出版社1996年版,第425~426页。

③ 林山田著:《刑罚学》,台湾"商务印书馆"股份有限公司1985年版,第127页。

法如何规定各种犯罪行为？违法的行为又如何进入刑法领域而接受刑法调整？中国社会自古以来，一直有着“重刑轻民”的法律传统和历史情结，以至于中国古代的法律形式是“刑民不分，诸法合体”的混合立法形式。在这种法律观念和法律形式下，古代的民事法律关系也常常是通过刑法加以调整的。法律所及之处，便不存在私人的事物。也没有私法调整的余地，任何类别的社会危害性行为都可以入（刑）律，刑罚的权威渗透到社会的各个领域、各个层面。行为稍有违法，甚至违德（道德），都可以通过刑法加以调整处理，这正是中国古代社会未能建立起法治秩序的一个重要原因。但即使这样，中国古代刑事立法仍然遵循着一个“出乎礼（道德）而入于法”的原则。

礼（道德）的特点在于内在地教化人心，唤起人们树立起良好的道德意识和良心约束。尽管礼（道德）对人们的行为也有一定程度上的约束和强制作用，但是这种作用很大程度上来源于社会成员的道德观念和舆论力量。随着社会的不断发展，人们生活内容和生产形式的不断变化，礼（道德）的内在作用和外在强制必然会发生冲突，当礼（道德）无法全面、深入教化所有社会成员的内心世界、无法强制规范所有社会成员的言行举止、进退行动时，社会必然要从礼（道德）中分离出一部分被人们视为具有危害整个公众利益的行为，于是法就出现了。在古代法治社会向现代法治社会的历史发展过程中，对各种危害社会的行为，经过多层次的遴选，将其中严重危害社会的行为规定在刑法之中，作为犯罪施以刑罚，这是立法者的一个重要要求和基本任务。在现代法治社会中，存在多方面、多层次的法律规范，它们有机地组成了一个完整的法律体系。每一个具体的法律规范都担负起调整特定领域内社会关系的重任。它们在法律功能的总和上，达到了维护社会整体秩序，保卫社会整体利益的需要。但是这个完整的法律体系存在一种严格的阶梯关系。在这个阶梯关系中，刑法是保证各种法律规范得以贯彻实施的最后一道屏障，它始终处于保障法的地位。如果说犯罪行为是各种具有社会危害性行为中的一种最极端的表现形式，那么适用刑罚不过是社会进行自身防卫所采取的最后手段。只有当违法行为已经超越了其他法律，而其他法律规范再也无法容纳已经超出其既定界限的某种危害社会的行为，只有当其他法律制裁手段再也不能，也不足以制止和惩罚触犯其规定的行为时，社会公共机构才不得已而动用刑法来宣布这种行为是犯罪，并动用刑罚来加以惩罚。如果说古代社会制定刑法设立犯罪时，遵循着“出于礼而入于法”的基本准则，那么在现代社会制定刑法设立犯罪时，就应当遵循“出于他法而入于刑法”的立法基本原则。通过刑法属于二次性的规范原则，能够将一部分犯罪予以排除，另外一部分能否通过自诉方式的责任追究原则加以解决，都是我们在进行刑法观念转变过程中应当加以重视的问题。

我们在设立犯罪构成的时候，应当遵循刑法具有的二次性规范属性，控制犯罪构成的泛滥设置。刑法的二次性规范理论在我国吸收“非犯罪化”理论的过程中，实际上具有异曲同工之妙。

尽管我们已经看到，1997年《刑法》修改的过程中，刑法对一些不存在被害人的某些流氓行为，投机倒把的行为已经不作为犯罪加以规定，但笔者认为，在刑法中可以进行“缩身”的犯罪中，如一些不存在被害人的“黄赌毒”的犯罪行为，尽管这一类行为的社会危害性人尽皆知，但是这一类型具有一定的社会群体，具有一定社会涉及面，对于其中的大多数行为，我们是否可以通过加大行政处罚的力度加以解决。即使要以犯罪认定，我们是否可以提高其入罪和起刑点的门槛。对于这样一些现在依然作为犯罪规定的行为，即使我们不理会是“堵”还是“导”的争论，“法不责众”、“投鼠忌器”仍是我们不得不考虑的一个因素。另外，随着我国经济形势的变化，盗窃罪的数额是否也可以作出适当的调整。行政处罚也是可轻可重的，对于一般危害社会秩序的行为人，并不等于说放进了监狱才是最大的惩罚。实际上监狱对于任何一个国家来说，都是赔本的买卖。

这里有一个执法成本的问题。在进行“非犯罪化”的过程中，扩大犯罪的自诉范围，应该说是一种司法成本比较便宜的理想选择。在我国现行刑法中，刑法规定可以自诉的犯罪不过5种（侮辱罪、诽谤罪、暴力干涉婚姻自由罪、虐待罪和侵占罪，即使按照刑事诉讼法的规定，可以由被害人自行起诉的犯罪，也不过只有十来种），笔者认为，像一些在家庭亲属范围内的犯罪，一些被害人自身也有疏忽过失的数额仅仅较大而未达巨大的，并且与违法犯罪人有着一定人际关系的诈骗罪，都可以进入自诉的范围内，从而减轻国家的司法成本。

三、犯罪构成的制度层面研究

犯罪化与非犯罪化的观念问题能够得到大体解决，犯罪的规定落实在法律之中，就是一个立法技术的问题，刑法制度的规范制定说到底也是一个技术问题。

我国刑法已经明确确定了罪刑法定原则作为我国刑法的基本原则，罪刑法定原则的一个基本要求在于犯罪规定的明确化。犯罪构成的制度层面实际上是一个在规定犯罪构成的过程中如何正确理解和准确落实罪刑法定原则的问题。在罪刑法定的刑法基本原则的指导和约束下，应当尽可能地将犯罪的规格明确化和具体化。应当说，在一个已经实行了罪刑法定的国度里，刑法应该是这个社会全体成员（在绝对的意义上，只能是社会的大多数成员）的意志体现。所以，在刑法中设置和规定哪些犯罪构成、多少个犯罪构成，既不能“闭门造车”，也不能“开门作秀”，而应当进行必要的民意测验，这样的刑法才能获得坚实的社会基础。一个真正意欲实行罪刑法定的国家，应当深刻地理解到刑法既是保卫社会秩序的大宪章，又是保护公民应有自由的大宪章。正因如此，刑法中犯罪构成的设计，应当体现着这样一种价值观念，刑法具有二次性规范的属性，犯罪具有二次性的违法特征。在一个国家中，各种法律组成了一个完整的法律体系，各种法律之间存在一个等序严格的阶梯关系。在这个阶梯体系中，刑法只不过是社会个别成员迷失社会既定秩序最极端的行为表现。对此国家不得已动用刑罚，只不过是社会防卫自身生存条件的最后一种极端的手段。只有当其他法律手段不能也不足以制止和惩罚其他法律规定的违法行为时，国家才需要发动刑法来加大惩罚力度。刑法中的犯罪构成正基于这种需要才应该在刑法中找到它应有的位置。

1. 在犯罪构成的明确性方面，笔者认为对什么行为应当是犯罪必须通过法定的概念加以规定，以扭转目前刑法规定中犯罪概念和定义旁落的现象，如在司法实践中，对何为（法人）单位的犯罪经常发生着激烈的争论，原因之一就在于法律没有一个像样的单位犯罪概念。又如，《刑法》分则中哪些犯罪属于故意犯罪，哪些犯罪属于过失犯罪，像这些内容的规定，其技术性要求并不高。但在《刑法》分则中，我们却看到了立法者是如何地“惜墨如金”，很少加以明确规定。再如，何为一罪与数罪，如果能通过一行为（包括选择性的行为、集合性的行为、列举式的子行为）一罪名一法条的规定形式，就可以消除刑法理论上和司法实践中不知道有多少不值得争论的现象。当然就辩证的角度而言，明确性总是相对的。但上述要求并不难以实现。

2. 在犯罪构成的规范化方面，我们不但应当强调在刑法分则中没有明文规定的行为是不能构成犯罪的，而且还必须强调刑法分则的规定必须受制于刑法总则的规定。例如，自然人犯罪中一般主体与特殊主体的划分，分则中共同犯罪的成立与否等问题，我们必须加以贯彻到底。同样是国家工作人员利用职务的犯罪，贪污罪已明文规定，非特殊主体可以与特殊主体构成共同犯罪。而受贿罪在原先已有规定的情况下加以删除了，这样在司法实践中又引起争议。同时，还应当尽可能做到此罪与彼罪有明显的区别界限。而当此罪与彼罪在构成要件上已经很难区别时，意味着这种犯罪的设立已无十分必要了，如刑法分则中太多的法条竞合犯罪现象的设计，很多都是没必要的。

3. 在犯罪构成的具体化方面，则应当要求犯罪构成要件设计得更加具体化,例如犯罪主观要件的故意与过失,犯罪主体的一般主体资格和特殊主体资格,应当在设计犯罪构成时加以具体规定。特别是在涉及犯罪行为特征时,对一些容易引起不确定理解的内容,尽可能通过列举的形式加以罗列规定。当然,具体永远是相对的,如果列举式的罗列规定无法穷尽,也应当通过一定的上一层次的行为概念加以具体规定。

(2005 年第 5 期)

我国刑法中主观主义地位的界定

——兼与张明楷教授、周光权博士商榷

郭泽强*

在刑事责任的理论根据问题上,西方刑法学说史上最经典的对立是刑事古典学派与刑事近代学派之间的论战,而两派的争论很大程度上就是主观主义(又称为行为人主义)与客观主义(又称为行为主义)的对立。① 客观主义学派和主观主义学派是西方刑法发展历史上存在的两种非常重要的学术流派。

1997年《刑法》修订前后,我国刑法学界已经有学者开始致力于引入西方刑法的学派之争,并结合中国刑法具体问题进行研究。然而,上述的引介却对主观主义评价不一,其中不乏学者对与主观主义相对的客观主义予以褒扬,而对主观主义则持否定或怀疑的态度。上述学者中影响最大的要首推张明楷教授,张教授旗帜鲜明地站在客观主义立场来展开自己的刑法思想,为我国刑法学研究吹入一股清新之风。另外,周光权博士也紧随张教授之后,表明自己的客观主义立场,而对主观主义则从根本上持反对的态度。如张明楷教授认为,我国1997年《刑法》是向客观主义立场倾斜的,向主观主义倾斜的刑法及其理论,不利于发挥刑法的机能,即不利于发挥刑法的行为规制机能、法益保护机能以及保障公民自由的机能。② 周光权博士主张刑法客观主义与现代法治观念是契合的,而"刑法主观主义与科技理性相结合将有导致社会陷入灾难的一面,从而与法治理想和思潮相抵牾"。③

然而在中国的具体的背景下,全面贯彻刑法客观主义立场未必合理,主观主义也不乏可借鉴之处,主观主义对繁荣中国刑法学的发展也同样起着不可替代的作用。

我们先来谈谈在我国贯彻客观主义刑法立场的不足之处。众所周知,作为两种刑法思想体系,客观主义与主观主义对世界各国的刑法发展的影响无疑都

---

* 作者单位:中南财经政法大学。

① 正因如此,下文对于刑事古典学派与客观主义学派、刑事近代学派与主观主义学派不加区分予以使用。当然,严格讲来,客观主义学派与主观主义学派的提法可能并不是非常准确。

② 张明楷著:《刑法的基本立场》,中国法制出版社2002年版,第64~65页。

③ 周光权著:《法治视野中的刑法客观主义》,清华大学出版社2002年版,第160页。

是巨大而深远的。尽管两种学派在历史上有过针锋相对的对立,可随着时代的发展,对立已基本缓和,走向了折中。在立法上尤其如此。李斯特就曾经指出,科学上不能妥协,但立法上必须妥协。① 当今世界各国已很难看到,在刑事立法上仅仅单纯强调主观主义或者客观主义。在我们看来,在中国,仅仅是片面地强调刑事立法的立场倾斜,恐怕无助于合理吸收两种思想体系的宝贵思想,也不利于中国刑法的全面发展。事实上,我们也承认,无论是1979年刑法,还是1997年刑法,主观主义与客观主义都有其反映。只不过,从立法技术上来看,1997年刑法的立法技术更加完善,更加科学一些。这与刑法的立场选择本身并无直接的联系。而张明楷教授认为,1979年《刑法》对犯罪构成条件的规定比较简单,多处使用"等"、"其他"之类难以限定行为范围的用语,过多地将"情节严重"、"情节恶劣"作为构成条件,对法定刑升格的条件没有具体规定,而是代之以情节严重、情节特别严重等表述。这些都是主观主义所赞赏的,而为客观主义所反对的立法体例;而1997年《刑法》却对常见、严重犯罪中的影响法定刑升格的因素作了具体规定,从一个方面说明了刑法向客观主义倾斜。② 我们认为,张教授的上述见解不免有些牵强,其最大的问题在于误读了主观主义与客观主义的思想精髓(主观主义与客观主义的思想精髓在于对刑事责任之理论根据的不同见解上,而与具体的法律技术问题无直接关系)——上述张教授提及的犯罪构成条件的规定差异问题反映的仅仅是刑事立法技术上的粗疏与细密的差别问题,这与我国刑法制定的历史背景相关联,而与主观主义、客观主义并没有必然的联系。我们知道,由于历史的原因,我国1979年《刑法》的许多条款规定得过于概括笼统,以至于一些用语含义较为含糊,把本应由立法者加以解决的问题推给了司法者去处理。③ 而随着我国刑事法治进程的推进,刑事立法技术的不断完善,粗疏化的立法规定必然会为细密化的规定所取代。因此,1997年《刑法》中具体可操作性规定的增多,实际上是刑事立法技术提高的客观表现,是刑事立法上细密化的凸显,这在本质上与刑法的立场选择无关。另外,1997年《刑法》规定尽可能具体化,增加了很多可操作性的条文,在很大程度上是考虑到我国目前司法能力不足的现状而作出的一种选择。因此,客观地讲,1979年以及1997年两部刑法典都吸收了主观主义和客观主义的有益思想,很难讲,哪部刑法典就一定表现出什么样的立场倾向或者刑法经过1997年的修订,就由主观主义转向客观

---

① 转引自赵秉志主编:《外国刑法原理》(大陆法系),中国人民大学出版社2000年版,第13页。

② 张明楷著:《刑法的基本立场》,中国法制出版社2002年版,第61页。

③ 高铭暄主编:《刑法修改建议文集》,中国人民大学出版社1997年版,第59页。

主义。

另外,周光权博士主观主义与法治立场冲突的观点也值得推敲。首先,主观主义也完全可以与法治立场共融。李斯特作为主观主义的集大成者,其犯罪构成的理论体系至今仍为人们所称颂,很少有人说他的观点有违法治立场。其实,主观主义关注具体的行为人,凸显刑法的人文关怀品格,可能更加与依法治国的理念契合。其次,主观主义强调人身危险性的作用,过分强调人身危险性确实存在会被利用的危险,但这不是主观主义学者的本意。主观主义学者所提出的犯罪征表说,实际上是贯彻了"无行为不处罚"的责任主义原则的,并不是没有行为就随意处罚他人。将主观主义的主张理解为残忍、危险的,实际上是一种误解。

进言之,从刑法模式变更的视角,张明楷教授和周光权博士等学者较为赞赏客观主义,似乎也能说得过去。因为就刑法模式选择角度而言,西方社会在初期依法治国阶段,刑法主要是采客观主义,而进入文化国家,才是主观主义发挥作用的时期。因此,在我国目前的法治国家阶段,客观主义应当是刑法所能选择的立场。① 但笔者认为,这种机械的亦步亦趋的观念也是值得研究的。根据马克思主义原理,一定的经济基础决定了特定的上层建筑。这样,我们似乎应当遵循西方法治发展的模式,采取客观主义立场。但是,社会现实也是纷繁复杂的,马克思主义原理也允许在发展的过程中出现飞跃,也不排除在一些情况下发展的轨迹有变化。比如在社会形态上,可以由资本主义社会过渡到社会主义社会,同样也允许直接由封建社会跳跃至社会主义社会。因此,就刑法模式选择上可能存在的跨越式发展角度而言,上述认为我国在目前阶段只能是客观主义立场的观点,不免有些机械和僵化,难以令人信服。

通过以上剖析,可以了解到我国刑法并不是简单的倾向于客观主义立场。实际上,我们的刑法制度已经糅合了客观主义和主观主义的合理成分(鉴于客观主义与中国刑法的关系张明楷教授和周光权博士等学者已经论述比较多了,笔者下文只就主观主义与我国刑法具体制度的联系展开论述),很难说两者孰多孰少,或者说我国的刑法是采取什么样的立场。我国刑法在新的时代背景下,应当有一种博大的胸怀,吸收世界刑法文化中的合理成分,而不应当故步自封,僵化地将自己的理论定位在一种理论体系。

在我国,刑法中主观与客观相统一原则,是指构成犯罪和追究刑事责任,要

① 陈兴良、周光权:"困惑中的超越与超越中的困惑——从价值观念角度和立法技术层面的思考",载陈兴良主编:《刑事法评论》(第2卷),中国政法大学出版社1998年版,第41~42页。

求行为人在客观上必须实施了危害行为，在主观上必须具有罪过，两者相互依存，缺一不可。我国刑法中主客观相统一原则与主观主义存在非常密切的联系。

第一，主观主义以责任主义为基础，与我国刑法中主客观相统一原则并不矛盾。在关于如何看待我国刑法中主客观相统一原则之价值的问题上，国内学者往往将刑法中的主客观相统一的原则作为反对主观归罪和客观归罪两种倾向的有力武器。如有的论著指出，“主客观相统一的原则是与奴隶制和封建制刑法中的主观归罪和客观归罪的刑事责任原则根本对立的，同时，也是对资产阶级刑法理论中的主观主义和客观主义两种片面的定罪学说的否定。”[1]这主要是因为国内有些学者将主观主义与主观归罪混为一谈，因此得出主观主义与刑法中主客观相统一原则是针锋相对、水火不容的关系。在我们看来，上述看法是值得怀疑的。首先，主观主义并非意味着主观归罪。[2] 从历史的角度来看，在奴隶社会和封建社会，由于其社会政治、经济、科技、文化等因素的制约，刑法处于不完备状态，古代刑法在立法上对“规定什么是犯罪”、司法上对“认定什么是犯罪”长期存在主观归罪的现象。[3] 主观归罪往往会将一些不属于行为的思想、言论，以及事前的意思或规定为犯罪或认定为犯罪。显然，主观归罪严重违背刑法“主客观相统一”原则，导致践踏人权。近代的启蒙思想家和刑法学者对此提出了有力的批判，如孟德斯鸠在对古代的“思想犯”批判后提出应当将思想与相应的行动连接起来认定犯罪的论点。其后，意大利刑法巨匠贝卡里亚也主张不处罚思想犯罪，应当坚持“任何人不因思想受处罚”的法律格言，反对主观归罪。在旗帜鲜明地反对主观归罪的过程中，学者们提出了著名的责任主义原则，即无责任则无刑罚的原则。具体来讲，责任主义一般是以主观责任和个人责任为内容，如果行为人没有责任能力，没有故意、过失以及不具有实施合法行为的期待可能性，其行为便不构成犯罪，对行为人就不得科刑。[4] 责任主义原则是主观主义体系的应有之义。主观主义虽然认为刑事责任的基础是犯罪人的危险性格，但同时认为，除了外部行为之外，还不能直接认识行为人内部的危险性格；只有当犯

① 赵秉志主编：《新刑法教程》，中国人民大学出版社 1997 年版，第 64 页。

② 当然，客观主义也不是客观归罪。客观主义主张刑事责任的基础是表现在外部的犯罪人的行为及其实害，但这不意味着仅仅有外部行为及其实害就可以成立犯罪。由客观主义提出的成立犯罪所需要的三要件（即构成要件符合性、违法性和有责性）可知，客观主义实际上是主客观相统一的认定犯罪。

③ 齐文远、周详：“对刑法中‘主客观相统一’原则的反思——兼评主观主义与客观主义”，载《法学研究》2002 年第 3 期。

④ 张明楷著：《刑法格言的展开》，法律出版社 1999 年版，第 189 页。

罪人的危险性格征表为外部的行为时，才能对之科处刑罚。① 从具体的犯罪成立条件来看，主观主义刑法学者一般也接受构成要件符合性、违法性与有责性的主客观相统一的体系。即使不采取这一体系的学者，也没有否认行为对成立犯罪的意义。② 例如，主观主义学派的领军人物——德国著名刑法学家李斯特所构建犯罪论的体系是：作为行为的犯罪、作为违法行为的犯罪、作为有责行为的犯罪，所谓的可罚的客观条件的犯罪。在李斯特的犯罪论体系中，要成立犯罪，首当其冲的就需要有客观行为，并且这种行为只要求是身体动作；其次，上述客观行为必须侵害或者威胁了法益；再次，行为人对其行为必须具有应受谴责的心理状态；最后，行为人的客观行为必须符合刑事法规所规定的构成要件。③ 由此，李斯特并没有断然否认构成要件的意义，并不是主张只要有危险性格就构成犯罪。可见，主观主义并非主张主观归罪，而是主客观相统一地认定犯罪。但这种统一，既不是体现在构成要件中，也不是以客观行为作为基础的，而是以行为人的危险性格作为基础的。④ 因此，主观主义是建立在责任主义基础之上的，与我国刑法中主客观相统一原则从根本上并不矛盾。

第二，我国刑法中主客观相统一原则与主观主义在逻辑上并不相互排斥。从逻辑上分析，我国刑法中主客观相统一原则与主观主义之间也并非属于同一层面的问题。刑法中主客观相统一原则应当和主客观相背离主义在逻辑上处于二律背反的关系。而这里所说的主客观相背离主义就是我们通常所指的主观归罪和客观归罪。我们认为，通过责任主义的桥梁作用可以将我国刑法中主客观相统一原则与西方刑法史上的主观主义有机地联系起来。而西方刑法理论上，一般是在责任主义原则的框架下来具体探讨主观主义和客观主义的。因此，可以认为，主观主义和客观主义是责任主义的下位概念。而从追究刑事责任角度来看，西方刑法上的责任主义与我国刑法上的主客观相统一原则基本上是等同的。因此，我们可以大致得出结论：主观主义是刑法主客观相统一思想的下位概念。值得一提的是，国内也有学者将主观主义理解为“偏一主义”，并且认为“偏一主义”是刑法中主客观相统一的具体表现形式，从而得出主观主义与客观主义是刑法中主客观相统一的下位概念的结论。我们认为，上述观点是值得称道的。偏一主义实际上是在责任认定的过程中过于偏重主观要素或客观要素，但其还是贯彻责任主义即刑法主客观相统一原则的。因此，借助责任主义这座桥

① 张明楷：“新刑法与客观主义”，载《法学研究》1997 年第 6 期。

② 张明楷著：《刑法的基本立场》，中国法制出版社 2002 版，第 58 页。

③ ［德］李斯特著：《德国刑法教科书》，徐久生译，法律出版社 2000 年版，第 176～328 页。

④ 张明楷著：《刑法的基本立场》，中国法制出版社 2002 年版，第 59 页。

梁,刑法中的主客观相统一原则与主观主义并不构成对立关系,两者从根本上看是属于不同层面的问题。准确地讲,刑法中的主客观相统一原则与主观主义之间是一种内在精神与外在表现的关系,主观主义是在刑法主客观相统一原则的框架下,从宏观层面对定罪问题所进行的一个角度的思考。

第三,主观主义的精髓以及其与客观主义之间的经典对立将是刑法理论持续发展的基础。如前所述,我国刑法中主观与客观相统一原则其实就是主观主义和客观主义的矛盾的统一体。尽管客观主义与主观主义之间的对立性十分强烈尖锐,但主观主义与客观主义之间的对立却是刑法理论得以发展的内部动力。尽管在某一个特定的时期,不同的学者在同样问题上的观点会相互对立,甚至同一学者在不同时期对同一问题的观点也有所差异,甚至会出现矛盾与对立。我们认为,从微观上分析,观点对立的原因是多种多样的,对同一问题不同学者由于考虑的因素不一致导致所理解的问题主要方面也就大相径庭,不同时期的观点差异可能是研究深度广度不同、研究者的兴趣发生转移、研究问题的角度产生变化,或可能是学者当时所处的历史条件的变迁等因素所致。而从宏观上考察,刑法中主客观相统一原则下的刑法主、客观主义非平衡性也是如此。

一国立法可能吸收主观主义多些,而他国可能借鉴客观主义多些。之所以出现这种状况,就在于各国的具体文化观念和客观的历史条件不一样。在特定时期,一个国家采取什么样的刑法价值取向并不是立法者主观任意选择的结果,而是因为事物矛盾运动过程中主观主义与客观主义对立面之间的相互转化与平衡统一的客观依据和条件发生变化。不同的国家、不同的历史时期有着不同的亟待解决的现实课题,当面临着复杂的特定社会情势时,我们只能把各种问题和事情放在具体的背景下来具体问题具体分析。而在我国当前深入研究主客观相统一的刑法基本原则的关键不在于一味强调主观主义和客观主义的对立和分歧,而在于如何正确认识客观主义与主观主义的矛盾,并且将两者有机地结合在一起,不断地完善和发展刑法主客观统一原则,为我国的刑事立法和司法实践作出应有贡献。诚然,两种思想体系均有其明显的不足,但正是缺点的存在,为刑法理论的进一步发展提供了空间、指明了方向。正是弥补缺陷与不足的愿望,为刑事法治建设进一步拓展提供了动力之源。在人类思想史上,客观主义与主观主义都可以算作一种深刻的片面,"深刻的片面突破平庸的全面,因而在旧的全面面前,它是叛逆,是反动。但正是这种片面所引起的深刻,瓦解了人类的思维定式,促进了思想的成长。而思想总不可能永远停留在一个水平上,片面的深刻必然否定片面本身,无数个深刻的片面组合成为一个新的全面。这样,在人类思想史上就呈现出一个全面—片面—全面的否定之否定的发展轨迹。而恰恰是这种片面，代表了一种否定性的力量，一种革命性的、批判性的力量，成为人类思想发展的伟大原动力。当然，全面与片面的否定之否定是一个生生不息的过程。唯有如此，人类的思想才处于永远的进步之中，呈现出一种螺旋式上升的态势。"①可见，客观主义的缺陷正是主观主义产生与发展的空间。反之，主观主义的不足也正是客观主义完善的动力。这样，由客观主义与主观主义有机融合所形成的刑法中主客观相统一原则，才能与时俱进，不断推动我国刑事法治建设的发展。

通过以上对客观主义立场不足的剖析以及主观主义与我国刑法具体问题的联系介绍，我们不难看出主观主义对于我国刑法也不乏借鉴意义。但现实情况是，我国国内部分学者对主观主义存在一定的偏见。在笔者看来，主观主义在我国刑法中之所以受到怀疑，主要是因为长期以来存在一些认识误区和偏见。正如有学者指出，"认识误区却导致我们又盲目地、不加区别地批判主观主义的刑法理论主张。"②"我国刑法学界对主观主义的刑法理论一向怀有偏见，认为这种理论是一种破坏刑事法治的体系，并将其与人治相联系，导致在理论上出现了重客观轻主观的苗头。"③当然，主观主义的确有可指责之处，而且在现实中尤其是在第二次世界大战期间为当时的法西斯所利用。然而，这不是理论本身的错误，也不是我们大肆批评它的理由，我们更不能因为刑法主观主义学出现的时机不对而鄙弃它，事实上，该理论发展的初衷是为了克服客观主义的不足，遏制累犯等社会问题而提出的。我们不能因噎废食，从而抹杀其历史进步意义。正如有学者指出的，主观主义思想"虽然有其严重的缺点，但它在刑法发展中的作用是不可低估的，可以说没有近代学派（即我们所指的刑法主观主义学派——引者注）也就没有近代刑法的各种制度"。对此日本学者也客观地对刑法主观主义的地位进行了界定，"（主观主义——引者注）如下的功绩也不能忽视，即由于认为以特别预防为中心、改善犯人是刑罚最重要的使命，如何执行刑罚的问题就成为值得关心的重大事情。在此，不定期刑或累进处遇等新的行刑制度被引进，教育刑思想被展开，进而还可以列举短期自由刑的限制、缓刑执行制度、缓宣告制度、少年犯或累犯的特殊处遇、保安制度、缓起诉制度等功绩。"④基于此，笔者认为，主观主义可能而且也应当受到正确的评价，并且对我国刑事法治建设作出其独特的贡献。比如在我国深入贯彻刑法的主客相统一原则，就必须对主观主义

① 陈兴良著：《刑法的启蒙》，法律出版社 2003 年版，第 267 ~ 268 页。
② 鲁兰著：《牧野英一刑事法思想研究》，中国方正出版社 1999 年版，第 301 页。
③ 童德华："国外现代刑法学中主、客观主义源流论"，载《浙江社会科学》2001 年第 3 期。
④ ［日］正田满三郎著：《刑法体系总论》，良友普及会 1979 年版，第 21 页。

重新进行认识。

那么,究竟如何来认识和评价主观主义呢?毋庸置疑,与主观主义相对应的客观主义确实对当今世界各国的刑事立法、司法和理论都有着深远的影响。比如说罪刑法定原则、罪刑相适应原则、适用刑法面前人人平等原则3大原则,在世界各国的刑法中几乎都有着明确的规定,这在很大程度上是客观主义努力的结果。客观主义在人权保障、限制刑罚权的滥用等方面有着不可磨灭的贡献。在我国,2004年宪法修订将“人权保障”写入宪法,这一修订意味着我国法治建设将向着人权保障方面转向,而人权保障正是客观主义所积极倡导的,从此意义上,客观主义在我国可以说得到了进一步拓展。上述客观主义的发展,我们并不否认(当然,也从来没有试图否认过)。但在肯定和褒扬客观主义的同时,我们不应当抹杀主观主义的积极意义。在刑法各种具体制度的形成过程中,主观主义也发挥了重要的、不可替代的作用,主观主义的犯罪预防思想以及刑罚个别化思想在各国刑事立法中都得到了充分的体现。如果说客观主义给世界各国刑法提供一种原则和框架,那么,主观主义带给人们的则是原则之内的灵活和变通。在我国,主观主义和客观主义应当在刑法主客观相统一原则的框架下进行重新审视。①

需要指出,笔者论述主观主义对中国刑法的积极意义,并不是主张在我国全面贯彻主观主义,恰恰相反,我们也不赞成我国刑法完全采主观主义的观点。问题不在于我们究竟采取的是何种立场,而应当是在我国刑法的理论架构内如何进一步地吸收世界先进的刑法思想,不管是主观主义也好,客观主义也罢。因此,对于主观主义,我们更需要以一种理性的态度去面对它,去接受它的合乎理性与科学的那些思想。

(2005年第5期)

① 限于篇幅,笔者对主观主义及客观主义之于我国刑法主客观相统一的具体借鉴价值,将另文详讨。

“应当知道”的刑法界说

陈兴良*

在我国刑法及司法解释中,“应当知道”(也称“应知”或者“可能知道”)是一个界定行为人主观罪过形式的法律术语。近年来,在有关司法解释中采用该语的频率颇高。那么,“应当知道”想要表达的是什么意思以及这一意思果真得到了妥帖的表达吗?这是一个值得研究的问题。本文拟对我国刑法和司法解释中关于“应当知道”(包括“应知”)的规定,从法理上略加探讨。

在我国1979年《刑法》中,并未使用“应当知道”一语。首次使用该语的是1997年《刑法》第219条关于侵犯商业秘密罪的规定。《刑法》第219条第2款规定:“明知或者应知前款所列行为,获取、使用或者披露他人的商业秘密的,以侵犯商业秘密论。”这里有“明知或者应知”一语,其中“应知”就是“应当知道”。值得注意的是,在此,“明知”与“应知”是并列关系。“明知”是指故意,对此在刑法理论上并无异议。因为我国刑法关于犯罪故意的规定就是以“明知自己的行为会发生危害社会的结果”为其认识因素的。那么,“应知”究竟是指故意还是过失?对此,我国刑法理论上存在争议。第一种观点认为,“应知”是指故意,因此侵犯商业秘密罪的罪过形式只能是故意而不包括过失。这种观点认为本罪在主观方面表现为故意。在行为人实施本条第1款第1项至第2项行为的情形下,行为人主观上只能是故意。行为人在实施本条第2款规定的行为时,其主观上是(推定的)故意,即在行为人明知他人是非法获取、披露、使用、允许他人使用商业秘密的情形下,仍然获取、使用或者披露该商业秘密的,就属于在明知情形下的故意行为。在行为人应知他人是非法获取、披露、使用、允许他人使用商业秘密但仍然获取、使用或者披露该商业秘密的,即在应知的情形下仍然侵犯商业秘密的,推定其具有故意。① 第二种观点则认为,“应知”是指过失,因此侵犯商业秘密罪的罪过形式既可以是故意又可以是过失。这种观点认为,本罪在主观方面一般是故意,少数情况下是过失。侵犯商业秘密的犯罪行为多数由故意构成,如本罪第1款规定的犯罪行为。其中有的行为只能由故意构成,如以盗窃、利诱、胁迫或者其他不正当手段获取权利人的商业秘密的行为,以及行为人

---

* 作者单位:北京大学法学院。

① 陈兴良主编:《刑法学》,复旦大学出版社2003年版,第592页。

违反约定或者违反权利人有关保守商业秘密的要求，披露、使用或者允许他人使用其所掌握的商业秘密的行为。有的行为既可以由故意构成，也可以由过失构成。如对于行为人明知或应知本条第1款所列行为，而仍获取、使用或者披露他人的商业秘密的行为。其中，在“应知”的情况下，构成本罪的，则是一种过失犯罪。[①] 值得注意的是，我国学者虽然认为侵犯商业秘密罪的罪过形式包括过失，但对这种立法例进行了批评，指出：《反不正当竞争法》第10条第2款将应知的行为与明知的行为同等对待是适当的，因为在私法理论上，承担民事责任大小一般不受过错程度影响，无论行为人是出于故意还是过失，都要负相应的民事责任。但是，在刑法领域，行为人主观恶性程度对刑事责任的有无和大小都有很重要影响，将故意与过失等同看待是不合适的。因此，对于过失侵犯商业秘密的，在追究刑事责任时，应当从严把握，一方面，行为人主观上有重大过失；另一方面，侵权行为造成特别重大损失时，才应追究刑事责任。[②] 尽管上述对“应知”的理解上存在重大差别，但由于“应知”而追究刑事责任的情形十分罕见，因而对司法实践并无影响。但刑法关于“应知”的规定却提出了一个重大问题：它所指称的行为人主观心理状态到底是故意还是过失？

如果说，对《刑法》第219条第2款规定的“应知”到底是指故意还是过失，在我国刑法理论存在重大争议。那么，对司法解释中规定的“应当知道”则刑法理论上均认为是指故意的情形，对此并无争议。据我统计，司法解释中规定“应当知道”一词具有以下情形（以颁布时间为序）：

1. 1998年5月8日最高人民法院、最高人民检察院、公安部、国家工商行政管理局《关于依法查处盗窃、抢劫机动车案件的规定》第17条规定：本规定所称的“明知”，是指知道或者应当知道。有下列情形之一的，可视为应当知道，但有证据证明确属被蒙骗的除外：(1)在非法的机动车交易场所和销售单位购买的；(2)机动车证件手续不全或者明显违反规定的；(3)机动车发动机号或者车架号有更改痕迹，没有合法证明的；(4)以明显低于市场价格购买机动车的。值得注意的是，不同于《刑法》第219条第2款的规定，在这一司法解释中，应当知道是与知道并列的，两者均属于明知。因此，应当知道是明知的一种情形。显然，这里的应当知道属于推定的明知，司法解释还规定了推定的基础事实，并且规定这种推定是可反证的，有反证即可推翻这一推定。

2. 2000年11月22日最高人民法院《关于审理破坏森林资源刑事案件具体

① 高铭暄主编：《新型经济犯罪研究》，中国方正出版社2000年版，第841～842页。

② 王作富主编：《刑法分则实务研究》（上），中国方正出版社2001年版，第760～761页。

应用法律若干问题的解释》第10条规定:《刑法》第345条规定的"非法收购明知是盗伐、滥伐的林木"中的"明知"是指知道或者应当知道。具有下列情形之一的,可以视为应当知道,但是有证据证明确属被蒙骗的除外:(1)在非法的木材交易场所或者销售单位收购木材的;(2)收购以明显低于市场价格出售的木材的;(3)收购违反规定出售的木材的。这也是对推定的故意的规定,为司法实践认定故意提供了法律根据。

3. 2001年6月11日最高人民检察院《关于构成嫖宿幼女罪主观上是否需要具备明知要件的解释》规定:"行为人知道被害人是或者可能是不满14周岁幼女而嫖宿的,适用刑法第360条第2款的规定,以嫖宿幼女罪追究刑事责任。"这一司法解释明确规定嫖宿幼女罪应以明知被害人是不满14周岁的幼女为条件,并且将"明知"规定为知道是或者可能是,这一表述可以理解为"知道或者可能知道",因而其含义等同于"知道或者应当知道。"司法解释制定者指出,这里的"行为人知道被害人可能是不满14周岁幼女",是指行为人根据被嫖宿对象的情况,知道被自己嫖宿的对象可能是幼女。① 由此可见,"知道可能是",实际上就是根据具体情况所作的一种推断,因而仍然具有司法推定的性质。

4. 2002年7月8日最高人民法院、最高人民检察院、海关总署《关于办理走私刑事案件适用法律若干问题的意见》第5条第2款规定:走私主观故意中的"明知"是指行为人知道或者应当知道所从事的行为是走私行为。具有下列情形之一的,可以认定为"明知",但有证据证明确属被蒙骗的除外:(1)逃避海关监管、运输、携带、邮寄国家禁止进出境的货物、物品的;(2)用特制的设备或者运输工具走私货物、物品的;(3)未经海关同意,在非设关的码头、海(河)岸、陆路边境等地点,运输(驳载)、收购或者贩卖非法进出境货物、物品的;(4)提供虚假的合同、发票、证明等商业单证委托他人办理通关手续的;(5)以明显低于货物正常进(出)口的应缴税额委托他人代理进(出)口业务的;(6)曾因同一种走私行为受过刑事处罚或者行政处罚的;(7)其他有证据证明的情形。该司法解释同样为明知的推定规定了基础事实,因而应当知道可以理解为是一种推定的故意。

5. 2003年12月23日最高人民法院、最高人民检察院、公安部、国家烟草专卖局《关于办理假冒伪劣烟草制品等刑事案件适用法律问题座谈会纪要》第2条规定:"明知"是指知道或应当知道。有下列情形之一的,可以认定为《刑法》第214条规定的"明知":(1)以明显低于市场价格进货的;(2)以明显低于市场

---

① 张穹主编:《解读最高人民检察院司法解释》,人民法院出版社2003年版,第384页。

价格销售的;(3)销售假冒烟用注册商标的烟草制品被发现后转移、销毁物证或者提供虚假证明、虚假情况的;(4)其他可以认定为明知的情形。这一司法解释也采用推定方法以认定"明知"。

6. 2004 年 12 月 8 日最高人民法院、最高人民检察院《关于办理侵犯知识产权刑事案件具体应用法律若干问题的解释》第 9 条第 2 款规定:具有下列情形之一的,应当认定为属于《刑法》第 214 条规定的"明知":(1)知道自己销售的商品上的注册商标被涂改、调换或者覆盖的;(2)因销售假冒注册商标的商品受到过行政处罚或者承担过民事责任、又销售同一种假冒注册商标的商品的;(3)伪造、涂改商标注册人授权文件或者知道该文件被伪造、涂改的;(4)其他知道或者应当知道是假冒注册商标的商品的情形。这里对明知的规定,都属于对应当知道的推定。

从以上叙述来看,《刑法》第 219 条第 2 款规定的"应知"往往被理解为过失,而司法解释则将"应当知道"规定为明知因而构成故意,在这两者之间存在重大差异。由此而使我们反思:将《刑法》第 219 条第 2 款关于"应知"的规定理解为过失正确吗?我的答案是否定的。之所以理解为过失,是将"应知"("应当知道")与疏忽大意过失的应当预见对比中得出的结论。例如,我国学者指出:现行《刑法》第 219 条第 2 款规定:"明知或者应知前款所列行为……"也就是说,行为人可以是基于明知而故意犯罪,也可以是基于应知但由于疏忽大意而未知从而实施了犯罪行为。[①] 这里涉及刑法关于疏忽大意过失的规定,《刑法》第 15 条第 1 款规定:应当预见自己的行为可能发生危害社会的结果,因为疏忽大意而没有预见,以致发生这种结果的,是过失犯罪。因此,在刑法理论上将疏忽大意过失称为无认识的过失,其特征就是应当预见而没有预见。在这种情况下,应当预见是预见义务与预见能力的统一:预见义务是有义务预见,预见能力是有可能预见。基于对疏忽大意过失的这种认识,"应知"也就理解为是以不知为前提的,虽然不知但可能知道,以此表明行为人的主观心理状态是过失。我认为,对"应知"或者"应当知道"作如上理解,确实有其语言学上的根据。但实际上立法者并不是在过失意义上使用"应知"一词的,它的真实含义应当是指推定知道。由于《刑法》第 219 条将"应知"与"明知"相并列,将"应知"误解为过失也就是十分自然的了。及至司法解释,以"知道"或者"应当知道"(也有个别场合称为"可能知道")诠释明知,显然,这里的"应当知道"也就不再是过失而是故意,对此已经没有疑问。但以"应当知道"来表述推定的故意,在用语上是否恰

① 赵秉志、田宏杰著:《侵犯知识产权犯罪比较研究》,法律出版社 2004 年版,第 338 页。

当,仍然是一个值得推敲的问题。

在以往关于奸淫幼女罪(现已取消该罪名,并入强奸罪)是否以明知为条件的讨论中,我国学者有主张要明知的,也有主张不要明知的。在主张明知的学者中又有对明知的进一步解释,认为明知不等于确知,明知包括知道或可能知道。从可能知道又引申出奸淫幼女罪可以由间接故意构成的观点,即明知对方可能是幼女而与之发生性关系,放任奸淫幼女的后果发生。① 有的学者甚至得出结论,奸淫幼女也可以由过失构成,即行为人主观上没有认识到被害人是幼女,但只要给予应有的注意,就可能认识到被害人是幼女,而对之实施奸淫行为,也就是对是否幼女存在着疏忽大意的过失。② 实际上,只要明知是幼女而奸淫的,就是直接故意,因而不能把可能知道是幼女解释为间接故意或者过失。间接故意奸淫幼女的观点之所以不能成立,就在于对是否幼女的放任与是否奸淫的结果的放任是有所不同的。前者是一个认识问题,后者是一个意志问题。

而过失奸淫幼女的观点之所以不能成立,就在于可能知道并不等同于不知道。可能知道仍然是知道的一种情形,即推定知道。在2003年1月17日最高人民法院《关于行为人不明知是不满十四周岁的幼女,双方自愿发生性关系是否构成强奸罪问题的批复》中,明确规定奸淫幼女构成强奸罪应以明知是不满14周岁的幼女为条件。最高人民法院研究室负责人指出,批复中的明知是"知道或应当知道"。③ 对此,我曾经作过以下评论:"不能将应当知道解释为明知的表现形式,应当知道就是不知,不知岂能是明知。实际上,在'应当知道'这一用语中,人们想要描述的是一种不同于确切地知道的认识状态,这种认识状态我认为应当定义为推定知道。"④因此,我认为,"应知"或者"应当知道"指的都是明知,因而属于故意的范畴,但"应当知道"容易误解为不知,由此认为是疏忽大意的过失。为此,应当引入推定故意的概念。

推定故意是相对于现实故意而言的。现实故意是指有证据证明的故意,而推定故意是指没有证据能够直接证明,但根据一定的证据可以推定行为人具有某种故意,行为人如果否认自己具有此种故意,必须提出反证。我国学者认为,犯罪故意的推定有两类,一类称一般故意的推定,即以假定为前提,只要行为人对客观事实认识无误,就表明行为人具有社会危害意识,存在故意的心理。另一

① 张明楷著:《犯罪论原理》,武汉大学出版社1991年版,第266页。

② 马克昌著:《刑法理论探索》,法律出版社1995年版,第209页。

③ "注解司法解释",新华社北京2003年1月23日电讯。

④ 陈兴良主编:《中国刑事司法解释检讨:以奸淫幼女司法解释为视角》,中国检察出版社2003年版,第144页。

类称证明故意的推定,即以证明为基础,从客观事实出发,推断行为人主观心理的故意内容。① 由此可见,推定故意是证明故意推定的肯定性结果,因而它也是故意的一种特定类型。

在我国以往司法实践中,犯罪事实的认定往往重视客观事实的认定而忽视主观事实的认定。这里的犯罪客观事实,是指以行为为中心而存在的犯罪客观形态。而犯罪主观事实,则是指以认识与意志等心理内容为中心而存在的犯罪主观形态。实际上,客观事实与主观事实之间的关系是十分复杂的。在有些情况下,客观事实可以直接反映主观事实,因此只要客观事实得以认定,主观事实不证自明。例如,在违反妇女意志强行与之发生性关系的情况下,只要强行性行为的事实客观存在,主观上的强奸故意是无须另行证明的。而在另一些情况下,客观事实相同,主观罪过形式不同因而可能构成不同的犯罪,如都是客观上致人死亡,如果主观上是故意的就应定故意杀人罪,主观上是过失的就应定过失致人死亡罪。因此,主观事实是客观事实之外另须证明的。至于在目的犯等情况下,目的这一主观违法要素更须独立地加以证明。在此,就提出了一个主观事实的证明问题。主观事实表现为行为人的主观心理状态,它不像客观事实那样具有外在形态可以加以证明,因而主观事实的认定较之客观事实是更为困难的。在有些情况下,主观事实是有其他证据证明的,例如,对幼女年龄的明知,有证人证实告诉过行为人幼女的实际年龄,对此行为人也承认。对此,幼女年龄的明知就是有证据证明的。但在另外一些情况下,主观事实是没有证据直接证明因而需要推定的,这里涉及司法推定这样一种司法技术。司法推定是间接地证明行为人某种主观事实存在的法律方法,因而推定是可反证的。如果反证成立,推定结论即可推翻。在司法推定的适用中,为保证推定结论的正确性,关键是应当科学地确定推定的基础事实。只要基础事实与推定结论之间具有高度相关性,推定结论就具有可靠性。为避免司法推定中发生错误,司法推定的基础事实应当由法律或者司法解释加以确认。在此存在一个司法推定的基础事实的法定化问题。在实现了司法推定的基础事实法定化以后,司法者的任务只要查明基础事实的存在,至于推定过程则已经由法律或者司法解释事实完成。例如,对于销售假冒注册商标的商品罪之明知的推定,2004 年 12 月 8 日最高人民法院、最高人民检察院《关于办理侵犯知识产权刑事案件具体应用法律若干问题的解释》明文规定了 3 种推定的基础事实,查明其中之一的,即可认定行为人主观上具有自己销售的是假冒注册商标的商品之明知,除非行为人能够提出反证。当然,上述

① 姜伟著:《犯罪故意与犯罪过失》,群众出版社 1992 年版,第 211 页。

司法解释还规定“其他知道或者应当知道是假冒注册商标的商品的情形”。这是对司法推定的基础事实的一种空白性规定，授权给司法者根据案件的具体情况确定司法推定的基础事实。从近年来司法解释的规定来看，对主观事实推定的基础事实的规定越来越完善。除本文所讨论的明知的推定以外，还有对目的犯的目的的推定等，这都是值得充分肯定的，也是司法解释发展的一个方向。当然，在这些规定中，也存在用语是否妥当的问题需要探讨。例如，“应当知道”就是一例。根据我的研究，《刑法》第219条的“应知”就已经引起是过失的误解，此后司法解释中频繁出现的“应当知道”虽然已被明确规定为是明知的一种情形因而不至于误解为过失，但由于“应当知道”是以不知为逻辑前提的，在法律用语上不尽贴切。因此，我建议摒弃“应当知道”一语，代之以“推定知道”，以此作为推定故意的认识因素。

（2005年第7期）

“双规”与自首:合宪性问题研究

王金贵*

【编者按】 本文探讨了一个有现实意义的问题。其中作者就遵宪与改革、守法与改革的关系以及执政党内部文件法律地位等问题发表的观点,或许反映了社会上相当一部分人的看法。但这些看法是否合理,值得考虑。欢迎发表意见。

当前我国社会正处于转型之中,社会主义市场经济体制尚未真正建立,依法治国方略仍在推进过程之中,各类错综复杂的利益关系在规则并不很健全、有效的场景中博弈。在这样的社会背景下,掌握资源的“权力”就自然成为腐蚀对象,因而出现腐败。腐败对党和国家事业的危害深重,自不待言。邓小平曾经指出,反腐败是一场斗争,是党和国家的一贯政策,在整个改革开放过程中都要坚持。① 在反腐败斗争中,一种党的纪检部门及行政监察机关的查办案件的特殊组织措施和调查手段——“双规”,也称“双指”应运而生。

“双规”最早见于1990年12月9日国务院颁发的《中华人民共和国行政监察条例》(已废止)。条例中明确规定:监察机关在案件调查中有权责令有关人员在规定的时间、地点就监察事项涉及的问题作出解释和说明。1997年5月9日第8届全国人大常委会第25次会议通过的《中华人民共和国行政监察法》第20条第3项规定,监察机关有权“责令有违反行政纪律嫌疑的人员在指定的时间、地点对调查事项涉及的问题作出解释和说明,但是不得对其实行拘禁或者变相拘禁”。监察法中的“双指”代替了原行政监察条例中的“双规”,成为突破要案的一种行之有效的重要手段。《中国共产党纪律检查机关案件检查工作条例》第28条第3项规定,“要求有关人员在规定的时间、地点就案件所涉及的问题作出说明”。这些规定就是“双规”的基础。相对于“双规”来说,有关自首的规定则较为简单明了,即《刑法》第67条规定:“犯罪以后自动投案,如实供述自己的罪行的,是自首。……被采取强制措施的犯罪嫌疑人、被告人和正在服刑的罪犯,如实供述司法机关还未掌握的本人其他罪行的,以自首论。”有这样一个

---

* 作者单位:检察日报社《人民检察》编辑部。

① 邓小平著:《邓小平论反腐败斗争》,中国检察出版社1995年版。

案例,将“双规”与自首联系起来:

某纺织集团股份公司是一国有控股公司。被告人乔某系该公司职工医院医生。2000 年 9 月至 2001 年 9 月,乔某从郑州、襄樊等地购买发票,以自己并冒充他人(其中 4 人名字为编造)出差、进修、学习的名义,模仿领导在票据上签字,先后多次虚报、冒领职工差旅费 15 万余元。案发后,已退回赃款 8 万元。乔某在“双规”期间如实交代了自己的罪行,但在移交检察机关之前逃脱。在讨论过程中,对乔某在“双规”期间如实交代罪行的行为应否认定为自首存在分歧。

有观点认为,纪检监察部门不是司法机关,“双规”不是司法强制措施。结合最高人民法院《关于处理自首和立功具体应用法律若干问题的解释》中的相关规定,①行为人只要在“双规”交代了犯罪事实,从而使案件进入司法程序,就符合《刑法》第 67 条有关自首的规定,是自首。也有学者指出,“双规”期间对行为人采取的措施,在事实上剥夺或限制了人身自由。从维护人权角度出发,在“双规”期间如实交代罪行的,应为自首。另有观点认为,被纪委“双规”的人尽管名义上没有被采取刑事诉讼法上规定的 5 种强制措施,但实际上被剥夺了人身自由,受到了“讯问”。如果只要在“双规”期间不论何时何种情形下如实交代问题的,就认定为是自首,那么对犯罪行为直接由公安、检察机关查处的犯罪嫌疑人来说是不公平的,违反了平等适用法律的原则。因为被公安、检察机关传讯后但未交代罪行,经教育或经采取强制措施后如实交代犯罪事实的,一般只能被认为是坦白而非自首。所以,在“双规”期间如实交代犯罪事实,要认定为自首,应符合法律和司法解释规定的自首条件。② 结合案件的实际情况,有观点认为被告人乔某在被纪检机关“双规”期间,虽然如实交代了自己的犯罪事实,但在移交检察机关之前又逃跑的行为反映了其并无悔改之意,且浪费了司法资源,故不能认定为自首。③

以上各种观点虽有不同,抑或是对立,但都有一个共同的特点,即它们的基础是对现存各有关“双规”规定的简单认同,缺乏深入的分析与反思。未能解决

---

① 最高人民法院《关于处理自首和立功具体应用法律若干问题的解释》第 1 条第 1 项规定,犯罪嫌疑人向其所在单位、城乡基层组织或者其他有关负责人员投案的;犯罪嫌疑人因病、伤或者为了减轻犯罪后果,委托他人先代为投案,或者先以信电投案的;罪行尚未被司法机关发觉,仅因形迹可疑,被有关组织或者司法机关盘问、教育后,主动交代自己的罪行的;犯罪后逃跑,在被通缉、追捕过程中,主动投案的;经查实确已准备去投案,或者正在投案途中,被公安机关捕获的,应当视为自动投案。

② 管友军:“试论自首认定中的若干问题”,载 http://www.lawbreeze.net/2004/12-5/22225844806.html。

③ 杨涛:“‘双规’期间的交待与自首关系的法律思考”,未刊稿。

"双规"在法治背景中的性质与地位的情况下,对有关问题作出判断就会显得仓促或武断,因而也很难揭示出"双规"与自首关系的一般性,以及合乎逻辑的演进方向。

从前引监察法的规定不难看出,"双规"的对象是"有违反行政纪律嫌疑的人员",且"不得对其实行拘禁或者变相拘禁"。因此,"双规"有维护行政纪律的特性。而党的纪律检查工作条例中规定的"双规",其纪律特性则是不言而喻的,对象当然是限于中共党员。也就是说,"双规"是调查违纪案件、维护党的纪律或行政纪律的一种手段,并不具备司法意义上的"强制措施"的特征。因而,被"双规"人员如实交代罪行的行为似乎符合最高人民法院有关自首的司法解释,构成自首。而在实践中,凡是被采取"双规"措施的,纪检监察机关一般都掌握了相当的证据,也就是说,被"双规"者的涉嫌犯罪的行为已经被有关机关所掌握,此时的如实交代行为也只能算是"坦白",而不是自首。再者,"双规"是由承办案件的调查机构负责执行,具体的操作办法是从办案的纪检监察机关抽调工作人员来"陪护"被"双规"人员。名义上是照顾被"双规"人员的饮食起居,实际上是看守被"双规"人员,防止其与外界联系或自残、自杀等。很明显,这种情形就是对被"双规"者的"拘禁或变相拘禁",限制了被"双规"者的人身自由,其限制程度并不亚于刑事强制措施中的"监视居住"。可以说,"双规"在实际操作中,常常是既违反了行政监察法,也不能获得刑事诉讼法律上的合法性。在这种情况下,如果将"双规"时的如实交代视为自首,则会有"不恰当交易"的嫌疑。且不论在合法性存有疑问时,所取得供述的证明力是否应当被排除。

更为重要的是,"双规"的纪律性特征决定了它是党内或行政系统内程序,而党内或行政系统内处理违纪人员的程序及实体性依据不及相应的法律那样公开透明,其处理结果也往往不为公众所熟知。尽管人们常见"纪检监察机关将被'双规'的某某官员移送司法机关处理"等报道,但并不能消除人们这样的疑问:是不是有依法应当被移交至司法机关的涉嫌犯罪的被"双规"者未被移交?是不是有涉嫌犯罪的案件在"双规"体制中结案?虽然因为可以想象的原因,没有公开的资料证实这些疑问,但在逻辑上也并不能证明这些情况不可能发生。如果有应被移交司法机关的未被移交的情况存在,则"双规"事实上就成了对被"双规"者的保护手段。因为,在"双规"过程当中,司法机关往往并不介入案件的侦查,"双规"期间成了司法机关侦查的"禁入期"。一旦"双规"在事实上成为被"双规"者延缓甚至逃避司法追究的一种办法,将会使更多的"问题官员"选择与纪检监察机关合作,以争取有利的结果。如果将"双规"期间的如实交代视为自首,无疑是对"问题官员"的鼓励。

作为一种纪律措施,“双规”是不能替代司法机关的专门侦查职能的,对特定对象的“双规”程序可能使对象遭到除司法调查程序外的更多程序的调查,这种程序既可能僭越国家司法权,也有可能使涉嫌犯罪的人获得法外因素的庇护。所有这些情况,都将给国家司法体系的权威造成损害,并对《宪法》第33条规定的“公民在法律面前一律平等”原则形成冲击。

再者,《宪法》第37条规定:“中华人民共和国公民的人身自由不受侵犯。……禁止非法拘禁和以其他方法非法剥夺或者限制公民的人身自由……”第33条第3款规定:“国家尊重和保障人权。”另外,在人身自由被限制的情况下作出的如实供述行为,并不符合自首的“自动投案”的特征。同时,《宪法》序言中载明:“全国各族人民、一切国家机关和武装力量、各政党和各社会团体、各企业事业组织,都必须以宪法为根本的活动准则,并且负有维护宪法尊严、保证宪法实施的职责。”这里所说“一切国家机关”、“各政党”当然包括国家行政机关和作为执政党的中国共产党。

因此可以说,党以及行政机关的纪律处分措施的实现行为也应当以宪法为根本活动准则。

一言以蔽之,在“双规”的合宪性、合法性存有瑕疵的情况下,将不能与刑法上的自首建立有法律意义的关联,“双规”期间如实交代罪行与否都应与自首无涉,无论被“双规”者在被移交至司法机关之前是否逃跑。这是一种基于法理的“双规”与自首关系的应然分析,当然这种分析包含宪政价值追求。

然而,我国法治建设的“正在进行性”的特点,不能不让笔者的思路从应然理论分析返回到对现实的考察。我国社会目前正处于由传统人治向现代法治的转型过程之中,期间各种社会关系、利益关系都在发生着变化,且尚未达到基本稳定的状态。与转型中的社会关系变动不居相对应的是法律制度和体系的不完善,利益多元化及理想信念的不坚定是一些党政官员产生腐败的重要原因。20世纪80年代末以来,腐败易发、多发的状况为“双规”的产生和存在提供了现实的合理性。以往的反腐败实践也表明“双规”发挥了积极重要的作用。

再回到宪法层面。有学者在研究我国宪法改革的问题时指出:“从世界宪法史看,大致说来,有3种类型的宪法,一是‘革命宪法’,一是‘改革宪法’,一是‘宪政宪法’。”①所谓“改革宪法”,是指因为国家的政治、经济等形势和任务正在发生很大变化的过程中,经济、政治、文化和社会的广泛领域处于大幅度改革的时期,在确认和巩固改革成果,维护改革所需的秩序及把改革成果合法化的同

① 夏勇:“中国宪法改革的几个基本理论问题”,载《中国社会科学》2003年第2期。

时，也不得不改革其自身的宪法。因此，“改革宪法”的合法性基础既是现有法统，又是改革本身。这决定了无论实体方面，还是程序方面，都在一定程度上允许违宪改革、违法改革。具体到“双规”来说，因为中国共产党的执政地位，决定了党的纪律检查条例在事实上具备了某些法律的特征和作用，也即对党员的“双规”也有合理性；同时，行政监察法对涉嫌违反行政纪律人员的“双指”，从实证角度来看，也具有它的合法性。尽管这些规定在宪法及刑事司法方面存有合法性疑问。

社会正在转型、利益关系多元、法制尚不健全、法律关系多变、法治理念不牢固，这是我国建设社会主义法治国家进程中必须正确面对的现实，也决定了目前我国宪法的“改革宪法”的特性。回顾1982年《宪法》颁布实施以来的几次修正，也在事实上证明了当前宪法的刚性存在不足，常有在实践中被“突破”的现象，如有关土地出租的问题。这种状况应当说是改革时期宪法必然要面对的问题，这也为一些在理论上违宪但在解决实际问题上有效的行为的存在提供了社会实践上的合理基础，这些行为中，“双规”是有代表性的例子。

但也必须看到，随着社会的转型成功和建设社会主义法治国家战略的实现，我国“改革宪法”必将由“宪政宪法”所取代。届时，不仅有宪法，而且有宪政；不仅有法律，而且有法治。宪法真正享有了最高的法律权威，国家和社会管理的一切活动，都将纳入宪法和法律的轨道。违法行为都将在法律和司法范围内解决，涉嫌违宪的行为都将接受合宪性审查，违反实体法和程序法的行为都将在合法性审查之下风光不再。那时的“双规”的存在当然也就不再有如今天这样的合理性，从而退出历史舞台，这应当是其无可逃脱的宿命。

（2005年第8期）

侵占遗忘物和盗窃遗忘物的区别新议

——修正的二重控制论

叶希善*

一、问题的提出:从两道司法考试题说起

问题还得从2004年的国家统一司法考试第88题说起。该题是这样的:“甲乘坐长途公共汽车时,误以为司机座位后的提包为身边的乙所有(实为司机所有);乙中途下车后,甲误以为乙忘了拿走提包。为了非法占有该提包内的财物(内有司机为他人代购的13部手机,价值2.6万元),甲提前下车,并将提包拿走。司机到站后发现自己的手提包丢失,便报案。公安人员发现甲有重大嫌疑,便询问甲,但甲拒不承认,也不交出提包。关于本案,下列说法正确的是:A. 由于甲误认为提包为遗忘物,所以,甲的认识错误属于事实认识错误;B. 由于甲误认为提包为遗忘物,因而没有盗窃他人财物的故意,根据主客观相统一的原则,甲的行为成立侵占罪;C. 由于提包实际上属于司机的财物,所以,甲的行为成立盗窃罪;D. 由于提包实际上属于司机的财物,而甲又没有盗窃的故意,所以,甲的行为不成立盗窃罪;又由于甲具有侵占遗忘物的故意,但提包事实上不属于遗忘物,所以,甲的行为也不成立侵占罪。”根据官方公布的答案是AB。但有考生甚至专业研究人员认为,该物即使是乘客遗忘物,也应该由司机保管,并且结合2003年试题(第19题A项:“某游戏厅早上8点刚开门,甲就进入游戏厅玩耍,发现6号游戏机上有一部手机,甲马上装进自己口袋,然后逃离。事后查明,该手机是游戏厅老板打扫房间时顺手放在游戏机上的。甲被抓获后称其始终以为该手机是其他顾客遗忘的财物”)进而认为2004年第88道试题中甲的行为也应该定盗窃罪(该题中甲的行为只可能构成两种罪,一是侵占罪,二是盗窃罪。答案是不构成侵占罪。因此对甲的行为应该定盗窃罪)。那么到底在这两个案子当中,行为人的行为性质是否有区别?如果确实有区别,区别又在哪?在两种场合里,行为人的认识错误对其定性有何影响?这就是本文要讨论的问题:被害人遗忘在特定场所的遗忘物,在什么情况下行为人非法占有遗忘物的行为构成盗

---

* 作者单位:中国人民大学法学院。

窃罪？在什么情况下行为人非法占有遗忘物的行为构成侵占罪？行为人对遗忘物的认识错误对其行为性质有无影响？

本文的基本观点是：被害人遗忘物所在的特定场所存在不同情况，包括公共空间和非公共空间，第二控制人在两种情况下对遗忘物的控制或支配条件是不同的。如是公共空间，第二控制人对遗忘物的支配，需要明确的支配意识；如是非公共空间，第二控制人对遗忘物的控制只需要概括的、抽象的支配意识。在两种不同情况下，行为人侵占他人遗忘物的性质不同，前者可能构成侵占罪，后者只能构成盗窃罪。但是，形成第二控制的场合，存在两种第二控制的例外情况：一是财物原所有人或占有人的第一控制；二是第一控制人同一利益体内部的非法占有对第二控制的排斥。在前种情况下，行为人非法占有财物的，成立盗窃罪；后一种情况下，行为人非法占有财物的，则成立侵占罪。

二、第二控制标准：空间属性与支配意识

先分析一下上述两个案例。假设在2004年试题当中，甲对提包的性质没有认识错误，即提包确实是其他人遗忘，甲的行为是否也构成侵占罪？假设在2003年试题中，甲所拿的手机确实是他人所遗忘的，那么甲的行为是否也构成盗窃罪？笔者认为，两者的答案都是肯定。那么，为什么同是遗忘物，两者的定性会不同，区别在哪里？区别就在于：前者（2004试题）侵占的遗忘物是在一个公共空间里，第二控制人（即司机）对遗忘物没有形成实际而有效的控制和支配；而后者侵占的遗忘物是在一个非公共空间里，第二控制人对遗忘物存在有效的控制和支配。两者对遗忘物的控制力不同。

这里所谓公共空间，可以这么认为，是指有管理人或控制人，在人员流动上具有不特定性的一定范围的空间，或者称不特定多人流动的特定管理或控制空间。如网吧、地铁车厢、公共汽车、餐馆、商场、银行大厅，等等。它具有两个重要特征：（1）是有控制人的特定空间，即它是有所属的，并且范围是固定、特定的。这使之区别于广场、森林、田野、公路等没有特定范围和无人管领或控制的空间；（2）人员流动上具有不特定性，即在该范围空间内，同时有多个控制人以外的人在流动，控制人以外的人进入该空间是不禁止的。这使之区别于限制控制人以外的人进入的非公共空间或单独空间，如私人宅院、个人办公室、无流动人员的原公共空间，等等。据此，上述2004年试题中的公共汽车，在最后一位乘客下车之前，车厢还应该是一个公共空间。

这里的非公共空间，或单独空间，是指单一利益体支配的、没有不特定多人

同时流动的固定空间。如私人院落、私人汽车、没有乘客的出租车、没有开门或已经清场的娱乐场所,等等。其区别于公共空间的主要特征是没有不特定多人同时流动。因此,如上述2003年试题中的游戏厅,在早上8点刚开门之时,这时除了甲之外没有任何其他顾客,即游戏厅的状态还没有形成不特定多人的流动,而是从老板控制的封闭空间向营业状态的真正意义上的公共空间转变的关键点上,还不能视为公共空间。

在公共空间里,管理人或控制人要成为该空间内的遗忘物的第二控制人(第一控制人即被害人),管理人必须对遗忘物有明确的控制或支配意识(有的学者使用持有意识、占有意识)。如在前面2004年试题里,假设提包确实是乘客所遗忘,只有在司机或其他司乘人员对该遗忘物有明确的控制意识或支配意识并形成事实控制或管领,即认识到该遗忘物为乘客所遗忘,并且以保管意识对其进行管理和控制,才能成为遗忘物的第二控制人。

在非公共空间里,该空间的管理人或控制人当然成为该空间内的遗忘物的第二控制人,不需要对其有明确而具体的控制意识或支配意识。如在上述2003年试题里,假设游戏厅里的手机确实是其他人的遗忘物,游戏厅老板对已经没有人员流动的控制空间,即使没有具体而明确的控制意识或支配意识,也形成事实上的控制或管领,具有有效的管领力或控制力,是该手机(作为遗忘物)的第二控制人。

在我国,对于这个问题比较通行的观点是"二重控制说",即认为:人们遗忘在车站、饭店、邮局等特定场所的财物具有双重控制关系,一是财物所有人的控制;二是特定场所的有关人员的控制。在财物所有人对财物暂时失去控制的情况下,特定场所的有关人员(如门卫、保安人员等)便是财物的新的持有、控制人。[①] 笔者认为,上述学者的主张只能适用于非公共空间或单独空间,而不能适用于公共空间。理由是:一方面,从生活实际来看,在有不特定多人同时流动的公共空间里,空间管理人或控制人的义务只是维持该空间内的最低活动秩序,而不能对进入该空间的每个人的具体财物进行具体的管理和控制,因此该公共空间的管理人或控制人,不管是否委托给保安还是其他职员以管理权,都不可能做到对每个人的具体财物进行有效管理;另一方面,如果承认该公共空间对进入其内的不特定人的财物有管理义务的话,法律上的财物所有人,不管是因为遗忘还

① 陈兴良:"非法占有他人遗忘在特定场所之财物的定性",载法学前沿编辑委员会编:《法学前沿》(第1辑),法律出版社1997年版,第180页;王作富著:《中国刑法研究》,中国人民大学出版社1988年版,第607页。

是因为被盗窃,都有权利向该空间的管理人主张赔偿,而该公共空间的管理人也有赔偿的义务。这显然是不合理的,也是没有法律依据的,更不符合生活常识。因此,笔者认为,在有不特定多人同时流动的公共空间,在管理人或控制人对具体遗忘物没有控制或支配意思的时候,并不能形成对该遗忘物的有效控制,也没有管理义务。只有在该公共空间的管理人或控制人,包括受委托管理或控制的人,如保安、饭馆服务员等,对具体遗忘物有明确的、具体的控制意思或支配意思的情况下,才形成对遗忘物的第二控制。因此,在这种情况下,行为人非法占有遗忘物并拒绝返还的,构成盗窃罪,否则,只可能构成侵占(遗忘物)罪。

但是,有的学者不分公共空间和非公共空间而笼统地认为:"至于第二重持有、控制关系的成立,则应坚持主客观相统一的认定标准,只有特定场所的有关人员以持有支配意识控制他人的遗忘物的,始得成立新的持有支配关系",①则对非公共空间或单独空间的控制人提出了过高的要求,而且违背常识,容易造成不正确的结论。例如,甲去乙家做客,把一珍贵玉手镯拿给乙不满周岁的儿子玩耍,手镯溜进客厅茶几下,甲乙皆不知,后甲离开时忘记找回。是夜,丙入乙家行窃,适见该手镯,取之。按照该学者的观点,甲把手镯遗忘在乙家,而乙对手镯也没有明确的支配和控制意思,那么丙取走的是遗忘物,只能构成侵占罪。这种结论显然令人难以接受,也是违背常理的。因此,笔者认为,在非公共空间或单独空间,管理人或控制人无须明确的控制意思或支配意思,只要有对该空间内的所有财物有概括的、抽象的控制支配意思就形成对该空间内的财物,包括他人遗忘的遗忘物,形成有效的管理和控制,即遗忘物的第二控制人。行为人非法占有该空间的他人遗忘物,就是对第二控制的排斥,应该定盗窃罪,而不是侵占罪。

当然,这种非公共空间或单独空间的管理人或控制人对该空间内的他人遗忘物的概括的、抽象的支配意思,不能随意推及于公共空间。有的学者在论述完单独空间的概括、抽象支配意思后,认为:"推而广之,顾客遗忘于银行、旅客遗忘于旅馆、消费者遗忘于浴室内的财物均属于银行、旅馆或浴室主人之占有物,即使银行职员、旅馆内工作人员或浴室主任未意识到财物存在,也不能认为是无人占有的遗失(忘)物","所有人的控制丧失以后,特定场所内的有关人员被认为有概括、抽象、持续的占有意识,占有、支配关系也在事实上存在",②这显然混淆了公共空间和单独空间管理人或控制人的管领力或控制力的不同。已如上所述,公共空间内管理人对其内的财物包括遗忘物的控制力是极弱的,仅仅有概括

① 黄祥青:"侵占罪若干适用问题探析",载《法学评论》2000年第4期。

② 周光权:"侵占罪疑难问题研究",载《法学研究》2002年第3期。

的、抽象的控制支配意思是不够的。其实，该论者也认识到这个问题，但其提出：“建筑物的形状、第三者（即本文所说的第二控制人）支配力的强弱等对是否成立‘第三者的占有’影响很大”，并且认为，在银行取得他人的遗忘物成立盗窃，而在火车上取得他人的遗忘物则应成立侵占。其理由是：“火车上的旅客上下车十分频繁，列车员对财物的支配力极弱，此时可以认为第三者的占有不存在。”①这里论者对公共空间管理人对其内的遗忘物是否成立第二控制的观点其实是矛盾的：既认为该空间的管理人或控制人对该空间有概括的、抽象的控制力，对其内的遗忘物成立第二控制，又认为有的公共空间因为控制力太弱而不成立第二控制。直接后果是，对相同情境的行为，一种情况定侵占罪；另一种情况定盗窃罪。这不仅不合理，在逻辑上也不成立。因此，笔者认为，在公共空间，管理人或控制人对其内的遗忘物仅有概括的、抽象的控制支配意思是不够的，不能形成对遗忘物的有效占有，也即不能成立第二控制。行为人非法占有该空间的遗忘物的，不能以存在第二控制为理由而对其行为定性为盗窃罪。大塚仁教授也认为：“被置忘在他人的实力性支配所及场所内的物，其占有转移给该场所的支配人，不直接成为占有脱离物（包括中国法上所说的遗忘物——印注者）。但是，被遗留在一般人容易进入、不能说其场所的管理人充分进行着排他的实力性支配的场所的物，在管理人认为该财物是遗失物（包括中国法上的遗忘物）从而开始保管之前，是占有脱离物。”②所谓“充分进行着排他的实力性支配”没有明确的支配控制意识是不可能做到的。而“他人的实力性支配所及场所”则可以认为是本文所说的“非公共空间或单独空间”，在其内，管理人不需要明确的控制支配意识即可对遗忘物进行实力性支配。

三、第二控制例外：第一控制与利益共同体信任排除

上面所论述的，是形成遗忘物第二控制比较典型的情形。但实际生活并非完全格式化的，对遗忘物的第二控制还存在两种例外情形：一是在公共空间里财物的合法所有人或占有人对自己财物表面看没有控制力，实际上还存在控制的情况，也就是还有第一控制存在；二是遗忘物的第一控制人已经失去对自己财物的控制，但是第一控制人利益共同体内部的人非法占有财物，从而使财物所在空

① 周光权：“侵占罪疑难问题研究”，载《法学研究》2002年第3期。

② ［日］大塚仁著：《刑法概说》（各论）（第3版），冯军译，中国人民大学出版社2003年版，第302页。

间的管理人基于对第一控制人利益共同体的信任而没有形成有效第二控制的情形。在前一种情形下,行为人非法占有财物的,属于秘密窃取他人的财物,使财物脱离合法占有人的控制,构成盗窃罪;后一种情形下,基于对利益共同体给予必要信任的生活常理,阻却第二控制人的保管责任,对非法占有的行为人应该定侵占罪为宜。

首先,我们看第一种情形。例如,甲乙共同到某餐馆吃饭,席间,甲上洗手间,嘱咐乙帮看住自己的衣物,包括一内有万元的提包。乙见甲久久未回,自己因喝了过多啤酒而内急,心想在餐馆人多,应该没事,就径直上洗手间。此时,丙与朋友正进餐馆寻座就餐,见甲乙座上无人,但有一包,遂乘他人不备取之,并称该餐馆内空气浑浊而离开。甲乙回座发现提包不见,寻之不得,后案发。问:丙的行为构成何罪?根据二重控制论,这种情形下,餐馆对该提包形成第二控制,丙的行为是对第二控制人合法占有的排斥,构成盗窃罪。但笔者认为,这种情形下,甲乙的餐桌还没有打扫,衣物俱在,根据常识就能判断该位置还有人,只是暂时离开,这时,虽然合法所有人或占有人即第一控制人对财物没有面对面地看守,但不能作为第一控制人的甲乙还对财物存在控制,只不过是控制力下降了。丙根据常理也能判断该位置主人很快就会回到座位,但其利用第一控制人离开而对财物没有亲眼监视的空当秘密窃取该财物,构成盗窃罪。

也许有人问,既然根据两种理论丙的行为都构成盗窃罪,那区分意义何在呢?笔者认为,如果承认餐馆在这种情形下成立第二控制人,那么餐馆对该提包就应该承担赔偿责任;如果认为第一控制人对该财物还存在控制,那么餐馆对该提包不承担法律上的赔偿义务。虽然承认餐馆为第二控制人更有利保障就餐人的利益,但是毕竟对餐馆是不公平的,餐馆只能提供最低秩序保证,而不可能对进入餐馆的任何人的任何财物承担保管义务。

但是,在一个公共空间内,如果行为人确实误以为是遗忘物而占有的,即使第一控制人对该财物还存在控制,对非法占有行为人的行为,只能根据主客观相统一的原则,定侵占罪。典型的就是上述2004年试题中甲的行为。还有如在银行柜台,财物合法占有人转身办理其他业务,空间上不远,时间上也很快就能回来,但行为人误以为是他人遗忘物而占有,应该定侵占罪。当然,在这种情况下,如果行为人知道或根据具体情境可以判断此物不是遗忘物的场合,其行为构成盗窃罪,这也就是上面提到的还存在第一控制的情况。

在公共空间,形成第二控制的第二种例外情形稍微复杂,关系到被害人的利益共同体成员内部的非法占有行为。[①] 先看一案例:1998年9月,被告人张某与原告人石某等人在饭店用餐,几人用餐完毕准备离去。在饭店外,张某发现石某随身携带的皮包遗忘在餐厅,就以喝茶为名返回餐厅,从包内窃得用塑料包着的现金人民币2万余元。此时,石某想起皮包忘在餐厅,马上返回,找到了皮包,但发现包内现金已经丢失,遂向公安机关报案。后张某被定侵占罪。[②] 对于此案的定性,有学者认为:"行为人是否构成侵占罪,关键之点并不在于其犯罪对象的物的属性,而在于其人的属性,即不在于他人财物是否属于'遗忘物'或'埋藏物',而在于行为人与他人财物的关系,准确地说是行为人与他人财物的所有人或占有人之间的关系",据此,上例中,"张某对石某的皮包并无合法事先占有的根据,而又通过秘密窃取的方式取得皮包,因而构成盗窃罪。"[③]笔者认为,物的属性对行为人的行为还是有影响的,对遗忘物的非法占有和对遗失物的非法占有,反映行为人不同的主观恶性。从遗忘物和遗失物的立法历史区别来看,立法者是有意区分两者,而选择对非法占有遗忘物的行为并给予犯罪化的。因此,完全说物的属性对行为没有影响是不恰当的。

笔者认为,上述案例的定性是正确的。理由是,石某的皮包属于遗忘物,第一控制人张某已经失去对皮包的控制支配力,而第二控制人即餐馆也没有对皮包有明确的控制支配意识,因而没有形成第二控制,张某侵占遗忘物的行为不属于排斥他人对财物合法占有的行为,不能构成盗窃罪。这就是本文讲的第二控制的例外情形之一。也就是说,在第一控制人失去对财物的控制,而第二控制人又没有对财物的控制支配意识前,该财物属于遗忘物。如果第一控制人同一利益共同体内部人员对遗忘物进行侵占行为,应该构成侵占罪;如果定盗窃罪,将造成不合理的结果。因为,正如上所述,从法理上讲,假设石某的皮包是石某的利益共同体以外的其他人非法占有,由于第二控制人对该皮包还未形成第二控制,那么该皮包属于遗忘物,该人的非法占有行为只能定侵占罪。现在换成利益共同体内部成员的非法占有行为,却定性为更重的盗窃罪,对该内部人员是不公平的;另外,从情理上讲,利益共同体内部之间毕竟存在朋友、亲人、同学等感情关系,也不宜认定为更重的盗窃罪,这种考虑也是侵占罪刑罚较轻的立法理由。

但是,假设饭店的工作人员已经有对该皮包明确的控制支配意识,张某的行为是否构成对第二控制的排斥,从而构成盗窃罪呢? 笔者认为,这种情况下也只

---

① 这里的利益共同体,是指基于亲人、朋友、同学、同事等关系而在一起活动,其他人也认为其内部之间存在共同的利益趋向的人的集合。

② 张建国:"占有遗忘物,构成侵占罪",载《人民法院报》1999年12月11日。

③ 陈苏:"侵占罪辨析",载《法律适用》2001年第9期。

能构成侵占罪,不构成盗窃罪。原因是,虽然此时第二控制人对该皮包有明确的控制支配意识,但是,由于张某是与石某等人一同吃饭的利益共同体,这时餐馆人员基于生活常理,对张某拿钱包的行为应该给予基本的信任,这种信任使第二控制人虽然有明确的控制支配意识,但阻却第二控制人对该财物形成有效的第二控制,因为根据生活常理,第二控制人在这种情况下没有理由阻止利益共同体内部成员之间的代理行为。而此时财物的合法占有人对财物的第一控制也不存在,因此,皮包应该属于遗忘物。张某把遗忘物非法占为己有的行为应该成立侵占罪,不能成立盗窃罪。

四、结　　语

从法律对侵占罪和盗窃罪的法定刑来看,盗窃罪要严重得多。在涉案金额相同的情况下,同一行为定性不同可能被处的宣告刑也必然相差甚远。因此,从被告人的权利保障角度来看,我们必须慎重对待侵占罪和盗窃罪的区别,其中主要是侵占遗忘物和盗窃遗忘物的区别。

本文针对传统的"二重控制论"提出修正,在承认二重控制存在的情况下,对第一控制和第二控制根据公共空间和非公共空间不同情况提出不同的成立条件,或许可称为"修正的二重控制论",目的即在于希望能加深对这一问题的认识,能更准确解决该类案件的定性问题,保障被告人应有的权利,保证法律得到恰当的贯彻。

（2005 年第 8 期）

数罪并罚成立范围之立法检讨

陈 立[*] 林俊辉[**]

一、有关数罪并罚成立范围之立法例

关于数罪并罚的成立范围，大陆法系国家刑法一般有3种不同的立法例。第一种立法例采裁判宣告主义，即判决宣告以前犯数罪始可适用数罪并罚；第二种立法例采裁判确定主义，即数罪并罚应当限定在判决确定以前犯数罪的情形。换言之，裁判确定后刑罚执行完毕之前再犯新罪则不适用数罪并罚；刑罚执行完毕之后再犯新罪也不适用数罪并罚，构成累犯的适用累犯的规定；第三种立法例采刑罚执行未完毕主义，即刑罚执行完毕之前所犯数罪均可以适用数罪并罚，裁判确定与否均在所不问。具体如下：

（一）采裁判宣告主义

采该立法例的刑法典有旧中国1928年刑法典、芬兰刑法典等。

1. 1928年《中华民国刑法典》第69条规定："裁判宣告前犯数罪者，并合论罪。"①

2. 《芬兰刑法典》第7章第6条规定："如果已经被判处不附条件的监禁的行为人，因在该判决宣告之前实施的其他犯罪被提起指控，则先前判处的监禁可以在合理的程度内被考虑作为减轻情节或减轻处罚的根据。另外，对新的犯罪所实施的监禁，可以低于对其规定的处罚下限，或者也可认为先前的判决已是对该行为的充分制裁。"②

（二）采裁判确定主义

采裁判确定主义的代表性国家和地区有日本、法国、俄罗斯、韩国和我国台湾地区等。大陆法系多数国家均采这种立法例。③

---

* 作者单位：厦门大学法学院。

** 作者单位：厦门大学法学院。

① 陈瑾昆著：《刑法总则讲义》，吴允锋勘校，中国方正出版社2004年版，第248～249页。

② 《芬兰刑法典》，肖怡译，北京大学出版社2005年版，第29页。

③ 赵秉志主编：《外国刑法原理》（大陆法系），中国人民大学出版社2000年版，第252页。

1.《日本刑法典》第 45 条规定:“未经确定判决的二个以上的罪是并合罪。”①

2.《法国新刑法典》第 132－2 条规定:“一人在因他罪未经最终确定之判决前又犯罪,为数罪。”第 132－3 条规定:“同一诉讼程序中,受到追诉的人经认定数罪的……”②

3. 1997 年《俄罗斯刑法典》第 17 条规定:“实施本法典不同条或同一条的不同款所规定的两个以上犯罪,而犯罪人未因其中任何一个被判刑的,是数罪。”③

4.《韩国刑法典》第 37 条(竞合犯)规定:“判决确定前的数罪,或者判决确定的罪和其判决确定前所犯的罪,称为竞合犯。”④

5. 我国台湾地区所谓的“刑法典”第 50 条规定:“裁判确定前犯数罪者,并合处罚之。”⑤

(三)采刑罚执行未完毕主义

采第三种立法例的代表性国家有德国、瑞典等。我国 1979 年《刑法》以及现行《刑法》实际上也采用第三种立法例。

1. 2002 年《德国刑法典》第 55 条规定:“已生效判决的被判决人在宣告刑执行完毕前,或在时效届满或赦免前,因原判以前的犯罪而受审判的,也可适用第 53 条、第 54 条(有关数罪并罚方法的规定——笔者注)的规定。”⑥

2.《瑞典刑法典》第 34 章第 1 条规定:“被判处监禁、附条件之刑、缓刑或者封闭式青少年照管的人,被发现在判决前曾犯他罪,或者在判决后制裁被执行完毕或终止前又犯新罪的……”⑦

3. 我国《刑法》第 71 条规定:“判决宣告以后,刑罚执行完毕以前,被判刑的犯罪分子又犯罪的,应当对新犯的罪作出判决,把前罪没有执行的刑罚和后罪所判处的刑罚,依照本法第 69 条的规定,决定执行的刑罚。”

① 《日本刑法典》,张明楷译,法律出版社 1998 年版,第 21～22 页。

② 《法国新刑法典》,罗结珍译,中国法制出版社 2003 年版,第 27 页。

③ 俄罗斯联邦总检察院编:《俄罗斯联邦刑法典释义》(上册),黄道秀译,中国政法大学 2000 年版,第 28 页。

④ 《韩国刑法典及单行刑法》,[韩]金永哲译,中国人民大学出版社 1996 年版,第 6 页。

⑤ http://www. 6law. idv. tw/law/刑法 . doc。

⑥ 《德国刑法典》(2002 年修订),徐久生、庄敬华译,中国方正出版社 2004 年版,第 20 页。

⑦ 《瑞典刑法典》,陈琴译,谢望原审校,北京大学出版社 2005 年版,第 63 页。

二、我国所采立法例之检讨

(一)刑罚执行期间犯罪人再犯新罪适用数罪并罚,势必使数罪并罚的立法规定与累犯的立法规定不相协调

刑罚执行期间犯罪人再犯新罪,适用数罪并罚后犯罪人承担的刑罚比起其构成累犯时承担的刑罚还要轻。因为,数罪并罚的适用,立法上对其具有底线之要求,而对于累犯仅有从重处罚之规定,而没有底线之要求,即如何从重处罚立法上并无明确之限制,而且我国的法定刑幅度一般都比较宽。例如,根据《刑法》第347条第2款之规定,对走私、贩卖、运输和制造毒品罪,法官可以在15年有期徒刑、无期徒刑和死刑之间选择适用。另外,总体而言,数罪并罚对被告人是有利的,是立法上赋予被告人一定减免利益的措施,本质上是对被告人之从宽处罚;而累犯是立法者从重打击的犯罪之一,本质上是对犯罪人之从重处罚。较之于适用累犯规定,犯罪人适用数罪并罚时所承受的刑罚有可能更轻。我们举一个实例加以说明。被告王某2003年贩卖海洛因58克,其于1999年因抢夺罪被判处有期徒刑1年。根据《刑法》第65条之规定,其为累犯,应从重处罚。根据《刑法》第347条之规定,法院应当在15年有期徒刑、无期徒刑和死刑之间选择适用主刑。基于从重处罚之考虑,法院依法判处其无期徒刑,剥夺政治权利终身,并处没收个人全部财产。另一被告李某2003年走私海洛因63克,被处有期徒刑15年。其于刑罚执行2年后又犯盗窃罪,应判处10年有期徒刑。根据《刑法》第71条之规定,对其应数罪并罚,应在有期徒刑13年以上20年以下量刑,故法院依法判处其有期徒刑18年,并处没收个人全部财产。从该案可以看出,犯罪人在刑罚执行期间再犯新罪的,因为适用数罪并罚,其承担的刑罚比适用累犯时承担的刑罚还要轻。而犯罪人在服刑期间重新犯罪所征表出来的主观恶性和人身危险性比起累犯要大。理由是:犯罪人在服刑时已经处于国家刑罚执行机关的监管下,尚且实施新罪,可见其并未从前一个犯罪中吸取教训,并未悔悟已然之罪。然而,根据立法者关于设置累犯的立法本意,人身危险性和主观恶性较大者,犯罪人承担的刑罚也应当相应地提高。但是,刑罚执行期间犯罪人再犯新罪时所承担的刑罚却比构成累犯时承担的刑罚来得低,这无疑表明了我国《刑法》规定的数罪并罚制度与累犯制度之间存在无法自圆其说的矛盾。

(二)刑罚执行期间犯罪人再犯新罪,若适用数罪并罚则难免有鼓励重新犯罪之嫌疑,不利于防卫社会

笔者认为,对刑罚执行期间犯罪人再犯新罪的处断,本质而言属于刑罚裁量的范畴。而刑罚的裁量不仅应当满足公众对已然犯罪的报应需求,还应当考虑预防未然犯罪的功利需要。即相对报应刑应当是刑罚裁量的正当性根据。从相对报应刑论观之,刑罚执行期间犯罪人再犯新罪,若适用数罪并罚很显然不符合相对报应刑论的理念。具体理由如下:首先,如果犯罪人在刑罚执行期间再犯新罪而适用数罪并罚,那么这无异于鼓励犯罪人在监所继续犯罪,因为即使实施了再多的犯罪,犯罪人均可以适用数罪并罚而享有本不应有的减免利益,何乐而不为呢?我们知道,"使犯罪人承受一定剥夺性痛苦,是刑罚的惩罚属性,是刑罚的内在属性。"①刑罚的目的之一在于通过剥夺犯罪人的既有利益报应已然之罪,使其感知到既有利益被剥夺的痛苦而不愿或者不敢再犯新罪。而服刑期间犯罪人再犯新罪适用数罪并罚,势必造成刑罚报应恶害的功能降低,容易让犯罪人认为犯罪是一种快乐,而非一种剥夺性痛苦,很显然违背了刑罚的报应目的。其次,刑罚执行期间犯罪人再犯新罪适用数罪并罚也不符合刑罚的功利目的,不利于社会防卫。刑罚的功利目的在于预防犯罪、防卫社会。如前所述,此种犯罪人的人身危险性较大。既然此种犯罪人的人身危险性较大,那么对其适用数罪并罚,使其享有本不该有的减免利益,很显然不利于预防犯罪和防卫社会,相反会给社会的安定埋下重大隐患。

(三)刑罚执行期间犯罪人再犯新罪适用数罪并罚,势必会对原判的既判力产生冲击

刑罚执行期间犯罪人再犯新罪适用数罪并罚,也势必对并无错误的原判的既判力产生重大冲击。我们知道,在这种情形下,原判的量刑是没有错误的。当犯罪人在刑罚执行期间再犯新罪,适用数罪并罚时则产生了另外一个新的判决,一个新的量刑结果。这就造成了如下局面的出现:已经发生既判力的判决在执行过程中因为重新犯罪而发生变更。新的判决的执行无形中否定了并无错误的原判的法律效力,使其在客观上归于无效。这种对生效判决的既判力的冲击,对于维护国家裁判机关的裁判威信颇为不利,也不利于维护刑法的安定性。

综上,在数罪并罚的成立范围问题上,我国《刑法》所采刑罚执行未完毕主义,不仅造成数罪并罚与累犯的规定无法较好衔接与协调,并且有鼓励、迁就犯罪人重新犯罪之嫌疑,还对并无错误的原判的既判力产生冲击。笔者认为,我国《刑法》规定的数罪并罚范围过于宽泛,确有必要加以修订。那么,我国应当采何种立法例呢?笔者认为,裁判宣告主义将数罪并罚的范围限定在裁判宣告之前,对犯罪人未免过于苛严。首先,裁判宣告后确定之前犯罪人再犯新罪时,前

① 张明楷著:《刑法格言的展开》,法律出版社2003年版,第285页。

罪的宣告刑尚未真正施加于犯罪人，犯罪人尚未感知刑罚的剥夺性痛苦，此时犯罪人再犯新罪适用数罪并罚，赋予犯罪人一定的减免利益，并不会放纵犯罪，相反在报应犯罪的基础上一并地考虑如何施加更为有效的刑罚来矫正犯罪人使其复归社会，与裁判宣告前一人犯数罪实行并罚一样，均符合立法者所主张的相对报应刑论。与此不同的是，裁判确定之后犯罪人再犯新罪，此时刑罚的剥夺性痛苦已经为犯罪人所感知了。犯罪人再犯新罪，说明其主观恶性和人身危险性较大，表明前罪科刑之不足。此时，我们应当科处比数罪并罚更重的刑罚来补足前罪科刑之不足，因为我们已经没有必要再赋予犯罪人减免利益了。其次，因为裁判宣告后确定之前犯罪人再犯新罪时，原判尚未生效，还不生既判力之效果。其如同被告人的上诉一样，适用数罪并罚并不会动摇原判之既判力。我国《刑法》有必要以裁判确定主义来划定数罪并罚的成立范围。

三、刑罚执行期间犯罪人再犯新罪如何处断

在裁判确定主义下，刑罚执行期间犯罪人再犯新罪，很显然已经不属于数罪并罚之适用范围，那么其不适用数罪并罚之并罚规定则是当然之结论。对该情形应当如何处断呢？对此问题的解决，理论上一般有如下两种做法：(1)考虑先对后罪从重处罚，然后再适用数罪并罚的并罚原则。① (2)直接将前罪的余刑和后罪判处的刑罚合并执行。②

笔者认为，第一种做法殊不可取。理由是：首先，不管实际执行的刑罚有多么高，其始终要受到数罪并罚原则的限制，其始终无法突破数罪并罚原则的底线要求。而累犯就不会存在这个问题。因此，对后罪从重处罚后再适用数罪并罚有可能使犯罪人承担的刑罚比其构成累犯所应当承担的刑罚还要轻。如此做法并没有体现罪刑相适应原则，也无法较好地衔接数罪并罚与累犯之立法规定。其次，该做法并没有说明为何要对后罪从重处罚。

第二种做法的立论基础在于：在数罪并罚的范围问题上，其站在裁判确定主义的立场上；在累犯的成立时间问题上，其维持了现行《刑法》所规定的刑罚执行完毕主义。其认为刑罚执行期间犯罪人再犯新罪，是介于数罪并罚与累犯之

① 佴澎：“刑罚执行完毕前再犯新罪处罚探析”，载《甘肃行政学院学报》2003年第4期。

② 高铭暄编著：《中华人民共和国刑法的孕育和诞生：一个工作人员的札记》，法律出版社1981年版，第106页。这种观点是1979年《刑法》制定时某些学者提出来的，但被当时的立法者否决了。

间的一种特殊状态。[①] 换言之，其既不属于数罪并罚的范畴，也不属于累犯的调整对象。因此，对该种情形当然应当将前罪没有执行完毕的刑罚与后罪判处的刑罚分别执行。从客观效果来讲，这种做法能够超越数罪并罚的底线要求，做到对再犯的从重处罚。但是，这种做法并没有真正理解刑罚执行期间再犯新罪的本质。仅对后罪按照《刑法》分则的规定作出判决，并没有把握此时后罪的性质，对后罪的评价没有体现罪刑相适应原则。因为刑罚执行期间犯罪人再犯新罪本质上是一种累犯。对这种累犯就应当适用从重处罚的规定。

基于上述分析，笔者认为，刑罚执行期间犯罪人再犯新罪的，应当考虑如下两个问题：第一是刑罚执行期间犯罪人再犯新罪的本质；第二是与我国《刑法》规定的数罪并罚制度和累犯制度的衔接。有鉴于此，刑罚执行期间犯罪人再犯新罪，原则上应当对新罪以累犯从重处罚，然后将后罪的刑罚与前罪的余刑合并处罚。同时，确立若干例外情形。

首先，对新罪以累犯从重处罚，正确地认识到刑罚执行期间犯罪人再犯新罪的本质特征。将原本属于数罪并罚范畴的空间划归累犯调整，不仅具有法理合理性，还具有实践合理性。第一，从法理合理性角度来看，立法者规定累犯应当从重处罚，其本意在于："累犯是刑事政策上打击重点之一，条文规定'应当从重处罚'。其所以从重处罚的根据，是这种犯罪分子主观恶性和社会危险性较大，比较难以改造。"[②]较之于刑罚执行完毕之后犯罪人再犯新罪，犯罪人在刑罚执行期间重新犯罪的，其主观恶性和人身危险性更大。在国家刑罚执行机关的监管下，犯罪人尚且要重新犯罪，足见刑罚执行期间犯罪人重新犯罪时所征表出来的主观恶性和人身危险性更大。第二，从举轻以明重的角度来看，刑罚执行完毕之后犯罪人再犯新罪，立法者均要以累犯而为从重处罚，更何况刑罚尚未执行完毕犯罪人再犯新罪呢？立法者若不以累犯而从重打击该再犯，于法理上该如何解释呢？再者，基于与数罪并罚（裁判确定主义）相互衔接和协调，我们也应当将累犯的时间条件限定在裁判确定之后即采裁判确定主义。简言之，刑罚尚未执行完毕犯罪人再犯新罪也理应以累犯处断。综上，从法理合理性角度观之，刑罚执行期间犯罪人再犯新罪时所征表出来的人身危险性远远大于刑罚执行完毕后再犯新罪所征表的人身危险性，那么对前者的处罚重于对后者的处罚就是当

---

① 我国台湾地区刑法学界持该种观点，认为："在刑罚执行期间又犯罪的，不属数罪并罚范围，本应区别执行其刑，但此种情形乃位于累犯与数罪并罚中间的一种特殊情况。"参见陈立著：《海峡两岸法律制度比较·刑法》，厦门大学出版社 1993 年版，第 142 页。

② 高铭暄编著：《中华人民共和国刑法的孕育和诞生：一个工作人员的札记》，法律出版社 1981 年版，第 97 页。

然之结论。而按照此对策,适用累犯之规定予以从重处罚,符合立法者从重打击人身危险性较大的累犯的立法本旨。而且,从实践合理性的角度观之,累犯的成立时间采裁判确定主义,得到了大陆法系许多国家和地区立法例的支持,比较有代表性的国家和地区有法国①、俄罗斯②、我国澳门地区③等。

其次,按照累犯从重处罚后再将其与前罪的余刑合并执行,彰显了立法者相对报应刑之立法本旨。根据相对报应刑论,刑罚不仅应当考虑如何预防未然之罪,还应当考虑如何报应已然之罪。犯罪人再犯新罪时,对该犯罪人以累犯处断并不等于没有必要执行前罪的余刑。将经过累犯评价后的刑罚与尚未执行完毕的刑罚合并执行,体现了立法者对已然犯罪之报应,以期实质正义之实现。倘若不执行余刑,则无异于放纵已然之犯罪。较之于先从重处罚后数罪并罚以及单纯的前后两刑的合并执行,经过累犯评价从重处罚后的刑罚与前罪的余刑合并执行后犯罪人所承受的刑罚,很显然是更重的。也许有的学者会认为:对后罪以累犯从重处罚然后再将其与前罪之余刑合并执行,违反了“禁止重复评价”原则,是一种重刑主义的刑罚观。笔者不敢苟同。因为对后罪以累犯从重处罚正是立法者着眼于犯罪人的严重人身危险性所采取的预防措施;将前罪的余刑与后罪的刑罚合并执行,是立法者在预防未然之罪的同时报应已然之罪的必然反应。因此,此举并不存在对犯罪人的重复评价,也不是重刑主义刑法观的体现。

然而,我们不得不承认的是,从刑罚人道主义和刑罚执行的可行性角度来看,将前后两个刑罚合并执行,在某些情形下我们同样不能回避数罪并罚所采用的吸收原则等。例如,前罪尚未执行的刑罚为10年有期徒刑,而后罪经累犯评价从重处罚后为无期徒刑,两个刑罚合并执行,很显然,此时应当适用数罪并罚

---

① 《法国新刑法典》第132-8条和132-12条对累犯的成立时间采裁判确定主义。第132-9条、132-10条、132-11条、132-13条、132-14条和132-15条则采刑罚执行完毕主义。参见《法国新刑法典》,罗结珍译,中国法制出版社2003年版,第28~30页。

② 《俄罗斯刑法典》第18条规定了3种累犯:普通累犯,危险累犯和特别危险累犯。第18条第1款规定:“因实施故意犯罪而有前科的人又实施故意犯罪的,是累犯。”第86条规定:“因实施犯罪而被判刑的人,自法院的有罪判决生效之日起至前科消灭或撤销之时止,被认为有前科。”因此,只要被告人被判刑,就意味着其具有前科。可见,《俄罗斯刑法典》中的普通累犯的成立也采裁判确定主义。第18条第2款、第3款对危险累犯和特别危险累犯的规定更明显地采裁判确定主义。参见俄罗斯联邦总检察院主编:《俄罗斯联邦刑法典释义》(上册),黄道秀译,中国政法大学出版社2000年版,第31页、第217页。

③ 《澳门刑法典》第69条规定:“因故意犯罪而被确定判决判处超逾6个月之实际徒刑后,如单独或以共同之任一方式,实施另一应处以超逾6个月实际徒刑之故意犯罪……以累犯处罚之。”参见澳门政府法律翻译办公室译编:《澳门刑法典·澳门刑事诉讼法典》,法律出版社1997年版,第33页。

中的吸收原则仅执行无期徒刑。对数个有期自由刑,我们也应当对最终执行的刑期设定最高限额。有鉴于此,为了贯彻罪刑相适应原则,为了数罪并罚与累犯之间的立法衔接,同时考虑刑罚人道主义和刑罚执行的可行性,我们可以借鉴数罪并罚中的相关并罚原则,对刑罚执行期间再犯新罪作如下处断:刑罚执行期间再犯新罪的,原则上应当将前后两个刑罚合并执行,但是如果前罪和后罪的主刑中有数个死刑或最重刑为死刑的,前罪和后罪的主刑中有数个无期徒刑或最重刑为无期徒刑的,则适用吸收原则;数个判决合并执行后,最终执行的有期徒刑最高不得超过30年。

四、结　　语

关于数罪并罚的成立范围,笔者认为,大陆法系多数国家所采裁判确定主义对我国《刑法》具有较大的启发意义,我国应当摒弃现行的刑罚未执行完毕主义而采裁判确定主义。基于数罪并罚与累犯之间的立法衔接与协调,关于累犯的成立时间,我国也应当摒弃现行的刑罚执行完毕主义而采裁判确定主义。犯罪人在刑罚执行期间再犯新罪的,我国《刑法》应当对后罪以累犯从重处罚,然后将其与前罪的余刑合并执行,同时对最终执行的刑罚进行若干限制。

(2005年第10期)

2006 年

论罪刑法定原则的内容及其基本精神

刘宪权*

众所周知，我国现行《刑法》中规定了罪刑法定、罪责刑相适应和适用刑法人人平等3大原则。就这3大基本原则分析，我们不难发现其中最重要的原则无疑是罪刑法定原则。我国《刑法》第3条明确规定“法律明文规定为犯罪行为的，依照法律定罪处罚；法律没有明文规定为犯罪行为的不得定罪处罚”。现行刑法的这一规定充分表明，罪刑法定原则不再停留在理论上进行讨论，而且已经在刑事立法中有所体现。罪刑法定刑法条文化充分表明我国民主与法治建设已经从不成熟走向了成熟，因而这对我国刑事法制的发展可以说具有里程碑意义。近年来，我们已经从理论上较为深入地对罪刑法定原则开展了讨论，笔者在此仅就理论上长期争论不休的罪刑法定原则的内容、基本精神以及需要排除的几种观念作些探讨。

一、“两点论”观点明显偏离罪刑法定原则的原意

罪刑法定原则又称罪刑法定主义，理论上一般认为，这一刑法基本原则是法治社会刑法区别于专制社会刑法的分水岭。罪刑法定原则的基本含义包括：认定行为人的行为构成犯罪和给予处罚，必须以刑法的明文规定为前提，如果刑法没有明文规定，即使行为危害很大，也不能认定犯罪和给予处罚。也即法无明文规定不为罪、法无明文规定不处罚。罪刑法定原则的基本内容应该包含以下几个方面：其一，法定化，即犯罪和刑罚必须事先由法律作出明文规定，不允许司法人员自由擅断，也不允许司法人员用以后颁布的法律惩罚以前的行为。其二，实定化，即对什么行为是犯罪以及犯罪所产生的具体法律后果，都必须作出实体化的规定。其三，明确化，即刑法条文必须用清晰的文字表述确切的意思，不得含糊其辞或模棱两可。这些内容无疑要表明几层含义：一般公民可以根据刑法的明文规定准确预测自己行为的后果，对于没实施刑法规定的犯罪行为的人，法律保障其不受刑罚处罚；犯罪人可以根据刑法的明文规定预测自己的行为可能招

---

* 作者单位：华东政法学院（现华东政法大学）。

致的法律后果,法律保障其不受明文规定之外的处罚。另外,要求司法者在定罪量刑时,必须以刑法的明文规定为限,并且只能以行为时的法律为依据,不得在法律的明文规定之外实施处罚,不得援引未经法律认可的习惯法作为处罚的依据。

近年来,有很多学者在谈及我国罪刑法定原则时普遍认为,对于罪刑法定原则的基本内容应该从两方面去理解,即所谓的“两点论”:第一点是法律如果有明文规定的,就按照法律规定定罪或处罚;第二点才是法律没有明文规定不能定罪,不能处罚。按照他们的观点,对于罪刑法定原则的理解应该分两个层面,首先应该是“要定罪”、“要处罚”,其次才是“不定罪”、“不处罚”。有学者还具体对此观点作了阐述:“我国罪刑法定原则由两个基本方面组成,其一是‘法律明文规定为犯罪行为的,依照法律定罪处刑’,称之为积极的罪刑法定原则,它从积极方面要求正确运用刑罚权,惩罚犯罪,保护人民。其二是‘法律没有明文规定为犯罪行为的,不得定罪处刑’,称之为消极的罪刑法定原则,它是从消极方面限制刑罚权的适用,防止国家滥用刑罚权,侵犯人权。它的确是善良公民的大宪章,是犯罪人的大宪章。其中,正确运用刑罚权,惩罚犯罪,保护人民,这是第一位的;而防止刑罚权的滥用,以保障人权,则是第二位的。积极的罪刑法定原则与消极的罪刑法定原则的统一,运用刑罚权,惩罚犯罪,保护人权与约束刑罚权,防止滥用,保障人权的统一,是罪刑法定原则的全面的正确的涵义,它克服了西方罪刑法定原则的片面性,是对罪刑法定原则的新的发展。”①另外还有学者认为:“在价值观念从个人本位向个人、社会双本位变迁的现代社会,罪刑法定原则的机能也发生了转移,从只重视人权保障机能向保障机能和保护机能的协调转移。社会保护机能是通过对犯罪的惩治来实现的,因而属于罪刑法定的积极机能或曰扩张机能;而人权保障机能是通过限制国家的刑罚权而实现的,因而属于罪刑法定的消极机能或曰限制机能。罪刑法定的保障机能和保护机能并非势不两立,而是可以在共同的基础上统一起来并协调发展。”②

笔者认为,看上去上述对罪刑法定原则的“两点论”观点似乎很有道理且比较全面,更由于这种观点有着《刑法》条文规定的实证根据和支撑,因而这些观点在理论界和实务界十分流行并得到较为普遍的接受是完全可以理解的。但是,这种对罪刑法定原则的“两点论”观点明显偏离了罪刑法定原则的原本含

① 何秉松主编:《刑法教科书》,中国法制出版社1997年版,第63~68页。

② 陈兴良主编:《刑事法总论》,群众出版社2000年版,第167页。类似的观点还可参见曲新久等编:《刑法学》,中国政法大学出版社2004年版,第12页;刘文远、刘艺兵主编:《刑法学》,人民出版社、中国社会科学出版社2003年版,第16页等。

义。因为从前述分析中,我们已经清楚罪刑法定原则以保障公民自由、限制国家刑罚权的行使为己任,其基本内容明确是法无明文规定不为罪,法无明文规定不处罚。在这一基本内容中所体现出来的一个侧重面显然是很清楚的,即罪刑法定原则从其诞生那天起,就是从“不定罪”和“不处罚”角度提出来的。但是“两点论”则完全相反。笔者认为,这一观点的致命错误在于,“将刑法的机能与罪刑法定原则的机能混为一谈。”①也即将刑法是保护机能与保障机能统一的要求,强加给罪刑法定原则的机能上。事实上,刑法的双重机能是通过刑法的构成要素从多角度加以体现的,而这些具体的构成要素又往往是从不同侧面体现刑法这种双重功能。特别是由于各种构成要素受到其本身内容的限制,因而体现刑法双重功能的角度或侧重面有可能完全不同。就此而言,考察罪刑法定原则,我们就不难发现,正是由于受该原则原本含义和基本内容的限制,因此,罪刑法定原则的机能实际上只能突出对行为人个人基本权利的保障机能,而无法如刑法一样达到保护机能与保障机能双重功能的统一。众所周知,罪刑法定主义是在资产阶级反对封建刑法的罪刑擅断中产生的,是资产阶级用以反对封建国王利用刑法进行封建统治的利器;而经历了200多年的发展变化的罪刑法定主义在世界范围内逐渐传播,并最终成为普遍的刑法基本原则,正是源于它彰显了保障市民社会不受国家权力过度干预的机能。可见,“两点论”的观点看似全面,但它却混淆了刑法机能与罪刑法定机能的界限,从而偏离了罪刑法定原则本身所具有的侧重点。

二、“不定罪、不处罚”是罪刑法定原则的应有之义

由罪刑法定原则的侧重点分析,我们可以清楚地看到罪刑法定原则确实是存在偏向性的,也即“不定罪”、“不处罚”是这一原则的核心。应该看到,罪刑法定原则的这种偏向性在其派生出来的其他原则中体现得十分清楚。例如,刑法中有关溯及力的原则,在确立罪刑法定原则的最初,人们强调法律不能溯及既往。之所以强调法律不能溯及既往,完全是按照罪刑法定原则的要求派生出来的,也即不能用人们不知道的法律来处罚他人的行为,不能用以后颁布的法律来处罚以前的行为。我们不能让当事人去猜测法律今后将会有什么样的变化,更不能期待当事人在实施行为前要对法律的变化作出一定的预测。可见,这些原

① 周少华:“罪刑法定与刑法机能之关系”,载《法学研究》2005年第3期。

则实际上是从有利于被告人的角度提出来的。另外,刑事诉讼中我们提倡的“疑罪从无”、“无罪推定”等原则,都是由罪刑法定原则所派生出来的基本原则。按照人的一般认识,一个案件如果存疑,那么其本身既可能存在“有”也可能存在“无”两种因素,但我们最后是从“无”(现在尽管我们还很难做到这一点,但在司法实践中疑罪从轻应该是没有什么异议的)的角度作出判断,为什么要从“无”或者从“轻”呢?其实还是反映一个实质问题:那就是罪刑法定原则是有侧重点的和偏向性的,而“不定罪”、“不处罚”就是其侧重点和偏向性的集中体现。这一点应该是毋庸置疑的,也即“不定罪”、“不处罚”是罪刑法定原则内容的应有之义。

就我国现行《刑法》规定分析,第3条确实作了两方面的表述:“法律明文规定为犯罪行为的,依照法律定罪处刑;法律没有明文规定为犯罪行为的,不得定罪处罚。”也即现行刑法有关罪刑法定原则是从正反两方面加以提出的,有关罪刑法定“两点论”的观点可能也是由此产生的。对于《刑法》第3条的规定,理论上也有学者提出质疑,认为其不符合罪刑法定原则应然的价值取向,有悖于世界各国对这一原则表述方式的惯例,造成了刑法和刑事诉讼法的不协调局面,①同时也违背了立法的简约性原则。更有学者具体分析了《刑法》第3条产生的过程,认为我国《刑法》第3条并不是从一开始就采取了双向表述的方式,事实是在草案中出现关于罪刑法定的表述时(1995年8月8日),首先采取的是与国外并无二致的单向表述方式,历经1年有余,这种表述方式才被具有中国特色的双向表述所取代(1996年10月10日),并且最终被立法者所认可。也即1995年8月8日由全国人大常委会法工委刑法修改小组起草的刑法“总则修改稿”(以下简称95修改稿)中,第一次将第一章的名称明确规定为“刑法的任务和基本原则”。尽管95修改稿只拟了一条刑法的基本原则,但这恰恰就是罪刑法定原则。

① 例如,有学者认为:“法律明文规定为犯罪行为的,依照法律定罪处刑。”虽然立法者在此没有使用“应当”作为联结词,但是联系整部刑法典,应当作此推断。这就表明立法者要求对于触犯刑法明文规定的犯罪行为,一律得依照法律定罪处刑,而不得考虑到其他情况加以例外。即行为符合刑法的规定是对行为人定罪处刑的充分条件。而我国《刑事诉讼法》第15条规定:“有下列情形之一的,不追究刑事责任,已经追究的,应当撤销案件,或者不起诉,或者终止审理,或者宣告无罪:(一)情节显著轻微、危害不大,不认为是犯罪的;(二)犯罪已过追诉时效的;(三)经特赦令免除刑罚的;(四)依照刑法告诉才处理的犯罪,没有告诉或者撤回告诉的;(五)犯罪嫌疑人、被告人死亡的;(六)其他法律规定免予追究刑事责任的。”第142条第2款规定:“对于情节轻微,依照刑法不需要判处刑罚或者免除刑罚的,人民检察院可以做出不起诉的决定。”这样一来,程序法允许了触犯刑律但是不被处罚的行为的存在。即法律规定犯罪只是处罚行为的必要条件。刑事法的实体法和程序法出现不衔接的地方,破坏了整个法律体系的统一性。参见刘志远、喻海松:“论罪刑法定原则的立法表述”,载《中国刑事法杂志》2005年第5期。

95修改稿的第3条是这样表述的:"对于行为时法律没有明文规定为犯罪的,不得定罪处罚。"这样的规定与罪刑法定的传统表述以及"法无明文规定不为罪,法无明文规定不处罚"的经典含义完全一致。在1996年6月24日法工委的总则修改稿中,其第3条的表述发生了微妙的变化,变成了:"对于行为时法律没有规定为犯罪的,不得定罪处罚。"95修改稿中的"明文"两个字耐人寻味地不见了。而到了1996年8月8日的法工委总则修改稿,第3条的表述又发生了变化。该条规定:"法律没有规定为犯罪的,不得定罪。定罪处罚应当以行为时的法律和本法第10条的规定为依据。"而该修改稿的第10条是关于追溯时效的"从旧兼从轻"的规定。仅仅过了20多天,到了8月31日,法工委将总则的修改稿和分则的修改稿合并起来形成了刑法修改草稿,其第3条关于唯一的基本原则的规定又重新回到了6月24日稿的规定:"对于行为时法律没有规定为犯罪的,不得定罪处罚。"尤其耐人寻味的是,在1996年10月10日法工委的刑法修订草案(同时也是征求意见稿)中,第一章的章名再次回归到"刑法的任务和适用范围",任何章名、节名之中都不见了刑法"基本原则"的名称,而关于"罪刑法定"的规定被放在了第二章"犯罪"之中,草案第11条与原来的相应规定相比发生了重大变化,破天荒地规定:"法律明文规定为犯罪行为的,依照法律定罪处刑;法律没有明文规定为犯罪行为的,不得定罪处刑。"该稿不仅第一次从入罪和出罪正反两个方面进行了双向表述,而且还取消了关于"行为时"的规定。到了两个月之后的1996年12月中旬,法工委的刑法修订草案把关于"罪刑法定"的规定重新请回到第3条,而文字表述,则沿用了10月10日稿的双向表述方式。随后的几次修订草案都当然地延续了上面的双向规定的表述,并且,最终在1997年3月14日修订通过的《中华人民共和国刑法》第3条中,上面的这种双向表述方式被正式确认下来。①

笔者认为,就我国《刑法》有关罪刑法定的规定而言,其内容中强调对犯罪行为严格依照法律规定定罪处刑,这本身并不应该加以厚非,特别是在偏重社会、国家本位而忽视公民个人权利的观念占主导地位且将正确运用刑罚权以惩罚犯罪和保护人民作为刑法首要任务的当时,立法者强调严格依照自己所立之法加以适用当然是可以理解的。而且作为刑法条文的规定当然要追求完整和全面,所以刑法也只能从两个方面对罪刑法定原则加以规定。但是,如果我们据此就可以认为罪刑法定原则的原本内容就包含"两点论",或者认为我国的罪刑法

① 付立庆:"善待罪刑法定——以我国刑法第三条之检讨为切入点",载《法学评论》2005年第3期。

定原则与其他国家和地区的罪刑法定原则的不同之处就在于我们具有“两点论”,甚至进一步提出罪刑法定原则首先应该追求“要定罪、要处罚”的内在价值,其次才能体现“不定罪、不处罚”的内在价值,那就完全背离了罪刑法定原则的基本精神和价值取向,无论在理论上还是实践中均是不可取的。需要指出的是,罪刑法定原则的基本内容还体现在由这一原则派生出来的其他原则的内容中。理论上通常认为,罪刑法定原则的派生原则主要有:(1)排斥习惯法的原则。这一原则要求习惯法不得成为刑事判决的依据,也即应在刑法的渊源上排斥习惯法的地位。(2)刑法效力不溯及既往的原则。这一原则要求行为实施时的法律不认为是犯罪行为,虽行为实施后的法律认为是犯罪行为(行为时法),也不能依据行为实施后的法律(裁判时法)认定为犯罪和加以处罚。其中包括:行为当时不为刑法所定为罪者,不得引用事后法定之为罪;行为当时已为刑法定之为罪,事后法经过修正而加重其刑时,也不得援用事后法加重其刑。随着社会的不断发展,刑法效力不溯及既往的原则在内容上有了很大的变化。因为人们在贯彻这一原则时发现,如果行为实施后的刑法完全不能溯及既往,那么当这一刑法较之行为实施时的刑法对被告人更为有利时,就无法对被告人加以适用而让被告人从中得益。这种情况虽然符合罪刑法定原则的原本内容,但是却违背了罪刑法定原则所体现的有利于被告人的根本精神,同样也是不可取的。(3)禁止绝对不定期刑。这一原则要求禁止法律条文中不规定刑种、刑罚幅度的绝对不定期刑,也即刑法条文中应当规定刑罚的种类和幅度。(4)禁止类推解释。这一原则要求刑法中应禁止通过援引法律条款的方法,对法无明文规定的行为进行定罪判刑。由上述有关罪刑法定原则的派生原则的分析中,我们不难发现,这些派生原则的内容与罪刑法定原则的内容具有相当程度的一致性,只是这些派生原则是从不同的侧面丰富和完善了罪刑法定原则“不定罪、不处罚”的基本内容。

三、“有利于被告人”是罪刑法定原则的基本精神所在

对于罪刑法定原则所体现的基本精神我们可以从很多角度去考察,但是从对罪刑法定原则基本内容所坚持的这种侧重面和偏向性的分析中,我们不难看到,这些内容实际上集中反映了罪刑法定原则所要体现的根本精神就是“有利于被告人”,也即罪刑法定原则实际上是从保护被告人的合法权利的角度提出并发展的。

这里需要说明的是,在刑事诉讼中特别是在刑事案件的法律适用中,为什么

要强调有利于被告人？笔者认为，这主要还是应该从罪刑法定的终极目标以及刑事诉讼中当事人之间的法律关系中去寻找原因。

首先，在刑事诉讼中强调有利于被告人的精神是由罪刑法定的内涵所决定的。众所周知，古典自然法学派的思想家们从批判否定封建刑法的残酷性出发，以维护人的基本权利为中心，用自然法理论阐述了人类社会的文明进程。在这一基础上，以卢梭、贝卡里亚等为代表的资产阶级启蒙思想家们提出，建立在"社会契约"基础上的国家产生的目的在于保障人权。由于刑法权属于国家公共权力的重要组成部分，因而其承担着实现公共权力共同体时所设定目的的重要职责。但是，纵观历史发展长河，无论在何时何地，对公民自由和权利的最大威胁主要来自于国家对公权力的滥用。更由于刑法权能否正当行使直接关系每一个公民的生命、自由和财产的安全，所以刑法权的滥用是国家对公权力滥用的最直接也是重要的表现。正因如此，贝卡里亚等人提出国家的刑法权必须体现尊重人权、保障自由的价值观。应该承认，将保护人权作为罪刑法定原则的终极目标无疑是人类刑法史上的一次质的飞跃。就此而言，在刑事诉讼中强调有利被告人精神，理所当然符合罪刑法定的真正内涵。

其次，在刑事诉讼中强调有利于被告人的精神是由被告人的弱者地位所决定的。在当今社会中存在各种各样的法律关系，而在每一种法律关系中，当事人的地位并不完全一样。从民商事法律关系等角度来看，有关当事人的地位是完全平等的，也即我们经常看到的原、被告在民事诉讼中的地位是完全平等的。但是在刑事诉讼中，原、被告地位是不可能平等的。正如马克思、恩格斯在《德意志意识形态》一书中曾指出的："犯罪……孤立的个人反对统治关系的斗争，和法一样，也不是随心所欲产生的。"就这一马恩经典论述分析，我们可以很清楚地看到，犯罪实际上是孤立的个人反对统治关系的一种斗争，因此由犯罪而引发的刑事法律关系当然就是个人和国家的关系。特别是在刑事诉讼中，刑事被告人与原告人（主要是公诉案件的公诉人）之间实际上是个人同国家在进行对话。在公诉案件中，公诉人代表国家对被告人提起诉讼，在这种情况下，刑事被告人怎么可能同公诉人平等呢？应该说这种平等是永远不可能存在的，事实上也没有哪一个刑事被告人会追求这种平等。在刑事诉讼中，被告人与公诉人之间实际上是力量相差悬殊的强者与弱者的对话，在这种情况下，如果再不强调对被告人的利益进行保护，那么被告人的合法权益必然受到侵害。另外，笔者还认为，罪刑法定原则之所以强调有利于被告人的精神，还是由刑法的人道性所决定的。由于在现代社会中弱者的利益最容易受到侵害因而也最需要保护，而法律（包括刑法）的制定在很大层面上就是为了保护弱者的利益，刑事诉讼中的被告人是弱者，所以罪刑法定原则强调有利被告人的精神并不为过，这就是理论上人们通常所说的刑法是保护犯罪人的大宪章基础所在。就此而言，强调保护刑事被告人利益的保护显然是与此基础相吻合的。这就是为什么在刑事诉讼中我们要特别强调有利于被告人的原则，也是罪刑法定原则之所以要把有利于被告人的内容作为基本精神体现的原因所在。

应该看到，罪刑法定原则体现有利于被告人的精神反映在多个方面，特别是在罪刑法定原则的派生原则中这一精神得到了集中的体现。例如，否定类推定罪；阻却重法之溯及力效力；避免刑罚的加重适用并防止减轻处罚的滥用；不采用不定期刑并尽量缩短相对确定法定刑的跨度等派生原则的内容中实际上均反映了有利于被告人的精神。

由此可见，尽管时下理论上对于何为罪刑法定原则的根本精神尚存在有多种不同的观点，但是，笔者认为，无论从罪刑法定原则的内容及其派生原则的内容分析，还是从刑事诉讼中原、被告地位分析，得出"有利于被告人"是罪刑法定原则所体现的根本精神之结论，应该是在法理和情理之中的。

四、"浪漫主义"观念对待罪刑法定不可取

我国刑法学界中很多学者对现行刑法中设立罪刑法定原则持有不同意见，认为尚不合时宜。例如，有人认为，在我国要贯彻罪刑法定原则为时过早，要真正加以贯彻实际上有一定难度。这主要是因为罪刑法定原则应该建立在一部良法的基础上，如果没有一部良法就不能真正贯彻罪刑法定原则。在恶法的基础上贯彻所谓的罪刑法定原则，只会使法制环境越来越糟。换言之，只有在法律完善后才能贯彻罪刑法定原则。由于我们国家还有很多法律并不完善，特别是刑法条文中还存在许多缺漏之处，因此，在这种情况下我们不可能真正贯彻罪刑法定原则。

笔者认为，这一观点显然是不正确的，而且这一观点内容本身是相互矛盾的。因为按照这一观点，罪刑法定原则的贯彻必须在我们有完善的法律后才能贯彻执行。但是，完善法律是一个永恒的主题，也即就法律本身而言，只要存在就永远需要完善，世界上任何一部法律都不可能一劳永逸而不需要完善的，刑法也不例外。世界上不可能存在有任何不需要完善的刑法，也即任何一部刑法都有完善的余地。我们绝不能因为法律永远存在完善的必要，而就此认为罪刑法定原则永远不可能贯彻。笔者认为，上述这一观点实际上是用一种"浪漫主义"的观点理解罪刑法定原则。按照这种观点，即使在当今欧美国家，也不可能有罪

刑法定原则的真正贯彻。因为欧美国家的法律也同样存在完善的问题,他们的法律实际上也有一个完善的过程,而且这种完善同样也是永恒的。难道因为法律需要完善,这些国家就不能或者说没有贯彻罪刑法定原则吗?这种观点无疑表明这一思想:因为法律是永远要完善的,所以罪刑法定原则是永远都不可能贯彻的。这种结论恐怕是任何人都不会同意且不愿意接受的。可见,用“浪漫主义”的观点理解罪刑法定原则,由于其内容本身存在矛盾,因而最终必然导致将罪刑法定原则束之高阁甚至弃之不用的结果出现。当然需要指出的是,罪刑法定原则的贯彻确实有一个程度问题,而贯彻程度的高低又与刑事规范的完善直接有关。换言之,罪刑法定原则的贯彻程度从某种意义上说取决于刑事立法的技术水平。刑事立法技术水平愈高,罪刑法定原则贯彻程度也就愈高。以此观点可以推断出,罪刑法定原则的贯彻理应“成为刑事立法完善与提高的一种原动力”。①

五、“教条主义”理念不能要

在贯彻罪刑法定原则过程中,我们还应注意排除“教条主义”的观念。所谓教条主义的观念是指理论和实践中有些人认为要坚持罪刑法定原则,就必须严格地按照刑法条文中所规定的内容加以执行,而且要逐字逐句地加以理解。有人曾形象地举过一个例子对“教条主义”加以抨击:一个管路的人在一路口竖了一块牌子,上面写着“禁止牛、马通行”,这时有一个骑着骆驼的过路人要通过这条路,管路的人就拦住。当过路人询问为什么不让走的原因时,管路的人指着牌子说:“为什么不让你走,因为这牌子上写得很清楚。”过路人看了这个牌子以后,认为自己更应该走这条路,因为牌子上写着的是“禁止牛、马通行”,而没有说要禁止骆驼通行,自己骑的是骆驼,为什么不能通行呢?更何况牛马不能通行,骆驼未必不能通行。但是,管路的人则坚持认为,连牛马都不能通行,骆驼怎么能够通行呢?因为瘦死的骆驼比马大呀!牌子上的意思清楚地表明了这一点。由此,引发了他们之间的争议。应该看到,举例人的意思是十分清楚的,即用管路人比作立法者,而把过路人比作适用法律者,从而认为适用法律者不能用教条主义的观念死抠字眼去理解和贯彻刑法条文,应该注意从立法原意的角度去考察和适用刑法条文。

---

① 袁继红、卢建平:“论罪刑法定原则与刑事立法”,载《浙江大学学报》(人文社会科学版)2001年第2期。

笔者赞同上述举例者的最后结论中的观点，但是对所举例子则认为可以有不同理解。笔者认为，在这个例子中最关键的是管路的人所竖牌子的原意究竟应该是什么？也即我们通常所说的立法原意究竟是什么的问题。尽管管路的人自认为牌子上的内容很清楚，但实际上存在有模糊和让人容易产生歧义的地方。这就是牌子上的内容至少可以有两种以上的理解：其一，人们可以理解"禁止牛、马通行"，其原意实际上是指禁止牛、马以上的大型动物通行，就此理解，骆驼当然不能通行，因为骆驼确实比马大。其二，人们同样也可以作这样的理解，即"禁止牛、马通行"，其原意仅仅指牛、马不能通行，而其他动物可以通行。因为牛头上有角可以伤人，马脚上有铁蹄可以踢人，而且跑得比较快，所以，这条路牛、马不可以通行。骆驼不仅头上没有角而且脚上也无铁蹄，并且跑得又比较慢，所以骆驼通行不会有什么问题。笔者作这样的分析，无非是表明作为立法者在立法时，应该尽可能地明确条文中的内容，尽量不要让人产生歧义。而作为适用法律者，则应从立法原意角度去考察和理解法律条文，特别是在立法者已经对法律条文作出解释后，更不应望文生义用教条主义的观点理解和适用法律。

这里就产生了在法律适用中究竟如何贯彻罪刑法定原则这样一个具体的问题。从理论上讲，这可能涉及的是绝对的罪刑法定还是相对的罪刑法定的问题，也可能涉及对法律解释应该作主观解释还是客观解释①的问题。

例如，前几年争议较大的组织男性卖淫案的定性就集中反映了这些问题。2003年1月至8月，被告人李某为营利，先后与刘某、冷某等人预谋后，采取张贴广告、登报的方式招聘男青年做"公关人员"，并制定了《公关人员管理制度》。李某指使刘某、冷某对"公关先生"进行管理，并在其经营的酒吧内将多名"公关先生"多次介绍给男性顾客，由男性顾客将"公关人员"带至南京市从事同性卖淫活动。② 本案曾引起理论界和司法实务界很大争议，法院最后认定被告人构成组织卖淫罪。该案的裁判理由指出：根据刑法解释原理，对刑法用语，应当适应社会发展，结合现实语境，作出符合同时代一般社会观念和刑法精神的解释。这并不违背罪刑法定原则，相反是贯彻罪刑法定原则的当然要求。因为：其一，一个词的通常的意义是在逐渐发展的，在事实的不断出现中形成的；法律制定以后，其所使用的文字还会不断产生新的含义；任何一种解释如果试图用最终的、权威性的解释取代基本文本的开放性，都会过早地吞噬文本的生命；在解释刑法

---

① 法律解释有主观解释与客观解释之分，按照德国学者拉伦茨的表述，以探究历史上立法者的心理意愿为解释目的的是主观解释论，而以解析法律内存的意义为目标的是客观解释论。

② 张军主编，最高人民法院刑一庭、刑二庭编：《刑事审判参考》(2004年第3集)，法律出版社2004年版。

时,必须正视刑法文本的开放性,适应社会生活事实的发展变化科学界定法律用语的准确含义,不能将"熟悉与必须"相混淆,否则便会人为窒息刑法的生命,使刑法惩治犯罪、保护法益的功能无法有效实现。其二,坚持罪刑法定原则不仅要求做到"法无明文规定不为罪,法无明文规定不处罚",也要求做到"法有明文规定应为罪,法有明文规定应处罚";同时,将罪刑法定原则中的"法无明文规定"曲解为"法无明确规定"是教条的、错误的,在有的场合下,甚至可以说在很多场合下,即便刑法本身及有权刑法解释对某些行为(实质是某些刑法用语)并未作出明确、具体的规定,但若能在准确把握刑法精神、科学运用刑法解释原理的前提下,将该行为解释进刑法的明文规定之中,则对该行为进行定罪处罚就并不违反罪刑法定原则,相反,恰恰是贯彻罪刑法定原则的当然要求。据此,结合目前社会生活事实的发展变化——已出现同性卖淫行为;现时代一般社会观念对男性之间以营利为目的的性交易行为的认识——人们已习惯用同性"卖淫"来指称这种现象;以及刑法精神——禁止任何有伤风化的卖淫行为,以组织卖淫追究本案被告人李某的刑事责任,是符合罪刑法定原则的。①

笔者认为,对于此案法院最后的认定主要根据《刑法》的客观解释所得出的结论,尽管有些观点还值得商榷,但是,总体上相关的裁判理由确实具有一定道理。另外,笔者同时认为,法院最后的认定应该还可以根据刑法的主观解释加以说明。因为,在我们当今社会生活中,异性之间的性行为通常不受人们的指责,而同性之间的性行为则往往不被大多数人所接受。即使是对异性之间的婚外性行为,人们的容忍度也要远远高于对同性之间的性行为。特别是我国在相当长的一段时间里是把同性之间的性行为视为违法甚至犯罪行为的,这足以证明至少在我国同性之间的性行为是受到人们责难的。这一点在我国刑事立法中设立组织卖淫罪这一罪名的当初,显然也应该是立法者具有的共识。在这个基础上,行为人又同样实施了"组织卖淫"的行为,我们没有任何理由认为,只有对组织异性实施卖淫行为要加以刑事惩罚,而对于组织同性实施卖淫行为刑法则无能为力。笔者的这种解释可能比较多的成分还是依据刑法的主观解释所得出的结论。又如,在对抢劫罪的认定问题上,我国刑法规定了8种情节加重犯,并规定了10年以上有期徒刑直至死刑的法定刑。对其中每一种加重情节,究竟应该从字面上理解还是应该从立法原意上加以理解?就很值得研究。

比如,其中"在公共交通工具上抢劫"中的"公共交通工具"应该怎么理解?行为人站在公共交通工具下,用刀对着公共交通工具上的人实施抢劫,是否认定

---

① 陈兴良:"罪刑法定司法化研究",载《法律科学》2005年第4期。

为在公共交通工具上实施抢劫？更为麻烦的是，行为人既不站在公共交通工具上面，也没有站在下面用刀对着公共交通工具上面的人实施抢劫，而是把公共交通工具拦下来并把交通工具上的人全部赶下来，然后在下面一个一个地搜身抢劫，这算不算“在公共交通工具上抢劫”？如果认为这是在公共交通工具上实施抢劫就面临10年以上有期徒刑直至死刑的刑事判决，相反，则需判3年以上10年以下有期徒刑。两种情况的法定刑相差很大，确实随意不得。有人认为，《刑法》条文既然已经明文规定要在公共交通工具上抢劫的才能判10年以上有期徒刑，那就应该严格地从字面上按照法条的规定加以理解和执行。凡是不在公共交通工具上的均不能作为情节加重犯对待。但大多数人则认为，从立法原意角度进行分析，上述几种情况均应该作为情节加重犯对待，因为这些抢劫均是针对公共交通工具上的乘客的，无论是否实际在公共交通工具上实施抢劫，其社会危害性是基本一样的。这些不同的理解实际上反映了对罪刑法定原则的不同观念，显然后一种观念更为科学。

另外，在8种情节加重犯中还有一种“持枪抢劫”，如果有人持假枪抢劫是否属于“持枪抢劫”？有人认为，持假枪抢劫与持真枪抢劫对被害人而言，可能造成相同的心理压力，因而社会危害性基本相同，所以刑法中的“持枪抢劫”理应包括持假枪抢劫的情况。但大多数人则认为，持假枪抢劫和持真枪抢劫无论在行为人的主观恶性程度上还是在实际有可能导致的危害后果上，均有很大的区别，刑法中的“持枪抢劫”当然不能包括持假枪抢劫。特别是八种情节加重犯中还有“冒充军警人员抢劫”，如果行为人本身就是军警人员并以军警人员的身份进行抢劫，能不能作为情节加重犯认定？应该看到，非军警人员冒充军警人员进行抢劫与军警人员以军警的身份进行抢劫，对被抢者的心理压力上可能基本相同甚至完全一样。《刑法》之所以将“冒充军警人员抢劫”规定为情节加重犯，主要是因为军警人员对人们具有很大的心理压力，而且军警人员的职务中具有一定的管理或维持社会秩序的职能，非军警人员在冒充军警实施抢劫行为时的成功率极高，同时，以军警人员的身份抢劫，就必然会导致军警人员在人们心目中声誉和威信的下降。在这种情况下实施抢劫当然就会带来较为严重的社会危害性。但是，军警人员以军警人员的身份进行抢劫与非军警人员冒充军警进行抢劫，对被害人造成的心理压力实际是一样的，但事后所造成的社会危害，前者显然比后者要重得多。由此可见，刑法中将一种危害相对较轻的情况规定为情节加重犯，那么对另一种危害相对较重的情况，当然也应该理解为是情节加重犯，否则就很难做到罪责刑适应。这里显然强调要从立法原意角度理解罪刑法定原则的内容，并突出刑法立法中“举轻明重”的观念。由于刑法不可能将一切可能发生的情况都明确规定在条文之中，因此，当刑法条文把一种相对较轻的情况规定为情节加重犯时，在相同的情况下，危害可能更为严重的情况就理所当然地应视为情节加重犯。这就是我们一直强调的“举轻明重”的原理。笔者认为，对罪刑法定原则的理解不能用教条主义的观念去理解，应该在一定的条件下体现“举轻明重”的精神，而这种体现实际上就是要求我们应该从立法原意角度去理解和适用刑法条文。

（2006 年第 12 期）

2007 年

“裸聊行为”入罪之法理分析

王明辉[*]　唐煜枫[**]

“裸聊行为”是网络色情现象中的一种重要表现形式，是今年公安部开展打击网络淫秽色情专项行动的目标之一。由于裸聊行为是在虚拟环境中进行，在认定过程中产生了能否入罪的诸多争议。在尚无司法解释对这些争议加以明确的情况下，从理论上进行深入探讨进而为司法实践提供一种方向性的指导不无裨益。本文拟围绕当前网上裸聊行为的主要表现形态，从刑法角度对裸聊行为有可能入罪的几种情形进行探讨。

一、“裸聊行为”的通常表现形态

裸聊是借助网络这一特殊空间介质而诞生的一种新的网络行为现象。根据裸聊行为的具体表现，可以将其界定为广义和狭义两种：广义的裸聊包括了各种裸露身体进行聊天的行为；狭义的裸聊，①是对网络上一些复杂淫秽现象的概称，特指聊天成员间出于营利或者其他动机单向或者双向作出某种淫秽动作的各种表现。从社会危害性的角度观察，本文认为不具有淫秽性质的裸聊行为属于道德调整的范畴；而狭义的裸聊行为在程度上已经突破了单纯的伦理界限而上升到了需要用法律进行规范的层面。

目前的网上裸聊行为主要通过两种途径进行。一种是借助网络服务商提供的视频聊天室（大型聊天室可容纳上百人，小型聊天室可容纳10人左右）进行。一般由聊天室的承租人（即室主）及其指定的管理员组织参与者作出淫秽动作供人观看。这种视频聊天室的进入方式主要有两种：一是自由进入，即不特定的人不必经过特殊许可便可自由进入该聊天室；二是密码进入，即通过室主设置密码，使只有知道密码的“好友”，或经他人介绍取得室主信任的人才可进入。另一种是通过QQ等“聊天工具”进行。这种聊天多采取点对点的方式，即一对一

---

* 作者单位：中国刑警学院。

** 作者单位：辽宁大学法学院。

① 如果没有特殊强调，下文中所称“裸聊”均在狭义上使用。

的聊天,而不是一人面对多人进行聊天。①

除了聊天的途径有所区别之外,裸聊行为还存在有无营利目的之分。以营利为目的的裸聊行为,多数是通过多人视频聊天室来进行。聊天室承租人以此招徕访客,通过卖售会员资格进而达到营利目的。少数也采取点对点的聊天方式,先由对方支付一定的费用,然后聊天在裸聊者和特定的购买者之间进行。非以营利为目的的裸聊行为,一般是出于追求精神刺激、寻求新鲜感等动机进行裸体视频对话,多数表现为个人与个人之间的单独聊天。

由于裸聊行为的表现特点比较复杂,关于其性质认定引发了能否构成聚众淫乱罪、组织淫秽表演罪、传播淫秽物品罪等犯罪的争议,下面笔者将围绕这几个争议问题分别进行阐析。

二、能否构成聚众淫乱罪

我国《刑法》第301条规定:"聚众进行淫乱活动的,对首要分子或者多次参加的,处5年以下有期徒刑、拘役或者管制。引诱未成年人参加聚众淫乱活动的,依照前款的规定从重处罚。"有些裸聊行为是在多个聊天者之间通过视频同步进行,与在现实空间中聚众淫乱罪的表现形式有些相似,为此引发了能否构成聚众淫乱罪的争议,这些争议主要表现在以下几个方面。

1. 关于聚众。所谓聚众,就是聚集3人以上的众人。聚众的本质是使3人以上的特定人或不特定人在同一时空出现。涉及聚众淫乱罪的裸聊行为主要是在能同时容纳多人的视频聊天室中进行。在裸聊过程中,一般是由室主向社会不特定公众出售会员资格,即提供某个号码,作为进入房间的"通行证",不特定的人只要出钱即可购买这种会员资格,在会员来源上没有特殊的限制。不特定的人之所以购买会员资格并进入房间参与裸聊,是由于有室主的卖售会员资格的行为在先。这种以提供色情内容为诱饵出售会员资格的行为,由于具备了能够把不特定或特定多人聚集在一起的特点,应该认定为一种聚众行为。其中的室主一般就是起组织、策划、指挥作用的首要分子。如果同时具备了聚众淫乱罪的其他构成条件,可以认定为聚众淫乱罪。

除了这种以出售会员资格来聚集众人的裸聊行为之外,还有少数裸聊行为是聊天成员之间为了追求精神刺激,在室主或其他聊天成员的提议下,在多人视

① "北京首例'裸聊案'引出定罪难题",载《北京青年报》2007年4月17日。

频聊天室中进行裸聊并作出某种淫秽动作，并且长期形成了较为固定的成员。其他人如果想参与的话，必须通过熟人的介绍并取得信任才能加入。在这种裸聊过程中，裸聊行为的主要发起者、组织者就是聚众淫乱活动的首要分子，一般也都是聊天室的室主。其虽然没有起到组织、策划、指挥作用，但是如果有证据能够证明其多次参与裸聊的，理论上也可以构成聚众淫乱罪。

而以点对点方式进行的裸聊行为性质则有所不同，因为参与裸聊的主体只有两个人，不具备 3 人以上出现的同时空性，不具有“聚众”的特征，当然不能以聚众淫乱罪论处。

2. 关于空间。传统的聚众淫乱行为都是在现实的空间中实施的，裸体聊天行为虽然是在同一个时间、同一个聊天室中进行，但这种空间表现却是虚拟的，因此，有人认为空间的虚拟性是裸聊行为不能认定为聚众淫乱罪的理由之一。目前，就聚众淫乱行为能否在虚拟空间进行，主要有两种观点：①一种观点认为，随着科技的发展，互联网的普及，对于“空间”这个概念的理解应当包括地理空间与虚拟空间两部分。虽然裸聊的参与者来自各地，不具有地理概念上的空间同一性，但是由于聊天室的 IP 地址是固定的，即他们所聚集的网络虚拟空间的地点是固定的，因此在他们参与聚众淫乱活动时在虚拟空间中是具有空间上的同一性的，符合聚众淫乱罪的客观要件。而另一种观点则认为，我国《刑法》中规定的聚众淫乱仅指在物理空间中，对于网络这种虚拟空间是否符合聚众淫乱罪的构成要件，法律上还没有明确规定，基于罪刑法定原则不应认定为聚众淫乱罪。

笔者认为，网络中的虚拟空间也应视为聚众淫乱罪的活动场所。就聚众淫乱罪来说，场所本身并不是一个独立的构成要素，但是聚众之所以能得以实现必然要借助于场所这个平台才能实现多人共同参与的同时空性。因此，就聚众淫乱罪来说，场所的功能只是能为聚众和淫乱行为的实施提供一个平台，在这个平台上，3 个以上的行为人能够聚集在一起，能够通过共同参与淫乱行为侵犯社会公众对性的良好感情。而无论是现实空间还是虚拟空间，都能为聚众淫乱行为提供这样的平台，都能够使 3 人以上同时出现，并且通过彼此沟通实现共同的目的。以上两种观点的分歧根源主要在于，是仅固守刑法中相关范畴的既有含义不放，还是应顺应社会的发展对既有范畴进行合理解释，在不伤害国民的预测可能性的前提下，对侵害一定法益的行为予以必要的惩治。笔者认为，随着社会生活的变迁，刑法中的很多概念用语的含义都发生了一定的变化，这是既保证刑法

① “北京首例‘裸聊案’引出定罪难题”，载《北京青年报》2007 年 4 月 17 日。

的稳定性,同时又能及时反映打击犯罪需要的一个表现。随社会生活变迁而产生的许多新的行为,只要对刑法必须保护的某些利益造成侵犯,我们完全可以通过客观解释,在不损伤国民的预测可能性的情况下,对其含义予以合理的重新诠释,这种做法并不会违背罪刑法定原则。比如,盗窃罪这一传统罪名从古至今一直存在,但作为盗窃罪对象的物的范围却发生了很多变化。早时作为盗窃罪对象的物仅包括有具体物质表现形式的有体物,后来随着社会的发展,通过非法占有无体物而侵害他人财产权利的行为逐渐出现,对传统的物的概念提出了挑战。为了顺应社会的发展变化,保护公民的财产权利,刑法扩大了对物的范围的理解,把具有管理可能性且具有财产价值的无体物也列入物的范围。随着人们工作生活的"网络化",对与工作生活有密切联系的很多事物的理解和界定都不可避免地具有"网络性",作为行为规范的刑法也不例外。以上这些适例为我们从解释论视角审视聚众淫乱罪中的空间概念提供了一种理论支持和实践模板。

3. 关于淫乱。对于裸聊行为能否认定为聚众淫乱罪的另一个焦点问题是,聊天中通过视频互做淫秽动作,并没有身体的直接接触,能否认定为"淫乱"行为。现实中的聚众淫乱行为,常常表现为异性之间的性交或其他刺激满足性欲的行为,如鸡奸、手淫、口淫行为等。这些行为一般需要通过行为人之间在现实空间中的彼此身体接触才能实施。

但是在网络这一虚拟空间中,视频聊天都是通过视频窗口虚拟面对,并不存在身体上的直接接触,能否认定为"淫乱"就引发了一些争议。有人认为通过语音、视频等现代通讯介质,看客虽然能达到生理与心理上的刺激,但看客与表演者之间并没有实际的、直接的身体接触,而且看客行为各具单独性,并未实际参与淫乱活动,这些都不符合《刑法》规定的聚众淫乱罪的行为特征。①

笔者认为,把握此问题的关键是对淫乱的内涵应有一个清晰的界定,而对于淫乱行为内涵的界定需要从法益保护的视角围绕淫乱行为所侵害的利益进行考察。

聚众淫乱罪本身是一个没有被害人的犯罪,其所侵犯的法益是一种社会法益——公众对性的良好感情。因此,只要某个行为具备了侵害公众对性的良好感情这一特点,就应当认定为淫乱行为,如果没有侵害公众对性的良好感情,就不属于淫乱行为。现实空间中的淫乱行为固然具有这种侵害性,虚拟空间中的裸聊行为通过多人彼此之间的淫秽动作同样侵害了公众对性的良好感情,而且还存在毒害未成年人身心健康等潜在的危险。因此笔者认为,在网络中进行裸

① "北京首例'裸聊案'引出定罪难题",载《北京青年报》2007年4月17日。

体视频聊天应该界定为淫乱行为。同时笔者认为,淫秽行为的界定不必要求行为人之间有直接的身体接触。有无身体接触只是一个表面现象,并没有在是否侵害公众对性的良好感情方面有所差异。在网络中的多人视频聊天室中,尽管聊天者之间没有直接的身体接触,但是他们所做出的那些刺激满足性欲的动作同样能侵害公众对性的感情,理应具有淫乱行为的实质,尽管其表现形式与在现实空间中有所不同,仍应认定为一种淫乱行为。

网络中的裸聊现象究竟是一个伦理问题,还是一个应该通过法律乃至通过刑法来进行调整的问题?笔者认为,对于聚众淫乱罪中淫乱行为的理解,并不单纯是一个伦理问题,还涉及法益平衡思想在刑法规范中的体现。尽管从保护国民的表现自由及基本权利出发,作为刑法不应过多介入伦理领域,但是基于利益衡量的思考,为了保护特定社会多年积淀下来的良好的公众感情及善良的公序良俗,某些违反伦理的行为,势必为刑法的介入保留了必要的空间。这样的适例在中外刑法中并不少见。例如,为了惩治侵害健全性风俗的行为,日本刑法中规定了公然猥亵罪等罪名。[①] 德国刑法中规定了散发淫秽文书罪等罪名。[②] 此外,对于淫乱行为的理解还必须立足于一个国家现时的国民感情。在当下中国,尽管人们的价值观念随着社会的发展已经有了很大的变化,在某些方面比以往表现得更加开放自由,人们对于性的态度也比以往更为宽容,但是类似于聚集不特定人或者特定多数人通过网络这一虚拟空间进行淫乱的行为仍难被社会所容忍。至于何种裸聊行为应该通过刑法来进行规范,何种裸聊行为应该作为一般违法来进行处理,这涉及一个量的问题,应视裸聊行为的具体表现形式而定,只有那些具有较为严重的淫秽性质的裸聊行为才能入罪,而对于淫秽性质并不严重的裸聊行为,通过道德或者刑法之外的法律手段调整即可。

当然,只有当3人以上以不特定人或者多数人可能认识到的方式实施淫乱行为时,才能以本罪论处。如果特定少数个人秘密进行视频裸聊,其行为并没有影响到社会上更大的范围,不会波及公众对性的良好感情,缺乏对刑法所保护的社会法益的侵犯,不能以聚众淫乱罪论处。

三、能否构成组织淫秽表演罪

我国《刑法》第365条对组织淫秽表演罪做了如下规定,“组织进行淫秽表

---

① 《日本刑法典》,张明楷译,法律出版社1998年版,第56页。
② 《德意志联邦共和国刑法典》,徐久生译,中国政法大学出版社1991年版,第123页。

演的,处3年以下有期徒刑、拘役或者管制,并处罚金;情节严重的,处3年以上10年以下有期徒刑,并处罚金。”就该罪来说,追究的是组织者的刑事责任,并且在客观方面需要具备两个条件:一是要实施组织行为;二是组织的内容必须是淫秽性质的表演。

实践中,个人出于营利目的,与特定人或不特定人进行裸体视频,进行淫秽表演的,由于缺少组织行为,不可能成立组织淫秽表演罪,只能按照其他犯罪或者一般违法行为处理。能够涉及组织淫秽表演罪的裸聊行为主要表现为以下两种:(1)室主组织多人在聊天室中为不特定多人进行淫秽表演;(2)组织多人通过点对点方式为他人进行淫秽表演。在第一种情况下,可以是一个人或少数人同时面对不特定多数人进行裸体表演;在第二种情况下,一般是单个人面对单个人进行裸体表演。

对于组织他人面向多数人或者不特定人进行裸体表演的,在客观方面既有组织行为,又不乏淫秽表演内容,符合了组织淫秽表演罪客观方面的基本特征,只是在表演的空间场所上与现实空间中的淫秽表演有所不同,但场所的不同并不影响组织行为的实施和裸体表演的淫秽性质,只要同时满足了犯罪构成四个方面的要件,应该可以认定为组织淫秽表演罪。

问题是对于组织多个单独个人分别面向特定的个人进行裸体表演的能否认定为组织淫秽表演罪。笔者对此也持肯定态度。就像组织卖淫罪一样,卖淫者的卖淫行为一般都是针对每个个体单独进行,但并不妨碍该组织者的行为构成组织卖淫罪。因为卖淫的组织者之所以构成犯罪,是在于其控制多人从事卖淫活动,卖淫活动本身固然非罪,但是组织卖淫的行为促使了卖淫行为的泛化,在客观上侵害了良好的社会风尚,因而具有了需要用刑法进行惩罚的社会危害性。同样,组织淫秽表演罪也不必要求表演者必须同时面向不特定的人进行。因为之所以认为组织淫秽表演罪是一种侵犯社会法益的犯罪,就在于该行为能够通过不特定人或多数人的参与而影响社会公众对性的良好感情,破坏良好的性道德风尚。裸体表演行为即使每次都单独面对某个个体,但如果先后对多个个人进行裸体表演的,从社会整体效果上看,同样涉及了社会多数人的参与,当然会侵犯公众对性的良好感情,妨害国家对于公众良好性道德观念的保护,所以应该认定为组织淫秽表演罪。

四、能否构成传播淫秽物品(牟利)罪

《刑法》中涉及传播淫秽物品的罪名主要有传播淫秽物品罪和传播淫秽物

品牟利罪。实践中涉及传播淫秽物品的裸聊行为主要也表现为两种情形:一种是行为人不以牟利为目的,只是出于追求精神刺激、好奇等动机与他人进行裸体视频聊天的行为;另一种是行为人以牟利为目的,与他人进行裸体视频聊天的行为。由于二罪在传播淫秽物品这一客观行为表现上基本相同,仅在是否具有牟利目的上存在差异,而裸聊行为能否构成这两个犯罪的主要争议问题也在于是否存在对淫秽物品的传播,以下我们就围绕二罪的共同之处,即是否存在对淫秽物品的传播问题进行探讨。

对这个问题有肯定和否定两种观点:肯定者认为,根据最高人民法院《关于办理利用互联网、移动通讯终端、声讯台制作、复制、出版、贩卖、传播淫秽电子信息刑事案件具体应用法律若干问题的解释》(以下简称《解释》)中的有关规定,某些裸聊行为存在对淫秽物品的传播,能够构成传播淫秽物品罪。否定者认为,传播淫秽物品的行为必须有物品这个载体,包括有形载体和无形载体。公安机关通过技术手段录制下来的关于裸聊的视频文件,并不代表其原始的存在形态,在信息传播的形式上不符合《解释》的规定,所以不构成传播淫秽物品罪。

本文认为,所谓"淫秽物品"应该具有两个特性:一是要有淫秽内容;二是该淫秽内容要有一定的载体。因为传播淫秽物品的行为之所以具有需要用刑法惩治的必要性,是因为淫秽物品具有反复被多人传观的可能性,具有波及范围广、涉及人数多的特点。否则,如果不具有被多数人反复观看的可能性,就不具备传播淫秽物品(牟利)罪罪质所要求的社会危害性,不能以传播淫秽物品(牟利)罪论处,构成其他罪的,可以按其他犯罪处理。

对于淫秽物品,我国《刑法》第 367 条第 1 款规定:"本法所称淫秽物品,是指具体描绘性行为或者露骨宣扬色情的诲淫性书刊、影片、录像带、录音带、图片及其他淫秽物品。"从表现形态上看,该条所规定的淫秽书刊、影片、录像带、录音带以及图片本身均是有形载体。有形载体的特点是,它能把相关的淫秽内容加以固定,使该内容具有被反复多次传观的可能性。而裸聊过程中所涉及的是一种淫秽表演,该表演并不具备有形载体,仅是人的肢体动作向对方的一种展示,它具有存在时空的暂时性而不具有相对固定性。脱离了特定时期的网络运行状态,该表演就不会再被其他人所看到。因此裸聊行为并不属于前边这几种存在有形载体的淫秽物品。那么,裸聊行为过程中是否存在《刑法》第 367 条第 1 款所规定的"其他淫秽物品"呢?"其他淫秽物品"的范围又如何界定呢?

从立法技术角度来看,其他淫秽物品本身是一个开放式的规定,做这种开放式规定的原因是由于在立法当时所预见的淫秽物品的范围是有限的,用该开放式规定去涵摄未来有可能出现的新型淫秽物品。随着网络的迅速普及,网络中传播淫秽物品的行为也开始逐渐增多,并且网络中淫秽物品在表现形式上与传统的淫秽物品有很大差别,为实践中对该类淫秽物品的认定带来了一些疑问。为此,2004 年最高人民检察院、最高人民法院《关于办理利用互联网、移动通讯终端、声讯台制作、复制、出版、贩卖、传播淫秽电子信息刑事案件具体应用法律若干问题的解释》第 1 条规定:"以牟利为目的,利用互联网、移动通讯终端制作、复制、出版、贩卖、传播淫秽电子信息,具有下列情形之一的,依照《刑法》第 363 条第 1 款的规定的,以制作、复制、出版、贩卖、传播淫秽物品牟利罪定罪处罚。"在第 1 项至第 8 项的具体规定中,该解释共列举了淫秽电影、表演、动画等视频文件、淫秽音频文件、淫秽电子刊物、图片、文章、短信息淫秽物品,并且将这些物品统称为淫秽电子信息。从解释技术上看,该解释将淫秽电子信息作为一类特殊的淫秽物品加以规定,并采取了封闭式列举的方法:淫秽电子信息只包括淫秽电影、表演、动画等视频文件,淫秽音频文件,淫秽电子刊物、图片、文章、短信息等表现形态。通过对《解释》中所列举的这些淫秽物品进行分析,我们发现,这些淫秽物品对淫秽内容的固定和表现形式非常特殊,都是通过互联网、移动通讯终端这种途径来达到的。尽管这种固定和表现形式相对特殊,但是该淫秽内容仍均具有一个有形载体,通过这些载体仍然能够使该淫秽内容具有重复、多次传观的可能性,只是这些载体比较特殊罢了。由于裸聊过程中的淫秽表演并不具备有形载体,仅是人的肢体动作向对方的一种暂时性展示,脱离了特定时期的网络运行状态,该表演就不会再被其他人所看到,所以在裸聊过程中也不存在《解释》中所列举的各种淫秽物品。在日本刑法中,也有学者认为将色情表演视为物,与刑法的基本思考相矛盾。猥亵文书、图画等的颁布具有散布于广范围、侵害社会风俗的很大危险,与仅仅在演技时间内的色情表演相比,具有更加显著的一面。① 该种见解实值得借鉴。也许有人认为,在裸聊过程中是通过对电子数据的传输导致彼此能够看到对方的图像,这种电子数据能否视为一种电子信息呢?笔者认为《解释》中所说的电子信息本身就是表现淫秽内容的载体,其具有可直接观看的特点,而电子数据本身并不直接表现淫秽内容,经过电脑内的程序运行而转换为淫秽表演的图像,且该图像并不是一种固化的存在,脱离了特定时期的网络运行状态,即将消失,所以不具有被广泛反复传观的特性,不能成为"淫秽物品"。公安部公共信息网络安全监察局的有关同志认为,既然《解释》对在互联网上传播淫秽色情信息有明确规定,"裸聊"应该往传播淫秽信息

① [日]大塚仁著:《刑法概说(各论)》,冯军译,中国人民大学出版社 2003 年版,第 486 页。

的规定上去靠。[①] 基于前面的分析,笔者认为这种做法歪曲了传播淫秽物品(牟利)罪的构成内涵及基本罪质,有违背刑法中的罪刑法定原则之嫌,值得商榷。

综上所述,笔者认为裸聊过程中只存在对淫秽内容的暂时性演示,该演示不具有反复和继续传观的可能性,不能构成传播淫秽物品(牟利)罪。当然,如果表演者将该淫秽内容录制下来做成视频文件,这时的淫秽内容就具有了有形的载体,具有了被反复传观的可能性,如果对这种载有淫秽表演内容的视频文件进行传播,即可直接按照传播淫秽物品(牟利)罪论处。

五、余　论

综上,网络上裸聊行为的具体表现形态比较复杂,在能否入罪及罪名的确定上也存在较多争议,不过通过对刑法中有关风化犯罪特征的把握,可以为裸聊行为的刑法评价找到一个恰当的位置。但是,在对裸聊行为的认定过程中还需把握好以下两个问题:

(一)罪与非罪的界限

"刑罚的功能应当是限缩的而不是扩张的",刑法惩治的只是具有需要用刑罚加以处罚的社会危害性的行为,裸聊行为会因表现形态的差异以及刑法典对风化犯罪所规定罪名的有限性而涉及罪与非罪的界限问题。在对裸聊行为的认定过程中,首先,要严格把握刑法中相关风化犯罪构成特征的内涵,合理运用刑法解释的基本原理,进行构成要件符合性的判断,对于那些在行为类型上就与刑法所规定罪名不符的裸聊行为,如夫妻、朋友甚或陌生人彼此之间私密的一对一裸聊行为,根据罪刑法定原则不能以犯罪论处。其次,对于那些在行为类型上似乎符合刑法中相关风化犯罪特征的裸聊行为,也应具体考察其社会危害性的大小,进行量的分析,主要应围绕"淫秽"的程度、裸聊次数的多少,涉及人员的多少,参与程度的大小等因素由司法工作人员对行为的社会危害性进行具体判断。在做这种量的判断时,要兼顾刑法的保护和保障两种机能,兼顾犯罪行为和一般违法行为之间的基本界限,并结合当下的有关刑事政策进行合理思考。

(二)此罪与彼罪的界限

本文探讨了网上裸聊行为有可能构成的聚众淫乱罪和组织淫秽表演罪。在认定过程中必须要注意把握两罪之间的界限。

---

① 《京华时报》2007年5月3日。

聚众淫乱罪和组织淫秽表演罪的构成特征上有些相似之处:(1)都涉及了多人。聚众淫乱罪必须是3人以上才能进行。组织淫秽表演罪一般也表现为多人的参与,即面对3人以上进行淫秽表演。(2)在行为内容上均具有淫秽性质。聚众淫乱罪是3人以上聚集在一起进行与淫秽有关的性交、手淫等淫乱活动。组织淫秽表演罪中,表演者的行为也是具有淫秽性质的表演,如脱衣舞表演、作出淫秽动作等。

但是两罪之间最本质的区别在于:聚众淫乱罪所涉及的多数人都是参与者,都是淫乱行为的实施者,如果仅仅是一个旁观者而未参与其中的话并不能构成该罪。组织淫秽表演罪所涉及的多数人仅仅是看客,并不是淫秽行为的参与者,尽管在淫秽表演过程中某些看客会有一些与表演者之间的些许配合,但这种配合只是一种被动的反应而不是一种积极的参与,这也是淫秽表演过程中表演者与观看者之间角色的差别所决定的。

所以在多人视频聊天室中所进行的裸聊过程中,如果多个人均参与了裸聊,均作出了淫秽动作,则每个人都是参与者而不仅仅是看客,所符合的应是聚众淫乱罪的客观行为特征,应认定为聚众淫乱罪;如果在聊天过程中,只有特定的人进行淫秽表演,其他人只是单纯地观看,并无淫秽行为的参与,符合的则是组织淫秽表演罪的客观特征,对组织者应认定为组织淫秽表演罪。

(2007年第8期)

网络裸聊不宜认定为犯罪

——与《“裸聊行为”入罪之法理分析》一文商榷

高　巍*

网络裸聊是一种通过网络聊天室、摄像头,向特定或不特定的他人展示自己裸体的行为。根据其指向对象的不同,网络裸聊可分为点对点的裸聊、点对面的裸聊、面对面的裸聊。① 根据参与双方行为方式的不同,网络裸聊可分为表演型裸聊、互动型裸聊。根据公开与否,还可将网络裸聊区分为公然性裸聊和私密性裸聊。关于网络裸聊行为的法律性质,特别是该行为是否成立犯罪,在理论界和实务界还存在很大争议。《法学》2007年第8期所刊的《“裸聊行为”入罪之法理分析》一文认为:对于聚集多人进行的裸聊行为可以认定为聚众淫乱罪;对于组织他人通过视频进行淫秽表演的裸聊行为可以认定为组织淫秽表演罪;由于裸聊行为在时空存在上的暂时性,不符合淫秽物品的特征,不能认定为传播淫秽物品罪。② 笔者认为,将网络裸聊行为根据其表现形式的不同认定为聚众淫乱罪或组织淫秽表演罪并不妥当,而且,其不构成传播淫秽物品罪的理由尚需进一步分析。首先,应当从刑事政策学意义上对网络裸聊行为可罚性基础进行检讨;其次,需要从刑法解释学角度分析其是否符合相关犯罪的构成要件,且不能与罪刑法定原则相悖。

一、刑事政策学上的检讨——法益在哪里

法益受到侵害是刑法惩罚一种行为的根据和正当性基础。因为,刑法也需要道德上的正当理由方具有合法性,纯粹形式意义上的刑事法治无法提供个体对抗或检讨专横刑法的标准和工具。如美国学者弗里德曼所描述的形式意义上的法治图景:“法治只是意味着‘公共秩序之存在’。它意味着政府通过各种法

---

* 作者单位:云南大学法学院。

① 所谓点对点的裸聊,是指两个特定个体之间通过网络聊天室或其他即时通讯工具进行的不具有公开性的裸聊。所谓点对面的裸聊,是指网络裸聊参与一方为特定的个体,另一方则为不特定或多数的个体。所谓面对面的裸聊,是指参与双方均为不特定的多数人。

② 王明辉、唐煜枫:“‘裸聊行为’入罪之法理分析”,载《法学》2007年第8期。

定的工具和渠道来运行。就这个意义而言,任何现代社会都处于法治之下,不论它是法西斯国家、社会主义国家、资本主义国家。”①而现代法治的核心在于人权尊重理念下的权力限制,或者说,对于国家运用公共权力干涉个体自由确立一种实质性标准。如德国学者罗克辛认为,对于刑事立法者预先设定的唯一限制来源于宪法原则之中。一个在刑事政策上具有拘束力的法益概念,产生于宪法所载明的建立在个人自由基础之上的法治国家的任务,而这个任务就对国家的刑罚权规定了界限。② 因此,法益原则可以认为是检验刑法正当性的标准和根据。具体而言,法益原则对于刑法的限制表现在:无法益侵害则无刑法;法益受到侵害的程度与刑法惩罚的严厉程度应该存在比例关系。

(一)性道德是法益吗

主张网络裸聊入罪的观点一般将这种行为看做淫秽物品犯罪。因此,认为裸聊行为是对社会主义道德风尚的一种侵犯或违背,或者说,其具体侵害的法益为性道德或性风尚。如有学者认为:“淫秽物品犯罪作为一个罪名,其侵犯的小同类客体是社会风尚中的善良性风尚和性道德。社会善良性风尚是人类社会通过长期的发展、演变而逐渐形成的为全社会主流文化所公认的性道德习惯和风俗,是一种健康向上的、能促进人类社会走向完美的社会规范。”③但是,性道德或者说性风尚能否视作一种法益呢?所谓性道德,一般是指社会在历史发展过程中所形成的关于性的一些习惯或道德规范。在我国台湾地区和日本,性道德还被称为风化,违背性道德的行为往往被概括为妨害风化。然而,性道德或风化这种抽象的表述很难说是一种法益。如日本学者曾根威彦指出:“但正如性方面的不道德行为(卖淫、散布贩卖淫秽文书)一样的,仅仅违反伦理,而不能特定为对个人法益的侵害的场合,是否构成犯罪,成为问题。”④因为法益概念的本质就是要确定一种犯罪成立的正当化界限,其目的在于限缩肆意扩张的刑罚权,以防止过于专横的刑法干预。在这个意义上,成为法益的利益应该是个体利益或与个体利益具有密切关系的实质性的超个人利益,而不能为纯粹的道德目标或空泛的道德叙事。我国台湾地区学者黄荣坚就“风化”的法益性进行了批驳,他认为:“在刑法的法益概念上,用风化作为法益的名称,又是另一种包装的手法:

---

① W. Friedmann, *Law and Social Change in Contemporary Britain*, Stevens&Sons Limited, 1951, p. 281.

② [德]克劳斯·罗克辛著:《德国刑法学总论》(第1卷),王世洲译,法律出版社2005年版,第15页。

③ 蒋小燕著:《淫秽物品犯罪研究》,中国人民公安大学出版社2005年版,第7页。

④ [日]曾根威彦著:《刑法学基础》,黎宏译,法律出版社2005年版,第29页。

包装了一个空洞的利益，却显示出一个实在的专制。”①因为，性道德或性风尚只是一种道德范畴，而单纯违反性道德或性风尚的行为不应该属于刑法的调整范畴，刑法的发动必须以特定的法益受到实际损害或威胁为前提。

尽管很多国家刑法中普遍存在以性道德和性风尚为保护利益的规范，如日本《刑法》第175条规定了对于颁布、贩卖、陈列(以及出于贩卖目的的持有)淫秽文书、图画的行为进行刑事惩罚。但是，这种立法正在受到猛烈的批评，并逐渐达成了非犯罪化的理论共识，其非犯罪化的理论基础正是法益保护原则的坚持。因为将性道德这种道德范畴作为刑事惩罚的基础，是社会伦理维持主义的刑法功能观的必然结论。而这种理论往往将法律规范与道德规范等同甚至混淆，并将伦理的判断基础限定为国家，是一种国家主义的路径，难以避免国家根据自己的伦理价值观限制个体自由的危险，或者说，国家可能会利用刑法推行自己认为是正确的社会伦理。但在现代多元社会中，价值观呈现出复杂和多元的特性，正确的道德观究竟如何确定，如何维持，是否需要国家运用刑法强制推行，均不无疑虑。倘若在这些问题都无法明确界定的情况下，纯粹推行某种道德并用刑法作为工具，显然有失偏颇。因此，很多国家都在逐步进行性道德犯罪的非犯罪化尝试，以求维护刑法的法益保护内核，与现代法治国理念下人权尊重理念相调适。

以德国为例，1969年以前，《德国刑法典》分则第13章为“有伤风化的犯罪”，规定了对成年人之间同性恋、兽奸、介绍卖淫、传播淫秽物品以及类似行为的禁止规范。但是，这样的规定一直受到非议和批评。如有德国学者认为，虽然这些行为一般被认为是不道德的，并被作为一种犯罪行为进行惩罚，但是，当这种行为被成年人实施或者有多人参加，相互之间都同意而没有强迫另一方的情况存在时，那么，损害的就不是在可损害、可保护和有价值状态意义上的个人权利和个人利益了。正因为这些行为中缺乏一种“真正的损害性因果关系”，只能被理解为对诸如道德这样的“一般概念”的攻击，而不能被理解为一种侵害了法益的行为。1966年，由14名德国教授提出的“刑法典选择性草案”在其第2条明确提出：“刑法和保安处分服务于对法益的保护”，同时符合逻辑地将仅仅是违反道德却没有侵犯任何权利的行为，予以非犯罪化处理。这种理念进一步推进了刑法改革，1969年颁布的第一部刑法改革法采纳了上述观点，将同性恋、兽奸等行为进行了非犯罪化处理，并将传播淫秽物品的可罚性限定于特定时空条件下的违背自愿情形和针对未成年人情形，将第13章的名称修改为“侵犯性自

① 黄荣坚著：《刑罚的极限》，台湾元照出版有限公司1999年版，第333页。

决权的犯罪”。[①] 这些变化和改革折射出法益保护原则在刑法正当性问题上的基础地位,也说明性道德这样宏大而缺乏具体法益的范畴缺乏刑法保护的正当理由。

此外,坚持用刑法推行性道德还可能与人性相抵触,而压制人性的行为往往不具有实践上的有效性和正义性。我国台湾地区学者黄荣坚认为,在这个世界上,没有什么制度可以对抗人性。因为,人本身并非一个纯洁的个体,也不是一个很不纯洁的个体,而是一个中性的个体。易言之,人既有不纯洁的时候与需求,也有纯洁的时候与需求。只不过,当法律与政策要把所有的人制造成绝对纯洁的人的时候,并且在使用强制力构筑起围堵不纯洁的铜墙铁壁之后,人为了能够恢复本来面目和人格,势必会去寻找不纯洁的出口。而且,法律越纯洁,人们往往会更不纯洁,才能够维持其人格上的平衡状态。而当很多人都在寻找不纯洁的出口的时候,往往就是出现大量妨害风化罪构成的时候。[②] 还有,与人性相悖的禁止性刑法规范在实践中的有效性也存在问题。因为,对于合乎人性的又不具有事实上的伤害性的行为进行禁止和刑事惩罚,实际上是立法者为自己所设立的两难困境。在这种困境状态中,立法者或者要作出严重不当之事,或者只能对于这些违反成文法规定的行为视而不见,从而导致个体不再尊重法律。[③] 正如我国前几年曾发生的“夫妻看黄碟”事件一样,尽管在形式上可以认为处罚或干预具有合法性,但公权的干预行为却造成了社会大众的愤怒和不安,从而以一种荒诞剧的方式草草收场。[④] 这场闹剧正表明违反人性的公权介入总是不具有正义性,从而不可能获得良好的实施效果。

(二)限定的保护法益——未成年人的健康与公共安宁

网络裸聊行为既可以发生在成年人之间,亦可发生于成年人与未成年人之间,还可以发生在未成年人之间。对于成年人之间所发生的网络裸聊行为,很难以性道德或性风尚作为侵害法益进行规制,因为成年人之间进行的裸聊行为,缺

---

① [德]克劳斯·罗克辛著:《德国刑法学总论》(第1卷),王世洲译,法律出版社2005年版,第13~14页。

② 黄荣坚著:《刑罚的极限》,台湾元照出版有限公司1999年版,第334页。

③ [美]富勒著:《法律的道德性》,郑戈译,商务印书馆2005年版,第84页。

④ 2002年8月18日晚11时许,延安市宝塔公安分局万花派出所民警接群众电话举报,称张某夫妇在家中播放黄碟,4名民警遂前去调查,他们找借口进入张某家中,在查处过程中与张某夫妇发生冲突,两民警受伤。因场面难以控制,民警后以妨碍警方执行公务为由,将张某带回派出所,并将从现场搜到的3张光碟,连同电视机、影碟机作为证据带回。张某向派出所交了1000元暂扣款后被放回。时隔两个月后的10月21日中午,张某又被宝塔公安分局治安大队带走,并以涉嫌“妨害公务”被刑事拘留。后该案件引起全社会关注,2003年年初,万花派出所相关责任人被免职或辞退,张某被释放。参见孙展等:“陕西夫妻黄碟事件再调查”,载《中国新闻周刊》2003年第28期。

乏一种具体明晰的侵害法益,不具有伤害性。甚至可以说,对于成年人而言,这是一种权利。如丹麦政府在1967年颁布法律允许向16岁以上的人出售色情书刊,并于1969年对图片和电影中的色情内容在成年人之间的传播和获取予以合法化。因为,丹麦政府认为,应该更加重视实现人类的自由权利,不应企图用各种条框去限制成年人的性生活。① 生活中的色情行为与通过网络进行的色情行为具有实质上的同一性,既然承认现实生活中成年人自由权利的保障和维护,就没有理由因为媒介或表现形式的不同而否定网络世界中裸聊行为的非犯罪性。

值得思考的是,成年人与未成年人之间通过网络进行的裸聊行为有没有特殊的侵害法益?未成年人是一个特殊的权利主体,其不具有独立自主参与社会生活的行为能力和责任能力,兼之其心智尚未健全,人格发展尚未定性,具有很强的易塑性和易受影响性,如果使未成年人暴露于色情文化中,不利于未成年人形成健康的人格。因此,从这个意义上说,国家有义务保护未成年人免受色情文学的影响,因为这种影响对于未成年人具有伤害性,其伤害的法益为未成年人的健康,这种健康更多体现为健全人格的形成。从这个意义上说,未成年人也不具有表达自由的完全权利,因为其不具有健全和理性的辨别和控制能力,必须在国家、社会、家庭的监督保护之下。如英国学者 A. J. M. 米尔恩所指出的:"儿童受父母照看的权利是一项排除选择的接收权。儿童没有资格拒绝父母的关照和保护。即使他们不愿意得到关照和保护,也只得忍受。……儿童无论在法律上还是在道德上都不能选择是否接受对他们的安排。儿童必须受到照看,无论是受其父母还是受其他合格的成年人的照看。"②同样,国家也有义务保护未成年人的健全人格的形成,或者说,保护未成年人的身心健康可以成为国家发动刑罚权的理由和基础。因为,未成年人的健康不仅仅表现在身体上,也表现在心理和人格上。

正是基于保护未成年人免受色情文化侵害的目的,为防止未成年人在身心发育尚不健全的情况下遭受色情文化的伤害,国家有义务制定禁止性规范以限制色情作品、色情表演进入未成年人可获得的空间或领域。这种限制并非是一种对于性道德或性风尚的保护,而是一种着眼于未成年人健康的刑法规范。如《德国刑法典》第184条就色情文书的贩售地点、贩售对象、贩售方式进行了严格的规定,其目的就在于保护未成年人的健康。该条第1款第1项规定,行为人

---

① 蒋小燕著:《淫秽物品犯罪研究》,中国人民公安大学出版社2005年版,第10页。

② [英]A. J. M. 米尔恩著:《人的权利与人的多样性:人权哲学》,夏勇、张志铭译,中国大百科全书出版社1995年版,第114~115页。

将色情文书提供、转让给 18 岁以下的人或者使其得到的行为具有刑事可罚性。该条第 1 款第 2 项规定，将色情文书陈列、张贴、展览在 18 岁以下的人能够进入或者能够被他们观看的场所或者以其他方式使色情文书到达该场所的行为构成犯罪。该条第 1 款第 5 项规定，行为人将色情文书公开地在 18 岁以下的人能够进入或者能够被他人观看的场所或者通过与有关的贸易相联系的商业交往之外的文书的散发予以提供、预告或者宣扬的行为构成犯罪。① 德国刑法的上述规定就是将未成年人的健康作为一种保护法益，这种法益的保护具有合理性。

此外，成年人之间的网络裸聊行为除了违反性道德这样一种抽象而宏大的道德命题外，有没有在特定情形下侵犯某种具体法益呢？成年人之间的网络裸聊可以被视为一种性表达，属于广义的表达自由或言论自由范畴，尊重表达自由是一种社会成熟的标志。因为表达自由通过思想的自由交流，能够为个人形成独立自由人格提供服务机能。这也说明：成年人之间出于合意的裸聊行为，无论是在虚拟的网络世界，还是在现实生活中，只要不具有伤害某种具体利益的可能，或者说不存在受害人的话，是没有刑法干预必要的，因为没有需要刑法保护的法益存在。但是，裸聊行为倘若进入公共场合，则有可能影响到不想参与者的感情。同样，即使是在一对一的封闭网络聊天场合，一方在未征得对方同意的情况下裸露身体的行为也有可能使对方的感情受到侵害。这里，就出现了一种具体的法益——不想看的人的感情，这属于一般性的公共安宁的范畴。

公共安宁的法益性与侵害原则有关。侵害原则意味着只有某种伤害或侵害发生，才能禁止或限制行为人的自由。而违背相对人的意愿展示裸体或进行裸体表演，无论是实况性表演还是网络裸聊，都可能侵害他人的情感，而这种情感的侵犯则体现为对行为人意志的违背，使其事实上被迫接受某种表演或裸露行为，侵犯了“不想看的人的自由”这种公共安宁利益，自然可以成为可罚的对象。② 网络裸聊行为对于那些不愿意看到的相对人而言，存在一种直接的伤害，这种伤害表现为一种精神痛苦。因为，情感与精神状态同样也可以成为刑法所保护的法益。或者说，面对公众的网络裸聊或违背他人意愿进行的裸聊不仅仅是对道德的违反，还侵害了刑法所保护的个体或公众的情感，进而可能激起特定个体的愤怒或不安，甚至可能演化为公愤，扰乱一个自由社会制度存在所必需的公共安宁。因此，可以把公共安宁理解为特定情况下网络裸聊行为所侵害的法益。

---

① 《德国刑法典》，冯军译，中国政法大学出版社 2000 年版，第 121 页。

② [日]曾根威彦著：《刑法学基础》，黎宏译，法律出版社 2005 年版，第 36 页。

二、刑法解释学上的困境——如何定罪

(一)聚众淫乱罪抑或组织淫秽表演罪

《"裸聊行为"入罪之法理分析》一文认为,网络裸聊行为的定罪根据其表现形式的不同,可能成立聚众淫乱罪,也可能成立组织淫秽表演罪。倘若3人以上通过网络这个平台聚集在一起裸聊,而且情节严重的话,成立聚众淫乱罪;而组织他人通过网络向特定的多数人或个人进行裸露的行为,则可以构成组织淫秽表演罪。① 笔者认为,这种认识是不妥当的。

聚众淫乱罪,一般是指3人以上聚众奸宿,或者进行其他淫乱活动。② 从实质罪刑法定原则所要求的明确性来讲,"淫乱"这样一种表述明显属于极为模糊的范畴。正是因为其具有模糊性,极易导致刑罚权扩张的后果。因此,有必要严格解释"淫乱",力求限制聚众淫乱罪构成的适用范围。③ 从这个意义上说,"淫乱"限定为自然性行为比较恰当。正如《德国刑法典》第184c条所专门规定的:"在本法律的意义上,(1)'性行为'只是考虑到每个受保护的法益而具有相当重要性的性行为。(2)'在他人面前的性行为'只是那些在感觉到其过程的人面前实施的性行为。"④因为"淫乱"这个概念是一个具有强烈价值色彩的规范性概念,必须在对具体案件作认定时立足于实质的法益受到损害的事实进行解释,只要某种性行为对于特定法益没有构成现实的损害或危险,这样的性行为就不应该属于"淫乱"的范畴。

从上述结论出发,通过网络进行的裸聊行为,无论是多人参与的,还是点对点私密进行的,都很难说存在淫乱行为。因为网络裸聊的场合缺乏实际存在的

---

① 王明辉、唐煜枫:"'裸聊行为'入罪之法理分析",载《法学》2007年第8期。

② 黄京平、陈鹏展:"无被害人犯罪非犯罪化研究",载《江海学刊》2006年第4期。

③ 德日刑法理论界一般认为,对于不明确且过度广泛模糊的刑法条文,通过对其进行限定性的解释,使其条文具有明确性,是不违背罪刑法定原则的。如有德国学者指出:"对刑法而言,扩充解释是不允许的,而限制解释则是允许的。"参见[德]汉斯·海因里希·耶赛克、托马斯·魏根特著:《德国刑法教科书》,徐久生译,中国法制出版社2001年版,第195页。此外,日本最高法院对于《福冈县青少年成长保护条例》第10条第1款"任何人,对于青少年,不得实施奸淫或者猥亵行为"中的"奸淫"一词进行了限定性解释,正说明像刑事立法中存在的"奸淫"、"淫乱"等外延广泛、内涵模糊的词语有必要限制解释。日本最高法院认为,将"奸淫"理解为一般的性行为的话,显然过于宽泛,但是,将其仅仅看做单纯违反伦理或不纯的性行为的话,又不具有明确性。因此,需要将其限定为:(1)以威胁、欺骗等不当手段进行的性交;(2)仅仅是作为满足自己性欲的对象而实施的性交。[日]曾根威彦著:《刑法学基础》,黎宏译,法律出版社2005年版,第24页。

④ 《德国刑法典》,冯军译,中国政法大学出版社2000年版,第123页。

性行为。此外，行为人通过网络、视频、语音进行的裸聊并不等同于现实的聚众参与淫乱或现实的淫秽表演。因为，一般语义上的淫乱、性行为、淫秽表演等范畴是指一种现实的行为，将通过某种图像或语音进行的以性行为为指向的裸聊行为定性为淫乱或淫秽表演，似乎有些不妥。倘若认为虚拟空间和现实空间具有同一性或同质性，则可能会混淆物理世界与虚拟世界的界限，甚至可能得出网络强奸罪、网络伤害罪、网络杀人罪等荒谬的结论。因为要承认虚拟空间中可以存在聚众淫乱的话，就没有理由否认虚拟空间中可以存在强奸、猥亵行为。同样，通过网络进行的裸聊行为，即使是向不特定多数人展示裸体的行为，也具有虚拟性，不能认为是现实的表演，自然不能成立组织淫秽表演罪。

（二）传播淫秽物品罪定性的困境

《"裸聊行为"入罪之法理分析》一文也认为，对于网络裸聊行为不应该以传播淫秽物品罪定性。① 笔者认为，这个结论是合理的，但仍然有必要进一步分析其定罪困境后的深层理由。

所谓传播淫秽物品罪，是指传播淫秽的书刊、影片、音像、图片或者其他淫秽物品，情节严重的行为。2004 年 9 月 6 日最高人民法院与最高人民检察院颁发的《关于办理利用互联网、移动通讯终端、声讯台制作、复制、出版、贩卖、传播淫秽电子信息刑事案件具体应用法律若干法律问题的解释》将淫秽物品的范围扩大到电子信息。正是基于这个司法解释，很多学者把网络裸聊行为视为利用互联网传播淫秽物品。但另有人认为，网络裸聊行为中缺乏现实存在的淫秽物品。因为公安机关通过技术手段录制的视频文件，并不代表其原始的存在形态，无法作为淫秽物品处理。② 笔者认为，网络裸聊能否作为传播淫秽物品罪处理，关键在于准确界定"传播"、"淫秽物品"，并以此为基础比对网络裸聊的行为方式，方能得出合理的结论。

所谓"传播"，一般是指散布或者使他人可以得到或获取。我国有学者认为，"传播"具有 3 个特征：一为公然性，即在一定范围内不加隐蔽地向不特定的人或多数人散布；二为广泛扩散性，即行为人利用同一个或同一种淫秽物品反复地、多次地向多数人散布；三为方式的多样性。具体到淫秽物品的传播，则指使淫秽物品在一定范围内扩散，主要表现为使淫秽物品的内容为他人所知，或者使该淫秽物品为他人所使用。③ 简言之，传播必须具有一定范围的公然性，或者说

---

① 王明辉、唐煜枫："'裸聊行为'入罪之法理分析"，载《法学》2007 年第 8 期。

② 熊红祥："'裸聊'该不该定罪，该如何定罪？"，载 http://news.xinhuanet.com/legal/2007-04/17/content-5988115.htm。

③ 蒋小燕著：《淫秽物品犯罪研究》，中国人民公安大学出版社 2005 年版，第 72 页。

必须使不特定多数人能够获取或使用。就此意义上而言,网络裸聊并不能一概视为传播行为。如点对点的裸聊行为即不具有公然性,自然不能成为一种传播行为。

所谓"淫秽物品",根据我国《刑法》第367条第1款的规定,是指具体描绘性行为或者露骨宣扬色情的诲淫性的书刊、影片、录像带、录音带、图片及其他淫秽物品。《关于办理利用互联网、移动通讯终端、声讯台制作、复制、出版、贩卖、传播淫秽电子信息刑事案件具体应用法律若干法律问题的解释》第9条第1款补充规定:《刑法》第367条第1款规定的'其他淫秽物品',包括具体描绘性行为或者露骨宣扬色情的诲淫性的视频文件、音频文件、电子刊物、图片、文章、短信息等互联网、移动通讯终端电子信息和声讯台语音信息。问题在于网络裸聊参与者或观看者看到的裸体图像是否能够作为一种淫秽物品?

从网络裸聊的表现内容来看,其主要表现为裸体的展示。裸露个人身体一般被认为具有淫秽性,特别是对于不情愿的受众和未成年人而言。因为对于不情愿观看的个体来说,他人赤裸身体可能会损害其羞耻性,在其情感上造成某种不安。就未成年人而言,他人裸露的身体可能无端刺激或挑逗未成年人的性欲,并对未成年人关于性的感情造成一定的刺激,阻碍青少年的健康成长。从网络裸聊的表现形式来看,能否将其作为一种物品呢?物品通常是与人相对的一个范畴,将作为主体的人通过某种方式进行记录,如录音、录像、描述之后的物质载体自然是一种物品。但是,网络裸聊过程中,很难说存在一种记载色情内容的物质载体。倘若网络裸聊参与者在观看对方的裸体时,将其复制于电脑硬盘或软盘等物理工具上,这个复制的视频则成为物品。[①] 问题是裸聊参加者通过网络和摄像头进行的即时图像交流本身,其物质载体究竟是什么?这个问题比较模糊。倘若把公安机关通过技术手段拍摄或记载的裸聊图像作为行为人所传播的淫秽物品的话,明显不尽合理。因为,公安机关的拍摄或复制行为本身就是一种制作行为,正是通过公安机关的制作行为,才产生了一种含有色情内容的物质载体,也才成为一种淫秽物品。所以说,从某种意义上讲,纯粹的网络裸聊过程中并没有一种客观存在的淫秽物品,自然不能以传播淫秽物品定性。设想一下,关于虚拟空间中的裸体聊天行为,如果认为他人看到的东西是一种淫秽物品的话,为何在现实生活中看到的裸体表演就不是一种淫秽物品呢?

---

① 也有学者认为,把储存有淫秽图像数据的电脑硬盘作为淫秽物品的观点并不妥当。因为,作为有体物的计算机及其组成部分自身是不具有任何淫秽性的物,那么,将之作为淫秽物品是极不自然并且过于诡辩的解释。[日]曾根威彦著:《刑法学基础》,黎宏译,法律出版社2005年版,第23页。

从刑法解释的角度，把通过即时通讯工具看到的他人裸体图像当做一种物品，与物品这一概念的一般含义并不相符，有类推解释之嫌。一般认为，物品应该是一种有形的客观存在，以区别于人的主体性。如有日本学者指出，将作为电子信息存在的图像数据自身看做一种淫秽图像或淫秽物品的观点是不正确的。因为将这种图像数据解释为刑法上的"物"超越了解释应该遵循的界限。① 罪刑法定原则的实质在于保障国民的可预测性，或者说通过明确规定的禁止性规范为国民划定一个自由行动的边界。因此，对于刑法条文的解释不能超出条文的可能含义，即使某种行为具有惩罚的必要性，只要刑法条文的可能含义无法包容这种行为，就应该视为法无明文规定，不得予以惩罚。正因为物品这个范畴在一般语义上是指有形的某种物质载体，超越有形性的图像数据很难说具有物品性，自然不应该作为淫秽物品定性，否则就超出了刑法解释应有的边界。如德国帝国法院曾经认为，未经许可使用电力的行为不能作为盗窃罪处理。因为电力不具有有形性，不能称为物品。② 同样，不具有有形性和物质载体的图像数据也不应该视为物品。既然在网络裸聊过程中很难认定存在淫秽物品，那么，试图通过类推解释将其作为传播淫秽物品罪定性的路径，自然因为违反罪刑法定原则而不应该得到支持。

三、结　　语

网络裸聊之所以成为难题，一方面，折射出罪刑法定理念逐渐深入人心的现实，表现出法治的进步；另一方面，也说明刑法工具主义思想仍然在当前社会具有生命力，利用刑法强制推行道德的模式和路径继续存在。任何国家或地区，在走向现代法治社会的过程中，总是会经历从一个泛道德化的刑法模式到坚持法益保护模式的转变。这个转变，其实就是个人尊重理念的落实和刑法不干预道德思想的一种深化。因为，现代社会是一个文化多元、价值观对立的社会，强制推行某种模糊、抽象的道德有可能过度限制或侵犯个人的尊严和自由，这是有悖于尊重人权原则的。从刑事政策学的角度上说，某些网络裸聊行为具有应当惩罚性，因为其可能侵犯他人的正常情感，从而对于社会安宁造成损害，或者对于未成年人的身心健康存在一种拟制的危险。但是，从刑法解释学的角度来看，我

---

① ［日］曾根威彦著：《刑法学基础》，黎宏译，法律出版社 2005 年版，第 23 页。

② ［德］克劳斯·罗克辛著：《德国刑法学总论》（第 1 卷），王世洲译，法律出版社 2005 年版，第 86 页。

国现行刑法中缺乏对网络裸聊行为的犯罪构成设置,且无法通过合法的解释将其入罪,否则就是对罪刑法定原则的违背和国民预测可能性的牺牲。因此,在我国现行刑法缺乏明文规定的情况下,不应该采用类推解释将网络裸聊行为等同于传播淫秽物品行为定罪处罚,更不应该将其作为聚众淫乱罪或组织淫秽表演罪定性,而应该坚持罪刑法定原则,切实保障刑法的国民自由保障功能,不能以法治原则的牺牲作为扩张刑罚权和推行道德的代价。

(2007年第9期)

美国死刑量刑制度的统一性与个别化的协调

虞　平*

司法公正是每个制度所追求的重要目标,死刑制度也不例外。但是对于公正的内涵每个社会及制度有不同的理解,特别是对于量刑制度的选择,在很大程度上是每个社会的具体价值观所决定的。以 1972 年的福尔曼案件(Furman v. Georgia)为象征,美国联邦最高法院对待死刑的态度开始发生变化。在后来一系列的色彩纷呈的判决中,联邦最高法院始终围绕着死刑适用的"统一性"和"个别化"问题展开激烈的争辩,逐渐形成了当今美国死刑适用制度。

本文将从死刑的统一性和量刑个别化这个主题出发,重点介绍在美国死刑制度是如何协调这两个基本的、相互冲突的刑罚价值观的。

一、美国现行死刑适用的"统一性"和"量刑个别化"的判例脉络

在 1972 年福尔曼案件的审理中,美国联邦最高法院以 5:4 的微弱优势判决:将死刑判决的权力交给陪审团,而没有实质性的法律标准约束他们在什么情况下、对谁判处死刑作出决定是"任意的、专横的",因而违反美国宪法第八修正案关于禁止残忍的、异乎寻常的刑罚的规定以及宪法第十四修正案关于正当程序(Due Process)的要求。值得注意的是,该判决虽然没有宣布死刑本身是违反美国宪法的"残忍和异乎寻常的刑罚",但是却对死刑的程序提出了比较具体的要求,在满足这些要求之前,任何死刑判决均是违宪的。因此,按照这一标准,几乎当时所有的州包括联邦有关死刑的法律均违反宪法,在这些程序下判决的死刑自然也就不能被执行,当时大约 620 名死刑犯因此被减刑为终身监禁。

在福尔曼判决中,只有布润南(Brennan)和马歇尔(Marshall)两位大法官坚持认为死刑本身就是违反宪法的,因而必须废除。其余大法官则认为死刑作为一种刑罚是合乎宪法的,问题出在死刑的程序上。福尔曼判决是美国历史上最为复杂的判决,判决书长达 200 多页,每位大法官均写下了各自的附议意见或是反对意见,创下了联邦最高法院建制以来最为色彩斑斓的判决。需要指出的是,

---

* 作者单位:纽约大学法学院、上海交通大学法学院。

在福尔曼案件中,联邦最高法院并没有具体说明什么样的改革才能满足其要求,它将什么样的死刑法律符合宪法要求的问题交给了各州的立法机构,仅仅是要求他们对现行的死刑法律进行大幅度的修改。

时隔4年,联邦最高法院在格拉格案件中才正式对什么样的死刑法律符合宪法的要求作出了具体的回应。即任何死刑法律必须要满足最高法院对宪法第八修正案解释的两个要求:第一,死刑审理程序必须保证陪审团有足够的法律指导以防止最后的死刑判决不会过于任意和变化不定;第二,在判决是否适用死刑前,法律要对被告人的犯罪情节、个人品行及其经历予以足够的考虑,以体现死刑量刑的"个别化"。简言之,最高法院要求死刑的判决必须符合"统一性"和"个别化"的要求。

在接下来1978年的劳科特案件(Lockett v. Ohio)中,[①]联邦最高法院进一步明确了"死刑量刑个别化"的要求,判定:"量刑者在任何情况下均不能够将被告的个人品行、犯罪记录以及围绕着相关罪行的减轻情节排除在(死刑量刑)的考虑之外"。[②] 伯格首席大法官在撰写主流意见时还特别强调,虽然从历史上看量刑个别化在非死刑判决中曾经被看成一个"刑事政策问题",但是对死刑的考量上,量刑个别化却是宪法的要求。[③] 劳科特案件是历史性的,它对几乎所有与被告人相关的减轻情节均要求予以考虑。如果说,福尔曼判决是要求消除对死刑适用的任意性的话,那么拉科特判决则是强调适用死刑必须要考虑个别被告的具体情况,并明确宣布宪法对死刑量刑的"个别化"要求。

正如一些分析家所指出的,死刑量刑的统一性和个别化是一对矛盾。当司法机关在追求统一性的时候,是试图在量刑上能够达到一致性,也就是说,同等情况同等处理。而在量刑"个别化"的要求下,对于某个人所判处的刑期、刑种则应当视该人的具体情况而定,这显然就偏离了量刑的统一性原则。在这一点上,美国联邦最高法院的布拉克曼(Blackmum)大法官就曾无可奈何地承认,要想同时满足宪法解释上有关死刑的统一性和个别化的要求实在是太勉为其难了。他甚至认为,这两个目标是永远无法共存的。[④]

---

① 438 U. S. 586 (1978).

② 438 U. S. 586 (1978),第604页。

③ 438 U. S. 586 (1978),第602~605页。

④ 参见布拉克曼异议意见,Callins v. Collins, 510 U. S. 1141。

二、统一适用死刑和量刑个别化的具体制度及其实践

为了保证在美国统一适用死刑,避免死刑的任意性和多变性;同时也考虑到被告人的具体情况,体现“量刑个别化”的要求,美国联邦及州对涉及死刑的法律做了以下的改革。

(一)定罪和量刑分离式审判程序

1972 年弗尔曼(Furman)案件判决之前,美国各州对死刑案件的审理并不要求区分定罪和量刑阶段,在陪审团定罪之后,法官或者陪审团直接量刑。福尔曼一案判决后,各州为了满足最高法院的要求,几乎无例外地一律将死刑案件的审判分为两个程序,即将定罪和量刑分离开来,作为分别的两个听审程序。虽然福尔曼判决并没有明确指出分离式审理是宪法所要求的,但是在实践中,各州乃至联邦的死刑审理程序现在均采用了这种定罪和量刑的分离式审理方式。除了在定罪和量刑方面实现分离式审判以外,美国联邦和各州在统一死刑适用罪名上做了很大的限制:

首先,在定罪方面,为了将死刑保留给最为严重的罪行,保留死刑的各州相应地将死刑适用范围做了进一步限制,即绝大多数州均将死刑保留给最为恶劣的“一级谋杀罪”,少数州除了谋杀罪以外,还设置了更为严格的、适用死刑的非杀人罪。联邦法律规定叛国罪和大宗毒品犯罪也适用死刑。尽管如此,绝大多数死刑还是仅仅与剥夺他人生命的罪行有关,其他非关涉生命的死刑罪基本上是法律上的具文。美国联邦最高法院还通过判例将有些非谋杀罪的死刑罪行排除在死刑适用范围之外,例如,联邦最高法院于 1977 年在 Coker 诉佐治亚州一案中,排除了对强奸成年妇女罪适用死刑。①

其次,在适用死刑的主体上,过去 20 年来,联邦最高法院也作出了很多的判决,将死刑适用主体做了限定。其中包括对一级谋杀罪中的未参与杀人的从犯不适用死刑。过去很长一段时间中,美国许多州对在共同故意一级谋杀罪中的从犯适用与主犯同样的法律责任,即可以一并判处死刑。在 Enmund 诉佛罗里达州一案中,②最高法院根据量刑的比例性原则认为,如果从犯仅仅是参与共同抢劫,而并没有共同杀人故意的,不应该对杀人的行为负责,也不应该与实施杀

① Coker v. Georgia, 433 U. S. 584 (1977). 但是,对强奸幼女的行为有些州仍然保留死刑。——作者注

② Enmund v. Florida, 458 U. S. 782 (1982).

人行为的主犯一样适用死刑。而在 Atkins 诉弗吉尼亚州一案中,[①]最高法院也明确禁止对有智障的人适用死刑。在经过多年的反复争论,2005 年,最高法院最终在 Roper v. Simmons 一案中宣布,[②]对未满 18 岁的未成年人适用死刑是违反美国宪法的。

通过以上的联邦最高法院判决和各州刑事制度的修改,美国在死刑适用的统一性上有了很大的改善。时至今日,我们可以说,美国的死刑制度在州和联邦两个层次上均有了较为统一的实践,基本上满足了 1972 年福尔曼案件判决的统一性要求。

(二)量刑阶段的适格程序(Eligibility)和适用程序(Selection Process)的分离

美国虽然比较好地解决了死刑适用稳定性和统一性问题,但是如何体现死刑量刑个别化则一直困扰着法院,各州的做法也五花八门。一般而言,各州在定罪以后适用死刑还须通过两道关卡:对被告是否适用死刑的适格性(Eligibility)判断和是否最终适用死刑(Selection Process)的决定。在"适格性判断"中,陪审团必须判断被认定有罪的被告人是否属于这类可能判处死刑的被告。如果不是,那么被告不能被判处死刑;如果是,那么陪审团将会进入适用死刑阶段。在适用死刑阶段,陪审团决定在具体的案件中是否应当适用死刑。

1. 适格性判断

对是否适用死刑先行进行适格性判断可以进一步缩小死刑适用范围。联邦最高法院规定对被认定犯有一级谋杀的人不能自动适用死刑。相反,死刑只是保留给谋杀罪中最为恶劣的情况。因此,确定一个罪行是否具有死刑的适格性的基本依据就是被告除实施相关罪行外,还必须具备某些法定"加重情节"(Aggravating Circumstances)。只有当某些法定加重情节存在才会导致对一级谋杀或者其他适用死刑犯罪的被告判处死刑。

各州关于加重情节的规定各不相同。学者们将加重情节分为 3 种类型:[③](1)关于犯罪人品格方面的加重情节,如犯罪记录和未来的危险性;(2)关于实施犯罪时杀人犯的态度的加重情节,如动机或者谋杀是不是特别凶残或者残酷;(3)关于被害人身份的加重情节,如被害人是否是警察或者消防队员、儿童或者案件的证人。

---

① Atkins v. Virginia, 536 U. S. 304 (2002).

② Roper v. Simmons, 543 U. S. 551 (2005).

③ Acker, Lanier: Beyond Human Ability? The Rise and Fall of Death Penalty Legislation, *American's Experiment With Captital Punishment*, Carolina Academic Press, 1998, p. 89.

界定加重情节的目的是筛选,区分最为严重的谋杀犯以及缩小这些“符合条件”的死刑类型案件的范围。常见的加重情节包括多次杀人、杀害警察,使用非常残酷手段、故意造成被害人痛苦的杀人行为。由于加重情节主要是为了缩小死刑适用范围,所以某些看上去比较严重的犯罪情节不能被当做加重情节适用到所有的案件中:例如,主观恶意不能成为一个加重情节,因为被认定为谋杀的犯罪人通常都具有恶意,这是犯罪成立的要素。此外,加重情节必须较为确定、可以指导陪审团进行自由裁量以达成一个无偏差的结论。

适格性判断的举证责任和犯罪其他方面要素的举证责任是一样的。正如作出有罪决定一样,为了确定被告人符合判处死刑的条件,陪审团必须认为控方已经以排除合理怀疑的方式证明了被告人至少存在一项法律所规定的加重情节。

适格性判断可以包括在死刑审判的定罪阶段或者量刑阶段。如果是在认定有罪阶段,那么陪审团必须按照排除合理怀疑的标准判断是否至少存在一项加重情节以证明被告犯有可以适用死刑的谋杀罪。这种做法在各州中属于少数。大多数州给在定罪阶段的谋杀罪下的定义很广,然后根据量刑阶段适格性判断去限制判处死刑被告的范围。①

将适格性判断放在定罪阶段还是放在量刑阶段会在程序上产生不同的结果。当加重情节不必作为死刑谋杀犯罪成立的要素之一加以证明时,大陪审团在审判初始阶段将无须审查加重情节方面的证据是否足够。这使检察官拥有提起死刑起诉的广泛权力。同时,这也会影响陪审团的组成。② 当法律规定加重情节必须作为死刑谋杀的要素加以证明时,审判程序将会更加严格,也更有利于保护被告人的利益。③

2. 适用死刑程序

一旦被定罪、通过了死刑适格性审查,就进入所谓的“适用死刑阶段”。决定被告是否应当被判处死刑的是量刑者(Sentencer)。目前,大多数州规定由陪审团量刑决定是否适用死刑,也有少数一些州规定由陪审团向法官提出建议,然后法官做出最终的量刑选择。还有一些州则规定,法官可以否决陪审团的死刑判决,或将之改成终身监禁不得假释。④

在通过了死刑适格性审查后,量刑者就需要综合考虑所有本案的加重和从

---

① Acker, Lanier: Beyond Human Ability? The Rise and Fall of Death Penalty Legislation, *American's Experiment With Captital Punishment*, Carolina Academic Press, 1998, p. 89.

② Ibid. , p, 91.

③ Ibid.

④ Ibid. ; Carter, Kreitzberg, *Understanding Capital Punishment Law*, Lexis Nexis, 2004, p. 98.

轻情节(Mitigating Circumstances),并最终判断是否应当判处死刑。在这一过程中,量刑者需要考虑所有法定或酌定从轻情节。在有些州,量刑者对于法律规定之外的某些与终身监禁、死刑判决有关的加重证据也要予以考虑。在所有的州,量刑者必须能够考虑与被告的品格、犯罪记录和情况相关的从轻情节。

以下是美国各州和联邦法律规定中在适用死刑阶段需要考虑得比较普遍的加重和减轻情节。

(1)加重情节。在死刑适用阶段,量刑者考虑的加重情节范围要比适格性判断阶段广。这是因为考虑这些因素的目的不再是筛选最为恶劣犯罪;相反,考虑这些因素是为了决定是否对特定的被告人最终判处死刑。常见的加重情节证据包括被告的未来对社会构成危险的证据、被告以前犯罪的证据以及与犯罪事实有关的证据,诸如被害人和被害人家庭方面的证据(Victim Impact Statement)。有些州在量刑程序中规定了何种加重证据可以在死刑适用程序中采用,有些州则没有。法官通常会就不同形式加重情节证据的可采性做出裁决。

某些形式的加重情节证据的采用可能是有争议的。这些证据包括意在显示未来危险性的证据以及犯罪对被害人及被害人家庭造成损害的证据。在被告进行了心理咨询之后,心理医生的证言能够成为证据吗?允许所谓的被害人损害证据的范围有多大?加重情节证据的采纳,特别是非法律规定的证据,总是存在从情感上影响量刑者从而为非理性因素所左右的危险。这种危险反过来又暗示着在可靠的、非专断的量刑裁判的要求和个别化量刑的要求之间存在冲突。一般而言,法院认为加重情节证据不应过度宽广、不允许重复,或者模糊不清以致违反宪法,并且它必须与终身监禁和死刑判决有关。法官在就加重情节证据进行取舍时必须根据这些宽泛的指导规则进行决定。

(2)从轻情节。和加重情节一样,从轻情节是为了帮助对被告及其犯罪进行个别化的考虑和分析。它的功能同被害人损害证据和被告未来危险性证据一样,但是与加重情节相反,它侧重提出不应当对被告判处死刑的理由。联邦最高法院认为几乎所有对被告有利的、作为从轻情节而提出的证据都必须进入量刑考量。这种证据包括被告品行、犯罪记录和犯罪事实的有关证据,如被告年轻涉世不深,或不够成熟,或有被虐待的历史,或在狱中有良好表现等。

美国联邦最高法院禁止对从轻情节的提出进行限制,[①]但是,它们也允许量刑者在如何考量和运用从轻情节时拥有一定的弹性。只要从轻情节对量刑有意

---

① Lockett诉俄亥俄州案确认了该规则。Carter, Kreitzberg, *Understanding Capital Punishment Law*, Lexis Nexis, 2004, p. 138.

义，每一个陪审员能够对该证据在减轻方面的效果做出判断，各州均可以在证据采信和考量方面制定其所认为妥当的程序。

(3)情节的最终适用。对最终是否适用死刑各州的规定不完全一样。尽管所有的司法区域都制定了考虑加重和从轻情节的程序，但是以何种方式考虑这些证据各州的规定则不尽一致。在权衡式(Weighing)司法区域，量刑者必须权衡加重情节证据和从轻情节证据，并对两者进行比较评估后做出量刑决定。这是最为广泛采用的量刑模式。不过，即使是在这些司法区域，也存在实质性的差别。有些权衡式司法区域，即使发现加重情节大于减轻情节，量刑者也没有必须判处死刑的义务；而在另一些权衡式司法区域，量刑者如果发现加重情节大于减轻情节时则必须判处死刑。这种准强制性做法的风险在于仅仅给予加重情节和减轻情节的权衡考量，其结果会导致量刑者忽略判决死刑时所需要的道德判断。

权衡式司法区域在举证责任规定方面也有所不同。有些司法区域要求州以排除合理怀疑的方式证明加重情节大于减轻情节；有些司法区域则不要求如此高的证明标准。如果加重情节和减轻情节相当，那么，量刑者则必须判处无期徒刑。换句话说，在加重和减轻情节相持不下时则必须判处无期徒刑，而要判处死刑，则加重情节必须大于减轻情节。

非权衡式(Non - weighing)司法区域，如佐治亚州，不要求在适用死刑阶段权衡加重情节和减轻情节；相反，在作出判决时，陪审团仅被要求简单地考虑各种不同因素，而无须任何进一步的法官指导或者框架性意见。如何影响陪审团是控辩双方诉讼的主要内容，很大程度上取决于初审法官的自由裁量。举证责任也是不一致的，有时候由代表国家的检察官承担，有时候则由被告负责。

此外，还存在第三种量刑模式，在这一模式中，量刑阶段围绕着特定量刑问题展开，俄勒冈州、得克萨斯州和弗吉尼亚州均采用此种模式。值得注意的是得克萨斯州每年执行死刑的人数为全美之冠。[①] 该州审判量刑阶段围绕着被告未来危险性进行。陪审团必须对是否“存在被告将会实施暴力犯罪行为从而构成对社会持续危险的可能性”作出回答。如果答案是肯定的，陪审团会考虑是否存在足够的减轻情节“以保证判处无期徒刑而不是判处死刑”。如果答案是否定的，就必须判处死刑。[②] 在弗吉尼亚州，陪审团既考虑未来的危险性也考虑被告的行为是否令人憎恶或残酷等恶劣情况，譬如酷刑、精心策划、冷酷残忍或者

① Robin Maher：“死刑和美国的改革”，载 http://www. hku. hk/ccpl/documents/Paper - death Penalty Seminarfrom Ms. Robin Maher. pdf。

② Acker, Lanier, Beyond Human Ability? The Rise and Fall of Death Penalty Legislation, *America's Experiment With Captital Punishment*, Carolina Academic Press, 1998, p, 104.

加重伤害等情节。如果陪审团对其中之一的判断是肯定的，则陪审团再考虑是否有减轻情节，然后作出量刑的决定。

3. 宪法要求的相互冲突和协调

应当注意到的是，美国的死刑法律及其程序是建立在量刑程序中适格性判断和适用死刑分离基础之上的。适格性决定被认为是根据宪法要求，对死刑裁决的自由裁量权进行一定的指导和限制，以防止死刑适用的任意性。通过这一程序，控方必须以超出合理怀疑标准证明至少有一项加重情节的存在，以供陪审团判定被告人是否应当适用死刑的依据。适用死刑程序则为了满足宪法对被告和犯罪进行个别化量刑考量的要求，在该程序中，陪审员在判断符合死刑适用条件的被告人是否应当最终被判处死刑时要考虑情节因素。

显而易见，这两个要求在某种程度上存在明显的冲突。是否存在一个统一的、不偏不倚的死刑适用；同时每个死刑判决又考虑了每一个被告和犯罪的具体情况的死刑制度？联邦最高法院前大法官布莱克曼曾经确信这两个要求之间是不可调和的，并得出美国的"死刑试验已经失败了"的结论。① 现任的联邦最高法院大法官斯卡利亚（Antonin Scalia）也视这两个要求是不可调和的，但是他的结论却与布莱克曼大相径庭，他主张无须个别地进行判断，而一律自动适用死刑。

然而，大多数法院通过将死刑判决划分为死刑适格性判断和死刑适用两个阶段从而解决了上述两个目的的冲突。他们认为，在死刑适格性判断中满足了宪法对自由裁量权进行限制的要求——统一适用死刑的要求，而在死刑适用程序中则实现了死刑量刑个别化的要求。例如，斯蒂文森大法官（Stevens）就将受到限制的自由裁量和个别化判断的要求视为满足了金字塔不同阶段的要求。② 他认为，金字塔的基础是所有的杀人案件。这些案件在定罪阶段通过证明存在谋杀而缩小了范围。这些谋杀案件又通过发现至少存在一项使陪审团认为符合适用死刑条件的加重情节而进一步缩小了范围。最后，在所有具有死刑适格性的谋杀案件中，在陪审团或法官考虑加重和从轻情节之后认为应当判处死刑的那些被告，才适用死刑。福尔曼案要求的禁止专断适用死刑的要求通过在第一阶段法律规定的严格限制程序中而得到了满足。当最终作出无期徒刑或死刑判决的时候，个别化考虑的要求则在金字塔的顶端得到了满足。按照斯蒂文森大法官的观点，对死刑量刑自由裁量权的严格限制与量刑个别化之间的冲突在此

① 参见 Blackmun 法官在 Callins v. Collins 案所发表的异议意见，510 U. S. 1141。

② Carter、Kreitzberg, *Understanding Capital Punishment Law*, Lexis Nexis, 2004, pp. 179 – 180.

可以得到和谐解决，双方并无必然矛盾。

三、美国死刑制度的启示

与美国一样，世界上所有保留死刑的国家都面临着如何适用死刑才能达到社会公正。显然，如果一个被告是否被判处死刑完全取决于法官或者量刑者的主观任意性，则该死刑制度是谈不上公正的；同样，如果我们在判决死刑的时候过分追求统一标准，而忽略了该被告的具体个性也是没有公正可言的。

美国历史上曾经有过一个阶段，公众无法判断一个人被判处死刑的客观标准，则谁"该死"或者"不该死"均由陪审团或者法官决定，这种情况导致了死刑适用的极大不公正。有人经过多年研究发现，在南部各州死刑的适用存在严重的不公平现象。杀害一个白人比杀害一个黑人被判处死刑的概率高出4倍。[①]为了消除这种现象，美国联邦最高法院经过一系列的判决，在量刑统一性和稳定性的标准之下，也要求各法院在判决死刑时尊重量刑个别化的要求。这些法律标准的建立在很大程度上缓解了量刑的不公正性，客观上也降低了死刑的适用频率。

在我国死刑制度的现实实践中，也存在诸如美国在死刑适用过程中遇到的问题。关于死刑适用的公正性和合理性的争论从来没有停止过，有时表现为对死刑制度本身的质疑；有时表现为对具体死刑案件的关心。死刑适用的地区性差异自不待言，以毒品犯罪为例，在云南和上海就出现不同的死刑适用情况。即使是故意杀人罪，在黑龙江和北京在具体适用死刑上也有很大的区别。大量的实践证明，我国由于很多年来，大多数死刑的复核权均在高级人民法院，什么罪行适用死刑以及如何执行死刑也就变成各地区的刑事政策的表现，造成量刑结果地区差异性非常之大。所幸的是，最高人民法院在中央的支持下于2007年1月1日起收回所有的死刑复核权，并要求各省一律对死刑二审案件开庭审理，回应了死刑适用统一性的要求。可以预见，改革后的死刑适用将会很大程度上改变以前死刑适用"各自为战"的局面。当然，为了将死刑保留给最为严重的罪行，我们还有很多工作要做，包括缩小死刑适用的罪名，有条件地在死刑的罪名中谨慎适用死刑。当然，更为重要的是最高人民法院如何通过死刑复核程序，以及改革后的死刑一审和二审程序，实现死刑量刑个别化的要求。

---

① McClesky v. Kemp, 481 U. S. 279 (1987).

根据美国制度的经验和教训,作者建议最高人民法院可以采取以下做法:

首先,为了最大限度地限制死刑适用,拟对正在起草的各种主要罪行的死刑适用标准应该予以严格界定。根据一些实证调查,没有任何证据表明死刑对暴力犯罪有明显的遏制作用。因此,即使对某些罪行需要适用死刑,也应当将死刑仅仅保留给极端恶劣的情况下的犯罪,杜绝将死刑作为首选的"顶格量刑"做法。

其次,拟尝试将死刑审理的程序进行分离,实现定罪和量刑的二阶段审理制度。美国的定罪和量刑分离式审理虽然与其陪审团制度有所关联,有其制度和文化的历史传统。但是,即使在没有陪审团制度情况下,将定罪和量刑予以分离也是有很多益处的。众所周知,适用死刑的案件通常是社会上具有重大影响的案件,社会舆论和大众情绪往往严重影响着法院的判决,如果法院在这些情绪因素的驱使下进行裁判,很难避免非理性的因素。将定罪和量刑予以切割,既可以给被告一个机会向法院陈述其不适用死刑的理由,也给法院充分的时间冷静思考是否需要使用并执行死刑,充分保障被告的权利。

将定罪和量刑分开处理,并且将量刑设置为听证程序也是定罪和量刑的本身性质不同所决定的。定罪阶段需要解决的是被告事实上有无犯下被指控的罪行,控辩双方提交给法院的应当是仅仅与犯罪事实有关的证据,被告人背景资料、社会对其评价以及其他环境因素不能够用来作为该被告是否实际犯下罪行的证据。而量刑阶段需要解决的是已经被证实犯罪的被告人应当受到什么样的社会评价和惩罚。在这个程序中,被告的个人品行、将来的社会危害性以及被害人态度就是量刑需要考虑的因素。也许有人会争辩:我国是大陆法系国家,法官经过严格训练,有能力区分不同证据的证明效力和功能,因此不需要对定罪和量刑证据进行划分,也就无须区别定罪和量刑程序。这种说法不仅与行为科学的大量研究结果相悖,而且也不符合我国司法的实际情况。法官和普通人在很多方面并无二致,即使受过严格训练,还是有七情六欲,也难免受各种情绪的影响甚至左右。很难想象,当检察官向法院提交各类犯罪事实证据的同时,也向法院细数被告过去的种种劣迹后,法官或者陪审员在对证据进行"内心确认"以判断被告是否"犯罪"时,会对被告人的犯罪前科视而不见。曾几何时,我们的判决书上不是常常以"不杀不足以平民愤"为结语,而得出"杀无赦"判决的吗?这种情况下,法庭有多大成分是因为被告的犯罪前科和劣迹而作出其"有罪"决定的就不得而知了,至少在其他国家包括美国,这种情况时有发生。正因如此,法律才决定将品行证据排除在定罪程序之外,这与法官断案没有必然的联系。

将定罪和量刑分离也是量刑个别化的要求。对犯有相同罪行的人因情况不同给予不同的刑罚是符合现代刑罚学和人道化司法制度要求的。此外,近年来各国对刑罚的社会目的予以高度重视,刑罚的轻刑化和个别化量刑就是帮助犯罪人回归社会的重要举措。在审理死刑过程中,通过对定罪和量刑两个阶段的分离,既可以将最恶劣的犯罪从所有重罪中剥离开来,予以最为严厉的处罚,同时也可以给司法一个机会,避免在情绪化和主观化的状态下错误地、不恰当地适用死刑。

最后,拟对死刑量刑应当进行严格的论证。正如美国现行的死刑量刑制度所揭示的那样,单凭简单坚持"谨慎使用死刑"的信念和原则并不能减少死刑案件的数目。纵观我国死刑制度的历史,虽然司法界长期以来从理论上奉行"慎杀、少杀"原则,但是由于没有限制适用死刑的具体操作规程,在量刑的时候难免受到当时刑事政策的影响,不仅未能减少或者限制死刑,相反,往往大量适用死刑,形成理论上的"慎杀、少杀",而实践中却死刑适用较为广泛的悖论。为了真正实现控制死刑数量,将死刑仅仅适用于极少数罪行极其严重的罪犯,我国必须要建立一个量刑的论证过程,由寻求死刑的检察官承担论证死刑必要性的举证责任。如果死刑的提起来源于法官,则应当由法官在量刑部分以充分的理由说明死刑的必要性。唯有这种做法才能够将死刑适用控制在最小范围内,实现司法公正。

(2007 年第 11 期)

2008 年

“利用ATM故障恶意取款案”法律性质解析

付立庆*

因ATM机出故障，用借记卡欲取款100元时卡里仅扣1元却吐出1000元，许霆利用这一“天赐的良机”，借助手中的余额171元的借记卡、分多次提取了17.5万余元。许霆潜逃1年后被抓获，广州市中级人民法院于2007年12月一审以盗窃罪判处其无期徒刑。后广东省高级人民法院以“证据不足，事实不清”为由，将案件发回广州中院重新审理。① 该案的判决在网络、报刊、电视等各种媒体上受到了异乎寻常的关注，不少法律界人士纷纷对于案件的定罪量刑予以品评。那么，对于利用ATM的故障恶意取款且数额特别巨大的，究竟应该怎样定罪量刑？

一、利用ATM故障恶意取款应该定性为盗窃罪

（一）这样的行为完全符合盗窃罪的犯罪构成

1. 该行为符合盗窃罪客观方面的特征。一些评论者之所以认为许霆的恶意取款行为不构成盗窃罪，关键理由在于盗窃罪的成立在客观上需要秘密窃取的方式，而许霆是用自己的银行卡实名取款，不符合“秘密窃取”的要件。比如，张若渔先生认为，“盗窃罪构成要件中的一条是必须通过‘秘密窃取’的方式取得他人财物。严格来说，许霆的行为其实不符合这一要件。他先后恶意取款171次不假，而且都是在光天化日之下，通过正当程序公开进行的，其间他没有对ATM做任何手脚。如此而言，‘秘密窃取’从何而来？盗窃罪又如何斩钉截铁地判定？”②这样的观点具有相当的代表性，可是从刑法理论的角度来看又是不能成立的。《刑法》第264条盗窃罪的规定中并没有明文要求“秘密窃取”，秘密窃取也并非盗窃罪不成文的构成要素。尽管盗窃罪通常是以秘密窃取的方式实现，但是作为财产犯罪的一种，盗窃罪与抢劫、抢夺型的财产犯罪相比，是采用暴力、胁迫之外的平和手段取得财物；较之同样属于窃取、骗取型的诈骗罪，盗窃

* 作者单位：中国人民大学法学院。

① 何海宁：“许霆ATM机案等待重审判决”，载《南方周末》2008年1月17日。

② 张若渔：“ATM取款案一次伦理意义上的判决”，载中国江西网。

罪是违背财物所有人、占有人的意志取得财物(而诈骗罪是基于财物所有人或占有人的有瑕疵的意思取得财物),秘密窃取并非盗窃罪的必备要件。对于盗窃罪行为方式的这种理解,近年来逐渐成为我国刑法学界传播较广的观点并逐渐对司法实践产生影响。按照这种观点,许霆取得他人财物是采取了一种平和的方式(从而不成立抢劫、抢夺),并且是违背财物所有人的意思(从而不成立诈骗),在客观方面完全符合盗窃罪的特征。况且,退一步讲,即便认为盗窃罪的成立在客观上需要满足“秘密窃取”的特征,这里的“秘密窃取”也是行为人以自认为不为财物所有人(占有人)所知的方式取得财物,盗窃行为完全可能在财物所有人、占有人之外的第三者注视之下完成。所以,按照盗窃罪成立要求“秘密窃取”的观点,许霆恶意取款的行为也完全符合“以自认为不为财物所有人(占有人)所知的方式取得财物”,也仍然满足了所谓“秘密窃取”的特征。以许霆的行为并非“秘密窃取”为由否认盗窃罪的成立,是站不住脚的。

2. 该行为符合盗窃罪主观方面的特征。成立盗窃罪,除了客观上要求采用平和手段取得财物之外,还要求在主观上出于非法占有的目的。非法占有目的的有无,对于许霆行为的定性来说也是至关重要的。如果许霆根本不具有非法占有的目的,那么,他对于取款时多得的17.5万元则可能符合民法上的不当得利而不构成犯罪。

显然,我们对被告的多次取款行为应该分开评价:第一次欲取100元发现卡中只被扣掉1元而自己却拿到了1000元时,多得的999元确实属于“不当得利”(这时他有将999元还给金融机构的义务)。但是当他发现ATM机本身存在的故障以后再次取款时(共取款171次),实际上就属于恶意利用ATM机的故障、非法占有银行的财产;从第二次取款时起,许霆非法占有银行财产的目的就表露得非常明显(考虑到其以后的潜逃行为,“非法占有目的”的存在更加确定无疑),就不可能停顿在民事法律关系上的“不当得利”,而应该按照刑事犯罪处理了。

由此看来,许霆的恶意取款,属于以非法占有为目的,利用银行ATM过错,违背财物所有者的意志、采用平和方式取得他人财物的行为。符合了盗窃罪的主客观特征,应该定性为盗窃罪。

(二)这样的行为不应该成立其他犯罪

1. 该行为不成立侵占罪。被告人的律师认为,在ATM出现错误的场合,由于“银行有足够时间追回款项,只是因为周末而错过,因此可以将这17.5万元视为‘遗忘物’,许霆的离开行为仅构成侵占罪。”①实际上,律师之所以主张该恶

① 黄琼:“男子趁ATM机出错恶意提款171次被判无期”,载《新快报》2007年12月17日。

意取款行为成立侵占罪,是因为侵占罪的法定刑要比盗窃罪低得多,其最高法定刑才是5年有期徒刑。但是,将利用ATM故障的恶意取款行为定性为侵占是有问题的。我国《刑法》第270条所规定的侵占罪包括两种情形:其一是将代为保管的他人财物非法占有己有,数额较大拒不退还的行为。这是一种典型意义上的侵占,其基本特征通常被概括为"变合法占有为非法所有"。许霆的行为显然不成立此种意义上的侵占罪(不具备"合法占有"的前提[①])。其二是将他人的遗忘物或者埋藏物非法占为己有,数额较大拒不交出的。这种遗忘物或者埋藏物,实际上属于"脱离占有物",而这种形式的侵占实际上也就是对于"脱离占有物的侵占"。那么,在许霆利用ATM错误恶意取款时,银行ATM所吐出的1000元究竟是在银行的占有之下,还是已经脱离了银行的占有?确实,ATM在出现过错之后实际上已经无法及时控制该财物,而其他储户也难以及时发现许霆行为的可疑之处并向银行报告,许霆的恶意取款行为是以合法的形式出现的。因此,孤立地看,难以认定ATM在出错之后吐出的金钱仍为ATM及其所代表的银行占有。那么,能不能认定此时的财物属于已经脱离银行占有的"遗忘物"?当然不。从许霆明知ATM存在故障并加以利用而"恶意取款"时起,这就是利用对方的错误以及由此产生的对于财物的脱离占有状态而取得财物,这不能定为单纯的"侵占脱离占有物"。因为,对于遗忘物等"脱离占有物"的侵占,只能是客观上利用财物脱离占有的事实状态而取得该财物,而不能是行为人主动创造条件(利用ATM的错误再次取款可谓主动创造财物脱离占有的状态),否则,就不是单纯的侵占问题。由此而论,许霆的恶意取款行为不成立侵占罪。

2. 该行为不构成诈骗罪或者信用卡诈骗罪。也有刑法学者认为许霆的行为构成诈骗罪[②]或者信用卡诈骗罪(属于该条所说的"恶意透支")。[③] 可是,不论是普通的诈骗罪还是作为诈骗罪特殊情形的信用卡诈骗,都需满足诈骗罪"欺诈行为—对方产生认识错误—对方基于认识错误处分财产—行为人取得财产"这一基本构造。就本案而言,其构成要件与诈骗行为存在不尽一致之处:第一,行为人不存在虚构事实、隐瞒真相的欺诈行为。"行为人在整个行为操作过程中,都是按照银行的要求进行的,使用的是自己名义的真实的银行卡,输入的是自己事先所设定的密码,在整个取款过程中都没有任何的造假或者隐瞒行为。

---

① 对于第一次取款所不当得利的999元,可谓代为保管的属于银行所有的财物,拒不退还的,有成立侵占罪的空间,当然这要看999元是否满足侵占罪"数额较大"的标准。

② 谢望原:"无情的法律与理性的解释",载《法制日报》2008年1月20日。

③ 刘明祥:"在ATM机上恶意取款的定性分析",载《检察日报》2008年1月8日。

这样，如何能说该行为构成诈骗类型的犯罪呢？”[①]第二，ATM也不存在被骗的问题，[②]也并非是基于认识错误处分财产，其每次吐出1000元不是因为许霆的行为而是因为自身程序上的错误，所以不应该成立诈骗罪或者作为诈骗罪之特殊类型的信用卡诈骗罪。论者所持的面对无情的法律要“理性的解释”的立场当然值得赞赏，但是问题在于，这种理性的解释不能丧失各罪的犯罪构成定型性功能，不能为了从宽处罚而突破人们的生活常识、混淆此罪与彼罪的界限将重罪解释为轻罪。

二、从ATM中恶意取款17.5万元符合“盗窃金融机构，数额特别巨大”

（一）从ATM中盗窃应被视为“盗窃金融机构”

即便认为许霆的行为构成盗窃罪，在现行《刑法》面前，仍有一个问题需要进一步澄清，那就是，借助自动取款机的故障实施盗窃能否被视为“盗窃金融机构”？对此的回答至关重要：若得出否定回答，则许霆盗窃普通公私财物数额特别巨大的，“处10年以上有期徒刑或者无期徒刑，并处罚金或者没收财产”，此时无期徒刑是法定最高刑；若得出肯定回答，则许霆之行为具备“盗窃金融机构数额特别巨大”的情节，其最低法定刑即为无期徒刑。虽然两种情况下的法定刑中都包含无期徒刑，但被告人被判处无期徒刑的概率显然不同。

那么，ATM究竟是否属于“金融机构”？1998年3月17日起施行的最高人民法院《关于审理盗窃案件具体应用法律若干问题的解释》第8条明确指出，“刑法第二百六十四条规定的‘盗窃金融机构’，是指盗窃金融机构的经营资金、有价证券和客户的资金等，如储户的存款、债券、其他款物，企业的结算资金、股票，不包括盗窃金融机构的办公用品、交通工具等财物的行为。”这里，司法解释只是将金融机构的办公用品、交通工具等财物排除在外，应该说对于“盗窃金融机构”的范围作出了比较宽泛的理解。自动取款机，无论是离行的ATM，还是行内的ATM，都属于银行的自助网点，ATM内的现金来源于金融机构，其财产的所有权属于金融机构，其不过是为了便捷客户而通过电子系统代替

① 黎宏：“也谈在取款机上恶意取款的行为定性”，载《检察日报》2008年1月18日。

② 所谓“认识错误”是指主观上的认识与客观上的事实产生了偏差，而主观上的“认识”是以具备认识能力为前提的。ATM不具有为人所专有的“认识能力”，也就不存在产生“认识错误”的问题，所以也就无所谓“被骗”。

银行柜台为客户提供服务的装置,属于银行柜台的一种延伸。所以,完全有理由将 ATM 视为"金融机构",将从 ATM 中盗窃属于"盗窃金融机构"。[①] 不能为了对被告人从宽处罚就对"金融机构"的含义作所谓的限制解释,而将 ATM 排除在"金融机构"之外。这既不符合前述司法解释的精神,也超越了限制解释的界限。[②]

(二)17.5 万元符合"数额特别巨大"的规定

许霆之所以一审被判无期徒刑,不但是因为其从 ATM 中恶意取款的行为属于"盗窃金融机构",而且也因为 17.5 万元属于"数额特别巨大"。根据 1998 年 3 月 26 日最高人民法院、最高人民检察院、公安部《关于盗窃罪数额认定标准问题的规定》,个人盗窃公私财物"数额特别巨大",以 3 万元至 10 万元为起点,由各省、自治区、直辖市高级人民法院、人民检察院、公安厅根据本地区经济发展情况,并考虑社会治安状况,在上述幅度之内,共同研究确定本地区执行"数额特别巨大"的具体数额标准。可见,不管广东省实际执行的"数额特别巨大"的具体数额标准是多少,都一定在 3 万元至 10 万元幅度之内。由此,许霆所盗窃的 17.5 万元属于"数额特别巨大",就是确定无疑了。而一旦被认定为"盗窃金融机构,数额特别巨大",则他所面临的法定刑起点即为"无期徒刑"。由此看来,在许霆不具有任何的法定减轻处罚情节的情况下,他只能在"无期徒刑或者死刑,并处没收财产"的幅度之内接受刑罚了。

---

① 对于将 ATM 视为"金融机构"的观点,也有不少人提出质疑。如中国社会科学院法学研究所邓子滨博士认为,"有人说 ATM 是金融机构的'延伸',但某物的'延伸'恰恰就不是该物本身。人的一只手不是人本身,砍掉一只手只能构成伤害,不能构成杀人,就是这个道理。"(参见邓子滨:"ATM 机非金融机构,应当为许霆减刑",载《新京报》2007 年 12 月 28 日)。这里,论者的理论前提就是值得商榷的。说到"延伸",并不是说 ATM 是"金融机构"的延伸,而是说 ATM 是"银行柜台"的延伸。ATM 实际上是金融机构的当然组成部分。而且论者在这里所作的"砍手"与"杀人"的生动类比似乎也让人费解:按照论者的逻辑,人的头也不是人本身,但是会有人认为砍掉人的头也不构成杀人罪吗? 手是"人"的重要组成部分,而并非是"人"的延伸,砍手之所以不构成"杀人",问题不在于犯罪的对象不属于"人",而在于犯罪的行为不属于"杀"。

② 不能为了对被告人从宽处罚而随意进行限制解释。正如张明楷教授所言,"新刑法颁布后,许多解释者对限制解释情有独钟,其着眼点在于限制司法权力。但是,尊重人权主义只是罪刑法定原则的思想基础之一,解释者不能忽视罪刑法定原则的民主主义思想基础;法治不只是形式法治,还必须是实质法治,解释者必须追求正义,而不是只追求有利于被告。"参见张明楷著:《刑法分则的解释原理》,中国人民大学出版社 2004 年版,第 22 页。

三、从法与情的公正性角度上说，被告人值得从宽处罚

本案被披露之后，受到了包括众多的法律学者在内的民众的强烈质疑。这说明，无期徒刑的后果明显超出了民众的心理预期和承受能力。之所以得出这一结论，除了有民意的支持外，主要还是基于以下的原因。

应该看到，银行方（包括维护ATM运行的厂商，他们是一个利益共同体）在本案中是有责任的，正是其失职，导致ATM机出现故障而不自知，导致了许霆获得了"恶意"取款的天赐良机。银行方作为被害人的责任，应该削减（但不是"消除"）被告人行为的社会危害性和非难可能性。类似的案件很多，如在故意杀人罪等犯罪之中，如果被害人一方存在严重过错，那么被告人通常不会被判处死刑，特别是通常不会被判处死刑立即执行。① 如此看来，以非法占有17.5万元而选择无期徒刑，量刑确实有些过重。

对此，也有刑法学者认为，应该"一码归一码"。银行的责任属于被害人本身疏于对自己财产的管理，"只能由银行的上级部门追究银行内部管理上的责任，而不能成为减轻被告人刑事责任的充分的理由，这是两回事。"②在笔者看来，以上观点值得商榷。一般财产犯罪中财产所有人疏于对财产的管理导致盗窃等犯罪易于得逞时，自然不能就此减轻行为人的刑事责任，但是本案中的情况不同：本案之中银行方妥善管理ATM之中的金融资产应该属于法定的强制性义务，银行方未能履行这一强制义务，不同于一般的财产所有人疏于对自己财产的管理（后者充其量是社会生活上的义务），由于银行方违反了这样的强制性义务，存在重大过错（而非一般意义上的"疏忽"），自然减少了被告人行为的法益侵害性和非难可能空间。因此，这对于被告人刑事责任的承担来说，就不是简单的"一码归一码"，而应该对于被告人行为的评价产生直接的影响。

事实上，这样的一个普通的案件之所以引起如此之大的反响，一个重要的原因就是："每一个人都可能是下一个许霆"，"没有几个人会比许霆高尚"，许霆只不过是比较倒霉，做了一些人都可能做的事而运气欠佳而已。这样看来，确实可以说，实然的立法显然更应关注人性之所需，但有时符合法理却未必合于人性，

---

① 对此的分析，可参见陈兴良："被害人有过错的故意杀人罪的死刑裁量研究——从被害与加害的关系切入"，载《当代法学》2004年第2期。

② 此为王志祥博士和莫开勤教授接受采访过程中的观点。参见罗威："'ATM取款案'被告判无期是否量刑过重?"，载和讯网。

这本身是值得反思的。

四、ATM恶意取款案引发的深层次反思

(一)规定对于"盗窃金融机构,数额特别巨大的"加重处罚本身值得检讨

立法者规定盗窃罪只在"盗窃金融机构数额特别巨大的,或者盗窃珍贵文物情节严重的"情况下可以判处死刑,这一规定在立法论的角度值得反思。在刑法修订的过程中,关于盗窃罪的最高法定刑是恢复到1979年《刑法》规定的无期徒刑,还是保留全国人大常委会于1982年3月通过的《关于严惩严重破坏经济的罪犯的决定》中对盗窃罪增设的死刑,曾有激烈的争论。立法者最终采取了折中的态度:保留死刑但严格限制适用面。明文规定只有在"盗窃金融机构,数额特别巨大的"或者"盗窃珍贵文物,情节严重的"情况下,才有可能适用死刑。1997年《刑法》作出这样的规定,明显可以看出是一种妥协,是在限制死刑适用的大趋势面前塞进了"私货":既取消一般情况下盗窃罪的死刑以做到"限制死刑的适用",又出于保护银行金融资产或者珍贵文物的需要,在极为例外的场合保留了盗窃罪的死刑。但是,从"财产平等保护"的角度出发,凭什么要对银行的资产作出"特殊"保护以致挂有死刑?在我看来,盗窃罪中死刑规定的设置本身值得批判。刑法盗窃罪应该实现对于所有合法财产的平等保护,而不应该"厚此薄彼"。从保护法益和剥夺法益的对等性角度考虑,也从严格限制死刑乃至最终废除死刑的论断出发,消除《刑法》第264条中关于两类特殊情况下加重处罚乃至最高可以判处死刑的规定(盗窃罪的最高法定刑固定在无期徒刑)应该是一个符合理性的选择。若真如此,本案的被告人许霆也就可以不必因为"盗窃金融机构,数额特别巨大"而受到特别的法定刑"优待",就更可能获得公平的刑罚了。

(二)司法解释所确定的"数额特别巨大"的标准急需与时俱进

我国刑法区别于国外的一个显著特点是许多犯罪的成立具有数额的限制,而具体的数额标准又是由立法或者事实上行使立法职能的司法解释(具有准立法的性质)所规定,这就难免会出现随着经济形势的发展立法或者司法解释的数额标准难以适应形势变化、无从体现实质公平的问题。许霆案之所以曾被判处无期徒刑:一方面是因为盗窃ATM被认定为"盗窃金融机构";另一方面也因为17.5万元满足了"数额特别巨大"的标准。可是,以个人盗窃公私财物价值人民币3万元至10万元以上为"数额特别巨大"的标准,是"两高"和公安部联合作出的司法解释规定的,这一解释距今已近10年,10年间中国的GDP已经大幅度增长,而这一标准并未与时俱进,由此而造成的不公正每天都在发生着,许霆案只不过是一个鲜

明的范本,被媒体放大了而已。对此,一些人建议参照各地上年的人均收入制定数额浮动变化的标准之建议具有相当的借鉴意义,而在笔者看来,更进一步,尽管可能在短期之内无法实现,但是就犯罪的成立问题真正像发达国家那样立法定性、司法定量。在立法上删除犯罪成立的数额限制、由司法者在具体案件的裁量中确定成立犯罪以及罪轻罪重的具体标准。这应该是一个治本的方案。

五、司法者并非只是"爱莫能助"

法官在面对这样一个法理和情理存在冲突的案件之时,该何去何从?最初的判决显然在这一问题上严格遵守了法律的规定,在"守法"问题上得了分,但却在民意即情理面前失了阵脚。那么,一个富有智慧的法官,究竟应该怎样权衡其中的利弊,作出一个既符合法律又彰显情理的判决?这是一个有挑战性的问题,对此,笔者的回答是,法官应该在法律所允许的范围内尽可能兼顾情理,以作出一个合理合法的判决,从而"经得起历史的考验"。问题的关键在于:法律是否赋予了法官以施展智慧的空间,而法官又能否抓住这样的机会。笔者认为,我国刑法还是赋予了法官一定的施展空间的,法官若能抓住这一渠道,所得出的判决会令人信服得多。就本文所切入的案件来说,这里所说的法官的施展空间,具体是指我国《刑法》第 63 条第 2 款的规定:"犯罪分子虽然不具有本法规定的减轻处罚情节,但是根据案件的特殊情况,经最高人民法院核准,也可以在法定刑以下判处刑罚。"在许霆案中,由于被害一方存在的重大过错,也由于"两高"和公安部关于盗窃罪数额的近 10 年前的司法解释已然落后于时代并且起点过低,可以认为具备《刑法》第 63 条第 2 款中的"特殊情况"规定。对此,法官可以提请对许霆作出特别途径的"减轻处罚"(在"无期徒刑或者死刑,并处没收财产"的法定刑之下判处刑罚),这样就会既不突破现行法律(不将眼睛只盯在《刑法》第 264 条)的规定,又能做到兼顾情理与法理,得出令人信服的判决。当然,这样的特别减轻处罚需要最高法院的核准,而作为最高审判机关的最高人民法院,也应该借助许霆案这样的一个鲜活的文本使《刑法》第 63 条第 2 款"活"起来,因为,这将意味着罪刑法定原则、罪刑平等原则和罪刑均衡原则的全面开花。①

(2008 年第 2 期)

① 关于许霆案的法治标本意义,请参见陈瑞华:"许霆案的法治标本意义",载《南方周末》2008 年 1 月 17 日。

传播“艳照”行为的刑法评析

周 详[*] 齐文远[**]

一、“艳照门”引起的刑法解释难题

“艳照门”事件①风生水起，不仅仅涉及众多明星当事人的前途与命运，而且也让我们的社会有些不知所措。民众对“艳照”的浏览、查阅、下载、转载、藏有、传送、散发、公布等行为到底哪些是违法行为，哪些是犯罪行为，哪些是合法行为，各地警方、律师、法律专家的看法可谓五花八门。关于民众涉及艳照的各种行为的法律性质，至少就有“藏有违法论”、“查阅违法论”、“传播违法论”3种说法。②

1.“藏有违法论”。香港警务处处长邓竟成早先表示，虽然藏有不雅照片未必犯法，但如市民藏有大量不雅照片，可能会因为涉嫌被用作发布或售卖而被捕。这种“藏有违法论”受到市民的强烈质疑后，③香港警方及时改口称“私有藏有并不犯法”，“朋友可以传送（不雅照），网民不可以”。有香港律师也对普通公民查阅、浏览、下载、取得艳照给出不违法的说法：没有法例禁止浏览、下载、取得

* 作者单位：中南财经政法大学。

** 作者单位：中南财经政法大学。

本文为司法部项目“刑法司法解释立法化问题研究”（03SFB2032）的阶段性成果。

① 2008年1月28日，一个“神秘人”将貌似香港明星cgx和zxt的性爱“艳照”贴上网，随后的几天时间内，貌似zxt、zbz等8名香港女明星的400多张“艳照”陆续流传到网络上。事件迅即被称为“艳照门”。随着香港警方的介入调查，证实这些“艳照”确实是由cgx拍摄而成。cgx对照片所涉及的女星公开表示道歉。据香港媒体报道，香港警方在进一步调查中发现实拍“艳照”有1万多张，涉及“艳照门”的人物总数超过100人。

② 郑旭萍、方薇：“艳照门牵出相关法律问题”，载《每日商报》2008年2月22日。以下说法均来自该报道。虽然该报道不属于严谨的学术文章，但其材料都是真实的，很多网站都转载了该报道，影响广泛。而且各地警方对该事件的表态，虽然从传统的刑法解释学的角度来看并不属于有权司法解释，但作为法律之门的看守人，实际上警方的这些表态哪怕存在很多问题，但却是很严肃的，因此需要认真对待。

③ 我们认为所谓的“藏有违法论”，是网友、市民或者法律人士对该警方发言的断章取义。香港的《淫亵及不雅物品管制条例》第21条第1款明确规定了“发布淫秽物品罪行”的行为方式：（a）发布淫亵物品；（b）管有淫亵物品以供发布……该条例第21条第2款还规定了5种免责辩护事由。参见《香港法例》，载 http://translate.legislation.gov.hk/gb/www.legislation.gov.hk/chi/home.htm。

激情及不雅物品。但如果照片属于儿童色情物品,则以任何形式管有均属违法。

2."查阅违法论"。吉林省公安厅网警总队民警则提醒网民,那些属于淫秽图片的"艳照门"照片连看都不要看,尽量不要动,浏览、[①]复制、粘贴、下载、传播等行为都是违法[②]的。但有律师认为个人浏览甚至下载淫秽照片,其社会危害性并不大,仅属于道德调整的范畴,只要不是为了传播扩散,公权力就不应该过多干预。

3."传播违法论"。2008 年 2 月 20 日,北京市公安局首次明确表态,如果是通过网络打包传播,且数量在 200 张以上,赠与人将被追究刑事责任。[③] 即使不以牟利为目的,向朋友赠阅"艳照门"图片,或将图片挂到博客、论坛上,都涉嫌违法。[④]

以上观点实际上忽视了对一个核心问题的解释,即什么是(刑法意义上的)传播?笔者查遍有关的刑法司法解释,并没有找到对"传播"一词的有权解释,然而这不代表着不需要对"传播"进行解释。"传播"一词源自英文 communication 的对译,其作为当代社会中人们频繁使用的一个流行话语,并不需要过多关心它的确切含义,但毕竟学科概念与日常用语是不同的。鉴于此,传播学者力图对其界定一个准确的含义。但随着研究的深入,却发现要给出一个关于传播的准确的定义是一件十分困难的事情。例如,早在 1976 年,美国传播学者丹斯在《人类传播功能》一书中统计的解释就达 126 个,到如今对传播的定义恐怕是"有一千个读者,就有一千个哈姆雷特"。根据我国学者对外国传播概念的梳理,其大体上可以分为以下几大类:"共享说"、"影响(劝服)说"、"反应说"、"(符号)互动说"等。我国学者对传播的定义具有代表性的有:传播即社会

① 吉林警方的客观说法是"浏览违法论","浏览"与"查阅"在汉语中有细微区别。有警方解释"浏览违法论"的法律依据,提到的是 1997 年 12 月公安部发布的《计算机信息网络国际互联网安全保护管理办法》。该法规规定,任何单位和个人不得利用互联网"查阅"色情信息。2005 年颁布的《治安管理处罚法》中并没有"查阅违法"的规定。

② 在我国大陆地区,存在治安管理处罚法和刑法的二级法律体系,因此"违法"即可以指行政违法,也可以指违反刑法的犯罪行为。而我国香港警方所说的犯法则特指"发布淫秽物品罪"。

③ 该警方的说法显然来自对 2004 年的《关于办理利用互联网、移动通讯终端、声讯台制作、复制、出版、贩卖、传播淫秽电子信息刑事案件具体应用法律若干问题的解释》的误读。该司法解释第 1 条第 3 款明确"规定"传播淫秽物品牟利罪的(淫秽图片)数额起点为 200 件以上。其第 3 条明确"规定"传播淫秽物品罪的(淫秽图片)数额起点是传播淫秽物品牟利罪的 2 倍(在不具有其他严重情节的前提下),即要达到 400 件以上。按照法理,司法解释不是"规定"而是"解释",但实际上我国的规范司法解释无论在形式上还是在实质内容上都具有某些立法的特征,这种现象被称为"司法解释立法化"。

④ 这里的"违法"在逻辑上也包含"犯罪"。

信息的传递或社会信息系统的运行；传播即传受信息的行为(或过程)；传播即意义的构建活动或过程。①

面对如此繁杂的定义，传播学者对于“传播”这一中心概念，也只能采取“我们无意，也不必限于其中某一定义”②的态度。传播学甚至于无法确立一个公认的研究对象的范围，至多是一种对传播现象的描述：“我们研究传播时，我们也研究人，研究人与人的关系以及与他们所属的集团、组织和社会的关系；研究他们怎样相互影响、受影响；告知他人和被告知；教别人和受别人教；娱乐别人和受到娱乐。要了解人类传播，我们必须了解人是怎样相互建立联系的。”③由此观之，传播学的研究对象之“传播”，几乎涵盖了人类所有的行为，大到历史事件、自然现象、科学理论、文化产品，小到一句话、一个动作、一个表情甚至一个眼神，无不具有传播的意义。难怪有西方学者不无调侃地说：“传播这一概念意味着一切。”④

于是乎传播学者陷入“没有人问我，我倒清楚；有人问我，我想说明，便茫然不解了”⑤的解释悖论中。尤其是当这个模糊的用词与刑法联系在一起，可能关乎每个人的生杀予夺的命运的时候，即使是传播学解释不清的东西，我们也还是得努力去解释。事实上，“什么是刑法意义的传播”的解释将直接关系到普通民众在这场“艳照门”中的命运，毫不夸张地说，如果对“传播”不进行解释或者解释不当，“艳照门”很有可能会演变为“艳照法律门”。无数的普通民众都会在不知不觉中卷入法律机器中。因此，我们必须反思“什么是刑法意义的传播”。⑥

---

① 姚君喜：“传播的意义”，载《现代传播》2006年第5期。

② [英]丹尼斯·麦奎尔、[瑞典]斯文·温德尔著：《大众传播模式论》，祝建华、武伟译，上海译文出版社1997年版，第5页。

③ [美]施拉姆、波特著：《传播学概论》，陈亮等译，新华出版社1984年版，第4页。

④ 郝家林：“传播学的概念、视野与方法”，载《北京联合大学学报》(人文社会科学版)2007年第4期。

⑤ [古罗马]奥古斯丁著：《忏悔录》(卷2)，周士良译，商务印书馆1963年版，第242页。

⑥ 据初步统计，刑法中含有“传播”一词的罪名有5个传播淫秽物品罪、传播淫秽物品牟利罪、编造并传播证券、期货交易虚假信息罪、传播虚假恐怖信息罪、传播性病罪。立法上包含“传播”一词的犯罪有4个：走私淫秽物品罪、妨害传染病防治罪、妨害国境卫生检疫罪、传染病防治失职罪。涉及各种信息的实质的传播行为，但在立法上使用“扩散”、“散布”、“播放”、“宣传”、“出版”等其他词来表达的犯罪大概有24个，而司法解释中出现“传播”一词的情况更广。刑法上的这些“传播”在含义上有何区别，值得进行系统的且精细化的研究。但限于篇幅，本文中的“刑法意义的传播”特指传播淫秽物品罪罪名中的“传播”的含义。

二、对“什么是刑法意义的传播”的价值反思

虽然传播学无力为我们提供一个关于“传播”的单一的、准确的定义，但是他们的研究给我们提供了多种视角和丰富的材料。“在人文科学中，传播学是个十字路口，人来人往，却很少有人在此驻足。许多学者从各自学科出发，来到这个交叉路口，在获得有价值的工具和看法后，又返回本学科更中心处。”①刑法学作为一门规范学科，与传播学有着截然相反的学科目的。传播学对传播的研究关注的是如何认识、促进人类信息的快速有效的传送、交流。因此传播学将人类一切信息的传递行为都纳入“大传播”的范畴，无可厚非。但刑法学关注的是，如何阻碍或者切断某种不良信息的快速有效的传送、交流。这种根本性的差异决定了刑法上对“传播”一词的解释与限定，可能会有不同。

（一）从语义上分析，刑法解释采用“大传播”的概念在逻辑上说得通

亲朋之间“拷贝”、“赠与”艳照的行为，符合传播的“共享说”、“影响（劝服）说”、“反应说”、“（符号）互动说”等各种定义的诸要素，完全属于传播学中大传播的基本范畴。艳照承载着裸体乃至于性爱的色情信息，这些信息的传递过程当然是一个信息的共享过程，是一个给他人一定影响的过程，他人也必然会对这个刺激性的信息有所反映。在这个信息的传递过程中，无论是开门见山、兴致勃然地推荐或者索要艳照，还是半遮半掩、羞羞答答、心有灵犀一点通地暗示“有”或者“要”艳照，必然会伴随着对这些信息进行各种符号形式的评论、讨论、交流。这种符号互动可以是语言的、眼神的、动作的、表情的，反正都是一个意义生成的过程：激动、惊愕、惶恐、赞叹、嫉妒、恶心，甚至于性幻想……总之，看与不看的“意义”是不一样的。推而广之，实际上从传播学的角度来看，单个人私下浏览、查阅艳照的行为也属于传播行为的基本范畴。用传播学的专有名词来说，该行为属于 Intrapersonal Communication（体内传播、自身传播、自我传播）。② 同理，将拍摄艳照的行为解释为传播也就更加容易：哪有制造而不看的？制造中必看，制造后也是为了看；绝大多数的艳照都涉及两人或者两人以上，那远远超出了“自我传播”的范畴，而进入了“人际传播”的范畴。总之，从传播学的立场来看，浏览、查阅、下载、保存、出借、制造艳照的行为都属于传播的范畴，我们已经很难想象涉及艳照的什么行为不属于传播行为的范畴。

---

① 张汝伦著：《意义的探究：当代西方释义学》，辽宁人民出版社 1987 年版，第 2～3 页。

② 屠忠俊：“自我传播与大传播”，载《华中理工大学学报》1998 年第 3 期。

无疑,以这样的大传播概念作为刑法中的概念虽然在逻辑上说得通,但其结果却是荒谬的:只要是人碰到了“艳照”,就难逃法网。正如民众的普遍质疑之声:人家连制造艳照都不犯法,难道我看一下就犯法?

(二)从解释的效果来看,大传播的概念有违刑法的基本精神与目的

虽然从逻辑上看,刑法解释采用大传播的概念说得通,但从直觉来说,该解释结论却无法让人接受。如果这不是刑法出了问题,那就是解释刑法的思路出了问题。我们宁可相信法律是正义的。当用语模糊,无法从字面解释得出合理的结论时,就需要进行合理的论理解释。而解释结论是否合理,取决于隐藏在方法背后的刑法目的。因此,探寻刑法的目的,进行目的解释就成为最高准则。

第一,刑法解释采用大传播概念,不符合刑法的谦抑精神。刑法的谦抑性,是现代刑法公认的重要价值之一。刑法谦抑既是立法理念,又是司法理念。“所谓谦抑,是削减、压缩、加以限制。因此,刑罚谦抑和刑罚滥用、刑罚膨胀这样的概念是相反的。”①如前所述,从传播学的角度来看,浏览、查阅、下载、保存、拷贝、赠与、制造艳照的行为都属于传播行为范畴。只要实施了这样的行为就可能构成违法,满足了定罪的数量标准,就很可能被解释为犯罪行为。这实际上已经遭到了民众广泛的质疑,这种质疑实际上反映出这种解释违背了刑法的谦抑精神。

第二,刑法解释采用大传播的概念,不符合正义的核心——公平。简单地说,公平是同等情况同等对待。虽然说将任何人的所有涉及艳照的行为解释为传播,似乎符合“同等情况同等对待”的形式公平,不过这种抽象的平等在执行的条件有限且既定的前提下,可能造成的是极大的“实质不平等”。实际上,公平应当与一个社会的有限资源分配和执行条件联系在一起作总体考察。

法的效果在于执行。司法的执行条件与资源的有限性决定了任何犯罪行为都存在犯罪黑数,按照西方犯罪学家的统计调查,“实际发生的刑事案件与最后定罪的案件之比大约200:1。”②犯罪黑数意味着同样性质的行为被发现了且被证明的是犯罪,没有发现或者无法证明的就不是犯罪,这似乎违背了公平。但无论执行条件与资源怎么改善都无法改变的一种事实,就不是一种“不公平”。只有一种人为的因素导致的同等情况不同等对待,才是我们所说的“不公平”。而

---

① 陈兴良:“罪刑法定思想的司法实现”,载 http://www.criminallawbnu.cn/criminal/Info/showpage.asp?pkID=15722。

② 美国学者埃尼斯指出,刑事案件一旦发生,被害人报案的占49%,警察到案勘察的占23%,勘察后被认定为罪案的占25%,破案的占20%,起诉审判阶段剩下42%,最后无罪处理的占48%。转引自姬新江、房福利:“‘犯罪黑数’探析”,载《新疆警官高等专科学校学报》1999年第1期。

将个人的所有涉及艳照的行为都解释为刑法意义上的传播，恐怕公、检、法的全部司法资源只专注于追诉传播淫秽物品罪，也避免不了“天文数字般”①的犯罪黑数，这就属于人为解释不当导致的“不公平”。

第三，刑法解释采用大传播概念，不符合正义的另一核心——自由。“整个法律和正义的哲学就是以自由观念为核心建构起来的。”②法律与自由并非绝对的对立关系。法律必须保护人的自由。而法律之下的自由，从消极意义上来看，就是指法律必须保护人们“选择为恶”的某些空间。③ 而恰当的自由空间也会对法律起维护作用。我们不妨对“法网恢恢，疏而不漏”的口号作一个反解：法网是必须有“孔”且“疏”才能称为网，也只有恢恢之网才能有效地逮住“狡猾的苍蝇”，如果某条法律不是有“孔”且“疏”的网，而是密不透风的一块布甚至于是铁墙，除非遇到无头苍蝇一头撞死在墙上，有头苍蝇都会嘲笑这样的企图逮住他们的墙。而且任何铁墙式的统治所面对的都是富有艺术的反抗。刑法解释若采用了大传播的概念，铸造这样一堵不留空间的法墙，其效果将是对自身的破坏：除了树立一个虚假的威严以外，人人都不把这样的法律当回事，基本搁置不用。④这样的法律还能够被信仰吗？

第四，刑法解释采用大传播的概念，“并不必然促进正义的安全与秩序的侧面”。⑤ 如果说将正义的自由、平等的侧面置于“安全”与“秩序”的侧面之前，带有西方法律文化的色彩，或许值得商榷。毕竟从我国的刑事立法与刑事司法的法律文化传统与现状来看，我国的刑法还是将公共安全与秩序放在个人自由价值的前面，这原本无可厚非。但是物极必反，如果过度强调对安全、秩序的保护，以至于在实践中丧失了刑法的实质公平，完全不给个人自由的空间，那么这种对安全与秩序的维护作用将是表面的而且是短暂的，从长远看甚至是起反作用的。“一个法律制度若不能满足正义的要求，那么从长远的角度来看，它就无力为政

---

① 根据统计，截至2007年12月，中国手机用户数达5.47286亿户。截至2007年1月23日，中国网民总人数已达1.37亿人，每年的增长率大约为23%。虽然没有准确的绝对数据可依，不敢推测说中国现有的5亿多手机用户、1亿多网民都实施了这样的传播行为，但有很多网站所作的调查显示，参与调查的人中看过、下载、拥有、传递艳照的人占80%左右。

② [美]博登海默著：《法理学——法律哲学与法律方法》，邓正来译，中国政法大学出版社1999年版，第279页。

③ 如嫖娼、卖淫行为，如果明知自己患有严重的性病或者明知对方为幼女，则属于刑法之下的空间，而不属于行政法之下的空间。

④ 个人的这些传播行为，只要警察想查，一根藤就可以牵出成百上千的“蚂蚱”。但我们至今还没有看到中国警方对此采取“侦查”行动的任何相关报道或者案例。

⑤ [美]博登海默著：《法理学——法律哲学与法律方法》，邓正来译，中国政法大学出版社1999年版，第293页。

治实体提供秩序与和平。”①所有的传播艳照的行为都作为违法甚至是犯罪行为处理,并不必然会带来禁止传播淫秽物品的管理秩序的改善。实际上,当很多网友听说个人浏览、查阅、私下传递艳照也是违法甚至涉嫌犯罪之后,也许减少的只是“公开宣称看过艳照”的行为,而不是这些传播艳照的行为,如网上出现了很多“有多少人看过艳照”、“还有多少人没有看过艳照”之类的调查,很多网友颇具黑色幽默地回复:“听说浏览违法,我绝对不说我看过”、“假装没看过”、“我还没来得及看就删了”……

总之,在有关艳照传播行为的定性上,公安部门以及刑法学者直接采用传播学上的“大传播”概念,违背了刑法的谦抑精神,违背了刑法的正义目的。这种“大传播”概念中包含了某些不可禁或者不值得禁止的传播艳照行为,事实上也证明并非有人将其解释为违法犯罪行为,人们就不去做了,必须看该法律的解释是否合理,是否得到人们内心的认同与信仰,否则解释不当的法律甚至还可能引起民众智慧的挑战和反抗。

三、什么是传播淫秽物品罪中的“传播”

何为传播淫秽物品罪中的“传播”? 笔者认为,其是指一切使当下不愿意接触淫秽物品的人接触到淫秽物品及其信息的行为。根据这个定义,我们不妨对各种“大传播”概念中哪些属于刑法意义上的“传播”,哪些属于非刑法意义的“传播”进行规范的解释。

第一,凡是直接向未成年人传播淫秽物品的行为,不论是私下还是公开,不论是针对特定的还是不特定的未成年人,不论未成年人是否“同意”或者“愿意”,不论淫秽物品的数量有多少,都是刑法意义上的传播行为,即这里的传播可以采用“大传播”的概念。唯一的例外是负有监护责任的人,出于性教育的正当需要而对受监护的未成年人使用淫秽物品的行为不属于刑法意义上的“传播”。另外,我们可以借鉴我国香港以及德国的立法,将获取、持有、散发、公布以奸淫儿童为内容的淫秽物品的行为解释为刑法上的传播行为。因为该淫秽物品的内容已经超出了正常成年人的消费需求心理,可以推定正常的成年人都不愿意接触这类淫秽物品。

第二,对于以成年人为对象的传播行为而言,总的原则是以成年人的接触淫

---

① [美]博登海默著:《法理学——法律哲学与法律方法》,邓正来译,中国政法大学出版社1999年版,第319页。

秽物品的“即时意愿”为标准来认定，但要具体问题具体分析。

首先，有的传播方式的特性本身就决定了该行为当然属于刑法意义的传播，这样的行为就可以被类型化，例如，2000 年通过的《全国人大常委会关于维护互联网安全的决定》第 3 条第 5 项规定了“在互联网上建立淫秽网站、网页，提供淫秽站点链接服务，或者传播淫秽书刊、影片、音像、图片”这类传播行为，由于互联网的特性决定了其传播行为的对象具有不特定性和多数性以及传播方式的公开性。而不特定的以及多数的对象必然会使得未成年人以及不愿意接触淫秽物品的成年人有机会接触到淫秽物品，并且其传播行为的公开性也是对公众的不愿意接触权的侵犯。因此，不需要证明确实有未成年人以及不愿意接触淫秽物品的成年人已经接触到该淫秽物品，就可以认定该传播行为具有违法性，属于刑法意义上的传播行为。

其次，有些传播行为必须综合各种具体的情况进行判断，无法给出一个简单的非此即彼的定性结论，因为这样的行为无法类型化，应该留给法官进行个案判断。以 QQ 等网络聊天工具的传播行为为例，QQ 工具本身可以有很多功能设置，其传播的方式是多样化的：既可以是群聊方式，也可以是一对一的聊天方式；可以设置为任何人都能访问自己的 QQ 空间，也可以设置为只有特定的 QQ 空间好友或者必须输入密码才能访问；QQ 好友既可以是现实中的朋友，也可以是从未谋面的“熟悉的陌生人”（网友）；既可以是成年人，也可以是未成年人。另外，QQ 的上网环境既可以是在家上网，也可以是在公共场所上网。因此只能根据个案，综合所有可能的影响因素才能认定通过 QQ 向网友进行的各种传播行为的性质。但有一点可以确定：即使是利用了互联网或者网络工具传递淫秽物品的行为也不一定具有违法性。如此看来，前文提到的诸如“通过网络打包传播，且数量在 200 张以上，赠与人将被追究刑事责任”、“传播给其他人的网友可能涉嫌犯罪”等说法欠妥当。

最后，如果传播的直接对象是特定的成年人，哪怕从抽象的角度可以将成年人区分为愿意接触淫秽物品的人和不愿意接触淫秽物品的人，也要注意分析传播对象是否具有“即时的”愿意。我们还是以“现实的朋友”①之间的传播淫秽物品为例来分析。例如，在众目睽睽、大庭广众之下，将一大沓“艳照门”照片送给自己的朋友，朋友很可能会当场拒绝接受该淫秽物品，那么即使该朋友曾经要求行为人给他“艳照门”的照片，我们也不排除这种行为的违法性。因为根据当

① 此与网络中“虚拟的朋友”相区别。“虚拟的朋友”的信息可能完全失真，如 QQ 好友到底是男是女，是成年人还是未成年人并不能以其资料显示来鉴别，其情况比较复杂。

时的情景判断,传播对象不具有"即时的"接触淫秽物品的愿意。但是如果是在私下赠与朋友艳照,哪怕该朋友事先没有索要,只要该朋友接受了"艳照门"的照片,也推定该朋友具有了即时接触淫秽物品的愿意,不具有违法性,因而该行为不可罚。

当然我们还要对此进行进一步的解释:为什么传播行为会因为传播对象的"即时愿意"而在刑法上有迥然不同的意义。这和本罪客体的理解有紧密的关系。本罪的客体在抽象层面是"性风尚"。而所谓的风尚"是一定时期中社会上普遍流行的风气和习惯",[①]而性风尚则是在"性是私密的"这个文化禁忌的基础上形成的各种习惯规则的总称。正如人类学家本尼迪克特所指出的:"任何社会都会选择人类可能的行为这个弧上的某个片断,只要这个社会要完成整合,它的种种风俗就倾向于去推进它所选择的那个片断的表达,同时又去阻止那些相反的表达……不管在什么社会,不管这个社会的风俗有多怪痴,生长在这个社会里的所有个体总有极大一部分人是按那个社会所指定的行为方式来行动的。"[②]即使被传播者在公开场合与私下场合呈现出不同的态度,被认为是虚伪的人、不诚实的人。但法律评价与道德评价毕竟是两个不同的东西,刑法为了整体的正义目的,特定的道德虚伪也要受保护,从而成为一种法益。例如,侮辱罪中的客体是他人的名誉权,而这个名誉权指的是社会外部对人的价值评价,这种外部的名誉并不一定要求和其本人的实际情况相符合。一个人哪怕晚上确实"很黄很暴力",也不意味着人们可以将其"很黄很暴力"的真实公布于众。法律在性风尚问题上并不认可"你晚上可以做的,难道我白天就说不得"的逻辑。

实际上"可以做的,但不可以说"恰恰是所有国家的性风尚的共同规则。而该规则具体化到分则的各个罪名,则各有其特定的规则内容。而传播淫秽物品罪则是对淫秽物品只能"有限度地看、偷偷地看、默默地看"[③]这种具体规则内容的保护。从被害人的角度来看,一旦某种传播行为将特定的被传播者以及不特定的公众置于一种公共的视角,那么就是对"不愿意公开接触、消费淫秽物品"这一权利的损害。那么这里的被害人有两类:一是传递行为直接指向的特定对象,即自己的朋友;二是"大庭广众,众目睽睽"背后的不特定的公众,即使这些不特定的公众没有实际浏览到艳照的内容,但公众感知到"特定的朋友之间的

---

① 中国社会科学院语言研究所词典编辑室编:《现代汉语词典》,商务印书馆1979年版,第324页。

② [美]本尼迪克特著:《文化模式》,王炜等译,三联书店1988年版,第233~234页。

③ 郑宜庸:"看与说的禁忌——电影性爱场面的观看心理分析",载《莆田学院学报》2006年第1期。

传递淫秽物品的行为是公开的”,实际上这种公开传递的行为本身也是对“不可以公开接触、消费淫秽物品”这一性风尚的侵害。公众实际上也感觉到该公开传递淫秽物品的行为是对自己的权利的伤害。在当时的情境下,公众并不愿意有这样的公开传递淫秽物品行为在自己眼前发生,但传递人却完全不顾公众心中存在的这个规则而强行为之。换言之,对公众而言,该公开传递淫秽物品的行为也具有了侵犯公众的“即时的不愿意接触淫秽物品”的要素,因而具有了违法性。

因此,我们认为凡是公开进行的各种浏览、查阅、下载、传递、借阅的行为,只要具有使不特定的或者多数人的公众知道该内容为淫秽物品的现实可能性,就具有了本罪中的传播行为的属性,就具有了对性风尚的侵犯性,也就具有了违法性,从而不排除构成犯罪的可能性。而诸如私下拍摄艳照,成人之间的私下浏览、下载、传递、借阅淫秽物品的行为,哪怕淫秽物品的数量已经足以达到刑事司法解释确立的定罪标准,因为该行为不具有“传播”的性质,则这些“为恶行为”也是成人的自由,应当受到法律的消极保护,即不以违法论,当然也不构成犯罪。总之,什么是本罪中的传播行为,并不能单纯地以是否公开、是否具有扩散性,或者其传播对象是不特定的人或者多数人,以及传播的淫秽物品的数量等某个单一的标准来区分,其还与传播行为的性质差异、受众对象的年龄差异与意愿差异、淫秽物品内容的差异等多种因素有关系。因此,现有的我国刑法学者对传播的几种解释都是值得商榷的。[①] 而且现有的刑法司法解释区分罪与非罪的标准也基本上是以数量为主要标准,[②]这些都需要进一步的完善。

由于我国《刑法》使用了模糊的“传播”一词,鉴于司法部门以及刑法学者对什么是传播的解释有着巨大的差异,不进行合理的解释将会严重影响到法律的统一性和民众对法律的信仰问题,因此,建议最高人民法院对该问题进行合理的司法解释,确立对传播淫秽物品罪的比较完善的解释规则与标准。我们在现有

① 我国刑法学界对传播的几种解释有:“传播,是指通过播放、陈列、在互联网上建立淫秽网站、网页等方式使淫秽物品让不特定或者多数人感知以及通过出借、赠送等方式散布、流传淫秽物品的行为。”参见张明楷著:《刑法学》,法律出版社2003年版,第891页。传播即“将淫秽物品在社会上广为散播”。参见高铭暄、马克昌主编:《刑法学》,北京大学出版社、高等教育出版社2005年版,第669页。

② 1998年《关于审理非法出版物刑事案件具体应用法律若干问题的解释》以及2004年《关于办理利用互联网、移动通讯终端、声讯台制作、复制、出版、贩卖、传播淫秽电子信息刑事案件具体应用法律若干问题的解释》中分别确立了传播对象的人次和淫秽物品的数量这两个定罪标准,另外“规定”了“造成恶劣社会影响”、“造成严重后果”的定罪情节,但这些“规定”犹如刑法中的保底条款,是模糊的,无法作为具体的标准来适用,尚需要进一步解释。

的刑法司法解释的基础上，根据本文的立场，总结出以下几个规则，供刑法解释主体在解释刑法时参考。

1. 凡是直接向未成年人传播淫秽物品的行为，不论数量多少，不论是否公开传播，均应视为“造成严重后果”，一概构成传播淫秽物品罪；负有监护责任的人，出于性教育的正当需要而对受监护的未成年人使用淫秽物品的行为除外。

2. 散发、公布以奸淫儿童为内容的淫秽物品的行为，一概构成传播淫秽物品罪。公开获取、持有或者私下传递以奸淫儿童为内容的淫秽物品的行为，数量较大的（可参考传播淫秽物品牟利罪的数量标准），构成传播淫秽物品罪。

3. 利用互联网、移动通讯终端、即时通讯软件、电子邮件在公共场所公开浏览、下载、播放、展示、传递淫秽物品，一次性使 10 人以上的公众接触到该淫秽物品及其信息，不论数量多少，视为“造成严重后果”，构成传播淫秽物品罪。

4. 利用互联网、移动通讯终端、即时通讯软件、电子邮件私下传递给特定的人（如现实中的朋友，不包括未经证明身份的虚拟的网友），即使淫秽物品的数量达到了定罪的标准，也不构成犯罪；但明知对方是在公共场所接受淫秽信息，可能使得不特定的或者多数的其他公众接触到该淫秽信息，视为公开传播，参照上述第 3 条规则处理。

5. 在公众场合以其他方式公开播放、展示、传递淫秽物品，一次性使 10 人以上的公众接触到该淫秽物品，不论数量多少，视为“造成严重后果”，构成传播淫秽物品罪。由以上的解释规则来审视有关艳照的传播行为的各种刑法解释，诸如“通过网络打包传播，且数量在 200 张以上，赠与人将被追究刑事责任”、“传播给其他人的网友可能涉嫌犯罪”等说法都是欠妥的。所谓的“浏览（查阅）违法论”、“传播违法论”包含了很多不值得处罚、不具有违法性的行为。成人或者成人之间的私下拍摄、浏览、下载、传递、借阅艳照的行为，无论是否采用了网络工具，无论艳照的数量是否足以达到刑事司法解释确立的定罪的标准（如艳照达到了 400 张以上），只要这些传播行为不具有侵犯到公众的不愿意接触艳照的意愿的现实可能性，那么这些行为就不具有刑法意义上的“传播”的性质。

（2008 年第 4 期）

2009年

关于废止死刑国家的数量统计结论之反思

于志刚*

自贝卡里亚首次提出限制和废除死刑的主张以来，死刑存废问题之争已延续了200余年之久，而我国学者将有关死刑存废的西学理论引入中国来时，却不假思索地接受了废止死刑的进程与废止死刑的国家数量之间的关联，并基于废止死刑的国家数量而视废止死刑已成为世界性的潮流与趋势。此种数量统计结论是否具有科学性，能否代表死刑废除运动的世界性潮流，是一个值得我们深入反思的问题。

一、两种数字统计冲突的内在原因

关于废止死刑国家的数量存在两种统计结论，一种结论是世界上一半以上的国家都已经废止了死刑；另一种结论是世界上一半以上的国家都还保留着死刑。对于一个相同的事实、相同的问题，为何会出现两种截然不同的相反结论?

(一)关于死刑废止问题的两种统计数字

关于世界上一半以上的国家都已废止了死刑的统计结论，应当说已经成为一种被法学理论界普遍接受的结论。提出此种统计结论的是牛津大学犯罪学名誉退休教授罗杰·胡德，他指出："已经实现在全球废除死刑目标的国家已经占到了实质性的多数：已废除死刑的国家为127个(65%)，而保留了死刑并且对被判处死刑者中的一部分实施死刑或显然想要对他们实施死刑的国家有68个(35%)。"①这一结论以大赦国际关于废除死刑国家数量的调查统计为基础，其中，被统计为废除了死刑的国家包括3个部分，即废除了所有犯罪的死刑的国家，废除了普通犯罪的死刑的国家，事实上废除了死刑(至少在10年内没有执行过死刑)的国家。

关于世界一半以上的国家都还保留着死刑的统计结论，为我国政府的官方

---

* 作者单位：中国政法大学。

① [英]罗杰·胡德："当今世界死刑的地位与使用问题的发展"，载北京师范大学刑事法律科学研究院、英中协会：《"死刑改革的全球考察及对亚洲经验的借鉴"研讨会论文集》，2007年6月，第16页。

公布的统计结论。我国国务院总理温家宝于2005年3月14日第十届全国人大三次会议举行的记者招待会上，在回答德国记者关于死刑问题的提问时指出，"出于我们的国情，我们不能够取消死刑，世界上一半以上的国家也还都有死刑制度。但是，我们将用制度来保证死刑判决的慎重和公正。"①这一中国官方公布的数量统计表明，我国政府并不认为世界上一半以上的国家都废除了死刑，也就是说，我国政府并不认为事实上废除了死刑（至少在10年内没有执行过死刑）的国家为已经废除了死刑的国家。

对于同一个死刑废止国家数量的统计问题，为何会出现两种不同的统计结论？究其原因乃在于，两种结论的持有者为了支持自己的死刑存废观点，而将事实"数字"转变性质，朝着有利于自己的方向转变。在这中间，最明显的一部分数字统计差异体现于，所谓的法律上存在死刑、而事实上废除死刑（至少在10年内没有执行过死刑）的国家的归属问题。

有相当多的国家，属于在法律上保留死刑，而客观事实上在连续的一些年内没有判处死刑，或者虽然经常判处死刑，但是通过赦免等模式，在连续的一些年内不再执行死刑。这一连续的时间在联合国的报告中被指定为10年，也称为"10年规则"，即在10年里没有实施死刑的，就称为法律上保留了死刑而实际上废除了死刑。这一部分国家，在死刑废止论者手里，就成为废止死刑的国家，被称为"事实上废止死刑的国家"；而在非死刑废止论者手里，就成为"保留死刑的国家"。

（二）对两种统计数字的深入解析

客观地讲，判断一个国家是否存在死刑，应当以法律规定为准，事实上有没有判决和执行死刑，并不影响死刑的立法设置。从死刑废止论者的角度来看，他们追求的目标，也是在法律上废止死刑，而非在事实上废止死刑。对于那些在法律上保留死刑而在一段连续时间内没有执行死刑的国家来说，并不能保证其在今后的任何情况下都不适用死刑，只要这些国家在法律上没有废止死刑，死刑的判决与执行就完全有可能在未来的任意一个时间点随时发生。事实上，没有在10年里实施死刑并不能确保不会再实施死刑，这种情况在不同的时期，在某些国家以及美国的某些州都曾发生过，如"自1994年以来，有10个根据'10年规则'被认为是主张废除死刑的国家（巴哈马、巴林、布隆迪、乍得、科摩罗、几内亚、危地马拉、圣克里斯多福与尼维斯、特立尼达和多巴哥以及卡塔尔）恢复了

---

① 佚名："温家宝：中国不能够取消死刑"，载 http://news. xinhuanet. com/newscenter。

死刑并回到了主张保留死刑国家的阵营中”。[①] 也就是说，符合“10 年规则”的国家，虽然在一定时期内，在事实上没有判决和执行死刑，但是其在立法上仍然保留了死刑，足以说明这些国家在立法上对死刑的保留持赞成、支持的态度。另外，面对一个国家内的某一行政区域长期没有执行死刑的情况，“10 年规则”也难以自圆其说。对于一个保留死刑的国家来说，它很有可能在某一行政区域内长期不适用死刑，如“美国，尽管有 38 个州及联邦和军队在立法上保留死刑，但是，这些州死刑的适用也有明显的差别，有的州司法实践中长期不适用死刑，如纽约州；有的州只是偶尔适用一次死刑，如马里兰州；有的州相对而言适用的死刑人数较多，如得克萨斯州、弗吉尼亚州”。[②] 那么，是否可以说，如纽约州这样的行政区域或者比它更小的行政区域（如某一个市级行政区域长期没有适用过死刑）就属于事实上废除了死刑的区域，并因此而归属于废除死刑的阵营行列呢？因此，“10 年规则”不具有科学性，只有法律上废除死刑才是真正地废除死刑，所谓的“事实上废除死刑”并不能被视为真正地废除死刑。

死刑废止论者统计逻辑的不科学性还体现在，如果将立法规定中备而不用的死刑视为废除死刑，那么世界上保留死刑的国家中长期未予适用的叛国罪、军事犯罪、海盗罪的死刑也应当视为已经被废除。就我国死刑罪名的数量统计而言，如果按照死刑废止论者的统计逻辑，我国刑法中死刑数量的传统数字统计就应当重新计算。我国刑法设置了 68 种死刑罪名，而其中的许多罪名在事实上长期没有适用过死刑，这些罪名包括危害国家安全罪中可判处死刑的罪名，如分裂国家罪，武装叛乱、暴乱罪等，危害国防利益罪中的破坏武器装备、军事设施、军事通信罪与故意提供不合格武器装备、军事设施罪，军人违反职责罪中可判处死刑的罪名，如投降罪，战时残害居民、掠夺居民财物罪等，以及存在于其他章节中的罪名，如传授犯罪方法罪等。由此看来，由于我国刑法设置的 68 种死刑罪名中的相当一部分在事实上长期没有执行过死刑，按照死刑废止论者的逻辑，我国刑法所设置的死刑罪名的数量，应当除去那些长期不予适用死刑的罪名数量，即这些罪名不应当包含在我国死刑罪名的统计结果当中。因此，按照死刑废止论者的逻辑得出的此种结论所具有的荒谬性毋庸讳言，事实上的不判决或不执行死刑，并不能代表死刑的废除，死刑废止论者的统计逻辑存在明显的不科学性。

---

① ［英］罗杰·胡德：“当今世界死刑的地位与使用问题的发展”，载北京师范大学刑事法律科学研究院、英中协会：《“死刑改革的全球考察及对亚洲经验的借鉴”研讨会论文集》，2007 年 6 月，第 16 页。

② 刘志伟、刘科：“美国晚近死刑的适用与改革”，载赵秉志主编：《死刑制度之现实考察与完善建言》，中国人民公安大学出版社 2006 年版，第 466 页。

另外,废止死刑国家的数量统计的不科学性还体现在数字统计的非真实性上。此种数字统计的非真实性表现在,一些国家迫于外界的压力或干预,而非出于本国的国情废除死刑或者不执行死刑。例如,在欧盟各国的压力下,土耳其于2002年表决通过了和平时期废除死刑的提案;爱沙尼亚在1998年5月完全废除死刑后就表明了这样的观点:"这次废除死刑是政治压力和联合国政策或文件的影响共同作用的产物。"①还有一些所谓的在事实上废除了死刑的国家,不判决或不执行死刑也并非出于本国政府的本愿,"比如加勒比英联邦国家,想要实施死刑,但是被人权律师进行了成功的阻拦"。② 此种非出于国家本意的死刑废止,与那些根据本国的国情、罪情与民情自愿废除死刑的国家相比,在本质上存在明显的差异。因此,这些国家并不能被视为与死刑废止目标相一致的国家,此类国家不应当简单地归类于已经废止死刑的国家行列,尤其是不能视为一种废止死刑的"潮流"。

二、"一边倒"倾向中的数字诱导作用

应当注意的一个问题是,关于废止死刑国家的数量统计,目前居于主导地位和广泛被接受、认可地位的是死刑废止论者的数字统计结论。这一不够科学的数字统计结论,不但没有受到应有的质疑,反而在死刑存废问题的论战中发挥着强烈的诱导作用。

(一)意图通过数字技巧,形成一种"虚拟的"数字压力

死刑废止论者得出的数字统计结论,是将世界各国废除死刑的复杂情况,以偷换概念的形式转化为简单的数字结论。其意图是利用经过"人工处理"后的数字结论,通过数字对比的技巧,针对支持死刑保留的国家形成一种"虚拟的"数字压力。

这种"虚拟的"数字压力来自3个方向:其一,阿拉伯数字的直接对比。比如,胡德教授指出127个国家已经废除死刑,68个国家仍然保留死刑,这种直观的阿拉伯数字的对比,对尚未废除死刑的国家直接形成了一种强烈的数字压力;

① "死刑与贯彻·保证面临死刑者权利的保障措施?——联合国经济与社会理事会秘书长关于死刑的第六个五年报告",载邱兴隆主编:《比较刑法》(第1卷·死刑专号),中国检察出版社2001年版,第172页。

② [英]罗杰·胡德:"当今世界死刑的地位与使用问题的发展",载北京师范大学刑事法律科学研究院、英中协会:《"死刑改革的全球考察及对亚洲经验的借鉴"研讨会论文集》,2007年6月,第16页。

其二，更为强烈的数字压力是百分比的对比。比如，占世界国家总量的65%的国家已经废除了死刑，只有35%的国家依然保留死刑，等等，这种百分比的对比更加直观地表明了废除死刑在世界范围内所占据的优势地位；其三，地区之间的对比，即欧洲国家全部废除死刑，而亚洲国家基本保留死刑，等等，这种区域之间的对比暗含废除死刑具有历史进步意义，给仍然保留死刑的国家带来强烈的历史压力，即保留死刑给人一种政治落后和国家侵犯人权等印象。死刑废止论者制造的这一"虚拟的"数字压力，就目前在世界范围内所形成的死刑废止效应而言，应当说是成功的。此种具有蒙蔽性的数字压力，不仅成为政治攻击的有利工具，更加成为死刑废止论者的坚实依据。

（二）数字压力的真实目的

数字压力有时候只是一种技巧，其目的在于利用表面化的简单数字掩盖死刑问题内在的真实性与复杂性。死刑废止论者数字统计的真实目的，在于形成一种"潮流"压力。死刑废止论者意图形成一种"潮流"效应或者"孤岛"效应，形成一种观念，即世界上一半以上的国家都已经废除了死刑，不加入死刑废止阵营中的国家就是逆历史潮流而动的国家。因此，如果读取到该统计数字的国家不废除死刑，就是落后于历史进步进程的国家，或者与"世界文明"格格不入，从而处于理论"孤岛"、立法"孤岛"之上。

客观地讲，此种数字压力对于许多的研究人员和学者已经形成了实际的影响。尤其是在近些年来我国刑法学界掀起的关于死刑存废问题的热烈争论中，那些远离司法实践，对中国法治现状基本不了解的，处于象牙塔中的学习和研究群体，几乎全盘接受了死刑废止论者利用数字压力所制造的"潮流"效应。一些学者在对死刑存废问题的论述中经常用到"死刑的废除是世界的潮流"①这一用语，大部分学者都不假思索地认为"世界上已经有2/3以上的国家和地区在法律上或者在实质上废除了死刑"，②并以此作为支持我国应当跟随世界潮流加入废除死刑阵营的有力依据。

（三）关于"潮流"和"趋势"的本质反思

基于以上废止死刑的数字统计结论，刑法理论界经常有人在死刑存废问题

---

① 许多学者都深受死刑废止论者所制造的死刑废止国家数量统计数量的影响，认为死刑废止已经成为一种国际趋势。张小虎："废除死刑的理论预期与保留死刑的现实必然——论我国死刑的完善"，载《社会科学研究》2007年第1期；郭玉川："死刑价值分析"，载《江西公安专科学校学报》2005年第1期；王瑞恒："死刑限制论"：载《辽宁师范大学学报》2005年第1期。

② 佚名："废除死刑是历史的必然趋势吗?"，载 http://legal.people.com.cn/GB/42731/3130525.html。

上使用“世界化的××潮流和趋势”这一表述，来论述死刑废止是一种“潮流”和“趋势”，仿佛只有与国外保持一致的或者说与欧美保持一致的刑事立法和刑事政策，才是符合世界潮流的，才是人道和文明的，才是进步的和正确的。而事实未必如此。

其一，潮流和趋势是一种模糊化的东西。潮流和趋势实际是指事物发展的动向，对于事物的发展动向来说，它只能是一个历史的过程，同时，也是一个只能通过完全事后地判断才能得出的结论。在一个历史阶段内，一种事物既可能按照其内在的本质规律的方向发展，也可能出现与其自身的本质规律不相符合的发展情况。也就是说，只有历史地考察事物内在的发展规律，才能正确判断事物发展的潮流和趋势，而仅凭一个特定历史时期中出现的某些现象就断定它是一种历史潮流和趋势，不免过于主观臆断，使之成为一种虚拟的想象。

其二，潮流和趋势是一种推测和估计，是站在个人立场对未来可能会发生的情况的一种预期性分析，而这种情况只是一种可能性，或许根本不会发生。对未来的预测应当以事物自身的发展规律为准绳，并建立在以往的经验基础之上。如果没有准确把握事物内在的发展规律，仅凭个人的主观偏好就对未来进行预测，进而得出一种带有主观色彩的事物发展的预期，这种预测很有可能因为脱离了事物发展的本质规律而根本不会实现。

其三，中国的法律变革，只能立足于中国的现实情况，与他国的法律变革和走向没有等同性。各国的现实国情与历史传统都有其自身的个性，各国的法律变革一定是在适应其自身国情与历史发展阶段要求的前提下进行的。目前，世界上的确存在一些已经废除了死刑制度的国家，但这些国家废除死刑制度的变革，一定是以其发展到一定程度的经济、政治、文化等综合性的现实国情与民情为基础的。这些已经废除死刑的国家之所以引起广泛的关注，并被死刑废止论者大加推崇，很大一部分原因在于其所具有的较高的国际地位与国际影响力。但是，中国的法律变革应当以自身的现实国情为根基，绝对不能被其他国家法律变革的走向牵着鼻子走。当然，其他国家的法律变革经验能否为中国所借鉴，则是另一个问题。

其四，对于外国法律变革的借鉴和反思，应当思索其真实的、内在的原因，而非只注重一些具有迷惑性的统计数字。事实上，简单的数字统计蒙蔽了人们发现事物内在发展规律的眼睛。世界上完全废除死刑的国家多数集中于欧洲大陆，也有部分集中于拉美，多数为发达国家，也有少数发展中国家和不发达国家。但是，同为发达国家，也还是有很多没有废除死刑，例如，美国 1977 年恢复执行死刑，日本几乎每年都有死刑犯被处死。如果仅以数量统计来说明废除死刑国家的规模与废除死刑法律变革的趋势,那么,必然隐瞒了废除死刑的国家与没有废除死刑的国家之间的个性特征与比较。由此可以看出,废除死刑的法律变革是由多种因素引发的,包括一个国家的经济、文化、人口、地域等多种因素,其内在原因不能够简单地以数量表示。

三、真实解析:废止死刑的国家数量比与人口数量比之差异

死刑废止论者在分析各国在废除死刑方面的趋势时,大量使用的是关于废除死刑国家的数量统计数据,并以此形成一种强有力的数据压力。然而,当人们过分关注死刑废止论者所提供的死刑废止国家的数量统计数据时,却忽略了另外一个更加真实的统计数据,即废除死刑的国家所拥有的人口数量。实际上,废除死刑的法律变革是一个复杂的历史过程,一串简单的废止死刑的国家数量的统计数字只是一个表象,这样一串数字并不能科学地代表废除死刑制度所具有的历史趋势。

(一)客观现实:“小国寡民”之死刑容易废除,人口过亿的国家基本上均未废止死刑

老子说:“小国寡民,邻国相望,鸡犬之声相闻,民至老死,不相往来。”这种观念体现了我国古代思想家对“小国寡民”理想社会生活的向往和追求。这种政治思想产生至少可以说明,“小国寡民”的国家状态是一种被人们追求的理想状态,其原因之一就在于,小国容易治理,容易达到路不拾遗、夜不闭户的状态。由于国家面积小,国民的数量也会相对较少,因而,在这样一个小国之内的犯罪总量也是有限的,严重犯罪的总量就更为有限了,适用死刑的机会也就大为降低了。

从目前世界上已经废除死刑的国家来看,无论有多少的国家废止了死刑,都不可回避一个基本的问题,即几乎所有人口超过一个亿的国家都没有废除死刑,如中国(13亿)、印度(11亿)、①美国(3亿)、巴基斯坦(1.5亿)、日本(1.3亿)、

① 由于来自印度官方的信息非常有限,在1995年以前,没有任何官方政府公布的关于被执行或者宣判死刑的人数的数据,不过还是通过各种渠道收集了一些有关的信息。在印度,最后一次执行死刑是在2004年8月14日,因此,在公众的言论和争论中,死刑的宣判往往被看做一种“少有”的现象,并且几乎很少执行。但是,我们要注意到很重要的一点:虽然在最近12年(从1995~2007年)执行的死刑非常少,但是在同期内,每年被宣判死刑的人数却在上升。由此可以看出,印度既没有在立法上废除死刑,也没有在司法实践中废除死刑。Bikram Jeet Batra:“印度的死刑——问题与视角”、[英]罗杰·胡德:“当今世界死刑的地位与使用问题的发展”,载北京师范大学刑事法律科学研究院、英中协会:《“死刑改革的全球考察及对亚洲经验的借鉴”研讨会论文集》,2007年6月,第67~68页。

印尼(1.3 亿)。[①] 这绝对不是一个偶然,也不可能是人口过亿的国家经过协商所采取的一致步骤。人口大国之所以不废除死刑,至少可以说明这些大国对于死刑的存废问题有着基本相同的倾向。

从废除死刑对法治现实的影响来看,“小国寡民”型国家,无论它如何废除死刑,都因其犯罪总量的有限而对其国家的法治现实不会产生过大的冲击或影响。这种“小国寡民”的国家包括两种类型的国家,一种是国家所占的地域面积小,人口也少的情形,例如,太平洋上的岛国,另一种是国家所占的地域面积广袤,但人口相对较少的情形,例如,位于撒哈拉沙漠以西的阿拉伯撒哈拉民主共和国(西撒哈拉),其境内大部分为沙漠和半沙漠地带,人口只有 19 万。[②] 而对于人口过亿的大国来说,死刑的废除并不是轻而易举的事情,并且这些人口大国各自有其保留死刑的现实国情、罪情与民情,例如,印度国家法律委员会认为:“考虑到印度的实际情况,国民接受社会教育的方式、国内道德水平和受教育水平的不一致、地域的辽阔、人口的多样性,以及目前这个时候保持国家法律和社会秩序的极为重要的需要,印度不能冒险进行废除死刑的试验。”[③]

(二)孰是潮流:占世界人口一半以上的地区没有废除死刑

以废除死刑的国家所拥有的人口数量为视角看,无论世界上有多少个国家废除了死刑,只要美国、中国、日本、印度等人口大国没有废除死刑,那么,占世界一半以上人口的地区就还保留着死刑。截止到 2006 年,世界人口数量为 65 亿,保留死刑的国家人口数量在半数以上。仅仅中国、印度、美国、巴基斯坦、日本、印尼、越南、伊朗、泰国、韩国这 10 个保留死刑国家的人口数量就已经超过了 33 亿。[④] 也就是说,这些人口大国对死刑制度的价值取向和立法态度是趋于一致的,即仍然是支持死刑保留的。从人口数量的角度考察死刑废止的进程,虽然并不一定是一个科学、充分的理由,但其至少反映出了死刑废止进程的一些特征,此种数字统计是不能被否认与忽视的数据。

---

① 周杰:“当代中国死刑废除论之辨正”,载《厦门大学法律评论》2007 年第 1 期。

② 西撒哈拉北邻摩洛哥,东、南接阿尔及利亚和毛里塔尼亚,西濒大西洋,境内大部分为沙漠和半沙漠地带。7 世纪时即有阿拉伯人进入该地,15 世纪中叶葡萄牙和西班牙人侵入,1934 年,西撒哈拉沦为西班牙殖民地,1958 年西撒哈拉改为西班牙的海外省,在“西撒人阵”武装组织的带领下,经过多年的武装斗争,终于在 1976 年宣布成立阿拉伯撒哈拉民主共和国,但此后,武装冲突一直不断,在非洲统一组织和联合国的多次斡旋下,于 1991 年正式停火,结束了长达 16 年之久的军事冲突。现在的西撒哈拉在摩洛哥和西撒人阵的分别控制之下。http://www.wiki.cn/wiki。

③ 《印度第 35 届法律委员会报告》,转引自曼汉卓·P. 萨:“死刑:视角与印度语境”,载 R. S. Agarwal, Kuman 编:《犯罪与刑罚的新视角》,1986 年版,第 33 页,转引自苗延波:“20 世纪各国死刑废除运动的回顾及评述”,载《法学论坛》2005 年第 6 期。

④ 周杰:“当代中国死刑废除论之辨正”,载《厦门大学法律评论》2007 年第 1 期。

就废除死刑进程最为迅速的欧洲大陆来说，“废除死刑运动已推广到除白俄罗斯以外的欧洲各国——这使得欧洲成为一个‘没有死刑的地区’”，[①]而欧洲现共有45个国家和地区，占世界国家总数的23.0%，总人口为7.9亿，仅占世界人口的16.7%。从此组对比数据可以看出，欧洲国家的数量将近占到世界国家总数的1/4，而人口总量只占了世界人口总量的1/6。换句话说，废除死刑的国家虽然在国家数量上占据了一定的优势，但其所拥有的人口数量却远远没有占据优势，我们禁不住要发出一声诘问，这些国家在死刑废除进程上的选择能否真实地代表一种需要全世界人民都竞相模仿的潮流？

在以废除死刑的国家所拥有的人口数量为统计数据的背景之下，保留死刑还是废止死刑，孰是潮流，就有了值得反思的余地。也就不能再简单地说，保留死刑的国家与废止死刑的国家之间的个数之比，就决定了废止死刑的世界性潮流。无论太平洋上多少个岛国废除了死刑，无论多少个人口仅相当于乃至少于人口大国一个城市人口的国家之死刑废除，都不会被认为是人口大国所应当跟从的“世界性潮流”。从这个角度来看，死刑废止国家的数量统计，并无太大的理论参考价值。

从国家的概念上看，废止死刑国家的数量统计也无太大的理论参考价值。关于国家的定义一直存在不同的看法和争论，国家是一个政治概念，是在一定领土范围内代表一定数量的人民行使政治权力的机构。也就是说，不论一个国家的地域面积是大是小，其所拥有的人口数量是多是少，其对外都表现为一个政治权力实体。那么，当我们对死刑废除这样一个历史性的法律变革作出判断时，应当以政治意义上的国家数量为历史潮流的判断依据，还是应当以政治意义上的国家所拥有的人口数量为历史潮流的判断依据呢？实际上，死刑是应用于人的一种刑罚制度，它的存与废与一国所拥有的国民数量、国民文化等，与人相关的因素有着密切的联系，而与政治意义的国家没有丝毫关联。由此，废止死刑国家的数量统计并不能代表死刑存废问题的国际潮流。

从国家裂变角度看，废止死刑国家的数量统计也无太大的理论参考价值。例如，苏联在解体前，曾3次废除死刑，又3次恢复死刑，而解体后，有些苏联国家为了尽快融入欧洲，便相继废除了死刑。就苏联的情况来说，其解体后，15个加盟共和国全部成为独立的主权国家，截至2002年4月，包括俄罗斯、乌克兰等

① ［英］罗杰·胡德：“当今世界死刑的地位与使用问题的发展”，载北京师范大学刑事法律科学研究院、英中协会：《“死刑改革的全球考察及对亚洲经验的借鉴”研讨会论文集》，2007年6月，第19页。

在内的9个苏联国家加入了废除死刑的行列，①这一变化，使废除死刑的国家数量得到了绝对的增加。但是，假设苏联分裂成100个国家，并且这100个国家也都相继废除死刑，那么，废止死刑的国家数量必将占据绝对优势。可是，从人口数量角度看，无论苏联分裂成多少个国家，其人口总量是不变的，占世界人口总数的比重是不变的；而且，从原来它们属于一个国家的历史事实来看，此种废止死刑国家数量统计数字的增加，没有任何的实际意义。这样一来，我们就会提出一个问题，两组统计数字：一组为废止死刑国家数量的统计数字；另一组为废止死刑国家所拥有的人口数量的统计数字，究竟哪一组数字应当成为潮流？

四、死刑存废的现实思考：立足国情，警惕数字陷阱

当死刑废止论者利用数字技巧虚拟出一种死刑废止的国际潮流与趋势时，中国的刑事法治领域表现出了对死刑废止论的极大追捧，甚至陷入了一种迷思状态，即为了避免背上逆潮流而动的历史罪名，几乎所有的学者们都建议，中国应当与死刑废止的国际潮流保持一致的步伐。然而，在这场关于死刑存废问题的激烈争论中，人们的眼睛却被死刑废止论者所构建的虚拟的数字压力所蒙蔽，人们似乎忘记了为何要废止死刑，忘记了去区别和思考废止死刑国家的个性与共性。事实上，死刑的废止与否，应当立足于各国的现实国情。

（一）法治及刑罚的终极目的，均在于追求社会秩序的稳定

国家建立法律制度、设立刑罚制度，其最终的目的是追求社会的稳定，追求和谐共存的理想状态，而死刑则是实现此终极目的的手段之一。在死刑废止论者那里，死刑的废除是基于对人权的保障，正如大赦国际所指出的，“无论如何，废除死刑的运动与人权运动密不可分。”②但是，死刑废止问题是一个综合性的问题，一味地、片面地追求对犯罪人人权的尊重，很可能验证“小慈乃大慈之贼”的古谕，对犯罪人的仁慈，很可能造成对整个社会公平正义的严重破坏。

从我国当前犯罪态势分析，刑事犯罪总体上呈现出动态化、组织化、职业化和智能化的4大特点，而从趋势上呈现出明显的高发态势。对于我国目前的犯罪态势，应当有一个清醒的认识：(1)刑事犯罪总量仍在高位运行，犯罪态势不容乐观。20世纪80年代后期以来，犯罪总量高居不下，每年在200万起左右浮

---

① 刘仁文：“死刑政策：全球视野及中国视角”，载 http://www.douban.com/group/topic/1737092/。

② 同上。

动。1997年以来,我国刑事犯罪总量进一步上升,2003年达到439.4万起。而2004年,这一数字上升至471.8万起,并查处各类治安案件536.6万起。根据公安部新闻发言人的最新介绍,2006年公安机关立案的各类刑事犯罪案件共465.3万起,与2005年相比基本持平。公安部对此评价是,公安机关所立刑事犯罪案件总量连续3年保持在465万起左右,虽然没有出现大的波动,[①]但是表明,我国当前仍处于刑事犯罪高发期。(2)严重犯罪尤其是严重暴力犯罪大量增加。具体而言,爆炸、投毒、杀人、绑架、抢劫等严重暴力犯罪增多,系列杀人、持枪杀人、杀害绑架人质、爆炸抢劫运钞车、一案杀死全家等重大刑事案件时有发生。(3)犯罪的动态性增强,黑恶势力犯罪严重。随着人、财、物的大流动,跨地区流动犯罪越来越突出。犯罪分子作案后行踪不定,往往"狡兔三窟",逃避打击的能力增强,造成侦破难、查证难、抓获难。同时,随着对外开放的进一步扩大,刑事犯罪出现了国际化的趋势。另外,黑恶势力犯罪严重影响社会稳定和基层政权建设,成为严重危害社会治安和影响人民群众安全感的重要因素。(4)受国际恐怖主义活动日趋活跃的影响,我国面临的反恐怖斗争形势十分严峻,一方面,国际恐怖势力、境内外"三股势力"已经成为我国当前面临的最严重恐怖威胁,另一方面,国内一些对社会极端不满的人和严重刑事犯罪分子以极端方式制造暴力恐怖事件、借机报复社会的可能性也在加大。面对我国刑事犯罪的高发态势,我国更应该慎重地选择对待死刑的态度。

对于死刑存废问题来说,一个国家的统治者为了追求社会秩序的稳定,必须顾全大局,以"菩萨心肠"行"霹雳手段",死刑的适用是对那些罪行极其严重的罪犯一种极为严厉的惩罚,更是对整个社会公平正义的最大尊重与保护。

(二)废止死刑本身不应当被当做一项目标

废止死刑本身不是一项目标,尤其不是一项独立的目标,废止死刑是实现社会秩序稳定的手段与途径,一味地追求废止死刑这一目标,无异于犯了本末倒置的错误。社会的发展是一个历史的过程,死刑的废止作为这个过程的一部分,必然是由社会发展的内在规律所决定。如果人为地、刻意地去加快死刑废止这一历史进程,很有可能不会使社会达到一种相对有序的状态,如此一来,死刑的废止不仅是毫无意义的,而且将会导致严重的社会混乱。关于死刑的废止给社会稳定带来的负效应已有前车之鉴,如"南非在取消死刑后,恶性犯罪率一直居高

① 徐京跃、吴晶:"公安部新闻发言人:2006年全国严重暴力犯罪下降",载中华人民共和国中央人民政府网。

不下，成为世界上犯罪率最高的国家之一”。[①]“巴西紧跟世界‘主流’价值观，在1979年就全面废除死刑。但频繁的越狱和监狱暴动以及背后令人唏嘘的死亡名单，给这个国家抹上了重重的黑影。”[②]

诚然，随着人类文明的进步与发展，死刑必然会退出历史的舞台，但这一应然的结果是在一个社会经过一系列地发展变化后，自然地不再需要死刑的状态下实现的，而不是简单地为了追求废止死刑这一目标，而违背历史的发展规律人为地刻意去实现的。然而，在死刑废止论者那里，他们只关心死刑废止这一目标，置法治需求与现实情况于不顾，一味地利用被曲解的废除死刑的国家的数量统计，积极地营造一种虚拟的数字压力以支持其论调，此种做法是十分不可取的，对我国的法治现实没有任何益处。

（三）借鉴外国的对象相对性

根据死刑废止论学者的统计，废除死刑的国家主要集中在欧洲、中美洲和南美洲地区，中亚南部、非洲地区的一些国家也相继加入了废除死刑运动的行列，在太平洋岛国中，11个已经完全废除了死刑，另外4个也在事实上废除了死刑，但是在伊斯兰教占有优势的中东和北非地区，大多数国家都反对废除死刑，在亚洲也只有4个国家完全废除了死刑，5个国家在事实上废除了死刑。[③]这些国家在死刑废除进程上所迈出的成功步伐确实有值得我国借鉴与思考的地方，但是，此种借鉴并不是盲目的借鉴，而是应当参照与我国有着相同背景国家的经验。

死刑的废除是一个复杂的历史进程，“中国的法学家和刑事司法制度不应当‘随波逐流’（无论是大流还是小流），不能仅仅因为有些外国学者的某种没有坚实社会基础和人性根基的理论和理想，就急切地废除死刑。刑事司法改革必须基于对刑罚制度以及支撑这些制度的基本制约的实证研究。换言之，刑事司法改革的根据必须是研究，而不是列举。”[④]在我国死刑废止的道路上，我们既要针对已经废除死刑的国家进行全面的研究，包括废除死刑前的国家政治背景、经济背景、文化背景、制度背景，以及废除死刑后的法治现状，同时，我们还要针对没有废除死刑的国家进行全面的研究，进而从中选择出与我国的国情背景最为

---

① 佚名：“废除死刑就人道吗”，载 http://www.tianshannet.com.cn/pn/content/2008-03/19/content_2495973.htm。

② 周杰：“当代中国死刑废除论之辨正”，载《厦门大学法律评论》2007年第1期。

③ ［英］罗杰·胡德：“当今世界死刑的地位与使用问题的发展”，载北京师范大学刑事法律科学研究院、英中协会：《“死刑改革的全球考察及对亚洲经验的借鉴”研讨会论文集》，2007年6月，第16页。

④ 苏力著：《法律与文学以中国传统戏剧为材料》，生活·读书·新知三联书店2006年版，第77页。

相近的国家,作为我们借鉴的对象。

(四)从长远来看死刑是应当废除的,但是应当循序渐进

死刑作为一种剥夺犯罪人生命的刑罚,从长远来看,从人类所追求的终极价值目标来看,应当将之废除。但是,这一应然的选择不能脱离现实的社会背景,各国在对死刑的存废进行实然的选择时,无不以其本国所具有的现实国情与民情作为其根基。对于我国这样一个国情复杂的人口大国来说,在目前的情况下,还不能立即废止死刑,废止死刑的进程应当循序渐进。实际上,在我国刑法学界,主张立即废止死刑的学者只是少数,①而相对主流的观点认为应当"保留死刑,但要严格限制死刑,并最终废除死刑"。② "未来的应然,既非当今的实然,也不能决定当今的必然;基于我国当今的社会现实以及民族传统,死刑有其存在的历史阶段根据;我国目前保留死刑,实属当今社会的必然。"③在我国目前应当保留死刑的大前提下,应当说,我国的死刑废除之路应当审时度势,循序渐进,在宽严相济的刑事政策的指导下,最终实现死刑的废除。

成都武侯草堂有一副著名的对联,一向被推为武侯祠诸联之冠,并受到毛泽东等领导人的高度赞赏。联曰:"能攻心则反侧自消,从古知兵非好战;不审势即宽严皆误,后来治蜀要深思。"对联中上联写的是诸葛亮的军事成就,下联则就诸葛亮的"治蜀"加以评论。应当说,其核心是"审势",即对形势的准确把握。经验证明,只有对犯罪趋势和罪情现状有了准确的判断之后,才能制定出与之相适应的刑事政策,当宽则宽,当严则严。否则,不明形势随意变化,那么政策无论"宽"或"严",都是注定要失误的。在"审势"以"治蜀"方面,诸葛亮也为后人作出了榜样。事实正是如此。在刘备集团入蜀之初,法正就曾劝诸葛亮要学习"高祖入关,约法三章","缓刑弛禁,以慰其望",换句话说,应当先施恩惠,放宽刑罚,以收人心。但是,诸葛亮通过对蜀地形势的深入分析,却得出了与法正相反的结论。他在著名的《答法正书》中指出,刘备入蜀与当年汉高祖入咸阳所面临的是两种完全不同的时代背景。秦朝政苛,高祖法宽,故能顺应人民的意愿,

---

① 如邱兴隆教授、曲新久教授。邱兴隆:"在死刑的正当程序学术研讨会闭幕式上的讲话",载赵秉志、邱兴隆主编:《死刑正当程序之探讨》,中国人民公安大学出版社2004年版,第688页;曲新久:"推动废除死刑:刑法学者的责任",载《法学》2003年第4期。

② 如陈兴良教授、赵秉志教授、王世洲教授、胡云腾教授等。陈兴良:"死刑存废之应然与实然",载《法学》2003年第4期;赵秉志:"中国逐步废止死刑论纲",载《法学》2005年第1期;王世洲:"关于中国死刑制度的反思",载陈宪主编:《死刑:中外关注的焦点》,中国人民公安大学出版社2005年版;胡云腾著:《死刑通论》,中国政法大学出版社1995年版,第302页。

③ 张小虎:"废除死刑的理论预期与保留死刑的现实必然——论我国死刑制度的完善",载《社会科学研究》2007年第1期。

从而促进国家的安定和生产的发展。但蜀中的统治者刘璋原本就暗弱,以致形成了德政不举、威刑不肃,蜀中豪强专权自恣的散漫局面,如再对他们一味施行恩惠,只会纵容姑息,促使其气焰愈演愈烈。对此,只能"威之以法"、"限之以爵",这样才能使人们感到恩惠之不易、禄位之可贵,从而令上下有节,人人守法,以达到社会安定、国家大治之目的。因此,诸葛亮对蜀中反叛势力的打击毫不手软,对一些违纪官员的处理也十分严厉和果断。结果是,蜀国经过诸葛亮这样一番严刑峻罚治理之后,不但没有发生动乱,反而出现了"吏不容奸,人怀自厉,道不拾遗,强不侵弱,风化肃然"(陈寿语)的社会景象。①

在处理如何对待死刑存废问题的过程中,深思这一名联中的"不审势即宽严皆误",应当说具有深刻的时代借鉴意义:中国研究死刑问题的学者,必须正视中国的社会现实、民族法律传统和犯罪数量高位运行的态势,才能做到"审势",不能仅仅为了紧跟"世界潮流"而盲目建议立即废除死刑。至少在现阶段,死刑在中国仍然有其存在的历史阶段性根据,保留死刑是当前一种必然的选择,具有其现实合理性。

(2009 年第 1 期)

① 张崇琛:"'后来治蜀要深思'——成都武侯祠一副对联的解读",载《档案》2004 年第 1 期。

死刑民意及其内部冲突的调查与分析

袁　彬*

前　言

关于死刑民意，目前我国学者有许多结论性的看法，如认为"死刑的公共认同只不过是个体和社会的一种情感诉求、一种情绪民意"。[①] "民众的集体意识与正义情感不仅具有非理性、情绪性，而且往往变动不居、起伏不定，往往一个孤立的突发的恶性犯罪案件就能在很大程度上改变公众对待死刑的态度。"[②]"民意具有明显的异质性并且是可以引导的，在内容上民意并不一定代表正义。"[③]死刑观念具有可变性，随着人们对死刑认识的不断深入，死刑观念的更新转变是必然的。[④] 民意与死刑实践存在一种互动关系，死刑的立法和司法适用有着广泛的民意基础，司法实践中死刑大量适用的现实又在不断强化这种群体意识。[⑤]在这些看法的指引下，死刑民意与死刑改革之间的联系在很大程度上被剥离开来。

可以说，这些研究在一定程度上切中了我国死刑民意的要害，其中有关死刑民意与死刑改革关系的立论也反映了一些国家死刑改革的实际。但这些研究在方法上也存在不可忽视的问题。首先，对死刑民意的立论缺乏有说服力的本土依据。当前学者对死刑民意的研究，很多都是停留在经验的层面，客观性相当差并且难以验证。以死刑民意的特性为例，学者们几乎都要涉及情绪性、非理性，但这只是一种由己及人、由国外及国内的思维。实际上人心理的同质性是相当差的，没有客观研究方法的支持，其研究的信度和效度都要受到质疑。其次，论证逻辑不严密。

---

* 作者单位：北京师范大学刑事法律科学研究院。

本文系作者主持的2007年度教育部人文社会科学研究项目《死刑观念的定量分析》（项目批准号：07JC820017）的阶段性成果。

① 欧贤才："浅析死刑认同的心理根源"，载《社会心理科学》2006年第3期。

② 梁根林："公众认同、政治抉择与死刑控制"，载《法学研究》2004年第4期。

③ 卢建平："死刑适用与'民意'"，载《郑州大学学报》（哲学社会科学版）2005年第5期。

④ 刘振东："浅谈死刑观念的可变性"，载《安徽警官职业学院学报》2003年第S1期。

⑤ 唐煜枫："论民意与死刑实践——一个互动关系的视角"，载《辽宁大学学报》（哲学社会科学版）2006年第2期。

如民意测验的不可靠性能得出民意不应成为死刑保留根据的结论吗？测量方法与测量对象能等同吗？死刑观念的可变性能拉近死刑废除梦想的早日实现吗？既然民意是可变的，它将来会不会只停留在废除死刑的立场上呢？等等。

针对我国死刑民意研究存在的上述研究"瓶颈"，也有学者运用实证的方法进行了调查。其中比较有代表性的有，2003 年 3 月贾宇教授在西北政法学院（现更名为西北政法大学）对该校法学和非法学专业共计 1873 名本科生进行的问卷调查；[①]2003 年 1 月新浪网的调查（据悉，新浪网评论死刑废除问题的帖子条数连续一周占据"热点评论"条数榜首，帖数总数超过 4600 条）。[②] 这些调查，为我们进一步研究死刑民意问题提供了不少有价值的研究数据。但是，这些调查也存在一些明显的问题，或调查的对象单一，仅局限于部分人群，代表性有限；或分析方法欠科学，单纯的百分数统计无法检验不同数据之间的关联度，等等。因此，当前，有关我国死刑民意的总体状况、影响因素、特点等基本问题，仍然缺乏很有价值的统计数据。

一、我国死刑观念状况问卷调查的基本内容

死刑（仅指死刑立即执行，不包括死刑缓期 2 年执行）是当前我国刑事立法和刑事司法领域的一个热点问题。了解当前我国死刑观念的状况，对于我们死刑制度的改革具有积极意义。为此，2007 年度教育部人文社会科学研究项目《死刑观念的定量分析》课题承担者特设计了 26 道问题，调查我国死刑观念的状况，以为死刑立法和司法提供决策依据。其中每道问题均为单项选择。具体设计题目包括：

1. 您的性别：(　　)

①男　②女

2. 您的年龄：(　　)

①18 周岁以下　②19～25 周岁　③26～40 周岁　④41～60 周岁　⑤61 周岁以上

3. 您的职业：(　　)

①无业　②学生　③非国有公司、企业、事业单位、社会团体人员　④国家机关、国有公司、企业、事业单位、人民团体人员

---

① 贾宇："死刑实证研究之死刑观的调查报告"，载《法学评论》2005 年第 3 期。

② 曲新久："推动废除死刑：刑法学者的责任"，载《法学》2003 年第 4 期。

4. 您的学历:(　　)

①高中及以下　②大专或本科　③研究生及以上

5. 您所在的地区:(　　)

①农村　②城镇　③中小城市　④大城市

6. 您觉得,当前我国的社会治安状况如何:(　　)

①很差　②一般　③较好　④非常好

7. 您觉得,当前我国判处死刑的数量(　　)

①很少　②一般　③较多　④太多

8. 您觉得,我国规定了死刑的犯罪种类:(　　)

①较少　②适中　③多　④过多　⑤不好说

9. 当前,我国的死刑执行方式有枪决和注射两种。您觉得,在现有刑法规定了死刑的情况下,哪种死刑执行方式最好:(　　)

①现有的枪决、注射执行方式挺好,也比较人道,应继续采用　②应附加采用类似于新加坡鞭刑的羞辱性执行方式,以增加死刑的惩罚性　③可以适当借鉴我国古代的酷刑,以满足部分被害方的报复心理,同时震慑社会上的不稳定分子

10. 有人认为,死刑有利于减少和预防犯罪。您觉得这种观点:(　　)

①完全没有道理　②有一定道理　③完全有道理

11. 您觉得,死刑:(　　)

①断绝了死刑犯悔过自新的道路,不人道　②渲染和鼓励暴力　③没什么不好　④不好说

12. 如果您主张保留死刑,那么您觉得,在我国,最应该规定死刑的犯罪是:(　　)(只能选一项,主张废除死刑的可以跳过此题)

①故意杀人、抢劫、绑架、强奸等严重危及人身安全的暴力犯罪　②贪污贿赂等腐败犯罪　③背叛国家、分裂国家、间谍等危害国家安全的犯罪　④盗窃、诈骗等经济领域的犯罪　⑤走私、贩卖、运输、制造毒品等毒品犯罪

13. 假设您或家人、亲朋因他人的诈骗、盗窃、敲诈勒索等而损失巨大,家庭都无法维持生计,您觉得是否应对犯罪分子适用死刑:(　　)

①不能　②可以　③应当

14. 您觉得,死刑执行的数量越多,一国的社会进步、文明程度就:(　　)

①越低　②越高　③不好说

15. 在当前情况下,您觉得我国应当:(　　)

①完全保留死刑　②完全废除死刑　③不废除死刑,但应限制和减少死刑的适用

16. 有学者主张用不可减刑、假释的无期徒刑替代死刑(即对原本应当判处死刑的罪犯不判处死刑,而是改将他一辈子都关在监狱里)。对于这种方案,您是否能接受:(　　)

①不能接受,即便一辈子都被关在监狱里也抵不上被判处死刑　②可以接受,将罪犯一辈子都关在监狱里的处罚并不一定比死刑的处罚轻

17. 您认为,在中国废除死刑是:(　　)

①不可能的　②马上能实现的　③可能在二三十年内实现的　④可以通过逐步限制和减少适用、在恰当的时机废除的

18. 假设您的亲人故意杀人、伤害、抢劫、强奸等致人死亡或严重残疾,现在法院要判处您的亲人死刑,您是否能接受:(　　)

①不能　②可以　③完全接受

19. 您认为,在众多国家废除死刑之后,中国(　　)废除死刑

①必须　②可以　③不能

20. 您认为,在中国讨论废除死刑是(　　)的事

①刑法学家　②立法者　③执法者　④全社会

21. 假设您或您的亲人受到他人的杀害、伤害、抢劫、强奸等致死或致严重残疾,您觉得,是否应对犯罪分子适用死刑?(　　)

①不应当　②可以　③应当

22. 您认为,废除死刑后,社会上的犯罪(　　)呈现上升趋势

①必然　②可能　③不会

23. 对于下列关于死刑的看法,您赞同:(　　)

①"杀人偿命",只要社会上还有严重的犯罪,就不应当废除死刑　②死刑具有较强的威慑力,当前我国犯罪率高,不能废除死刑　③死刑不人道,废除死刑是人类进步的表现,我们应当立即这样做　④死刑判决一旦发生错误,就无法纠正,应废除死刑　⑤死刑并不是惩罚犯罪的最有效手段,要废除

24. 假设您的亲人通过贪污、受贿、盗窃、诈骗等手段获得了巨额利益并致使国家或他人遭受巨大损失,现在法院要判处您的亲人死刑,您是否能接受?(　　)

①不能　②可以　③完全接受

25. 当前有不少学者主张废除死刑,并且发表了不少废除死刑的文章和言论。您是否听过这方面的言论,您对死刑的态度是否因此发生了改变?(　　)

①没有听过　②听过,这更加坚定了我废除死刑的立场　③听过,但没有改变我保留死刑的立场　④听过,我对死刑的保留立场由此发生了改变,从此主张

废除死刑

26. 如果要用一种刑罚来代替死刑，您觉得，最适合代替死刑的刑罚是(　　)

①永不出狱的终身监禁　②终身监禁，如果罪犯表现好可在执行30年或更长时间后释放　③30年或更长的有期徒刑，并且不得提前释放　④30年或更长的有期徒刑，如果罪犯表现好可在执行20年以后释放

二、我国死刑民意实证分析的样本与方法

(一)我国死刑民意实证分析的抽样方法

民意，即整个社会民众的意愿和态度。死刑民意是社会公众对待死刑的态度。但是，对于中国这样一个有着13亿多人口的国家来说，要统计每个人的死刑态度显然不可能。因此，我们必须采取一定的方法进行抽样。

在统计学和测量学上，抽样的方法一般被分为概率抽样和非概率抽样。概率抽样的原则在于随机性，它能保证总体中的每一个样本被选中的概率相等。概率抽样的方法有很多，如简单随机抽样、系统抽样、分层抽样、整群抽样和分段抽样。[①] 与概率抽样相比，非概率抽样不是按照等概率原则进行，而是根据人们的主观经验或其他条件来抽取样本，方法有偶遇抽样、判断抽样和配额抽样等。非概率抽样具有一些明显的优势，如操作简单、便捷，节省精力和成本，为此常常为社会科学研究者所采用。在非概率抽样中，配额抽样因其更具优势而备受关注。配额抽样要求研究者尽可能地根据那些影响研究变量的各种因素来对总体分层，要求研究者在抽样前对样本在总体中的分布有准确的了解。一般而言，这种抽样方法更具有代表性。

在死刑民意的实证研究中，要了解民众的死刑观念，我们也可以有多种抽样方法，几乎所有的概率抽样和非概率抽样方法均可使用。但是，在我国要做到等概率的随机抽样同时又要保证其最大的代表性几乎是不可能的，因此这类研究常采用非随机的非概率抽样。本文亦如此。不过，为了提高样本的代表性，我们根据影响死刑民意的因素对全国的民众进行了分层，并针对每层民众进行了抽样，尽可能地提高了样本的代表性。

死刑民意作为一种观念、态度，其影响因素大体上可分为主体内因素和主体外因素。主体内因素主要为主体的性别、年龄、知识经验(学历)、职业等；主体

① 王国庆、王广金、郝向峰："抽样方法运作条件刍议"，载《宁夏农学院学报》1994年第4期。

外因素则有所在地区的政治经济状况、文化状况、社会治安状况以及死刑状况等。在这些因素中，由于职业在很大程度上浓缩了一个人的社会地位、社会经验和文化影响，知识经验（学历）在一定程度上反映了一个人的智力状况以及分析、判断能力，而所在地区的状况能在一定程度上反映一个地方的开放性及人们的生存状况、地理环境、文化影响，因此笔者以为，在民众的死刑观念影响因素中，职业（身份）、学历和所在地区的状况是抽样中必须重点考虑的因素。当然，这些因素对死刑民意是否有一定的影响，最终还要通过抽样之后的分析才能得出结论。

在样本的选取过程中，根据分层的原则，我们结合影响死刑民意的主要因素，对死刑民意的总体进行了分层：(1)基于对抽样对象职业的考虑，我们将全国民众的职业（身份）群体分成了6类，即无业人员、农民、服刑人员、学生、非国有单位人员（主要为公司企业人员）和国有单位人员（主要为国家工作人员），并分别进行了抽样。这种分类的一个考虑是我国刑法中的死刑，除了侵害人身、财产等一般主体实施的犯罪，还有国家工作人员这类特殊主体实施的贪污贿赂犯罪，将抽样对象分成非国有单位人员和国有单位人员，有利于对比分析；另一个考虑是服刑人员自身的犯罪经历和服刑感受可能会在一定程度上影响他们对死刑问题的判断，有必要予以重点考虑。(2)基于对抽样对象学历的考虑，我们将学历分为了高中及以下学历、大专或本科学历、研究生及以上学历3类，并分别进行了抽样。(3)基于对抽样对象所在地区状况的考虑，我们综合了地区的经济、政治、文化等因素，将地区分为4类，即农村地区、城镇地区、中小城市和大城市。在这一分类的基础上，我们分别选取了北京、广东、河北、江西、甘肃5个地区为代表，其中北京、广东代表了经济发达地区，河北属于中等发达地区，江西和甘肃则代表经济相对落后地区。而从地理分布上看，北京、河北属于华北，甘肃属于西北，江西属于中部，广东则属于南部，它们在地理上对全国而言也具有一定的代表性。

（二）我国死刑民意实证分析的样本与方法

在确定了抽样的方法和群体之后，我们要做的就是进行具体的抽样调查。为此，我们首先根据死刑民意所可能涉及的问题编制了调查问卷表，然后组织人员进行了问卷调查表的发放和回收，并对回收的问卷调查表进行了统计分析。

1. 调查问卷表的编制。对社会态度的测量，社会心理学上通常采取的是自我报告测量法，它是以态度问卷中一些社会事件、问题的陈述作为刺激，引起被试的态度反应，然后依据其回答反应，给予分数或等级的评定，以确定其态度的状况。现在西方通用的量表有瑟斯顿等距量表、利克特型量表和语义分化测量表。[①] 从民意调查的角度,利克特型量表较适合用于对某些死刑态度范畴的测量。借此方法,我们在问卷调查表中设计了许多问题,有些问题要求被试做是与否的回答,有的则允许作多重选择,大部分问题采用由被试在一定等级上(如从恶劣、差、一般、较好、好等5个幅度)进行选择的方法回答。

2. 调查问卷的发放与回收。问卷的发放主要是根据6个职业(身份)群体的差异在北京、广东、河北、甘肃和江西5地进行。其中,学生群体根据专业又分成了法律专业和非法律专业学生,分别在北京和广州各选择了2个高校的大二、大三学生。农民群体又分成了在家务农的农民和在外务工的农民工两部分,分别在江西、甘肃和河北3地进行调查,其中在江西选择了3个农村;在甘肃选择了1个建筑工地,在河北选择了1个制衣厂的农民工。对于无业人员群体,我们分别在北京、江西各选择了1个居委会进行。非国有单位人员和国有单位人员这两个群体的调查主要是在北京选择了2个在职人员进修培训班(人员来自全国各地),同时在甘肃选择了2家国有企业,在广东选择了2家私营企业。服刑人员则主要选择了河北1所司法部部属监狱以及北京、江西两地的1个监狱和1个看守所进行。此外,课题承担者还对周围的同事、同学等分别发放了一定数量的问卷表。

问卷的发放主要采取委托发放的方式进行,即在各个相关单位委托1个负责人,在对该负责人进行了必要的指导后,由负责人负责问卷的发放和填写指导。其中,北京、江西部分地区的调查是由课题组成员进行的。问卷发放工作从2008年3月开始,2008年5月全部完成,共发放问卷3500份,回收3475份,其中废卷67份,有效问卷3408份。而在3408份有效问卷的部分问卷中,也有少部分被调查者对问卷中的个别问题出现了拒绝回答或者没有回答的情况。

3. 问卷的分析。在回收问卷后,组织人员将问卷回答的原始数据分别输入Excel文档,并在所有数据汇总后用SPSS[②] 软件对数据进行了统计分析,得出了一些有关我国死刑民意状况及相关因素、死刑民意的内在冲突等方面的有益结论。

---

① 章志光主编:《心理学》,人民教育出版社1984年版,第239~241页。

② SPSS是软件英文名称的首字母缩写,原意为Statistical Package for the Social Sciences,即“社会科学统计软件包”。但是随着SPSS产品服务领域的扩大和服务深度的增加,SPSS公司已于2000年正式将英文全称更改为Statistical Product and Service Solutions,意为“统计产品与服务解决方案”。它是世界上最早的统计分析软件,其基本功能包括数据管理、统计分析、图表分析、输出管理等。SPSS统计分析过程包括描述性统计、均值比较、一般线性模型、相关分析、回归分析、对数线性模型、聚类分析、数据简化、生存分析、时间序列分析、多重响应等几大类,每类中又分好几个统计过程,而且每个过程中又允许用户选择不同的方法及参数。SPSS也有专门的绘图系统,可以根据数据绘制各种图形。

三、我国死刑民意状况及有关因素的实证分析

(一)我国死刑民意的总体状况

死刑观念的总体状况历来是人们最为关注的话题。我们将对死刑的总体态度分成了“完全保留死刑”、“完全废除死刑”和“不废除,但应限制和减少死刑的适用”。调查的结果如表1。

表1 死刑民意的总体分布状况

		人数(人)	百分数(%)	有效百分数(%)	累计百分数(%)
有效数据	完全保留死刑	1017	29.8	29.9	29.9
	完全废除死刑	339	9.9	10.0	39.9
	不废除死刑但限制和减少死刑适用	2043	59.9	60.1	100.0
	总计	3399	99.7	100.0	
丢失数据		9	0.3		
		3408	100.0		

从表1中我们可以清晰地看到,虽然主张保留死刑的人数占到了被调查对象的90%,主张完全废除死刑的人只占到了10%,但是真正主张完全保留死刑的只有29.9%,另有60.1%的人主张限制和减少死刑的适用。这表明,多数被调查者对我国当前的死刑状况是不满意的,死刑改革有着十分广阔的空间。

(二)死刑民意与有关因素的相关程度分析

死刑民意和其他观念一样,也会受到有关因素的影响。为了研究影响死刑观念的因素,笔者对几个比较常见的因素进行了调查。这些因素包括性别、年龄、职业(身份)、学历、所在地区、死刑替代措施、死刑状况等。通过对这些因素与死刑民意的相关分析发现,这些因素都在不同程度上对民众的死刑观念产生了影响(显著性检验的P值均为0.00,相关系数在0.1到0.5之间①)。人们在

① P值是显著性检验值,在单侧检验的情况下P小于0.01,在双侧检验的情况下P小于0.05,则说明某两个变量之间没有相关关系的原假设属于小概率事件,在统计学上不成立,应予推翻。因此应承认某两个变量之间具有相关性。而相关系数的大小,表明的是某两个变量之间的相关程度,其值在-1到1之间。正系数表明两者正相关,负系数表明两者负相关,而且相关系数的绝对值越大,说明两者正(负)相关程度越高。不过,本文所使用的是列联相关分析,由于计算方法的不同,其所得出的Cramer's V系数和C相关系数,最小值为0,最大值为1,不存在负值的情况。但其相关系数的大小一样可表示变量之间的相关程度。

进行死刑观念的判断时，立场并不独立。其中，影响较大的因素有死刑替代措施、职业（身份）和当前的死刑数量。

1. 死刑民意与死刑替代措施的相关度。为了了解死刑替代措施对民众死刑观念的影响，我们在问卷中设计了“有学者主张用其他方法来代替死刑，如用不可减刑、假释的无期徒刑代替死刑（即对原本应当判处死刑的罪犯不判处死刑，而是改将他一辈子都关在监狱里）等。对此，您是否能接受”的问题。调查结果如表2。从表中可以看出，超过了62%的被调查者认为，死刑是可以被替代的。也就是说，在存在替代措施的情况下，有62%以上的人赞同废除死刑。

表2　死刑替代措施之下的死刑民意的排列分布

		人数（人）	百分数（%）	有效百分数（%）	累计百分数（%）
有效数据	不能接受	1284	37.7	37.8	37.8
	可以接受	2112	62.0	62.2	100.0
	总计	3396	99.6	100.0	
丢失数据		12	0.4		
总计		3408	100.0		

与此同时，我们也对民众的死刑观念和死刑替代措施主张之间的相关性进行了分析、检验，结果如表3和表4。

表3　死刑替代措施与死刑民意的分布

		替代主张（人）		总计（人）
		不能接受	可以接受	
死刑民意	完全保留死刑	636	381	1017
	完全废除死刑	90	243	333
	不废除死刑但减少和限制死刑适用	552	1485	2037
总计		1278	2109	3387

从表3中我们会发现，在主张完全保留死刑的人中竟然有381人同意采取死刑替代措施，在限制和减少死刑的人中则有1485人主张死刑替代措施。这说明，死刑替代措施在一定程度上改变了民众的死刑观念，使他们由原先的保留态度演变成了同意通过死刑替代措施代替死刑，并且这种观念的转变是巨大的。

表 4　死刑民意与死刑替代措施之间的相关检验

	相关值	显著性检验值
Cramer's V 系数	0.335	0.000C
相关系数	0.318	0.000
有效人数(人)	3387	

而从表 4 中可见,民众的死刑废除观念与死刑替代措施主张之间的 Cramer's V 系数①是 0.335,$P = 0.00 < 0.01$;C 相关系数②是 0.318,$P = 0.00 < 0.01$。这个结果表明,死刑废除观念与死刑替代措施主张之间是相关的,死刑替代措施影响了民众的死刑观念。从总体上看,在存在替代措施的情况下,人们更倾向于废除死刑。

2. 死刑民意与职业(身份)的相关度职业是影响死刑观念的又一重要因素。在调查中,我们将职业(身份)分为农民、无业、学生、国有单位人员、非国有单位人员和服刑人员 6 类。不同职业(身份)的被试者对死刑的态度如表 5。

表 5　职业(身份)与死刑民意的分布

		职业(身份)(人)						总计(人)
		无业	农民	学生	非国有单位人员	国有单位人员	服刑人员	
死刑民意	完全保留死刑	69	315	171	147	252	63	1017
	完全废除死刑	0	42	54	3	0	243	339
	不废除死刑但限制和减少死刑适用	72	243	906	90	309	423	2043
总计		114	600	1131	240	561	726	3399

① Cramer's V 系数是由统计学家 Cramer 提出的,一般用字母 V 表示,因此也称"克拉默系数"或"V 相关系数"。Cramer's V 系数的适用性很强,不论列联表是多少行多少列,也不论行列数是否相等,其系数的最大值总是 1,最小值总是 0。Cramer's V 值的大小表明了变量之间的相关程度。

② C 相关系数是皮尔逊提出,因此又称"皮尔逊列联 C 系数"(Pearson's Contingency coefficient C)。C 相关系数的最小值是 0,最大值随列联表的行列数不同而变化,在根据 2×2 四格表计算 C 相关系数时,C 的最大值为 0.707。如果列联表的行列数增加,C 可能达到的最大值也增加,但是,不管行列变量分成多少个取值类,即无论列联表的行列数有多大,C 相关系数的最大值永远小于 1。与 V 相关系数相比,C 相关系数由于最大值的不稳定,解释起来相对难一点。不过,C 相关系数可以和 V 相关系数一起,共同说明变量之间的相关程度。

从表5中,我们可以发现,死刑观念在不同的人群中存在较为明显的差异。如服刑人员中有240人主张完全废除死刑,占到了主张完全废除死刑总人数(339人)的70.8%;而农民中有315人主张完全保留死刑,占到了主张完全保留死刑总人数(1017人)的31%;学生中有906人主张限制和减少死刑适用,占到主张限制和减少死刑适用总人数(2043人)的44.3%。与此同时,我们也能发现,无业和国有单位人员的人群中没有人主张完全废除死刑;农民的人群中,主张完全保留死刑的人数超过了50%;服刑人员的人群中则有近1/3的人主张完全废除死刑。为了进一步了解民众死刑废除观念与职业(身份)之间的相关程度。笔者对两者作了一个列联相关检验,检验结果如表6。

表6 死刑民意与职业(身份)之间的相关检验

	相关值	显著性检验值
Cramer's V 系数	0.399	0.000
C 的相关系数	0.492	0.000
有效人数	3399	

从表6中可以发现,死刑废除观念与职业(身份)之间的Cramer's V系数是0.399,P=0.00<0.01;C相关系数是0.492,P=0.00<0.01。这说明,民众的死刑废除观念与职业(身份)之间存在相关。民众对死刑废除与否的判断受到了其职业(身份)的影响。

3. 死刑民意与死刑数量、死刑种类的相关度死刑民意与民众对死刑现状的认识之间可能会存在一定的关系。为了验证这一点,我们在问卷中对民众对死刑数量和死刑适用的犯罪种类进行了调查,并将其与民众对死刑的总体态度进行了列联相关分析。结果如表7、表8和表9、表10。

表7 死刑数量与死刑民意的分布

		死刑民意(人)			总计(人)
		完全保留死刑	完全废除死刑	不废除但限制和减少死刑适用	
死刑数量	很少	441	63	336	870
	一般	504	72	984	1560
	较多	54	90	552	696
	太多	18	111	138	267
总计		1017	336	2040	3393

表 8　死刑数量与死刑民意之间的相关检验表

	相关值	显著性检验值
Cramer's V 系数	0. 324	0. 000
C 相关系数	0. 417	0. 000
人数(人)	3393	

从表 7 中我们能发现,人们的死刑废除观念受到了人们对死刑数量认识的影响,认为当前的死刑数量越少,则人们越倾向于主张保留死刑,反之认为当前的死刑数量越多,则人们越倾向于主张废除死刑。如认为死刑数量"很少"的人中,有 50% 以上的人主张完全保留死刑;而在认为死刑数量"太多"的人中,只有 18 人,约 7% 的人主张完全保留死刑。而从表 8 中可以进一步知道,人们对当前死刑数量的认识与人们的死刑废除观念之间具有一定的相关性,两者的 Cramer's V 系数是 0. 324,C 相关系数是 0. 417。

表 9

		死刑民意(人)			总计(人)
		完全保留死刑	完全废除死刑	不废除但限制和减少死刑适用	
法定死刑犯罪种类	较少	435	24	264	723
	适中	288	42	576	906
	多	45	81	414	540
	过多	27	150	258	435
	不好说	222	39	519	780
总计		1017	336	2031	3384

表 10　死刑民意与法定死刑犯罪种类之间的相关检验表

	相关值	显著性检验值
Cramer's V 系数	0. 352	0. 000
C 相关人数	0. 446	0. 000
人数(人)	3384	

表 9 和表 10 所反映的情况与表 7 和表 8 反映的情况相似。人们认为规定了死刑的犯罪种类越少,人们越倾向于保留死刑;反之则越倾向于废除死刑。如在认为规定了死刑的犯罪种类较少的人中,超过一半以上的人主张完全保留死刑;相反在认为规定了死刑的犯罪种类过多的人中,只有 6% 的人主张完全保留

死刑。而根据表10,死刑民意与法定死刑犯罪种类之间的 Cramer's V 系数是0.352,C 相关系数是0.446。比较而言,两者的相关程度略高。从前面的调查中我们可以发现,我国死刑民意的现状至少在以下几个方面值得我们进一步思考:第一,我国的死刑民意并不像想象的那么强烈。在调查中,只有29.9%的人主张完全保留死刑。持完全废除死刑的比例为10%。另有将近60%的人,对死刑是持一种中间立场。第二,民众的死刑观念并不是不可改变的。在调查中,尽管有多达90%的人主张不同程度地保留死刑,但是在采用了死刑替代措施后,同意废除死刑的人数显著地上升到了62%以上。这说明,死刑替代措施对于改变人们的死刑废除观念具有积极意义,我国民众的死刑观念并不是不可改变的。第三,影响死刑民意的因素较为复杂。调查发现,民众的死刑废除观念受到了各种各样因素的影响。这些因素包括了性别、年龄、职业(身份)、学历、所在地区状况、对死刑数量和规定了死刑的犯罪种类的认识等。在各种职业中,超过50%以上的农民主张完全保留死刑,这在所有人群中所占比例最高。而在服刑人员中,主张完全废除死刑的人几乎占到了被调查的服刑人员总数的1/3。这表明,职业身份对人们的死刑废除观念有影响。与此同时,调查也发现,民众对当前的死刑数量和法律规定了死刑的犯罪种类的认识也会影响民众的死刑废除观念。认为当前死刑数量和法律规定了死刑的犯罪种类越少,则越多人主张保留死刑;反之,则越多人主张废除死刑。因此,适当公开死刑的实际执行数量,并适度宣传刑法中所规定的死刑,也许有助于改善人们的死刑观念。

四、我国死刑民意内在冲突的实证分析

作为一种态度,死刑民意也是由认知、情感和意向3个要素组成的。[①] 而死刑民意内部的3个要素之间是否存在冲突及冲突的程度,也能在一定程度上反映民众死刑态度的成熟水平和一致性。通过对我国死刑民意的内部冲突调查发现,其主要存在两个方面的冲突。

(一)死刑的总体态度与具体案件死刑态度之间存在冲突

死刑的总体态度,是民众对死刑的一种抽象态度。与具体案件中的死刑态度不同,对死刑的总体态度,更少考虑案件的细节,如它不会受到被害人或者被告人的身份影响、不会受到案件证据的影响等。因此,对民众的死刑态度,不能

① 乐国安主编:《中国社会心理学研究进展》,天津人民出版社2004年版,第119页。

仅仅根据民众对死刑的抽象态度就简单地得出人们赞成或者废除死刑的结论，还必须结合具体的犯罪加以综合判断。在问卷中，我们设计了数道问题对被调查对象进行了研究。结果发现，民众对死刑的总体态度与具体案件中的死刑态度之间，存在一定的冲突。调查结果如表11、表12。

表11　作为严重经济犯罪受害人对死刑的具体态度与对死刑总体态度的分布

		死刑民意(人)			总计(人)
		完全保留死刑	完全废除死刑	不废除但限制和减少死刑适用	
作为严重经济犯罪受害人对死刑的具体态度	不能对罪犯判处死刑	177	252	1002	1431
	判不判死刑都可以	417	66	705	1188
	应当对罪犯判处死刑	423	18	330	771
总计		1017	336	2037	3390

从表11中我们可以发现，与对死刑的抽象态度相比，被调查对象对具体案件中死刑的态度发生了较为明显的变化。在对死刑进行一般性判断时，他们中主张完全废除死刑的只有336人，只占被调查对象的9.9%；而一旦具体到经济犯罪案件中，作为严重经济犯罪的被害人，他们中主张不能对罪犯适用死刑的人数一下子就上升到了1431人，占到了被调查对象总数的42.2%。其中，有1002人由对死刑总体态度中的主张"不废除但限制和减少死刑适用"转变为主张"不能对罪犯判处死刑"，占到了主张"不废除但限制和减少死刑适用"总人数的49.2%。这种态度的变化十分明显，同时这也反映了作为严重经济犯罪受害人对死刑的具体态度与其对死刑的总体态度之间存在较为明显的差异和冲突。类似的结论我们也可以在表12中发现。如表12所示，当被调查对象被问到"作为严重暴力犯罪的受害人对死刑的具体态度"时，也有549人认为不应当对罪犯判处死刑，占到了总人数的16.2%，比死刑总体态度中主张完全废除死刑的比例上升了6个多百分点。同时，在死刑的总体态度中主张"不废除但限制和减少死刑适用"的人中，有312人主张废除死刑，占到了主张"不废除但限制和减少死刑适用"总人数的15.4%，说明该人群中有15.4%的人由赞成死刑转变为主张不适用死刑了。

表 12 作为严重暴力犯罪受害人对死刑的具体态度与死刑民意的分布

		死刑民意(人)			总计(人)
		完全保留死刑	完全废除死刑	不废除但限制和减少死刑适用	
作为严重暴力犯罪的受害人对死刑的具体态度	不应当对罪犯判处死刑	48	189	312	549
	判不判死刑都可以	315	87	1050	1452
	应当对罪犯判处死刑	654	60	675	1389
总计		1017	336	2037	3390

上述调查结果表明,民众对死刑的总体态度与对具体案件中的死刑的态度之间,存在一定的差异。

(二)死刑态度的内在情感冲突情感作为态度的重要组成因素,对死刑民意会有重要影响

为了调查死刑民意是否会因情感而受到影响,我们在问卷中分别设计了两对问题。在这两对问题中,被调查对象分别作为严重犯罪的受害者和严重犯罪行为人的亲属回答问题。调查的结果见表 13 和表 14。

表 13 作为严重经济犯罪行为人的亲人和受害人对死刑态度的分布

		作为严重经济犯罪行为人的亲人对死刑的态度(人)			总计(人)
		不能对罪犯判处死刑	判不判死刑都可以	完全接受对罪犯判处死刑	
作为严重经济犯罪的受害人对死刑的态度	不能对罪犯判处死刑	813	543	72	1428
	判不判死刑都可以	321	813	54	1188
	应当对罪犯判处死刑	105	387	276	768
总计		1239	1743	402	3384

从表 13 中我们可以发现，作为严重经济犯罪行为人的亲人，只有 402 人“完全接受对罪犯判处死刑”，占总人数（3384 人）的 11. 9%；而作为严重经济犯罪的受害人，“应当对罪犯判处死刑”的人数上升到了 768 人，占到总人数的 22. 7%，是作为严重经济犯罪行为人的亲人数值的将近两倍。

表 14　作为严重暴力犯罪行为人的亲人和受害人对死刑态度的分布

		作为严重暴力犯罪行为人的亲人对死刑的态度（人）			总计（人）
		不能对罪犯判处死刑	判不判死刑都可以	完全接受对罪犯判处死刑	
作为严重暴力犯罪的受害人对死刑的态度	不应当对罪犯判处死刑	417	102	30	549
	判不判死刑都可以	387	945	114	1446
	应当对罪犯判处死刑	216	750	423	1389
总计		1020	1797	567	3384

与表 13 相比，在表 14 中，作为严重暴力犯罪行为人的亲人对死刑的态度与作为严重暴力犯罪受害人对死刑的态度之间，差异更为明显。作为严重暴力犯罪行为人的亲人，只有 567 人接受对犯罪行为人判处死刑，只占总人数的 16. 8%。而作为严重暴力犯罪行为的受害人，由 1389 人“完全接受对罪犯判处死刑”，占到了总人数的 41%。显然，就被调查者而言，作为犯罪行为人的亲人和作为被害人之间，其身份上的差异显示出两者与犯罪行为人之间的情感不同。在对死刑的态度中，情感对被调查者的态度产生了重要影响。从上述有关死刑民意内部冲突的调查可见，民众的死刑观念并不是一个简单的百分比数字。在抽象与具体、整体与局部之间，民众的死刑观念表现出了不同程度的对立与冲突。许多在抽象层面对死刑持赞成态度的人一旦具体到案件中，其对死刑的态度发生了完全的改变。产生这种冲突的原因可能有两个方面：一种是民众对死刑的态度并不成熟。一旦具体到现实案件，民众对死刑的态度就会因各种其他因素的介入而分化、瓦解。另一种是具体案件中的影响因素作用力超过了死刑本身的作用力。在具体案件中，对民众观念的影响除了死刑，还会有被害人与被告人的状况、社会环境、犯罪与道德之间的冲突状况等，这些因素都有可能会影响民众对死刑的态度。而如果这些因素的作用力超过了死刑本身的作用力，民

众就不会选择死刑。民众死刑观念中的非理性成分仍然很高。在前述调查中，我们发现，情感因素已经明显影响到了民众的死刑观念，并表现出了明显的冲突。在对被告人的消极感情与对被告人的积极感情对比中，前者明显偏向于选择死刑，而后者则相反。情感因素对死刑民意的影响也反映出民众死刑观念中存在不成熟、不理性的成分。

五、死刑民意引导的制度尝试：现代死刑替代制度建立的必要性

一般而言，当前国际社会的死刑替代制度主要有两种模式：一是死刑的立法替代，即在立法中规定一种替代方法代替死刑。这种替代又可分为部分替代和完全替代。部分替代是在立法中用一种替代方法代替部分犯罪的死刑；完全替代是在立法中用一个替代方法代替所有的死刑。二是死刑的司法替代，即在司法中采用其他方法替代死刑的适用。它也可以分为部分替代和完全替代。死刑替代制度的这种多样性和灵活性，能够较好地适应我国死刑民意的发展。

第一，死刑替代制度的目标与60%以上民众限制和减少死刑的心理需要一致。如前所述，在调查中有60%以上的被调查对象认为我国应当进一步减少和限制死刑的适用。这与现代死刑替代制度的目标相吻合。现代死刑替代制度发明的最终目的虽然是要废除死刑，但是减少和限制死刑的适用也是现代死刑替代制度建立的重要目标和手段。因此，现代死刑替代制度完全可以适应民众限制和减少死刑适用的需要，满足民意的这种心理需求。

第二，民意对死刑替代措施的高接受度是现代死刑替代制度建立的重要保证。在调查中，尽管有多达90%的人主张保留死刑，但是在存在替代措施的情况下，有超过60%以上的人赞成用替代措施代替死刑。这说明，民众对死刑替代措施的接受程度很高，同时也说明了死刑替代措施对民众的死刑心理具有重要的补偿作用。民众对死刑的心理需要可为死刑替代措施所代替，这是我国建立现代死刑替代制度的重要保证。

第三，民意的内在冲突需要现代死刑替代制度加以引导。死刑民意在多个方面的态度冲突展示了我国民众对死刑以情感为主导的、不成熟的心态。这种态度的恣意发展显然不利于社会的发展。如何引导死刑民意走向成熟、理性，是我国刑事法治建设的重要任务。比较而言，现代死刑替代措施是一种较为理想的手段。一方面，现代死刑替代措施可以是一种渐进的改革，它可以在满足民众对死刑需要的基础上逐步推进；另一方面，现代死刑替代制度对死刑制度的逐步替代可以引导民众逐步走向理性。

第四,态度与行为的微弱联系是现代死刑替代制度建立的防护栏。关于态度与行为之间的相关度,心理学上有不少学者进行了研究。有的学者认为,态度与行为之间只有微弱联系,只有 10% 的行为变异可以用态度测量来解释。① 因此,我们无须担心死刑替代会导致犯罪潮的涌现。

(2009 年第 1 期)

① [英]艾森克著:《心理学:一条整合的途径》,阎巩固译,华东师范大学出版社 2000 年版,第 542 页。

“财产性利益”型贿赂相关问题探讨

张绍谦[*]　郑　列[**]

2008年11月25日，最高人民法院和最高人民检察院联合下发了《关于办理商业贿赂刑事案件适用法律若干问题的意见》（以下简称“两高意见”）对于当前处理商业贿赂犯罪中所遇到的多个难题作出了比较明确的解释，其中第7条规定：“商业贿赂中的财物，既包括金钱和实物，也包括可以用金钱计算数额的财产性利益，如提供房屋装修、含有金额的会员卡、代币卡（券）、旅游费用等。”这一规定，至少在有权解释层面，较此前的解释有了明显改变，将“财产性利益”正式纳入商业贿赂的犯罪对象之中，从而对此前法学界和实务界长期存在的这种呼吁作出了明确而又肯定的反映。然而，对这一解释在实践中如何操作执行？如何正确理解“财产性利益”的内涵和外延等问题都还存在一些疑问和困难。为了澄清相关疑惑，厘清有关内容，本文针对以“财产性利益”进行贿赂的相关问题作些探讨，以期对司法实践有所帮助。

一、将“财产性利益”纳入贿赂范围的妥当性

“两高意见”出台后，对第7条所作解释的妥当性不乏议论，分歧主要在于：在法律明确规定贿赂只限于“财物”的情况下，由司法机关出面将明显不属于财物的“财产性利益”纳入贿赂之中，是否有类推解释之嫌。笔者认为，“两高”这一解释既有相当的正当性，也不属于类推解释。

贿赂犯罪的本质在于受贿者与行贿者双方之间权与利的交换，刑法处罚贿赂犯罪，目的是维护国家或单位公职人员职务活动的廉洁性，从而使权力不受玷污并能够始终得到正确运用。因此，法律规定贿赂所应重视的应在于其可获利这一本质，而不在于方式上是财物还是其他利益这些形式。换句话说，无论这种利益的外部表现形式是什么，只要是能够被用来收买、换取公权力的资本，也即权力对价的，它就具备了贿赂的性质，就应该属于被刑法禁止之列。只对以财物

* 作者单位：上海交通大学法学院。

** 作者单位：华东政法大学。

收买权力的行为进行禁止，而对以财物之外的利益贿赂公职人员行为网开一面，这对于禁止权力腐败，遏制腐败现象极为不利，因为有些人利用财产性利益对公权力进行腐蚀，对国家、单位利益造成的危害可能更加严重。

也正因如此，综观域外立法，无论是大陆法系还是英美法系的国家，都少有将贿赂对象局限于“财物”的。我国香港特别行政区的《防止贿赂条例》中作为贿赂的“利益”解释为包括各种各样的好处，远远不止于财物；澳门特别行政区和台湾地区的刑法也基本如此。我国2005年10月加入的《联合国反腐败公约》，也没有将贿赂局限在财物之内，相反规定为一切“不正当好处”，其中包括财物、财产性利益和其他一切利益。这说明将贿赂扩张到所有不正当利益，是世界反腐败立法之大势。我国1979年通过的《中华人民共和国刑法》第185条所规定贿赂犯罪的对象是“贿赂”，而非“财物”，而在学理上将其理解为“财物或不正当利益”更是当时的通说。① 只是到了1988年，全国人大常委会颁布的《惩治贪污贿赂犯罪的补充规定》之中，才第一次将贿赂限制在“财物”范围内。然而，这种轻视贿赂本质，以形式特征划定贿赂范围的立法，不但与世界立法规定的大势不符，而且从20年来的司法效果看，减弱了刑法对遏制国内官场腐败蔓延所应起到的作用。一些行贿者故意钻法律的这个空子，不直接使用财物行贿，而是将其转移成其他“财产性利益”或“非财产性利益”，再用来收买公职人员，这样既同样能达到行贿目的，而又不用担心会被刑法追究，从而使行贿、受贿者胆子更大，行为更放纵。20世纪90年代以来我国官场腐败恶化速度有目共睹，究其原因，与刑法这种过于宽松的立法不无关系。这种立法在一定程度上导致了一些贿赂犯罪分子规避刑事责任，逃避刑罚制裁。

实际情况表明，我国现行立法将贿赂限制在“财物”范围内，是一种明显不妥的立法，既不符合贿赂犯罪的本质，也不利于发挥刑法遏制权力腐败，维持公务廉洁的功能。对于这种既不公正也不合目的的立法，学界和实务界多年呼吁予以改变，可惜立法者迟迟不予响应。当某一立法规定表现出明显不合理性，已经不能适应社会需要的情况下，最高司法机关通过司法解释，在立法用语的最大意域范围内解释法律条文，使其尽可能和社会需要相契合，尽量减少立法不当所可能给社会带来的负面影响，这种扩张解释的方法在法律解释论中则是完全被允许的。罪刑法定原则并不完全否定司法解释在一定程度上对立法缺陷的修补功能。正如英国的丹宁勋爵在《法律的训诫》中说过的一句名言：法官虽然“绝

① 司法部法学教材编辑部组织编写、高铭暄主编：《刑法学》，法律出版社1982年版，第562页。

对不可以改变法律织物的编制材料”，但“应当将法律织物上的褶皱熨平”。[①] 作茧自缚，抱残守缺，死板执法，不求变通，这种消极的司法作风，看上去似乎是执法必严，实际上是在损害法律的功能。

在我国的汉语语境之中，“财产性利益”通常是表现为消费、享受、免除义务等利益，与具体有形的财物虽然在表现方式上不完全相同，然而，它不但和财物一样对人们都意味着一定的利益，而且也是以财物为基础，需要以财物来换取的。抛开其外部表现形式，“财产性利益”的实质与财物在其体现的物质价值上并无本质区别；像货币、有价证券这样的等价物，其表现形式其实也只是一片片纸张而已，而人们之所以会把它们当做财物，原因不在于其纸张的价值，而在于其上面所代表的，人们能够享用的相应的金钱价值。人们使用这些纸张，既可以换取财物，也可以换取相应的物质利益。这种情况下，后种利益与前种财物显然就具有质上的同一性。如果行贿者直接用金钱行贿，或者用金钱购买财物后去行贿，我们可对之以贿赂论处，而若他用同样的金钱购买成服务产品提供给对方，让对方享受，却不再能以贿赂定性，这种明显荒谬的结论显然是立法机关所不愿意看到的。根据法律解释的黄金规则，解释者应当推断立法者不可能制定出明显荒谬的法律，如果解释时出现了这样荒谬的结论，那只能认为是解释出现了错误，而不是立法有这种错误。

也正是为了避免出现法律适用上的荒谬现象，我国的学理界、司法界在对刑法上所用的“财物”一词进行解释时，从来就没有完全局限在具体、有形的金钱或实物上，相反，往往会根据需要，将“财产性利益”包括在相应条文的“财物”之中。例如，我国刑法学界历来认为，敲诈勒索罪的犯罪对象“财物”，就包括提供无偿劳动、免除债务等“财产性利益”。显然在我国法律语境内，财物与“财产性利益”也并不是截然分开的，财物在一定情况下是可以包括“财产性利益”的。那么，在法律没有明确将“财产性利益”排除在有关贿赂犯罪的刑法条文所指明的“财物”范围之外的情况下，解释者将其纳入后者之中，也属于在法律用语的最大射程之内来解释法律，因而是扩张解释，而非类推解释。

而且，区别扩张解释与类推解释的最根本标准还在于解释的结论是否超出了国民的可预测性。在当前的我国，无论是社会普通公民，还是法学界的研究人员、司法工作者，对于将“财产性利益”包括在贿赂之中，具有广泛的认识一致性。学界的这种呼吁已经长期存在，网络上民众的呼声也此起彼伏。此前，各地已有部分司法机关对于以资助旅游、提供免费装修等提供“财产性利益”的方式

① ［英］丹宁勋爵著：《法律的训诫》，杨百揆等译，群众出版社 1985 年版，第 10 页。

实施贿赂的案件以贿赂犯罪定性处罚的先例。2000 年,河南省郑州市一名村支部书记康某,在解决村民与某房地产公司发生土地纠纷时,趁机让该公司安排他和一名镇干部到美国旅游,共花去 8 万多元,被人民法院以受贿罪定罪处刑,成为"河南第一起旅游受贿案"。[①] 2006 年,浙江省杭州市萧山区物价局干部王某因受有关单位邀请携丈夫两次出国旅游,开支的 4 万余元均由对方支付,被人民法院以受贿罪判处有期徒刑 3 年,缓刑 5 年。[②] 这些判决在社会上引起了广泛好评,几乎难见有违罪刑法定原则的声音。事实上,"两高意见"中的这一解释也是对此前已经存在的这种司法判决的一种认可。可以说,"在我国,对于财产性利益属于贿赂的范围已经达成共识。"[③]社会对于这种观点的高度认同已经充分表明,将"财产性利益"解释在贿赂犯罪对象的财物之中,完全符合我国国民的可预测性,因而并没有违背罪刑法定原则。可以说,解释者使用"两高意见"这一解释,熨平了刑法关于贿赂犯罪规定上存在的一个褶皱,顺乎国情,合乎民意,符合大势,十分妥当。

需要附带说明的是,虽然"两高意见"似乎是专门针对"商业贿赂"作出解释的,看上去似乎并不包括与商业贿赂相对的"公务贿赂"(或称"普通贿赂")犯罪。但是笔者认为,其中第 7 条关于"财产性利益"型贿赂所作的解释,理应适用于包括"公务贿赂"在内的所有贿赂案件。因为我国的立法具有统一性特征,同一法条中的同一法律用语,在所有案件中都只能有相同的含义。"两高意见"第 7 条实际上是进一步明确了刑法分则中有关贿赂犯罪的部分构成要件的内涵和外延,其效果当然不能仅适用于部分贿赂案件。也只有作这样的理解,才可能使刑法适用保持统一性,从而维护刑法的公正价值。如果刑法允许对以"财产性利益"实施商业贿赂的,以犯罪论处,而以同样的利益实施公务贿赂的,则网开一面,那显然要损害刑法的公正性,因而也是明显不能接受的。

二、"财产性利益"的基本特征

学界主张将"财产性利益"解释入贿赂的呼声一直较高,但对于"财产性利

---

① 左世友、马西:"出国旅游属财产性利益,河南旅游受贿第一案始末",载 http://news. qq. com/a/20080321/000773. htm。

② 沈福泉、肖白:"杭州接受免费出国游判受贿罪,首例干部游贿案一审判决生效",载 http://www. wuxinews. com/news/newsfile/hdxx/148/20061128_28600. htm。

③ 彭之宇:"专家认为贿赂范围应包括非财产性利益",载 http://news. sina. com. cn/c/l/2006 - 10 - 24/162311321578. shtml。

益”的含义却少有细致的研究。“两高意见”将其含义限定为“可以用金钱计算数额的财产性利益”，这基本上代表了刑法界一些学者对这一概念的看法，但其内涵和外延仍然是不清晰的，仍有深入探讨之必要。综合实践中形形色色“财产性利益”型贿赂的样态，笔者认为，作为贿赂对象内容的“财产性利益”，除了必须不是金钱、实物这种狭义上的“财物”之外，还应当具有以下几个主要特征。

第一，必须表现为某种利益，也就是能够给收受者享受的一定的好处。这是由贿赂的本质所决定的，只有能够给收受者带来利益、好处，才能够使其愿意利用自己手中的职权为对方谋取利益，从而达到权与利交换的效果，这些好处也才能成为权与利交换的对价。这种好处可以表现为物质生活的进一步丰富，如代金券可以购买物品，装修房屋可以提高生活的质量；也可以表现为精神享受的进一步满足，如带金的娱乐会员卡可以给收受者带来精神愉悦。至于这种利益是否无形，笔者认为并不是问题的关键，虽然“财产性利益”多为无形，但有的“财产性利益”也可以有形的方式表现出来，如免费提供房屋装修所表现的利益就是有形的。因此，如果将其限定于无形利益，可能会不当地限制其外延范围。

第二，必须是具有一定的财产价值在内的经济利益，和一定数量的财产相关联，以这些财产作为利益存在的基础，因而能够最终还原为相应数量的财物。现实生活中，能够给收受者带来好处的利益形式很多，其中有的包含有财产价值，有的则不具有财产价值，属于“非财产性利益”。虽然各种利益都能够收买公权力，因而从应然角度来说，也都符合贿赂的本质，然而，由于我国现行刑法已经明确地将贿赂内容限制在“财物”上，这就决定了至少在当前立法不改变的情况下，使用扩张解释方法，也只能将“财产性利益”纳在贿赂之中，而不能把其他“非财产性利益”包括进来，否则就真的属于类推解释了。因为“财产性利益”虽然不是狭义上的金钱、实物，而是表现为好处、利益，然而，它实质上是与相应数量的财物密切相关的，要么财物是其实质内容，如含有金钱的代币卡、购物券；要么财物是这些利益获得的基础或前提，如没有相应费用支出，就不可能获得旅游服务；要么免除财物交付义务成为利益的主要内容，如免除该缴付的水费、电费、通讯费等，这是通过减少应付的支出而相对增加本人财物数量。可见，在这些“财产性利益”型贿赂中，无论表现形式如何，其实质都必然和相应财产发生联系，通过这种“财产性利益”贿赂，收受者得到了原本必须由本人付出相应财物后才能获得的好处，而这些本该由收受者付出的财物，恰恰是由交付者承担下来的。这实际上是在交付“财产性利益”的幌子下，掩盖着财物交付的本质。正如一位司法专家所言:“这些财产性利益不过是金钱财物的另一种表现形式而已。”①也正因为具备了这种实质,所以将其解释为“财物”并不违背罪刑法定的基本原则。

不管是什么样的利益,如果不具有经济利益的性质,不和一定的财产发生联系,那么无论它能给收受者带来如何的满足和享受,都不能成为财产性的利益。例如,提供子女上学方便、出国、出境方便等利益,通常都和财物的实质交付无关,因而就不属于财产性利益,也就不能成为贿赂。

第三,必须能够以金钱来计算其经济价值。一方面,这是“财产性利益”本质特征的当然要求,因为“财产性利益”总与相应数量的财物相联系,而所有财物的共同特征就是必须具有经济上的价值,都能够以金钱来计算;另一方面,要求能以金钱来计算“财产性利益”的经济价值,也是我国刑法对贿赂犯罪要求“计赃论罪”这种立法模式所决定的。如果某种利益不能以金钱计算价值,实践中无法认定贿赂的具体数额,不能进行“计赃论罪”,那么也就不能成为贿赂所能包括的“财产性利益”。例如,由于毒品、淫秽物品等违禁品不能流通,因而其本身无法以金钱计算价值,所以它们就不能成为贿赂物品。对于以这些物品收买权力的,可根据其行为特点,对相关人员按照非法持有毒品、传播淫秽物品等罪定性处罚,或者以一般违法行为论处。

需要指出的是,确定某种利益能否以金钱计算其价值,不能仅以交付者是否实际支付一定金钱作对价获得为标准,例如,不能以某人花了5000元购买的毒品送人,而认定这些毒品价值5000元,从而属于贿赂;也不能认为只要社会上存在一定的价值判断标准,就认为属于能以金钱来计算的利益。在判断某种利益是否能以金钱计算时,要采用社会正常的判断标准。对于一些“亚文化”社会群体中所存在的计价方法,即使在该群体内具有公认性,如果其和社会正常规范相背离,也不能予以承认。例如卖淫现象在我国一些地区比较猖獗,甚至形成了一定规模的地下行业,在其行业内,各种性服务也有相应的服务价格标准,买娼行贿现象也应运而生。现在社会上所热炒的“性贿赂”中就包括这一内容。一些行贿者对好色的官员投其所好,花大价钱雇用姿色好看的卖淫女提供其嫖娼。这种利益看上去既有地下行业内的价值判断标准,又有具体的对价支付,似乎完全具备“财产性利益”的特征,但笔者认为,由于卖淫是一种为现行社会所唾弃、禁止的危害社会现象,因而其地下行业所认同的一切规则,都是正常社会所不能

---

① 佚名:“五省区检察长纵谈反腐对接公约受贿罪应修改”,载 http://www.chinacourt.org/html/article/200610/25/221304.shtml。

认可的。在正常社会看来,性服务本身就是不应该存在的,因而其自身不存在以金钱计价的可能性,因而不属于“财产性利益”。在现行立法状态下,对这种买娼行贿的性贿赂,不能作为贿赂犯罪来认定,只能通过政纪、法纪手段来处理。

第四,交付者须就所交付给收受方的“财产性利益”实际支付了相应数量的金钱或财物。也就是说,行贿者必须先用一定数量的财物换取了这些利益,然后再送给收贿者。这种要求是为了使“财产性利益”和财物之间的关联性表现得更为直接、更加具体,从而使扩张的司法解释结论与严格解释之间保持最大程度的接近性,以免扩张过分而招来类推解释的非议。从理论上说,刑事立法用语的核心内容是任何解释都必须严格坚持的,而由核心内容向外延伸,就进入扩张解释的领域,越往外延伸,解释者就应该越加小心,除非确实具有明显可罚性的行为,否则通常不要轻易拉入刑罚处罚的范围。一行为被解释入罪的可能性与其距离核心词义的远近成反比,与其自身所具有的可罚的危害性程度成正比。这是由刑法的谦抑性和罪刑法定原则对解释的制约性所决定的。正是由于这一点,笔者主张需要对能够构成贿赂的“财产性利益”作出较为严格的限制,只有在具体案件中,行贿者确实为取得这种“财产性利益”支付了相应的财物,从而能够使人们在这种“财产性利益”中清楚看到它和相应财物之间的对应关系,才能够将这种“财产性利益”认定为贿赂。例如,对于一些专门提供商业性服务的公司、单位,利用本单位的服务条件,为他人提供免费服务,如果这种服务本身不再需要额外的费用付出,通常就不宜作为贿赂来对待。如经营高尔夫球场的公司,给他人免费赠送活动卡,使其在单位经营闲余时间来这里锻炼身体。此时,由于公司只是利用自己已有资源提供服务,而且也没有在接受者来活动时再提供额外的费用支出,如果作为贿赂加以认定,会使刑法过分介入社会应有的交往关系,显然不妥。认真分析“两高意见”解释的用语也可发现,其中所采取的也是这种谨慎态度,在所列举出的“财产性利益”形式中,都显示出和财物之间存在的直接联系。例如,提供房屋装修,这显然需要相当大的财物成本;会员卡、代币卡(券)必须是含有金额的,就是通常社会上所说的旅游贿赂,在这里也被限制在提供“旅游费用”,而不包括一切免费旅游。而且后面还明确强调,“具体数额以实际支付的交费为准”。这就意味着,即使提供了财产性的利益,但如果提供者在取得这些利益时没有实际支付金钱,一般就不能以贿赂来认定。假如某单位组团外出旅游,费用整团包干,在旅游过程中将某人捎带其中,并没有因此额外增加费用的,就不能将此说成是旅游贿赂。如果旅游景点让他人免费到本景点参观,也只利用了本单位的景观资源,没有支出额外费用,也不能认定为旅游贿赂。以上几点是“财产性利益”型贿赂的主要特征,也可作为判断某种利益是否属于贿赂的基本标准。当然,这仅仅是从哪些利益能够纳入“财物”的范围这个意义上来说的。至于在纳入“财物”之后,是否能进一步被判断为“贿赂”,则还要继续结合贿赂犯罪的其他特征进行判断。

三、“财产性利益”型贿赂的范围

“两高意见”在对能够成为贿赂的常见“财产性利益”进行列举之后用“等”字结束列举。从我国刑法规定对“等”字的使用情况看,这里的“等”应与“等等”含义相同,其中包括着后面还有未列举的其他内容。这就表明,实践中能够纳入贿赂的“财产性利益”远不止前列的几种情况。对于尚未列举的其他情况,就需要我们根据司法解释的精神,运用上面我们所提供的判断标准,运用类比的方法,进行具体分析和判断。笔者认为,实践中以“财产性利益”实施贿赂,归纳起来主要有以下三大类型。

1. 提供具有金钱内容的各种有价证券、消费服务卡,包括代币券、购物卡、银行卡、交通卡、观看比赛和演出的票、娱乐、健身会员卡等。这类“财产性利益”的特点是本身都具有纸、卡的外形,自身财物价值微小,但都是使用一定数量的金钱换取的,上面包含有相对应数量的金钱,凭此可享受相应的服务,或可直接取得相应数量的财物。在认定这些“财产性利益”能否构成贿赂时,需要注意两点:一是注意所包含的金钱数额的多少。除非通过支出巨大数额的金钱所换取,一般数量的卡、券很难成为收买权力的对价物,而属于人们正常交往的手段,因而不宜以贿赂来认定;二是要注意收受者对于这些券、卡在主观上所抱的态度。有些内含大量金额的会员卡,但本身并不显示这些面额,而行为人对于相关活动也并无兴趣,因而从未打算使用这些卡去享受相关的服务或活动,有的甚至导致会员卡过期作废。这种情况下,只要查明收受者确实没有使用的意愿,说明收受者本身就没有受贿的故意,至少对于卡上的高额金钱没有消费的想法,因此,这种情况下还是不宜将交付这些卡认定为贿赂,更不能将卡上的实际数额认定为受贿数额,否则就违背了主客观相一致的原则。2006 年 6 月 26 日,上海市高级人民法院刑二庭、上海市人民检察院公诉处共同主持召开商业贿赂犯罪法律适用问题研讨会,最后印发的《研讨会纪要》中就曾提出过类似的意见,“如果行为人申辩自己不会享用所收受的物质利益,并作出合理辩解,经查证属实的,可不认定为受贿犯罪,或者从受贿数额中扣除。如行为人收受的健身卡、高尔夫会员卡等,申辩不想也确实未曾使用的,可以考虑扣除该部分受贿数额。”①笔者认为这种意见是妥当的。

2. 免费提供需要实际支付较大数量金钱的服务或直接提供服务资费。例如,免费装修房屋、免费提供劳动服务、提供高消费娱乐资费、旅游资费、国内外求学资费等。例如,有些人将自己或家人外出的差旅费发票交由他人报销,就属于这种情况。这类“财产性利益”的共同特点是收受者都接受了一定形式的有偿服务,或是物质上的,或是精神上的,获得了物质上的满足或精神上的享受,但本人并不支付对价,而由他人实际支付。形式上接受的免费有偿服务,而实质上接受了他人的财物贿赂。

3. 免除需要偿付他人财物的义务,或者由他人代为清理、偿还。例如,免除所担负的债务、免除应缴的电费、水费、通讯费等。其共同特点是行为人此前已经取得或者消费了他人的财产,因而与对方形成了债务债权关系,本人依法负有清偿债务的义务,但是通过让对方同意免除这种义务,或者由第三方加以清理或代为偿还,而达到使本人财产不减少的效果。这属于消极利益的减少,与积极利益的增加,应同属取得利益的行为。

关于设定债权能否成为贿赂,从债权设定能导致所设定的债权人财产增加这个角度来说,其显然属于“财产性利益”,因而不能将其排除在“财产性利益”之外。不过,由于债权的设定并不意味着财物的实际转移,而贿赂犯罪的既遂通说是以实际交付财物为标准的,因此,即使将设定债权的行为以行贿受贿来认定,但在被设定的“债权人”没有实际行使债权,取得相应利益的情况下,对双方的行贿受贿行为就不能以犯罪既遂论处,而只能认定为犯罪未遂。只有在实际行使债权后,才能构成既遂。在我国,对于受贿行贿未遂以罪论处的情况非常少见,因此,将设定债权作为贿赂认定的实际意义不是很大。免除债务的情况则与此不同,由于被免除者此前已经取得财物,而其所担负的清偿债务义务随着双方达到的免除义务协议生效即被解除,因此,对于这种贿赂犯罪,应以双方免除债务协议生效作为判断犯罪既遂的标准,因而在实践中被定罪处罚的可能性相对要大得多。

实践上应当注意区别“财产性利益”与“非财产性利益”,后者不属于“财物”,因而依法不能作为贿赂对象。二者主要区别就在于前者的利益都是和财物相联系的经济利益,都能在最终还原为财物;而后者则不是经济利益,和财物

① “上海商业贿赂犯罪法律适用研讨会纪要”,载 http://www.zwjkey.com/onews.asp?id=363。

没有联系。前者能够使用社会正常的标准计算利益的金钱价值,而后者通常不具有这种计算标准。因此,对于诸如提升职务、迁移户口、安置工作、帮助子女升学、提供女色服务等利益,均属于“非财产性利益”,都不能作为贿赂来认定。如果认为以这种利益行贿的行为确实具有明显的刑事可罚性,那就得通过修改刑事立法来解决,而不能指望通过司法解释来达到入罪的效果。

(2009年第3期)

消费纠纷领域敲诈勒索罪的认定

肖本山*

敲诈勒索罪是司法实践中常见多发的财产犯罪之一。但是,我国《刑法》对敲诈勒索罪采用的是简单罪状的立法方式,而且对于何谓敲诈勒索,目前刑法理论也没有提供一个明晰确切的答案。特别是在消费纠纷领域,当消费者与商家(即指商品的生产者或经营者,下同)之间存在权益纠纷的情况下,消费者为了维护自己的权益而"要挟"商家,其行为是否属于敲诈勒索,则意见分歧很大。因此,司法实践中,对于消费者权利行使过程中敲诈勒索罪的认定存在普遍的困惑。

一、消费纠纷领域的典型案例及其主要争议所在

案例一(以下简称"冰淇淋索赔案"):1999年2月,黑龙江省某县个体户王某销售冰淇淋时,顾客发现冰淇淋上粘有布头。几天后,王某向冰淇淋生产厂家某食品有限公司索赔人民币50万元。同年3月,王某与该食品公司当面协商未果。王某坚持赔偿金不少于28.8888万元。在场的公安人员认为王某的行为属于敲诈勒索,将其拘留。2000年4月,一审法院认定王某行为构成敲诈勒索罪,判处其有期徒刑3年,缓刑3年。王某不服判决,提出上诉。同年7月11日,某市中级人民法院经审理后认为,王某的行为是一种平等主体之间的民事法律纠纷,不应由刑法来调整。因此,撤销原审判决,判决王某无罪。①

案例二(以下简称"冰红茶索赔案"):2003年7月2日,在江苏省某市做生意的李某某到某晚报投诉,说自己先后于同年5月和6月在超市购买的某品牌的冰红茶,里面都有苍蝇。李某某说,第一次发现后即向生产厂家某食品公司投诉,该公司总部派人来处理,向李某某赔偿1000元现金。第二次发现苍蝇后,李某某再次向该公司联系,对方不但拒绝赔偿,反而说上次的事情还没完,并说要追回"赔偿"的1000元钱。李某某将后一次买的瓶里有苍蝇的冰红茶拿给报社

---

* 作者单位:肇庆学院政法学院。

① 陈宝琨、罗智伟:"消费者'敲诈'无罪",载《检察日报》2001年6月1日。

的编辑们看，并气愤地在报社一再强调："我不要赔偿，我就要你们给它曝曝光。"接到晚报的电话后，该公司的部门经理王某前来处理，但王某和李某某对此事各执一词，双方争论的焦点是该公司在生产过程中不慎使苍蝇飞进瓶里，又偏偏被李某某两次买到？还是李某某将苍蝇放入瓶中，再利用某种手段复原瓶盖？其后，该市公安局技术人员对李某某所购买的冰红茶的瓶盖痕迹进行了科学检验，认定李某某在冰红茶的瓶盖上造了假。同年7月11日，李某某承认了自己在冰红茶瓶里放苍蝇的事实。李某某因涉嫌敲诈勒索被警方刑事拘留。①

案例三（以下简称"月饼索赔案"）：2004年9月13日，吴某在沈阳市中街购买了该市某食品厂生产的20块月饼。在吃月饼时发现一块月饼馅中有月饼皮。他因此怀疑该月饼是陈馅制作，于是向厂家索赔，并向厂家说不给赔偿就找媒体曝光。该厂负责人表示"不要曝光，可以赔给你月饼。"吴某拒绝，并要求赔偿5000块钱存到卡里。于是，双方约定两天后的下午于某街商业城门前面谈给钱。9月15日下午，吴某如约与该食品厂的负责人见面。经讨价还价后，吴某拿到了4000元的赔偿金。然而，正当吴某将钱装入裤兜时，被突然冲出的公安人员抓获。原来，食品厂方面认为吴某的行为属于敲诈勒索，在接到他的电话后就向公安机关报案。2005年2月，该市某区人民检察院对吴某提起了公诉。检察机关的起诉书中认定：吴某以购买的月饼存有质量问题，要向报社曝光为要挟，使用银行卡账户敲诈该市某食品厂人民币4000元。其以非法占有为目的，使用要挟的方法，应当以敲诈勒索罪追究其刑事责任。此案将于3月8日在某区法院开庭，但是在开庭前，检察机关又撤销诉讼。因为在调查过程中，检察机关发现一些证明其犯罪的证据有所缺失，因此决定销案，并要求公安机关进行证据补充。但是，接下来的时间里，公安机关并未搜集到新的有力证据，而从原有证据来看，还不足以证明犯罪嫌疑人的行为属于敲诈勒索。因此，检察院向公安机关下发了撤销案件建议书。同年7月20日，某区公安分局下达了撤销案件决定书及解除取保候审决定书。②

案例四（以下简称"电脑索赔案"）：2006年2月9日，北京某大学学生黄静花2万多元购买了一台华硕V6800V型笔记本电脑，该电脑采用了频率为2.0GHz的英特尔CPU。但新电脑第一次运行便出现了蓝屏死机的问题，强行关机后再不能开机。该电脑被送到华硕公司检修，经两次维修后，仍不能正常使

---

① 赵家新："'苍蝇'叮上了冰红茶，'统一'、健力宝连遭敲诈勒索"，载《法制日报》2003年8月19日。

② 王欢："维权敲诈？一块月饼索赔5000元"，载《华商晨报》2005年2月8日。

用。随后，黄静找到朋友周某某帮忙维修电脑。周某某认定华硕工程师为黄静电脑配备的是测试版 CPU，其性能稳定性差，完全不能和正品 CPU 相提并论，按照英特尔公司的规定，测试版处理器不受英特尔担保，也不得销售。针对电脑被换了测试版 CPU 的问题，黄静和周某某(系黄静的代理人)跟华硕展开了谈判。周某某向华硕提出支付500 万美元的“惩罚性”赔偿要求，并声称如果华硕拒绝这一条件，那么二人将向法院起诉并将此事通过媒体公之于众。对 500 万美元的赔偿要求，华硕表示不能接受。3 月 7 日上午，黄静、周某某二人再次到华硕北京公司交涉时，华硕报警。随后，黄静、周某某二人因涉嫌敲诈勒索罪被北京市某公安分局刑事拘留。2006 年 4 月 14 日，黄静被北京市某区检察院批准逮捕。2007 年 11 月 9 日，检察院向黄静作出不起诉决定书(京海检刑不诉〔2007〕154 号)。2008 年 6 月 5 日，黄静的代理律师向检察院提出刑事赔偿的申请。同年 9 月 22 日，检察院做出刑事赔偿确认决定书。① 11 月 20 日，检察院做出刑事赔偿决定书，决定赔偿黄静 29197. 14 元。②

案例五(以下简称“假烟索赔案”):2008 年 7 月 30 日 19 时许，家住安徽省某市的罗某听说朋友方某从该市某某路一烟酒店购买的一条香烟是假烟，便和方某等人携带剩下的 3 包香烟到该店索赔，与店主刘某某发生了争执。罗某等人要求对方给付 3000 元现金或者 10 条同品牌香烟，以了结此事，刘某某不同意。8 月 3 日 17 时许，罗某又邀潘某、蔡某、程某开车至该烟酒店，以买到假烟为由再次向刘某某索赔，提出要 3 万元，刘某某与丈夫梅某联系，梅某打电话给罗某等人表示愿意赔偿 2 条香烟，罗某等人拒绝，声称：“到晚上 7 点要拿 3 万元来，过 1 个小时加 1 万元，不然你们就滚出本地。”后 4 人留下电话号码离开。当日 19 时许，罗某 4 人再次来到该店索要钱财，并站在门口，干扰商店经营。后梅某报案，民警赶到现场，将罗某 4 人抓获归案。不久，罗某 4 人被批准逮捕。该市某区检察院以罗某等 4 人犯敲诈勒索罪向法院提起公诉。11 月 19 日，法院依法适用简易程序，审理了此案。庭审中，罗某 4 人均辩称自己主观上并不想敲诈勒索，只是在和店主谈赔偿事宜时，为了给店主施加压力，才随口说要其赔偿 3 万元的。法院当庭判决认定罗某等 4 人以非法占有为目的，采取胁迫手段，勒

① 2008 年 9 月 22 日，北京市某区人民检察院在《刑事赔偿确认决定书》(北海检刑赔确决〔2008〕0002 号)中指出，黄静采取向媒体曝光，将华硕公司使用测试版 CPU 的问题(以下简称“问题 CPU”)公之于众的方式与华硕公司谈判索取赔偿的方式，虽然带有要挟的意味，但与敲诈勒索罪中‘胁迫’有质的区别。黄静在自己的权益遭到侵犯后以曝光的方式索赔，并不是一种侵害行为，而是维权行为，索要 500 万美元属于维权过度但不是敲诈勒索。

② 张太凌：“华硕案女主角黄静被关10月冤狱，获国家赔偿”，载《新京报》2008 年 11 月 21 日。

索他人3万元,数额巨大,其行为均已构成敲诈勒索罪。判处罗某有期徒刑1年零2个月;潘某有期徒刑8个月;蔡某有期徒刑6个月、缓刑1年;程某有期徒刑6个月、缓刑1年。判决于当月生效执行。①

以上这些案例所反映的核心问题是消费纠纷领域是否存在敲诈勒索,虽然具体案情各异,但都有一定的代表性。在认定这些案件过程中,以下几点成为人们争论的关键问题:(1)消费者在维权过程中提出过高的索赔数额,是否意味着消费者具有"非法占有"的主观目的?如"冰淇淋索赔案"、"假烟索赔案"和"电脑索赔案"中存有此类争议。(2)消费者没有向消费者协会或仲裁机构提请解决或者向法院提起诉讼,而是采取向新闻媒体曝光这一方式,是否意味着消费者的曝光行为构成了"要挟"?如"月饼索赔案"、"冰红茶索赔案"和"电脑索赔案"中存有这样的争议。在理论上和司法实践中,对上述问题均有不同的意见:

对于第一个问题,一种处理依据是,即使在自己的权益受到侵害的情况下,如果消费者提出过高的索赔数额,根据《消费者权益保护法》(以下简称《消法》)关于"双倍赔偿"的规定,应当认定其具有"非法占有他人财物"的主观目的。其中有人认为,消费者受到侵害,如果是人身方面的损害,那么消费者可以提出较高的赔偿要求,但是,如果只是造成财产损失,就不应由此提出过高的赔偿要求。处理结果则是,在存在消费欺诈的情况下,消费者提出什么样的赔偿数额,应当是受害者的一项权利,这仅是个民事赔偿问题,而不是个刑事犯罪问题。

对于第二个问题,一种处理依据是,当出现消费欺诈的时候,消费者可以采取一定的方式来维权,不过,对于维权的方式,《消法》已有明确、具体的规定。由于媒体曝光不同于向消费者协会或仲裁机构提请解决或者向法院提起诉讼等方式,因此,如果消费者向新闻媒体曝光并据此向对方提出索赔,那么消费者的这一行为方式就具有敲诈勒索罪中"要挟"的特点。另一种处理依据是,在消费欺诈的情况下,消费者究竟采取什么样的维权方式,只要没有违反法律的规定,那么,即使消费者采取向新闻媒体曝光,并不能说明这一方式就是敲诈勒索罪中的"要挟"。

① 晓娟等:"买到假烟张口要三万元赔偿,索赔变成勒索,四人分别被判刑",载《合肥晚报》2008年11月20日。

二、消费纠纷领域敲诈勒索罪的认定依据和判断标准

(一)是否具有"刑法意义上的要挟"是认定消费者索赔行为是否具有刑事可罚性的客观依据

根据我国《刑法》第274条的规定,敲诈勒索公私财物数额较大的行为,就是敲诈勒索罪。理论上一般认为,要构成敲诈勒索罪,客观上实施了胁迫行为,主观上要有非法占有目的。① 至于何为"胁迫",我国刑法和司法解释均未作具体的规定。理论上一般认为,敲诈勒索罪中的胁迫是指以恶害相通告,以使对方产生恐惧心理。② 胁迫一般表现为"威胁"和"要挟"两种形式。③ 从消费纠纷案的情况看,消费者的行为一般不存在威胁的情形,因为威胁是指以暴力或者以实施暴力相胁迫,以使对方产生恐惧心理的一种强制方法。其一般表现为以杀害或伤害他人,或者毁坏他人财物。接下来的问题就是消费者的索赔行为是否具有"要挟"的情形,这是认定消费纠纷案的性质必须明确的问题。

1. 是否存在"消费欺诈",是认定消费者的索赔行为是否构成"敲诈"的前提

从目前发生的案件情况看,消费欺诈是消费纠纷案件的前提,因为这涉及消费者维权是否具有正当性、合法性的基础,是认定索赔行为性质的客观依据。以"电脑索赔案"为例,如果问题CPU在维修之前是黄静一方安装上去的,然后黄静以此说是华硕存在欺诈,这应属于"嫁祸于人",再以此提出索赔,那么这一行为就是敲诈勒索。因为此情形符合敲诈的基本特征。反之,如果问题CPU在维修之前不是黄静一方安装上去的,那么在此情况下,黄静以此提出索赔就是黄静的维权行为,自然缺乏构成敲诈的前提。同时,之所以说问题CPU是"电脑索赔案"的核心问题,是因为问题CPU决定着法益侵害的现实危险性的有无。具体来说,如果问题CPU为黄静一方所为,则意味着其索赔行为具有法益侵害的危险性,从而构成敲诈勒索罪;反之,如果问题CPU不是黄静所为,那么,其索赔就是正常的维权行为,对华硕来说,根本就不存在法益侵害的具体危险性,因而黄

---

① 作为本罪的客观要件之一的数额较大的标准,根据有关司法解释,为1000元以上。那么,从消费纠纷案的情况看,在此讨论数额问题没有什么实际意义,因为消费者提出的索赔数额都大于"数额较大"这一标准。

② 张明楷著:《刑法学》(第3版),法律出版社2007年版,第722页。

③ 高铭暄、马克昌主编:《刑法学》(第3版),北京大学出版社、高等教育出版社2007年版,第586页。

静的索赔行为自然就不存在犯罪问题。从相关媒体的现有证据看，问题CPU并非黄静所为，[①]因此，其提出的索赔行为就缺乏构成“敲诈”的前提性事实。再以“冰红茶索赔案”为例，李某某的索赔行为不具有其维权的正当、合法的基础。之所以如此，就是因为李某某向媒体所说的“问题冰红茶”中发现的苍蝇，并非生产者在生产过程中所为，而是其自己撬开瓶盖放入其中，然后以此为由向对方提出索赔要求，其行为完全符合“敲诈”的基本特征。

2. 消费者提出向新闻媒体曝光是否具有非法性，是认定消费者的索赔行为是否为“要挟”的客观依据

（1）从上述“月饼索赔案”和“电脑索赔案”的实际情况看，消费者的曝光行为根本不存在非法性。这可从以下几个方面来认定：首先，从法律的意义上，所谓行为的“非法性”即指违法性。换言之，认定行为人的行为是否具有非法性，其标准只能是法律。因此，这里的非法性，应指这种行为是法律所不允许，并被法律所禁止。如果法律没有禁止，那么，行为人的行为就应当是法律所允许，既然如此，也就谈不上行为的非法性问题。从“电脑索赔案”的情况看，黄静明确提出要通过诉讼来解决，就此点来说，其行为不存在任何非法性的问题，自不待言。即使是黄静最后果真将华硕的欺诈消费情况公之于新闻媒体，[②]那么，其行为也根本不存在非法性的问题。因为，诉诸新闻媒体这一途径不仅没有被我国目前的任何法律所禁止，而且，诉诸新闻媒体还是我国当前社会舆论监督的重要形式。其次，退一步来说，即使承认人们所说的诉诸新闻媒体这一方式并不是在任何情况下都具有合法性，那么，这一看法的正确性也只有基于行为人诉诸新闻媒体时是否存有捏造事实、说谎话的情形。也就是说，行为人诉诸新闻媒体这一

---

① 对此，可由以下情况加以判断：其一，2006年2月10日，华硕公司北京服务中心负责维修该电脑的工程师开具的“华硕皇家俱乐部服务记录单”记载有“上午有升级原2.0GCPU为2.13GCPU”的检修说明内容。该记录内容表明此系“升级服务”，而不是应客户要求进行更换，更不是客户自备配件。其二，通过当时的录像得知，该工程师承认该CPU由华硕公司更换，并且承诺可以得到华硕公司保修服务。其三，如果是黄静在其电脑送修前就已“掉包”，那么作为专业人员，华硕产品服务中心的工程师完全能够查看出来。实际上，华硕公司的工程师在该机底部CPU盖子螺丝上面加贴“ASUS，标签撕毁，不予保修”的易碎标签。

② 截至黄静被警方拘留之时，其诉诸新闻媒体的这一行为并没有实际实施。就此点而言，也可进一步说明黄静的行为根本不具有法益侵害性。

行为方式的非法性之生成，取决于行为人诉诸新闻媒体的内容是否具有虚假性。①

不仅如此，笔者认为，之所以在诉诸新闻媒体的场合，要求行为人的行为方式必须具有非法性，而且要求行为人的行为内容的虚假性是其行为方式非法性的决定性因素，是因行为人诉诸新闻媒体这一行为方式的特殊性决定的。行为人诉诸新闻媒体这一行为方式要构成犯罪，最根本的是行为人的行为具有法益侵害性。行为人诉诸新闻媒体，其行为的前提具有合法性即具有维权的客观的、正当的基础。因此，如果行为人的行为要构成犯罪，其落脚点就只能在行为方式的非法性上。而且，只有当行为人诉诸新闻媒体时，行为人捏造了事实、说了谎话，不仅其行为的内容因其被法律所禁止而具有了非法性，而且，正是行为人这一虚假内容的诉诸新闻媒体行为才具有了强制性。这种强制性不仅侵犯了他人的意思决定自由，而且亦与财产法益的侵害具有了直接的因果关系，从而行为人的行为就具有了现实的危险，因而其行为就具有了刑事可罚性。这一情形可见于上述"冰红茶索赔案"之中。

(2)消费者的曝光行为是否存在强制性。从"要挟"的行为结构看，消费者的曝光行为要认定为"要挟"，则要求其曝光行为必须具有强制性。如果该曝光行为不具有强制性，则该曝光就不能认定为"要挟"。那么，从"月饼索赔案"和"电脑索赔案"的情况看，消费者的曝光行为根本不存在强制性，其曝光行为也就不能认定为"要挟"。原因在于，强制性与无可选择性应当是互为关联的。诈勒索罪侵犯的是财产法益，因此，行为人的要挟行为与他人的法益受侵害必须具有直接的因果关系，即在要挟的情况下，他人的财产被侵害即是无可选择的。为了造成他人的无可选择性，行为人的行为方式就必须具有强制性。现以"电脑索赔案"为例加以说明：

首先，黄静的曝光行为不具有"要挟"所必须具备的强制性。其理由主要有以下几点：其一，华硕的一位法律顾问说过，向新闻媒体曝光是黄静的权利。既然是一项权利，黄静的行为自然无强制性可言。其二，黄静准备向新闻媒体曝光，其根本目的是解决消费欺诈赔偿问题，消费者在选择何种合法的维权方式，

① 能否这样说，即使行为人通告的内容具有真实性，也不排除行为人的行为具有要挟的要素？例如，将他人违法或者犯罪事实向有关机关告知从而向他人索要财物的情形。对此，笔者认为，此情形之下，行为人的行为构成犯罪，其关键点不在行为人的"向有关机关告发"这一行为方式上（因为行为人的这一行为方式并无非法性可言），而在于行为人取得财物的非法性，即行为人取得他人的财物没有任何法律上的客观根据。就此而言，行为人的行为就具有财产法益的侵害性，因而其行为自然构成犯罪。

应当尊重消费者自己的愿意,而且,在作出选择的时候,也有个成本考虑的问题,即消费者认为哪一种方式成本低就选择这种方式,此乃人之常情。其三,华硕所作的几点“声明”不也是借助于媒体的形式,或者说,华硕不也是基于成本的考虑,而将自己对黄静行为的情况“向媒体曝光”的吗?人们至今也没有对华硕的这一行为方式本身作出过任何质疑。如果说有质疑,那么人们也仅仅是将眼光放在华硕所“曝光”的内容上,而压根就没有考虑华硕行为的方式上,即“媒体曝光”这一方式上。既然如此,为什么只允许商家可以向媒体“曝光”,而不允许消费者向媒体“曝光”呢?如果是这样,则这恐怕就不符合“平等”的要求。

其次,华硕根本就不存在“无可选择性”。这里所讲的无可选择性,应指他人在是否交付财物上的无可选择性,即在行为人的强制下他人只能交付财物,而不敢予以拒绝。①

此外,这里的无可选择性,还包括他人权利救济的不可能性,即他人既不能与行为人进行协商(没有协商的余地),也不能通过其他途径加以解决(如仲裁或者诉讼等途径)。在本案中,对于华硕来说,其根本不存在上述这种无可选择性的情形。理由主要是:其一,到目前为止没有任何资料显示,华硕有所谓“授人以柄”之事。至于华硕存有的“问题CPU”这一情况,即使黄静不是直接以华硕所不希望的新闻媒体的方式“曝光”出来,那么她通过仲裁、消协或者法院诉讼,也会而且必然会提出华硕存有的“问题CPU”这一情况,因为该事实不仅是这起纠纷的“缘由”以及纠纷“可诉性”的客观依据,也是黄静法律诉求的客观根据。那么,华硕存有的“问题CPU”这一情形亦会间接地“公之于众”,可谓“殊途同归”。如果有人认为黄静不采取向新闻媒体曝光的方式,而是通过其他方式来维权,就会出现“问题CPU”不为世人所知这样一种结果是不现实的。其二,从本案的情况看,华硕的选择“余地”非常大。比如,华硕早期选择的就是与黄静“和解”这一协商方式。当然,华硕还可选择其他诸如仲裁、诉讼等途径。只是基于自己的某种考虑,华硕选择了向警方报案的方式。尽管华硕所采取的这一方式是一个引发争议的问题,但这一方式表明在财产法益受侵害这一根本问题上,华硕并非陷入“无可选择性”的境地。既然黄静在准备通过向新闻媒体曝光的方式来维权时,华硕在财产法益受侵害上不具有无可选择性,就说明其维权方式就不具有强制性。其三,需要强调的是,在敲诈勒索罪所侵犯的法益上,消费维权情形下的曝光与其他情况下的曝光是存在区别的。例如,抓住别人的违

① 在他人必须交付财物的前提下,其无可选择性又包括两种情形,即法益侵害种类的无可选择性与法益侵害数量的无可选择性。

法犯罪事实而予以曝光,在此情况下,他人在财产法益受侵害上就不具有可选择性,因为他人无法通过其他方式来选择,以避免自己的财产权益受到侵害。行为人的"曝光"行为也就具有了强制性从而就相应地具有"要挟"性。其四,如果华硕认为黄静向新闻媒体曝光的内容失实,有害于自己的合法权益,华硕还可以通过其他方式追究其相应的法律责任。就此而言,在财产法益受侵害问题上,华硕仍然并非"无可选择性"。

(3)消费者的曝光行为是否足以使商家产生"恐惧"心理,是认定消费者的索赔行为是否构成"要挟"的又一客观特征。由于我国刑法中敲诈勒索罪与抢劫罪、盗窃罪、诈骗罪等一样,其侵犯的都是财产法益,因此,在财产犯罪的类型上除了财产法益外,还要以行为的样态和方式加以具体的划分。理论上一般认为,敲诈勒索罪区分于其他财产罪的标准在于其行为的方式不同,即本罪的行为方式必须是以威胁、要挟的方式来侵犯他人的财产法益。因此,行为人的行为是否会使他人产生心理上的"恐惧",是判断行为人的行为是否"要挟"的客观依据之一。不过,对于他人的"恐惧"心理的判断,理论上一般主张"被害人的具体标准说",而不是"社会上的一般人标准说",即认为行为人的"要挟"行为是否给被害人造成心理上的恐惧,应以被害人当时的主观感受为标准。那么,从"电脑索赔案"的情况看,华硕的种种表现和举动,丝毫没有呈现出"恐惧"心理的反映和迹象。[①] 同样,在上述"月饼索赔案"中,李某提出的曝光行为因其不具有非法性和强制性的特点,从而不符合"要挟"的本质特征。不过,在"冰红茶索赔案"中,李某某提出"要给它曝曝光",并非其提出的曝光这一行为方式本身是非法的,而是因为其所要曝光的内容是虚假的,那么李某某以此虚假的内容来向新闻媒体曝光,其行为就对商家形成了足以使其产生"恐惧"心理的强制性,因而其行为符合"要挟"的本质特征。

(二)是否具有"非法占有目的",是认定消费者索赔行为是否构成敲诈勒索罪的主观要件

根据我国《刑法》规定和理论观点,行为人的行为要构成敲诈勒索罪,除了客观上实施了具有强制性的"要挟"行为,其主观上还必须具有"非法占有"的目的。因此,消费者提出索赔要求时,主观上是否具有非法占有他人财物的目的,同样是认定消费者索赔行为是否构成犯罪的重要问题。

---

① 对此,可由以下情形来认定:华硕先后与黄静进行了四次协商,即使在黄静于第三次协商时提出了"500 万美元"的索赔要求的情况下,华硕还与其进行协商谈判,不仅如此,华硕仍然同意与黄静进行第四次协商谈判。这后两次协商谈判,表明华硕此时的心理仅仅是一种"讨价还价",而不存有"恐惧"的心理。

从刑法理论上说，敲诈勒索罪的"非法占有"的目的，是非法定的目的犯。从其内部结构而言，它属于将结果作为目的的犯罪。因此，在主观目的的确定上，由于在将结果作为目的的犯罪之中，存在与相应主观目的对应的客观要素，即在此种场合，由于行为与目的之间是原因与结果的关系，所以不需要再额外证明结果的存在，发生了原因就通常视为发生了结果，也就是说，在此种目的犯之中，只要存在着相应的客观行为（原因），就推定为也存在相应的目的（结果）。[①]就"月饼索赔案"和"电脑索赔案"而言，消费者提出的曝光行为本身不存在"要挟"所必备的非法性和强制性，因此，"现有的客观事实不但不能认定目的的存在，也不构成基础事实从而也无法推定目的的存在，则相应的主观目的不存在，从而犯罪不成立。"[②]

从上述分析可知，由于"月饼索赔案"和"电脑索赔案"中消费者的曝光行为不构成"要挟"所必需的基础事实，因而完全可以排除其索赔的"非法占有"的主观目的。不仅如此，即使从"月饼索赔案"和"电脑索赔案"的事实情况看，消费者的索赔行为也根本不具有"非法占有"的目的。其理由有如下几点：

1. 在消费侵权的场合，无论是单纯的财产损失，还是其他的人身损害，都具有不确定性的特点。这种不确定性只有等到双方合意确定或者由第三方确定时才能转化为确定性。以"电脑索赔案"为例，黄静提出的索赔数额并没有达到"可以确定"的阶段，即其根本就不具备实现确定性的条件。因为，一方面，黄静与华硕始终处于协商过程中，还没有达成双方的合意，因此不具有确定性。另一方面，黄静虽提出要起诉到法院，但其这一想法还仅仅停留在她的口头上，还未来得及将诉诸法院的想法付诸行动。既然如此，由于黄静索赔数额的不确定性，[③]因而就难以判断针对其索赔数额的法律评价上的非难性，因而就不具有刑罚上的可谴责性。假如在该案中，黄静与华硕之间的"合理"赔偿数额已经确定

① 付立庆著：《主观违法要素理论——以目的犯为中心的展开》，中国人民大学出版社 2008 年版，第 250 页。

② 同上，第 276 页。

③ 从华硕公司相关人员的言谈看，华硕也没有觉得黄静的行为具有"非法占有"的目的。有以下两点事实加以印证：首先，华硕公司的一位负责人曾说过，"应通过法律方式，在合理的范围内解决。"这句话表明：在索赔的数额上，华硕并没有受制于黄静的索赔数额，而是说对于这一数额是可以解决的，至于最后能够解决到何种程度，华硕也没有提出任何上限或者下限的想法，因而，多少数额为"合理"的数额在华硕看来也没有一个确切的标准。因此，自然也就难以说黄静主观上就具有了"非法占有"这样一个目的。其次，华硕公司的另一负责人声称，在正面接待他们二人后多次明确提出，在问题没查清之前，从情、理、法的三个角度为用户提供换机、退机再加上交通费、误工费的补偿，高于法律规定范围进行和解的解决方案。此处所说的"高于法律规定范围"的具体幅度是什么，该负责人亦没有提出一个明确标准。

之后，[①]其仍然向华硕索要钱财，那么，在此情况下，就可以对其"继续索要"的数额进行刑法上的评价，该评价的结果自然符合作为敲诈勒索罪构成要件的"非法占有"目的。

2. 对于非法占有他人财物的目的，行为人在主观上必须是明知的、确定的。也就是说，行为人对于其占有他人财物的非法性，必须是清楚的。这里的占有他人财物的非法性必须是法律所禁止的，这是作为禁止性规范的刑法所要求的，即只有当行为人的行为首先表现为其他法律所不许，即具有违法性，才能进而被刑法所禁止。到目前为止，我国没有任何一部法律对消费者因消费侵权而提出的索赔数额有禁止性的规定。至于我国《消法》所规定的"双倍赔偿"的规定，从该规范的性质上说，它只是一种"裁判性的规范"，而不是针对消费者的"行为性的规范"。也就是说，法律上并没有要求消费者只能在两倍以下（包括两倍）提出其索赔数额，否则为法律所禁止。既然如此，在消费纠纷案件中，消费者提出过高的索赔数额由于没有违反任何法律的禁止性规定，在此情形下，消费者在主观上即不存在对索赔数额之非法性的故意，因此，消费者在主观上根本不具有非法占有的目的。

3. 作为敲诈勒索罪的主观构成要件，非法占有目的必须是刑法所作的整体上的评价。消费侵权索赔案具有一定的特殊性，即如果案件存在消费者因商家欺诈消费所产生的正当的和合法的维权基础，当消费者受到欺诈消费后，在其提出索赔时，作为一个普通消费者，法律上不能要求消费者提出的索赔必须是具体的、明确的数额。至于有些人所谓的"合理的数额"这一说法本身就存在问题。问题之一是，这里的"合理性"之判断标准是什么？所谓的合理与不合理的界限在哪里？而且，这里的所谓"合理性"应仅仅针对作为第三方的裁判者，如果以此来约束作为受害者的消费者是不妥当的，即这里所谓的"合理"要求对于消费者就是"不合理"的要求。问题之二是，既然这些人提出了所谓的"合理性"标准，则意味着消费者所提出的索赔数额被人为地划分为"合理"的部分与"不合理"的部分，从而想当然地认为那些多出"合理"部分的"不合理"部分就应当被刑法评价为"非法占有"的部分。笔者认为，这种划分就违背了"非法占有"的整体性的刑法评价。因为，对于消费者所提出的索赔数额在没有最终被法律评价之前，根本就不存在哪些是合理的、哪些是不合理的划分。既然如此，对于消费者的索赔是否属于"非法占有"就不能进行所谓的"分段"评价。

---

① 无论是双方协商"合意"确定，还是由裁判者等第三方"介入"确定。

三、坚持主客观相统一的定罪原则是基本的立意所在

刑法的目的在于保护法益,刑法之所以将一定的行为规定为犯罪并加以处罚,根本原因就在于该行为侵害了人类生活的基本利益,危及了人类生存的基本秩序,所以,将犯罪的本质界定为对法益的侵害和危险无疑是值得肯定的。从法益的角度来说,敲诈勒索罪所侵犯的法益,是或者主要是财产法益。因此,行为人的行为是否构成犯罪,就要看其行为是否具有法益侵害的危险性。从作为财产罪的敲诈勒索罪所侵犯的法益看,本罪要求行为人的行为必须具有现实的、具体的危险。但是,从"月饼索赔案"和"电脑索赔案"的实际情况看,消费者提出的曝光行为对对方的财产法益根本不可能存在具体的危险。理由是:

其一,具体的危险之判断,应当以一般人的通常(或普遍)认知为标准。之所以选择一般的认知标准,是由人的认识能力存有差异性决定的。如果依照被害人的判断能力,必将导致行为人的行为是否构成犯罪具有不特定性。以敲诈勒索罪为例,如果从消费者因受欺诈而提出向新闻媒体曝光行为发生的事实来看,一个曝光行为如果会导致公众在一般认知标准下认为被敲诈的可能性极大,就可以说曝光行为具备了敲诈勒索罪的客观行为标准,反之,如果在公众的通常(或普遍)认知标准下,根本不存在被敲诈的可能性,则可以认定曝光行为不可能存在具体的危险。如果不存在具体的危险,则财产法益的侵害性便无从谈起,自然不能成立作为财产犯罪的敲诈勒索罪。在"冰红茶索赔案"中,由于冰红茶中的苍蝇是李某某撬开瓶盖自己放进去的,然后向媒体曝光,并以此向他人索赔,那么,对于李某某的这一行为,在公众看来就存在他人财产受到侵害的危险性。

其二,具体的危险应当依据现有的证据,从客观上加以认定。这里的客观判断,要求案件存有以下客观事实:首先,行为人实施了具有因其行为的非法性基础上所产生的强制性的"要挟"行为。其次,行为人的具有强制性的"要挟"行为足以让被害人产生交付财物的无可选择性的恐惧。如上所述,就"月饼索赔案"和"电脑索赔案"的实际情况来看,依据现有的证据,无论是其行为内容还是行为的方式,消费者准备将自己受消费欺诈的事实公诸新闻媒体这一"曝光"行为本身没有任何"非法性"和"强制性"可言,对方对此行为亦不存有交付财物的无可选择性的恐惧,因此,消费者提出的"曝光"行为根本不符合"要挟"的本质要求,从而对对方的财产法益亦就不存在具体的危险。不仅如此,如上所述,"月饼索赔案"和"电脑索赔案"中消费者提出的索赔行为根本不具有"非法占有"的

目的。因此,从主客观相统一的定罪原则上,其索赔行为不符合敲诈勒索罪的本质特征,因而不能以犯罪论处。就"假烟索赔案"来说,依据现有的证据,该案中的罗某等人在烟酒店出售假烟时,采取了非法手段来进行所谓的"维权",例如,罗某等人声称:"到晚上7点要拿3万元来,过1个小时加1万元,不然你们就滚出本市。"又如,当日19时许,罗某4人再次来到该店索要钱财,并站在门口,干扰商店经营。笔者认为,从客观上看,罗某等人的上述行为实质上就是具有因其行为的非法性基础上所产生的强制性的"要挟"行为。

其三,需要强调的是,对于司法机关来说,将某个行为人本来的无罪行为认定为犯罪是错误的,同样,将本来是犯罪的行为作无罪处理,同样是错误的。有人说,以前,对于所谓的维权过度行为一般是作为犯罪来处理,现在,司法机关对"电脑索赔案"的处理是个"导向",意味着今后出现"维权过度"行为一般是不作为犯罪处理。笔者认为,这涉及的是我国的具体刑事政策问题。但有一点是肯定的,在目前的情况下,只要行为人的行为符合犯罪构成要件的,就应当以犯罪论处,反之,如果行为人的行为本来就不符合犯罪条件的,就绝不能以犯罪来追究其刑事责任。这不仅是司法机关的职责要求,更是法律公正的基本精神。

(2009年第5期)

新中国成立60周年之际实行特赦的时代价值与构想

高铭暄[*]　赵秉志[**]　阴建峰[***]

一、前　　言

2009年适值新中国成立60周年。在此继往开来的重要历史时刻，国家已决定于2009年10月1日在天安门广场举行国庆阅兵仪式。这无疑是一项充分展示党的执政能力和综合国力、增强民族凝聚力、提振国民士气的重大政治举措，是新中国成立60周年盛大庆典活动的重要组成部分。同时，国家还可以采取其他各种措施来展现国力，增进祥和喜庆氛围，切实为国庆献礼。而在新中国成立60周年之际适时行赦，正是这样一种可以考虑的措施。事实上，已有部分学者、人大代表、政协委员对此给予了关注，并提出了相关建议。例如，重庆市发改委副主任吴刚等政协委员在2008年年初便建议，希望国家能在新中国成立60周年大庆之际对部分犯罪者进行特赦。而这一建议引起了社会各界的关注与讨论。随着新中国成立60周年大庆的日益临近，应否适时行赦以及如何行赦，已经成为关系国家法治发展与社会进步之重大现实问题。对此进行务实而有针对性的深入研究，不仅可以彰显国家德政，增进社会和谐，为尚属严峻的犯罪态势提供补充应对之策，而且还可以从整体上促进现代赦免制度的重构与运作，有助于社会主义和谐社会的构建和宽严相济刑事政策的贯彻，因而具有非常重要的理论与实践意义。

---

* 作者单位：北京师范大学刑事法律科学研究院。

** 作者单位：北京师范大学刑事法律科学研究院。

*** 作者单位：北京师范大学刑事法律科学研究院。

本文作者曾于2006年7月、8月两次就中国现代赦免制度的重构问题向有关中央政法机关提交研究咨询报告。2009年3月初，再次向中央政法机关提交题为《关于在新中国成立60周年之际实行特赦的建议》的研究咨询报告。本文即是在该报告基础上修订而成。北京师范大学刑事法律科学研究院多位同人参与了研究咨询报告的讨论，并提出了诸多颇具建设性意见，在此作者谨致谢忱。

二、新中国成立60周年之际实行特赦的时代价值

我们认为，基于国家的进步和社会的文明发展，在新中国成立60周年之际行赦，可以同阅兵仪式一样成为盛大庆典活动的重要组成部分。因为此时对于特定范围内的刑事罪犯给予特赦，不仅能充分发挥赦免制度所固有的刑事政策功能，而且可以凸显诸多重大的时代价值。

(一)现代赦免制度的刑事政策价值功能

罪与罚的传统理念认为，犯罪是危害社会之恶，有罪而罚，本属天经地义。而对犯罪人予以赦免，其道理何在？古人曾云："雷者，天之威，雨者，天之泽。威中有泽，刑狱之有赦宥也。有过者赦而不问，有罪者，宥而从轻，此君子所以推广天地之仁心也。"①可见，在古人看来，之所以设置赦免制度，乃推广天地之仁心也，实系神权时代之遗传。然而，如今已发展至科学理性时代，神权已被摒弃，赦免制度之存在基础亦似已丧失。但现实表明，神权时代之后，赦免制度非但未见削弱，反而日益发达。君权时代自不必言，即便在民主与法治得到极大发展的当代，赦免制度亦甚受重视。许多国家的宪法中均有涉及赦免之条文，甚至有关国际规约中也明确规定有死囚请赦之条款。而这些因素的存在，无形中给赦免权的行使奠定了稳固的根基。

事实上，现代赦免制度已不再是古代帝王基于至高无上之王权所给予犯罪人的"恩赐"，而是成为国家在刑罚之外对犯罪现象实施理性反应之工具。该制度具有无可替代的调节利益冲突、衡平社会关系、救济法律不足之刑事政策功能，决不能因为其在运作过程中可能存在的问题，便放弃使用这一卓有成效的刑事政策工具，甚至因噎废食地全盘予以否定。国家通过赦免制度的运用，以牺牲局部或个别利益和一定程度之形式正义为代价，可以获得维护社会整体利益和实现个案处理的实质正义之功效。② 具体而言，现代赦免制度的重要刑事政策意义主要体现在如下方面：

1. 化解国家祸乱，缓和国内外矛盾，促进社会和谐。针对国家政治、经济、军事、外交等方面所出现的各种紧急状况，现代赦免制度可以发挥缓解国家祸乱、缓和国际国内矛盾、促进社会和解之功能。事实上，古代赦免制度即有此一功能。例如，汉朝以后，为救饥荒频频曲赦灾民的情形即属之。作为一项国家能

① 转引自蒋锡廷主编：《钦定古今图书集成》祥刑典第165卷赦宥部，第779册，第33页。

② 陈东升著：《赦免制度研究》，中国人民公安大学出版社2004年版，第232页。

够灵活运用的刑事政策,现代赦免制度这一维系政治统治、调整社会关系之功能同样亦不容忽视。从本质上说,赦免制度就是国家基于政治需要,用以调节和平衡各种社会关系的工具,以期更有利于维护统治秩序。① 故而,很多国家都注意发挥赦免制度的上述功能。正因为现代赦免制度在此方面能够发挥突出作用,有学者将赦免视为"政治艺术之表现"②,甚至更有学者将其谓之"国家智慧"。

首先,赦免制度的运用可以化解国家祸乱。例如,伊拉克临时政府通过大赦分化瓦解反美武装,阿富汗过渡政府赦免塔利班和前总理古勒卜丁·希克马蒂亚尔领导的"伊斯兰党"武装成员,沙特阿拉伯赦免投降的穆斯林武装分子,马其顿通过法令赦免原阿族"民族解放军"等,均是力图发挥赦免制度缓和国家祸乱之功能。事实上,美国学者纽曼甚至认为,有些民众暴动乃至密谋反叛,只宜赦,不宜罚。③ 对此,有学者解释道,因为群众运动之发生,通常都有一定的原因与目的,如德国便有许多旨在抗议环境污染的示威游行。如果群众运动之原因确实是基于可诟病之施政,则政府必欲刑罚众人,即属不智。但若全不加罪,又不合法,且难止暴。因此,通过赦免,先定其罪,后免其刑,实乃解决群众运动之最佳途径。④

其次,赦免制度的运用可以缓和国内矛盾、促进社会和谐。远者如美国在朝鲜战争、越南战争后,对战争期间的逃兵和逃避服兵役的犯人所实施的大赦,以及苏联在第二次世界大战后,对于卫国战争期间由于胆怯和不觉悟而被引诱与占领者合作的本国公民所实行的大赦。⑤ 近者如俄罗斯国家杜马1994年2月发布的大赦令,正是"为了民族和解,达到公民的和平与和谐",俄罗斯联邦杜马于1994年2月23日通过了《关于宣布政治经济大赦的决议》。该大赦令终止了所有正在进行侦查的刑事案件,以及未经法院审理因涉嫌"8·19事件"、"9·21莫斯科事件"等而被追究刑事责任的人员的案件。⑥

最后,赦免制度的运用可以缓解国际矛盾,解决外交冲突。注重运用赦免制度功能的事例也是不胜枚举。例如,沙特阿拉伯当局2003年8月9日赦免6名涉嫌在两年前从事爆炸活动而被判刑的英国人,即很好地改善了两国关系。而

① 高铭暄主编:《刑法学原理》(第3卷),中国人民大学出版社1994年版,第674页。

② 苏俊雄:"减刑的哲学、法学与艺术",载《法律世界》第18期。

③ Charles L. Newman: Sourcebook on Probation, Parole and Pardon, 2. ed., 1964, p. 53.

④ 翟唤霞:"赦免制度之研究",台湾大学法律研究所1989年博士学位论文。

⑤ [苏]别利亚耶夫等主编:《苏维埃刑法总论》,马改秀等译,群众出版社1987年版,第389页。

⑥ [俄]库兹涅佐娃、佳日科娃主编:《俄罗斯刑法教程(总论)》(下卷·刑罚论),黄道秀译,中国法制出版社2002年版,第826页。

时任俄罗斯总统普京2000年12月14日特赦涉嫌窃取俄罗斯军事机密的美国前海军军官波普，亦为通过赦免制度来缓和国际矛盾、解决外交冲突的适例。

2. 弥补法律不足，救济法治之穷，缓和刑罚严苛。纵观古今中外各国的赦免制度，虽然同其他政治法律制度一样，归根到底都具有调整社会关系，满足政治需要，维护统治秩序的作用，但是其所具有的弥补法律不足、救济法治之穷、缓和刑罚严苛之功能亦无可置疑。英国学者特纳便指出，"长期的经验表明，人类的预见不可能构思出、人类的语言也不可能表达出一个完善无缺的立法规则，因此，赦免权对于明智的刑事司法行政是绝对必要的一种权力"。[①] 我国也有学者曾表述过相似意见，"法律的条文，无论如何，总难达到精审详备的境地，举凡一切应行从轻议刑的场合，亦决难期其一一规定而无缺欠；倘没有赦免机关的设立，以行所谓大赦特赦之权，则法律之穷将无从补救。盖法官的职务，只在执行法律，倘遇有在理虽宜未减或免刑之人，而在法则罪无可逭，他也只能执法相衡，而不能为法外的补救"。[②] 而美国的汉密尔顿在制宪当时，则从赦免能够缓和刑罚严苛的角度对其必要性予以说明。他指出，普通法的传统不仅是公正的法律，也是仁慈的法律。必须承认，有时法律可能过于严酷，这可以借赦免予以调和。[③]

不过，也有学者对现代赦免制度的功能多有怀疑甚至否定。例如，有论者即认为，上述需以赦免制度弥补法律不足之情形，实际均可在合理情况下，以现行刑法典所规定的减刑、假释、缓刑等方式加以处理，而根本没有必要经复杂的程序争取同等效力的赦免。因此，该论者得出此种功能不可取之结论。[④] 在当下对新中国成立60周年是否行赦的讨论中，也有学者持上述看法。例如，周光权教授在接受《南方周末》专访时，便同样强调假释制度的作用，主张在现行的刑事法律制度框架内解决问题。[⑤]

诚然，刑法典中减刑、假释、缓刑等制度的存在和发展，确实极大地削减了传统赦免制度的适用范围，以致原本许多通过赦免制度解决的问题转而被纳入了司法机关的职权范围。正如有德国学者所言，赦免某种意义上可以消除个别案件在适用法律中没有反映立法者真正意图的过度严厉，但由于今天的法律中有许多解决此等法律后果的其他可能性，赦免制度在这方面仅有很小的适用范围。

---

① [英]W. 塞西尔·特纳：《肯尼刑法原理》，王国庆译，华夏出版社1989年版，第658页。

② 转引自王世杰、钱端升著：《比较宪法》，中国政法大学出版社1997年版，第287页。

③ 蔡兆诚："谈赦免的基本观念"，载http://www.tahr.org.tw/site/sue/menu4/2.htm。

④ 于志刚著：《刑罚消灭制度研究》，法律出版社2002年版，第458页。

⑤ 赵蕾："周光权：不要轻率实行国庆特赦"，载《南方周末》2009年2月25日。

但需要注意的是,该德国学者并非全盘否定赦免制度救济法律不足之功能,而仍是以肯定赦免制度此一功能为前提的。事实上,赦免制度与减刑、假释、缓刑等刑罚制度毕竟有很大的区别,有其自身的存在价值和独立的适用范围。虽然减刑、假释、缓刑等刑罚制度同赦免制度所产生的客观效果相似,但是,这些制度对罪犯所判刑罚的轻重、服刑期限的长短、服刑中的表现等有严格规定,往往不能适应特殊形势下减免犯罪人罪责与刑罚之需要。而赦免制度在适用上则比较灵活,正好可以作为补充手段以满足统治者的政治需要。[①] 而这实际上亦正是赦免制度作为法治的例外和必要补充之特征的体现。

3. 纠正司法误判,维护公民权益。事实显示,各种主客观因素的存在均可以造成错误判决,从而给被告人之合法权益造成极大侵害。举凡不利之时间证据、出人意料的巧合、影响审判的舆论意见、因受胁迫而作的自白、过分忙乱的法官、胆怯怕事的证人、顽固强硬的司法官、人缘不佳的被告、推断错误的自由心证等等,皆是导致误判的主要原因。[②] 例如:法国曾经发生的 Lesurques 一案中,真凶与被告人 Lesurques 之年龄、身高、毛发、眼珠颜色、鼻型、下巴以及右额疤痕、右拇指伤残等特征,均十分相近,以致被抢劫之证人误指证被告为真凶,导致被告人最终被判处死刑。死刑执行 3 年后,真凶出现,但错误已经无可挽回。事实上,误判是各国均不可避免之现象。以美国为例,在美国刑事错案大约占到刑事案件总量的 1% ~5%。这就意味着,在所有进入刑事诉讼程序的犯罪嫌疑人中,每百人便会有 1 ~5 名被无辜地或不恰当地追究了刑事责任。[③] 另外,有学者对 18 世纪晚期至 20 世纪初期欧洲各国的刑事判决进行研究,结果发现有至少 277 件存在明显错误。[④] 对于这些错误判决有些已经无法补救,有些则只有通过赦免之途径救济。虽然如今刑事诉讼制度已经大有改进,但显然尚无法将误判从根本上杜绝。故而,仍须有赦免制度存在以消灭罪与刑之宣告,从而救济司法误判,维护被告人之合法权益。正如有我国台湾地区学者所言,"刑罚之用所以除暴止乱,弼教化民,不得已而用之;然万一刑罚失当,不能不有救济之道,以符慎刑恤囚之至意;故历代有赦宥之实施,以济刑罚之失,而与之相互表里之运用。"[⑤]

---

① 马克昌主编:《刑罚通论》,武汉大学出版社 1999 年版,第 695 页。

② 翟唳霞:"赦免制度之研究",台湾大学法律研究所 1989 年博士学位论文。

③ [美]迈克尔·D. 贝勒斯著:《法律的原则:一个规范的分析》,张文显等译,中国大百科全书出版社 1996 年版,第 24 页。

④ 翟唳霞:"赦免制度之研究",台湾大学法律研究所 1989 年博士学位论文。

⑤ 张金鉴著:《中国法制史概要》,台湾正中书局股份有限公司 1973 年版,第 121 页。

当然,也有论者对于赦免制度救济司法误判之功能给予明确的否定,认为将纠正误判归结为设立赦免制度的原因是不正确的。对于“误判的救济”不应当是赦免制度,而应通过改判来纠正。①

“法院的错误虽属难免,因而近代刑事诉讼法的进步,法院错误之无可补救者,究已大减:各国刑事诉讼法上所设定的普通上诉程序,非常上诉程序,申请再审程序,等等,其用意盖俱在补救法院的错误。”②的确,将设立赦免制度的原因单纯归结为纠正误判是不正确的,因为该制度设立的宗旨显然也并非仅仅在于救济误判,而主要在于调节利益冲突、平衡社会关系、救济法律不足。但是,这也并非否定赦免制度具有纠正误判功能的理由。因为赦免制度对于纠正司法误判所能发挥的有利作用,是毋庸置疑的。尽管相对于上诉程序、再审程序而言,赦免制度在纠正司法误判方面仍处于补充性地位,但显然也不能据此便对其积极作用全盘加以否定。“审判官于审判如有错误时虽能提起上诉或非常之诉,然普通上诉有一定之期间,非常上诉有一定之条件,欲正审判之误,终不免为期间及条件所限。惟适用特赦则无窒碍也。”③我国民国时期刑法学者的这番话虽并非无可挑剔,但却也很好地揭示了赦免制度之于救济司法误判、维护公民权益之价值。

4. 鼓励犯人自新,促成刑罚目的的实现。通过对犯罪人适用赦免,在某种程度上也可以促使犯罪人对社会感恩图报,珍惜得来不易的自由,提高守法意识,强化教育改造的效果,从而鼓励其自新迁善,并达成预防其重新犯罪之刑罚目的。尤其是足以消除犯罪人烙印之赦免性复权,更是鼓励犯人自新之最佳方式。复权之范围越广,复权之效力越大,犯人也就越易自新与自立。例如,日本多有犯罪人出狱后从事正当职业,具有良好的社会表现,但思及儿女前途,唯恐作为有前科的父亲会累及无辜的子女,遂申请赦免性复权的情形。德国甚至有恢复犯罪人原职之事例。④ 对于此等犯罪人予以赦免性复权,其鼓励自新迁善之意味又岂能否认?另外,新中国成立后,对战争罪犯的7次特赦也很好地说明了这一点。例如,在1975年3月19日被特赦后,原国民党第12兵团中将司令黄维激动之余曾赋诗一首:“党恩浩荡给再生,宽大改造换我魂,恩上加恩新生后,誓献余生为人民。”⑤

---

① 马克昌主编:《中国刑事政策学》,武汉大学出版社1992年版,第520页。
② 转引自王世杰、钱端升著:《比较宪法》,中国政法大学出版社1997年版,第287页。
③ 郭卫:《刑法学总论》,会文堂新记书局1931年版,第373页。
④ 翟唳霞:“赦免制度之研究”,台湾大学法律研究所1989年博士学位论文。
⑤ 转引自潜龙著:《特赦令:中国无在押战犯》,中国社会出版社1995年版,第50页。

这首诗集中体现了战犯悔过自新、感激政府以及决心立功赎罪之心情，并充分彰显了特赦所具有的鼓励自新迁善之功能。此外，对某些已经改恶从善或者有其他特殊情况的罪犯实行赦免，使之得到不同于其他罪犯的宽大待遇，能够更好地体现区别对待、争取多数的精神。①

诚然，尽管赦免制度可以鼓励犯罪人自新迁善，但该功能只能在有限的范围内发挥作用。毕竟对犯罪人适用赦免时，有时并不考虑其主观恶性和悔过表现。倘若犯罪人确已悔改，言行举止都合乎规范，很快便会为社会大众所接纳，则不致轻易再蹈法网。但是，倘若犯人尚未悔改即被释放，由于其主观恶性仍然存在，又不能为社会大众所接纳，犯罪人往往会对社会充满敌意，动辄出之以报复手段。故而，此等犯罪人进入社会，必然危害社会治安。所以，赦免制度确有使未悔改犯人进入社会危害社会治安的弊端。此外，也有学者认为，赦免权的存在会给具体负责赦免事务的官员收受贿赂提供机会。论者指出，中古时期的德国曾经准许法官径自实施赦免，但最后却发生严重的收受贿赂之现象，最终导致法官赦免制度的废止。故知，赦免之大弊，即为人谋不臧。如果司法风纪不良，即有收受贿赂之虞，不可不防。② 美国前总统克林顿在任内最后一天特赦了包括亿万富翁里奇在内的一大批人，而之所以赦免里奇，有人指出是因为克林顿接受了其前妻 100 万美元的政治捐款。克林顿为此受到美国朝野的广泛指责。③

由此可见，上述学者的担忧并非全无道理，应该在制度设计时加以考虑，以防止在用赦过程中滋生腐败。而此类弊端的存在，也要求赦免权的行使必须谨慎，绝不能滥用。但是，显然不能因为赦免制度在适用中所具有这些弊端，便主张废除该制度，而应从整体上考量其存在价值。

5. 彰显国家德政，昭示与民更始。从历史的角度看，赦免制度最初乃是作为一种彰显帝王恩德的统治手段登上历史舞台的。但是，随着封建帝王时代的终结，在高涨的民主与自由的革命浪潮中产生了宪政民主与刑事法治。至此，无论是君主立宪制还是共和制国家，其国家元首或者国会依法行使赦免权的行为，完全成为一种国家行为，从而已不再是封建帝王基于无上皇权所赐予的个人恩典。④ 因此，现代赦免制度实际上已经发展成为一种福佑社会特定群体、彰显国家德政的刑事政策，是“依法治国”与“以德治国”方略较为完美的结合。例如，1998 年罗马尼亚时任总统康斯坦丁内斯库对于所有因同性恋而触犯《刑法》第

---

① 马克昌主编：《中国刑事政策学》，武汉大学出版社 1992 年版，第 520 页。

② 翟唳霞：“赦免制度之研究”，台湾大学法律研究所 1989 年博士学位论文。

③ 吴晨：“克林顿可能因‘特赦门’再遭弹劾”，载《文汇报》2001 年 2 月 13 日。

④ 谢望原：“略论赦免的刑事政策意义”，载《人民司法》2003 年第 9 期。

200条第1款和第5款的公民给予赦免，即在改善罗马尼亚人权状况的同时，很好地凸显了国家的德政。

“昭示与民更始”也是赦免制度自古即有的功能，是封建帝王据以争取、抚慰民心的工具。通常是在国家发生重大事件时，为表示庆祝、哀悼之意而进行的。而许多现代国家有时也注重运用赦免制度的这一功能，以表示与民同乐同悲。例如，2003年8月12日，值泰王国诗丽吉皇后71周岁华诞暨泰王国母亲节之际，泰国政府经过慎重选择，释放了2187名囚犯。这些获释人员中，有还不起罚款而被拘留的，也有被证实犯下恶劣犯罪行为的。泰国时任总理他信在主持这项赦免活动时说，他们过去的错误行为已伤害他们的母亲和他们的家庭，今天政府和社会给了他们一个宽恕和重生的机会，如果今后被发现再犯罪，将不会得到第二次宽恕。泰国的这次赦免就体现了普天同庆、与民更始的意味。① 此外，韩国新任总统就职以及光复节时通常所施行的赦免，也非常突出地体现了彰显国家德政、昭示与民更始的内涵。

6. 疏减监狱囚犯，节约司法资源。随着犯罪率的升高，容量有限的各国监狱均出现人满为患的问题。这不仅危及犯人的合法权益，也会造成犯人与狱政管理机关的对立，甚至可能引发大规模的骚乱、暴乱。英国《卫报》2003年6月16日披露，英国监狱已人满为患，监狱中关押的罪犯已达到了创纪录的73379人，而且仍以每周150人的速度增加。由此发生的安全问题已到了危机的边缘，监狱发生的袭击狱警、自杀、逃跑和暴力示威事件都呈上升趋势。英国总典狱长安尼·奥沃斯警告说，英国的监狱系统正在走向“崩溃的边缘”。② 而同期美国各类监狱所关押的犯人总数量甚至超过210万人。无论在被关押人员的总数方面，还是在每10万公民在押率上，美国至今仍保持着无可争议的“领先地位”。③ 此外，日本、意大利、芬兰、瑞典、俄罗斯、南非、卢旺达、巴拿马、泰国等近来都出现了监狱犯人爆满的现象。鉴于监狱囚犯积压之状况，有些国家遂采取赦免之方式，将部分犯罪人释放，以节约司法资源、缓解监狱的压力，并集中精力打击严重犯罪。过去便曾有很多国家采取这种做法。例如，在早期美国俄亥俄州，每当监狱的囚犯数目超过120人的时候，州长就不得不下令赦免，以使监狱中有余地

---

① 罗钦文：“泰皇后华诞举国欢庆，赦免囚犯、表彰良母孝子”，载 http://www.qianlong.com/2003-08-13。

② “英国监狱人满暴力示威事件层出不穷”，载 http://www.chinawestnews.net/gb/westnews/xwzx/gjxw/shxw/userobject7ai2608.html。

③ “美国监狱人满为患 210 万犯人数目雄踞世界第一”，载 http://www.sznews.com/n/ca454417.htm。

容纳新来的人犯。① 而意大利也曾于1953年施行大赦，从5万名犯人中赦免了2.3万人，以缓解监狱拥挤之状况。近年来，通过赦免方式解决监狱囚犯积压的报道仍频频见诸报端。例如，卢旺达政府2003年1月29日即宣布，由于监狱人满为患，政府将通过赦免的形式释放1.8万名涉嫌卷入1994年卢旺达种族大屠杀的在押犯。此外，俄罗斯、哈萨克斯坦近年来也均采取过此一措施。在意大利也有不少官员建议，尽快通过赦免释放少年犯，因为大部分少年犯是初犯，在监狱里反而向成年犯学到了不少犯罪知识，而且，经过一段时间的关押以后，这些少年犯一段时期内给社会造成危害的可能性不大。他们认为，赦免是减轻监狱压力、解决监狱人满为患问题的一个好办法。② 可见，赦免制度在特定情况下也具有疏减监狱囚犯、节约司法资源的功能。

具体到我国而言，从目前监狱和其他服刑场所的现状来看，也同样是人满为患。狱政机关长期超负荷运转，已是不堪重负。截止到2005年年底，我国监狱已有近700所，各级监狱内的在押犯人数达到180.76万人，狱警近30万人，全年所需的费用总额近200亿元。③ 如果适时施行赦免，免除或者减轻一些犯罪人的罪刑，不仅有利于对犯罪人的教育改造，而且可以节约司法资源，减轻狱政机关的负担，实现司法效益和效能的最优化。④

总之，在当今法治国家，赦免制度已经在法理上经历了脱胎换骨式的性质转变与观念革新。从性质上讲，赦免制度已经脱离了帝王时代的专制底蕴，在权力的归属上亦不再是帝王之特权。⑤ 只要从政治、经济、社会发展等大局考量，运用赦免制度能在整体上取得有益于国家与社会发展之功效，当然就应注意运用这一有效的刑事政策工具。

（二）在新中国成立60周年之际实行特赦的重大时代价值

新中国成立之后的7次特赦，很好地发挥了赦免的上述刑事政策功能，圆满解决了历史遗留的战争罪犯问题，不仅得到社会各界的广泛支持，更是得到被特赦罪犯的感激和拥护，收到了非常良好的社会效果。正如华国锋同志当时代表国务院在关于第7次特赦的专门说明中所言，“这对发展革命统一战线，化消极

① ［美］约翰·列维斯·齐林著：《犯罪学及刑罚学》，查良鉴译，中国政法大学出版社2003年版，第804页。

② 单德海：“意大利监狱人满为患，在押犯人多达56537人”，载http://gb2.chinabroadcast.cn/772/2002-7-30/79@75986.htm。

③ http://zhidao.baidu.com/question/5694673.html? si=4.

④ 陈东升著：《赦免制度研究》，中国人民公安大学出版社2004年版，第259页。

⑤ 于志刚著：《刑罚消灭制度研究》，法律出版社2002年版，第450页。

因素为积极因素，团结一切可以团结的人，推动社会主义革命和社会主义建设的发展"，都具有重大意义。①

时值新中国成立60周年，国家已迈入竭诚探求科学发展、努力构建和谐社会之崭新阶段。值此总结既往、开拓进取的重大节庆时刻，依法适时行赦也有国内外先例可循。事实上，作为一项重要的刑事政策，赦免一般亦多是在国家节日或庆典或者政治形势发生变化时实施。例如，德国的圣诞节赦免、韩国的光复节赦免、泰国为国王的庆生赦免等。而且，我国1959年第1次特赦也正是为了庆祝新中国成立10周年而施行的。② 更何况，在新中国成立60周年实行特赦，不仅能够发挥赦免制度的前述刑事政策功能，也更能凸显如下重大的时代价值：(1)可以在一定程度上缓和当下较为突出的社会矛盾，促进社会主义和谐社会的构建。构建社会主义和谐社会，是我们党全面贯彻落实科学发展观，从中国特色社会主义事业总体布局和全面建设小康社会全局出发提出的重大战略任务。而构建社会主义和谐社会是一个不断化解社会矛盾的持续过程。面对当前我国社会所存在的各种矛盾，有必要建立和完善多元化的矛盾解决机制。而适时对一定范围内的刑事罪犯进行特赦，正是这样一种化解矛盾之有效措施，有利于从源头上最大限度地减少不和谐因素，不断促进社会的和谐。(2)有助于完善综合治理犯罪的对策机制，切实贯彻宽严相济的基本刑事政策。适时施行特赦，也是国家对犯罪现象实施理性反应的有效手段，是刑罚手段的必要补充和救济，宽严相济刑事政策更强调和侧重于刑事政策中"宽"的一面，强调"宽"与"严"之间的协调运作。而对某些已经改恶从善的罪犯实行特赦，使之得到宽大待遇，正可以体现宽严相济刑事政策区别对待之基本蕴涵。(3)有助于彰显国家德政，昭示"国家尊重和保障人权"之宪政精神，进一步改善我国的国际形象。作为一项福佑社会特定群体、彰显国家德政的刑事政策，在新中国成立60周年之际实行特赦，能够在遵从依法治国之宪政理念的同时，突出以德治国的仁政思想，集中体现依法治国和以德治国的有机结合。同时，此举亦是对"国家尊重和保障人权"之宪政精神的充分印证，有助于进一步改善我国的国际形象，并以实际行动驳斥和化解西方国家对中国人权状况的攻击。(4)有助于弘扬宽容精神，逐步树立科学的犯罪观和理性的刑罚观。和谐、理性、成熟之社会的构建，应以宽容精神为基本底蕴。在新中国成立60周年之际行赦，可以充分展示刑罚人道主

---

① 引自时任国务院副总理兼公安部长华国锋同志1975年3月17日在第四届全国人大常委会第2次会议上代表国务院就第7次特赦所作的说明。

② 参见毛泽东主席于1959年9月14日代表中共中央向全国人大常委会所提出的建议以及全国人大常委会1959年9月17日通过的《关于特赦确实改恶从善的罪犯的决定》。

义,凸显国家和社会对罪犯的必要宽容。同时,面对社会转型时期较为严峻的犯罪态势,此举也无疑有助于社会各界逐步树立科学的犯罪观和理性的刑罚观,改变普通民众对于严刑峻法的过度迷信与依赖。(5)可以激活我国现行法律框架中日渐虚置的特赦制度,并借此促进现代赦免制度的重构与运作。虽然我国现行宪法中明确将特赦权赋予全国人大常委会,新中国成立后也曾先后7次施行特赦,但自1975年以来,由于诸多因素的影响,该制度已30余年未曾适用。尤其是对于普通刑事罪犯,更是长达50年之久未曾行赦。在新中国成立60周年之际实行特赦,不仅可以激活特赦制度,而且对于现代赦免制度的逐步重构与运作必定能起到非常重要的促进作用。

三、在新中国成立60周年之际实行特赦的具体构想

当然,一个事关法治发展与社会进步的敏感而重大举措的采纳,需要审慎的论证和多方的协调,任何简单而轻率的办法都将背离良好的初衷,尤其是对待法律和法治问题。尽管韩国、日本等周边国家近年来均有赦免之实践,韩国甚至因其赦免的频繁施行而被谓为"赦免共和国",但现代赦免制度在我国的全面重构与运作显然不可能在短时间内一蹴而就。尤其是对罪犯的赦免必定触动社会公众之敏感神经,会使社会公众产生引致社会治安状况失控的顾虑。因此,赦免应在国家决策领导层审时度势、着眼于国家稳步发展大局而坚定信念的前提下,并在充分考量普通民众的心理承受能力、积极做好说服工作的基础上,果断而慎重行之,从而最大限度地实现赦免制度维护国家、社会整体利益之初衷。对于我国现代赦免制度之重构方略,我们曾进行过较为系统的理论论述。① 在此,我们仅就新中国成立60周年之际行赦提出如下初步构想:

(一)关于特赦的形式

同是主张新中国成立60周年之际适时行赦者,对于采取何种赦免形式也有不同的认识。例如,季卫东教授建议,考虑到在纪念新中国成立60周年彰显私权保障的象征性,不妨对特殊时期、特定类型的犯罪实行大赦,以表达政府荡涤旧痕、与民更始的诚意,以化解历史症结、增强社会的祥和气氛。② 全国政协委员、重庆市发改委副主任吴刚的提案也是《关于建国60周年大庆之际进行大赦的建议》。而更多的专家学者则立足于现行法律的规定,建议在国庆60年之际

① 赵秉志、阴建峰:"和谐社会呼唤现代赦免制度",载《法学》2006年第2期。

② 季卫东:"私权伸张,与民更始",载《财经》杂志2008年版。

实行特赦。因为我国刑事法理论界与实务界普遍认为,在我国现行法律框架中只有特赦,而取消了大赦。然则究竟应以何种赦免形式来应对当下的犯罪态势呢?

从传统意义上讲,大赦与特赦在效力上存在本质差异。具体表现为:(1)大赦对于一般的犯罪或特定的犯罪,均可普遍实行;特赦只能对特定犯罪人的特定犯罪实施。(2)大赦有消灭罪刑宣告的效力;特赦在多数国家的大多数情况下都只能免除刑罚的执行,而不能使宣告之罪归于消灭。(3)大赦对于其所赦免的犯罪,无论在判决前或判决确定后均发生效力;而特赦之效力,仅及于判决确定后的犯罪,对判决确定前的犯罪,不能实行特赦。(4)大赦是以全国或某一地区、某一事件的全体犯罪人为对象,因而通常包括很多人,并且不需要注明被赦者的姓名;而特赦是以特定犯罪人为对象,既可能是多人,也可能是一人,一般需要说明被赦者的姓名。(5)大赦通常要经过立法程序,制定成法律;而特赦一般不须经过此程序,往往是经一定的机关、团体或个人提出申请,由有特赦权的国家元首、最高国家权力机关或者政府首脑决定即可实行。(6)大赦之罪不可能成为累犯的基础;而特赦之罪通常有可能成为累犯的基础。① 因此,大赦与特赦各自有自己的独特领地,无法彼此替代。其实,以下情况通常是适用大赦的前提:(1)根据事后的判断,行为属于不具备社会危害性的特殊情况,即所谓"正义的赦免";(2)作为实施新的刑法或刑事诉讼法必要的过渡性措施,即所谓"工具性赦免";(3)在一个社会斗争和冲突的时期刚刚结束时,作为缓解遗留问题的必要措施,即所谓"和解性赦免"。② 所以,我们主张,应在条件成熟时通过宪法修正案或者宪法解释的形式,在我国现行法律框架内恢复大赦制度。

当然,考虑到目前在现行宪法中恢复大赦制度所面临的诸多困难,从现实可能性出发,我们主张,此次赦免宜采取特赦的形式。况且,新中国成立以后的特赦实践表明,我国的特赦是一种介乎传统意义的大赦与特赦之间具有中国特色的特殊宽赦制度,它已经包容了传统意义上大赦的部分固有领地,甚至还包括部分赦免性减刑和赦免性复权的举措。③ 因此,新中国成立60周年之际所施行的赦免采取特赦形式,相信已基本能满足现实的需要。同时,新中国成立以来的7次赦免实践均为特赦,实行特赦也有实例可循,不会出现难以克服的实务操作障碍。

---

① 马克昌主编:《刑罚通论》,武汉大学出版社1999年版,第698~699页。

② [意]杜里奥·帕多瓦尼著:《意大利刑法学原理》,陈忠林译,法律出版社1998年版,第395页。

③ 阴建峰著:《现代赦免制度论衡》,中国人民公安大学出版社2006年版,第252页、262页。

不过，鉴于节庆赦免多有定日，为避免犯罪人因预期行赦而事先犯罪，这种国庆特赦不宜成为定制，而应由国家在充分考量政治、经济、社会发展之大局的基础上，于确属必要时为之。而且，应赋予与行赦有关人员保守秘密之义务，杜绝因实行特赦而滋生的腐败，并借鉴我国古代法律确立“闻知有赦而故犯者不赦”之规定。

（二）关于特赦的实质条件

从新中国成立之后的7次特赦实践来看，除了第7次特赦在释放全部在押战争罪犯时，不考虑犯罪人的服刑时间长短和是否具有改恶从善之表现外，其余历次特赦都要求犯罪人“经过一定期间的改造、确实改恶从善”。至于何谓“确实改恶从善”，根据1959年9月17日《中共中央关于特赦罪犯的指示》之精神，主要有两个方面的内容：一是在服刑改造期间认罪服法，确有良好的实际表现；二是表示拥护中国共产党的领导，拥护社会主义。

那么，在新中国成立60周年之际行赦，判定能否特赦的根据究竟何在呢？对此，也有很多论者结合以往的特赦实践，主张仍应以“确实改恶从善”为决定能否特赦的前提条件。也有论者甚至进一步限定为“在劳动改造过程中洗心革面、痛改前非、彻底悔罪、弃恶从善，并且在特赦之后不会对社会造成危害性”。①其实，只要能够发挥赦免制度调节利益冲突、衡平社会关系、弥补法律不足之刑事政策机能，便可以考虑行赦。“确实改恶从善”只是从犯罪人自身方面来判断能否行赦的根据，但却并非唯一根据。进言之，能否赦免应该综合考虑如下几方面的因素：（1）犯罪人自身方面的因素，如犯罪人的性格、悔改表现、再犯可能性、对社会是否仍有严重不满情绪等；（2）社会对犯罪人的客观评价，如有无社会责任感、家庭责任感等；（3）原处理案件的法官、检察官的建议、意见；（4）被害人及其家属的意见；（5）其他应当考虑的因素。

但是，从现实层面来说，特赦的施行也必须考虑公众舆论的强烈反应。如果仍本着制度重构的理想立场，宽泛地界定赦免之实质条件，则必然会招致社会公众的激烈反对，引发不必要的社会震荡。因此，现代赦免制度重构与运作之目标的达成，不能仅考虑必要性，也应侧重考虑可行性，考察、分析、预测可行的条件和环境，采取循序渐进、由易而难的逐步发展的方法予以推进。所以，如果在新中国成立60周年之际实行特赦，还是应将判断特赦的实质根据进行必要限定。考虑到表述的规范性、明确性与合理性以及与减刑、假释等刑罚制度的协调性，

① 杨金柱：“国庆60周年特赦的重大社会意义和具体构想”，载 http://blog.sina.com.cn/s/blog_5ee2b7bd0100c8xt.html ~ type = v5_one&label = rela_prevarticle。

我们主张,将新中国7次特赦实践所确立的"确实改恶从善"之实质条件修改为"确有悔改表现,不致再危害社会"。这样也可以有效地化解人们普遍存在的特赦可能进一步恶化治安状况之忧虑。[①] 至于何谓"确有悔改表现,不致再危害社会",应该由有关部门根据罪犯在一定刑罚执行期间内的服刑改造表现,结合各种主客观因素予以综合判断。

(三)关于特赦的适用对象与范围

新中国成立后的7次特赦中,除第一次特赦包括反革命罪犯和普通刑事罪犯外,其余历次特赦所针对的对象均为蒋介石集团、伪满洲国和伪蒙疆自治政府的战争罪犯。而且,7次特赦所针对的均系全国各地犯特定之罪、被判处特定刑罚的罪犯中的部分人,而并非针对某个地区或者某一事件中的犯罪人实施,也不是针对某一特定犯罪人实施,更不是针对全国的所有犯罪人或者犯特定罪的所有人实施。

那么,在新中国成立60周年之际实行特赦,应该针对何种对象与范围适用呢?对此,有律师主张,国庆特赦应选择以下对象:(1)对年满75周岁以上的在押罪犯一律特赦;(2)对犯罪时未满18周岁、服刑时间过半、确已悔罪、被赦免后对社会不具有危害性的在押罪犯一律特赦;(3)对年满60周岁以上、身体确实有病或残疾、确已悔罪且被赦免后对社会不具有危害性的在押老病残罪犯一律特赦;(4)对已获假释的各类假释犯人一律特赦;(5)对被判处3年以下有期徒刑、拘役、管制,确已悔罪且被赦免后对社会不具有危害性的轻罪犯一律特赦;(6)对各类被判处3年以上至10年以下有期徒刑,服刑时间过半、确已悔罪且被特赦后不具有社会危害性的过失犯罪的罪犯一律特赦。[②] 也有政协委员建议对罪犯年满75周岁以上等9种情形予以特赦。[③] 另有学者认为,不应该按照犯罪类别来确定此次国庆特赦的对象和适用范围;可行的办法是,对于判处较低刑期的(如3年以下)和剩余刑期在3年以下的普通罪犯可以考虑给予特赦。[④]

其实,立足于理论分析,以下情形均应考虑发挥赦免制度之刑事政策机能,以限制并缓和刑罚之科处,修正刑事判决之过分严厉性,借以补救法律不足、救济法治之穷:(1)法律发生变更,对于原有犯罪行为,现行法律已经废止其刑的,

① 赵蕾:"周光权:不要轻率实行国庆特赦",载《南方周末》2009年2月25日。

② 杨金柱:"国庆60周年特赦的重大社会意义和具体构想",载 http://blog.sina.com.cn/s/blog_5ee2b7bd0100c8xt.html ~ type = v5_one&label = rela_prevarticle。

③ 游星宇等:"政协委员建议建国60周年之际特赦部分罪犯",载《南方都市报》2008年3月13日。

④ 阿湘子:"国庆特赦建议引争议",载《华商报》2009年2月18日。

或者根据现行法律应受较轻之刑罚，但基于法律不溯及既往之原则，犯罪人并无享受减刑之机会的；(2)犯罪人的主客观因素发生变化，如犯罪人已与被害人或其遗属宥和、犯人性格改善、岁月的经过已冲淡对社会的敌意等，但法院却无法预见，以致量刑过重，事后又无法补救的；(3)犯罪人情状可悯，又无再犯之虞，应予宽释，但却不符合法定条件，以致不能享受假释、缓刑、停止执行等处遇之情形的；(4)犯罪人身受冤屈，却无新证据足以推翻原判决，以致不能开始再审之诉的；(5)法律虽未变更，但社会观念已发生变化，而有新的判例产生，则往往亦须实施赦免，以迎合社会思潮，并维系法律平等原则。①

但是，同样基于现实可能的考量，我们认为，应该严格控制新中国成立60周年之际特赦的适用对象与范围。借鉴新中国以往的7次特赦实践以及其他学者的相关看法，从现实需要与可能的结合上考虑，我们主张，此次特赦只适用于犯罪性质不严重、犯罪情节相对较轻、宣告刑期与剩余刑期不长，并且"确有悔改表现，不致再危害社会"的犯罪人。在此前提下，我们进一步就此次特赦的对象与范围问题提出如下初步设想：(1)从犯罪性质和犯罪情节来说，此次特赦应侧重适用于犯罪性质不严重、犯罪情节相对较轻的未成年犯、过失犯、初犯、偶犯等情形；(2)就原判刑罚和残余刑期而言，宜限定为宣告刑不超过5年有期徒刑且已经执行原判刑期三分之一以上者；(3)从排除适用范围上讲，对累犯以及杀人、爆炸、抢劫、强奸、绑架等严重危及人身安全的暴力性犯罪不宜特赦；(4)从犯罪主体角度看，年满70周岁或者因身患严重疾病而丧失危害社会能力的犯罪人，则可以作为前述情形之例外而适用特赦。当然，以上设想尚不成熟，有赖于有关部门在广泛调查、综合研究的基础上予以补充、修正。

同时，与以往7次特赦一样，此次特赦的效力亦应只及于刑而不及于罪，并且只是使国家的刑罚权部分消灭，而不是全部消灭，更不是使宣告刑归于无效。申言之，此次特赦只能针对某些类型犯罪以外的已受罪刑宣告并已服刑一定期限的某些符合特定情况的犯罪人，免除其残余刑期，并恢复其公民权，使之享受相应的政治、经济和社会待遇。

（四）关于特赦的程序

在我国以往的7次特赦中，已形成了较为固定的适用程序，即首先由战犯关押地的省公安厅提出在押战犯的罪行、表现情况和处理意见，报公安部审查，经处理战犯领导小组同意后，再报国务院召开全体会议审议决定向全国人大常委会提出具体建议。然后由国务院（除第一次由党中央提出外）提交全国人大常

① 翟唳霞："赦免制度之研究"，台湾大学法律研究所1989年博士学位论文。

委会讨论决定。最后,由中华人民共和国主席发布特赦令,①并交由最高人民法院、高级人民法院执行。在具体执行时,由人民法院在监狱、劳改队等刑罚执行机关的配合、支持下,综合审查犯罪人的犯罪性质、原判刑罚、已经服刑的期限乃至是否确实改恶从善。而最高人民法院会根据具体的审查意见发布特赦通告,确定特赦的具体名单,并最终向被特赦者发放特赦通知书。

毋庸置疑,上述赦免程序中既没有设置常设性赦免事务机关,审查标准也较为单一,存在诸多有待完善之处。对此,我们曾在其他相关研究中提出较为详细的程序设计方案。② 以此为基础并立足于前7次特赦业已形成的适用程序,我们就新中国成立60周年之特赦提出如下程序操作步骤方面的建言:(1)关于特赦的启动。借鉴以往7次特赦之经验并考虑到执政党的崇高地位,可以由中共中央或者中共中央政法委员会向全国人大常委会提出在新中国成立60周年之际实行特赦的建议。全国人大常委会在充分考虑该建议的基础上,设立特赦工作委员会作为常设性赦免事务机关,专门负责此次特赦的具体工作(如果因条件所限无法成立专门机构,则也可以将此次特赦的相关工作事宜授权全国人大常委会法制工作委员会具体负责)。(2)关于特赦的审查。由罪犯关押地负责狱政管理的司法行政机关在综合考虑此次特赦的适用条件和范围的基础上,提出在押罪犯的罪行、表现情况和处理意见,报司法部进行实质审查,并经全国人大常委会特赦工作委员会形式审查后,形成向全国人大常委会的具体报告书和建议书。(3)关于特赦的决定和发布。特赦由全国人大常委会决定,由国家主席公布实施。在接受特赦工作委员会的报告书和建议书后,全国人大常委会应作出是否特赦的决定。如果决定给予特赦的,由全国人大常委会通过《关于特赦部分普通刑事罪犯的决定》,并由国家主席以《中华人民共和国主席特赦令》发布。(4)关于特赦的执行。借鉴以往的做法,此次特赦令亦宜授权最高人民法院和高级人民法院执行,并由负责狱政管理的司法行政机关配合。由最高人民法院根据具体的审查意见发布特赦通告,确定特赦的具体名单,并最终向被特赦者发放特赦通知书。

四、结　　语

在现代法治理念中,赦免是法律严苛的均衡器,是贯彻宽大政策的有效手

① 第7次特赦时,因当时未设国家主席,故直接由全国人大常委会发布决定。

② 赵秉志、阴建峰:"和谐社会呼唤现代赦免制度",载《法学》2006年第2期。

段。作为带有人间温情的法律制度,赦免具有其超法规的价值。虽然赦免权的施行会影响既往的审判,甚至可以动摇确定判决的执行力,从而在一定程度上冲击司法权,但它却始终不是对法律乃至法治的否定,而是对法治的必要救济与补充。这对于法治国家不仅无损,实则多有裨益。在以宪政民主和刑事法治为根基而构建的现代赦免制度中,赦免权已不能恣意而无所顾忌地行使。即便是国家元首的赦免权,通常也已不是由元首个人独断专行,而须征询专门赦免机关的建议,并被设置了严格的法定适用程序和监督机制,其被滥用的可能性已受到极大限制。因此,现代赦免制度通过以宪法为依据,以民主、法治为基本规则,以尊重和保障人权为价值导向,在犯罪人和国家之间构筑起了一个人道而又理性的屏障与庇护所,从而在现代宪政体制中立下了根基。可以说,承认赦免制度的独特价值并适时实施赦免,是一个国家法治进步的标志,是其人权保障的表征,也是国家政治体制和刑事司法制度成熟而自信的体现。[①] 而在新中国成立 60 周年之际对于部分普通刑事罪犯实行特赦,可谓正逢其时!

(2009 年第 5 期)

① 陈东升著:《赦免制度研究》,中国人民公安大学出版社 2004 年版,第 292 页。

【栏目】 习水嫖宿幼女案的刑法具体适用

【案情介绍】 2007年10月,袁某某在贵州省习水县佳和市场非法经营旅社期间,认识了14岁的辍学女孩刘某及其15岁的男友袁某,3人商量由刘某和袁某寻找女生,带到袁某某位于习水县老司法局宿舍的租住房内卖淫,由袁某某联系嫖客。袁某某按嫖资的30%收取"卫生费",剩余嫖资归刘某和袁某所有。2007年10月至2008年8月期间,刘某、袁某先后在县城的3所中学和1所小学门口附近守候,多次将李某、康某、王某等11名中小学女生(其中3名未满14周岁,8名未满18周岁)挟持、哄骗到偏僻处,以要打毒针、拍裸照、殴打等威胁手段胁迫到袁某某家中卖淫。期间,经袁某某邀约、介绍,有多名男子先后在其租住房内嫖宿学生。这些人员中,有5名公职人员和1名县人大代表;他们分别是县职业高中教师冯某、县移民办主任李某、县马临工业区土管所所长陈某、县人事局干部黄某、同民镇司法所干部陈某、县人大代表(利民房地产开发公司经理)母某。2008年8月15日,被害人李某的母亲到习水县公安局城西派出所报案,称女儿被人强奸。公安机关随即展开侦查,发现该案并非一起简单强奸案,而是一起涉嫌嫖宿幼女的恶性案件。此后,习水县公安局按程序向上级部门汇报并请求支援。贵州省委常委、政法委书记、公安厅厅长崔亚东对本案作出重要批示,要求遵义市政法委"要协调各政法部门,要严厉打击这些丧尽天良、强奸13岁幼女的人"。之后,习水县公安局对抓获的违法犯罪嫌疑人21人分别进行了处理:对10名嫖娼违法人员予以治安处罚,对强迫、介绍、容留妇女卖淫的未成年人刘某、袁某依法予以少年管教。

2009年2月27日,习水县人民检察院以涉嫌容留、介绍卖淫罪对袁某某提起公诉,以涉嫌嫖宿幼女罪对冯某、李某、陈某、黄某、陈某、冯某等提起公诉。

4月21日,庭审中因案件证据和事实发生变化,案件被撤回进行补充侦查。5月17日,遵义市人民检察院以被告人袁某某构成强迫卖淫罪,以被告人冯某、母某、陈某、冯某、李某、黄某、陈某构成嫖宿幼女罪向遵义市中级人民法院提起公诉。①

存与废:嫖宿幼女罪罪名设立之审视

叶良芳*

一、法条竞合条件下应依嫖宿幼女罪定罪

(一)嫖宿幼女罪的涵摄范围

根据《刑法》第360条第2款的规定,嫖宿幼女罪,是指“嫖宿不满14周岁的幼女”的行为。由于这一罪状属于简单罪状,因而,要明确嫖宿幼女罪的涵摄范围,必须明确“嫖宿”的含义。对于“嫖宿”,刑法理论上主要有以下三种不同的理解:第一种观点认为,嫖宿,是指“行为人与不满14周岁的卖淫幼女发生性行为。”②第二种观点认为,嫖宿,是指“以交付金钱或者其他财物为代价,与卖淫幼女发生性交或者实施类似性交的行为。”③第三种观点认为,嫖宿,是指以给付物质性利益为代价,取得卖淫幼女的自愿承诺,奸淫或猥亵幼女的行为。④ 根据第一种观点,嫖宿幼女,仅指行为人与卖淫幼女发生性交的行为。根据第二种观点,嫖宿幼女,不仅包括行为人直接与卖淫幼女发生性交,还包括类似性交的情形。根据第三种观点,嫖宿幼女,除行为人与卖淫幼女发生性交或者类似性交的行为外,还包括猥亵卖淫幼女的行为。显然,关于嫖宿幼女行为所涵摄的范围,上述三种观点并不一致,而是呈一种递扩关系:第一种最小,第二种次之,第三种

---

① 以上事实系综合多家媒体的相关报道而成。具体可参见“习水县多名公职人员嫖宿年幼女生——贵州省政法委高度重视,外派民警秘密调查破案”,载《中国青年报》2009年4月3日;“习水通报嫖宿幼女案”,载《广州日报》2009年4月5日;“此案还有没有漏网之鱼”,载《中国青年报》2009年4月9日;“嫖宿幼女案将择日宣判”,载《中国青年报》2009年4月10日;“习水嫖宿幼女案检察院撤诉”,载《广州日报》2009年4月23日;“习水嫖宿幼女案提级公诉,检察院负责人释疑”,载《检察日报》2009年5月18日。

* 作者单位:浙江大学光华法学院。

本文系211第3期建设项目“转型期法治理论、制度和实证研究”的阶段性成果。

② 高铭暄、马克昌主编:《刑法学》,北京大学出版社、高等教育出版社2007年版,第676页。

③ 张明楷著:《刑法学》(第3版),法律出版社2007年版,第843页。

④ 黄旭巍:“嫖宿幼女罪若干疑难问题研究”,载《武汉理工大学学报》(社会科学版)2006年第1期。

最大。那么,哪一种观点较为可取呢?根据《现代汉语词典》的解释,嫖宿,是指“嫖妓(强调在一起过夜)”,[①]即嫖妓的同时还奸宿过夜。但如果完全以这一解释为准,认为只有既奸淫卖淫幼女且一起过夜的行为,才是嫖宿幼女;仅奸淫卖淫幼女但不过夜的行为,不是嫖宿幼女,这恐怕没有人会赞同。从立法目的看,立法者之所以要惩治嫖宿幼女的行为,并不在于行为人与幼女过夜,而在于行为人侵害了幼女的性自主权和健康权,过夜与否与幼女的权利被侵害并无必然的联系。换言之,嫖宿,重在“嫖”,而不在“宿”。既“嫖”又“宿”的,固然侵害了幼女的身心健康;只“嫖”不“宿”的,同样侵害了幼女的身心健康。反之,只“宿”不“嫖”的,不会侵害幼女的身心健康。从规范的层面上看,“既然在所有的性犯罪里,都没有一个‘同奸淫对象晚上一起睡觉’的构成要件,那么本罪也完全没有可能成为例外”。[②] 因此,嫖宿幼女中的“嫖宿”,实等同于“嫖”,“宿”字实际上已经成为一个辅助音节,并不具有实质意义。

在将“宿”字从“嫖宿”一词中剔除出去以后,接下来的问题,则是如何明确“嫖”的含义。嫖是仅指性交,还是包括类似性交行为,抑或还包括猥亵行为?根据《现代汉语词典》的解释,嫖是指“男子玩弄妓女”。[③] 按此释义,性交、类似性交以及猥亵,都可以说是玩弄,都可归之于“嫖”。另外,也可以通过明确卖淫的含义来界定“嫖”。实践中,嫖娼与卖淫总是相伴存的,没有卖淫,也就没有嫖娼;反之亦然。因此,通过明确卖淫的含义来明确嫖娼的含义是可行的。“淫”,通常是指不正当的男女关系,其中心含义是指性交。但随着社会观念的变化,一些类似性交的行为,也被认为是性交。这在许多国家和地区的立法中已有体现。从嫖客的需求来看,通常要求妓女提供性交服务,但也可能要求妓女提供性交以外的、刺激性欲的其他性服务(猥亵行为)。由此可见,卖淫的完整方式应是:提供性交、类似性交或猥亵行为等性服务。相应地,嫖娼就是接受性交、类似性交或猥亵行为等性服务。

综上,嫖宿幼女的行为可以分解为以下构成要素:行为对象为卖淫幼女;行为前提为卖淫幼女事先同意;行为性质为钱色交易;行为方式为性交、类似性交和猥亵。

---

① 中国社会科学院语言研究所词典编辑室编:《现代汉语词典》,商务印书馆2006年版,第1045页。

② 刘宪权主编:《刑法学》,上海人民出版社2005年版,第778页。

③ 中国社会科学院语言研究所词典编辑室编:《现代汉语词典》,商务印书馆2006年版,第1045页。

（二）现行刑法的逻辑结果——按照嫖宿幼女罪处理

现行《刑法》除在第 360 条第 2 款规定嫖宿幼女罪外，还在第 236 条第 2 款规定了强奸罪[①]、在第 237 条第 3 款规定了猥亵儿童罪。这三个犯罪均涉及与幼女的性活动，因而彼此之间的关系及其处理需要辨明。

根据《刑法》第 236 条第 2 款的规定，奸淫幼女罪，是指“奸淫不满 14 周岁的幼女”的行为。所谓奸淫，是指“男女间发生不正当的性行为”[②]。理论上通常认为，“不论行为人采用何种手段，也不问幼女是否同意，只要与幼女发生性行为，就构成本罪”。[③]

根据这一理解，奸淫幼女的行为包括：（1）采用暴力、胁迫、诱骗等手段，在幼女不同意的情况下，与其发生性关系；（2）采用暴力、胁迫、诱骗等手段，在幼女同意的情况下，与其发生性关系；（3）未采用暴力、胁迫、诱骗等手段，在幼女不同意的情况下，与其发生性关系；（4）未采用暴力、胁迫、诱骗等手段，在幼女同意的情况下，与其发生性关系。嫖宿幼女的行为，在涉及性交的场合，完全可以归属于上述第（4）种情形。根据《刑法》第 237 条第 3 款的规定，猥亵儿童罪，是指“猥亵儿童”的行为。刑法中的儿童，是指不满 14 周岁的男女。因此，猥亵儿童的行为包括：（1）猥亵不满 14 周岁的幼男；（2）猥亵不满 14 周岁的幼女。嫖宿幼女的行为，在涉及猥亵的场合，完全可以归属于上述第（2）种情形。

由此可见，《刑法》第 360 条第 2 款规定的嫖宿幼女罪与第 236 条第 2 款规定的强奸罪、第 237 条第 3 款规定的猥亵儿童罪彼此之间存在交叉，属于特别法和普通法的关系，应当根据竞合论原理决定法条的取舍适用。关于法条竞合的适用原则，理论上存在分歧，但一般采“特别论”，即认为在独立竞合的情况下，即两个法条之间存在特别关系的场合，应当采用特别法优于普通法的原则。[④]这是因为，立法者之所以在普通法之外又制定特别法，是为了规制特定的行为、保护特殊的法益。因此，当某一行为既符合普通法又符合特别法时，应优先适用特别法，排斥普通法，否则，设立特别法也就失去其应有的意义。因此，如果某一行为既满足强奸罪的构成要件又满足嫖宿幼女罪的构成要件时，或者既满足猥

---

① 1997 年 12 月 26 日公布的最高人民法院《关于执行〈中华人民共和国刑法〉确定罪名的规定》将《刑法》第 236 条第 1 款确定为强奸罪，将第 2 款确定为奸淫幼女罪。2002 年 3 月 26 日公布的最高人民法院、最高人民检察院《关于执行〈中华人民共和国刑法〉确定罪名的补充规定》，将《刑法》第 236 条第 1 款、第 2 款统一确定为强奸罪，取消了奸淫幼女罪罪名。

② 中国社会科学院语言研究所词典编辑室编：《现代汉语词典》，商务印书馆 2006 年版，第 661 页。

③ 高铭暄、马克昌主编：《刑法学》，中国法制出版社 2007 年版，第 551 页。

④ 马克昌著：《刑法比较原理：外国刑法学总论》，武汉大学出版社 2002 年版，第 768 ~ 769 页。

亵儿童罪的构成要件又满足嫖宿幼女罪的构成要件时，均应当定性为嫖宿幼女罪。

但是，也有学者坚持"从重论"，即认为所有的法条竞合都可概括为特别法与普通法的关系，具体适用原则为：第一，一个行为同时符合相异法律之间的普通刑法与特别刑法规定的犯罪构成时，应严格依照特别法优于普通法的原则论处；第二，一个行为同时符合同一法律的普通条款与特别条款规定的犯罪构成时，应依具体情况与法律规定，分别适用特别法优于普通法、重法优于轻法的原则。[①] 根据这一观点，嫖宿幼女行为同时触犯了刑法典的普通条款和特别条款，且刑法也未明确禁止适用普通条款，因而在具体适用时未必必须绝对坚持特别条款优于普通条款的原则，而存在适用普通条款的余地，如果适用普通条款对行为人处罚更为严厉的话。这种观点坚持了刑法竞合时的"从重处罚"原则，有利于打击犯罪，这是值得肯定的地方。但这种"以刑定罪"的解决思路在具体适用时，需要比较不同犯罪的法定刑轻重，而这在许多情况下又是一个难题，因为许多犯罪的法定刑配置，孰轻孰重，事实上并非一清二楚，而是较难判断。嫖宿幼女罪和强奸罪的法定刑配置就是如此：一方面，从法定最低刑来看，嫖宿幼女罪为5年有期徒刑，强奸罪为3年有期徒刑，因而嫖宿幼女罪是重罪；另一方面，从法定最高刑来看，嫖宿幼女罪为15年有期徒刑，强奸罪（一般情形）为10年有期徒刑，因而嫖宿幼女罪是重罪，但在情节严重的情况下，嫖宿幼女罪的最高刑不变，仍然为15年有期徒刑，而强奸罪的最高刑为死刑，因而强奸罪是重罪。这是没有考虑附加刑的情况下作出的初步判断。如果考虑到附加刑，则情况更为复杂。由于嫖宿幼女罪还要"并处罚金"，而强奸罪并未规定罚金刑，就这点看，似乎又表明嫖宿幼女罪要重于强奸罪。"从重论"的另一问题是，有可能使某一法条（特别条款或普通条款）虚置，而这是适用法律时需要特别警惕的，因为法典中的每一个条文在废止之前均应推定有效，司法者均应积极适用而不能将其完全弃置。就强奸罪和嫖宿幼女罪来看，如果认为综合法定刑配置的整体情况，强奸罪要重于嫖宿幼女罪，在二者竞合的情况下，应当适用强奸罪，则所有的嫖宿幼女的行为都会被以强奸论处，从而事实上导致嫖宿幼女罪的立法过剩。就猥亵儿童罪和嫖宿幼女罪来看，前者的法定刑通常为5年以下有期徒刑或者拘役（聚众或者在公共场所实施的，法定刑为5年以上有期徒刑），后者的法定刑为5年以上有期徒刑（并处罚金）。两相比较，嫖宿幼女罪的法定刑明显高于猥亵儿童罪，因而在二者发生竞合时，应当以嫖宿幼女罪定性。但这会造成一种极为奇

---

① 张明楷著：《刑法学》，法律出版社2003年版，第524～526页。

怪的现象:当行为人实施同一行为时,如果他不给予被害人钱物,惩罚就轻些;假如他给予被害人钱物,惩罚就重得多。① 这明显不合理,为此,在理论上又不得不将"嫖宿"解释为"性交",将"猥亵"排除在外,但这又与嫖宿幼女的客观现实状况不符。由于"从重论"在适用上存在上述缺陷,因而在理论上赞同者不多,在实践中践行者较少。

即使根据从重论的观点,也很难说习水县人民检察院的最初处理决定是不当的。案情显示,嫖宿幼女的7名犯罪嫌疑人,均是由"皮条客"袁某某中间介绍或邀请嫖娼,他们的主观目的就是嫖宿幼女,每次当场支付嫖资,而且幼女并未拒绝,更未在行为人面前表现出任何不愿交易或者受人胁迫的意思。这些犯罪嫌疑人不仅未与袁某某结成共犯关系,也未指使、教唆刘某、袁某引诱、胁迫幼女卖淫,而且彼此之间也未共同嫖宿幼女,尚不具备《刑法》第236条第3款规定的"奸淫幼女多人"、"在公共场所当众强奸"、"二人以上轮奸"、"致使被害人重伤、死亡或者造成其他严重后果"等严重情节。因此,如果以强奸罪定性,本案只能适用3年以上10年以下有期徒刑(当然要从重处罚),而如果以嫖宿幼女罪定性,则可适用5年以上15年以下有期徒刑,且要并处罚金。显然,后一处理模式要重于前一处理模式。

二、嫖宿幼女罪的立法政策考量

1986年9月5日国务院颁布的《中华人民共和国治安管理处罚条例》首次规定了对嫖宿幼女行为的处理。该《条例》第30条规定:"嫖宿不满14周岁幼女的,依照《刑法》第139条的规定以强奸罪论处。"1991年9月4日第7届全国人民代表大会常务委员会第21次会议以单行刑法的形式肯定了上述处理模式。1997年修订刑法一改以强奸罪追究嫖宿幼女行为刑事责任的模式,在第360条第2款增设了嫖宿幼女罪。对这一立法修改,由于缺乏必要的立法背景资料,我们难以准确查明立法者的真正意图。从学者的分析来看,主要有两种理解:一种是"保护论",即认为增设本罪是为了更好地保护幼女的身心健康。"嫖宿幼女的行为,极大地损害幼女的身心健康和正常发育,且对幼女的思想具有极大的腐蚀作用,使有不良习性的幼女在卖淫的泥潭中越陷越深,有的幼女被染上性病贻害终生。为了严厉打击嫖宿幼女的行为,本款将嫖宿不满14岁的幼女的行为规

---

① 彭文华:"嫖宿幼女罪之罪刑辨析",载《河南师范大学学报》(哲学社会科学版)2006年第6期。

定为犯罪。”①另一种是“区别论”,即认为增设嫖宿幼女罪是鉴于奸淫的对象是卖淫幼女这一特殊情节。“明知是幼女而嫖宿的,实际上是一种奸淫幼女的行为,以奸淫幼女罪论处并无不可。但在《刑法》修订中,考虑到嫖宿幼女行为的特殊性,故将其规定为一个独立罪名。”②这一特殊性,多数学者认为,是指“在嫖宿幼女的场合,多是幼女‘自愿’,甚至是在幼女主动纠缠的情况下进行的。换言之,犯罪行为的实施,受害幼女本人也有一定的过错。相比(奸淫幼女)而言,行为人的主观恶性也较小。所以对于嫖宿幼女的行为不加区别地按奸淫幼女罪定罪处罚,有违罪刑均衡的刑法原则”。③

上述两种理解都有一定依据。一方面,卖淫和嫖娼(对象为妇女)均是违反治安管理的行为,而非犯罪行为,对嫖宿妇女的行为,实践中一直是遵循施以行政处罚的惯例。为了防止以罚代刑,对嫖宿幼女的行为也作同样的处理,刑法专门规定了嫖宿幼女罪。在卖淫嫖娼行为并未入罪的情况下,刑法规定嫖宿幼女罪显然是对幼女的特殊保护,有利于减少或消除幼女卖淫现象。另一方面,嫖宿幼女的行为对象又是卖淫女,行为人与幼女之间存在性交易关系,幼女对性交行为通常是同意的,“嫖宿幼女罪之幼女虽然也是受害者,但毕竟是为了金钱而出卖自己的肉体,不存在被迫性(相对嫖宿者来说)”,④这有别于通常的奸淫幼女行为,因而刑法在强奸罪之外另行规定了嫖宿幼女罪,在处罚上与奸淫幼女相区别。

问题是,以幼女是否具有卖淫女的身份作出这种区分是否合理,有无违反保护幼女的公共政策?保护幼女是世界任何国家和地区的一项基本公共政策,特别是在涉及幼女性行为的场合。为此,几乎所有的国家和地区均将奸淫幼女的行为规定为犯罪(强奸罪、法定强奸罪或奸淫幼女罪)。尽管具体罪名称谓不同,但都规定,行为人只要与幼女发生性关系,无论幼女是否同意,无论是否采用暴力、胁迫或者其他手段,均构成犯罪。在这种情况下,被害人是否自愿在定罪上没有法律意义。为准确划定幼女的范围,各个国家和地区都有“自愿年龄线”的规定。所谓自愿年龄线,是指幼女在法律上有能力作出自己性行为的年龄。这一年龄线可能是13周岁、14周岁、15周岁、16周岁……这是因为,年龄太小的幼女在心理、生理上均未发育成熟,缺乏必要的社会生活经验和自主判断能力,极易受到诱惑而实施不当的性行为,因而需要予以特殊的保护。而性行为对

① 胡康生、郎胜主编:《中华人民共和国刑法释义》,法律出版社2004年版,第493页。

② 陈兴良著:《刑法疏议》,中国人民公安大学出版社1997年版,第584页。

③ 转引自吴丹红:“刑法的愚人节”,载http://fy.jcrb.com/shownews.aspx?newsid=1506。

④ 李洁:“法定刑设定根据与设定技巧研究”,载《江苏行政学院学报》2006年第4期。

幼女的身心健康发展关系极其重大,只有达到一定年龄段的人,才能正确理解其性质、意义及后果,理智地决定是否实施。研究表明,同幼女发生性关系,哪怕是自愿的,也可能产生长远的心理和生理影响。① 法定强奸罪或类似罪名的确立,正是为了突出对幼女的特别保护,这种特别之处就在于,幼女的性同意或性承诺在法律上无效。②

我国《刑法》第236条第2款规定的强奸罪也体现了保护幼女的基本公共政策:第一,只要与幼女发生性行为,无论幼女是否同意,无论手段如何,均构成强奸罪;第二,对与幼女发生性行为的处罚,在相同情节下均较强奸妇女为重。这里的"同意",排除了任何例外情形。也就是说,无论这种同意是因暴力、威胁而作出,还是因欺骗、引诱而作出;是主动作出,还是被动作出;是因贪图物质利益而作出,还是因好奇心驱使而作出,均不能免除性交行为的违法性,也不能减轻其责任。

但是,嫖宿幼女罪的设立,却对保护幼女的基本公共政策带来一定的冲击。增设这一罪名后,《刑法》中的"幼女"被分为两类:一类是卖淫幼女,另一类是非卖淫幼女。幼女性行为的"同意"也被分为两类:一类是卖淫幼女的同意,另一类是非卖淫幼女的同意。前者在法律上相对有效,后者在法律上绝对无效。由此,两罪之间的矛盾也就凸显出来:"一方面,刑法在规定强奸(幼女)罪时预设了一个基本前提,即幼女各种器官尚未发育成熟,智能也处于增长时期,认识、思维能力和控制自己的能力都很低下,性交意愿表达无效;另一方面,在规定嫖宿幼女罪时却又全面否定了这个前提,认定以金钱或财产交易为内容的性交意愿有效,由此而减轻对行为人的处罚,可谓南辕北辙。"③

从保护幼女的角度看,嫖宿幼女与奸淫幼女仅仅是表现形式不同,而无实质的区别。嫖宿幼女罪的存在,分离了一部分幼女"同意"的性行为,虽然没有作无罪处理,但适用了总体上较轻的罪名,从而在一定程度上降低了对幼女的保护力度。这种视被害人是否是卖淫幼女而规定不同罪名的做法,实际上是一种立

---

① [美]波斯纳著:《性与理性》,苏力译,中国政法大学出版社2002年版,第532页。

② 有学者认为,法定强奸属于严格责任,对幼女的年龄认知错误通常不属于辩解事由。参见朱苏力:"司法解释、公共政策和最高法院——从最高法院有关'奸淫幼女'的司法解释切入",载《法学》2003年第8期。但笔者认为,法定强奸罪与强奸罪的区别在于,被害人的性自愿能否阻却行为的违法性。法定强奸罪虽是严格责任犯罪,但年龄的认知错误属于辩解事由。如英国《1956年性犯罪法》第6条第3款规定:"如果与不满16周岁少女发生不合法之性关系,如果此男性不满24周岁且过去不曾因相似罪行而受到过指控,并且他有理由相信此女子已达16周岁或者已经超过16周岁,则不认定为犯罪。"

③ 李克杰:"从习水案看嫖宿幼女罪立法缺陷",载《燕赵都市报》2009年4月11日第2版。

法歧视，违反了立法平等原则。

三、结论：如果没有嫖宿幼女罪……

“法律不是嘲笑的对象”，因为“法律的制定者是人不是神，法律不可能没有缺陷，因此，发现法律的缺陷并不是什么成就，将有缺陷的法条解释得没有缺陷才是智慧”。① 但是，第一，正因为立法者是人，因而立法者也会犯错，立法者制造的产品——法律，也会存在缺陷，这是不争的事实；第二，法律缺陷犹如人之疾病，有小病与重症之分、有可救治与不可救治之别。对于不可救治的法律缺陷，再高超的法律解释也于事无补，一味强调在解释领域解决甚至会被哂为玩弄玄虚，唯有诉诸立法领域——修改、废除法律，才能彻底消除缺陷。换言之，“从刑法法理学的意义上说，法律不可能是永远正确的，立法缺陷是客观存在的，善意地解释法律的前提是要承认立法上的这种缺陷。更应该弥补这种缺陷，而不是掩饰这种缺陷”。② 习水嫖宿幼女案就是一个典型。该案的起诉和审判频生意外，根源在于刑法立法存在缺陷。嫖宿幼女与奸淫幼女，在本质上是相同的，二者的区别仅在于被害人的身份不同：一个是卖淫幼女；另一个是良家幼女。然而，被害人的身份不同，不应成为罪与非罪或此罪与彼罪的界限。“既然奸淫幼女罪和嫖宿幼女罪都有一个性质是强奸的奸淫行为，那么奸淫幼女可视为强奸，嫖宿幼女也应当同样对待。”③假如刑法没有规定嫖宿幼女罪，那么习水县的司法机关无疑只有一个选择，即将涉案的嫖幼人员以强奸罪（奸淫幼女）立案、侦查、起诉、定罪、判刑，社会公众对本案司法公正的猜疑、批评、指责、抨击等也将无由产生。即使法院最终对犯罪嫌疑人在强奸罪的基本法定刑内判处刑罚，估计也不会掀起如此的轩然大波。一个嫖宿幼女罪，兴起这么大的风浪，搞得秉公执法的司法机关焦头烂额、狼狈不堪，恐怕立法机关难辞其咎。

2008年全国“两会”期间，全国政协委员、中国社会科学院研究员刘白驹就提案表示：现行《刑法》将“嫖宿幼女”从强奸罪中排除的规定，欠缺法理基础，实际效果不好，需要修改。④ 北京青少年法律援助与研究中心主任、中华全国律师协会未成年人保护专业委员会主任佟丽华也认为，将嫖宿幼女行为作单独罪名

---

① 张明楷著：《刑法格言的展开》，法律出版社1999年版，第3页。

② 陈兴良：“定罪之研究”，载《河南省政法管理干部学院学报》2000年第1期。

③ 刘宪权主编：《刑法学》，上海人民出版社2005年版，第779页。

④ 刘白驹：“关于修订刑法，将‘嫖宿幼女’按强奸罪论处的提案”（全国政协十一届一次会议第1256号提案）。

和相对较轻处罚的规定，既构成了对同一行为定罪处罚的矛盾，又在一定程度上放纵了犯罪人，故应取消嫖宿幼女罪，对嫖宿幼女行为一律以强奸罪从重处罚。[①] 另据21世纪网站的在线调查，在对“你认为该以何种罪名起诉此案犯罪人员？”的回答中，总票数为12350张，主张嫖宿幼女罪的为2155票，占17.45%；主张强奸罪的为9931票，占80.41%；回答“不知道，来打酱油”的为264票，占2.14%。[②]

上述意见虽不全面，但足以表明，对于嫖宿幼女罪的设立，公众的认同感是不高的。“对犯罪的认定，必须考虑一个社会的现实，也要考虑国民的规范意识或刑法认同感，以寻求结论的合理性。”[③]刑事立法只有合乎公众的正义理念，规范的生命力也才能得到充分地显现。嫖宿幼女罪的设立，确实有许多值得检讨的地方：首先，从公众的规范意识来看，受“嫖娼不为罪”光晕效应的影响，嫖宿幼女罪的罪质普遍被认为比强奸罪要轻得多；其次，从法定刑的配置来看，罚金往往被等同于行政罚款，死刑则被视为最具威慑和报应功能的刑罚，因而嫖宿幼女罪的法定刑普遍被认为比强奸罪要轻得多；最后，从责任认定来看，“过错相抵原则”在刑事领域没有存在余地，被害人的过错不影响侵害人责任认定的观念在公众心目中根深蒂固，因而，在嫖宿幼女的场合，即使幼女是“问题少女”，公众仍然认为不应减免侵害人的责任。而治本之策在于取消嫖宿幼女罪。

(2009年第6期)

① 崔丽：“莫让花季再流泪——专访北京青少年法律援助与研究中心主任佟丽华”，载《中国青年报》2009年4月13日。

② http://match.free.21cn.com/poll/questionaryShowAnalyse.do? action = showQuestionaryResult & questionaryId = 3032.

③ 周光权：“论刑法的公众认同”，载《中国法学》2003年第1期。

习水嫖宿幼女案中行为人的犯罪性质

齐文远[*] 周 详[**]

一、习水嫖宿幼女案中行为人犯罪性质的争议

习水嫖宿幼女案审理过程中，司法机关人员面对本案的主要定罪量刑问题曾解释说，对嫖宿者以嫖宿幼女罪起诉是为了更严厉地打击违法犯罪，因为嫖宿幼女罪的量刑起点是5年，相对于强奸罪的量刑起点3年更高。对袁某某以"容留、介绍妇女卖淫罪"提起公诉的解释是：很难有证据证明袁某某有强迫的行为，强迫学生卖淫的是未成年人刘某和袁某，"我们也想对他们重判，但不能感情用事，必须严格依法"。① 但是民众对司法机关的解释与处理结果并不满意，很多人对本案的有关刑事司法问题提出质疑：一是对嫖宿者的起诉罪名的质疑。有评论认为，司法机关的解释只向民众介绍了两罪的最低刑，而闭口不谈最高刑。因为强奸罪是一个远远重于嫖宿幼女罪的罪种，根据《刑法》的规定，嫖宿幼女罪最高法定刑为15年有期徒刑，而强奸罪最高法定刑为死刑。"所谓量刑起点更高的嫖宿幼女罪很可能是一个道貌岸然的幌子。"②因此有很多人认为以嫖宿幼女罪起诉有放纵犯罪人的嫌疑，应该对几名嫖宿者以强奸罪提起公诉。③二是对袁某某的起诉罪名的质疑，认为应该以组织、强迫卖淫罪起诉。

从司法机关对本案的答疑与解释的角度看，"我们也想对他们重判"，这说明司法机关与民众达成了一个共识性的前提：都认为现有的处理结果在实质上违背了一般的公平与正义的情感。司法机关只是因为认为现有的法律规定有问

---

* 作者单位：中南财经政法大学。

** 作者单位：中南财经政法大学。

本文为国家社科基金项目"中国刑法本土化、国际化争论背景下的社会危害性理论"(04BFX048)阶段性成果。

① "贵州习水嫖宿幼女案开审，21名犯罪嫌疑人被捕"，载 http://www.qingdaonews.com/gb/content/2009-04/09/content_8026042.htm。

② "此案还有没有漏网之鱼？贵州习水5名公职人员涉嫌嫖宿幼女案开庭审理"，载《中国青年报》2009年4月9日。

③ "'嫖宿幼女'应被治之以强奸罪"，载《长江日报》2009年4月9日。

题，不能违背罪刑法定原则来办案，所以强调“不能感情用事，必须严格依法”。地方司法机关有关人员对本案所作出的公开答疑与解释，从主观态度上值得肯定，这表明地方司机机关重视罪刑法定、重视案件的程序正义与证据，也重视民意。不过地方司法机关的主观努力与客观效果并没有得到有效的统一。或许是为了弥补实质正义与法律规定之间的不协调，弥补这种“法律漏洞”，有地方官员甚至提出对本案的犯罪嫌疑人必须在现有起诉罪名基础上顶格量刑的要求，姑且不论这种要求是否合理，即使真的如此司法，事实上也难以在根本上解决矛盾。

二、习水嫖宿幼女案凸显刑法形式解释的严重弊端

在笔者看来，习水案实际上凸显了地方司法机关对《刑法》进行形式解释的严重弊端。如果在刑法解释思路或者立场出了问题，对刑法规范持一种机械的形式解释，没有以正义的观念为指导，没有通过犯罪的本质特征——严重的社会危害性（或者法益侵害性）对刑法分则罪名进行合理的实质解释，这就必然人为造成一种形式的规范与实质的个案正义之间的严重冲突。具体到习水案，司法机关对强迫卖淫罪与容留、介绍妇女卖淫罪的关系，强迫卖淫罪与强奸罪的关系，强奸罪与嫖宿幼女罪的关系上仅仅进行形式上的区分，没有从实质解释的角度把握这些罪名之间的实质关系。

上述几个罪名的实质关系涉及一个核心的刑法解释问题——“被强迫卖淫者”在法律性质上是否只能解释为“卖淫者”的问题。司法机关显然坚持“被强迫卖淫者”在法律性质上只能是“卖淫者”的解释观念。我们认为这种解释过于形式化，特定的时空、特定的生活事实常常需要司法者对刑法用语作出符合正义要求的新解释，“‘一个词的通常含义是在逐渐发展的，在事实的不断出现中形成的’；活生生的正义还需要从活生生的社会生活中发现；制定法的真实含义不只是隐藏在法条文字中，同样隐藏在具体的生活事实中”。[①]

笔者认为，根据我国现有《刑法》的规定以及实质正义的要求，“被强迫卖淫者”既可以被形式地解释为“卖淫者”，同时也应当被实质解释为“被强奸者”。本文重点从理论上分析后一种实质解释结论的合理性与合法性。从法权与人权的关系角度来看，将“被强迫卖淫者”解释为“被强奸者”，是实现法权总量最大

---

① 张明楷著：《刑法分则的解释原理》，中国人民大学出版社2004年版，“序说”第5页。

化的必然要求。在现代生活中，法权中心就是权利权力统一体中心或权利权力统一体本位。法权中心首先要求一定国家或社会以谋求法权总量最大化为根本原则来形成法律体系，以是否有利于法权总量最大化原则和有关准则，根据具体情况来处理法权内部的冲突。为形成有利于法权总量最大化的法权结构，压缩部分权利相应扩张部分权力，压缩部分权力相应扩张部分权利，都无可厚非，都是法权中心的应有之义。①

在封建社会，国家权力的过分集中导致了刑法的恣意和残酷，导致犯罪人的人权被严重侵犯。在这种特定历史背景下，为了保障人权，启蒙思想家提出社会契约论、罪刑法定原则等理论来限制国家权力，从而扩大法权总量。然而，人类往往易患矫枉过正的毛病，以至于有学者提出刑法上的人权保护就是对犯罪人的人权保护的观点，完全忽视了被害人的主体地位，忽视对被害人的一些实体与程序权利的保护，忽视个案正义的实现。保障罪犯的人权固然必要，但不能为了保障人权而走向唯犯罪人人权主义的极端，狭隘地理解保护人权只是保护犯罪人的人权。如果过分地扩大犯罪人的权利，势必不当地压缩国家权力与忽视被害人的权益保护，反而会减少法权总量。西方刑法学者因此提出了"刑法是善良人的大宪章，也是犯罪人的大宪章"的均衡观念。当今国内外刑法学界也开始重视对被害人的刑法规范学研究，将被害人纳入刑法规范解释学视野中，以寻求犯罪人与被害人人权保护之间的平衡。②

刑法是秩序维持机能、法益保护机能、人权保障机能等多种价值目标博弈的结果，刑法规定各种犯罪的根本目的在于保护法益。在刑法理论上法益可以分为国家法益和个人法益，不过抽象的国家一般不作为被害人来看待，因为国家缺乏具体的感知能力。"刑法学科中的被害人，不能包括国家。这是因为，在刑法学的视野中，被害人受到侵害的必须是一种具体的权利，而不能是抽象的国家权力或社会公共利益。"③因此司法机关在认定某种法益是否受到侵害，也应当以被害人为主要的立足点，而不是以行为人的动机或者主观认识为标准。被害人不应当仅仅是一个被动的客体，被动的被贴标签者，也应该是刑事诉讼上的主体和具有自我认同意识的主体。因此，如果幼女或者其他妇女是被他人强迫卖淫时，虽然她们被违法犯罪者打上了"卖淫者"的标签，但她作为一个主体，实际上是反抗该标签的。在强迫卖淫案件中，被害人自始至终也都认为是自己的性权

---

① 童之伟："法权中心的猜想与证明——兼答刘旺洪教授"，载《中国法学》2001 年第 6 期。

② 齐文远、魏汉涛："论被害人过错影响定罪量刑的根据"，载《西南政法大学学报》2008 年第 1 期。

③ 高铭暄、张杰："刑法学视野中被害人问题探讨"，载《中国刑事法杂志》2006 年第 1 期。

利被侵犯，而不是用性权利在交换什么物质利益。事实上，在习水案中，被害人的亲属在报案时，也是以被害人“被强奸”而报案，而不是被组织“卖淫”、被强迫“卖淫”而报案。从社会相当性角度上看，对犯罪人的人权保护的范围和程度，也只是在社会主流文化观念上认为值得保护的犯罪人的某些正当权利，而不是犯罪人所有主观认识范围内的一切利益或者有利的托词。

如果司法者仅仅站在实施强迫卖淫的人以及嫖宿者的角度，无视被害人的意愿与社会主流文化观念，单向地认同极少数犯罪人的所有文化观念与主观动机，坚持“被强迫卖淫者”只能排他性地解释为“卖淫者”，不能解释为“被强奸者”，这样刑法对犯罪的规定就在很大程度上被违法犯罪者的文化观念所架空。甚至会得出荒谬的结果：原本的强奸者，只要事前或者事后塞给被害人钱财，或者与强迫卖淫者进行经济上交易，就只能解释为嫖宿者，要么无罪，要么只能以嫖宿幼女罪处理。这显然是对被害人权益的极大漠视，不符合法权总量最大化的原则要求。其司法的法律效果与社会效果必然是极差的，必然会遭到被害人与社会公众的强烈反对。

从实质正义的角度看，正义的核心是平等，这要求对刑法分则进行体系解释，使刑法条文之间保持协调。如果将“被强迫卖淫者”仅仅解释为“卖淫者”，就会在多个罪名之间产生处罚上的不协调，违背刑法的正义要求。

1. 被害人是被他人强迫卖淫时，在特定情况下，容留、介绍妇女卖淫者有可能构成强迫卖淫罪或者组织卖淫罪。习水案中司法机关仅仅以容留、介绍卖淫罪对袁某某提起公诉，可能产生实质上的处罚不公正。(1)组织卖淫罪的手段行为包含了容留、介绍卖淫的行为。以容留、介绍卖淫的方式实施的组织卖淫行为，完全符合组织卖淫罪的犯罪构成，此时应该以处罚更重的组织卖淫罪处理。在习水案中，即使袁某某在主观上确实不知“卖淫者”是被他人强迫者，其行为也完全符合了组织卖淫罪的犯罪构成。(2)刑法通说认为，强迫卖淫的客观表现是强迫没有卖淫意愿者去卖淫，组织卖淫罪是把自愿卖淫者组织起来进行卖淫。如果行为人以暴力、胁迫等方式实施组织他人卖淫的行为，属于想象竞合犯，从一重罪处断，也仍然可以强迫卖淫罪定罪量刑。[①] 当然也有学者认为此时只认定为组织卖淫罪。[②] 笔者认为，通说更为合理，尽管组织卖淫罪与强迫卖淫罪的法定刑相同，以什么罪名处理不影响实质的处罚效果，但后一种观点意味着组织卖淫罪也可以采用强迫卖淫的手段，这不利于在客观上区分两罪。(3)对

① 高铭暄、马克昌：《刑法学》，北京大学出版社、高等教育出版社 2005 年版，第 663 页。

② 张明楷著：《刑法学》，法律出版社 2007 年版，第 839 页。

于习水案而言，存在两个特殊的事实：一是组织者袁某某本人没有实施强迫行为，事前也没有与其他人形成强迫卖淫的共谋。二是实施强迫行为的刘某及其男友袁某没有达到强迫卖淫罪的法定年龄。此时如果组织者明知被组织者是他人强迫者而予以组织的行为，该如何定性则成为理论上的问题。笔者认为，此时也应该以强迫卖淫罪处理，这需要将刑法分则罪名之间的关系与总则中的共犯概念结合起来予以体系解释。在我国刑法通说中，构成共犯的条件，要求二人以上的行为人都达到刑事责任年龄。但是对于"共犯"概念并非只能这么解释。一个概念在不同情况下可能具有不同的含义，这是语言上的正常现象，也是法律上的正常现象。例如，对《刑法》第17条第2款中规定的8种"罪"的理解，司法解释就采用"犯罪行为"而不是"罪名"的含义。对"二人以上共同故意犯罪"，也可以这么理解。"共犯"既可以指是完全责任意义上的犯罪之间的关系，也可以是暂时排除部分行为人的刑事责任年龄因素，特指多人的"故意犯罪行为"之间的关系。当前我国刑法学界就有学者采用这种解释思路来解释刑法中的一些问题，如张明楷教授就认为没有达到犯罪年龄的人虽然具有责任阻却事由，如果与达到法定年龄的人共同实施符合客观构成要件的违法行为，也作为"共同犯罪"来处理，如13周岁的人与16周岁的人共同轮奸妇女的，应认定为强奸罪的共同犯罪，对16周岁的人应适用轮奸的加重法定刑。① 笔者认为，这种实质解释思路是可取的。在习水案中，未成年人刘某及其男友袁某实施了强迫卖淫行为中的强迫行为，袁某某在组织卖淫过程中，如果明知被害人是被强迫卖淫者而仍然实施该组织行为的，其实际上就是认可该强迫行为并通过容留、介绍卖淫的方式实施了强迫卖淫行为中的使其卖淫的部分行为，那么组织者与强迫卖淫者实际上构成了强迫卖淫罪的承继的共犯关系，②未成年人只是因为没有达到法定年龄，而不负强迫卖淫罪的刑事责任。

2. 如果将"被强迫卖淫者"仅仅解释为"卖淫者"，在特定情况下，也可能会在强迫卖淫罪与强奸罪之间产生处罚上的不公正。在习水案中，刘某、袁某已满14周岁不满16周岁，根据2006年最高人民法院《关于审理未成年人刑事案件具体应用法律若干问题的解释》第5条的规定：已满14周岁不满16周岁的人实施《刑法》第17条第2款规定以外的行为，如果同时触犯了《刑法》第17条第2款规定的，应当依照《刑法》第17条第2款的规定确定罪名，定罪处罚。因此对

① 张明楷著：《刑法学》，法律出版社2007年版，第322页。

② 承继的共犯指先行为人已经实施了一部分实行行为之后，后行为人以共同实现的意思参与实施犯罪的情况。在承继的共犯中，刑法理论上一般认为：后行为人在知情后所参与的行为是由先行为人的行为性质决定的。参见张明楷著：《刑法学》，法律出版社2007年版，第328～329页。

刘某、袁某也应该以强奸罪起诉。但如将“被强迫卖淫者”仅仅解释为“卖淫者”,则刘某、袁某的行为只能解释为强迫卖淫行为,因二人未达强迫卖淫罪的法定年龄,就只能以无罪处理,这显然不合理。

3. 如果将“被强迫卖淫者”仅仅解释为“卖淫者”,在特定情况下,也可能会在嫖宿幼女罪与强奸罪之间产生处罚上的不公正。在比较重罪与轻罪时,应该结合具体的案情情节,根据所选用的具体量刑幅度来比较。从该角度看,当地司法机关提出对习水案中的嫖宿者以嫖宿幼女罪起诉是为了更严厉地打击违法犯罪的说法是有道理的。在4月9日开庭审理时,已查明的嫖宿者的嫖宿行为都是单人、单次的行为,此时如果按照强奸罪来量刑,反而只能在3~10年有期徒刑的幅度来量刑。① 但是习水案的公诉机关已经撤诉,原因是“检察院审理过程中发现了新的事实和证据,要补充侦查”,②这不排除习水案中存在多人共谋嫖宿或者一人多次嫖宿被强迫卖淫者的新情况。此时,如果“被强迫卖淫者”只能解释为“卖淫者”,对嫖宿者只能以嫖宿幼女罪论处,就会与强奸罪产生处罚上的不公平。

从犯罪的本质特征与犯罪构成的关系角度来看,也应该将“被强迫卖淫者”实质解释为“被强奸者”。

我国刑法学认为严重的社会危害性(或法益侵害性)是犯罪的本质特征,而犯罪构成是指刑法规定的,反映行为的社会危害性及其程度的而为成立犯罪所必须具备的一切主客观要件的有机整体。因此,对犯罪构成要件的解释应该坚持以犯罪的本质特征为观念指导的实质解释立场。罪刑法定原则是现代法治的基本要求,实质解释并非意味着只要按照法权总量最大化的原则要求,或者刑法的实质正义,或者一般人的法感情这种模糊的、抽象的观念来认定犯罪,而是要以这种观念为指导对刑法规定的各种罪名的具体犯罪构成进行合理的解释。认定一个具有严重社会危害性行为是否为犯罪,是否为重罪,必须以形式与实质内容相统一的犯罪构成为唯一的标准。笔者认为,将“被强迫卖淫者”实质解释为“被强奸者”,并不违反罪刑法定的刑事法治原则。

1. 从语意角度来看,“被强迫卖淫者”解释为“被强奸者”,符合社会的一般文化观念。这种实质解释并没有超出“强奸”的语意范围,甚至连扩大解释都称不上,因为这种解释乃是一般人都能想到的含义(核心部分),完全符合罪刑法

---

① 不具有加重情节的强奸罪的法定刑幅度是3~10年有期徒刑,具有加重情节的强奸罪的法定刑幅度为10年以上有期徒刑、无期徒刑、死刑。嫖宿幼女罪就一个量刑幅度:5~15年有期徒刑。

② “贵州习水嫖宿幼女案发现新事实和证据,检方撤诉”,载《法制晚报》2009年4月22日。

定主义的要求。对某些事物的定义而言,角度不同可能定义也不同,不同的定义之间并不必然冲突。例如,现代物理学上对"光"一词的定义,光既可以是"波",也可以是"粒子"。日常生活中也有类似的例子,如番茄对某些人而言是蔬菜,对某些人而言是水果。"被强迫卖淫者"既可以从违法犯罪人的认知角度解释为"卖淫者",也可以从被害人以及社会一般公众的认知角度解释为"被强奸者",二者并不必然是非此即彼的排他性关系。习水案中的办案人员的有关解释就犯了非此即彼的形式主义错误。他们认为:之所以本案以涉嫌"嫖宿幼女罪"对嫌疑人进行侦查起诉,是因为根据司法解释,是否构成"嫖宿"的两个条件为"明知"和"有经济交往",办案人员认为二者具备,所以定性为"嫖宿"而不是"强奸"。① 但是司法解释对"明知"的解释只是对嫖宿幼女罪的故意的解释,只是要求构成嫖宿幼女罪必须在主观上具备明知这一犯罪故意的要件,并不能证明"被强迫卖淫者"只能解释为"卖淫者",不能解释为"被强奸者"。在"两高"司法解释中笔者并没有查到所谓的"有经济往来"的解释的说法,即使有这样的解释,也只能证明"卖淫"行为需要性与经济利益交换为要件,并不能证明凡是有"经济交往"的性行为,就一定排除了构成强奸行为的可能性。

2. 从比较的角度看,有的国家将强迫卖淫的行为从强奸罪中独立出来,如《德国刑法》在强奸罪之外规定了"拐骗妇女卖淫"罪、"严重的拐骗妇女卖淫"罪,在"严重的拐骗妇女卖淫"犯罪中明确规定了"以暴力、暴力相威胁或者诡计迫使他人卖淫或继续卖淫",②这大体上等同于我国《刑法》中的强迫卖淫罪。而有的国家中没有类似的规定,如《意大利刑法》、《日本刑法》在妨害风化一章中规定了"劝诱淫行罪"、"引诱卖淫罪",但并没有规定"严重的拐骗妇女卖淫罪"或者"强迫卖淫罪",这并不意味着采用这种立法体例的国家中,比"劝诱淫行"、"引诱卖淫"行为性质更严重的强迫卖淫行为不构成犯罪,而是这种行为完全符合强奸罪的犯罪构成,以强奸罪定罪。

3. 从犯罪构成的角度看,强迫卖淫的行为也完全符合我国《刑法》规定的强奸罪的犯罪构成。我国《刑法》第236条规定强奸罪的客观要件是"以暴力胁迫或者其他手段强奸妇女",该规定并没有要求手段行为者与结果行为者必须统一。强奸罪是一个复合行为的犯罪,虽然在司法实践中常发性的强奸行为,其实施手段行为的人与实施奸淫行为的人是合一的,但"'将熟知与必须相混淆'是

① "此案还有没有漏网之鱼?贵州习水5名公职人员涉嫌嫖宿幼女案开庭审理",载《中国青年报》2009年4月9日。

② 《德国刑法典》,徐久生、庄劲华译,中国法制出版社2000年版,第147~148页。

人们常犯的错误。人们在解释具体的犯罪构成时,习惯于将自己熟悉的事实视为应当的事实,进而认为刑法规范所描述的事实就是自己熟知的事实”。[①] 在强迫卖淫的案件中,一部分人实施暴力、胁迫等手段行为,使得妇女不能反抗、不敢反抗,由其他人实施奸淫行为也完全符合强奸罪的犯罪构成。此时我们不能机械地认为前者缺乏奸淫行为,后者缺乏强迫等手段行为而否认其符合强奸罪的犯罪构成,而应该从犯罪构成的角度进行整体的判断。

总之,犯罪构成是认定犯罪的唯一标准,而犯罪构成必须反映严重的社会危害性(法益侵害性)这一本质特征。上述实质解释也完全是以具体的犯罪构成为大前提来进行逻辑推理,因此该实质解释不仅仅符合罪刑法定原则的形式要求,也符合罪刑法定的实质要求。

从主客观相统一的定罪原则来看,将“被强迫卖淫者”解释为“被强奸者”不会产生客观归罪的结果。

将“被强迫卖淫者”解释为“被强奸者”,从而将“强迫卖淫”行为解释为实质的“强奸”行为,这只是从客观的违法性角度对行为性质的界定,如果行为对象是被他人强迫卖淫者,那么行为人的行为在客观上既侵犯了社会管理秩序这一客体(法益),也侵犯了被害人的性自决权这一客体(法益)。但在认定习水案中涉案人员的各种行为是否构成强奸罪时,必须坚持现代法治社会所要求的主客观相统一的定罪原则,反对主观归罪与客观归罪。例如,从嫖客这一行为人的角度来看,付了金钱财物与他人进行性交易的嫖宿行为是否构成强奸罪?关键在于嫖客在实施嫖宿行为时,其主观上是否认识到对方是被强迫卖淫的妇女与幼女,从而决定行为人是否具有强奸罪的故意。如果行为人明知嫖宿的幼女是被强迫卖淫者,行为人在主观上显然认识到对方不愿意与自己发生性关系,行为人仍然决意与对方发生性行为,就具有了强奸罪中的“违背妇女的意志,强行与其发生性关系的”故意。此时,行为人在符合嫖宿幼女强罪的犯罪构成的同时也符合了强奸罪的犯罪构成。如果嫖宿者确实不知幼女是“被强迫卖淫者”而予以嫖宿的,按照主客观相统一的原则,以事实的认识错误来处理,此时由于嫖宿者缺乏普通强奸行为的故意,不能以(普通型的)强奸罪处理,但是强奸罪中的奸淫幼女的行为类型,并不要求采取暴力、胁迫等手段行为,即使幼女同意的,也构成强奸罪,因此,行为人明知是幼女而嫖宿的,既符合嫖宿幼女罪的犯罪构成,也符合强奸罪的犯罪构成,仍然可以强奸罪处理。行为人确实不知对方为幼女的则另当别论。行为人确实不知被害妇女是被强迫卖淫的,由于刑法不处罚

① 张明楷著:《刑法分则的解释原理》,中国人民大学出版社 2004 年版,第 9 页。

嫖宿妇女的行为而归为无罪。[①] 以无罪处理。

三、习水案中当事人刑事责任的落实

我们应该根据刑法实质解释的立场，对具体的案情作出以下刑事责任的认定：

1. 根据《刑法》第17条的规定，已满14周岁不满16周岁应当对强奸罪承担刑事责任，所以，刘某、袁某的行为对象因涉及多名被强迫卖淫的幼女、妇女，已经符合了强奸罪的构成要件和法定加重情节。

2. 对袁某某而言，在明知是被强迫卖淫者的情况下，涉嫌强奸罪与强迫卖淫罪两个罪名，[②]应按想象竞合犯原则来处理，根据具体的情节从一重处断。[③] 在强奸罪上袁某某与刘某、袁某构成共同犯罪的关系。如果袁某某确实不知被害人是被强迫卖淫者，以组织卖淫罪论处。

3. 对嫖宿者而言，如果有证据证明嫖宿者"明知"[④]被害人是被强迫卖淫的幼女，符合嫖宿幼女罪与强奸罪(普通型强奸)两个罪名。如果嫖宿者明知被害人是幼女，但确实不知道是被强迫卖淫的幼女，则符合嫖宿幼女罪与强奸罪(奸淫幼女型)两个罪名，且两个罪名之间是竞合犯关系，从一重论处，如果确实不知道被害人是幼女，则无罪。如果明知被害人是被强迫卖淫的妇女，则构成强奸罪，如果确实不知道被害人是被强迫卖淫的妇女，则无罪。

4. 如果袁某某以及嫖宿者行为时都明知被害人是被强迫卖淫者的前提下，

---

① 若嫖宿者明知自己患有严重的性病，则可能构成传播性病罪。

② 在刑法理论上，想象竞合犯由于是一行为触犯数个法条规定的不同犯罪构成，虽然最终的处理结果是比较数个罪名的法定刑轻重后择一重者论处，但所触犯的轻罪名仍然成立，其法条仍应该应用。参见赵秉志主编：《中国刑法案例与学理研究〈总则篇(下)〉》，法律出版社2001年版，第171页。

③ 《刑法》第358条规定的强迫卖淫罪中，将强迫多名妇女和强迫幼女卖淫等实质上符合强奸罪犯罪构成的行为规定为法定加重情节，且组织、强迫卖淫罪的法定最低刑是5年，最高刑是死刑，并处财产刑，比强奸罪的法定刑更重，似乎司法机关按照强迫卖淫罪一罪定罪量刑，不会产生罪刑不均衡的情况，有的刑法学者将这种立法称为"包容犯"。但笔者认为，将所谓的"包容犯"解释为想象竞合犯更为合理，可以较好地处理袁某某与刘某、袁某在共同犯罪上的认定问题。另外，也不能脱离具体的案情事实来抽象地比较重罪与轻罪。例如，强迫妇女同时与两个嫖客发生性行为的，如果按照强迫卖淫罪处理，只能在5~10年范围量刑，但如果以强奸罪处理，则属于"轮奸"的法定加重情节，应当在10年以上有期徒刑至死刑的幅度内量刑。

④ 关于嫖宿幼女罪或者其他有关罪名的司法解释中，对"明知"的解释是"知道或者应当知道"，刑法学者一般认为司法解释中的"应当知道"是一种法律推定的明知心理，而不是疏忽大意的过失心理。参见陈兴良："'应当知道'的刑法界说"，载《法学》2005年第7期。

那么习水案的这些涉案人员都是强奸罪的共犯。不过习水案在共犯问题上比较特殊,涉及多人的承继的共犯关系,被害人也是多人,因此需要认真研究多个主体之间的关系、在整个案件中的作用大小、负刑事责任的范围,以便准确确认刑事责任的分担。为了便于体系性地考察习水案中多个主体之间复杂的共犯关系,可以用以下图来表示:

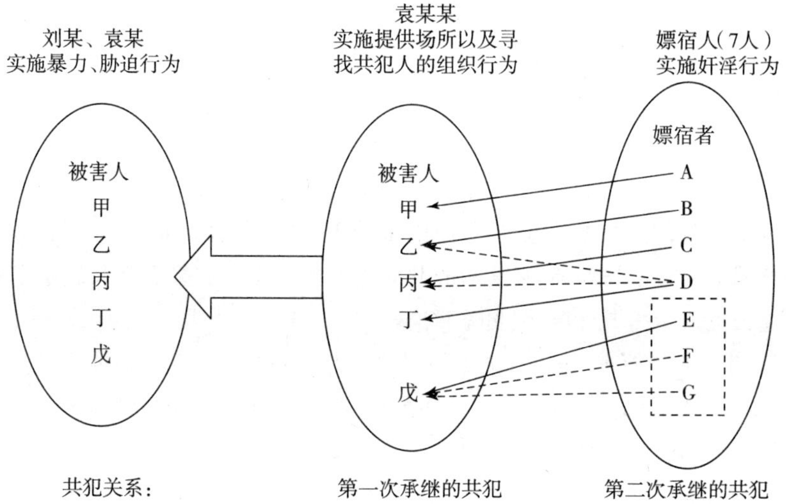

注:图中的实线,表示习水案中已公布的案情,虚线表示习水案中可能存在的新案情。

参照上图可以作如下解析:

首先,根据承继共犯的一般原理,后来的共犯虽然满足了强奸罪的构成要件,但对前行为人所造成的后果不负刑事责任,例如,如果本案中刘某、袁某的暴力行为致使某些被害人重伤的情况,那么袁某某及其嫖宿者并不对此结果负责任。

其次,我们认为习水案中每一个嫖宿者,仅仅对与自己发生关系的具体被害范围内负强奸罪的共犯责任,只能分别在特定的范围内与前面的犯罪嫌疑人构成强奸罪的承继共犯关系。因此,习水案实际上是多个承继共犯并存的案件。这种刑事责任范围大小的差异,在客观上就限制了对嫖宿者量刑时的具体法定刑幅度的选择。只有假定本案存在一人多次实施嫖娼(如上图中的D),或者多人共谋(如上图中的E、F、G)的前提下,才可能选择强奸罪中的加重幅度。

最后,笔者认为对非多人的、非多次的嫖宿者也不一定非得顶格量刑,司法机关可以在接近15年有期徒刑的范围内自由裁量,这样就会为习水的整个案件以及其他在性质上可能更严重的案件留下罪刑均衡判断的余地。例如上图中的D以及E、F、G,这些具有强奸罪法定加重情节的行为人负刑事责任的范围仍然有限,不可能像刘某、袁某、袁某某要对所有被害人负刑事责任,因此从该角度看,嫖宿者与前面的犯罪嫌疑人相比,其社会危害性要小,不宜顶格判死刑,甚至选用无期徒刑时也应该慎重。对于袁某某的量刑而言,虽然其作为组织者要对本案中的所有被害人的范围负全部的责任,但是因为袁某某与刘某、袁某是承继的共犯关系,袁某某并没有实施强奸罪中的暴力、胁迫等手段行为,这与存在事前通谋的共犯或者实施了暴力胁迫等行为的共犯在社会危害性上有一定程度的差异,也不宜顶格判死刑。① 对于刘某、袁某而言,尽管在本案中客观上的社会危害性非常大,是强奸罪中的暴力、胁迫行为的直接实施者,是强奸罪的主要制造者,若没有他们的这些暴力胁迫行为,后来的袁某某以及嫖宿者都不可能构成强奸罪(对象是幼女的情况时除外)。但因为他们是不满16周岁的未成年人,应当从轻、减轻处罚。②

总之,如果坚持实质解释论的立场,在现有刑法规定的前提下,也完全可以合理合法地维护刑法的正义诉求,在形式与实质相统一的罪刑法定原则要求下,弥补因为过于机械的形式解释所人为制造的所谓的"法律漏洞"或者非正义的不良结果。

(2009年第6期)

嫖宿幼女行为的法条竞合问题

童德华*

贵州习水"嫖宿幼女案"为刑法学界提供了一个澄清强奸罪与嫖宿幼女罪立法关系的契机,因为当前刑法理论中对嫖宿幼女罪的解释研究并不多,在这些文章中,论者主要将矛头指向该罪立法的合理性。

---

① 我国刑法中的死刑立即执行与死缓在法律性质上只是死刑的具体执行方式,并不是刑种,但二者在实质效果上差异巨大,从这个实质差别的角度,也可以将二者视为不同幅度的刑罚。

② 需要指出的是,由于以上行为可能判处无期徒刑以上的刑罚,因此本案在程序上应该提交中级人民法院审理。

* 作者单位:中南财经政法大学刑事司法学院。

一、嫖宿幼女罪的规范目的

一些学者对于嫖宿幼女罪的立法合理性提出了质疑，有的学者提出："尽管该罪成立，但是单独设立本罪名则弊多利少。如将来再次修订《刑法》，应当嫖宿幼女罪之罪名取消，其所包含的危害行为应分别按奸淫幼女型强奸罪或猥亵儿童罪处理。"①还有观点主张将奸淫幼女与嫖宿幼女合并为一罪进行处罚。②其理由可归结为，将奸淫幼女与猥亵幼女并立设罪，导致刑法保护客体不明确，违背了刑法中的平等原则和罪责刑相适应原则。

笔者认为，上述观点虽然具有一定道理，但是，如果我们注意到1997年《刑法》生效之前和生效之后对嫖宿幼女行为定性上的差异，那么，我们就有必要检讨1997年《刑法》将嫖宿幼女单行设罪立法的目的。为此，首先须从奸淫幼女和嫖宿幼女两类行为的客体上找到差异。正是在这个问题上，上述观点提出的论由值得商讨：一方面，1997年《刑法》保护客体并非不明确和不合理，依据刑法之规定可见，嫖宿幼女罪侵犯了双重客体，其中主要客体为良好的社会道德风尚，次要客体为幼女的身心健康权利。③ 另一方面，也是最值得注意的是，刑法保护客体的主次差别也并非不合理。具体而言，这些理由包括：

第一，刑法对奸淫幼女与嫖宿幼女并行设罪，其保护的客体及其保护重心是比较明确的。由刑法规定可见，刑法在设立嫖宿幼女罪的时候，着眼于保护两类客体：一类是对幼女的身心健康加以特别的刑法保护，所以区别嫖宿幼女和嫖宿14周岁以上女性的行为性质，后者主要根据《治安管理处罚法》加以制裁，而对前者则适用刑法制裁；另一类是着眼于维护社会道德风尚的基本底线，对社会秩序进行必要的预防性管制，避免此类社会恶习滋生更为严重的社会问题。至于刑法将后者作为主要客体的理由，在笔者看来有三：一是我国立法原理上存在重视社会整体秩序的传统；二是通过规制该类社会生活的基本秩序，为幼女提供更好和更有效的保护；三是考虑到强奸幼女和嫖宿幼女之间的关联，还有社会对这两种行为进行差别性管制的需要。

第二，强奸罪的社会危害性并不必然比嫖宿幼女罪严重。刑法对包括强奸

① 黄旭巍："嫖宿幼女罪若干疑难问题研究"，载《武汉理工大学学报》（社会科学版）2006年第1期。

② 夏冰："对嫖宿幼女罪的否定性评价"，载《铁道警官高等专科学校学报》2006年第3期。

③ 高铭暄、马克昌主编：《刑法学》，北京大学出版社、高等教育出版社2007年版，第676页。

罪在内的性犯罪的立法定位和处罚,要适应性伦理观的发展,据此赋予其不同的时代内涵。强奸罪通常被视为一种十分严重的犯罪,并被规定了较为严厉的刑罚处罚,这在很大程度上是传统“女性贞操观”作祟的结果。我们要注意到,刑法对于强奸罪的过度反应并不可取,它遮蔽了一些负面问题,一是对于受害女性和社会民众的“女性贞操观”起到了潜移默化的强化效果,这并不适应性文明的发展要求;二是不利于受害人尽早摆脱心灵受伤的“阴影”。可是,嫖宿幼女的行为不仅具有奸淫幼女行为的社会危害性,而且它会助长一种变态的社会心理(如恋童癖),这种变态社会心理一方面与“女性贞操观”有着直接联系,和当代性文明的取向格格不入,更为严重的是,它体现出对他人人格尊严的轻视、践踏与侵犯,如果任其泛滥,必将颠覆文明社会的基本伦理规范,甚至对于家庭伦理关系构成潜在威胁,对社会整体秩序的损毁也是不堪设想的。基于此,笔者认为,嫖宿幼女在一般情形下比奸淫幼女型强奸罪的社会危害性更大。①

第三,刑法对奸淫幼女和嫖宿幼女的刑罚处罚,并不必然违背罪责刑相适应原则。通常,嫖宿幼女行为不仅具有比奸淫幼女更为严重的社会危害性,而且行为人表现出对社会基本伦理规范的公然挑战和悖逆,在主观方面也显示出更大的恶性,因此,《刑法》规定强奸罪和嫖宿幼女罪之间的基本法定刑不一样,强奸罪为3年以上10年以下有期徒刑,嫖宿幼女罪为5年以上有期徒刑,无论是上限还是下限,嫖宿幼女罪的基本法定刑都比强奸罪重,这符合罪责刑相适应的原则。

综上所述,在《刑法》上对奸淫幼女和嫖宿幼女并立设罪,并非没有道理;而对立法一味进行批评和指责的做法,只能限制和妨害我们对于嫖宿幼女行为的刑法性质作出更深入的讨论,这对于实践需要是没有积极意义的。

二、嫖宿幼女罪的规制范围

虽然《刑法》将嫖宿幼女和奸淫幼女的定罪和处罚区别开来,但是在刑法实践中,我们还是不能割裂两类行为之间的一致性和关联性。这些一致和关联的地方集中表现为如下几点:一是行为人和不满14周岁的幼女发生了性关系;二是行为人在主观上知道或者应当知道该对象为幼女,但希望或者放任自己与之发生性关系。而这两类客观和主观素材基本上符合奸淫幼女型强奸罪的犯罪构

① 作为题外话,基于当前的现实情形,笔者认为,法律实务界和理论界有责任根据一些具体案件的判决,向社会表明一种观念:嫖宿幼女是一种严重的犯罪行为。

成要件，由此，引导出社会认知和司法认定上的一个困惑：嫖宿幼女罪究竟与奸淫幼女型强奸罪有何差异呢？

关于嫖宿幼女和奸淫幼女的关系，在为数不多的一些论述中值得注意的是如下两种观点：一种观点从犯罪要素出发，主张嫖宿幼女罪的前提之一是幼女主动、自愿的卖淫行为，前提之二是行为人没有使用强迫行为，如果行为具备这两个条件，似乎就构成嫖宿幼女罪。① 另一种观点从犯罪形态上或者行为性质出发，提出“应该说，明知是幼女而嫖宿的，实际上是一种奸淫幼女的行为，以奸淫幼女罪论处并无不可。但在刑法修订中，考虑到嫖宿幼女行为的特殊性，将其规定为一个独立罪名”。② 这两种观点是不一样的，如行为人在嫖宿幼女时使用了暴力，或者幼女不是主动和自愿的，依据前一种观点构成强奸罪，依据后一种观点则有成立嫖宿幼女罪的余地。但笔者认为，前一种观点区分嫖宿幼女罪的两个前提是经不起推敲的：

第一，幼女的“主动、意愿”并不是决定嫖宿行为性质的一个前提。而这种前提在不经意中剥夺了父母、家庭以及《未成年人保护法》规定的其他机构保护未成年人的法定义务和权利，侵害了他/她/他们的相关利益，因为承认幼女的性“自愿”有效的逻辑结论必定是，父母也无权禁止其不足14岁的幼女同他人发生自愿的性交易行为，否则他们的干预就至少有可能侵犯了这样一位幼女的意思表示自由甚至是人身自由。③ 而这样的前提在刑法理论上也不能立足，因为幼女即便客观上可能具有抗拒或者接受性行为的意识和意愿，但是考虑到未成年人身心发育不成熟，他们普遍对自己行为的性质、后果与意义还缺乏明确的认识，又很难控制自己的行为，所以基于刑事政策的要求，《刑法》严格规定不满14周岁的人不具有责任能力。这种规定对于不满14周岁的未成年的行动者和受害人的法律意义和规范后果是一致的，就是在刑法上认为他们的行为无论在任何时候都不能表达真实的意思，因此行为人的性行为应无条件地推定为违背了幼女的意愿。从刑事政策上看，这样的法律拟定对于预防类似性犯罪有积极意义。它无异于向社会释放出这样一种信号：只要与幼女发生性行为，毫不例外都是犯罪的。

第二，行为人是否使用了强迫行为也不是决定嫖宿行为性质的先决条件。一方面，如上所述，幼女缺乏真实的意愿表示，任何与之发生性关系的行为都应

---

① 张明楷著：《刑法学》，法律出版社2003年版，第888页。

② 陈兴良著：《刑法疏议》，中国人民公安大学出版社1997年版，第584页。

③ 苏力：“司法解释、公共政策和最高法院——从最高法院有关‘奸淫幼女’的司法解释切入”，载《法学》2003年第8期。

论定为违背了幼女的意愿，都可理解为“迫使行为”。另一方面，需要注意到，奸淫幼女的行为手段包含两类：一是使用暴力或者准暴力行为，二是未使用暴力或者准暴力行为；[①]而嫖宿幼女时由于产生了金钱交易关系，行为人需要支付“嫖资”，所以通常不会使用暴力或准暴力行为，但是在嫖宿幼女行为中是否绝对不存在任何程度的暴力或者准暴力行为呢？笔者认为，从理论上很难排除嫖宿中的暴力成分；而在卖淫嫖娼的现实场合，并不可能因为存在金钱交易而完全不存在暴力或者准暴力行为，如让幼女吸食迷幻药等，是否有暴力或者准暴力行为的目的、方式以及程度等在类似场合无疑也难以一一界定，所以我们很难在法律事实层面上区分两类行为。

重要的还在于，如果强求“强迫行为”作为嫖宿幼女的消极构成要件，那么结果适得其反。如行为人嫖宿幼女，应处以5年以上有期徒刑；但如果行为人嫖宿幼女且使用了暴力或者准暴力行为，在不能适用《刑法》第236条第3款规定的时候，虽构成强奸罪，但只能处以3年以上10年以下有期徒刑，其刑罚反而比前面的情形轻。假如判决如此，那么它无疑将产生不好的示范效果，就是在嫖宿幼女的时候，使用迫使行为将可能对自己有利，这势必将幼女置于更不安全的处境。

就后一种观点看，它比较符合刑法立法的实践做法和理论。首先，从立法史看，嫖宿幼女罪脱胎于强奸罪，即嫖宿幼女罪和奸淫幼女型强奸罪之间存在特别法条和普通法条之间的法条竞合关系。其次，结合上文从法理分析，嫖宿幼女和奸淫幼女两种行为之间在本质上并无区别，特别是在无暴力的场合，如行为人支付“嫖资”，和幼女发生性关系的行为，符合《刑法》第236条第2款有关奸淫幼女的规定，此时，嫖宿行为构成强奸罪，但是由于行为人支付了“嫖资”，其行为也符合《刑法》第360条第2款规定，此时行为还构成了嫖宿幼女罪。因此，行为人嫖宿幼女行为的定性和处罚，不单纯是一个犯罪构成要件如何被满足的问题，它还涉及依据刑法原理和刑罚目的选择合适的罪名和刑罚。

可见，在实践中对于嫖宿幼女行为的定性和处罚，应当根据法条竞合的处理原则加以适用。当一个行为同时符合不同法律之间的普通刑法和特别刑法规定时，应严格按照特别刑法优于普通刑法的原则论处；当一个行为同时触犯同一法律的普通条款和特别条款时，通常应当按照特别条款优于普通条款的原则论处，

---

① 有个别学者认为使用暴力与幼女发生性关系，属于《刑法》第236条第1款的情形，不符合同条第2款规定。但笔者认为，由于幼女在法律上被拟制无意志者，所以无论行为人是否使用了暴力，都符合《刑法》第236条第2款规定。参见刘明祥：“奸淫幼女若干问题探析”，载《国家检察官学院学报》2004年第1期。

但是,特殊情况下,则应适用重法优于轻法的原则。① 基于特别法优于普通法、重法优于轻法的原则,嫖宿幼女的行为一般应当以嫖宿幼女罪定罪处罚,因为当行为人嫖宿幼女时,比较基本法定刑,奸淫幼女型强奸罪为3年以上10年以下,而嫖宿幼女罪为5年以上有期徒刑(即单罪最高法定刑为15年有期徒刑),嫖宿幼女罪是特别法条规定的罪名,而且刑罚处罚重于强奸罪,所以通常适用嫖宿幼女罪是妥当的。

综上所述,在一般情况下,行为人只要嫖宿幼女,无论其行为是否获得了幼女"同意",也无论行为人是否使用了迫使行为,都应当依照嫖宿幼女罪定罪处罚。只有在一些需要加重处罚行为人的特殊场合,才应当依照强奸罪对行为人定罪处罚。

三、构成强奸罪的嫖宿幼女行为

由上文分析可见,嫖宿幼女的行为虽然在一般情况下应当以嫖宿幼女罪论处,但并非一味以该罪论处,即在特殊场合,对有些嫖宿幼女的行为应当以强奸罪论处。依照《刑法》第236条第3款的规定,强奸妇女、奸淫幼女,刑法规定之特定情形的,处10年以上有期徒刑、无期徒刑或者死刑。当行为人嫖宿幼女的行为符合该款规定时,依照强奸罪处罚的法定刑的上限(死刑)和下限(10年有期徒刑)都比嫖宿幼女罪较重,所以要基于重法优于轻法的原则,以强奸罪论处。

结合该款规定和实际情况,笔者认为,以下嫖宿幼女的行为应当构成强奸罪,处以10年以上有期徒刑、无期徒刑或死刑:

1. 嫖宿幼女情节恶劣。依据"情节"一词的高度涵盖性,基于维护社会道德风尚和保护幼女身心健康的必要,笔者认为,应当将以下情形认定为嫖宿幼女"情节恶劣":(1)多次嫖宿幼女;(2)以告发或者散布不利的信息恐吓幼女,迫使其被嫖宿;(3)在公共场所劫持幼女并进行嫖宿的;(4)国家工作人员嫖宿幼女,在社会上造成很坏影响;(5)嫖宿幼女虽然没有致使幼女受到重伤或者死亡,但是在幼女身上进行烫烧、针刺等,从而留下明显痕迹的,等等。

2. 嫖宿幼女多名。嫖宿幼女多名,是指行为人一次嫖宿多名幼女。

3. 二人以上在同一时间和场所嫖宿同一幼女。

---

① 张明楷著:《刑法学》,法律出版社2003年版,第525~526页。

4. 致使被嫖宿幼女重伤、死亡或者造成其他严重后果，主要指在嫖宿过程中的性行为或者其他相关行为，如使幼女吸食迷幻药等，导致幼女生殖器官、身体以及精神系统受到严重损伤，或者造成其他严重伤害，甚至当场死亡或者经抢救无效死亡。

（2009 年第 6 期）

2010年

【栏目】 《大清新刑律》颁布暨罪刑法定原则引入中国百年祭

【编者按】 2009年11月中旬,北京大学陈兴良教授送来一篇《〈大清新刑律〉颁布暨罪刑法定主义引入中国百年祭》的文章。文章指出,《大清新刑律》[①]颁布即将100周年,也是罪刑法定原则引入中国100周年。《大清新刑律》虽然未及实施,清王朝即告覆灭。但其是中国第一部近代意义上的刑法典,明证之一就是规定了罪刑法定原则。因此,《大清新刑律》的颁布是中国近代刑法的肇始之标志,也是中国近代刑法学的发端之先河。

本刊认为,这是一个十分值得纪念的事件。如果要追溯中国现代法制的开端,1908年是当之无愧的"原点",这一年出台了《钦定宪法大纲》——中国历史上第一部具有宪法意义的法律文件。如果更进一步,追问中国现代刑事法治的起点的话,则目光当然地定格在《大清新刑律》。《大清新刑律》的历史地位现在恐怕早已盖棺定论,人们自然会对其作出各种各样的评价。从一名刑法研究者的角度而言,它最摄人心魄的地方恐怕还是首次以法律条文的形式明确确立了罪刑法定原则。从这以后,无论立法者尊崇也罢、抨击也罢,无论司法者维护也罢、漠视也罢,罪刑法定原则已然成为中国刑事法治进程中避不开的坎儿,绕不过去的弯儿。

在20世纪,中国先后颁布了6部刑法典,除1979年《刑法》以外,其他5部《刑法》都规定了罪刑法定原则,这是值得欣慰的。当然,透过法条的表象,直面罪刑法定原则在现实社会中的命运,这才是最为重要的。新中国1979年《刑法》中没有规定罪刑法定原则,而是在第79条规定了类推。1997年《刑法》则写入了罪刑法定并成为刑法首要的基本原则,同时废除了类推。然而,现实司法实践中还存在诸多的曲解、违背和忽视罪刑法定原则的情况。罪刑法定要真正成为一项司法基本原则,罪刑法定主义要真正深入人心,还有很长的一段路程要走。

为此,适逢《大清新刑律》颁布近100年暨罪刑法定原则引入中国近100年之际,本刊征得陈兴良教授的同意,特地以此为题,组织了本专题,以期发凡振弊,缅怀罪刑法定原则的最初设定,推进罪刑法定原则进一步贯彻。

---

① 《大清新刑律》系宣统二年十二月二十五日颁布,公历为1911年1月25日。

罪刑法定原则的本土转换

陈兴良*

一、罪刑法定原则的艰难突围

罪刑法定主义对于我国刑法来说,完全是“舶来品”。我国古代刑法中,存在“断罪引律令”的规定,同时又存在“断罪无正文”者得“比附援引”的规定,此外还有“违令”、“不应为”等完全空白的罪状。对此,我国学者指出:“从‘断罪无正条’到‘断罪引律令’,再到‘违令’、‘不应为’,有一个问题自然无法避免,那就是传统中国是否存在罪刑法定?以现代法的视角观之,‘断罪引律令’的确存在法定主义的特征,而‘比附援引’则不可否认具有类推的性质,‘违令’、‘不应为’显然也不符合罪刑法定构成要件明确性的基本要求,以此观之,传统法之内在逻辑,似乎存在某种吊诡。”①我国学者将“断罪引律令”归纳为“援法定罪”原则,认为这是我国古代刑法中的罪刑法定主义。② 我国著名刑法学家蔡枢衡则对以下两种罪刑法定主义加以区分:一种是限制官吏强调君权的罪刑法定主义,另一种是限制统治者强调民权的罪刑法定主义,指出:“这个罪刑法定主义(指《大清新刑律》第10条——引者注)实是近代民主和法治思想在刑法上的表现。过去的罪刑法定主义,都是对官吏强调君权,这次的罪刑法定主义,却是破天荒第一次对君和官强调民权。刑法是立法机关经过一定程序制定的法律,不再是统治者恣意的命令,实际上成了保护犯人的大宪章。”③以上论述把中国古代“断罪引律令”的规定视为罪刑法定主义,只不过不是现代刑法意义上的罪刑法定主义。作如上区分,当然是完全正确的。但将“断罪引律令”的规定称为罪刑法定主义,还是多少亵渎了罪刑法定主义这一命题。实际上,在“断罪无正条”情况下的“比附援引”与“断罪引律令”之间,根本不存在内在矛盾,甚至外在

* 作者单位:北京大学法学院。

① 陈新宇著:《从比附援引到罪刑法定:以规则的分析与案例的论证为中心》,北京大学出版社2007年版,第24~25页。

② 张晋藩著:《中国法律的传统与近代转型》,法律出版社2009年版,第323页。

③ 蔡枢衡:《中国法制史》,广西人民出版社1983年版,第131~132页。

矛盾都不存在。因为无论是"断罪有正条"还是"断罪无正条",这两种情况都是"断罪",因而都存在"断罪引律令"的问题。就此而言,"比附"也同样须"援引"法条,因而比附与援引并称为"比附援引"。由此可见,"断罪引律令"只是一个司法技术规范,而"比附"则是法律原则。

《大清新刑律》第10条则明文规定:"凡律例无正条,不论何种行为不得为罪。"此一法条对于我国传统刑法观念的冲击可谓甚巨,因而引起异议,亦在情理之中。例如,清末大臣张之洞在议论《新编刑事、民事诉讼法草案》第76条关于"凡裁判均须遵照定律,若律无正条,不论何项行为不得判为有罪"的规定时,提出了以下颇具代表性的反对意见:"春秋比事不废属辞,折狱引经备传……律例无可引用,援引别条比附者,于疏内声明:律无正条,今比照某律某例科断,或比照某律某例加一等减一等科断,详细奏明,恭候谕旨遵行……若因律无正条,不论何项行为概置不议,虽循东西各国之律,施诸中国,适开刁徒趋避之端,恐为法政废弛之渐。"①

虽有反对之声,但主持清末修律的沈家本不为所动,在阐述《大清新刑律》第10条关于"凡律例无正条者,不论何种行为不得为罪"规定的立法理由时指出:"本条所以示一切犯罪须有正条乃为成立,即刑律不准比附援引之大原则也。凡刑律于无正条之行为,若许比附援引及类似之解释者其弊有三:第一,司法之审判官得以己意,于律无正条之行为比附类似之条文,致人于罪,是非司法官直立法官矣。司法立法混而为一,非立宪国之所宜有也。第二,法者,与民共信之物。律有明文乃知应为与不应为。若刑律之外参以官吏之意见,则民将无所适从。以律无明文之事,忽援类似之罚,是何异于以机阱杀人也。第三,人心不同,亦如其面。若许审判官得据类似之例,科人以刑,即可恣意出入人罪,刑事裁判难期统一也。因此3弊,故今惟英国视习惯法与成文法为有同等效力。此外欧美及日本各国无不以比附援引为例禁者,本案故采此主义,不复袭用旧例。"②

以上论述包含了立法与司法分立的分权思想、法律与人民之间关系上的契约论思想,以及对司法权限制的宪政思想。对罪刑法定主义的接纳,在某种程度上说,也就是对上述政治理念的认同,并且是以此为基础的。正是在这个意义上说,《大清新刑律》虽然颁布以后未及生效,大清王朝即告覆灭。但该法所包含的民主与宪政的观念却并没有随之消灭,而是在此后的刑事立法中得以承袭。

---

① 《张文襄公全集》(卷六十九),第13~14页。

② 沈家本著:《历代刑法考》(四),中华书局1985年版,第1820页。

《大清新刑律》改名为《暂行新刑律》而得以名亡实存，一脉延续，罪刑法定主义由此生根中华。正是在这个意义上，将《大清新刑律》视为近代我国刑法的开山之作，并不为过。中国人有信而好古的心理，中国历史上的改革变化也大多采取了托古改制的策略。远有汉代的王莽，近如清末的康有为，都是典型的范例。沈家本主持的法律改革，似乎也难脱此嫌。如《晋书·刑法志》中刘向说："律法断罪，皆当以法律令正文，若无正文，依附名例断之，其正文、名例所不及，皆勿论。法吏以上，所执不同，得为异议。如律之文，守法之官，惟当奉用律令。至于法律之内，所见不同，乃得为异议也。今限法曹郎令史，意有不同为驳，唯得释法律，以正所断，不得援求诸外，论随时之宜，以明法官守局之分。"沈家本对此的按语是："今东西之学说正与之同，可见此理在古人早已言之，特法家之论说无人参究，故称述之者少耳。"①

称古改革而使改革有复古之形，由此减少改革的阻力，真乃用心良苦。然而，策略毕竟是策略，其能成功还是取决于时之所需。《大清新刑律》改比附援引为罪刑法定，阻力并没有涉及伦理纲常的有关改革那么大，这与当时宪政思想的传播亦有相当关系。我国学者描述了清末随着西学东渐，自然法思想的传入，个人本位价值观的确立，对于清末刑律改革的深刻影响，指出："国人对西方自然法思想的吸纳和升华为国内的思想意识领域营造了这样的氛围：利用天赋人权思想去批判、痛斥中国封建的统治制度，批判、痛斥中国法律制度的不合理性与滞后性，为清末刑法改制铺设了思想理论基石。"②可以想见，如果没有西学提供的思想资源，无论如何托古改制也是不可能成功的。

二、罪刑法定思想的本土转换

《大清新刑律》在引入罪刑法定原则的同时废除比附，这是我国从封建专制刑法向现代法治刑法转变的一个标志，其革命意义毋庸置疑。当然，罪刑法定主义究竟不是一条法律标语，在司法技术上如何能够保障其实现，这又是不能不存疑问的。例如，自然解释与类推解释如何区分就是一个难题。在《新刑律草案》补笺中，沈家本指出："本律虽不许比附援引，究许自然解释。自然解释者，即所犯之罪与法律正条同类，或加甚时，则依正条解释而用之也。同类者，例如正筑马路，正条禁马车经过，则象与骆驼自然在禁止之列。加甚者，例如正条尽之钓

① 李贵连著：《沈家本评传》，南京大学出版社2005年版，第385～386页。

② 徐岱著：《中国刑法近代化论纲》，人民法院出版社2003年版，第35页。

鱼,其文未示及禁止投网,则投网较垂钓加甚,自可援钓鱼之例定罪也。”①

以上所论及的自然解释,在刑法理论上称为当然解释,是指刑法条文表面虽未明确规定,但实际上已全含于法条的文义之中,依照当然解释的道理解释法条意义的方法。当然解释之当然,包括事理上之当然与逻辑上之当然,只有在具有逻辑上之当然解释的情况下,才可成立不违反罪刑法定主义之当然解释。如果只具有事理上的当然,如同类或者加甚,则属于违反罪刑法定主义之类推解释。同类属于类推解释没有问题,因为它是建立在类似性基础之上对法条的扩张适用。加甚则稍微复杂一些,要看所加之甚与所引之正条之间是否存在包含关系,若不存在包含关系,则仍然是类推解释。例如,以禁止钓鱼之文而禁止投网,只考虑法条之目的性,而忽视了法条对手段的特殊限制。

应当指出,沈家本对于比附援引存在一个认识上的转变过程,也是一个对《唐律》轻重相举制度从比附中分离出来,赋予其正当性的过程。② 其实,在沈家本删除比附的奏折中,对于比附的历史叙述,汉代乃为比附之始,但仍仅限于疑狱。至隋代而著为定例,《唐律》规定轻重相举,至《明律》改为引律比附,一路数落下来,显然是把轻重相举视为比附的一种表现形式的。《唐律》关于轻重相举的规定,在刑法理论上是视为类推的,如,我国学者指出:“《名例律》(第50条)承认对所谓‘断罪无正条’的法律上无规定的犯罪,即‘一部律内,犯无罪名’的犯罪,仍是可以处罚。但是同现行《刑法》(指我国1979年《刑法》——引者注)不同,唐律中规定的这种类推,既可以推为有罪、罪重而加以处罚,也可以推为无罪、罪轻而予以释放或减轻刑罚。律条规定:‘其应出罪者,举重以明轻;其应入罪者,举轻以明重。’所以,唐律中的类推,要求在所举的相类成例与待处理的案犯间,存有鲜明的可推断的类差,以此来限制类推的滥用。但是,一旦使用起来,二者之间到底是否可类比,则法律无详细的规定。所以,司法实践与律条精神势必脱节,是可想而知的。”③

以上将《唐律》关于“出罪,举重以明轻”的规定称为类推并不妥切,因为根据现代无罪推定原则,无罪本身并不需要证明,通行的是“不能证明有罪即为无罪”的规则。因此,《唐律》规定“出罪,举重以明轻”,是以有罪推定为其逻辑前提的。至于“入罪,举轻以明重”,确实具有类推入罪之蕴意,但也并不尽然。《唐律疏议》在解释“其应入罪者,则举轻以明重”时,曰:“案贼盗律:‘谋杀期亲

① 黄源盛:“传统中国‘罪刑法定’的历史发展”,载《东海法学研究》1996年第11期。

② 陈新宇著:《从比附援引到罪刑法定——以规则的分析与案例的论证为中心》,北京大学出版社2007年版,第91页。

③ 钱大群、夏锦文著:《唐律与中国现行刑法比较论》,江苏人民出版社1991年版,第23页。

尊长，皆斩。'无已杀、已伤之文；如有杀、伤者，举始谋是轻，尚得死罪；杀及谋而已伤是重，明从皆斩之坐。又例云：'殴告大功尊长、小功尊属，不得以荫论。'若有殴告期亲尊长，举大功是轻，期亲是重，亦不得用荫。是'举轻明重'之类。"在以上疏文中，谋杀之"谋"是指"二人对议"，即阴谋策划，因而谋杀是指现代刑法中的预备杀人。杀、伤是在"谋"的基础上的"实行"，其中，杀是杀人既遂，伤是杀人未遂。杀、伤必然经过"谋"的阶段，满足"谋杀"的构成要件。因此，对杀、伤按照谋杀人的规定处罚，属于当然解释。但如果轻重行为之间不是这种包含关系，而是牛马与骆驼之间的这种相似关系，则举轻明重就属于类推解释。由此可见，对于《唐律》关于轻重相举的规定，既不能一概斥为比附，也不能一概称为罪刑法定主义所容许的当然解释。沈家本试图对《唐律》中的轻重相举与比附援引加以一定程度的区分这是正确的，但他一概否认轻重相举具有比附性质，则难免偏颇。沈家本认为《唐律》的"举重而明轻，举轻而明重"乃用律之例，而非为比附加减之用也，指出："观《疏议》所言，其重其轻皆于本门中举之，而非取他律以相比附，故或轻或重仍不越夫本律之范围。其应出者，重者且然，轻者更无论矣。其应入者，轻者且然，重者更无论矣。"①

沈家本把轻重相举称为用律之例，是一种司法技术，由此区别于比附，但其所述理由是不能成立的。沈家本认为《唐律》的轻重相举"非取他律以相比附"，因而不是比附。那么，"取本律以相比附"难道就不是比附了吗？更何况，所谓"本律"与"他律"的区分本身就是虚幻的。我认为，比附援引与罪刑法定的本质区别，并不在于援引他律还是本律，而恰恰在于：法律有规定还是没有规定。《唐律》"举轻以明重"，正是以"一部律内，犯无罪名"为前提的。对于法律没有明文规定为犯罪的行为，通过一定的解释方法使之入罪，这不正合比附之义吗？应当指出，沈家本的上述观点在一定程度上受到了当时参与修律的日本学者冈田朝太郎的影响，如冈田氏曾经指出："希腊格言，无法无罪，故刑法不许类似解释。类似解释，即比附援引。中国司法办案，无律则引例，无例则援案，皆类似解释也……然不可误解，谓刑法禁止类似解释，亦竟不得为何等解释也。有类似解释而实非者，当然解释是也。当然解释为拉丁语，例如为保护道路起见，禁止车马往来，驼象之妨害道路，甚于车马。虽无明文，亦必在禁止之列。又如池塘禁止钓鱼，以网取者甚于钓，虽无明文，亦必在禁止之列是也。或疑刑法以无律无罪为原则，同一律无正条，乃不许类似解释，而许当然解释何也。不知律无正条，就事实言之，有两种原因，一因其事实为刑法所放任，刑法既认为无罪，故不复列

① 沈家本著：《历代刑法考》（四），中华书局1985年版，第1813～1814页。

正条，若任意类推，将刑法所认为无罪者，裁判官得认为有罪也，可乎？一因其事实为事理之当然，无庸有明文之规定，故亦无正条，如上举道路、池塘二例，害之轻者，且有罪矣，害之重者，自不待言也……诸断罪而无正条，其应出罪者，则举重以明轻，其应入罪者，则举轻以明重，与当然解释之意，恰相符合。就法理言之，亦有二种区别。法律有形式，有精神。文字者，法律之形式也，文字之原理，法律之精神也。类似解释，不过条文偶相类似，而精神未尝贯注其中。当然解释，虽文字上未能赅备，而精神上实已包括无遗。故二者不可同日而语也。"①

冈田氏所称类似解释，就是指类推解释，他是想把类推解释与当然解释加以区分的，把类推解释归入比附援引，而把当然解释则当做正确的解释方法。从以上冈田氏对当然解释的评论来看，采用的是一种实质解释论的立场。正如我在上文指出，当然解释根据事理上之当然与逻辑上之当然，与类推解释的关系有所不同：事理上的当然解释是类推解释，逻辑上的当然解释则非类推解释。沈家本在冈田氏的影响下，试图通过为《唐律》中的轻重相举正名，保留我国传统刑法文化中的司法技术因素，但对于罪刑法定主义而言，这是一种不彻底性的表现。

尽管如此，《大清新刑律》引入的罪刑法定原则在民国《刑法》中得以延续。1928 年民国《刑法》与 1935 年民国《刑法》都在第 1 条规定了罪刑法定主义："行为时之法律，无明文科以刑罚者，其行为，不为罪。"但是，对于罪刑法定主义的争论从来没有停止过，当然，这不是在否定罪刑法定主义意义上的争论，而是在重新解释罪刑法定意义上的争论。其背景是从刑法客观主义向刑法主观主义的转变。例如，蔡枢衡指出："《大清新刑律》颁布于 1910 年。斯时国际资本主义已经长足发展，李斯特的刑法目的观念之提倡已是 30 年前的陈迹。19 世纪末期及 20 世纪初期各国刑法之改正，无不以主观主义及保护刑论为修正客观主义及报应刑论之指导原理。故当时的刑法理论，刑法草案以及新产生的刑法中，基于客观主义的诸原则已经丧失其统一的地位，退而与主观主义的原则平分春色地矛盾地对立着。因为模仿最新之立法例，遂使《大清新刑律》中的罪刑法定主义于克服罪刑擅断主义之际，即已与刑罚个别主义形成对立的存在。换言之，旧的矛盾之统一与新矛盾的开始是同时发生的。在观念上虽可认为克服罪刑擅断主义在先，容纳刑罚个别化主义在后，事实上实不容易分别先后。"②

在此，蔡枢衡提出了"新与旧"这一对矛盾。这可以说是清末民初中国所面

① ［日］冈田朝太郎讲述，熊元翰编辑：《京师法律学堂笔记》之《刑法总则》，安徽法学社 1911 年版，第 18～20 页。

② 蔡枢衡著：《中国法理自觉的发展》，清华大学出版社 2005 年版，第 268 页。

临的一个选择,当时的人们在"新与旧"的对立中不知所措。当西方从绝对罪刑法定主义嬗变为相对罪刑法定主义的时候,我们会说以前者为旧后者为新,急切地求新的结果是没有经过绝对罪刑法定主义阶段,就直接迎来相对罪刑法定主义,其结果是罪刑法定主义的根基不稳,类推解释得以复活。例如,民国学者王觐基于相对的罪刑法定主义而主张类推,指出:"殊不知绝对法定主义,乃擅断主义之反动,刑法解释从严,乃法定主义之遗物,是则舍去历史上之理由,别不见有深意存在,余以为刑罚法规之目的,求社会与犯人双方得其平,民事法规之适用,为原告被告昭大公。民事法规,可用类推解释,而独于刑罚法规,严加限制,诚令人百思不得其解。况类推解释,有时与扩张解释,徒有形式上之区别,苟不逸出论理所许容之范围,善为运用,确能随犯罪进步,社会发展,收措置得宜之效,又何必狃于十九世纪之旧思想而不能理解法律之进化乎。"①

为什么民法可以类推,刑法却禁止类推?类推解释与扩张解释究竟如何区别?绝对罪刑法定主义之于我国到底是旧思想还是新理念?这些问题,都是值得研究的。民法可以类推,作为刑法亦应容许类推的理由,只能说明对于民刑分界之未能洞察。以类推解释与扩张解释难以区分作为容许类推解释的根据,只能是一种推托。至于绝对罪刑法定主义与相对罪刑法定主义的新旧不应以其发生地时序为标准,而应以我国的实际需求为考量。实际上,相对罪刑法定主义之所谓容许类推,并非容许入罪类推,而是有利于被告人的类推。因此,在人权保障观念上绝对罪刑法定主义与相对罪刑法定主义并无根本区别。这种对罪刑法定主义的误读,到20世纪90年代我国1997年《刑法》修订之际,仍见其踪影。

三、罪刑法定原则的百年轮回

1949年新中国成立以后,以《大清新刑律》为开端的我国近代刑法史戛然而止,罪刑法定原则也随之废弃。1979年制定的《刑法》,规定了类推制度,罪刑法定不见踪影。当然,这也并非是我国古代比附援引的复活,而是师法苏俄的结果。因为苏俄刑法典长期以来一直都有类推规定,一直到1958年12月通过的《苏联和各加盟共和国刑事立法纲要》中,类推才被取消。② 而在我国,罪刑法定原则被列为旧法观念,从一开始就被禁止。在1997年《刑法》修订之际,在《刑

---

① 王觐著:《中华刑法论》,姚建龙勘校,中国方正出版社2005年版,第42页。

② [苏]A. A. 皮昂特科夫斯基等:《苏联刑法科学史》,曹子丹等译,法律出版社1984年版,第35页。

法》中明确规定罪刑法定原则，同时废除类推的呼声高涨，虽然也有个别主张保留类推的观点，但那只是极个别说。① 最终在1997年《刑法》第3条规定了罪刑法定原则。

尽管在我国刑法学界对罪刑法定原则还存在各种不同解读，但我认为罪刑法定主义立法化以后，学术的关注点应当从立法向司法转移，这就是从罪刑法定主义的立法化到罪刑法定的司法化。就罪刑法定主义的立法化与司法化两者而言，也许司法化是更为重要的。因为如果罪刑法定主义不能在司法实践中加以贯彻，罪刑法定主义的规定只不过是一纸具文而已。而正是在罪刑法定主义的司法化上还存在某种担忧之处。因为在司法实践中，违反罪刑法定主义的类推适用还大行其道。例如，肖永灵投寄虚假炭疽杆菌案就是生动的一个案例：2001年10月间，被告人肖永灵通过新闻得知炭疽杆菌是一种白色粉末的病菌，国外已经发生因接触夹有炭疽杆菌的邮件而致人死亡的事件，因此，认为社会公众对收到类似的邮件会产生恐慌心理。同年10月18日，肖永灵将家中粉末状的食品干燥剂装入两只信封内，分别邮寄给上海市人民政府某领导和上海东方电视台新闻中心陈某。经相关部门采取大量措施后，才逐渐消除了人们的恐慌心理。上海市某中级人民法院于2001年12月18日以〔2001〕沪二中刑初字第132号刑事判决书对肖永灵作出有罪判决，认定其行为触犯了《中华人民共和国刑法》第114条的规定，构成以危险方法危害公共安全罪，判处有期徒刑4年。在法定上诉期间，被告人肖永灵未提起上诉。② 对于本案，我国学者明确指出："在肖永灵'投寄虚假的炭疽杆菌'一案中，法院将'投寄虚假的炭疽杆菌'的行为解释为《刑法》第114条中的'危险方法'，这既不符合此种行为的性质，也不符合《刑法》第114条的立法旨趣，已经超越了合理解释的界限，而具有明显的类推适用刑法的性质。"③

我认为，以上评论是一针见血的。因为投寄虚假的炭疽杆菌行为在客观上根本不具有危害公共安全的性质，它与投寄炭疽杆菌行为之间性质根本不同，连类似关系都不存在，称为类推适用已经是一种客气的说法。后来的立法补充规定，也说明了这一点。在上述判决作出后的11天，即2001年12月29日，全国

---

① 彭凤莲著：《中国罪刑法定原则的百年变迁研究》，中国人民公安大学出版社2007年版，第219页以下。

② 游伟、谢锡美："'罪刑法定'原则如何坚守——全国首例投寄虚假炭疽杆菌恐吓邮件案定性研究"，载游伟主编：《华东刑事司法评论》（第三卷），法律出版社2003年版，第256页。

③ 周少华："罪刑法定在刑事司法中的命运——由一则案例引出的法律思考"，载《法学研究》2003年第2期。

人大常委会通过的《刑法修正案(三)》就增设了故意传播虚假恐怖信息罪,立法理由指出……这种投放假炭疽菌或者编造假信息的行为,会使人们难辨真假,危害更大,应当予以刑事处罚。由于这种行为不可能实际造成传染病的传播,不属于危害公共安全方面的犯罪,难以适用危害公共安全罪的规定,而当时刑法中又缺乏相应的规定,因此,《刑法修正案(三)》增加了对这种犯罪的规定。① 而正是在这种当时刑法没有规定的情况下,肖永灵被定罪了,其与罪刑法定原则的冲突十分明显。罪刑法定主义的司法化绝非一日之功。它涉及刑事司法理念的转变、刑事司法制度的改革和刑事司法技术的提升。由此可见,我国罪刑法定主义司法化之路途,坎坷且遥远,绝非一蹴而可就也。

(2010年第1期)

罪刑法定原则在我国的发展及应有之义

刘宪权*

一、罪刑法定原则在新中国刑法中的确立

罪刑法定原则在我国已经实实在在地走过了100年艰难曲折的历程。尽管中国封建社会中有一些类似罪刑法定的思想,有从春秋战国以来颁布成文法的传统,有著名的《唐律疏议》、《宋刑统》等法律,其中也有过罪刑法定的某些因素,但在那时确实不存在真正意义上的罪刑法定原则。一般认为,罪刑法定原则是在晚清时由日本传入我国的。这一原则最早见诸法律条文的是1908年(光绪三十四年)的《钦定宪法大纲》,该大纲规定:“臣民非按照法律规定,不加以逮捕、监禁、处罚。”由沈家本主持修订的《大清新刑律》规定:“法律无正条者,不问何种行为,不为罪。”这一法律规定无疑是中国历史上第一次在刑法条文中所确立的罪刑法定原则,由此,我国才真正迈开了罪刑法定原则的百年历程。令人遗憾的是《大清新刑律》还未及实施,清王朝就告覆灭,因此罪刑法定的思想已经

① 全国人大常委会法制工作委员会刑法室编:《中华人民共和国刑法条文说明、立法理由及相关规定》,北京大学出版社2009年版,第604页。

* 作者单位:华东政法大学法律学院。

引入中国,但是罪刑法定原则实际上并未在当时的中国得到实际贯彻执行。以后半殖民地半封建时期中国各部刑法均采用了罪刑法定原则,1935年颁布、至今仍在我国台湾地区适用的“中华民国刑法”第1条就规定:“行为之处罚,以行为时之法律有明文规定者为限。”我们也应该看到,尽管《大清新刑律》后的旧中国各部刑法均有类似的规定,但是由于这些刑法中都一直存在法外制裁并容忍类推制度的实施,罪刑法定原则也不可能真正得到贯彻执行。

在新中国成立后的较长一段时期内,我国的刑法典制定受到各种各样的原因而出现数次停止,司法实践中打击犯罪的依据非常不明确。毫无疑问,在当时的我国,罪刑不可能是法定的。尽管人民的利益和意志就是最高的法律,但是,并不是说人民群众的意志可以直接表现为法律,相反,它必须经过法定程序上升为国家意志,始能成为法律。可是,在很长时间内我们恰恰对这些常识予以忽略、漠视。

随着“十年动乱”的结束,我国开始全方位思考社会主义法制建设的问题。但是,受当时客观条件的限制,新中国第一部《刑法》即1979年《刑法》并未明文规定采用罪刑法定原则,尽管大多数人认为我国当时的刑法已经奉行了罪刑法定原则,只是在采用这项基本原则时略有变通而已,即我国奉行的是“以罪刑法定为基础,以类推为补充”的原则。但是对是否需要坚持罪刑法定原则的问题,理论上仍众说纷纭。有人认为,我国不应以罪刑法定为刑法基本原则,其理由是罪刑法定为资产阶级夺取政权,维护其统治所设立的原则,因而不应为我国社会主义刑法所采用。也有人认为,我国地域辽阔,人口众多,社会现象复杂多变,如果采用罪刑法定原则势必约束自己的手脚,难以同各种犯罪进行有效的斗争,所以认为不宜采用这一原则。还有人认为,我国刑法事实上没有采用罪刑法定原则,因为刑法中类推制度的设立,无疑从事实上否定罪刑法定原则的存在。[①] 笔者认为,1979年《刑法》的制定和适用本身就是罪刑关系明确化的结果,是对罪刑擅断的一种反正,是对政策治国的一种反思,而随后的司法实践中类推的实际运用也十分有限,因此,我们应该肯定罪刑法定原则是1979年《刑法》的基本原则,类推实为罪刑法定原则的补充和例外。

经修订后的《刑法》则明确地将罪刑法定原则用条文作了规定,《刑法》第3条规定:“法律明文规定为犯罪行为的,依照法律定罪处罚;法律没有明文规定为犯罪行为的,不得定罪处罚。”现行《刑法》的这一规定充分表明,罪刑法定原则不再停留在理论上进行讨论,而已经在刑事立法中有了体现。

---

① 苏惠渔主编:《犯罪与刑罚理论专题研究》,法律出版社2000年版,第61~62页。

回顾罪刑法定原则在我国100年的历程,笔者认为,我们走的是一条曲折艰难的道路:从逐步引入思想,发展到在刑法条文中加以形式规定,中间经过了一段时间的全盘否定,又发展到实质确立但刑法条文上未加形式规定,再发展至今,实现实质和形式的统一并完全确立罪刑法定原则。应该看到,在我国刑法中推行罪刑法定原则是有充分的理论依据和迫切的现实需要的。从理论上分析,尽管罪刑法定原则是资产阶级在同封建统治作斗争过程中,为争取自身在社会中的统治地位和权利而创造的一项法律原则,在此之后的推行,在本质上也是为资产阶级统治利益服务。但是,无论是提出的当时还是发展至今,罪刑法定原则对社会的发展均具有十分重大的积极作用。特别是罪刑法定原则在全球范围内普遍被接受的事实,充分表明其本身具有的历史进步性和内容的科学性。这种进步性和科学性无疑代表了社会发展的潮流,顺应了社会发展的趋势。现在我们完全可以明确地向世人宣告:罪刑法定原则在我国刑法中的规定,标志着中国的刑法已经向现代化的刑法迈进,标志着法治国家的建设在刑事法领域的立法层面得到了原则的实现,其价值意义不可估量。

二、当代我国关于罪刑法定原则的争论实质

笔者认为,时至今日,我国刑法已经确立了罪刑法定原则,这是毋庸置疑的事实。但是,我们也应该清醒地看到,对我国罪刑法定原则基本内容的理解,理论上仍然存在不同的看法。有人认为我国罪刑法定原则有别于西方国家的罪刑法定原则,是具有中国特色的罪刑法定原则;有人则认为我国的罪刑法定从实质上无异于其他国家,即关于我国罪刑法定原则的内容,在本质上存在"两点论"与"一点论"之争。

近年来,有很多学者在谈及罪刑法定原则时普遍认为,对于我国罪刑法定原则的基本内容应该从两方面去理解,即所谓的"两点论":第一点是法律如果有明文规定的,就按照法律规定定罪或处罚;第二点才是法律没有明文规定不能定罪,不能处罚。按照他们的观点,对于罪刑法定原则的理解应该分两个层面,首先应该是"要定罪"、"要处罚",其次才是"不定罪"、"不处罚"。罪刑法定原则是积极的罪刑法定原则与消极的罪刑法定原则的统一,运用刑罚权,惩罚犯罪,保护人权与约束刑罚权,防止滥用,保障人权的统一,是罪刑法定原则的全面的

正确的含义,它克服了西方罪刑法定原则的片面性,是对罪刑法定原则的新的发展。① 另有学者认为:"在价值观念从个人本位向个人、社会双本位变迁的现代社会,罪刑法定原则的机能也发生了转移,从只重视人权保障机能向保障机能和保护机能的协调转移。社会保护机能是通过对犯罪的惩治来实现的,因而属于罪刑法定的积极机能或曰扩张机能;而人权保障机能是通过限制国家的刑罚权而实现的,因而属于罪刑法定的消极机能或曰限制机能。罪刑法定的保障机能和保护机能并非势不两立,而是可以在共同的基础上统一起来并协调发展。"②

笔者认为,罪刑法定原则的"两点论"观点是对罪刑法定原则理解上的根本性偏差,我国的罪刑法定原则从本质而言仍然是"一点论",即侧重于"不定罪、不处罚"。具体理由如下:

第一,"两点论"观点明显偏离了罪刑法定原则的原本含义。因为罪刑法定原则从其诞生之日起,就是从"不定罪"和"不处罚"角度提出来的,罪刑法定原则以保障公民自由、限制国家刑罚权的行使为己任,其基本内容明确是法无明文规定不为罪,法无明文规定不处罚。但是"两点论"则完全相反,他们认为罪刑法定原则首先强调的是要定罪要处罚,其次才是不定罪不处罚。笔者认为,这一观点的致命错误在于,"将刑法的机能与罪刑法定原则的机能混为一谈"。③ 也即将刑法是保护机能与保障机能统一的要求,强加到罪刑法定原则的机能上。事实上刑法的双重机能是通过刑法的构成要素从多角度加以体现的,而这些具体的构成要素又往往是从不同侧面体现了刑法这种双重功能。特别是由于各种构成要素受到其本身内容的限制,因而体现刑法双重功能的角度或侧重面有可能完全不同。就此而言,考察罪刑法定原则,我们就不难发现,正是由于受该原则原本含义和基本内容的限制,因此,罪刑法定原则的机能实际上只能突出对行为人个人基本权利的保障机能,而无法如刑法一样达到保护机能与保障机能双重功能的统一。罪刑法定主义是在反对封建刑法的罪刑擅断中产生的,是资产阶级用以反对封建君主利用刑法进行封建统治的利器;而经历了200多年的发展变化的罪刑法定主义的在世界范围内逐渐传播,并最终成为普遍的刑法基本原则,正是源于它彰显了保障市民社会不受国家权力过度干预的机能。可见,"两点论"的观点看似全面,但它却混淆了刑法机能与罪刑法定机能的界限,从

---

① 何秉松主编:《刑法教科书》,中国法制出版社1997年版,第63~68页。

② 陈兴良主编:《刑事法总论》,群众出版社2000年版,第167页。类似的观点还可参见曲新久等撰稿:《刑法学》,中国政法大学出版社2004年版,第12页;刘文远、刘艺兵主编:《刑法学》,中国社会科学出版社2003年版,第16页。

③ 周少华:"罪刑法定与刑法机能之关系",载《法学研究》2005年第3期。

而偏离了罪刑法定原则本身所具有的侧重点。由这个侧重点分析，我们可以清楚地发现罪刑法定原则确实是存在偏向性的，也即"不定罪"、"不处罚"是这一原则的核心。应该看到，罪刑法定原则的这种偏向性在其派生出来的其他原则中体现得十分清楚。例如，刑法中有关溯及力的原则，在确立罪刑法定原则的最初，人们强调法律不能溯及既往。之所以强调法律不能溯及既往，完全是按照罪刑法定原则的要求派生出来的，也即不能用人们不知道的法律来处罚他人的行为，不能用以后颁布的法律来处罚以前的行为。由此可见，溯及力原则的这一精神显然是罪刑法定原则的体现。我们不能让当事人去猜测法律今后将会有什么样的变化，更不能期待当事人在实施行为前要对今后法律的变化作出一定的预测。可见，这些原则实际上是从有利于被告人的角度提出来的。另外，刑事诉讼中我们提倡的"疑罪从无"、"无罪推定"等原则，都是由罪刑法定原则所派生出来的基本原则。这些都反映一个实质问题：那就是罪刑法定原则是有侧重点的和偏向性的，而"不定罪"、"不处罚"就是其侧重点和偏向性的集中体现，这一点应该是毋庸置疑的。

第二，就我国现行《刑法》规定分析，客观地说，《刑法》第 3 条确实做了两方面的表述，从形式上看刑法有关罪刑法定原则是从正反两方面加以提出的，有关罪刑法定"两点论"的观点可能也是由此产生的。对于《刑法》第 3 条的规定，理论上也有学者提出质疑，认为其不符合罪刑法定原则应然的价值取向，有悖于世界各国对这一原则表述方式的惯例，造成了刑法和刑事诉讼法的不协调局面，同时也违背了立法的简约性原则。① 更有学者具体分析了《刑法》第 3 条产生的过程，认为我国《刑法》第 3 条并不是从一开始就采取了双向表述的方式；事实是，在草案中出现关于罪刑法定的表述时（1995 年 8 月 8 日），首先采取的是与国外并无二致的单向表述方式，历经 1 年有余，这种表述方式才被具有中国特色的双向表述所取代（1996 年 10 月 10 日），并且最终被立法者所认可。②

笔者认为，就我国《刑法》这一规定而言，其内容中强调对犯罪行为严格依照法律规定定罪处刑，这本身并不应该加以厚非，特别是偏重社会、国家本位而忽视公民个人权利的观念在我国长期以来占据主导地位，且在将正确运用刑罚权以惩罚犯罪和保护人民作为刑法首要任务的当时，立法者强调严格依照自己所立之法加以适用当然是可以理解的。另外，作为刑法条文的规定当然要追求

① 刘志远、喻海松："论罪刑法定原则的立法表述"，载《中国刑事法杂志》2005 年第 5 期。

② 付立庆："善待罪刑法定——以我国刑法第三条之检讨为切入点"，载《法学评论》2005 年第 3 期。

其本身的完整和全面，所以刑法也只能从两个方面对罪刑法定原则加以规定。但是，如果我们据此就可以认为罪刑法定原则的原本内容就包含“两点论”，或者认为我国的罪刑法定原则与其他国家和地区的罪刑法定原则的不同之处就在于我们具有“两点论”，甚至进一步提出罪刑法定原则首先应该追求“要定罪、要处罚”的内在价值，其次才能体现“不定罪、不处罚”的内在价值，那就完全背离了罪刑法定原则的基本精神和价值取向，无论在理论上还是实践中均是不可取的。

正因为如此，依笔者之见，罪刑法定原则的基本精神和价值取向实际上是与“两点论”背道而驰的，因而从理论上讲，要坚持罪刑法定原则就应该强调“一点论”并抛弃“两点论”的观念，我们完全没有必要通过改变罪刑法定的原意来体现“中国特色”，这样做不仅代价太高，且真正意义上的罪刑法定原则不可能得到贯彻。

三、罪刑法定原则的实质是“有利于被告人”

对于罪刑法定原则所体现的基本精神我们可以从很多角度去考察，但是从对罪刑法定原则基本内容所坚持的“不定罪、不处罚”这一侧重面和偏向性分析，我们不难看到，这些内容实际上集中反映了罪刑法定原则所要体现的根本精神就是“有利于被告人”，也即罪刑法定原则实质上是从保护被告人合法权利的角度提出并发展的。

这里需要说明的是，在刑事诉讼中特别是在刑事案件的法律适用中，为什么要强调有利于被告人？笔者认为，这主要还是应该从罪刑法定的终极目标以及刑事诉讼中当事人之间的法律关系中去寻找原因。

首先，在刑事诉讼中强调有利于被告人的精神是由罪刑法定原则的内涵所决定的。众所周知，古典自然法学派的思想家们从批判否定封建刑法的残酷性出发，以维护人的基本权利为中心，用自然法理论阐述了人类社会的文明进程。在这一基础上，以卢梭、贝卡里亚等为代表的资产阶级启蒙思想家们提出，建立在“社会契约”基础上的国家产生的目的在于保障人权。由于刑罚权属于国家公共权力的重要组成部分，因而其承担着实现公共权力共同体时所设定目的的重要职责。但是，综观历史发展长河，无论在何时何地，对公民自由和权利的最大威胁主要来自于国家对公权力的滥用。更由于刑罚权能否正当行使，直接关系每一个公民的生命、自由和财产的安全，所以刑罚权的滥用是国家对公权力滥用的最直接也是重要的表现。正因为如此，贝卡里亚等人提出国家的刑罚权必须体现尊重人权、保障自由的价值观。他们在论证了国家权力来自于人们订立的契约后，又成功地将保护人权的理念嵌入近代刑法理论之中，使罪刑法定原则真正具有“以自由、人权为理论基础，以法律面前人人平等为要旨，并以限制国家刑罚权的无端发动、保障民权为终极关怀”①之实际内容。应该承认，将保护人权作为罪刑法定原则的终极目标无疑是人类刑法史上的一次质的飞跃。就此而言，在刑事诉讼中强调有利被告人之精神，理所当然符合罪刑法定的真正内涵。

其次，在刑事诉讼中强调有利于被告人的精神是由被告人的弱者地位所决定的。在当今社会中存在各种各样的法律关系，而在每一种法律关系中，当事人的地位并不完全一样。从民商事法律关系等角度去看，有关当事人的地位是完全平等的，也即我们经常看到的原、被告在民事诉讼中的地位是完全平等的。但是在刑事诉讼中，原、被告地位是不可能平等的。犯罪实际上是孤立的个人反对统治关系的一种斗争，因此由犯罪而引发的刑事法律关系当然就是个人和国家的关系。特别是刑事案件，一旦进入诉讼程序，刑事被告人与原告人（主要是公诉案件的公诉人）之间实际上是个人与国家在进行对话。在公诉案件中，公诉人代表国家对被告人提起诉讼，在这种情况下，刑事被告人怎么可能同公诉人平等呢？应该说这种平等是永远不可能存在的，事实上也没有哪一个刑事被告人会追求这种平等。在刑事诉讼中且不说公诉人与被告人地位不可能平等，事实上其与辩护人的地位也不可能平等。因为公诉人是代表国家对被告人提起诉讼，而辩护人则是为被告人（即孤立的个人）进行辩护，由于工作性质不一样，所以法律地位也就不可能一样。由此可见，在刑事诉讼中，被告人与公诉人之间实际上是力量相差悬殊的强者与弱者的对话，在这种情况下，如果再不强调对被告人的利益进行保护，那么被告人的合法权益必然受到侵害。另外，笔者还认为，罪刑法定原则之所以强调有利于被告人的精神，还在于刑法的人道性所决定的。由于在现代社会中弱者的利益最容易受到侵害因而也最需要保护，而法律（包括刑法）的制定在很大层面上就是为了保护弱者的利益，刑事诉讼中的被告人是弱者，所以罪刑法定原则强调有利被告人的精神并不为过，这就是理论上人们通常所说的刑法是保护犯罪人的大宪章基础所在。就此而言，强调保护刑事被告人利益的保护显然是与此基础相吻合的。这就是为什么在刑事诉讼中我们要特别强调有利于被告人的原则，也是罪刑法定原则之所以要把有利于被告人的内容作为基本精神体现的原因所在。

---

① 徐岱著：《中国刑法近代化论纲》，人民法院出版社2003年版，第170页。

应该看到，罪刑法定原则体现有利于被告人的精神反映在多个方面，特别是在罪刑法定原则的派生原则中这一精神得到了集中的体现。例如，否定类推定罪；阻却重法之溯及力效力；避免刑罚的加重适用并防止减轻处罚的滥用；不采用不定期刑并尽量缩短相对确定法定刑的跨度等派生原则的内容中实际上均反映了有利于被告人的精神。

综上所述，笔者认为，罪刑法定原则在我国的百年历程是艰难曲折的，对于这一来之不易的刑法发展成果，我们理应百倍地加以珍惜，特别是在罪刑法定原则的内容及基本精神等问题上，我们更应该坚持罪刑法定原则的原意，从本质上加以理解和把握。所有这些，恐怕是我们当前和今后相当长时期里所面临的必须加以解决的问题。

（2010年第1期）

罪刑法定原则认识发展中的博弈

于志刚*

一、罪刑法定原则与时代发展的关系

从大历史的角度来看，百年以来罪刑法定原则的中西方命运，其实有着相似之处：在刑法典的文本之中，罪刑法定原则百年以来言之凿凿，排列在各国刑法典的首要位置；但是，近百年来世界范围内的战乱、冷战以及各国的内部政治动荡，使得罪刑法定原则的现实化贯彻时日极短。

从欧美等西方国家来看，1914年第一次世界大战爆发，之后是第二次世界大战，战争期间无人会顾及罪刑法定原则；再之后，东西方分裂为两大意识形态阵营，长期处于冷战状态，直至20世纪70年代，战后长期受到冷战思维和意识形态支配的欧美国家的刑事司法，同样是将罪刑法定原则弃若敝屣的。可以说，在这百年之中的大部分时间，即使今天看来法治先进的国家，如德国、日本、美国，也都曾经历过相当长时间的大规模侵犯人权的不光彩时期。因此，必须强调

* 作者单位：中国政法大学、北京市顺义区人民检察院。

指出的一点，只有在相对稳定的和平时期，罪刑法定原则才有真正实现的可能。而西方社会真正进入和平时期和逐渐淡化东西方的意识形态对抗、走出冷战阴影，是在20世纪70年代之后。因此，从整个西方社会来看，罪刑法定原则真正地由文本走向现实，应当是在20世纪70年代之后才开始的。

以此角度审视中国，可以发现罪刑法定原则在中国的命运基本相同。虽然自《大清新刑律》就确立了罪刑法定原则，但是在中国近、现代社会的长期动荡中，法律本身尚且虚无化，何况罪刑法定呢？因此，从大历史的角度来审视罪刑法定原则的中国化，可以发现：在20世纪，中国先后颁布了1910年《大清新刑律》、1912年北洋政府《暂行新刑律》、1928年中华民国《刑法》、1935年中华民国《刑法》、1979年《刑法》和1997年《刑法》共6部刑法典，其中，除了1979年《刑法》以外，其他5部刑法都规定了罪刑法定原则。但是，前4部刑法典中虽然规定了文本化的罪刑法定原则，然而，《大清新刑律》基本没有发生实效，1912年北洋政府《暂行新刑律》实行于军阀混战时期、1928年中华民国《刑法》、1935年中华民国《刑法》实行于军阀混战、抗日战争、内战时期，此种背景之下，刑法典之中的罪刑法定原则之现实贯彻，没有任何可能性。1949年10月1日之后至1979年《刑法》颁行，30年间没有统一的刑法典，当然无所谓罪刑法定原则；1979年《刑法》之中明确规定了类推制度，直至1997年10月1日现行《刑法》生效之时，才废除类推制度而在文本上再次确立了罪刑法定原则。因此，在1949年到1997年之间，整整48年的时间连文本上的罪刑法定原则也没有。基于此，罪刑法定原则在中国的现实化，应当说是从1997年10月1日才开始的。

因此，从整个世界范围内来看，西方社会的罪刑法定原则真正地由文本走向现实，始自于20世纪70年代之后；而罪刑法定原则在中国由文本走向现实，始于1997年10月1日。在此之前，即使中西方各个国家在刑法典上可能会存在不同形式、不同表述的罪刑法定原则，但是，都不能说是真正意义上的罪刑法定原则，只能说是文本化的罪刑法定原则。从这个角度来看，罪刑法定原则的中西方命运是相似的，罪刑法定原则在中西方的现实化贯彻在时间上也相差无几。

二、罪刑法定原则现实解读——精英话语与普通大众的两极博弈

1978年是中国改革开放的元年，也是法制建设的新起点，法律的身份不但得到正名，法律的地位也渐次提高。在这样的社会背景和时代契机下，刑法典当仁不让，率先颁行，其时间甚至早于贵为一国根本大法的“八二宪法”，这也充分表明了立法者对刑法在法律部门中的地位的肯定。以1979年《刑法》的颁布为

标志，我国刑事立法活动也进入了活跃期，并在1997年达到了一个新高潮。在1997年之前，刑法理论界一直为1979年《刑法》没有明确规定罪刑法定原则而扼腕叹息，尽管理论上也有人认为1979年《刑法》体现了部分罪刑法定的精神，但是毕竟名不正言不顺。1997年《刑法》对罪刑法定原则的确立，大大提升了刑法的科学性与现代性、提升了刑法的品位与价值内涵，也提升了刑法理论工作者的底气。不过，当为刑法明确规定罪刑法定而拍手称快的激情消失之后，人们吃惊地发现，罪刑法定的确立距离罪刑法定的实现还有一段不小的距离。罪刑法定原则在当下的中国，更多地存在于法制度生成的层面，至于法秩序生成意义上的罪刑法定离学者的期待还有不少的距离。实际上，在中国这样一个法制建设后发的国家里，罪刑法定原则的现实困顿即使在意料之外，也是情理之中的事。笔者在这里感兴趣的是，在罪刑法定原则的实际运作中，与此密切相关的几个角色，即职业法律人、普通民众和司法人员对于罪刑法定原则的接受度和认可度如何。

这里的职业法律人，主要指法律理论工作者，即从事传道、授业、解惑，进行知识生产和知识传播的法律人群体。与普通民众相比较，职业法律人属于社会的精英阶层，有能力进行高端的智力思维活动，掌握着解释罪刑法定原则的话语权。1997年《刑法》修订时，虽然学术界也存在反对规定罪刑法定的声音，但是对于罪刑法定原则本身的制度价值与意义，恐怕在这个群体内部能够达成相当的一致："确立罪刑法定原则具有重大的意义，它不仅有利于维护社会秩序，也有利于保障人权。"①一般情况下，职业法律人对罪刑法定原则的判断未必会招致普通民众的反对，但是在具体个案中，该不该罪刑法定，职业法律人与普通民众之间则经常存在巨大的分歧和认识上的鸿沟。

比如，在刘涌案中，普通民众的情感宣泄压倒了职业法律人的专业眼光，感性的观念压倒了理性的判断，这种声音是如此之大，不但使得职业法律人噤声，也令司法机关却步。在许多案件中，当职业法律人以罪刑法定为武器为贪官辩护时，也经常激起民众的情绪反弹，在他们的眼里，罪刑法定原则不是公民权利的大宪章，而是放纵坏人的遮羞布，不是自由与人权的试金石，而是魑魅魍魉的避难所。更值得注意的是，在类似这样的论战中，受过良好教育但是不具有法学背景的其他知识阶层也往往站在普通民众的一边，这已经不是可以用无知或者愚昧等词语来简单诠释的现象。在诸多已经发生的个案中，职业法律人与普通民众的思维视角发生了直接碰撞与抵触。职业法律人更关注司法机关是否侵犯

① 高铭暄、马克昌主编：《刑法学》，北京大学出版社2007年版，第30页。

了犯罪人的人权，担心国家权力的不当扩张与滥用会侵夺公民的个人自由，即担心司法机关的不恰当入罪倾向，眼光往往过度斜视于罪刑法定的保障人权的功能；与之相应，普通民众更关注司法机关是否放纵了坏人、是否会“刑不上大夫”、是否能保证“王子犯法，与庶民同罪”，即担心司法机关的不恰当出罪倾向，眼光往往过度斜视于罪刑法定的保护人民的功能。在观察视角的两极分化下，罪刑法定原则成为两者冲突的焦点，并且在不同的知识阶层中，它也被赋予了不同的功能和作用，呈现出了不同的形象。

笔者的本意并非是对职业法律人和普通民众的观念冲突进行任何价值层面的评判。只是觉得，透过两类群体对罪刑法定原则的看法，或许会令我们对罪刑法定原则的现实境遇能有更深刻的体认。应当说，职业法律人与普通民众对罪刑法定的印象差异具有某种必然性。“‘意义’在社会世界中是被建构成一个‘互为主体’的现象，基于我国共同的生活经验与知识库存，人们相互间的‘理解’才成为可能。”①共同的生活经验与知识背景是理解的某种前见和前提，是沟通与交流的共许性基础，只有在同一的言说平台内，相互之间才能达成某种最低限度的共识。在对罪刑法定原则的解读中，职业法律人与普通公众存在明显的立场分野。职业法律人对罪刑法定原则的解读来源于自己的知识背景。由于对罪刑法定原则所内含价值的普适性的充分理解，职业法律人因而对罪刑法定原则在中国的“生根、发芽”饱含了期待与热情。但是，罪刑法定原则毕竟是西方法治进程中的特定产物，从制度发生学的角度看，它并非派生于中国的固有生活传统中。普通民众不具有职业法律人那样的思维背景，他们对罪刑法定原则的解读只能源于自己的生活背景和生活经历。职业法律人赖以凭借的知识范式是理性的、逻辑性的、共通性的，普通民众赖以凭借的生活范式是感性的、经验性的、个体性的，这两者之间固然不存在不可逾越的鸿沟，但是在不同的思维习惯主导下，其思维结果的差异也是很明显的。中国现在处于由传统社会向工商社会转型的时期，同时社会生活的伦理性仍然相当浓厚，普通民众的思维逻辑是经验式、个体性的，他们并没有自发进行法律思考的习惯，因此在一些社会问题的看法上，情理超越了法律。我们没有必要对于民众的价值选择作出过多的批判。鲜活的社会生活自有其存在和衍生的逻辑，理论无论对经验做怎样的描述，概念和诠释都不能被等同于具体事物本身。实际上，老百姓在长期生活积累过程中

---

① ［德］马克斯·韦伯著：《社会学的基本概念》，顾忠华译，广西师范大学出版社2005年版，“前言”第19页。

的经验总结，其“精于算计”与“理性的刻薄”绝不亚于纯粹理论的推演。① 职业法律人所认为的“如果不尊崇罪刑法定，那么下一个被国家刑罚权侵犯的就是你”的观念，在普通百姓看来只是想当然尔；②普通百姓所秉持的信念是，“我是好人，所以国家不侵犯我，但是坏人下一个可能侵犯的是我”，类似的信念并非一两个错案所能改变的。更具体地讲，职业法律人站在理性人的立场，基于对司法机关不恰当地过度入罪化的担心而对罪刑法定原则尽情地讴歌，他们担忧的是善无善报，担忧的是公民的基本人权得不到保障；普通民众站在“感性人”的立场，基于对司法机关不恰当地过度出罪化的担心而对罪刑法定原则心怀疑虑，他们担忧是恶无恶报，担忧的是选择性司法导致的“王子犯法”却“不与庶民同罪”。罪刑法定原则的理想与现实，在此各自找到了自己的对应角色，但是二者的融合，却可能需要一段漫长的时间。

刑法学者们为公众争取的权利是否是公众目前最迫切的东西？这种正义是否具有某种形式上的强加性？刑法是秩序维护法，也是人权保障法，秩序与自由具有某种内在的紧张关系，职业法律人更关注刑法的自由保障的机能，而在当下的中国，尤其是处在社会转型的特殊时期，普通公众对秩序的渴望实际上超过了对自由的渴望。他们思考的出发点可能不是刑法限缩自由，不是司法权的恣意行使侵犯了个人权利，而是刑法对秩序的维护力度不够。中国的犯罪率在统计上远远低于西方，同时中国公众的安全感也远远低于西方，社会公众普遍有着或多或少的安全焦虑，这个安全焦虑不是源于公权力的侵犯，而是源于其他社会个体的潜在侵犯，这一点可能是普通公众的共同真实感受，而恰恰是处于象牙塔内的人往往难以感受到的。最近几年中，每当发生较具影响力的社会事件，总会有媒体去自觉反思刑法的制裁力度不够，媒体顺势振臂一呼，公众往往应者云集，一体鼓噪要增加新罪名，每年“两会”期间，此类要求增设罪名的提案屡见不鲜。从积极的角度看，此种现象至少说明普通公众知道定罪处罚需要有明确的法律依据；但是，稍微武断一点说，职业法律人追求的，可能不是民众目前最迫切的；职业法律人心怀疑虑的，可能反而是民众所渴望的。

在罪刑法定原则的现实运作中，还有一类角色的态度是我们无法忽视的，这

① 正因为如此，笔者对当前公民意识萌生和膨胀的看法持一定的保留态度。公民意识不但意味着对个人权利的坚守与维护，还意味着对社会共同体的道德责任和义务。而许多人采取的只是一种实用性的做法，他们一方面借助“法律”、“权利”这样的语词来寻求个人利益的最大化，另一方面厌恶别人对自己乱丢废弃物进行的指责，同时也反感他人在共同场合大声喧哗。

② 据称林肯曾言：我废除奴隶制是为了避免我和我的子孙免遭被奴役的境地。但是，没有相应的知识支撑，是难以达到这样的认识境界的。

就是司法人员。司法人员是罪刑法定最当之无愧的实践者和主导者(至少形式上如此)。在罪刑法定的实践中,司法人员的作用举足轻重,同时他们又是一类最尴尬、最难受的角色。他们无法像理论研究者那样激扬文字,又不可如普通民众那样信马由缰。司法人员在知识背景上更靠近职业法律人,他们清楚罪刑法定原则的巨大价值,因而未尝不认可职业法律人的主张,但是他们又要直面社会公众,因此被迫在这个群体之间左右摇摆,同时受到两方的指责。摇摆的结果是,哪一方的压力更大,就屈从于哪一方,并以此作为定罪量刑的底气和勇气来源。当然,众怒难犯的社会现实,导致司法人员更容易进行扩张解释而且力度往往很大。不可否认的是,罪刑法定原则对司法人员具有强大的约束力,在个案裁判中,司法人员不敢轻易去触摸罪刑法定的红线,因为那样将使案件有成为错案的可能,司法人员也将承担相应的法律责任并毁掉自己的职业前景。通常来讲,促使司法人员触摸这条红线的因素有两点:一是权力因素,即只要能在刑法典之外的司法解释中找到明确的规定,无论该司法解释被学者批驳得多么体无完肤,司法人员都会毫不犹豫地据此定罪量刑。如此看来,司法解释的克制与保守,对罪刑法定原则的完全贯彻,意义重大。二是社会因素。在常态下,司法人员乐于遵守罪刑法定原则,而一旦案件具有特殊性甚至案件发生特殊的时期内,为了某种社会效果的兼顾,司法人员就不得不费劲思量了:在法不责众的背景下,有罪不罚、重罪轻罚;在民怨沸腾之时,又会是另一番景象。尽管如此,司法人员仍然会尽力地兼顾罪刑法定的要求,避免授人以柄,因此我们看到,在许多案件中,司法人员采取打“擦边球”的方式兼顾案件处理的法律效果和社会效果:某地法院在处理盗挖矿产的案件中,为了加大对这种行为的制裁力度,没有定非法采矿罪,而是选择了以盗窃罪定罪量刑,因为后者的入罪门槛更低。诸如此类中国式的“司法智慧”在今天中国的司法机关中比比可见。

《大清新刑律》第 10 条明文规定:“凡律例无正条,不论何种行为不得为罪。”现行《刑法》第 3 条规定:“法律明文规定为犯罪行为的,依照法律定罪处刑;法律没有明文规定为犯罪行为的,不得定罪处刑。”两相对照,《大清新刑律》更接近经典罪刑法定原则的表述,更能反映罪刑法定原则原汁原味的精神特质。反观现行《刑法》,在世界各国无论是过去还是现在关于罪刑法定的各种立法表述中,我国《刑法》第 3 条恐怕是最复杂的一个了,因此现行《刑法》刚一公布,理论界就对第 3 条产生了争议。分歧在于第 3 条的前半段与经典罪刑法定原则的关系。它是罪刑法定原则的一部分呢,还是属于非罪刑法定原则的规定?它究竟是在经典罪刑法定原则基础上的锦上添花呢,还是原本就是画蛇添足之举?

有观点认为这是罪刑法定原则的新发展，是积极的罪刑法定原则。① 也有观点认为它是基于我国《刑法》分则条文的特点，为了限制司法机关的出罪权、控制司法上的非犯罪化所作的规定。② 立法文本的创新自然给理论留下了充分的遐想空间，无论持何种观点的人都能从《刑法》第3条中找到立论依据。在笔者看来，以上观点不管秉持怎样的立场，最后仍然殊途同归，《刑法》第3条的前半段不会也难以对罪刑法定造成真正的冲击。但是，不可忽视的一点是，立法者作出这样的规定，自然体现了某种态度，即在认可罪刑法定原则的人权保障机能的同时，再次对刑法秩序维护的功能进行宣示。刑法过去一直强调惩罚犯罪的功能，强调"刀把子"的工具作用，如果刑法典突然转向经典的罪刑法定，有些人担心会显得过于突兀，似乎刑法打击犯罪的一面可以不要了。为了减少对罪刑法定的疑虑，减少修法过程中的不必要争论，立法者在罪刑法定原则的法条表述之中，再次强调法律规定为犯罪行为的，必须按照法律定罪量刑，其用心良苦可见一斑。从这个角度讲，《刑法》第3条的规定，谈不上是对罪刑法定的扬弃，更无所谓背离，《刑法》第3条前段和后段在实际运作中也难以形成真正的冲突。法条的表述是司法现实的某种折射，体现了与司法现实的合拍性，也是公民心理和法制传统的体现，它抚慰了民众对"刑不上大夫"的疑虑，维护了民众的法公平感，并且保证了从1979年《刑法》到1997年《刑法》的无缝衔接和平稳过渡。可以预见，以后的司法运作，仍然要在《刑法》第3条前段和后段之间寻求某种平衡。

三、现实抉择：相对罪刑法定原则与有节制的扩张解释

揭示职业法律人与普通公众的立场差异的目的，并非是要对法学家引进、贯彻罪刑法定原则的卓绝努力进行贬损，亦非蔑视罪刑法定原则固有的精神内核，更非为了表明罪刑法定原则在中国之不可行。罪刑法定原则作为西方资产阶级革命的制度产物，已经经历了几百年的磨洗与锤炼而演变为不同社会制度和文化传统下的共有财富。在中国这样一个曾经历经苦难的国度里，职业法律人对罪刑法定原则的期盼是可以理解的。只是，如果想让罪刑法定原则在中国过得更好、活得更滋润，是否可以让它稍微低下一些高贵的头颅呢？笔者在这里可以明确表明自己的观点：

---

① 何秉松主编：《刑法教科书》（上卷），中国法制出版社2000年版，第68页。

② 张明楷："司法上的犯罪化与非犯罪化"，载《法学家》2008年第4期。

绝对的、古典式的罪刑法定原则在当下中国不可行。相对的、实质主义的刑法观具有现实性。问题只在于,我们应当在实质主义的解释道路上走多远而已。

中国的法治进程与西方国家相比"同源而异形"。同源是指,我们现在秉持和推崇的法律话语和法律精神、法律体系和法律概念都是借鉴西方而来,我们不自觉地在以今天的西方为范本而构筑中国法治的明天;异形是指,西方经典的法治轨迹在中国很难完整地复制下来。今天中国无论是政治上、经济上还是制度上都具有很强的跨越性特征,具有与西方极大不同的发展脉络。从这个角度来说,尽管在某些学者看来,所谓西方的后现代主义式的"呐喊"在中国只是后现代主义式的"呻吟",但是,难以否定的一点是,我们的现代化之路绝不同于西方的现代化之路,法治的现代化同样如此。笔者前文对历史和现实的双重梳理就是想表明一点,中国目前不具有实行古典罪刑法定原则的条件。从历史和逻辑看,罪刑法定原则在中国,应当是沿着"'虚无'的罪刑法定"——"'实质'的罪刑法定"——"'形式'的罪刑法定"的道路走下去了。考虑到法律运作的实际背景,《大清新刑律》算做"'虚无'的罪刑法定"了——只有文本的宣示而无实践的可能。目前我们的罪刑法定,立法者和司法者都更多地从实质方面来理解,是在贯彻人权保障的功能,却绝不敢以秩序维护的缺失为代价。因此有些人担心,过于强调罪刑法定原则的实质一面是否又把罪刑法定原则给虚化了。当未来的某一天,社会的转型基本终结,社会关系相对固定,人性和人的价值真正张扬的时候,必然是古典罪刑法定复兴的时候。

当下,"原心定罪"的历史传统、道德泛化的社会环境、秩序价值的过于关切,所有这一切都导致无论是司法机关还是社会大众都更习惯于实质性的思维方式。北京市2006年曾经出台了一项交通规则:如果路口比较拥堵,即使是绿灯,司机也不许越过停车线,否则将被视为"闯绿灯"而受到处罚。这一规则从本质上看,就是一种典型的实质判断——对交通秩序的维护不等于交通规则的简单遵守,还诉诸对于交通参与者行为的实质判断。此类实质判断肯定是违背罪刑法定原则的,必然会受到职业法律人的普遍性强烈抨击,但是,却往往会得到社会公众的普遍认可和接受。再以肖永灵投寄虚假炭疽杆菌案为例分析,可以更为清楚地说明这一问题。

肖永灵一案是对罪刑法定原则的一个冲击,从职业法律人的角度来看,无论进行什么样的批评、抨击都不为过;但是,从普通公众的角度来看,在当时国外连续发生系列使用类似白色粉末实施恐怖活动的背景之下,公众对于此案的态度可想而知。事后来看肖永灵案,作为职业法律人,笔者能够得出的答案也是唯一的,即罪刑法定原则的中国现实化之路将是坎坷不平的;但是,此案发生之时,甚至是在现在，普通公众的第一感觉恐怕不是司法机关枉法裁判、侵犯人权，而是罚当其罪，罪有应得。普通公众的思维模式在一定程度上实际肯定了司法机关裁判的合理性，也是此类案件中司法机关的底气和勇气来源。① 中国人一直具有实质性的思维传统，这导致我们经常轻视纯客观的东西、客观的规则、客观的标准，在形式理性和实质理性之间往往倒向实质理性。这在给我们带来很多好处的同时，也附随了很大的弊端，以致长期以来我们的规范意识无法建构起来。例如，夜晚空无一人的大街上，独自等待绿灯后再通行，这一做法在很多人看来是很死板的，而这种死板恰恰是罪刑法定的精华所在。但是，司法人员觉得罪刑法定束缚住了自己的手脚，普通公众也不满意。以罪刑法定原则来引导和培育公民的规范意识，还是罪刑法定屈从于传统的思维观念？答案似乎是无须选择的。但是，从另一个方面讲，"法律本土化强调生活经验、历史传统、道德秩序、民族意识、风俗道德等内生于社会的本土资源对法律制度与规则的生成作用与意义。它非常关注制定的法律是否反映了公众所普遍认同的价值观念和行为准则，是否符合民情民意，是否符合本国国情"。② 因为人类的社会生活是由各种意义交织起来的网络，如果硬生生地只允许用法则来解释，无疑是削足适履，反而远离了我们真实的生活情境。因此，罪刑法定原则的理想若要变成罪刑法定原则的现实，就必须考虑和社会现实的契合程度。

经典的罪刑法定原则是惩罚犯罪和保障人权并重的外科手术式的解决方案，在中国更看重中医式的疗法。经典的罪刑法定原则是法律理性主义的体现，而中国传统文化更讲究和谐、中庸。中国当下的选择，应当是在坚守相对罪刑法定的基础上，基于秩序维护的需要而进行有节制的扩张解释。

罪刑法定原则饱含的保障人权、维护人之为人的尊严与自由是刑法典承担的基本价值，是职业法律人的梦想和追求。但是，刑法典若想其不成为静态的法条集合而是人民生活的依存和保障的话，就必须学会和其他生活价值的融合。

中国人并非不具有对权利的天然好感、不具有追求尊严生活的道德自觉，也不是想表明自由是我们的奢侈品，而是想表明，东西方各自独特的历史生态造就了独特的生活态度。秩序一直是中国人高度关注的基本生活价值，直到今天依然如此。社会公众对于刑法保护生存秩序和保障人权的渴望是同时存在的，但是，在现阶段对于前者的渴望可能会远远大于对于后者的渴望，罪刑法定原则在

① 这只是从公众观点推导出来的逻辑。实际上，肖永灵案是违反罪刑法定原则的非常典型的例子了，司法机关的判决自无任何正当性可言。

② ［德］马克斯·韦伯著：《社会学的基本概念》，顾忠华译，广西师范大学出版社2005年版，"前言"第15页。

国家和个人之间建立了一道安全屏障，而公众则担心这道屏障削弱了惩罚犯罪的力度，削弱了国家在个人和个人之间设置的安全屏障，进而威胁到了个人的安全利益。作为普通公众，生活安全感的维护是第一位的，我们都是普通公众的一员，对此应当是感同身受；虽然滥用公权力、突破罪刑法定原则而定罪量刑的案件偶有出现，而且一旦出现必然震动全社会，但是，中国公众现阶段的安全焦虑仍然来自于社会个体的侵犯可能，打击犯罪仍然是第一需要。以此为出发点，笔者认为，相对罪刑法定原则和有节制的扩张解释，是符合中国现实的。而绝对的、古典式的罪刑法定是一种完美的理想，然而，理想若要成为现实就应当首先是现实的理想。罪刑法定策略性的实现与其战略性的追求并不矛盾。罪刑法定原则在中国曾经极度缺乏而我们又极度渴望，它的实现更需要一个循序渐进的过程。可以说，司法机关冲击罪刑法定原则的冲动多数源于社会大众的压力。当然，罪刑法定原则之下的秩序维护更多的是生活秩序、社会秩序的维护，而不是政治秩序的维护。罪刑法定之下的人权保障，也更多是防范国家对公民个人的孤立的、个案式的侵犯，仅凭罪刑法定原则的一己之力，难以避免国家对公民权利的集体性和大规模的侵犯，回顾一下纳粹德国的历史相信不难得出这一结论。所以，罪刑法定可以在和平时期和相对稳定的社会环境下保障个人的自由和尊严。但是，没有必要把它的价值拔高到防范国家专制的地步。至于对后者的防范，恐怕更多地要依靠政治结构与经济结构的互动。

审视百年，这两个前后呼应的时间点很难让人不联想：它究竟是历史的冥冥注定还是纯粹的机缘巧合。笔者深切地感受到，罪刑法定原则之中国命运，正是法律之中国命运的真实写照和缩影。罪刑法定原则走入中国，不应当仅仅是法律文本的走入，也应当努力让它真正走入生活。而其前提，是选择好罪刑法定原则的中国之路。

(2010 年第 1 期)

平和窃取说之批判

——兼与张明楷教授商榷

吴林生*

在我国刑法理论和实务中，秘密窃取说，即盗窃就是“秘密窃取”的观点，一直是被普遍接受的通说理论和一贯奉行的实务观点。① 张明楷教授借鉴德日刑法理论，倡导平和窃取说，认为无论公开还是秘密，只要采取了平和的手段，即可构成盗窃，并对秘密窃取说进行了全面批评。② 在学术界和实务界，该观点产生了一定的影响。有鉴于此，有必要针对以张明楷教授观点为代表的平和窃取说展开商榷和论辩，并对秘密窃取说做进一步的澄清和辩护。

一、平和窃取说的提出及附议

张明楷教授在批判秘密窃取说的基础上，提出了平和窃取说，不但重新区分盗窃和抢夺，还对相关几个犯罪的关系作出界定。包括以下3个层次：(1)盗窃是以非法占有为目的，违反受害人的意志，采取平和的手段，秘密或公开地将他人占有的财物转移为自己或者第三者占有的行为。盗窃必须针对松懈占有的财物，或以平和的手段针对他人紧密占有的财物。即对离开受害人身体的财物实施非法占有，或者虽然对受害人紧密占有的财物实施非法占有，但行为本身平和、平稳，不可能致人伤亡的，应认定为盗窃罪。例如，乘人不备夺取他人手中手机的行为，由于一般不会致人伤亡，所以构成盗窃罪。③ (2)抢劫行为是对人暴

* 作者单位：国家检察官学院河南分院、北京师范大学刑事法律科学研究院。

① 高铭暄、马克昌主编：《刑法学》，北京大学出版社、高等教育出版社2005年版，第557页；最高人民法院、最高人民检察院《关于当前办理盗窃案件中具体应用法律的若干问题的解答》(1984年11月2日)；最高人民法院、最高人民检察院《关于办理盗窃案件具体应用法律的若干问题的解释》(1992年12月11日)；最高人民法院《关于审理盗窃案件具体应用法律若干问题的解释》(1998年3月17日)。

② 张明楷：“盗窃与抢夺的界限”，载《法学家》2006年第2期；张明楷著：《刑法学》(第3版)，法律出版社2007年版，第722-723页；张明楷著：《刑法学》，法律出版社2003年版，第681页。以下行文中涉及的张明楷教授观点，如果没有特别注释，均来自于以上文著。

③ 张明楷编：《刑事疑案演习》(一)，中国人民大学出版社2009年版，第355页。

力,抢夺行为是对物暴力,而盗窃行为属于没有暴力的平和行为。抢夺行为必须指向他人紧密占有的财物,如针对提在手上、背在肩上、装在口袋里、挂在耳朵上等与人的身体紧密联结在一起的财物实施暴力,并有致人伤亡的可能。抢夺行为的暴力必须具有致人伤亡的一般危险性,但又达不到抢劫罪所要求的"足以抑制对方反抗"的程度;而抢劫行为的暴力必须足以抑制对方反抗,但不要求事实上抑制了对方的反抗,更不要求有危害人身安全的性质。① (3)抢劫和敲诈勒索都可以表现为使用暴力强取财物的行为,不同之处在于抢劫中的暴力必须达到"足以抑制他人反抗的程度"。行为人实施了足以抑制受害人反抗的暴力后,迫使其日后交出财物的行为,宜认定为抢劫罪。②

张明楷教授认为,平和窃取说有着自身的理论和实践依据,主要表现为:(1)从文理解释上,认为盗窃包括秘密盗窃与公开盗窃不存在疑问。依据是我国古代刑法关于"盗"的规定。(2)平和窃取说可以从中华民国关于抢夺罪的立法沿革中找到依据。(3)苏俄刑法作为我国刑法的可能渊源,曾采用了平和窃取说,而非一直采用秘密窃取说。(4)平和窃取说符合大陆刑法理论,也为部分我国台湾地区学者说支持。(5)平和窃取说是一种符合时代观念和正义理念的刑法解释。平和窃取说在学术界已为部分学者所附议,也得到了实务界少数人的认同。比如,有学者认为,盗窃罪并不要求必须采用秘密手段,司法实践中不少公开侵犯财产的行为从来都是按盗窃处理的。③ 也有学者认为,"所谓盗窃罪,就是采取平和的手段(通常是秘密窃取)将他人占有的财物据为己有"。④ 实务中也有少数观点支持平和窃取说。⑤

二、平和窃取说之批判

平和窃取说有违罪刑法定原则,对历史解释、体系解释方法的运用不甚成功,对理论和实践问题的解决效果也不甚理想。

---

① 张明楷著:《刑法学》(第3版),法律出版社2007年版,第710页。

② 同上,第722~723页。

③ 周光权著:《刑法各论讲义》,清华大学出版社2003年版,第108页。

④ 黎宏:"'热心丈夫'构成盗窃罪",载《检察日报》2009年3月1日。

⑤ 胡昊、梅佳:"公开盗窃的存在性探析",载 http://www. js. jcy. gov. cn/re adnews. asp? nid =7370;王学堂:"由'秘密'走向'公开'的盗窃犯罪",载 http://www. dffy. com/blog/a/qzfywxt/3634. html;赵其明:"租用吊车公开盗窃为讨工钱以身试法",载 http://www. nmgzf. cn/news/Show. asp? id =127 3。

(一)平和窃取说有违罪刑法定原则

根据罪刑法定原则,超出国民预测可能性并且不利于被告人的解释,是应该被禁止的。罪刑法定原则具有形式和实质的双面性,实质解释在一定限度内是被允许的;当形式解释范围过宽或者模棱两可时,实质解释还是必需的。刑法并不一概反对超出字面含义的解释,超出字面含义的解释不一定就超出国民的预测可能性,因为人的理解能力具有能动性,字面通常含义并非人们理解文义的唯一依据。① 实质解释应本着有利于行为人的原则,"追求实质的合理性、实质正义价值观念的实质犯罪论,其提出不是针对西方禁止入罪的罪刑法定原则,而是针对我国禁止出罪的所谓罪刑法定原则"。② 张明楷教授自己也认为,对于实质上值得处罚而缺乏形式规定的行为,可以在不违反民主主义与预测可能性的前提下作扩大解释;对于入罪解释,不得超出国民的预测可能性做扩张解释,对形式侧面缺陷的克服,一旦超越国民预测可能性的限度,便侵犯了国民的自由。③ 平和窃取说不适应我国民众的通常观念和我国的法律文化传统,也不完全适应我国目前的刑法立法、司法实践和刑法理论,是超出国民预测可能性又不利于行为人的实质解释,违反了罪刑法定原则。

把盗窃解释为"平和窃取"超出了国民的预测可能性。一方面,无论在大陆民众的日常观念中,还是在大陆法律职业者的理解中,把盗窃解释为隐蔽性的秘密窃取行为,都是一种最为自然的文理解释。在现代汉语中,"盗"有"偷"的意思,"窃"是"竊"的简化,借形声造字取其"虫掘穴盗米",以喻"盗窃行为如虫之潜行"之意。"盗窃"一般理解为"偷偷"、"私下"、"暗中"、"瞒着人",将别人之物据为己有。盗窃明确具有平和、秘密之性质,与公然、暴力等情形迥然有别,排除了行为人基于公然为之的主观犯意。④ 无论学理上如何辩白,把乘人不备夺取他人手中手机的行为解释为盗窃罪,⑤总会造成一种令人吃惊的感觉,这显然超出了国民的预测可能性,违反了我国民众对《刑法》第264条盗窃罪的通常预期。另一方面,把抢夺解释为非法公开占有财物的行为则不违反国民预测可能性。狭义上的抢夺是指,"乘人不备,公然夺取公私财物占为己有的行为"。⑥ 而

---

① 吴林生:"罪刑法定视野下实质解释论之倡导",载《中国刑事法杂志》2009年第7期。

② 刘艳红:"刑法的目的与犯罪论的实质化——'中国特色'罪刑法定的出罪机制",载《环球法律评论》2008年第1期。

③ 张明楷著:《刑法分则的解释原理》,中国人民大学出版社2004年版,第12页。

④ 中国社会科学院语言研究所词典编辑室编:《现代汉语词典》,商务印书馆1996年版,第258页、1024页、1269页;《辞海》,钟文出版社1992年版,第775页。

⑤ 张明楷著:《刑法学》(第3版),法律出版社2007年版,第355页。

⑥ 辞海编辑委员会编纂:《辞海》,上海辞书出版社1999年版,第1912页。

国民观念中的抢夺，只要求行为人公开侵犯财产，并不以乘人不备或伴随着对人或对物暴力为必要。以下几个与抢夺相近词语的含义有助于我们对“抢夺”一词含义的把握。比如，我们经常讲“明抢明夺”、“明抢暗偷”，说明“抢”或“夺”是相对于“偷”或“窃”而言的，前者强调公然性，后者强调隐蔽性。又如，“巧取豪夺”，是指凭强力或权势夺取，说明“夺”的行为只强调行为的强制性，必须是公然违背受害人意志，可以凭借权力和强力等各种优势夺取，而不要求一定使用暴力。如果国有工厂领导的亲友依仗自己的身份，当着“识趣”的门卫面公然从工厂里运走巨额国有资产的，我们完全可以说行为人以强取豪夺的方式抢夺公共财物，构成抢夺罪。再如，聚众哄抢中，哄抢人不使用暴力、胁迫手段，依靠人多势众取得财物①。这也说明“抢”的行为并不要求使用暴力或趁人不备。

也许存在这样的反驳：不管对不使用暴力的公然抢夺行为如何定罪，认定该行为构成犯罪总不算错误解释，因此，只要认为构成犯罪，就不算违反国民预测可能性的入罪解释，就不违反罪刑法定原则。这种反驳也难以成立。不管该行为是否构成抢夺罪，只要按照国民通常预期不符合盗窃罪的规定，就不应认定构成盗窃。不能因为认为该行为不成立抢夺，考虑到其实质上具有可罚性，就违反罪刑法定原则将其类推解释为盗窃罪。况且，依据现行法律和司法解释，按照盗窃罪处理通常比按照抢夺罪对行为人更为不利。

平和窃取说也不符合我国刑法立法和司法解释的精神。该说认为，抢夺罪必须具有致人伤亡的可能性，这明显和立法精神不符。如果立法者认为必须具有致人伤亡可能性的抢夺行为才能构成抢夺罪，那么，基于抢夺行为通常可能致人伤亡的考虑，具有通常理性的立法者即便不在立法时对抢夺罪做出明确性限制，也会在立法中考虑：其一，将致人伤亡明确规定为抢夺罪的加重处罚情节；其二，抢夺罪的社会危害性明显重于盗窃罪，抢夺罪的法定刑要高于盗窃罪。但事实上以上两点在《刑法》第267条都没有得到体现，甚至盗窃罪还要重于抢夺罪，这说明对抢夺罪的限制解释是不符合立法精神的。同样，如果司法解释认可这种限制性解释，司法解释就会把致人伤亡作为抢夺罪的加重情节予以规定。但事实上，最高人民法院《关于审理抢夺刑事案件具体应用法律若干问题的解释》（2002年7月20日）所规定的加重处罚情节中并不包括“致人伤亡”的情形；其中，对于致人轻伤、轻微伤的情形根本没有提及，对于致人重伤、死亡的情形，则规定“构成过失致人重伤罪、过失致人死亡罪等犯罪的，依照处罚较重的规定定罪处罚”。对一个文本某一部分的诠释如果为同一文本其他部分所证实的

① 张明楷著：《刑法学》（第3版），法律出版社2007年版，第721页。

话，它就是可接受的；如果不能，则应舍弃。诠释法律文本的平和窃取说既然不能被立法文本和司法文本所证实，而是为后者所反对，那么这种诠释本身就应该被舍弃。

（二）平和窃取说不成功地运用了历史解释方法

张明楷教授考察了中华民国1928年《刑法》、1935年《刑法》和我国台湾地区“刑法”中关于盗窃罪和抢夺罪的沿革，认为可以从立法沿革中区分两者。作者的意图究竟是指既然新中国刑法由旧中国刑法沿袭而来，因此也应当沿袭台湾地区的平和窃取说，还是说之所以旧中国刑法对抢夺罪规定了致人伤亡的结果加重犯，是因为抢夺行为通常可能致人伤亡，因此只有可能致人死亡的行为才能构成抢夺罪？无论如何，笔者还是看不出旧中国刑法规定抢夺致人伤亡的结果加重犯与新中国刑法应采用平和窃取说的联系：第一，新中国废止了旧中国法统的效力，其刑事立法不可能再与旧中国刑法有直接沿袭关系。第二，中华民国《刑法》对抢夺罪规定了致人伤亡的结果加重犯，是因为抢夺行为中的非平和行为具有致人伤亡的可能性，而不等于说立法上认为所有构成抢夺罪的行为都须有致人伤亡的可能性。第三，即便旧中国刑法规定了致人伤亡的结果加重犯，秘密窃取说在当时也是通行观点。例如，旧中国最高法院1933年上字第1334号判例指出：“抢夺罪，系指公然夺取而言。若乘人不备窃取他人所有物，并非出于公然夺取，自应构成窃盗罪。”①

张明楷教授还认为，我国刑法关于抢夺罪的规定可能借鉴了苏联刑法关于抢夺罪的规定，而苏联与现在的俄罗斯关于盗窃与抢夺的区别也并不仅仅在于行为是否具有秘密性，说明我国刑法也不应采用秘密窃取说。这种推理有商榷余地。虽然1960年以前的苏俄刑法采用的是平和窃取说，可1960年及以后的苏联和现在的俄罗斯采取秘密窃取说，我国刑法典如果借鉴外国法律，最有可能借鉴的也只能是当时正在生效的苏俄刑法，即1960年以后的苏俄刑法，因此我国刑法在立法渊源上不可能采用平和窃取说。

盗窃罪和抢夺罪的规定是我国的固有法，我国古代刑法关于抢劫、盗窃和抢夺的规定，为秘密窃取说提供了充足的历史解释依据。

中国刑法自古以来就有将盗窃罪手段界定为“秘密窃取”的历史性传统。在中国古代刑法中，关于盗的概念，直到张斐给晋律作注才初次明确。《晋律注》：“取非其有谓之盗。”其后，唐律进一步作了明确规定。《贼盗篇》：“诸盗，公取、窃取皆为盗。”《疏议》曰：“公取，谓行盗之人，公然而取；窃取，谓方使私窃

① 转引自林山田著：《刑法各罪论》，作者发行，第278页。

其则，皆名为盗。”《疏议》曰：“窃盗，谓潜形隐面而取。”[①]唐律的这一定义，直接为《宋刑统》、《大明律》和《大清律例》所承继。《大清律例》：公取、窃取皆为盗。《大清律例统考》盗贼窝主第18条例文：凡盗，公取、窃取皆为盗。公取，为行盗之人公然而取其财，如强盗抢夺；窃取，谓潜行隐面而私窃取其财，如窃盗掏摸，皆名为盗。[②] 由此可见，“公取”是抢劫、抢夺，只有“窃取、掏摸”才是盗窃。张明楷教授以《唐律》“公取、窃取皆为盗”的规定为依据，认为把“公开窃取”理解为盗窃符合文理解释，是一种误解。《明律》和《大清律例》在窃盗条中规定“掏摸者罪同”。掏摸，即扒窃，《明律》囿于《唐律》“潜行隐面”的解释，认为不合盗窃本义，故在盗窃条下又多出掏摸一项，作为对其扩充，从而使盗窃罪在立法上由绝对秘密说发展为相对秘密说。元时始有抢夺专条。《元史·刑法志》：“诸强夺人财，以强盗论。”明时抢夺与强盗分离。《大明律》“白昼抢夺”条：“凡白昼抢夺人财者，杖一百，徒三年，计赃重者加窃盗罪二等，伤人者斩，为从各减一等。……若因失火及行船遭风着浅而乘时抢夺人财及拆毁船只者，罪亦如之。”灾难之际，受害人不可能把房屋、船只等所有财产持于手中，明律中抢夺罪的对象明显包括松弛占有之物，不以对物暴力和紧密占有之物为限制。[③]

（三）平和窃取说不成功地运用了比较解释方法

张明楷教授提出平和窃取说时，采用了比较解释的方法，认为德日刑法值得我国借鉴，并指出规定了抢夺罪的台湾地区，许多学者也支持该说。然而，在进行比较解释和理论借鉴时，不可忽视刑法在实质、内容、体例上的差异，要注重法律条文在刑法体系中的地位，注意解释与法律文本和法律语境的协调性。[④] 德日和台湾地区刑事立法的具体内容和国民观念与我国大陆不同，我国大陆并不具备支撑该说的条件，所以适用于前者的解释理论并不适用于后者。

在我国，平和窃取说不仅不会起到填补处罚漏洞的作用，还会造成既有理论的混乱。平和窃取说在德日和台湾刑法中，有补充法律漏洞的意义或考虑；而在我国大陆，会给传统理论造成巨大冲击和混乱。在德日刑法中，没有抢夺罪的规定，如果把盗窃解释为“秘密窃取”，盗窃罪、敲诈勒索罪（或恐吓罪）之间就会出现处罚漏洞。而我国台湾地区“刑法”虽然有抢夺罪的规定，但是司法机关一度把“乘人不备”解释为抢夺的必要条件，这样在“秘密窃取”和受害人有预料的

---

① 刘柱彬：“中国古代盗窃罪概念的演进及形态”，载《法学评论》1993年第6期。

② 马建石、杨育棠主编：《大清律例统考校注》，中国政法大学出版社1992年版，第766页。

③ 刘柱彬：“中国古代盗窃罪概念的演进及形态”，载《法学评论》1993年第6期；刘柱彬书：《唐律疏议》，台湾“商务印书馆”股份有限公司1979年版，第237页、245页。

④ 张明楷著：《刑法学》（第3版），法律出版社2007年版，第38页。

“公然夺取”之间就有可能存在处罚漏洞,因此,不少我国台湾地区学者主张采用平和窃取说。[①] 比如,有学者认为,行为是公然还是秘密,和财产的保护并无关系,而且从保护受害人自由权利和社会公序良俗角度看,公然为之的恶性较秘密为之的恶性有过之而无不及,没有理由隐秘为之足以成罪而公然为之反而可以脱罪。[②]

德日刑法中没有抢夺罪,抢夺罪被一分为三,除了张明楷教授所说的盗窃罪和抢劫罪处理外,还包括敲诈勒索罪。由于德日刑法中的盗窃罪、抢劫罪、敲诈勒索罪,都与我国传统刑法理论中抢夺罪存在交集,如果照搬德日刑法的平和窃取说,传统刑法中关于抢夺罪和盗窃罪、抢劫罪、敲诈勒索罪的关系就均需重新界定。

在我国,平和窃取说不符合罪刑均衡原则和刑罚谦抑精神。比较外国和台湾地区的立法例,可以看出:为了实现罪刑均衡,采用平和窃取说的国家和地区,如果存在抢夺罪,其罪质要明显重于盗窃罪,因为平和窃取说要求抢夺行为具有致人伤亡的危险性。比如,台湾地区现行“刑法”中,犯普通抢夺罪,处6月以上5年以下有期徒;而犯普通窃盗罪,处5年以下有期徒刑、拘役或500元新台币以下罚金。《意大利刑法》规定,“为自己或他人获取利益为目的,以从他人手中或身上夺取的方式,使他人的动产脱离持有人的控制,将其据为己有的”,处以比普通盗窃罪更重的刑罚。[③] 同时,采用平和窃取说的国家和地区,规定抢夺罪的,也会相应把致人伤亡作为法定加重情节。比如,台湾地区现行“刑法”中,犯抢夺罪,因而置人于死者,处无期徒刑或7年以上有期徒刑;致重伤者,处3年以上10年以下有期徒刑。我国《刑法》中,盗窃罪相对于敲诈勒索罪、抢夺罪反而是重罪,如果采用平和窃取说,就会扩大盗窃罪的范围,从而更加不利于行为人,产生违反刑罚谦抑精神和死刑限制政策的不良效果。同时,如上所述,我国刑事立法和司法都没有把致人伤亡作为抢夺罪的加重处罚情节,说明平和窃取说并不符合立法精神。

平和窃取说不符合我国的法律职业者和广大民众长期普遍接受的观念和实践。由于长期以来立法中没有规定抢夺罪,把公开夺取行为分别认定为盗窃罪、

① 实际上,这一漏洞在台湾地区的司法中并非真实存在,台湾地区“司法院”对“乘人不备”扩大解释,把受害人明显事前有预料的抢夺行为包含于内。参见台湾地区“法务部”检察司法75检(1986年)二字第1013号函、台湾地区“法务部”检察司法72检(1983年)二字第760号函、台湾地区“法务部”检察司法73检(1984年)二字第513号函、台湾地区“法务部”85(1996年)检二字第1035号函。

② 黄荣坚著:《刑法问题与利益思考》,台湾元照出版有限公司1999年版,第86页。

③ 《最新意大利刑法典》,黄风译注,法律出版社2007年版,第222页以下。

敲诈勒索罪和抢劫罪,符合德日国家的社会大众和法律职业者的国民意识。在台湾地区,法律职业者中德日留学生所占主导地位正越来越明显,因此德日刑法的平和窃取说也正在被广泛传播和接受。而我国大陆,占主导地位学者中,德日留学生并不多,平和窃取说的影响力有限。同时,长久以来形成的秘密窃取说立法和司法传统,已为广大民众和司法职业者普遍接受。

即便在台湾地区,平和窃取说的地位也不稳固,仍存在很多反对者。台湾地区"刑法"远比大陆有更多理由采用平和窃取说,但实际上,主张平和窃取说的也只是台湾学术界部分人的观点,学术界许多人和实务界都主张"秘密窃取说"。作为平和窃取说代表人物的黄荣坚大法官和林山田教授,甚至还认为秘密窃取说是台湾的通说。台湾具有不少适合平和窃取说成长的条件,即便这样,这么多年来该说仍未在台湾地区刑法界取得一枝独秀的地位,可见秘密窃取说在中国社会中具有多么旺盛的生机!

(四)平和窃取说对其衍生问题的解决方案并不理想

有论者认为,平和窃取说司法实践中,比秘密窃取说更加简便易行。① 而事实恰恰相反,平和窃取说所带来的麻烦可能多于它所解决的问题。

1."平和窃取"标准的认定存在争议。有观点认为所谓平和的方法,应以受害人意愿为标准,并非以是否使用暴力为标准。窃取行为的取得他人之物,本质上也属暴力(既有形力或物理力的不法行使)。② 这种观点等于取消了平和手段侵财犯罪的存在,固不可取。有观点谓所谓平和的方法,应以有否使用暴力为标准,抢劫罪存在对人的暴力,抢夺罪存在对物的暴力,而盗窃罪既无对人的暴力也无对物的暴力。③ 这也不准确。在破坏性盗窃中,他人之物可能固着于其他物品、地上或建筑物上,故行为人必须使用蛮力扯下,甚至用铁锤或其他工具猛烈撬开,才能取走财物。张明楷教授认为,应依据对象是否属于他人紧密占有的财物,行为是否有致人伤亡的可能性。而许玉秀大法官认为,想要平和取走他人之物,唯有秘密为之方有可能。④ 在行为人利用受害人自保心理,恃以强暴、罔顾哀求,甚至大砸家具示威的场合,就很难说是平和手段。

---

① 魏昌东、杨磊:"盗窃罪的展开——基于中国传统刑法理论的反思",载《政治与法律》2008年第12期。

② 甘添贵著:《刑法体系各论》(第2卷),瑞兴图书股份有限公司2000年版,第40页。

③ 魏昌东、杨磊:"盗窃罪的展开——基于中国传统刑法理论的反思",载《政治与法律》2008年第12期。

④ 许玉秀:"择一故意与所知所犯——兼论违宪的肇事逃逸罪",载《本土法学杂志》2000年第13期。

2. 平和窃取说否定了盗窃罪的秘密性标准,增大了盗窃罪与抢夺罪、敲诈勒索罪、抢劫罪混淆的概率,凭空增加了司法职业者区别盗窃罪与相应犯罪的负担和难度,并可能引发抢劫罪认定范围的不当扩大。

坚持平和窃取说,可能混淆盗窃罪与敲诈勒索罪、盗窃罪与抢夺罪的界限,增加认定的困惑。传统刑法中,由于秘密性标准的存在,盗窃罪与敲诈勒索罪是泾渭分明的。而按照平和窃取说,当行为人采用默示的胁迫,或者采用极轻微的、不明显的胁迫,或者通过对物实施暴力却没有致人伤亡可能性的,就会发生盗窃罪和敲诈勒索罪在事实认定和法律适用上的困难,造成实务的不统一。另外,在对紧密型持有实施抢夺时,如何判断是否可能造成伤亡,毫无疑问也是一个实务和理论难题。

平和窃取说增加了区别盗窃罪和抢劫罪的难度,有引发实务对抢劫罪认定范围不当扩大的可能。以"猜猜我是谁"案为例。电影《疯狂的石头》中,受害人被小混混捂住眼睛,让其"猜猜我是谁",身旁的行李箱被小混混的同伙趁机拿走,待受害人醒过神来,行李箱已不知所踪。实务中发生不少类似案例,被称为"疯狂的石头"盗窃法。[①] 例如,李某把衣服盖在受害人头上,遮住其视线,让其"猜猜我是谁",在受害人困惑犹豫之际,取走其身旁的手机。李某用衣物遮住受害人视线,用语言扰乱受害人的注意力,采用秘密手段,使受害人在不察觉下失去对财物的占有,显然构成盗窃罪。如果采用平和窃取说,就会得出抢劫的结论。因为,"在李某劫取受害人财物时,受害人不是不做出反应任由被告人拿走,而是客观上受害人的行动受到限制,以至于不能反抗,所以应该认定为抢劫罪"。[②] 很显然,如果取消了秘密性这一标准,单纯采用平和窃取说,就只能单单以是否"足以抑制反抗"作为区分抢劫罪与盗窃罪的标准,会使得部分完全可以按照盗窃定罪的案件被定为抢劫罪。这种结论显然与以盗窃处理的通常实践做法不一致。[③]

3. "足以抑制反抗"不是一个好的标准。"足以抑制反抗"的标准难以认定。在我国台湾地区和德日刑法中,如何判断"足以抑制反抗",就一直是个难题。[④]

---

① 李默涵:"'疯狂的石头'盗窃法上演——民警提示注意防盗",载 http://www.sjzgaj.gov.cn/news/ShowArticle.asp?ArticleID=2638。

② 鲍维军:"盗窃?抢夺?还是抢劫?",载《人民公安》2007年第9期。

③ 当然,如果被受害人识破以后,不顾受害人反抗,强行遮住受害人双眼拒不松手,使受害人不能及时制止侵财行为的,构成抢夺罪;特殊情况下,如果危及重大人身权益的,也可能构成抢劫罪。

④ [日]大谷实著:《刑法总论》,黎宏译,法律出版社2003年版,第208页以下;曾淑瑜著:《刑法分则实例演习—个人法益之保护》,三民书局2004年版,第199页以下。

张明楷教授指出，由于德日刑法中并没有规定抢夺罪，视抢夺的不同情形分别认定为盗窃罪与抢劫罪，这说明平和窃取说在某些场合可能无法具体区分抢劫罪与抢夺罪。平和窃取说的这一缺点会在中国刑法中具体凸显出来。比如，既然是公然抢夺，而且抢走了财物，能说暴力没有达到"足以压制反抗"程度吗？在抢夺致受害人伤亡的场合，受害人已无力阻止行为人取走财物，也无力追回财物，说明暴力已"足以压制反抗"，但能否说只要造成伤亡就构成抢劫罪了呢？在受害人老弱病残、孤立无援，而抢匪人高马大、气势汹汹的场合，对物的暴力已"足以压制反抗"，是否就可以因此认定构成抢劫罪？

"足以抑制反抗"的标准增加了不当扩大抢劫罪范围的可能。除了诈骗罪形式上完全属于受害人自愿接受的犯罪外，以强制方式排除受害人反抗的犯罪包括两种：第一种是受害人不能反抗、不敢反抗而失去占有的犯罪，包括抢劫罪、抢夺罪、敲诈勒索罪和聚众哄抢罪；第二种是受害人不知反抗而失去占有的犯罪，包括抢劫罪和特定场合的盗窃罪。按照张明楷教授的观点，只要行为人实施了通常观念中"足以抑制反抗"的手段，使受害人不能、不敢、不知反抗的，都可能构成抢劫罪，而不管行为是否现实危及受害人的生命、健康等人身权益。事实上，这个标准是无法将抢劫罪和其他犯罪区分开的。因为抢夺和敲诈勒索中，甚至特殊场合下的盗窃中，都需要采用"足以排除受害人反抗"程度的手段并达到排除受害人反抗的效果，如果手段不"足以排除受害人反抗"，就无法取得财物而实现既遂。如果单纯依据"足以抑制反抗"标准，就会得出以下结论：由于行为人遮蔽受害人视线使其不知反抗的行为，也"足以抑制反抗"或"足以排除反抗"，所以该行为构成抢劫罪；不管行为是否危及受害人重大人身权益，只要按照通常观念足以使受害人不敢或不能反抗的，都可以成立抢劫罪。例如，趁女子在河中洗澡，以非法占有为目的，公然取走其衣服物，使妇女因羞耻心不敢裸身追逐的；行为人从后面将受害人扑倒在松软的沙滩排球训练场上或用手拍击受害人手掌，趁受害人惊慌不备导致手中财物脱手之际，捡起财物逃跑。但如果按照笔者观点，行为人显然尚不构成抢夺罪。按照上述标准，这两例毫无疑问也构成抢劫罪，而该结论显然与我国社会通常的观念和判断不相符合。

"足以抑制反抗"的标准不符合法益侵害原理。其一，该标准与行为的法益危害性没有直接关系。抢劫罪之所以比其他侵犯财产犯罪更重，当然是因为其手段行为体现了更为严重的法益危害性，而"足以抑制反抗"的标准并不能决定抢劫罪比其他侵犯财产犯罪的法益危害性更大。因为，抢夺和敲诈勒索中，甚至特殊场合下的盗窃中，其手段都"足以排除受害人反抗"。其二，张明楷教授关于抢夺罪与抢劫罪区分的标准，不符合法益侵害原理。张明楷教授认为，抢夺行为必须具有致人伤亡的一般危险性,抢劫罪的暴力必须足以抑制对方反抗,但不要求事实上抑制了对方的反抗,更不要求有危害人身安全的性质。[①] 作为轻罪的抢夺行为,尚且要求必须具有致人伤亡的危险性,那么,作为重罪的抢劫罪,按照法益侵害理论和罪刑均衡原则,其更应要求具有致人伤亡的危险性,而且应是高度危险性。为什么却认为抢劫罪的暴力不要求有危害人身安全的性质?难道法定刑应该与法益危害性和社会危害性成反比吗?对此,司法解释也持同样理解。例如,最高人民法院《关于审理抢劫、抢夺刑事案件适用法律若干问题的意见》认为,寻衅滋事罪与抢劫罪的一项基本区别是,前者不以严重侵犯他人人身权利的方法强拿硬要财物。在基本犯罪构成中,抢劫罪使用暴力使受害人不能反抗的,必须是严重危及受害人人身安全的暴力手段,威胁到受害人的生命、健康、性权益等重大法益,并且具有现实危险性。仅仅危害受害人的名誉权、婚姻自主权、民主权、普通的人身自由权等的暴力行为,以及对人身权益现实危险性较低的暴力行为,都不构成抢劫罪的手段行为。而抢夺罪和当场侵财型的敲诈勒索罪所使用的暴力,往往是对物的暴力,或者是明显轻微的暴力,通常不具有严重危及受害人人身安全的高度危险性。抢劫罪使用胁迫手段使受害人不敢反抗的,必须是以暴力为内容,并且是严重危及受害人人身安全的暴力。抢劫罪使用其他手段使受害人不知反抗的,必须是使受害人意识意志能力完全丧失或严重丧失的手段。在采用麻醉等手段使受害人意识意志能力完全丧失或严重丧失的场合,受害人失去了自保能力,因此其人身安全处于现实危险中,这和遭受捆绑型暴力达成的效果一样。其三,抢劫罪只能是直接对人实施的暴力、不包括直接对物实施的暴力的观点,违反了法益侵害原理。抢劫罪的本质特征就在于其手段行为严重危及人身权益和财产权益,从法益侵害的原理考虑需要严厉规制。一般情况下,对物暴力和对人暴力不同,前者通常不会严重危及受害人生命健康。但是,对物暴力通过财物最终可能间接地作用到人的身上,特殊情况下,对物暴力也可能严重危及人身权益。例如,因受害人不放手而驾驶车辆强拉硬拽财物的,对物的暴力本身同时就是对人的暴力,已经严重危及受害人生命健康,理应论以抢劫罪。对此,最高人民法院《关于审理抢劫、抢夺刑事案件适用法律若干问题的意见》明确指出:“驾驶车辆强抢财物时,因受害人不放手而采取强拉硬拽方法劫侵财物的;或行为人明知其驾驶车辆强行夺取他人财物的手段会造成他人伤亡的后果,仍然强行夺取并放任造成财物持有人轻伤以上后果的”,构成抢劫罪。其四,如果行为人只是为了日后取得财物,即使实施了足以抑制受

---

① 张明楷著:《刑法学》(第3版),法律出版社2007年版,第710页。

害人反抗的暴力或胁迫的,也不构成抢劫罪。因为,从形式上看,这种情形不符合抢劫罪要求的“两个当场”的标准;从实质上看,这种情形不符合抢劫罪严重危及人身权益和财产权益的本质要求。为日后占有财物而实施暴力的行为,由于侵犯财产权益的不具有急迫性,显然不符合抢劫罪严重危及财产权益的本质要求。①

三、秘密窃取说之维护

张明楷教授对秘密窃取说进行了全面的批评,但这些批评有待商榷。笔者认为,通行的秘密窃取说具有形式上和实质上的合理性,应在进一步完善的基础上予以坚持。

(一)张明楷教授对秘密窃取说之批评

张明楷教授认为,秘密窃取说存在以下问题:(1)混淆了主观要素与客观要素的区别。秘密窃取说在判断秘密性时以行为人“自以为”为标准,意味着“秘密”是主观认识内容,而非客观要件内容。(2)如果不要求盗窃罪客观上具有秘密性,但要求主观上具有秘密性,就只能从主观方面区分盗窃与抢夺,颠倒了认定犯罪从客观到主观的应然顺序;致盗窃罪与抢夺罪的客观构成要件没有任何区别,使构成要件的客观要素丧失了主观规制机能,违反了故意的内容应当与客观构成要件的内容一致的原理,是一种不可接受的主观主义的观点;在行为人根本不考虑行为是否为他人发觉的情况下,无法依据主观来判断行为的性质,而秘密窃取说认为应依据客观上是否具有秘密性来区分盗窃与抢夺,这是自相矛盾的。(3)秘密性无论作为区分盗窃罪与抢夺罪主观标准还是客观标准,都是不合适的,不能起到明确区分二者的作用:一方面,客观上是否具有秘密性,不影响盗窃罪的认定;另一方面,主观上是否具有秘密性,也不应作为盗窃成立与否的

---

① 赵秉志、肖中华:“抢劫罪与敲诈勒索罪、抢夺罪的区别”,载《检察日报》2002年9月24日。需要注意的是,我国刑法中,相对于抢夺罪,敲诈勒索罪属于轻罪,其最高法定刑较低,而立案标准数额较高。敲诈勒索罪形式上符合抢夺罪之公然夺取财物构成要件,其社会危害性之所以明显低于一般的抢夺罪,是因为,对于事后取财型的敲诈勒索而言,行为不具有侵害财产的紧迫性;对于当时取财型的敲诈勒索而言,受害人通常具有明显过错,这减轻了敲诈勒索行为的社会危害性评价。敲诈勒索罪源自于恐吓取财罪,即“知人有犯,欲相告诉,恐吓以取财物者。”(转引自万明之:“《大明律》中的‘盗’罪研究”,载《韶关学院学报》2006年第10期。)因此,对于当场取财型的敲诈勒索行为而言,必须有受害人受要挟的事实:行为人的威胁手段只能是利用被害人的“短处”实行“要挟”,暴力手段只能是作为“要挟”强化手段的轻微暴力。如果行为人不是利用受害人的“短处”进行要挟而当场取得财物的,其危害性不轻于一般的公然抢夺犯罪,按照罪责刑相适应原则,应以抢夺罪论处。

标准。因为仅凭“自以为”是秘密还是公开决定犯罪的性质,容易造成定罪的困难,还会造成依口供定罪的随意性。(4)秘密窃取说导致携带凶器抢夺以抢劫罪论的范围不当扩大。(5)盗窃罪与抢夺罪不是A与非A的关系,秘密窃取说充其量符合文理解释原理,但没有回答“为什么行为不具有秘密性,就可以被自动评价为抢夺”的问题,没有给出盗窃需要秘密窃取的实质理由。盗窃行为是侵犯财产罪的兜底规定,其本质是侵害他人对财物的占有,行为是否具有秘密性对占有是否被侵害的事实没有直接影响。也有学者认为,行为是公然还是秘密,和财产的保护并无关系。① (6)从事实上看,公开盗窃的情形大量存在,刑法理论必须面向事实,承认公开侵财行为构成盗窃罪;如果将盗窃限定为秘密窃取,则必然存在处罚上的空隙,造成不公正现象。因为,以平和手段但公开进行的侵犯财产行为,虽然社会危害性重于一般秘密窃取行为,但并不属于抢夺行为,如果再被排除在盗窃行为之外,就会造成处罚不公。(7)采用秘密窃取说,会产生其他一些无法解决的疑难问题。比如,导致出现公开使用非法复制的电信设施或公开利用他人的账户和密码上网,造成电信资费损失的,都认定为抢夺罪,这是不可思议的。② 平和窃取说之所以对秘密窃取说大加诟病,在很大程度上是因为学者们对传统的秘密窃取说存在歧见。下文将力求还原秘密窃取说的应然面貌,澄清误解。

(二)秘密窃取说之澄清

我国传统刑法理论是从“秘密与公开”的角度来区分盗窃罪与抢夺罪的,普遍认为盗窃罪的秘密性有3种要求:其一,隐蔽性。即盗窃罪是秘行犯,相对于财物的所有人或保管人来说,是一种隐蔽性的行为。是在他人不在场,或虽然在场但未注意、未察觉的情况下实施的侵财行为。例如,行为人把手机隐蔽在电视机的箱子里,在商场收银台付款时,仅仅对电视机付款而取走手机的行为。隐蔽性,是指转移占有行为本身的隐蔽性,是指把财物由事主占有转移为非事主占有这一过程具有隐蔽性。在实现占有的秘密移转之前,可能实施一些为秘密窃取创造必要的条件的行为,包括以选购商品为幌子公开接近或接触财物,采用“调虎离山”的方式把事主骗离现场,采用非强制的方式遮蔽或转移事主的视线或注意力等。这些公开行为只是秘密占有行为的辅助方式或掩饰方式,并没有使事主失去占有或做出处分财产的行为,使财物最终脱离事主占有的行为仍是秘密进行的。例如,有人在服装商店,佯装顾客,向售货员索要衣服试穿,并乘售货

① 黄荣坚著:《刑法问题与利益思考》,台湾元照出版有限公司1999年版,第86页。

② 张明楷著:《刑法学》(第3版),法律出版社2003年版,第681页、727页。

员对之看管松懈之机，悄悄将衣服拿走。这种行为就是盗窃。因为利用售货员对财物看管松懈之机，秘密窃取其手中之物，属于盗窃行为。售货员的递交行为并非处分，行为人对财物的取得方式最终还是靠窃而非骗，不是售货员“自愿”交付财物占有。实践中，偶尔也有把盗窃行为的辅助方式误当做实行行为来认定案件性质的做法。比如，天津市河西区人民法院办理的马英楠一案，判决认为马英楠以打电话为由取得受害人手机，而后趁受害人不注意将该手机拿走，构成诈骗罪。[①] 判决的不妥之处在于，没有意识到欺骗行为虽然使马英楠接触到了手机，但并没有使受害人丧失对手机的占有，真正使受害人丧失占有的行为是在受害人不注意的情况下发生的，秘密窃取行为才是导致占有移转的直接原因。其二，主观性。即行为人主观上自认是秘密的，不管实际上侵财行为是否被人发现或察觉到。其三，针对性（或特定性）和相对性。即这种秘密仅针对财物的所有人及保管人而言，并不绝对要求所有人都不知情，不排除在光天化日、众目睽睽之下趁受害人不注意实施的盗窃行为。例如，行为人自以为受害人在睡觉，于众目睽睽下在公交车上扒窃，实际上受害人因胆怯而假装睡觉。[②]

1. 秘密性的归属问题：既是客观要件又是主观要件。在通说观点中，盗窃的秘密性实质上只是主观方面要件，而非客观方面要件，只要主观上具有秘密性，客观上又取得了财产，就构成盗窃既遂。通说虽然形式上认为秘密性是盗窃罪的客观方面要件，但在判断秘密性的标准时完全依据行为人的主观认识，对于侵财行为客观上是否具有秘密性，是否处于受害人的觉察之下，在所不问。例如，有学者虽然将盗窃的秘密性在客观要件中论述，同时却认为：所谓秘密是行为人采用自认为不为财产的所有人或占有人知晓的方法窃取他人财物。[③] 其他学者也持同样立场，并举例说，行为人在众目睽睽之下扒窃，实际上已在受害人的注视之下，但自以为别人没有发现，行为仍然可以被视为秘密窃取。[④] 通说观点实际上是以行为人的主观认识作为判断行为在客观上是否具有秘密性的标准，取消了秘密性作为盗窃罪客观要件的地位。张明楷教授明确指出，该观点混淆了主观要素与客观要素的区别，违背了刑法区分主观要件和客观要件的基本理论。基本犯罪构成的客观要件具有主观规制机能，是确定主观要件的依据，故意犯罪的成立要以行为人认识到自己的行为会引起符合客观要件事实的发生，

---

① 张鑫磊：“论平和手段公然取财行为的定性”，湘潭大学2008年硕士学位论文。

② 赵秉志著：《刑法新教程》，中国人民大学出版社2001年版，第670页；陈兴良著：《规范刑法学》，中国人民大学出版社2008年版，第370页。

③ 赵秉志主编：《当代刑法学》，中国政法大学出版社2009年版，第624页。

④ 陈兴良著：《规范刑法学》，中国人民大学出版社2008年版，第370页。

并希望或放任其发生。根据主客观相一致原则,客观要件是主观认识的必要内容,是犯罪构成要件齐备说在判断犯罪是否既遂时的根本标准,除非有特别原因的存在。其根本原因是,客观要件中的行为方式、行为结果等因素直接影响了法益侵害程度,对客观要件是否存在意识意志因素影响着行为人主观责任的有无和大小。

为什么会出现这种奇怪现象呢?无外乎出于以下两种原因或考虑:

要么是论者混淆了基本的犯罪构成要件与修正的犯罪构成要件、盗窃罪既遂形态与盗窃罪未遂形态的区别。从主客观相统一原则出发,秘密性作为盗窃罪的构成要件,必然既是主观要素又是客观要素。虽然客观秘密性和主观秘密性都属于基本犯罪构成要件,但是只有主观秘密性才属于修正犯罪构成要件,是盗窃罪成立的必要条件。缺乏客观秘密性,行为不能达致基本犯罪构成要件齐备,构不成既遂,但可以构成未遂、预备、中止;而缺乏主观秘密性,行为根本不能成立盗窃罪,更不用说盗窃既遂了。论者以盗窃罪的成立不以客观秘密性为必要为由,认为客观秘密性不是犯罪构成要件,是错误地把盗窃未遂当成了盗窃既遂,把盗窃罪未遂时的客观表现当成了盗窃罪既遂时的客观表现,混淆了犯罪既遂状态和犯罪未遂状态对行为客观表现的要求,混淆了基本的犯罪构成要件与修正的犯罪构成要件。

要么是论者认为,如果坚持客观上行为的秘密性,就会造成一些麻烦的衍生问题。比如,这样会得出虽然取得财物但行为属于盗窃未遂的结论,得到财物却按未遂从宽处理可能违反罪责刑相适应原则。又如,张明楷教授认为,这样会涉及复杂有争议的认识错误问题,解决问题的难度较大。这种顾虑其实不必要。原因一,我国刑事立法在犯罪未遂和预备上持刑罚可减主义,而非刑罚必减主义。处理犯罪未遂时,可以视具体情况,选择是否从宽处理。如果虽属犯罪未遂,但客观情况比一般犯罪既遂更严重时,甚至可以考虑从严处罚。例如,法律出版社出版的一套司法考试模拟题中,有这样一个案例:甲男误认为昏倒在路旁的乙女已经死亡,遂对“尸体”进行奸污,行为过程中,乙女苏醒,甲男遂大惊逃遁。万国考试中心给出的答案是侮辱尸体罪(未遂)。甲男主观上认为自己实施的是侮辱尸体行为,客观上实施却是危害性更大的强奸行为,这里的侮辱尸体未遂行为就明显重于一般的侮辱尸体既遂行为,可以酌情从重处罚。同样,由于公开侵财行为在社会危害性上要重于或不轻于类似情形的秘密侵财行为,客观上不具有秘密性的盗窃未遂行为所受的犯罪评价也不应低于一般盗窃既遂行为。因此,不会出现罪刑失衡的问题。原因二,我国刑法理论和实务中,并没有德日刑法理论中所谓具体事实认识错误和抽象事实认识错误学说的明显对立,中国刑法界普遍接受的是认识错误之法定符合标准和犯罪既遂之基本构成要件齐备标准。按照该标准,行为人自认为是秘密侵财行为,但实际上侵财行为处于受害人的注视之下,属于手段认识错误,由于主观上欲实现的是盗窃罪之基本犯罪构成,而客观上实现的是其他罪之基本犯罪构成,而且行为本身具有法益侵害之现实危险性或者也已造成法益侵害结果,属于可罚的盗窃未遂。行为构成盗窃未遂的同时,还构成过失的抢夺行为或其他过失侵财行为,由于过失侵财行为不构成犯罪,因而以盗窃未遂论罪量刑。不会如张明楷教授所顾忌的那样,会出现因认识错误理论而引发的较大的定罪问题争议。事实上,无论采用平和窃取说还是秘密窃取说,都不能避免现实生活中出现行为人主观认识和客观事实分裂的情形,都可能面临事实认识错误问题。

2. 出于概括故意而客观上择一实施了秘密侵财或公开侵财行为的,依行为客观上是否为受害人知晓,论以盗窃行为或抢夺行为。根据秘密窃取说,出于或盗窃或抢夺之概括故意侵犯财产的,以实际发生的客观情况认定犯罪的性质。当行为人不在意是否被受害人发现,以平和方式侵财时,应以实际的客观情形认定犯罪,即没有被受害人发现的,以盗窃论;被受害人发现的,以抢夺论。[①] 张明楷教授认为,这违反了秘密窃取说依据主观认识来区分盗窃与抢夺的一贯标准,是自相矛盾的。

实际上,这种区别对待符合概括故意的刑法原理。概括故意是指,行为人明知自己行为可能会实现数个犯罪构成中之一种,对所有犯罪构成的实现都持一种既不确定又不排除的放任状态,也就是间接故意状态,对于行为人按照客观上实现的哪一种犯罪构成定罪处罚。[②] 当然,如果客观发生的事实超越了概括故意的范围,行为人就不再对客观危害结果负故意犯罪的责任,而应本着罪疑唯轻的原则,以最有利于行为人的法条确定具体刑事责任。比如,出于概括犯意持刀砍人的,造成死亡的,以故意杀人罪论;造成重伤的,以故意伤害罪论。因此,行为人出于盗窃或抢夺的概括故意时,应按照主客观相一致的原则和间接故意的原理,在行为人的预期范围内,以侵财行为客观上相对于受害人是公开还是秘密来确定究竟定抢夺还是盗窃。在这个问题上质疑秘密窃取说,是站不住脚的。而且,概括故意的情况在教唆犯罪中也存在,张明楷教授在处理犯罪教唆问题时,也同样遵循了概括故意的原理。比如,张明楷教授认为,教唆犯出于单一的犯罪故意进行教唆的,以教唆的罪名定罪;出于概括的故意教唆他人实施几种较

---

① 董玉庭:“盗窃罪与诈骗罪及抢夺罪界限再研究”,载《人民法院报》2000 年 12 月 9 日。

② 于志刚:“‘应当知道’与‘可能知道’的差异与并存”,载《人民检察》2007 年第 21 期。

为特定犯罪的,对教唆犯按被教唆者具体实施的犯罪定罪。[1]

3. 犯罪过程中先后对同一对象实施秘密窃取和公开夺取行为的,以盗窃罪或抢夺罪中对行为人更为不利者论处。出于占有的目的,在同一犯罪过程中对同一财物先后实施盗窃、抢夺两种手段的行为,如何定罪?例如,从他人房间窃取财物,不料在院子里被受害人发现而公然携财物冲出大门的。又如,扒手将手伸入受害人衣兜内之际,不料被受害人发觉,扒手公然携财逃跑的。再如,行为人出于能窃则窃,不能窃就抢的心理,在偷拿商品走向商店门口过程中被店员发现,携赃夺路而逃的。对此,学界大致有 4 种观点。第一种观点认为,盗窃罪的秘密窃取行为必须能贯穿整个取得财物的全过程,在还没有既遂之前,采用抢夺手段的,应认定为抢夺罪。[2] 第二种观点认为,应认定为盗窃。因为行为自始至终都表现为一种平和的方式,受害人的发觉并没有引起行为人客观行为的任何变化,既然如此,行为性质就仍然是盗窃。[3] 第三种观点认为,行为人以非法占有为目的,针对同一财物,采用盗窃、抢夺等数种手段时,依据取得财产的主要方式认定犯罪性质。[4] 第四种观点认为,盗窃未遂被发现后公然夺物的行为,按照转化犯原则,从一重罪处断,或定盗窃(未遂)罪或定抢夺罪。[5] 笔者认为,既然这种情形同时符合盗窃罪和抢夺罪的犯罪构成,不管依据罪数理论最终论以何罪,不管应认定盗窃既遂还是未遂,事实上已经成立了盗窃罪和抢夺罪。第一种意见不承认行为符合盗窃罪的犯罪构成,认为盗窃罪要求秘密性必须贯穿整个侵财过程,是不符合罪刑法定原则的。第二种意见不承认行为符合抢夺罪的犯罪构成,也是不符合罪刑法定原则的。而且,盗窃发展过程中,受害人的发觉在法律意义上对行为人行为的影响是显著的,而非张明楷教授所言"没有引起行为人客观行为的任何变化"。行为人的反社会行为由秘密转为公开,无论从受害人的内心感受还是从社会民众的一般评价来看,行为的法益侵害性都有所上升;相应地,行为人由的主观心态由小心翼翼、诚惶诚恐转为公然作恶、无所忌惮,主观上的可谴责性也明显上升。第三、第四种意见,都认为该行为同时符合盗窃罪和抢夺罪的犯罪构成,这一点是可取的。但第三种意见主张以取得财产的主要方式认定犯罪性质,而哪种方式是主要方式与法益侵害性并无直接关系,

---

① 张明楷著:《刑法学》(第 3 版),法律出版社 2007 年版,第 346 页。

② 董玉庭:"盗窃罪与诈骗罪及抢夺罪界限再研究",载《人民法院报》2000 年 12 月 9 日。

③ 张明楷:"盗窃与抢夺的界限",载《法学家》2006 年第 2 期。

④ 赵秉志:《当代刑法学》,中国政法大学出版社 2008 年版,第 628 页。

⑤ 胡胜:"盗窃被发现后公然夺物的行为定性——兼论'平和手段'下抢夺罪与盗窃罪的界分标准",载《广州市公安管理干部学院学报》2009 年第 2 期。

重要的是哪种方式的法益侵害性更大；同时，在认定何者是主要方式时操作难度也较大。因此，该意见不足取。第四种意见认为，应以盗窃（未遂）罪或抢夺罪从一重处断。笔者认为，从一重处断是可取的，但是不区分情况，一概认定成立盗窃未遂是不可取的。

这种情形属于事实竞合现象，即行为人的行为同时实现数个犯罪构成，但数个犯罪构成事实主要部分之间存在重叠，将其整体上概括评价为一罪的情形。重叠的部分，可以是行为本身，也可以是行为所致的法益侵害后果或法益侵害危险。事实竞合与法条竞合相对，二者发生竞合的原因不同。日本刑法理论把基于被害法益的重叠而将数个符合不同犯罪构成要件的事实概括评价为一罪的现象，称为异质的包括一罪。被害法益同一性属于异质包括一罪的一种，该理论认为，在时间、场所上接近、机会同一、意思继续以及各行为之间有密切联系、被害法益实质上同一的场合，即便是在外形上符合数个构成要件的行为，也应论以一罪。例如，对同一受害人、在同一机会，先后实施盗窃、抢劫等行为的场合，成立一罪。① 大陆刑法理论中，对于事实竞合行为，有两个原则必须坚守，一个是禁止重复评价原则；另一个是用尽原则（即充分评价原则）。② 由于盗窃和抢夺是在一个概括犯意支配下的数个行为，并且最终仅侵犯一个法益或造成一个现实的法益侵害危险，如果数罪并罚，显然是对同一结果或危险做了重复评价。③ 如果以一罪论，则另一行为没有得到刑法评价，形式上违反了充分评价原则，有放纵嫌疑。权衡利弊，应本着宁纵毋枉、有利于被告人的刑罚谦抑原则，尽量在规范内同时满足充分评价原则和禁止重复评价原则，从一并从重处断是合适的。即从一重罪论，并酌情在该罪的法定刑幅度内从重处罚。当然，根据具体情况也可以不从重处罚。此种情形下，不成立想象竞合犯，因为行为人的盗窃行为与抢夺行为是两个并列的行为，而想象竞合犯必须是行为人出于同一身体举动所实施的行为，即一个身体动作。④ 也不成立牵连犯，因为盗窃行为和抢夺行为都只是手段行为，不存在目的与手段关系。有学者提出，这种情形下，前行为是后行

---

① ［日］大谷实著：《刑法总论》，黎宏译，法律出版社 2003 年版，第 208 页以下；曾淑瑜著：《刑法分则实例演习——个人法益之保护》，三民书局 2004 年版，第 359 页以下。

② Puppe, NK, vor § 52, Rn. 2. 转引自陈志辉著：《刑法上的法条竞合》，作者发行 1998 年版，第 130 页。

③ 当然，如果在一个概括故意下实施了盗窃和诈骗行为，也应择一重罪论处。比如，行为人偷偷从化肥厂拉走化肥，在犯罪既遂以前，被偶然赶到的保卫人员发现，行为人谎称是厂长专门派来拉化肥支援外地，遂得以放行的，对行为人应以盗窃论处。

④ Puppe, NK, vor § 52, Rn. 2. 转引自陈志辉著：《刑法上的法条竞合》，作者发行 1998 年版，第 132 页。

为发展的必经阶段，后行为是前行为发展的必然结果，是否可以考虑以吸收犯论。① 但同样的问题是，盗窃行为和抢夺行为也都只是手段行为，非法占有事实是两行为的共同结果；抢夺行为是盗窃既遂的原因，盗窃行为同样是抢夺行为发生的原因，二者互为因果。

那么，以盗窃还是抢夺论处更符合从一重处断的原则呢？从立法上来看，排除犯罪对象为金融机构或珍贵文物的特殊情况，盗窃罪和抢夺罪的法定刑是一样的，如果盗窃和抢夺都是既遂，究竟定何种罪名更不利于行为人，在不同场合的结论是不同的，具体如后文所述；如果盗窃不构成既遂，那么显然以抢夺既遂论处对行为人更为不利。

盗窃是否成立既遂，要区分两种情况。一种情况是，行为人仅实施了盗窃预备行为就被受害人发觉，行为人转为公然抢夺，取得财物的。由于事态发展距离取得财物还相当之遥远，盗窃既遂尚无立即实现的现实可能性，这时再实施抢夺就非人情之常，不能认为抢夺行为是盗窃行为引发的，二者没有因果关系。这时，只能评价为一个盗窃预备和一个抢夺既遂。另一种情况是，行为人在犯罪过程中，盗窃着手以后才被受害人发现，转而实施抢夺行为的，行为由秘密转向公开，最后达致既遂。按照刑法因果关系理论，这种情形可以认定构成盗窃罪既遂。虽然，由于抢夺行为的介入，形式上似乎导致盗窃行为与侵财结果之间的因果关系中断，成立一个盗窃未遂行为和一个抢夺既遂行为。但是，在盗窃着手以后，行为人已经接触到财物或客观上立即能接触到财物，行为人对公然保护盗得的财物或者公然掠取伸手可及的财物具有强烈欲望，这是一种正常的心理反应。这种人之常情使得盗窃行为进一步引发抢夺行为的可能性很高，抢夺行为近乎是盗窃行为发展的必然结果。也就是说，在刑法意义上，由于行窃中被发现而转为公然抢夺是一种很经常的现象，可以认定秘密窃取行为对于公然夺取行为的发生具有相当的支配力，抢夺行为本身是盗窃行为的结果，抢夺行为并不构成中断盗窃行为与非法占有事实之间因果关系的事由，应认为盗窃实行行为与非法占有事实具有因果关系，从而评价为盗窃既遂。同样的例证是，故意杀人犯将受害人打昏后，误以为受害人已死，为了湮灭罪证而将受害人活埋。刑法理论一般认为，湮灭尸体行为是先前故意杀人行为的自然延续，不构成因果关系中断，而成立故意杀人既遂。

（三）对秘密窃取说所受批判之回应

1. 秘密窃取说并不违反主客观相统一原则。张明楷教授之所以认为秘密

① 乐欣："采用多种犯罪手段侵财如何确定罪名"，载《检察日报》2003年11月18日。

窃取说是主观主义的观点,并非由于秘密窃取说本身存在缺陷,而是因为被批判的观点并非秘密窃取说之当然内容。

秘密性对于盗窃罪的基本犯罪构成而言,应该既是主观要件,又是客观要件。盗窃罪的成立,不等于盗窃罪的既遂。盗窃罪的既遂要求同时齐备基本犯罪构成的主观要件和客观要件,而盗窃罪的成立只要求主观要件齐备,而不要求客观要件也完全齐备。秘密性对于盗窃罪和抢夺罪的基本犯罪构成而言,既是主观要件上的区别,也是客观要件上的区别,但客观上的秘密性不是盗窃罪修正构成的客观要件,客观上的公然性也不是抢夺罪修正构成的客观要件。张明楷教授认为,既然盗窃罪的成立只要求主观上的秘密性,不要求具备客观上的秘密性,客观上的秘密性就不是基本犯罪构成的客观要件,秘密窃取说就是主观主义学说,这违反了主客观相统一的原则,使盗窃罪和抢夺罪在客观要件上没有区别。这明显是一种误解。这好比说,既然某观点认为故意杀人罪的成立,客观上不要求他人死亡,那么这种观点就是主观主义,故意杀人罪基本犯罪构成的客观要件和故意伤害罪基本犯罪构成的客观要件就没有区别。

盗窃罪要求主观上的秘密性,不会如张明楷教授所顾虑的那样,将导致仅依据被告人的口供认定其行为时的主观心理。行为人的主观心理态度,作为已发生犯罪事实的内在侧面,必然要支配行为人的客观活动,并通过行为人案前、案中和案后的客观活动表现出来。查明行为人的客观活动,就可以确定其主观心理。总结我国长久以来的司法实践,并没有因为确定了秘密窃取说的主导地位而导致只能以口供认定行为人心理的局面。

认为秘密窃取说仅根据行为主观方面定罪的观点,存在误解。[①] 秘密窃取说在认定犯罪时,不但要求行为人在主观上具有秘密性,还要求实施了侵财行为,要求行为具有法益的现实侵害或侵害危险,并非以行为人存在心理活动为已足。任何故意犯罪,都要求主观上对基本犯罪构成的客观要件存在认识,盗窃罪也是一样。没有主观上的秘密性,就不符合罪责要求,就不构成盗窃罪,这并不是所谓的“主观归罪”,而是主观责任原则的要求。

定罪过程是一个需要全面考察犯罪构成符合性的过程。对行为客观方面的考察不能替代对行为主观方面的考察。在判断行为的主观方面时,单单考察行为的客观方面——仅仅“从客观行为到主观认识”[②]是不够的,还必须综合考虑

---

① 魏昌东、杨磊:“盗窃罪的展开——基于中国传统刑法理论的反思”,载《政治与法律》2008年第12期。

② 同上。

案内、案外的全部事实。根据客观情形来判断主观认识，要求依据案内、案外行为人全部的客观活动来判断行为人的主观心理，而非仅以客观上是否秘密来区分盗窃与抢夺，以追求判断的准确性，防止仅以口供定罪。依据客观事实来查明和证实行为人是否具有盗窃故意，是重证据不轻信口供的表现，而非客观定罪；盗窃罪（未遂）的成立要求主观上具有秘密性，但不要求客观上具有秘密性，这是修正的犯罪构成要件的特点，而非主观定罪；二者并不存在所谓的“自相矛盾”。①

2. 秘密窃取说并非无法区分盗窃和抢夺。主观上具有秘密性可以作为盗窃罪的基本标准。张明楷教授认为，既然盗窃罪的成立并不要求客观上具有秘密性，由于构成要件的客观要素具有主观规制机能，那么就不能要求盗窃罪在主观上具有秘密性，从而不可能从主观上区别盗窃与抢夺。很显然，该批评混淆了犯罪的成立与犯罪的既遂、犯罪修正构成要件的客观方面与犯罪基本构成要件的客观方面。虽然客观秘密性不是盗窃罪成立的条件，但却是盗窃罪既遂的条件，是盗窃罪基本犯罪构成的客观要件，因此具有主观规制机能。

盗窃要求的“秘密窃取”与抢夺中的“乘人不备”在外延上并不交叉。张明楷教授认为，“乘人不备”也是“秘密窃取”，秘密窃取说无法区别盗窃与抢夺。所谓乘人不备，是指行为人在受害人没有觉察到其犯罪意图从而没有采取防范措施的情况下，突然发力，夺侵财物。不备，是指在抢夺行为发动前，受害人没有对其做防备，而不是指侵财过程中行为人根本没有觉察到该行为。虽然受害人对抢夺发动没有防备，但是抢夺的公然性，使得抢夺一旦发动就为受害人所觉察，不具有秘密性。刑法教材之所以普遍删除了抢夺罪定义中的“乘人不备”一词，在于扩大抢夺罪的范围，而不是避免与盗窃罪的交叉。

3. 秘密窃取说具有明显的实质合理性。张明楷教授以秘密窃取说不能证明自身的实质合理性为由，提出批评。这种批评的思路本身就值得商榷，它颠倒了正方和反方的说服或论证责任。既然秘密窃取说符合文理解释，那么就没有责任对自身的实质合理性进行论证，也不应遭到质询。恰恰是批评者的实质解释违反了国民的预测可能性，它有义务负起说服或论证自身观点的责任。

秘密窃取说至少在以下方面具有实质合理性：

1. 行为是否具有公开性影响着行为的非价值性，相对秘密的侵财行为和相对公然的侵财行为在法益侵害性、主观恶性和预防必要性方面明显不同。

犯罪的社会危害性既取决于其对现实法益的危害，也取决于其给社会造成

① 张明楷编：《刑事疑案演习》（一），中国人民大学出版社2009年版，第355页以下。

的不安和恐怖程度。① 相对于秘密侵财而言,公然侵财方式以侵略性和强势的面貌出现,行为在造成财产损失的同时,会造成受害人精神上损害,给受害人造成较多的受欺凌和被蔑视的挫折感,甚至是明显的恐慌感;秘密侵财方式中,受害人没有受到公然侵害,一般不会造成被欺凌或恐慌感。在主观恶性上,前者公然藐视社会公序良俗,其主观的可谴责性上比后者更甚一筹。抢夺罪"公开的、明目张胆的、周围人一目了然的因而是非常粗暴的使财产脱离他人占有的方式是抢夺罪最突出的特点,是它的独特之处。……这使他所实施的违法行为的危险性大为增加,同时加重了对其违法行为否定性的道德评价"。② 在受害人过错方面,前者的受害人很难防止犯罪发生,基本没有可指责之处,而后者的受害人往往有疏忽之责,有更多机会防止犯罪发生。之所以"行为不具有秘密性,就可以被自动评价为抢夺",在于较之秘密侵财行为,公然侵财行为的法益危害性和主观恶性有过之而无不及,"没有理由隐秘为之足以成罪而公然为之反而可以脱罪的道理"。③ 考虑到文理解释和国民的预测可能性,把公然侵财行为自动评价为抢夺实属当然解释。另外,相对秘密说在法益危害上较之绝对秘密说更有意义。因为遭受侵害的直接对象是受害人,而非社会一般公众,法益侵害的评价原则上应当以受害人自身的感受和利益为标准。通常而言,秘密侵财较公然侵财明显发生概率为高,特别在针对特殊对象时,如巨额财产、金融机构内的资金或珍贵文物等,前者的发生概率和得逞率更是后者不能比拟的。因此,对后者从严打击在犯罪预防上现实意义较大。我国刑法和司法解释在考虑刑罚时,对犯罪预防必要性的关注胜于对具体行为主客观危害性的关注,对盗窃罪的处罚较之抢夺罪更为严厉,显然更多地立于社会和秩序本位,而非个人和自由本位。

2. 整体上,我国《刑法》中对盗窃罪的处罚比较严厉,相对于抢夺罪和敲诈勒索罪属于重罪,如果采用平和窃取说,盗窃罪就会通过挤占抢夺罪和敲诈勒索罪的固有空间实现扩张,不利于刑罚谦抑精神。

对盗窃罪的处罚通常重于抢夺罪。其一,根据现有法律和司法解释,盗窃罪和抢夺罪的立案标准数额相同,相对应的3个量刑幅度的最高和最定法定刑也相同,但两罪的定罪量刑标准不仅限于数额,还包括其他情节。比如,累犯对于抢夺罪是从重情节,而对于盗窃罪是加重情节,因此针对同样数额的钱款,累犯

---

① [英]吉米·边沁著:《立法理论》,李贵方等译,中国人民公安大学出版社2004年版,第293页。

② 俄罗斯联邦总检察院编:《俄罗斯联邦刑法典释义》,黄道秀译,中国政法大学出版社2000年版,第425页。

③ 黄荣坚著:《刑法问题与利益思考》,台湾元照出版有限公司1999年版,第86页。

实施盗窃犯罪通常要比累犯实施抢夺犯罪高一个刑档量刑。在定罪标准上,抢夺行为只有达到"数额较大"的起点才追究刑事责任;盗窃行为接近"数额较大"的起点,其他情节严重的,也可以追究刑事责任。其二,抢夺罪的加重处罚以数额接近上一量刑幅度为前提,并且所列的加重情节较少,采取有限列举方式;盗窃罪的加重处罚没有数额接近上一量刑幅度的限制,而且所列的加重情节繁多,采取具有兜底性概括条款的列举方式,这种方式具有被司法机关过分扩大解释的危险性,这一点在以往的司法解释和司法实践中曾被多次证实过。

对盗窃罪的处罚绝对重于敲诈勒索罪。在传统刑法理论中,盗窃罪与敲诈勒索罪没有交集,但平和窃取说使得盗窃罪有了侵占敲诈勒索罪固有领域的可能。根据现有法律和司法解释,从盗窃罪和敲诈勒索罪的定罪标准、法定刑幅度和量刑情节看,前者相对于后者绝对是重罪。①

3. 相对于平和窃取说,秘密窃取说压缩了盗窃罪成立的空间,扩大了抢夺罪的适用范围,从而有利于限制死刑适用,符合我国目前的死刑政策,也符合"严而不厉"刑罚政策。

一方面,我国立法中盗窃罪的最高法定刑是死刑,而抢夺罪和敲诈勒索罪分别比盗窃罪少了一个和两个量刑幅度,其最高法定刑分别只是无期徒刑和10年有期徒刑。秘密窃取说通过压缩盗窃罪成立的范围,有助于限制死刑适用范围。另一方面,相对于平和窃取说,秘密窃取说使更多的小额侵财案件以抢夺罪纳入刑事视野,减少了因盗窃罪立案标准过高而放纵犯罪的现象。因为,按照各省、直辖市司法机关的规定,抢夺罪的立案标准通常低于盗窃罪。比如,河南省司法机关规定,抢夺罪的"数额较大"以500元为起点,盗窃罪的"数额较大"以800元为起点;浙江省司法机关规定,抢夺罪的"数额较大"以1000元为起点,盗窃罪的"数额较大"以2000元为起点。

4. 虽然平和窃取说有利于压缩拟制抢劫罪的范围,但秘密窃取说更符合法律平等原则和立法精神,也不会不当地扩大拟制抢劫罪的范围。

一般而言,针对松弛型和程度较低之紧密型持有实施的携带凶器抢夺行为,与针对程度较高之紧密型持有实施的携带凶器抢夺行为,具有同等的社会危害性,把前者单独从拟制抢劫罪中分离出去观点不符合平等原则和立法精神。所谓"携带凶器抢夺",是指行为人随身携带枪支、爆炸物、管制刀具等国家禁止个

---

① 最高人民法院《关于敲诈勒索罪数额认定标准问题的规定》(2000年5月18日)、最高人民法院《关于审理抢夺刑事案件具体应用法律若干问题的解释》(2002年7月20日)、最高人民法院《关于审理抢劫、抢夺刑事案件适用法律若干问题的意见》(2005年6月5日)。

人携带的器械进行抢夺或者为了实施犯罪而携带其他器械进行抢夺的行为。携带管制器械抢夺行为的客观危险性较高，为实施犯罪而携带非管制器械抢夺行为的主观危险性较高，这两种情形都严重危及了受害人的重大人身安全，接近普通抢劫罪的社会危害性，因此被法律拟制为抢劫罪。这两种情形的危害性之所以大大超过一般抢夺犯罪，不是因为出其不意的抢夺行为本身会使受害人身体失去平衡以致跌伤或跌死，从而危及人身安全；而是这两种情形下，一旦受害人反抗，行为人通常会使用凶器，从而直接演变为标准抢劫行为。法律的重点和抢夺行为发生质变的原因，不在于受害人对财产的持有是否紧密，而在于行为人携带了凶器。对于个别危害性明显较低的携带凶器抢夺行为，可以通过刑法实质解释排除在抢劫罪之外，不会造成拟制抢劫罪的不当扩张。根据刑法目的解释和实质解释，抢劫罪以危及重大人身安全为必要条件，不危及受害人重大人身安全的行为不能以抢劫罪论。例如，三楼坠物，在受害人注视之下，行为人公然取走，这时即使行为人携带有凶器，也只能以一般抢夺论，而不能论以抢劫。

5. 秘密窃取说并不会造成刑罚漏洞。张明楷教授认为，抢夺只能表现为对物暴力的方式，公开而平和侵财的行为就不是抢夺，如果按平和窃取说，必然存在处罚上的空隙。而事实上，在我国民众的一般观念中、我国的司法实践中和传统刑事立法中，抢夺罪都不限于对物的暴力方式，公开取得他人财产的行为，都构成抢夺罪，只是如果同时符合抢劫、敲诈勒索、聚众哄抢等其他特别规定情形的，优先适用其他规定处理而已。例如，甲与乙共谋盗窃乙所在工厂的旧铝缸体。甲乙开车进去装旧铝缸体时，丙说："这是我的班，你们不能装，领导知道会扣我的奖金。"乙说："没事，都是旧的。"丙表示："反正我也认识你们，你们爱装不装。明天跟领导汇报。"甲乙运走了价值2000余元的旧铝缸体。丙事后向领导作了汇报。张明楷教授认为如果按照秘密窃取说就无法认定甲乙构成犯罪。① 实际上，这种公然侵犯财产占有、掠夺公共财产的行为，完全符合抢夺罪的构成要件，应以抢夺罪论处。

6. 按照秘密窃取说，公开使用非法复制的电信设施、电信号码或公开利用他人的账户和密码上网，造成电信资费损失的，并非一概"不可思议"地成立抢夺罪。

公开使用非法复制的电信设施、电信号码或公开利用他人的账户和密码上网的行为，虽然相对于一般人是公开进行的，但往往是在受害人不知情情况下进

① 张明楷著：《刑法学》，法律出版社2003年版，第681页；张明楷著：《刑法学》（第3版），法律出版社2007年版，第681页。

行的，仍然符合秘密窃取说所要求的相对秘密性，应当以盗窃罪论。有些行为可能为被害单位的部分职工所知情，但这些职工不负责相关业务管理，不是国有财产的占有人或看管人，其是否知情同样不影响盗窃罪相对秘密性的成立。此外，实践中存在盗接他人通信线路、复制他人电信号码的，被发现后仍不停止使用，因而被以盗窃罪追究刑事责任的案例，这也是符合秘密窃取说的。因为：一方面，这种情形属于采用盗窃等多种犯罪手段侵犯财产的犯罪，如前文所述，以盗窃罪论处并不妥。另一方面，这样处理也是罪责刑相适应原则的要求。如果把前后两个阶段按照盗窃和抢夺分别定罪，即破坏了行为的整体性，难以准确认定各罪的犯罪数额，又可能放纵犯罪，不利于有效打击犯罪。

7. 平和窃取论者所列举的一些例子，不是反对秘密窃取说的适例。平和窃取论者列举了大量所谓的"公开盗窃"的例子，这些例子虽然"不以必须在暗中窃取或在受害人不知晓的情况下取得财物为必要条件"，但要么是主观上具有秘密性，仍然符合秘密窃取说，要么主客观上都不具有相对的秘密性，本身就是抢夺罪。

张明楷教授列举的一个案例是，甲入室时即被A发现，但A只是暗中密切注视着甲的一举一动，甲取得财物后逃离现场。这个案例中，甲显然自认为A没有发觉自己，因为A只是暗中注视着甲，甲的行为被认定为盗窃罪是符合秘密窃取说的。另一个案例是，货主随同搬运工一起，而搬运工趁货主的小孩被拦住查票之际，公然携货逃走。搬运工在受害人注视之下公然抢夺，自然构成抢夺罪，而非张明楷教授所认为的盗窃罪。台湾地区在实务上也认为，抢夺一般是乘他人不及防备取走财物，无须对受害人身体实施不法腕力。①

另外还有一些教授列举案例加以附议：案例甲：公交车、集贸市场上明知受害人看见自己的举动而公然实施扒窃；案例乙：假装走路不稳，故意冲撞受害人趁机侵财；案例丙：明知商场里装有摄像头而偷拿他人财物；案例丁：利用受害人特别胆小，不敢声张，行为人公然侵财的。并且认为这些案例都属于"平和窃取"，"司法实践中从来都是按盗窃处理的"。② 对这些案例应具体分析。笔者并没有对全国法院的此类案例做过普遍调查，也没见过最高人民法院公布过类似处理原则的案例，不敢妄言全部甚至是大部分法院是如何判决的，但是笔者曾经作为基层司法人员长期从事公诉实践，无论是自己还是所认识的同行们办理类似案例 甲这样完全没有隐蔽性的案件时，法院一般判抢夺罪，个别案件判过抢

① 中国台湾地区"法务部"检察司法75检(1986年)二字第1013号函。

② 周光权著：《刑法各论讲义》，清华大学出版社2003年版，第108页。

劫罪或寻衅滋事罪(强拿硬要型寻衅滋事罪),从未按盗窃罪判决过。张明楷教授也认为:“在司法实践中,只要不属于秘密窃取的,几乎均认定为抢夺罪。”案例乙中,行为人故意冲撞受害人,扰乱受害人的注意力,乘受害人不觉察,取走财物。其中公然行为仅在于引开注意,侵财行为明显不为受害人觉察,自属盗窃无疑。案例丙中,由于行为人偷拿的不是商场的财物,虽然有摄像监控,但侵财行为相对于受害人仍具有秘密性。案例丁,构成抢夺罪。因为,在行为人没有使用暴力或以暴力相威胁,而受害人不敢反抗或明知无力反抗而放弃反抗的场合,行为人往往处于具有一旦遭遇拦截就对人或对物实施暴力或以暴力相威胁的故意,也就是有抢劫、抢夺等概括故意,行为人主观上对于实施何种行为并不确定,具有随机性,最终只能以行为人客观上实施的行为论处。由于行为人没有实施暴力或者以暴力相威胁,也没有明确的胁迫行为,即客观上没有抢劫或敲诈勒索表现,只有公然夺取行为,所以应论以抢夺罪。同样的案例,在台湾也是按照抢夺罪处理的。例如,A 明知自己身上没钱,仍在店长 B 的注视下从商店货架上取下商品径直出门,B 追出讨款,A 说没钱后径去。B 见 A 身材魁梧,不敢阻拦。台湾实务机关认为,窃盗罪必须是行为人乘人不知而窃取他人动产,而 A 公然在 B 的注视下侵财离去,应论以抢夺罪。①

检察官们还提供了这样一个案例:学校校园里,一个学生在宿舍外晾晒衣服(价值超过 1000 元),学生由于担心衣服被盗走就在离晾晒衣服不远处看书。当他偶一抬头却发现有人正在拿他的衣服,于是就大喊:“抓贼”。当他跑到晒衣处盗贼却早已不知去向。有论者认为,盗贼是在该学生的注视下拿走了衣物,因此构成平和窃取。② 这一案例中,行为人在盗窃着手之际,被受害人发觉,转而公然夺取衣物逃跑的,属于盗窃和抢夺事实竞合的情形,也不是和平窃取的适例。

四、结　　语

综上,虽然在大多方面,德日刑法要比中国刑法更具有体系性和精密性,但任何刑法理论都有其生存的环境和条件,都有一个立法与司法、实体法与程序法彼此协调、共生共荣的法学生态平衡问题,无论什么样的理论之花,离开了必要

① 《刑事法律问题汇编》(第 5 辑),台湾地区“法务部”1999 年发行,第 313 页。

② 胡昊、梅佳:“公开盗窃的存在性探析”,载 http://www. js. jcy. gov. cn/re adnews. asp? nid = 7370。

的语境和条件，生命力都会凋零。在目前中国的刑法语境下，刑事立法、法律职业者和广大国民的意识都决定了秘密窃取说是更有生命性的学说。平和窃取说虽然是德日刑法理论，但德日刑法理论并非都代表时代精神，并非总都优于传统刑法理论。

（2010 年第 1 期）

关于中国刑法学犯罪构成理论的思考

高铭暄*

犯罪构成理论体系作为犯罪判断与证成的思维作业模式，乃是整个刑法学体系的基石，并为近代刑事法治文明的支柱。中国刑法学犯罪构成理论体系在过去60年间，不仅作为中国刑法学术研究的基础平台，产生了深远的理论价值，而且成为中国刑事司法实践的操作指南，发挥了积极的实践意义。但是，近年来，这一理论体系备受争议，甚至饱受责难，面临着严峻的挑战，从而引发了笔者对其命运的密切关注和严肃思考。

一、中国刑法学犯罪构成理论体系的基本架构和内容

关于中国刑法学犯罪构成理论体系的主体架构和基本内容，遵循中国刑法学界的主流共识，大体可以简要归结为以下3点：

第一，关于犯罪构成的概念。中国刑法学关于犯罪构成的通行定义是：犯罪构成是刑法所规定的，体现和决定一行为的社会危害性及其程度，而为该行为成立犯罪所必需的一系列主客观要件的有机统一整体。根据这一经典定义，犯罪构成具有以下三个基本特征：其一，犯罪构成具有法律实定性：犯罪构成是刑法所规定的，包括刑法总则和分则的结合规定。因此，犯罪构成乃是罪刑法定原则的坚实保障。其二，犯罪构成具有价值承载性：犯罪构成体现和决定某一行为的社会危害性及其程度，各个犯罪构成要件本质上都是对犯罪社会危害性的不同侧面的表达。因此，犯罪构成乃是犯罪本质的构成系统。其三，犯罪构成具有有机统一性：犯罪构成是由一系列主客观要件相互联系相互作用组成的统一整体。因此，犯罪构成是主客观相统一的定罪基本原则的忠实体现。

第二，关于犯罪构成的框架。中国刑法学犯罪构成理论体系在整体格局上表现为两大块四要件耦合式的结构。两大块就是根据主客观相统一原则将犯罪构成整体上划分为客观要件和主观要件两个板块。四要件就是对两大块进行二次析分之后形成犯罪构成的四大基本元素即四大构成要件，依次包括：犯罪客

* 作者单位：中国人民大学刑事法律科学研究中心。

体—犯罪客观方面—犯罪主体—犯罪主观方面。一个行为如欲认定其成立犯罪,必须同时具备上述犯罪构成的四大要件,缺失其中任何一个要件,都不可能成立犯罪。

第三,关于犯罪构成的意义。一方面,从刑事法治建设角度而言,犯罪构成理论乃是刑事法治的支柱。近代以来的刑事法治文明的标志性成果就是罪刑法定原则,犯罪构成理论给罪刑法定原则提供了实质性的支撑和实体性的依托,因而成为刑事法治文明的一个重要支柱。另一方面,从刑法学科体系角度而言,犯罪构成乃是整个刑法学体系的基石,因为:其一,犯罪构成是犯罪概念的延伸:犯罪构成以犯罪成立要素系统的形态对犯罪概念进行了实证解读,因而犯罪构成成为犯罪概念的延伸;其二,犯罪构成是犯罪本质的构成:犯罪构成要件从主客观不同侧面对犯罪的社会危害性进行全方位多侧面的诠释,因而犯罪构成与实施犯罪相互表里也就成为犯罪本质的构成;其三,犯罪构成是刑事责任的根据:启动刑事追究的前提和基础是行为符合犯罪构成,因而犯罪构成也成为刑事责任的根据。可见,犯罪构成上接犯罪概念问题,下引刑事责任问题。如是,以犯罪构成理论为基石,就形成了以"罪—责—刑"一条龙为基本秩序的具有中国特色的刑法学体系。中国刑法学体系的逻辑运动秩序也就是:首先,犯罪论研究"罪"的问题,以认定犯罪为核心任务;其次,刑事责任论研究"责"的问题,以确定刑事责任为核心任务;最后,刑罚论研究"刑"的问题,以决定刑罚为核心任务。一言以蔽之,"罪—责—刑"乃是中国刑法学的研究逻辑,"认定犯罪—确定责任—决定刑罚",乃是中国刑事司法的作业逻辑。

二、中国刑法学犯罪构成理论体系当下所面临的挑战

对于中国刑法学犯罪构成理论体系批判和质疑的声音,并非今日始有,而是由来已久,并且愈演愈烈。但是,这种声音在过去30年间并非是一个调子的。笔者认为,大体上可以以新旧世纪交替为界,分为以"改造论"为主旋律和以"移植论"为主旋律的两个不同时期。

所谓"改造论",也可以称为"改良论",盛行于20世纪八九十年代,其基本诉求是在维护中国刑法学犯罪构成理论传统框架和格局的基础上,进行技术性的修正改造,其基本方法大多是对犯罪构成要件体系进行拆解重组或者置换位移。作为"改造论"的成果,刑法学界提出了五花八门的所谓"两要件说"、"三要件说"和"五要件说"甚至"新四要件说",令人目不暇接,但终成过眼烟云。

所谓"移植论",实质上就是"革新论",在进入21世纪之后渐成气候。随着

中外刑法学术交流活动的日益勃兴，德日刑法学成果广泛传入中国并且迅速获得青睐，某些刑法学者主张以革故鼎新的立场彻底推翻以四要件为特征的苏联式传统体系，以直接“拿来”的方法全面移植以三阶层为特征的德日刑法学犯罪论体系，从而实现中国刑法学犯罪构成理论体系所谓国际化的目标。

“移植论”的立论基础是对中国现行犯罪构成理论体系的彻底否定，其理由颇为纷繁，笔者认为根据其方法论整体上可以归结为以下两点：

第一，从历史学和价值学的角度：“移植论”者认为，中国刑法学犯罪构成理论体系是移植和拷贝苏联刑法学成果的产物，而苏联刑法学是在阶级斗争政治哲学基础上建立起来的，是纯粹意识形态的产物，缺乏基本的学术质量，已被实践证明所弃用，因此当代中国刑法学应当彻底“去苏俄化”转而融入世界刑事法治文明的主流。德日刑法学乃是近代世界刑法学的中心，德日刑法学犯罪论体系被公认为当代世界最为精美最为缜密的犯罪论体系，在大陆法系国家产生了深远影响。这就决定了中国刑法学犯罪构成理论体系追随德日的必要性。另外，撇开意识形态色彩不论，单纯就成文法传统、法官职权主义和演绎思维模式这三个基本文化特质而言，包括中国和苏俄在内的社会主义法系广义上都可以归入大陆法国家谱系，中国在法律文化、司法体制、诉讼模式等方面与德日等大陆法系国家具有亲缘性，而且20世纪前半叶民国时期的中国刑法学即是完全移植了德日刑法学知识体系，今日中国台湾地区刑法学沿袭了以德日为师的民国刑法学传统，可见德日刑法学成果植入中国刑法文化土壤并不存在水土不服而引发“南橘北枳”之问题。这也就表明了中国刑法学师法德日的可行性。

第二，从逻辑学和功能学的角度：“移植论”者认为，中国刑法学犯罪构成理论体系在逻辑构造与体系功能上存在无法解决的内在缺陷和固有局限，与德日刑法学犯罪论体系相较优劣分明，并主要集中为两点：一是中国刑法学犯罪构成理论体系表现为静态的平面耦合结构，四个要件之间是一种“一存俱存，一无俱无”的循环依赖关系，而非依次推进、逐步收敛的位阶关系，因此仅仅揭示定罪结论而未体现定罪过程，实质上是在构成犯罪的先验认知下去做要件拼图工作，体现有罪推定之思维，容易酿造冤假错案；相反，德日刑法学犯罪论体系表现为动态的立体递进式结构，在构成要件、违法和责任三个评价环节依次逐层实现犯罪过滤功能，不仅揭示定罪结论，而且展现定罪过程。二是中国刑法学犯罪构成理论体系只研究犯罪构成的积极要件而不研究犯罪构成的消极要件，或者说只设置入罪路径而不配置出罪路径，将正当防卫、紧急避险等阻却犯罪行为放在犯罪构成体系之外进行孤立的个别研究，造成犯罪构成理论仅含入罪机制而不含出罪机制，只突出社会保护机能而缺失人权保障机能；相反，德日刑法学犯罪论体系在违法和责任两个要件中架设违法和责任阻却事由的判断机制,将犯罪成立的积极要件和消极要件进行一体化考量,实现入罪功能与出罪功能的和谐配置,更符合制约国家刑罚权、保障人权的要求。

三、中国刑法学犯罪构成理论体系的现实思考

笔者一直认为,批判是学术成长不竭的动力。改革开放30年来是中国刑法学犯罪构成理论体系成熟的过程,实质上也是一个不断开展批评和自我批评的过程。正是中国刑法学界谦虚面对各种批判声音,并以此为契机开展深刻反思,才促成了犯罪构成理论体系的发展和完善。但同时也认为,学术批判应当遵循两点基本规则,一是必须建立在对被批判对象严肃、深刻的理解基础之上;二是必须运用学术的方式开展学术批判。基于这两点,笔者对于当下刑法学界“移植论”者就现行中国刑法学犯罪构成理论体系给予彻底否定的见解,不敢表示苟同。

对于“移植论”所持的第一点理由的质疑,需要强调两个方面:

第一,苏联和新中国的刑法学犯罪构成理论体系虽然都孕育于阶级斗争年代,但并非如“移植论”者所责难的是基于政治需要的产物,而是刑法学界严谨诚挚探索研究的成果。没有一项理论是没有历史脉络而横空出世的东西。苏联的犯罪构成理论追根溯源,还是19世纪大陆法系刑法学犯罪论体系的继承。19世纪后半期乃是大陆法系刑法学犯罪论体系的草创阶段,当时的主流风格乃是受黑格尔辩证法思想的影响,从犯罪主客观要素的平面析分和统合上去论证犯罪成立,如德国具有代表性的贝克迈耶体系将犯罪成立要件划分为“客观构成要件”和“主观构成要件”。[①] 意大利流行的由卡尔拉拉所倡导的“两分”的犯罪概念将犯罪成立要件析分为“物理力”和“精神力”。[②] 日本早期较有影响的刑法学家胜本勘三郎的犯罪论体系则由“犯罪主体”、“犯罪客体”、“犯罪行为”和“责任”(主观罪过)4项要件组成。[③] 这也直接影响了当时的俄国刑法学犯罪论体系的风格。十月革命之后,前苏联刑法学家们批判了肇始于贝林格、以新康德主义为哲学根据、以形式主义构成要件理论为基石的犯罪论体系(即今日德日刑法学犯罪论体系的源头),继受了革命前俄国的塔甘采夫的犯罪论体系模式,

① 洪福增著:《刑法理论之基础》,台湾刑事法杂志社1977年出版,第3页。
② 陈忠林著:《意大利刑法学纲要》,中国人民大学出版社1999年版,第76~78页。
③ 李海东主编:《日本刑事法学者》(上),法律出版社1995年版,第6~7页。

并且以马克思主义哲学为指导进行了价值改造，经过诸多刑法学家的激烈交锋争鸣，最终形成了以社会危害性为价值内容、以四要件结构为格局形式的犯罪构成理论。这个犯罪构成理论体系是苏联刑法学界以特拉伊宁为代表的诸多刑法学家集体学术智慧的结晶，是客观历史传承和严肃现实选择的结果，而并非政治冲动或者阶级斗争的产物。当下中国刑法学界有的学者带着意识形态的有色眼镜去看待这一理论体系，不仅是对苏俄刑法学历史的无知，而且是对学术成果简单的妄断。从历史来看，4 要件犯罪构成理论不论是在苏联还是在新中国，都是作为刑事法治建设的积极力量而存在的，从中我们可以看到其成长命运多舛。中国自 1957 年"反右"直至"文化大革命"结束长达 20 年间，犯罪构成理论即被批为"资产阶级的东西"而成为刑法学者不敢触碰的"雷区"。没有想到的是，50 年前犯罪构成理论一夜之间被打成"资产阶级的专利"，50 年后又被一些中国刑法学人自己冠以"无产阶级阶级斗争的产物"，是非随波，岂非历史玩笑！

第二，中国刑法学犯罪构成理论体系虽然取法于苏联刑法学界，但并非如"移植论"者所指责的纯属苏联刑法学犯罪构成理论的简单复制，而是在学习苏联刑法学犯罪构成理论的基础上进行中国本土化改造的成果。考察中外法律进化史可知，但凡成活并且生机勃勃的法律移植，不可能不包含"水土调适"的过程。即若"移植论者"所五体投地的德日刑法学犯罪论体系而言，继受德国的日本刑法学犯罪论体系也做了相当的发展和创新，最突出的两点贡献就是由小野清一郎倡导的"违法责任类型说"和藤木英雄等人推出的"可罚违法性"理论，这两点理论创新又反哺影响了德国刑法学，从而构成了德日刑法学青蓝互动的局面。同样，中国刑法学犯罪构成理论体系在移植苏联体系的过程中也做了一定的发展和创新。应当说，20 世纪 50 年代，在当时向苏联"一边倒"的特殊历史环境下，加之中国社会主义新刑法学团队尚未成形，翻版苏联刑法学犯罪构成理论体系势所难免，但是，很快随着反右运动的开始而夭折，之后长达 20 年成为不敢问津的理论禁区。中国刑法学犯罪构成理论体系真正成型发展是在改革开放之后，当时一批劫后余生的刑法学人在刑法学春天来临的时刻，以维护和发扬社会主义法制的崇高热忱，以 20 世纪 50 年代学到的苏联刑法学犯罪构成理论为蓝本，构建了中国刑法学犯罪构成理论体系，并且发展了苏联刑法学犯罪构成理论的知识内涵，其中最典型的就是中国刑法学犯罪构成理论强调犯罪构成不仅决定社会危害性的存在，而且决定社会危害性的程度，从而在犯罪构成要件中引入定量因素，将对犯罪构成的认识提升到社会危害性的质与量统一的高度。

关于"移植论"者所持的第二点理由的质疑，笔者也强调两个方面：

第一，中国刑法学犯罪构成理论同样具有过程特征。中国刑法学犯罪构成理论运用于定罪过程,并非如有的学者所言的没有位阶性和层次感,一次作业、一步到位,而是同样具有过程性的。只是笔者认为,德日刑法学犯罪论体系的过程性体现为在三个阶层之间逐步过滤,后一阶层的否决并不抵消前置阶层的成立,而我国刑法学犯罪构成理论的过程性则体现为在四个要件之间逐项筛选,并且任何一项要件的否决都足以抵消其他要件的成立。逐步过滤和逐项筛选之间只是方法论的区别,很难说哪一种方法就绝对合理。至于有的刑法学者将中国刑法学犯罪构成理论诟病为"引向有罪推定思维"、"酿造冤假错案",其荒谬性自不待言,不消辩驳。

第二,中国刑法学犯罪构成理论同样具有出罪功能。四大犯罪构成要件既是积极要件又是消极要件,当完全充足四个要件而确证犯罪成立时,即发挥了入罪功能;反之,当缺失其中任何一个要件而否决犯罪成立时,即发挥了出罪功能,这应当是不言而喻的基本常识。而且,从学理意义来讲,中国刑法学犯罪构成理论在出罪功能上较之德日刑法学犯罪论体系更加干净利落而不拖泥带水,因为只要否决其中一个要件,就可以省略了对其他要件的审视。故此,怎么能说中国刑法学犯罪构成理论不具备"出罪功能"呢?照此逻辑,中国法院根据现行犯罪构成理论判决的刑事案件岂非都是有罪结论?所以,稍加推敲,"移植论"者的这一诘难根本无法成立。"移植论"者认为,只有将阻却犯罪行为①植入犯罪构成理论才能使犯罪构成理论发挥出罪功能,这也是似是而非的伪判断。阻却犯罪行为置于犯罪构成体系之内还是之外,只是刑法学体系叙述的问题。中国刑法学之所以将正当防卫、紧急避险等阻却犯罪行为置于犯罪构成之外加以研究,完全是因为中国刑法学中的犯罪构成是承载社会危害性的实质构成,所以没有阻却犯罪行为的托足余地。饶有趣味的是,正因为中国刑法学将阻却犯罪行为置于犯罪构成之外,反而促成了阻却犯罪行为构成要件的独立成型。我们在中国刑法学教科书中可以看到关于正当防卫、紧急避险都各自具备其不同的严密的主客观构成要件,这应该说是中国刑法学区别于德日刑法学的一大特色。这样,在中国刑事司法的犯罪认定实践中,也就形成了与德日刑事司法迥然不同的思维逻辑:对于某些具有正当防卫等犯罪阻却可能的案件,首先是根据正当防卫等构成要件对行为性质加以判断,在充足构成要件的情况下即径行认定正当防卫等阻却犯罪行为的成立,犯罪构成理论则无须登场,只有在正当防卫等构成要件不充足的情况下才需要启动犯罪构成理论进行罪与非罪、此罪与彼罪的厘定。

---

① 或称阻却违法行为、排除社会危害性行为、正当行为,笔者倾向于以阻却犯罪行为表述较为妥当。

因此，尽管犯罪阻却行为理论被置于犯罪构成体系之外，但并不影响其实际功能的发挥。"移植论"者关于中国刑法学犯罪构成体系不兼容犯罪阻却行为致其出罪功能的缺失的批判，是纯粹技术思维引发的误读，并且也无视中国刑事司法的实况。

中国刑法学犯罪构成理论体系和德日刑法学犯罪论体系分别植根于各自的法文化土壤，各有其特色和优势，很难说哪一种理论体系就是绝对真理或者具有绝对优势。相对而言，德日刑法学犯罪论体系的优势在于追求哲理的周密性和体系的严谨性，而中国刑法学犯罪构成理论的优势则在于蕴义的稳定性和操作的明快性。第一，就蕴义的稳定性而言，德日刑法学犯罪论体系自贝林格以来的100年间，体系模式不断翻新，在"构成要件—违法—责任"的3阶层体系之外，还有所谓"行为—不法—责任"的三阶层体系，另还有所谓"行为—构成要件—违法—责任"的四阶层体系，等等，不下数10种，令人眼花缭乱。即便是最为通行的"构成要件—违法—责任"的3阶层体系，也是在不断流变之中。关于构成要件、违法和责任内部的具体要素配置，见解纷呈，莫衷一是。反观苏联和中国刑法学犯罪构成理论体系，50年来一直维持其基本架构和主体内容不变，应当说是其优势。犯罪构成理论作为犯罪认定的思维作业模式在刑事司法界具有根植性，犯罪构成理论的稳定性对于促进刑事司法的统一性与安定性具有重要意义。试想，如果犯罪构成理论动辄推陈出新，会给刑事司法作业带来多大的困扰甚至危害？第二，就操作的明快性而言，今天的德日刑法学犯罪论体系可以说是叠床架屋，单就其主观故意（过失）的判断而言，就形成了所谓构成要件故意（过失）、违法故意（过失）和责任故意（过失），向来作为责任专属要素的故意（过失）分别在构成要件、违法和责任3个阶层上重复给予检讨，认为构成要件故意（过失）和违法性故意（过失）乃是一种类型性检讨，责任故意（过失）乃是个别性检讨，但又认为构成要件故意（过失）对于违法故意（过失）和责任故意（过失）具有推定机能，真令人有云雾缭绕之观感。反观中国刑法学犯罪构成理论体系，4个要件之间对应工整，界限清晰，简洁明快，具有鲜明的可操作性。

犯罪构成理论应当是志向现实的学问，应当追求现实的妥当性和实践的可操作性，具有鲜明的实践品格或者说务实风格。德日刑法学犯罪论体系自贝林格以来100年间的发达历程，为了理论而理论，为了体系而体系，沉湎于理论创新，失落为概念游戏，已经走上了一条纯粹理性主义的道路，和刑事司法实践的期待与需求渐行渐远。事实上，在德日刑法学界，许多刑法学者也对其犯罪论体系展开了深刻的批判性反思。如德国刑法学家雅科布斯认为，德国学说争辩因果行为论或目的行为论何者为佳，以及争辩阶层构造理论，纯粹是因为"二战"

之后,刑法学者逃避政治压力(作为战败国的知识分子,谈规范的目的或规范的本质会有自我否定的压力),把精力放在这种技术问题所致。区分构成要件合致性、违法性和有责性,或区分不法和罪责,都是没有意义的。归根结底,只是一个行为人要不要负责的问题。[①] 日本刑法学者也认为,日本的犯罪体系论由于受德国刑法学的绝对影响,采用的是"构成要件"、"违法性"、"责任"这种观念的、抽象的犯罪论体系,因为必须考虑什么是构成要件,构成要件和违法性、责任之间处于什么样的关系,因此,具有强烈的唯体系论的倾向。结果,一般国民就不用说了,其他法律领域的人也因为刑法体系过于专业而难以接近。不仅如此,这种体系,使得无论在战前还是在战后,都难以自下而上地对刑罚权的任意发动现象进行批判,并为这种批判提供合理根据。[②] 德日刑法学家们都能够有一份清醒客观的自我认识,为什么我们中国的某些刑法学者却只有一味地讴歌和礼赞呢?

当然,我们指出德日刑法学犯罪论体系的缺陷,并不意味着中国刑法学犯罪构成理论体系已经尽善尽美或者较之高出一筹,从而抱持敝帚自珍的心态拒绝任何批评的声音。刑法学界对于现行犯罪构成理论体系的许多批评是值得我们反思和检讨的。我们的犯罪构成理论体系确实也存在静态性有余而动态性不足、封闭性有余而开放性不足等不少问题,而这恰恰是我们努力的方向。

四、结　　语

犯罪构成理论不仅仅是刑法学术研究的基石,而且是刑事法治建设的基石。笔者衷心希望刑法学界一切学人积极参与犯罪构成理论体系的发展和完善,笔者也认为在这一过程中积极借鉴包括德日刑法学在内的域外先进刑法学术成果是必要且有益的。但是,这一切应当建立在对中国刑法学的深刻理解和对中国刑事司法实务的现实把握的认识基础之上,建立在"体系的思考"和"问题的思考"互补的方法基础之上。

(2010年第2期)

① 许玉秀著:《当代刑法思潮》,中国民主法制出版社2005年版,第53页。

② 日本刑法理论研究会著:《现代刑法学原论(总论)》,三省堂1989年版,第317页。

死刑案件被刑事和解的十大证伪

梁根林*

近年来,在世界范围内恢复性司法运动的强劲西风吹袭与构建和谐社会、贯彻宽严相济刑事政策的本土资源支持的双重外力推动下,在各地司法机关推进司法改革、司法创新的内在动力驱使下,一些地方的司法机关不仅对轻微犯罪案件适用了刑事和解,而且对重罪甚至依法罪该处死的案件试点刑事和解,主要根据加害方的认罪、道歉、赔偿以及被害方的谅解与宽恕,即对依法罪该处死的被告人从轻判处死刑缓期执行。① 部分学者亦肯定并倡导死刑案件的刑事和解。例如,在刑事诉讼法学界,由陈光中先生主持的《中华人民共和国刑事诉讼法修改专家建议稿》第20条规定:"犯罪嫌疑人、被告人与被害人及其近亲属达成和解的,人民法院、人民检察院和公安机关应当考虑当事人的和解意愿,并根据案件情况依法不追究犯罪嫌疑人刑事责任,对被告人从轻、减轻或者免除处罚。"② 根据这一基本立场,学者们主张:"审判阶段贯彻刑事和解理念的重点在于追究刑事责任但从轻处罚的情形。此类刑事和解的适用范围最为广泛,从可能判处较轻刑罚的案件到可能判处死刑的案件都可以引入和解因素。对于不明显损害公共利益但又无法定从轻情节的公诉案件,只要案情中有和解因素,被害人在与被告人和解后请求从轻处罚的,人民法院可以在征求公诉人的意见后从轻处罚。"③还有学者主张:"对于那些可能对被告人适用死刑的最严重犯罪案件,被害方与被告方达成和解协议并明确提出不适用死刑之要求的,法院经过审查确认被害方的要求是自愿提出的,也可以此为依据认真考虑是否适用死刑的问题。"④在刑法学界,也有观点认为:"死刑案件中引入刑事和解,能体现实践中刑事和解所具有的广泛社会价值与法律价值,一定程度上是对刑事司法实践做法加以规范与正名的过程,也符合我国'宽严相济'刑事政策的本质要求,有利于

---

* 作者单位:北京大学法学院。

① "河南首次轻判故意杀人者法院推出刑事和解制度",载 http://news. sohu. c om/20091015/n267365189. shtml。

② 陈光中主编:《中华人民共和国刑事诉讼法再修改专家建议稿与论证》,中国法制出版社2006年版,第8页。

③ 陈光中、葛琳:"刑事和解初探",载《中国法学》2006年第5期。

④ 陈瑞华:"刑事诉讼的私力合作模式",载《中国法学》2006年第5期。

‘保留死刑，慎用死刑’政策的贯彻。”①

笔者认为，对于罪行极其严重、依法罪该处死的犯罪分子，如果加害方认罪、道歉、赔偿，被害方谅解、宽恕，综合考虑基本犯罪事实以及其他法定或者酌定情节，认为还不是“必须立即执行”的，根据《刑法》第48条的规定，我国司法裁判本来并且历来就应当依法从轻判处死刑缓期执行，根本无须通过刑事和解予以证成。因此，笔者并不认同所谓死刑案件的刑事和解主张。在司法实践中，个别地方的司法裁判在刑事和解观念的影响下，不仅对可杀可不杀的刑事案件，以认罪、道歉或赔偿为条件依法从轻判处死缓，甚至对罪行极其严重、依法罪该处死并须立即执行的案件，仅因或者主要根据加害方的认罪、道歉、赔偿与被害方的谅解和宽恕即予从轻判处死缓。② 对于前者，不论其是否被冠之以刑事和解的名目，其实体处理结果一般并不违反《刑法》第48条的规定，因而本文不予置喙。但是，对于后者，虽然一般只是悄悄地“潜伏”在司法裁判中，而没有被冠之以刑事和解的名目，但在我国当下的法治环境下，这种做法缺乏起码的正当性与合法性，必须坚决地批判与抵制，因而本文将批判的焦点聚焦于后者。

在对死刑案件的刑事和解予以置喙甚至批判之前，必须交代本人对中国死刑制度的基本态度。在终极的意义上，笔者是一个死刑废除论者，与所有浪漫主义者与理想主义者一样，本人同样憧憬生活在没有作为极端国家暴力的死刑的潜在威胁，亦不存在需要动用死刑予以反制的极端犯罪的侵害威胁、社会通过法律获得有效治理的和谐中国。而立足于中国问题的现实思考，笔者则是一个严格的死刑控制论者。解决中国的死刑控制问题，在形而上的层面，必须逐渐改变民众对死刑的公众认同与政治领袖对死刑的政治抉择。③ 在形而下的层面，本人曾经试图描绘一幅既顺应限制、废除死刑的国际潮流，又立足于我国当下转型时期具体国情，符合当前打击犯罪、维护法秩序的现实需要的相对合理主义的死刑控制路线图，并对我国死刑控制的路径选择和制度建构进行了具体设计和论证。④ 因此，本文对死刑案件的刑事和解的任何质疑与批判，绝不意味着本人放弃了严格控制死刑的学术立场。在严格控制与慎重适用死刑的基本方向上，笔者与倡导、探索死刑案件的刑事和解的学界与实务界同人立场完全一致，但在严

---

① 游伟：“死刑案刑事和解之感性与理性”，载《东方法学》2009年第3期。

② 在笔者求教于陈瑞华教授时，陈瑞华教授虽然主张死刑案件的刑事和解的主张，并认为刑事和解是当下司法语境中中国司法控制和减少死刑的现实可行的选择，但他亦明确反对对极端凶恶的犯罪案件，仅因被告人的认罪、道歉与赔偿即从轻判处死缓。

③ 梁根林：“公众认同、政治抉择与死刑控制”，载《法学研究》2004年第3期。

④ 梁根林：“中国死刑控制的路径选择与制度建构”，载《北大法律评论》2005年第2辑。

格控制与慎重适用死刑的路径选择上，则无法赞同死刑案件的刑事和解的主张与探索，更担心死刑案件的刑事和解可能会异化成“花钱买命”的赤裸裸交易。

在正式展开问题之前，让我们首先看看以下几个案例：

1. 李某绑架案。被告人李某绑架仅16个月大的幼儿向其父母勒索钱财，并在绑架过程中将其杀害。一审法院依法判处死刑立即执行。二审法院虽然认定被告人犯罪动机卑劣、手段残忍、后果严重，鉴于被告人家属积极赔偿、被害人家属接受赔偿意愿强烈又无其他救济途径、在一定程度上谅解被告人的罪行，改判被告人死刑缓期执行。

2. 王某抢劫案。王某邀约他人采取持刀威胁、捆绑、砍杀等手段连续多次实施抢劫，与同案犯持刀捅刺被害人胸、腹、背、颈等人体要害部位共计8刀，又从10米高的大桥上将被害人推下致被害人死亡，抢劫财物价值8000余元。一审法院依法判处其死刑立即执行，二审法院以王某归案后认罪态度较好，能够如实供述犯罪事实，且其家属在二审中积极赔偿被害人家属的经济损失并获得谅解为由，改判被告人死刑缓期执行。

3. 李某抢劫、强奸、故意杀人案。李某见被害人金某(女，时年17岁)独自1人在家，遂窜入金某屋内，持水果刀威胁金某，用胶带捆绑手脚并封住嘴，从屋内和金某身上搜取现金550元和手机1部，随后将金某奸淫，接着持水果刀捅刺金某胸部和颈部，致金某心脏破裂、左颈总动脉离断而死亡。在案件审理过程中，被告人亲属与被害人亲属达成民事赔偿协议，约定由被害人亲属提出书面谅解意见，只要法院不判处死刑立即执行，被告人亲属愿意代为赔偿12万元。法院最终判处李某死刑缓期执行。

4. 吴某、潘某绑架案。吴某与潘某为勒索钱财，长期预谋实施绑架，物色多名绑架目标，最后确定被害少年孙某。2人使用欺骗和暴力手段劫持孙某，逼迫其说出其父的电话号码，合伙用绳子猛勒孙某脖颈，致其死亡。后又打电话给孙某之父索要赎金6万元，因孙父坚持先听孙某声音再付赎金而勒索未遂。一审法院认定2人在共同犯罪中作用没有明显的大小之分，均具有极大的社会危害性与人身危险性，遂以绑架罪判处吴某、潘某死刑立即执行。二审开庭后吴某的亲属筹集了14万元，经多方调解后与被害方达成书面民事调解协议，被害方接受赔偿并同意对吴某从轻处罚。二审法院因此对潘某维持原判，对吴某改判死刑缓期执行。

上述4个案件中，被告人所犯罪行均属“罪行极其严重”，依法应当判处死刑，且无其他法定或酌定从轻处罚情节，一审法院依法判处死刑立即执行，二审法院仅因被告人的认罪、道歉特别是赔偿而改判死缓。这些改判虽无刑事和解之名，但具刑事和解之实，故此作为本文的批判对象。本文批判将从10个方面逐次予以展开。

一、死刑案件的刑事和解在当下主流刑事司法模式下缺乏其运作的法理逻辑根据

既然讨论的主题是所谓死刑案件的刑事和解，不能不首先对刑事和解予以正名。根据比较权威的界定，"刑事和解，是指在刑事诉讼程序运行过程中，被害人和加害人（即被告人或犯罪嫌疑人）以认罪、赔偿、道歉等方式达成谅解以后，国家专门机关不再追究加害人刑事责任或者对其从轻处罚的一种案件处理方式。即被害人和加害人达成一种协议和谅解，促使国家机关不再追究刑事责任或者从轻处罚的诉讼制度"。[①] 在这一观点中，我国推行的刑事和解与恢复性司法不同，恢复性司法源于西方后法治时代的要求，而刑事和解则发源于中国传统的"和合"文化与陕甘宁边区刑事和解、调解的本土资源。[②] 而在笔者看来，正如有学者所指出的，恢复性司法以犯罪人—被害人和解为发生学的源头，并且始终以犯罪人—被害人和解为其核心模式，刑事和解始终是恢复性司法最为核心、最为典型的运作形态。[③] 因此，虽然我们不妨努力从诸如传统和合文化、和谐社会治国方略、宽严相济刑事司法政策等本土资源中寻找刑事和解的正当性根据，但不能否认，刑事和解之所以在2000年以后成为中国学界与实务界热衷的话题，无疑首先是受到了世界范围内恢复性司法运动的直接影响。

如果坦率地承认恢复性司法与刑事和解的同质性甚至同一性，在试图全面推行刑事和解时，首先必须解决好恢复性司法与我们当下正在运行的主流刑事司法以及支撑着主流刑事司法模式的基本犯罪观、责任观与司法观的兼容性。我国通行的犯罪理论强调，犯罪首先是一种以"孤立的个人反对统治关系的斗争"、"蔑视社会秩序最明显、最极端的表现"形式表现出来的公共冲突，犯罪的本质在于社会危害性或者其规范表述——法益侵害或侵害危险。犯罪人基于自由意志而可责难地实施了犯罪行为，就必须对其引起的道义责任予以抵偿（报应），并在抵偿的过程中对其行为倾向予以改造（矫正）。国家作为社会特别是被害人的全权代理者，必须对犯罪这一公共冲突作出以行使国家刑罚权、对犯罪

① 陈光中："刑事和解的理论基础与司法适用"，载《人民检察》2006年第5期。

② 陈光中、葛琳："刑事和解初探"，载《中国法学》2006年第5期。

③ 杜宇："司法观的交战：传统刑事司法 vs. 恢复性司法"，载《中外法学》2009年第2期。

人定罪量刑为基本内容的公共反应,并为此构建了以国家刑事司法机关为主体、以刑事追诉与审判程序为基本解纷方式、追求报应—矫正正义的传统刑事司法模式。而恢复性司法彻底颠覆了当下主流的犯罪观、责任观。在恢复性司法看来,犯罪首先和主要是对被害人和社区安宁的伤害,甚至犯罪人本人也受到了犯罪的伤害。犯罪本质上是一种人际关系冲突。犯罪发生后,重要的不是根据犯罪的有责性通过对犯罪人施加痛苦进行惩罚、威慑与预防,而是通过犯罪人、被害人与社区的参与、协商与沟通,寻求愈合因犯罪造成的创伤,整合犯罪对人际关系造成的分裂,恢复被犯罪破坏的社区安宁。恢复性司法因此鼓励犯罪人认识犯罪行为的后果,唤醒其责任意识,通过忏悔、道歉、赔偿等方式,偿还因犯罪对被害人所欠之债,积极修复人际关系,消除犯罪的烙印和影响,从而实现“恢复性正义”或“无害的正义”。[①] 基于对犯罪与责任本质的不同解读,恢复性司法模式的构造亦以完全不同于当下主流刑事司法模式的形态呈现在世人面前。有学者曾经将报应—矫正性传统刑事司法与以刑事和解为中心的恢复性司法作为两种“逻辑的理念类型”,归纳出犯罪人中心主义司法与被害人中心主义司法、国家专权式司法与国家—社区合作式司法、对抗式司法与协商式司法、代理式司法与参与式司法、问题式司法与关系式司法、标准式司法与个性式司法、消极平衡式司法与积极平衡式司法等互动关系。[②] 这清晰地表明,恢复性司法作为一种关注对被害人的损害赔偿与精神慰藉、犯罪人的责任承担与重返社会、社区安宁与和谐的恢复的犯罪反应方式,在司法观、司法构造以及制度设计等方面,均与当下主流刑事司法模式存在质的规定性差异。

强调恢复性司法迥异于传统刑事司法奠定的犯罪观、责任观和司法观,绝不意味着传统刑事司法具有不容置喙的正统性,亦不意味着传统刑事司法是唯一可行的刑事解纷模式。在法律多元主义与多元化纠纷解决机制渐成时代主旋律的当下,即使是在建构符合中国国情与现实需要而又满足最低限度的实体与程序正义标准的传统刑事司法模式的艰苦努力过程中,我们亦不妨给恢复性司法留出必要的空间,对诸如过失犯罪、轻微故意犯罪、未成年犯罪以及因日常生活纠纷激化偶发的犯罪,允许甚至提倡通过认罪、道歉与赔偿等方式予以解决。这种非正式司法不仅可以化解两造恩怨,促进社会和谐,而且无伤大雅,不会动摇法秩序与法权威的根基,并且许多刑事和解的努力原本就有其法律上的根据

---

① 王平主编:《恢复性司法论坛》,群众出版社 2005 年版,第 1 ~ 28 页;梁根林:《刑事政策:立场与范畴》,法律出版社 2005 年版,第 32 ~ 35 页;黎宏:“刑事和解:一种对传统刑法观的挑战”,载谢望远、张小虎主编:《中国刑事政策报告》第 2 辑,2007 年版,第 65 ~ 86 页。

② 杜宇:“司法观的交战:传统刑事司法 vs. 恢复性司法”,载《中外法学》2009 年第 2 期。

（指刑法关于告诉才处理的规定以及刑事诉讼法关于自诉案件的规定），只是长期以来这些法律规定由于某种原因而被司法人为地冻结而已。这也是我国目前司法机关在构建和谐社会的治国方略与宽严相济的刑事司法政策的语境下积极推行刑事和解的主要考量。但是，真理往前多走一步，往往变成谬误。对于重大犯罪特别是导致致命性后果的重大暴力犯罪，如果不以犯罪观、责任观与司法观的转型为立论前提并根据恢复性正义支配下的犯罪观、责任观与司法观建构刑事和解的理论基础，就贸然主张或者探索刑事和解，特别是仅仅或者主要根据被告人的赔偿情况决定对被告人的从轻量刑，甚至是决定杀还是不杀，在法理逻辑上必然面临着违反通行犯罪观、责任观与司法观的指责与缺乏恢复性犯罪观、责任观与司法观的法理支持的双重尴尬。

二、死刑案件的刑事和解在当代中国的推行面临着法治语境错位

即便学界意识到犯罪观、责任观的转型作为推动恢复性司法语境下的刑事和解的法理逻辑根据的必要性，并致力于推动这一转型的实现，那么，在当代中国的法治语境中，以刑事和解为基本运作形态的恢复性司法是否就可以并且可能成为我国当下刑事解纷的基本模式，以至于刑事和解不仅可以适用于轻微犯罪，而且也可以适用于重大犯罪甚至死刑案件？回答这一问题，不能不触及恢复性司法的法治语境选择以及当代中国的法治语境定位。

且不论国外学界公认后法治时代是恢复性司法合适的法治语境，即使是在中国学界，无论是否承认刑事和解与恢复性司法具有同质性甚至同一性，似乎都承认恢复性司法本质上是后法治时代的产物。① 这不仅意味着，如果在恢复性司法观念指引下全面推行刑事和解，要实现如上所述的犯罪观、责任观的转型从而为刑事和解奠定坚实的法理逻辑根据，而且意味着适合恢复性司法生长、刑事和解全面推行的法治语境必须是后法治时代。在笔者看来，后法治不是对法治的否定，而是对法治的超越，它尊重法治国家原则与法治保障机制，追求对国民自由与安全的保障，但又不满足于在形式合理性的意义上规制国家公权力、保障国民私权利。更重要的是，它不仅消极地限制国家公权力，防范其恣意与滥用，又积极地促进国家公权力的行使，以最大限度地实现国民福祉。没有法治国家

① 陈光中、葛琳："刑事和解初探"，载《中国法学》2006年第5期。

原则的全面确立与法治保障机制的有效运作，就谈不上所谓的后法治时代。后法治时代对法治国家原则的超越，实质上就是法治国家追求卓越的过程。正是在法治国家这一追求卓越的过程中，本于法治国家原则而确立的以犯罪人及其人权保障、社会复归为中心的传统刑事司法模式的固有缺陷才日益显现，对被害人权利的关注特别是被害人在刑事解纷过程中主体性资格的确立、对被害人物质损失的充分赔偿以及精神创伤的真诚慰藉，才因此成为评判刑事解纷过程与结果是否符合司法正义的新的基准，恢复性司法才得以超越传统刑事司法应运而生。恢复性司法对传统刑事司法的这种超越，同样应当被认为是刑事解纷模式追求卓越的过程。没有法治原则与法治机制规制下的健全有效的传统刑事司法模式，同样也就不可能真正生成超越传统刑事司法的恢复性司法。否则，就可能导致破坏法治、侵犯人权、颠覆公义的灾难性的后果。这就是恢复性司法运动在20世纪70年代以后才在欧美主要法治先进国家滥觞并在欧美法治先进国家的话语霸权的推动下逐渐推进到世界其他国家的主要动因。

在当代中国，虽然“依法治国，建设社会主义法治国家”已经写入《宪法》，但毋庸讳言，我国尚处于社会主义初级阶段，通过法律对国家公权力进行有效规制、对国民私权利予以充分保障的法治国家安全机制尚未有效建构并运作，形形色色的反法治思潮与冲动随时可能冲击法治国家建设进程。当下我们的主要任务仍然在于持续不懈地按照法治国家原则的要求，建构并进一步完备规制国家公权力、保障国民私权利的法治国家安全机制。法治国家原则规制下的传统刑事司法模式，仍然是我国刑事解纷过程中有效地规制国家刑罚权、保障国民私权利的最安全、可靠与值得信赖的基本解纷模式。我们当然不能漠视传统刑事司法模式固有的缺陷，但在建设法治国家的进程中，这是一种必要的丧失，它既不能成为我们放弃建构符合现代法治国家原则的主流刑事司法模式的借口，也不能成为恢复性司法越俎代庖、全面渗透、超越甚至替代报应—矫正性刑事司法模式的理由。我们可以本着多元化刑事纠纷解决机制的进路，在传统刑事司法模式的报应—矫正性机制中适当引入恢复性司法的恢复性理念，甚至也可以让出传统刑事司法模式的某些领地，引入恢复性司法的刑事和解机制。但是，我国前法治的语境决定了恢复性司法理念主导下的刑事和解解纷模式只能作为正式的刑事司法反应方式的有限补充而存在。如果无视恢复性司法的法治语境制约，强行在我国全面推行刑事和解，甚至推行所谓死刑案件的刑事和解，可能导致“播下的是龙种，收获的是跳蚤”的不可欲的反法治后果。

三、死刑案件的刑事和解庸俗化地理解了构建和谐社会的治国方略

刑事和解与社会和谐具有天然的亲缘性。在构建社会主义和谐社会成为我国根本治国方略的政策环境下，一个“和”字，似乎搭建了刑事和解通向和谐社会的桥梁，使得学术与实务上的刑事和解的任何努力都具有了政治正确的意蕴。因此，几乎所有倡导刑事和解包括死刑案件的刑事和解的论者，都毫无例外地将构建和谐社会的治国方略以及这个方略背后的中国传统和合文化作为其立论基础。面对这种政治正确，对刑事和解包括对死刑案件的刑事和解的任何质疑都会显得政治不够正确。但是，这种貌似政治正确的判断恰恰是庸俗化地理解了《中共中央关于构建社会主义和谐社会若干重大问题的决定》。根据该决定，民主法治不仅是构建和谐社会的总要求，而且是构建社会主义和谐社会必须坚持的基本原则，更是在2020年前构建和谐社会的目标与主要任务。刑事司法在构建社会主义和谐社会的过程中，只有坚持法治国家原则，严格依照既定的法律（无论是立法机关通过立法程序明文制定的国家法还是历史地形成并有效规范社会秩序的民间法）裁判纠纷，才能真正确立司法裁判的权威，实现司法公正与社会正义，达成其定分止争、案结事了、诉讼两造息诉服判甚至胜败皆服的理想目标。这既是司法作为法治的动态运作机制的基本职责所在，也体现了司法促进社会和谐的政治功能。

因此，在司法实践中，对诸如过失犯罪、未成年犯罪、轻微财产犯罪以及其他因邻里纠纷、婚姻家庭矛盾等激化引发的其他轻微犯罪，鉴于这些案件或者犯罪人主观恶性不大，或者法益侵害程度较轻，或者加害被害双方具有密切的社会生活关系，犯罪的发生事出有因，甚至被害人还可能有相当过错，如果加害被害双方经过自由与自愿的沟通、商谈与协调，能够达成以认罪、道歉、赔偿与谅解、宽恕为内容的和解协议，司法机关在刑法与刑事诉讼法允许的裁量空间范围内，根据和解结果酌情决定对案件进行非刑事化处理（包括非犯罪化、非刑罚化甚至非司法化）或者对被告人酌情从轻处罚，这样的宽宥处理不仅具有其合法性的支持，符合法治国家原则，而且确能重新恢复被犯罪破坏的社会关系，重建社区安宁与社会和谐。因此，对于这些轻罪案件，司法者不仅可以在加害与被害双方自愿达成刑事和解协议后予以确认，并据此对此等轻微犯罪酌情决定予以非刑事化处理或者酌情从轻处罚，而且应当在查清事实、明确是非、双方自愿的前提下积极地促成加害与被害双方达成刑事和解协议，并据此对案件予以非刑事化

处理或者酌情从轻处罚。

但是,这样的刑事和解努力如果适用于重大刑事案件,显然违反构建和谐社会治国方略的要求。鉴于绝大多数依法罪该处死的罪犯往往实施的是以故意杀人、抢劫杀人、绑架杀人、强奸杀人、爆炸杀人等恶性暴力犯罪为代表的致命性犯罪,这些犯罪发生后,如果加害人能够真诚地认罪悔罪、赔礼道歉并积极赔偿损失,被害人亲友可以行使宽恕的权利,宽恕加害人因其罪行而带来的精神创伤与物质损失,司法机关应当鼓励与认可被害人亲友的谅解与宽恕,甚至亦可以将其认定为酌情从轻处罚的一种情节,但这种宽恕绝不是亦无法代表被害人的宽恕。司法裁判既不能超越国民法律情感而放弃报应主义规制下的责任主义刑法对罪责刑相适应原则的要求,亦不能容许被害人的亲友假借被害人的名义行使宽恕的权利,甚至罔顾被害人生命被残害的恶性犯罪事实,无原则地接受加害人的金钱赔偿,并据此干涉国家刑罚权的行使。国家必须作为法秩序与社会整体特别是被害人的代表,对犯罪这一加害—被害事件做出规范的判断,并基于国家刑罚权的行使而对犯罪人予以定罪量刑,对犯罪人予以道义报应,对被害人恢复正义。强调这一点,绝不意味着否定司法引导民众改变“杀人偿命”的自然报应观念的神圣使命。法治国家的司法与立法一样,不仅“完全有能力谨慎地引导并逐渐培养人民的法律观”,而且亦应当“将存在于人民中间的法律观,作为有影响的和有价值的因素加以考虑,不得突然与这种法律观相决裂”。① 如何在尊重与超越国民基本法律情感之间来回穿梭,其实才真正考验着法律人的法律智慧与艺术。在道义报应观念仍然是国民的基本法律情感的当代环境下,只有既充分尊重又适当限缩道义报应要求的司法正义,才能真正促进社会和谐。另外,所谓死刑案件的刑事和解是否有助于促进社会和谐,不能仅仅以刑事案件个案解纷结果的“和谐”为判断依据。即使加害被害双方出于自愿与真诚达成了和解协议,被害方或者其亲友确实谅解与宽恕了加害人的罪行,甚至积极要求司法机关对加害人网开一面从宽发落甚至不予追究,个案的纷争似乎已经了结,但这种个案的“和谐”未必一定能够促进社会的和谐。刑事审判作为行使国家刑罚权的公权力行为,固然应当重视个案裁判的案结事了,使诉讼两造息诉服判,更应当超越个案的和谐,追求社会的和谐。这是刑事审判作为国家与社会整体对犯罪的公共反应而非私力救济措施的必然要求。

---

① ［德］弗兰茨·冯·李斯特著:《德国刑法教科书》,徐久生译,法律出版社2000年版,第21页。

四、死刑案件的刑事和解违反了罪刑法定原则

我国《刑法》第3条规定："法律明文规定为犯罪行为的，依照法律定罪处刑；法律没有明文规定为犯罪行为的，不得定罪处刑。"一般认为，这是我国刑法关于罪刑法定原则的规定，但无疑是具有浓厚"中国特色"的。我国学者将这种"中国特色"概括为所谓"积极的罪刑法定"和"消极的罪刑法定"的二元统一，它克服了西方刑法罪刑法定原则的片面性，是对罪刑法定原则的新的发展。① 但是，笔者并不认为这种溢美之词是妥当的。相反地，《刑法》第3条确认的仅仅是一种充满了对司法的不信任倾向、刻意限制司法自由裁量权、要求司法严格依法定罪量刑、追求司法裁判的形式合法性（合乎成文刑法）即形式合理性的机械罪刑法定，同时亦反映了立法者由于智识的局限而对罪刑法定原则的价值、旨趣与机能的误解或者失察。笔者曾经通过对罪刑法定的演进历程的考察，对当代罪刑法定原则的机能变迁得出这样的结论："如果说基于'法无明文规定不为罪'的格言而禁止法外定罪、限制任意入罪的机能是以形式合理性为诉求的传统罪刑法定的题中应有之义，那么，根据刑罚法规实体正当原则的要求，如果刑罚法规处罚的行为缺乏实质的违法性或可罚性，即使其形式上该当刑罚法规规定的构成要件，亦不能以'法有明文规定'为理由对之定罪，这就使现代罪刑法定原则必然地引申出'法有明文规定也可能不为罪'的出罪正当化解释机能。"② 这是对罪刑法定原则的规制国家刑罚权、保障国民人权的应然价值旨趣以及当代法治先进国家罪刑法定原则在司法适用中的法外入罪禁止机能与法内出罪正当化解释机能的理论解读。但是，"对罪刑法定原则的具有'中国特色'的双向表述，在貌似全面地兼顾了刑法的法益保护和人权保障的双重机能的同时，却混淆了刑罚法规作为定罪量刑的规范依据所固有的法益保护机能与罪刑法定作为规范刑罚法规的制定与适用的根本准则所固有的人权保障机能的界限，将刑罚法规固有的法益保护机能不恰当地纳入罪刑法定原则的价值意蕴之中，扭曲了罪刑法定的本来价值意蕴与功能，淡化了罪刑法定对保障人权的功能的追求。因此，《刑法》第3条确认的罪刑法定在外在表述方式以及内在价值、旨趣、功能等方面，均与已经形成国际话语共识的现代罪刑法定原则有着重大的差异，彼此

① 何秉松主编：《刑法教科书》，中国法制出版社1997年版，第63～68页。

② 梁根林著：《刑事政策：立场与范畴》，法律出版社2005年版，第199页。

可以说是形似而实非、南辕而北辙。”①但是,中国的刑事司法必须区分实然与应然、中国与外国,而不能时空错位、语境错乱,错把应然的当做实然的、外国的当做中国的。也就是说,我国既然确立了因“积极的罪刑法定”与“消极的罪刑法定”的二元统一而具有浓厚“中国特色”的罪刑法定原则,并且被学界与实务界公认为我国刑法的根本原则,刑事司法对该原则即必须予以基本的尊重。无论是定罪还是量刑,除非可以根据立法目的、刑法文本的客观合理的意思以及刑法教义学原理,做出与法条字面含义不相一致的其他解释,否则都必须严格依照现行刑法的规定进行,而不能动辄抛开成文刑法及其基本原则另搞一套。

具体到刑事和解与罪刑法定的纠结,我们发现,与轻微犯罪的刑事和解可能面临因没有依法定罪而违反罪刑法定原则的指控不同(这非本文关注的问题,本文亦不认同这种指控),所谓死刑案件的刑事和解与罪刑法定原则的纠结,一般不会涉及是否依法定罪问题,而主要集中在是否依法量刑上。《刑法》第48条规定:“对于应当判处死刑的犯罪分子,如果不是必须立即执行的,可以判处死刑同时宣告缓期二年执行。”根据这一规定,对犯罪分子适用“死缓”的条件与适用死刑立即执行的条件一样,都必须是“罪行极其严重”因而依法“应当判处死刑”。之所以判处“死缓”,是因为根据其所犯罪行的具体性质、情节、后果、社会危害程度以及行为人的主观恶性、悔罪表现,特别是“坚持少杀”的刑事政策等因素,认为还“不是必须立即执行死刑”。因此,如果依法罪该处死的犯罪分子在犯罪后真诚认罪悔罪、积极赔礼道歉、充分赔偿损失,确实获得了被害人方的谅解与宽恕,根据《刑法》第48条的规定,原本就可能存在酌情从轻判处死缓的法律空间。问题在于:虽然《刑法》第48条规定的死缓适用的实质条件因其过于概括、抽象甚至模糊得难以具体操作的特色而给司法留下了广阔的适用解释空间,但具有起码职业法律意识甚至一般生活常识的法律人,都不应幼稚到因此即将被告人的认罪、道歉、赔偿作为判断“不是必须立即执行”的唯一或者决定性标准。在死刑裁量这一高度复杂而精密的判断过程中,被告人的认罪、道歉、赔偿是且仅仅是判断是否符合“不是必须立即执行”的酌定量刑情节之一。如果像本文所列举的案例那样,罔顾罪行本身极其严重、情节特别恶劣、手段特别残忍的基本犯罪事实,在没有其他法定或者酌定从轻处罚情节的情况下,将被告人的认罪、道歉、赔偿作为判断“不是必须立即执行”的唯一或者决定性的标准,被告人认罪、道歉、赔偿的,即从轻判处死刑缓期执行,被告人不认罪、道歉特别是没有赔偿或者无力赔偿的,则判处死刑立即执行,显非《刑法》第48条规定

① 梁根林著:《刑事政策:立场与范畴》,法律出版社2005年版,第199页。

的“不是必须立即执行”的客观合理的意思所在。如此“依法量刑”，直接违反了《刑法》第3条关于“法律明文规定为犯罪行为的，依照法律定罪处刑”的“积极罪刑法定”要求。

五、死刑案件的刑事和解教条主义地理解了宽严相济的刑事司法政策

近年来，宽严相济的刑事司法政策成为我国刑事司法与理论研究炙手可热的议题。不可否认，宽严相济刑事司法政策的贯彻实施，不仅有利于实现刑事责任的科学化、合理化，推进刑事法治进程，而且有助于促使犯罪人认罪悔罪、改过自新，恢复被犯罪破坏的人际关系，重建社会和谐。因此，中国刑事司法必须在严格依法裁判的同时，全面贯彻实施宽严相济刑事司法政策。

宽严相济刑事司法政策无疑为刑事和解提供了政策性支持。其基本政策要求可以解读为“当宽则宽，当严则严，宽以济严，严以济宽，审时度势，宽严适度”。亦即对轻罪案件“当宽则宽”，设若存在从严情节亦不排除“严以济宽”；对重罪案件“当严则严”，但若存在从宽空间亦要“宽以济严”；无论是对重罪案件还是轻罪案件，都要做到“审时度势，宽严适度”。鉴于宽严相济是在我国30年来的“严打”方针主导的刑事政策氛围以及构建和谐社会的治国方略的政策语境中提出的一项刑事司法政策，其政策基调显然更倾向于在总体严厉的刑罚结构与量刑实践中强调刑罚适度宽缓。

根据宽严相济刑事司法政策的政策基调，对轻罪案件“当宽则宽”的路径可以是非犯罪化、非监禁化、非刑罚化或者非司法化，刑事和解无疑是对轻罪案件予以非犯罪化（和解协议达成后被害人诉请司法机关不再追究加害人刑事责任）、非监禁化（根据和解协议对本应判处监禁的加害人减轻判处非监禁刑）、非刑罚化（根据和解协议对本应判处刑罚的加害人免除刑罚处罚）、非司法化（根据和解协议终结刑事诉讼程序）的重要工作机制。

根据宽严相济刑事司法政策的政策基调，虽然对重罪案件“当严则严”，但若存在从宽空间亦应“宽以济严”。因此，即使犯有重罪甚至犯有死罪，犯罪分子如具有法定或者酌定从宽处罚情节，亦可以或者应当依法从宽处罚。其中，犯罪分子的认罪悔罪、赔礼道歉、赔偿损失作为体现犯罪分子主观恶性弱化、客观危害减轻的酌定从轻处罚情节，在对重罪案件的量刑结果中予以体现，自然是对重罪案件体现“宽以济严”的宽严相济刑事司法政策的具体要求。问题在于：其一，这本是我国刑事司法裁判中一贯认可的由法官根据个案具体情况酌定从轻

处罚情节，而非近年所谓刑事和解的实践或者制度创新，更没有必要用刑事和解这一既时髦又有争议的术语予以包装；其二，这种酌定从轻处罚情节充其量只是可能影响司法裁判的法定量刑情节之外诸多酌定量刑情节之一，它绝非左右量刑结果的决定性因素，更非唯一的因素；其三，即使在个案裁判中具体体现这种酌定从轻处罚情节，其对量刑结果的影响力也是极其有限的，更不应当扩张到赔不赔钱事实上就可以决定被告人生死的程度。故此，我们对重罪案件体现宽严相济刑事司法政策，在强调“宽以济严”的同时，更要注意“审时度势、宽严适度”，全面综合地考察犯罪的事实、情节、后果、对于社会的危害程度、犯罪人的主观恶性、案发时的社会治安状况，在立法者设定的刑法目的、机能与刑事政策的引领下，严格依照刑法规定，在司法裁量权许可的范围内适当地裁量刑罚，而不能把复杂、精密的司法裁判思维简单化，头脑发热、主观恣意地对极端凶恶的重罪案件以赔偿或和解为由一律网开一面、从宽发落，甚至该杀不杀。因此，虽然笔者认同宽严相济刑事司法政策对刑事和解特别是对轻罪案件的刑事和解提供了政策性支持，但反对将这种政策性支持无限度地扩展至对重罪案件甚至死刑案件的刑事和解。强调宽严相济刑事司法政策对刑事和解的政策性支持的边界，不是弱化宽严相济刑事司法政策的政策导向与调控功能，而是为了探明宽严相济刑事司法政策的本义，防止刑事司法政策凌驾于刑事法律之上的反法治现象的出现，更科学、全面地贯彻实施宽严相济刑事司法政策，实现司法裁判的法律效果与政策效果的有机统一。

六、死刑案件的刑事和解超越了能动司法允许的合理限度

“被动性是司法活动区别于经常带有主动性的行政活动的重要特征之一。”[①]被动性体现了现代宪政体制下司法权的自我克制。但在美国，随着最高法院司法审查职能的衍生以及分权与制衡的宪政框架的确立，美国的司法特别是联邦最高法院的裁判却一改其被动性的本性而不断涌动着司法能动主义的冲动，以至于卡多佐甚至断言：“司法过程的最高境界不是发现法律，而是创造法律。”[②]作为一种司法审判哲学，“司法能动主义允许法官在其个人关于公共政策的观点的指导下，结合其他因素，作出司法裁决。通常情况下，坚持这一司法哲

① 陈瑞华著：《看得见的正义》，中国法制出版社2000年版，第64页。

② ［美］卡多佐著：《司法过程的性质》，朱苏力译，商务印书馆1998年版，第10页。

学倾向于发现违宪，并意图弱化先例。"①这也就是人们通常所说的，司法能动性强调法官不但是简单纠纷的裁决者，还是推动新的进步的社会政策的社会工程师。大陆法系国家虽然实行成文法主义，强调法官严格依法裁判个案，但20世纪以来法官在引入判例制度、填补法律漏洞、创制新的规则、应对现代社会的危机与风险挑战等方面亦不断展现其司法的能动性。近年来，我国的司法审判根据"3个至上"的工作指导思想和"为大局服务，为人民司法"的工作主题，亦开始大力强调能动司法。在能动司法哲学主导下，近年来中国司法一改其曾经试图确立的被动性、消极性、中立性和程序性，而以更加主动、积极甚至非程序化的姿态展现其存在：不仅在民事和行政审判中提出了"能调则调，当判则判，调判结合，案结事了"这一体现司法能动性的16字审判工作方针，而且将这种司法能动性延伸至刑事案件的解决，在刑事诉讼中推行刑事和解，个别地方甚至试图将刑事和解扩展至重罪案件与死刑案件。因此，对死刑案件的刑事和解的批判，不能不厘清对能动司法哲学的认识。

面对司法被动性与能动性的纠结，笔者承认，无论是法治先发国家还是法治后发国家，面对现代社会的风险规制或者转型时期纠纷解决的客观需要，司法事实上已经不可能再如当年托克维尔所描述的那样，继续保持其绝对被动、消极、克制与中立的姿态。② 司法能动性作为当代司法的发展趋势，具有不可逆转性，它既是现代宪政体制下司法与立法有机互动的润滑剂，也是司法回应社会现实需要、推动社会实质正义、发挥其司法政治功能的助推器。但是，只要司法依照既定法律的实体性规定与程序性规定裁判包括犯罪在内的各种纠纷与冲突这一基本职能定位没有改变，司法就不应丧失其固有的被动性、消极性、中立性、程序性以及终极性等基本属性。司法能动性始终只是司法被动性主导下的能动性，因而是一种后生的能动性、有限的能动性。而且司法能动主义作为司法行为哲学，还必须具有其运作的前提，即必须有一个具有职业法律精神、虔诚的法律信仰、高度的社会信赖的职业法官共同体，以及按照法治国家原则构建的独立、权威且具有高度社会信赖的司法制度与权力体系。因此，虽然我们认同能动司法哲学，但亦需注意在倡导能动司法时有所戒惧。

戒惧之一在于，司法能动主义在其发生学上本是司法精英主义的产物，在推动能动司法之前，应当扪心自问的是，中国的法官是否无愧于司法精英的荣誉，以至于可以不满足于各种诉讼案件的"消极的裁判者"的角色，而担当积极推进

① Bryan A. Garner, *Black's Law Dictionary*, Eighth Edition, 2004, West, p. 862.

② ［法］托克维尔著：《论美国的民主》（上），董果良译，商务印书馆1988年版，第110页。

甚至塑造新的社会政策的“社会工程师”的重任。①

戒惧之二在于，司法权威与社会信赖是司法能动的基础，是司法权威与社会信赖推动司法能动，而非司法能动塑造司法权威与社会信赖。在推动能动司法之前，应当扪心自问的是，当下的中国司法是否具有这样的司法权威与社会信赖。如果没有足够的司法权威与社会信赖，中国的司法者最好还是安分守己、修练内功，提高法律职业素养与法律职业精神，通过个案的依法裁判具体地实现司法公正，提升司法权威与社会信赖。

戒惧之三在于，权力不等于真理，掌握司法大权并不等于掌握真理，只有符合真理即尊重司法规律，才能真正拥有司法权威。司法大权的行使者在推动能动司法的过程中，必须恪守司法固有的被动性、消极性、中立性、程序性与终极性等基本属性与运作规律，否则司法能动就可能异化为司法盲动，司法亦不成其为司法。

戒惧之四在于，任何权力都有其边界，本质上具有被动性与消极性的司法更有其宪法与法律所界定的不可逾越的权力边界。而“司法能动主义的维护者强调的是法官要‘实现正义’的使命，从而倾向于轻视对司法权的限制”。② 为了防止司法权的失度扩张，司法者在倡导司法能动时应当运用其应有的智慧与艺术在司法能动、积极与司法被动、克制之间保持必要的协调与平衡。③ 能动司法充其量只是要求司法者在宪法、法律规定的司法职能以及相关的法律规定许可的司法裁量权范围内能动而非机械地司法，能动司法绝不允许司法者超越司法权的边界、违背司法规律而为所欲为。须知，任何公权力包括司法权的恣意与妄为，无论是出于善良或者邪恶的动机，都可能导致不可欲的灾难性后果。④

在笔者看来，能动司法之于刑事司法的基本要求只在于：

其一，刑法适用适度刑事政策化。刑法适用的刑事政策化，按照罗克辛的定义，就是司法者在解释与适用刑法时必须像立法者那样对刑法进行目的论的思

---

① 有学者将实行司法能动主义必要性之一归纳为“有利于实现法官的精英化”。参见吴丙新：“温和的司法能动主义”，载《山东大学学报》2009年第5期。笔者认为，这是一种倒果为因的解释。

② [美]克里斯托弗·沃尔夫著：《司法能动主义——自由的保障还是安全的威胁》，黄金荣译，中国政法大学出版社2004年版，第3页。

③ 吴英姿：“司法的限度：在司法能动与司法克制之间”，载《法学研究》2009年第5期。

④ 即使是在美国这样一个允许作为司法精英的职业法官对宪法进行创造性解释、通过判例确立先例乃至司法造法的普通法国家，这种允许“法官为了推动新的进步的社会政策而偏离严格遵循先例的原则”司法能动主义哲学，到底是对安全的保障还是对自由的威胁，仍然是一个争论不休的话题。沃尔夫甚至断言：“我坚信司法能动主义是一个不幸的现象，如果没有它美国将会变得更美好。”这足以引起我们在推动能动司法哲学时高度警惕。[美]克里斯托弗·沃尔夫著：《司法能动主义——自由的保障还是安全的威胁》，黄金荣译，中国政法大学出版社2004年版，“前言”第4页。

考与刑事政策体系化的努力，必须根据刑事政策的思考，在一定程度上对立法者仅仅粗略描绘的现行法的形象在一切细节上进行摄像和加工。① 但是，刑法的刑事政策化绝不意味着刑事政策对刑法的超越或者替代，刑事政策只能在刑法教义学规则许可的范围内发挥其信条性的调节与导向功能。“信条学不允许使用自己的目标想象来代替法律的刑事政策性的目标想象，并且在总则中已经规定了对原文进行法治原则的限制之外，也不允许信条学帮助贯彻这个存在于现有法律原文中的法律目的。”②总而言之，“刑法是刑事政策的不可逾越的界限”。③

其二，刑法解释适度客观解释化。即法官在解释适用刑法时，不必完全拘泥于立法者立法当时的所谓标准原意，而应根据变化了的情势与刑法适用的目的，挖掘刑法文本现在应有的客观、合理的意思。刑法解释的适度客观解释化，可以在一定程度上使司法者挣脱立法者立法原意的羁绊，在目的解释论的引领与罪刑法定原则的规制下，根据司法者的法律意识、生活经验、良知与正义感，主体性地解释并适用刑法，不仅澄清刑法条文自身的疑问与适用中的歧义，而且填补刑法文本可能存在的局部漏洞，使得刑法得以与时俱进，更好地应对现代社会中新的挑战，规制社会生活秩序。

其三，定罪量刑适度自由裁量化。即司法者在适用刑法时，不应机械、教条地将个案事实与法条对号入座，简单地按照3段论逻辑进行演绎推理，罔顾裁判结果能否实现个案公正、法律效果与社会效果是否统一，而应当根据刑事政策、刑法目的以及对刑法文本客观、合理的意思的正确解释，斟酌裁量是否以及如何对被告人定罪量刑，必要时既可以对某些轻微犯罪案件予以非犯罪化、非监禁化、非刑罚化甚至非司法化，亦可以对某些过去一向不以犯罪论处的具有可罚性的法益侵害行为，通过罪刑法定原则规制下的扩张解释予以犯罪化。

其四，刑事诉讼适度非程序化。程序性是司法特别是刑事司法的基本特性之一，程序正义既是实现司法裁判实体正义的必要保证，亦是刑事司法自身的独立价值。能动的刑事司法仍然必须严格遵守刑事诉讼法规定的诉讼程序，恪守不告不理、居中裁判的基本立场，保障诉讼各方当事人的诉讼权利。但是，过于严格的程序性制约，既不利于节省司法资源，实现案件的速审速决，亦不利于案

---

① ［德］克劳斯·罗克辛著：《德国刑法学总论》（第1卷），王世洲译，法律出版社2005年版，第137页。

② 同上。

③ 转引自［德］汉斯·海因里希·耶塞克等：《德国刑法教科书》，徐久生译，中国法制出版社2001年版，第93页。

件的个别化处理与裁判结果的和谐圆满。面对日益严重的刑事积案与不断增长的个案处理个别正义的要求,能动的刑事司法必须允许司法者在必要时适当简化审判程序,甚至允许私力协商性质的非正式司法在一定范围与程度内替代或者至少是渗透到正式的刑事司法中。我国刑事诉讼程序简约化的最重要的努力就是行之多年的普通程序简化审,而非正式司法的主要实践当属根据刑事和解协议直接终止刑事追诉程序,或者对讼争的犯罪事实不再进行程式化的法庭调查与辩论,直接根据刑事和解协议对被告人酌情从轻处罚。

如果承认所谓的能动司法只能是一种有限的能动司法,这种司法哲学指导下的刑事司法也只能是有限能动的刑事司法,就其与刑事和解的纠结而言,它充其量只是允许司法者在尊重司法基本规律与刑法基本原则的前提下,对部分轻微犯罪案件在加害被害双方达成刑事和解协议后放弃行使国家刑罚权,对犯罪人不再追究其刑事责任,或者斟酌考量刑事和解结果对被告人酌情从轻处罚。这种有限能动的刑事司法定位,决定了以国家中心主义、控辩两造对立、法官居中裁判为基本构造的刑事司法仍然是我国当下及今后相当长时期刑事解纷的基本模式,作为一种非正式司法的刑事和解,尽管契合了能动司法哲学的某些要求,但其适用范围与渗透程度必须受到严格限制,它既不可能适用于除轻微犯罪以外的绝大部分严重犯罪,其对裁判结果的渗透力更不可能扩张到赔不赔钱可以事实上决定被告人生死的程度。据此可以断言,所谓死刑案件的刑事和解超越了有限能动的刑事司法所允许的合理限度,难以获得能动司法的哲学支持。

七、死刑案件的刑事和解侵蚀了核心国家刑罚权,使刑法私法化走向了极端

美浓部达吉曾指出:“公法和私法的区别,实可称为现代国法的基本原则。”①虽然刑法到底是公法还是私法,②抑或公法与私法之外的保障法,③不无可议之处,但是,刑法学界的基本共识是,刑法在维护公共利益与整体法秩序、规范国家刑罚权行使过程中国家与国民的关系、严守罪刑法定原则这一刑事法领域的权力法定原则、强调国家刑罚权行使的强制性等方面展现的特征,足以表明

---

① [日]美浓部达吉著:《公法与私法》,黄冯明译,中国政法大学出版社2003年版,第4页。

② 车浩:“刑法公法化的背后——对罪刑法定原则的一个反思”,载《刑事法评论》(第11卷),中国政法大学出版社2002年版。

③ 张明楷:“刑法在法律体系中的地位——兼论刑法的补充性与法律体系概念”,载《法学研究》1994年第6期。

刑法可以归入公法的范畴,[①]尽管刑法对严重不服从第一次法(包括作为公法的行政法与作为私法的民商法)的法益侵害行为的具有辅助性、零碎性的第2次干预,亦使其处于第2次法即狭义公法与私法之后的保障法的地位。[②]

公法与私法的区分只具有相对性。当今世界,普遍出现了公法私法化与私法公法化的趋势,甚至出现了公法、私法之外的独立的第三法域——社会法。[③]作为公法私法化的一部分,刑法的私法化趋势亦初露端倪,诸如告诉乃论罪名范围的不断扩张、起诉便宜主义的普遍确认、辩诉交易的大行其道、监狱私营化的悄然滥觞以及恢复性司法运动的风起云涌等,足以表明刑法作为公法与强制法的属性正在受到严重挑战,公法的私法化趋势已经渗透到刑法领域,刑法的强制法属性只具有相对性。如果说上述种种现象还只是刑法私法化的表征,那么在罪刑法定原则与法益保护主义支配下,作为私法核心观念的契约观念与作为私法最高原则的意思自治原则对刑法领域的渗透,则将决定刑法私法化的根本走向。罪刑法定原则支配下的现代刑法犹如国家与国民之间的契约,它为国家刑罚权的行使范围设定了明确的界限,为国民的自由与安全设定了可靠的屏障,[④]即只有当国民的行为符合刑法规定的构成要件,侵犯了法律所保护的重要生活利益并且对此具有责难可能性,才能合法地启动国家刑罚权,直至对被告人定罪量刑。只要国民的行为不该当法定的构成要件,或者虽然形式上该当法定构成要件,但没有实质性地侵犯法律所保护的重要生活利益,或者缺乏责难可能性的,即不受刑事追诉之威胁。不仅如此,契约观念中的主体平等意识对于刑法的渗透亦使得国家刑罚权的行使日益弱化其传统的国家对国民的绝对强制服从关系,而凸显其理性对话、控辩平等、裁判居中的现代特征。因此,储槐植先生指出:"刑法契约化大体也可以理解为刑法存在及其运作的主体间平等制约关系

---

① 罗克辛教授即明确指出:"因为刑法不像民法,不是建立在平等关系原则的基础之上的,而是建立在个人服从(通过刑法规范命令而优先的)国家强制力的从属关系原则基础上的,所以,刑法被认为是公法的一个组成部分。尽管各种法律材料大体上都被划分在民法、公法和刑法这三大部分之中,然而出于传统的原因和刑法的特殊意义,人们仍然愿意在狭义的公法领域之外来理解刑法。不过,刑法在体系上属于广义公法的这个属性,并不会因此而有任何的改变。"参见[德]克劳斯·罗克辛著:《德国刑法学总论》(第1卷),王世洲译,法律出版社2005年版,第4~5页。

② 因此,罗克辛将刑罚称为"社会政策的最后手段",并将刑法的任务定义为"辅助性的法益保护"。参见[德]克劳斯·罗克辛著:《德国刑法学总论》(第1卷),王世洲译,法律出版社2005年版,第4~5页。

③ 赵红梅:"第三法域社会法理论之再勃兴",载《中外法学》2009年第3期。

④ 储槐植先生不仅提出了刑法契约化是现代刑法本性的主张,而且强调刑法契约化的核心内涵是罪刑法定原则契约化。参见储槐植:"刑法契约化",载《中外法学》2009年第6期。

的发展进程。”①而法益保护主义原则支配下的现代刑法则一改其传统的道德主义、父权家长主义的立场，不以行为的反伦理性或者反规范性评价国民的行为，而强调犯罪的本质是法益侵害或者侵害危险，没有法益侵害或者侵害危险就没有犯罪，法益权利人自愿放弃法益保护的，或者行为人获得法益权利人的同意或承诺而处分其法益的，则因没有法益侵害而阻却构成要件或者阻却违法，从而充分体现了现代刑法对法益权利人放弃法益保护、同意或者承诺他人处分法益的意思自治的尊重。因此，不管我们是否认同以辩诉交易、监狱私营化、恢复性司法为翘楚的刑法私法化现象，我们可能都必须正视吸纳了私法核心观念与原则的罪刑法定原则与法益保护主义对刑法的私法化走向的主导。

尽管刑法的私法化走向可以在一定程度上解释对轻微犯罪的刑事和解，但是，仍然无法为死刑案件的刑事和解提供法哲学的支持。作为刑法私法化表征的告诉乃论、起诉便宜主义、辩诉交易、监狱私营化以及恢复性司法运动，迄今为止在世界范围内仍然主要适用于轻微犯罪，而很少适用于严重犯罪特别是可处极刑的极端严重犯罪。契约观念、意思自治主导下的现代刑法虽然将国家与国民间的平等制约关系、法益权利人意思自治纳入国家刑罚权的行使过程，但绝不意味着国家可以以私权主体行使私权的方式任意行使、割让、放弃作为公权的国家刑罚权，或者任由任何人以任何方式对国家刑罚权予以任意侵蚀。为了维护国家与社会的集体存在与法秩序的整体统一，国家对关乎重要法益保护的核心刑罚权必须予以垄断性与强制性的行使，不仅不能允许加害人或被害人根据其个人意志或私利随意左右或变更刑法的适用，而且也不能许可司法者根据其个人好恶而任意放弃或变更刑法的适用，除非其基于公共政策的考虑而认为刑法的适用无效、不经济甚至反而有害。对严重犯罪特别是依法罪该处死的极端严重犯罪严格依法予以定罪量刑，正是国家垄断行使核心刑罚权的直接要求。如果允许罪该处死并须立即执行的极端凶恶犯罪案件直接根据加害与被害双方是否达成赔偿或者和解协议决定被告人的生死，不仅涉嫌将国家核心刑罚权拱手让渡给了作为国民个人的加害方或者被害方，而且可能导致严肃、神圣、权威的刑事审判活动在相当程度上异化为加害与被害双方就具体赔偿数额的讨价还价过程，本来居中独立裁判的法官则可能被边缘化为加害与被害双方在“要钱”还是“要命”之间进行讨价还价的交易结果的消极确认者。这无疑是将本来就存在争议并有其严格边界的刑法私法化推向了彻底侵蚀国家刑罚权、颠覆法秩序、破坏法正义的极端。

---

① 储槐植：“刑法契约化”，载《中外法学》2009 年第 6 期。

八、死刑案件的刑事和解转移了国家对犯罪的发生本应承担的社会集体罪责

所谓死刑案件的刑事和解,原则上要求根据加害与被害双方达成的以认罪、道歉、赔偿与谅解、宽恕为基本内容的刑事和解协议,对依法罪该处死的被告人酌情从轻判处死刑缓期执行。姑且不论加害人的认罪悔罪、赔礼道歉、赔偿损失在多大程度上是出于发自内心的真诚,也不论在自然报应观念当道的当下语境中,被害方对犯罪人的谅解与宽恕又有多少不是因为担忧人财两空的无奈,我们很乐观地假设,在司法实践中,在查清犯罪事实、明确刑事责任的基础上,加害方一般能够就其犯罪行为予以真诚的认罪悔罪并向被害方赔礼道歉,但是,能否就其犯罪行为给被害方造成的物质损失与精神创伤予以足额赔偿,这往往并非加害人或者亲友主观意愿所能决定。上文列举的4个案例充分说明,有没有足够的金钱与财富对被害方予以充分赔偿,既是加害人能否争取到被害方的谅解与宽恕的关键所在,事实上也是左右死刑案件最终裁判结果的决定性因素。正因为如此,看上去很美的死刑案件的刑事和解,可能掩盖的不过是“花钱买命”的赤裸裸的交易而已。这种赤裸裸的交易把决定被告人生死命运的砝码由其罪行与罪责本体移花接木成被告人的金钱与财富数量。即使被告人所犯罪行依法罪该处死,即使同案被告罪责相同,如果有足够的金钱与财富对被害方进行赔偿,在所谓“罪行的客观危害程度因此得以减轻”的冠冕堂皇说辞之下即得以改判死缓;而如果被告人因客观原因无力对被害方进行充分赔偿,则只能面临死刑立即执行的裁判。在这种“不赔钱就要命”的被害人诉求与国家刑罚威胁的双重压力之下,依法本不应承担赔偿义务而又深陷经济困境的加害人亲属唯一的选择只能是倾家荡产、四处举债、筹钱保命,承受其不堪承受的精神压力与经济重负,这不仅直接违反了刑法面前人人平等原则、罪责刑相适应原则以及罪责自负原则,而且实际上是借口被告人未能对被害方赔偿而转移了国家作为法秩序维护者本应对犯罪的发生承担的社会集体罪责,①懈怠了建立刑事被害人国家补偿制度的必要性与紧迫性要求。

---

① 社会集体罪责概念由德国学者 A. v. Oettingen 基于“犯罪植根于社会”的认识而提出。李斯特据此强调:“社会集体罪责”的信念给国家的惩罚行为预先规定了一个界限。无论对个人还是对社会,预防犯罪行为的发生要比处罚已经发生的犯罪行为更有价值。[德]弗兰茨·冯·李斯特著:《德国刑法教科书》,徐久生译,法律出版社2000年版,第21页。

刑事被害人国家补偿制度，是国家在加害人无力赔偿因犯罪而给被害人或其亲属造成的物质损失、身体伤害或者精神创伤的情况下，通过适当的法律程序对被害人或其亲属予以必要的经济补偿的法律救济制度。应当指出，随着被害人权利保护运动的推进，建立刑事被害人国家补偿或者至少是救济制度，已成为我国理论与实务界的共识：一些地方先行开始了有限适用范围的试点，最高人民法院将其纳入了司法改革纲要，全国人大代表提出了建立刑事被害人国家补偿法的立法议案，学理上亦展开了相对比较深入的理论研究与制度论证，尽管对这一制度的理论基础仍然存在源自被害人权利保护运动比较发达的外国的国家责任说、社会福利说、社会保险说、公共援助说、被期待说、平衡保护说、预防犯罪说等诸多不同的理论解读。① 在笔者看来，虽然这些学说是立足于不同视角、功能上可以相互补充而非互相排斥的对刑事被害人国家补偿制度的理论解读，但比较而言，国家责任说是刑事被害人国家补偿制度更为有力的理论基础，刑事被害人国家补偿制度首先应当彰显的是国家责任。这种国家责任不仅是道义责任与政治责任，而且是法律责任。既然不仅是道义责任，国家补偿就不仅体现的是国家对刑事被害人的道义关怀、抚慰与恩赐，国家补偿因而就不能定位于一种国家慈善行为。既然不仅是国家政治责任，国家补偿就不是没有法律义务约束而仅仅展现国家体恤民生、关注弱者的一种民本主义的政治姿态。作为一种国家法律责任，刑事被害人国家补偿制度意味着：尽管犯罪人应当对其自由意志支配下的犯罪行为承担直接的道义与规范责任，但犯罪的发生在某种意义上也可以解读为国家未能恪尽其预防犯罪、维护秩序、保护国民之职责的结果，国家作为法秩序的维护者应当对犯罪的发生承担超越道义责任与政治责任、具有更确定与丰富内涵的间接的法律责任。基于这种国家法律责任，国家不仅应当于犯罪事件发生后依法追究犯罪者的刑事责任、惩罚犯罪、伸张正义、恢复秩序并借鉴犯罪的教训寻求更为有效的预防与控制犯罪之道，而且应当积极关注刑事案件被害人的权利保护与恢复，避免被害方在被犯罪侵害后的刑事责任追究与民事权利救济过程中遭遇第 2 次被害。避免这种“第 2 次被害”的有效制度设计，不仅要求在刑事诉讼过程中加强被害人诉讼权利与诉讼地位保障，避免被害人在刑事诉讼过程中被边缘化，而且要求加强对被害人民事权利的恢复与保障，严格追究加害人对其犯罪行为给被害人方面造成的物质损失、身体伤害与精神创伤的

① 田思源著：《犯罪被害人的权利与救济》，法律出版社 2008 年版；孙谦：“构建我国刑事被害人国家补偿制度之思考”，载《法学研究》2007 年第 2 期。孙谦大检察官作为全国人大代表还提出了《关于制定〈中华人民共和国刑事被害人国家补偿法〉的议案》。

刑事损害赔偿责任,并在加害人赔偿不能时基于国家对被害人权利保护与困境救济的法律责任而对被害人进行代位补偿,从而使得即使是无力赔偿的加害人,只要其真诚地认罪悔罪、赔礼道歉,也有充分的机会获得被害人的谅解与宽恕,从而实现加害人与被害人真正的刑事和解。

随着我国法治进程不断推进,和谐社会方略不断深化,国家综合国力不断提升,建立统一的刑事被害人国家补偿制度不仅是必要的,而且是可能的。笔者深信,既然我们有能力举办一届足以使国人自豪、令世人震惊的"无与伦比"的奥运会,既然我国在对外援助时能够常怀人溺己溺之心,乐善好施,尽显作为负责任的泱泱大国的国际形象,我们就完全有能力在内部的社会治理过程中,根据不断提升的社会经济发展水平,尽快建立刑事被害人国家补偿制度。从国家财政或者社会捐助中拨备必要资金,设立刑事被害人国家补偿基金,在加害人不能充分有效赔偿时,由国家对被害方进行补充性、保障性的权利救济与损害补偿,从而彰显国家权力来自人民、对人民负责的良好形象,缓和被害方本能自然的复仇心理,缓解人民法院在司法实践中适用死刑的社会压力,使司法裁判走出禁止"花钱买命"则表面上实现虚幻的报应正义而实质上加害被害两造皆输,允许"花钱买命"则表面上加害被害两造实现双赢而实质上司法正义丧失殆尽的困境。

九、刑事和解不是控制死刑适用的重要乃至唯一因素

不可否认,死刑案件的刑事和解之所以受到某种青睐,是因为它契合了我国当下正在大力提倡的严格控制死刑适用的刑事政策要求,反映了我国司法机关根据刑事政策的要求减少和控制死刑适用的自觉努力。在控制乃至最终废除死刑已经成为世界潮流并且亦契合我国构建和谐社会治国方略、建设法治国家方针以及实施宽严相济刑事司法政策的要求的司法语境下,通过司法的路径尽可能减少与控制死刑的适用原本应当得到积极肯定并大力提倡。问题在于,司法裁判过程是一项复杂精密的事实判断与法律推理的逻辑思维过程,并且司法者需要具有高度的政治智慧和行动艺术。司法裁判过程的性质决定了司法裁判首先必须严格地根据查明的犯罪事实与适格的刑法规定予以定罪量刑,在此基础上,才能考量犯罪事实与刑法规定以外的影响定罪量刑的政策性因素与社会性因素。简言之,查证的犯罪事实与适格的刑法规定,是定罪量刑之根据,是司法裁判之"体",而事实与法律之外的政策性与社会性因素是参考,是司法裁判之"用"。离开了犯罪事实与刑法规定之"体",政策性因素与社会因素之"用"就

成为无“体”之“用”(无用)。在影响定罪量刑的政策性因素与社会性因素中,既有属于犯罪人个人情况的描述性因素,又有超越犯罪人个人情况的评价性因素;前者如犯罪前后用以表明行为人人身危险程度的初犯、偶犯、一贯表现以及认罪悔罪、赔礼道歉、赔偿损失、被害人的谅解与宽恕等,后者如犯罪发生时由犯罪态势、治安环境等因素决定的刑事政策、民意民愤等。无论如何,司法裁判过程中,决定是否对被告人适用死刑的决定性根据,只能是作为定罪量刑之根据与司法裁判之“体”的犯罪事实与刑法规定本身;犯罪人个人事实的描述性因素,除非属于法定的量刑情节,只能作为法官在由犯罪事实与刑法规定确定的刑罚裁量空间内具体斟酌裁量的情节;超越犯罪人个人的评价性因素,亦只能对个案的司法裁判在由犯罪事实与刑罚规定确定的刑罚空间内进行调控。如果基本犯罪事实已经严重到非杀不可的程度,作为单一酌定量刑情节的犯后认罪、悔罪、赔偿表现,其对最终量刑结果的影响力就不可能扩张至可以决定被告人生死的程度。也就是说,对于“罪行极其严重”、依法“罪该处死”并须“立即执行”的极端严重犯罪,即使加害方认罪、道歉、赔偿并获得了被害方的谅解与宽恕,仍然必须判处死刑立即执行。所谓死刑案件的刑事和解是在司法控制死刑适用的自觉努力与正确方向上,不恰当地定位了犯罪人犯后认罪、道歉与赔偿对量刑结果特别是杀与不杀的作用,将本来只是在可能影响杀与不杀的司法裁判的诸多“体”与“用”的量刑变量体系中占据酌定从轻处罚情节之一的刑事和解,特别是将赔偿与否升格为杀(判处死刑立即执行)与不杀(判处死刑缓期执行)的决定性甚至唯一的因素。事实上,在依法罪该处死并须立即执行的极端凶恶犯罪中,刑事和解特别是赔钱协议改变不了犯罪事实已经发生、危害结果特别是被害人生命已经被残害、极其严重的社会危害程度已经被定格的基本事实。一般情况下,它充其量只能赔偿犯罪对被害人亲属所造成的物质损失与精神创伤,而这种对被害人亲属的赔偿在根本上无法替代对死者恢复正义。如果不恰当地定位刑事和解特别是赔偿对此类极端凶恶犯罪的量刑的作用,不仅将助长司法裁判的简单化、绝对化以及司法教条主义思维,而且偏离了中国司法控制死刑适用的正确方向,不仅无法使司法裁判获得公众的社会信赖,而且必然会进一步加剧社会分化、激化社会矛盾,导致司法裁判法律效果、政策效果与社会效果的全盘皆失。

十、死刑案件的刑事和解潜藏着司法腐败的巨大危险

刑事和解包括死刑案件的刑事和解相对于现行的正式刑事司法反应,超越了自然报应正义观念,强调更为实质合理的恢复性正义与恢复性平衡,而实现恢

复性正义与恢复性平衡的路径则相对于现行的正式刑事司法模式具有非程序性甚至反程序性。刑事和解的个案努力能否成功、是否达到其设计初衷，在相当程度上就取决于主导或者操作刑事和解的人，而无法主要依靠有效的制度与程序作保障，尽管这并不排斥司法实践甚至立法可以对刑事和解的运行机制与运作过程进行必要的规制。我国当前正处于超越自然报应正义的国民心态与宽恕文化尚未形成、社会贫富差距不断扩大、社会阶层分野日益突出以及社会矛盾空前加剧的前所未有的社会转型时期，如何保证加害方与被害人在接触、协商与沟通的过程中，平等、自愿、自主地达成认罪、道歉、赔偿与谅解、宽恕协议，防止在刑事和解的过程中任何一方恃强凌弱，利用金钱与权势迫使对方违心地签订城下之盟、被迫接受和解，本身就缺乏足够的社会基础与制度保障。而作为社会正义最后一道防线的中国司法，即使是在具有被动性、中立性、程序性等体现司法权内敛与克制属性的传统刑事司法体系内，都缺乏其应有的公信力、权威性与社会信赖。如果不适当地扩大刑事和解的范围，甚至允许对极端凶恶犯罪仅因被告人的认罪、悔罪特别是赔偿而从轻判处死缓，更潜藏着死刑案件的刑事和解被“暗箱操作”的现实危险。① 这是我们在评估死刑案件的刑事和解时不能回避的现实风险，即使再完美的制度设计或制度创新都难免被人腐败交易性地使用。

结语：中国司法控制死刑须方向正确且路径适当

综上所述，在我国当下的法治环境中，刑事和解充其量只能适用于少数轻微刑事案件，而不能无限制地扩展至所有严重犯罪，更不能脱离我国的法治环境、国民精神与文化状态而适用于依法罪该处死的极端暴力犯罪。② 在刑事诉讼中，被告人就其罪行给被害方造成的物质损失、身体伤害与精神创伤对被害方进

① 事实上，全力推动刑事和解的陈光中先生亦注意到了这一危险，他指出：“刑事和解在实际操作过程中有可能出现公权力机关滥用权力逼迫和解，一些犯罪人犯罪后毫无悔意却以钱买刑等情形，会在一定程度上放纵犯罪，造成不良的社会影响。因此，在建立和解制度的同时，必须建立相应的监督机制。”陈光中、葛琳：“刑事和解初探”，载《中国法学》2006年第5期。

② 值得肯定的是，最高人民法院2010年2月10日印发的《关于贯彻宽严相济刑事政策的若干意见》第40条审慎地规定：“对于刑事自诉案件，要尽可能多做化解矛盾的调解工作，促进双方自行和解。对于经过司法机关做工作，被告人认罪悔过，愿意赔偿被害人损失，取得被害人谅解，从而达成和解协议的，可以由自诉人撤回起诉，或者对被告人依法从轻或免予刑事处罚。对于可公诉也可自诉的刑事案件，检察机关提起公诉的，人民法院应当依法进行审理，依法定罪处罚。对民间纠纷引发的轻伤害等轻微刑事案件，诉至法院后当事人自行和解的，应当予以准许并记录在案。人民法院也可以在不违反法律规定的前提下，对此类案件尝试做一些促进和解的工作。”这表明最高人民法院在行文上只允许对刑事自诉案件以及因民间纠纷引发的轻伤害等轻微刑事案件进行刑事和解。

行认罪、道歉与赔偿，本是其必须履行的刑事损害赔偿责任。如果被告人能够积极、主动、真诚地认罪、道歉、赔偿，因此得到被害人的谅解、宽恕，充其量只能成为人民法院具体裁量被告人刑罚的酌定从轻处罚情节之一，而绝非可以决定被告人命运甚至生死的决定性因素甚至唯一因素。[①] 如果犯罪分子所犯罪行极其严重、犯罪动机特别恶劣、犯罪手段特别残忍、犯罪后果特别严重、主观恶性特别巨大，即使其犯后真诚地认罪悔罪、赔礼道歉、赔偿损失，被害方亦谅解与宽恕了被告人的罪行，人民法院仍得依法判处被告人死刑立即执行。反之，如果犯罪分子所犯罪行虽然极其严重，依法罪该处死，但是，其犯后真诚地认罪悔罪、赔礼道歉、赔偿损失，综合考虑基本犯罪事实以及案件其他情况，认为"不是必须立即执行"的，则得判处死刑缓期执行，但这种情况亦非所谓死刑案件的刑事和解，而是正确解释适用《刑法》第48条死缓适用条件的当然要求。

因此，如果我们认同李斯特警示的"法律规范如同植根于国民的宗教、道德和审美观之中一样，它也根植于国民的良知之中"[②]以及耶赛克所断言的"刑法在某种程度上是我们文化状态最忠实的反映并表现着一国占主导地位的精神状态"，[③]如果我们承认"法学家与法学工作者的使命就是发现并构建这些存在于特定时空下的文明的法律前提，并由此给出一种评价性的理论"，[④]如果我们还怀有"举头三尺有神明"的敬畏、戒慎与恐惧，就必须坦率地承认，对罪行极其严重、依法罪该处死并须立即执行的极端凶恶的犯罪分子，仅仅或者主要根据加害方的认罪、道歉、赔偿与被害方的谅解、宽恕，即予从轻判处死刑缓期执行，无论其是否披上了时髦的刑事和解的外衣，都难以掩饰刑事责任商品化、刑罚被交易甚至"花钱买命"的实质。在当下的法治语境中，这种做法缺乏起码的正当性与合法性，必须加以坚决的批判与抵制。这就是本文的基本立场与结论。

在坚持上述基本立场与结论的基础上，笔者仍然必须就本文对死刑案件被刑事和解的批判表达以下3点保留意见。

第一，必须肯定中国司法试图通过死刑案件的刑事和解严格控制和慎重适用死刑的初衷。在我国当下社会分化与矛盾日益加剧、犯罪态势总体十分严峻、

---

① 《关于贯彻宽严相济刑事政策的若干意见》第23条亦只是规定："被告人案发后对被害人积极进行赔偿，并认罪、悔罪的，依法可以作为酌定量刑情节予以考虑。因婚姻家庭等民间纠纷激化引发的犯罪，被害人及其家属对被告人表示谅解的，应当作为酌定量刑情节予以考虑。犯罪情节轻微，取得被害人谅解的，可以依法从宽处理，不需判处刑罚的，可以免予刑事处罚。"

② ［德］弗兰茨·冯·李斯特著：《德国刑法教科书》，徐久生译，法律出版社2000年版，第4页。

③ 转引自李海东著：《刑法原理入门》，法律出版社1998年版，第7页。

④ ［德］马克斯·韦伯著：《学术与政治》，冯克利译，三联书店1998年版，第117页。

国民自然报应观念中"杀人偿命"的法律情感根深蒂固、社会治理机制与社会保障机制严重缺失的特殊社会转型时期，掌握着被告人生杀予夺大权的中国司法在裁判重大刑事案件时往往面临着来自社会方方面面的巨大压力和干扰，特别是当对可杀可不杀的被告人决定不杀时更需要有敢于力排众议、独立判断、接受检验的巨大勇气和自信。作为一个严格的死刑控制论者，笔者虽然无法认同死刑案件的刑事和解的主张与努力，但必须对中国司法在裁判重大刑事案件时面临的特殊困境给予同情和理解，对中国法官控制和减少死刑适用的自觉努力表示由衷的敬意，并且笔者亦认为，通过司法渐进地控制、减少乃至于最终废除死刑，实为控制、减少乃至于最终废除死刑最重要的路径。当今世界许多国家正是通过司法裁判拒绝适用死刑而在事实上宣告死刑制度走向灭亡，并最终推动国家立法机关通过立法正式宣告死刑制度死亡。

第二，死刑案件的被刑事和解是中国司法在严格控制和慎重适用死刑的正确方向上迈出的一个错误步伐。死刑案件被刑事和解的结果，一般都是在被告人所犯罪行依法罪该处死的前提下，鉴于被告人认罪、道歉、赔偿、得到被害方的谅解与宽恕，从而判处被告人死刑缓期执行，它在客观上扩展了死刑缓期执行的适用范围。死刑缓期执行作为体现中国政治决策者与立法者高度政治智慧的具有中国特色的制度设计，具有调节、疏导、缓解严惩极其严重的犯罪的社会压力与严格控制、慎重适用死刑的理性选择之间的紧张性的重大刑事政策机能。司法裁判应当高度重视死缓制度的这一特殊刑事政策机能，尽可能扩大死缓的适用范围。在充分发挥其刑事政策机能、通过扩大死缓适用实质性地减少死刑的过程中，必须审慎地选择适当的路径。而死刑案件的刑事和解显然属于中国司法在严格控制和慎重适用死刑的正确方向上迈出的错误步伐，或者只是司法控制和减少死刑适用的一条羊肠小道，稍有不慎就很容易被异化为歪门邪道。因此，中国司法严格控制和慎重适用死刑的自觉努力，必须寻求更为宽广、顺畅的阳关大道。事实上，最高人民法院《关于为构建社会主义和谐社会提供司法保障的若干意见》、"两高""两部"《关于进一步严格依法办案确保办理死刑案件质量的意见》，特别是最高人民法院《关于贯彻宽严相济刑事政策的若干意见》，根据刑法、刑事诉讼法的规定与刑事政策的要求，已经具体界定了中国司法控制和慎重适用死刑的指导思想、一般要求以及具体路径，其核心要义就是把好死刑适用的政策关、法律关、证据关和程序关。这才是中国司法控制和慎重适用死刑的阳关大道。地方司法机关绝不能违反上述规定，各行其是、另搞一套。

第三，恢复性正义主导下的死刑案件的刑事和解作为一种理想设计并非完全不可期待。随着整个社会文明、和谐、法治程度的提高、相关制度建设的完备、司法公信力与权威的提升，特别是当恢复性正义替代自然报应正义成为国民的基本法律情感之后，如果我国国民精神总体上已经进化到可以宽恕一切不能宽恕的极端暴行，[1]死刑案件的刑事和解仍然可能成为中国控制和慎重适用死刑乃至于最终废除死刑的漫长征程中值得认真考虑的一种理想设计或者过渡性安排。当这一切先决条件基本具备时，也许只要被告人认罪悔罪、赔礼道歉、赔偿损失，甚至在无力赔偿的情况下只要能够真诚地认罪悔罪、赔礼道歉，得到了被害人的谅解与宽恕，司法裁判完全可能对依法罪该处死的被告人一律先行判处死刑缓期执行，而只对极个别拒不认罪悔罪、赔礼道歉、有能力赔偿而拒不赔偿的依法罪该处死的被告人，才例外地裁量适用死刑立即执行。[2] 但在这一切先决条件尚不具备时，我们绝不能急功近利、盲动冒进，而必须讲究刑事政策与司法智慧，在坚决依法适用死刑与严格控制、慎重适用死刑、尊重国民法律情感与超越国民法律情感之间掌握好恰当的平衡点，从而逐渐塑造死刑案件刑事和解得以展开的适当氛围与语境。我们期待着这一切先决条件的早日成就，期待着以认罪、道歉、赔偿、谅解与宽恕为根据，对所有死刑案件一律先行裁量死缓的真正的刑事和解被中国司法敲锣打鼓、明媒正娶的良辰吉日尽快到来！

（2010 年第 4 期）

---

① 2000 年德国人普方一家四口在南京被 4 个入室抢劫的苏北青年杀害，随后该 4 个苏北青年被中国司法机关判处死刑。普方惨案后，普方的亲友选择在南京成立普方慈善协会，通过资助苏北地区贫困学生的方式纪念亡者。这种宽恕与仁厚的情怀与境界也许就是这一美好前景的最好诠释。载 http://www.pfrang－association.org/homepage。

② 张文、黄伟明教授曾经主张，基于严格控制和减少死刑的刑事政策，应将死缓作为所有死刑案件死刑执行的必经程序，只有判处死缓后仍然拒不悔改、重新犯罪的，才得依法执行死刑。笔者认同这种主张可以作为将来最终废除死刑的过渡性安排，但并不认为在当下即具有可操作性。参见张文、黄伟明："死缓应当作为死刑执行的必经程序"，载《现代法学》2004 年第 8 期。

从李庄案看辩护人伪造证据、妨害作证罪的认定

孙万怀*

2010年1月8日，重庆市江北区人民法院以李庄犯辩护人伪造证据、妨害作证罪判处其有期徒刑2年6个月。2月9日，重庆市第一中级人民法院宣判撤销该判决的量刑部分，以上诉人李庄犯辩护人伪造证据、妨害作证罪判处有期徒刑1年6个月，至此李庄案尘埃落定。在特定的社会背景下，围绕这个案件，司法实务界、法学理论界乃至社会舆论各抒己见。可以想见，这个案件的判决会引发人们对于刑事程序、刑事实体、律师执业环境乃至整个司法环境的无尽思考。但是在当前，多数的议论还是从程序的合理性和应然性的角度出发来论证的，从实体刑法角度对于罪名适用的议论比较少。其实，如何理解辩护人伪造证据、妨害作证罪不仅对于李庄案有着重要的意义，而且对于司法的规范化和刑法基本理论的细致化都有着重要意义。

一、辩护人伪造证据、妨害作证罪作为一个罪名本身所遇到的问题

辩护人伪造证据、妨害作证罪的完整表述是辩护人、诉讼代理人毁灭证据、伪造证据、妨害作证罪。根据《刑法》第306条的规定，该罪是指在刑事诉讼中，辩护人、诉讼代理人毁灭、伪造证据，帮助当事人毁灭、伪造证据，威胁、引诱证人违背事实改变证言或者作伪证的行为。辩护人和诉讼代理人通常由以下几种人担任：律师；人民团体或者犯罪嫌疑人、被告人所在单位推荐的人；犯罪嫌疑人、被告人的监护人、亲友；被害人所在单位推荐的人；被害人的监护人、亲友。而律师作为专业从事法律的人员，在其中占据了绝对比重。该罪的客观方面，也恰恰主要表现在伪造证据和妨害作证两个方面。李庄案涉及的也正是这些问题。所谓伪造证据，是指由辩护人制造假的书证、物证等，以隐瞒案件的真实情况，意图使犯罪人免予刑事追究或者使无罪的人受到刑事追究。所谓帮助当事人伪造证

* 作者单位：华东政法大学。

据，即辩护人策划、指使当事人伪造证据，或者与当事人共谋伪造证据，以及为当事人伪造证据提供帮助等。所谓妨害作证，则是指威胁、引诱证人违背事实改变证言或者作伪证。具体包括两种行为：一是采用暴力、恐吓等手段威胁证人或者以金钱、物质利益等好处诱使证人改变过去按照事实提供的证言；二是以威胁、引诱手段指使他人为案件作虚假证明，提供伪证。

该罪名是1997年《刑法》新增加的罪名。在刑法草案征求意见时，就曾经引发过以下激烈的争议，反对设定这一罪名。

1. 罪名本身的存在不具有合理性。综观世界各国刑法规定，律师的职务犯罪大体上可以分为两种：一是出卖委托人利益的犯罪；二是妨碍司法公正罪。譬如，德国就规定了诱骗他人伪证罪，但犯罪主体并不局限在律师的范围之内，警察、检察官也可以构成犯罪主体。而我国《刑法》第306条规定这一罪名则直接指向辩护人和诉讼代理人。实际上，在最初的刑法征求意见稿中，犯罪主体更是直接被界定为律师。前司法部长、全国人大法律委员会前主任委员蔡诚就强烈反对这样的规定，后在新刑法中并没有出现“律师”的字样，但是词语的变化只是欲盖弥彰，并不代表歧视不再。

2.《刑法》第306条以及《刑事诉讼法》第38条的模糊性甚至歧视性的规定为一些司法人员对律师的无端挑剔提供了可乘之机。例如，根据《刑法》第306条的规定，在刑事诉讼中，辩护人、诉讼代理人不得引诱证人违背事实改变证言或者作伪证，否则，就构成妨害作证罪。但是，何为“引诱”，法律并未作详细界定。如果律师调查证人时，证人改变了以前的证言，这是否属于“引诱”？在司法实践中，有司法人员对证人改变了证词的情况不问真假，也不查明证人改变证言的具体原因，就一律归罪于律师“引诱”，致使律师频频“蒙难”。据有关资料统计，在刑法生效后3年多的时间内，在调查取证中，因涉嫌毁灭证据、伪造证据、妨害作证而遭无端拘留或逮捕的律师居然多达200多名，而在这200多名律师中间，绝大多数又被无罪释放！据全国律协某负责人透露：1995年全国律协接到各地律师协会或律师上报的维权案件仅有10多起，而到1997年、1998年每年达到70多起，特别是新刑法实施后，律师执业中涉及“伪造证据罪”、“妨害作证罪”的案件占全部维权案件数量的80%。[①]“1997年以来（至2003年——笔者注），北京市律师在执业中被司法机关采取法律措施的案件共有12起。从案由上看，涉嫌伪证罪2起，涉嫌妨害作证罪2起，涉嫌伪造印章罪1起，涉嫌中介

① 王超：“律师取证的风险及其防范”，载中国民商法律网。

机构出具虚假证明文件罪1起，涉嫌诈骗罪1起，纯属司法机关滥用职权的2起。”①辩护人伪造证据、妨害作证罪仍是律师头上的达摩克利斯之剑。

在这样的背景下，2000年，九届全国人大陕西代表团代表张燕联合32位人大代表专门向全国人大常委会提出了“关于修改《中华人民共和国刑法》第306条的议案”。议案指出：“《刑法》第306条自施行以来，客观上已造成律师执业环境恶化、控辩双方失衡加剧、职业报复迭出、律师声望受损等弊端，因此，该条应当予以尽早修改，从而把它所带来的负面影响减小到最低限度。”②其将该罪名的不合理性归纳为3个方面：一是律师出伪证、诱使证人改变证词的问题，在实践中难以明确界定；二是《刑法》第306条将律师设置为单一的“特殊主体”不恰当，也和我国与国际接轨的整体发展思路和方向相悖；三是律师的违法行为构成妨害证据或妨害作证时，可以适用《刑法》第307条。故建议取消该罪。

一年后，全国人大常委会法制工作委员会作出了如下答复：“1997年八届全国人大五次会议修订刑法时，考虑到新的诉讼法施行后，辩护人、诉讼代理人在刑事诉讼中的作用得到了进一步的加强，其在刑事诉讼中的权利也相应有所扩大，同时考虑到实践中多次发生过有的律师毁灭、伪造证据，帮助当事人毁灭、伪造证据和威胁、引诱证人违背事实改变证言或者作伪证的情况，为了保证辩护人和诉讼代理人依法正确行使法律赋予的权利，防止其利用这些权利妨害刑事诉讼的正常进行，根据实践中的具体情况和打击犯罪的需要，增加了《刑法》第306条。同时为了划清罪与非罪的界限，本条第2款还明确规定，辩护人、诉讼代理人提供、出示、引用的证人证言或者其他证据失实，不是有意伪造的，不属于伪造证据。《刑法》第307条规定的行为与第306条有所不同，第306条规定的行为包括毁灭、伪造证据，帮助当事人毁灭、伪造证据和威胁、引诱证人违背事实改变证言或者作伪证；第307条规定的行为是指帮助当事人毁灭、伪造证据，情节严重的行为和以暴力、威胁、贿买等方法阻止证人作证或者指使他人作伪证的行为。刑法对这两条分别加以规定主要是为了区分两罪的特点和界限，保证司法机关准确应用法律，打击犯罪。关于你们提出的全国各地刑事辩护数量锐减，这一规定在司法实践中易被某些执法人员当做职业报复的根据等问题确实存在，有的部门、律师和专家学者也多次反映过。造成这些情况的原因是多方面的，我们也曾多次做过调查和研究。目前，对这些问题，我们也正在广泛调查，收集意

---

① 陈兴良：“刑事法治视野中的辩护权”，载《法学》2004年第1期。

② “关于修改《中华人民共和国刑法》第306条的议案——十届全国人大代表陕西代表团张燕领衔”，载《中国律师》2006年第4期。

见,结合立法工作进行研究。你们的意见,我们在研究工作中将认真考虑。”这样的解释显得非常中庸,其认可了《刑法》第306条的合理性,但是也承认实践中确实存在问题,用词让人无可挑剔,但于事无补。现实是,据全国律协当年(2000年)5月对23个有关这一罪名的案件统计,其中11个案件涉嫌的律师被无罪释放或撤案,6个有罪判决,1个免予刑事处分,5个尚未结案,错案率达到50%以上。①

实践中是否存在职业报复这样的现象不好说,但该罪名的适用状况却具有惊人的相似性。许多案件与李庄案相比,过程几乎雷同。如曾经引起轰动的内蒙古麻广军涉嫌妨害作证案:2002年12月20日,宁城县农民许某因涉嫌强奸同村聋哑人魏某而被公安局刑事拘留,许某承认曾对魏某实施强奸两次。律师麻广军于2002年12月30日接受委托,为许某出庭辩护。2003年2月11日,许某翻供。麻广军在法庭上出示了7份证据材料,试图证明许某无罪,同时,张玉兰、高金英等7名证人均证实许某没有作案时间。休庭后,7名证人相继被带到宁城县看守所,经审讯之后,7名证人承认自己作了伪证,并说是由律师指使的。后许某被一审法院认定强奸罪并处5年有期徒刑,麻广军也因涉嫌“妨碍作证”被逮捕。赤峰市中级人民法院将强奸案发回重审。法庭上,7名证人再次称许某没有作案时间,随后再次被传唤到看守所进行讯问,又相继推翻了法庭上的证言,许某再次被判有罪。2004年3月10日,麻广军涉嫌妨害作证案在宁城县人民法院开庭审理。内蒙古律师协会委派律师为被告人麻广军进行无罪辩护,最终被告人被无罪释放。该案最终没有查清是否真实存在刑讯逼供,但是证人一翻供就被带走,一被带走就翻供,这实在是对法律的嘲弄。难怪麻广军的辩护人指斥:“证人在法庭上讲的是事实,而在庭审结束时由宁城县检察院和公安局带走证人去看守所讯问后又改变了在法庭上的证言,存在证词因环境因素而变化或者有刑讯逼供和诱供之嫌。”②更为极端的事例是昆明律师王一冰案。王一冰

① 《全国律协维权案件统计表》(2000年5月)。

② 肖山:“中国律师定位模糊办案面临‘三难’窘境”,载《望东方周刊》2004年6月16日。

涉嫌触犯构成该罪名历经2年牢狱之灾，在最终被宣告无罪后愤而出家。①

结合李庄案可以发现，这个罪名的认定几乎已经形成了这样一个基本模式：犯罪嫌疑人、被告人口供认罪→律师介入→犯罪嫌疑人、被告人翻供→律师妨害作证（或伪造证据）。

“全国律师协会曾对23个律师伪证罪的案例进行了统计分析，结果表明，其中11个案件涉嫌的律师被无罪释放或撤案，错案率近50%。新《刑法》实施后，律师执业中涉及‘伪造证据罪’、‘妨害作证罪’的案件占全部律师维权案件总量的80%。据司法部属下的《法制日报》公布的统计数据，1997～2002年间，至少有500名律师被‘滥抓、滥拘、滥捕、滥诉、滥判’，其中80%由司法机关‘送进监狱’，‘绝大部分（占80%）又最终宣判无罪’。‘如果律师确实触犯了法律，那当然应该与其他人一样承担责任，但现在的问题并不完全是这样，很多是因为律师在执业过程中与一些利益发生了冲突才被抓起来的。’全国律师协会会长高宗泽说。”②

在这样的环境中，“该法条的实施，在一定程度上挫伤了律师承办刑事案件的积极性与信心，也直接影响了《刑事诉讼法》的实施。《刑事诉讼法》第96条关于律师提前介入刑事诉讼的规定，本来是刑事诉讼法的一个显著进步，然而由于《刑法》第306条规定的出现，反而使《刑事诉讼法》第96条的规定成为律师遭受执业风险的陷阱，律师因失误触犯刑律和被有关机关错误追究的概率大大增加。”③其所导致的必然结果就是，刑事辩护律师在代理、辩护案件时明哲保身、裹足不前。“进行过刑事辩护的律师们，不约而同对三者难易程度进行了相同的排序：阅卷最易，会见次之，取证最难，尤其是‘人证’。”“‘人证’还极易给律师制造‘雷区’。于是，律师们只能在检方提供的现有的证据材料之中寻找漏

---

① 1997年5月初，王一冰代理童金祥涉嫌爆炸罪一案。6月13日，法院开庭审理中，被告童金祥当庭翻供，拒不承认自己实施了爆炸行为，并称当晚自己一直和未婚妻何桂芬在一起，没有作案时间。何桂芬也当庭翻供，一口咬定案发当晚童金祥一直和她在一起，没有出去过。何桂芬遂因涉嫌伪证罪被拘留。后其供述是王一冰教唆翻供。王一冰也因涉嫌伪证罪被逮捕。对王一冰的调查最初从涉嫌“对何桂芬强奸”开始。12月13日，对王一冰活体检验结果否定了强奸罪。1998年11月，以涉嫌伪证罪对王一冰提起了公诉。1998年12月3日，弥勒县人民法院一审判决认为：王一冰违反律师职业道德，对委托人要求翻证的想法不加劝阻，而是积极帮助证人实施翻证行为，妨碍了司法机关的正常活动，但情节轻微，宣告王一冰无罪。后检察机关提起抗诉，王一冰也提起上诉。1999年12月13日，红河州中级人民法院二审认定何桂芬在聘请律师之前就产生并实施了翻证行为，原判依据不足，驳回抗诉，改判王一冰无罪。此时，王一冰已被逮捕了2年。

② 剑伐：“中国律师业：在‘冰’与‘火’之间”，载《北京周报》2004年10月18日。

③ 陈卫东：《刑事诉讼法实施问题调查报告》，中国方正出版社2001年版，第239页。

洞,组织辩护。”①

笔者认为,毋庸讳言,该罪名存在的职业歧视应该说十分明显。这主要表现在:首先从条文上类比。从罪名设定的合理性角度来看,与这一罪名相类似的罪名是《刑法》第307条妨害作证罪。在以威胁、引诱等手段阻止证人作证或者指使证人作伪证方面两罪表现为相同性,并且法定刑的设置也是相同的,唯一的区别就是主体的不同,也就是说,两个罪名属于一种法条竞合关系。但是在法定刑相同的情况下,分立罪名和法条也就失去了意义。如果说这样的立法不是立法的疏忽的话,那只能理解为一种歧视。其次从主体身份上类比。类似的妨害作证行为,并非只有诉讼代理人、辩护人的角色才会发生。在刑事诉讼过程中,其他的诉讼参与人或相关人员同样可以实施这样的行为,但是却没有独立的罪名甚至没有相关的罪名。

当然,罪名的取消或完善是从应然性角度来说的。本文接下来将着眼于实然的角度,分析在罪名仍存的前提下,应该如何合理把握这一罪名,李庄的行为是否符合本罪名的构成要件。但通过上述一段简短的历史考察,至少可以促使我们进行思考,这一罪名该如何定位?现实中所出现的一些问题判例固然可能是罪名的先天不足,但是否也是对罪名理解的偏差所致?

二、辩护人伪造证据、妨害作证罪是刑法中的结果犯而非行为犯

关于辩护人伪造证据、妨害作证罪是行为犯还是结果犯,在李庄案中成为争论焦点之一。辩护人认为本罪是结果犯,理由有二:其一,根据《刑法》第306条第2款反推。第2款规定:“辩护人提供、出示、引用的证人证言或者其他证据失实,不是有意伪造的,不属于伪造证据。”倒推过去到第1款,只有“故意伪造”的“提供、出示、引用的证人证言或者其他证据失实”,才构成犯罪。因此,“提供、出示、引用”行为,是本案主体构成犯罪的必备行为要件。没有“提供、出示、引用”的,不构成犯罪。也就是说,必须有提供的结果。其二,“伪证罪直接损害的客体,是法庭秩序和司法公正。李庄连法庭都没有上,笔录都没有做一份,证人都没有申请,根本没有‘提供、出示、引用’任何证据。哪里影响了法庭?”二审辩护仍然认为,“即使控方以为李庄有指使伪证行为,同我们认为的根本没有这种行为有分歧,那么,在本案没有犯罪结果这一点上,控辩双方则是一致的。因为

① “刑辩律师的惑与祸执业困境渐露端倪”,载《上海法治报》2010年3月29日。

没有一份证据成形，没有一个证人被影响。其实连龚案的证人都没有出现，也就是说结果没有出现”。据此，辩护人认为，“辩护人伪造证据、妨害作证罪是结果犯，李庄的行为并未造成后果，其行为不构成犯罪。”①

对于这样的辩护观点，一审判决则予以否定：“关于被告人李庄及其辩护人提出辩护人伪造证据、妨害作证罪应以实际发生后果为构成要件的辩解、辩护意见，本院认为，从犯罪构成上讲，该罪属于行为犯，不是结果犯。故李庄及其辩护人提出的该辩解、辩护意见不能成立，不予采纳。”②

于是，关于该罪名认定的主要分歧便产生了，即判决认为该罪名是行为犯，且李庄的行为是犯罪既遂（关于具体理由，法官语焉不详）。辩护人则认为该罪名是结果犯，李庄的行为尚未发生结果（到底是何种形态，律师语焉不详）。理论界也注意到审理中行为犯与结果犯的争论，但却没有予以足够重视和研讨，而只是一语带过。如在集中谈及本案时，有教授曾认为：“妨碍作证罪无论是结果犯罪，还是行为犯罪，都不影响本案定罪，最多影响量刑。”③但并没有指出辩护人伪造证据、妨害作证罪的犯罪类型，而只是认为不同标准会对于量刑有些许影响。笔者认为，对于行为犯和结果犯的不同认识和不同理解，至少可能对李庄的刑事责任产生影响，甚至可能产生至关重要的影响，毕竟理论关注定罪，罪犯则似乎更关注量刑。更何况结果犯的观点会延伸出免除处罚甚至因情节显著轻微而不认为是犯罪这样的结论。

这里非常有必要先从行为犯和结果犯认定的基本分歧谈起。

在故意犯罪理论中，行为犯和结果犯是作为犯罪分类的标准以及犯罪既遂形态等的标准存在的。但是这对范畴是比较模糊的，且主要是通过列举来说明，如盗窃罪被界定为结果犯，强奸罪被界定为行为犯，等等。

1. 如何看待结果的内容

对于结果犯，中外各种学说多有论述，且多是从犯罪形态角度来阐述。如有学者以区分结果犯和举动犯作为犯罪分类之一种，认为结果犯的构成要件以结果之发生为必要，而举动犯一经着手实行，其罪即属成立，不以结果之发生为必要；只有结果犯处罚未遂犯，举动犯不发生未遂犯问题。④ 有学者认为：“结果

---

① 陈有西、高子程：“李庄律师被控辩护人伪造证据、妨害作证罪第一审辩护词”，载陈有西学术网。

② 重庆市江北区人民法院〔2009〕江法刑初字第711号刑事判决书。

③ 以上为梅传强教授的观点。具体可参见“庭审几大法律问题释疑”，载《重庆日报》2009年12月31日。

④ 蔡墩铭著：《刑法总论》，台湾三民书局股份有限公司1995年版，第69～70页、第84～85页。

犯,是指实施犯罪行为,必须发生一定的结果,始成立该犯罪。例如杀人,除有杀人的行为外,尚须发生被害人死亡的结果,始成立杀人罪,否则可成立杀人未遂罪。”①我国刑法学理论也大同小异,认为是指“不仅实施犯罪构成客观要件的行为,而且必须发生法定的危害结果,才构成既遂的犯罪”。②

也有学者开始不满足于概念的抽象归纳。如有人认为,所谓结果犯,是指以法定的危害结果作为犯罪构成客观方面必要条件的犯罪。而且,一定的危害结果的出现,是构成既遂类犯罪的必要条件,危害结果还必须是法定的,至于它与犯罪人预期的危害结果是否一致不影响结果犯的成立。③ 有学者意图寻找确定性的标准。如有的学者认为,不要求发生犯罪结果就成立的犯罪是行为犯,要求发生犯罪结果才能成立的犯罪是结果犯。这样区分二者的意义在于告诉我们,哪些犯罪的成立要求发生犯罪结果,哪些犯罪的成立不要求发生犯罪结果。行为犯与结果犯应以法律规定为准,不能以案件是否发生犯罪结果为标准。④

然而这样的结论仍然不是十分明确。和前面的观点一样,都是认为需要结果发生作为一定标准的为结果犯。但是这实际上是一种同义反复。因为必须首先明确何谓结果,结果的范围有多大,界定法定结果的标准是什么。只有明确了何为犯罪结果,才能考虑何谓结果犯。而当前的理论实际上是因果关系倒置了。他们的逻辑用极端事例解释就是:因为故意杀人罪是结果犯,所以,被害人死亡的结果出现了,犯罪就既遂了。这里还是没有解决为什么故意杀人罪是结果犯这一问题。

更何况,即使用“必须发生法定的危害结果”这样的话来表述结果犯的概念也并没有确立标准。因为刑法条文并不是都将结果规定其中,⑤还是以故意杀人罪为例,如《刑法》第 232 条的故意杀人罪就没有规定犯罪结果,之所以该犯罪被确定为最为典型的结果犯,只不过是大家公认而已。但在其他一些犯罪中,合理性的标准不再容易确定并被广泛接受。

2. 确定结果犯的根本依据

笔者认为,对于我国刑法所规定的结果犯大体可以分为以下几类:一是法律

---

① [日]福田平、大昉仁编:《日本刑法总论讲义》,李乔等译,辽宁人民出版社 1986 年版,第 288～289 页。

② 高铭暄主编:《中国刑法学》,中国人民大学出版社 1989 年版,第 169 页;苏惠渔主编:《刑法学》,中国政法大学出版社 1994 年版,第 211 页。

③ 马克昌主编:《犯罪通论》,武汉大学出版社 1995 年版,第 469 页。

④ 张明楷著:《犯罪论原理》,武汉大学出版社 1991 年版,第 515～517 页。

⑤ 当然我国刑法条文中有许多是明确规定了结果的。如渎职犯罪中“致使公共财产、国家和人民利益遭受重大损失”的规定以及常见的过失犯罪的规定。

明确规定的结果犯,如《刑法》分则条文明确规定的后果、损失以及数额等;二是从约定俗成、罪刑均衡或合理性角度可以判断的结果犯,如故意杀人罪等;三是标准不明确且合理性标准比较模糊的结果犯。

辩护人伪造证据、妨害作证罪如果是结果犯,显然不属于第一类和第二类,所以着重需要考察的是第三类。从一般意义上来说,任何犯罪都是具有社会危害性的行为,而社会危害性本身就是一种结果。但如果依照这样的标准,所有的犯罪都是结果犯了,在故意犯罪领域行为犯与结果犯的分类将不再具有意义,也就取消了故意犯罪结果犯的存在。① 结果犯与行为犯最为重要的标准在于确定犯罪完成与否(有时结合行为的类型还会涉及可罚性问题)。所以,结果犯必须具有以下特征:其一,危害结果必须和行为人的行为目的结合在一起。但如果行为本身就表现为目的,则该种犯罪不是结果犯。② 其二,这里的结果必须是物质性损害结果。如损毁、损坏、破坏、毁灭型行为的结果犯。如破坏生产经营,毁灭国家机关公文、证件、印章,破坏界碑、界桩,破坏永久性测量标志,故意损毁文物,非法毁坏珍贵树木,等等。以上结果犯要求犯罪人的行为对犯罪对象造成严重损害,使其失去部分或全部价值,才成立犯罪既遂。其三,如果行为导致了一种结果,但如不是危害行为本身性质的必然延伸,则这种结果不是该种犯罪所评价的结果;不是该种犯罪的直接目的所及,则不是该罪危害结果。

按照这样的逻辑进行分析,毁灭证据的行为直接导致证据的损毁,导致证据物理状态或证据功能的丧失,实际上就是一种破坏行为所导致的毁坏结果。这一点在理论中争议不大。比较具有争议的可能是伪造行为(当然,相对于伪造行为,妨害行为可能听起来更类似于行为犯)。对此,笔者认为,从一般样态来看,类似于伪造、变造国家机关公文、证件、印章,伪造、变造居民身份证的行为乃至包括伪造证据的确实都是一种行为,往往容易被想当然地理解为行为犯,但这只是似是而非的,是感性的理解。其一,任何犯罪都表现为一定行为,无行为就无犯罪。不能说有了行为就一定是行为犯,如果这样,故意

① 有观点认为,行为犯也是结果犯。所谓结果是一种由意识所引起的外界一切变化,所有犯罪都必须有犯罪结果。因此,在刑法上就不分什么行为犯和结果犯了。另外有种解释认为,理论上没有必要区分行为犯和结果犯,因为行为犯中,行为和结果是同时发生的。参见[日]团藤重光著:《刑法纲要总论》修订本,创文社 1980 年版,第 115 页。转引自史卫忠:"行为犯理论的反思及界定",载《法律科学》1996 年第 4 期。

② 当然这里必须合理界定行为目的,因为目的具有层次性。笔者认为,行为目的只能是确定基本行为之后的直接目的。

杀人也是一种行为,就应该也是行为犯了。其二,伪造行为是刑法中的类型化行为,实质上是一种没有经过合法许可,违法或违规制造的行为,是将不应该存在的对象制造出来。伪造公文、证件、印章固然如此,违法、违规制造枪支、弹药、爆炸物更是如此。违法、违规制造的枪支弹药就是一种物质性损害结果的载体。如果这样的犯罪可以被认定为结果犯,则为什么伪造公文、证件、印章、证据就不是一种结果犯呢?其三,毁灭证据是一种从有到无的过程,如果被认定是结果犯,则伪造证据是一种从无到有的过程。如果说从有到无最后体现为一种结果,则既然"无"都是结果,则显然从无到有更应该是一种结果。因为"有"存在了,因为非法的物质生成了。其四,从法条的协调性出发,既然毁灭和伪造证据是相反相成的关系,又规定在同一法条中,就应该具有犯罪类型的相同性。证据没有被毁灭成功不是犯罪既遂,则证据没有被伪造成功,当然不是犯罪既遂。[①] 在李庄案中,二审辩护词指出,"一审判决承袭公诉人之定论,任意解释《刑法》第306条为行为犯,此举属无权解释,据此判决必然误判。"[②]其从解释学的角度对于一审认定为行为犯进行了驳斥。笔者认为,还是从刑法基本理论的角度进行解释比较合适。毕竟刑法的规定是依靠刑法基本理论来支撑的。二审辩护词还认为:"李庄在龚刚模案中未曾向法院提交任何证据,未曾调查取得任何证据,且李庄希望出庭作证的证人均拒绝出庭,即李庄没有伪造或帮助伪造证据的行为和结果。"如果这所言非虚,李庄的行为并没有出现危害结果。[③] 辩护人伪造证据、妨害作证罪是结果犯,李庄的行为当然需要结果的出现才会导致基本犯的成立。

三、从伪造、妨害对象——证据的特征来看待刑事可罚性基础

仅仅区分了本罪的结果犯与行为犯的问题,并不能够解决刑事可罚性以及刑罚的轻重,因为这里存在如何理解结果的范围问题。前文说过,伪造实际上是一种从无到有的行为。但是在特殊的领域,从无到有表现的特点是不同的。辩护人伪造证据、妨害作证罪对象的特殊性即是如此。

---

① 当然,由于我国刑法中存在诸多的选择性罪名,不能说同一罪名下的行为犯罪既遂相同,要根据行为方式的具体方式来进行分析。如《刑法》第347条规定的走私、贩卖、运输、制造毒品罪这一罪名中,其犯罪既遂样态就不一样。对于情节犯,也存在这样的问题。

② "李庄案件二审辩护词",载 http://hi. baidu. com/% CE% C2% B5% C0% C8% BB/blog / item/5daacf618cbe24d48db10ddb. html。

③ 同上。

以上是从伪造、毁灭、妨害的字面理解来解读,实际上对这三种行为还可以从刑法具体设定的个罪角度来进行解读,而这之所以十分必要,是因为字面的解读只是根据词语的文义和通常的理解,还比较抽象,还是一个类型化的概念。譬如,对于“暴力”一词,从字面理解有固定性的内容,但比较抽象。落实到具体的条文中,其个别含义又是不同的。譬如我们说抢劫罪和强奸罪中均规定了暴力方式,但是显然二者之间的暴力内容存在较大区别,需要结合个罪犯罪性质本身来加以认定。同样,伪造行为一般意义上说是一个从无到有的过程,但是落实到个罪,这只是基本方式,个罪中的伪造必然带有个性的特征。在具体个罪中,何为“有”?何谓对社会关系(或法益)产生了侵害?对象的不同带来了一系列差异。

从行为方式来看,所有伪造行为的最终目的无非是用来进行欺骗,否则伪造的意义也就基本上不存在了。但是这并不意味着所有的伪造犯罪都要考察欺骗行为,也并不意味着所有的伪造行为都不需要考察伪造行为。譬如,在伪造假文凭的案例中,伪造者并不是必然落实为直接诈骗者,而使用者或购买者则是一种知假买假的心态。也就是说,伪造者与诈骗者是可以分离的,其中往往还夹杂着买卖、提供、使用行为。[①] 这样的犯罪在刑法中很多,譬如伪造国家机关公文、证件、印章,伪造居民身份证,伪造信用卡是单独的犯罪行为,而如果利用制品诈骗的,将可能构成诈骗罪、信用卡诈骗罪等。

而在辩护人、诉讼代理人毁灭证据、伪造证据、妨害作证罪中,因为毁灭、伪造、妨害的对象是证据,伪造者与欺骗者的身份的分离并不明显。即使在共同犯罪中,犯罪人身份有所不同,但共同的目的是相同的,就是向法庭提供虚假的证据。

作为犯罪对象的证据,具有什么样的特征呢?

作为证据,一般认为,其具有客观性、关联性、合法性要求。所谓客观性、关联性是事实认定的内在标准,是证据的基础。所谓合法性,是要求证

---

① 根据最高人民法院、最高人民检察院《关于办理伪造、贩卖伪造的高等院校学历、学证明刑事案件如何适用法律问题的解释》(2001年7月5日)的规定,“明知是伪造高等院校印章制作的学历、学位证明而贩卖的,以伪造事业单位印章罪的共犯论处。”这显然是一种明显的类推解释,具体表现在:一是其否定了伪造行为的特定性,将贩卖行为解释为该罪。二是否定了共同犯罪的基本特征,否定了共同故意的规范要求。三是套不上片面共犯理论,因为贩卖行为一般都是发生在伪造行为完成之后。四是《刑法》第280条第1款明确规定了对于国家机关公文、证件、印章的犯罪,规定了伪造、变造、买卖行为,而对于事业单位印章则只规定了伪造行为,无论这是否属于立法疏漏,贩卖行为没有规定这一点是十分明了的。所以,司法解释为共犯,固然是想回避第一点矛盾,但却又产生了新的矛盾。这种所谓的实质解释是非常有害的。

据必须符合法定的要求和程序，是外在标准。“从应然层面上讲，内在标准应决定和优于外在标准，没有真实的合法性，公正是虚假的；但从实然角度看，内在标准仅具有本体意义，是否实现没有足够的方法和手段保证，倒是外在标准明确、具体和可操作，而且内在标准必须经过外在标准的‘筛选’，否则即使是客观真理也不具有法律效力，没有合法性的真实是无效的。因而，如何合理对待这两个标准，核心是如何定位合法性职能及其限度，这是诉讼法永恒的主题。”①

所谓合法性，是指诉讼证据必须是按照法律的要求和法定程序而取得的事实材料。证据的这一特征表明，证据的形成需要以下要求：其一，诉讼证据的提供、收集和审查，必须符合法定的程序要求。无论是公安司法人员收集证据，还是当事人或其他诉讼参与人提供证据，都应当合法，否则就不能作为诉讼证据。其二，诉讼证据必须具有合法的形式，即作为证明案件事实的证据材料形式上必须符合法律要求。如果证据材料不具备法定的表现形式，即使是与案件有关，也不能作为刑事证据，作为定案的根据。我国诉讼法对证据的种类明确规定为 7 种，同时还对各种证据的形式也作出明确的要求，如物证、书证必须附卷，不能附卷的要通过照相、录像、制作模型等方式附卷；证人证言、被害人陈述、犯罪嫌疑人、被告人供述和辩解、当事人陈述，应当以书面形式加以固定，并经核对无误后，由证人、保护人、犯罪嫌疑人、被告人、民事或行政诉讼当事人签名盖章；等等。其三，诉讼证据必须经法定程序出示和查证。例如，证人证言必须在法庭上经过控辩双方质证；不出庭的证人的证言笔录等必须当庭出示，让当事人辨认。

尽管证据的 3 要素不能等同于证据的基本特征，但是至少为我们认定证据的概念提供了方向，即作为刑事诉讼的证据，具有实质内容和形式内容。伪造证据或妨害作证犯罪最终的指向结果就是伪证。伪证与证据的要素相比有什么区别呢？

① 张策华、李明和：“诉讼证据合法性问题辨析”，载《南京师大学报》（社会科学版）2004 年第 3 期。

笔者认为,伪证之所以被称为伪证,与证据瑕疵存在重大的区别。[①] 证据瑕疵是从程序的合法性角度而言的,而伪证从证据的要素来看,是违背了证据的实质性内容,即证据的客观性。至于形式性内容,虽然不是犯罪构成必需的要素,但是其对于犯罪形态乃至刑事可罚性的判断都有重要的参考价值。

无论是伪证还是瑕疵证据,最终都面临证据提交和审查环节。如果证据尚未提交就不涉及、不具有证据的法律形式外观,就不能成为最终意义上的证据。在李庄案中,如果真的"一审庭审结束时,已然显现这样一个控辩双方均无争议的法律事实:没有疑似伪造的证据或确属伪造的证据出现,没有被妨害作证的证人出现",[②]则显然刑事证据尚未最终形成,犯罪并未既遂,甚至可以说其对于犯罪客体(或法益)的侵害仍不紧迫,刑事可罚性不明显。

所以,即使是伪证,也应具有法律规定的以下形式:

1. 必须是法定人员依照法定程序收集的。对于证据收集主体,《刑事诉讼法》第43条规定,审判人员、检察人员、侦查人员必须依照法定程序,收集能够证实犯罪嫌疑人、被告人有罪或者无罪,犯罪情节轻重的各种证据,严禁刑讯逼供和以威胁、引诱、欺骗以及其他非法方法收集证据。关于收集证据的法定人员,除了上述司法人员外,辩护律师经人民法院或人民检察院许可,并经被害人或者其近亲属、被害人提供的证人同意,可以向他们收集与本案有关的材料。

2. 必须经过审查手续。根据我国《刑事诉讼法》第43条的规定,审查证据的主体是审判人员、检察人员、侦查人员。除了上述人员,其他人均不能作为主体,他们所获取的材料,必须经过上述具有取证资格的人核实,才能作为证据。

3. 具备了证据外观的证据才能称为证据。鉴于证据要求的实质性和形式性内容,我们可以看到,辩护人伪造证据、妨害作证罪所要求的伪造和妨害对象实际上具有特殊内涵。即行为人不仅有真实的伪造或与他人共同伪造的意思和行为,不仅有唆使、引诱他人妨害作证的行为,还必须有将证据提交的行为,并且经过具有审查资格的主体进行审查。当然伪证是否在经过法庭审理质证后被否

---

① 所谓"瑕疵证据",是指司法工作人员违反法律规定程序,以其他非正当的方法收集的、以其证明被告人犯罪事实存在的证据。也就是说,只是该类证据的收集程序和方式不符合法律规定,使证据有了某种缺陷。由于收集程序上的违法性,可能影响或丧失了证据的客观性。如《人民检察院刑事诉讼规则》(1999年1月18日)第34条规定,拘传持续的时间从犯罪嫌疑人到案时开始计算。一次拘传的时间最长不得超过12小时,不得以连续拘传的方式变相拘禁犯罪嫌疑人。而司法实践中侦查人员有时会拘传犯罪嫌疑人超过24小时,导致取得证据的客观真实性难以确定。对于瑕疵证据的法律效力,理论中尚有争论。

② "李庄案件二审辩护词",载 http://hi.baidu.com/%CE%C2%B5%C0%C8%BB/blog/item/5daacf618cbe24d48db10ddb.html。

定或者对最后的判决起到实质性的作用,则不是认定该罪名需要考察的内容,也不是该罪要求的结果。该罪作为结果犯,其结果是证据外观的形成。这实际上也印证了本文上一部分的内容。

伪造证据、妨害作证的行为特殊性和对象特殊性决定了在该罪中伪造行为与欺骗行为密不可分。该罪实际上是惩罚欺骗行为。如果只是具有密谋和制作行为,而未向司法机关提交证据的,很难说满足了基本犯的成立。所以,笔者的结论尽管与以下李庄自辩词中引用的"陈光中教授《刑法总论》"的观点不完全一致,但逻辑上是相通的:本罪的行为方式表现为"将已经伪造的证据提交司法机关,或者对积极要求向司法机关作证的人实施威胁、恐吓、阻扰、干扰等妨害行为,因而使司法机关对案件的性质、情节等做出错误的判断,情节严重的行为"。

落实到李庄案,从网上流传的李庄自我辩护的内容来看,当事人曾经提出其行为不构成辩护人伪造证据、妨害作证罪,[①]理由在于:"第一,关于伪造证据罪:就我代理龚刚模案以来,迄今为止,从未向重庆任何司法机关提交过任何形式的证据,因所有证据都在调查、收集、核实之中,均未形成最后的证据物质形态,根据排除法则,'伪造证据'之说显然不能成立(证人、证言也未最终形成)。第二,关于妨害作证罪:既然我被控为'妨害'主体,理所当然应当有被妨害的相对人,即被'妨害人'。首先,龚案共计有检方提交的180名证人名单。暂且不说这180人中有姓名重复的,有只见证言不见姓名的,仅就这180人而言,我始终与他们没有任何形式的直接或间接接触。因而,无从谈起'妨害'。相反,我还正式向法庭提交了要求这180人出庭的申请,欢迎他们出庭。"[②]

对此,李庄的辩护律师的辩护意见具有类似性:"龚刚模案2009年11月20日提起公诉,李庄11月24日第一次介入本案会见龚。这已经是在审判阶段。侦查起诉阶段李庄没有任何介入。一直到李庄被抓的12月12日,法院都还没有开庭。也就是说,律师还根本没有举证。李庄什么证据都还没有形成,也没有提交给法院一份证据。这个阶段,说辩护律师发生了'伪证犯罪',是十分可笑的。"[③]其二审辩护意见同样提及,"李庄在龚刚模案中未曾向法院提交任何证据,未曾调查取得任何证据,且李庄希望出庭作证的证人均拒绝出庭,即李庄没

---

① 当然,在随后的审理中,李庄表示认罪,但是对于这一节的自我辩护内容是否否定,则不得而知。

② "李庄案一审起诉书、辩护词、判决书",载 http://blog. tianya. cn/blogger/ post_show. asp? PostID = 21391298&BlogID = 28505。

③ 陈有西、高子程:"李庄律师被控辩护人伪造证据、妨害作证罪第一审辩护词",载陈有西学术网。

有伪造或帮助伪造证据的行为和结果。”[①]结合以上理论分析，我们可以断定，如果李庄所言非虚，如果李庄辩护人所言非虚，在一份证据还没有提供给法庭的前提下，我们认为是不构成本罪的既遂状态的。如果具有一些引诱行为，则充其量也是一种犯罪预备阶段，因为还没有“作”伪证，还没有实施欺骗行为。而作为一种预备行为，其刑事可罚性的基础也是可以探讨的，如果主观恶性较小，则可能不具有刑事可罚性的基础。

此外，李庄案还涉及证据收集、审查主体的问题。李庄辩护律师还认为：“进入审判阶段后，公安机关侦查使命已经结束。在没有退查的情况下，按《刑事诉讼法》已经无权插手本案。看守所不是侦查机关。”[②]其二审辩护词再次提及，“龚刚模案控方证据均已固定且已提交法院，刑诉程序已进入审判阶段，控方证据已然关门，李庄没有也不可能毁灭或帮助毁灭控方证据。一审庭审结束时，已然显现这样一个控辩双方均无争议的法律事实：没有疑似伪造的证据或确属伪造的证据出现，没有被妨害作证的证人出现。”[③]如果李庄辩护人所言非虚，则这样获得的证明实际上没有经过龚刚模诉讼程序中的提交以及法院审查两个环节，还不具有证据的外观。行为人如果具有教唆、引诱行为，并具有妨害作证的目的，则其至多仍然属于犯罪的预备阶段，刑事可罚性基础进一步降低。

四、结　　论

刑法适用解释必须在刑法文本可能的词义范围内进行，它在任何情况下均可达到词义界限的最宽点。犯罪构成要件的表述往往比立法者所设想的适用范围要宽些，因此，刑法适用解释在进行必要的扩张解释的同时，亦得结合立法目的进行必要的限制解释。与扩张解释的结论一样，限制解释的结论既可能有利于被告人，也可能不利于被告人。但是在罪名设计不尽合理的情形下，在罪刑法定原则所隐含的有利于被告人的理念下，在一些概念不确定时，应当作出有利于被告人的解释。只有这样，才能够将罪名的不合理性限制在最低的限度，更何况这样的解释是从刑事可罚性的基本原理出发并从罪名的独特内容中引申出

① “李庄案件二审辩护词”，载 http://hi. baidu. com/% CE% C2% B5% C0% C8% BB/blog / item/5daacf618cbe24d48db10ddb. html。

② 陈有西、高子程：“李庄律师被控辩护人伪造证据、妨害作证罪第一审辩护词”，载陈有西学术网。

③ “李庄案件二审辩护词”，载 http://hi. baidu. com/% CE% C2% B5% C0% C8% BB/blog / item/5daacf618cbe24d48db10ddb. html。

来的。

从对于法益侵害的角度来说，行为犯本身就存在一定的不合理性。比如有观点就认为：“作为对法益保护的本来目的，在刑法上应限于给予最小限度的处罚。仅仅是在形式上违反了禁令即作为犯罪处罚的话，形式犯就可以认为仅是出于优先考虑行政取缔目的，这与行为犯本质是相同的；而且，在行政刑法领域里，如预先将我们身边的一些微不足道的违法行为作为广泛的处罚对象，规定为形式犯，这是违反刑法谦抑主义的，会出现刑罚法规的滥用。”①这里的形式犯与行为犯就存在竞合的关系。

在涉及证据的方面，伪造行为本身的危害性还是私下的，与其他的伪造、妨害行为相比，其他的伪造对象出现无须经过评估，因为真实的模板是存在的。譬如公章存在，证件也真实存在（至多是形式不同），所以伪造摹本的出现已经形成了一种对于真实权益的侵犯，如果不存在真实的公章、证件及其所代表的权益关系，则这样的伪造行为是否构成相关的犯罪在刑法理论中本身就存在争论，因为对于法益的侵犯是不明显的。证据的伪造和妨害本身与后一种伪造具有类似性，与前一种伪造具有差异性。作为先前证据的原来的“有”本身是不特定的，是待检的，而伪证的无中生有的“有”则没有一个清晰的对权益的侵犯。

同时，本案中伪造证据、妨害作证的行为表现为伪造、教唆、引诱的对象是刑讯逼供行为的证言和口供，而这样的结果并非是篡改被告人供述本身，充其量其导致的后果是法庭从非法证据排除角度对于原来口供的排除，而这一结果恰恰只有在公诉方无法证明不具有刑讯逼供行为的前提下才会出现。在公诉方有举证责任又不能证明的前提下，认定被告人伪造证据和妨害作证是无意义的。

另外，提供线索或者材料的行为与一般的欺骗犯罪存在质的区别，因为这种犯罪对于法益的侵犯是不全面的或者说是遥远的。

所以，鉴于证据的内容是说明刑讯逼供，鉴于刑讯逼供并不是推翻原案件的直接证据，李庄的上述行为与伪造证据、妨害作证罪尚有一定的差距，也就是说，对于法益的侵害尚不明显，充其量其行为属于情节显著轻微的行为。

无可否认，毁灭、伪造证据与妨害作证行为本身的危害性是存在的，现实中诉讼代理人、辩护人违背执业规范和法律规定的行为也不罕见，但是我们在认定一个具体罪名的时候还是要从法治的角度出发，如果一个犯罪的认定仅仅带来了另外一个罪犯的立功，则可能是法治的悲哀。法律不应被随意嘲弄，更不应被

① 高仰止著：《刑法总则之理论与实用》，台湾五南图书出版有限公司 1986 年版，第 142 页、第 143 页。

随意适用。规范的确定性应该是司法的一个重要准绳。同样，辩护人伪造证据、妨害作证罪的规范性也需要得到体现。可能由于材料占有量不够，或者占有材料本身不尽精密，笔者认为，李庄的行为属于犯罪预备行为、法益侵犯不明显乃至情节显著轻微的结论不一定精确。但是，对于罪名本身的正本清源是十分必要的，因为虽然李庄案已经成为一种记忆，但《刑法》中该罪名还存在，类似的案件可能还会发生，对该罪作出正确的解读才是最为关键的。

（2010年第4期）

“疑罪从轻”是产生冤案的祸根

刘宪权*

时下，媒体对有关赵作海经再审被宣告无罪的报道，已经成为刑事司法领域最具轰动效应和震撼力的法治新闻。正如在过去的几年中，“杜培武案”、“孙万刚案”、“佘祥林案”和“胥敬祥案”等冤案的曝光，引起学界和实务界的轰动一样，赵作海冤案再一次让国人强烈感受到了我们在刑法观念和刑事司法实践中存在的严重问题；同时也让刑法学界和司法实务界深深感到，现在确实已经到了对我国长期以来不愿意接受“疑罪从无”而只愿接受“疑罪从轻”理念之现状进行反思的时候。

一、“疑罪从轻”是一种追求负价值平衡的结果

据媒体报道，在赵作海冤案暴露出来后，河南省商丘市公检法3个部门接受了媒体采访，有关官员承认，当年此案审理中确实存在刑讯逼供之事，由此，赵作海才会在审讯中存在9次“有罪供述”。在案件的审理过程中，办案人员也确实知道存在一些疑点，但最后还是从“疑罪从轻”角度考虑，认定赵作海构成故意杀人罪，判处其死刑，缓期2年执行。笔者认为，上述这些官员的言论已经基本揭示了赵作海冤案发生的本质原因。依笔者之见，引发赵作海冤案的原因应该有许多，其充分暴露了我们工作中带有某种系统性和体制性的痼疾。但是，在这些众多原因之中，司法工作人员普遍愿意接受的“疑罪从轻”观念或处理案件方法无疑是产生冤案的最根本原因之一。在某种程度上，“疑罪从轻”实际上创建了一个平台，在这一平台上各方的心态和利益均得到了“空前的平衡”，案件中各种暴露出来的矛盾也相继得到了“合理的解决”。但是，也就是在这一平台上，赵作海冤案产生了。就此而言，我们完全可以说，“疑罪从轻”是制造赵作海冤案的祸根。赵作海冤案再一次证明，“疑罪从无”是现代刑事司法的基本原则，我们应该予以接受，而“疑罪从轻”的观念是产生“冤案”的祸根，必须加以摒弃。

* 作者单位：华东政法大学。

众所周知，刑事司法中的“疑罪从轻”（也称“存疑从轻”），是指司法机关因证据等方面的原因，在对被告人是否构成犯罪的问题上产生犹豫，而出于种种考虑认定被告人构成犯罪，但从轻量刑。司法实践中最为典型处理存疑案件的方法是，按照刑法规定，对被告人所认定的犯罪理应判决死刑立即执行（或其他重刑），而以死缓、无期徒刑（或其他较轻自由刑）代替之。理论上有人将这种情况称为“枪下留人”或留有余地的判决。分析“疑罪从轻”观念，我们可以清楚地看到法院对存疑案件的矛盾态度：既知道根据现有证据，尚不足以认定被告人的行为构成犯罪，又认为被告人具有重大犯罪嫌疑，不甘心就此作出无罪判决，而使“犯罪分子逃脱法网”。显然在“不枉”和“不纵”之间，司法人员首先选择了“不纵”，在此前提下给日后可能的翻案留有余地，以便从形式上让“不枉”成为一种可能。实际上，这里所谓的“余地”不过给所谓的罪犯们一个有生之年昭雪的机会罢了。但是，笔者认为，留有余地的判决尽管对于冤案的平反昭雪有一定的积极意义，但这种意义最多也只是相对于人头落地之后，冤案难以平反昭雪而言的，司法人员一旦知道留有余地的判决是一个冤案时，也不会因为没有将被告人错杀而觉得自己“功德无量”了。在某种程度上，“枪下留人”保住冤案中被告人的性命，仅仅是相对于“最恶”的“较恶”罢了，但是，并不能改变这种处理案件方法“恶”的本质。因此，过度鼓吹“疑罪从轻”的积极意义显然是不适当的。

应该看到，“疑罪从轻”的处理案件方法是以轻判为代价并达到不让犯罪分子逃脱法网的结果，这无疑使司法人员的心理上产生一种平衡，即对于案件中证据不足等方面的问题，已经通过轻判得到了解决。正是由于这种所谓的“平衡”心理存在，往往会导致司法人员对于案件中一些显而易见的瑕疵视而不见，对客观存在的不能定罪因素，也因为留下了后路而放心大胆地不予考虑，从而放弃了办案中最容易纠正错误的时机。由此可见，“疑罪从轻”实际上创建了一个让司法人员心理平衡并得以自我安慰的平台，在这一平台上，司法人员给被告人日后翻案留下“余地”的同时，也很容易使自己失去了后顾之忧，冤案的产生也就成为可能。透视赵作海冤案（以及其他冤案）的产生过程，完全可以证实笔者的上述分析是科学的。其实按一审判决的认定，赵作海构成故意杀人罪，其杀人的手段特别是杀人后的分尸等行为不能说还没有达到“罪行极其严重”的程度，法院最后对其判处死缓，除了证据不足的瑕疵等原因外别无其他理由。可见，对赵作海死缓的判决完全是在“疑罪从轻”的平台上，司法人员心理平衡的结果，也正因如此，赵作海冤案产生了。

“疑罪从轻”的处理案件方法以轻判作为交换的筹码，也使案件中的被告人心理得到了平衡，即认为自己“犯了罪”，能“保住性命”或得到“轻判”，已实属不易。经过强大的审讯攻势(在这其中,一般均存在刑讯逼供现象),案件中的被告人往往"忘记"了自己根本就没有实施杀人等犯罪行为,在自认为翻案已不可能的情况下,寻找对自己最为有利的从轻途径自然成为他们追求的唯一目标。"知足"的心理还导致案件中的被告人因心存感激之情而放弃自己应有的权利,从而丧失上诉、申诉等可能纠正错误的机会。由此可见,"疑罪从轻"实际上也为被告人创建了一个心理平衡的平台,在这一平台上,被告人以放弃基本诉讼权利换取了轻判的结果,心理上的平衡得到了满足,而恰恰在这种情况下,冤案的产生也就成为可能。分析赵作海冤案,我们可以清晰地看到,从侦查、审查起诉到一审被判死缓,并从死缓改为无期徒刑,从无期徒刑改为有期徒刑18年,最后又从服刑11年到被宣告无罪,在这一漫长的过程中,赵作海始终以平衡的心理对待不公正的待遇和判决。我们可以做这样两种试想:其一,如果一审判决是死刑立即执行的话,我们相信赵作海不可能会放弃上诉的权利,而在上诉中赵作海冤案得到纠正的可能性并非没有,正是在得到"枪下留人"的"优惠"情况下,赵作海产生了平衡心理,从而放弃了应有的上诉权利;其二,赵作海冤案中的所谓被害人如果不出现的话,赵作海完全可能在平衡的心理下继续蒙受冤狱,安心在狱中服完余刑。就此而言,我们完全可以得出这样一个结论,即"疑罪从轻"所创建的其实是被告人以自己的基本诉讼权利与司法机关的轻判结果进行交易的一个"平台",在这个"交易平台"上,不仅被告人放弃了其应有的诉讼权利,而且有时甚至还会主动不要纠错的机会,这些因素实际上也从反面导致了司法人员的心理进一步平衡,在这种条件下,冤案的产生及无法及时得到纠正当然就不可避免了。

"疑罪从轻"的处理案件方法是司法人员一种成本较低的最佳选择。在司法实践中,有许多案件处于退无可退、查无可查的状态之中,虽然法律规定证据不足的案件不应该起诉,且不应该判决有罪。但在案件存疑的情况下,犯罪行为可能存在的"有"和"无"的风险同样存在,在此之间进行选择,如果出于追求司法公正的目标,必然会使案件的处理面临进退两难的窘境:司法人员一方面会顾忌社会影响,从而担心因司法机关对犯罪的放纵,遭来社会舆论的不满;另一方面会出于担心承担国家赔偿责任等因素,尽可能地考虑对案件加以"消化"。在这种状况下,"疑罪从轻"无疑是一种成本最低且最安全的选择。应该看到,受我国长期的"重刑"思想影响,在目前情况下,我们处理"疑罪"案件时,认定涉案被告人有罪要比认定无罪,不仅在成本上低很多,而且对于司法人员自身而言还安全得多。也正因为如此,导致了在司法实践中,司法人员对证据不足的案件普遍有"博弈"的思想,与其因不诉或不判承担国家赔偿的风险,还不如留有余地地轻诉或轻判。对司法人员而言，作出这种选择，虽然不能说是不负责或工作马虎，但至少也可以折射出我们司法机关比较普遍存在的“宁严毋纵”的司法理念。

二、“疑罪从轻”是冤案迭出的祸根

“疑罪从轻”的观念存在逻辑上的矛盾。首先，从定罪和量刑的逻辑关系来看，刑事诉讼（特别是公诉），是国家发动的追究被告人刑事责任的活动。在这一活动中，定罪和量刑是前后相继的两个阶段，定罪是量刑的前提，量刑以定罪为基础。只有当被告人的行为被认定为有罪，量刑活动才能展开。在证据不足的案件中，既然现有证据不足以证明被告人实施了犯罪行为，从道理上讲，就不能认定被告人的行为构成犯罪，既然无法对被告人定罪，那么也就根本谈不上量刑的问题。其次，从证明标准来看，我国对构成犯罪的行为在证明标准上并无不同的要求，也即对死刑案件和可能判处死缓、无期徒刑以及有期徒刑的案件的证明标准并没有程度上的区别，同一罪名的不同处罚，完全是基于对犯罪情节和罪犯人身危险性（量刑情节）的考虑而已，不能也不应该受到证明标准是否达到之因素的影响。换言之，如果我们把法律规定“犯罪事实清楚，证据确实充分”作为有罪判决的统一证明标准，那么，达不到死刑案件证明标准的证据，同样也达不到应当判处死缓或者无期徒刑、有期徒刑的证明标准。就此而言，笔者认为，我国司法实践中较为普遍接受的“疑罪从轻”处理方法，其实质反映的是“疑罪从有”的落后理念。

“疑罪从轻”与罪刑法定原则的内容相悖。众所周知，罪刑法定原则以保障公民自由、限制国家刑罚权的行使为己任，其基本内容是法无明文规定不为罪，法无明文规定不处罚。罪刑法定原则经过几百年的发展，其基本内容仍然不变，内容中所体现出来的一个侧重面显然是很清楚的，即罪刑法定原则从其诞生那天起，就是从“不定罪”和“不处罚”角度提出来的。应该看到，当今社会，人们在刑事诉讼中积极倡导的“疑罪从无”、“无罪推定”等基本原则，都是罪刑法定原则派生出来的。按照人的一般认识，一个案件如果存疑的话，其本身既可能存在“有”也可能存在“无”两种因素，但我们最后是从“无”的角度对案件作出判断。“疑罪”为什么要从“无”呢？其实还是反映一个实质问题，那就是罪刑法定原则是有侧重点的和偏向性的，而“不定罪”、“不处罚”就是其侧重点和偏向性的集中体现，这一点应该是毋庸讳言的。但是，正如前述，“疑罪从轻”的本质实际上反映了“疑罪从有”的思想，这就从根本上与罪刑法定原则的内容相背离。

"疑罪从轻"违背了现代社会所应该具有的法治理念。应该看到,实践中主张"疑罪从轻"的理由主要是:时下我国大众对于打击犯罪的要求大于制约司法权力的要求,在人们打击犯罪这个单一的刑诉价值取向还未得到彻底改观之前,为了打击犯罪,维护稳定,不宜全盘采用无罪推定;并且我国的司法机关侦查、调查案情的手段不够先进,司法制度还不完善,采用"疑罪从无",有可能放纵罪犯。但是,笔者认为,在刑事诉讼活动中,现代法治理念的要求是:司法人员在具体办理个案时,必须以事实为依据,严格按照刑法明文规定的各种犯罪的罪状和法定刑,以刑法基本原则为指导,准确认定犯罪,恰当判处刑罚,不得偏离法律条文的规定滥定罪、滥处刑。特别是在处理案件中,一定要转变过去"消化"案件的习惯思路和做法。我们不能也不应该以所谓大众的价值取向作为坚持"疑罪从轻"的理由,更不应该把"侦查手段不先进"等作为排斥"疑罪从无"的托词。

当然,我们也应该看到,时下我们的司法人员之所以较容易采纳"疑罪从轻"的处案方法,而不情愿接受"疑罪从无"的理念,很大程度上是因为受长期以来我们坚守的底线——"绝不放过一个坏人"观念的影响。但是,在现代社会刑事司法活动中,人们普遍认同的是"绝不冤枉一个好人"的观念。依笔者之见,"不放过坏人"与"不冤枉好人"并不一定是对立和矛盾的,也即司法实践中在处理一般案件时,并不会因为我们没有放过坏人,就一定会冤枉好人,也不会因为没有冤枉好人,就一定会放过坏人。但是,如果在处理存疑案件时,我们面对"疑案",坚持不同的理念,就可能得出完全不同的结论。现在看来,我们在处理赵作海冤案时,就是因为坚守了"绝不放过一个坏人"的观念,才会对赵作海定罪处罚。相反,美国当年在处理存疑的"辛普森案"时,就是因为坚守了"绝不冤枉1个好人"的观念,才会对其作无罪宣判。事实上,无论从什么角度分析,赵作海构成犯罪的可能性远远低于辛普森构成犯罪的可能性,但是,我国司法机关将赵作海判了,而美国司法机关则将辛普森放了。由此可见,在"绝不冤枉1个好人"的观念下,人们才可能接受"疑罪从无"的原则;而在"绝不放过1个坏人"的观念下,人们只能接受"疑罪从轻"的原则。正如J. W. 塞西尔·特纳在评述英国证据制度时说:"我们的证据规则大多是在多年经验的基础上建立起来的,其宗旨只有一条,就是保证求得案件的客观真实,防止发生冤枉无辜的现象。定罪的后果是非常可怕的,在人们眼里,一个无辜的人被定罪,无论如何都是一场巨大的灾难。诚然,证据规则的严格性有时会使罪犯侥幸逃脱审判和惩罚,这就不能不引起人们的愤怒。但是,我们不能因此而忘记这样一句古代箴言'宁可放纵99个罪犯,不能冤枉1个好人'。况且,我们的证据规则的严格性具有极大的法制价值,它使刑法的实施得到公众的同情,使我们的法庭得到公众的信任,从而也大大地便利了政府的任务的完成。”①

笔者认为，“疑罪从轻”的观念为冤案的产生提供了平台，因而也是产生冤案的祸根所在。在当代社会中，要使冤案不发生或者少发生，关键还是要彻底摒弃“疑罪从轻”的观念，并真正确立和大力弘扬“疑罪从无”的先进理念。

三、贯彻“疑罪从无”原则才能根治冤假错案

从法治的视野分析，“疑罪从无”的理论基础是维护被告人的正当权利，防止刑罚权的滥用，确保国家刑罚权的正当性。尊重人权、保障人权、促进人权是现代法治的内在要求。在人类社会发展过程中，对人权构成最大的威胁者，莫过于刑罚权的滥用。“刑罚如两刃之剑，用之不得其当，则国家与个人两受其害。”②为此，现代社会普遍确立了罪刑法定原则。罪刑法定原则要求对被告人的任何不利选择都于法有据，从立法上对刑罚权的滥用形成了强有力的遏制，从而保障被告人的权利与自由不受法外剥夺。由此，刑法不仅成为“善良人的大宪章”，而且还是“犯罪人的大宪章”；刑法在给犯罪人带来不利选择的同时，也保障了犯罪人的权益。因此刑法兼具对社会关系的保护与人权保障两大机能。前者是指通过禁止与惩罚侵犯法律所保护社会关系的犯罪行为，使相关社会关系免受侵犯；后者则是指通过限制国家的刑罚权，保障行为人个人的权益。但显然，立足于社会需要的法益保护与着眼于个人需要的人权保障之间存在冲突，因此需要进行平衡与协调。这种平衡与协调的结果，就是在保障人权的基本前提下追求法益保护。以此为出发点，在刑事诉讼中，只能以有充分证据证明的事实作为定案的根据，我们不能也不应该允许，用一个在刑事诉讼程序中没有完全被证明的事实，对被告人进行定罪，而仅仅在量刑上从轻。因此，在案件事实存在疑问时，只能作出有利于被告人的无罪认定。

从刑事诉讼的特点分析，在刑事诉讼中强调有利于被告人的精神是由被告人的弱者地位所决定的。在当今社会中存在有各种各样的法律关系，而在每一种法律关系中，当事人的地位并不完全一样。在民商事法律关系中，有关当事人的地位是完全平等的，也即我们经常看到的原告、被告在民事诉讼中的地位是完全平等的。但是在刑事诉讼中，原告、被告地位是不可能平等的。刑事被告人与

---

① ［英］J. W. 塞西尔·特纳著：《肯尼刑法原理》，王国庆等译，华夏出版社1989年版，第484页。

② 林山田著：《刑罚学》，台湾“商务印书馆”股份有限公司1985年版，第127页。

原告人（主要是公诉案件的公诉人）之间实际上是个人同国家在进行对话。在公诉案件中，公诉人代表国家对被告人提起诉讼，在这种情况下，刑事被告人怎么可能同公诉人平等呢？被告人在强大的国家追诉机关面前，显得十分弱小，始终处于不利地位。在这种情况下，如果再不强调对被告人的权利进行保护，那么被告人的合法权益必然受到侵害。正因为如此，对刑事诉讼中被告人的罪责只有经过证明并为裁判者所确信后，才能对被告人作出有罪刑事判决。而任何一项对罪责事实的合理怀疑，均应成为阻碍该有罪判决的理由。被告人无需为自己无罪加以证明，相反，控诉方必须证明被告人在特定的时间、地点、以特定的方式实施了特定的犯罪行为。如果国家追诉机关对案件事实的证明都不能达到使人们排除合理怀疑的程度，案件事实仍然真伪不明，理所当然只能对被告人作出无罪的认定。

从世界各国和地区刑法观念及司法实践发展分析，“疑罪从无”观念已成为人们的共识。应该看到，西方国家对待疑罪，也经历了一个曲折的过程。早在古罗马控诉主义诉讼中，实行“谁主张，谁举证”的举证原则，如果一方证明不了案情或者证明案情有怀疑时，则实行“有疑，为被告利益”原则，这被视为“疑罪从无”的雏形。但在当时神判制度盛行的情况下，“为被告利益”的思想在刑事疑案的处理中并不占主导地位。到了中古世纪，欧洲大陆实行纠问主义的诉讼制度，奉行有罪推定，某个人一旦成为被告人则被视为罪犯，没有任何权利，可以任意拷打，对疑罪作有罪处理。在当时的法国和德国，“为了阻止为无罪之判决，因此对证据不确定的案例甚至规定了罪嫌刑罚（Verdaehtsstrafe）及暂时性的无罪判决（absolutioabinstantia）”。① 即被告人将暂时地被判无罪，但追诉者保留随时再进行刑事诉讼程序的权利，这实际上还是一种变相的有罪判决。近代，随着资本主义革命的兴起，新兴资产阶级所提倡的“自由、平等、博爱”对刑事诉讼最大的影响就是无罪推定原则的确立和逐渐地深入人心，“疑罪从无”也成了处理刑事疑案的一项基本规则。意大利刑法学家贝卡里亚最早在理论上提出了无罪推定及疑罪从无的思想，他指出：“在法官判决之前，一个人是不能被称为罪犯的。……如果犯罪是不肯定的，就不应折磨一个无辜者，因为，在法律看来，他的罪行并没有得到证实。……除了强权，还有什么样的权利能使法官在罪与非罪尚有疑问时对公民科处刑罚呢？”②1759 年，法国《人权宣言》的第 9 条首次将

① ［德］克劳斯·罗科信（ClausRoxin）著：《德国刑事诉讼法》，吴丽琪译，台湾三民书局股份有限公司 1998 年版，第 143 页。

② ［意］贝卡里亚著：《论犯罪与刑罚》，黄风译，中国大百科全书出版社 1992 年版，第 31 页。

“无罪推定”原则以法典的形式固定下来，从而“疑罪从无”也在现代司法中最终确立了自己的地位。此后，《世界人权宣言》、《欧洲人权公约》等国际性的法律文件都引入了无罪推定原则，也就当然地涵盖了疑罪从无。① 时至今日，“疑罪从无”已经成为世界上大多数国家所普遍采纳的刑事司法原则。

应该看到，“疑罪从无”也是我国刑事诉讼的基本原则。我国 1997 年实施的新《刑事诉讼法》第 12 条规定：“未经人民法院依法判决，对任何人都不得确定有罪。”第 162 条第 3 项规定：“人民法院对人民检察院提起公诉的刑事案件经过审理终结对证据不足，不能认定被告人有罪的，应当作出证据不足、指控的犯罪不能成立的无罪判决。”可以说，这些规定均成为我国推行“疑罪从无”的基本法律依据。然而，时至今日，与疑罪有关的冤案仍旧层出不穷。事实上，更令人困惑的是，“疑罪从无”原则在《刑事诉讼法》中确立已过 10 年，多数法官都知道疑罪应当“从无”，而司法实践中疑罪仍然难以从无，相反却更容易接受“疑罪从轻”的传统观念，其中的原因发人深省且值得分析。

笔者认为，要真正树立“疑罪从无”的理念是需要付出巨大代价的。伟大的哲学家培根曾说过这样一句话：“一次不公正的裁判，其恶果甚至超过十次犯罪，因为犯罪虽是冒犯了法律——好比污染了水流，而不公正的裁判则毁坏了法律——好比污染了水源。”②由此而言，司法实践中要真正确立“疑罪从无”的理念，实际上就如同开展一项“清洁水源的工程”，其代价之大是可想而知的。但是，即使要付出巨大代价，确立“疑罪从无”的理念仍然是我们的必由之路。

综上所述，笔者认为，尽管导致冤假错案的原因可能是多方面的，但其中共同的一点就是，忽略甚至无视“疑罪情况下应当有利于犯罪嫌疑人、被告人”原则的适用，在罪与非罪之疑的情况下，不适用“疑罪从无”而适用“疑罪从轻”，在这种情况下，冤假错案也就产生了。赵作海冤案的产生再一次充分证明了这一点。因此，在我国，要真正有效地防止赵作海冤案的再度发生，唯有从根本上杜绝“疑罪从轻”的案件处理方法，而真正树立“疑罪从无”的现代刑法基本理念。

（2010 年第 6 期）

① 《世界人权宣言》第 11 条第 1 款、《欧洲人权公约》第 6 条第 2 款。

② 转引自棒子：“情感日记使他成了‘凶手’”，载《深圳特区报》2001 年 12 月 27 日。

刑事司法观念的转变与死刑案件再查制度的确立

杨兴培*

赵作海案件发生后,尽管涉事部门的官员承认“这是商丘司法部门的耻辱”,正像5年前最高人民法院的领导针对“佘案”所说的“这是司法界的耻辱”一样。但仔细一想这又何止是某一地方、某一界别的耻辱,而是整个中国法治生活的耻辱。当这一“司法恐怖事件”已在客观的时空世界中被固定下来时,甚至是作为整个人类文明史上的耻辱而被刻在中国司法的编年史上的,它让中国人集体蒙羞。赵作海冤案的发生,使先前在人们心头已逐渐淡漠的佘祥林案件、呼格吉勒图案件、聂树斌案件、杜培武案件、滕兴善案件……再一次浮上人们的心头,他们成了一种野蛮司法观念、一种不合理司法制度、某些司法者践踏法律的牺牲品,这已是一个无可争辩的事实。面对此情此景,人们不禁心中发出一声疑问:中国的司法怎么了?当我们直面今天的司法,应该好好反思与追问,出现这些冤案的原因到底是什么。因此我们迫切需要重塑司法新观念。

一、转变之一:从重实体之法轻程序之法经过并重再到尤重程序之法的转变

长期以来中国一直围绕着“什么是犯罪”展开着它的全部刑事法理论的研究和刑事司法的实践活动,形成一说到犯罪就微言大义揭示了它对国家和人民利益的侵害,打击“犯罪”总是“不证自明”,以致经常发生还没搞清楚“什么是犯罪”和应当怎么认定“犯罪”就已经开始狠狠地打击“犯罪”的情况。在中国的刑事司法实践中,认为“什么是犯罪”远远比“怎样认定犯罪”更受推崇。对实体正义充满着主观仇恨的形象思维情结极大地掩盖了本属于充满着严肃客观的逻辑思维的程序正义。在这种观念支配下我国的司法制度体现着重实体法而轻程序法的运行轨迹,在这种制度统辖下的司法工作人员的主要心思与精力都放在什

* 作者单位:华东政法大学。

本文为上海市教委重点学科资助项目。

么是犯罪，怎样去打击犯罪上面了，以至于程序正义的观念、“怎样认定犯罪”的规则反而被淡出了司法运行机制的视野。

司法活动本是司法机关或司法人员依据一定的规则来解决一定的行为是否合乎或违反一定的法律规定的活动过程。这里有一个程序法与实体法的关系。正如马克思所说的：“诉讼与法二者之间的联系如此密切，就像植物外形与植物本身的联系，动物外形与动物血肉的联系一样。使诉讼和法律获得生命的应该是同一种精神，因为诉讼只不过是法律的生命形式，因而也是法律的内部生命的表现。”①什么是犯罪是现代司法活动的基础，而怎样认定犯罪才是现代司法活动的核心。司法活动一旦失去程序的公正性、独立性和严格性，司法的实体正义就会失去客观的品质而成为强权者任意拿捏和随意塑造的道具。然而在围绕“什么是犯罪”为核心问题的刑事司法运行过程中，司法工作人员与被告人之间主要解决的是行为是否具有社会危害性和危害性大小的问题，而行为的社会危害性在刑事司法活动中又不可避免地属于价值评价的问题，在一个没有预先设定的、平等的刑事法律关系的程序机制面前，在一个没有客观标准的评价过程中，在一个没有科学的证据使用规则条件下，权力意味着法律、强权就是真理就可能不可避免了。说你犯罪你构成了犯罪，“怎样认定犯罪”的规则就在这种堂而皇之的理论之下被悄然掩盖了。更何况在国家为本位、社会为本位的思想指导下，打击犯罪就必然成为首要任务，甚至于“什么是犯罪”就可以成为服务于一定政治目的的附着物。中国刑事司法实践要有超越历史的反思，要有冲破先前一贯的抱残守缺的勇气，必须要以“怎样来认定犯罪”来替代“什么是犯罪”而成为刑事司法实践的核心问题。

以“怎样来认定犯罪”来替代“什么是犯罪”，实际上就是要建立起现代刑事法律关系的新概念。刑事法律关系是刑事法律规定并加以调整的，由控罪者与被控者因一定的违法犯罪事由而结成的，为解决是否构成犯罪和是否承担刑事责任的具有一定权利义务的法律关系。在刑事诉讼活动中，审判机关成为一个超然的独立的居中审判者，它不依附于任何一种力量，也不偏向任何一方，从而为公正审判奠定基础。商丘市公安局新闻发言人赵启钟总结这起案件时表示，当地公检法 3 环节都有错误，任何一个环节把好关，都不会出现错案。追溯赵作海冤案的制造过程，我们可以看出，在传统的司法体制下，当地公检法 3 部门不但不相互制约，反而是相互紧密配合。今天虽然我们不应当将十多年前的冤假错案完全归咎于具体的司法人员，但昨日的司法体制与今日之相同以及陈旧司

---

① 《马克思恩格斯全集》(第 1 卷)，人民出版社 1995 年版，第 287 页。

法观念的一贯性，也确实对当前的司法观念、司法机制提出了“红色的警告”信号。因此只有加紧改变旧有观念，确立起现代刑事法律关系的新观念，才能毕其功于一役。

以“怎样来认定犯罪”来替代“什么是犯罪”实际上就是要看重程序法。刑事诉讼要看重程序法，这是人类社会在法治建设和法治文明方面重要的历史进步和主要的司法原则。提出“怎样来认定犯罪”的问题，即意味着所有刑事诉讼的参与人和当事人在遵守一定规则的平等基础上，摆事实举证据，依法律讲道理，它不承认一部分人在价值评价上具有强势的优越感。任何社会的法律制度都无法保证任何犯罪都必然会得到惩罚，不然绝不放过一个坏人，就有可能以牺牲一个好人为代价。一种良好的司法制度应当遵循的原则是，宁可放走一百个坏人，也绝不应当冤枉一个好人。保证每个人的生命和自由都是无价的观念必须得到真正的尊重。一个正派的社会没有任何理由为了某种崇高的理由而将他人随意地放在现实的祭台上作为一种牺牲品。

以“怎样来认定犯罪”来替代“什么是犯罪”实际上就是要重证据，轻口供。不可否认，在目前为止的所有冤假错案中，大多有刑讯逼供现象。“刑讯必然造成这样一种奇怪的后果：无辜者处于比罪犯更坏的境地。尽管二者都受到折磨，前者却是进退维谷：他或者承认犯罪，接受惩罚，或者在屈受刑讯后，被宣布无罪。但罪犯的情况则对自己有利，当他强忍痛苦而最终被无罪释放时，他就把较重的刑罚改变成较轻的刑罚。所以，无辜者只有倒霉，罪犯则能占便宜。”①这些因人命官司被冤枉的人背后，几乎都有一个共同点，那就是命案必破的魔咒偈语与刑讯逼供，恶之花必然会结出毒之果。刑讯逼供不只是肉体的折磨、人格的践踏，更有精神的摧残、心理的绝望。在赵作海案件中，让我们看到了刑讯逼供怎样使得一个无罪者如此单纯地“供认”自己的罪行，而在刑讯逼供的阴影之下，即使领受到了到死刑判决（缓期执行）后也不敢上诉。可见刑讯逼供的苦楚，完全塑造了“暴力恐怖”在一个无辜者心中的恐惧，并已植入其心底。

让我们感到欣喜的是：最高人民法院、最高人民检察院、公安部、国家安全部和司法部2010年5月30日联合发布了《关于办理死刑案件审查判断证据若干问题的规定》和《关于办理刑事案件排除非法证据若干问题的规定》（以下简称《非法证据排除规定》），要求各级政法机关严格执行刑法和刑事诉讼法，依法惩治犯罪、保障人权，确保办理的每一起案件经得起历史的检验。《非法证据排除规定》不仅强调了采用刑讯逼供等非法手段取得的言词证据，不能作为定案的

---

① ［意］贝卡里亚著：《论犯罪与刑罚》，黄风译，中国大百科全书出版社2005年版，第33页。

根据，还进一步对审查和排除非法证据的程序、证明责任及讯问人员出庭等问题进行了具体的规范。

二、转变之二：从满足“几个基本”的要求到“排除任何合理怀疑”的转变

以“怎样来认定犯罪”来替代“什么是犯罪”，实际上就是要在刑事司法实践中做到“排除任何合理怀疑”来替代几个“基本要求”。在怎样认定犯罪的问题上，到底是满足于基本事实清楚，基本证据确凿，基本性质可定的“几个基本”要求，还是应当奉行“排除任何合理怀疑”的原则，也是一个值得我们深思的问题。

人们不会忘记20世纪90年代中期，在东西两个不同的地方几乎同时发生了几乎相同又几乎属于跨世纪的典型性刑事案件——美国的“辛普森案”与中国的“佘祥林案”（都因涉嫌杀害妻子而被指控为杀人罪），在证据方面都没有直接证据，只能通过间接证据证明案件，同时也同样注定他们作为两国刑法史上和刑事审判史上的经典性的刑事案例被记载在各自的刑事纪年史上，只是一个是作为“无罪推定”司法原则下的经典结晶；另一个是作为“有罪推定”司法原则下的“经典”产品。

让每一个犯罪人必须受到法律的惩罚是所有国家法律所追求的正义所在，但通过什么方法证明犯罪，从古到今人类曾经历过不同的发展道路，从神意审判到决斗证明，再到证据证明，尽管有时是鹅行鸭步，但人类最终还是不断地朝着文明的方向慢慢发展着。美国是一个司法公开的国家，不仅刑事审判对公众开放，而且重大刑事案件的原始档案，如法庭记录、起诉书、证人证言、审问笔录、旁证材料、法医鉴定书、检方和辩方的开庭陈词和总结陈词等材料，在结案以后都要对社会公众开放。根据已经公布的辛普森档案，陪审团之所以宣告辛普森无罪，主要在于警方与检方在办案与起诉过程中出现重大的失误，使得当庭呈交的证据无法令人信服地说明它们与辛普森有着直接的关系。根据美国联邦和加利福尼亚州的证据法，刑事案件中的证据一般分为直接证据和间接证据，在辛普森一案中，检方使用和呈交的证据全部属于间接证据，辩方律师对这些旁证材料进行了严格的鉴别和审核，发现这些证据材料破绽百出，难以自圆其说，据此辩方得出结论，辛普森未必就是本案的杀人凶手。在美国的刑事审判过程中，证据是认定犯罪能否成立的唯一根据，因此对证据的审查和辨别，是整个审判过程中的核心内容，被告人可以不回答，也没有义务自证其罪。没有证据或者证据不足以证明案件的真实性，那么陪审团只能根据宁可放走一千个罪犯也不冤枉一个好

人的司法原则,宣告被告人犯罪不能成立。尽管辛普森无罪的这个判决几乎出乎所有人的意料,即使作为主审法官的伊藤,这个一向给人以冷静镇定的法官在法庭宣判后不久,在他的办公室里和他当警察的妻子忍不住失声痛哭,互相拥抱、互相安慰,过了很久以后,才回到法庭与辩护方的律师握手致意。但对于美国人来说,也许已经认识到民主和公正是要付出代价的。因证据不足而放走"坏人",意味着"坏人"还会继续为非作歹,社会因此就多一分危险。但是美国人更相信因证据不足而发生"错判"的不好的制度比"错放"的个案更可怕。这是因为在强大的国家机器前面,即使是以往再穷凶极恶的犯罪分子,也已经是一个弱势的群体或者个体了。所以一个文明、民主和追求公正的国家应当给予被告人以更多的帮助和保护,例如,被告人拥有沉默的权利、没有义务自证其罪等。反过来,法律对于司法人员却规定了必须严格按照法律的规定进行收集证据、运用证据,稍有不当,证据便变为无效。这种防官如防贼、防权如防火、防权力的滥用如防洪水滔天的观念意识和具体的制度设计,倒让美国的司法制度经受住了历史的检验。辛普森案的裁判,也许能说明程序公正在西方国家的重要意义。当公正和正义犹如熊掌和鱼不能兼得的时候,毫不犹疑地选择了"公正",为此尽管付出了沉重的代价,而且还将继续地付出代价,但由此换来的却是民众的基本权利得到了全面保护。

刑事案件的定罪标准应当是"超越任何合理怀疑"的认定,即在法庭的审理过程中,检方应当有足够的证据来证明被告人犯有被起诉的罪行。如果证据还存在有合理的怀疑之处,根据证据推断出来的结论还存在或然性,那么证据无法起到"超越任何合理怀疑"的作用,因此就不能判决被告人罪名成立。"超越任何合理怀疑"原则所隐含的另一项重要的原则是:裁决被告人罪名不能成立时,陪审团不需要100%确信被告人是无罪的,只要检方提出和呈交的证据尚未达到"超越任何合理怀疑"的严格程度即可;即使存在证据表明被告人涉嫌犯罪,陪审团仍然可以宣告被告人无罪。辛普森案让我们看到了为了确保审判的公正性所设定的严格的程序规则,同时为了确保程序的公正性,实体正义也需要做出一定牺牲。

经过这几年依法治国方略日渐落实,我国的司法实践也逐渐朝着重证据、不轻信口供方向发展,定罪方面开始渗入了疑罪从无的原则,量刑方面开始引入了疑罪从轻的实践原则。但是中国毕竟是个地域辽阔,各地的政治、经济、文化发展极不平衡的国家,统一的宣传、统一的理论不错,但实践中的做法却不一。我们奉行的是"以事实为根据、以法律为准绳"的实事求是的司法原则,只要基本事实清楚,基本证据确凿,基本性质可定,特别是在需要讲究政治效果、社会效果的时候，一个疑难案件被定罪的可能性还是很大的。一个佘祥林案件、一个赵作海案件足可以说明在中国，全面贯彻落实证据为王、疑罪从无的司法原则还有一定的距离。

三、转变之三：从判决后的基本不管到建立对死刑呼冤者有条件的自请再查制度的转变

今天，一方面我们必须承认司法实践中还有一定数量的冤假错案的存在；另一方面我们对发现的冤假错案的责任追究异乎寻常的严厉。佘祥林案件中的曾进行刑讯逼供的警察潘余均无法忍受压力只好自杀，他死前打给妻子的"自己压力很大不想活"的电话以及留在墓碑上的"我冤枉"的绝笔，着实为佘祥林案的悲剧又添了续集。现在赵作海案件中的3个实施刑讯逼供的警察两人已被捕，1人在潜逃，3个承办法官都已停职反省，等待着他们的也许也是法律责任的追究，这何尝又不是一起悲剧的续集呢？尽管警察在刑讯逼供的时候，尽管法官、检察官在放弃自己神圣责任的时候，也许并没有想到过别人的基本人权，并没有想到过推己及人的人性关怀，并没有想到过自己的不宽容和置人于死地的褊狭在面对受难者沧桑的眼眸应当掂量一下自己灵魂的重量和身体的热度。人们怀疑这些警察、检察官、法官在自我势力膨胀中是否还能想象得到自己如果不是司法人员是否也会受到别人的如此对待，而感到悲凉并由此产生对"行凶做恶者"的鄙视；在涉及人的基本权利、人的尊严甚至人的生命等大是大非问题上，他们是否也应当铮铮逼问一下自己：我们做过了什么又拒绝了什么？但是我们宁可相信经办这些错案的办案人员，他们没有私利在里面，他们也是凭着一颗"责任心"或者在一定体制的压力下想尽早地解决案件。只是在不正常的司法观念、司法体制下，执法者的心理才会往往严重畸形化。被判死刑的佘祥林冤狱忍辱含垢11年没有死，而受不了暴露事实真相的施虐警察却在短短几十天就自杀死掉，这就很能说明心理"畸形化"的严重程度了。说到底他们也都是恶的制度的牺牲品。因此在全社会尤其是司法机关深刻反思我们的司法观念和司法运行机制的过程中，在这中间建立一个缓解机制——自请再查就变得十分必要和非常迫切了。

还原赵作海冤案的全过程，应当说在前期商丘市检察院还是能够坚守原则的，但冤案最终仍旧酿成的主要原因还是那次政法委召开的联席会议。在这次会议上，政法委领导作出了"快审快判"的批示，这是检察院最终决定接受卷宗提起公诉的主要原因。正因为政法委领导在会议上为这起案件定了基调，才有

了此后检察院与法院对警方侦查结果的“全力配合”。但对于检察人员来说，本案的证据不足是心知肚明的。对于承办的法官来说，适用“疑罪从轻”原则属于一种折中方案。根据“疑罪从无”原则，本案本不该下判，这是基本常识。因此我们有必要设立一个自我申请再查、自我解套、可以免责的机制。因为在一个可能存在冤假错案的情况下，具体承办的司法工作人员内心最清楚，最有发言权，只要我们在设置内部自请再查机制时，这些因责任心不强或者在一定压力之下违心做出一定行为的人，通过自请再查，就可自我解套，得到可以免责的处理。因为在时过境迁之后，原先的人事关系发生了变化，原先的压力不复存在了，原先的畏惧也得以缓释了。此时基于人的良心所然，基于被动发现可能受到的多种责任追究的畏惧，能够自我申请、自我发现、自我检查，在法律上一律免除其责任，甚至免除他们的行政、纪律责任。这总比被动地被发现、被查处来的主动，来得光明正大，来的对社会的影响要小得多，甚至更容易抚慰被害人受伤的心取得他们的谅解。这无论对于一些涉案有事的司法工作人员、被冤枉人员和整个社会来说无疑是一个“多赢”的结局。

面对冤假错案层出不穷的尴尬现象，人们在对当今司法观念落后和司法程序漏洞的抨击时，提出建立一个内部自请再查机制已在情理之中。但也许有人会担心，面对全国多如牛毛的申诉案件，如果启动大规模自请再查、自我解套、可以免责的机制，现有的司法资源能否支付如此高昂的人力和财力成本。这的确是一个现实难题，但我们要认识到，司法的权威，直接关系执政集团的形象和江山社稷的稳定，这是属于必要成本的支出，是值得的。关键的问题是，我们的司法机关是否真的相信冤假错案仅仅是极个别的，是否真有全面纠错的决心和勇气。从理论上来说，这又不是问题。为此笔者建议，分期分批从最紧要的一些死刑、死缓案件着手，然后再分期分批延伸到无期徒刑、长期徒刑等案件。

1. 在整个司法系统内通过启动自请再查、自我解套、可以免责的机制，由具体办案人员自己提出申请，再由各系统内部组成一定的小组或其他的形式协助原办案人员进行复查。纯粹自查不可信，一开始靠外部力量进行复查，有时既没有方向，也会让那些曾办错案的原办案人员丧失一次自我发现、自我解套的机会，历史证明，这对他们来说也是不公平的。

2. 可由法院系统牵头，对于那些被告人或其亲属叫冤不断、申诉不辍的、辩护人作事实不清、证据不足特别是明确提出必有冤情而作无罪辩护的，而审判机关又违背常情常理常识作存疑判决的案件作为我们开展系统内自我再查、自我解套机制的运行起点。

3. 可由检察机关牵头，通过“交叉检查”方式，在全国监狱系统展开一次重点再查行动，重点接触那些长期以来不断申冤的嫌疑人和罪犯，全面调阅其案卷材料，从中发现重要疑点，然后推动自我申请再查、自我解套、可以免责的机制运行。

笔者认为，这种自请再查、自我解套、可以免责机制的建立和尝试，对于缓解当前因司法不公而引发的民间矛盾的化解是有重要意义的。因为当民众中哪怕只有一小部分人因长期的被冤枉、被贱视、被拒绝，丧失了最基本的尊严和自我确认的条件，最终也会形成乖戾暴虐的性情。这样对立的双方都因为没有文明的规则可循而走向无法疏解的敌视与仇恨，最终使得丛林社会的江湖游戏让双方都将对方推向没有退路的境地而自己准备了"刀斧手"进而成为恶制度这一祭坛上的牺牲品。为了国家、为了民族、为了未来，也为消除在某些世人心中或许已经留下的这是一个多么残忍没有生命敬畏、没有自由景仰的民族国家的负面影响，我们无论如何都必须正视现实，再也不能"掩耳盗铃"作自我狂欢，我们每一代人，甚至每一个有职有权的人都有责任避免这一现象的出现。不然公民个人的不幸、民族的悲哀、国家的羞辱的历史剧还会有续集，甚至还会引发其他社会矛盾。这已经不属于杞人忧天、危言耸听的纯学者遐想了。

（2010年第6期）

由赵作海案引发的程序法反思

叶 青[*] 陈海锋[**]

赵作海冤案的形成有很多原因,笔者无意一一评述,仅想从程序法的角度出发,试图找出当前法律程序在预防错案上存在的几个问题,至少为避免类似冤案提供一些法理上的思考与借鉴。

一、程序立法的完善迫在眉睫

我国刑事诉讼法虽经几次修改,对进一步保障刑事人权、有效实施法律、促进公平正义起到了巨大的作用,但由于当时立法技术和水平的不足,很多程序与制度规定得比较模糊,甚至还存在遗漏。为此,司法机关、行政机关在1996年后又单独或联合颁布了不少解释和规定,以期拾遗补缺,规范执法。然而执法者、司法者自己立法,无疑违背基本的法理精神,而且囿于部门利益,这些立法仍存在诸多问题。

关于刑讯逼供问题,虽然刑事诉讼法和几个主要的司法解释、规定中都明确予以禁止,甚至在"两高"的司法解释中进一步规定"通过刑讯逼供获取的证据不得作为定案的根据",但作为存在刑讯逼供动机和事实上的主要实施者——公安机关,其办案程序规定中对此种证据并没有禁止。事实也表明,这种证据是通行无阻的,而且大都对案件的最终裁决起到了关键性作用。不仅如此,刑事诉讼法规定,讯问时犯罪嫌疑人和被告人应"如实回答问题",无疑削弱了"严禁刑讯逼供"规定的效力:侦查机关有侦查案件的法定职责,犯罪嫌疑人、被告人有如实回答的义务,所以在侦查机关讯问犯罪嫌疑人、被告人时,发现其没有如"实"回答而违反此法定义务时,当然要采取一定的措施让其遵守这一义务,赵作海遭受"喝药水、放鞭炮、敲木棍、受威胁、各种拳打脚踢,外加30多天不让睡觉"①等恶劣行为就不足为奇了。虽然这些做法并不被外部认可,但出于维护法定义务的目的,无疑心理坦然了许多;何况机关内部早已是见怪不怪,不少领导

* 作者单位:华东政法大学。

** 作者单位:华东政法大学。

① 舒圣祥:"从赵作海案看刑讯逼供'零成本'",载《沈阳晚报》2010年5月13日。

甚至公然鼓励或暗中提醒,[1]也是"迫不得已"的做法。如此,"严禁刑讯逼供"规定本身就存在矛盾。

关于非法证据排除问题,最高人民法院和最高人民检察院都在其单独或联合发布的司法解释中予以确认;虽然公安机关的规定中没能确立这一规则,但如果检察院和法院在司法过程中能认真遵守这一规定,公安机关的刑讯逼供也难成气候,产生不了什么影响,然而,事实是他们也没能遵守。从赵作海案件中可以看到,非法证据不仅没有被排除,反而成为确定案件的关键证据之一。刑事诉讼法没有对此问题作出规定,无疑是立法中的重大缺失;刑事司法解释的相关规定缺乏可操作性,也是该条款被空置的重要原因。何谓"非法证据",仅指"刑讯逼供、威胁、引诱、欺骗等"获得的证据,还是包括通过其他侵犯公民基本权利的行为取得的证据、违反法律取得的证据,到底标准为何?谁来主张,公诉机关,或犯罪嫌疑人、被告人和辩护人,或法院,或是都可以主张?谁来证明,遵循司法界通行的由提出者证明,还是理论界认为的由控诉机关来证明?谁来排除?现行的法律规定检察机关和法院都应当承担这一责任,但实践中两家都很少这么做。证明标准问题,按照我国法律规定,审查起诉及此后的诉讼阶段,案件要达到"事实清楚,证据确实充分",这个标准在此是否适用,还是学界讨论颇多的舶来标准"排除合理怀疑"?后果问题,认定为非法证据又怎样?有无程序性制裁?一律绝对排除,还是个案的自由裁量,抑或是两者都要?遵循何种程序?此外,还有与非法证据排除相关的两个问题,一是非法证据收集的执行者及其背后的命令者承担何种责任。刑事、民事、行政责任还是纪律处分?还是有区分的责任,执行者承担主要责任,命令者承担部分责任?还是主要由国家承担赔偿责任?二是非法证据采用者承担何种责任,这是错案追究的问题。显然,这两个问题的解决对非法证据排除的立法完善和实践操作都有决定性的影响。[2]

最后但绝非次要的问题是死刑复核的程序,虽然当前最高人民法院对死刑立即执行案件的复核权已经收回,但对死刑缓期执行案件的复核权和复核的程序仍然没有任何新变化,而其中复核程序问题也是最为诟病的话题。行政性的、不公开的、书面的复核程序,除了在效率上值得一提外,不仅有违诉讼本身所要

---

① 在许多案件侦办过程中,由于案件一时难以进展,领导总是以"加大审讯力度"、"尽快破案"、"给人民交代"等指示,存在或明或暗的鼓励刑讯逼供的心理。

② 赵作海冤案纠正不久,最高人民法院、最高人民检察院、公安部、国家安全部、司法部于2010年5月30日联合发布了《关于办理刑事案件排除非法证据若干问题的规定》,其中明确规定了启动证据合法性调查程序的初步责任,控方应对被告人审判前供述的合法性负举证责任,讯问人员必须出庭作证和非法取得的物证、书证排除的问题。

求的参与精神，也造成其本身功能的虚置。在赵作海冤案中，如果说商丘市中院迫于市政法委统一口径的压力，不得不违心地判决赵作海死刑，那么河南省高院则基本没有这方面的压力；而这个非常明显的事实不清、证据不确实充分的案件，河南省高院却予以核准，这种书面不公开的复核效果令人不敢恭维。如果采用公开庭审的方式，案中的证据疑点也许能引起复核人员的注意与重视。

刑事诉讼法的修改已被全国人大屡次提及，专家学者的论证修改稿也出了多版，但刑事诉讼法仍旧是"只闻楼梯声，不见人下来"。最终修改稿的"难产"反映了部门利益协调的困难与认识差异，但如果立法机关不是从人权保障的角度、从限制公权的角度去考虑修改，仅仅囿于利益的权衡，修改稿也将难以期待。

二、刑事程序中的三机关地位与权限应及时规正

我国宪法和刑事诉讼法中分别规定了公安机关行使侦查权、检察机关行使法律监督权和法院行使审判权，从而为解决刑事纠纷提供基本构架和组织保障。① 基于人民代表大会制度下的"一府两院"，既要分工，也要合作，体现在刑事诉讼法中即为三机关"应当分工负责，互相配合，互相制约"。不仅如此，我国刑事诉讼并没有实行"审判中心主义"，而是诉讼阶段论，也就是把刑事诉讼分为立案、侦查、审查起诉、审判和执行等阶段，立案和侦查阶段由公安机关负责，审查起诉阶段由检察院负责，审判和部分的执行由法院负责，各司其职、各尽其责；每一阶段都只有一个拥有决定权的机关，其他机关的权力(权利)都很小，由此确立每一阶段的权威主导机关，并且充分相信其道德上的自律，能秉公办案，无须其他机关进行制约，进而通过多层次的阶段递进认识，摒除认识上的不足，保证案件真相的发现，从而最终作出公正裁决。

然而，立法的理想被司法实践无情地扭曲，三机关的分工合作蜕变为只有合作没有制约，而且由于三机关之间权力的不对等和缺少制约，阶段论也变成了侦查决定论，甚至"侦查中心主义"。三机关以前都是"刀把子"，是对犯罪分子进行专政的机关，现在仍是联合办案的兄弟单位，是密切合作的司法机关，在财政、人事地方化和司法行政化之下，同是地方的公务员，都有维护大局稳定的责任。而且在公安机关领导通常是地方常委，检察长和院长不是的情况下，三机关必须合作，谁也不敢挑刺；否则，小则视为工作态度问题，大则可上升到政治取向。所

---

① 宋英辉、李忠诚主编:《刑事程序法功能研究》，中国人民公安大学出版社 2004 年版，第 11 页。

以，对于杀人这类地方大案，三机关联合办案，地方领导召集三机关负责人开协调会就不足为奇了。不仅如此，由于司法权的被动性和检察权的程序性，行政性的侦查权就显得异常强大，不仅侦查机关领导的政治地位较高，而且侦查结果对诉讼的影响也最大。由此，阶段论的递进认识，进而起到制约的作用也就荡然无存了。由于侦查机关的侦查不受法院节制，检察机关除在批捕和立案方面的一点"鸡毛"外，没有"令箭"，结果，诉讼阶段论就像是有专家比喻的："公安是做饭的、检察院是送饭的，法院是吃饭的。"公安做什么饭，法院也只得吃什么饭。尽管公安机关侦查的大部分案件都是合法公正的，但偶有案件变成"夹生饭"也在所难免，此时，检察院和法院虽然也想拿起法律这把"上方宝剑"，但在协调下，也只好半推半就地接受了。

赵作海冤案正是三机关扭曲分工负责的精神，只讲合作、不讲制约的体现，特别是检察机关在已经退回补充侦查3次，坚持疑点不排除就不受理的情况下，商丘市政法委完全不顾当地公安部门在该案办理中的"夹生"问题，通过自己的一次"集体研究"案情，就定下了赵作海死缓的判决调子。此后，起诉和审判所用时间不到两个月，庭审更是只用了不到半小时，相比较于此前被羁押超过3年，效率极高。[①] 合作的确能提高效率，但如果不是建立在事实正确、证据确实充分的基础上，则只会快速地增加风险，并成为官官相护的恶例。

三、强化程序意识刻不容缓

司法公正，既包括实体法，也包括程序法。鉴于实体公正的不可预见性，程序公正成为实现实体公正的最为现实的途径。因此，树立对法律的信仰，确立法律至上的理念，就必须具备程序至上的意识。然而，赵作海冤案的形成，我们恰恰看到最多的问题就是相关办案机关程序意识的淡薄。

由于我国刑事诉讼是分段结构而不是审判中心结构，侦查措施直接对犯罪嫌疑人权利形成干预，侦查的结果对案件的裁决影响也非常大，甚至有专家称我国的审判是"侦查案卷裁判主义"而非"证据裁判主义"。因此，公安机关程序意识的有无和强弱对案件的公正处理非常重要。无罪推定是刑事诉讼的基本理

① 1999年5月8日，赵楼村在挖井时发现一具高度腐烂的无头、膝关节以下缺失的无名尸体，公安机关遂把赵作海作为重大嫌疑人于5月9日刑拘。2002年10月22日，商丘市人民检察院以被告人赵作海犯故意杀人罪向商丘市中级人民法院提起公诉。2002年12月5日商丘中院作出一审判决，以故意杀人罪判处被告人赵作海死刑，缓期二年执行，剥夺政治权利终身。

念，虽然我国《刑事诉讼法》并没有明确规定无罪推定，其中第162条第3项也只是针对法院的判决提出了要求，但无疑也包含了无罪推定的精神（证据不足，应当作出无罪判决），而且无罪推定原则也得到了广泛的认可，[①]由此，也要求公安机关在侦查中应通过自行收集证据而不是拷问或逼迫犯罪嫌疑人自证其罪。但在赵作海案件中，笔者看到了有罪推定的逻辑：在推定无头尸为赵振裳，而赵作海与其有仇，身体有伤，认定赵作海是犯罪人，逼供赵作海承认作案和作案工具匕首（方式包括棍棒敲打、喝药水、放鞭炮等），逼供前妻赵小齐承认编织袋，确认赵作海就是罪犯。不仅如此，赵作海从拘留到被起诉，审前羁押时间超过3年，为有罪推定的展开提供了充足的时间，赵作海前后9次的有罪供述应当都是必然的后果。即使考虑刑事诉讼法规定的所有特殊情况，也大大超过了最长审前羁押时间（不到17个月），而其中1999年12月9日检察机关最后一次退卷到2002年八九月，政法委最终协调定案，近3年时间，公安机关竟然一直搁置案件，不做任何处理，也没有给予赵作海变更强制措施，把刑事诉讼法规定的时限视如儿戏，有罪推定的思想表露无遗。不能证明无罪，就是有罪，就应该予以关押。

相比较公安机关，检察机关在本案中有值得称道的地方。在初次接触案件时认为案件不符合起诉条件，因而坚持要求补充材料，并称“尸源问题解决不了，检察机关就不再受理案件”。显然检察机关在开始的时候还是坚持了公诉的标准，也按照法律的要求退回补充侦查两次，体现了较好的程序意识。但这仅是昙花一现，此后的行为也真实地反映了意识问题不仅是公安机关的独缺。按照检察院刑事诉讼规则，案件经过两次退回补充侦查，仍然条件不足的，应当决定不起诉；对于公安机关的不应当立案而立案侦查的，应当提出纠正违法意见；对在侦查中存在的决定、执行、变更和撤销强制措施过程的违法行为，应及时提出纠正意见。但商丘市检察院既没有决定不起诉，也没有对公安机关搁置案件、不解除对赵作海强制措施的错误行为进行纠正，甚至还有后来的第三次退回补充侦查和2002年在政法委协调下违心的起诉，放弃了其作为法律监督机关的职责，而“上级定调”的借口显然不能否认其违反法律程序的现实。

作为国家的审判机关，法院负有“以事实为依据，以法律为准绳”裁决刑事案件的职责，以看得见的方式实现正义是基本的要求，而按照刑事诉讼法处理刑事案件就是这种方式。虽然赵作海冤案的形成，刑讯逼供和政法委的协调办案

---

① 宋英辉、汤维建主编：《我国证据制度的理论与实践》，中国人民公安大学出版社2006年版，第170页。

是问题的主要焦点,但法院的违法裁决对冤案形成起到了"临门一脚"和"一锤定音"的效果。

首先,审判主体不合法。我国刑事诉讼法明确规定的审判组织只包括独任法官、合议庭和审判委员会,在正式的法律中没有规定政法委有审理案件的权力;不仅如此,即使是法律规定的正式审判组织,也应在案件审理后才能作出裁决。但是在赵作海冤案中,法院不仅放弃了自己审判的权力和职责,而且先定后审,严重违背刑事诉讼的精神。

其次,违背证据认定的基本原则。根据我国相关法律的规定,证据应当查证属实才能作为定案的根据,而且证据应尽量提供原物、原件,证人除几种特殊情况外也应当出庭接受询问。但赵作海案审判前后经历不到半小时,公诉人只宣读了不长的起诉书,辩护人目前留下的记录也就 8 个字:"事实不清,证据不足"①。如果再加上开庭的一些准备工作,记者甚至怀疑证据是否出示,更遑论控辩双方的质证。

最后,严重违反刑事证明的标准,作出"留有余地的判决"。对商丘中院的疑罪从轻判决,有政法人士表示谨慎认可和庆幸,认为毕竟错杀不同于一般的错案,②至少为现在的救济提供了可能。其实,这只是五十步笑百步的问题。如果法院能坚持证明标准,达不到标准的就坚决认定无罪,不是更好,也就没有现在的一切问题;即使后来证明无罪判决错误,至少法院还可以找到法律的理由。但现在却以犯了小错而没有铸成大错而窃喜,法院及法官程序意识的有无都令人怀疑。冤案的形成是偶然,更是必然。

四、结　　语

在反思程序问题时,我们不应该忽视其背后的制度因素。中国公民的法律意识不强已是公认的事实,也是依法治国的难点所在,程序意识的缺乏也是可以想见的。毕竟法律制度可以移植,法律文化却只能慢慢培养。这其中,法律制度对文化意识的引导和塑造作用不可小觑,不过作用总是多方面的,赵作海冤案就受到了"命案必破"制度的不当影响。本来"命案必破"作为一种口号,无疑对于

① 简光洲:"赵作海案　检察官承认当年人为干扰致违心办案",载《东方早报》2010 年 5 月 14 日。

② 邓红阳:"赵作海案再曝'留有余地'潜规则　多重因素酿冤案",载《法制日报》2010 年 5 月 13 日。

从事侦查工作的干警具有巨大的感召和鼓舞作用,一旦这种口号变成一种硬的机制,则可能产生负面效应。毕竟刑事案件的突发性、隐蔽性和不少犯罪的事前预谋,在有限的时间内查处案件的所有问题存在很大的困难,悬案、疑案不可避免。如此,在"命案必破"的考核机制下,侦查机关面临被害人、社会,特别是上级领导的强大压力,重压下的侦查人员出现心理的扭曲和行为的失常在所难免,类似的有刑讯逼供下的赵作海案,也有最新报道的"抓精神病人定罪"案,[①]未来也许会有"张冠李戴"案、"指鹿为马"案,这足以引起我们的重视。

(2010年第6期)

① 孙旭阳:"抓精神病人定罪公安局长被免",载《新京报》2010年5月18日。

司法行政化管理与法官独立审判

王　申*

当下能够吸引法律人眼球的应该就是河南商丘的赵作海故意杀人案。2010年5月9日，河南省高级人民法院宣告赵作海无罪，同时启动责任追究机制。“5月19日下午，河南省高级人民法院召开党组扩大会议，院党组成员和有关庭室负责人围绕赵作海错案进行认真剖析，查找原因。大家一致认为，出现赵作海错案的主观原因：一是司法理念偏差，为民意识不强；二是责任心较差，工作作风浮漂；三是只注重相互配合，忽视了相互监督；四是上级法院对下级法院监督不力。赵作海案件的教训是沉痛的，错判给赵作海本人和家庭带来了极大的伤害，给法院造成了极坏的影响，应该进行深刻反思和总结。”①而我认为，赵作海案带给我们深层的反思是，如何正确处理司法行政化管理与法官独立审判的关系。

一、科层行政官僚制与司法体制的亲缘关系

科层行政官僚制作为工业文明的管理模式，产生于19世纪晚期。它虽然历史悠久，但很长时间以来并没有引起人们的关注和系统的研究。只是到了20世纪，对科层行政官僚制的研究才成为人文社会科学关注的对象。而所有这一切都与德国社会科学家马克斯·韦伯的名字联系在一起，正是他，从理论上对长久以来存在于国家政治体系中的科层行政官僚制作出了系统的分析和总结，并提出了其存在和发展的条件，使科层行政官僚制第一次被理论化和系统化。

马克斯·韦伯对科层官僚制所作的规范性、理想型定义的基础源自于他的法理性统治理论。法理性统治是现代西方社会的一个十分突出的特点，为官僚制统治方式提供了一种内在动力——理性化，由此推动了传统社会（家长制统治）向现代社会（科层行政官僚制）的变迁。在韦伯对官僚制的内涵和特点的分

* 作者单位：华东政法大学。

本文为2010年度上海市法学会重点课题研究项目：《司法行政化管理与审判独立研究》（课题编号：第4号）的阶段性成果。

① “河南省高院反思：四大主观原因造成赵作海错案”，载http://www.wfnews.com.cn/legal/2010-05/21/content_721429.htm。

析中，我们可以看到，官僚制所强调的是管理的技术性，追求的是理性和效率。相对于传统极权统治来说，官僚制避免了权力的滥用，抛弃了人治因素，体现了科学与法制的精神。

自科层行政官僚制理论被认可以后，便得到了广泛的采用，现已成为一种最为普遍的组织管理形式。科层行政管理是以法的形式理性为依托，确定每个机构的管理范围，规定机构内的权力分布，并把每个职位和责任联系起来，以履行职责为目的建立规则秩序。在科层行政官僚管理中，"每一上层的梯队都承担着更大的责任，也享有更大的权势。级别相同的官员是相互平等的，但是，当他们之间产生争议的时候，这些'同僚'没有权利通过协商和妥协来自行解决这些争议。他们必须把争议事项提交给共同的上级去处理。只有在这一权力金字塔的顶端(假定它不是由一个人占据的)，意见分歧才不可避免地会通过协商来解决。"①

从法官制度的历史发展来看，自从法院设立以来，科层行政官僚制便与法官管理制发生了亲密的接触。在欧洲，"不论是法官以外的其他人还是法官自己，都认为法官是政府官员，因而在大多数的欧洲国家里，他们分享那些自然增长到政府官员们身上的威信。"②因此，法官作为由政府官员所组成的行政官僚团体，在某种意义上，他们只是在司法部任职的官员，与其他在农业部或外交部任职的官员并无不同。在教育背景、日常经历、生活方式、社会地位、组织背景以及职业关注点等方面的关联性，使得法官和政府各部的职业化官员十分相同，他们的世界观也非常相似。这种情况在法国、德国、意大利等国都有不同程度的发生，有些甚至至今还在延续。

比较世界各国的司法管理制度，一种令人疑惑的现象是：在我们对西方法学理论的解读中，传说中的司法独立的神话式功能是如此之大，而相对于司法的实际作用却又是如此的有限。即使在当时的英国，法院也一直被牢牢地放置在议会中的国王之下。因此，我的理解是，在各国的司法实践中，法院的作用其实是非常不突出的，更多的时候是被行政权与立法权边缘化了，与行政权与立法权相比，法院的权力要虚弱得多。

显然，司法行政化并不是中国的特有现象。当然，我国的情况更严重。我国法院的结构形式具备科层制的典型特征，所有的司法审判人员都归类为行政干

---

① [美]米尔伊安·R. 达玛什卡著：《司法和国家权力的多种面孔——比较视野中的法律程序》，郑戈译，中国政法大学出版社2004年版，第29页。

② [美]马丁·夏皮罗著：《法院：比较法上和政治学上的分析》，张生、李彤译，中国政法大学出版社2005年版，第212页。

部系列。在我国,“法院与行政机关一样具有相应的行政级别。从最高法院到基层法院都被行政‘格式化’,基层法院属于行政的县级,较大城市中的基层法院也可能属地级市或副局级,中级法院和高级法院则属于副局级和副部级,也有中级法院属于正局级。而且整个法院系统一开始就被行政机关格式化了。”①同时,在法院的内部也是如此,法官之上有院长、副院长、庭长、副庭长,法官与庭长、院长之间存在明显的服从与命令的关系。行政化的管理模式已在法院的管理中被深深地内在化。

二、法官意志的独立是法官独立审判的本质

对于法官独立审判概念的考察将不可避免地涉及法官的自我认知,它所涉及的是关于法官认知能力的研究。对于自我认知的强调,是古希腊时期理性探究的原初觉醒的组成部分。从认识论的角度来看,法官独立审判的理论支撑点还是在法官自我的独立意识,没有独立意识就没有独立审判。也就是说,我们只能从法官的独立意识中才能证明法官的存在。因为,审案、断案是一种主观认识的判断,如果在这个认识过程中,法官不能排除外界的干扰(尤其指各种潜在的利诱),要想真正做到公正断案就会成为一件很难的事。因此,保证法官独立的意志自由,是法官公正断案的前提和基础。

从理论上说,经过法律专门化训练的法官完全有能力认知案件的事实真相(这应该是合格法官的前提要素)。在赵作海案中,我们可以看到:当法官面对没有确定身份的尸体,无法解释压在尸体上的3个每个重达500斤的石磙,不能合理排除的刑讯逼供可能性,甚至五花八门、矛盾百出的被告供词,以及一直没有找到作案凶器的窘境时,不可能不意识到,案件的真相可能与目前的事实有出入。特别是之后的法庭审理,其实是法院寻求案件事实真相的一次很好的机会,但事实是,“庭审就像在走过场”。赵作海当时的辩护人胡泓强(实习律师)回忆起来仍百感交集,他说,在当年的判决书上,辩护意见只有寥寥八个字:事实不清、证据不足。赵作海的妻子赵小齐等关键证人也没有出庭,赵作海对于自己遭遇刑讯逼供、屈打成招的辩护同样没有被法庭采纳。法院认为,赵作海曾经在公安环节做了9次杀人笔录,所以当庭否认未杀人不可信。于是在2002年12月5日,商丘市中级人民法院对赵作海作出了死刑缓期两年执行,剥夺政治权利终身

① 张卫平:“论我国法院体制的非行政化”,载《法商研究》2000年第3期。

的一审判决。其实,明白的人一看就知道,如果证据确凿,按照当时的政策判断,杀人肢解这种恶劣犯罪情节,赵作海应该会被判处死刑立即执行,正因为案件存有疑点,是疑难案件,也是存疑案件,所以合议庭才在判决上留有余地,最终疑罪从轻,判处了赵作海死缓。① 面对疑点百出的案情,如果法官的自我认知无法区分其事实真相,它就根本不是一种司法认知,当然这样的法官也就没有资格承担审判职能。

当然,法官自由意志的运用是在法官仅就法律事实清楚的情况下进行认识、判断的。但是,当法律事实与客观事实发生冲突时,法官就可能会认知不清,也就可能会发生错案。但是,只要法官是在遵循法律和职业规范的前提下,独立行使其判断权,这些都应该归之于法官独立审判的范畴之中。也就是说,错误的判决也是法官独立审判权力的一部分(因为在司法审判中,只要法官是人,那么错案是不可避免的,我可以说今天有,明天还会有,中国有,国外也有)。然而,假案则是另外一回事,赵作海案严格地说是则假案,假案是法官在不遵循法律和职业规范的前提下产生的,明知是假,甚至是故意造假,则必须从重追究其责任。在此,法官的判断活动被凸显出来。

所谓法官的判断,就是法官在其所感知的案件诸多现象中做出与案件实质相关的选择。其实"独立判断"也是马克思对法官角色的定位。法律是普遍的,而根据法律来确定的案件是个别的。要把个别的现象归入普遍的范畴,就需要判断。判断是件棘手的事情。要执行法律就需要法官的理性判断。所以"法官独立思考"命题的要点就在于强调:法官的所有认识均是建立在"法官"这个确定物之上的。现受命调查冤案的商丘市中级人民法院刑一庭庭长杨松挺不无悔意地说,法官应该具备良知、职业道德和独立判断,应该排除一些非正常因素的干扰。② 可见,独立思考是法官所有认识的真理性的第一保证。这样的认识很符合司法独立的法治精神:法官的一切决定都必须在理性的天平上为自己判决的合法性或正当性作出保证,即使是在有关政治观点的判断上,也是如此,绝对不能因其他的原因而改变自己的判断。

---

① "赵作海:我比窦娥赚了",载 http://www. shanghe. org/wktx/2010/0520/68 33_4. html。

② 同上。

三、科层行政官僚制与独立审判这两种不同的权力形态所追求的目标是不同的

行政与司法这两种权力形态是天然不同的。我们常说，司法权从产生之日起就是以独立形态建构的，在英国"长期的司法实践流传下来的做法是，允许每个法官公开地申明自己的观点，这实际上是让法官们在他们自己的群体内进行公共辩论：在一个疑难案件中，每个法官都可以对所支持的判决方式最为充分地提出自己的理由，并且可以反驳不同意见中列出的所有理由。"①显然，司法权是一种对当事人之间纠纷加以裁判的能力，因而为了保证这种裁判具有公正性，裁判的主体应当能够排除来自各方面的干涉，而只是依照法律来进行裁判，这就要求司法活动必须体现其独立性。而行政权作为一种国家权力，从整体上来说虽然也具有独立性，但综合考量上下级行政机关之间以及行政机关内部各行政人员之间的关系后，却发现其并不像司法权那样具有严格的独立性，这一点也是行政权与司法权的价值追求的差异所决定和要求的。而高效率的行政治理方式最好是一种"命令与服从"和"长官负责"的模式，即下级行政机关在从事行政管理活动时应当遵循上级行政机关的指令和要求，行政官员在进行行政管理时应当服从行政主管或长官的命令和指挥。

由于权力功能的不同，法官与公务员的地位是完全不同的：法官是"被任命担任特别重要和有尊严的职位。他们在国家的政治体制中占据了关键的位置。他们平等地站在国王与行政机关之间，同样平等地站在行政机关与人民之间。他们肩负着最重要和责任最为重大的使命"②。而行政主体在进行行政活动时，俨然是国家利益或社会利益的代表和化身，行政活动所产生的直接的、主要的法律功能是国家利益和社会利益得以维护，国家的行政管理秩序不因个人的行为而受到破坏。

总之，司法权体现的是公平、正义的价值观，社会对法院的期望不应该着重于对效率的追求，效率第一是科层行政官僚制体所体现的功利主义的行政价值观。如果法官审判如同行政管理一样体现效率第一，那么则可能会产生一系列的冤假错案。在赵作海案中，我们看到，商丘市政法委组织公检法3个部门协调

---

① [英]尼尔·麦考密克著：《法律推理与法律理论》，姜峰译，法律出版社2005年版，第9页。

② [美]马丁·夏皮罗著：《法院：比较法上和政治学上的分析》，张生、李彤译，中国政法大学出版社2005年版，第52页。

后产生的“快审快判”集体研究结论，致使检察机关在20天内便将案件起诉到法院。[①] 在这里，商丘市政法委所追求的就是有案必破，其实这体现的是行政机关对效率的追求。

四、科层行政管理下的司法如何面对政法委的“协调”

在赵作海案中，我们看到，赵作海在被超期羁押3年后，2002年7月，商丘市政法委组织召开了一次专题研究会，会议由时任商丘市政法委书记的王师灿主持。在这次会议中，虽然检察院依旧表达异议，尽管在尸源等重大证据方面，柘城县公安局并没有实质性的新进展，但公检法3个部门最终集体研究的结论却变为了认为该案具备了起诉条件。知情人士透露，在公检法3个部门发表看法后，时任商丘市政法委书记的王师灿做了总结发言，从而“一会定乾坤”。[②]

“我国《宪法》明确规定：人民法院依法独立行使审判权，不受行政机关、社会团体和个人的干预。但是，在更具体的操作规范方面，司法机关却受制于党的政法委员会。依据《中国新闻周刊》今年3月报道，全国省级党政权力架构中，仍有一半以上的政法委书记兼任公安部门首长。这导致了人大代表吴晓灵今年在‘两会’上所批评的那种吊诡现象：被监督者实际上控制了监督者。严格地说，公安局长主导法院、检察院的体制安排就是一种违宪行为，它使得公安机关凌驾于司法机关之上，法院完全不可能对于警察行为作出司法审查。即便在公安局长不同时担任政法委书记的地方，他在党内的地位也往往高于法院院长以及检察院检察长，因而拥有比后者更强势的政治权力。”[③]因此，法院一旦遇到政法委的主动协调，那么我们的司法则全无独立的底气。

在我国的法官选任机制上，我们通常有两套规则：显性规则是法院院长由同级人大选举，院长以下除助理审判员外均由院长提名、人大任命；隐性规则是院长、副院长由同级党委组织部门选拔、考察、提名，其他法官由院长或者法院组织部门选拔、提名，并均由同级人大办理有关手续。无论哪一种规则，其实质都是遵循由上而下的行政化运作方式。而特别是我国现行的司法机关的管辖区域与地方党委、地方权力机关、地方行政的管理区域完全重合，各级地方党委对作为党员干部的法官实际上享有管理权。正如有的学者指出，这种行政化的选拔、任

---

① 郭光东：“劫后余生：赵作海出狱后打算捡破烂度日”，载南方新闻网。

② 同上。

③ 同上。

命方式抽掉了法官独立的最重要基石，使得法官成为听令于上级的普通办事员，加上等级森严的晋升奖惩机制，司法的独立性和公正性就在这种行政体制下被层层消解。因此，法院独立在某些情况下都不是，不可能是，甚至也不应当是绝对的。①

毫不夸张地说，在我国的司法审判实践中，法官事实上首先服从的是上级领导的意见而不是理性与规则。有法官明确表示，我在审判中首先看的是上级领导的意图，然后才能是法律规则。“来自上级领导的关系，这是对法官影响最大的关系。法官在法庭上主宰了当事人的命运；在实际生活中，上级领导却主宰了法官的前途命运，而且按照领导的意图办案，法官心里头会有底气，最起码判错了不会受到上级的指责。”②下级对于上级的指示、意图做出的反应，将会直接影响到他与上级领导的关系，以致影响其晋升。这其中显现出来的是审判的科层行政化倾向，展示的判决有时并非是理性和有逻辑的，有时它甚至是为了完成上级领导的意图。有一名我国西部的法官在谈到了自己多年工作的亲身体会时，道出了基层法官在司法活动中的尴尬现状。他说：“事实上，我们的法官不仅有级别，而且很难只服从法律。可以毫不夸张地说，在我们的司法实践中，法官只服从上级及他所属环境约定俗成的游戏规则，法律只是一个结果确定后寻找理由的参考文本。”③

显然，如果我们在相关制度的安排方面过分地强化人们的科层行政级别意识，导致法官过于关注上级法院或本院“领导”的好恶，就会严重地影响法官的独立思考精神，从而破坏了司法独立这一基本的司法理念。所以，科层等级官僚制对司法独立的威胁是非一般的严重。

毫无疑问，法官行政管理就是中国目前司法的现状。其实，从这个角度来看，我非常地同情正在接受停职调查的商丘市中级人民法院审判长张运随、审判员胡选民、代理审判员魏新生以及河南省高级人民法院的胡烨法官。同时，笔者并不赞同5月19日河南省高级人民法院召开党组扩大会议对赵作海错案所剖析的第四点：上级法院对下级法院监督不力是造成这一错案的重要主观原因。我们很难想象，在当时的情景下，他们能够有胆识避开科层等级官僚制，不去执行商丘市政法委的“批示”。这正如时任商丘市检察院公诉处助理检察员郑磊

---

① 苏力著：《道路通向城市——转型中国的法治》，法律出版社2008年版，第187页。

② 高其才：“当代中国法律适用中的关系因素——文化视角的实证分析”，载《云南大学学报》（法学版）2009年第3期。

③ “律师之死背后的群体生态调查：要与法官搞好关系”，载 http://news.sohu.com/20080103/n254430801_3.shtml。

所说，他确实看到了卷宗上相关领导“快审快判”的批示，“上面都定了调调，作为公诉人员我们要不选择起诉，要不就辞职不干，最后我还是妥协了，但心里一直不好受。”①

在此，我们看到的是法官科层等级制管理和法官独立审判的矛盾与危机交织在一起。其实，法官理性主体的建设和重构，更多是一个政治性的问题。司法去行政化肯定不仅仅是法院一家的事。

五、如何克服我国司法行政化之弊端

解决中国的司法问题，我认为，在总体上必须从改造法官科层行政官僚体制及法官审判权的运作体制入手，这是一条走向健全理性司法的路径，它可以将法官从科层行政官僚体制的束缚中解脱出来，在去除那些不必要的累赘之后，具体地转向司法审判的实际形态。

第一，从“法官”入手，注重培育法官的独立精神与法治理念。我们的法官不仅需要掌握丰富的司法经验与技术手段，同时也需要有渊博的知识，领悟与把握深奥的现代司法理念。正确的司法理性为法官的审判实践指明了方向。在河南省高级人民法院的党组扩大会议上，大家一致认为，出现赵作海错案的主观原因，第一就是司法理念偏差，为民意识不强。这其实就是要求我们的法官在司法审判中，必须注重法的理性意识，注重法的逻辑推理思维，注重法的理念认知，克服司法审判中的片面性，注重培养独立对话的意识。法官的独立精神与法治理念是法官立命的根本。

第二，从“法官体制”入手，积极推进法院内部体制的全面改革与协调发展。克服司法行政化之弊端，则意味着司法内部体制即法院内部的管理系统分离，重在解决因体制问题而引起的审判不公的问题。这确实是个难题，涉及面很广。我们要在司法体制上寻求切入：围绕司法权力体系内部的职能配置，将法官级别与一般的行政级别割裂开来，对其实行有别于行政官员的法官职业专门化管理；按照司法机关的诸多功能进行职能分工，弱化审判工作的行政化色彩；建立新的司法管理机制，形成行政管理与司法业务的二元体制。只有在这个基础上，才能在法院独立的同时实现法官独立，最终达成司法独立的完整目标。

第三，从“法官结构”入手，逐步改造传统的法官科层行政管理等级结构，建

---

① “赵作海：我比窦娥赚了”，载 http://www.shanghe.org/wktx/2010/0520/68 33_4.html。

立一种合理的结构选择,即以法官等级改造法官科层行政管理等级,这是最根本的。因为,法官管理的体制结构决定法官审判体制的运作,审判体制的运作决定法官的思维、观念。目前我国法官的级别是采用两轨制,一个法官既有法官的级别,另还有相对应的行政级别:4 级法官对应于科级;4 级高级法官对应于副处级……我们不去说当初设立法官级别的目的是什么,但现在它其实已经成为一个虚位,法官对它没有任何兴趣。也就是说,这种法官的级别本身与法官的真正需求是相矛盾的。

在此基础上,我认为还必须着重解决以下两个问题:

1. 建成一个自治的法官职业共同体

法官职业共同体虽然不是契约自由理念下形成的职业团体,但它却是社会分工和自由协同思想的体现,它强调司法主体的廉洁自律性,其本质上还是司法的统一化与理性化的产物,是法治文明进步的必然产物。在今年"两会"期间,《南方周末》对参加会议的40名全国人大代表和政协委员进行了问卷调查,随机选取了甘肃、重庆、浙江、辽宁、湖北、江西、山东、北京、内蒙古及香港的代表和委员,共收回有效问卷40份。调查结果显示,在重大的司法体制问题上,受访者改革意向基本一致,认为司法职业化改革必须加速。① 由此可见,司法职业化并非只是法学家们一相情愿的主张,也是民意代表的主流意见。

其实,建立法官职业共同体的目的就是建立一种法官自身的对话机制,在共同体的内部话语中,法官致力寻找的是——思维的自我。他能够在法官的职业共同体范围中把理性和非理性区别开来,把法官知识与级别等级区别开来,最终达到将法官的"内部话语"伴随司法审判的整个过程,在这过程中所体现的是法官独立审判的职业理念。

2. 正确处理好司法职业共同体与党的领导的关系

在司法职业化过程中,我们必须处理好司法职业共同体与党的领导的关系。司法的本质和发展规律决定了法官自治的不可避免性,而且,司法的独立也是我们的党一贯坚持的。如在判处英国毒贩阿克毛的死刑问题上,面对西方媒体的指责,我们的政府一再强调,"中国是一个法治国家,中国司法机构独立依法办案,不容任何人干涉"。② 显然,对于司法的独立问题,我们的党早已意识到,但改革并没有根本性的突破。在中国特色的"双重的司法机构"中,党通过各级政

① "40名全国人大代表和政协委员接受本报司法改革意向调查100%赞同:法院垂直领导彻底吃'皇粮'",载《南方周末》2010年3月25日。

② "中国昨日处决英毒贩阿克毛英国首相'震惊'",载 http://www.hinews.cn/news/system/2010/01/01/010659884.shtml。

法委，在对法院的直接管理中发挥着重要的作用，对于公正有效的司法运转机制来说，党与审判必须分离。但是，由于党政机构维持着对司法的控制，在法院全体法官中党员人数超过 90% 的情况下，要实行党与司法的分离实际上是不可能实现的。当下，党的正当性基础体现在它的改革能力上。因此，党面临着既要维持正当性又要维护司法控制权的两难困境，保持控制和社会稳定的必要性限制了党对司法实施改革的能力。当下的情景是：我们一方面在强调司法的去行政化；而另一方面司法的行政化现象越来越严重。这在很大程度上表明，迄今为止的司法改革都是在摸索中实施的。

（2010 年第 6 期）

地方政法委“冤案协调会”的潜规则应该予以废除

严　励*

一、政法委协调案件的潜规则与冤案产生有重大关联

防止刑事冤案发生，不仅要注意冤案产生的技术细节，如在佘祥林、赵作海、杜培武和聂树斌等公认的刑事冤案中都在很多细节上有惊人的相似之处：在侦查阶段为逼取口供而进行的刑讯逼供、屈打成招；在证明标准上都没有达到“事实清楚、证据确实充分”的程度，而不得不进行的“留有余地的判决”；在罪犯服刑期间，由于缺乏错案纠正程序和机制，如果不是“被害人”复活或者真正的作案分子招供，冤案很难平反昭雪。防止刑事冤案发生，更要注重冤案产生的制度因素，如果技术细节解决了，制度不能改革和完善，佘祥林、赵作海式的冤案仍会发生。同时，还要注意的是，防范冤案发生的法律制度建设重要，根除制度背后的潜规则更为重要。从佘祥林案到赵作海案，造成冤案的背后都有政法委的影子，在政法委协调办案的潜规则下，政法委对于冤案的产生起到了重要的作用，甚至可以说是一锤定音。政法委协调案件既没有法律依据，也没有政策依据，更没有任何的红头文件规定，但为什么一些重大、疑难、复杂案件需要政法委召开协调会予以定调，甚至当场解决，这就是一种不成文的潜规则。这种潜规则是旧的司法理念的产物，在“重打击、轻保护”的理念指导下，为了强化打击的力度和速度，“不放纵一个坏人”，政法委对于一些重大、疑难、复杂案件统一思想、统一认识、集体决定，可以减少各个环节的扯皮，更可以使冤案的责任变成集体责任；在“从重从快打击犯罪”的理念指导下，为了迅速而及时地侦破案件，打击犯罪，在政法委的协调下公检法联合办案既可以加快办案速度，又可以统一案件的口径，公、检、法按此口径办案保险系数高。这种与现行法律相冲突的规则，虽然侵袭和扭曲了法律底线，但实践中已经习非成是，演化为潜规则。这种潜规则虽然排挤了法律规则，但得到了政法部门的默许，对政法部门起到了支配作用。在司法实践中，当潜规则与法律规则冲突时，依循的是潜规则而不是法律规则。如在

* 作者单位：上海政法学院。

佘祥林案件中,政法委在冤案产生中起到了重要作用。1994 年 10 月 13 日荆州市中级人民法院一审判决佘祥林犯故意杀人罪,判处死刑,剥夺政治权利终身。1995 年元旦佘祥林母亲听到在离佘家几十公里之外的天门市石河镇姚岭村的副书记倪乐平曾见到一个长得像被佘祥林杀死的妻子(张在玉)的消息后,带着倪乐平的证明到湖北省高级人民法院申诉。1995 年 1 月 6 日,湖北省高院以该案事实不清、证据不足,决定发回荆州市中级人民法院重审。1996 年 12 月 29 日,由于行政区划的变更,荆州市人民检察院将该案卷宗材料邮寄到中共京山县委政法委员会。1997 年 5 月 14 日,中共京山县政法委将此案报请中共荆门市政法委协调。1997 年 10 月 8 日荆门市政法委在京山县人民检察院召开协调会,会议决定:被告人佘祥林故意杀人一案由京山县人民检察院向京山县人民法院提起公诉,因省高院《退查函》中提到的 8 个问题中有 3 个无法查清,决定对该案降格处理,对佘祥林判处有期徒刑。1998 年 3 月 31 日,按照政法委协调会议的意见,京山县人民检察院对佘祥林提起公诉,指控其构成故意杀人罪。1998 年 6 月 25 日,京山县人民法院判决佘祥林故意杀人罪成立,判处有期徒刑 15 年,附加剥夺政治权利 5 年。佘祥林提出上诉,9 月 22 日,湖北省荆门市中级人民法院驳回上诉,维持原判。从上述过程可以看出,荆门市政法委的案件协调会对案件的性质、刑种都做出了决定,检察院和法院只不过是按照决定履行程序而已,政法委协调案件的潜规则是导致冤案发生的重要因素。在赵作海冤案中潜规则的危害尤为明显。在赵作海涉嫌杀人被逮捕后,商丘市检察院以"证据上存在重大缺陷"为由,两次将案件退回到柘城县公安局补充侦查。2001 年 7 月,已被羁押两年的赵作海因全国开展刑事案件清理运动,在政法委召开的联席会议中,以同样的理由共同认定该案为"不具备审查起诉的案件"。2002 年 7 月,在 1 年之后的清理超期羁押的活动中,商丘市委政法委又集体研究决定"案件具备了起诉条件"。商丘市检察院在尸源仍然不明的情况下,按照这一集体决定起诉,最终铸成冤案。

二、政法委协调案件的潜规则是对刑事法治的僭越

"刑事司法,关系到对公民的生杀予夺,是一件很重要的事情。从某种意义上来说,一个国家的刑事司法水平,在很大程度上标志着这个国家的法治水

平。”①刑事法治的基本内容是人权保障、形式理性和程序正义,刑事法治的价值取向是公正和效率,而效率是以公正为前提和基础,没有公正的效率是最大地浪费司法资源。②

在刑事法治中,法律存在的合理性、正当性的根据,应当是保障公民个人的自由和权利。这也是法治国家与专制国家的刑法、刑事诉讼相区别的根本标志。在刑事法治中,保障公民个人的自由和权利必须要坚持罪刑法定的原则、无罪推定原则、疑罪从无原则。而在政法委协调案件中,由于政法委并不是专门的司法机关,只是听取办事人的汇报而没有任何司法程序,有的政法委领导也不具备法律专业知识和素养,因而,难以按照上述原则对案件做出准确的判断。协调赵作海案件的政法委领导就直言其不是搞法律的,对审理案件没有经验。在这种情况下,无罪推定变成了有罪推定,疑罪从无变成了疑罪从有或疑罪从轻(佘祥林、赵作海都是疑罪从轻),公民的权利和自由受到了破坏。“法秩序目的的本身在于保护每一个公民(包括犯了罪的公民)的合法权益。每一个公民具体的、个别的利益保护同时也是法秩序赖以生存的合理或合法性根据。”③刑法存在的目的就是使无罪人不受到无辜追究,有罪的人得以公正追究。犹如李斯特所言“刑法是犯罪人的人权宣言”,如果以刑法作为工具去一味地追求打击犯罪,刑法就失去了其合理性的基础。如果以政治需要为标准而动用刑法(如政法委协调赵作海案的动因都是为了配合运动)则必然是以政治需要为目的,而忽略公民权利和自由的保障。

在刑事法治中,形式理性是其重要的标准。“形式理性意味着只能在形式合理性的范围内来追求实质合理性,追求实质合理性不得超过形式合理性。形式合理性意味着一套严密的刑事法律规则和规范的存在,并且,在此范围内实现合理性。”④政法委协调的案件往往是公、检、法3机关认识不统一或有争议的个别案件,如佘祥林、赵作海都是个别案件的协调。协调本身就带有协商、调和的意味,所以,没有程序而言,也不可能有程序。其结果都是将法律规定的程序弃之不用,而追求个别案件的处理。这样可能使个别案件得到了处理,但是可能带来破坏法治的灾难性后果。

刑事法治以公正和效率为价值取向。但公正与效率又经常互相矛盾,那么两者矛盾冲突时,到底选择哪一种价值,答案是肯定的,公正优先。公正是第一

---

① 陈兴良主编:《法治的使命》,法律出版社2003年版,第4页。

② 同上,第4~10页。

③ 李海东著:《刑法原理入门:犯罪论基础》,法律出版社1998年版,“序言”第6页。

④ 陈兴良主编:《法治的使命》,法律出版社2003年版,第5页。

位的,效率是第二位的。而政法委协调案件往往是追求效率,如赵作海案,政法委进行了两次协调,其动因都是为了运动清理案件和清理超期羁押的需要,而不是为了保护赵作海不受到无辜的追究。司法的公正是司法的生命,不公正的司法活动所带来的恶会超过犯罪之恶。英国著名学者培根对此有一个形象的比喻:一次违法活动只是搅浑了水流,而一次不公正的判决搅浑的是水源。在佘祥林、赵作海的冤案中是谁搅浑了水源,答案是清晰明确的。我国《刑事诉讼法》第1条规定:"人民法院、人民检察院和公安机关进行刑事诉讼,应当分工负责,互相配合,互相制约,以保证准确有效地执行法律。"①分工负责,就是公安机关、人民检察院、人民法院在进行刑事诉讼活动中,根据法律应当有明确的分工,3机关应当在法律规定的职权范围内行使职权,各尽其职,各负其责,既不能互相取代,也不应互相推诿。互相配合,是指公安机关、人民检察院、人民法院在进行刑事诉讼时,应当在分工负责的基础上,相互支持,协调一致,通力合作,共同完成追究犯罪,惩罚犯罪,保障诉讼公民的合法权益,保障无罪的人不受到刑事追究的任务。互相制约是指公安机关、人民检察院、人民法院进行刑事诉讼应当按照职责分工,相互制约、相互平衡,以及时发现工作中存在的问题或错误,并加以纠正,以保证法律的准确实施,正确惩罚犯罪,保障无辜公民不受到刑事追究,做到不枉不纵、不错不漏。②

而政法委协调案件中,公、检、法3家在政法委参与协调的情况下,为了达成一致意见,只讲配合,不讲制约。如赵作海案,检察院曾两次退回补充侦查,行使了监督制约的功能。而在政法委的协调下,只好按集体决定执行,放弃了监督和制约。在现有的情况下,有的地方政法委领导是常委兼任的公安局长,有的公安局长虽然不是常委,也是当地政府副职担任,在这种情况下,政法委协调案件实际上是侦查干预起诉、审判,便使得《宪法》规定的公检法3机关"分工负责、互相配合、互相制约"的关系得不到真正贯彻执行。③

三、政法委协调案件的潜规则是对依法治国的冲击

依法治国的本质,在于揭示了法律手段是治理国家的基本手段之一,是崇尚体现广大人民意志的法律在国家政治、经济和社会生活中的权威,崇尚法高于

① 这也是宪法明确的原则。

② 谢佑平著:《刑事司法程序的一般理论》,复旦大学出版社2003年版,第313~315页。

③ 陈光中:"建议取消地方政法委拍板权",载《南方都市报》,2010年5月15日。

人、法大于权、法律至上的根本原则。法律至上意味着在法治国家中,法律具有高于一切的决定性作用。法律至上实质是人民的意志和利益至上,因为法律是人民意志和利益的体现和反映。法律至上也为一切国家的职能工作确定了严格的法律界限,并确保尊重广大人民的尊严和维护广大人民的不可分割的权利。而政法委协调案件是政策治国的产物。中华人民共和国成立之后,由于法制经验的欠缺以及法律体系的不完备,在刑事司法领域甚至连刑法、刑事诉讼法都没有。大量亟须解决的问题都缺乏法律规定,因而,在办案中往往靠政策指导,甚至直接依据政策办案。党委是政策的制定和监督执行者,因而,实践中遇到重大、疑难、复杂的案件便向党委请示汇报,以取得党委的批示、指示。而党委具体的办事部门政法委就承担起协调的任务,组织公检法统一思想、统一认识,按照政策予以定案。"文化大革命"结束后,虽然制定了《刑法》、《刑事诉讼法》,但由于严打斗争的需要,又实行"党内联合办公"或"三长联席会议",突出强调公检法3机关在打击犯罪方面的配合,反对相互扯皮、掣肘。为此,各地都设立了严打领导小组及办公室,统一协调案件。① 目前,虽然刑事政策已经调整,但受人治和地方保护主义的影响,"一些涉及地方重大经济利益以及在地方具有一定社会影响的案件,地方党政机关及其领导往往会通过'批条子'、'打电话'、'听取汇报'等方式予以干预;对一些重大案件,地方政法委还通过召开公、检、法机关'案件协调会'的形式,形成所谓的统一意见"②。由此可见,政法委协调案件是政策治国的产物,是法制不完备时的无奈之举,是与依法治国的精神和理念不相符的做法。其结果导致的是司法独立受到干扰和影响,司法机关权威的失落,法律权威的下降,依法治国被冲击。

四、政法委协调案件的潜规则是加强和改善党对政法工作领导的悖论

2007年12月25日,胡锦涛总书记在全国政法工作会议代表和全国大法官、大检察官座谈会上的讲话中指出:做好新形势下的政法工作,加强和改善党对政法工作的领导是关键。各级党委要从思想上、政治上、组织上全面加强和改善对政法工作的领导,加强对新形势下政法工作面临的新情况、新问题的研究,有针

① 陈兴良著:《中国刑事政策检讨:以"严打"刑事政策为视角》,中国检察出版社2004年版,第294页。

② 万毅著:《底限正义论》,中国人民公安大学出版社2006年版,第359页。

对性地解决一些影响政法工作的重大问题,支持政法机关依法履行职能,领导和推动政法机关贯彻落实好中央的路线方针政策。2006 年罗干同志在社会主义法治理念研讨班上的讲话中也明确指出:党对政法工作的领导主要是政治领导、思想领导和组织领导,主要任务是领导和推动政法机关贯彻落实中央的大政方针;对政法工作作出全面部署,及时发现和解决政法工作中的突出问题;加强对维护国家安全和社会稳定工作的统筹协调;指导和推动政法机关依法打击犯罪,依法调节各种社会关系;强化对执法活动的监督;推进司法改革;加强政法队伍、政法领导班子建设,改善政法机关的执法环境和条件。特别强调党的领导要坚持谋全局,把方向,抓大事,不断改进领导方式,支持政法机关独立负责地开展工作,不伸手、干预司法机关的正常司法活动,不代替司法机关对案件定性处理,不指派政法机关处理法定职责以外的事务。由中央政法委编写的《社会主义法治理念教育辅导》一书中也明确指出:“党的领导是总揽全局,而不是包办具体事务,更不是代替政法机关对具体案件进行定性和处理。”“要不断改进领导方式,做到总揽不包揽,协调不代替,支持政法机关依法独立、公正地行使审判权和检察权,不能伸手、干预司法机关正常的司法活动,不能从本地区本部门的利益出发,搞地方和部门保护主义,不能随意调动政法干警处理法定职责以外的其他事务。”①可见,在当前的形势下,一方面要加强党对政法工作的领导,切实维护党的执政地位,坚持党的事业至上;另一方面还要改善党的领导,支持政法机关依法履行职能,实现党的执政方式的转变。即从主要和直接依靠政策来治理国家,向主要和直接运用法律来治理国家的转变,不仅要靠政策,更要健全法制。即科学执政、民主执法、依法执政。在依法执政理念指导下,党对政法工作的领导的思路是非常清晰的,任务也是非常明确的。作为党委工作部门的政法委在实际工作中,就要自觉地把坚持党的领导,巩固党的执政地位和维护社会主义法治统一起来;把贯彻落实党的路线方针政策和严格执法统一起来;把加强和改进党对政法工作的领导与保障司法机关依法独立行使职权统一起来。彻底纠正协调案件的习惯做法,“不再代替政法机关对具体案件进行定性和处理”。

行文至此,我们可以看出,政法委协调案件的潜规则是政策治国的产物,与依法治国、依法执政的理念相冲突,也是对加强和改进党对政法工作领导的误读。政法委协调案件的潜规则弊端众多,为什么还有生存的市场?笔者认为,在人治影响尚存、司法机关的地方化以及执法环境不良的情况下,政法机关认为政法委协调案件还是一个不错的办法,至少可以不承担政治责任,政法委作为党委

---

① 中央政法委编:《社会主义法治理念教育辅导》,中国长安出版社 2006 年版,第 126 页。

的办事部门明知会干预司法机关也不得不为，实为无奈之举。既然政法委协调案件的潜规则与法治相冲突，为什么缺少反思呢？这恐怕与怕犯政治错误有关，在人们的思维逻辑中，否认政法委协调案件的做法就等于否认政法委的领导，否认政法委的领导就是否认党的领导。因而实践中将错就错，缺少理性的思考和论证。其实，对此问题中央领导层早有反思，“2005 年 12 月，在全国政法工作会议上，罗干同志对如何加强和改进党对政法工作的领导做了全面深刻的阐述，并特别强调，除涉及国家安全和维护社会稳定的案件外，县级政法委一般不协调案件”。[①] “这是对党委政法委如何领导和管理政法工作的经验教训的深刻总结，是一个制度性、规则性的要求，只要认真贯彻落实，一定能够收到好的效果。”[②]

（2010 年第 6 期）

① 中央政法委编：《社会主义法治理念教育辅导》，中国长安出版社 2006 年版，第 127 页。
② 同上。

刑法信用是刑法规范回应特殊性社会需要的一种属性

张　建*

从杜培武案、佘祥林案到聂树斌案，再到赵作海案，这些刑事错案的出现无疑是我国刑事法治建设过程中的不和谐音符。尽管这些案件前后时隔多年，但从这些刑事错案中，我们看到刑事信用遭受了严重损害，因此有必要对刑事错案与刑事信用再作一番审视。

一、刑事信用的法律基准

刑事信用，是指刑法规范符合其回应特殊性社会需要的属性以及刑法在调整社会关系中严守规则所获得的社会主体对它的信赖。对于刑事信用可以从两个方面加以理解：首先，刑事信用是刑法规范符合其回应特殊性社会需要的一种属性。这种特殊性社会需要，简单而言就是刑法规范要随着某一行为社会危害性、违法程度的变化而对该行为及时作出入罪或者出罪的反应，落实社会主体对刑法在调整社会关系中的期待，让社会主体获得安全感。其次，由于刑法制定出来后就成为相对固化的文本，而刑法适用则是将刑法文本具体运用于实际的过程，因而刑事信用主要是在刑法的适用过程中即刑事司法中得以体现。刑法的可信性是刑法的核心价值，刑法在实际适用过程中不能违背这一核心价值，因而刑法在适用过程中要严守规则即严格按照《刑法》分则的有关规定以及刑事诉讼法的规定来定罪与量刑。只有这样，刑法才能赢得社会主体对它的尊重和信赖。

刑事信用一方面要求在定罪上恪守罪刑法定、罪刑均衡两原则。定罪首先应当严格按照刑法规范和案件事实来进行，“对司法有关者来说，这就意味着当一定的条件具备时，才可命令实施科刑，同时当其条件不具备时，就禁止科刑”。① 因此，定罪所依据的应当是确定的、由证据构建出来的、排除合理怀疑的案件事实，而不是模糊的、推定的、存在疑点的案件事实。定罪过程应当严格遵

* 作者单位：上海市虹口区人民检察院、上海市法学会。

① ［日］西原春夫著：《刑法的根基与哲学》，顾肖荣等译，法律出版社2004年版，第45页。

守"以事实为依据，以法律为准绳"的原则，避免法外因素的影响，对某一案件的刑法定性要准确和恰当。另一方面，刑事信用需要获得刑事诉讼活动和刑事诉讼理念的支持，主要包括刑事司法协调部门、公检法机关领导层和执法主体的配合以及无罪推定、疑罪从无、科学的证据规则、保障人权等理念的贯彻。

二、刑事信用缺损的机制因素

刑事错案的发生对刑事信用造成了难以弥补的侵害，主要原因有以下几个方面。

第一，对刑事司法有协调作用的部门并未起到有效的指导作用。在杜培武案、佘祥林、聂树斌案和赵作海案中，都可以看到刑事司法协调部门从中的协调，但是这种协调最终却对案件的走向形成了错误的导向，使得无罪的杜培武、佘祥林、聂树斌和赵作海被错定为有罪。事实上，在杜培武案、佘祥林案、聂树斌案和赵作海案中，案件事实都是不确定的、存有疑点的。比如，在赵作海案和佘祥林案中，最为关键的证据——尸体，其姓名和身份自始至终都没有得到确认。我国《刑事诉讼法》第6条规定的"以事实为依据，以法律为准绳"中的"事实"指的是确定的、由证据链构成的、排除合理怀疑的事实，而不是含糊、尚未有证据支撑的"事实"。在事实尚未完全清楚的情形下就对行为人进行有罪认定，严重背离了刑法中的罪刑法定原则和刑事诉讼法中的无罪推定、疑罪从无等法则，实际上是对刑事信用的一种侵蚀。

第二，刑事司法活动中的有关领导层并未起到有效的把关作用。一个完整的刑事诉讼过程包括了公安机关的侦查、检察机关的起诉和审判机关的审判3个环节，而直接负责这3个环节的每一个领导层都可以或者说应当成为预防刑事错案发生的一道防线。但是在杜培武案、佘祥林案、聂树斌案和赵作海案中，我们并没有看到有关领导层在对案件的决定上起到应有的把关作用。在这些刑事错案中，公检法机关的领导层既未对办案人员的办案行为进行科学指导，也未对案件处理结果进行及时跟踪，而是任由案件在偏离证据和基本事实的情形下发展，最终导致刑事错案的发生，并进而使刑事信用蒙遭侵害。

第三，刑事司法活动中的执法主体并未树立理性的执法理念。刑事错案的发生并对刑事信用造成侵害，很大程度上与刑事司法活动中执法人员的执法素质和执法理念有关。从有关的报道来看，在杜培武案、佘祥林案、聂树斌案和赵作海案中，均存在执法人员的违法执法或不当执法。其一，在公安机关的侦查中，杜培武、佘祥林、聂树斌和赵作海的有罪供述是在侦查人员刑讯逼供的情形下作出的，取证手段和方式明显违法。其二，在审查起诉环节，检察机关也完全可以且应该对公安机关提交的案卷材料进行实质审查，并坚持自己的意见和判断。但是检察机关最终放弃了对案件中诸多疑点的排除，对这些案件提起了公诉。检察机关作为我国法律的监督机关，有权力也有义务对刑事诉讼过程中公安侦查行为进行审查和监督。其三，法院最终对这些案件的有罪认定也没有经过严格的事实审查和证据审查，而是在全盘接受和认可公安机关查明的案件“事实”的基础上，对案件作出扭曲事实的刑事判决。对杜培武案、佘祥林案、聂树斌案和赵作海案中的执法行为进行反思，我们可以看出，刑事司法活动中的执法主体尚未树立起理性的执法理念，缺少严格的证据意识、人权观念，特别是公安机关的侦查行为带有浓厚的主观臆断倾向和根深蒂固的有罪推定思想，为了办案而办案，甚至用犯罪换取“犯罪”，最终使无罪的人受到了刑事追究，严重影响了社会公众对刑法调整的信赖。

三、刑事信用的观念应在司法理念中得到充分展现

杜培武案、佘祥林案、聂树斌案和赵作海案等刑事错案的出现，引起我们关于刑事信用问题的深刻反省。吸取刑事错案发生过程中的教训，我认为需要更新司法理念来维护刑事信用。

（一）在思想上树立刑事信用的理念

司法公正是刑事司法活动的永恒主题。“公正性，是刑法的首要价值。刑法涉及对公民的生杀予夺，因而公正性更是它的生命，更值得我们重视。公正作为刑法的首要价值，意味着刑法中的一切问题都应当让位于公正性。”①

刑法的公正性在实践中则表现为司法公正，而刑事信用与司法公正息息相关。这是因为：司法公信力和司法公正的形成，需要依托刑事司法这一过程，而在刑事司法活动中，刑法的适用占有举足轻重的地位。司法公信力和司法公正更多来自于社会主体对司法判决的认可和接受，而社会主体对刑法及刑法适用的信赖无疑是对司法判决认可和接受的前提，因而刑事信用实际上成为连接社会主体与司法判决的桥梁。没有社会主体对刑法及刑法适用的信赖，就不会有社会主体对根据刑法作出的刑事判决的信赖，也就不可能有社会主体对整个司法活动和司法体制的信赖。刑事信用缺失，司法公信力和司法公正便成了无源

① 陈兴良著：《刑法的价值构造》（第2版），中国人民大学出版社2006年版，第226页。

之水、无本之木。因而司法公信力的形成和司法公正的实现离不开刑事信用的生成和维护。杜培武案、佘祥林案、聂树斌案和赵作海案等刑事错案的发生，恰恰是对刑事信用特别是刑事司法信用的最为直接的侵害，也对司法公正造成严重冲击。刑事信用的生成和维护不可能一蹴而就，但是，我们首先应在思想上树立刑事信用的理念，重视对刑事信用的维护，通过对刑事信用的维护来提升司法公信力和促进司法公正的实现。

在思想上树立刑事信用的理念，需要刑事司法中的各方牢牢树立起司法的人权观。“人权是刑事司法的基础，刑事司法是人权的结果……在刑事司法活动的任何一个环节中均存在与人权有关的问题。”①

“人权化是刑事司法的天赋含素……人权化为刑事司法的法益元素……人权化为刑事司法的人心要素。”②“人权在刑事司法中是何等的重要，可以说，缺乏人权化的刑事司法是一个非人道的野蛮暴力，因为它缺少正义的内涵，而重视人权化的刑事司法才是文明和民主的，具有正义性的人道之举。”③人权化是刑事司法不可缺乏的内容，也是刑事司法最为本质的特征和价值取向。因此，刑事司法活动中的各方行为主体要牢牢确立人权化理念，确保每一项刑事司法行为都经得起人权化的检验。

（二）在行为上具体贯彻刑事信用的理念

观念指导行为，在思想上树立刑事信用的理念之后，还需要在刑事司法的具体行为中贯彻刑事信用的理念。

首先，对刑事司法有协调作用的部门应起到有效的指导作用。从杜培武案、佘祥林案、聂树斌案和赵作海案等刑事错案中，我们看到，公检法机关在刑事司法协调部门的协调下均缺乏一种独立负责的精神，面对刑事司法协调部门或者有关人员发出的协调指令时只有接受和服从，而没有在事实和法律基础上坚持自己的意见。刑事司法协调部门对案件的协调并不是一种司法式的指导，而主要是一种行政命令式的指导，这一过程同行政决策并无二致。但是，刑法学是最精确的法学，④与此相对应，刑事司法是一项专业性和精确性的工作，这就决定了刑事司法活动与行政活动具有本质上的区别。行政行为不能僭越司法行为，更不能以行政行为代替刑事司法行为。因此，对刑事司法有协调作用的部门在

① 张建著：《刑事司法与前沿理论》，人民法院出版社 2010 年版，第 86 页。

② 同上，第 87～88 页。

③ 同上，第 89 页。

④ 王世洲：“刑法学是最精确的法学”，载［德］克劳斯·罗克辛著：《德国刑法学总论》，王世洲译，法律出版社 2005 年版，（译者序）。

对案件进行协调和指导时应当充分尊重司法活动固有的理性和规律，尊重事实和法律，切实做到维护法律的尊严，确保对每一个案件的协调都在“以事实为依据，以法律为准绳”的基础上进行，增强对刑事案件指导的科学性、有效性和公正性。只有这样，才能使协调部门的行为经得起人权化的检验，才能进一步在行为上贯彻刑事信用的理念。

其次，刑事司法活动中的有关领导层应起到有效的把关作用。作为刑事司法活动各执法主体的直接负责人，有关领导层在对案件的决策上应该充分履行好把关职责。这就要求公检法三机关的领导层加强对具体办案人员的指导和监督，这种指导和监督既包括对办案人员行为的监督，也包括对办案结果的监督。对于具体办案过程中的涉及的违法、违规行为坚决查处。各领导层之间不仅要相互配合，还要相互监督，从而使刑事诉讼活动在严格遵循“以事实为依据，以法律为准绳”的轨道上进行。

最后，刑事司法活动中的执法主体要科学执法、理性执法、人权执法。其一，执法人员在刑事司法活动中要树立科学的执法观，做到理性执法。从执法行为方面而言，要重合法手段、杜绝不法的执法行为，科学执法、科学用法，严禁刑讯逼供；讲依法、讲科学、讲人道、重事实、重证据。从案件事实方面，应不折不扣地贯彻执行刑法和刑诉法所确定的原则，在认定犯罪的时候要重证据，不能过于依赖口供，排除非法证据，严禁刑讯逼供。其二，执法人员要树立全面的人权观。“刑法既是善良人的大宪章，也是犯罪人的大宪章。”刑法的任务一是“惩罚犯罪，保护人民”，这是刑法的保护机能；二是保障犯罪嫌疑人、刑事被告人在内所有刑事诉讼参与人的合法权益，这是刑法的保障机能，即“行使保护犯罪行为者的权利及利益，避免因国家权力滥用而使其受害的机能”。① 刑法的这两个机能缺一不可。但是在杜培武案、佘祥林案、聂树斌案和赵作海案等刑事错案中，执法人员仅仅从保护被害人的利益出发而忽略了对犯罪嫌疑人、被告人合法权益的保护，仅看到了刑法的保护机能而未顾及刑法的保障机能，因而是一种片面的人权观。全面的人权观要求执法人员在刑事司法中不能只重视刑法的打击任务，而轻视或不顾刑法的保障任务；不能只重视对刑事被害人的人权保障，而轻视对犯罪嫌疑人和被告人的人权保障；不能以牺牲某一方人权来达到执法的目的。

（三）在信念上加强对刑事信用的维系

在树立刑事信用理念和贯彻刑事信用理念之后，还有一个刑事信用的维系

---

① ［日］西原春夫著：《刑法的根基与哲学》，顾肖荣等译，法律出版社 2004 年版，第 45 页。

问题。而这有赖于对刑事司法活动全过程、全方位的监督。这主要包括3个层面：

第一，公检法3机关的相互监督。从理论上说，我国基本上形成了全方位、立体式监督模式：有公检法3家司法机关的同级监督，有检察机关对公安机关和审判机关的两头监督。但从杜培武案、佘祥林案、聂树斌案和赵作海案等错案情况表明，无论是公检法3家司法机关的同级监督，还是检察机关对公安机关和审判机关的两头监督，都没有落到实处。公检法3机关在处理个案时往往配合有余、监督不足，一团和气，难以在互相制约中实现办案的公平正义。因此，强化公检法3机关之间的监督显得很有必要。公检法3机关相互监督是指在分工负责、互相配合基础上的互相制约、相互平衡。这种监督可以及时发现工作中存在的问题或者错误，并加以纠正，以保证法律的准确实施，正确惩罚犯罪，保障无辜公民不受刑事追究，做到不枉不纵、不错不漏。[①] 因而对于预防刑事错案的发生是很有必要的。

第二，人大的监督。根据我国宪法的规定，我国各级人民检察院和人民法院都是由同级人民代表大会选举产生，并对其负责。据此，各级人民检察院和人民法院应向同级人民代表大会报告工作，并自觉接受人民代表大会的监督。因此人大的监督也是对刑事司法监督中重要的一环，就出现的错案反映，实际上在这一监督层面是缺失的，故亡羊补牢，增强人大的监督是刻不容缓的。

第三，社会的监督。尽管我国有关法律明确了人民法院、人民检察院依法行使独立职权的原则，但是这并不意味着社会不可对人民法院和人民检察院的工作进行监督。实际上，社会舆论、民主党派和人民群众对司法的监督是能够维护司法公正、防止司法腐败的重要前提。所以，重视社会舆论等方面的司法监督是不可偏废的。

总之，刑事诉讼活动的准确、有序进行，离不开上述3个层面的监督。在杜培武案、佘祥林案、聂树斌案和赵作海案等刑事错案中，上述3个层面的监督都没有发挥应有的作用甚至在很大程度上是缺位的。公检法3机关的相互监督、人大的监督和社会各阶层的监督，有利于实现办案过程与办案结果透明化、规范化、制度化，保证刑事司法活动严格遵循“以事实为依据，以法律为准绳”的基本司法原则，从而有利于对冤假错案防患于未然，以使刑事信用得到真正的落实。

（2010年第6期）

---

① 樊崇义主编：《刑事诉讼法学》（第2版），法律出版社2009年版，第81页。

财产罪法益中所有权说与占有说之对抗与选择

于志刚[*]　郭旭强[**]

以盗窃等非法手段取回自己所有但为他人占有的财物的案件，在司法实践中时有出现，在定性上也颇有争议。这一问题背后涉及的深层理论问题是财产罪法益中所有权说与占有说的对抗与选择，不同的观点选择很可能造成案件处理上的巨大差异，导致法律适用的不统一和刑罚不公。因此，立足于我国的法律规定和司法实践，对这一问题进行深入的思考是极具现实意义的。

一、学说对抗：侵犯财产罪法益学说之梳理

侵犯财产罪可以分为取得型、挪用型、破坏型，本文所探讨的问题主要涉及取得型侵犯财产罪，即不法取得财产的犯罪，如抢夺罪、盗窃罪、抢劫罪等都属于此类。①

（一）关于侵犯财产罪法益的3种学说

在我国刑法理论中，关于财产犯罪侵犯法益的学说主要有所有权说、占有说和中间说3种。对于同一问题的不同看法，直接引发了对盗窃自己所有但为他人占有财物的行为定性问题的不同意见。

1. 所有权说。所有权说是我国刑法理论的传统观点。例如，有学者认为，侵犯财产罪的客体是国家、集体和公民的财产所有权，但不一定表现为侵犯所有人直接控制下的财物，侵犯只有占有权而无所有权的人控制下的财物，也构成对所有权的侵犯。② 相似观点认为，侵犯财产罪的客体是公私财产所有权，包括占有、使用、收益、处分四项基本权能，侵犯财产罪多数情况下是对所有权全部权能的侵犯，少数情况下是对所有权部分权能的侵犯，对任何一种权能的侵犯都是对

---

* 作者单位：中国政法大学。

** 作者单位：北京市顺义区人民检察院。

① 需要说明的一点是，本文所述的侵犯财产罪一般是指取得型侵犯财产罪，但是为了论述方便，全文仍然使用“侵犯财产罪”一词。

② 王作富主编：《刑法分则实务研究》（中卷），中国方正出版社2007年版，第1050～1051页。

所有权不同程度的侵犯。[①] 还有学者认为，公私财物是一定的财产所有权的物质载体，盗窃罪作为一种财产犯罪正是通过秘密窃取财物而侵犯财产所有权，[②]

此种认识也表明了侵犯财产罪的客体是公私财物所有权的观点。根据所有权说，如果没有侵犯所有权，基本上就可以排除侵犯财产罪的成立。因此，如果第三人以非法手段取得他人（无论是否是所有权人）合法占有下的财物，可以构成盗窃罪、抢劫罪等侵犯财产罪；而所有权人实施上述行为，又没有借此勒索等后续行为，由于没有侵犯到财产所有权，就不构成侵犯财产的犯罪。

2. 占有说。该学说主要来自于日本的刑法理论，认为侵犯财产犯罪的法益是他人对财物事实上的占有。例如，有学者认为，随着现代社会财产关系的日益复杂，财产罪的法益范围当然得扩大，即刑法对财物的占有、利用关系以及债权本身都必须进行保护，因而采用占有说是现实的需要。[③]

以盗窃罪为例，有学者认为，盗窃罪保护的客体是占有，从条文的表述上看，成立盗窃罪要求行为人出于非法占有目的，而非不法所有目的，盗窃罪的立法意图是对侵犯占有状态的行为进行制裁，保护占有秩序。[④]

还有学者认为，盗窃罪的客体只能是他人对于公私财物的占有权，不论行为人盗窃的是所有权人的财物还是非所有权人的财物，占有权的行使都受到了妨害，对于侵犯财产的犯罪行为而言，刑法所保护的应该是被占有财物的财产秩序，而这一点是“所有权”所无法完全包含的。[⑤]

根据占有说，即使是所有权人也不得任意侵犯他人的合法占有，否则就应当承担相应的刑事责任。因此，本人采取不法手段取回自己的财物，亦成立侵犯财产罪。

3. 中间说。这里又有很多不同的观点，主要是对所有权说加以扩张或对占有说加以限制，旨在弥补二者的不足，既不扩大也不缩小财产犯罪的处罚范围。中间说中比较有代表性的一种观点认为，侵犯财产罪的法益首先是财产所有权及其他本权（主要是合法的他物权及债权），其次是需要通过法定程序改变现状（恢复应有状态）的占有；但在非法占有的情况下，相对于本权者恢复权利的行

---

① 高铭暄、马克昌主编：《刑法学》，中国法制出版社2007年版，第588页；齐文远主编：《刑法学》，北京大学出版社2007年版，第540页。

② 陈兴良著：《规范刑法学》（下册），中国人民大学出版社2008年版，第750页。

③ 陈洪兵：“财产罪法益上的所有权说批判”，载《金陵法律评论》2008年第1期。

④ 王维丹：“论占有制度与盗窃罪客体之审视”，载《科教文汇》2007年第2期。

⑤ 蔡英：“盗窃罪犯罪客体及对象研究”，载《西南政法大学学报》2005年第4期。

为而言,该占有不是财产罪的法益,即将被害人恢复权利的行为排除在财产罪之外。① 这种观点实际上仍然是以占有说为基础的,只是对占有说进行了一定的限制。还有学者认为,行为人盗窃自己所有而由他人非法占有的财物的行为属于一种私力救济行为,不应当作为犯罪处理,但是,如果盗窃自己所有而由他人合法占有的财物则成立盗窃罪,因为刑法必须保护占有本身,当他人合法占有时,他人对财物的占有就是财产罪的法益。② 根据此类中间说的观点,如果所有权人采用秘密窃取等非法手段将财物从合法占有人手中取回,就侵犯了对方的占有权,仍构成相应的财产性犯罪,如盗窃罪等。

(二)不同学说适用于同一案件的差异化结果

以上学说具体到本文所要探讨的以非法手段取回他人占有下的本人财物行为,关键问题就是,在刑法上,占有能否对抗所有权。根据所有权说,侵犯财产罪保护的法益是财产所有权,因此在刑法上,单纯的占有不能对抗所有权;而占有说认为,刑法直接保护的是事实上的占有,因此占有本身能够对抗包括所有权在内的他人对该财物的权利;而以占有说为基础的中间说实际上也认为占有能够对抗所有权,只是此种对抗的范围应当限定为合法占有,即合法占有可以对抗所有权,非法占有则不能对抗所有权。

将上述3种学说适用于同一案件,有时会得出迥然不同的结论。例如,某甲因做生意需要,向某乙借款10万元,双方签订了借款合同,同时还签订了一个质押合同,某甲将其所有的一辆捷达车(价值7万元)质押给某乙。质押期间,某乙多次使用某甲的车辆,某甲跟某乙交涉无果。一天晚上,某甲持备用钥匙,到某乙家楼下将捷达车秘密开走。第二天,某乙发现汽车丢失后,打电话询问某甲是否将车辆开走,某甲否认,但是也没有其他表示。后某乙报案,某甲被查获。根据占有说和以占有为基础的中间说,在所有权与占有分离的场合,他人的合法占有也应当得到保护,那么某甲虽然是所有权人,但其秘密窃取的行为侵犯了某乙的占有权,仍应构成盗窃罪,且应判处10年以上有期徒刑(在北京地区,盗窃数额6万元以上属于“数额特别巨大”)。而根据所有权说,某甲本身就是所有权人,他的行为没有侵犯到所有权,故不构成盗窃罪,不需要承担刑事责任。两种定性之间的差异可谓天壤之别。

(三)3种学说的争议本质

以上3种学说之中,究竟哪种学说更符合我国刑法的规定呢?所有权说一

---

① 张明楷著:《刑法学》,法律出版社2007年版,第702页。

② 丁天球著:《侵犯财产罪重点疑点难点问题判解研究》,人民法院出版社2005年版,第130~131页。

直是我国刑法传统理论的通说，而占有说及以占有说为基础的中间说近年来得到了越来越多的支持，成为目前非常有影响力的学说，大有后来者居上之势，批判所有权说甚至成为一种“趋势”。但通过分析可以发现，占有说和以占有说为基础的中间说与我国的法律体系和刑法规定并不是完全契合。

我国目前的占有说理论主要是借鉴了日本的刑法理论，基本观点与日本刑法理论中的观点如出一辙，但是，在这个问题上我国刑法的规定却与日本刑法有着较大的差异。根据《日本刑法典》第235条的规定，盗窃罪的犯罪对象是“他人财物”，而第242条则规定“虽然是自己的财物，但由他人占有或者基于公务机关的命令由他人看守时，就本章犯罪（盗窃罪和强盗罪）而言，视为他人财物”。由此可见，日本刑法规定了对占有的保护，即使是所有权人，对他人合法占有下的本人财物也不能采用非法手段取回，否则可能构成盗窃罪等侵犯财产罪。也就是说，在某些情况下，占有可以对抗所有权。这一规定彰显的正是占有说所提倡的观念。因此，占有说在日本有现实的法律依据，与他们本国的刑法规定和刑法保护理念相契合。而从我国刑法的规定来看，以占有对抗所有权的观念没有法律依据，很难站得住脚。相反，刑法的相关规定却体现了对所有权的终极保护。因此，占有说在我国缺乏法律依据，与我国刑法运行的实际情况不相符，由于两国刑法规定的差异，从日本移植来的占有说并不适合我国的司法实践。

基于我国目前刑法及相关司法解释的规定，笔者认为，我国刑法中侵犯财产罪的落脚点在于保护财产所有权，所有权说较为符合我国的现实情况，有助于法律的正确实施和案件的公正处理。

在理论上，所有权说目前受到了诸多质疑。有学者认为，物权分为自物权与他物权，所有权仅仅是自物权，如果将侵犯财产罪的法益限于所有权，就意味着刑法不保护质权、担保权等他物权，过于缩小了刑法保护的范围。[①] 还有观点认为，所有权只是一种抽象的权利，财物的经济效益主要是由对财物的占有、管理而取得的，所以首先必须保护占有本身。[②]

综观这些观点，对所有权说的质疑主要在于两个方面：第一，认为所有权说否认对占有的保护，缩小了刑法的保护范围；第二，认为所有权过于抽象、空洞，不能准确地标示侵犯财产罪的法益，而占有是直接的、现实的权利，能够准确涵

① 张明楷：“骗取自己所有但由他人合法占有的财物构成诈骗罪——对《伪造公章取走暂扣车辆是否构成诈骗罪》一文结论的肯定”，载《人民检察》2004年第10期。

② 陈洪兵：“财产罪法益上的所有权说批判”，载《金陵法律评论》2008年第1期。

盖财产犯罪的法益。

笔者认为,上述质疑实际上是对所有权说的误解。理由表现在以下两个方面。

其一,所有权说不会缩小刑法的保护范围。质疑的观点之所以认为所有权说缩小了刑法保护的范围,是因为其错误地认为保护所有权就否认了对占有的保护。实际上,所有权说并不否认或排斥对占有的保护,只是刑法对占有的保护应该有一个限度或者范围,而这个范围就是所有权人之外的人对占有的侵犯。也就是说,在侵犯财产罪中,对所有权的保护也当然涵盖了对占有的保护,二者并不是非此即彼的关系。很多持占有说的学者举例认为,质权人在占有质押物期间,他人盗窃了质押物,此时侵犯的是占有而并非所有权。对此应当指出的是,上述行为确实侵犯了占有,但不可否认的是,此类行为最终仍然是使所有权受到了侵犯,在侵犯所有权时也当然地侵犯了他人的占有。刑法在保护所有权的前提下,对他人的占有也是一并保护的,因此按照所有权说的观点,刑法对质权、担保权等他物权以及相关的占有权也是予以保护的,承认侵犯财产罪的法益是所有权与保护占有并不矛盾,所有权说并不会缩小刑法的保护范围。只是在所有权人采取非法手段取回他人占有下的本人财物的情况下,出于刑罚的必要性、刑法谦抑性等的考虑,单纯的占有在刑法上并不能对抗所有权,即对于所有权人实施的盗窃、抢劫他人占有下的本人财物,又没有后续的索赔等行为,不应作为盗窃、抢劫等侵犯财产罪处理;而对于第三人实施的这种行为仍成立盗窃、抢劫等犯罪。需要指出的是,如果所有权人在以秘密窃取等方式取回自己财物后,有后续的向占有人索赔等行为,此时可能构成相应的侵犯财产犯罪。因此,所谓的缩小保护范围一说并没有客观根据,如果认为所有权说是缩小了保护范围,那么照此逻辑,是否可以说占有说是扩大了刑法的处罚范围呢?

其二,在侵犯财产罪中所有权是刑法保护的本质所在。反对所有权说的观点提出,所有权及相关的法律关系呈现出多样的形态,所有与占有分离的现象非常普遍,在这种情况下,占有是最直接、最现实的权利,如果抛开占有去谈保护所有权就太过抽象空洞,不利于财产权利的保护。但是换一种思路去看,在所有权与占有分离的场合,对财产没有任何权利的第三人从占有人处非法取得了财物,直接受到侵犯的确实是占有权,在这个范围内刑法对于占有应当予以保护,所有权说对此并不否认。但是应当认识到,刑法之所以将这种行为作为犯罪处罚,实质上仍然在于此类行为侵犯了所有权或使所有权处于丧失的严重危险之中。比如,对于特定物,上述行为最终侵犯了所有权;对于种类物,诸如大米、水泥甚至货币之类,占有人可能负有赔偿、返还等义务,实际上侵犯的是占有人可能用于赔偿的自有财物的所有权。因此,虽然行为直接侵犯的是占有权,但并不能因此而否认由于占有受到侵犯所造成的对所有权的侵犯。可以说,上述行为在形式上或表象上侵犯的是占有权,但实质上侵犯的仍然是所有权,“刑法保护之所以不以所有权为限,对占有也予以同等的保护,根本原因就在于维持一个有利于保护所有权的法律秩序。”①因此,就侵犯财产罪而言,所有权仍然是刑法保护占有的落脚点和根本所在。正如有学者指出的,取得型的财产犯罪最本质的特征就是永久性地非法剥夺他人对财物的权利,自己以财物所有人的身份取而代之。只有将“意图排除财物所有人、将他人的财物作为自己的所有物而取得事实上的支配权的意思”作为“以非法占有为目的”的中心意思,才符合取得型财产犯罪的本来面目和核心内涵。②

二、法律依据和司法惯例:对于相关立法和司法规则的体系性反思

在研讨这一问题时,必须要检视现行《刑法》中的相关条款,反思长期以来的立法、司法定性规则和总结典型判例中体现出来的司法理念。从这 3 个角度切入可以发现,我国刑法中侵犯财产罪的法益保护中,所有权永远是其核心和落脚点。

(一)不得不探讨的相关问题:《刑法》第 91 条第 2 款的立法定位

《刑法》第 91 条第 2 款规定:“在国家机关、国有公司、企业、集体企业和人民团体管理、使用或者运输中的私人财产,以公共财产论。”有观点认为,这一规定表明,刑法至少对公共财产占有的保护有着明确规定。该观点认为,根据这一条款,在国有单位合法占有下的私人财产已经失去了私人财产的属性,而被刑法拟制为公共财产,由此可以看出至少在公共财产上,刑法保护的是事实上的占有而并非所有权,此时如果所有权人采用非法手段将财产取回,应当构成侵犯财产罪。③ 笔者认为,此种不正确认识源于对《刑法》第 91 条第 2 款的理解偏差。应当指出,根据这一条款并不能得出上述结论,该条款也不能作为批驳所有权说的理由。

① 周光权、李志强:“刑法上的财产占有概念”,载《法律科学》2003 年第 2 期。

② 吴学斌、俞娟:“论我国刑法中的‘以非法占有为目的’”,载《当代法学》2005 年第 2 期。

③ 张明楷:“骗取自己所有但由他人合法占有的财物构成诈骗罪——对《伪造公章取走暂扣车辆是否构成诈骗罪》一文结论的肯定”,载《人民检察》2004 年第 10 期。

笔者认为，这一条款强调和宣示的是财产性质的临时性转换状态，并没有保护占有权的特别意思在内。《刑法》之所以规定该条款，一方面，恐怕是因为“这部分财产虽然属于私人所有，但当交由国家机关、国有公司、企业、集体企业和人民团体管理、使用、运输时，上述单位就有义务保护该财产，如果丢失、损毁，就应承担赔偿责任。”①另一方面，这一条款的主要目的恐怕是将此类私人财产视为“公共财产”，以保护国有单位对私人财产的合法占有以及清晰地界定贪污罪等职务犯罪，例如，经手、管理此类财产的国家工作人员利用职务上的便利非法占有此类财产的，应当定性为贪污。也就是说，《刑法》第91条第2款的真实含义，恐怕是对公私财产之间临时性性质转换的立法宣示，暗示的是侵犯此类财产的犯罪行为将被定性为侵犯公共财产的犯罪行为，而不会再被定性为侵犯私人财产的犯罪行为，可以说，这只是公有制经济模式在刑法中的历史烙印，也是其立法本意所在，根本没有侧重于保护“占有权”的立法意思在内。基于此，如果所有权人以非法手段取回自己的此类财产，且没有借此索赔等进一步行为的，国有单位并不会涉及赔偿的问题。因此，根据这一条款，根本无法得出国有单位的占有可以对抗所有人的所有权结论，更无法得出以非法手段取回国有单位占有下的本人财产一定会构成侵犯财产罪的结论。

将《刑法》第91条第2款放在整个刑法分则的背景和体系之中去观察，可能会更为深刻地理解上述结论：其一，对于盗窃、抢劫等一般的侵犯财产罪而言，第2款并没有特别意义，因为在他人占有下的财产，无论是公共财产还是私人财产，第三人都无权侵犯，这一点也是所有权说承认的，实际上，此种情况也正是下文所要分析的“所有权和占有权的非对抗性分离”的情况。例如，一般人盗窃、抢劫他人占有下的公共财产或私人财产均构成盗窃、抢劫等侵犯财产罪，两者之间并没有质的差异。其二，将第2款用之于职务犯罪时意义完全不同：这一条款可以扩大公共财产的保护范围，例如，将国有单位合法占有下的私人财产视为公共财产，那么国家工作人员利用职务便利侵吞这部分财产就可能构成贪污罪；如果没有将国有单位合法占有下的私人财产视为公共财产的规定，那么在认定为贪污罪时就会存在障碍。此时，如果眼光过于看重“占有”的客观事实，忽视了财产性质的公私转换，就会引发一个矛盾：此种情况事实上属于前文所说的财产占有人拒不归还所有权人财产的情况，只能认定为侵占罪等罪名，而忽视了职务行为在其内的客观影响。因此，《刑法》第91条第2款的规定，可以说是“旨在

---

① 胡康生、郎胜主编：《中华人民共和国刑法释义》，法律出版社2006年版，第87页。

加强职务行为的约束,强调公职人员对社会公共事务的管理和服务义务",[①]虽然也保护了财产权,但其精神实质在于对职务行为的规范和管理,而不是在"所有权"和"占有权"的保护之间选择了"占有权"。其三,这一条款并没有对于下文所要分析的"所有权和占有权的对抗性分离"情况下的案件定性给出倾向性意见。具体而言,对于所有权人以秘密窃取等非法手段取回国有单位占有下的本人财产的行为,根据第 2 款的规定,根本无法得出一定会构成侵犯财产罪的结论。例如,张某因为驾车闯红灯而被交警暂扣车辆,张某没有按照法定程序先去缴纳罚款再去领回车辆,而是夜间前往停放暂扣车辆的停车场用备用钥匙悄悄地将车辆开走,继续使用。对于这一案件,无论如何去套用该款规定,也无法解读出张某拒不缴纳交通罚款、非法取回自有车辆的行为必须要以盗窃罪追究刑事责任的结论。

(二)两个一贯性定性规则的回顾

考察《刑法》及司法解释的相关规定,可以发现的一点是,刑法对于侵犯财产罪法益所持的立场一直是所有权,而并非单纯的占有。例如,根据《刑法》第 238 条第 3 款的规定,为索取债务非法扣押、拘禁他人的,以非法拘禁罪定罪处罚。也就是说,在有债务关系的情况下,基于索债的手段行为可能构成侵犯人身权利的非法拘禁罪,但不构成有侵犯财产权内容的绑架罪(明显超出债务内容的除外)。再如,2005 年最高人民法院《关于审理抢劫、抢夺刑事案件适用法律若干问题的意见》第 7 条第 2 款规定:"抢劫赌资、犯罪所得的赃款赃物的,以抢劫罪定罪,但行为人仅以其所输赌资或所赢赌债为抢劫对象,一般不以抢劫罪定罪处罚,构成其他犯罪的,依照刑法的相关规定处罚。"也就是说,如果第三人抢劫赌资、赃款或者本人抢劫的数额明显超出赌资、赌债的,可能构成抢劫罪;但是,如果本人仅以所输赌资或所赢赌债为抢劫对象的,则不构成抢劫罪这一侵犯财产罪的罪名。对此,最高人民法院的相关人员作出了如下解读:"抢劫罪所指向的对象是'他人财物',这里的'他人财物'是相对于行为人而言,只要行为人主观上明知该财产不是自己合法所有或持有,而采用暴力、胁迫手段劫取,构成抢劫罪。但是对于仅以其所输赌资或所赢赌债为抢劫对象,行为人主观上对于赌资的性质毕竟不像抢劫罪中对'他人财物'的性质认识得那样清楚,故不以抢

---

① 潘星丞:"盗窃他人占有之本人财物的行为应如何定性——基于刑法本土资源的检讨",载《福建公安高等专科学校学报》2004 年第 5 期。

劫罪定罪处罚。”[①]换句话说，如果是自己享有所有权的财产，则不应当包含在“他人财物”之列，也就不构成抢劫罪等侵犯财产罪。为了索债而拘禁他人构成非法拘禁罪的规定也是同样道理。以上规则反映出的立法和司法精神是，在刑法上，单纯的占有不能对抗所有权，侵犯财产罪应当以所有权保护为根本。

上述两个定性规则，前者为了索债而拘禁他人，这里的债务可以是实际存在的、合法的，也可以是有争议的甚至不合法的，只要双方对于引发债务的原因、事实等有共同认识即可，而后者的赌资、赌债显然是非法财产。在被普遍接受的这两个定性规则中，本人采取非法手段取回自有财产，均不构成侵犯财产罪。当然，上述条款并非承认本人对于非法财产的所有权，更多只是为了维护一种稳定的财产秩序，但是这两个定性规则起码传递出一种理念：在有纠纷、有前因存在时，一般不构成侵犯财产罪。正如有学者指出的，财产犯罪认定中的一个重要问题就是财产犯罪的有因与无因问题，如果客观上采取了属于财产犯罪的手段，但之前存在经济纠纷或其他特殊原因，则不构成财产犯罪。[②] 对于非法债务尚且看做“有因”，对于合法财产的所有权更应如此，将两个定性规则体现出的精神推及至合法财产，结论就很清楚：如果行为人享有所有权，则其采用非法手段取回他人占有下的本人财产，又没有借此索赔等后续行为的，没有侵害到“他人财物”，就不构成侵犯财产罪。

（三）近10年来权威司法判例精神的解读

实践是检验真理的唯一标准。任何理论争鸣都必须来源于实践、服务于实践并接受实践的检验，刑法理论更是如此。财产罪法益中，究竟采所有权说还是占有说，其实我国的立法和司法实践均已给出了一个明确的答案，且从来没有改变过。应当说，最高司法机关及其内设机构长期以来公布的司法判例对于侵犯财产罪法益的认可，也是值得关注的。虽然我国不是判例法国家，但是判例尤其是权威机关发布的指导性案例，在实际运行中对于司法实践起着至关重要的作用。因此，对于相关判例进行研究有助于得出符合我国实际的研究结论。

1.《刑事审判参考》近10年编发的4个典型案例

客观地讲，最高人民法院刑庭编辑的《刑事审判参考》中的相关案例，从某

① 顾保华：“《关于审理抢劫、抢夺刑事案件适用法律若干问题的意见》的理解与适用”，载熊选国、任卫华主编：《刑法罪名适用指南——侵犯财产罪》，中国人民公安大学出版社2007年版，第68～69页。

② 陈兴良：“论财产犯罪的司法认定——在北京德恒律师事务所的演讲”，载《刑事法学》2008年第10期。

种程度上反映了最高司法机关对相关问题的态度,具有较强的代表性和参考价值。①

(1)案例一:王彬故意杀人案②

1997年3月28日10时许,被告人王彬驾驶自己的一辆简易机动三轮车在204国道上行驶,因无驾驶执照,其所驾车辆被执勤交通民警查扣,停放在交警中队大院内。当晚10时许,王彬潜入该院内,趁值班人员不备偷取院门钥匙欲将车开走。值班人员吕某发现后上前制止。王彬即殴打吕某,并用绳索将吕某手、脚捆绑,用毛巾、手帕、布条堵勒住吕某口鼻,致吕某窒息死亡。青岛市中级人民法院以被告人王彬犯抢劫罪,判处死刑,剥夺政治权利终身。后王彬上诉,山东省高级人民法院经审理认为王彬构成故意伤害罪,故撤销一审判决,以王彬犯伤害罪,判处死刑,缓期2年执行,剥夺政治权利终身。

最高人民法院刑庭编发这一案件时的主要裁判理由是:王彬主观上是想取回自己被公安机关查扣的车辆,也就是自己拥有所有权的财产,而不是非法占有自己不享有所有权的财产,不具有非法占有目的。因此,王彬盗取自己被扣机动车的行为不同于盗窃,这也就决定了其在盗取自己被扣车辆过程中致人死亡的行为不能认定为抢劫。

(2)案例二:陆惠忠等非法处置扣押的财产案③

2005年5月10日上午,因被告人陆惠忠未按时履行民事判决,无锡市开发区人民法院依法强制执行,扣押了陆惠忠所有的起亚牌轿车一辆,加贴封条后将该车停放于法院停车场。当天下午5时许,陆惠忠至法院停车场,趁无人之机,擅自撕毁汽车上的封条,将轿车开走并藏匿于无锡市某宾馆停车场内。无锡市南长区人民法院以陆惠忠犯非法处置扣押的财产罪判处有期徒刑1年。

最高人民法院刑庭编发这一案件时的主要裁判理由是:本案定性的焦点在于被告人是否具有非法占有的目的。如果有证据证明行为人窃取人民法院扣押的财物后,有向人民法院提出索赔的目的,或者已经获得赔偿,则应当以盗窃罪定罪处刑;反之,如果没有非法占有目的,把自己所有而被司法机关扣押的财产

---

① 《刑事审判参考》1999~2009年编辑的所有案例中,共有4个涉及本文研究问题的典型案例,下文逐一进行分析。

② 朱伟德:"王彬故意杀人案——对在盗取自己被公安机关依法查扣的机动车辆的过程中致人伤亡的行为应如何定性",载最高人民法院刑事审判第一庭、第二庭编:《刑事审判参考》(2001年第5集),法律出版社2001年版。

③ 陈靖宇、陈利:"陆惠忠、刘敏非法处置扣押的财产案——窃取本人被司法机关扣押的财物如何处理",载最高人民法院刑事审判第一庭、第二庭编:《刑事审判参考》(2006年第4集),法律出版社2006年版,第26~32页。

擅自拿走,则不能以盗窃罪处理。从本案证据来看,被告人主观上尚没有使法院扣押的财物遭受损失或非法索赔的目的,认定其具有非法占有目的的证据不足,因而其行为不构成盗窃罪。

(3)案例三:江世田等妨害公务案①

1999 年 11 月间,被告人江世田与张信露等人合伙购买了卷烟机和接嘴机各 1 台用于制售假烟。后该设备被政府相关部门组成的联合打假车队查获。张信露与被告人江世田得知后,纠集数百名不明真相的群众拦截、围攻打假车队,将查扣的载有制假烟机器的农用车上的执法人员董金坤等人拉出驾驶室进行殴打。被告人黄学栈与江传阳等人乘机开走 3 部农用车。随后,张信露与被告人江世田又聚集鼓动黄学栈、黄海兵等一群人,毁损、哄抢执法人员的摄像机、照相机等设备,并对执法人员进行殴打,直至公安人员赶到现场时才逃离。漳州市中级人民法院以被告人江世田犯聚众哄抢罪,判处有期徒刑 10 年。后江世田等人上诉。福建省高级人民法院经审理认为江世田的行为构成妨害公务罪,故撤销一审判决,以江世田犯妨害公务罪,判处有期徒刑 3 年。

最高人民法院刑庭编发这一案件时的主要裁判理由是:本案被告人并不是要非法占有公私财物,而只是不法对抗国家机关的打假执法公务活动,意欲夺回被国家机关工作人员依法查扣的制假设备。制假设备是犯罪工具,虽属不法财产,但毕竟为被告人所有,抢回自有物品与强占他人所有或公有财物显然不同。被告人不具有非法占有的目的,只有妨害公务的目的。因此,江世田的行为不构成抢劫罪或聚众哄抢罪,而构成妨害公务罪。

(4)案例四:叶文言、叶文语等盗窃案②

2000 年 10 月 5 日,被告人叶文言驾驶与叶文语、林万忠共同购买的桑塔纳轿车进行非法营运,轿车被苍南县灵溪交通管理所查扣,存放在三联汽车修理厂停车场。后叶文言、叶文语与被告人王连科等合谋将该车盗走。10 日晚,几名被告人趁停车场门卫熟睡之机打开自动铁门,将轿车开走。2001 年 1 月 8 日,被告人叶文言、叶文语以该车被盗为由,向灵溪交通管理所申请赔偿,后获赔 11.65 万元。苍南县人民法院以盗窃罪分别判处 5 名被告人有期徒刑 4 年 6 个

① 陈建安、汪鸿滨:“江世田等妨害公务案——聚众以暴力手段抢回被依法查扣的制假设备应如何定罪”,载最高人民法院刑事审判第一庭、第二庭编:《刑事审判参考》(2002 年第 5 集),法律出版社 2002 年版,第 53 ~ 58 页。

② 陈民城:“叶文言、叶文语等盗窃案——窃取被交通管理部门扣押的自己所有的车辆后进行索赔的行为如何定性”,载最高人民法院刑事审判第一庭、第二庭编:《刑事审判参考》(2005 年第 2 集),法律出版社 2005 年版,第 37 ~ 44 页。

月到10年6个月不等的刑罚。后被告人上诉,温州市中级人民法院经审理,裁定驳回上诉,维持原判。

最高人民法院刑庭编发这一案件时的主要裁判理由是:本人所有的财物在他人合法占有、控制期间,能够成为自己盗窃的对象,但这并不意味着行为人秘密窃取他人占有的自己的财物的行为都构成盗窃罪,是否构成盗窃罪,还要结合行为人的主观目的而定。如果行为人秘密窃取他人保管之下的本人财物,是为了借此向他人索取赔偿,这实际上是以非法占有为目的,应以盗窃罪论处。相反,如果行为人秘密窃取他人保管之下的本人财物,只是为了与他人开个玩笑或逃避处罚,或者不愿将自己的财物继续置于他人占有、控制之下,并无借此索赔之意的,因其主观上没有非法占有的故意,不以盗窃罪论处。构成其他犯罪的,按其他犯罪处理。就本案而言,被告人叶文言、叶文语在自己的轿车被交通管理部门扣押后,虽拥有所有权,但在交管部门扣押期间,其轿车属于公共财产。叶文言伙同叶文语等人在深夜将被扣押车辆盗出后藏匿、销售,进而以该车被盗为由向交管部门索赔,从中可以看出被告人将被扣的桑塔纳轿车盗出具有获取非法财产利益的主观故意。因此,叶文言、叶文语等人的行为实质上侵犯了公共财产所有权,符合盗窃罪的构成特征,应当以盗窃罪定罪处罚。

2. 对于上述4个典型判例所体现出的内在精神的总结和思考

上述4个判例都涉及采取非法手段取回他人占有下的本人财物如何定性的问题,通过分析可以发现,4个案例虽然具体情节和罪名都不相同,但是,法院最终的判决结果始终坚持了同一原则:采取非法手段取回他人占有下的本人财物,除非有后续的借此索赔等侵犯他人财产权的行为,否则不构成侵犯财产罪。具体来说,采取非法手段取回自己所有而为他人合法占有的财物,是否构成盗窃、抢劫等侵犯财产罪,要结合行为人的主观目的而定:如果行为人取得财物后借此向财物占有人索赔,实际上具备了非法占有目的,构成相应的侵犯财产的犯罪;如果行为人取得财物后并无借此索赔之意,则不具备非法占有目的,不构成相关的侵犯财产犯罪,但如果手段行为构成其他犯罪的,如故意杀人罪、故意伤害罪等,按照其他犯罪处理。这一判例精神表面上是以主观上是否具有“非法占有目的”来对此类行为加以区分对待,但仔细研究后可以发现,主观目的反映在客观上,其实质上仍然坚持了取得型财产犯罪保护的法益是财产所有权的观点。以盗窃罪为例,如果窃取自己所有而为他人占有的财物之后提出索赔,已经不单纯是窃取自己的财物而是具备了非法占有他人财物的目的,侵犯了他人的财产所有权,应当以盗窃罪论处;如果仅仅窃取自己的财物,而没有其他行为,由于存在所有权,所以不是对自己财物的非法占有,也没有侵犯他人的财产所有权,故不以盗窃等侵犯财产罪论处。

通过上述4个典型案例的分析可以发现,最高司法机关对于采取非法手段取回他人占有下的本人财物的行为如何定性,实际上有着长期的一贯性认识:(1)在他人非法占有下,本人取回自己的财物属于恢复权利的行为,不构成相关的侵犯财产罪。(2)在他人合法占有下,本人采用非法手段取回自己的财物,如果没有借此索赔等后续行为,则不构成相应的侵犯财产的犯罪,但取回财产的手段行为构成其他犯罪的,按照其他犯罪处理。例如,在抢回财物的过程中致人轻伤、重伤的,可以按照故意伤害罪追究刑事责任;如果有后续性的借此索赔等行为,则可能构成相应的侵犯财产罪。

三、侵犯财产罪中所有权与占有权的冲突模式

在所有权与占有权没有分离的场合,几种学说不会产生差异,只有在所有权与占有权分离的情况下,学说之间才产生争议,而争议的焦点集中在侵犯财产罪侵犯客体的选择上,但是,此种争议并没有充分考虑和反映司法实践中个案的差异。比如,同是盗窃案件,行为人有的是以他人的财物为犯罪对象,有的却是以自己所有但被他人占有的财物为犯罪对象。前者可能涉及行为人、占有人、所有权人3方的关系;而后者由于行为人和所有权人是同一人,所以只涉及行为人和占有人双方的关系。对于此种个案差异如果不进行分类研究,而是简单化地统而论之,自然会出现观点重叠或者分歧。因此,如果对于司法实践中的个案定性差异进行类分性研究,就不难发现3种学说之间的矛盾根源之所在。

(一)所有权和占有权的分离类型

评价3种学说之合理性的前提,是思索所有权和占有权分离的客观类型,实际上,无论所有权和占有权如何分离都无法改变的一个客观事实是,实施侵犯财产罪的行为人和所有权、占有权的关系。如果行为人本人属于所有权人或者占有权人,则所有权和占有权的分离可能会是一种对抗性的分离,因为行为人可能会以所有权人的身份去侵犯占有权,也可能会以占有权人的身份去对抗所有权;如果行为人本人根本就不属于所有权人或者占有权人,那么,无论所有权和占有权如何分离,都与行为人侵犯财产的犯罪行为没有任何关系,不会影响到案件的定性,此时,所有权和占有权的分离就是一种非对抗性分离。

1. 平和式分离:所有权和占有权的非对抗性分离

此种情况是指,某一财产的所有权和占有权虽然分属不同人员行使,但是,犯罪人本人却既不享有所有权也不享有占有权,由此导致在侵犯财产罪之中,所

有权和占有权之间并没有形成冲突。所有权和占有权的分离并不会对于侵犯财产罪的行为定性产生影响。

以盗窃罪为例,当行为人相对于财产的所有权人或者占有权人以第三人的身份出现时,只要盗窃了他人占有下的财产均构成盗窃罪,无论所有权说、占有说还是中间说对此都不存在异议。因为在这种情况下,即使所有权与占有权发生分离,但对于行为人来说,他对于财产没有任何权利,其采取非法手段占有财产当然构成相应的财产犯罪。也就是说,此种情况下所有权与占有权的分离与犯罪人没有关系,对于认定行为的性质没有任何影响。从另一个角度来看,在此种案件之中,所有权和占有权实际上都属于被害人一方,所有权和占有权同时受到了侵犯,两者之间没有发生对抗和冲突。例如,甲将自己的汽车借给乙使用,但是,犯罪人丙将汽车偷走变卖,此时,虽然甲享有汽车的所有权,乙享有汽车的占有权,但是,所有权和占有权之间并没有发生对抗,丙的行为毫无疑问构成盗窃罪,且侵犯的是所有权而不是占有权,这一点在观念上不会产生混淆。

2. 冲突式分离:所有权和占有权的对抗性分离

此种情况是指,某一财产的所有权和占有权分属不同人员行使,犯罪人本人虽然享有所有权,却不再享有占有权,或者犯罪人本人虽然享有占有权,却不享有所有权。此时,既可能会出现所有权人以非法手段侵犯占有权人权益的情况,也可能会出现占有权人以非法手段侵犯所有权人权益的情况,也就是说,所有权人和占有权人之中,有一方属于犯罪人一方,另一方属于被害人一方。笔者将此种情况称为“冲突式分离”。

应当说,在冲突式分离之中,无论犯罪人是所有权人还是占有权人,都会对案件的定性造成严重的干扰,两类案件都是司法实践常存争议的疑难案件,下面加以详细研讨。

(二)以非法手段取回他人占有的本人之物的定性

问题的关键在于以下两点:

1. 目的在于恢复行使所有权的案件定性

如果所有权人取回自己所有财产的目的在于恢复行使所有权(其动机可能只是为了与他人开个玩笑或逃避处罚,也可能是不愿将自己的财物继续置于他人占有、控制之下),就不可能对于他人的财产所有权造成侵犯。此时,无论是取回他人合法占有的财产,还是取回他人非法占有的财产,都不能以侵犯财产罪去追究所有权人的刑事责任。例如,以暴力手段抢回被他人窃取的本人财物的,就不能定性为抢劫罪。当然,由于《刑法》第91条第2款的干扰性影响,行为人以秘密窃取的手段偷回被国家机关扣押的本人财物的,能否定性为盗窃罪存在一些混淆性认识,但如果加大手段的烈度,问题反而会更为清晰:如果行为人以暴力手段抢回被国家机关扣押的本人财物的,恐怕难以定性为抢劫罪,只可能涉嫌妨害公务罪等手段行为触及的罪名。这就引发另一个必须注意的问题,不评价行为人作为所有权人对于占有权的侵犯,并不等于行为人作为所有权人就可以免于刑事制裁,行为人的手段行为完全可能涉嫌其他犯罪,如故意伤害罪、故意杀人罪、妨害公务罪、非法处置查封、扣押、冻结的财产罪,等等。以此为判断基点,本文第一部分中的某甲偷回已经质押给某乙的自有汽车的行为,由于没有后续性的索赔等行为,没有侵犯某乙的财产所有权,属于违反合同约定自行恢复行使所有权的行为,其动机是不想让某乙过分使用自己的汽车,虽然违反了质押合同,但是不应当定性为盗窃罪。

2. 目的在于进一步侵犯他人财产所有权的案件定性

如果所有权人取回自己所有财产的目的不是恢复行使所有权,而是意图实施进一步的对他人财产所有权的侵犯行为,例如,以秘密窃取手段取回他人占有的本人财产后,向占有人实施进一步的后续性索赔行为的,此时实际上是对占有人财产所有权的侵犯,应当依法按照侵犯财产罪的具体罪名去追究所有权人的刑事责任。在叶文言、叶文语等盗窃案之中,被告人叶文言、叶文语在其汽车被苍南县灵溪交通管理所查扣后,以秘密窃取的手段将汽车盗走,进而以该车被盗为由向灵溪交通管理所申请赔偿,后获赔 11.65 万元,就属于典型的盗窃罪。

(三)所有权、占有权分离引发的另外两个冲突类型

所有权和占有权的分离,不仅仅会导致所有权人侵犯占有权,而且会引发占有权人侵犯所有权的情况,还可能会引发占有权和占有权之间的冲突。

1. 占有权人侵犯所有权:拒不归还本人所占有的他人财物的定性

在冲突式分离之中,如果犯罪人是占有权人,所有权和占有权之间也会出现对抗,也会对案件的定性形成某种程度的干扰。例如,甲在出国期间将自己的汽车交给乙保管,乙直接将汽车加以变卖,在甲回国后声称汽车丢失。此种案件就属于占有权人对于所有权的侵犯。一般来讲,对于拒不归还本人所占有的他人财物的行为,将其定性为侵占罪等即可,因为《刑法》第 270 条的规定极为明确:将代为保管的他人财物非法占为已有,数额较大,拒不退还的,或者将他人的埋藏物、遗忘物非法占有己有,数额较大,拒不交还的,构成侵占罪。

但是,依然存在以下两类会引发争议的案件。

(1)源于《刑法》第 91 条第 2 款的案件。《刑法》第 91 条第 2 款规定:“在国家机关、国有公司、企业、集体企业和人民团体管理、使用或者运输中的私人财产,以公共财产论。”因此,利用职务上的便利,利用占有权而拒不交还所有权人的财产的，要分为两种情况处理：利用职务上的便利，个人非法占有此类财产的，可能会构成贪污罪或者职务侵占罪；单位非法占有此类财产而拒不退还、交还的，或者单位中的个人利用职务上的便利拒不退还、交还，但是没有非法占为己有的，目前无法进行刑事制裁。这一点可以说是侵犯财产罪立法体系中的一个缺陷：在单位作为占有权人侵犯所有权时，刑法没有设置用以评价的罪名，如果要强行追究刑事责任，只能扩张解释《刑法》第270条的侵占罪，将单位解释为该罪的犯罪主体。①

（2）非法占有代为保管的他人用于犯罪的物品的定性。理论上有一种观点认为，他人将用于犯罪的物品交付给行为人保管，而行为人将受委托保管的财物非法占为己有，拒不退还的，应当以侵占罪定性。例如，甲将用于行贿的款物托付给乙代为保管，以备适当时机进行行贿，或者说，甲将用于制作淫秽物品的计算机委托乙代为保管，而乙后来将款物、计算机占为己有，拒不退还给甲的，应当定性为侵占罪。② 应当说，此种定性意见的不妥主要就在于目光盯在占有权人对于所有权的侵犯问题之上，忽视了两者之间的共同犯罪关系。应当指出，侵占罪法条中对于占有权人侵犯所有权行为的制裁，保护的是一种合法的委托信任关系，绝不可能保护一种共同犯罪关系，更不会保护共同犯罪人之间代为保管将用于犯罪的物品的保管关系，此种代为保管在任何国家都会被刑法所严厉禁止。对于此种案件，笔者认为，刑法要做的不是以侵占罪来制裁一方和保护另一方，而是要以共同犯罪的角度来评价双方当事人，依法追究双方当事人的刑事责任。

2. 占有权与占有权的对抗：明知受委托保管之物属于赃物而予以侵吞行为的定性

在所有权和占有权分离的类型中，还会出现占有权与占有权的对抗。例如，甲在出国期间将自己的汽车交给乙保管，乙又将此汽车转交给丙保管，丙直接将汽车加以变卖，在乙索要时声称汽车丢失。此种案件属于合法的占有权和占有权之间的冲突，定性上较为清晰，直接定性为侵占罪即可，不会有太大的争议。但是，明知受委托保管之物属于赃物而予以侵吞行为的定性，则是一个争议极大的问题。

《人民法院报》2008年曾经刊载过一个案例，引发了广泛的争议：杨某将盗窃所得的赃物电脑1台托何某保管，并告知何某这是赃物。在何某保管使用的

---

① 于志刚："单位犯罪与自然人犯罪——一种法条竞合论的解释"，载《政法论坛》2008年第6期。

② 赵秉志著：《侵犯财产罪》，中国人民公安大学出版社1999年版，第261页。

数月间,杨某多次向其索要,但何某拒不退还并威胁杨某:如果你再要电脑,我就到公安局告发你,你吃个亏,这台电脑就归我了。杨某无奈,只得不提此事。①

明知受委托保管之物属于赃物而予以侵吞应当如何定性的问题,是一个刑法理论上争辩了近半个世纪的问题,日本和德国对此还存在前后不尽一致的判例。这一问题的实质,从某种意义上讲,就是占有权与占有权的对抗,通过犯罪行为获取赃物的犯罪人,实际上并没有获得赃物的所有权,只是获取了一种非法的占有权,而保管赃物的行为人,行使的也是一种占有权。因此,此种案件实际上体现了一种占有权与占有权的冲突。

在刑法理论上关于赃物能否成为侵占罪的犯罪对象的问题,一直存在争议。此种情况可以细分为3种:一是不知是赃物而代为保管,进而加以侵吞的;二是明知是赃物而加以保管,进而加以侵吞的;三是开始不知是赃物,在知道所保管之物属于赃物之后恶意加以侵吞的。第三种情况下,由于当事人保管之初并没有窝藏赃物的主观恶意,因而发现所保管财物是赃物之后产生非法占有的目的加以侵吞,即使以侵占罪论,也不存在太大的争议;如果发现是赃物后继续保管,一段时间后再另行起意侵吞的,则属于第二种情况的重复。因此,第二种情况是争议的焦点:由于行为人出于窝藏赃物的主观故意而先行构成掩饰、隐瞒犯罪所得、犯罪所得收益罪,进而对赃物加以侵吞,拒不退还,或者将销售赃物的款项加以侵吞的,能否再另行构成侵占罪,一直存在理论上的争议。

肯定说认为侵吞赃物的行为可以构成侵占罪,理由是:其一,赃物仍然属于“他人的财物”,侵占行为是对原物主财产所有权的再次侵犯;其二,犯罪所得的赃物,也不允许任何所有者之外的第三者采取非法手段加以夺取或者侵害,获得赃物的犯罪人和受托者之间的委托信任关系,也应当加以保护;其三,保管者先行实施的保管赃物的行为构成掩饰、隐瞒犯罪所得、犯罪所得收益罪等犯罪,只是法律对其前行行为加以否定性评价和谴责,并没有对其后来实施的侵占赃物或者侵吞赃款的行为加以评价,后行行为是一个独立的犯罪行为,应当独立定罪。

否定说认为侵吞赃物的行为不再另行构成侵占罪,理由是:其一,委托保管者不是财物的所有者,此种背景下交付保管的财物,不属于给付者所有的“他人的财物”;其二,原物主虽然有所有权,但是保管者和原物主之间并没有委托保管等关系,不符合侵占罪的法条规定和犯罪构成;其三,对于行为人保管赃物的行为已经定性为掩饰、隐瞒犯罪所得、犯罪所得收益罪,对其行为已经作出了评

① 杨军:“保管赃物,拒不退还——是否构成侵占罪”,载《人民法院报》2006年9月19日。

价,此后所实施的侵吞赃物的行为已经被掩饰、隐瞒犯罪所得、犯罪所得收益罪所吸收,或者作为一种不可罚的事后行为,不宜再另行评价而实行数罪并罚。①

对于本案中何某的行为,我国多数学者认为,此种情况下应当以掩饰、隐瞒犯罪所得、犯罪所得收益罪和侵占罪两罪并罚。但是,冷静思索侵占罪的立法初衷,应当指出:其一,侵占罪法条中的"代为保管",是法条的中心和重点,也就是说,刑法设置本条的指向是保护合法的委托信任关系。但是,保管赃物的行为都应当被刑法所严厉禁止,这也是我国刑法设置赃物犯罪的原因之一。对于刑法所严厉禁止的"代为保管型"的"窝藏"赃物行为,如果在判断是否构成侵占罪时,将其理解为刑法所保护的一种"代为保管"关系,法律逻辑上存在一定的自我矛盾。其二,窝藏赃物并加以侵吞,或者销售赃物后将销赃款项加以侵吞的情况,在本质上表现为对于赃物或者款项的继续占有,实际上是窝藏行为的本质延续,在整体上可以视为一个窝藏赃物行为加以否定性评价,似乎没有必要再另行定罪。其三,窝藏赃物的行为可以分为两种:事先通谋的,以盗窃罪等前行犯罪的共犯论;事先未通谋的,成立独立的窝藏赃物犯罪。那么,如果在事先通谋的情况下,事后拒不退还赃物的,是否另行构成侵占罪?此时,一般认为是共同犯罪人之间的分赃不均或者分赃不能达成一致的问题,恐怕没有人会同意将此种情况定性为侵占罪。与此相类似,事先不通谋的窝藏赃物罪,也可以在某种程度上视为相关联的犯罪人之间关于赃物的内部争议,其相互认可的"保管关系"也不属于刑法的保护范畴。基于以上理由,笔者认为何某的行为定性为掩饰、隐瞒犯罪所得、犯罪所得收益罪即可,不宜再同时定性为侵占罪而数罪并罚。

(2010年第8期)

① 关于肯定说和否定说的具体观点,参见刘明祥著:《财产罪比较研究》,中国政法大学出版社2000年版,第346~353页。

从此踏上废止死刑的征途

——《刑法修正案(八)草案》死刑问题三人谈

高铭暄[*]　苏惠渔[**]　于志刚[***]

【编者按】 2010年8月23日,酝酿多时的《中华人民共和国刑法修正案(八)草案》(以下简称《草案》)被提交给第十一届全国人大常委会第十六次会议审议。与1997年《刑法典》颁布后的历次刑法修正不同,《草案》首次废止了若干罪名的死刑,这标志着理论界呼吁已久的限制甚至废除死刑的主张正式获得了立法机关的认可,并进入立法操作层面。

这是中国踏上废除死刑的征途的一个标志,是一个从理论向实践的华丽转身,是一个开始,无论跨出下一步需要多长时间或者跨度有多大,我们坚信只要有开始就不会停下。在此背景下,理论界充分发挥自身的智力优势,充分剖析《草案》关于死刑问题的最新动向,努力揭示刑法限制死刑的价值意蕴,对社会公众的死刑观念作出正确引导,将显得非常及时和重要。有鉴于此,近日,我刊特委托中国政法大学教授、本刊特约编辑于志刚先生专门就这一问题请教了参与过众多刑事立法制定和修改工作的著名刑法学家高铭暄教授、苏惠渔教授。

一、死刑与经济犯罪

于志刚:高老师、苏老师,你们好,很高兴能有这样一个向你们学习和请教的机会。《草案》已经提交给全国人大常委会进行审议,虽然《草案》已经向社会公布,但是我还是想请你们介绍一下《草案》的具体情况。

高铭暄:自1997年《刑法》通过以来,最高立法机关已经先后颁布了7个《刑法修正案》,今年是《刑法》的第8次修改,也是幅度和力度最大的一次。从规模看,草拟中的《草案》的条文达到47条,创历次修正之最。从分布范围来看,《草案》首次对《刑法》总则条文进行了修正,这也是前所未有的。从修正的

* 作者单位:北京师范大学。

** 作者单位:华东政法大学。

*** 作者单位:中国政法大学。

内容来看,《草案》既包括对分则具体犯罪的构成条件和量刑尺度的调整,也包括对刑罚制度的修正。可以说,刑罚结构的变动是《草案》修改的重点,这其中当然也包括死刑方面的规定。当然,由于死刑的特殊性,使它成为《草案》最引人注目的内容。

苏惠渔:就《草案》具体内容来说,这次的修订显然比较全面地显现出宽严相济刑事政策的指导作用,如全国人大法工委主任李适时在"《草案》说明"中所指出的,这体现了正在形成中的"中国特色的社会主义刑法的文明和人道主义",其中对于死刑的削减就具有强烈的昭示意义。从这个层面考虑,《草案》的一些内容以及由此折射出的价值观具有重大的启迪性。当然,大家对于一些具体内容,在议论中还是存在一些不同的意见,这需要论辩、协调和整合。

于志刚:自 20 世纪 80 年代中后期开始,死刑问题就受到了我国刑法学界的关注,你们当时就有相关的著述发表,而自从 1997 年《刑法》修正之后,死刑问题更成为长盛不衰的理论热点。死刑的立法限制问题能够走入《草案》,既源于立法机关优秀的法律素养和坚韧的政治勇气,也离不开你们的积极推动与严密论证。在我看来,《草案》在死刑废止的制度实践方面迈出了宝贵的一步。如何评价《草案》中死刑问题?

高铭暄:《草案》在死刑方面的规定主要体现在两方面:第一就是取消了部分罪名的死刑。目前《刑法》中涉及死刑的罪名为 68 个,《草案》建议取消近年来较少适用或基本未适用过的 13 个经济性非暴力犯罪的死刑。占死刑罪名总数 19.1%。拟取消的死刑罪名包括走私文物罪,走私贵重金属罪,走私珍贵动物、珍贵动物制品罪,走私普通货物、物品罪,票据诈骗罪,金融凭证诈骗罪,信用证诈骗罪,虚开增值税专用发票、用于骗取出口退税、抵扣税款发票罪,伪造、出售伪造的增值税专用发票罪,盗窃罪,传授犯罪方法罪,盗掘古文化遗址、古墓葬罪,盗掘古人类化石、古脊椎动物化石罪。从死刑罪名的分布来看,第 3 章破坏社会主义市场经济秩序罪占了 9 个罪名,第 5 章侵犯财产罪占了 1 个罪名,第 6 章妨害社会管理秩序罪占了 3 个罪名。也就是说,分则死刑罪名的调整主要集中在经济犯罪领域。第二就是 75 周岁以上的老年人不适用死刑。

苏惠渔:讨论中有些同志对于《草案》削减死刑的实践意义提出了质疑(毕竟现实适用较少)。其实,此次对于死刑的削减是里程碑性的。因为这意味着中国终于踏上了废除死刑的道路。当然完全废除死刑是长时期的事情,但是万事开头难,迈出了第一步就意味着一种行动开始,意味着一种思维的建立,还意味着理论界的呼声逐步被决策者所接受和认可。死刑不再是一个或者说主要是一个存在是否合理的问题,而是一个怎么逐步废除的问题。

于志刚:就分则死刑罪名的调整而言,我注意到了高老师刚才说的两个词:“经济性”和“非暴力”。我相信这两个词不是心血来潮,而是建立在科学的论证基础上的。

高铭暄:确实如此,它们也是分则死刑罪名调整的两个关键词。“经济性”指的是经济犯罪,“非暴力”指的是不以人身为侵害对象的犯罪。我认为,刑法上对单纯的经济犯罪(贪污罪、受贿罪不在其列)原则上不应设死刑,理由是:

首先,经济犯罪的成因是多方面的,受到经济、政治、法律等各种因素的影响,靠死刑是无法有效遏制的。这一点,与许多严重的暴力犯罪,如故意杀人罪、强奸罪、抢劫罪、爆炸罪等有很大的不同。

其次,单纯的经济犯罪的社会危害性,一般都要低于侵犯他人生命权利、国家安全和公共安全的犯罪,对之适用死刑有过重之嫌。此外,由于这些犯罪适用死刑的主要依据是犯罪数额,死刑的适用无异于贬低人的生命价值,有悖于死刑的刑罚等价观念。

再次,从国家和社会的利益考虑,对经济犯罪适用死刑也是极不经济的。因为科处严重经济犯罪分子长期徒刑或无期徒刑,至少可以通过强制罪犯以无偿劳动来尽可能地弥补因其犯罪给国家、社会和人民造成的经济损失;而死刑从肉体上消灭罪犯,事实上同时也剥夺了罪犯以无偿劳动弥补其所造成的经济损失之机会。

最后,对于经济犯罪不设置死刑是世界各国的通例。随着改革开放的深入,我国《刑法》必然成为一部开放的《刑法》,对经济犯罪大力削减死刑,可以使我国刑法更加适应世界性潮流。我们曾经期望立法者能消减乃至废除对经济犯罪所设的死刑,并且将它作为立法发展的一个近期目标。可以说,《草案》的规定令我备感欣慰。

于志刚:是这样的。在我看来,此次《草案》废止部分经济犯罪的死刑,理论方面的准备工作还是很充分的,当然也有实证方面的一些数据支撑。此次废除的死刑罪名,都是一些实践中很少适用或几乎不适用的罪名,而某些实践中适用较多的经济犯罪,则仍然保留了死刑,比如说集资诈骗罪。可见,死刑罪名的适用现状也是非常重要的衡量指标。

高铭暄:我想这也牵涉到死刑的“有用性”方面。我所说的“有用”,不是指死刑在打击和防范犯罪方面的效能,即死刑的报应与预防功能的实现程度,而是指死刑的适用状况。即便在经济犯罪领域,有些犯罪的发案率高一些,社会危害性更严重一些,而有些罪名就可能属于基本静止不用的类型。此次废除的经济犯罪死刑,就是那些在司法实践中基本用不上死刑的罪名。司法实践不用,立法规定也就没用,这些罪名的死刑只是停留在纸面上,与其这样,倒不如把它们从刑法典中拿下去,这样无论是在控制死刑的总体数量方面,还是在刑罚轻缓化方面都具有积极意义。

于志刚:我很赞同这样的死刑限制思路。我国《刑法》规定,死刑只适用于罪行极其严重的犯罪分子,虽然经济犯罪是死刑废除的突破口,但是经济犯罪内部的社会危害性分布可能是不均匀的,有些犯罪目前仍处于一个相对高发的态势,比如集资类犯罪,而有些犯罪的发案率则处于较低水平,在此背景下,立法者需要保留某些犯罪的死刑,将这些罪名的刑罚威慑力保持在一个较高的水准上。与其相对,选择废止那些死刑已被虚置的罪名的死刑,基本不会损害刑法的威慑力,也不会对现有的司法实践构成冲击,社会舆论的接受度也会更强一些。但是有些人可能会有疑问:死刑适用的现状是死刑存废的理由吗?假设立法者针对所有犯罪都规定了死刑并且规定了较低的死刑适用标准,是否就可以以此为理由而保留死刑?

高铭暄:在我国刑法目前规定的死刑罪名中,绝大部分是行为所侵犯的客体价值低于生命权益的非暴力犯罪。这类犯罪是以单纯攫取经济利益为目标的非暴力犯罪,对其适用死刑实际上是以财物的经济价值来衡量人的生命价值,这不仅贬低了人的生命价值,而且也与我国签署的《公民权利和政治权利国际公约》中所倡导的公民的生命权至高无上的主旨极不协调。

不过,至于优先废除哪些经济犯罪的死刑,则是一项技术性和政治性很强的工作。从长远看,死刑废除的理由在于死刑与生命权至上的理念,与人权和人道主义不太符合,而不在于死刑的执行率高低;但是从现实看,在立法上对死刑做“减法”毕竟是头一次,更需要稳健的姿态和慎重的态度。首先废除司法实践适用率低的死刑条款,兼顾了死刑废除的法律效果与社会效果,避免了不必要的阻力。在《草案》酝酿过程中,有些学者提出这次取消13个罪的死刑,步子迈得小了一点,有的犯罪还可以进一步考虑削减死刑。这种观点不无道理,但是我想,《草案》废除死刑只是一个开端,一个起点,开始的步子走得稳一些,以后的步子才能更快一些,并且《草案》废除死刑也有点投石问路的意蕴,假如《草案》顺利通过,那么今后若干年内的相关犯罪的发案情况,包括民众的反应等,都将是今后死刑政策抉择的重要依据。套用一句比较时髦的话,死刑废除,既要仰望星空,更要脚踏实地。

苏惠渔:确实,死刑的适用现状不能成为死刑存废是否合理的一个坚强理由,但是这涉及一个废除的进程和技术问题。作为第一次削减死刑立法,慎重是非常必要的。不仅如此,其暗含的是实际废除与法定废除之间的关系问题。实际废除是司法行为，法定废除是立法行为，司法废除是立法废除的重要基础。所以，所谓的“适用现状”不是原因，而是一种结果。这种结果是铺垫。

于志刚：我觉得刑法应当牢固树立生命权益至上的理念，接受废除死刑的观点，实际上是接受生命权至上的理念，更进一步地引申，我们常说的“生命价值”的表述可能是不准确的，因为生命其实是无价的。此外我还想请您做一个“超前的防御”，因为至少就紧急避险而言，理论上基本认为，以保护自己生命为目的而损害数额非常巨大的财产的属于避险过当，可能有些人认为生命权大于财产权在刑法中是打折扣的，怎么看这个问题？

高铭暄：我想它们之间恐怕不具有可比性，紧急避险是“两害相权取其轻”的行为，被损害的权益与被保护的权益都是刑法的保护对象，即使被损害的权益是财产而被保护的权益是人身安全也同样如此。但是对于死刑，则是国家意欲剥夺犯罪人的权益与犯罪人侵害的权益之间的比较，是“正”对“不正”的关系。对于经济犯罪的死刑，我认为，“被剥夺的”与“被侵害的”两者的权益不具有匹配性，国家从犯罪人身上拿走了过多的东西，因而死刑在经济犯罪中存在“冗余”，属于刑罚过剩，不仅对犯罪人过于严酷，对国家来说也是资源的巨大的浪费，这是我们要避免的。

于志刚：我理解您的意思，您其实是说死刑在经济犯罪中是违反报应原则的，又由于报应以正义为价值基础，而违反正义的刑罚本身就是不正当的，任何法律制度都无法完全回避自身的正当性诘问。死刑的“法定化”可以说明死刑的效力渊源，它是死刑的权威依据，但是却不能完全等同于死刑的正当性。正当性与观念是一个什么关系呢？

苏惠渔：实际上，很多包括经济犯罪在内的死刑设置并不是天然的，只不过是在某一个时期是否被接受而已。由于我们生活在某些罪名设置死刑的刑法环境中，使得我们形成了一种惯性联系，这种惯性联系又因为被接受往往影响了独立性的判断。有时回顾一下历史似乎会更清醒一些。譬如关于盗窃罪的法律拟定，在1950年《刑法大纲草案》中就没有规定死刑。1956年、1957年的草稿中都没有规定死刑。1962年、1963年的草稿中基于特定的社会背景十分明确地规定了盗窃罪的最高法定刑为死刑。1978年的草稿包括后来的1979年《刑法》中都没有规定死刑。只是到了1982年，单行《刑法》基于“严打”的需要增加了死刑条款。究其原因，对于经济犯罪适用死刑违反了刑法报应性的观点一直是反对设置死刑的最有力的论据，但是在刑法的手段性特征仍然被认可的前提下，这一论据是很难有生存空间的。

高铭暄：对经济犯罪不规定死刑，以及首先废除经济犯罪的死刑，是世界各国立法者的共同选择，这不是偶然的。经济犯罪是“法定犯”，是“行政犯”，是“禁止恶”，更直白地说，经济犯罪是国家制造出来的犯罪，国家基于经济秩序的维护而将某些行为标定为犯罪，典型的如以前的“投机倒把罪”。对经济领域中的违法行为，应当首先综合运用民事的、行政的法律措施和管制手段，只有其他法律手段无能为力的，才能上升到刑法的地步。即便如此，也不等于必须要用死刑来制裁。对经济犯罪，应当将治理的重点放在完善监管制度上，而不能过于依赖刑罚手段，更不能依赖死刑。

于志刚：此次死刑罪名调整的某些“国际性”因素也是应当考虑的。

高铭暄：这主要是有关国际公约与我国国内立法衔接的问题。1998 年我国政府签署了《公民权利和政治权利国际公约》（以下简称《公约》），尽管全国人大常委会至今尚未予以批准，但是毫无疑问，签署的必然的逻辑结果是加入。因此，从《公约》与我国刑法相衔接的角度考察我国的死刑罪名分配问题具有重要的现实意义。

《公约》第 6 条第 2 款规定，在未废除死刑的国家，判处死刑只能是作为对最严重的罪行的惩罚。何谓“最严重的罪行”，按照《保证面临死刑者权利的保护的保障措施》（经济与社会理事会 1984 年 5 月 25 日第 1984/50 号决议）所限定的标准，是指有致死或者其他极其严重的后果的故意犯罪。由于危及生命是严重的暴力行为的一种极为可能的后果，是严重的暴力犯罪行为的一种内在的属性，因此，这里所谓“有致死后果的故意犯罪”实际上是指严重的暴力犯罪。同时，由于该保障措施将“其他极其严重的后果的故意犯罪”与危及他人生命权利的暴力犯罪相并列，对“最严重的罪行”加以界定，因此，所谓“其他极其严重的后果的故意犯罪”，应该是指犯罪行为所侵犯的客体之价值与人的生命权利相当的犯罪。如此理解，《公约》所确立的死刑之适用范围就应当包括严重的暴力犯罪和行为所指向的客体的价值与人之生命权利相当的犯罪。以上述标准来衡量我国的死刑立法，不难发现，现行刑法典对死刑的适用范围是较为广泛的。因此，为了使我国的死刑立法与国际人权法的要求相接轨，应该将我国的死刑罪名严格控制在严重的暴力犯罪以及行为所侵犯的客体价值与人的生命权利相当的极其严重的非暴力犯罪的范围内。

苏惠渔：对于国际形势的考虑不仅包括国际法方面的原因，实际上还有一种软性的氛围压力。早在 1979 年《刑法》制定的时候，主持刑法制定的彭真副委员长在刑法草案说明中就指出，1979 年《刑法》草案中死刑最初只有几个条款很大的原因就是因为考虑到国内形势和国际环境，这里显然就将国际环境作为一个重要的参考依据。因为要改革、要开放，必然面临着对于一些观念和行为方式的接纳和趋同的问题。而20世纪70年代恰恰是世界上废除死刑潮流涌动的时期。这种风潮势必影响到国内的立法思维。但是后来的刑法实践显然是更多地考虑到了国内的治安、经济等方面发展态势,从而死刑罪名的数量不断扩充。这从短期来看似乎流弊不明显,但是过分强调特殊性的弊端从长期来看必然会有所显现,并且会产生消极作用。此次对于经济犯罪死刑罪名的削减就是对单一思维的摒弃。

于志刚:我想经过你们的仔细解说,《草案》废除部分经济犯罪的死刑的立法意义已经很清楚了。当然,《草案》拟议废除的死刑条款并不局限于经济犯罪,还包括1个财产罪和3个妨害社会管理秩序罪,但是它们的修改思路则是一脉相承的。

二、死刑与刑罚结构

于志刚:调整刑罚结构是此次《草案》修改的另一个重点,而且力度相当的大,涉及了所有的刑罚裁量制度和刑罚执行制度,较之于1997年《刑法》,可以说是一个翻天覆地的变化。在我看来,它和《草案》废除部分犯罪的死刑环环相扣,其中许多规定与死刑有密切的关系。前面谈了为什么废除部分经济犯罪的死刑,而刑罚结构的调整则属于废除死刑之后,在刑事立法层面预先作出的一个回应。

苏惠渔:削减死刑势必会带来整个体系的不适。制度的改革永远有“阵痛”。由于我国刑法的刑罚体系经过若干年的适用、调适和沉淀,已经达成了多个层面的平衡,尤其是在有期徒刑—无期徒刑—死刑之间已经形成了一种体制和心理的认可,作为刑法所依赖的并且被广泛接受的刑罚中的最高位阶,死刑的削减意味着这种平衡被打破,这就需要刑法的其他规范随之共振。这是刑法协调性的必然要求。但是囿于刑法修正案这种立法模式,不可能对体系作出整体性的变更,所以肯定会有一个试错和适应的过程。就刑法与外部的互动而言,还存在引导正确理解刑法规范的变革问题,存在对于死刑废止存在的公众心理落差的填补问题。

高铭暄:死刑问题,牵一发而动全身,哪怕它是刑法典中的一个微小变动,都可能带来全局性的震动。这里面有许多问题需要追问:社会转型期间,刑法仍然是调控社会的重要手段,部分犯罪的死刑废除之后,如何在刑罚量上做出补偿,也就是说,如何保证刑罚的威慑力保持在相对稳定的水准上?有些媒体包括社会公众有时将废除死刑简单等同于纵容罪犯,虽然客观上罪犯会获得一定实惠,但是刑法对犯罪的严厉谴责性态度没有发生变化,刑法从来没有姑息犯罪,这些信息如何传递?这些问题都是需要考虑的。当然,此次《草案》对刑法制度“伤筋动骨”绝不仅仅是为了回应部分犯罪的死刑废除,不仅仅是死刑废除的配套措施,毕竟废除死刑的只有13个罪名,而刑罚制度面向所有的分则罪名,但是,它们之间的内在联系也没有必要刻意回避。

于志刚:这样的立法信号传递确实非常及时,也非常必要,它避免给社会公众,给潜在的犯罪人传递错误的信号,以为刑罚在纵容犯罪,实际上如果细看对《刑法》总则刑罚部分的修改,我的感觉是刑罚是更严密了。我们过去的刑罚结构处于一种非常尴尬的境地和失衡的状态。具体而言,《刑法》分则对68个罪名配置了死刑,并且绝大多数死刑都同时配有无期徒刑、15年有期徒刑,给人的印象是中国刑法非常严厉,刑法的重刑结构似乎成为一种共识。另一方面,《刑法》总则规定了自首、立功、缓刑、减刑、假释,以及数罪并罚中的“限制加重”,它们对犯罪人都是有利的,更重要的是,刑法规定有期徒刑的最高刑期为15年,这个数值远低于许多国家的标榜刑罚人道、刑罚轻缓的刑法典,由此造成的一个结果是,犯罪的宣判刑期高,执行刑期低;理论刑罚重,事实刑罚轻;分则刑罚重,总则刑罚轻;过于看重刑罚的功利性,而忽视了刑罚的正义性;过于看重刑罚个别化,而忽视了罪刑相适应。我认为,理想中的刑罚结构应当是“头轻脚重”式的,即总则以分则具体犯罪的法定刑为基础,对具体犯罪人的刑罚量作出微调,而现在的刑罚结构恰恰是“头重脚轻”式的,总则刑罚制度弹性过大,几乎颠覆了分则具体犯罪的法定刑配置,不知对此问题怎么看?

高铭暄:你这个比喻非常贴切,“死刑过多,生刑过轻”一直是学界所诟病的,这导致我国刑罚的适用“名重实轻”。当然造成这一局面的原因比较复杂,其中量刑的不规范是重要因素,目前法院推行的量刑规范化改革将有助于缓解这一局面。不过,在立法上改变刑罚结构,对某些刑罚裁量制度和刑罚执行制度规定更加严格的适用条件,施加更多的限制性规定,对严重犯罪分子实际适用更长的服刑刑期,可以彻底扭转这一局面,达到釜底抽薪式的效果。“《草案》说明”中曾经指出:“这次刑法修改的重点是,落实中央深化司法体制和工作机制改革的要求,完善死刑法律规定,适当减少死刑罪名,调整死刑与无期徒刑、有期徒刑之间的结构关系。”调整刑罚结构,既是为了应对削减部分犯罪的死刑之后可能出现的刑法局面,也是为了解决实践中一直存在的生刑过短的问题。

于志刚:我知道,高老师全程参与了《草案》的前期研讨和论证工作,请您介绍一下《草案》对刑罚结构的具体调整情况。

高铭暄:从与死刑的关联度的角度来划分,我们可以把刑罚结构的调整分为

3 个方面：

第一个方面是直接涉及死刑制度的规定。比如《草案》第 4 条规定，将《刑法》第 50 条修改为："判处死刑缓期执行的，在死刑缓期执行期间，如果没有故意犯罪，二年期满以后，减为无期徒刑；如果确有重大立功表现，二年期满以后，减为二十年有期徒刑；如果故意犯罪，查证属实的，由最高人民法院核准，执行死刑。"死缓不是刑罚种类，而是刑罚执行方法，同时，死缓也属于死刑，但是判而不杀，死缓制度对限制死刑的实际执行数量无疑具有非常重要的意义，它是我国刑法的一个创举，应当坚持。但是坚持不等于固步不前，它同样存在不断完善和优化的问题。按照现在的法律规定，死缓期间没有故意犯罪的，两年之后的实际执行刑期就相当于 20 年左右的有期徒刑，从死刑到 20 年有期徒刑，这中间的时间跨度过大，对于死刑判决来说不够严肃，因而《草案》作出了重大调整，缩小了减刑的幅度。

第二个方面是不直接涉及死刑制度，但是又与死刑有重大干系的规定，即加重生刑方面的规定。这具体又可以分为两个类型：第一个类型是直接加重。例如，《草案》第 10 条规定，数罪并罚中有期徒刑总和刑期在 35 年以上的，最高不能超过 25 年。这比原来的数罪并罚 20 年的上限提高了 5 年。废除了部分经济犯罪的死刑后，其法定刑多是 10 年以上有期徒刑或者无期徒刑，这样在几个罪数罪并罚的情况下最终执行的刑罚可能就比现有的 20 年有期徒刑高。第二种类型是间接加重。即对严重暴力的犯罪分子规定更加严格的减刑条件，增加特殊累犯的种类等，这样客观上延长了某些犯罪分子的实际刑期。

当然，还有些刑法条款的修改就与死刑没有必然关系了。

于志刚：其实部分犯罪的死刑的废除也是刑罚结构调整的一部分。在我看来，调整刑罚结构还有完善刑罚梯度的考虑。在我国的刑罚体系中，从管制、拘役、有期徒刑、无期徒刑直到死刑，看似刑罚的强度逐级递升，但是它们之间不是均衡分布的，而是存在"跳跃"，甚至断层。这就是有期徒刑与无期徒刑的衔接上，以及更重要的无期徒刑与死刑的衔接上。无期徒刑虽然是终身自由刑，但是根据我国刑法规定，最快 10 年就可以出狱，在刑罚强度上这与死刑的差距非常大。废除部分犯罪的死刑后，假如不对刑罚结构进行调整，则犯罪人的刑罚由死刑变为事实上的 10 年有期徒刑，抛开被害人及其家属的心理感受不论，仅就刑罚的功能而言也很难说刑罚正义获得了实现。

苏惠渔：在我国刑法中，长期以来对刑罚体系的协调性存在两个方面的意见：一个问题被俗称为"生刑过轻，死刑过多"，其主要是指有期徒刑过短以及数罪并罚、减刑、假释等方面的问题，无期徒刑本身与死刑并不直接存在这一问题。

另外一个就是量刑幅度的设置跨度过大的问题。此次修正正是基于量刑、行刑中导致的落差过大,从而延长了并罚的有期徒刑的上限,对假释等规定了更严格的适用条件,其根本宗旨就是延长生刑,填补其中的落差,解决一种刑法内部体系的不平衡以及刑法规范与外部反映中的不平衡。

于志刚:我想这其实涉及死刑替代的问题。关于死刑替代,理论上存在不同看法,您是如何看待死刑替代措施的利弊呢?

高铭暄:在无法彻底消除死刑的前提下,依法限制死刑的适用,或者寻找替代死刑的有效刑罚措施,都是对死刑适用及现行法律规定疏漏的一种修正。联合国人权委员会号召仍保留死刑的国家"为了全面废除死刑,建立死刑执行延缓制度"。这一措施可以视为一种由适用死刑向废除死刑的过渡措施,具有很强的可操作性和实践性。如何替代死刑包含两个层面的意义:一是立法将死刑作为可选择性的刑罚,替代绝对死刑的适用;二是司法通过寻求减轻情节和证据的无懈可击性替代死刑。无论是通过立法替代还是通过司法在废除死刑道路上的努力,终身监禁或者终身监禁不得假释已经成为惩罚最严重犯罪的最为显著的替代方式。

终身监禁刑应该说满足了法律的功利性和平等性。但是,终身监禁刑对不是很严重的犯罪和非暴力犯罪的适用也在不断增加。在美国,终身监禁刑适用于毒品犯罪,以及依照一些州使用的"三振规则"终身监禁也适用于非暴力犯罪,同时,美国4%适用终身监禁的囚犯是因为实施毒品犯罪。死刑的废除或者死刑的替代措施是牵一发而动全身的系统工程。终身监禁替代死刑后仍遗留问题,即如何在犯人服刑一段时间后,对其人身危险性和社会危害性进行评估,以便调整其关押时间。德国终身监禁的做法是在终身监禁罪犯服刑15年后进行评估,评估的结果是释放或者继续关押。

苏惠渔:其实废除死刑不一定非得找个替代措施,因为死刑永远是无法替代的,就像生命无法替代一样。所谓死刑替代的实质就是为了体现国家惩治严重犯罪的力度,满足公众在废除死刑后对严重罪犯重返社会的担忧,重要的是获得公众对废除死刑的支持,减少对于死刑的认同和眷恋,直至最终取消死刑。作为一种延长期限的替代的实际效果和意义本身倒是变得其次了。一目了然,终身监禁无疑是最好的死刑替代措施,只不过这种替代之后的行刑方式是否应具有独特性或如何具有独特性,这是一个严肃的而且需要审慎对待的问题。

于志刚:我认为死刑替代其实是重新调整"犯罪价格表"的过程。比如对罪行极其严重的犯罪分子要适用死刑,死刑就是"罪行极其严重"所要付出的代价,对罪行比较严重的犯罪分子适用无期徒刑或者有期徒刑,这些刑罚同样是犯罪人个人承受的代价。但是现在取消了部分犯罪的死刑后,对这部分犯罪就存在重新分配“犯罪价格”的问题。以走私文物罪为例,现在《刑法》规定走私文物情节特别严重的,处无期徒刑或者死刑,而《草案》规定情节特别严重的,处10年以上有期徒刑或者无期徒刑。并不是说取消了死刑规定就不会出现情节特别严重的情形,而是刑法重新调整了本罪的刑罚阶梯,对其不再适用死刑。

苏惠渔:这里存在两个问题:一是部分废止的缺陷;二是废止原因不合理的缺陷。对于前者,因为刑法内部犯罪实际上存在比对问题,当一个相对较轻的罪名取消了死刑,势必产生对于相对较重的罪名保留死刑的质疑,而这种质疑又似乎是无可厚非的。至于后者,由于此次废除主要是针对一些司法实践中适用较少的死刑罪名而言的,这样的标准虽然有合理性,但是是否能够作为唯一依据或者说最重要的依据也会引起质疑。或许因为是第一次削减死刑且刚刚启动,这一问题还不突出,在以后的运作中,随着从外围向中心突进,标准和理由都应该更加全面,但司法前行应当是一个可行的路径。

三、死刑与司法适用

于志刚:高老师、苏老师,《草案》此次对死刑的调整具有开创性的意义,也许社会公众会觉得比较突兀,但是实际上刑事立法作出反应之前,刑事司法已经在进行死刑适用方面的调整,比如死刑复核权收归最高人民法院,就是最近几年来我们刑法领域关于死刑的重大动向。您如何看待死刑的司法控制问题?

高铭暄:死刑的立法问题与司法问题是一脉相承的,立法上取消死刑,司法上自然无所谓死刑的适用;立法上短期内难以取消死刑的,司法控制死刑的作用和地位就非常突出了。司法上控制死刑体现在两个方面:实体上控制死刑和程序上控制死刑。实体上控制死刑,我认为应当首先明确死刑适用概括性标准的含义。对于死刑适用的标准,我国《刑法》第48条概括地规定为:“死刑只适用于罪行极其严重的犯罪分子。”这是适用死刑标准严格统一的立法基点。刑法所规定的“罪行极其严重”,应当包括以下几个方面的含义:首先,从主观方面看,“罪行极其严重”意味着行为人的罪过必须是故意,并且在一般情况下,还应当伴有某种卑劣的犯罪动机或犯罪目的;其次,从客观方面看,“罪行极其严重”意味着行为人所造成的客观后果特别严重,即行为人必须是造成了他人死亡或与此相当、相近的后果。另外,“罪行极其严重”还必须是根据罪前、罪中、罪后的一系列因素，表明行为人的人身危险性极大。只有结合以上3方面考虑得出的都是肯定结论后，才能认为行为人的"罪行极其严重"。

苏惠渔：死刑领域的量刑问题，尽管比较具有弹性，并且引为诟病，抨击的文章也不断涌现，但是似乎没有谁能够建构一个真正的体系，找到一个有效的方法。很多人似乎热衷于量刑的确定性，但是好像设计永动机一样，永远无法实践。根本原因就在于太想将量刑科学化、逻辑化了，但实际上，量刑是一种经验，死刑更是如此。所以，从另一侧面看，宽泛的量刑幅度和量刑情节为司法留出了适用死刑的巨大空间，为死刑的司法实践提供了一个平台，在立法成为既成事实的情况之下，司法实践控制死刑的使用产生了合法的依据。大家可以设想一下，如果在我们的刑法中，死刑还大量存在，并且都是绝对确定的法定刑，现实的情形可能会十分糟糕。我们总是希望通过法律的精确性来限制法官的权力，首先这是不可能的，其次，防止死刑适用不公正的出路不是标准的绝对化，而是严格程序的制约、防止权力的干涉、司法的好生之德。

于志刚：罪行极其严重是适用死刑的刑法标准，但是这个标准比较概括，也应当有司法实践中具体案件的死刑适用标准。

高铭暄：是这样的。对于死刑适用标准统一这样一个迫在眉睫的问题，比较可行而又最有效率的解决方法是，由最高人民法院以司法解释的形式颁布统一的死刑适用规则，同时辅以典型判例加以示范。具体来说，死刑案件大体上可以分为数额犯与非数额犯两类。对于数额犯，我建议，最高人民法院可以对每一种常见的数额犯，都确定一定的数额基点，一旦低于该基点，就绝对不适用死刑；而如果在这一犯罪数额基点之上，则有可能适用死刑，但也不一定适用死刑，是否适用死刑，还需要结合案件中的其他具体情节进行考虑。对此，最高人民法院可以以判例的形式加以具体性指导。至于非数额犯的情况就比较复杂，我建议，最高人民法院可以在对既有死刑判决进行分析、概括的基础上，归纳出某些常见的犯罪情节，明确在具有这些情节时，就不应当判处死刑。这样，就以消极条件的形式，为不适用死刑划定了清晰的界限，防止死刑适用标准不统一而导致量刑畸重判处被告人死刑。最高人民法院同样可以概括出一些常见的能够适用死刑的积极条件，并以司法解释的形式加以公布。总之，在明确立法中死刑适用概括性标准的含义后，通过最高人民法院颁布死刑适用规则的方式，进一步将死刑适用的积极条件与消极条件具体化，并辅以典型判例以供参照，就有可能达致死刑适用标准的严格统一。

于志刚：在刑事司法领域，最近几年出台的一些司法解释对规范死刑适用，提高死刑案件的判决质量发挥了巨大作用，例如，2007年最高人民法院、最高人民检察院、公安部、司法部发布了《关于进一步严格依法办案确保办理死刑案件质量的意见》,此外还有其他一些司法解释中的条款也发挥了类似的功能。但是我仍然很看重程序上对死刑的控制,也就是前面提到的死刑复核权收归最高人民法院。如何评析这一事件?

苏惠渔:法律面前人人平等,死刑面前,更要讲求一个平等问题。只要死刑存在,无论是中国,还是外国,都存在一个死刑适用标准的不统一的问题,而这又是十分敏感的,因为其极容易引发社会心理的失衡和波动。尤其是在我国曾将死刑核准权下放的那段时期内,这种不统一已经到达了一个严重的程度。收回死刑核准权的一个最为直接的效果就是死刑的适用标准的统一化获得了制度上的保证,政策也可以得到有效的整齐的贯彻。现在面临的另外一个问题就是在具体的适用过程中,如何为个罪的死刑适用界定一些具体的标准,在这方面,最高人民法院在毒品犯罪、故意杀人罪中已经进行了一些试点,包括上述意见的出台也是明证,效果也正在显现。据公开媒体报道,最高人民法院自2007年1月1日起收回死刑复核权之后,当年判处死缓的人数,多年来第一次超过了判处死刑立即执行的人数。这些举措实际上就是通过司法控制死刑的适用,通过一种实践的方式进行探索、观察和实验,探知社会对于不适用死刑的态度。这实际上为此次立法削减死刑提供了类似于科学实验的数据基础,同时也为立法者树立了信心。死刑适用减少了,社会治安并没有恶化,民众并没有激荡,死刑存废的根本动因必将再度引起人们关注。

于志刚:我觉得,不管是在刑事司法上控制死刑,还是在刑事立法上缩减死刑,都凸显了死刑在刑罚体系中具有举足轻重的地位,死刑的刑法意义已经超过了它单纯作为一种刑罚种类的功能。怎么看待这个问题?

高铭暄:原因很简单,死刑是涉及最根本人权、触及最深层人性的问题。在刑罚体系中,死刑是一种非常特殊的刑种。它以剥夺犯罪分子的生命为内容。人命关天,人死不能复生,这是死刑区别于任何其他刑罚的极端严厉性、非常性和特殊性之所在。所以死刑的发动必须具有迫不得已性。所谓死刑适用的迫不得已性,是指适用死刑只能以预防犯罪的必需为前提。对法律规定适用死刑的犯罪行为,如果不以死刑加以惩治,就不足以有效地维护社会秩序,对其适用死刑就具有迫不得已性。相反,如果通过死刑以外的其他刑种,就能够实现刑罚预防犯罪的目的,就说明不具有适用死刑的迫不得已性,因而也就不能适用死刑。总之,死刑只有在迫不得已的情况下适用,才具有正当性。所以死刑适用具有"非常性"的特点。

此外,适用死刑具有慎重性。死刑不可能毫无限制地大量适用;相反,应该严格限制死刑，适用死刑必须慎之又慎。这是因为慎重适用死刑是我们党和政府“少杀慎杀”死刑政策的基本要求。慎重适用死刑是宽严相济的刑事政策的内在要求。判处死刑问题上仍然有宽严相济的问题。宽严相济的刑事政策强调在适用刑法时必须考虑从宽处罚的可能性，就死刑政策而言，这个刑事政策要求审判人员在审理刑事案件的时候对极其严重的犯罪分子必须判处死刑，但如果具有法定的或者酌定的从轻、减轻处罚的情节的时候，也不能判处死刑立即执行，而应当依法宣告死缓或无期徒刑乃至有期徒刑。也就是说，当宽则宽，当严则严，宽严适度，罚当其罪。可见，宽严相济的刑事政策实际上蕴涵着慎刑的要求，所以严格适用死刑，慎重适用死刑，是贯彻和实行宽严相济刑事政策的内在要求。

四、死刑与死刑废止

于志刚：我们刚才谈了《草案》设计的经济犯罪的死刑问题以及与死刑相关的刑罚结构调整，但是我一直没问您对死刑的整体态度，也就是死刑存废的问题。在刑法学界内部，大家似乎都不否认从长远看死刑应当废除，但是在短期内是否该废除死刑则存在很大争论。有的观点认为短期内不宜全部废除死刑，但是削减部分犯罪的死刑是可行而且必要的，而有的观点则认为应当尽快地、彻底地废除死刑。这个问题怎么看？

高铭暄：死刑是一个很古老的刑种，历史上已经存在了几千年。直到1764年资产阶级启蒙思想家贝卡里亚提出废除死刑的主张，死刑存在的必要性才受到挑战和质疑。近几年来，死刑的存废争论同样成为我国刑法学上一个重大的理论和实践问题。我个人认为，在我国现阶段，不大可能从整体上把死刑作为一种制度完全废除。现阶段，死刑制度在我国的存在还有其必要性。主要理由有以下3点：一是现实生活中还存在极其严重的危害国家安全、危害公共安全、侵犯公民人身权利、破坏社会治安秩序的犯罪。死刑制度的存在有利于严厉打击和惩治这些犯罪，从而强有力地对国家和人民的重大利益给予保护。二是死刑制度的存在也有利于我国刑罚目的的实现。对于那些罪行极其严重的各类犯罪分子，只有适用死刑（包括死缓），才可以让其不能或不敢再犯罪，从而达到刑罚特殊预防的目的。同时，死刑制度的存在也使那些试图铤而走险实施严重犯罪的人有所畏惧，有所收敛，不敢以身试法，从而达到刑罚一般预防的目的。三是死刑制度的存在符合我国现阶段的社会价值观念，能够为广大人民群众所支持和接受，具有满足社会大众安全心理需要的功能。

这是死刑的两个支撑点。这两个支撑点的存在,决定了当前中国绝对不可能全面废除死刑。而中国的死刑制度将在今后多长的时间内逐步废止,取决于公众的观念和国家对死刑作用的确信这两个支撑点弱化的程度和弱化的速度。当然,我个人赞成最终从根本上废除死刑,并且主张现阶段积极创造条件,努力追求死刑废除这个目标。

于志刚:所谓的死刑存废之争其实是“现阶段”的死刑存废之争,主张目前保留死刑的人一般并不反对今后废除死刑。我国理论界也有一部分学者支持立即废除死刑,其重要支持依据就是废除死刑的国家占据绝对多数,因此废除死刑是国际潮流。但是我认为这种观点并不具有说服力。在统计口径上,死刑废除论者将在法律上保留死刑,而事实上在连续的一些年内没有判处死刑,或者虽然经常判处死刑,但是通过赦免等方式,在连续的一些年内不再执行死刑的国家称为“事实上废止死刑的国家”,继而计算入“废除死刑的国家”行列,但是这些国家在立法上仍然保留了死刑,足以说明这些国家在立法上对死刑的保留是持赞成、支持态度的。将它们划入废除死刑的国家的行列是荒谬的。死刑废止论者数字统计的真实目的,在于形成一种“潮流”压力:意图形成一种“潮流”效应或者“孤岛”效应,进而利用数字压力形成一种观念,即世界上一半以上的国家都已经废除了死刑,不加入死刑废止阵营的国家就是逆历史潮流而动的国家。因此,如果读取到该统计数字的国家不废除死刑,就是落后于历史进步进程的国家,或者与“世界文明”格格不入,从而处于理论“孤岛”、立法“孤岛”之上。

我个人觉得,废除死刑的法律变革是一个复杂的历史过程,一串简单的废止死刑的国家数量的统计数字只是一个表象,并不能科学地代表废除死刑制度的历史趋势。死刑废止论者的数量统计结论忽略了一个极为重要的因素,即废除死刑的国家所拥有的人口数量。一个不容忽视的现实是,废除死刑的国家多数是小国,人口过亿的国家基本上都没有废除死刑。从人口比例看,占世界人口一半以上的地区都没有废除死刑,因此所谓死刑废除是一种国际潮流的观点对事实的理解存在偏差。苏老师,您怎么理解这个问题呢?

苏惠渔:我们要求废止死刑,并不是说就要采取“休克疗法”,而是说废止是一个过程,但这是一个积极的过程,而不是一个被动的过程。从长远看,死刑全面废除,这是从死刑的制度逻辑推论出的当然结果,但必须一步一步有序推进。不仅如此,死刑的废除和司法的控制也是具有因果关系的,我国当前仍然处于犯罪高发期,每年大约有460多万起犯罪案件,严重犯罪尤其是严重暴力犯罪大量增加,都制约着死刑废除目标的实现,并且死刑废除容易出现反复。决策者仍然非常依赖死刑来抗制犯罪,有时甚至迷恋死刑。我们无法想象,当司法中对于一个罪名适用死刑还相对较为广泛的时候,立法中废除死刑会得到认同和实行。所以全面废止死刑是一个系统工程。不仅需要时间,还需要共同努力,权力尤其要发挥引导作用。

于志刚:现阶段难以废除死刑,恐怕民意也是一个影响因素。可能没有任何刑法制度能够像死刑这样,令公众握有如此大的话语权了。从立法者的角度看,死刑是否存在主要看现实的犯罪态势,也就是死刑是否对维持社会秩序有积极作用,但是几乎任何立法者在面对死刑问题时都会谨慎和认真地考虑民众的态度。

高铭暄:民意确实是死刑存废过程中一个非常重要的衡量因素,不光我国是这样,西方国家同样如此。相当一些废除了死刑的国家的公众,对废除死刑持反对态度,要求恢复死刑的呼声不断高涨。例如,在加拿大,民意测验和调查都表明,大多数公众都赞同在刑法中保留死刑。在英国,随着犯罪率的不断上升和国际恐怖活动的加剧,公众和舆论要求恢复死刑的呼声也愈演愈烈。在某些国家,甚至出现了群众要求恢复死刑的游行示威。以上两种情况交织在一起,形成了一幅复杂有趣和难以预测的前景。在我国 20 世纪 50 ~ 70 年代的司法实践中,对经济犯罪也极少有处死刑的。那么为什么会造成后来这种情形呢? 我揣测,恐怕主要还是强烈的死刑报应观念在起作用,而且认为死刑有巨大的威慑力,可以“杀一儆百”。死刑适用范围的不断扩大,引发了国人盲目崇尚死刑和依赖死刑的心态的滋生和膨胀;崇尚死刑的社会心理的进一步强化,又或多或少地反过来左右死刑立法及司法的情绪。现在该是理性地反思一下这个问题的时候了。

于志刚:从实践中看,民意其实是死刑废除中的最大障碍和阻力。理论界是最容易接受死刑废除的观念的,其次是决策者。应当承认,决策者对死刑的弊端也是有清醒认识的,决策者对死刑同样有很强的理性反思能力,同时废除死刑根本上也是有利于统治者的利益的。但是制约决策者裹足不前的除了保持刑法威慑的现实需要外,就是公众对死刑的反对心理。因而死刑的每一次立法变革,恐怕都需要立法者付出更大的决心,您认为在死刑废止过程中该如何平衡民意与死刑之间的关系呢?

高铭暄:我觉得这个问题应当分两个角度看,第一是尊重民意。民意在一定程度上是群众朴素的正义观念和生活常识的体现,有其合理性因素,尊重民意的法律当然更容易赢得公众的尊重。中国是发展中的大国,国内情况复杂,国际影响重大,由于国情民意和法律传统文化所决定,短期内还不可能全面废除死刑。

第二是引导民意。我们尊重民意而不单纯迎合民意，逐步废除死刑，从根本上讲也是符合广大人民群众的根本利益的，要限制、限制、再限制，减少、减少、再减少。先从非暴力犯罪、单纯的经济犯罪废除死刑开始，逐步扩大废除死刑的面。经过若干年乃至数十年的艰苦努力，特别是经过已经签署但有待最高权力机关批准的国际人权公约和批准以后的贯彻落实的实际行动，必将使在中国社会上下层都存在的死刑报应、迷信死刑的观念，逐步得到弱化、逐步得到扭转。那么，总有一天，死刑废除的喜讯就会降临到我们国人面前。这也许只是幻想式的预言，但我深信这是合乎规律的。

苏惠渔：对。还有一个问题就是要搞清民意。民意的要求看起来十分简单，但实际上民意的原意、民意表达的方式、民意在司法中的地位都需要去研究。如果这些问题我们不能解决，我们就有可能会误读民意、曲解民意，甚至有时国家权力会利用所谓的民意来宣扬行为的正当性和合理性。

于志刚：死刑废除，绝不可能一蹴而就，《草案》消减死刑罪名以及限制死刑适用范围，是我国刑法学界一二十年来持之以恒研究的结果，也是我国刑法学界对死刑研究成果的一个阶段性体现。在废除死刑的征途中，理论总是要走在时代的前列，你们最近十几年来一直在积极引导和推动死刑方面的研究，因而最后我想请你们就此次《草案》削减死刑罪名作一个总体性的评价。

高铭暄：从 1979 年《刑法》颁布至今已经有 31 年了，这 30 多年来我国的刑事立法发生了天翻地覆的变化，不过我认为其中有两个可以堪称高峰的事件：第一个事件是 1997 年《刑法》正式确立了罪刑法定原则，罪刑法定原则的确立树立了刑法现代、文明、宽容、理性的形象，推动了刑法的时代转型，从此刑法人权保障的理念深入人心；第二个事件就是《刑法修正案（八）草案》对死刑的调整。虽然前者是刑法典的全面修正而后者是刑法典的局部修正，但是在一定程度上削减死刑罪名的意义不亚于罪刑法定原则的确立，对于后者来说，立法者可能需要更大的政治勇气以及更民主的决策机制，这表明我们的刑事立法与社会转型是同步的，它走在了时代变革的前列。可以预见，如果《刑法修正案（八）草案》顺利通过的话，我国刑事立法的面貌将再次焕然一新，刑法也将更加具有深刻的人本主义思想、厚重的人道主义精神以及浓郁的人文主义情怀。《刑法修正案（八）草案》是我国刑法在废除死刑道路上的破冰之作，我个人也期望经过国人上下长期不懈努力之后全面废除死刑的那一天能早日到来！

苏惠渔：丹宁勋爵说过："如果我们不做任何前人没有做过的事情，我们就会永远待在一个地方，法律将停止不前，而世界上其他事情将继续前进。"如果我们还是纸上谈兵，若干年后中国的死刑制度不会有根本性的变革。此外，法律和司法尽管体现方式不同，但都是在创新与服从中追求平衡。自然发明给人带来了物质的解放，法律的发明和改革给人们带来了社会的存续和发展，尚有很多的死刑条款未被法定废止，现实有走在法制前面的可能，相应的法律文化也可能走在法制的前面。就死刑而言，今天我们已经认识到死刑的不合理性（当然多数时候人们还会加上一句话：现实还不能废止），通过司法途径去尽量控制死刑的适用是废止的重要基础，这一方面会减少不合理的继续复制；另一方面通过减少死刑的实践，逐步使这种法律文化的宣示，得以稳固，为法定废止死刑铺路，这恐怕是《草案》给予我们的另外一个启示。

（2010 年第 9 期）

论当前刑法改革中的酌定减轻处罚权

赵秉志[*]　刘媛媛[**]

一、问题的缘起

我国现行《刑法》第63条第1款规定:“犯罪分子具有本法规定的减轻处罚情节的,应当在法定刑以下判处刑罚。”该条第2款规定:“犯罪分子虽然不具有本法规定的减轻处罚情节,但是根据案件的特殊情况,经最高人民法院核准,也可以在法定刑以下判处刑罚。”这是我国现行《刑法》关于减轻处罚情节的规定,其中第1款是法定减轻处罚,第2款为酌定减轻处罚。酌定减轻处罚作为与法定减轻处罚并列的一项有利于被告人的制度,对于发挥法官的自由裁量权、实现案件的个案公正、缓解情与法的紧张关系等均具有重要意义;但因上述规定在实体条件方面较为模糊、在程序条件方面过于严苛,导致在理论研究和司法适用中出现了许多问题和争议,因而很有深入研究和进行改进的必要。

在国家立法工作机关主持的《刑法修正案(八)草案》的研拟过程中,曾经考虑过对酌定减轻处罚权进行修改的方案;针对现有的一些弊端,也有学者提出过修法的建言,如明确其适用的实体条件、将核准权下放到高级人民法院或由最高人民法院和高级人民法院一同行使等。虽然于2010年8月23日提交全国人大常委会审议并随后向社会公开征求意见的《刑法修正案(八)草案》因故并未采纳修改酌定减轻处罚权的建议,但刑法理论界和司法实务部门的探讨并未就此停止,如最高人民法院就仍持修改酌定减轻处罚权的积极主张。笔者认为,酌定减轻处罚权本身具有极其丰富的价值内涵,在我国当前正紧锣密鼓进行刑法改革的背景下,应着力使这一制度最大限度地发挥其应有的作用与功效。基于此,本文即以酌定减轻制度的发展脉络为线索,发掘其价值所在,并结合实体和程序两方面的争议问题,探讨对这一制度的理解,进而提出相应的立法完善建言。

---

* 作者单位:北京师范大学刑事法律科学研究院。

** 作者单位:北京师范大学刑事法律科学研究院。

二、酌定减轻处罚权的发展脉络和适用情况

(一)酌定减轻处罚权的发展脉络

1. 1979年《刑法》第59条第2款之酝酿与创制。

早在新中国成立之初,由中央人民政府法制委员会于1950年7月25日拟成的《中华人民共和国刑法大纲草案》第27条规定:“犯罪人社会危险性不大,或因其他特殊情形,法院认为依法从重或从轻处罚,嫌其过重者,得于法定刑范围之外减轻处罚之,但必须于判决书中说明减轻之理由。”①可以说,这是我国1979年《刑法》第59条第2款之初始萌芽。该条不仅规定了减轻处罚的实体条件(即犯罪人社会危险性不大或其他特殊情形,但法院认为依法处罚仍嫌过重),同时也规定了减轻处罚的程序条件(即由各级法院自行适用,并需在判决书中说明理由)。

其后在国家立法工作机关起草的多部刑法草案中,对本条修订较大的有如下几稿:1956年11月12日的《中华人民共和国刑法(草案)》第13稿第64条规定:“根据案件的特殊情节,对于犯罪分子从轻判处法定刑的最低限度仍嫌过重的时候,可以减轻或免除处罚,但是应当在判决书中说明理由。”②这是我国刑法草案中首次关于酌定减轻处罚的规定。较之1950年《中华人民共和国刑法大纲草案》的前述规定,该稿增加了可以免除处罚的规定。1963年2月27日的《中华人民共和国刑法(草案)》第30稿第63条第2款规定:“犯罪分子虽然不具有本法规定的减轻处罚情节,如果根据案件的特殊情况,判处法定的最低刑还是过重的,经过上级人民法院核准,也可以在法定刑以下判处刑罚。”③该条对酌定减轻处罚权的适用规定了更为严格的程序,即需要“经过上级人民法院核准”,同时把“案件的特殊情节”改为“案件的特殊情况”。1979年《刑法》蓝本的第33稿草案也采用了第30稿的上述规定。④

1978年年底中共十一届三中全会开启了我国改革开放和建设社会主义法治的历程,《刑法草案》的研拟也随之在沉寂了15年之后重新上马,几个稿本相继问世。值得注意的是,1979年3月31日的《刑法草案》第36稿删去了酌定减

---

① 高铭暄、赵秉志编:《中国刑法立法文献资料精选》,法律出版社2007年版,第205~206页。

② 高铭暄、赵秉志编:《新中国刑法立法文献资料总览》(上),中国人民公安大学出版社1998年版,第200页。

③ 同上,第319页。

④ 高铭暄、赵秉志编:《中国刑法立法文献资料精选》,法律出版社2007年版,第284页。

轻需要“经过上级人民法院核准”的程序性规定，也将“案件的特殊情况”改为“案件的具体情况”。1979年5月12日的《中华人民共和国刑法（草案）》第37稿中，增加了适用酌定减轻需要“经人民法院审判委员会决定”的程序性规定，并为同年6月30日的第38稿沿袭，成为1979年《刑法》第59条第2款：“犯罪分子虽然不具有本法规定的减轻处罚情节，如果根据案件的具体情况，判处法定刑的最低刑还是过重的，经人民法院审判委员会决定，也可以在法定刑以下判处刑罚。”

2. 1997年《刑法》第63条第2款之修订。

对1979年《刑法》的修订自1982年起就开始了筹备。1988年9月，全国人大常委会法制工作委员会在邀请相关单位和专家学者参与研讨的基础上，拟出了“中华人民共和国刑法（修改稿）”，其第59条第2款规定：“犯罪分子虽然不具有本法规定的减轻处罚情节，如果根据案件的具体情况，判处法定刑的最低刑还是过重的，经人民法院审判委员会决定，也可以低于法定刑判处刑罚。”①该条仅将1979年《刑法》第59条第2款的“在法定刑以下判处刑罚”修改为“低于法定刑判处刑罚”，试图消除“以下包含本数”的规定带来的判处最低刑也属于减轻处罚的矛盾局面。

其后相关修法内容变化较大的是1996年8月8日的《中华人民共和国刑法（总则修改稿）》和1996年8月31日的《中华人民共和国刑法（修改草稿）》。由于考虑到实践滥用而导致刑罚适用不均衡，这两个稿本均删去了1979年《刑法》第59条第2款的规定；②1996年10月10日发给有关方面征求意见的《中华人民共和国刑法（修订草案）》（征求意见稿）中，又提供了删除和保留两种方案。③ 1996年12月中旬拟出的《中华人民共和国刑法（修订草案）》第65条第2款规定：“犯罪分子虽然不具有本法规定的减轻处罚情节，如果根据案件的具体情况，判处法定刑的最低刑还是过重的，经最高人民法院审判委员会核准，也可以在法定刑以下判处刑罚。”④将最终的核准权统一收归最高人民法院审委会。此稿后于1996年12月20日提交第八届全国人大常委会第23次会议审议。在1997年3月13日提交八届全国人大五次会议审议并最终获得通过的最后一稿《中华人民共和国刑法（修订草案）》中，将“如果”改为“但是”，将“最高人民法

---

① 高铭暄、赵秉志编：《新中国刑法立法文献资料总览》（上），中国人民公安大学出版社1998年版，第840页。

② 同上，第1152页、第1227页。

③ 高铭暄、赵秉志编：《中国刑法立法文献资料精选》，法律出版社2007年版，第540页。

④ 同上，第614页。

院审判委员会核准"改为"最高人民法院核准",[1]此即1997年《刑法》第63条第2款的最终规定。

3. 新旧《刑法》对酌定减轻处罚权的具体变化。

1997年修订通过的新《刑法》(即现行《刑法》)第63条第2款规定:"犯罪分子虽然不具有本法规定的减轻处罚情节,但是根据案件的特殊情况,经最高人民法院核准,也可以在法定刑以下判处刑罚。"相对于1979年《刑法》而言,1997年《刑法》的相关变化主要有以下两处:(1)实体条件的变化。《刑法》将"具体情况"改为"特殊情况",并删除了"判处法定刑的最低刑还是过重的"这一表述。(2)核准程序的变化。《刑法》将酌定减轻处罚和核准权由各级的"人民法院审判委员会"改为"最高人民法院"。

从上述立法过程来看,这一规定其实是在该款修订的过程中,存废两派相互争论、妥协而形成的结果。废除论者认为,"这一规定损害了法律统一正确实施,许多应当判刑的经济犯罪,因适用这一款而被免予刑罚或判缓刑,同时,也容易滋长审判人员徇私枉法的现象。"[2]"违背了罪刑法定的原则,为司法侵犯立法权开了口子,变相剥夺了检察机关的法律监督权"。[3] 保留论者认为,这一规定"体现了原则性与灵活性相结合的原则……滥用这一条款的情况,不带有普遍性,可以在程序上加以严格限制,使这一规定更加完善"。"罪刑法定原则不能绝对化。各国刑法关于刑事法律溯及力的规定,就有罪刑法定原则的例外情况",[4]因而主张保留这一规定并在程序上严格限制。立法者最终采取了后者的主张,既保留了法官根据案件的特殊情况在法定刑以下判处刑罚的裁量权,又对该权力进行了严格的限制,以防止其被滥用。

(二)酌定减轻处罚权的适用情况

酌定减轻处罚权有其重要的理论意义和实用价值,但由于各种因素,这一制度自产生之初,其适用情况即不尽如人意。综观1979年《刑法》该制度的诞生和1997年《刑法》中的相应修订,这一制度的适用经历了从滥用到萎缩的两个极端。

1. 1979年《刑法》中的滥用。在1979年《刑法》的立法背景下,为了迅速解

---

① 高铭暄、赵秉志编:《新中国刑法立法文献资料总览》(上),中国人民公安大学出版社1998年版,第1850页。

② 《中央有关部门、地方对刑法修订草案的意见》,载高铭暄、赵秉志编:《新中国刑法立法文献资料总览》(下),中国人民公安大学出版社1998年版,第2207~2208页。

③ 同上,第2644页。

④ 同上,第2158页。

决无法可依的局面，对于法条的设定大多较为粗疏，这在很大程度上是为了以较少的法条应对较多的案件，以便于司法适用和有效处理案件。或许正是基于这样的原因，1979年《刑法》对酌定减轻处罚制度规定了极为简便的程序条件，即“经人民法院审判委员会决定”。因此，任何级别的法院都有权适用这一制度。应当承认，1979年《刑法》的这种规定利弊参半：对于仅有192个法条的《刑法》来说，法定量刑情节的规定本就难以全面完备，为酌定情节的存在和适用留有很大的空间，对于处理纷繁复杂的案件有积极作用；但是，在当时的社会条件下，司法制度不甚健全，案例情况层出不穷，法官素质参差不齐，各种因素的综合作用导致了对酌定减轻处罚权的滥用。如“许多应当判刑的经济犯罪，因适用这一款而被免于刑罚或者判处缓刑”，①尤其是20世纪“90年代以后大量适用，而且主要集中在贪污贿赂案件中”，②导致刑罚适用的不均衡和不平等，给判决结果带来了负面的社会效应，并直接引发了对本款的存废之争。

2. 1997年《刑法》中的萎缩。在1997年《刑法》的修订过程中，出于对滥用现象的纠偏，在实体上和程序上都对酌定减轻处罚制度做了改动，导致本款的适用率极低，几乎处于被搁置的状态。究其原因，主要有以下两个方面：一是在实体条件上，未能明确界定何谓“案件的特殊情况”，立法的笼统造成了理论上的分歧和实践中的困惑，很多法官宁可消极不适用，也不愿因认识偏差而导致司法误判；③二是在程序方面，将最终的核准权收归最高人民法院统一行使，各级法院适用时需逐级上报，这一严苛的程序性规定，固然可以使各级法院对酌定减轻处罚权的启动更加谨慎，减少滥用，但确有矫枉过正之嫌，这不仅浪费了司法资源，助长了司法惰性，而且导致了本款适用上的急剧萎缩，乃至名存实亡。

三、酌定减轻处罚权的价值体现

酌定减轻处罚制度有其存在的必要性与合理性，在缓解有限的法律与无穷的案情之间的矛盾、适度激活与利用法官的自由裁量权、实现刑法谦抑性和刑罚个别化等方面，均有重要的价值。

---

① 《中央有关部门、地方对刑法修订草案的意见》，载高铭暄、赵秉志编：《新中国刑法立法文献资料总览》（下），中国人民公安大学出版社1998年版，第2208页。

② 张军、姜伟、郎胜：“量刑中的酌定减轻处罚”，载张军等著：《刑法纵横谈（总则部分）》，北京大学出版社2008年版，第390页。

③ 冯卫国：“论酌定减轻处罚制度及其完善”，载《政治与法律》2009年第2期。

(一)罪刑法定原则的柔化和法官自由裁量的激活

虽然现行立法保留了酌定减轻处罚制度,但学界对这一制度的批判从未停止过,最为严重的批判就是认为其与罪刑法定原则之间存在冲突。如有的学者认为,这一制度牺牲了法的安定性,为司法权对立法权的侵犯保留了制度空间,是罪刑法定理念的破坏,应当废除。①

从表面上来看,罪刑法定原则要求刑罚的设置必须具备明确性的特点,对犯罪人的减轻处罚也应以法律明文规定为限,超出这一规定范围之外的自由裁量,都是对罪刑法定原则的冲突与破坏。然而,这是对在现代刑事法治理念下罪刑法定原则的误解。不可否认,罪刑法定原则在诞生之初,所处的时代背景决定了其主要功能是反对以罪刑擅断为最大特点的封建刑法,因此,限制国家司法权的发动成为罪刑法定原则的主旨所在。时代发展至今天,罪刑法定原则的内涵与要求也随之发生变化。“和平与发展是当代世界的共同主题,国家与公众之间的亲和程度日益提高……成文刑法在实际上已经成为国家与国民在刑事领域的社会契约”。② 当国民不触犯刑律时,国家不得启动刑法;国民一旦触犯刑律,国家就应动用之。正如早期严格僵硬的罪刑法定原则所要求的禁止溯及既往发展成为禁止重法溯及既往一样,出于有利于被告人角度的考虑,刑罚的明确性也应当发展成为不利于被告人的刑罚应当明确,而不完全禁止有利于被告人的解释。换言之,罪刑法定原则的主要功能应是限制法外入罪、禁止法外重刑,而非限制出罪、禁止轻刑。这样的理解既不违背其诞生的历史意义,也符合现代意义上的罪刑法定原则的功能。

况且,罪刑法定原则并未排斥自由裁量权。一方面,语言的模糊性要求刑法法规必然需要解释,贝卡里亚甚至认为,刑法规定应当明确到不允许解释的程度。③ 这固然是最理想的,但只是一种幻想,任何刑法都有解释的必要。④ 对法条的理解和解释本身就体现了法官的自由裁量权。另一方面,我国重刑主义的现行刑法结构决定了司法权尤其应当保持一定的能动性,以合理地缓和并柔化“厉而不严”的刑法结构。在坚持不非法入罪、不非法适用重刑的前提下,将部分行为出罪、在一定程度上适用轻刑,并不违反罪刑法定原则。刑事诉讼中也有相关规定能够印证这一做法,如酌定不起诉制度,就赋予了检察官一定的自由裁

---

① 蒋熙辉:“论特别减轻制度”,载陈兴良主编:《刑事法判解》(第3卷),法律出版社2001年版,第97页。

② 储槐植:“现在的罪刑法定”,载《人民检察》2007年第11期。

③ [意]贝卡里亚著:《论犯罪与刑罚》,黄风译,中国大百科全书出版社1993年版,第12页。

④ 张明楷著:《刑法学》,法律出版社2007年版,第32页。

量权。可见,“罪刑法定与司法官员的自由裁量功能互补,罪刑法定并未堵塞司法自由裁量权空间,甚至可以认为罪刑法定本身就要求司法裁量。司法能动机制是罪刑法定原则得以实现法律效果与社会效果双优的方法和过程”。[①] 也正因为如此,在许霆案终审判决后,很多学者从酌定减轻处罚权的角度对二审的刑罚裁量进行分析,认为适用《刑法》第63条第2款“既不突破现行法律的规定,又能做到兼顾情理与法理,得出令人信服的判决。……最高人民法院也应该借助许霆案这样的一个鲜活的标本使《刑法》第63条第2款‘活’起来”。[②]

(二)谦抑性原则的要求和轻刑化机制的实现

刑法的谦抑性精神要求限制刑法应当发挥作用的范围和适用刑法的必要性,强调刑法的最后手段性。在适用刑罚的过程中,谦抑性原则体现在能不适用刑罚的就坚决不适用刑罚,能不适用重刑的就坚决不适用重刑。酌定减轻处罚权在符合一定条件的情况下,适当减少刑罚的适用量,不仅符合刑法的谦抑性要求,而且减少了刑法这柄双“刃利剑”自身所有的负面作用。我国现行刑法属于重刑结构,在社会文明发展和人权保障的大背景下,需要尽量弥补和缓和“厉而不严”的刑法结构。量刑中的从轻、减轻、免除处罚,行刑中的减刑、假释、赦免等制度,都是实现刑事法治轻刑化的有效途径。相对于法定减轻情节而言,酌定减轻处罚更能全面地考虑案件的具体情况,尤其是具有从宽处罚情节的情况,为在合理范围内实现刑法的轻刑化提供了可能。

(三)刑罚个别化的要求和个案公正的实现

“法有限而情无穷”的矛盾,要求用有限的法律规定去解决无穷的具体案情。如果说具体案件更容易被准确定性的话,则个案的刑罚裁量更大程度上会受到具体案情的影响。如犯罪人的人身危险性——罪前一贯品行、有无前科、罪后有无自首或悔罪等——虽然对其行为定性没有决定性的影响力,但对刑罚的适用则是非常重要的考虑因素。而这些因素在法定量刑情节中不可能被列举穷尽,相对法定刑的规定“原则上仅能因应常态性、典型性的犯罪行为。若遇有客观上之犯罪情状有可悯恕的事实,尽管只科处法定刑之最低刑度仍嫌过重的情形,此际法官对该法定刑之最低刑度规定,如未有修正权,则法律恐将去人情于不仁,形成苛律,而与现代刑法的刑事政策指导原理亦有未合”。[③] 酌定减轻处罚制度的存在正好为司法人员提供了考虑这些因素的空间和平台,为实现刑罚

---

① 储槐植:“现在的罪刑法定”,载《人民检察》2007年第11期。

② 付立庆:“许霆案背后的几点反思”,载《法制日报》2008年1月20日。

③ 苏俊雄:《刑法总论Ⅲ》,2000年4月作者自版,第439页。

个别化提供了可能。

在一些具有重大影响的案件中,民众对量刑的敏感性要远远高于对行为定性的敏感性。这是因为后者需要非常专业的知识,而前者更多地是出于一种朴素的法感情,而正是这种法感情构成了民众认同刑法的基础,构成了刑法正义的基础。[①] 对于普通民众来说,个案的公正在很大程度上是通过量刑表现出来的。酌定情节的存在正好为民意的表达和发挥提供了一个合理宣泄的出口,个案的公正也在此过程中得以实现。

四、酌定减轻处罚权的实体条件

如前所述,1997年《刑法》对1979年《刑法》中酌定减轻处罚权的修订,在实体方面最重要的是将“案件的具体情况”改为“案件的特殊情况”,进而对“特殊情况”的界定产生了模糊理解。而对于实体条件的讨论和争议,并不限于此。

(一)对“虽然不具有本法规定的减轻处罚情节”的理解

这一规定是否属于适用酌定减轻处罚权的实体条件?换言之,具有法定的减轻处罚情节时,是否仍可适用酌定减轻处罚制度?多数专家和学者倾向于认为这一规定是适用该款的实体条件,即具有法定减轻处罚情节时,不得再适用酌定减轻处罚权。[②] 但鲜有详细论证,似乎是当然解释能够得出的结论。也有学者认为是否具有法定减轻情节并不影响酌定减轻情节的适用,“《刑法》第63条第2款只是告诉我们,在‘不具有本法规定的减轻处罚情节’时可以适用酌定减轻,并非是说在‘具有本法规定的减轻处罚情节’时不可以适用酌定减轻。因此无论犯罪分子是否‘具有本法规定的减轻处罚情节’,只要案件的情况特殊,都可以在法定刑以下判处刑罚”。[③]

我们认为,《刑法》第63条第2款的规定不应成为适用酌定减轻处罚权的实体条件。

一方面,从逻辑学的角度来看,“虽然”带有一种假设的意味,它要表达的是“假如在这种情况下可以如何处理的问题”,而不是将这种假设的条件作为适用

① 徐立、胡剑波:“‘许霆案’减轻处罚的根据与幅度分析”,载《法商研究》2009年第5期。

② 如王作富主编:《刑法》,中国人民大学出版社2009年版,第211页;郎胜主编:《中华人民共和国刑法释义》,法律出版社2009年版,第62页;史明武、王辉:“论我国的法官酌定减轻处罚裁量权”,载《中央政法管理干部学院学报》2000年第2期;胡学相:“论量刑中减轻处罚和免除处罚的适用”,载《人民司法》2004年第8期。

③ 张永红、孙涛:“酌定减轻处罚刍议”,载《国家检察官学院学报》2007年第5期。

这一规则的必要前提。将其与第 63 条第 1 款规定作对比则更能表明这种差异：第 1 款规定的"犯罪分子具有本法规定的减轻处罚情节的，应当在法定刑以下判处刑罚"，是典型的"……的，处……"的立法模式，与"条件 + 结果"的法条规范模式完全吻合，因而"犯罪分子具有本法规定的减轻处罚情节"毫无疑问成为"应当在法定刑以下判处刑罚"的条件。只有把第 2 款的规定调整为"不具有本法规定的减轻处罚情节……"才可以作同样的理解。

另一方面，法定减轻处罚是否具有程度上的限制需要讨论。刑法理论通说认为，立法并没有设定减轻处罚的具体限度，"在《刑法》分则条文规定的刑罚只有一个量刑幅度的情况下，减轻处罚就是判处低于该条文规定的该量刑幅度最低刑的刑罚；在《刑法》分则条文规定的刑罚有几个量刑幅度的情况下，减轻处罚就是判处低于与犯罪人所犯之罪具体相对应的该条文规定的量刑幅度最低刑的刑罚"。① 至于减轻到何种程度，法条本身和理论通说并未明确。根据前述通说，当犯罪分子具有法定减轻处罚情节时，对其减轻处罚的程度并无限制，因此，即使同时存在酌定减轻情节，也没有适用的必要。这种观点其实以法定减轻处罚没有限制为论据，如原判刑期为无期徒刑的，经过法定减轻处罚的，可以减至有期徒刑的较低刑。而最高人民法院 2010 年 9 月 13 日颁布、同年 10 月 1 日生效的《人民法院量刑指导意见（试行）》中规定，"量刑时要充分考虑各种法定和酌定量刑情节，根据案件的全部犯罪事实以及量刑情节的不同情形，依法确定量刑情节的适用及其调节比例"，并详细规定了数种常见罪名在减轻处罚时所应考虑的具体比例，如"已满十四周岁不满十六周岁的未成年人犯罪，可以减少基准刑的 30% ~60%；已满十六周岁不满十八周岁的未成年人犯罪，可以减少基准刑的 10% ~50%"。因此，法定减轻情节的适用并非没有程度上的限制。如果案件同时具有酌定减轻情节，而减轻的程度又有下降的空间，则不能完全排除酌定情节的适用。

（二）对"案件的特殊情况"的理解

该款最大的争议莫过于如何理解"案件的特殊情况"，对此刑法和相关的司法解释中均没有明确的界定，理论界争论不止，实务界也无所适从。分歧主要表现在两个方面：一是从狭义的角度作出解释，认为现行《刑法》将 1979 年《刑法》中的"具体情况"改为"特殊情况"，意在强调其案情的"特殊"之处，即涉及政治、外交、国防、宗教、民族、统战等国家利益的情况；二是从广义的角度所作的理

---

① 王作富主编：《刑法》，中国人民大学出版社 2009 年版，第 211 页。

解，主张除上述国家利益外，还包括对个案量刑产生重大影响的其他情况。[①] 如犯罪的手段、犯罪的时空及环境条件、犯罪的对象、犯罪造成的结果、犯罪的动机、犯罪后的态度、犯罪人的一贯表现等，均可以成为考虑因素。相比较而言，狭义说着眼于立法进程，着重考虑立法当时反映出的立法原意；而广义说则着眼于现实需要，认为应当对立法原意作出新的、符合实践需要的理解。

我们认为，在现有法律条件下，应当对"案件的特殊情况"作广义的理解，主要理由如下：

其一，广义说并不超越法条词语本身的范围。国家利益说出于立法原意的考察，将案件的特殊情况限制在涉及国家利益或政治性因素等的范围内，从表面来看并无不妥之处。但从前述的立法过程和立法资料来看，该款的适用并未明确局限于有关国家利益的案件，立法者在当时考虑的只是酌定减轻处罚的规定"体现了原则性与灵活性相结合的原则，从国家利益考虑，也是外交、国防、统战、民族、宗教等工作的客观需要，实践中有些较特殊的案件，在法定刑以下判处，正是体现党的政策，收到良好的效果"。[②] 即便承认狭义说就是当时的立法原意，也需要认识到，成文法的特点就在于"书写的文字留下了，说话的声音飞走了"，立法原意必定通过一定的文字表现并固定下来，一旦固定下来，法律规范本身就有了独立性。要使稳定的刑法适应不断变化发展的社会生活，可以不局限于立法最初的考虑。在坚持罪刑法定原则的前提下，对法条的理解应该做到与时俱进。

其二，从实践的判决结果来看，广义说已经被广泛接受。自 1997 年《刑法》修订以来，最高人民法院对程乃伟绑架案[③]、徐钦朋非法买卖爆炸物案[④]、洪志宁故意伤害案[⑤]等并不涉及政治、外交、民族、宗教等因素的案件，都核准适用了酌定减轻制度，这说明，在最高人民法院看来，案件的特殊情况并不局限于国家利益。即使在此之前也有为数不少的经济犯罪、财产犯罪类案件适用了这一内容，也说明了长期以来司法机关的适用范围以广义说为依据。

---

① 李玉萍："适用酌定减轻处罚的几个问题"，载《人民法院报》2009 年 6 月 10 日。

② 《中央有关部门、地方对刑法修订草案的意见》，载高铭暄、赵秉志编：《新中国刑法立法文献资料总览》(下)，中国人民公安大学出版社 1998 年版，第 2158 页。

③ 最高人民法院刑事审判第一庭、第二庭编：《刑事审判参考》(2002 年第 3 辑)，法律出版社 2002 年版，第 45 ~ 50 页。

④ 同上，第 15 ~ 18 页。

⑤ 最高人民法院刑事审判第一、二、三、四、五庭主办：《刑事审判参考》(2006 年第 2 辑)，法律出版社 2006 年版，第 26 ~ 31 页。

其三，从反面来看，如果仍将特殊情况理解为有关国家利益的特殊情况，则会导致其成为少数人独享的特权，有违平等适用刑法原则。同时，如果只针对这部分案件适用酌定减轻，而对其他案件的特殊情况应该在法定刑以下判处刑罚却无涉国家利益的情形不予适用的话，难免对类似的案件做了不同的处理，造成罪责刑不相适应。

（三）对"法定刑以下"的理解

1997年《刑法》删去了1979年《刑法》中"判处法定刑的最低刑还是过重的"规定，由此引发了对"法定刑以下"究竟应如何理解的争论。通说认为，"法定刑以下"应指在法定最低刑以下判处刑罚，这与1979年《刑法》中的规定一致。但也有观点认为，既然1997年《刑法》删去了前述规定，对其理解也应有所变化，如果坚持认为法定刑的含义是法定最低刑，会出现管制难以减轻的难题，而主张将法定刑理解为法定最高刑，这一难题则不会出现，在进行司法适用时也更为合理。①

我们认为，相比较而言，通说的观点更具科学性。从1979年《刑法》的立法例来看，明确了"判处法定刑的最低刑还是过重"这一实体性适用条件，也正因为如此，该法才规定"需要在法定刑以下判处刑罚"。这里所指的"法定刑"毋庸置疑应当是"法定刑的最低刑"。如果因为1997年《刑法》的删除而将其理解为法定刑的最高刑，则会导致在法定最高刑以下判处刑罚也属于减轻处罚，致使从轻处罚与减轻处罚的无限重叠，其界限将变得模糊不清。

另一个相关问题是如何理解"法定刑以下"的限度问题，即酌定减轻处罚有无量刑的幅度限制。对这一问题也有不存在限度和存在限度两种观点，还有的学者就后者提出了具体的"格的设定"，如认为原判为无期徒刑的，可以减为10年以上15年以下有期徒刑，而不能过轻。我们认为，酌定减轻处罚的适用不应有"降一格"的限制。依照《人民法院量刑指导意见（试行）》的精神，法定减轻情节的适用具有程度的限制，而酌定减轻情节正是为了缓和或弥补法定情节的这一程度限制而设定的，如果酌定减轻也被限定了程度，则这一制度的作用将难以有效发挥。当然，这并不意味着酌定减轻可以无限制地减轻，但"降一格"的做法的确失之刻板，难以应对各种复杂的案件。借鉴前述最高人民法院量刑指导意见的规定，将各种情况可以减轻的幅度给予明确百分比的设定，应当是一种稳妥可行的做法。

---

① 张波："减轻处罚之'法定刑'含义新探"，载《法治论丛》2003年第6期。

(四)立法建言

从上述分析可知,“案件的特殊情况”是实体条件中最为模糊之处。同时,对于酌定减轻条件与法定减轻条件的关系、法定刑的理解、减轻的程度等,均有一定争议。我们建议,可以将“案件的特殊情况”加以明确;为了进一步厘清酌定减轻处罚与法定减轻处罚的关系,可以考虑增设1979年《刑法》中“判处法定最低刑还是过重,需要在法定刑以下判处刑罚”的规定;对于减轻处罚的具体幅度,则可以在司法解释中分情况予以明确和限定。

五、酌定减轻处罚权的程序条件

(一)现行核准程序及其弊端

依照现行《刑法》规定,对适用酌定减轻处罚的案件统一由最高人民法院核准,这是1997年《刑法》对1979年《刑法》该款最本质的改动。1998年最高人民法院《关于执行〈中华人民共和国刑事诉讼法〉若干问题的解释》第268条对其具体程序有明确规定:“根据刑法第六十三条第二款规定报请最高人民法院核准在法定刑以下判处刑罚的案件,按下列情形分别处理:(一)被告人不提出上诉、人民检察院不提出抗诉的,在上诉、抗诉期满后三日内报请上一级人民法院复核。上一级人民法院同意原判的,应当逐级报请最高人民法院核准;上一级人民法院不同意原判的,应当裁定发回重新审判或者改变管辖,按照第一审程序重新审理。原判是由基层人民法院作出的,高级人民法院可以指定中级人民法院按照第一审程序重新审理;(二)被告人提出上诉或者人民检察院提出抗诉的案件,应当按照第二审程序审理。上诉或者抗诉无理的,应当裁定驳回上诉或者抗诉,维持原判,并按照本条第(一)项规定的程序逐级报请最高人民法院核准。上诉或者抗诉有理的,应当依法改判。改判后仍判决在法定刑以下处以刑罚的,按照本条第(一)项规定的程序逐级报请最高人民法院核准。”

这一严格程序设定的初衷是防止酌定减轻处罚权的滥用,但不幸的是它却成为一种因噎废食的做法,由此造成的弊端是显而易见的。

其一,审判时间旷日持久,极大地浪费了司法资源。从理论上看,任何级别的法院都有权适用酌定减轻处罚权,基层或中级人民法院逐级上报到最高人民法院进行核准时,必定耗时极大。实践中需要适用酌定减轻的案件中轻罪居多,经过逐级上报后,被告人被羁押的时间可能已经接近甚至超过减轻后的刑罚期限。而最高人民法院也会面临业务量剧增的状况,在从实质上分析案情、核准案件方面力不从心,为宽严无度埋下了伏笔。

其二,造成司法适用中的惰性,法条规定被人为闲置,造成了立法资源的浪费。从实践中看,1997年《刑法》颁行后真正上报到最高人民法院进行核准的酌定减轻处罚案件并非如我们预料的那么多。究其原因,主要是法官在面对必然会出现的复杂漫长的报请程序和可能会发生的不被核准的业务上的否定时,不由自主地回避了酌定减轻制度的适用。正如有论者所指出的,“立法者设置这道暗门的意义在于:它赋予机械的法律规则以血肉,使得法官在面对纷繁芜杂的案件时,可以运用良知与社会经验来应对特殊情况,使个案正义也能以看得见的方式实现。但是在多一事不如少一事的衙门式思维中,这扇暗门已经尘封许久,锈迹斑斑”。[①] 似乎只有在案件引发了极大民愤或舆论关注时,法官才会被迫选择这样一条漫漫长路,而在这些特殊的案件中,最高人民法院也早已通过媒体宣传等多种途径了解了案情,对其的实质核准未免因诸多因素而流于形式,许霆案两审的不同量刑就形象地说明了这一问题。[②]

其三,导致量刑失轻或量刑失重。为了规避过于烦琐的报请程序,法官可能作出两种不同倾向的处理结论。一方面,《刑法》第37条规定了免予刑事处罚制度:“对于犯罪情节轻微不需要判处刑罚的,可以免于刑事处罚,但是可以根据案件的不同情况,予以训诫或者责令具结悔过、赔礼道歉、赔偿损失,或者由主管部门予以行政处罚或者行政处分。”从法条描述来看,免予刑事处罚并无程序或审级上的特别要求,各级法院、任何判案的法官都可以按照规定来适用。这便造成了一种奇怪的现象:酌定减轻处罚的优待程度不及免予刑事处罚,但却设定了比后者更为严格的程序。两相对比,法官更倾向于适用程序简便、没有风险的免予处罚制度,导致量刑失轻。另一方面,由于免予刑事处罚需要案件有更大程度上的从宽情节,因此,也有法官选择既不适用酌定减轻处罚,也不适用免予刑事处罚,而是对案件的特定情节不予考虑,直接适用具体罪名中的法定刑,最终导致量刑失重。这两种倾向无疑都有损于量刑的公正,同时也影响酌定减轻处

① 楚望台:“许霆案改判,开启个案正义的暗门”,载《新快报》2008年4月1日。转引自赵秉志、彭新林:“关于许霆案的法理问题思考”,载赵秉志主编:《刑法论丛》(第14卷),法律出版社2008年版,第279页。

② 2007年11月30日广州市中级人民法院一审判决许霆犯盗窃罪,判处无期徒刑,剥夺政治权利终身,并处没收个人全部财产;2008年3月31日一审重审判决有期徒刑5年,并处罚金2万元;同年5月23日二审裁定维持原判;同年8月20日最高人民法院核准二审裁定。参见广州市中级人民法院〔2007〕穗中法刑二初字第196号刑事判决书、广州市中级人民法院〔2008〕穗中法刑二重字第2号刑事判决书、广东省高级人民法院〔2008〕粤高法刑一终字第170号刑事裁定书、最高人民法院〔2008〕刑核字第18号刑事裁定书。而早在一审重审判决出台之前的2008年3月10日,时任最高人民法院副院长姜兴长在接受采访时即表示:“从我目前了解的情况来看,一审判处无期徒刑明显过重。”载 http://news. xinhuanet. com/legal/2008 -03/11/content_7762083. htm。

罚制度的适用效果。

其四，与死刑复核程序严格程度相当。根据我国刑事司法改革的制度安排，自2007年1月1日起，所有判处死刑的案件不再以地域或案由等为区分因素，而统一收归最高人民法院行使最终核准权。对剥夺犯罪人生命的极刑来说，在核准程序的设定上无论多么严格都不为过，多一道程序就意味着多一道保障。而酌定减轻处罚制度也设定了与死刑复核相同的程序，未免失之过严。对于一项旨在对犯罪人从宽处罚的制度而言，应以有利于被告人的立场，在适用条件上应着重研究其能够适用的情形，同时也应设置能够有利于这一制度适用的程序。从宽处罚的程序设定与死刑复核权程序的严格程度相当，不利于这一制度的有效实施。

（二）立法建言

鉴于上述弊端，我国刑法学界提出了若干改革方案，主要包括以下几种意见：第一，回到1979年《刑法》的规定，赋予各级人民法院（审判委员会）以酌定减轻处罚权的适用和复核权；①第二，将酌定减轻处罚的复核权归到上级人民法院；第三，由最高人民法院和高级人民法院共同行使酌定减轻处罚权；②第四，由最高人民法院授权高级人民法院行使酌定减轻处罚权。③ 第一种意见无疑会导致1979年《刑法》下的酌定减轻权滥用状况的重现，因而不足取。第二种意见则存在明显的逻辑矛盾：中级人民法院和高级人民法院分别可以核准下级人民法院报请的酌情减轻案件，而对自己审判的案件则分别要报请高级人民法院和最高人民法院核准，究竟是对上级法院业务能力的肯定还是怀疑呢？同时可以预见，中级人民法院的核准权也有被滥用之隐患。第三种意见语焉不详，只提出了由最高人民法院和高级人民法院共同行使酌定减轻处罚权，但对于具体的权限划分并不明确。第四种意见则从理论上架空了最高人民法院行使这一权力的可能性，同样也是不科学的。

我们主张，对于酌定减轻处罚案件，除由最高人民法院判决的以外，应当报经高级人民法院审判委员会核准。这一程序设定有如下优点：首先，平衡了案件的复杂多样和最高人民法院业务量之间的矛盾，权衡了“统和收”的关系，避免了实践中经常出现的“一放就乱、一统就死”的乱象。按照我国《刑事诉讼法》第

---

① 张永红、孙涛：“酌定减轻处罚刍议”，载《国家检察官学院学报》2007年第5期。

② 李玉萍：“适用酌定减轻处罚的几个问题”，载《人民法院报》2009年6月10日。

③ 李立众：“酌定减轻处罚核准权下放之建议”，载 http://www.law.tsinghua.edu.cn/lawtsinghua/index.asp，转引自冯卫国：“论酌定减轻处罚制度及其完善”，载《政治与法律》2009年第2期。

20条的规定,高级人民法院一审管辖全省(自治区、直辖市)性的重大刑事案件,此外主要负责对全省审判工作的指导。以中国之省域划分,高级人民法院负责本域内的核准工作,既不会由于级别过低而使酌定减轻处罚权的司法公信力打上折扣,也不会造成最高人民法院不堪重负而力不从心的状况。其次,从现有的核准法定刑以下判处刑罚的案件来看,多为基层人民法院一审,案件本身的疑难复杂程度有限,由高级人民法院的审判委员会核准,完全可以满足案件审判质量的需要。从基层人民法院到高级人民法院需经历3级法院,这样的核准过程对于双方都还在可以接受的程度之内:基层人民法院既不会由于漫长的核准周期而规避适用这一制度,造成量刑上的失重或者失轻;由高级人民法院审判委员会进行核准,对于此类案件也能够确保裁判质量。最后,均衡了相关法条之间的宽严尺度。死刑作为剥夺犯罪人生命的极刑由最高人民法院统一行使核准权,酌定减轻处罚作为有利于被告人的从宽处罚政策由高级人民法院依授权行使核准权,不会导致对从宽处罚的极严限制,从而实现法条之间的均衡。

六、结　　语

酌定减轻处罚作为一项能够缓和情与法的冲突、彰显刑法的人道和谦抑的制度,时刻考验着立法者和司法者的智慧。多种因素的叠加,导致其自诞生之日起就没有被恰当、充分地运用。除了司法实践中难以避免的各种因素外,立法的不成熟应当为这一现状负主要责任。因此,我们建议,在对刑法进行修订时,可以将《刑法》第63条第2款修改为:“犯罪分子虽然不具有本法规定的减轻处罚情节,但是根据案件的特殊情况,判处法定最低刑还是过重,需要在法定刑以下判处刑罚的,除依法由最高人民法院判决的以外,应当报经高级人民法院审判委员会核准。”同时在刑事诉讼法及其相关解释中对其现行适用程序进行相应的修订。

(2010年第12期)

2011年

危险驾驶罪的立法证成和规范构造

叶良芳*

《刑法修正案(八)(草案)》(以下简称《草案》)第22条规定:"在道路上醉酒驾驶机动车的,或者在道路上驾驶机动车追逐竞驶,情节恶劣的,处拘役,并处罚金。"该条规定增设了一个全新的罪名——危险驾驶罪。关于增设这一新罪的立法理由,全国人大常委会法制工作委员会主任李适时在第十一届全国人民代表大会常务委员会第十六次会议上作了说明。他指出,"近年来,一些全国人大代表多次提出议案、建议,要求对一些严重损害广大人民群众利益的行为,加大惩处力度。""对一些社会危害严重,人民群众反响强烈,原来由行政管理手段或者民事手段调整的违法行为,建议规定为犯罪。主要是醉酒驾车、飙车等危险驾驶的犯罪,不支付劳动报酬的犯罪,非法买卖人体器官的犯罪等。"①这一说明顺应民意、言简意赅,但从立法学的角度看,却蜻蜓点水、过于简略。一方面,这一说明只阐释了增设该罪的一个理由——"加大惩处力度",在罪名的立法证成方面未免缺乏足够的说服力;另一方面,这一说明也未就该罪的规范构造——在《刑法》分则中的序位排列、罪状设定、刑罚配置等问题予以必要的论证。犯罪圈与公民自由存在一种此消彼长的逆反关系,一个新罪的增设,意味着犯罪圈的扩张和公民自由的限缩,因而更需要充分的论证和"说理"。

本文赞同增设危险驾驶罪这一罪名,在此前提下,就该罪的立法证成和规范构造进行全面的论证和阐释,旨在消除歧见,达成共识,推进立法进程。

一、危险驾驶罪的立法证成

(一)"汽车时代"对危险驾驶行为的社会危害性需要重新评价

人类之所以能给自己的同类施加刑罚制裁,关键在于同类的行为中蕴涵着一种内在的社会危害性。对此,贝卡里亚早就指出:"什么是衡量犯罪的真正标

---

* 作者单位:浙江大学光华法学院。

本文系国家"211工程"三期重点学科建设项目"转型期法治的理论、制度与实证研究"阶段性成果之一。

① 《关于〈中华人民共和国刑法修正案(八)(草案)〉的说明》(2010年8月23日)。

尺，即犯罪对社会的危害。”并认为，“这是一条显而易见的真理”。① 密尔也认为：“人类之所以有理有权可以各别地或者集体地对其中任何分子的行动自由进行干涉，唯一的目的只是自我防卫。”②质言之，如果个人的行为不涉及对他人的侵害，则社会不得予以干涉；反之，如果个人的行为侵害到他人的利益，则个人应当接受社会的或法律的惩罚。因此，立法者在决定是否将某种行为纳入犯罪圈时，首先必须对行为的社会危害性作出判断。

对行为的社会危害性的判断，是一种价值判断，极具复杂性和挑战性。尤其要注意社会危害性的相对性，即在承认社会危害性是行为的社会属性、不以判断主体的主观意志为转移的前提下，用辩证的、发展的眼光来评价行为的社会危害性，承认其具有可变性。在不同的历史时期，社会关系总是会发生变动，行为的社会危害性也会随之发生变化。这种变化表现为两种形式：一是社会危害性有无的变化：某种行为会因社会关系的变化由没有社会危害性变为具有社会危害性；某种行为也会因社会关系的变化由具有社会危害性变为没有社会危害性。二是社会危害性大小的变化：某种行为会因社会关系变化由社会危害性较大变为较小；某种行为会因社会生活的变化由社会危害性较小变为较大。③ 社会危害性这种因社会的政治、经济、文化等变化而相应变化的特性，根源在于社会危害性是一个相对的、历史的范畴。

对不同社会背景下的危险驾驶行为的社会危害性，亦应当予以不同的评价。我国1979年《刑法》虽然规定了交通肇事罪，但并未将危险驾驶行为纳入刑法调控范围。这表明，在立法者看来，危险驾驶行为并不具有严重的社会危害性，不需要予以刑罚规制。这种评价与当时我国正处于农业社会、城市化水平较低的社会发展状况是相一致的。但经过30年的改革开放，社会经济飞速发展，特

① [意]贝卡里亚著：《论犯罪与刑罚》，黄风译，中国大百科全书出版社1993年版，第67页。
② [英]约翰·密尔著：《论自由》，许宝、马癸译，商务印书馆1959年版，第10页。
③ 陈兴良著：《刑法哲学》，中国政法大学出版社1997年版，第132页。

别是近10年汽车工业的迅猛发展,已经将我国推进到"汽车社会。"①时移势易,汽车社会的到来,使危险驾驶行为的社会危害,无论是在客观实害还是主观感受上,均有很大的变化。一方面,汽车拥有量的增多,伴随的是危险驾驶行为的增多(这在国民素质普遍不高的情况下尤其如此),城市化进程加快危险驾驶行为潜在危险和现实危害总量的增大。据有关部门统计,2001~2009年,我国每年交通事故50万起,死亡人数年均超过10万人,连续10年居世界第一。2009年,我国汽车保有量约占世界汽车保有量的3%,但交通事故死亡人数却占世界的16%。② 在我国,每5分钟就有1人丧生车轮,每1分钟就有1人因为交通事故而伤残,相当于每天坠毁一架满载客人的波音777-200型飞机。交通事故已经成为各种事故中的"第一杀手",在各类事故死亡人数中,交通事故死亡人数所占比例在80%左右,而酒后驾车系导致交通事故的主要罪魁之一。根据最高人民法院统计,2009年1月至8月,仅酒后和醉酒驾车肇事就发生3206起,造成1302人死亡。另一方面,危险驾驶行为的增多,又使民众更容易感受这种行为的高风险性,更担忧这种行为对自己人身的侵害,从而倾向于对其危害性作出趋重评价。因此,在汽车时代,立法者对危险驾驶行为的社会危害性应当重新评价。

立法者在对行为进行社会危害性的评判时,如何掌握真正的民意?这是需要专门研究的。所幸的是,网络技术的发达,为民众表达意愿开创了一个全新的平台,也为立法者探寻民意提供了一个有效的手段。凤凰网曾就增设危险驾驶罪问题对16341人进行了在线调查,结果显示:"支持的"15042票,占92.1%;"不支持的"1059票,占6.5%;"说不清楚的"240票,占1.5%。③ 这种几乎一边

---

① 据国家统计局资料显示:1978年年底,全国民用汽车保有量为135.84万辆,其中,载客汽车25.90万辆,载货汽车100.17万辆。2008年年底,全国民用汽车保有量为5099.61万辆,其中,载客汽车3838.92万辆,载货汽车1126.07万辆,分别比1978年增长了38倍、148倍和11倍;轿车保有量达2438万辆,私人轿车达1947万辆,相当于每百人拥有1.5辆轿车。2009年年底,全国民用汽车保有量达到7619万辆(包括三轮汽车和低速货车1331万辆),比上年末增长17.8%,其中私人汽车保有量5218万辆,增长25.0%。民用轿车保有量3136万辆,增长28.6%,其中私人轿车2605万辆,增长33.8%。另据公安部交管局发布的数据(按上牌数计算)显示,截至2010年9月底,我国机动车保有量已达1.99亿辆,其中汽车8500多万辆,每年新增机动车2000多万辆;机动车驾驶人达2.05亿人,其中汽车驾驶人1.44亿人,每年新增驾驶人2200多万人。我国目前的汽车保有量已经超过7500万辆左右的日本,仅次于拥有约2.5亿辆的美国,成为全球汽车保有量第二大国。业内分析,以目前这种增长速度,2020年汽车保有量完全可能超过美国而跃居为世界第一。

② "中国历年交通事故死亡人数官方统计",载 http://auto.163.com/10/0709/10/6B53JH6B000816HJ.html。

③ "'刑法或单设危险驾驶罪'调查",载 http://survey.news.ifeng.com/result.php? su rveyId = 7920。这一调查随机性强,且有一定数量的人员参加,因而能够比较准确地反映民众的真实看法。

倒的调查结果表明，民众普遍对危险驾驶行为的“风险”难以容忍，对其社会危害性作出了较重的评价。立法者应当正视这种民意，适时将危险驾驶行为入罪。①

（二）现行的行政处罚模式难以有效遏制危险驾驶行为

一些学者并不否认危险驾驶行为具有社会危害性；但又认为，立法者应当遵循刑法谦抑性原则，不应随意增设新罪。因为“立法机关只有在确属必不可少且没有可以代替刑罚的其他适当法律规制手段时，才能将某种违反法律秩序的行为规定为犯罪行为。正所谓刑法是法律维护社会秩序的最后一道屏障，一般情况下可以由其他法律规制手段代替时是没有设置刑事罪名的必要的。”②

“在我国二元化（违法和犯罪并存）的违法行为处罚的结构下，醉酒驾车作为一种违法行为，完全可以以治安处罚的方式来加以处罚。”③醉驾之所以屡禁不止，原因在于，“对醉酒驾驶行为的行政处罚及威慑力，其实并没有得到完全、充分的发挥。”④在这种状态下，刑法急于介入是不必要、不慎重的。现有的执法数据更是表明，“伴随着风险的日益加大，交通肇事的犯罪态势并不是呈现出日益恶化的倾向，而是逐步下降。这让我们对犯罪化的尝试或者重刑化实践的现实必要性提出了疑问。”⑤

此观点初看言之有理，持之有据，但实是对刑法谦抑性原则的误解和对有关数据的误读，因而需要匡正。立法者在决定是否将某种行为纳入刑法调控范围时，除考虑行为的社会危害性外，还应考虑刑罚的必要性，即所谓的“刑法的谦抑性”。“刑法的谦抑性”用语最早见于宫本英修博士所著《刑法纲要》，平野龙一对其进行较为全面的阐述：“即使行为侵害或威胁了他人的生活利益，也不是

---

① 这种因应“汽车社会”的发展而对危险驾驶行为的社会危害性重新评价的做法，在世界许多国家和地区的立法中，均有所体现。如我国台湾地区 1999 年 4 月 21 日“刑法”增设第 185 - 3 条，即“服用毒品、麻醉药品、酒类或其他相类之物，不能安全驾驶动力交通工具而驾驶者，处 1 年以下有期徒刑、拘役或 3 万元以下罚金”。日本 2004 年 6 月 9 日修改《道路交通法》，增设新罪，对酒醉驾车者处 3 年以下监禁，易科 50 万元日元罚金；对饮酒驾车者处 1 年以下监禁，易科 30 万元日元以下罚金；对拒绝酒测者处 30 万元日元以下的罚金。2007 年 9 月 19 日又修改法律，提高上述犯罪行为的法定刑，对酒醉驾车者处 5 年以下监禁，易科 100 万元日元罚金；对饮酒驾车者处 3 年以下监禁，役科 50 万元日元罚金；对拒绝酒测者处 3 个月以下拘役，役科 50 万日元以下罚金。同时，对车辆提供者、酒类提供者以及明知司机饮酒或醉酒而同乘者，亦规定为犯罪，予以刑罚处罚。

② 王伶俐：“醉驾入刑：应理性考虑四个问题”，载《检察日报》2010 年 11 月 3 日。

③ 于志刚：“危险驾驶行为的罪刑评价”，载《法学》2009 年第 9 期。

④ 游伟：“慎重对待‘醉驾’入罪”，载《法制日报》2010 年 8 月 31 日。

⑤ 孙万怀：“反对违法交通行为的过度立法与司法犯罪化”，载《中国社会科学报》2009 年 8 月 18 日。

必须直接动用刑法，可能的话，采取其他社会统治的手段才是理想的，可以说，只有其他社会统治手段不充分时，或者其他社会统治手段（如私刑）过于强烈，有代之以刑罚的必要时，才可以动用刑法。这叫刑法的补充性或谦抑性。"[①]刑法谦抑性包括三层含义：（1）刑法的补充性。只有当习惯、道德等非正式的控制或民事的规制手段不充分时，才能发动刑法。（2）刑法的不完整性。刑法不应介入公民生活的各个角落。（3）刑法的宽容性。即使市民的安全受到侵犯，其他控制手段没有充分发挥效果，刑法也没有必要无遗漏地处罚。[②] 刑法谦抑性是立法理性的体现，与罪刑法定、罪刑相适应、刑法人道等原则具有内在的契合性，已成为遏制立法膨胀的利器。

刑法谦抑性的要义，是刑法的内敛性、最后手段性。详言之，对某种危害行为，尚未运用民事手段、行政手段予以调控时，不应率先运用刑法手段；如果运用民事手段、行政手段足以调控在合理的范围内或者能够取得同样的效果时，亦不应运用刑法手段。然而，强调刑法的谦抑性并不意味着某种危害行为类型只要已经配置了行政处罚，就不能再配置刑罚；也不意味着，对某种危害行为类型，只要未用尽用足行政处罚，就不能再配置刑罚。这是因为：一方面，抽象的危害行为类型在其具体样态上，各自的社会危害性总有大小之分，因而应当配置轻重有别的不同的处罚。行政处罚与刑罚虽然同属于"公罚"，但二者的严厉程度、威慑力是有明显区别的。对危害程度较低的危害行为，应当配置行政处罚；对危害程度较高的危害行为，应当配置刑罚，这是"配刑"的一个基本规律。如对寻衅滋事、盗窃、诈骗、诽谤等行为，现行法律体系既配置了治安处罚，也配置了刑罚。危险驾驶这一行为类型，其具体行为样态的社会危害性是各自不同的。对其中危害程度较高的行为，当行政处罚不能有效遏制时，配置刑罚，以提高威慑效应，并不违反刑法谦抑性原则。另一方面，任何的制裁措施总是存在"空隙"，而不可能完全"用足用尽"。如果对危害行为的行政处罚，都能做到普遍性和不可避免性，对所有的危害行为都能"一网打尽"，则完全可以将刑法弃之一旁。正是因为行政处罚的"用足用尽"是一个美好的愿景，正是因为行政处罚存在威慑不足、效果欠佳的问题，因而需要引入制裁性更为严厉的刑罚。对危险驾驶行为的规制，亦应如此。无论警力配备多么充足，执法措施多么到位，只要对危险驾驶行为的制裁强度仍然维持在目前较低水平的话，必然有相当一部分存在侥幸心理的人会铤而走险、选择实施。而事实上，由于资源的有限性，对于危险驾驶行

---

① ［日］平野龙一著：《刑法总论Ⅰ》，有斐阁1972年版，第47页。

② ［日］平野龙一编：《现代法Ⅱ——现代法与刑罚》，岩波书店1965年版，第21～22页。

为的行政规制的资源投入亦是有限的,因而始终存在一种因行政处罚的"空隙"而产生的"违法黑数"。要减少这种违法黑数,就必须提高惩罚的强度,包括刑法干预前置,适时将危险驾驶行为犯罪化。

从实证的角度考察,现行的行政处罚对危险驾驶行为明显存在一个威慑不足的问题,因而需要提高惩罚强度。2009 年 8 月初,公安部本着"零容忍"的原则,在全国展开了为期两个月的集中治理酒后驾车的行动。客观地说,这次集中整治行动的执法力度是空前的,成效也是立竿见影的。[①] 然而,由于资源的有限性和惩罚的威慑低等原因,这种运动式的执法不仅很难保持长久性,而且也难以消除一些人的侥幸心理。公安部的一组数字显示,2009 年 8 月 15 日至 9 月 15 日,全国共查处酒后驾驶违法行为 65397 起,其中醉酒驾驶 10711 起,分别比去年同期上升了 86% 和 91%;因酒后驾驶发生的交通事故仍达到 320 起,死亡 118 人。[②] 另据中国青年报社会调查中心的网上调查显示,有 96.6% 的人承认身边存在酒后驾驶现象,有 81.3% 的人认为我国对酒后驾驶处罚"过轻",有 69.8% 的人认为"违法成本过低"是酒后驾驶现象屡禁不止的主要原因,有 66% 的网民建议加强。而在集中整治行动后,全国恶性醉驾、飙车案件仍然频频发生。[③] 这种状况表明,单纯依靠行政处罚,在根治酒驾等危险驾驶行为上确实存在威慑不足这一"瓶颈"问题。此时,如果仍然一味强调刑法的谦抑性,以此作为反对危险驾驶行为犯罪化的理由,未免有违这一原则的初衷。[④]

(三)现行《刑法》的罪名体系难以涵盖危险驾驶行为

刑事立法应当遵循必要性原则,如果某一危害行为可以被纳入现行罪名体

---

① 以浙江省为例,整治期间,浙江省"两办"专门下发了《关于整治酒后驾驶交通违法行为工作情况的通报》,浙江省公安厅下发了《关于在查处酒后驾驶违法行为工作中建立健全联动机制的通知》,公安机关按照"常态严管"的要求,先后成立了 805 个专职查处酒后驾驶小分队,采用交叉用警、异地查处等方式,多手段提高查处力度。截至 2009 年年底,全省共查处酒后驾驶交通违法行为 71832 起,其中醉酒驾驶 7499 起,因醉酒驾驶吊销驾驶证 25 本,因醉酒驾驶拘留 7404 人,醉酒拘留执行率达 98.73%。全省道路交通事故同比减少 1165 起,下降 10.14%;交通事故死亡人数同比减少 79 人,下降 2.77%;特别是涉酒交通事故同比下降 40.82%,死亡人数下降 36.7%,其中一次死亡 3 人以上事故同比减少 13 起,下降 56.52%。

② "醉酒驾车写入刑法面面观",载《人民法院报》2010 年 8 月 19 日。

③ 仅在浙江省,就有以下典型案例:2010 年 3 月 3 日阿穆隆酒驾撞人致死案(1 人死亡)、2010 年 4 月 5 日三门县人大代表杨曙忠酒驾撞人案(4 人死亡、4 人轻伤、4 人轻微伤案)、2010 年 11 月 1 日泰顺县交警大队教导员包其标醉驾撞人逃逸案、2010 年 11 月 14 日义乌市宝马保时捷飙车相撞案,等等。

④ 需要强调的是,增设危险驾驶罪,并不意味着要彻底舍弃原先的行政处罚手段,而只是在现有的行政处罚手段上增加了一个刑罚手段。在规制危险驾驶行为方面,行政处罚手段与刑罚手段是相互补充、并行不悖的。

系，则自然没有必要另起炉灶，另创新罪。不少学者认为，根据现行立法规定，完全可以将危险驾驶行为纳入相关犯罪的涵摄范畴，因而没有必要增设新罪。概括起来，主要有3种代表性观点，以下逐一辨析之。

第一种观点认为，可以通过扩张化司法解释，将醉酒驾驶等行为作为一种司法上的情节加重，在醉酒驾驶等构成交通肇事罪的情况下，抬高法定刑幅度，以此实现对于醉酒驾驶等行为的严厉谴责和加重处罚；保留原来的酒后驾驶等低度危险驾驶行为，将其作为降低定罪标准的条件。[①] 按照这种观点，只有在发生严重交通事故的情况下，才可以对"酒驾"、"醉驾"进行刑法评价，分别作为交通肇事罪的定罪情节或加重情节；如果没有发生严重交通事故的，则只需予以行政处罚。这种观点实质上是通过修正司法解释这种"小立法"的形式，由最高司法机关对交通肇事罪的基本构成和加重构成予以一定的"微调"，从而提高处罚力度。这种解决思路虽然绕开了修法程序严格、时间跨度大、成本不经济等障碍，但因未触及单纯的危险驾驶行为的刑法评价问题，因而未免有扬汤止沸之嫌。

第二种观点认为，对醉驾等可以以危险方法危害公共安全罪论处。从构成要件上看，无论是对醉驾的危险行为还是实害行为，实际上都没有必要增设新罪，而只需统一以危险方法危害公共安全罪进行定罪处罚，就既能惩处已造成严重损害的醉驾行为，又能对相关法益进行前置性保护。[②] 比如说，飙车行为不属于交通运输的范畴，但客观上绝不亚于放火、决水、爆炸给民众带来的危险与恐惧，主观上至少存在间接故意，因而应以以危险方法危害公共安全罪论处。[③]

这一观点主要存在以下3个方面的问题：其一，醉驾等危险驾驶行为与放火、决水、爆炸等行为在客观上并不具有同质性。"危险驾驶行为的重点在于驾驶，虽然危险驾驶行为本身具有相当的危险性特征，但是这种危险性主要体现在驾驶中的违规上，而行为人的驾驶行为本身并不存在有明显的'加害性'，这与放火、决水、爆炸以及投放危险物质等行为在具有危险性的同时，又具有明显'加害性'的特征完全不同。"[④]易言之，危险驾驶行为人的主观目的是追求交通工具的便捷性，而不是追求使用交通工具这一活动本身可能产生的危害，而放火、决水、爆炸等行为人的主观目的则直接指向这些行为本身可能造成的危害，因而前者对危害结果是持一种排斥、否定或反对的心态（过失），至多是一种放

① 于志刚："危险驾驶行为的罪刑评价"，载《法学》2009年第9期。
② 石经海："醉驾行为定性之我见"，载《人民检察》2010年第6期。
③ 谢望原："'飙车'致人死伤如何定性"，载《检察日报》2009年8月4日。
④ 刘宪权："处理高危驾车肇事案件的应然标准"，载《法学》2009年第9期。

任的心态(间接故意),而后者则往往是一种积极追求的心态(直接故意)。[①] 这种主观意志的不同,直接反映出行为人对法规范的悖反程度不同,进而反映二者可谴责性程度的不同。其二,民众对危险驾驶行为与放火、决水、爆炸等行为的风险在容忍度上不具有同等性。虽然危险驾驶行为与放火、决水、爆炸等行为具有基本相同的危险性,但公众对这两类风险行为的容忍度是不同的。驾驶行为本身是一种高风险的行为,现代社会秩序共同体成员基于对生活便利等效率价值的追求,对交通工具使用者谨慎驾驶而仍不能避免的风险都能予以容忍,所不能容忍的是漠视交通规则、滥用交通工具所产生的风险。这样,在对醉驾等危险驾驶行为的评价中,秩序共同体成员潜意识里会扣除谨慎驾驶行为可能带来的风险的那部分,从而对其否定评价不是特别强烈。相反,对放火、决水、爆炸等行为所蕴涵的风险,则是完全不能容忍,因而对其否定评价是非常强烈的。其三,醉驾等危险驾驶行为人主观上未必均是一种间接故意的心态。有论者认为,饮酒者的辨认能力和控制能力虽然有所减弱,但一般还是能够驾驶操作的,只是高估自己的能力,因而属于过于自信的过失;而醉酒者虽然具有一定的辨认能力,但其操作车辆的能力往往很弱甚至几近丧失,没有轻信能够避免事故发生的客观根据,在实质上属于“放任”的间接故意。[②] 这种以行为人的“轻信”是否具有客观根据作为区分过于自信的过失和间接故意的标准,不仅有违刑法理论,而且也不符合生活事实。日常经验告诉我们,醉酒、飙车等危险驾驶行为人,对行为本身往往是明知故犯,但对行为可能造成的危害结果则既可能是间接故意,也可能是过于自信的过失。非但如此,醉酒程度的高低不仅与行为人的控制能力呈反比关系,而且也与行为人的辨认能力成反比关系。如果行为人的醉酒程度越严重,则越不可能正确地认识行为时的客观情状,主观意志也越薄弱,因而越可能轻信而非放任危害结果的发生。而“以危险方法危害公共安全罪”的行为人对可能发生的危害结果主观上只能是故意,不可能是过失。因此,将醉酒等危险驾驶行为一律以危险方法危害公共安全罪论处并不妥当。

第三种意见认为,应当根据具体的案情分别定罪。具体地说,包括以下几种情形:一是当危险驾驶行为产生了与放火、爆炸等具体公共危险,行为人对该危险具有故意时,即使没有发生伤亡等实害结果,也应适用《刑法》第 114 条。二是当危险驾驶的行为人对伤亡结果具有故意时,或者对具体的公共危险具有故

---

① 日本学者认为,放火罪基本上是一种攻击犯。参见[日]大塚仁著:《刑法概说》(各论),冯军译,中国人民大学出版社 2003 年版,第 355 页。“攻击”一词,表明行为人主观上是一种直接故意。

② 石经海:“醉驾行为定性之我见”,载《人民检察》2010 年第 6 期。

意，对现实发生的伤亡结果仅具有过失时，都应当适用《刑法》第115条第1款。三是当行为违反交通管理法规，虽然具有公共危险，但不具有与放火、爆炸相当的具体的公共危险；或者虽然具有与放火、爆炸相当的具体的公共危险，但行为人对该具体的公共危险仅有过失的，不成立以危险方法危害公共安全罪；发生了伤亡实害结果，且行为人具有过失的，成立交通肇事罪。①

这一意见针对危险驾驶行为实际的具体情况，分别将其认定为以危险方法危害公共安全罪或交通肇事罪，在分析思路上相当精细，符合具体问题具体分析的方法论。但仔细辨析，这一意见也存在以下两个方面的问题。其一，关于故意危险驾驶未致人伤亡的定性问题。该论者认为，危险驾驶行为产生了具体的公共危险，且行为人对此危险具有故意时，成立以危险方法危害公共安全罪（危险犯）。这一主张，与上述第二种意见是相同的，因而也存在类似的疑问，兹不赘述。其二，关于故意危险驾驶致人伤亡的定性问题。该论者认为，当危险驾驶的行为人对伤亡实害结果具有故意，或者对具体的公共危险具有故意而对伤亡实害结果仅具有过失时，均成立以危险方法危害公共安全罪（实害犯）。这一主张，除存在上述第二种意见类似的疑问外，还存在以下理论问题：一是在实害犯的情况下，能否将行为人的主观方面一分为二，分别考察其对危险的态度和对实害的态度？该论者的依据是存在危险犯的结果加重犯，而结果加重犯并不要求行为人对加重结果具有故意。因此，基本犯是故意的危险犯，加重结果是过失的情况是完全存在的。② 然而，是否存在危险犯的结果加重犯恰恰是需要特别证成的。根据我国《刑法》第14条、第15条的规定，犯罪故意或犯罪过失，是指行为人对自己实施的危害行为必然或可能发生"危害社会的结果"所持的一种心态。这里的"危害社会的结果"，就危险犯而言，是指一种抽象的或具体的危险状态；就实害犯而言，是指一种现实的损害结果。无论是危险犯还是结果犯，就罪过的认定而言，需要考察的都是对"危害结果"的态度，而不是对行为本身的态度。因此，在实害犯的情况下，我们需要考察的是行为人对实害结果的态度，而没有必要考察其对危险状态的态度。二是在实害犯的情况下，能否将行为人对实害结果具有故意与过失等同评价？该论者认为，"故意与过失并不是对立关系，而是位阶关系"③，因此，在实害犯的情况下，对实害结果具有故意或过失均构成以危险方法危害公共安全罪，但二者量刑应有明显区别。照此观点，故意

① 张明楷："危险驾驶的刑事责任"，载《吉林大学社会科学学报》2009年第6期。

② 同上。

③ 同上。

与过失只涉及刑罚裁量问题，而在责任评价方面，二者效果等同，这未免有混同故意责任与过失责任之虞。如行为人对违章是明知故犯，但对肇事结果是过失，就可能被认定为以危险方法危害公共安全罪，而非交通肇罪。任何概念的使用均具有相对性，不能脱离具体的语境。在认定行为人的行为已经构成犯罪的前提下，如果进一步判定其责任类型，则故意与过失显然是一种对立关系，而非位阶关系；相反，如果需要判断行为人的行为是否构成犯罪，则罪过（故意和过失）与无罪过是一种对立关系，故意与过失才可能是位阶关系。

“刑法条文的不足或缺陷只能依靠刑事立法本身加以修正，而绝对不应该在司法适用中进行所谓的弥补。”①鉴于危险驾驶行为难以通过合理的刑法解释妥当地纳入现行罪名体系，因而单设罪名就有其必要性。

（四）单设罪名有助于塑就民众良好的交通规范意识

不少学者认为，醉驾等危险驾驶行为之所以屡禁不止，原因是多方面的，包括饮酒人的生理因素、根深蒂固的酒文化的影响、社会控制力弱化、遵守交通法规的意识淡薄。② 因此，治理醉驾等危险驾驶行为，不能盲目迷信刑法，而应多管齐下，采取综合治理的策略。重罚醉驾行为（增加行政执法的确定性、增加醉驾肇事犯罪的刑法成本）只能收一时之效，改革丑陋的酒文化、塑造民众良好的交通法规意识才是真正的治本措施。既然刑法在惩治危险驾驶行为方面不是唯一的、甚至不是最主要的手段，因而强调提高惩罚力度，包括单设罪名就是不必要的。

上述观点是值得商榷的。这不仅因为刑法在保障（部门）法律规范实施方面有其特有的威慑功能，③更重要的是，刑法在塑造民众的文化规范方面有其独特的引领作用。刑法不仅仅是一种惩罚法规，更是一种行为规范。宾丁最早提出了刑法的规范、导引功能，他指出：“犯人的行为，是对广义的法，即一定的法规的可罚性的违反，而不是对预告刑的规范即刑罚法规的违反。”④换言之，犯人所触犯的是规定其行为准则的一般法令中的“行为法”及该行为法所表现出来的“行为规范”，而非刑罚法规，后者只不过规定了违反规范的效果而已。这些

① 刘宪权：“处理高危驾车肇事案件的应然标准”，载《法学》2009 年第 9 期。

② 汪明亮：“严惩‘酒驾’肇事犯罪观念之反思”，载《法商研究》2009 年第 6 期。

③ 在绝大多数情况下，法律规范的实施，“不是由于对诸如惩罚的恐怖或对所有传统的普遍遵从的笼统的动机，而是基于非常复杂的心理和社会动机。”参见［英］马林诺夫斯基著：《原始社会的犯罪与习俗》，原江译，法律出版社 2007 年版，第 7 页。笔者认为，尽管法律规范的实施需要道德、宗教、习俗、舆论以及荣誉、炫耀、互惠等共同合力，但刑法特有的惩罚威慑功能仍不容否认。

④ 转引自［日］竹田直平著：《法规范及其违反》，有斐阁 1961 年版，第 75 页。

作为刑罚规范的前提的“行为规范”，一般以成文法的形式明确规定在刑法典之外的一般法令中，“在命令或禁止规范没有被成文化的场合，对于刑法分则中各本条所规定的行为来说，其规范已被作为数千年来积累下来的社会遗产而为人们所熟知。”①

宾丁关于犯罪的本质是对法规范的违反的论断对于刑事立法颇有启示意义。“法律不是供人仰望的云天，法律是在现实生活中被约定出来，用以创造自由的。”②一切立法都应当是对社会中业已存在的文化规范的一种肯认，刑法亦不例外。“一切法律均缘起于行为方式，在行为方式中，用习常使用但却并非十分准确的语言来说，习惯法渐次形成。”③因此，刑事立法的任务不外在于找出社会生活中民众的共同信念和共同意识，并以刑罚这一最具强制性的制裁形式表达和保存下来。刑事立法可以发现社会生活映像，记载现实生活规则，导引民众生活行动，但却决然不可能凭空制造出这一切。易言之，刑事立法必须以文化规范作为立基的生命源泉。

刑事立法与文化规范之间这种肯认与被肯认的关系，并不意味着刑事立法对于社会生活中的文化规范只能消极地记载而已。相反，由于刑法特有的强制性，其在文化规范的形成方面具有极强的能动性。这是因为：第一，文化规范的确立不是一蹴而就、自然而然的，而是经过一个长期的、缓慢的博弈过程。由于民众价值观念本身具有多元性，对于同一事项，可能存在两种或者更多的内容彼此冲突的行为规则。在这诸多规则中，哪一种规则最终取得规制民众行为的文化规范的地位，既与市民社会的道德、宗教、文化、习俗、意识等因素密切相关，也受政治国家的政治、法律、制度等因素的重要制约。第二，文化规范确立之后，随着社会政治、经济、文化等结构的发展和变化，也存在一个因应调整的问题。文化规范的这种调整，无论在内容和速度方面，刑事立法的影响都相当明显。④

增设危险驾驶罪，对于重塑我国民众的酒文化、培植民众良好的交通伦理，有着强大助推作用。众所周知，我国是有着深厚的酒文化传统的国家，饮酒不仅能够满足人们的口欲，更是一种常见的生活和社交方式。“无宴不喝酒、无酒不

---

① 转引自［日］竹田直平著：《法规范及其违反》，有斐阁1961年版，第82页。

② 林东茂著：《一个知识论上的刑法学思考》，中国人民大学出版社2009年版，第79页。

③ ［德］弗里德里希·卡尔·冯·萨维尼著：《论立法与法学的当代使命》，许章润译，中国法制出版社2001年版，第11页。

④ 如我国台湾地区1999年修正“刑法”、增设酗酒驾驶罪之后，民间生活形态有了很大变化。喜宴或聚会，饮酒与劝酒的现象大为减少，刑罚加身的可能性已经成为不喝酒或浅尝辄止的绝佳护身符。

成宴”,经过千百年的积淀,这已经成为酒文化的核心。在农耕社会,这种酒文化的弊端或许微乎其微,但在汽车社会,其潜在的风险却肆无忌惮地释放出来,并不断地冲击民众惊恐、脆弱的神经。要彻底扭转这种局面,唯有重塑传统的酒文化。也就是说,当传统的酒文化与现代的交通规则相遇时,要坚持交通规则优先,倡导一种“饮酒不开车、开车不饮酒”的交通伦理,使之成为全社会的共识和自觉行动。应当指出的是,目前“严打”醉驾等危险驾驶行为的执法政策,对于重塑民众的酒文化,虽有一定的功效,但仍有较大局限性。这也是各地恶劣的醉驾等危险驾驶事案屡禁不止、不断见诸报端的原因。这是因为,行政违法和犯罪不仅在处罚力度上存在明显差别,更在于社会评价上性质迥异。在民众看来,行政违法只是一种非常轻微的违法行为,道德非难性程度相当低,远非一些学者所说的类似于国外的“违警罪”。受行政处罚的行为,不仅被处罚者本人不具有羞耻感、负疚感,而且执法机构、一般公众也认为这种行为并不具有悖德性。相反,如果一种行为被认定为犯罪,则无论是行为人、司法机构、普通民众都会认为这种行为具有较高的悖德性。这是我国现行法律体系严格区分“犯罪”和“违法”的做法在社会评价上带来的一种副效应。鉴于此,在重塑社会的酒文化、培植民众的交通规范意识的过程中,如果借助于刑法特有的刚性和强烈的非难性,充分发挥刑事立法对于规范养成的“倒逼”功能,则无疑有助于提升文化重塑的强度,加快文化重塑的速度,增强交通伦理的韧度。①

二、危险驾驶罪的规范构造

(一)关于危险驾驶罪的序位排列

《刑法》分则中的罪名是按犯罪行为侵犯的同类法益归类,并按各自的危害性大小排序的。在设立危险驾驶罪之后,将其具体放在哪个序位,这是立法者需要考虑的。《草案》将危险驾驶罪放在交通肇事罪之后,作为《刑法》第133条之一,这基本上是可取的。简述理由如下:首先,危险驾驶罪的同类法益是公共安全。在道路上醉酒驾车,或者在道路上追逐竞驶,危害的是不特定的多数人的生命、健康或者重大公私财产的安全,这属于一种公共危险。其次,危险驾驶罪的直接法益是交通安全。危险驾驶行为是发生在道路这一特定的空间领域中,与

① 我国台湾地区有学者持有不同看法,认为酗酒驾车之后,肇事置人于死,应分别成立酗酒驾车罪与过失致死罪,并合处罚。因为酗酒驾车必然在前,肇事在后,所以是二行为触犯二罪名。参见林东茂著:《刑法综览》,中国人民大学出版社2009年版,第392页。

公共交通管理密切相关，因而直接危害了公共交通安全。

罪名的具体序位不仅反映了立法者对相关行为的法律评价，更重要的是也体现了该罪名与相关罪名的内在逻辑关系。按照《草案》对危险驾驶罪的序位排列，危险驾驶罪与相关犯罪的逻辑关系可以得到较好的厘清：

第一，危险驾驶罪与交通肇事罪是一种补充关系，而非排斥关系。危险驾驶行为人对违章行为均是“明知故犯”，而交通肇事行为人对违章行为往往是“明知故犯”，但也可能是“不意误犯”；危险驾驶罪是危险犯，以一定的危险状态的存在作为构成犯罪的基本要件，而交通肇事罪是结果犯，以一定的实害结果的存在作为构成犯罪的基本要件。当危险驾驶行为具有致人伤亡的危险，但尚未造成他人伤亡的实害结果的，应当构成危险驾驶罪，而不构成交通肇事罪。复杂的是，如果危险驾驶行为具有致人伤亡的危险，而且又造成他人伤亡的实害结果的，究竟是构成危险驾驶罪，还是交通肇事罪？在这种情形下，由于危险驾驶行为具有致不特定的多数人伤亡的危险，已经充足犯罪构成要件，因而构成危险驾驶罪；同时，由于该行为又造成了不特定的多数人伤亡的实害结果（以行为人对该实害结果系过失为限），因而又构成交通肇事罪。但由于行为人只实施一个危险驾驶行为，因而这属于“一行为触犯数罪名”的情形，应当按照想象竞合犯的处理原则，以其中的重罪（交通肇事罪）定罪处罚。

第二，危险驾驶罪与以危险方法危害公共安全罪是一种排斥关系，而非补充关系。以危险方法危害公共安全罪是一个兜底式罪名，应当严格限缩其使用范围，即“其他危险方法”应当仅限于“与放火、决水、爆炸、投放危险物质相当的方法，而不能认为是泛指任何具有危害公共安全性质的方法”，①行为类型应当限定为“具有与放火、决水、爆炸等危险方法相同的致人重伤、死亡的具体危险性，并引起社会公众同样的惊恐性的行为”，②醉驾、飙车等危险驾驶行为通常难以归入此类。从犯罪形态分析，危险驾驶罪与以危险方法危害公共安全罪虽然都属于公共危险犯，但前者是抽象危险犯，后者是具体危险犯：前者只要实施特定的危险驾驶行为，即被立法推定为危险状态已经存在，即使在少数个案上，特定的危险驾驶行为并未引起危险状态，也一概被认定危险已经出现；后者不仅要实施特定的危险行为，而且必须引发现实的具体危险，才能认为构成要件该当，而

① 刘明祥：“飙车就是‘以危险方法危害公共安全’吗？”，载《检察日报》2009年5月27日。

② 高艳东：“谨慎判定‘以危险方法危害公共安全罪’的危险相当性”，载《中国刑事法杂志》2006年第5期。

具体危险状态的有无,不能立法推定,必须由司法人员进行个案判断。① 总之,危险驾驶罪与以危险方法危害公共安全罪是一种排斥关系。当然,实践中可能存在利用醉酒状态或者以飙车方式泄愤报复、行凶杀人的情形。此时,行为人不仅对醉驾、飙车等危险驾驶行为是明知故犯,而且对危害结果也是一种故意的心态,应当根据具体案情分别认定为故意杀人罪、故意伤害罪或者以危险方法危害公共安全罪。不过,这种极端特殊的"危险驾驶行为"已经不是本文所探讨的类型性的危险驾驶行为了。

(二)关于危险驾驶罪的罪状设定

《草案》以叙明罪状的形式,将危险驾驶罪的行为类型设定为两类:一是"醉驾",即在道路上醉酒驾驶机动车的;二是"飙车",即在道路上驾驶机动车追逐竞驶,情节恶劣的。

笔者认为,《草案》对入罪的危险驾驶行为的范围予以一定的限定,较好地体现了立法理性。根据《道路交通安全法》的相关规定,危险驾驶行为的范围是相当广泛的,包括无证驾驶、超速驾驶(包括飙车)、酒后驾驶(包括醉驾)、疲劳驾驶、吸食毒品或服用镇静类药物后驾驶、超载驾驶、驾驶存在安全隐患的车辆、闯红灯等行为。而实际生活中,危险驾驶行为的范围可能更加广泛。为此,有观点认为,《草案》规定的危险驾驶行为仅限于醉酒驾驶和马路飙车两种行为,并没有涵盖与之危险性相当的其他危险驾驶行为,如吸毒后驾驶、无证驾驶以及严重超速和疲劳驾驶等,而这些危险驾驶行为同样需要入罪加以遏制。但由于《草案》采用列举式规定,而没有采用概括性的兜底式规定,从而大大降低未来对形势变化的适应性,甚至也完全排除以法律解释方式扩大其适用范围的可能性。②

一些民众甚至主张,对所有的危险驾驶行为,都应纳入刑罚调整的范围。然而,《草案》并未简单地顺从民意,而是将危险驾驶罪的行为类型限定为醉驾和

---

① 《车辆驾驶人员血液、呼气酒精含量阈值与检验(GB19522—2004)》规定,醉酒驾车,是指车辆驾驶人员血液中的酒精含量大于或者等于 80mg/100mL 的驾驶行为。车辆驾驶人员的血液酒精含量未达到临界值的,或者不具备呼气、血液酒精含量检验条件的,应进行人体平衡的步行回转试验或者单腿直立试验,评价驾驶能力。这一规定,在"醉驾"的判定上采取双重标准,即有的采取形式标准,有的采取实质标准,不甚妥当。如果在刑事诉讼中采用这一规定,则会导致醉驾既是抽象危险犯又是具体危险犯的尴尬境地。笔者认为,在醉驾的判定上,应当严格坚持形式标准:只要行为人的血液酒精含量大于或者等于 80mg/100mL 的,即构成醉酒驾驶,其行为即被推定为具有公共危险;反之,如果行为人的血液酒精含量小于 80mg/100mL 的,即不构成醉酒驾驶,其行为即被推定为不具有公共危险。至于行为人酒量如何、事实是否能够正常驾驶,无须进行专门评测。

② 李克杰:"情节恶劣与后果严重是两回事",载《法制日报》2010 年 8 月 27 日。

飙车这两类最多发、最危险的行为,而将其他危险驾驶行为仍留给交通行政法规调整,这是值得肯定的。这是因为,一方面,《道路交通安全法》规定的危险驾驶行为绝大多数风险较低,且已经行政法规调整;另一方面,选择危险性最高的危险驾驶行为作为刑法调整的对象,是各国的普遍做法,如《德国刑法典》第316条规定的酒后驾驶罪(危险犯)仅限于“饮用酒或者其他麻醉品”,第315C条规定的危害公共交通安全罪(实害犯)除“饮用酒或者其他麻醉品”外,还包括“未注意优先行驶权”、“错误超车”、“超速驾驶”、“未保持安全车距”等。

需要探讨的是,吸毒行为是否应当纳入危险驾驶罪的调整范围?有学者认为,一些国家和地区以“醉酒驾驶、吸毒驾驶和严重超速驾驶”为危险驾驶的主要表现形式,这些危险驾驶的方式在世界范围内具有普遍性。《草案》拟规定的危险驾驶犯罪,在内容上仅规定了“醉酒驾驶”以及“飙车”行为,似乎内容过于狭窄。[①] 言外之意,似主张将吸毒驾驶作为危险驾驶的一种行为类型。笔者认为,吸毒驾驶在实际生活中并不具有普遍性,且难以查证,而一旦发现,首先需要对行为人强制戒毒。强制戒毒的期限具有不确定性,且客观上具有限制人身自由的效果,而危险驾驶罪的法定刑又是一种短期自由刑,如果戒毒完毕之后再执行刑罚,可能存在过度威慑的问题,因而暂不纳入犯罪圈为宜。

另外,飙车这一危险驾驶行为,是否有必要附加“情节恶劣”的要件?有观点认为,醉驾、飙车等驾驶行为,只要一经实施,本身便已构成“情节恶劣”,如果非要再加上一个“情节恶劣”的前置条件,不仅显得画蛇添足,而且无形中也将消解乃至取消“醉驾入刑”应有的积极司法价值和意义。[②] 这其实是对立法技术的误解。从《草案》条文的表述来看,“在道路上醉酒驾驶机动车”与“在道路上驾驶机动车追逐竞驶”之间有个“的”字隔开,因而附加的“情节恶劣”应当是限定后者而不是限定前者。也就是说,“在道路上醉酒驾驶机动车”原则上均构成犯罪,并不需要“情节恶劣”的要件;而“在道路上驾驶机动车追逐竞驶”本身并不当然构成犯罪,此类行为构成犯罪,还应当同时具备“情节恶劣”的要件。不过,笔者认为,《草案》这一差别规定是否合理还值得进一步推敲。生活事实显示,醉驾者由于处于醉酒状态,因而其辨认能力和控制能力较处于正常状态的飙车者要低得多,如果要附加“情节恶劣”的要件,恰恰应当是醉驾,而非飙车。但《草案》却反其道而行之,这将造成两种行为类型在构成要件上的严重失衡。考

① 刘宪权:“危险驾驶是否应该入罪”,载《法制日报》2010年9月28日。

② 张贵峰:“‘醉驾、飙车’本身就属‘情节恶劣’”,载《法制日报》2010年8月27日。

虑醉驾、飙车等危险驾驶行为的普遍性，为避免处罚面过大，①以及与现行行政处罚相衔接，笔者基本赞同为这两种行为类型增加"情节严重"的要件。至于情节严重的具体内容，可以通过司法解释予以进一步规范，如醉驾者血液酒精含量超过临界值50%以上的；1年内因醉驾受到刑事处罚或两次以上行政处罚又醉驾的；超过限定时速50%以上的；1年内因飙车受到刑事处罚或两次以上行政处罚又飙车的。

应当指出的是，《草案》在飙车的规制上，采用"在道路上驾驶机动车追逐竞驶"的表述。从构成要件明确性来看，这一做法有欠严谨。令人不解的是，立法者为什么不选择民众常用的"飙车"一词，或许立法者是受到"飙车不是一个严格的法律概念"论调的影响。然而，普通用语和法律用语不应存在不可逾越的沟壑。通过清晰的界定，普遍用语完全可以转换为法律用语。就飙车而言，大体有三种定义：一是指开快车；二是指超过规定速度行驶；三是指以竞技、追求刺激、娱乐或者赌博为目的，驾驶机动车辆在公共道路上超速行驶。不难看出，这三种定义所界定的飙车，其外延范围是逐步紧缩的。但从立法的角度来看，需要规制的应当是超速驾驶行为，因为其存在交通安全风险，至于驾驶者的人数、驾驶车辆的数量、驾驶的区域、驾驶者的目的等，则在非所问。相比之下，"追逐竞驶"不仅亦是一个普通用语，而且还隐含"两人以上分别驾驶车辆"的要件。这一要件与风险并不具有相关性，因而不应附加。

（三）关于危险驾驶罪的刑罚配置

关于危险驾驶罪的法定刑，《草案》配置的是"拘役，并处罚金"。对此，不少人认为，这一法定刑明显偏轻，难以实现应有的威慑目的。在全国人大常委会分组审议《草案》时，一些常委会委员也表达了类似的疑虑。②

如何配置个罪的法定刑是一个极其复杂的问题。理论界相关研究较为粗疏，立法机关在给新罪配置法定刑时往往也较随意，尚没有特别明确的原则和规则予以遵循。笔者认为，在对个罪配置法定刑时，应当始终坚持罪刑均衡原则。具体地说，包括两个方面的内容：一是刑足制罪，即为个罪配置的法定刑应当具

---

① 以浙江省为例，根据副省长金德水2010年11月24日在省十一届人大常委会第21次会议第二次全体会议所作的《关于道路交通安全法及我省实施办法执行情况的报告》提供的数据：2009年8月至2010年9月，全省共查处酒后驾驶204596起，其中醉酒驾驶20593起，行政拘留20471人。全省取得驾照人员1055万人，相当于每50个驾驶员中就有1人被查到过违规情况。参见"浙江一年查处酒驾20万起"，载《钱江晚报》2010年11月25日。如果不需要"情节严重"的要件，只要醉酒驾驶，就构成犯罪，则有2万余人被定罪处罚。如果这些人均被判处实刑，需要关押，则意味着要造4个中等规模的监狱（以一个监狱关押5000罪犯计算）。

② 陈丽平："建议加大对危险驾驶行为的处罚力度"，载《法制日报》2010年8月28日。

有足够的威慑力，能够阻遏已然犯罪个体或潜在犯罪个体实施犯罪活动。“惩罚之值在任何情况下，皆须不小于足以超过罪过收益之值。”[①]根据经济学的“理性犯罪人”理论，任何一个犯罪人都是一个“理性”的计算者，在实施犯罪行为之前，会将犯罪的预期成本与预期犯罪收益进行比较，从而决定是否从事具有风险的犯罪行为。[②] 如果犯罪的收益小于犯罪的成本，犯罪人就会放弃实施犯罪的计划；相反，如果犯罪的收益大于犯罪成本，犯罪人就可能从事犯罪的活动。因此，要预防和减少犯罪，就必须增加犯罪成本，提高刑罚的威慑力。犯罪成本通常由犯罪的直接成本、犯罪的机会成本和犯罪的惩罚成本构成。其中，犯罪的惩罚成本=惩罚的严厉性（法定刑）×惩罚的确定性（破案率）。在犯罪的直接成本和机会成本不变的前提下，通过提高犯罪的惩罚成本，即增加惩罚的严厉程度或者提高破案率，就可以增加犯罪的整体成本。但问题是，国家的刑罚资源是有限的，因而不可能无限制地提高犯罪的惩罚成本，犯罪的惩罚成本存在一个最佳量。在惩罚成本处于最佳（恒定）状态下，惩罚的严厉性和惩罚的确定性之间则呈现为一种反比例关系。因此，如果能够准确地测定犯罪的破案率，就可以较为科学地为其配置法定刑。就危险驾驶行为而言，精确的破案率（与其相对的是“犯罪黑数”）尚难获得，但可以估测这一数字应当高于或等于盗窃罪的破案率（在所有的犯罪中，交通肇事罪和盗窃罪的发案率和查处数都是最高的）。如果这一推断基本符合实际的话，那么危险驾驶罪的法定刑应当低于或等于盗窃罪的基本刑（“3年以下有期徒刑、拘役或者管制，并处或者单处罚金”）。二是横向平衡，即对个罪配置的法定刑，应当与其他类似犯罪的法定刑相衔接和均衡。这样处理，有利于整个刑罚体系的稳定和协调。在我国刑法总则规定的五个主刑中，有期徒刑是适用最广泛的刑种，刑法分则中的罪名无一例外均配置这一刑种。这与民众“犯罪等于坐牢”的朴素的刑罚观是契合的。但《草案》并未为危险驾驶罪配置有期徒刑这一主刑，而只是配置了拘役，且为单一主刑。这在整个《刑法》分则中是绝无仅有的，不仅有损刑罚适用的灵活性，而且也破坏了刑罚体系的统一性。而从危险驾驶罪与交通肇事罪的关系来看，二者是一种补充关系，即将预防犯罪的关卡前移，通过惩治交通肇事的“预备行为”来防止更严重的实害结果的发生。但由于危险驾驶罪是危险犯，交通肇事罪是实害犯，所以，前者的法定刑应当低于后者的基本刑（“3年以下有期徒刑或者拘役”）。另外，

---

① ［英］边沁著：《道德与立法原理导论》，时殷弘译，商务印书馆2000年版，第225页。

② 关于犯罪成本与犯罪收益之间的关系模型，可参见［美］加里·S. 贝克尔著：《人类行为的经济分析》，王业宁、陈琪译，上海三联书店、上海人民出版社1995年版，第56～68页。

考虑到危险驾驶罪是抽象危险犯，在构成要件该当性上较易充足，而放火、决水、爆炸等犯罪是具体危险犯，在构成要件该当性上较难充足，因而前者的法定刑应当低于后者的基本刑（“3 年以上 10 年以下有期徒刑”）。最后，鉴于《道路交通安全法》在配置饮酒驾驶、醉酒驾驶和超速驾驶等危险驾驶的行政处罚种类时，均有罚款，且采必罚制，为保持处罚的一致性，在配置危险驾驶罪的刑罚种类时，亦应有罚金，且宜采必罚制。

三、结　语

在高度现代化的社会，秩序共同体对风险的反应具有梯度性和层级性。将超出社会容忍边界的高度风险行为适时犯罪化，是风险社会的一个合适选择。《草案》第 22 条增设危险驾驶罪，是社会感受的一种理性表达，契合当前我国风险社会的情势。这是值得肯定的，但其内容应作如下改造：“在道路上醉酒驾驶机动车，或者在道路上超过限定时速驾驶机动车，情节恶重的，处 2 年以下有期徒刑或者拘役，并处或者单处罚金。”

（2011 年第 1 期）

民生法治观下“危险驾驶”刑事立法的风险评估

周 详*

2010年9月,全国人大常委会第一次审议的《刑法修正案(八)草案》中规定:“在道路上醉酒驾驶机动车的,或在道路上驾驶机动车追逐竞驶,情节恶劣的,处拘役,并处罚金。”2010年12月20日,全国人大常委会第二次审议的《刑法修正案(八)草案》,进一步加大了对醉驾、飙车等危险驾驶行为的惩罚力度,取消“情节恶劣”的限定,并规定同时构成其他犯罪的,将依照处罚较重的规定定罪处罚。尽管舆论导向对这一立法建议持支持态度,认为这一规定有利于保障民生,但笔者仔细考究支持这一立法的各种理由,却发现这些理由有的似是而非,难以站住脚;有的则有一部分道理,但并不充分。所以应该慎重对待危险驾驶的入罪问题。

一、“危险驾驶”入罪理由概述

纵观支持危险驾驶入罪的各种理由,笔者可将其归结为一个基本点——保障民生,即支持危险驾驶入罪的学者相信对危险驾驶施以刑罚,能够起到更好的警示作用和预防危险驾驶行为的发生,有利于提前保障民众的生命权、健康权、财产权。具体理由大体上有如下几点:

1. 我国当前危险驾驶导致重大伤亡的交通事故的概率非常高,为了从根本上遏制危险驾驶机动车辆导致交通事故的发生,减少对公共安全的危害,有必要将醉酒驾驶等危险驾驶行为入罪。为此,有学者提供了一组数据:我国的汽车保有量只占世界的3%,而交通事故死亡人数却占全世界的16%,“排名”世界之首。①

---

* 作者单位:中南财经政法大学刑事司法学院。

项目资助:2010年教育部人文社科青年项目“中国刑法流派生成问题的文化生态分析”(编号:10YJC820179);2009年中央高校基本科研业务费专项资金重点项目“刑法基础理论问题研究”(编号:31540910707)。

① 朱兴:“我国刑法应增设危险驾驶罪”,载《湖南科技学院学报》2010年第5期。

有学者曾做过统计：公安部门统计，2008 年我国共发生道路交通事故 265204 起，造成 73484 人死亡，30491 人受伤。其中，在 2008 年因酒后驾驶机动车辆发生交通事故造成约 18371 人死亡，76230 人受伤。按这样计算，因酒后驾驶平均每天死亡 50 人，4 年死亡的人数超过汶川地震，14 年死亡的人数超过了唐山地震。①

2. 醉酒驾驶屡禁不止显示了醉酒驾驶违法成本太低，行政处罚不足以遏制醉酒驾驶行为。其依据是自 2009 年 8 月以来，我国掀起了一场猛烈的治酒驾风暴，仍有不少人漠视法律规定，顶风作案。公安部交通管理局的一组数字显示，2009 年 8 月 15 日至 9 月 15 日，全国共查处酒后驾驶违法行为 65397 起，其中醉酒驾驶 10711 起，分别比往年同期上升了 86% 和 91%；因酒后驾驶发生的交通事故仍达到 320 起，死亡 118 人。很多学者认为这组数字充分显示了酒后驾驶屡禁不止的严峻事实，并认为这并不是因为行政措施执行不力造成的，而是由行政规制效力不足的根本性质决定的。只有将醉酒驾驶等危险驾驶行为入罪，提升惩罚性质与程度，才会对被处罚者以及社会一般公众形成有效的心理震慑和惩戒作用。②

3. 我国已步入了风险社会，刑法应该对危险驾驶这样的高风险行为提前介入，以利于保护法益。有学者认为，作为国家控制交通运输领域中的风险、管理不安全性工具的危害交通安全犯罪，越来越多地体现出风险社会中安全刑法的立法特征。因此，考虑到社会现实发展的需要和刑法立法应具有一定的超前性，我国有必要将危险驾驶规定为一种危险犯。③

4. 单独设立危险驾驶罪，对人民的法益提前予以保护，符合国际刑事立法的潮流，也符合刑法的法益保护的法治原则，体现出刑法对民生的保护。例如日本法律规定，即使无伤亡事故发生，酒后驾驶等危险驾驶行为，均有可能被处以刑罚，最高亦可处拘役 3 年。④《德国刑法典》对酒后驾驶等危险驾驶行为最高可处 5 年以下自由刑。⑤ 韩国、加拿大、墨西哥、法国、英国、芬兰等国家都有刑

---

① 贾凌、毕起美："醉酒驾驶行为入罪论"，载《法学杂志》2009 年第 9 期。

② 王志远、吴茜："危险驾驶行为刑法规制问题探——以醉驾和飙车为例"，载《云南大学学报法学版》2010 年第 4 期。

③ 肖中华、王海桥："危险驾驶犯罪行为的刑法界定"，载《法学论坛》2009 年第 6 期。王守俊："危害交通安全犯罪的刑事立法"，载《人民论坛》2010 年第 26 期。另外，2010 年 11 月中南财经政法大学刑事司法学院主办的"风险社会与刑事政策的发展"学术研讨会中，除了个别学者提出一些质疑以外，绝大多数刑法学者在提交的论文中都将危险驾驶视为风险社会、风险刑法的例证来讨论。

④ 张建中、郑创彬："我国刑法增设危险驾驶罪之法理思考"，载《中国检察官》2010 年第 5 期。

⑤ 贾凌、毕起美："醉酒驾驶行为入罪论"，载《法学杂志》2009 年第 9 期。

期长短不等的类似规定。可见,将"醉酒驾驶"入罪是国际通例,我国刑法中也应该增设危险驾驶罪,国外这一立法经验是先进的、成功的,值得借鉴。[①] 例如日本刑法自加大对危险驾驶的惩罚之后,交通肇事致人死亡的数量逐年下降。[②] 2002年日本酒后驾驶引发的交通事故数量就有了大幅下滑,较前一年减少了近25%。[③] 关于法理上的依据,有很多学者主要借用的是"刑法保护法益的早期化观点"[④],以此来支持《刑法修正案(八)草案》对危险驾驶的入罪规定。

二、"危险驾驶"入罪理由的质疑

表面上看,以上支持危险驾驶入罪的各种角度的理由似乎都振振有词,不过仔细考究这些理由,却有许多可以质疑的地方。

(一)很多统计数据的解读存在不少的问题

问题一:我国的汽车保有量只占世界的3%,而交通事故死亡人数却占全世界16%的数据,并不能说明我国的醉酒驾驶、飙车两种危险驾驶导致的死亡率比其他国家高。虽然在绝对数量上,我国的交通事故死亡人数的确居世界之首,但这一数据存在的原因是多种因素导致的,与我国汽车的质量差、老化、人为改装以及平均安全系数低等复杂因素相关,[⑤]还与我国复杂的地质气候特征(多山、多雨雪、多雾)以及我国的道路交通的负荷大、质量差有关。中国是一个人口大国,且人口的流动性越来越大,客运、货运的压力非常大,通常是人满为患,乃至于超载也属于司空见惯之事。这些因素都决定了我国容易发生交通事故,且只要是发生一起严重交通事故,其死亡率就非常的高。例如根据公安部的数据统计显示,2010年上半年,全国共发生道路交通事故9.9万起,造成2.7万人死亡、11.7万人受伤,直接财产损失4.1亿元,同比分别下降9.3%、12%、10.6%和5.3%。酒后驾驶肇事导致事故死亡人数同比下降37.5%。但是生产经营性车辆肇事导致死亡人数所占比例同比呈上升趋势。以2010年5月为例,

---

① 张志超、杨珍:"醉酒驾驶肇事行为的刑法评价",载《上海公安高等专科学校学报》2010年第3期。

② 张明楷:"危险驾驶的刑事责任",载《吉林大学社会科学学报》2009年第6期。

③ 李朝晖:"危险驾驶行为独立犯罪化刍议",载《江西社会科学》2010年第9期。

④ 张明楷教授认为:在当今社会,社会生活的复杂化与犯罪的高科技化,使许多犯罪行为一旦得逞,便会造成不可估量的侵害结果,所以,不能等待造成侵害结果后再处罚,而必须对法益进行提前保护。参见张明楷:"日本刑法的发展及其启示",载《当代法学》2006年第1期。

⑤ 例如国人就把我国普及率非常高的摩托车称为"肉包铁"。而在中国市场上占有极大份额的日系车以及中低档的国产车,虽然便宜、轻便、节油但安全系数远远低于欧系车。

同比增加 1.5 个百分点。其中货运车辆肇事导致死亡人数占生产经营性车辆肇事致人死亡数量的 70.5%，同比增加 6.1 个百分点。客运车辆肇事导致 7 起一次死亡 5 人以上道路交通事故，同比增加 5 起，3 起涉及超员。① 而这些运营型车辆的常见违章行为多是为了盈利而超速驾驶、疲劳驾驶、超载驾驶等。像《刑法修正案（八）草案》中规定的醉酒驾驶、飙车的现象主要发生在非运营型的小型汽车司机身上，很少发生在这些运营型车辆的司机身上。

问题二：有学者用国外的酒后驾驶等危险驾驶的统计数据来直接计算我国的醉酒驾驶的数据，有扩大我国酒后驾驶肇事的概率之嫌。例如上文中有学者提供的我国的 2008 年“因酒后驾驶机动车辆发生交通事故造成约 18371 人死亡，76230 人受伤”的数据就是虚假的、夸大的。笔者查了一下这一数据的来源，发现这一数据是“按照国际上的统计，以酒后驾驶机动车辆发生交通事故占总交通事故数量的 25% 计算”虚构出的一个结果。事实上根据我国公安部的真实统计数据，2008 年酒后驾驶共导致交通事故 7518 起，造成 3060 人死亡、7840 人受伤，分别占总数的比例为 2.83%、4.16% 和 2.57%。② 可见，我国酒后驾驶的事故率远远低于国际上的 25%。这并非为我国酒后驾驶行为开脱，而是提醒学者不能为了显示一种事态的严重性而虚构数据，夸大其实，而必须得用真实的数据对比来说话。

问题三：醉酒驾驶“屡禁不止”的数据不足以证明“行政处罚不足以遏制醉酒驾驶行为，必须将醉酒驾驶行为入罪”。尽管学者的这一结论有公安部公布的数据为证，但笔者恰恰不同意的是对这一数据的解读结论。首先，之所以在严查酒驾时，醉酒驾驶的数据要比往年同期还要上升 86% 和 91%，这并不能说明酒驾行为越查越多、屡禁不止，而只是说明被严查出来的酒驾率明显提高，违法黑数明显减少。事实上，在严查之下，因酒后驾驶发生的交通事故与没有严查的往年相比，显然是大幅降低的，这恰恰说明严查酒驾起到了显著的效果。其次，严查之下，仍然有大量的酒驾现象，并不能“说明行政处罚不足以遏制醉酒驾驶行为”。任何的违法犯罪行为，并不遵循人们想象中的惩罚越严，越能遏制的因果关系。违法犯罪行为的发生，有其自身的客观规律。按照犯罪学的原理，犯罪是有一定的饱和度的。假定对酒驾不给予任何的处罚，酒驾现象即使因此有上升趋势，也不会人人都去酒驾，总有一个最高值。同理，假定对于酒驾行为规定

---

① “公安部：2010 年上半年道路交通事故呈现‘四降’”，载 http://www.gov.cn/jrzg/2010-07/13/content_1652277.htm。“5 月份全国道路交通事故呈现‘四降’”，载 http://news.163.com/10/0610/19/68RFNDLC000146BC.html。

② 郑红雯：“关于酒后醉酒驾驶的立法思考”，载《公安研究》2010 年第 3 期。

一律判死刑，也不会消灭酒驾现象，酒驾现象的降低也有一个最低值。这并非完全出于笔者的假定或者想象，而是有类似的例子支持的，例如在18世纪的欧洲，人们对盗窃深恶痛绝，刑法规定盗窃一块面包也可以判死刑，但是一个戏剧性的场面是，在断头台上正在对几个盗窃犯执行残酷的死刑，但断头台下，却有不少盗窃犯正在"摸"那些张大嘴巴观看死刑的群众的口袋。

问题四：尽管有学者提供了以日本刑法为典型的国外相关刑事立法取得良好效果的相关数据，但是笔者认为这一数据也不能充分证明我国必须将醉酒驾驶入罪。理由如下：

首先，日本新增加的罪名是"危险驾驶致死伤罪"，提高的是本罪的法定刑，而不是危险驾驶罪（未造成任何实害结果的危险犯）的法定刑，学者提供的数据与被证明的论题发生了转换。所以即使日本的确是因为提高了刑罚的惩罚程度而降低了酒后驾车事故的数量，也只能证明我国应该提高酒后驾驶导致的交通肇事罪的法定刑，而不是必须将危险驾驶入罪。

其次，即使日本增设危险驾驶致死伤罪以及提高该罪的法定刑，与日本酒后驾驶引发的交通事故数量与较前一年减少25%的相关性也值得深研。我们都知道日本相关的立法背景是2000年"东名高速酒后驾驶事故"等两起严重交通事故案件，被害人家属强烈要求严惩肇事者，并得到日本社会的各界人士的支持，引起要求修改法令的连署运动。2001年11月，刑法修改法案在日本国会通过，设立危险驾驶致死伤罪。① 固然日本立法上设置新罪名，加重其法定刑的事实在先，交通事故下降25%的事实在后，但不能就此认定前一事实是导致后一事实的主要原因。学者忽视了另外一种可能，那就是因为那几起严重的交通事故引起的社会反响太大，在民众要求严惩类似行为的呼声下，使得日本交通警察进行了类似我国交通管理部门的严查行动，这才是日本酒后驾驶事故率下降25%的主要原因。② 笔者的这一说法有同类的实证研究结果为据。澳大利亚政府曾将酒后驾车惯犯的最高刑期提高一倍，但就此开展的一项专门的实证研究结果显示，悉尼的酒后驾车者并没有受到此举的影响。该项实证研究的结论是：除非潜在罪犯认为自己可能会被逮住，否则，以严厉的处罚作为威慑手段是没有什么用的。③ 其实这一道理，在两百多年前，贝卡里亚就说得很清楚了："对于犯

---

① 张明楷："日本刑法的发展及其启示"，载《当代法学》2006年第1期；李朝晖："危险驾驶行为独立犯罪化刍议"，载《江西社会科学》2010年第9期。

② 上文已有数据显示，我国交通部门严查酒后驾驶行动，使得酒后驾驶肇事导致事故死亡人数同比下降37.5%。

③ [澳]吉廷斯著：《日常经济学》，闾佳译，机械工业出版社2008年版，第112～113页。

罪最强有力的约束力不是刑罚的严酷性，而是刑罚的必定性。”[①]很多刑法学者平常对此道理也是明白的，但是一涉及具体的问题，又会将这一明显的道理弃之不顾。

最后，即使假定日本立法修改的确导致了酒后驾驶事故减少25%，这一数据也与“行政处罚不足以遏制醉酒驾驶行为，必须将醉酒驾驶行为入罪”的论点相矛盾。既然日本提高了危险驾驶致死伤罪的法定刑也只是导致酒后驾驶事故数量下降了25%，那么也还有75%的“顶风作案”、“屡禁不止”，也没有起到“遏制作用”，甚至还不如我国用行政手段取得的效果好，那么是不是只有继续提高至无期或者死刑，就遏制住酒后驾驶行为了？

（二）将单独设立危险驾驶罪与我国的酒后驾驶等入罪的具体问题相联系就大可质疑

1. 能否将危险驾驶纳入风险社会的范畴就存在问题。贝克所说的风险社会之风险指的是“全球性风险”而不是传统的“个人风险”，“风险，与早期的危险相对，是与现代化的威胁力量以及现代化引致的怀疑的全球化相关的一些后果。”[②]与传统社会的危险相比，“全球性风险”必须同时具有不可感知性、不确定性、整体性（即现代风险是对人类整体的威胁）、建构性、平等性特征。[③] 贝克将风险社会的风险范畴，严格限定在核泄漏、生态危机等这些对人类整体的威胁问题。但很多刑法学者借用贝克的风险社会概念，没有弄清贝克风险社会概念的有限边界，刑法学者所谓的风险社会、风险刑法，其实与贝克提出的风险社会概念相背离。而危险驾驶，无论发展到多么严重的程度，也不可能对人类整体造成威胁，它根本不具有风险社会概念的核心特征。所以，有的刑法学者将风险社会的概念嫁接在危险驾驶的问题上，企图为危险驾驶入罪提供社会理论依据，其实是搬起石头砸自己的脚。如果将传统刑法理论中的行为犯、危险犯、未遂犯这些法益侵害的危险或人身危险等同于风险社会的风险，以我国也进入了风险社会为由而主张对危险驾驶入罪，无疑开了一个坏的立法导向：今天是危险驾驶具有法益侵害的严重危险性和人身危险性而入罪，明天就有可能是另一种“危险行为”要入罪。如此整个刑法将变成一个不断膨胀扩展的刑法，这种刑法必将是一部国家与人民两受其害的极其危险的刑法。

2. 对危险驾驶的国际立法潮流难以照搬到我国。尽管其他国家的相关立

---

① ［意］贝卡里亚著：《论犯罪与刑罚》，黄风译，中国大百科全书出版社1993年版，第59页。

② ［德］贝克著：《风险社会》，何博闻译，凤凰出版传媒集团、译林出版社2003年版，第19页。

③ 赵延东：“解读风险社会理论”，载《自然辩证法研究》2007年第6期。

法趋势在他们的社会条件与法律体系中,并不违背现代法治原则,但具体到我国,问题并不是要不要与国际立法潮流接轨的问题那么简单,我们必须考量我国是否基本具备了这一立法条件。如果仓促予以接轨,有可能导致"这在理论上可能是正确的,但在实践上是行不通的"[①]问题。例如有学者就提示:虽然当代日本刑法呈现出的是处罚的早期化与报应的重罚化并存的特点,但其法定刑在总体上轻于我国,且与我国司法机关一般在法定刑内选择较重的刑罚的做法不同,日本法官并不轻易在法定刑内选择较重的刑罚。事实表明,这种重刑主义做法,并未有效地遏制犯罪,一般预防与特殊预防的效果并不明显。所以,不能因为日本实行重罚化,也要求我国实行重罚化,相反,我国仍有实行轻刑化的余地。[②] 虽然很多学者把该学者的观点解读为支持《刑法修正案(八)草案》对危险驾驶入罪,其实多少有些断章取义式的误读。该学者并没有主张在刑法典中对危险驾驶入罪,而是首先主张我国应该采取类似于西方违警罪或者轻罪的立法方式,应当制定《轻犯罪法》或者在行政法、经济法等法律中,直接规定行政犯的构成要件与法定刑。如他主张在有关道路交通的法律中,直接将酒后驾驶、无证驾驶等行为规定为犯罪并规定较轻的刑种(如禁止驾驶、禁止从事特定职业等)。可见,在我国尚没有采用西方的类似立法方式之前,那么在西方属于轻罪的危险驾驶,在我国就仍然只能属于行政违法行为的范畴。

三、保障民生视角下危险驾驶入罪的负面效应

自党和政府提出"保障和发展民生"的先进政治理念以来,保障民生也成为学术界的热门话题,例如经济学界在民生概念的基础上提出了"民生经济学"、"尊严经济学"、"幸福经济学"的概念,乃至成为一门新的经济学分支学科。在法学领域,也有学者提出了"民生法治"的概念。他们认为法治并不仅仅是一种形而上的价值诉求,或者程序化的规则训诫,它更是一种特定时空背景下的社会实践,必须回应特定时空背景下特定民族的社会、政治诉求,要求法治对于转型期中国的民生难题做出自己的贡献。[③] 笔者认同这种民生法治的研究立场,但用法治来保障民生,不能够过于简单地等同于这种逻辑:凡是老百姓痛恨的违法现象就一定要用最严厉的刑罚予以严惩。动机与结果并不总是统一的,好心办

---

① [德]康德著:《历史理性批判文集》,何兆武译,商务印书馆1990年版,第166页。

② 张明楷:"日本刑法的发展及其启示",载《当代法学》2006年第1期。

③ 付子堂、常安:"民生法治论",载《中国法学》2009年第6期。

坏事并非稀罕之事。任何立法都是有成本的，在立法的社会条件不足的时候，一项立法也许动机是出于"保障民生"，但实际效果有可能背道而驰。所以对于危险驾驶是否应该入罪的立法问题同样也应该接受是否有利于保障真实民生福利的风险评估。而在笔者看来，当前我国如果对醉酒驾驶、飙车两种危险驾驶行为入罪，可能具有以下几个方面的负面效益或者风险：

（一）导致我国的危险驾驶类型行为之间的处罚不公平

"民生问题，从法律上看是社会公平问题"。①

"民生问题首先是一个人的基本需要得到满足的问题，是一个公平对待的问题"。② 公平对待既可意味着对弱势群体的权利、利益的优先保护，也可意味着对应当同等处罚的人同给予平等的处罚。如前文所言，在我国醉酒驾驶、飙车两种类型的危险性以及导致的严重交通事故的比例，并不比超载、超速、无证驾驶、疲劳驾驶、吸毒驾驶、闯红灯、逆行等类型的危险驾驶行为高。那么单单对醉酒驾驶、飙车两种类型入罪，就会产生处罚的不公平，违背民生的平等要义。例如德国《刑法》第315条就对他们国家认定的同质危险驾驶行为做出比较全面的规定，包括：(1)饮用酒类或其他麻醉品、精神上或身体上有缺陷而驾车；(2)未注意优先行使权；(3)错误超车或在超车时错误驾驶；(4)在人行横道上错误驾驶，在不能看清的地方，十字路口、街道、铁路交叉道口超速行驶；(5)在不能看清的地方，未将车停放在车道右侧；(6)在高速公路或公路上掉头或试图掉头，刹车或停车时未保持交通安全所必需的距离。当然，有学者可能认为，笔者提出的这一负面效应并不是反对危险驾驶入罪的理由，而只是提出应该像德国刑法那样全面规定与醉酒驾驶、飙车两种行为类型具有同类危险性的其他危险驾驶行为。笔者不否认这一理由的确是如此，但危险驾驶行为全面入罪同样会有后续的其他负面效应。

（二）导致相关的行政法虚置或法律冲突进而有违宪之嫌

我们可以看到德国《刑法》第315条规定的危险驾驶行为，几乎囊括了我国绝大部分交通违法行为。无论按照《刑法修正案（八）草案》的现有规定，还是全面规定同类的危险驾驶行为，都会使现有的《道路交通安全法》的相关规定实质上失效。在我国，刑法上的犯罪行为与行政法的违法行为的关系是一种衔接或者排斥关系，这不同于刑法上的犯罪行为与某些民法违法行为的重合关系。构

---

① 蒋银华、邓成明："论国家保障民生义务的宪法哲学基础"，载《求索》2008年第2期。

② 路常青："对民生问题的宪法拷问"，载《黑龙江社会科学》2009年第1期。

成犯罪的行为负刑事责任的同时可以同时负民事责任,除非有特别的规定,[①]一般而言构成犯罪的行为,就不能再以行政违法行为进行处罚,反之亦然。甚至于我国《刑法》第402条还规定了以行政执法人员为主体的"徇私舞弊不移交刑事案件罪",来保证行政法与刑法之间的这种基本的排斥关系。从宪法规定的法律关系来看,我国的《道路交通安全法》与《刑法》属于性质不同的法律;在立法主体上,虽然刑法典是全国人大制定的,但《刑法修正案》却是由全国人大常委会制定的,与《道路交通安全法》是同一制定主体,在这个意义上看二者处于同一级别。如果全国人大常委会通过《刑法修正案》制定了与《道路交通安全法》相冲突的法条,就存在违宪问题。正如有学者所言:"立法必须有所限制与节度。作为凝聚着人类最高理性的宪法及其所保护的基本权利就是立法的界限。民生问题暴露出来的不单是经济、社会、政治问题,而是改革与立法的宪法界限问题,因为给种种改革措施贴上'合法'标签的恰恰是立法。……在一定意义上讲,恰恰是因为缺乏宪法的检验与审读,才导致以追求和保障民生为目的的改革却产生了新民生问题。"[②]

(三)危险驾驶行为入罪将会导致"选择性执法"[③]的困境

有学者指出,"选择性执法困境"是指这样的一种两难状态:政府(国家)通过法律规则宣示了某一立场,但这些法律规则因为执法者或利益相关的个体(或者二者相结合)的相应行动策略而受到实际上的漠视、规避、拒斥,进而导致一种"进退两难"处境:要么因为政府立场和法律规则受到公然挑战而致政府和法律权威性资源流失(退);要么因为政府动用各种执法途径和资源执行法律而使执法的经济和社会成本变得难以承受(进)。[④] 在我国当前的社会条件下,醉酒驾驶、飙车入罪会导致这种选择性执法,产生民生福利受损的不利后果:

1. 醉酒驾驶、飙车入罪更加成倍地加剧我国警力严重不足的矛盾。在醉酒驾驶、飙车只属于交通违规的行为时,交通警察无论是偶尔抽查也好,还是集中进行严查也好,其处理的程序相对比较简单,交通警察处理一起酒后驾驶、飙车

---

① 这种特别规定,一是《刑法》总则中第37条规定的非刑罚惩罚方式:对于犯罪情节轻微不需要判处刑罚的,可以免予刑事处罚,但是可以根据案件的不同情况,由主管部门予以行政处罚或者行政处分。二是《刑法》分则罪名的某些规定,例如《刑法修正案(七)》规定:"有第一款行为,经税务机关依法下达追缴通知后,补缴应纳税款,缴纳滞纳金,已受行政处罚的,不予追究刑事责任;但是,五年内因逃避缴纳税款受过刑事处罚或者被税务机关给予二次以上行政处罚的除外。"

② 路常青:"对民生问题的宪法拷问",载《黑龙江社会科学》2009年第1期。

③ 本文中的选择性执法与司法实践中任何违法犯罪都存在的黑数以及极个别的执法人员的"办关系案"之类的渎职行为是两个不同的问题。

④ 王锡锌:"中国行政执法困境的个案解读",载《法学研究》2005年第3期。

案，一般而言可以现场及时做出处理决定。而一旦这些危险驾驶行为入罪，上升为刑事案件，那么不仅对证据的收集、保留、证明程度要求更为严格，而且处理这些刑事案件的交通警察还得参与到后续的案件的起诉、审判的过程，一起刑事案件少则1个月，多则1年半载。对于一线执勤的交通警察而言，原本可以高效率解决的案件，现在变成了本职工作之外的刑事案件。或许遇到类似的行为人，交通警察就会睁一只眼闭一只眼。实际上对于酒后驾驶的行为，并不像闯红灯、违章停车等交通违章行为那么直观可以发现，警察对酒后驾驶的查处，更多的是需要一种主观经验的预判，比如来车走的是“蛇形路”，大体上警察就有一定理由怀疑该驾驶者有酒后驾驶的可能，但也有可能是驾驶技术不熟练所致，那么警察此时对该车不管不问，或者顾左右而言他予以放行，也没有证据证明这种行为就是不作为的渎职。

2. 醉酒驾驶一旦上升到犯罪层面，则不再是交通警察的事情，而是涉及复杂的法律程序与司法关系、司法行为，涉及庞杂的法律资源的耗费与配置问题。我们假定我国的刑警的警力有足够的人力、物力来对危险驾驶罪予以查处，那么我们可以以2008年公安部公布的数据来算一笔成本账。2008年酒后驾驶共导致交通事故7518起，我们保守地将酒后驾驶的交通事故发生率定在25%（按照国际最高的标准）。同时还假定因为立法者将醉酒驾驶入罪而起到了非常好的威慑效果，像有学者认为的日本刑法提高醉酒驾驶致死亡罪导致了酒后驾驶行为下降了25%，那么两两相抵，入罪后我国的酒后驾驶的刑事案件至少就有7518起。如此保守的计算我国1年就新增加了7518起刑事案件，①这个庞大的数字背后涉及的不仅仅是警力是否充足的问题，还有公诉机关、法院、监管单位的人力、物力，同时还要涉及被告人、被害人、证人等相关的资源耗费问题。如果警察以及其他司法人员都去办这样的刑事案件，那么还有多少司法资源用于那些已经对老百姓的生命、健康、自由、财产造成了严重的损害结果的刑事案件？

3. 查处酒后驾驶不光辛苦，还是一项高风险的工作任务。在一线执法的民警，对查处酒驾的高风险有着深刻的体会。② 如果对醉酒驾驶入罪，无疑会增加醉酒驾驶者在面临交通警察的盘查时加速逃逸的可能性，这增加了酒驾者发生

---

① 这一保守数据本身就是以已经导致了交通事故的酒后驾驶为基数计算的，其实酒后驾驶等危险驾驶本身并不必然导致交通事故，而只是具有一定的概率。笔者没有查到危险驾驶导致交通事故的概率的相关研究的数据，只能估计“危险驾驶罪”（危险犯）的案件的实际数量是这一数据的倍数。

② 在醉驾还只是行政处罚的前提下，近些年我国就发生过数起逃避酒检，将交警拖行数百米导致交警死亡、伤害的案例。

严重的交通事故的危险性、可能性。

4. 危险驾驶上升为刑事案件之后，将会变得更加放任自流。我国的交通警察的执法范围是处理交通违规行为，如果危险驾驶在法律上由交通违规行为变为刑事犯罪，那么交通警察主动去查醉酒驾驶或者飙车等危险驾驶的行为，有越权之嫌，至少交警正好有理由不去管这类对警察的人身安全有极大危险的案件，那么在警力严重不足的现状下，我国又能抽出多少刑警中的警力，像交通警察一样站在马路边去侦察这些犯罪呢？如此交通警察没权管、不愿管，刑警没有能力、没有资源去管的“危险驾驶罪”，岂不更是放任自流，变得更糟？

（四）危险驾驶入罪，还会导致立法与民族文化习惯的冲突

尽管人们的醉酒驾驶的习惯是一种陋习，也是一种值得谴责与惩罚的违法行为，但习惯无论其性质是好的还是坏的，在其改变之前就仍然是一种人们的重复性行为倾向。从我国民族的文化心理角度来看，将酒驾从一种违法行为变成犯罪行为，并不符合中国人的民族文化心理。我国刑法通过对犯罪的评价采取的是既定性又定量的方式，将大部分轻微的违法行为排除在犯罪圈之外。我国设置的这种严格区分一般违法与犯罪的二元法律惩罚体系，明显不同于西方的犯罪评价体系。① 这可谓是根据中国人的“执其两端用其中”的中庸文化心理而建立的中国特色的法律评价体系。如果立法者不顾中西民族文化的差异，盲目照搬西方的那种一元犯罪惩罚体系，这无疑是在逆真实的民族精神而动，其负面效应将会很大。德国著名的法学家萨维尼主张：民族的共同意识乃是法律的特定居所，法学家与立法者的真正任务是将民族精神与技术性的法律建立起内在的关联，而不是人为制造二者的决裂。“如果一个时代，条件尚不具备，则不可能以这种方式，经由立法来确定诸种法律概念，如若径行其事，则其效果对于后续时代不无伤害。”②

---

① 在西方或者其他国家的刑法中，很多犯罪的罪名，诸如外国刑法理论分类中的违警罪、轻罪，大体上相当于我国的行政违法行为，例如德国《刑法》第315条规定的很多危险驾驶行为，就是我国《道路交通安全法》规定的交通违章行为。虽然在法条上，在理论上这些没有造成实害结果的危险驾驶行为在德国可以最高处5年徒刑，但笔者认为在司法实践中，法官很少会处那么高的徒刑，更多地是采用罚金或者适用较低的法定刑。极端一点，盗窃一张纸或者在马路上吐一口痰这种在我国连行政处罚都够不上的行为，在有的国家也是犯罪。

② ［德］萨维尼著：《论立法与法学的当代使命》，许章润译，中国法制出版社2001年版，第9～15页。

（五）通过刑法上的犯罪来遏制醉酒驾驶等陋习可能适得其反

表面上看，提出危险驾驶入罪的立法建议，似乎是民众的呼声，其实这只是因为几起严重的醉酒驾驶、飙车案被媒体炒作后，民众要求严查、严惩醉酒驾驶、飙车的短暂情绪的宣泄，这并不代表中国民众冷静下来后的真实的民族文化心理的表征。民众的大众心理具有一定的诱导性、可暗示性。可变性很大的民众心理并不等于相对稳定的民族精神。由少数“文化精英”控制的大众媒体对大众的心理倾向既可以朝重刑主义的角度予以诱导，也可以朝相反的方向诱导，只不过媒体更倾向于前者，以制造新闻效应。其实老百姓对酒驾行为的评价时会因情景不同而陷入一种“抽象的痛恨，具体的认同”的分裂状态。当在媒体的主导下讨论这一问题时，老百姓都会想象自己成为酒驾的被害人的可能性非常高，几乎为100%，因此赞同入罪。但赞同入罪的民众具体到每个人自己的行为时，可能仍然是酒驾行为者，并将自己的酒驾行为的出事概率以及被逮住的概率降到最低，几乎为零。例如开车去赴宴，禁不起朋友的热情劝酒，喝了几杯之后，一是相信只要自己小心谨慎，酒驾就不会出事；二是认为自己酒驾不会正好被警察拦检，不会成为被逮着的那个倒霉蛋。所以即使立法上将酒驾入罪，对酒驾习惯者的行为的改变影响甚微。

这样的立法失败的例子并不少见。例如，1917年美国的一些新教徒组成的禁酒联盟提出饮酒导致了各种违法犯罪，游说国会通过宪法修正案颁布了禁酒令。但事实上，饮酒是美国民族的一种传统习惯，哪怕这是一种陋习，法律在酒精对人们的“致命”吸引力与饮酒习惯面前显得苍白无力。其结果是继续饮酒使禁酒令形同虚设，法律的权威荡然无存，相反还导致了其他严重问题。“地下经济所带来的其他社会问题对人们造成的危害影响人民的福利水平，如美国1919年实行禁酒，结果不但没有杜绝人们饮酒，反而使酒业转入地下，减少了人民的自由，增加了贿赂现象，助长了帮会现象。”①所以，美国1933年最终取消了这一宪法修正案。

我国其实也有类似的例子。谁都知道中国人的规范意识非常的差，行人乱穿马路，司机乱闯红灯等现象司空见惯。遏制行人的这种不遵守交通规则的严重问题，促进行人自觉遵守交通规则，有助于减少社会资源的浪费。2001年，沈阳市出台一部关于交通事故的地方性法规，规定在交通事故中行人违章而机动车没有违章的，责任完全由违章行人承担，机动车驾驶员不负赔偿责任。这被很多学者从尊重人的生命的角度解读为“撞死人白撞”，反对这一立法，最终也废

---

① 贺蕊莉、刘明慧：“法律禁止失效的经济分析”，载《东北财经大学学报》2004年第1期。

止了这一立法。抛开学者的这一角度,其实"撞死人白撞"的法律能否真的取得促进行人自觉遵守交通规则的效果本身就是一个问题。在行为人按照习惯性做出一项行为时,考虑的主要不是法对一个事件发生后做出有利的规定还是不利的规定,而是基于世俗生活经验判断所积累的一些心理动因。正如贝卡里亚所言:"把犯罪看作起因,把刑法看作不可缺少的必然结果。事实上,这些概念的结合是建造整个人类智慧工厂的水泥……人们越是远离一般的观念和普遍的准则,也就是说,越是平俗,就越是根据直接的和比较接近的联系行使,而忽略比较深远和复杂的联系。"①人们之所以不遵守交通规则,并不是因为法律规定人被撞死了可以获得高额的赔偿,同样,法律规定行人因为不遵守交通规则而被撞死后不获得任何赔偿,也不会对那些违反交通规则的人的习惯性行为产生多大的遏制效果。比如乱穿马路的人虽然认为有一定风险,但其根据自己的生活经验认为自己不会这么倒霉,倒霉的是其他人。在具体的行为的情景中,抽象的法以及责任在人们的头脑中通常是缺位的。对于司机而言,同样也是如此。除了极个别特例,司机并不会因为有了"撞死人白撞"的有利法律规定而见到他们痛恨的违章行人就真的撞上去。司机撞还是不撞,行人违章还是不违章,主要取决于这些行为人平常的、法律规定之外的行为习惯与心理。

在我国,危险驾驶行为入罪同样面临着这一问题,一方面入罪之后其预防的效果可能不尽如人意,收效甚微。单从作为犯罪与作为行政违法处理的法律程序的规定不同的角度来看,"刑罚"与"行政处罚"相比,来的总是不及时的,至少要晚那么几个月。刑罚的这种必然的延迟性会极大地削弱人们的惩罚感,其预防效果远不如来得及时的行政处罚,哪怕行政处罚一般在质与量上都要轻于刑罚。② 另一方面入罪之后将会导致对公务员以及其他普通老百姓的实质生存、发展福利的不当损害。当立法上将原本属于行政违法的行为上升为犯罪行为之后,公务员因为醉酒驾驶偶然被抓而判刑罚的,根据《行政机关公务员处分条例》第 17 条规定:行政机关公务员依法被判处刑罚的,给予开除处分。这意味着公务员从此而丢掉了一生所奋斗的饭碗问题。尽管在理想层面,公务员应该表率地遵守国家法律,但公务员违法之后,也只应当负与违法责任相当的福利剥夺。尽管当前我国老百姓有一种仇官、仇富的心理,姑且不论这种心理是否值得提倡,我们也不可忘记其实绝大多数公务员并不是富人,也不是官,更多的是我们身边的普通的就业者而已。而真正的富人、官员要么不具有公务员的身份、要

① [意]贝卡里亚著:《论犯罪与刑罚》,黄风译,中国大百科全书出版社 1993 年版,第 57 页。
② 在我国,劳教的行政处罚要重于某些刑罚处罚。

么多有专职司机,很少自己开车。如此富人与官员恰好并不在这种极其不利的惩罚范围之中,而那些不具有公务员身份的其他普通老百姓,一旦背上了"劳改犯"的符号,无论轻重,在就业上就会变得更加的困难。尽管任何犯罪都会有一个犯罪标签的负面效应问题,但是我们还是要考虑将一种行为上升为犯罪的各种成本与收益的衡量。如果一种行为通过其他法律手段能够收到用刑罚手段达到的收益,例如象征性地取得国家"绝不姑息危险驾驶"的立场的一种宣誓效应,或者用刑罚手段得到的正面的民生福利的收益远远低于其他法律手段,①那么和对老百姓本身的真实福利受损相比,用高成本的刑罚手段来处理危险驾驶行为就显得有些得不偿失。

四、危险驾驶暂缓入罪后的替代措施

笔者虽然不赞同我国当前社会条件下将危险驾驶入罪,但这并不意味着全盘否定法律的效用,这是两个不同的问题。笔者认为即使不对危险驾驶入罪,通过完善其他法律方式或者对《刑法》进行合理的解释,也可以取到预防、控制危险驾驶的良好效果,甚至是更好的效果。

首先,对于醉酒驾驶等危险驾驶行为的严查工作应该制度化,日常化,不能搞此一时、彼一时的运动式执法。尽管这种制度化的执法也会遇到交通警察的资源不足,成本增加的问题,但与入罪的方式相比,其成本的投入与遏制效果的产出之比显然不在同一个级别。

其次,对现有的行政法进行修改也是一条重要途径,主要包括以下几个方面:

1. 提高醉酒驾驶、飙车等危险驾驶的罚款数额。我国经济在迅速的增长,人们生活水平也在提高,对相关交通违法行为的罚款也应该相应提高。或许这种罚款数额的提高对处在水涨船高的生活水平之中的违法者而言,其违法相对应的不利或者痛苦感受并没有明显提高,但这一罚款数额的提高同样可以起到国家立场宣誓的象征意义,即国家回应民众严惩醉酒驾驶等危险驾驶行为的呼声,表明对醉酒驾驶、飙车等危险驾驶行为的不姑息态度。这一罚款数额的提高,还有另外一个好处,即实际上也会增加交通警察查处醉酒驾驶的动因。尽管我国交通警察对交通违法行为的罚款是上交国库的,但实际上还是会按照一定

① 如前文所言,酒后驾驶入刑之后,可能变得更加放任自流。

的比例返回给原单位，这关系交通警察本身的福利问题。尽管很多人从道德的高度将交通部门多采用罚款的方式评价为“以罚代法”、“向钱看齐”、“创收”，但笔者认为这种评价表面上有道理，其实是站着说话不腰痛。即使交通警察基于个人福利的考虑而加大对危险驾驶的查处力度，客观上起到了处罚的不可避免性、及时性所产的预防效果，那么多采用罚款，就无可厚非。其实现代法治的人性根基就是假定每个人都是趋利避害的性恶论。自私并不见得是坏事，如果一项法律的制度设计，对于执法者而言利己又利民，那么这个制度就会得到比较好的落实，相反逆人之本性的制度设计将不会长久。好的法律制度可以使“坏人”变好，坏的制度却使“好人”变坏。况且从法理上看，罚款只要是在法律规定的范围以内，就同样是按照法律办事，不存在“以罚代法”的问题。

2. 在行政法的范围内可以规定相关的剥夺资格的行政性处罚措施。我国《道路交通安全法》虽然规定了暂扣或者吊销机动车驾驶证措施，但笔者认为对于因为醉酒等危险驾驶受到了行政处罚之后仍然屡教不改者，可以规定终身禁驾的措施。事实上，与其对屡教不改的醉酒驾驶在刑法中规定剥夺一定期限自由的刑期，不如在行政法上规定剥夺其从事驾驶资格的效果好。

3. 对危险驾驶者应当明文规定强制其学习的内容，例如美国在司法实践中就强制危险驾驶者观摩停尸房。我国可以借鉴这种实践，将学习、考试交规以及观摩停尸房或者严重交通事故的图片等作为强制学习的内容和方式。这样可以在危险驾驶者心中造成强烈的印象。

4. 增加与醉酒驾驶行为者有关的其他责任人员的行政责任。例如2007年日本新颁行的《道路交通法》就增加了“车辆提供罪”、“酒水提供罪”以及“同乘罪”等新罪名，分别适用于向酒后驾车的司机提供车辆、提供酒水的人以及车上的乘客。笔者认为这种规定总体上而言具有合理性。从上文的醉酒驾驶习惯分析来看，醉酒驾驶行为的发生不仅仅是司机本人的一种独立习惯所致，而且更多地是受到特定生活情景互动中的他人行为的诱导或加力。比如司机喝完了酒，朋友主动上了他的车或者要求他送朋友回家，此时讲面子讲感情的中国人，很少有人会以“开车不喝酒，喝酒不开车”的理由而拒绝。所以，如果对醉驾行为相关的其他行为也规定一定的法律责任，能够起到比较好的情景预防效果，远比对酒后驾驶者本人规定刑罚的效果要好。当然，鉴于醉驾者一般而言是具有独立判断能力的实行行为者，应当负主要行政责任，所以对于酒水提供者[①]、车辆提供者、同乘人不宜规定过严的行政责任，可以规定对这些人处以 500 元以下的罚款。[②]

最后，对于《刑法》的相关罪名，有更好的刑法解释的空间。对此，有学者从《刑法》第 114 条、第 115 条、第 133 条的法条关系角度进行解释，认为行为人实施危险驾驶行为，如果客观上存在与放火、爆炸等相当的具体的公共危险，即使没有发生伤亡实害结果也可以适用《刑法》第 114 条规定的以其他危险方法危害公共安全罪（具体的危险犯）处罚。[③] 笔者下文中就以酒后驾驶的行为类型为例，对相关问题做出进一步补充性的刑法解释。

1. 现有的刑法司法解释在交通肇事罪中考虑到酒后驾驶的严重危险性，从而降低了有酒后驾车情节时的成立犯罪所要求的结果要件，[④]但笔者认为，在有酒后情节的情况下，仍然限定在“交通肇事致 1 人以上重伤”一种情况，这并不合理。其实酒后驾车而肇事的，到底是出现重伤、死亡结果还是没有人员伤亡但造成了重大财产损失，往往并不完全取决于酒后驾驶行为本身，而是受其他不确定的偶然因素所决定。[⑤] 所以，笔者认为，刑事司法解释对此可以进一步规定，酒后驾驶只要造成 1 人以上重伤或者重大财产损失的，就构成交通肇事罪。另外，现有司法解释在对“重大财产损失”的解释标准上也明显过高。对于当今中国的普通老百姓而言，开的车基本上是 20 万元以下的车辆，所以即使整个车报废了，也达不到司法解释中的“30 万元”的标准。但对于价值几百万元上千万元的高档车，也许只是轻微碰撞，车辆整体损毁并不严重但财产损失却可以达到“30 万元”。其实交通肇事罪规定“公私财产遭受重大损失”，其根本目的主要

---

① 我国的法律并不禁酒，喝酒是老百姓的一项生活权利，提供酒水（主要指“劝酒行为”）也是酒文化的一部分。所以餐厅、商店等单位并没有义务，也基本上没有能力判断消费者是否为开车的司机，也没有法律依据对消费者喝酒的正当要求予以拒绝，所以为了避免处罚范围的不当扩大化，可将“酒水提供”限定在那些对驾车者有一定影响力的亲戚、朋友、同事等提供酒水的行为。

② 不排除特定案件中，醉酒驾车人是未成年，而酒水提供者、车辆提供者、同乘人是成年人，那么此时相关人员的责任程度就应该提高。可规定对指使、教唆、怂恿未成年人酒后驾驶的酒水提供者、车辆提供者、同乘人可处 500～1000 元的罚款。

③ 张明楷：“危险驾驶的刑事责任”，载《吉林大学社会科学学报》2009 年第 6 期。

④ 最高人民法院 2000 年发布的《关于审理交通肇事刑事案件具体应用法律若干问题的解释》规定：交通肇事致 1 人以上重伤，负事故全部或者主要责任，并具有“酒后”驾车情节的，构成交通肇事罪，处 3 年以下有期徒刑或者拘役。

⑤ 比如交通肇事所涉及的车辆的质量，所涉及的人员是否及时采用了某种避险措施，是否系了安全带，车辆撞击的部位，车辆中人员的人数乃至于所坐的位置等。

不是保护不特定的财产安全,[1]而仍然是从保护不特定的人身安全角度出发的。换言之,这里的重大财产损失主要表征的是交通肇事行为对人身安全的极大危险性。所以笔者认为应该在要求对车辆撞击的严重程度的条件下大幅降低财产损失的标准。

2. 现有的刑事司法解释在第二个量刑幅度中遗漏了对于"酒后驾车"行为的评价规则。酒后驾驶分为一般的酒后驾驶与醉酒驾驶,醉酒驾驶的危险性显然高于一般的酒后驾驶。所以,笔者认为,在具有一般酒后驾驶的情节前提下,只要"死亡1人或者重伤3人以上"的结果,或者在醉酒驾驶的情节下,即使没有人员伤亡,只要具有了重大财产损失的,都属于第二量刑幅度的"其他特别恶劣情节",应当处3～7年有期徒刑。

3. 关于酒后驾驶肇事后逃逸或者继续冲撞而导致第二次肇事的,笔者认为完全可以以危险方法危害公共安全罪处理。孙伟铭醉酒驾驶案以危险方法危害公共安全罪处理的判决落定之后,最高人民法院发布的《关于醉酒驾车犯罪案件法律适用问题新闻发布稿》指出:今后对醉酒驾车,肇事后继续驾车冲撞,放任危害后果的发生,造成重大伤亡,以危险方法危害公共安全罪定罪。尽管有学者对这一判决的合理性持有异议,认为该案仍然不具有以危险方法危害公共安全罪所要求的故意,只属于交通肇事罪。但笔者认为这一新闻稿的内容是合理的,应当吸收到以后的司法解释中去。基本理由是:如果说醉酒驾驶者第一次肇事是过失,他对自己的车技过于自信,认为交通事故不会发生在自己身上,那么在自己已经造成了一起交通事故的前提下仍然继续冲撞或逃逸,从而再次发生交通事故的,就没有合理的依据认定这种继续冲撞或者逃逸的行为是过失,而是刑法理论上典型的间接故意。如果这种刚刚发生在自己身上的事故都不足以提示间接故意的成立的话,那么在司法实践中,就没有哪一个行为可以被认定为间接故意了。

五、结　　语

醉酒驾驶等危险驾驶行为要不要犯罪化的问题,并不是学者想象中的那种"处罚越重,效果越好"的逻辑关系。在笔者看来,综合考虑我国当前特定的法律体系,我国的特定的社会现实条件,以及民族文化背景等因素,我国将醉酒驾

① 否则的话,交通肇事罪就变成了一个"过失损毁财物罪"。在我国除了明文规定过失损毁珍贵文物罪之外,对于过失损毁财物的行为并不处罚。

驶等危险驾驶行为入罪的负面效应可能远远大于其收益。所以,如果我们的立法者真的是从保障民众的真实民生福利的角度出发进行立法的话,就必须慎重地对待醉酒驾驶等危险驾驶入罪的问题,不能出现西方学者对其政府的某些立法行为的批判中所说的情况:尽管我们的政治家再三阐释自己对"犯罪"的关注,但他们并不见得真心关注降低犯罪率,增加民众的福利,而只是将之作为政治问题。与其说他们希望减少犯罪,倒不如说他们更希望民众认为自己正在努力减少犯罪,至于事实上其立法建议、司法处理方式是否真的能减少犯罪,则无关紧要。①

(2011年第2期)

① [澳]吉廷斯著:《日常经济学》,闾佳译,机械工业出版社2008年版,第111~112页。

美国醉驾的法律规制、争议及启示

杨志琼*

醉驾是美国最常见的一种违法犯罪行为，很多州都设有专门的醉驾法庭，在全美还成立了大量反对醉驾的民间组织以及为醉驾被告提供法律援助的律师协会。这些立场不同的社会力量从多个角度围绕醉驾的“严惩”与“反严惩”进行反复辩论，使美国醉驾的法律规制在不断试错中前进。本文试图对美国醉驾的立法沿革、司法程序及其适用中的争议问题进行研究，以提醒我们对期盼已久的醉驾入刑保持应有的清醒和谨慎。

一、美国醉驾的法律规制

美国大多数州并未在刑法典中对醉驾及其刑事责任做出规定，而是在交通法规或机动车管理规定中对醉驾的行为类型、执法过程、司法程序和法律后果等做出规定。①

（一）醉驾的立法沿革

自19世纪末20世纪初以来，美国政府逐步认识到醉驾的社会危害性并不断强化了醉驾的法律规制，很多目前通行于各州的醉驾法律，都是从那时起在实践中反复试错形成的。在早期，执法人员主要通过观察驾驶者的身体症状来判断其醉酒程度，而到1939年，很多州开始尝试通过化学测试来判断驾驶者是否醉驾。此后，为敦促各州加强醉驾立法，美国国会于1966年通过了《道路安全法》，授权交通部制定有关道路交通安全的法规。根据这一授权，交通部对那些未能遵循道路安全法规的州，可以拒绝给予联邦道路资金。在这一财政刺激下，各州最终都制定了相关的道路安全法规，包括通过化学测试来判定醉驾、规定血

* 作者单位：东南大学法学院。

本文系“东南大学重大人文社科科研引导基金项目”子课题阶段性成果。

① 由于立法的不一致，在全美并无统一的醉驾规定，我们只能将醉驾大致概括为：在摄取酒精或其他麻醉药品后驾驶或物理上控制机动车辆的行为。载 http://en. wikipedi a. org/wiki/Driving under the influence。

液中酒精的含量不得超过法定限度和制定“默示同意”条款等。① 虽然国会的这一计划并没有预期的那样成功，但还是在很多领域取得深远影响，美国有关醉驾的法律也在此时初显雏形。

此外，20世纪六七十年代，各州相继制定法律敦促醉驾者接受滥用酒精的康复治疗，因为科学家和药学家都认为醉驾是由驾驶者滥用酒精引起的。这一帮助醉驾者康复的尝试在1982年被《联邦交通安全—驾驶登记法案》推而广之。该法案旨在向各州提供交通安全经费，以强化吊销那些拒绝接受或未能通过化学测试者驾驶证的执法。在此影响下，从1981年到1986年全美共通过了729部有关醉驾的法律法规。② 其中最受关注的是联邦政府在1986年通过的《防止醉驾法案》，其目的是动员各州制定吊销醉驾者驾驶证的法律法规。根据这些法律法规，执法人员一旦发现醉驾就可以立即吊销驾驶者的驾驶证，尽可能防患交通事故于未然。③

近年来，醉驾的法律规制主要关注如何加强惩罚的严厉性。这是由“反对醉驾母亲协会”这一民间组织提出的，主张给予醉驾者强制监禁和罚款等严厉处罚。④ 大量触目惊心的醉驾事故增强了民间组织严惩醉驾者的呼声，日益增长的交通事故统计数据也迫使政府对醉驾采取更强硬的态度。这样，“公共安全政策”的拥护者获得了目前美国醉驾法律规制的主流话语权，加强对醉驾者的惩罚已是大势所趋。

（二）醉驾的执法过程

虽然各州对醉驾的法律规定并不完全相同，但其执法过程大多都包括如下步骤：⑤

1. 停车检查程序。一旦执法人员有合理理由怀疑驾驶者醉酒驾车，就可以要求驾驶者停车并接受随后的各种醉驾测试。

2. 现场清醒测试。这是由美国国家公路交通安全管理局发起用以评估驾驶者醉酒状态的一组测试方法，包括水平性眼震测试、直行和转弯、单腿站立三套测试。上述看似非常简单的测试对醉酒人而言是难以准确完成的，因此“现

---

① Michael Laurence, The Development of California Drunk Driving Legislation 4 (1988).

② Evans et al. (1991), p. 280.

③ David G. Dargatis, Put Down That Drink!: The Double Jeopardy Drunk Driving Defense is not Going To Save You, *Iowa Law Review*, March 1996.

④ Stephanie Ann Miyoshi, Is The DUI DoubleJeopardy Defense D. O. A. ?, *Loyola of Los Angeles Law Review*, April, 1996.

⑤ 载 http://www. yourlegalguide. com/dui。

场清醒测试"成为各州交警确定驾驶者是否醉驾的重要手段。①

3. 呼吸测试或血液检测、尿液检测。如果驾驶者未能通过"现场清醒测试",那么警察将对驾驶者进行FSTs更为准确的化学测试,包括现场进行酒精呼吸测试,或者进行血液检测、尿液检测。这些测试的主要目的是检测驾驶者血液中酒精含量是否达到法定限度。美国50个州以及哥伦比亚行政特区都对血液中的酒精含量有限制——对于21岁以上的公民而言,其血液中的酒精含量必须低于80mg/100ml,②否则构成醉驾。

4. 拘留驾驶者。如果上述测试证实驾驶者的确因服用酒精或其他麻醉品而导致驾车能力削弱,那么驾驶者将被拘留。

(三)醉驾的司法程序

一般而言,醉驾可能使驾驶者面临两个独立的讼案,进而引起两种相对独立的司法程序:汽车署听证会和刑事法庭审判程序,前者主要是从行政执法的角度考虑驾驶者的驾驶资格和拘留时的状况,其结果是暂时吊销驾驶证或宣布驾驶证永久无效,后者则主要考虑醉驾行为是否构成犯罪以及给予何种刑罚处罚。

1. 汽车署听证会。美国多数州交通法规规定,驾驶者如果拒绝或未能通过前述各种测试,那么其驾驶证将被吊销或被宣告无效。③ 当然,驾驶者可以在法定日期内向汽车署(Department of Motor Vehicles,DMV)提出听证要求,以确定驾驶证是否被吊销。DMV的听证官必须提供足够的证据来证明以下几点:第一,执行拘留的司法人员是否有理由相信驾驶者正在醉酒驾车;第二,拘留是否合法;第三,驾驶者是否拒绝接受测试,或虽同意接受测试,但测试结果显示其血液中的酒精含量≥80mg/100ml;第四,驾驶者是否被告知,如果拒绝接受测试,其驾驶证将被吊销或被宣布永久无效。④ 如果上述事实得到证明,那么驾驶者的驾驶证将确认被吊销。

听证会可能产生两种结果:比较有利的结果是DMV的听证官做出撤销、暂时吊销或限制使用驾驶证的决定。这就意味着DMV案结束,驾驶者可以免费从

---

① Bruce Nelson, A Brief Summary of Field Sobriety Tests in DUI Cases, *Nevada Lawyer*, September, 2006.

② 载 http://en. wikipedi a. org/wiki/Driving under the influence。

③ 吊销驾驶证有如下两种途径:第一,警察直接吊销驾驶者的驾驶证并给予其一个在特定期限内有效的临时驾驶证;第二,警察并不直接吊销驾驶证,而是将醉驾情况通知机动车辆管理部门,由后者来吊销驾驶者的驾驶证。See Stephanie Ann Miyoshi, Is the DUI Double Jeopardy Defense D. O. A. ?, *Loyola of Los Angeles Law Review*, April, 1996.

④ Stephanie Ann Miyoshi, Is the DUI Double Jeopardy Defense D. O. A. ?, *Loyola of Los Angeles Law Review*, April, 1996.

DMV 处获得一个驾驶证的副本，继续从事驾驶行为；另一个结果是类似的行政行为，即撤销、暂时吊销或限制驾驶权，即驾驶资格的丧失。此时，DMV 的听证官可能会对驾驶者提出一些要求，如参加醉酒教育课程、参加社区服务、参加戒酒戒毒培训班等，只有满足这些要求后，驾驶权才能恢复。①

值得注意的是，醉驾的汽车署听证会程序与其刑事审判程序相比具有如下不同点：(1)在 DMV 中往往没有证人，听证会的决议主要取决于警察的记录报告和化学测试结果；(2)DMV 中检察官和法官是同一人，也就是说，由同一人介绍证据，然后肯定其法律效力。

2. 刑事法庭审判程序。在汽车署听证会之后，被确认醉驾的驾驶者必须根据各州法律接受刑事审判。刑事审判程序主要是确定驾驶者是否有罪以及承担何种刑事责任。

醉驾是否构成犯罪，主要取决于醉驾是否导致人身伤亡以及驾驶者之前是否存在醉驾的违法犯罪行为。在大多数州，醉驾如果导致了人身伤亡或财产损失，或有造成这些严重后果的危险时，就有可能构成轻罪或重罪。其中，醉驾没有导致人身伤亡或财产损失时，仅构成轻罪，将被判处 700 美元至 1500 美元的罚款、1 年以下监禁刑期、1 ~7 年的保护观察或者吊销驾驶证等。但如果多次醉驾或者醉驾导致重大人身伤亡、财产损失时，可能构成重罪，将被判处高额罚款、1 年以上有期徒刑。在某些州，如果醉驾后果极其严重，驾驶者甚至可能被判处死刑，与此同时，驾驶者将失去由陪审团审判的权利、选举权和从事特定职业的权利。②

在刑事审判中，如下因素可能导致醉驾者的刑罚处罚加重：(1)过去曾有醉驾的违法犯罪经历；(2)酒后超速驾驶；(3)醉驾时车内有未成年人；(4)血液中酒精含量过分超标；(5)拒绝接受化学测试等。③

除此之外，驾驶者可能还要承担一定的民事责任。当醉驾导致人身伤亡或财产损失时，驾驶者就会面临民事责任赔偿，主要是赔偿被害人的财产损失、减少的收入、医疗费用等。

① 载 http://www. bayareaduidefense. com/dmv_hearing/procedure. html。

② 载 http://www. drivinglaws. org/resources/dui - dwi/misdemeanor - dui/consequ ences - a - misdemeanor - dui。

③ 载 http://www. attorneyandlawguide. com/dui/criminal_case. php。

二、美国醉驾法律规制的适用争议

基于“公共安全政策”对醉驾进行严惩是美国司法的一贯做法，但从实践来看，这一做法并非一帆风顺，而是遭到了醉驾被告及其辩护律师的多番质疑。

（一）证据上——各种醉驾测试标准备受质疑

醉驾案件涉及众多尖锐的科学和法律问题，尤其是在过去几十年中，有关醉驾的法律在内容、证据和程序上都发生了根本性变革。目前审理醉驾案件几乎无须考虑驾驶者是否处于醉态，而变成一个生物学问题——证明驾驶者血液中的酒精含量（BAC）是否≥80mg/100ml。因此，各种测试标准是否科学、能否被法庭采用便成为案件争论的焦点，尤其是对现场清醒测试（FSTs）和各种化学测试（包括呼吸测试、血液检测和尿液检测）的争论。[①]

1. 现场清醒测试（FSTs）。[②] FSTs 最具争议的地方在于：

（1）这组测试本身是否科学？FSTs 的测试结果在过去曾被认为是证明驾驶者血液中酒精含量达到法定限度的有力证据。但是，国家公路交通安全管理局的这一“杰作”日益受到法学界和科学界的批判：第一，FSTs 中各种测试本身就缺乏科学性，不能用来证明驾驶者因饮酒而导致驾驶能力被削弱。[③] 这些测试方法在被国家公路交通安全管理局公布前，并没有经过该领域专家的反复论证，尤其是其中的水平性眼震测试，其理论基础并没有获得该学科领域专家的广泛认可。第二，FSTs 测试过程容易受到多种因素的影响，其结果并不如当初实验室测试的那样准确。这些因素包括：测试前警察观察驾驶者拙劣驾驶技术而产生的偏见；自然条件、视线干扰、风等环境状况；被测试者的害怕、尴尬、紧张等心

---

① 从司法实践来看，这些证据要得到法庭的认可，必须具备如下条件：第一，这些证据本身是“科学的”（scientific）；第二，获得这些证据的方法是科学的；第三，在某些州，符合前述两个条件的证据还必须同时满足本州的其他特别规定。See Donald J. Ramsell, Scientific Evidence Standards in DUI/DWI Cases, Aspatore 1 April, 2009.

② 如前所述，FSTs 由水平性眼震测试（HNG）、直行和转弯（WAT）、单腿站立（OLS）三套测试组成。从心理学意义上讲，这组测试的核心是“分散注意力”（divided attentio n），即要求被测试者同时将注意力集中在两件事情上。因为安全驾驶要求驾驶者在精神上和身体上同时具有多项注意力，驾驶者（即被测试者）如果因为饮酒缺乏相应的平衡能力和协调能力而无法正确完成测试时，就说明其缺乏安全驾驶的能力，因而构成醉驾。See Bruce Nelson, A Brief Summary of Field Sobriety Tests in DUI Cases, *Nevada Lawyer*, September, 2006.

③ Steven Rubenzer, The Standardized Field Sobriety Tests: A R eview of Scientific and Legal Issues, 32(4) *Law Hum.* 293, 294 (2007).

理反应。[1] 第三,也有观点认为,FSTs 并不是醉驾的科学证据,而只是确认醉酒状态的观察资料。因为测试内容只涉及普通公民用通常社会经验就可以完成的观察和判断。因此,FSTs 并没有想象中的那么博大精深,它急需加强的是其技术含量而不是执法人员的测试经验。[2] 作为折中的态度,目前多数法院都认为,FSTs 只能证明驾驶者的确处于醉酒状态,但还不能准确说明驾驶者血液中的酒精含量是否达到法定限度。

(2)如果警察未能按照国家公路交通安全管理局规定的方式和程序来完成测试,是否影响这组测试的证据力?国家公路交通安全管理局在总结 FSTs 的证据力时指出,警察在执行 FSTs 时必须完全符合下述条件:第一,按照 FSTs 规定的标准方式来进行测试;第二,按照 FSTs 规定的得分制来评价驾驶者的行为;第三,按照 FSTs 规定的标准来解释驾驶者的表现。只有完全符合上述要求,FSTs 才是判定驾驶者处于法定醉酒状态的有效方式,背离其中任何一个环节,都会使测试结果的准确性大打折扣。[3] 据此,目前大多数法院也承认,警察在 FSTs 测试中出现的错误会影响到 FSTs 测试的准确性,进而影响其证据力。

从总体来看,FSTs 在全美乃至全球的广泛适用是毋庸置疑的,对 FSTs 本身是否科学的质疑也仅停留在理论层面。因此,醉驾案的控方和辩方似乎都承认 FSTs 的可靠性和证据力主要取决于警察是否严格遵守了测试的方法和程序。为此,醉驾被告及其辩护律师通常会在审判前采取一些行动,以限制法庭采用那些没有严格遵守 FSTs 测试方法和程序而产生的测试结果。[4]

2. 各种化学测试。如前所述,FSTs 只能证明驾驶者是否处于醉酒的状态,要准确判断驾驶者血液中的酒精含量(BAC),还需借助如下 3 组测试:[5]

(1)呼吸测试。目前大多呼吸测试都是由醉驾测试器来完成的,尽管不断更新,这种测试的准确性仍备受质疑。许多专家认为:第一,即使是最先进的呼

---

① George L. Bianchi, Field Sobriety Testing and Driver Impairment: Linked or Not?, Aspatore 1 April, 2009.

② People v. Bostelman 325 Ill. App. 3d 22, 33, 756 N. E. 2d 953, 962 , 258 Ill. Dec. 679, 688 (Ill. App. 2Dist, 2001).

③ National Highway Traffic Safety Adm. , U. S. Dept. of Transp. , HS 178 R2/0 0, DWI Detection and Standardized Field Sobriety Testing, Student Manual (2000), at VIII - 3.

④ Donald J. Ramsell, Scientific Evidence Standards in DUI/DWI Cases, Aspatore 1 April, 2009.

⑤ 其中,呼吸测试是最方便执行的一种测试,因而被广泛运用;血液测试是最准确也是最昂贵的测试方法;而尿液测试则是最不准确的测试方法。警察通常会根据案件情况决定选择呼吸测试还是尿液检测,血液检测只有在发生车祸、司机受伤并被送往医疗机构救助的场合。See Brian J. Wolf, The Impact of New Technology on Expert Testimony: An Ev olving Science And Its Utilization By Creative Counsel, Aspatore 1 June, 2010.

吸测试仪器，随着其核心计算机程序的日益复杂，其因无线电频率的干扰而误读测试结果的风险也会相应增加；第二，过去某个时间曾饮酒的人，在进行呼吸测试时可能存在酒精回流的情况，容易误导测试；第三，安装了整副假牙的人在其假牙里可能存在酒精堆积物，这也会误导测试；第四，被测试者的体温与其血液中的酒精含量成正比，这就意味着当其体温升高时，其血液中的酒精含量（BAC）的测试结果也会升高，但这一情况却被目前的呼吸测试所忽略；第五，许多执行呼吸测试的执法人员并没有得健康部门的审核授权，因此很难保证呼吸测试过程及其结果的准确性。①

（2）血液检测。血液检测的方法包括三种：气体层析法、生化酶分析法和重铬酸盐分析法。② 通常情况下，对这些方法准确性的质疑需要具备极高的专业水平和长期的实证研究，这对驾驶被告及其辩护律师来说是难以完成的。因此，对血液测试准确性的质疑主要集中在测试方法上：第一，负责收集血液和测试血液的人员往往未经过专门培训和资格认证，很难保证测试结果的准确性；第二，很多测试容器都是基于商业目的而被大批量生产的，在使用前并没有被很好的保存，因此这些容器不具备当初实验室测试时的理想状态，这极大影响了测试结果的准确性；第三，抽取血液样品的过程并不科学，因为用针头抽取被测试者的血液时，往往会用酒精棉球对扎针部位进行消毒，这样，针头就会吸收部分酒精棉球的剩余物，导致血液样品在测试前就受到酒精污染；③第四，测试血液样品的过程也值得怀疑，在那些工作繁重的实验室，实验人员通常不会在某一时段只测试一个样品，而是同时对多个样品进行多种测试，因而容易混淆测试样品和结果。④

（3）尿液检测。尿液检测的方法也包括气体层析法、生化酶分析法和重铬酸盐分析法。受到质疑的主要是：第一，尿液检测本身并不科学。根据尿液检测的原理，在收集尿液样品前，被测试者必须先排光膀胱15～20分钟，将重新产生的尿液作为样品才能保证测试准确性，而这对被测试者而言基本上是不可能完成的。第二，科学研究标明，尿液样品通常会被一种假丝酵母的物质所感染，并

① Brian J. Wolf, The Impact of New Technology on Expert Testimony: An Ev olving Science And Its Utilization By Creative Counsel, Aspatore 1 June, 2010.

② Lawrence Tayor and Steven Oberman, *Drunk Driving Defense* (6th . ed.), Aspen Publishers , 2006, p. 538.

③ Brian J. Wolf, The Impact of New Technology on Expert Testimony: An Evolving Science And Its Utilization By Creative Counsel, Aspatore 1 June, 2010.

④ Lawrence Tayor and Steven Oberman, *Drunk Driving Defense* (6th. ed.), Aspen Publishers, 2006, p. 540.

产生一定浓度的酒精。因此,即使驾驶者没有饮酒,也会在其尿液发现很高浓度的酒精。第三,和血液检测一样,负责采集尿液和测试尿液的人员是否经过专门培训和资格认证、使用的容器是否达到理想程度、测试尿液的过程是否科学等都值得质疑。[①]

这样,在美国醉驾的司法实践中,可以看到一种很有趣的现象:一方面是庞大的律师从业人员根据科学研究和从业经验,对各种醉驾测试进行无孔不入的质疑,并孜孜不倦地宣传这些质疑,以期从根本上动摇醉驾指控依据;另一方面政府为了应对这些质疑,想方设法为执法人员提供各种培训,以确保其正确执行各种醉驾测试。不可否认的是,这些从科学角度对醉驾测试的质疑,迫使司法机关不断提高了醉驾测试的科学性,极大减少了醉驾冤假错案的发生。

(二)犯罪成立条件上——严格责任在醉驾案中的适用饱受批判

根据美国模范刑法典的规定,要构成刑法规定的犯罪行为,必须具备作为或不作为的犯罪意图,犯罪意图是刑事司法体系的控诉要旨。[②] 而从美国司法实践来看,在那些涉及公共安全的犯罪中,严格责任以其"保护公共利益、举证上的便宜"的诉讼优点被运用到各种法定犯中,在这些犯罪中,并不需要一般意义上的犯罪意图。[③] 在此背景下,日益增多且危害公共交通安全的醉驾案件便顺理成章地被法院用"严格责任"来定罪处罚。

从立法上看,美国大多数州的交通法规都将醉驾规定:在酒精的影响下或者在血液中酒精含量(BAC)达到80mg/100ml的情况下驾车是违法行为。表面上看,这类规定似乎没有要求醉驾者必须具有犯罪意图。因此,对醉驾犯罪适用何种形式的责任形态,就不得不由法院在审判时通过解释法律来完成。

从实践来看,各州法院在决定是否对醉驾犯罪适用严格责任时,主要考虑如下因素:第一,本州处罚醉驾犯罪的历史和传统。由于不少州在20世纪初就已经开始对醉驾犯罪适用严格责任,因此这种做法往往被后来法院审理其他类似案件时援引。第二,醉驾犯罪对公共利益,尤其是公共安全的侵犯程度。从目前交通管理部门统计的数据来看,醉驾犯罪引起的人身伤亡和财产损失之巨大是毋庸置疑的,这促成了各州法院对醉驾犯罪适用严格责任的兴趣和决心。第三,控诉醉驾犯罪的案件数量。在各州每年都有大量控诉醉驾的案件,表明醉驾犯罪是一种最普遍的犯罪,因而有必要对之适用严格责任以示惩戒。第四,在醉驾

---

① Lawrence Tayor and Steven Oberman, *Drunk Driving Defense*(6th. ed.), Aspen Publishers, 2006 pp. 570 – 582.

② Morissette, 342 U. S. at 252.

③ 陈露:"刑事严格责任之厘清与解构",载《刑事法评论》2009年第1期。

犯罪中要求证明犯罪意图给控诉带来的困难程度。控诉机关认为，要求醉驾犯罪具有一定的犯罪意图会使控诉变得费力且抑制执法效果。① 因此，不少法院在本州法律未对醉驾主观心态做明文规定时，更乐意“含蓄地”对其适用严格责任，而忽略犯罪意图这一犯罪成立的基本要素。

然而，很多学者和律师认为，对醉驾案件适用严格责任是不合适的，理由如下：第一，严格责任在刑法领域并未获得完全一致的认可。有学者认为，对那些没有犯罪意图的人适用严格责任是无效的和不公平的：说其无效，是因为对没有犯罪意识的行为人适用严格责任进行惩罚，并不能防止行为人以后再犯罪或者有利于对行为人进行改造；说其不公平，是因为使精神上不应受谴责的行为人背上犯罪的污名是不公平的。因此，无论从目的刑理论还是从报应刑理论来看，对缺乏犯罪意识的行为采用严格责任加以刑事处罚是不合适的。② 第二，从醉驾犯罪所适用的刑罚来看，它并不属于严格责任类型的犯罪。美国很多州的法律规定，对于多次醉驾以及醉驾导致重大人身伤亡或财产损失的行为，将被判定为重罪并处以15年乃至20年的监禁刑。而从严格责任的产生背景以及美国模范刑法典的规定来看，严格责任仅适用于那些刑事处罚较轻以及不会给被告带来法律上不利影响的行为，如违警罪，这些行为仅被处以保护观察、罚款或其他民事制裁等较轻处罚。③ 因此，从醉驾犯罪在很多情况下会被判处较长监禁刑以及被贴上“重罪”的标签来看，它显然不适合采用严格责任。第三，有学者认为，将醉驾犯罪的主观方面界定为“轻率”比适用严格责任更符合模范刑法典的规定和驾驶者的实际心态。美国模范刑法典将犯罪的主观方面分为蓄意、明知、轻率和疏忽四个可责性不同的层次，缺乏这些罪过形式，行为不构成犯罪。此外，《模范刑法典》第208(2)条也规定，行为人自己招致醉态进而构成犯罪的主观心态是“轻率”。④

鉴于此，在醉驾犯罪中，考虑到醉驾控诉案件数量之大以及证明犯罪人有较高程度的犯意所带来的司法困难，选择“蓄意”与“明知”两种罪过形式显得过重，而选择“疏忽”又无法承受国家给予醉驾犯罪的长期监禁刑处罚和强烈的道

---

① Mark Feigl, DWI And The Insanity Defense: A Reasoned Approach, *Vermont Law Review*, Fall, 1995.

② Anne C. Gresham, The Insanity Plea: A Futile Defense for Serial Killers, 17 *Law & Psychol. Rev.* 193, 193 (1993).

③ Morissette v. Unite d States, 342 U. S. 246, 256 (1952).

④ 《模范刑法典》第208(2)条规定：“在以轻率作为犯罪要件时，行为人对自己招致的醉态，以致未能认识到如在清醒状态下应该能够认识的危险时，其未能认识不影响犯罪的成立。”参见《美国模范刑法典及其评注》，刘仁文、王炜等译，法律出版社2005年版，第39页。

德遣责。因此,将醉驾犯罪的主观方面限定为“轻率”,不仅满足了模范刑法典对罪过形式的要求,也与实践中驾驶者自己招致醉态进而驾车的心态相符合,这比适用严格责任更合理。①

这场有关“严格责任”的理论纷争导致了美国醉驾案中旷日持久的口水战:一方面,那些因醉驾车祸而承受丧亲之痛的被害人和考虑公共交通安全的有志之士强烈要求给予醉驾者更严厉的法律制裁,因此采用严格责任来认定犯罪在他们看来再好不过;另一方面,捍卫传统刑法理论的人却认为,为获得醉驾案件执法的功利与效率,在醉驾案件中适用严格责任牺牲了法律应有的公正,是非常错误的。② 虽然反对“严格责任”者没有获得主流话语权,但他们仍然迫使法院面对一个难题——如何阐明醉驾的主观责任形态?这对今后完善醉驾犯罪的成立条件具有重要意义。

(三)程序上——醉驾的司法程序有违反宪法“一事不再理”之嫌

美国宪法第五修正案规定:“任何人都不应因同一犯罪行为而受到两次处罚……”这一规定被称为“一事不再理”。一般认为,“一事不再理”意味着:(1)反对在某一罪行被宣告无罪后又对该行为提起诉讼;(2)反对在某一罪行被确认有罪后又对该行为提起诉讼;(3)反对对同一犯罪行为进行多重处罚。③ 从醉驾的司法程序来看,驾驶者经汽车署听证会确认吊销驾驶证后,往往还会因为同一醉驾行为而受到刑事追诉。不少人认为,这就意味着驾驶者因同一醉驾行为受到多重处罚——吊销驾驶证和后续的刑事追诉,因而违反了宪法“一事不再理”原则。④ 基于上述理由,不少因醉驾被吊销驾驶证的被告及其辩护律师会在刑事审判前,根据宪法“一事不再理”原则向法庭提出停止后续刑事追诉的请求。

由于美国最高法院并没有明确表示吊销驾驶证和后续的刑事追诉是否违反宪法“一事不再理”原则,因此,要判断其是否违宪,必须考虑如下3点:(1)吊销驾驶证和后续的刑事追诉是否基于同一违法犯罪行为;(2)吊销驾驶证和后续的刑事追诉是否有各自独立的司法程序;(3)吊销驾驶证是否一种刑罚处罚措

---

① Mark Feigl, DWI And The Insanity Defense: A Reasoned Approach, *Vermont Law Review*, Fall, 1995.

② Monte Kuligowski, Rethinking DUI Law in VIRGINIA, *Univers ty of Richmond Law Review*, Annual Survey 2007.

③ North Caro lina v. Pearce, 395 U. S. 711, 717 (1969).

④ State v. Hickham, No. MV 94 -618025, 1995 WL 243352.

施。[①] 显然,对于问题(1)和问题(2)基本没有争议,吊销驾驶证和后续的刑事追诉确实是基于醉驾这同一犯罪行为,并且有其各自独立的司法程序。争议主要集中在问题(3)——吊销驾驶证的性质,如果它是一种刑罚处罚措施,那么与后续的刑事追诉并用可能违宪,如果不是,则不存在违宪之嫌。从最高法院过去相关判例来看,在"一事不再理"所规定的禁止多重处罚中,各种法律制裁的性质不在于它被冠以"刑事"或"民事"等标签,而在于其处罚目的。[②] 因此,对吊销驾驶证这一法律制裁措施而言,其是否具有刑罚性,关键在于其是基于报应、威慑目的,还是出于救济目的?[③]

传统的观点认为,吊销驾驶证后再予以刑事追诉并不违宪,因为吊销驾驶证在本质上并不是一种刑罚处罚。理由如下:第一,从多数州吊销驾驶证的立法意图来看,它更多的是一种法律救济措施,而不是报应措施或威慑措施。因为这些州立法机关认为,醉酒驾驶者是对社会安全的巨大威胁,为了杜绝醉驾这种冒险行为并将驾驶者驱除于公路之外,制定吊销驾驶证的法律是合适的。这说明吊销驾驶证是为了保护公共安全,而不是为了惩罚驾驶者。[④] 第二,"驾驶"是一种"特权",而不是"基本权利"。这种"特权"意味着只要行政机关认为存在合法理由,就可以吊销驾驶证,并不会侵犯公民的"基本权利"。因此,吊销驾驶证只是救济措施的体现,而不具有剥夺公民"基本权利"的报应刑或威慑刑色彩。[⑤] 第三,如果将吊销驾驶证和吊销其他职业执照(如医师执照、律师执照等)的规定相比,会发现宪法中"一事不再理"并不禁止在吊销这些职业执照后再对当事人进行刑事追诉。因此,吊销驾驶证后对驾驶者进行刑事追诉,也不违宪。[⑥] 这种观点目前仍得到多数法院的认同,那些被吊销驾驶证的驾驶者,仍必须接受后续的刑事追诉。

由于美国最高法院在以往案件中对"一事不再理"的适用态度并不一致,这就为醉驾被告及其律师提供了大量可供辩论的素材。他们往往会从以下几点来论证吊销驾驶证的报应、威慑作用及其刑罚性:第一,"驾驶"本身应该是公民的一项"基本权利",而不是"特权",因此,吊销驾驶证实际上就是对"驾驶"这项

---

① State v. Hanson, 543 N. W. 2d 84, 86 (Minn. 1996) (en banc).

② United States v. Halper, 490 U. S. 435, 448 (1990).

③ Daniel A. Allen, To Punish or To Remedy—That is The Constitutional Question: Double Jeopardy Confusion in State v. Hanson, *Creighton Law Review*, December, 1996.

④ Daniel T. Gilbert and John A. Stephen, Is suspension of drivers' license in jeopardy?, May/June, 1995 (Approx. 4 pages).

⑤ Hansen, 249 Neb. at 190, 542 N. W. 2d at 433.

⑥ Loui v. Bd. of Medical Examrs, 889 P. 2d 705, 711 (Haw. 1995).

基本权利的剥夺，具有报应刑和威慑刑的性质。第二，在著名的 State v. Hanson 案中，最高法院曾认为那些具有报应与威慑目的的民事制裁可能属于“刑罚”的范畴。[①] 根据判例法的解释规则，具有报应和威慑性质的吊销驾驶证也可以看做刑罚措施，与后续的刑事追诉并用会违反“一事不再理”。第三，从吊销驾驶证给驾驶者带来的实际后果来看，它具有刑罚的报应性和威慑性。在当前以汽车为主要交通工具的社会，吊销驾驶证无疑会给驾驶者的工作和生活带来诸多不利。尤其是对那些以“驾驶”为业务的人而言，吊销驾驶证对其惩罚性比其他刑罚来得更为强烈。[②] 第四，从立法沿革来看，立法者在制定吊销驾驶证的法律法规时，就旨在使其服务于威慑和惩罚的目的。美国不少道路交通安全部门也认为，吊销驾驶证最有价值的地方就在于其威慑性。“反对醉驾母亲协会”(MADD)就曾因吊销驾驶证的威慑作用而鼓动各州制定有关吊销驾驶证的法律法规。[③] 美国公路安全保险部门一项调查也表明，吊销驾驶证是制裁醉驾最为有效的一种威慑措施。[④] 正是基于上述理由，不少被告人在被吊销驾驶证后成功地援引了“一事不再理”而停止了后续刑事追诉。

从司法实践来看，目前各州对吊销驾驶证和刑事追诉并用是否违宪的态度并不一致：俄亥俄州和康涅狄格州明确承认这种做法违宪，因而不再进行后续刑事追诉；夏威夷和缅因州则明确表示这种做法并不违宪，无须停止后续刑事追诉；[⑤]其他州对这一问题的态度并不明确，大体说来，醉驾被告援引“一事不再理”的成功率在“地区法院→上诉法院→高级法院”这一诉讼过程中逐渐降低。[⑥] 虽然前景还不明确，但这一理论纷争仍提醒立法者，必须合理地设置醉驾犯罪的法律制裁体系，而不能过分地牺牲被告的合法权利来换取公共安全。

---

① Loui v. Bd. of Medical Examrs, 889 P. 2d 705, 711 (Haw. 1995).

② Janis Mary Gomez, The Potential Double Jeopardy Implications of Administrative License Revocation, *Emory Law Journal*, Winter 1997.

③ Micky Sadoff, *Get MADD Again, America*! 7 (1991).

④ Eric Pianin, Bill Urges Suspending Drunk DriversLicenses; Federal Highway Trust Funds Would Be Offered as Incentive, *Wash. Post*, May 12, 1988, at B4.

⑤ Nina J. Sines and John Ekman, Double Jeopardy: A New Tool in the Arsenal of Drunk Driving Defense, *Wisconsin Lawyer*, December, 1995.

⑥ Stephanie Ann Miyoshi, Is The DUI Double Jeopardy Defense D. O. A. ?, *Loyola of Los Angeles Law Review*, April, 1996.

三、美国醉驾法律规制对我国的启示

基于公共安全政策对醉驾者进行严惩是美国政府的一贯主张，这与我国目前讨论醉驾入刑有异曲同工之处。虽颇受争议，但美国醉驾的司法实践仍有以下几点值得我们反思和借鉴：

（一）醉驾的法律规制应主要依靠行政法而不是刑法

从美国醉驾的立法沿革来看，多年来联邦政府不遗余力地向各州提供经费以敦促其制定有关醉驾的法律法规和向执法人员提供各种培训。这极大地提高了美国交管部门对醉驾的管理水平，并取得良好的社会效果。除此之外，美国政府还不断完善了禁止醉驾的配套行政措施，主要包括：(1)制定禁止存放已开启的酒精容器的法律。根据这一法律，如果执法人员在驾驶者的机动车上发现已开启的酒精类容器，那么驾驶者将受到行政处罚。① (2)制定提高"酒税"的法律。为了减少醉驾的发生，不少州尝试提高"酒税"，其目的是通过提高饮酒成本来降低饮酒率，进而降低醉驾率。② (3)制定安装点火互锁装置的法律。该法规定，对那些有醉驾经历的机动车必须强制安装点火互锁装置。这套装置会在汽车发动前，测试驾驶者呼吸中的酒精含量，只有测试结果合格，汽车引擎才能被发动。③ 可见，严格醉驾的行政执法和完善禁止醉驾的配套行政措施，是多年来美国政府打击醉驾的有效手段，刑法只有在醉驾造成严重后果时才被适用。

从我国目前交通状况来看，执法不力和管理水平低下是交通环境日益恶劣的主要原因，从颁发驾驶执照到日常交通秩序的管理，存在无数漏洞。④ 因此，严格醉驾的行政执法并制定禁止醉驾的配套行政措施，是减少醉驾的当务之急，而不能寄希望于用重刑威吓来解决问题。实践证明，在各地交管部门加强对醉酒驾车的行政处罚后，近来酒后驾车引发交通事故的比例已明显下降。⑤ 的确，

---

① 载 http://en. wikipedia. org/wiki/United_States_open_container_laws。

② Bruce L. Benson, David W. Rasmussen and Brent D. Mast, Deter ring Drun k Driving Fatalities: An Economics of Crime Perspective, *International Review of Law and Economics*, June, 1999.

③ 载 http://www. 1800duilaws. com/article/interlock. asp。

④ 时延安："遏制严重讳章驾车事件，最终依靠综合治理"，载《中国社会科学报》2009 年 8 月 18 日。

⑤ 孙万怀："反对违法交通行为的过度立法与司法的犯罪化"，载《中国社会科学报》2009 年 8 月 18 日。

醉驾作为一种法定犯,其法律防线由交通行政法规和刑法组成,而且刑法应时刻保持“手段最后性”特征。规制醉驾的法网应该“严而不厉”,而不是“厉而不严”。虽然过去对醉驾的刑法规制存在漏洞急需弥补,但是切忌从一个极端走向另一个极端,过分夸大醉驾入刑的作用,而忽视了作为第一道防线的行政法应有的功效。

(二)对不同醉驾者采取“分而治之”的刑事政策

美国多数州的交通法规对第一次醉驾、第二次醉驾乃至多次醉驾行为给予了不同的法律评价和处罚结果:(1)对于第一次醉驾行为,往往从轻处罚。这主要是因为组成醉驾的“饮酒”和“驾车”是当代人社会生活中常见现象,醉驾初犯的道德可责性远低于传统的贪利犯罪和暴力犯罪。① 因此,对初犯者往往通过认罪协商机制给予从轻处罚,如减少罚金刑的数额、缩短吊销驾驶证的期限、缩短监禁刑的时间等。(2)对于反复醉驾者,往往从严从重处罚。在美国,反复醉驾者被看做“醉驾的中坚分子”,一直是处罚的重点。如在某些州,反复醉驾者在造成严重后果时可能会被判处20年的监禁刑乃至死刑。但近些年的实证研究显示,反复醉驾者一般都有饮酒的癖好,再严厉的刑罚在这种癖好面前也无能为力,因此一味强调严刑重罚并不能杜绝醉驾累犯,采取何种措施使醉驾者从饮酒癖中康复才是问题的关键。② 实践证明,专设的醉驾法庭能有效地使酒瘾者康复并减少醉驾累犯的发生,因而在全美被推广。这种醉驾法庭一般都由熟知醉驾者经历的法官全程跟踪醉驾者的康复过程并给予相应的奖惩措施。醉驾法庭的内容包括:对成瘾的药物治疗、家庭监禁、电子监控和根据醉驾者的康复程度来决定是否收监。研究显示,这种醉驾法庭减少醉驾累犯的成功率在80% ~99%,因而成为美国应对醉驾累犯的一个重要举措。③

美国对不同醉驾者给予区别对待,尤其是对醉驾累犯采取的康复治疗方法,提示我们,在我国这样一个酒文化比较发达的国家,随着汽车在国民生活中日益普及,饮酒驾车现象也会日益增多,对大量醉驾者“分而治之”无疑是最佳选择:对那些没有造成严重后果的醉驾初犯,可以考虑给予从轻或减轻处罚;对那些醉驾累犯,则应给予严厉处罚。同时需要注意的是,对醉驾累犯应从科

---

① Teresa W. Carns, Michael G. Hotchkin and Elaine M. Andrews, Therapeutic Justice in Alaskas Courts, 19 *ALASKA L. REV.* 1,5(2002).

② Natl Transp. Safety Bd, Safety Report: Actions to Reduce Fatalities, Injuries, and Crashes Involving the Hard Core Drinking Driver vii (2000).

③ Jennifer L. Tampoya, What Works, What Doesn't: Revising DUI Laws in West VIRGINIA to Reduce Recidivism and Save Lives, *West Virginia Law Review*, Fall, 2008.

学角度考虑其饮酒癖对刑罚的"免疫性",尝试使其康复并顺利回归社会才能达到国家与醉驾者"双赢"的局面,而不是一味寄希望于严刑重罚。这种"分而治之"的策略也符合当前我国倡导的宽严相济的刑事政策,相信能收到良好的社会效果。

(三)醉驾的社会效应应强调公平而不是报应

虽然"公共安全政策"在美国醉驾的法律规制中获得了主流话语权,但美国醉驾的司法实践并未出现一边倒的局面,而是形成了司法机关与醉驾被告分庭抗争的情形。这主要得益于:(1)美国日益发达的科技为醉驾辩护提供了科学依据。醉驾的法律适用涉及生物学、医药学、化学、病理学等多个学科。正是日益发达的科学帮助醉驾被告及其辩护律师不断检讨了过去作为证据被使用的各种测试,迫使司法机关不断提高醉驾测试的科学性,极大减少了醉驾错案的发生。(2)庞大的律师从业人员对醉驾案件的敬业态度。醉驾犯罪在我国往往被视为辩无可辩的话题,而美国律师从业人员却对其表现出极高的敬业态度——从查阅浩如烟海的案例,到走访实验室寻求质疑醉驾测试的证据,再到通过互联网络形成律师协会等。①

无论这些律师的动机如何,我们都不能否认对醉驾案的辩护已成为美国律师行业的一个新兴产业,这极大地维护了醉驾被告的合法权益。在上述因素的综合作用下,醉驾被告及其辩护律师对醉驾指控进行了无孔不入的质疑,使得醉驾案的指控与辩护呈现出一片繁荣局面,表现出一个发达国家对汽车这一不可或缺又具有高度风险的交通工具引发社会矛盾后所应有的社会效应,其背后凸显的是一个法治国家的真正水准和对公平正义的不断追求。

反观我国,一系列醉驾案的司法审判呈现出一边倒的局面,被告及其辩护律师微弱的辩护声往往为公众的道德口水所湮没。人言鼎沸之下的醉驾审判必然带有浓厚的报应刑色彩和重刑主义特征。在这种社会效应下,醉驾者很难像美国醉驾被告那样在司法中获得应有的公正待遇。应该看到,醉驾的发生既与驾驶者有关,也与多年来醉驾立法的缺失、国民安全驾车法律意识的薄弱和道路状况的糟糕有着密切联系。当一系列醉驾案件发生时,我们应该全民反省过去醉驾立法、执法、普法中存在的诸多问题,而不只是一味对醉驾者口诛笔伐。因此,

① 载 http://www.1800duilaws.com/common/about.asp。

当前醉驾入刑的社会效应应体现为一个法治国家对公平正义的不断追求，而不能被民意的报应思想所左右。正如有学者所言，“刑法首先是一部法律，法律并非是无情的，但是在法律和情感产生冲突的时候选取法律标准应该是一种较为理性的选择，不能为了满足感性的需要而牺牲法律的确定性。”①

（2011年第2期）

① 孙万怀：“反对违法交通行为的过度立法与司法的犯罪化”，载《中国社会科学报》2009年8月18日。

【栏目】　“天价过路费案”波折与法理思考

【编者按】　河南禹州农民时建锋凭借假军车牌照于2008年5月4日至2009年1月1日免费通行高速路2361次，偷逃过路费368万余元。后被平顶山市中级人民法院以诈骗罪判处无期徒刑。此案引起舆论关注。2011年1月12日该院召开新闻发布会予以回应，坚称判决无误。2011年1月14日，平顶山市中院启动再审程序决定重审此案。与此同时，河南省高院介入此案，迅速对此案做出处理决定，并高调宣布处理结果。这一案件的处理过程一波三折，折射出许多法律层面的问题。不仅涉及实体层面，还涉及程序方面；不仅令人对如何践行法律标准心存疑惑，还令人对法律的基本价值感到茫然。为此，本刊组织专题全方位对这一问题进行研讨。虽各抒己见，惟祈澄明律义。

生效判决犹在　公诉焉能撤回
——评“天价过路费案”之公诉撤回

龙宗智*

河南“天价过路费案”，[①]因证据发生重大变化，平顶山市中级人民法院于2011年1月14日决定再审。[②] 1月16日在河南省高级人民法院召开的审判问

* 作者单位：四川大学法学院。

① 河南禹州农民时建锋被控，从2008年5月4日到2009年1月1日，在自己的两辆大货车上安装假军牌，共免费通行高速公路2361次，合计逃费金额为人民币368.2万余元。平顶山市中级人民法院以诈骗罪判处时建锋无期徒刑，剥夺政治权利终身，并处罚金200万元。此事经媒体报道后，媒体和网友对368.2万元如何算出、逃费金额大大高于运输获利，以及逃费判刑如此之重等问题发表诸多异议。正在法院回应社会，宣称案件事实清楚、量刑适当之时，案件发生戏剧性变化——时建锋称自己为兄弟顶罪，其弟时军锋随后自首并曝出其他重要案情。

② 根据新华网的报道，在发现证据发生重大变化后，平顶山市中院迅速召开审判委员会，对该案进行了认真研究、讨论，并于1月14日凌晨，决定对该案依法另行组成合议庭进行再审。参见“平顶山中院称偷逃368万过路费一案已启动再审”，载 http://news.xinhuanet.com/pol itics/2011-01/14/c_12980050.htm。

责新闻发布会上,平顶山市中级人民法院建议检察机关撤回起诉。① 1月17日,平顶山市人民检察院宣布对该案撤回起诉。② 然而,在极为迅速的程序演进中,一个重要问题被忽略——法院刚立案再审,尚未开审,更未裁判,法院原判仍属生效判决,检察机关能否依法撤回起诉。本文拟对此作一分析,兼论公诉撤回之法理及我国撤诉法律制度之完善。

笔者对上述问题的答案十分明确:同级法院裁判已经宣告,在该裁判尚未撤销的情况下,检察机关不能撤回公诉。本案中平顶山市中级人民法院建议及市人民检察院的撤诉行为显属不当。主要理由有以下3点:

1. 违反程序规范。检察机关在提起公诉后发现起诉不当而撤回起诉,是实事求是、有错必究原则的体现,是履行检察官客观、公正义务的要求,而且撤诉权也是我国公诉权的必要构成。然而,我国《刑事诉讼法》对公诉制度的规定比较简略,并无明确的撤诉条款。"两高"司法解释对此作了弥补。《人民检察院刑事诉讼规则》第351条明确规定:"在人民法院宣告判决前,人民检察院……发现不存在犯罪事实、犯罪事实并非被告人所为或者不应当追究被告人刑事责任的,可以要求撤回起诉。"第353规定:"……撤回起诉应当报经检察长或者检察委员会决定,并以书面方式在人民法院宣告判决前向人民法院提出。"最高人民法院《关于执行〈中华人民共和国刑事诉讼法〉若干问题的解释》第177条明确规定:"在宣告判决前,人民检察院要求撤回起诉的,人民法院应当审查人民检察院撤回起诉的理由,并作出是否准许的裁定。"根据"两高"分别作出的司法解释,检察机关撤回起诉,只能在一审判决宣告之前进行。再审程序中,检察机关的撤诉"两高"司法解释均无规定。但通观"两高"的司法解释,在二审和再审程序中,均没有允许检察机关撤诉的规定,据此,可以得出明确结论:"两高"司法解释均不支持检察机关于再审程序中撤回一审起诉。

虽然平顶山市中级人民法院已决定对时建锋诈骗案再审,但根据上述最高人民法院司法解释第307条,"再审期间不停止原判决、裁定的执行"。因为原判决、裁定仍系生效判决、裁定。然而,平顶山市人民检察院却在判决已经宣告且并未撤销的情况下,决定撤回公诉,这一做法违反了"两高"司法解释对于撤

① 陈海发、冀天福:"河南高院高度重视社会监督要求依法公正审理时建锋案一审主审法官娄彦伟和相关领导受到责任追究",载《人民法院报》2011年1月17日。

② 1月17日,平顶山市人民检察院新闻发言人武方晓表示,鉴于时军锋向公安机关投案,案件事实与证据发生变化,根据有关规定,经平顶山市人民检察院检察委员会研究决定,对时建锋偷逃368万元过路费一案撤回起诉,交由公安机关补充侦查。参见"河南368万元过路费案曾遭两次退回一次撤诉",载《北京日报》2011年1月21日。

回公诉在时间上的限制性规定，系撤诉无据和撤诉违法（违反司法解释）。

2. 违背诉讼法理。检察机关代表国家对刑事被告人提起公诉，要求法院追究其刑事责任，是严肃而重大的法律行为，它的程序意义是将特定刑事案件“系属”于受诉法院，启动审判程序。为了保证审判的正常进行，维护审判的权威，同时也保证公民接受法院公正审判的权利，对撤回起诉应当做出限制。从各国情况看，限制最严的是具有起诉法定主义传统的德国等国，法院一旦受理检察机关的起诉并开始审判程序，案件就由法院主导，禁止对起诉案件撤回起诉。但多数国家为保证诉讼效率，同时体现纠错要求，允许检察机关在法院审查同意的情况下撤回起诉。不过无一例外地，只能是在一审判决宣告前撤回起诉。如日本《刑事诉讼法》第257条规定，“公诉，可以在第一审判决前撤回”。我国台湾地区“刑事诉讼法”第269条规定，“检察官于第一审辩论终结前……得撤回起诉”。而一旦裁判作出并宣告，公诉就不能撤回。裁判宣告后公诉不能撤回，主要基于两点法理。

其一，是因为起诉的效力。即如任何公权力与法律程序权利一样，公诉的效力（包括其作用能力和作用时间）是有限的，它的运行也是有生命周期的。一旦受诉法院作出裁判，公诉的使命即已完成，公诉的生命也就终止。可以说，在程序意义上，公诉已不再是一个活的诉，因此不具备撤回、改变等活动性展开之可能。[①] 如果检察机关对裁判有异议，可以在法律允许的情况下，针对判决提出抗诉（上诉），并引起再次审判程序。这种抗诉（上诉）意见在其有生命期间（即再次审判程序开始后判决宣告前），也可依法撤回。然而，当再审程序刚开始或程序进行之时，在原审判决尚未撤销的情况下，去撤回原审公诉，则违反了起诉效力之法理。

其二，是因为裁判的功能。因为裁判的作用是“定分止争”，必须具有权威性，针对起诉的裁判一旦作出，原起诉在诉讼程序中的生命即已终止。而只有经裁判撤销，原公诉之诉又成为未决之诉，被重新审理，公诉也才重新获得生命，由此才具备撤回或变更可能。否则，裁判就没有确定性，就不具备“定分止争”的功能。如对已判决案件仍允许撤回起诉，判决就丧失了前提和基础；公诉已经撤回，法院判决无效，检察机关就能够再次起诉，而且不致触犯“一事不二诉”，即双重危险禁止的法理，法院应当依法受理。但已判案件仅因检察机关撤回起诉

---

① 笔者最近撰文论述公诉效力时还指出：“按照诉讼原理，公诉和审判的关系是一种同级对应关系。同级检察机关的诉，只能约束同级人民法院，而该审级的判决下达后，诉的生命就已经终结。”参见龙宗智：“论我国的公诉制度”，载《人民检察》2010年第19期。

而就导致同级法院重复审判,显然会造成审判秩序紊乱。因此,判决宣告后的撤诉,即为法律所禁止。“天价过路费案”原判尚存,且系生效裁判,显然并不具备公诉撤回之可能。原审判决并未撤销,法院就建议检察院撤回起诉,虽然是出于好意、急于纠错,却方式不当,系对生效裁判的自轻自贱。

3. 带来实践难题。目前,检察机关在案件一审时的公诉已经撤回,但案件再审程序已经启动尚未终结。那么,法院下一步应当怎么办,笔者认为,法院已经遭遇难以克服的程序难题。

首先,再审程序无法进行。根据《刑事诉讼法》第206条的规定:“人民法院按照审判监督程序重新审判的案件,应当另行组成合议庭进行。如果原来是第一审案件,应当依照第一审程序进行审判,所作的判决、裁定,可以上诉、抗诉;如果原来是第二审案件,或者是上级人民法院提审的案件,应当依照第二审程序进行审判,所作的判决、裁定,是终审的判决、裁定。”根据这一规定,平顶山市中院再审此案,必须重新组成合议庭,然后依照一审程序,[①]开庭审判,[②]经合议,必要时还需报经审委会研究,再作出裁决。但是,由于一审公诉已经被撤销,审判进行发生困难。因为在诉审分离的制度中,有诉才有审,起诉引起审判程序并决定审判范围,法院不得自诉自审或不诉而审,这是诉讼之基本法理。[③] 没有了诉,法院就丧失了审判的前提,举证、质证、辩论都没有了对象,因此再审程序无法展开;没有了诉,检察机关参与再审程序也就丧失了根据。没有控诉,辩护也就不再需要,辩护律师介入同样也丧失意义。这种情况下,既无必要的诉讼客体(诉的内容),又无必要的诉讼主体(检察官),法院的再审程序似乎只能成为自导自演的独角戏。它如何“依照第一审程序进行审判”,令人难以想象。

其次,再审后处理此案的裁定难以作出。根据最高人民法院《关于执行〈中华人民共和国刑事诉讼法〉若干问题的解释》第312条的规定,再审案件经过重新审理后,应当根据不同情况作出驳回申诉或抗诉、直接改判,以及撤销原判发回重审的这3种类型的决定。就本案看,因无申诉或抗诉,谈不上驳回;案件事

---

① 时建锋诈骗案一审判决后被告没有上诉,一审判决为生效判决。再审审判应当依照一审程序进行。

② 根据最高人民法院《关于刑事再审案件开庭审理程序的具体规定》(法释〔2001〕31号文)的第5条第1项,适用一审程序审理的再审案件必须开庭审理。

③ 笔者曾概括公诉的程序效力为三个方面:一是启动审判程序,将刑事案件“系属”于法院,使受诉法院获得具体的案件管辖权并发动审判程序;二是推进审判程序,使法官能够在公诉的支持和程序的推进中,对案件事实确立心证,并确定如何适用法律;三是约束审判范围,使审判受制于公诉,法院不得审判未经起诉的被告人和未经起诉的犯罪。据此,撤回起诉后,法院的审判已不具体前提条件。参见龙宗智:“论我国的公诉制度”,载《人民检察》2010年第19期。

实尚不清楚,直接改判不具备条件。因此本案只能撤销原判发回重审。然而,由于经法院建议,检察机关已经撤回起诉,撤销原判似乎已成为多此一举;而且由于公诉已经撤回,案件重审的前提条件已经不具备,因此也无法由原审法院启动重新审判程序。因此,在公诉撤回后,平顶山市中级人民法院实际上已经没有适当的裁决方式来作出再审裁决。因为刑事诉讼法和相关司法解释均未回答检察机关撤回公诉后,再审如何作出裁判。不过,在现行规范框架内,由于没有其他处置渠道可以选择,平顶山市中级人民法院如要作出再审裁判,最终也只能选择有名无实的"撤销原判,发回重审"。

河南法检机构对撤诉问题的仓促处理,引起我们对司法操作和相关制度建构的反思,笔者认为有以下几点值得注意:

第一,司法活动,要坚持"两个效果"相统一;尤其在舆论汹涌的情况下,仍应注重"法律效果",坚持依法办案。"天价过路费案"的处理,首先是办案机关没有严格履行法律职责,在证据、事实的把握上出了问题,在法律适用及量刑上也欠妥当。由于不注意案件处理的法律效果,因此导致不利的社会反映。在社会反响强烈而案情又发生重大变化时,有关方面因顾及舆情,追求立竿见影的社会效果,又做出不适当的建议和处理,违背了法律的要求,也带来程序上的困难。① 吸取该案处理的教训,司法机关应坚持"两个效果"相统一,而且必须在法律空间内追求社会效果,否则既不能实现良好的社会效果,又损害国家法制。而对法制的损害,将损害社会的规则意识、正常秩序乃至长治久安。

第二,应当进一步完善关于撤诉的法律规定。现行《刑事诉讼法》对检察机关提起公诉有专门规定,但就撤回和变更公诉则缺乏规范。"两高"的有关规定虽然作了弥补,规定了撤诉及其时机,但毕竟只是司法解释,法律位阶不高,效力不强。应当说这也是导致"天价过路费案"违规撤诉的一个原因。撤诉是公诉制度的重要构成,是保证检察权正确行使以及法院有序审判的必要制度安排,因此刑事诉讼法应当作出明确的规定。②

---

① 此案中,检察机关的反映较为慎重。在1月17日的新闻发布会中,检察院发言人只是提出:"如查明在案件调查过程中,检察院的确存在工作不力或错误行为,将会启动错案追究,追究相关办案人员责任。"1月19日,平顶山市检察院承认案件中存在的三大问题,后改换办案人员,但并未仓促进行人员追责。其撤诉虽然不当,但法院已向社会公开宣布建议检察机关撤诉,而法院在诉审关系上因其裁判权处于主导地位,因此,撤诉不当的做法对检察机关似乎不宜苛责。不过,作为法律监督机关应当尊重程序,依法办事,应有教训可以吸取。

② 郑布英、卢岩修:"完善我国刑事公诉撤诉制度的一些思考",载《浙江社会科学》2004年第6期;龙宗智:"论公诉变更",载《现代法学》2004年第6期。

第三,再审程序中的撤诉问题,似应作出专门规定。为了提高诉讼效率,可以参考最高人民法院《关于适用〈中华人民共和国民事诉讼法〉审判监督程序若干问题的解释》第35条的规定,于再审程序中准予检察机关撤诉,同时撤销原审裁判,终结再审程序。可以通过刑事诉讼法修改对此作出明确规定,如刑事诉讼法难以规定过细,则可由最高人民法院司法解释对此作出规定。

第四,在刑事诉讼法修改时,可以考虑修改"再审程序适用时,依照一审、二审程序进行"的规定,实行专门的再审案件诉讼程序。因为现行法中的这种依附性程序设定,不能体现再审程序的特点,尤其不适应某些冤案的再审。"天价过路费案"中,法院之所以建议检察院撤回起诉,虽未介绍其具体理由,但不排除其认为按照常规程序较为复杂,而撤诉最为便捷。① 设置专门程序的具体理由有以下3点:(1)现行再审方式不适应再审需要。再审开启,往往时过境迁,直接、言辞原则的适用受到限制,因此实际上较难采取原审案件的审理方式。而且再审通常是针对案件中的争议问题重点审理,与原审程序按照起诉书所做的全面审理也有不同。(2)现行程序中再审处置方式有问题。根据现行《刑事诉讼法》第206条的规定,原系一审程序的案件,其再审按照一审程序进行,再审的判决、裁定为初审判决裁定,可以上诉、抗诉。但如再审审理后作出的裁判是撤销原判、发回重审,对此仍可上诉、抗诉,就形成"审判监督"(再审)上的审判监督(上诉或抗诉审),造成诉讼上的"叠床架屋",势必损害诉讼效率。(3)难以解决冤案再审的程序问题。如本案以及赵作海、佘祥林等冤案或存在冤情的案件再审,因案情发生重大变化,控诉、审判乃至辩护的意见都趋于一致,审理方式应当有别于控辩对抗的审理,按照一审程序或二审程序审理均不妥当。② 因此需要对再审审判程序独立设置,使之能够反映再审案件特点,同时适应案情发生重大变化的冤错案再审的需求。

(2011年第3期)

---

① 有评论者认为,"河南高院的做法以最为有效的方式,把错案按顺序打回了检察院和公安局。"参见"河南天价过路费翻案省高院违宪撤法官",载 http://news.cn.yahoo.com/ypen/20110126/189603.html?wd=。

② 笔者曾不止一次地接到司法机关处理类似冤错案件时的咨询,他们普遍感到建立在诉讼对抗基础上的现有程序难以处理案情出现根本性变化、各方面认识已经统一的冤错案再审。

“天价过路费案”定性分析

刘宪权[*]　李振林[**]

一、财产性利益可以成为诈骗罪的对象

根据现行《刑法》第266条的规定,诈骗罪的犯罪对象通常是指财物,行为人在客观方面也多表现为直接非法占有他人的财物。在“天价过路费案”中,行为人不是直接非法占有他人的财物,而是以欺骗手法通过不缴纳费用而取得过路权的方式,实际获取利益。对此,有人认为,本案行为人只是骗取了高速公路公司的服务,而“服务”不能成为诈骗的对象,因而行为人的行为不能以诈骗罪认定;也有人认为,服务是一种财产性利益,而财产性利益可以成为诈骗罪的对象。笔者认为,财产性利益可以成为诈骗罪的对象,这应该已经形成定论。但是,就本案而言,我们不能从“骗取服务”的角度来分析案件的性质。因为从表面上看,本案行为人挂假军车牌确实骗取了高速公路公司的服务,但实质上,行为人只是利用高速公路公司对军用运输的优惠政策,以达到免交过路费的目的。本案从高速公路公司损失角度分析,其损失的实际上是服务背后的应当收取的养路费、通行费等各种规费;而从行为人收益角度分析,其实际上获取了应该支付而没有支付的费用。笔者认为,无论是应收而未收的规费,还是应付而未付的路费,均属于财产性利益,与诈骗罪对象中的财物没有本质区别。有学者提出,所谓财产性利益,是指财物之外的有财产价值的利益,即可以用金钱衡量或估价的物质利益,其直接体现为某种经济利益,包括各种足以使财产得到增值的情况。这种利益既可能是永久的利益,也可能是一时的利益;既可能是积极利益,也可能是消极利益。积极利益是指取得权利之类的含有积极增加财产意义的利益;消极利益是指免除债务之类的不消极减少财产而发生的利益。① 笔者认为,尽管我国《刑法》第266条有关诈骗罪的对象在立法上的表述是“财物”,而没有

---

* 作者单位:华东政法大学。

** 作者单位:华东政法大学。

① 刘明祥:《财产罪比较研究》,中国政法大学出版社2001年版,第38页。

直接表述为“财产性利益”，但是，这里的“财物”一词实际上包含了财产性利益的内容，因而骗取财产性利益的行为完全可以成立诈骗罪。理由主要有以下几点：

首先，将财产性利益纳入诈骗罪的对象，符合《刑法》分则第五章“侵犯财产罪”的保护对象的要求。《刑法》分则中的章节标题，基本上明确了各章节之下法条的保护对象。我国《刑法》分则第五章规定的是侵犯财产罪，这一章节标题就明确指出了该章节之下各法条的保护对象就是财产。而这里的财产，不仅包含一般财物，还包含财产性权利；不仅包含所有权，甚至还包含债权及其他财产性利益。因为，“随着现代生活的日益丰富，现代社会对财产的衡量，已由对实物的占有让位于主体实际享有利益的多寡，财产权表现为庞大的权利系统，并可抽象为具有财产性质的利益。换言之，财产是主体在物上的权利或加于其他人的非人身性权利。前者包括主体在物上的所有权或其他排他性权利，后者则包括债权和其他含有财产内容的请求权。”①因此，既然《刑法》分则第五章标题表明了其保护对象就是财产，那么，对该章各个法条所述“财物”就应当作为财产的表现形式来理解。由于财产包括财产性利益，作为其表现形式的“财物”，在内容上理所当然地包括了一般财物和财产性利益。

其次，我国《刑法》并没有明文区分财物与财产的概念，因而可以将财产性利益解释为财物。我国《刑法》对于财物与财产一般不作严格区分，例如，《刑法》第64条规定：“犯罪分子违法所得的一切财物，应当予以追缴或者责令退赔；对被害人的合法财产，应当及时返还；违禁品和供犯罪所用的本人财物，应当予以没收。没收的财物和罚金，一律上缴国库，不得挪用和自行处理。”其中“犯罪分子违法所得的一切财物”、“供犯罪所用的本人财物”等都应当包含了一般财物和财产性利益。又如，《刑法》第224条规定，“有下列情形之一，以非法占有为目的，在签订、履行合同过程中，骗取对方当事人财物，数额较大的……（四）收受对方当事人给付的货物、货款、预付款或者担保财产后逃匿的……”其中“担保财产”就并不仅限于一般财物，还包括债权等财产性利益。② 对此，笔者认为，我国刑法没有明文区分财物与财产的概念的主要原因就在于财产性利益与一般的财物在满足人的需要方面并不存在差异，其本质上是相同的。正如有学者所指出的，在我国的汉语语境之中，“财产性利益”通常是表现为消费、享受、免除义务等利益，与具体有形的财物虽然在表现方式上不完全相同，然而，它

① 张明楷：“财产性利益是诈骗罪的对象”，载《法律科学》2005年第3期。
② 同上。

不但和财物一样对人们都意味着一定的利益,而且也是以财物为基础,需要以财物来换取的。抛开其外部表现形式,“财产性利益”的实质与财物在其体现的物质价值上并无本质区别;像货币、有价证券这样的等价物,其表现形式其实也只是一片纸张而已,而人们之所以会把它们当做财物,原因不在于其纸张的价值,而在于其上面所代表的、人们能够享用的相应的金钱价值。人们使用这些纸张,既可以换取财物,也可以换取相应的物质利益。[①] 显然,财产性利益与一般财物具有质上的同一性,行为人诈骗财产性利益本质上也是对他人财产权的侵犯,只是诈骗的犯罪对象表现形式略有不同,但同样具有严重的社会危害性,不影响其行为的犯罪性。就此而言,我国刑法没有明文将财物与财产的概念区别开来,没有也不会导致司法适用的混乱。也就因为如此,我们完全可以将财产性利益理解为是财物的一种表现形式,甚至就可以解释为财物。实际上,在《刑法》分则条文明确区分了财物与财产性利益概念的国家,也同样存在将财产性利益(如债权)解释为财物的判例。[②]

最后,我国刑事司法实践也认同诈骗罪的对象是包括财产性利益的。由于财产性利益具有一定的经济价值,甚至可以转化为现金或其他财物,虽然其不能够直接代表经济利益,但是对其侵犯同样可以直接或者间接造成财产的损害或者减少,也即同样可以侵害他人的财产权。可以说,以诈骗手段侵犯财产性利益行为与侵犯一般财物行为的社会危害性相比,有过之而无不及。因而如果将财产性利益排除在诈骗罪的对象之外,势必对相当一部分具有较大社会危害性的诈骗财产性利益行为无法用刑法加以评价。这样既不符合罪责刑相适应原则的要求,又使刑法在保护公私财产所有权方面的应有作用难以得到充分发挥,甚至还可能在客观上起到鼓励犯罪分子大肆实施诈骗财产性利益犯罪的消极作用。正因为如此,我国刑事司法实践一般也是认同财物包括财产性利益的。例如,根据2000年4月28日最高人民法院《关于审理扰乱电信市场管理秩序案件具体应用法律若干问题的解释》第9条的规定,“以虚假、冒用的身份证件办理入网手续并使用移动电话,造成电信资费损失数额较大的,依照刑法第266条规定,

---

① 张绍谦、郑列:“‘财产性利益’型贿赂相关问题探讨”,载《法学》2009年第3期。

② 例如,瑞士1971年刑法没有规定计算机诈骗罪,《瑞士联邦刑法典》第141条规定的侵占罪对象为财物(动产)。著名的Nehmad案的案情是,被告人没有将他人误转入其存折中的3万瑞士法郎返还给他人(也没有取出存款)。瑞士联邦法院指出,《刑法典》第141条侵占罪中的财物概念(sache,chose,cose)不限于有体物,也包括债权。理由是,刑法概念具有不同于民法概念的独特性,从经济方面来说,从一个存折到另一个存折的债权转移,可以与现金的支付等同看待。这一判例对我国刑法理论与刑事司法上理解和处理财物与财产性利益的关系具有借鉴意义。张明楷:“财产性利益是诈骗罪的对象”,载《法律科学》2005年第3期。

以诈骗罪定罪处罚”;无独有偶,根据2002年4月10日最高人民法院《关于审理非法生产、买卖武装部队车辆号牌等刑事案件具体应用法律若干问题的解释》(以下简称《解释》)第3条第2款的规定,“使用伪造、变造、盗窃的武装部队车辆号牌,骗免养路费、通行费等各种规费,数额较大的,依照诈骗罪的规定定罪处罚。”上述司法解释中的电信资费以及养路费、通行费等各种规费,都是可以用金钱来衡量和计算的,实际上都属于财产性利益,刑事司法实践中将这些财产性利益都纳入诈骗罪的“财物”之中。

当然,认为财产性利益是诈骗罪的犯罪对象,并不意味着任何侵害财产性利益的行为都成立诈骗罪。诈骗财产性利益的行为是否成立诈骗罪,还要通过考量财产性利益的具体内容、是否具有管理和转移的可能性、欺骗的程度、被害人是否遭受财产损害、财产性利益所代表的经济价值的大小等因素来决定。

二、骗免通行费属于非法骗取他人财物

诈骗罪是指以非法占有为目的,用虚构事实或者隐瞒真相的方法,骗取数额较大的公私财物的行为。本案存在争议的是骗免通行费是否属于非法骗取他人财物,也即如何理解本案中的“取”的行为。理论上有人认为,诈骗罪行为人通过诈骗手段骗取公私财物并占为己有,属于“增加利益”的行为,而偷逃过路费则是属于“减少支出”的行为,与主动诈取存在区别。[①] 对此观点,笔者不能苟同,依笔者之见,增加收益和减少支出均可以成为诈骗罪的表现形式,骗免通行费本质上属于非法骗取他人财物。

毋庸讳言,一般诈骗是通过增加自己财产而使公私财产减少的方式来实现的,而骗免通行费则是以应减少而不减少自己财产且同时使国家财产应增加而未增加的方式来实现的,换言之,前一种是“增加利益”形式的“取”,而后一种是“减少支出”形式的“取”。两者虽然有所不同,但这种不同只是形式的不同而无本质的差异。正如前述,财产性利益包括积极利益和消极利益两种,本案行为人所实施的应支出而未支出的骗免通行费的行为就是通过一种“消极的不减少自己的财产”来获取消极利益形式的诈骗。因而,取得财产性利益的含义需要进行实质解释,即行为人是否实际取得财产性利益的判断标准是,被害人财产性利益损失与行为人财产性利益收益之间是否具有关联并形成对应。只要行为人的

① 墨帅、常永江:“偷逃过路费定为诈骗罪值得商榷”,载 http://www.jcrb.com/n1/jcrb1613/ca696510.htm。

财产应减少而不减少与他人的财产应增加而未增加之间具有关联并形成对应，就可以认为行为人实际取得了财产性利益。

本案中，骗免通行费的行为人实际上已经骗取了财产性利益。骗免通行费从形式上看，河南中原高速公路股份有限公司失去的不是财物，而只是无偿提供了一种安全便利高效使用高速公路通行的服务；行为人也没有直接从该公司获取财物，而只是没有给付通行费。河南中原高速公路股份有限公司旗下的郑石高速公路属于经营性公路（即国内外经济组织投资建设或者依照公路法的规定受让政府还贷公路收费权的公路），由依法成立的公路企业法人建设、经营和管理。因而该高速公路公司是以收取运费为营利手段的，其提供高速公路通行服务的直接目的是获取通行费。只要高速公路公司提供了高速公路通行的服务，通行车辆就应履行支付相应通行费的义务。骗免通行费的行为人正是通过采取欺骗手段使公路收费站的工作人员误以为其具有免交通行费的资格而予以免费通行，从而获取了财产性利益。虽然这种财产性利益不是直接从高速公路公司骗取的，而是行为人通过采用欺骗手段使自己的财产应减少而没有减少，但这只是获取财物的行为方式不同而已，与直接从高速公路企业手中骗取通行费没有本质区别。这种行为的实质是在行为人财产应减少而不减少的同时，高速公路公司的财产应增加而没有增加。就此而言，骗免通行费的行为属于非法骗取他人财物的行为，以诈骗罪定性完全符合诈骗罪客观要件特征。

三、使用真军车牌可以构成诈骗罪

时下，有人认为，如果本案行为人时某所使用的军车牌本身是真的，那么，就表明其并无诈骗他人财物的主观故意，因而就不构成诈骗罪。① 笔者认为，这种观点实际上混淆了诈骗罪“虚构事实”与“隐瞒真相”行为特征的差异。众所周知，我国《刑法》所规定的诈骗罪的欺骗行为包含了虚构事实和隐瞒真相两种方式，而且这两种行为方式对于构成诈骗罪而言是选择关系而非并列关系，即只要行为人实施其中任何一种方式的诈骗行为致使他人（受骗者）陷入或者继续维持处分财产的认识错误，都可能构成诈骗罪，当然也不排除一个诈骗罪中既存在虚构事实也存在隐瞒真相的情况。“虚构事实”是指行为人利用被害人的心理弱点，无中生有，编造假情况，骗取被害人的信任，让其自愿交出财物，因而其中

① “河南天价过路费案嫌犯提供与武警支队所签合同”，载 http://news.qq.com/a/20110218/000175.htm。

的“事实”无疑是虚假的事实;而“隐瞒真相”是指行为人掩盖客观存在的事实,使被害人陷入错误而上当受骗,其中的“真相”则意味着客观存在的真实情况,只是行为人通过隐瞒和掩饰加以掩盖而已。

笔者认为,即使本案行为人使用的军车牌是真的,其行为仍然可能构成诈骗罪,只不过这是“隐瞒真相”的诈骗罪罢了。具体理由是:

首先,本案行为人通过使用军车牌的手段,使得自己能够免交通行费,因而其主观上具有非法占有高速公路公司财产性利益的目的,符合诈骗罪“以非法占有”为目的之构成要件。

其次,案件中军用车牌的真与假,可以作为判断行为人的行为属于虚构事实抑或隐瞒真相的标准,但是,不能作为否定行为人本质上实施诈骗行为的依据。实践中对于行为人使用假军用车牌照骗取通行费数额较大的行为以诈骗罪定性,理论上已经没有障碍,司法解释也已作了明确规定。但是,如果行为人所使用的军用车牌照是真的,其中同样也可能存在诈骗的因素,即行为人实际上没有使用该军用车牌照的真实资格,而是通过非法购买、伪造武警部队士兵证、驾驶证、行驶证等证件的方式来隐瞒或掩盖这一事实,并使收费站的工作人员产生错误认识而对其免费放行。由此可见,军用车牌的真与假,充其量只能表明行为人使用了不同的诈骗手段,而不能就此否定相关行为中客观存在的诈骗因素。依笔者看来,行为人使用假军用车牌属于“虚构事实”的欺骗行为,而使用真军用车牌则属于“隐瞒真相”的欺骗行为。

最后,收费站的工作人员是基于错误认识而“自愿”免费放行,但这种“自愿”并非其真实意思表示,而是由于被行为人虚构事实或隐瞒真相的欺骗行为所迷惑而陷入错误认识。换而言之,如果收费站的工作人员不是由于行为人悬挂军车牌并出示相关证件而陷入错误认识的话,肯定会积极地要求行为人交纳通行费,也就不可能作出所谓免费放行的决定。因而这种行为也是被骗者“自由”选择的结果,符合诈骗罪被害人“自愿性”特征。其在效果上相当于默示地免除债务的意思表示,尽管行为意思的做出系被欺诈,但不影响意思表示的成立,在民法上只是得撤销之。①

综上所述,无论本案行为人所使用的军车牌真与假,其骗免通行费的行为都可以构成诈骗罪。

① 王泽鉴著:《民法总则》(修订版),中国政法大学出版社 2001 年版,第 337 页。

四、本案行为人并不构成非法使用武装部队专用标志罪

有学者认为，虽然《解释》第3条明确规定："使用伪造、变造、盗窃的武装部队车辆号牌，骗免养路费、通行费等各种规费，数额较大的，依照《刑法》第266条的规定定罪处罚。"但生效于2009年2月28日的《刑法修正案（七）》第12条第2款亦明确规定："伪造、盗窃、买卖或者非法提供、使用武装部队车辆号牌等专用标志，情节严重的，处3年以下有期徒刑、拘役或者管制，并处或者单处罚金；情节特别严重的，处3年以上7年以下有期徒刑，并处罚金。"此条款也即关于非法使用武装部队专用标志罪的规定。比照本案行为人的行为实施时间以及法院审理、判决时间，《刑法修正案（七）》对此案具有溯及既往的效力。亦即说，就像集资骗贷另有法律规定，不能按照一般诈骗罪论罪一样，时某假冒军车牌逃费的行为也应该按照新法、上位法，而不是按照旧的司法解释论罪。[①] 有人甚至还认为，《刑法修正案（七）》对《刑法》第375条进行了修正，并新增加规定了"非法提供、使用武装部队专用标志罪"这个罪名，因而《解释》就已经失效，这种行为也就不构成诈骗罪。因此，本案行为人应构成非法使用武装部队专用标志罪，法院最多只能判时某7年。[②] 对于上述观点，笔者不敢苟同，本案行为人并不构成非法使用武装部队专用标志罪，理由主要有以下几点：

首先，上述修正案与司法解释的规制内容并不相同。《刑法修正案（七）》第12条第2款确定的非法使用武装部队专用标志犯罪是对使用武装部队车辆号牌行为的规制，其保护的是军队形象和声誉这种国防利益。"中央军委法制局提出，近年来，盗窃、出租、非法使用军队车辆号牌的情况时有发生，扰乱社会管理秩序，损害军队形象和声誉，影响部队战备训练等工作的正常进行。对这类情节严重的行为，应当追究刑事责任。经同有关部门研究，建议在《刑法》第375条第2款中规定的犯罪行为中，增加盗窃、非法提供或使用武装部队车辆号牌等专用标志的情形。"[③]原全国人大常委会法工委刑法室副主任黄太云也曾指出，

---

① "聚焦对'骗免过路费案'的重审"，载http://bbs.hebnews.cn/thread-75699-1-1.html。

② "'天价过路费'背后的法律漏洞"，载http://news.163.com/special/reviews/roadtollrules.html。

③ 李适时："关于《中华人民共和国刑法修正案（七）（草案）》的说明——2008年8月25日在第十一届全国人民代表大会常务委员会第四次会议上"，载《全国人民代表大会常务委员会公报》2009年第2期。

“非法使用军车号牌的人逃避缴纳税费同样会给国家造成损失，上道路违章行驶同样给人民生命财产安全造成的威胁，同样会对部队形象声誉造成损害，其社会危害性也是显而易见的。”①由上可见，《刑法修正案（七）》第12条第2款规定非法使用武装部队专用标志罪的主要原因是非法使用军队车辆号牌等专用标志的行为将扰乱社会管理秩序，损害军队形象和声誉，影响部队战备训练等工作的正常进行。也即是因为这种行为危害了国防利益，而并非是因为该行为可能侵犯公私财物的所有权，刑法才增加此罪名的。这点也可以从《刑法修正案（七）》第12条第2款中使用“情节严重”的表述，而不用侵犯财产罪中常用的“数额较大”、“数额巨大”等表述上得到印证。而《解释》第3条则是对以非法使用武装部队专用标志行为为手段实施其他犯罪行为的规定，其确定的按《刑法》第266条诈骗罪定罪量刑的情形是指：使用伪造、变造、盗窃的武装部队车辆号牌，骗免养路费、通行费等各种规费，数额较大的行为。这种行为显然不是简单侵害武装部队车辆号牌等专用标志的管理秩序，也不是单纯损害武装部队的形象和声誉，并危害国防利益，而是主要侵害了公私财物的所有权。综上可见，《刑法修正案（七）》第12条第2款与《解释》各自规制的内容明显不同，《刑法修正案（七）》该没有将原来符合诈骗罪构成要件的行为特别规定为新的罪名来处罚，就此而言，修正案并没有改变因而也不能替代《解释》的规定。分析本案，行为人明显是通过使用武装部队车辆号牌等专有标志来骗取高速公路公司的收费权益，而非刻意去侵害武装部队车辆号牌等专有标志，因此其行为完全符合《解释》规定的情形，构成诈骗罪，而非《刑法修正案（七）》所规制的内容。既然如此，本案的刑法适用也就不存在溯及力的问题了。我们判断一个旧法是否废止，其标准是看其内容是否与新法相冲突，如果旧法（包括其解释）在内容上与新法相冲突，那么旧法当然自行失效。反之，如果旧法与新法在内容上并无冲突或者互相补充，那么旧法当然也就不会失效。由于上述修正案与司法解释规定的实质内容并不相同，且并不存在任何矛盾之处，甚至可以说两者还存在互为补充的关系，因此，我们当然不能以《刑法修正案（七）》规定内容来替代原有《解释》的规定了。

其次，《解释》确定骗免通行费数额较大的行为按照诈骗罪处理，是因为这种行为符合诈骗罪的构成要件，而非该《解释》自己确立的一个新罪名。因而即使这一司法解释已经失效，也不意味着对骗免通行费的行为不能定诈骗罪。换言之，《刑法修正案（七）》的实施，并不意味着与非法使用武装部队车辆号牌等

① 黄太云：“‘刑法修正案（七）’解读”，载《人民检察》2009年第6期。

专用标志有关的犯罪行为,都要以非法使用武装部队专用标志罪追究刑事责任,而排斥其他罪名的适用。因为即使没有《解释》第3条,在司法实践中,对于行为人所实施的使用伪造、变造、盗窃的武装部队车辆号牌,骗免养路费、通行费等各种规费,数额较大的行为,各地法院一般也会根据其所触犯的诈骗罪予以定罪量刑。当然,作为最高人民法院的司法解释,针对当今社会上广泛存在的使用伪造、变造、盗窃的武装部队车辆号牌以骗免养路费、通行费等各种规费的情况,明确按照诈骗罪处理,主要是为了强调对这类行为的惩治。也即通过规定突出这种行为的应受刑罚处罚性和社会危害性,并对潜在的犯罪分子起到一定的威慑作用,同时也能够统一各级法院对该类行为定性处罚的标准。由此可见,笔者认为,最高人民法院的司法解释并没有对《刑法》第266条和第375条作扩大解释甚或类推解释,而只是作了适用上的细化、明确而已,在此情况下,当然不会发生该司法解释第3条规定内容失效的问题。

五、本案行为人并不构成合同诈骗罪

对于本案的定性,有人认为,高速公路的使用者与高速公路的所有者是一种民事合同关系,车辆驶入高速公路之后,即与高速公路的经营管理者之间形成有偿使用高速公路的民事合同关系,公路的使用者享有安全便利高效使用高速公路通行的权利,也应当承担缴纳通行费的义务。在履行合同中,以非法占有为目的,以假冒军车的方式隐瞒事实真相,骗取合同相对方的财物,侵害了公私财产所有权和市场经济秩序,符合合同诈骗罪的构成要件,因此构成的是合同诈骗罪。① 但是,笔者认为,本案行为人的行为不能构成合同诈骗罪,理由如下:

首先,军车与高速公路公司之间并不存在所谓的民事合同关系。基于我国的特殊国情,为了维护国防利益,确保军队顺利履行职责,国务院办公厅、中央军委办公厅《关于免收军车通行费和军队生产经营车辆改挂地方车辆号牌问题的通知》第1条明文规定:"对军车免收过路过桥等费用,确保军队顺利履行职责。从1997年8月1日起,各地无论以何种投资方式修建和何种经营方式管理的各种公路、桥梁、渡口、隧道和各类停车场,对军车免收通行费和停车费。任何收费站、停车场不得以任何理由对军车收取费用。有条件的收费站要设立有明显标

① "法办'军车'",载 http://www.chinahighway.com/news/2008/283996.php。

志的军车通道，没有条件设立军车通道的收费站，要优先保证军车的顺畅通行……”为贯彻落实上述通知的精神，各省交通厅又相继颁发了关于免收军车通行费和军队生产经营车辆缴纳公路规费有关问题的通知等。可见，这是从政治、国防的因素考虑而强制命令所有公路公司应对军车免收通行费，也即高速公路公司对军车免收通行费是基于法律法规的强制性规定而非民事合同的约定。由于高速公路公司与军车之间并不具有诸如民事合同双方必须具有的平等权利和义务，因而也就不存在上述观点所指的民事合同关系。

其次，合同诈骗罪中的合同理应具有客观可见性的特征。如果认为军车与高速公路公司之间存在某种合同关系的话，那充其量也只能认为国家与高速公路公司之间签订的是一种无偿合同，而这种合同并不属于合同诈骗罪所规制的合同，利用这种合同进行诈骗也就不可能构成合同诈骗罪了。与诈骗罪的诈骗手段一般不受限制不同，合同诈骗罪只限于利用签订和履行合同的方式和手段进行诈骗。合同诈骗罪与诈骗罪的主要或关键的区别，就在于行为人在实施诈骗过程中是否利用了签订和履行合同这种形式，所以“合同”的判定问题可能影响到对某些诈骗犯罪的定性。而正确界定“合同”，需要考虑如下两个因素。

第一，必须考虑合同诈骗罪侵害的社会关系。1997年《刑法》将合同诈骗罪从诈骗罪中分离出来，并置于《刑法》分则第三章“破坏社会主义市场经济秩序罪”中的第八节“扰乱市场秩序罪”一节内，其目的主要是保护市场经济秩序。因此，合同诈骗罪中签订、履行合同理应是进行市场交易的一种法律行为。笔者认为，并不是所有利用合同进行诈骗的行为均构成合同诈骗罪，合同诈骗罪中的“合同”必须存在于该罪所保护的社会关系范围内，即能体现市场经济秩序——市场主体在进行市场行为时能在意思自由、平等、等价有偿等前提下依诚实信用原则进行交易行为的合同。在具体的案件中，应考虑所利用的“合同”是否体现了市场经济秩序，如果无法体现这种社会关系或与这种社会关系关系不大，就不应纳入该罪的“合同”之列。就此而言，合同诈骗罪的“合同”一般仅限于生产、销售领域中使用的合同，因为一般情况下只有这些领域中使用的合同才能体现市场经济秩序。

第二，必须考虑定罪合同形式的客观可见性。基于刑法的谦抑性，在一系列破坏市场秩序的“合同”诈骗行为中，只有那些社会危害性相对较大的行为才应以合同诈骗罪进行评价，而在这些“合同”诈骗行为中，利用书面合同实施的合同诈骗犯罪往往比利用其他形式的合同进行诈骗所产生的社会危害性更大,① 因此,具有客观可见性的书面合同才应该是合同诈骗罪所要规制的合同。笔者认为,在合同诈骗罪的认定中,能够证明行为人所利用“合同”的存在是最基本的要求。虽然从总体上说,合同具有各种各样的形式,包括书面形式、口头形式和其他形式,但不同形式的合同,必然在刑事诉讼中存在一定的举证难易程度的差异,而证明具有客观可见性特征的书面合同则最有利于举证。另外,由于合同诈骗罪与诈骗罪属于法条竞合关系,即两者之间是特别法条与普通法条的关系,如果将所有形式的合同都纳入合同诈骗罪的“合同”范围,那么,社会生活中的大量诈骗行为都将会被纳入合同诈骗罪的评价视野,如此,势必无限扩大合同诈骗罪这一特别法条的范围,而过度挤压诈骗罪这一普通法条的生存空间,从而模糊特别法条与普通法条的界限。因此,从合同形式的客观可见性要求来说,书面合同之外的合同似乎难以成为合同诈骗罪中的“合同”。

应该看到,上述观点所指出的高速公路的使用者与高速公路的所有者之间的民事合同关系,充其量只能属于事实性的合同关系。笔者认为,通过双方之间事实性的交易行为实现签订和履行的“合同”,实际上只存在于合同主体的观念中,并不具有客观可见性。更何况军车与高速公路公司之间的这种无偿“合同”并不属于生产、销售领域中的合同,利用这种“合同”实施的诈骗行为,不会直接对市场经济秩序造成侵害,因而也就很难纳入合同诈骗罪的评价视野之内。同时需要指出的是,本案中行为人与高速公路公司之间并没有任何订立合同的事实行为,也即他们之间根本就不存在事实性的合同关系。因此,即使认为本案行为人利用军车与高速公路公司之间的这种无偿合同实施了骗免通行费的诈骗行为,也不应构成合同诈骗罪。

(2011 年第 3 期)

① 在现今这个陌生人社会中,人们相互之间在实施经济、民事行为时,合同不可或缺,而在诸多形式的合同中,人们最信任也最常用的必然是具有客观可见性的书面合同,因而利用这类合同实施的合同诈骗行为无疑对市场经济秩序的损害是最大的。

“天价过路费案”对法律常识的偏离

周安平*

据媒体报道,河南禹州农民时建锋经营运输沙石业务。为了逃避过路费,其凭借两套假军车牌照通行,于2008年5月4日至2009年1月1日免费通行高速路2361次,偷逃过路费368万余元。案发后,河南省平顶山市中级人民院于2010年12月21日以诈骗罪判处时建锋无期徒刑,剥夺政治权利终身,并处罚金200万元,同时追缴违法所得。① 判决一出,公众一片哗然,纷纷指责收费天价,判决不公。为了应对公众舆论的压力,2011年1月16日河南省平顶山市中级人民法院以“该案事实、证据发生重大变化”为由,建议平顶山市检察院撤回起诉②。2011年1月17日平顶山市人民检察院决定撤回起诉,今后或以伪造车牌罪对其提起公诉。③

依笔者看来,司法机关这种头痛医头的紧急应对舆论的方式,或许可以暂时缓解公众舆论所造成的司法压力,但却无助于司法将来仍然必须面对类似案例的解决。并且,这样一种头痛医头的应对舆论的方式,更使本已脆弱的司法公信力不断受到打击。事实上,本案令公众所瞠目结舌的,主要是集中在368万元的“天价”收费、“无期徒刑”以及与368万元构成鲜明对比的20万元收入这3个问题上。而公众所关注的这3个问题,恰恰反映了司法对于法律常识的偏离。

一、暴利不是法律保护的对象

公众的不满甚至是愤怒,首先是关于高速公路368万余元的天价收费。368万余元是如何计算出来的?据中原高速平顶山分公司的统计,两车行车路线主要是载货从下汤收费站上高速,到长葛西收费站下高速。在长葛西收费站通行

---

* 作者单位:南京大学法学院。

本文受江苏省“青蓝工程”的资助。

① 载 http://www.360doc.com/content/11/0114/17/144136_86531320.shtml。

② 载 http://news.hf365.com/system/2011/01/17/010447349.shtml。

③ 载 http://news.163.com/11/0118/03/6QLCTU5G0001124J.html。

为1172次，逃费343.37万元，平均每次2929.8元；在下汤收费站通行1179次，逃费23.14万元，平均每次196.3元。也就是说，平均每次荷重通行费为2929.8元，空驶收费为196.3元，前者约为后者的15倍。对于计算标准，中原高速平顶山分公司总经理助理金煜伟给出了这样的解释。按照标准，未超过公路承载能力的收费标准是，载货类汽车基本费率是0.11元/公里，15吨及以下部分按基本费率计收，15吨以上部分按0.04元/公里。超过公路承载能力车辆的收费标准是，超出30%的重量部分暂按基本费率收费，超过30%以上部分，暂按基本费率3倍线性递增至5倍收费，超过100%以上的重量部分按基本费率5倍计算通行费。[①] 为此，有人算了一笔账，时建锋的两辆车平均每天跑10趟高速，每趟需要约1500元过路费，而从郑尧高速下汤站到许昌长葛，距离约100公里，每公里收费高达15元。[②]

每公里收费15元，8个月累计达368万余元，这些数字的确高得令人咋舌。对此，有人发出这样的感叹，这位农民开着两辆价格不足百万的货车，竟然跑出了比法拉利跑车还贵的路费，他难道是在黄金路上行驶吗？[③] 面对这一可能堪称为吉尼斯纪录的“天价”，人们自然就会追问：“天价”是否具有合法性？而据报道，该高速路段收费还确实有合法的依据，相关收费站的地磅也均检验合格。由河南省高速公路联网监控收费通信服务有限公司出具的两辆货车的通行信息统计表，对包括空驶或载物和载物重量、超载率等信息的记录均很详细，证明其合计逃费金额的确为人民币368万余元。[④] 看来，中原高速平顶山分公司，可能包括全国高速路上大大小小的各种名目的收费公司，其收取的“暴利”的确具有其“合法”的根据。因此，人们需要质疑的是，法律究竟应不应该保护这样一种暴利？

“暴利”一词至少在道德意义上可称为不正当获取的利益，理应不受到法律的保护，法律保护的只能是合理的利益。在这里，高速公路收费公司一方暴利的最大化，必然是时建锋所属通行群体的利益最小化。但是，高速公路收费公司暴利的最大化，至少在目前可计算的成本来看，并不是一个在道德上的“应得”所能支持的回报；而相应时建锋所属的通行群体在合法通行时，其利益的最小化也不是一个在道德上的“应得”所能支持的惩罚。因此，高速公路收费公司的行为无异于一种市场剥夺行为。将这种剥夺行为说成是一种现代暴力行为的比喻并

① 载http://www.qingdaonews.com/gb/content/2011-01/13/content_8634201_2.htm。

② 载http://www.qingdaonews.com/gb/content/2011-01/13/content_8634201_2.htm。

③ 载http://opinion.cn.yahoo.com/jdgz_guolufei.html。

④ 载http://www.qingdaonews.com/gb/content/2011-01/13/content_8634201_2.htm。

不过分。甚至有网友直接就将这种行为比喻为一种"抢劫"行为。[①] 而如果对方果真还符合法律所规定条件的"抢劫行为",那么时建锋等尚可以凭借法律所赋予的正当防卫的权利进行自力救济。问题是,当对方的"抢劫"行为合法化后,时建锋的正当防卫权其实已经被法律予以了没收,其在道德上或许可以获得支持的可能只剩下逃票了。而这一切似乎都可归咎于法律对高速公路"天价"收费标准的批准或同意。

也许有人会认为,虽然法律不应该批准暴利的收费标准,但当合同双方就收费标准达成一致同意后,"暴利"实际上就已经获得了正当性。司机与高速公路的收费公司之间其实是一种合同关系,当司机选择通行其高速公路时,就表明其收费标准征得了司机的同意。因而,也就可以这样说,高速公路收费公司因为有了时建锋的默示同意而取得了法律所保护的效力。但是,我们必须清楚,合同有效的前提是自愿。而在经济力量绝对悬殊的市场交易中,时建锋等作为弱势一方的同意,并不表明其就一定是自愿。同意并不等于自愿,因为同意可能是基于自愿,也可能是基于被迫。特别是当一种交易对于弱势的一方关乎生存或者无可选择时,同意的被迫性就表现得尤为强烈。因此,当交易的强势方可以扼对方于生死时,其刮取暴利的行为就无异于敲诈。法律在揪住"诈骗"行为不放的同时,却可能放过了公然"敲诈"的行为,这多少具有一定的讽刺意味。这种敲诈性质的判定,虽然不能在法律意义上,但至少可以在道德意义上成立。因此,基于"敲诈"而被迫的同意在伦理上并不能产生义务。正如一个人不能因为自己的同意而使自己遭受任何人的奴役,也不能因为同意就可以将自己置于他人绝对而专制的权力之下。[②] 因此,以"同意"取代"自愿"的表述,成功地掩盖了许许多多普通通行者在付费时的被迫心境,并将这种"被迫"成功地描写成了处于交易弱势一方的法律义务。由此也就可以推断,当人们将高速公路的收费关系视为一项合同关系时,暴利的非正当性得以被遮蔽。

暴利不具有正当性,法律不应该保护"天价"似的暴利,它只能对于合理的价格提供保护。什么价格是合理的呢?我们知道,价格是商品或服务的价值体现,但它却反映了人与人之间的关系。正如美国制度经济学家康芒斯所认为的,商品或服务的交换价值的问题,也就是人与人的关系问题。[③] 由于价格直接反映了人与人之间基于和平的交换关系,因此,人际关系对于公平性的追求也就决

---

① 载 http://opinion. cn. yahoo. com/ypen/20110113/167734. html。

② 应奇、刘训练主编:《政治义务:证成与反驳》,江苏人民出版社 2007 年版,第 38 ~41 页。

③ [美]约翰·R. 康芒斯著:《资本主义的法律基础》,寿勉成、方廷钰译,商务印书馆 2003 年版,第 33 页。

定了其对于价格公平性的要求。因而也就可以推论，当价格严重失衡时，它就向社会发出了这样的警示，那就是，人与人之间的关系出现了严重的不公平，并意味着双方之间的交换关系已不再是和平，而是可能掺入了暴力的因素。一个具有说服力的例子是，各地普遍存在的强制拆迁行为往往就是暴利与暴力的结伴而行。法律以追求人际关系的公平性为己任，自应充当不公平的平衡器，而不是不公平的助推器。具体到本案，368 万余元的过路费因为含有太多的暴利，因而也就不能完全计入时建锋诈骗所得的数据中。其诈骗所得只能是暴利剔除后的剩余。而如果真是这样，从公平与合理的角度，联系时建锋的收入以及收费公司的成本，其诈骗所得恐怕也就达不到"数额巨大"了，因而也就不会有今天令人不可思议的"天价过路费案"了。

因此，暴利的非正当性决定了其暴利合法化现象的严重不公平性。这种不公平性不仅在于暴利反映了交易双方的利益剥夺与被剥夺的关系，而且这种不公平性还表现在国家将其暴利保护所需要的强制性的法律资源分摊到了每一个公民身上。国家在为强权提供了超成本的保护，而成本却由每个人并主要是弱势的一方来承受。因此，也就不难想象，在时建锋等普通消费者承担"天价"过路费的同时，社会上却还有许多特权车和关系车可以免费通行。而这些免费通行的成本却成功地转移到了普通百姓身上。并且，当法律为暴利充当起了保护伞时，也就向社会传达出了这样的信息，那就是强权者利益就是合法的利益，从而进一步鼓励强权者极其所能地搜刮暴利。因此，法律对于暴利合法化的积极作为无异于是助纣为虐，劫贫济富。当下广泛存在且不断加剧的暴利现象，如房产暴利、医药暴利、教育暴利，都与法律姑息和纵容的态度不无关系，或者说在很大程度上就是其合法化的产物。

二、刑事责任主要关注的是行为，而不是行为的结果

本案之所以引起公众的强烈异议，除了"天价"二字刺激了公众的神经外，还有就是公众对于时建锋被判处"无期徒刑"的一种本能反应。犯罪嫌疑人时建锋的无期徒刑是如何确定的呢？根据主审法院的观点，其依据是我国《刑法》第 266 条的规定："诈骗公私财物……数额特别巨大或者有其他特别严重情节的，处 10 年以上有期徒刑或者无期徒刑。"而关于诈骗数额特别巨大的标准，河南省高级人民法院、河南省人民检察院、河南省公安厅于 1998 年 11 月 23 日颁布施行的《关于印发〈关于我省适用新刑法有关条款中犯罪数额、情节规定的座谈纪要〉的通知》规定：诈骗数额特别巨大为 20 万元以上。如是，"368 万余元"

获得顶格处理也就顺理成章地合乎了法律的逻辑。从法院的观点来分析，决定犯罪嫌疑人时建锋无期徒刑的最主要依据是“368 万余元”。在这里，“数字”决定了这一结果。

用数字来决定刑罚幅度的做法，当然不是“天价过路费案”的发明。当年，许霆案一审被判无期徒刑就是因为其盗窃 17 万元，数额巨大；而贪污受贿的处罚更主要依赖数字来分档计刑。用数字来管理人的行为能有效地摒弃因可能存在的争议而导致的司法的不确定性。数字正是因为其能满足人们对于确定性的需求而在法律上得到了普遍的使用。甚至听说还有法院正在探索设计出一套计算机的运用程序，试图通过计算机数据的运用，来完成司法复杂的定罪量刑，以最大限度地排除人为的因素。

数字只是人类发明的一项技术，它对于人性而言是外在的他物，因而与人性并不构成对应的关系。由于人性的多元与复杂，也就决定了其与数字的格式化存在一定的分离甚至是对立。因此，通过数字来对人类的行为进行定性，必定导致司法关于人性的外在认定与公众关于人性的自我认识发生偏离。似乎，一个人的行为善恶不取决于人类本性的是非观念，而只取决于国家法律所确定的数字。因此，我们也就不难想象“天价过路费案”产生了这样一种不可欲的结果，那就是，当犯罪嫌疑人时建锋基于 368 万的数字而被判以无期徒刑时，司法非但没有获得公众关于其是罪有应得的报应的认同，反而是激起了公众对于时建锋的遭遇的无比同情，并且这种同情还转化为对于司法判决的愤怒。这恐怕就是我们越来越依赖于通过数字化的方式来管理人类行为的后果。司法机关在该案中的尴尬与困窘，其实就是其为这种机械的数字化的管理模式所付出的司法代价。

这种以数字来确定人类行为的性质与程度的做法，在美国社会学家查尔斯·霍顿·库利看来，其实是反映了那些懒得深入思考而又急于得到精确结果的人对社会世界试图做精确的、机械控制的幼稚想法。这种想法是一种未经深思熟虑就从自然科学那里借用来的错误观念。事实上，越是高级的社会或心理功能，就越不能用数字进行测量，这可能是一条普遍的真理。① 因此，当司法通过数字来确定人类行为的性质时，司法的工作虽然变得十分的简便，但同时也会因为这种简便而可能造成一些令人啼笑皆非的错误。尽管，数字化的量刑模式能够帮助司法成功推卸自己的责任，并轻易地完成处罚的司法任务。

---

① ［美］查尔斯·霍顿·库利著：《社会过程》，洪小良等译，华夏出版社 2003 年版，第 325 页、第 327 页、第 336 页。

用数字来确定刑罚，其实是一种功利主义思想的反映。由于数字可能能够做到较为精确地衡量一种犯罪行为所造成的社会损失，因此，用数字来确定刑罚的做法，迎合了社会功利主义的需求。在这种社会功利主义思想的支配下，犯罪后果往往成为刑法所关注的重点，而刑法本应关注行为人的精神状态的基本要求反而被削弱。我国《刑法》关于贪污受贿犯罪的规定，主要考虑的就不是行为所表现出来的行为习性和主观恶意，而更多地是关注社会效果和实际损失。其定罪量刑以贪污受贿的具体数额为主要依据，并且立案标准和定罪量刑的数字随着GDP数字的增长而增长，从而导致了贪污受贿犯罪的社会容忍度的不断上升。而这种社会容忍度又反过来进一步鼓励了更多的官员从贪小、受小开始，最后被引诱而成长为一个贪污受贿数额巨大的大贪。社会功利主义思想的泛滥，转移了人们关于人类行为的善恶评价，或者说人类行为的善恶评价主要根据其造成的社会损失，而不是根据其行为本身的性质，这就将刑事责任与民事责任的性质与功能予以了混淆。

刑事责任的范式与民事责任的范式不同。法律责任涉及修复义务的分配，但刑法修复的主要是行为秩序，而民法修复的主要是经济利益。因此，在民法范式里，责任原则的主要社会功能是防止和补救对于个人的损害。在这个范式里，基本的分配问题在于如何平衡每个人的行动自由和人身及财产安全这两方面的利益。① 因此，民法责任以受害人为中心，侧重对于受害人的损失进行补偿与恢复。而由于造成损失的原因除了有行为人的行为外，还有可能是运气不佳的原因，因而对于运气的分担往往也是民事责任的重要内容。民事责任也正是在十分重视后果，而主要不关注行为人的精神状态的这一意义上，极大地削弱了行为人在道德责任上的应受谴责性。

与此相对，在刑法范式里，责任原则的主要社会功能是惩罚和威慑严重的不能接受的行为，具有报应性、表达性和威慑性。② 在这个范式里，基本的分配问题是在我们每个人行动自由的利益与其相反的利益之间作出平衡。一方面是我们每个人的人身及财产安全的利益；另一方面是社会秩序和安全的利益。③ 因此，刑事责任不是以受害人为中心，而是以行为人中心。它主要关注行为人的行为，而不是行为的后果。其责任主要取决于一个人做了什么，或者没有做什么。因此，即使其行为只是一种企图，而没有什么后果，例如“无受害人的”的犯罪，

---

① [澳]皮特·凯恩著:《法律与道德中的责任》，罗李华译，商务印书馆2008年版，第376页。
② 同上，第375页。
③ 同上，第376页。

也必须承担责任;同理,没有精神状态上的错误,即使造成损失,也不存在所谓的刑事责任。也正是在这一意义上,刑事责任特别强调道德的应责性,并多少含有道德耻辱的评价成分。刑事责任对于道德责任的这一过分担当,使刑事责任对于受害人的人身和财产利益的关注就变得不那么明显了。虽然,这是基于一种比较意义,但在比较意义上,"天价过路费案"对时建锋"诈骗"数字的关注远远超过了对其主观善恶的关注。公众对于判决的不满,其中也是因为司法对"刑事责任原则的重点应当在于行为和精神状态而不是后果"[①]这一法律常识产生了偏离。

三、"被迫的犯罪"不是刑罚打击的重点

更让公众震惊的是,被捕后时建锋自称前后只赚了 20 万元,这与 368 万余元的过路费形成了极大反差。如果两个数据都是真实的话,一个合乎情理的推断就是:如果时建锋不偷逃路费,那么其合法通行岂不要倒贴 300 多万元?因此,对于像时建锋等大多数货车司机来说,如果想要脱贫致富,甚至只是维持基本的生计,逃费几乎成为其唯一的选择。因而,也就可以推论,如果时建锋还要通过运输业务而维持生计的话,时建锋的行为其实可以看做一种"被迫的犯罪"。

"被迫的犯罪"意指其犯罪行为是基于这样的情形而为的犯罪,即对于规范的坚持已经超出了自己的能力,或者对于规范的坚持其成本超出了所能承受的程度。事实上,任何人都很难在被迫的情形下还能够坚持规范。因此,当坚持规范变得十分困难时,要求一个人的坚持就不合常理。虽然,我们不否认有少数人能够做到"克己复礼",但法律主要关乎的是多数人和平常人,而不是关乎英雄和超人。法律设定的要求是正常人可以达到的要求,法律不能强求一个正常人所不能。因为在道德上,"一个人不会因为做了他们不可避免的事情或者未能做他们不能做到的事情而被认定是负有责任"。[②] 当然,也许有人可以这样论辩道,时建锋可以不走高速,甚至可以不从事货物运输。但这样一种论调,其实是站着说话不腰疼。只要我们将自己设想成时建锋等所属群体中的一员,我们就会明白时建锋的行为有太多的迫不得已。并且,我们还应该考虑到,一项合法业务的赢利,本身就应该保证其相关的合法行为成为可能,而不是使合法行为变得

① [澳]皮特·凯恩著:《法律与道德中的责任》,罗李华译,商务印书馆 2008 年版,第 314 页。
② 同上,第 113 页。

不可能。而且,我们还应该考虑到,高速公路的开辟以及其收费标准的设立,原本就应该考虑到合法运输的成本。总不至于,国家设立的收费标准非得要逼迫很多像时建锋一类的群体不能合法的通行,或者说逼迫一个人不可以选择合法的劳动。正如有人所质疑的,"法律之所以低于道德,是因为法律要让人吃饭穿衣睡觉,如果守法成本大于生存成本,则这样的法律不仅不能被敬畏、其自身的正义性也会遭遇公信危机"。① 如是,时建锋"非法"行为的原因也就不仅仅在于其个人,更多的还在于一个并不好的制度性环境。也正是在这一意义上,时建锋的"被迫",唤起了公众的切身体会而极大地赢得了人们的同情与宽容。

更为忧虑的是,时建锋的逃票行为在高速公路上并非孤立,而是一种常态。只要高昂收费存在一天,为了生计而偷逃路费的违法行为就会成为人们的选择。当合法的劳动不能选择,或者当生存遭遇到了合法的威胁时,违法、抗法行为就会成为一种其最后选择的行为。成都的唐福珍②、江西宜黄的钟家兄妹③和今天的时建锋一样,都在昭示着这样一个事实,那就是,在下层民众生存的制度环境并未得到有效改善的今天,这种"被迫"的违法犯罪行为就会变得越来越普遍。他们的悲剧只不过是当前底层劳动者命运的一个缩影而已。而一种违法行为的常态化和普遍化的结果是,其在道德上的应责性也随之递减,而其在道德上的正当性则会相应地递增。

当然,我们这样说,并不是认为时某的行为就完全具有正当性。因为他毕竟存在偷逃的行为,毕竟构成了对他人财产利益的侵犯。但是,联系文章前面所分析到的高速公路收费的暴利性,那么,时某的行为至少部分具有正当性。因为,高速公路收费的不正当暴利其实就是付费方的合法利益,因此,时某对于368万余元中构成暴利的那一部分强制收费的逃避,就不可以认定为"偷逃",相反,可以看做时某迫不得已的"维权"。因为,暴利在道德上的非正当性,也就意味着在道德上拒绝暴利就具有正当性。而如果一定要从实在法的角度将暴利认定为合法,那么,时某的行为就是出于对恶法的反抗,而在伦理上也同样具有正当性。因为公民没有服从恶法的伦理义务。因而,我们也就可以从中发现,时某"被迫

① "368万过路费刺疼了我们的眼睛",载 http://house. focus. cn/news/2011 - 01 - 13/1165174. html。

② 2009年11月13日早晨,在成都市金牛区天回镇金华村发生一起恶性"拆迁"事件。女主人唐福珍未能阻止政府组织的强拆队伍,最后"自焚"于楼顶天台,经抢救无效死亡。这一事件被地方政府认定为"暴力抗法"。http://baike. baidu. com/view/3048216. htm。

③ 2010年9月10日上午,江西省抚州市宜黄县凤冈镇发生一起因拆迁引发的自焚事件。钟家兄妹为阻止政府对自己合法房屋的强制拆迁而选择自焚,造成1人死亡,2人重伤。载 http://baike. baidu. com/view/4363655. htm。

的犯罪”行为，其实是向社会发出了这样的预警，那就是法律责任与道德责任形成了张力，这种张力正逐渐失去其应有的弹性。也正是因为存在这样一种张力，时某的行为，尽管司法已经判定为犯罪，但似乎并没有对公众的集体意识构成威胁。

什么是犯罪？按照涂尔干的说法，犯罪就是对强烈而又明确的集体意识的违反。① 刑法的主导地位必须以这样的条件为前提：具有一种非常清晰的集体意识，存在为社会成员所共同拥有的信仰和情感。惩罚首先是对违法行为的一种情感反应。② 因此，“犯罪乃是每个社会成员共同谴责的行为”。③ 但从本案的社会反响来看，时建锋的犯罪因为其“被迫性”，而并没有遭遇太多的谴责，反而是更多的同情。而如果一个被法律确定为犯罪的行为，却被公众宽恕，虽然不能削减其犯罪的法律责任的“实定性”，但至少削弱了其法律责任的“应责性”。当然，时某并不因此而可以免除其法律责任，但至少可以这样认为，其较低的“应责性”表明其行为并不是一种严重的犯罪行为，不至于严重到法律必须动用“无期徒刑”的程度。刑罚也是一种资源，而且是一种重要的制度资源，它的消耗也是需要付出由公众所分摊的税收成本。因此，严重的刑罚作为资源更多地应该投入给“应责性”很强的犯罪，而不是投入给“应责性”微弱的“被迫的犯罪”。特别是，当这种“被迫的犯罪”日益普遍化时，其消耗的法律资源尤其为公众所不欲。刑罚资源投资方向发生了严重偏向，正是“天价过路费案”所反映的司法对于常识的其中一个偏离。

“天价过路费案”之所以被公众认为是荒唐的，是因为司法偏离了常识。虽然；这种偏离常识的错误有的也并不是司法所能改正，但毕竟公众所关注的法律只能是基于可见的法律。因此，如果司法反馈于立法，从而促使法律常识的回归，那么，“天价过路费案”留给我们的就不再是玩笑，而必定会在中国法治化进程中因步出幼稚而进步。

（2011 年第 3 期）

---

① ［法］涂尔干著：《社会分工论》，渠东译，生活·读书·新知三联书店 2000 年版，第 43 页。

② ［英］安东尼·吉登斯著：《资本主义与现代社会理论：对马克思、涂尔干和韦伯著作的分析》，郭忠华译，上海译文出版社 2007 年版，第 87 页。

③ ［法］涂尔干著：《社会分工论》，渠东译，生活·读书·新知三联书店 2000 年版，第 36 页。

错误的纠错
——评河南省高院对“天价过路费案”的处理

赵能文*

“天价过路费案”一审以诈骗罪判处被告人时建锋无期徒刑宣判后，引起了媒体的广泛关注和热议。其时，舆论关注的焦点主要有两个：一是该案被告人时建锋作为一个农民，在短短8个月中怎么能逃过路费368万元之多；二是该案被告人时建锋竟然被定为诈骗罪处以法定最高刑无期徒刑。面对媒体的高度关注和质疑，河南平顶山市中院在2011年1月12日召开新闻发布会予以回应，先是坚称该判决定罪准确、量刑适当。但是，1月14日河南平顶山市中院启动再审程序决定重审该案。与此同时，河南省高院介入此案，迅速对该案做出处理决定，并高调宣布处理结果。① 其后河南高院副院长田立文接受央视采访，直陈对该案的法律适用意见，表示原审定罪错误，应当依照非法使用军用牌照罪定罪处罚。②

回顾一下本案的进展可知，平顶山市中院于2010年12月21日对时建锋诈骗案一审判决后，在被告人时建锋不上诉的情况下，判决已经生效。2011年1月13日在平顶山市司法部门的同意和协调下，央视得以采访正在服刑的时建锋，时建锋面对央视“今日说法”记者突然翻供，曝出内幕，说他是替弟弟顶罪，并且收费站里有人与他们配合。河南平顶山市中院根据记者提供的情况讯问了时建锋，并召集公安、检察机关研究，决定以出现“新的证据”为由，于2011年1月14日凌晨对该案启动再审程序。时建锋案经媒体披露后，2011年1月13日，河南省高院张立勇院长批示，要求省高院刑庭、审判监督庭介入了解案情。1月14日，张立勇院长又要求主管刑事、审判监督的副院长召集高院刑庭、审监庭调阅案件卷宗，认真审查。1月15日22点左右，时建锋弟弟时军锋向公安机关自

* 作者单位：华东政法大学。

① “平顶山时建锋案件进展和追责情况发布”，载 http://hnfy.chinacourt.or g/public/detail.php? id=110137。

② “河南省高院回应追责相关人员：是否与他人共同犯罪认定不清”，载 http://news.cntv.cn/society/20110116/102759.shtml。

首，交代时建锋是顶替他人狱等重要情况。1月15日夜，张立勇院长亲自主持召开了河南省高级人民法院审判委员会，听取了平顶山市中院对该案的汇报，研究分析案情，随后又召开党组会，研究决定，对相关责任人员进行组织处理。河南省高院和平顶山市中院于1月16日下午联合召开新闻发布会，并同时在高院官网上公布了《平顶山时建锋案件进展和追责情况发布》（以下简称《案件情况发布》），公布了省高院对该案的初步处理意见，宣布对承办该案的平顶山市中院及相关责任人员予以处理决定。① 其实，平顶山市中院对该案提取再审与河南省高院介入此案几乎是同时进行，只不过在河南省高院介入此案后，平顶山市中院就失去了对该案件处理的主动权和控制权，一切尽在河南省高院的主导下。从处理程序看，河南省高院仅仅调阅一下平顶山市中院的案卷，听取一下有关汇报，不仅没有询问该案的被告人时建锋及投案自首的时军锋，也没有听取被处分人员的陈述和辩解，没有将调查认定的事实材料与被调查人核对，更没有在调查结束后，写出调查报告，完全省略了调查结束后的审理阶段，就在短短一个晚上直接对相关人员做出了处分决定。这样的处分决定违背了《人民法院监察部门调查处理案件暂行办法》规定的程序，显然极不合适。从处理速度看，河南省高院在1月15日晚听取中院的再审汇报后，紧接着就在1月16日做出处分决定。对于这样一个媒体高度关注的案件，作为不是承办该案的河南省高级人民法院，从调查到处理只用了短短的两三天时间就全部完成了。对于这样的速度，除了说明有关方面做出的应对危机公关的努力以外，更多体现的是急功近利地用不遵循司法规律的手段处理法律问题，显得极不恰当，难免给人以非常仓促、草率之感。

一、河南省高院过早介入该案并做出实体宣示系程序违法

河南省高院过早介入该案不符合法律规定。《宪法》第126条规定："……最高人民法院监督地方各级人民法院和专门人民法院的审判工作，上级人民法院监督下级人民法院的审判工作。"《人民法院组织法》也作了相应规定。从《宪法》和《人民法院组织法》的规定来看，两者都体现了我国人民法院独立行使审判权和两审终审制度。作为审判机关的上下级法院之间的关系与检察机关不

① "平顶山时建锋案件进展和追责情况发布"，载 http://hnfy.chinacourt.or g/public/detail.php? id=110137。

同,检察机关上下级之间是领导与被领导关系,而上下级法院之间并不存在领导与被领导关系,在审判工作上只是监督与被监督的关系。而审判监督一般是个案的、事后的,而且必须依法、依程序进行。各级人民法院应在法律规定范围内履行各自职责,依法独立公正行使审判权,以确保审级独立。根据2010年12月28日颁布施行的《关于规范上下级人民法院审判业务关系的若干意见》之规定,上级法院不应当也无权直接干预下级法院具体个案的办理,下级法院也不应当就具体个案请示上级法院如何判决,只有规定的四种案件下级法院可以书面报请上一级法院提级审理,更不能要求上级法院维持下级法院的判决、裁定,上级法院也不能要求下级法院按照自己的意志作出裁决。如果上级法院可以直接干预甚至直接决定下级法院的具体案件的判决结果,那么则违背了两审终审制,破坏了法院独立行使审判权的法律规定。就时建锋诈骗案而言,在河南高院介入该案之前的2011年1月14日,平顶山市中院已经按照审判监督程序对该案启动重审程序,因此,河南高院并没有必要过早主动地介入此案。实际上,河南省高院不但非常积极介入此案,还对该案匆忙做出了处理决定,在实体法律适用上建议平顶山市检察院撤回起诉,并对相关人员进行责任追究,还对平顶山市中院进行通报批评。河南省高院的这种做法没有任何法律依据,显然属于程序违法。

《人民法院组织法》第14条规定:"最高人民法院对各级人民法院已经发生法律效力的判决和裁定,上级人民法院对下级人民法院已经发生法律效力的判决和裁定,如果发现确有错误,有权提审或者指令下级人民法院再审。"《刑事诉讼法》也作了类似的规定。据此,如果河南省高院认为平顶山市中院对于该案件的判决确有错误,希望尽早介入该案,完全可以通过审判监督程序对该案直接提审,当然其也可以指令平顶山市中院或者其他法院再审。这是其最合法也最有效回应媒体和广大老百姓期待的做法,但是,河南省高院却没有依法这样做。它一方面同意平顶山市中院对该案再审;另一方面又对该案做出诸多的处理决定,甚至在案件事实还未查清之前就快速地对相关法院和法官做出了处分决定。这种做法不仅与法律的规定不符,也违背了审判程序。

二、对办案法院及法官处分权限及内容违法

《案情情况发布》指出:"河南省高级人民法院党组认为平顶山市中院在审理时建锋诈骗一案时,存在审查不细、把关不严等问题,判决结果损害了人民法院和人民法官的形象,损害了法律的尊严和司法的公信力,决定对相关审判人员予以责任追究。(1)平顶山市中院刑一庭主审法官娄彦伟对案件证据审查不

细，把关不严，免去其助理审判员职务，调离审判岗位，接受培训，等候处理。(2)平顶山市中院刑一庭庭长侯晓宏领导不力，负有主要责任，失职，责令平顶山市中院依照法律程序提请免去侯晓宏刑一庭庭长职务，接受培训，等候处理。(3)平顶山市中院副院长任建军，作为主管院长，主持审委会把关不严，没有尽到应尽职责，经平顶山市委同意，对其停职检查。(4)平顶山市中院院长郭保振作为院长，要对全院负责，干部教育培训管理不到位，对其诫勉谈话。(5)责成平顶山市中院向省法院、平顶山市委写出检查，对平顶山市中院在全省通报批评。"①

从这个情况发布内容可以看出，做出处理决定的机构是河南省高院党组；处理的理由是在处理该案时存在"审查不细、把关不严"等问题，结果损害了法院和法官形象，损害了法律的尊严和司法的公信力；责任追究的内容有免除有关人员助理审判员和刑一庭庭长职务，接受培训，等候处理，停职检查，诫勉谈话以及通报批评等。据笔者所知，对法院和法官审判行为问责的有效的规范性文件主要有：《人民法院组织法》、《公务员法》、《法官法》、《法官职业道德基本准则》、《人民法院审判纪律处分办法(试行)》和《人民法院审判人员违法审判责任追究办法(试行)》等，根据这些规定，河南省高院对于平顶山市中院及其相关责任人员的处理决定是违法的。

第一，河南省高院对平顶山市中院的通报批评决定没有法理依据及法律根据。如前所述，上下级人民法院是两个独立的审判机关，他们之间只有监督与被监督的关系。《宪法》第128条规定："……各级人民法院对产生它的权力机关负责。"《人民法院组织法》第17条规定："地方各级人民法院对本级人民代表大会及其常务委员会负责并报告工作。"据此可知，平顶山市中院应当向平顶山市人大及其常委会负责并报告工作，而上述法律均没有上级法院可以对下级法院通报批评的规定，而且作为一级国家审判机关，平顶山市中院是代表国家在行使审判权，它竟然要受到通报批评，受到批评后其公信力和权威不可避免地要受到影响。作为上级法院的河南省高院对平顶山市中院通报批评，不知其法理依据何在？其法律依据又何在？

第二，河南省高院对平顶山市中院有关领导和办案法官做出处理决定不合法。《人民法院组织法》第35条规定："地方各级人民法院院长由地方各级人民代表大会选举，副院长、庭长、副庭长和审判员由地方各级人民代表大会常务委

① "平顶山时建锋案件进展和追责情况发布"，载 http://hnfy.chinacourt.org/public/detail.php? id=110137。

员会任免。”《法官法》第 8 条明确规定：“非因法定事由、非经法定程序，不被免职、降职、辞退或者处分……”那么，处理决定中的事由是否存在？这些事由到底违反了什么纪律或者法律？河南省高院是不是有权对相关人员进行问责？笔者认为，河南高院的处理决定实体上不合法，从其职权范围来看也不宜做出该处分决定。

其一，处分决定在实体上不合法。我们来逐一分析《案情情况发布》中处理决定的内容。首先，关于主审法官“对案件证据审查不细，把关不严”问题。本案在事实方面不算复杂，在审判之前，已在公安机关羁押侦查和检察机关审查起诉达 9 个月之久；被告人连辩护律师都不需要，对犯罪事实也是供认不讳，一审宣判后并没有提出上诉。之所以发现该案可能有错误，是因为时建锋接受媒体采访时声称自己是替弟弟顶罪，其弟弟时军锋在其后前往公安机关自首，承认自己犯罪及哥哥是顶替他的罪行，否则，时至今日也未必能发现该案可能有错误。从这些事实来看，也很难认定本案中的主审法官存在“对案件证据审查不细，把关不严”的情形。同时，《人民法院审判纪律处分办法（试行）》和《人民法院审判人员违法审判责任追究办法（试行）》均规定，“在案件事实和证据的认定上产生认识上的偏差的”，不应当给予纪律处分，只有“依职权应当对影响案件主要事实认定的证据进行鉴定、勘验、查询、核对，或者应当采取证据保全措施而故意不进行，导致裁判错误，给予警告至记大过处分。”根据这个规定，只有故意造成了案件认定事实错误才能给予处罚。而从通报的内容来看，即使最后证明主审法官对案件事实的认定存在错误，也并没有证据证明这种错误是由于法官主观上的故意造成的，最多也是由于法官主观上的过失造成了案件事实和证据认定上产生的偏差，故不应当给予其纪律处分。综合来看，认定主审法官“对案件证据审查不细，把关不严”，理由并不充足，即使对证据认识上存在偏差也不应当给予纪律处分。其次，关于其他 3 位领导的领导责任问题。如果主审法官不应承担责任，其他 3 位领导当然就不应当承担责任。退一步而言，假定主审法官的责任成立，那么，院长、庭长是否应当承担此责任呢？笔者认为，答案依然是否定的。先来谈谈所谓分管副院长把关不严、责令停职检查问题。《人民法院审判人员违法审判责任追究办法（试行）》第 25 条第 2 款规定：“审判委员会主持人违反民主集中制原则导致审判委员会决定错误的，由主持人承担责任。”据此，如果要追究审委会主持人的责任，要同时满足三个条件，即一是违反民主集中的原则；二是做出错误决定；三是违反原则与做出错误决定之间存在因果关系。然而，相关资料中并没有证据表明主管院长存在违反民主集中制的情形，当然就不应当追求主管院长的责任。再来谈谈所谓院长、庭长的责任问题。根据《案情公布情况》可知，处分庭长是由于“领导不力”，负有主要责任，属“失职”，处分院长是由于“干部教育培训管理不到位”。《人民法院审判人员违法审判责任追究办法（试行）》第26条规定：“院长、庭长故意违反法律规定或者严重不负责任，对独任审判员或者合议庭的错误不按照法定程序纠正，导致违法裁判的，院长、庭长、独任审判员或者合议庭有关人员均应当承担相应责任。”据此，法院院长“干部教育培训管理不到位”并不属于这里应当给予处罚的情形；同时，有关的资料表明，院长、庭长在本案中也没有故意违背法律，故可以直接排除“故意”这类情形。同时，由于纠正的前提是发现存在错误，就本案的实际情况来分析，如果客观公正地看，法院院长、法庭庭长事先也很难发现这里存在错误。因此，虽然本案造成了错误的裁判结果，但是，这种结果并不是由于领导严重不负责任造成的。由此可见，河南省高院处分平顶山市中院法官及法院领导法律依据确实不足。①

其二，河南省高院不适宜作为该案做出处分决定的机构。即使上述4位法官违反审判纪律，也不宜由河南省高院党组直接做出处理决定。如前所述，根据《人民法院组织法》、《法官法》及3大诉讼法规定，对于除助理审判员以外的其他人员的处分，审判员和法院院长、副院长均由同级人大任免；助理审判员由本院院长任免。但是，河南省高院在此案中均是以高院党组的名义作出了相关的处理决定，河南省高院的这种做法，实在是根据不足。虽然根据有关规定，高级人民法院监察室可以管辖中级人民法院及其院长、副院长、监察室主任违法违纪案件，但是，一般情况下，高级人民法院只是在下级法院应当追究其审判人员责任而不予追究时才可以责令下级法院追究，而不是由高级人民法院直接做出处分决定；只有在极少数情况下，高级人民法院才可以直接调查处理。而本案被媒体报道后，平顶山市中院一直在认真慎重地处理此案，并没有拒不处分相关责任人员。需要说明的是，高院党组作为党的机构，其所能处分的只能是党员，而且给予党员的也只能是党内处分，对于给予其他处分，党组织只有建议权。平顶山市中院的四位法官党组织关系（如果其是党员）在中院党组织，而中院党组织是在平顶山市党委的领导下开展工作的，所以，即使以党组织的名义给予相关责任人员处分，最合适的机构也应当是平顶山市中院党组织及平顶山市委，而不是河南省高院党组。如果让上级法院的党组给予下级法院的党员给予处分决定，不可避免地破坏了上下级法院之间的独立审判的关系，也由此导致了相关法律的

---

① 冉井富：“如此处分法官，法律依据何在？”，载 http://www.iolaw.org.cn/showarticle.asp?id=2921。

原则和规定被虚置。

三、河南省高院副院长向媒体发表对该案的适用法律意见有损司法尊严

在该案已经进入再审程序后，河南省高院某副院长接受央视记者电话采访时表示，该案原审定罪错误，量刑当然就不适当，并进一步认为，该案应当以伪造、非法使用武装部队专用标志定罪，并阐明了理由。① 对于一审以诈骗罪定罪的争议，该副院长认为，应该适用非法使用军用标志罪。对非法使用军用车、牌照的行为，《刑法修正案（七）》在第12条增加了一款，伪造、盗窃、买卖或者非法提供、使用武装部队车辆号牌等专用标志，情节严重的，处3年以下有期徒刑、拘役或者管制，并处或者单处罚金；情节特别严重的，处3年以上7年以下有期徒刑，并处罚金。这是新增加的规定。在《刑法修正案（七）》出台之前，并没有规定非法使用军车牌照的行为为犯罪，为惩罚这种行为，在不违背罪刑法定原则的前提下，最高人民法院在2002年作出司法解释，规定这种行为按照诈骗罪来处理。《刑法修正案（七）》出台后，法学理论界和法学实务界，对此有不同认识。这是一种新情况、新问题，在“两高”没有作出相应司法解释的情况下……既然《刑法修正案（七）》已经明确将非法使用军用牌照作为犯罪来定罪，并规定了相应量刑情节，根据罪刑法定的原则，应该按照《刑法修正案（七）》来定罪。笔者认为，高院副院长面对媒体发布这样的评论显然是极其不恰当的。具体理由在于：其一，该评论干扰了下级法院的独立审判权。作为平顶山市中院的上级法院分管刑事的副院长，评论意见在某种意义上就代表了河南省高院的意见，虽然引起该案再审程序的理由和原因在于案件事实发生了变化而不是适用法律错误，但是，在该案进入再审程序后，不仅有查明案件事实问题，还有适用法律问题，再审的法院能不考虑上级法院分管副院长的意见吗？尤其在刑事司法实践中，某些法官就具体个案遇到适用法律疑难问题时还要内部请示上级法院，并将上级法院的意见作为裁判的决定性结论，在此种背景下，公开评论其实干扰了平顶山市中院对该案的独立审判。其二，该评论违背了法官的职业操守。《法官职业道德基本准则》第13条规定，法官应当尊重其他法官对审判职权的独立行使，并做到：（1）除非基于履行审判职责或者通过适当的程序，不得对其他法官正在审

---

① “河南省高院回应追责相关人员：是否与他人共同犯罪认定不清”，载http://news.cntv.cn/society/20110116/102759.shtml。

理的案件发表评论,不得对与自己有利害关系的案件提出处理建议和意见。(2)不得擅自过问或者干预下级人民法院正在审理的案件。《法官职业道德基本准则》第45条规定,法官发表文章或者接受媒体采访时,应当保持谨慎的态度,不得针对具体案件和当事人进行不适当的评论,避免因言语不当使公众对司法公正产生合理的怀疑。根据上述规定,结合该案已经启动再审程序的事实,公开对案件评论的做法背离了法官的职业操守。实际上,这一评论客观上已经产生了不良的影响。平顶山市检察院已经向媒体宣布,可能改变起诉罪名,不再以诈骗罪而是以伪造、非法使用武装部队专用标志罪提起公诉。

需要指出的是,上述评论不仅在程序上是非常不恰当的,而且内容也是错误的。只要具备一定刑法知识和理论功底的人都能够明白,虽然此前最高人民法院2002年作出的司法解释将伪造军用车牌骗取不缴纳过路费的行为作为诈骗罪来处理,《刑法修正案(七)》对"车辆号牌"等有关侵犯武装部队专用标志犯罪作了修改,主要是将其行为方式由原先规定的"非法生产、买卖……"修改为"伪造、盗窃、买卖或者非法提供、非法使用",并提高了其法定刑,但是,《刑法修正案(七)》的规定与最高人民法院的相关解释并不矛盾。只不过,使用伪造的武装部队专用车牌从而骗取不缴纳过路费的行为,在《刑法修正案(七)》颁布实施之前只能定诈骗罪一个罪,在《刑法修正案(七)》生效之后,则这种行为同时触犯诈骗罪和伪造、非法使用武装部队专用标志罪两个罪,这种情形属于刑法理论上的牵连犯,应当以一重罪定罪处罚。就本案而言,应当以较重的犯罪诈骗罪定罪处罚。因此,从实体上来分析,相关的评论也是错误的。

四、不应当追究该案的承办法官及法院领导的责任

要追究法官的审判责任,不仅要严格依照法律的规定,而且要求被追究的人具有违法、违纪行为。笔者认为,该案的办案法官以及法院领导没有违法、违纪行为,不应当受到责任追究。其理由在于:

第一,该案的承办法官作出的判断符合法律规定,并不存在违法、违纪行为。从媒体公布的材料来看,是本案的当事人时建锋主动自愿认罪,并不愿意聘请律师为其辩护,在法庭上对公诉机关出示的相关证据材料均予以认可,直至一审宣判时,时建锋还当场表示服从判决,不准备上诉。故而该判决在被告人签收10日后在一审阶段就已经生效。本案不仅有被告人的供述,其供述从头到尾始终相当稳定,而且还有其他诸多直接和间接证据加以证明,纯粹从法律的角度看,认定时建锋实施了指控的犯罪符合刑诉法规定的事实清楚、证据确实充分的证

明标准。虽然从客观事实来看，可能对于案件的事实由于控诉方遗漏了重要的当事人，从而造成本案属于事实不清、量刑不恰当的案件。但是，对于证据的审查，在依法确定证据的证明资格后，法官一般根据内心确信来审查证据的证明力。因而，只要法官遵循了相关法律的规定，尽到了必要的注意义务，认真审慎地审查了相关证据，那么，即使客观上由于出现了新的证据证明原来的判决是错误的，作为主审法官及相关人员就不应当受到责任追究。不能因为客观上产生了错误，不问错误的原因就直接追究法官的责任。

第二，造成该案的错误不能归咎于承办法官。在该案件审理过程中，作为被告人的时建锋故意作假证明，大包大揽，意图包庇其弟弟时军锋，导致了案件事实没有查清。法官完全是按照相关的证据规则来审查和认定公诉方出示的证据，因此，造成该案事实上的认定错误是由于时建锋故意作假证明等原因造成，不应当归咎于办案法官。《国家赔偿法》第19条第1项规定，因公民自己故意作虚伪供述，或者伪造其他有罪证据被羁押或者被判处刑罚的，国家不承担赔偿责任。从这个角度看，国家没有过错当然就不承担赔偿责任，既然国家都没有过错，那么代表国家行使审判职权的法官的过错又何在呢？

第三，刑事司法程序的基本目标是实施实体法，发现真相，使错误定罪最小化。[①] 基于这样一个目标，不仅要求实施犯罪行为的人得到相应的刑事处罚，还要保护无辜的人不被刑事追究。但是，由于所有的审判活动都是对已经发生的案件用证据加以证明的过程，而证据本身可能会发生变化、灭失甚至被人为篡改，由此导致客观真实与法律真实会产生不完全一致的情形。所以，刑事诉讼的基本目标也只能是错误定罪最小化，而不能绝对避免错误定罪——包括客观上有罪的人可能逃脱法律的制裁、重罪轻处或者客观上无罪的人可能蒙受冤屈及轻罪重处。在此基础上确立的刑事诉讼证明的一般标准是排除合理怀疑，即使严格遵循这个标准办案可能也会造成一些错误，但是，这是实现法治的必要代价，是惩罚犯罪和保障人权之间价值权衡所做出的选择。正是从这个意义上来看，笔者认为，该案的主审法官根据公诉方提供的证据以及被告人时建锋当庭供认，根据内心确信认定本案的犯罪行为是被告人时建锋所为，这种判断并不属于河南省高院所言的对于证据的审查不细、把关不严责任问题，不应当因此追究该案办案法官的责任。

综上所述，笔者认为，河南省高院积极面对媒体的关注，迅速就该案做出反

---

① Wayne R. LaFave、Jerold H. Israel、Nancy J. King 著：《刑事诉讼法》，卞建林、沙丽金等译，中国政法大学出版社2003年版，第28～36页。

应,表明其关注审判活动的社会效果,具有一定的积极意义。但就“天价过路费案”而言,河南省高院的做法更多的是负面意义。法院应当保持一定的谨慎,不能为回应媒体关注甚至迎合媒体而草率地做出处理决定。审判活动除了要注意社会效果外,还要关注法律效果,而且还应当遵循审判活动自身的规律,不能用违背法律的错误方式去纠正审判错误。

(2011 年第 3 期)

【栏目】 刑法修正去向何方

【编者按】 2011年2月25日，十一届全国人大常委会第十九次会议"以139票赞成、7票反对、11票弃权通过了《中华人民共和国刑法修正案（八）》"。①至此，从2010年8月23日正式提交十一届全国人大常委会第十六次会议讨论开始，长达近半年关于《刑法修正案（八）》内容的争论画上了一个休止符。《刑法修正案（八）》之所以引起激烈的讨论、争论，是因为这是1997年以来最重大的一次修改。说其重大，首先在于其修改条文最多。全国人大内务司法委员会委员戴玉忠告诉记者："此次刑法修改的规模最大，相当于前7次修改的总和，一共修改了50个条款，涉及49个问题。"其次，此次修改的内容开始涉足众多的刑法总则领域。"总则涉及的都是刑法的基本问题，此次修改的主要是其中的刑罚制度部分，修改了包括死刑缓期2年执行期满后改判有期徒刑，75周岁老人一般案件免除死刑，未成年人免除前科报告义务等19个问题。"②再次，这一修正案取消了包括盗窃罪在内的13个罪名的死刑。"这13个罪名的死刑，主要是经济性、非暴力犯罪，占我国刑法死刑19%多，将近五分之一。应该说……我们迈出的步子是很大的。"③对75周岁犯罪的死刑也作出了极大限制。最后，增设了危险驾驶罪、恶意欠薪罪等社会关注度非常高的罪名。

这些修正具有十分重大的法治意义和社会意义。本刊一直关注刑法修正案（八）的制定进程，并刊发了一系列访谈、论文等。也正是因为此次修正具有十分重大的法治意义和社会意义，在《刑法修正案（八）》颁布以后，本刊认为，尽管对诸如罪名是否应该增删或修改的问题可以告一段落，但《刑法修正案（八）》诸多内容所引发的刑法修正应去向何方的整体思考却开始凸显。自1997年《刑法》生效14年间，共颁行1个单行刑法和8个《刑法修正案》，平均1年半左右1次修正，涉及的条文数量也屡创新高。根据本专题作者的统计，14年来全国人大常委会通过修改或增加条（款、项）的方式对《刑法》分则75个条文进行了修正，约占《刑法》全部条文的16.5%，占分则条文总数的21%。照此频率，刑法修正去向何方成为我们不得不担心的问题。如果说以前讨论这样的问题具有理论

---

① 郑赫南："刑法修正案（八）：给我们带来什么？"，载《检察日报》2011年2月28日。

② 同上。

③ 同上。

的前瞻意义，现在讨论这一问题无疑更具有现实性。由是，本刊专门组织了学者从刑法与刑法修正案的关系、刑法修正案方式本身的利弊、刑法修正的边界以及刑法修正案应当如何完善等学界普遍关心的问题进行讨论。以期引起立法对修法规范性、合理性的进一步重视。

公器乃当公论，神器更当持重

——刑法修正方式的慎思与评价

杨兴培*

《刑法修正案（八）》正式公布了，如同每一次修改一样，总会得到司法实务界和刑法理论界的赞美与喝彩。但面对刑法如此频繁的补充修改，面对此次刑法修改有点"伤筋动骨"的现象，面对整个社会对刑法寄予过高的"救火"治世的期望，我们是否应该静下心来好好想一想，对刑法补充修改的立法观念、制度设计和立法技术是否需要进行一番反思和改进。

一、关于刑法补充修改与法律的稳定性、长远性要求

德国刑法学者李斯特曾说过一句令我们至今依然感慨万分的话："最好的社会政策就是最好的刑事政策"。① 一个国家过分重视刑法在国家管理和治理过程中的作用，正像一个国家过分重视暴力在国家管理和治理过程中的作用一样，是社会政治文明程度不高、当政者对管理手段自信不足、整个社会环境依恋以暴力和准暴力为倾向的明显表现。在中国，由于受历史刑法观念、传统政治思维和刑法文化传承的影响，刑法一向被视为治国安邦、实现长治久安的一种治世工具。历朝历代，无论春秋战国的李悝制《法经》、子产"铸刑鼎"，还是"汉鉴秦弊，蠲繁削苛"，及至一部"唐律"及其疏议的面世，其精美严谨更成为刑法备受重视的明证，都在"竭力追求制定一部百世不改、垂范久远的良法。"②这些都无

* 作者单位：华东政法大学。

① 转引自马克昌主编：《中国刑事政策学》，武汉大学出版社1992年版，第2页。

② 范忠信："再论刑法应当垂范久远"，载《法学》1999年第6期。

不显示出刑法在中国传统的道统、法统和政治治统中的重要作用。然而光阴荏苒，时序轮回，在我国社会开始想要进入法治时代的今天，刑法作为整个法律体系中的保障法，作为“二次性违法规范形式”的产物，是公法，是公器，更为神器，故其制作定规哪怕是补充修改都需要在极其严肃、认真和慎重之中进行当属不争之义。

曾记得1997年《刑法》准备修订之时，围绕着是否需要修改、修改的主客观条件是否成熟、到底是大修还是小修等问题理论界展开了激烈的讨论。当时的全国人大常委会副委员长王汉斌同志很自信地宣称要修订一部完备的《刑法》进入21世纪，“这次修订刑法，主要考虑：第一，要制定一部统一的、比较完备的刑法典。将刑法实施17年来由全国人大常委会作出的有关刑法的修改补充规定和决定研究修改编入刑法；将一些民事、经济、行政法律中‘依照’、‘比照’刑法有关条文追究刑事责任的规定，改为刑法的具体条款；将拟制定的反贪污贿赂法和中央军委提请常委会审议的惩治军人违反职责犯罪条例编入刑法，在刑法中规定为贪污贿赂罪和军人违反职责罪两章；对于新出现的需要追究刑事责任的犯罪行为，经过研究认为比较成熟、比较有把握的，尽量增加规定。第二，注意保持法律的连续性和稳定性。对刑法的原有规定，包括文字表述和量刑规定，原则上没什么问题的，尽量不做修改。第三，对一些原来比较笼统、原则的规定，尽量把犯罪行为研究清楚，作出具体规定。……制定一部统一的、比较完备的刑法典，是继去年3月全国人大通过修改刑事诉讼法的决定以后，进一步完善我国刑事法律制度和司法制度的重大步骤，对于进一步实行依法治国，建设社会主义法制国家，具有重要意义。”①我国老一辈刑法学者高铭暄也曾自信地说过，这部《刑法》“深深凝结着中国法律专家的心血与汗水”，②起码管用很多年。谁曾想世事难料，仅仅过去10多年，诸多补充修改规定就已经横空出世，一部《刑法》也已是不知从哪里读起方解其意。立法者的自我欣赏和学者们一时的倾情赞美，并不能掩盖其已有的明显瑕疵与严重不足。

刑事立法关涉国家治世观念，关涉公民的生杀予夺，乃治国安邦之公器神器，是国家长治久安的护国之宝。就中国传统的历史刑法文化而言，制定刑法典，在历朝历代都是一件极其庄重之事。刑事立法者自当有一种为天地立极、为生民立命、为万世开太平的历史责任感和时代使命感。世界法治文明的发展，为

① 王汉斌：“关于《中华人民共和国刑法（修订草案）》的说明——1997年3月6日在第八届全国人民代表大会第五次会议上”，载《全国人民代表大会常务委员会公报》1997年第2期。

② 高铭暄著：《刑法问题研究》，法律出版社1994年版，第138页。

我国社会的未来发展提供了可供借鉴的指标和参考尺度,例如一部法国《刑法典》从1810年制定后直到1994年才进行大规模修订,可为体现稳定性之楷模。而我国社会已经取得的文明进步,也已为我国制定一部垂范久远的《刑法》提供了必要的前提基础。因此制定一部较为反映社会现实需要并能为后世借鉴的良法,应当作为一种立法指导思想首先加以确立。我国的刑事立法者理当立足当前,放眼未来,对中国社会的发展变化必须有一个基本的了解和必要的估计,不能过分强调时下的国情,满足于一时的"社情民意"需要,头痛医头,脚痛医脚,一有风吹草动,便进行刑法的补充修改。否则,朝令夕改也就成了必然的结局。

中国社会目前依然处在激烈的社会解构与重构过程之中,很多的制度设定还在论证之中,很多的观念还在形成之中,很多的行为模式还在发展变化之中。因此刑法作为第二次违法规范形式的产物,它的完善还有赖于首先制定和完善一些前置性的法律为刑法的制定提供基础。刑法的有效执行,还有赖于前置性法律的有效执行。只有当前置性的法律无法惩治和阻挡一般违法性行为时,才需要刑法闪亮登场,不然刑法的补充修改效果就会大打折扣。在这方面我们不是没有前车之鉴,比如当年我们曾经有过操纵期货市场罪的补充修改规定,由于我们有关期货市场还未开通,有关期货交易的法规还未制定,所以在相当长的一段时间内,操纵期货市场罪等于是一纸空文,被束之高阁。所以,与其让《刑法》的有些内容一直处于不断的需要补充修改的过程,不如暂时放一放,等条件成熟后再进行较为慎重的修改为好。此次刑法修正案涉及的社区矫正制度,我们又面临诸如刑法中有关社区矫正制度的运用,然而,直到现在还无一部《社区矫正法》出台。刑事立法又一次出现"倒逼"现象,这说明我们的立法观念出了问题。我们应该要明白一个道理,法治不像政治可以具有极大的灵活性,细水长流、恒水常稳是它的基本表现特征,也是它的生命所在。古人云:取法于上,仅得其中;取法于中,斯为下矣。故有学者早在1997年《刑法》修订之时就指出:"立法之时,若无垂范久远之念,心存临时之意,则立法效果可知。"①此言诚哉,其语之义今日仍可一听。是故若过分以眼下的"国情"和社会民情民意为由着意作近距离服务而频繁修改补充立法,不但理由并不充分,而且暂时的社会现象和民情民意也会潮起潮落。正所谓"不以规律为立法要旨,而以因应特定现象为立法要旨,不可谓之明智"。②

① 范忠信:"再论刑法应当垂范久远",载《法学》1999年第6期。

② 同上。

二、刑法的补充修改与刑法基本原则的关系

《刑法修正案（八）》涉及对刑法进行较为全面的补充修改和重大内容的调整，就必然涉及刑法的立法权限问题。刑法是我国的基本大法，它是由全国人民代表大会负责进行制定的。依据我国《宪法》第62条规定，全国人民代表大会具有“制定和修改刑事、民事、国家机构和其他的基本法律”的权力，而全国人大常委会对基本法律只有补充修改的权力，并且只能是依法进行才有法律效力和法律意义。我国《宪法》第67条规定：“全国人民代表大会常务委员会行使下列职权……（三）在全国人民代表大会闭会期间，对全国人民代表大会制定的法律进行部分补充和修改，但是不得同该法律的基本原则相抵触。”由于我国《刑法》并没有对何为“全部”、何为“部分”进行明确的限定，也没有明确指明什么是基本原则，有多少个基本原则，而刑法理论中所理解的刑法的基本原则，由于其内容的过分抽象，仅仅起到一种观念的提示作用而无规范效用。这就需要我们重新认识《刑法修正案》是否与刑法基本原则不相协调的问题。

《刑法》在第3～5条之中仅仅规定了一些原则的、抽象的规定，这种规定在整个总则中比比皆是，但是否就此可以称为刑法的基本原则，在刑法理论上和法律事实上依然是一个值得争论的问题。全国人大常委会有权对部分刑法进行补充修改，但部分加部分能否等于全部？此次《刑法修正案（八）》篇幅之大、文字之多，已远远超出一般人所认定的“局部”之概念。全国人大常委会有权对部分刑法进行补充修改，但不得同该法律的基本原则相抵触，那么刑法基本原则的具体内容究竟是什么，如何来检测刑法的补充修改已经同刑法的基本原则相抵触了呢？

我国《刑法》是通过总则与分则上、下“两编”进行建构的，总则是关于犯罪与刑罚的一般性原理和一般性原则的规定，分则是一般性原理与一般性原则的具体化表现形式。其实从两者的基本结构和相互关系来看，刑法的总则都是具有奠基性功能作用、统领全局作用以及能够制约刑法分则的原则性规定。根据中国传统文化“循名责实”政治哲学观念，刑法总则内容的规定可以称为基础性的规定、基本性的规定或原则性的规定，简言之，也就是基本原则的规定。由此我们在这里大胆地提出一个带有原则性的结论，即全国人大常委会对刑法的补充修改不能涉及刑法总则的内容，也不得与刑法总则的内容发生冲突与矛盾，并且应当受刑法总则内容的约束。对刑法总则内容的补充修改，应当由全国人民代表大会来进行。

然而从《刑法修正案（八）》的内容来看，很多地方都已经突破了刑法总则的规定界限，这是值得讨论的问题。这里仅以死刑的削减和限制问题为视角进行

必要的透视与剖析。

《刑法修正案(八)》减少了13个罪名的死刑规定,占原68个死刑条文的19.1%之多。削减死刑,笔者举双手赞成。然而此次规定的对死刑削减的数量让我们清楚地看到仅仅在10多年前,我们曾如此地盛行重刑主义、曾如此地偏好死刑。但仅仅10多年的时间,死刑就作如此大的改动,不难看出我们的刑事立法基本上是处在一个形而下的区间而缺乏超前意识。即使如此,与当今世界众多已经废除死刑的国家来比较,我国《刑法》的死刑依然是一个为人瞩目的问题。我们有理由相信和鼓动我国的刑事立法者应当更快、更大比例地限制死刑和削减死刑,直至融合到废除死刑的世界潮流中去。[①] 所以今次大规模、大面积、大手笔削减死刑应当说是一个符合世界潮流的积极动作。

然而,当我们回头审视这一举动时,却在理性的层面与法理的层面受到阻却。当年设定这一死刑规模时,是以全体民意为依托的,是在全国人大会议上得到确认和通过的。而现今废除这些死刑规定,却是在人大常委会的层面进行的。全国人大代表有3000多人,全国人大常委会委员是160多人,而且只要有2/3的人数出席就算合法。由此我们可以看到由100多人代表全国13亿人对这些死刑作出一锤定音的决定,显得多么的不协调。不管我们刑事立法者的出发点和主观愿望是多么的合情合理,但在客观上已有了"架空"全国人民代表大会之嫌。在倡导严格依法办事的今天,这并非是一件小事。同样,对75岁以上行为人废除死刑完全是合乎道义的举动,但涉及行为人刑事责任年龄的问题,同样属于刑法总则的带有奠基性的问题,怎么能由人大常委会来修改变动呢?法律本为人心所设,刑法如何规定,完全取决于刑事立法者的价值取向。但涉及如此多的刑法总则原则问题,全国人大常委会似乎有越位之嫌。

因此,需要指出的是:上面所提到的这些规定在刑法总则中都属于带有原则性的规定,人大常委会不能说改就改。宁可再等待一些时日,由日后的全国人民代表大会负责进行修改,全国人大常委会在这一问题上完全可免越俎代庖之责。因为刑法毕竟是涉及生杀予夺的刚性法律,没有足够的数据支撑而轻言改动,本身是一种不够慎重的表现。我们过去有过太多的不慎重,能否从今天开始变得慎重一些,这已不是过高的要求。当时不顾死刑的基本理念,重刑主义观念膨胀,使死刑数目不堪重负。今天为了改变死刑过多过重问题,又不顾程序正当性的嫌疑,想一举大量削减众多死刑。尽管这是一个文明之举,符合时代发展潮流之举,但也得先反思一下曾经的重刑思想给我们形成的沉重法律包袱。所以在

① 高铭暄、苏惠渔、于志刚:"从此踏上废止死刑之路",载《法学》2010年第9期。

对待有期徒刑的上限和其他刑罚制度的问题上,我们不应该轻易改动刑法总则的设定界限。不然再过10多年,是否又一次对《刑法》进行大规模修改,绕了一圈再回到原地?

三、关于"犯罪圈"大小的问题

"犯罪圈"的大小问题一直是社会学、犯罪学和刑法学中一个极有争议的问题,我国刑法理论主张尽可能缩小"犯罪圈"的主张从来没有一次能够阻止立法者对"犯罪圈"的日益扩大。《刑法修正案(八)》依然如此。根据修正案,此次刑事立法新增了3个罪名:醉酒驾车或高危驾车罪、恶意欠薪罪、非法出卖人体器官罪。除此之外,《刑法修正案(八)》对一些具体犯罪的构成内容进行了明显的扩大,例如对非国家工作人员行贿罪、虚开增值税专用发票、用于骗取出口退税、抵扣税款发票罪、伪造、出售伪造的增值税专用发票罪、强迫交易罪、强迫职工劳动罪、盗窃罪……在构成要件内容方面进行了不同程度的扩大。我国刑事立法者对"犯罪圈"的扩大总是有一种为了"适应形势需要"的理由,并且其背后的理由总是现成的。然而,多次的补充修改就是看不到随着社会形势的发展,是否有的罪名已经失去了存在的必要性,只见新罪的增加而不见旧罪删除。随着"犯罪圈"不断扩大,使得刑法本身有尾大不掉之嫌。其实所谓的恶意欠薪罪,本来也可以通过社会诚信建设、加强行政执法、民事司法救济等途径加以解决,其入罪的必要性令人费解,其效果值得怀疑。古人曰:"治国之要,刑非所先",[①]历史的经验与教训应该让我们获取更多的启示。

随着社会形势的发展,有的罪名其实已经失去了存在的必要性。这就会涉及刑法补充修改的非犯罪化问题。据有关学者考察与研究,现代意义上的非犯罪化运动起始于20世纪中叶。第二次世界大战之后,在全面推进刑法改革事业的英国、德国、美国等国,非犯罪化成为问题进而成为一种价值倾向。从20世纪50年代到60年代为止,以基督教伦理为基础的犯罪,如同性恋、近亲相奸之类的行为因其并不存在值得保护具体的法益,应当从刑法中加以删除的呼声日益高涨,并逐渐成为现实。在英国,1957年出台了《关于同性恋和卖淫的沃尔夫登委员会报告》,该报告建议通过一项立法,允许21岁以上的男子间自愿私下实施同性恋行为。以该报告为契机,英国在1959年至1967年对以下行为实行了非

① 鲁嵩岳编著:《慎刑宪点评:治国平天下之要》,法律出版社1998年版,第2页。

犯罪化:淫秽犯罪、自杀、堕胎、同性性交等。英国的非犯罪化改革对西方国家的刑法理论及立法都产生了深远的影响。受此影响,欧美、当时的一些社会主义国家及非洲、拉丁美洲等国家都掀起了非犯罪化运动,在刑事立法中削减有关违反公共道德的犯罪。可以说非犯罪化问题一经提出便如火如荼,被称为世界性的刑法改革运动。同时,世界上很多国家法律规定律师、医师、宗教师与犯罪嫌疑人的近亲属一样,有为当事人保密并拒绝作证的权利,这是为了不公然违逆大众伦理或一般道德认知;也正是基于这一伦理基础,西方国家刑法一般没有"律师伪证罪"或支持犯罪嫌疑人告发自己辩护律师的判例。任何国家的法律,绝不能仅仅为了眼前的治安利益而伤害人道、人性、人伦的基本价值,就像古代、近代中国及古今西方法律都允许"亲亲相隐"(近亲属有权拒绝作证)一样。这场非犯罪化运动也深刻地影响了我国刑法理论界,近年来,非犯罪化问题也日益引起我国刑法学者的关注。从刑法的进化来说,行为的犯罪化与非犯罪化的不断重新界定都是符合其进化规律的。然而我国的刑事立法似乎仍然喜欢只沿着犯罪化的单行轨道向前运行:从 1997 年《刑法》全面修改后的 10 多年内,我国立法机关增加 30 多个罪名却没有删除过一个罪名。

正是从这一基本的刑法理论分析的角度出发,刑法应该要尝试重新划定犯罪化的边界,对无社会利益侵害的犯罪主要是一些无被害人犯罪,例如一般性赌博罪、聚众淫乱罪、传播淫秽物品罪、组织播放淫秽音像制品罪、组织淫秽表演罪等刑法理论界比较普遍认为的属于无被害人的犯罪进行非犯罪化的处理。同时,《刑法》中已有了一般的伪证罪,像辩护人、诉讼代理人毁灭证据、伪造证据、妨害作证罪也是多余的,反而给人以歧视律师或其他辩护人之嫌。另外,侵犯通信自由罪、私自开拆、隐匿、毁弃邮件、电报罪所侵犯的是公民的通讯自由权,这是公民人身权利、民主权利中一项比较轻微的权利。从司法实践来看,这类犯罪发生率低,几乎成为虚置条款,也可以考虑进行非犯罪化的处理。

此外,以往的刑法修正案中新增设的一些犯罪并非全都属于必要,如骗取贷款罪。由于 1997 年《刑法》修订时增设的贷款诈骗罪是以"非法占有为目的"这一要件,所以司法实践中存在许多贷款不还的案件。为了惩罚这种行为,《刑法修正案(六)》又增设了骗取贷款罪。但贷款行为是平等民事主体之间的合同关系,如果借贷方不是出于恶意占有的目的,虽然给对方造成了损失,也只是属于民事上的债权债务关系,完全可以通过民事手段来解决,刑法无须介入民事法律可以调整的领域,以致影响正常的经济关系和经济活动。

刑法修正何时休

于志刚*

一、刑法修订的权力边界:全国人大常委会修正刑法的权限反思

从《刑法修正案(八)草案》的公布伊始,诸多的"立法亮点"不断冲击着人们的眼球(例如,13个罪名的死刑废止问题、老年人犯罪免予死刑等条文一经公布旋即成为社会关注热点),体现了中国社会的进步和中国法治进程的加快。随着修正案的正式公布,关于内容的探讨已经日趋平静,但由全国人大常委会着手进行的刑法修正却存在与《宪法》及《立法法》相冲突的地方,由此引发了一个被长期忽视的根本问题:全国人大常委会修改刑法的权力边界及其合法性问题。

(一)全国人大常委会是否拥有关于刑法典总则条文的修改权限?

前7个《刑法修正案》虽然对于《刑法》进行了较大幅度的修正,但是,所修正的条文全部属于《刑法》分则中的条文,而《刑法修正案(八)》开始涉及刑法典总则的条文,而且数量较大,一次要对《刑法》总则101个条文中的近19个条文予以修改,而且事关刑罚制度等刑法基本制度。因此,这就引发了一个不得不思考的问题:全国人大常委会是否拥有关于《刑法》总则条文的修改权限?前7个《刑法修正案》,都是由全国人大常委会通过的,由于只涉及刑法分则具体罪名的修正问题,因此,不会引发法律修改的权限质疑。但是,由于此次《刑法修正案(八)》涉及19个《刑法》总则条文的修正,那么必须追问的一个问题就是,全国人大常委会是否有权修正《刑法》总则?根据《宪法》第62条和第67条的规定,全国人民代表大会行使的职权包括"制定和修改刑事、民事、国家机构和其他的基本法律",而全国人民代表大会常务委员会行使的职权包括"制定和修改除应由全国人民代表大会制定的法律以外的法律"和"在全国人民代表大会闭会期间,对全国人民代表大会制定的法律进行部分补充和修改,但是不得同该

* 作者单位:中国政法大学。

法的基本原则相抵触”。《立法法》第7条重申了上述法律制定和修改的权限。《刑法》总则的规定，应当说属于“该法的基本原则”的范畴，如果全国人大常委会可以任意修正《刑法》总则的所有条文，则刑法典就不存在属于“基本原则”的条文了，宪法和立法的上述法律制定和修改权限划分的规定，也就丧失了存在的意义。因此，从法律制定和修改权限的角度思考，全国人大常委会似乎是没有修正刑法典总则条文的权限的。因此，即使《刑法修正案（八）》的内容最终讨论成熟和提交表决通过，也应当是在全国人民代表大会上表决通过，而不是在全国人大常委会上表决通过。

（二）对于刑法典分则条文的修改是否可以无休止地一直持续下去？

过去的7个《刑法修正案》共有69个条文，共修正了《刑法》分则的60个条文，其中有5个条文甚至被修正了两次（分别是第180条、第182条、第191条、第225条和第312条）。此次《刑法修正案（八）》共修正刑法典分则中的28个条文，前后相加，8个《刑法修正案》对《刑法》分则350个条文中的88个条文予以了修正。现行《刑法》于1997年3月14日颁布，《关于惩治骗购外汇、逃汇和非法买卖外汇犯罪的决定》于1998年12月29日颁行，两者之间间隔为1年9个月；《刑法修正案》于1999年12月25日颁行，两者之间的时间间隔不足1年；《刑法修正案（二）》于2001年8月31日颁行，两者之间间隔1年9个月；《刑法修正案（三）》于2001年12月29日颁行，两者之间间隔不足4个月；《刑法修正案（四）》于2002年12月28日颁行，两者之间间隔1年；《刑法修正案（五）》于2005年2月28日颁行，两者之间间隔2年2个月；《刑法修正案（六）》于2006年6月29日颁行，两者之间的时间间隔为1年4个月；《刑法修正案（七）》于2009年3月28日颁行，两者之间的时间间隔为2年9个月；《刑法修正案（八）》在2011年2月通过，此次的时间间隔为2年。也就是说，14年间共颁行1个单行刑法、8个《刑法修正案》，平均1年半左右修正1次，涉及的条文数量也屡创新高。照此速度，是不是在不远的将来，就可能会出现《刑法修正案（十八）》、《刑法修正案（二十八）》、《刑法修正案（三十八）》？那么，一个逐渐会出现的结果是，《刑法》分则的所有条文，都会被全国人大常委会通过的《刑法修正案》一个一个地慢慢加以替换，逐渐形成一个完全不同于1997年《刑法》分则的新的分则条文体系和罪名体系？此种“润物细无声”式的侵蚀式立法修正，在形式上是符合《宪法》和《立法法》确立的法律制定和修改的权限划分规则的，但是，它实质上是不是一种符合法理的方式和可取的方式，却是值得怀疑的。面对此种必然会出现的立法“尴尬”，恐怕应当及早提出一个可行的解决方案。笔者认为，至少应当确立一个规则，就是定期进行“法典编纂”，例如，在刑法典颁行15

年或者20年之际，或者，在颁布第10个《刑法修正案》之时，对于刑法典进行全面、系统的编纂，将所有单行刑法和刑法修正案增添、修正的条文正式编入刑法典，删除所有被废止的条文，重新编排法条序号，在完成编纂之后重新颁行刑法典，借以解决刑事立法体系过于繁杂、刑法典法条序号过于混乱、无章可循的乱象。

二、刑法修订的形式检讨：《刑法修正案》模式是否是唯一可取的修法模式？

在1997年之前，刑法修正的模式主要是单行刑法和附属刑法。先后颁行了25个单行刑法，过多的单行刑法和散落于100余个行政法规中的附属刑法条款，造成了刑事立法体系混乱、复杂的局面。错综复杂的法条关系严重干扰着刑事司法，不仅刑事司法人员案件办理过程中的整体"找法成本"较高，而且，一个不可回避的历史问题是，那个年代的刑事司法人员整体水平不是太令人满意，同罪套用不同刑法条文的现象比比皆是。因此，在1997年刑法典制定过程中，制定一部"统一的、完备的"刑法典，就成为立法者、理论研究者和司法者共同的目标。可能也正是出于此种理念，在1997年《刑法》颁行之后，在不断修正刑法分则以保证刑法典与时俱进的"完备性"的同时，以《刑法修正案》的修法形式来维持现行刑法的"统一性"就成为一种情结，在立法机关和刑法学者之间罕见地形成了一致认识或者说是统一了思想，单行刑法的修正模式只适用了一次就被彻底抛弃，附属刑法不再被视为刑法修正的模式，而沦落为一种简单的提示性规定而不具有实际的刑事立法意义，更不具有修法功能。

时至今日，中国的刑事司法人员素质大幅度提高，刑事法治状况也大为改观，坚持《刑法修正案》模式作为唯一刑法修法模式的理由究竟是否依然充分，就有了思考和研究的余地。就附属刑法而言，在欧洲国家和日本等亚洲国家，在行政法规之中大规模地设置附属刑法条款，既是一个立法现实，也有着值得肯定的司法效果；同时，即使此类附属刑法条款被不断地修正和调整，也不会影响刑法典的权威性，尤其是能够保障刑法典的稳定性，至少不会出现7个《刑法修正案》中对于《刑法》中的5个条文连续进行两次修改的尴尬现象。就单行刑法而言，有些新兴危害行为的入罪化可能是成批的设置罪名，不是简单地增添几个彼此独立的刑法条文就能够解决的，而《刑法》之中尚且没有出现过成"建制"地增加"章"或者"节"的大胆尝试（当然，笔者认为今后完全可以进行此类尝试），同时，还可能涉及特殊司法程序的配套增设问题，此时，就应当制定兼含实体和程序规则的单行刑法，例如，计算机犯罪就是如此。因此，在今后的刑事立法实践中，死守《刑法修正案》作为唯一刑法修改模式的理由已经不再充分，必要性也值得怀疑。

三、立法更需要独立和理性：增设危险驾驶罪是一个危险的立法信号

过去14年，稍显频繁的刑法修正以及单一的修正模式某种程度上源于立法者、法学研究者和公众的“刑法万能论”观念即对刑法控制功能的过度推崇，源于社会舆论对于刑事立法的过度影响和干预。可以说，面对汹涌澎湃的民意和刑法泛化的浪潮，刑事立法“受制于人”的味道越来越浓，刑事立法的独立性日渐削弱，稍显盲目、机械甚至是无目的的刑法修正，在某种程度上已经开始冲击和损害中国二元制刑事立法体系的内在结构。

（一）刑事立法不应趋附于公众舆论：以“危险驾驶罪”的入罪化为例

《关于〈中华人民共和国刑法修正案（八）（草案）〉的说明》明确指出：“对一些社会危害严重，人民群众反响强烈，原来由行政管理手段或者民事手段调整的违法行为，建议规定为犯罪。主要是醉酒驾车、飙车等危险驾驶的犯罪……”从表面上看，刑事立法正在越来越多地关注社会民生，正在更全面地保障社会公众生活的各个领域。但必须强调的是，将作为最后性制裁力量的刑事干预作为满足人民群众反响强烈的工具，很大程度上是对刑事立法独立的轻视和侵害，必须看到这一个个案后面隐藏的危险信号——立法权的独立性问题。面对社会公众对于某种危害行为的愤慨和强烈反响，或者个别人大代表增设罪名的提案，将“原来由行政管理手段或者民事手段调整的违法行为”提升规格和纳入刑罚圈或许是对民意的反应，也或许是对民生的保护。但是，令人不得不质疑的是，在这样浮躁的民意下产生的这样一个立法动议和仓促回应民意的刑法条款是否真的符合刑法法理，是否真的是对现实生活的回应和最恰当的解决之道。因此，每当《刑法修正案》进入起草阶段或者听取意见的时候，都会出现将一些民众所不能接受或不甚喜欢的问题纳入《刑法修正案》的呼声，例如，曾在《刑法修正案（草案）》中一闪而退的“非法鉴定胎儿性别罪”、“买卖假证罪”就是对社会民意的趋从。此次《刑法修正案（八）》中的“危险驾驶罪”、“拒不支付劳动报酬罪”等条文，就强烈地带有此种味道。以“危险驾驶罪”为例，它进入《刑法修正案（八）》的立法历程可以简单归纳为“个案揭发——民意沸腾——舆论推波——法院纠结——中央震动——立法动议”。这样一个立法过程的脉络归纳清楚地

显示出，这个罪名的立法动议和条文形成更多地是立法机关在舆论压力下的无奈与趋从之举，而不是刑法对社会现实客观真实的积极反应。因此，在司法独立已成为法治标志的时代背景下，一个不得不提出的现实问题是：立法如何保持独立？特别是在网络民意的形成和汇集极其情绪化和盲目化，网络民意极其容易被伪造和诱导的背景下，立法如何保持独立更需要慎重思考。网络民意具有短时期内“快速而来”和“快速消逝”的特点，盲从于网络民意的立法则是永久生效的。因此，在民意尤其是网络民意汹涌澎湃的压力下，单独地强调司法独立而不思索立法独立，造成的实际损害可能会更大和更为长久。基于此，今后必须坚持和高度重视的一个问题是，“立法更需要独立！”坚持立法独立，是刑法修正的内在品质，应当对立法独立给予更多的关注，尽可能地避免刑事立法受制于社会舆论和过分盲从民意，尽可能地避免刑事立法的情绪化倾向。

（二）不得不提出的警告：增设危险驾驶罪破坏了中国的二元立法体系

从中国法律体系的大逻辑来看，中国的“刑事立法”呈现出典型的“二元化”的体系特征：把违法行为根据危害程度的轻重，分别划入了行政处罚与刑法两个领域，也就是说，只有违法行为达到了一定程度，才能引起国家刑罚权的发动。刑法惩治的是具有严重社会危害性的行为，刑法是社会防卫的最后一道防线，没有达到这一“严重的社会危害性”的限度的违法行为，适用《治安管理处罚法》等行政、民事法律法规进行制裁。也就是说，在中国的法律体系之中，“违法”和“犯罪”有着严格的界限和分水岭，“井水不犯河水”是一个基本的原则。刑法有其自身的边界，既要守土有责，也要避免养成侵略的习性。正如有的观点所指出，刑法首先是一部律法，只是具备法律的功能，不能走出法律的功能去苛求实现法律领域之外的目的；其次，刑法只是一部部门法，不能超出部门法的意义去解决其他法律应该解决的问题，刑法应当坚持自己的阵地，不要过度地“越俎代庖”代行其他部门法之责。对于所有的社会问题如果只是简单地通过修正刑法增设新罪，加大刑法打击力度，虽然说有一定的震慑效果，但是在存在侥幸心理或者过于自信的犯罪分子面前并不具有应有的强制力，反而会对刑法规范性和确定性产生很大冲击。① 但是，危险驾驶罪的增设，彻底打破了“违法”和“犯罪”的分水岭，或者说模糊了两者的界限，模糊了传统意义上的行政处罚与刑法的界限，将原本属于“违法”的行为人为地、强行提升为“犯罪”而遭受刑事制裁，或者说，以“大炮打苍蝇”的架势，将原本具有“不得已而为之”性质的、作为最后

① 孙万怀：“反对违法交通行为的过度立法和司法犯罪化”，载《中国社会科学报》2009 年 8 月 18 日。

性制裁力量的刑事制裁和干预,挪用而进入一般的治安处罚领域加以常态使用,破坏了固有的二元制立法体系,是一个极为危险的信号。这一点,连《关于〈中华人民共和国刑法修正案(八)(草案)〉的说明》都直白地承认,危险驾驶罪的增设,是将"原来由行政管理手段或者民事手段调整的违法行为"规定为犯罪。

(三)指东而打西:增设危险驾驶罪的可笑和荒唐

《刑法修正案(八)》中危险驾驶罪的条文是:"在刑法第133条后增加一条,作为第133条之一:'在道路上驾驶机动车追逐竞驶,情节恶劣的,或者在道路上醉酒驾驶机动车的,处拘役,并处罚金'"看到这一条文之后,一个极其深刻的印象是:立法机关张弓搭箭,万箭齐发,阵势颇为壮观,但是,万箭射向前方,箭靶却在身后。危险驾驶罪进入《刑法修正案(八)》的荒唐或者可笑之处在于:社会公众关注和要解决的社会问题或期待实现的目标在东,而条文的目的却是向西走,两者完全是南辕北辙。不知道是立法机关或者说条文起草者的无心之过,还是有意调侃、糊弄老百姓。

在过去几年中,刺痛中国公众神经的危险驾驶行为,主要是醉酒驾驶和飙车等行为,尤其是若干起造成严重的多人死伤的案例,例如,三门峡王卫斌交通肇事案、广东黎景全交通肇事案、成都孙伟铭交通肇事案、杭州胡斌交通肇事案和北京陈家存交通肇事案(即英菲尼迪车肇事案)。上述案件引发了国人的高度关注和全国愤慨。但是,公众舆论和司法尴尬的焦点,却和《刑法修正案(八)》中危险驾驶罪的关注方向完全背道而驰。

回顾公众舆论要求将"醉酒驾驶"等危险驾驶行为入罪化的关注焦点,基本上是要求"作为交通肇事罪和以危险方法危害公共安全罪之间的过渡性罪名",司法实践中定罪量刑的尴尬和困惑,也是集中在"交通肇事罪"和"以危险方法危害公共安全罪"之间的界限和转移定性的条件。也就是说,当时的关注焦点是,在什么情况下醉酒驾驶等危险驾驶行为应当定性为交通肇事罪?什么情况下应当按照以危险方法危害公共安全罪定性?为此,最高人民法院还专门颁行了《关于醉酒驾车犯罪法律适用问题的意见》,并以广东黎景全交通肇事案、成都孙伟铭交通肇事案为例详细说明了交通肇事案件中按照"以危险方法危害公共安全罪"定性的条件。

但是,《刑法修正案(八)》中危险驾驶罪要解决的问题,却是在尚未构成交通肇事罪的情况下即仅仅有"危险驾驶"行为的情况下的刑事制裁问题。形象地说,原本要解决的是"交通肇事罪"和"以危险方法危害公共安全罪"之间的界限问题,是个"左"和"右"的问题;《刑法修正案(八)》中危险驾驶罪的现有条文，解决的却是“尚且不构成交通肇事罪”的“原来由行政管理手段或者民事手段调整的违法行为”的刑事制裁问题，也就是说，它要解决的是个典型的“上”和“下”的问题。此种“左”、“右”问题被悄悄转换为“上”、“下”问题的罪名增设，是《刑法修正案（八）》中危险驾驶罪现有条款的荒谬和可笑之处。问题的关键之处还在于，姑且不谈“上”、“下”的问题是否需要以刑事制裁来解决和能否得到妥善地解决，一个无法回避的问题就是，原本公众高度关注的“左”、“右”的问题依然没有得到解决。

当然，笔者并不是认为“上”、“下”问题不重要，它也需要得到妥善解决。同时，原来建议增设“危险驾驶罪”的呼声之中，就有一种意见建议解决“上”、“下”问题。曾经有建议者认为，增设“危险驾驶罪”是要将“醉酒”后的“驾车”行为设定为犯罪，它是一种危险犯，解决的是尚未发生严重交通事故的“醉酒驾车”等危险驾驶行为的刑事责任，性质上是“作为交通违法行为和交通肇事罪之间的过渡性罪名”。但是，笔者认为，以此种角度去增设“危险驾驶罪”毫无意义：其一，遏制犯罪行为实施的根本力量不是惩罚的严厉性，而是惩罚的不可避免性，行政处罚完全可以承担这一角色，在危险驾驶罪的法定最高刑仅仅被设置为“拘役”的情况下，刑事制裁和行政处罚的实际力度并无太大差异，反而因为刑事制裁带来了危险驾驶者的犯罪记录等一系列问题，因此，增设“危险驾驶罪”究竟是得大还是失大，值得思索；其二，仍然没有解决在导致严重交通事故的情况下，对于“醉酒驾驶”行为的额外罪刑评价问题，无法满足公众的朴素正义观。①

（四）一个应予纠正的倾向：刑法万能论

中国古代的法律体系本质上是一种民刑合一、以刑为主的规范体系，这种立法上的民刑配置关系催生了中国古代社会刑法泛化、刑法万能主义观念的盛行。时至今日，我国普通民众、部分法学家仍普遍具有刑法万能论的情愫和思维模式：长期以来，我们对于刑法往往有着过高的希冀，在某种危害现象普遍化的时候，希望通过刑法来解决这一问题（即使刑法没有规定）；当某一社会现象引起社会情感剧烈波动的时候，希冀通过重刑化来加以解决。② 可能正是此种刑法泛化和刑法万能的观念，某种程度上干扰了刑法学者与立法者的思考路径，客观上强化了社会对于刑法调控范围不切实际的期待，突出地表现在：无论出现何种

---

① 对于这一问题的论述，参见拙文：“危险驾驶行为的罪刑评价——以‘醉酒驾驶’交通肇事行为为视角”，载《法学》2009年第9期。

② 孙万怀：“反对违法交通行为的过度立法和司法犯罪化”，载《中国社会科学报》2009年8月18日。

社会矛盾、社会纠纷和社会关注热点，在立法上尚且没有尝试动用民事和行政手段予以调整的情况下，往往就直奔刑法而去，匆忙地在新的《刑法修正案》中设置相关罪名，以严厉刑法制裁的方式作为解决问题最简单和最直接的方式，推动刑罚触须不断地伸入社会生活的各个领域。可能也正是出于此种理念，立法者和法学研究者对于《刑法修正案》似乎都有着特别的偏爱甚至是狂热。在犯罪现象产生或者发生变化的时候，唯一想到的只是颁布《刑法修正案》和增设罪名这一“简易”的补救方法，却很少有人对刑法修正的权力边界、实际效果进行深入的分析思考。因此，本来只需要一般干预手段予以解决的问题，却僵硬地、强行地向着刑法修改的路径上靠拢。面对所谓“新型”的犯罪现象，动辄就主张修改立法或增加新罪名的主张，看似试图以“釜底抽薪”式的方式从根本上解决问题，实际上是欲速则不达，还可能会陷入更大的困境。贸然增设新罪名，用新的明确、直观的罪名去对应“新”的生活现象，似乎填补了刑法漏洞，完善了刑法罪刑体系，实际效果则是，除了将原来的刑法体系弄得支离破碎之外，没有任何收获。应当指出的是，“截弯取直”式地、过度地依靠刑法制裁虽然可能会解决一些暂时的问题，但是，此种罪名增设不仅仅破坏了刑法自身的长久的稳定性和权威性，最终也使得此种刑法修正与其所期冀达到的目标和社会效果相去甚远，甚至会适得其反。具体到当前的刑法修改来讲，一个值得关注的现象，就是不太考虑问题产生的前提条件和时代氛围，而基于对刑法的迷信和惯性做法，对《刑法修正案》这一修正模式进行无原则的推崇，对于具有明显的“发展的阶段性特征”的一般性社会问题进行机械的和僵硬的刑法干预，将《刑法修正案》奉为解决一切社会问题的万能工具，最终导致了浪费有限的立法资源。因此，在今后的刑法修正过程中，应当防止过度迷信刑法万能的倾向，至少在理念上重视刑法的最后手段性，避免过多地动用刑法对于社会生活进行过于机械的干预。

（2011 年第 4 期）

论刑法修正案对法定犯之修订

王玉珏* 曲玉梁**

一、问题的提出

我国自1997年《刑法》颁布施行以来，全国人大常委会先后对刑法进行了9次修正，共颁布了1个单行刑法和8个刑法修正案。这些修改主要体现在对《刑法》分则的调整上，而对《刑法》分则的调整则主要体现在对法定犯的修改上。据笔者统计，14年来全国人大常委会通过修改或增加条（款、项）的方式对《刑法》分则79个条文进行了修正，约占刑法典全部条文的17.5%，占分则条文总数的22.5%。从条文分布情况看，分则中除了第10章军人违反职责罪未加调整之外，其余9章的条文都或多或少进行了修改或增加，主要集中在第3章破坏社会主义市场经济秩序罪，共修正36条，占修正条文总数的45.6%；其余第1章危害国家安全罪修改2条，第二章危害公共安全罪修改9条、第4章破坏公民人身权利、民主权利罪修改6条、第5章侵犯财产罪修改3条，第6章妨害社会管理秩序罪修改17条、第七章妨害国防利益罪修改2条、第八章贪污贿赂罪修改2条、第9章渎职罪修改2条。可见，刑法修正的内容主要集中在经济犯罪、危害公共安全犯罪以及妨害社会管理秩序犯罪等领域，其中有些条文被反复修改，如第151条、第162条、第180条、第182条、第185条、第191条、第225条、第399条8个条文。

可见，刑法修正案对法定犯的犯罪构成修改较为频繁。首先，当今社会，随着高新科技的不断发展，人类本身所面临的潜在危险不断增多，公众的整体不安感增强，对刑罚的依赖程度加深，要求刑法保护的范围不断扩大。同时，科学技术的发展使得许多犯罪行为一旦得逞，便可能造成不可估量的侵害结果或重大损失，不能等到造成侵害结果后再处罚，而要对法益进行提前保护。因此，刑事

* 作者单位：华东政法大学。

** 作者单位：华东政法大学。

立法中呈现出刑罚早期化、重罚化的倾向。其次,立法者对法定犯进行规定时,多采用叙明罪状或空白罪状。叙明罪状对犯罪构成要件的表述通常较为复杂、详细,无论采用列举式规定还是例示式规定,条文表述非常具体,这导致对其进行解释的余地和空间十分有限。当新的行为方式、对象不断涌现,现有刑法规定无法适应新形势下打击犯罪的要求时,某些内容复杂、表述具体、详细的条款只能被修改。最后,由于法定犯的成立都以违反一定的行政经济法规为前提,当前置性法律规范发生变动或调整时,导致刑法规定与前置性法律的相关规定不完全一致。为了适应社会的不断发展,保持法律规定的严密、完整,刑法随之不断扩张自己的调整范围,加快犯罪化进程,进一步强调刑法的保障功能。例如《刑法修正案(六)》不断扩大洗钱罪上游犯罪的范围。即便被反复修改,要求继续扩展洗钱罪上游犯罪范围的呼声仍不绝于耳。①

问题是,今后在相当长的发展过程中,前置性立法、刑事立法仍会处于频繁修法、活跃立法的状态。面对法定犯被频繁修改的现状和要求,应当选择何种方式继续进行?刑法修改一定要与前置性法律形影相随吗?

二、刑事立法对法定犯的修订模式

当前形势下,我国构建的社会主义市场经济正在不断发展,尤其随着各类专业市场进一步开放、拓展,受利益驱动,加之缺乏相应的市场规制,新的犯罪类型大量增加。因此,立法者进一步推进和加快犯罪化进程,将司法实践中表现突出的问题、新凸显的犯罪类型、社会反响强烈的行为规定为犯罪行为。

就法定犯而言,刑事立法通常采用两种方式对犯罪具体要件加以规定和描述。一是采用空白罪状,即条文本身没有明确规定某一犯罪的构成特征,而是指出需要参照其他法律或者法规中的有关规定来具体说明某一犯罪的构成特征。从表现形态上看,空白罪状存在以下两种情形:其一是《刑法》分则条文仅指明“违反××规定”的类似表述,不再对犯罪构成行为要件有任何表述,此种情形

① 如有观点认为,从加大对洗钱活动打击力度出发,建议将我国洗钱罪的上游犯罪扩展到所有可能产生犯罪收益的犯罪。参见马春荣:“再论洗钱罪”,载《河北法学》2003年第3期。也有观点认为,从节约司法资源、照顾司法能力的角度出发,主张将洗钱罪的上游犯罪限定于一定的范围之内。即洗钱罪上游犯罪的范围应扩大,但扩大的范围当以《联合国反腐败公约》所规定的“最小范围”的上游犯罪为依据。参见马克昌:“完善我国关于洗钱罪的刑事立法——以《联合国打击跨国有组织犯罪公约》为依据”,载赵秉志主编:《联合国公约在刑事法治领域的贯彻实施》,中国人民公安大学出版社2010年版,第731页。

可以称为完全空白罪状(或绝对空白罪状)。[①] 例如《刑法》第131条规定“航空人员违反规章制度,致使发生重大飞行事故,造成严重后果的,处三年以下有期徒刑或者拘役;造成飞机坠毁或者人员死亡的,处三年以上七年以下有期徒刑。”其二是《刑法》分则条文对具体犯罪构成的行为要件作出类型化表述,但仍须参照其他有关规范或制度才能予以确定,此种情形可以称为不完全空白罪状(或相对空白罪状)。[②] 例如,《刑法》第340条规定“违反保护水产资源法规,在禁渔区、禁渔期或者使用禁用的工具、方法捕捞水产品,情节严重的,处三年以下有期徒刑、拘役、管制或者罚金。”二是采用叙明罪状,即在法条中详细规定具体犯罪构成要件。在此种情形下,刑法分则的罪刑规范与前置性规范可能呈现以下两种关系:一种是刑法分则的罪刑规范与前置性规范的规定完全一致,例如《刑法》第162条规定的妨害清算罪与《公司法》中的相关规定是相同的;另一种是刑法分则的罪刑规范与前置性规范的规定不完全一致,通常刑法规范的处罚范围要小于前置性规范的规定内容。不论是上述情形中的哪一类,都有可能出现前置性规范与刑法分则规范不一致的情形,也可能出现前置性规范对构成要件要素含义的规定发生变化之情形。

对此,当前刑事立法的一般做法是:当空白罪状中的前置性法律发生变更时,或者为了加强对某一法益的保护,在刑法修正案中修改该罪的入罪条件。例如《刑法修正案(八)》对第338条重大环境污染事故罪的规定,就是在入罪条件上加以调整,降低了入罪门槛;当叙明罪状中的前置性法律发生变更时,或者前置性法律中对某一行为有明确规定而欠缺刑法规制,且立法者认为对该行为有必要加以刑罚处罚时,通常在刑法修正案中直接修改该罪的构成要件或者增设相应的法条,对某些法条甚至反复进行修改。上述修订模式虽然具有明确性、及时性等优点,但也导致刑事立法对法定犯的修改过于频繁,使犯罪圈的范围不断扩张,犯罪行为与违法行为之间的界限越加模糊[③]等。那么,如何妥善处理好刑法规定与前置性规定之间的关系?

笔者认为,首先,刑事立法时应当树立正确的立法导向。要坚持刑事法制的独立品格,关注刑事立法本身是否合乎公正的要求。“如果在一种制度安排中,最高权力机构的关注点主要在于政府治理方面而不在法律方面,那么这种制度

---

① 刘树德:“空白罪状之‘梳’议”,载《国家检察官学院学报》2002年第4期。

② 同上。

③ 如《刑法修正案(八)》第22条规定:在《刑法》第133条后增加一条,作为第133条之一:“在道路上驾驶机动车追逐竞驶,情节恶劣的,或者在道路上醉酒驾驶机动车的,处拘役,并处罚金。”如何理解“追逐竞驶”?何种程度为情节恶劣?行政违法与刑事犯罪的界限何在?

安排只会使政府治理的工作越来越压倒法律的工作。”①虽然，刑事立法中的刑罚早期化、重罚化倾向在当前情势下具有一定的合理性和必要性，但是对某一法益是否有必要加以刑罚保护必须从刑事立法本身出发进行判断，即坚持刑法独立性判断原则。

其次，要尽可能谨慎地、合理地、实证地考查对某一行为给予或加重刑罚处罚的可能性、必要性和有效性，不能仅考虑解决眼前问题而情绪性立法、现象立法。刑法不是万能的，试图用刑法解决一切社会问题并不妥当。一方面，在我国现有的法律体系中，刑法仍是其他部门法的保障法，身处最后一道防线，不能贸然擅离职守，轻易到前沿阵地冲锋杀敌。各部门法应当各司其职，按部就班。面对强烈的要求严惩违法犯罪行为的社会呼声，作为法律体系中最后屏障的刑事立法必须冷静、谨慎。另一方面，从实际效果来看，对某些违法行为的规制，刑事处罚未必更加有效。一些违法行为虽然没有纳入刑法的处罚范围，并不意味着对其缺乏相应的规制，用足或严格执行前置性规定可能比增设刑法规定更为有效。相反，有些犯罪行为的构成要件即便在刑法中被反复修改，也不见得能够“药到病除”。比如内幕交易罪已在刑法修正案中被修改了2次，但是在司法实践中依此定罪的行为人并不多见，而在证券、期货市场中内幕交易的行为仍普遍存在，此类行为并未因刑法扩大处罚范围或加重刑罚处罚而得到有效的控制和治理。

再次，当刑法规定的范围小于前置性规定，而立法者认为有必要增设某种行为方式时，或者前置性法律对构成要件或某一要素的含义发生调整时，应当考虑能否运用刑法总则的基本原理解决分歧或者通过立法解释、司法解释加以统一、明确。例如，《刑法修正案（七）》除了增加一款对“老鼠仓”犯罪行为的规定，还在第1款的客观方面增设一种行为方式，即“明示、暗示他人从事上述交易活动”的。② 对此，有论者提出，修改第180条的主要目的，是要打击知悉内幕信息者“明示、暗示他人从事交易”的社会现象。只要充分地运用间接正犯的概念，无须修法，也可以合理有效地实现这一目标。③ 这提出了一个很好地解决问题

---

① ［英］弗里德里希·冯·哈耶克著：《法律、立法与自由》，邓正来等译，中国大百科全书出版社2000年版，第313页。

② 一般认为，《证券法》第202条、231条规定建议他人买卖证券的行为“构成犯罪的，依法追究刑事责任”，但1997年《刑法》并未将建议行为纳入犯罪范围。立法者认为有必要在刑法中增设此种行为方式。但由于“建议”行为较难认定和把握，因而《刑法修正案（七）》采用了“明示、暗示”的表述。参见刘宪权：《金融犯罪刑法理论与实践》，北京大学出版社2008年版，第330页。

③ 车浩：“从间接正犯到直接正犯——评《刑法修正案（七）》关于内幕交易罪的修改”，载《政法论坛》2009年第3期。

的思路,即修法的首选并非在法典中直接增加或修改法条,而是尽量用足现有规定,既包括《刑法》分则规定也包括《刑法》总则的规定。又如《刑法》中"信用卡"含义的确定,[①]2004年全国人大常委会颁布的《关于〈中华人民共和国刑法〉有关信用卡规定的解释》对信用卡的概念进行了界定:《刑法》规定的"信用卡",是指由商业银行或者其他金融机构发行的具有消费支付、信用贷款、转账结算、存取现金等全部功能或者部分功能的电子支付卡。就是在刑法正义观念的指引下,在不超出刑法用语含义"射程"范围的前提下,符合逻辑地揭示刑法用语的含义。

最后,在处理刑法规定与前置性法律之间的关系时,既要考虑刑法的独立性,同时注意合理划定犯罪圈、注意刑法规定与前置性法律之间的协调。但是这种协调并不意味着,一旦前置性法律发生变化,刑法条文也一定要随之变化。要考虑刑法进行相应调整的必要性。如果把刑罚当成治理社会的主要甚至是唯一手段,那么,刑罚可能被用来保护一切利益,惩罚一切违法行为,这将大大扩展刑法对社会生活的介入领域。刑法只能处罚严重的危害行为,不可能对于所有侵犯利益的危害行为者都加以处罚,这就是刑罚"残缺不全"的特征。[②] 耶塞克认为,应受处罚性取决于3个因素:法益的价值、行为的危险性和行为人的思想可责性。[③] 因此,要综合行为所侵害的利益性质,以及行为客观危害和行为人主观恶性等,判断对某一行为动用刑罚是否具备必要性。如果该行为具备刑罚处罚的必要性,则考虑能否运用刑法总则的基本原理解决问题或者通过立法解释[④]、司法解释加以明确。这样,刑法就不必跟随前置性法律的变化而调整。如若不行,才考虑修法路径。否则可能导致修法过于频繁,而且容易引发新的连带问题。

---

① 按照1996年中国人民银行颁布的《信用卡业务管理办法》的规定,借记卡和贷记卡统称为信用卡。而1999年中国人民银行颁布的《银行卡业务管理办法》第5条规定,银行卡包括信用卡和借记卡,从而将借记卡排除在信用卡的范围之外。对于由此在司法实践中产生的争议,有学者认为我国现行《刑法》在制定时,银行业务管理活动中的借记卡就包含在信用卡范围内,而我国《刑法》是依据银行业务管理活动中的相应行政法规制定的,其立法原意无疑是将借记卡归入信用卡诈骗罪规制的范围之内的。参见刘宪权著:《金融犯罪刑法理论与实践》,北京大学出版社2008年版,第497页。

② [德]汉斯·海因里希·耶塞克、托马斯·魏根特著:《德国刑法教科书》,徐久生译,中国法制出版社2001年版,第68页。

③ 同上,第67页。

④ 例如2004年12月29日全国人大常委会通过的《关于〈中华人民共和国刑法〉有关信用卡规定的解释》,刑法规定的"信用卡",是指由商业银行或者其他金融机构发行的具有消费支付、信用贷款、转账结算、存取现金等全部功能或者部分功能的电子支付卡。

三、提高立法技术，完善对法定犯的修改与规定

所谓立法技术，是指立法活动中所遵循的用以促使立法臻于科学化的方法和技巧的总称。[①] 通常刑事立法技术被归为一种具有可操作性、实践性和观念性的静态技术规则。刑事立法如何在保持刑法稳定性、统一性的基础上应对益发复杂多变的社会现实，立法技术起到了重要的作用。从1979年《刑法》的"宜粗不宜细"，到1997年《刑法》的尽量"详尽、明确"，刑事立法技术相较以前有了长足的进步，但是并非法条规定得越详细具体就越完善。例如《刑法修正案（七）》对偷税罪的修改，将逃税手段的本质特征进行高度概括，用"逃避缴纳税款"取代以往的具体表述，由原来的列举式规定改为概括式规定，这样更加符合该罪的实质要求。这种将犯罪手段高度概括化、本质化的立法技术是值得肯定、提倡的。又如信用证诈骗罪，虽然《刑法》第195条中没有明文规定行为人在主观上必须具备"非法占有目的"，但通说观点认为，"非法占有目的"是金融诈骗犯罪成立的必备要件。然而与理论上形成统一认识形成鲜明对比的是，在司法实践中，认为信用证诈骗罪不以非法占有目的为必要的观点颇为盛行。[②] 以此为据，不探究主观目的，仅凭行为人客观上实施了"骗取信用证"行为就认定其成立信用证诈骗罪的判决也比比皆是。这种状况的产生固然是众多因素共同作用所导致的结果，但不可否认的是，当时刑事立法中缺乏对"滥用"目的支配下实施骗取信用证行为的规制。为了解决这一问题，《刑法修正案（六）》中适时增加了骗取金融票证罪，增强了法条的实用性与可操作性。

但是在刑法修订中也暴露出很多问题，笔者认为应当进一步提高立法技术，尤其是完善对法定犯的规定。

第一，加强刑事立法活动中的系统性研究，建构完整的刑事法律体系。一是要完善刑法内部条文之间的协调关系。例如，《刑法修正案（五）》中增设了妨害信用卡管理罪，规定"明知是伪造的信用卡而持有、运输的，或者明知是伪造的空白信用卡而持有、运输的，数量较大的"构成本罪。这里将信用卡与空白信用卡分开规定，表明空白信用卡没有包含在信用卡的范围内，看似规定更加明确、具体，但也带来了新的问题——伪造金融票证罪中伪造信用卡的行为，是否包含伪造空白信用卡？按照上述规定的逻辑分析，显然是不能包括的。但从司法实

① 周旺生主编：《立法学》，法律出版社1998年版，第413页。

② 赵秉志主编：《刑法分则问题专论》，法律出版社2004年版，第257页。

践中看，伪造空白信用卡的行为经常发生，其社会危害性要远远大于持有、运输空白信用卡的行为。既然持有、运输空白信用卡的行为都已入罪，危害性更加严重的伪造行为更应当受到刑罚处罚。要解决这一问题，是否又要颁布新的刑法修正案？因此，在修改刑法某一具体条文时，要注意与相关法条的协调，避免解决一个问题，同时又产生新的问题。二是要加强刑法理论问题研究，避免单纯地现象立法。例如《刑法修正案（八）》中提出在道路上醉酒驾驶机动车的，处拘役，并处罚金。那么，吸毒后驾驶机动车的是否构成犯罪？概言之，刑事立法不能只关注当下的热点问题、焦点案件，只及一点，不顾其他。应当从刑法理论出发，解决一类问题的处理原则。否则当发生新的热点案件时如何应对？

第二，适当考虑对空白法条的合理运用，尤其是对不完全空白罪状的运用。在空白刑法中，刑法只规定了罪名或部分构成要件及法定刑，而将犯罪构成要件的一部或全部委诸行政管理法规。有观点认为空白刑法违反罪刑法定原则，有违罪刑法定所蕴涵的民主法治、法律专属性和明确性原则的嫌疑，并建议立法者采取措施提高空白刑法的合法性。① 对此，有学者认为行政犯及空白刑法的产生与自由法治国家的行政转向社会福利国家的行政紧密相连，是与现代法治国家在保障公民自由权的同时兼及保障公民生存权的需要。它既坚持了形式法治国的形式前提，因为它仍然是将构成要件进行类型化、定型化的一种法律模式，对何种行为是犯罪何种行为不是，于法条之中已经作了相对明确的规定，而不是使用泛泛的一般性规范性条款来处理犯罪；同时，又为法官留下了一定的自由裁量余地。空白刑法规范既有法的安定性又有一定程度的开放性、弹性，两者可以在一定范围内相互联系，借助构成要件的开放性保障刑法的安定性。② 空白刑法的适当运用，可以在遵循罪刑法定原则的前提下，既能应对不断变化的社会实践，也避免了刑法与前置性法律之间的矛盾与冲突。特别是不完全空白罪状，既对犯罪行为的特征进行了高度概括化的表述，从而合理控制犯罪圈的范围，又能够与社会变化相适应，具备一定的前瞻性，可予以适当考虑。

第三，加强实证研究。当前的刑事立法注重理论思辨而欠缺实证研究，导致某些条文可操作性不强甚至法条虚置，造成司法实践中产生诸多问题。应当看到，关于立法层面的理论研究开始转向开放性的、更加务实的社会性研究。但是当前的刑事立法中过多考虑打击犯罪的现实需要，实证基础、研究资料和数据相

① 刘树德："罪刑法定原则中空白罪状的追问"，载《法学研究》2001年第2期。

② 刘艳红："空白刑法规范的罪刑法定机能——以现代法治国家为背景的分析"，载《中国法学》2004年第4期。

对薄弱、欠缺。波斯纳认为,不仅像侵权案件等法律现象中可以获取大量实证分析所要求的数据从而进行量化分析,就是法律规则本身也可以作为实证分析的对象。如果认为规则不能作为科学研究的数据将是一个错误。① 实证分析的方法可以实现一组法律条文与它们背后某个法律原则、原理之间关系的透视,使法律条文之间的内在关系更加清晰地显现出来。② 以此为据可增强刑法相应条文的适用性和针对性,裨益于司法实践。

(2011 年第 4 期)

从立法技术层面看刑法修正案

郭泽强*

一般讲,立法技术是指关于制定、修改和废止法律的规程和方法的总称。立法技术有狭义、广义之分。狭义的立法技术指关于法律内部结构和外部结构的形式、法律修改和废止的方法、法律的系统化以及法律条文的修辞、逻辑结构和文字表达的规则等。立法技术关注的是法典的工具理性,它对刑法的表现形式进行审视。法的立法规定模式,一般被认为是一个技术性的问题,因为立法如何规定才能够完满,才能够达到与立法意图的一致,并不关涉立法的思想,也不涉及立法意图的评价,仅是一个立法技术问题。立法的技术性问题的重要意义正慢慢得到认可,因为只有立法技术才能够使立法思想得到真正的实现,如果没有精湛的立法技术,无论多么深刻的思想,多么良好的意图,多么合理的设计,多么善意的追求,都可能成为止于良好愿望而不能得到实现的单纯追求或者说是奢望。因此,刑事立法技术问题绝不是可以被忽略的,没有符合刑法立法要求的立法技术,就难有合理的刑法立法,在不合理的刑事立法规定之下,刑事法律的公正追求之实现,就是不可能或者说至少是相当困难的。③ 长期以来,立法技术似乎没有引起足够的关切与重视,导致立法者的良好意图在某些情况下只能是一

① [美]波斯纳著:《法理学问题》,苏力译,中国政法大学出版社 1994 年版,第 465 页。

② 白建军:“法条与法理的实证分析——以刑法分则为例”,载《法学家》2001 年第 3 期。

* 作者单位:中南财经政法大学。

③ 李洁:“遏制重刑:从立法技术开始”,载《吉林大学社会科学学报》2009 年第 3 期。

相情愿。

通过修正案的形式对刑法进行修订已经成为立法者的共识。从立法技术层面观之,8个刑法修正案的推出反映了诸多立法技术方面的变化。首先,《刑法》总则被修订了。前7个刑法修正案无一例外都是针对分则进行修订,没有涉及《刑法》总则的规定。其实,《刑法》总则关乎认定犯罪的基本框架,在已有框架下的内容已经做了修订的情况下,总则之规定就不可避免的要做出调整。比如关于共同犯罪之规定,我国《刑法》规定共同犯罪只能是二人以上故意犯罪,对于二人以上过失犯罪的,不以共同犯罪处理。但2000年11月10日最高人民法院《关于审理交通肇事刑事案件具体应用法律若干问题的解释》里,第5条却出现了交通肇事的共犯规定,如何解释,总则有关共同犯罪主观方面限于故意的原则是否需要调整,值得进一步关注。因此,《刑法修正案(八)》对《刑法》总则进行修订可谓水到渠成。另外,在粗疏和细密的立法技术问题上,刑法还是一如既往地选择了细密。例如在一些犯罪的认定上强化了可操作性,也就是说更加细密,是一种立法技术的进步。① 再有,一些问题也一定程度上体现了立法技术方面的变化。比如《刑法修正案(八)》第43条将黑社会性质组织的特征通过立法的方式规定下来。尽管先前已经有了立法解释,而且从立法解释到立法规定,没有任何文字实质的变动,却是一种立法技术的提升,法治理念的更新。因为从法律规定的位阶上,刑法规定显然要比立法解释效力高,也更为严肃。再如一些具体犯罪罪状更加具体化了,使司法更具有可操作性。这与其说是刑法立场的变更,不如看做一种立法技术的进步,本文选择几个实践中关注比较多的立法技术问题,尝试着对刑法修正案进行审视。

一、刑法修正案的技术定位

究竟应该采取何种方式完善刑法立法?对此,我们经历了一个不断研究、不断探索的过程。1979年《刑法》颁行之后,为了体现立法适应性的要求,我国立法机关采取了形式上独立于刑法典而内容上又是专门规定犯罪、刑事责任的单行刑法和在大量的行政法律和经济法律等非刑事法律中附设刑事责任条款即附属刑法规范两种模式,来修改和补充刑法立法。其中,单行刑法的修法模式一直延续到1997年《刑法》颁行以后,直到1999年12月25日第九届全国人大常委

① 但有时,过于细密也可能带来另外一些问题,比如适用上不必要的烦琐等。

会第十三次会议上首次以刑法修正案模式修改刑法典以来,我国立法机关才结束了长期以来单行刑法作为主要修法模式一统我国刑法立法实践的局面,而主要表现为刑法修正案的一元的修法模式。其实,刑法修法模式的选择,是对各种模式之利弊斟酌取舍的结果。单行刑法模式虽然具有简便快捷、针对性强的优点,但实践中,对于单行刑法模式的大量运用,无论是学界还是立法机关、司法实践部门都已经注意到其存在不足,即对刑法典的统一性、完整性乃至于权威性具有破坏作用,并且不利于公民知法守法,实现刑法规范的引导功能,以及不利于司法机关适用刑法。相对而言,刑法修正案优于单行刑法模式更主要体现在,刑法修正案不但直接被纳入了刑法典,而且其立法技术使其并不打乱刑法典的条文次序,从而有利于维护刑法典的完整性、连续性和稳定性,有利于刑事法治的统一和协调。并且,在与刑法典的关系上,刑法修正案是对刑法典原有条文的修改、补充、替换或者在刑法典中增补新的条文。这样,它不但可以直接促成刑法典的改进,而且它也不能像单行刑法那样独立于刑法典而存在和被适用,它颁行后就要被纳入刑法典中而成为后者的组成部分,从而方便理解与适用。[①] 其实,早在1997年3月6日,前人大常委会副委员长王汉斌同志就《中华人民共和国刑法(修订草案)》所作的说明中就指出,国家制定一部统一的、完整的刑法典,对民主社会主义法制建设具有重大的意义。实际上,王汉斌同志道出了绝大部分刑法人统一刑法典的梦想和追求。在20多年后的今天,在“统一完备的刑法典”思路指导下,我国事实上形成了以刑法典为主体、刑法修正案为补充的模式,其实这与单一刑法典模式没有大的区别。需要反思的问题是刑法修正案的模式是否完美无缺,无须进行补充?进而,特别刑法立法模式,特别是单行刑法是不是存在致命的缺陷,从而事实上摒弃它?首先,刑法修正案也并非无可挑剔。刑法修正案的模式可能会破坏刑法条文严谨的逻辑结构。从刑法条文的逻辑结构上看,我国刑法典的分则是以犯罪的同类客体为标准来对犯罪进行分类排列的,处于同一章节下的犯罪理应具有同一的犯罪客体。但随着社会物质生活条件的变化,现行的十大同类客体分类可能未必能容括所有的社会关系,而出现前所未有的新犯罪类型,必然要求刑法对之进行调整。但是,如果该新的犯罪行为所侵犯的客体已经超出了现有刑法典犯罪分类的客体体系的范围,而将其强行纳入现有刑法典分则体系的某一章节及其该章节的条款中,势必会造成刑法法条逻辑关系的混乱。再有,刑法修正案已经改变了传统刑法典条文“章节条款项”的逻辑序列结构,某些新增法条由于没有对应的体系性位置,目前只得

① 黄京平、彭辅顺:“刑法修正案的若干思考”,载《政法论丛》2004年第3期。

采取相似性的原则,以“第几条之几”的形式出现。如果“之几”的条文出现得过多,累积到一定数量,则势必使得刑法典追求的形式美无从谈起。如果单纯以刑法修正案的方式来修改刑法,也可能会出现刑法典无限膨胀和大肆扩展的局面,从而造成不同刑法分则条文之间容量的失衡。由于修正案方式自身存在的缺陷,以刑法修正案作为修正刑法的一元的刑事立法模式,排除单行刑法模式,并非无懈可击。不应排除,有时需要采用单行刑法模式对刑法典进行修订。正如有学者指出:“尽管单行刑法存在技术和实质内容上的诸多问题,但这些问题都不是根本性的缺陷,比如单行刑法的出现在一定程度上会导致单行刑法与刑法典法条关系的困惑,但这毕竟属于刑法解释的问题,因为刑法典内部条文之间也不免存在关系困惑的现象。”①并且,环顾域外,通过单行刑法的方式修订刑法,已经得到了大陆法系许多成文法国家,如日本、德国等的刑法典的修正历史经验的证明。上述成文法国家对刑法典进行修正,在以刑法修正案为主要模式的同时,并不拒绝单行刑法的模式。比如日本在1880年颁布刑法典后,又于1907年重新颁布了刑法典,其对现行刑法典在采用刑法修正案进行修正的同时,先后颁布了诸如《轻犯罪法》、《关于决斗罪的法律》、《爆炸物取缔罚则》等诸多单行刑法。② 因此,为了更好地打击和控制犯罪,刑法修正案的方式应当视为基本模式,特别刑法的模式也应当得到采用,根据形势政策的不同需要采用不同的刑法修正模式:一般情况下,当对刑法现有个罪进行修改,或者增加新的罪名所侵犯的客体没有超过现有刑法典犯罪分类的客体体系的范围时,采用刑法修正案的修订模式;当然,在特殊情况下,如果增加新的罪名所侵犯的客体已经超过现有刑法典犯罪分类的客体体系的范围时,采用单行刑法的修订模式;当刑法典运行时间较长,其赖以建立的政治、经济、社会和文化基础发生了根本性的变化,而刑法典对这种变化又表现出明显的不适应的时候,就应当对刑法典进行全面的修订,重新颁布实施。③

二、刑法修正案中罪名的确定问题

早在1997年《刑法》修订以前,有不少学者基于对罪名——罪状式、罪

① 肖中华:“集中是发展方向,散在为存在形态——论经济犯罪立法模式之抉择”,载《2009年社会变迁、刑法发展与立法模式变革学术研讨会论文集》,第124~125页。

② 黄京平、彭辅顺:“刑法修正案的若干思考”,载《政法论丛》2004年第3期。

③ 柳忠卫:“骗取贷款、票据承兑、金融票证罪疑难问题研究”,载《法学评论》2009年第1期。

名——定义式、混合式以及潜在式 4 种罪名立法模式的分析,认为具体犯罪条文应标明罪名,建议刑法修改时对罪名在条文中加以明定。[①] 随后,在 1997 年《刑法》施行过程中,在罪名司法解释颁布前的一段时间内,理论界就罪名的确定难以达成共识,司法实务中对罪名之确定也五花八门,各有不同,一定程度上损害了执法的统一性和权威性。显然,立法机关在此后 7 次的刑法修订中并未对上述存在问题予以充分的认识,并吸取教训,妥善地解决修正案的罪名确立问题。

纵观前 8 次刑法修订,每次刑法修正案通过之后,全国人大常委会并没有在公布修正案的同时,明确与增加或者修改的罪状所对应的具体罪名,这也在一定程度上导致各级司法机关在较长的一段时间内在罪名适用上的混乱。可见,刑法修正案放弃罪名界定权给司法实务界造成了一定的困惑。当然,修正案不急于确定罪名,有很多原因,但更多是对立法习惯遵循的问题。有的西方国家比如德国和日本是先规定具体条文,然后是罪名和条文的内容,但也有一些国家立法上不规定罪名,最终靠司法机关去解决。自 1979 年我国有了刑法典以来,立法就没有概括罪名,现在仍然维持这个传统。

根据以往的惯例,刑法的具体条文总是首先由司法机关具体适用,对罪名的确立怎么精确到位又能通俗易懂,司法机关在适用过程中会有准确的判断。从立法周期角度来看,如果一定要在立法环节确定罪名,要经过反复斟酌、反复讨论等环节,立法的周期会特别长。因此,修正案中没有确立罪名,也是可以理解的。8 个刑法修正案无一例外出现了"罪名滞后"的现象,最长的是第一个刑法修正案,从 1999 年 12 月 25 日公布,到 2002 年 3 月 26 日两高确定罪名,周期为 2 年 8 个月加 9 天。在我国司法实践中,2 年 8 个月 9 天的时间跨度大致相当于 6 个正常的刑事诉讼周期,2 个具有延长或者退补事由的诉讼周期。[②] 这就意味着某些犯罪行为从侦查到一审判决,甚至二审判决,都可能处于无罪可依的境地,这是刑法中罪刑法定原则所不能容忍的,也是司法工作者备感困惑之处。当然,从维护刑法严肃性和权威性的角度,确立罪状和厘定罪名同时进行效果更好。在刑事法治发展相对完善的德国、日本,甚至在我国台湾地区的"刑法"中,最高立法机关在制定或者修改刑法的时候,都同时就修改或者新增罪状确立具体罪名。从严格贯彻罪刑法定主义的角度,同时确立罪状和罪名也势在必行。在罪刑法定原则的制约下,刑法上"罪"的法定主要体现在罪名的法定和犯罪构成要

① 赵秉志著:《刑法改革问题研究》,中国法制出版社 1996 年版,第 545 ~ 546 页。

② 于志刚、郭小锋:"关于'罪名滞后'问题及其解决模式——以刑法修正案(七)的颁行为视角",载《人民检察》2009 年第 13 期。

件的法定上。尽管罪刑法定原则的核心内容,是犯罪构成要件的法定化,但罪名法定化同样值得重视。在我国,罪名的法定已经实际转化为司法解释的确定。由于罪名的司法解释存在语词逻辑的混乱和思维逻辑的混乱,导致罪名混乱的现象大量存在。[①] 因此,确立罪状和厘定罪名同时进行可以有效减少上述混乱现象的发生。这里实际上要区分司法罪名与立法罪名的问题,例如对于奸淫幼女行为的处理就体现了立法罪名和司法罪名的冲突。《刑法》颁行后对奸淫不满14周岁幼女的行为如何确定罪名的争议随之而来,有的认为应定强奸罪,有的认为应定奸淫幼女罪。我国前后两部刑法典虽然均未实行罪名法定化,但并非罪名没有法定,可以任意确定罪名。刑法分则条文凡规定了具体犯罪的,都采取不同形式规定了犯罪的构成、罪名及罪数。关于罪名,若规定的是简明罪状,可以直接确定其罪名,如放火罪、爆炸罪、故意杀人罪、盗窃罪、抢夺罪等。但有的条文则规定了犯罪构成和叙明罪状,没有直接规定罪名,罪名须从中抽象归纳予以确定,如背叛国家罪、伪证罪、强迫交易罪等。不管罪名是作直接具体规定还是作抽象原则规定,其罪名和罪数都在法条之中,都是由法律规定的,是不能任意确定的。2002年3月15日"两高"下发了《关于执行〈中华人民共和国刑法〉确定罪名的补充规定》,将《刑法》第236条的罪名确定为强奸罪,取消了奸淫幼女罪罪名。我们认为,这是司法罪名最终回归立法罪名。《刑法》第236条第2款规定:奸淫不满14周岁幼女的,以强奸论,从重处罚。实际上,已经明确了奸淫幼女行为定性为强奸罪。刑法对一些不完全符合一般意义上的某个犯罪全部构成要件或某个法定情节的全部事实条件,但已基本具备这些罪或情节的条件,特别是具备了这些罪或情节的本质特征条件,应当依照这些罪或情节处理的,在立法技术上采用了"以××论"或"以××论处"的方式。这是以特别立法规定对存在一定缺陷的某些事实如何处置的标准,既解决了认识上的争议又有效防止法律适用上的差异。"论"者准也,定也。"以××论",就是准按××定或处理,理论上称为准××罪、准××情节。显然,对"以强奸论"的相关行为另定名称是与刑法的立法技术和本意不相符的,因而不应当也没有必要在强奸罪之外另定其他罪名。因此,司法罪名回归立法罪名,应当是实至名归的。因此,笔者认为,解决刑法修正案罪名滞后问题,就是从根本上实现罪名的立法化,由此,可以确立罪名确定权的立法权威,保证立法罪名的统一实行,从根本上解决实践中司法罪名与立法罪名纷争的问题。

---

① 杨兴培:"检视罪刑法定原则在当前中国的命运境遇——兼论中国刑法理论的危机到来",载《华东政法大学学报》2010年第1期。

三、刑法修正案生效时间的确定问题

罪刑法定原则要求法律不溯及既往。“法律不溯及既往”很大程度上是考虑到,法律在未公布之前,人们并不知道将来的法律允许哪些行为,禁止哪些行为。如果一个公民在明确知道有关规定禁止某种行为的情况下,却依然实施该行为,就是明知故犯,对其处罚自然合情合理。反过来,如果一个公民在不知道法律有相关规定的情况下作出某个行为,那么他可能就属于“不知情”,对其处罚也就缺乏正当性,可能还会导致人们自由行动萎缩的后果。[①] 因此,为了更好地贯彻“法律不溯及既往”的原则,为了更好地让法律保障公民个人的自由,立法者在制定法律的时候总是要规定法律生效的时间。在此之前,你可以不遵守该法律,但生效之后,你就必须遵守该法律,否则,就会面临着被归责的风险。在法律生效时间的规定上,一般会采用两种不同的方式:第一种方式为自公布之日起生效。例如全国人大常委会先后通过的前7个刑法修正案,在每次刑法修改和补充的法律文本的最后一条,立法机关都规定“本修正案自公布之日起施行”。第二种方式为明确规定法律生效的时间。例如2011年2月25日通过的《刑法修正案(八)》第50条规定,“本修正案自2011年5月1日起施行”。立法者对于一些比较重要的法律,在通过之后经过一段时间才生效,这就给老百姓熟悉和掌握法律留有一定时间,从而有利于贯彻罪刑法定主义之法律不溯及既往的原则。“立法上是否应该综合平衡考虑修正案的应急性与公民权利保障之间的关系,从最大限度地保障公民自由权利的目的出发,在特殊情形下,采取公布后过一段时间生效的做法”。[②] 这两种生效情形均符合罪刑法定原则,但相比之下,后一种情形更为合适。[③] 上述第一种立法表达存在一些瑕疵,那就是立法机关在公布该修正案法律文件的时候,往往是在白天。由此导致的问题是,修正案对于公布之前,同一天所发生的事件和行为是否适用?如果按照现在许多法律规定的生效时间来看,公布那一天的事件和行为也应该适用该法律。但是,那一天由于法律的公布而被分成两部分:一部分是公布之前;另一部分是公布之后。修正案对于公布之后的事件和行为当然可以适用。但是对于公布之前的事件和

① 刘星著:《法理学导论》,法律出版社2005年版,第111页。

② 卢勤忠:“我国刑法修正案立法的问题及对策”,载《南京大学学报》(哲学·人文科学·社会科学版)2009年第3期。

③ 黎宏:“刑法的机能和我国刑法的任务”,载《现代法学》2003年第4期。

行为如果也可以适用的话，就违背了“法律不溯及既往”的精神，显然是不适宜的。因此，第二种公布一段时间再生效的做法是相对比较稳妥的。

作为刑法3种机能之一的规范机能，就是指通过明确规定犯罪和刑罚，给公民以明确的行为准则，控制国民的行为的机能。因为法律既是裁判规范，又是行为规范，要使规范产生实效，就必须使人们事先了解规范的存在及其内容。① 公民权利的保障、行动的自由，有赖于公民对行为的预测可能性，由此才能更好实现法的安定性价值。但是，预测可能性的必要前提是公民对法律规定的内容的知情权，否则让其承担违反法律规定的后果，就违背了法不溯及既往的原则，无异于“不教而诛”。因此，法律公布后，应该有一个过渡期、缓冲期，让公民有一定期限来了解法律规定内容。“刑法修正案虽然不是一部完整的法典，但也是一种立法活动，其中包括新罪名的设置、原有罪状的修改，而这些往往与人们的生命、自由等切身利益有关，必须加以慎重对待。”②

特别是考虑到刑法修正案条文逐渐增加，提前让公民予以了解和消化就显得格外重要。就我国8个刑法修正案的内容看，其修改条文数总体上是逐渐增加的。除《刑法修正案（二）》只有一个条文外，《刑法修正案》、《刑法修正案（三）》、《刑法修正案（四）》均是9个条文，《刑法修正案（五）》有4个条文，但《刑法修正案（六）》则大大地增加了修改条文数，共有21条，2009年2月28日全国人大常委会通过的《刑法修正案（七）》亦有15个条文；而《刑法修正案（八）》更是达到了50个条文，不仅仅涉及刑法分则罪名的增设和修订，更牵涉刑法总则里具体制度的变化。因此，《刑法修正案（八）》一改前7个修正案的生效时间做法，采用公布后过一段时间生效的做法是合情合理的。

四、刑法修正案立法质量的追问

立法后评估既是立法活动中的一个重要阶段，也是整个法治建设过程中的一个极其重要的环节，它有利于立法水平的提高和立法过程的健全完善，具有重要意义。立法后评估又称立法效果评估，就是在法律法规实施后对其进行立法质量评估，俗称“立法回头看”。立法后评估要求立法机关对法规实施情况进行调查研究，了解法规实施后取得的成效，并发现法规实施中存在的问题，分析法

---

① ［日］木村龟二主编：《刑法学词典》，顾肖荣等译，上海翻译出版公司1991年版，第10页。

② 卢勤忠：“我国刑法修正案立法的问题及对策”，载《南京大学学报》（哲学·人文科学·社会科学版）2009年第3期。

规中各项制度设计的合法性、可操作性和针对性,从而得到科学客观的反馈信息,以便及时修改完善法律制度,更好地发挥法律法规的规范作用。本部分从立法的明确性、立法的必要性以及立法的前瞻性3个向度对刑法修正案的质量进行评价。

第一,立法的明确性。立法的明确性应当是评价刑法修正案质量的首要指标。刑法条文的语言表述,不仅仅是个立法技术的问题也是罪刑法定的要求。刑法语言表述刑法规范,刑法规范依托刑法语言。刑法条文本身的语词内涵对于刑法规范的确定化具有重要影响:准确的语言文字有助于清晰表达立法意图,并对司法实践发挥有效的指导作用。立法语言的细密和粗疏程度更关涉罪刑法定原则的实现程度,明确性是罪刑法定的当然要求。在修改技术上,刑法修正案较为注重刑法立法语言的准确性和明确性。以《刑法》第201条为例,原刑法规定的处罚条件为"偷税数额占应纳税额的百分之十以上不满百分之三十并且偷税数额在一万元以上不满十万元的"、"偷税数额占应纳税额的百分之三十以上并且偷税数额在十万元以上的"。此种比例加数额的犯罪认定模式在实际操作中出现了很多问题,形成了逻辑矛盾,比如依照条文的字面表述,对于偷税数额在十万元以上但所占比例低于30%的情形,难以处罚,为此,《刑法修正案(七)》第3条规定,"逃避缴纳税款数额较大并且占应纳税额百分之十以上的,处三年以下有期徒刑或者拘役,并处罚金;数额巨大并且占应纳税额百分之三十以上的,处三年以上七年以下有期徒刑,并处罚金",解决了这一问题。适用条件的明确性,最终都是为了实现刑法在司法实践中的"可用性"。

但是,组织、领导传销活动罪的设立,似乎在明确性上存在问题。2009年2月实施的我国《刑法修正案(七)》第4条新增"组织、领导传销活动罪"——在刑法第224条后增加一条,作为第224条之一:"组织、领导以推销商品、提供服务等经营活动为名,要求参加者以缴纳费用或者购买商品、服务等方式获得加入资格,并按照一定顺序组成层级,直接或者间接以发展人员的数量作为计酬或者返利依据,引诱、胁迫参加者继续发展他人参加,骗取财物,扰乱经济社会秩序的传销活动的,处五年以下有期徒刑或者拘役,并处罚金;情节严重的,处五年以上有期徒刑,并处罚金"。而2001年4月施行的最高人民法院《关于情节严重的传销或者行为如何定性问题的批复》(以下简称《批复》)中规定:"对于1998年4月18日国务院《关于禁止传销经营活动的通知》发布后,仍然从事传销或者变相传销活动,扰乱市场秩序,情节严重的,应当依照刑法第225条第4项的规定,以非法经营罪定罪处罚"。由于刑法修正案的效力肯定高于司法解释,因此,刑法修正案的颁布应当使得上述《批复》失去存在依据了。但是由于《刑法修正案

（七）》第4条新增“组织领导传销活动罪”中的传销并没有涵盖实践中所有的传销方式，在收取入门费、拉人头之外，还存在团队计酬的非法传销形式。在这种无奈的情况下，《批复》仍然可以发挥作用，实践中，团队计酬型传销达到个人非法经营5万元以上的，仍然可以对参与人员以非法经营罪来追究责任。[①] 司法解释的“起死回生”，其实也反映了修正案存在的问题，即应当对传销的方式予以全面的明确的规定。

第二，立法的必要性。修正案是否是刑法规则变动的唯一方式，如果可以通过刑法解释的方式完成对于刑法的完善，则没有必要采用成本更高的立法方式。纵览修正案对刑法的修订，可以大致归结为两种类型，一种是解释型的刑法修订，另一种是创制型的刑法修订。而解释型的刑法修订，事实上可以通过立法解释的方式来完成。从评估来看，显然，如果创制型的刑法修订较多，就说明刑法修订的必要性，反之说明刑法修订的不必要性。解释型的刑法修订是指通过刑事立法，实现刑法解释的功能；而创制型修正，则是指通过刑法解释我们无法实现扩大刑法规制范围的目的，所以必须依靠完善立法来实现刑罚权的合理扩张。[②]《刑法修正案》第3条将《刑法》第174条中关于擅自设立金融机构罪的犯罪对象由银行扩大到包括证券交易所、期货交易所、证券公司、期货经纪公司、保险公司等在内，但是原条文中本身就包含了商业银行或者其他金融机构这样的表述，我们完全可以通过刑法解释，将证券交易所等解释到金融机构当中去，而且这种解释符合人们的一般观念，不会违反任何解释规则。所以类似这样的修正就属于解释型修正，出现在刑法修正案中显得有些不合时宜。解释型的刑法修订在修正案中出现，从根本上看，是立法者没有很好地区分刑法修正案与立法解释。正如有学者指出，目前刑法修正案并未能真正区分“部分修改权”与“立法解释权”。虽然修正案大部分内容是罪刑规范的规定，但仍有一些规定没有规定新的罪刑规范，只是对原有刑法条文的含义进一步明确，混淆了立法权与立法解释权。[③]

第三，立法的前瞻性。人大常委会以《刑法》修正案的方式对《刑法》进行修订，1999年是第一次，2001年有两次、2002年、2005年、2006年、2008年、2011年各一次，12年间修订了8次，刑法修正的频率之高，让我们不得不思考，能否采用前瞻性的立法，尽量避免高频次的刑法修订。毕竟，刑法是关乎公民根本利益

① 蔡勇、季伟：“对团队计酬型传销行为应如何定性”，载《中国检察官》2010年第12期。

② 黑静洁：“刑法修正案之立法质量的实证考察”，载《中国刑事法杂志》2010年第5期。

③ 高铭暄、吕华红：“论刑法修正案对刑法典的修订”，载《河南省政法管理干部学院学报》2009年第1期。

的后盾法，如此频繁的修改法典，公民就会对法典本身产生质疑，动摇其心中对法典或者法权威的信念。笔者认为，前瞻性是修正案最需要检讨的一个方面。每次修正案的出台，基本都是被动立法的结果，不免会有“头痛医头，脚痛医脚”之嫌，立法缺乏必要的预见性。比如在洗钱罪的修改问题上，1997 年《刑法》在第 191 条中创设了洗钱罪，并规定了 3 种上游犯罪：毒品犯罪、黑社会性质的组织犯罪和走私犯罪。在当代刑法国际化趋势明显的环境下，在我国 2001 年《刑法修正案（三）》中，为了配合“9 · 11 事件”后国际反恐斗争以及惩治恐怖活动犯罪的需要，恐怖活动犯罪也被列为洗钱罪的上游犯罪。2006 年《刑法修正案（六）》将洗钱罪的上游犯罪扩展为毒品犯罪、黑社会性质的组织犯罪、恐怖活动犯罪、走私犯罪、贪污贿赂犯罪、破坏金融管理秩序犯罪、金融诈骗犯罪。洗钱罪上游犯罪的不断立法调整实际上涉及列举式立法和概括式立法的取舍问题。列举式立法和概括式立法作为两种不同的立法模式，有着不同的特点。在优点上，前者能够明确地指出某些范畴确切地属于法律控制的范畴，用具体形象的样态加以举例，后者则能够显著适应司法裁判的需要，通过对所描述范畴的特征的归纳和抽象性表达，具有高度的灵活性。但是他们各有着致命的缺陷，列举式立法往往不能够跟上社会发展形势，其所列举的范畴往往与社会现实不相协调。就洗钱罪而言，从列举 3 类犯罪：毒品犯罪、黑社会性质的组织犯罪和走私犯罪，到列举 4 类犯罪：毒品犯罪、黑社会性质的组织犯罪、恐怖活动犯罪、走私犯罪，再到列举 7 类犯罪：毒品犯罪、黑社会性质的组织犯罪、恐怖活动犯罪、走私犯罪、贪污贿赂犯罪、破坏金融管理秩序犯罪、金融诈骗犯罪。由于社会形势的演进使得列举式立法在形势变更之后疲于奔命地跟随并不断修改，并且永远都是落后于社会现实。因此，在洗钱罪上游犯罪范围问题上，适当采用“弹性立法”技术，给法的解释留下适当空间，同时使得刑法规定有相对的稳定性和保障的前瞻性，无疑是比较可取的。

（2011 年第 4 期）

【栏目】 危险驾驶罪与《刑法》第13条“但书”条款的适用

【编者按】 2011年5月10日，最高人民法院领导同志在全国法院刑事审判工作座谈会上要求正确把握危险驾驶罪构成条件时指出：“5月1日后，各地公安机关已陆续查获了一批醉酒驾驶犯罪嫌疑人，很快将起诉至人民法院。各地法院具体追究刑事责任，应当慎重稳妥，不应仅从文义理解《刑法修正案（八）》的规定，认为只要达到醉酒标准驾驶机动车的，就一律构成刑事犯罪，要与修改后的《道路交通安全法》相衔接。也就是说，虽然《刑法修正案（八）》规定追究醉酒驾驶机动车的刑事责任，没有明确规定情节严重或情节恶劣的前提条件，但根据刑法总则第13条规定的原则，危害社会行为情节显著轻微危害不大的，不认为是犯罪。此外，对在道路上醉酒驾驶机动车的行为需要追究刑事责任的，要注意与行政处罚的衔接，防止可依据《道路交通安全法》处罚的行为，直接诉至法院追究刑事责任。”[①]与最高人民法院的表态不同，公安部方面透露，在《刑法修正案（八）》和修改后的《道路交通安全法》施行后，公安部门对经核实属于醉酒驾驶机动车的一律刑事立案。[②] 此后，最高人民检察院新闻发言人就醉驾入罪发表意见时认为，只要事实清楚、证据充分，就会一律起诉，而不会考虑情节的轻重。[③] 与此同时，刑法学界对于《刑法》第13条“但书”如何适用也产生了不同的看法。学者多从《刑法》第13条“但书”规定出发论之，大意为《刑法》总则对分则有指导性作用等，[④]但也不乏反对的声音。社会舆论似乎更多地显示出一律入罪的情绪。例如凤凰网发表了一组专题，标题分别为：“醉驾入刑，法律岂是橡皮筋”；“醉驾入刑开口子便宜的是公职人员”；“醉驾入刑无须‘弹性’解释”；“请最高法尊重醉驾入刑的立法本意”；“醉驾既已入刑执法就该刚性”。[⑤] 由此观之，不少媒体人及公众都质疑最高人民法院将“明明白白”的酒驾入刑又带回了“模糊地带”。法律是理性的科学，除了警惕与焦虑的心态外，更

---

① “最高人民法院副院长张军：正确把握危险驾驶罪构成条件”，载 http://news.xinhuanet.com/legal/2011-05/10/c_121400846.htm。

② “司法机关发不同声音公安部称醉驾一律刑事立案”，载《信息时报》2011年5月19日。

③ “最高检表态只要证据充分醉驾一律起诉”，载《北京晚报》2011年5月24日。

④ 赵秉志等：“醉驾入罪的法理分析”，载《检察日报》2011年5月17日。

⑤ “酒驾入刑引争议”，载 http://news.ifeng.com/mainland/special/zuijiaruxing/。

需要理性的分析与论证。《刑法》第13条毫无疑问应该是具实践意义的,司法机关职责不同而作出不同的表态也并非就一定是对立的。确立法律的权威和信守罪刑法定原则也应该是共识性的结论和出发点。在这一前提下,我们撷取了观点不同的文章,辨析明义,希望有助于加深对法律规范的理解。

醉驾不一律入罪无须依赖于“但书”的适用

曲新久*

一、醉驾入罪是否需要情节恶劣

醉酒,包括事实意义上的醉酒和规范意义上的醉酒,危险驾驶罪构成要件的“醉酒”是规范意义上的醉酒,而不是事实意义上的醉酒,不以行为人事实上陷入酩酊状态为必要,而是指行为人的饮酒量达到法定标准,也就是行为人血液酒精含量达到法定阈值。

饮酒之后,人的精神状态亢奋,生理反应与危险判断能力均会有所降低,但是驾驶机动车的人却常常自信甚至于过度自信自己的驾驶技术,使得交通事故发生的可能性升高。正是为了保证交通安全,刑法将醉酒驾车纳入刑罚惩罚范围。“不能安全驾驶”,是从上述两个构成要件中释放出来的整体性、评价性要件,可以说十分重要,因为这一抽象的构成要件间接地影响到如何确定醉酒的标准——血液酒精含量阈值,以及如何处理醉驾的情节;但是又可以说可有可无,因为它是抽象的、整体性的而不是具体的构成要素,行为人实际上是否能够安全驾驶机动车不影响犯罪构成,行为人不能以自己的酒量极大作为辩护理由。

当然,由于立法者将规定本罪的法条置于《刑法》第133条之后,而不是《刑法》第114条之后,所以,若是有学者主张本罪的主观构成要件是过失,也并非没有道理。笔者认为,基本上来说,本罪的主观构成要件是故意还是过失并不重要。实务上,只要控方证明了“在道路上醉酒驾驶机动车”之事实的存在,故意

---

* 作者单位:中国政法大学。

也就存在,犯罪即告成立,可以免除罪责的情形几乎不存在。

《刑法》第133条之一本身就已清楚地表明,"醉驾入罪"不以"情节恶劣"为构成要件。立法过程也充分地表明这一点,《刑法修正案(八)》一审稿的规定是:"在道路上醉酒驾驶机动车的,或者在道路上驾驶机动车追逐竞驶,情节恶劣的,处拘役,并处罚金。"在这一规定中,"情节恶劣"归属于"驾驶机动车追逐竞驶",而不是醉酒驾驶。但是,这样的表述确实容易产生误解。如果将"情节恶劣"作为两种危险驾驶行为构成犯罪的要件,也不违反汉语语法规则。于是,二审稿调整了本条文的语言结构,把"追逐竞驶"放在了前面,"情节恶劣"也随之调换到前面,成为现在的样子:"在道路上驾驶机动车追逐竞驶,情节恶劣的,或者在道路上醉酒驾驶机动车的,处拘役,并处罚金。"立法过程中一直还有意见主张醉驾也需要"情节恶劣"的限制,但是,"如果再增加规定'情节严重'等限制条件,具体执行中难以把握,也不利于预防和控制这类犯罪,建议维持草案的规定,立法采纳了这个意见。"①这样一来,醉驾入刑没有"情节恶劣"的限制,更加明确、无误。

二、醉驾不一律入罪并不依赖于"但书"条款的适用

"但书"是《刑法》第13条犯罪概念当中的反向规定,即"情节显著轻微危害不大的,不认为是犯罪",传统观点认为,"但书"的规定是犯罪本质特征"社会危害性"之量的限定。这里的问题是,在醉驾行为符合上述构成要件的情况下,是否可以以"但书"为根据,认定其不构成犯罪?

抽象地说,《刑法》总则的规定指导《刑法》分则条文的适用。"在刑法分则中没有规定罪量要素的犯罪,并不表示只要行为一经实施就一概构成犯罪。因为刑法总则关于情节显著轻微危害不大的,不认为是犯罪的规定同样也适用于这些犯罪,因而司法解释对这些犯罪规定了罪量要素。"②但是,具体地讲,问题实际上要复杂得多。

首先,"但书"最为重要的意义在于刑事立法。在但书精神指引下立法者规定了众多的具体犯罪以情节严重(恶劣)、数额较大、危害结果等作为构成要件。当然,也可以说,"但书"是这一规范现象的高度概括。其次,"但书"的意义在于抽象地指导刑事司法。通过刑法解释,释放出构成要件之量的要素,以及出罪事

---

① 黄太云:"《刑法修正案(八)》解读(二)",载《人民检察》2011年第4期。

② 陈兴良著:《规范刑法学》(上册),中国人民大学出版社2008年版,第191~192页。

由或者从轻、减轻、免除处罚的事由。

对于结果犯、情节犯来说,“但书”的司法意义在于指导解释危害结果、情节、数额等量化构成要件,明确其具体内容,特殊的情况下还会指导司法者释放出出罪情节。如前所述,立法上规定情节严重、情节恶劣、危害后果乃至于实害危险等量化构成要件本身,就是在“但书”的指导下完成的,而这类构成要件在确定之后,反过来又可以起到排除适用“情节显著轻微危害不大的,不认为是犯罪”的实际效果。“犯罪概念不是认定犯罪的具体标准,同样,《刑法》第13条但书也不是宣告无罪的标准。”①

在笔者看来,我国《刑法》第13条的规定,不是所有犯罪的一般概念,只是全部犯罪的核心部分、主要部分——损害法益和实际损害法益威胁的犯罪行为。“危害不大”是各种各样实际损害和实际损害威胁的高度抽象,而不能看成是整体性的评价结论。在但书的叙述过程中,“危害不大”是“不认为是犯罪”的根据、条件,而不是结论本身。换言之,社会危害性与刑事违法性的关系并不是传统观点所描述的那种表里统一的实质与形式的关系,社会危害性仅仅是刑事违法性的核心内容而不是其全部,具有社会危害性的一定具有刑事违法性,而具有刑事违法性的不一定具有社会危害性,更不一定具有应受刑罚惩罚性。② 如果时光倒退10年,根据“但书”的规定,“醉酒驾驶”可以说是“情节显著轻微”,而且显然不具备“危害不大”的条件,是不能作为犯罪规定在刑法当中的。“‘不认为是犯罪’的行为,必须同时具备‘情节显著轻微’和‘危害不大’这两个条件。”③那时候,如果有人说,“醉酒驾驶”在中国可以规定为犯罪,甚至于能够以《刑法》第114条,乃至于《刑法》第115条追究刑事责任,他真得疯了。从这一意义上讲,“但书”的价值并不在于其本身具有多大的技术价值,而在于其背后的价值偏好和政策选择。

对于不以危害结果和情节严重(恶劣)等量化条件为构成要件,但是构成要件当中实际上包含着损害要素的行为犯,“但书”抽象地指引司法官(更多的是最高司法机关)去解释这些犯罪的构成要件,在适用有关刑法条文时可以释放出危害行为(主要是实行行为)“量”的要素,使得危害行为具有定量的性质。典型的如伪造货币罪,刑法并没有规定任何数量性构成要件,但是这一犯罪实际上隐含着不是构成要件的损害要素,司法者正是借助于“但书”的抽象指导,释放

① 张明楷著:《刑法学》,法律出版社2003年版,第106页。

② 曲新久著:《刑法学原理》,高等教育出版社2009年版,第82~85页。

③ 陈忠林主编:《刑法学(总论)》,中国人民大学出版社2005年版,第72页。

出伪造行为之量的要素——伪造货币总面额在2千元以上或者币量200张(枚)以上。

对于构成要件实际上并不包含任何损害要素的行为犯来说,“但书”多多少少地也可以指引司法者解释出量的要素。公允地讲,正是由于“社会危害性”概念以及“但书”的存在,这类行为犯在我国刑法分则中的数量目前还相当少,大致上可以归入此类犯罪的是绝大多数有关枪支、弹药方面的犯罪,这些犯罪可以说是《刑法》第13条犯罪概念的例外,实际上没有社会危害性但是具有刑事违法性和应受刑罚惩罚性。《刑法修正案(八)》新增加的危险驾驶罪,则是完全基于现实需要和政策考虑而设立的不包含任何损害因素的行为犯。正是在这一意义上,可以说,新增危险驾驶罪是我国刑事立法上的一大突破。

对于醉驾来说,“在道路上”和“驾驶机动车”两个构成要素均不能进一步释放出量的要素。例如,司法官不可以说,在没有车辆与行人的荒野道路上(而且是深夜)醉酒驾驶机动车不具有危险,不应以本罪论处。道路就是道路,除非人们叫它道路但是实际上不属于道路,而这又与量的因素无关了。因为,尽管行为人醉酒驾驶车时真的没有任何人在那条道路上,但是,行为人能在那里,别人也有可能像行为人一样出现在那里。同样,“驾驶机动车”也不能释放出量的要素,法律不能接受被告人这样的辩解,自己开车很小心、车速很缓慢,只是挪挪车,机动车启动的地方离自己的家很近,因而不会有危险,进而主张对自己的行为适用“但书”出罪。但是,“醉酒驾驶”当中的“醉酒”这一规范构成要素必须释放出数量因素,即以怎样的标准判断行为人处于醉酒状态。一句话,“醉酒”这一构成要素当中包含着“血液酒精含量值”这一数量要素。

在《刑法修正案(八)》之前,《道路交通安全法》区分酒后驾驶与醉酒驾驶两种违法行为,醉酒驾驶最高的行政处罚是15天的行政拘留,酒后驾驶不予以行政拘留;人们广泛批评惩罚性太轻,不足以威慑醉酒驾驶,透过媒体和互联网表达出来的一浪高过一浪要求“醉驾入刑”的呼声反映了浓烈的气、怨、恨,立法不能不回应这种呼声,遂有《刑法修正案(八)》的“醉驾入刑”。之后,若不是修改《道路交通安全法》,“醉驾”就会有行政法和刑法上两个不同的概念和标准,“醉驾入刑”也就会有例外,不是所有醉酒驾驶都是犯罪,刑罚处罚需要为行政处罚预留空间。但是,在公安部的大力推动下,全国人大常委会迅速地修改了《道路交通安全法》,大大地提高了对酒后和醉酒驾驶的行政处罚,在道路上醉酒驾驶机动车,既是刑罚处罚的对象,也是行政法处罚的对象,公安机关的行政处罚权力大大加强。①

无论是过去还是现在,“酒后”和“醉酒”都是规范概念。关于酒后与醉酒的认定标准,早在《刑法修正案(八)》之前,公安部委托国家有关标准部门于2004年5月31日公布的《车辆驾驶人员血液、呼气酒精含量阈值与检验》(GB19522—2004)规定,酒后是指车辆驾驶员每百毫升血液酒精含量20毫克以上、80毫克以下,80毫克以上的,为醉酒。

我们知道,《刑法修正案(八)》规定了“醉酒”这一构成要件,但是没有规定具体的标准,目前也没有立法与司法解释。问题来了,“醉酒”是否是空白构成要件?或者说,“醉酒”的定量标准究竟是技术问题还是法律问题?

本文认为,“醉酒”的定量标准当然会包含技术考虑——中国人一般喝多少酒会出现兴奋、共济失调以及最终进入昏睡,需要技术层面的支持——笔者认为那是相对有限的,但是,必须肯定的是“醉酒”的定量标准是一个法律问题。“醉酒”是犯罪的构成要件,这一构成要件并没有对应着一个饮酒驾驶机动车的专业领域,现实生活领域也不存在指导公民饮酒的技术领域。在《刑法修正案(八)》之前,“醉酒”属于行政违法行为的构成要件,公安部或者经由公安部授权的其他行政部门制定并颁布“醉酒”的量的标准,是没有问题的。但是,在“醉驾入刑”之后,作为危险驾驶罪的构成要件,“醉酒”拒绝向行政机关开放,它是一个封闭的而不是开放的构成要件,不属于空白构成要件。

从各国或地区的立法情况来看,醉酒的标准有很大差异,这与技术因素相关,更与法律上的价值判断和刑事政策的选择密切相关。例如,德国和我国台湾地区的标准是每百毫升血液酒精含量110毫克以上,英国、加拿大以80毫克/100毫升以上为标准,日本以30~50毫克/100毫升以上为标准,而美国各州的情况比较复杂,高低不一,差异悬殊。本文倒不是十分关心从纯技术层面判断醉驾以血液中酒精含量等于或者大于80毫克/100毫升是否合理,而是要强调在高(宽)与低(严)的较大幅度内具体选择怎样的标准,是典型的法律问题,是立法者的工作任务,不能交给行政执法机关,在我国,只有全国人大及其常委会、最

① 酒后驾驶机动车的行政处罚最重可以到15日行政拘留,原来暂扣机动车驾驶证的处罚被修改为吊销机动车驾驶证,且5年内不得重新取得机动车驾驶证;对醉酒驾驶机动车的,除法追究刑事责任外,驾驶营运机动车的,将暂扣机动车驾驶证的处罚修改为吊销机动车驾驶证,且10年内不得重新取得机动车驾驶证;重新取得机动车驾驶证后,不得驾驶营运机动车。饮酒后或醉酒驾驶机动车发生重大交通事故构成犯罪的,将依法追究刑事责任,并由公安机关交通管理部门吊销机动车驾驶证,终身不得重新取得机动车驾驶证。从政策上评价,“醉驾入刑”也许走向希望限制行政处罚范围和强度之刑事政策选择的反面——如果有这样的政策目标的话。

高人民法院、最高人民检察院有权确定和发布。总之,如何检验酒后与醉酒是一个“技术问题”,而醉酒的量的标准则是一个“法律问题”。技术的交给技术,法律的交给法律。如何鉴定醉酒属于技术问题,交给技术专家,《车辆驾驶人员血液、呼气酒精含量阈值与检验》可以继续有效,法院审判时只需在证据法和程序法层面上予以关注即可。在没有法律规定也没有立法解释和司法解释的情况下,各级法院的法官直接依据《车辆驾驶人员血液、呼气酒精含量阈值与检验》规定的醉酒标准进行刑事审判,是我国法官队伍缺乏专业精神,以及长期以来不重视罪刑法定原则的又一具体表现,是一种没有办法的办法,是权宜之计。

进一步的问题是,醉酒的临界值(量的标准)是一个点,还是一个幅度?在本文看来,它可以是一个固定的点,也可以是两点之间的幅(度),法律层面上如此,技术层面上也是如此。根据《车辆驾驶人员血液、呼气酒精含量阈值与检验》的规定,警察在处理“醉驾”案件时,可以通过步行回转、单腿直立等人体平衡试验评价行为人的实际驾驶能力状况也说明了这一点,各国刑法醉驾标准之间相当大的差异也证明了这一点。

如果“血液酒精含量值”是一个点,比如,立法解释或者司法解释接受《车辆驾驶人员血液、呼气酒精含量阈值与检验》关于血液中酒精含量大于或者等于80 毫克/100 毫升的标准,那么,就没有继续适用“但书”的余地和空间。也就是说,在醉酒之量的标准确定为一个固定的数量点的情况下,没有进一步进行解释或者自由裁量的余地。到此为止,这是一个合理的结论。因为,在法律的所有概念当中,数字是不需要解释和变通的。最高人民法院权威人士说,不应认为只要达到醉酒标准驾驶机动车的就一律构成刑事犯罪,而要与《道路交通安全法》相衔接,根据《刑法》第 13 条但书的规定,情节显著轻微危害不大的,不认为是犯罪。若是直接采纳《车辆驾驶人员血液、呼气酒精含量阈值与检验》所确定的醉酒标准,上述说法就是不妥当的。公安部权威人士为争取“合法性”资源和隐性刑法解释权以及权力实益(使用手铐执法)而针锋相对的言语“醉驾一律立案”,算是相当的聪明。①

笔者认为,参考国外和其他地区的立法例,并且考虑到我国区域差异性很大的实际情况(如此,可以理解为什么5 月 1 日至今的首例免刑判决出现在新疆),以及与之前的醉酒标准衔接,危险驾驶罪之构成要件“醉酒”的量的要素“血液酒精含量值”,可以确定为一个幅度,立法解释或者司法解释(现在看来,通过立

① 最高人民检察院新闻发言人随后说:“醉驾一律起诉”,即使情节轻微,也予以起诉,不存在选择性,算是站到公安部一边。

法解释解决这一问题似乎较为妥当)可以将醉酒解释为驾驶员血液中酒精含量每100毫升含80~110毫克以上。这样一来,给司法人员——主要是警察和检察官一定的自由裁量的权力,合理地减少“诉累”,[①]以及相对减少“醉驾入刑”带来的弊端,如过多地挤占看守所本已十分紧张的空间资源、避免看守所内交叉感染、鼓励醉酒驾驶人员与执法警察对着干——不干白不干,等等。也就是说,驾驶员每100毫升血液中酒精含量在80~110毫克的,公安机关当然要一律立案处理,但是,如果属于初犯、认罪悔罪并且没有任何实际危害后果的,可以按照酒后驾驶予以行政处罚,而没有必要一律提请检察机关起诉。而检察机关对于此类案件也未必一定要起诉,而是可以做相对不诉,建议公安机关予以行政处罚;醉酒驾驶人员在接受处理时谩骂、殴打、袭击执法警察的,或者拒不认罪、悔罪的,或者有一定危害后果的,以及属于再犯的,予以刑罚惩罚;血液中酒精含量100毫升达到110毫克以上的,则一律判处刑罚,严惩不贷。如此,法律规范和司法活动才能全面地塑造人们遵守法律的行为习惯,既符合法理逻辑,又合乎国情、人情。“义愤填膺”式的执法和司法不是理性的。

“醉酒”之量,无论是解释为一个幅度,还是一个固定的数量点,因构成要件均得以量化和明确,都没有了适用《刑法》第13条“但书”的空间。但是,就法律规范实际效果而言,“点”与“幅”的差异是明显的。只有在将“醉酒”之量解释为“幅”而不是“点”的情况下,才有可能赋予公安、检察机关相对合理的自由裁量权。一方面,醉酒达到80~110毫克/100毫升这一幅度的,刑法(实体上)是犯罪,不是“但书”所谓“不认为是犯罪”,否则,公安机关的立案、检察机关的相对不诉,便没有了实体法上的根据;但是,公安机关不进一步地提请检察机关起诉,或者检察机关做相对不诉,则意味着“犯罪”并没有在刑事诉讼法的意义上予以确认,醉酒驾驶行为人没有被宣告为有罪,这是一种事实意义上的“不认为是犯罪”。所以,“醉驾入刑”第二个层面的规范含义是:醉驾应当判处刑罚,但是并非一律判处刑罚,可以根据其情节从轻、减轻以至免除刑罚;更重要的是,醉驾不必一律起诉,不必一律通过法院宣告其为犯罪并判处刑罚。正是在这一意义上,可以说,醉酒驾驶不必一律入罪,不必一律追究刑事责任,但是,这与《刑法》第13条“但书”的规定已经没有什么关系了。

(2011年第7期)

---

① 当然,许多地方的公安机关不怕累,而且在公安、检察和法院积极配合的情况下,适用简易程序4天就可以“搞定”一起醉驾案件,则是另一回事。

从醉驾入罪看如何消弭法治分歧

杨兴培*

一、争论“醉驾是否一律入刑”本是个伪问题
——大法官讲话如何引起波澜

刑法领域注定是一个不平静的领域。就目前整个刑法规范来看，以醉酒驾车为形式的危险驾驶罪在我国《刑法》250多个犯罪中是法定刑最低的一个犯罪，其最高法定刑不过就6个月的拘役（原先非法侵犯公民通讯自由罪的最高法定刑是有期徒刑1年）。就是这样一个在刑法说来并不起眼的犯罪，却在社会生活中掀起了一个不小的波澜，成了近来司法实践和社会舆论关注的焦点。

《刑法修正案（八）》出台之前，“醉驾是否一律入刑”真是个问题，刑法理论界与实务界众说纷纭就真实地反映这一问题的争议性。“醉驾”一律入刑，势必导致很多人因一时疏忽或者轻信而锒铛入狱，这既会影响一部分人的家庭生活或者社会工作，又会可能占用太多司法资源而让司法机关不堪重负。但是，“一家哭何如一路哭。”①全国人大常委会最终选择了“醉驾”一律入刑，并且这一规定不像其他法条规定有情节轻重之分。言下之意，只要是醉酒驾车就一律入罪，没有例外。刑法规定，白纸黑字，清清楚楚，谁都看得见，谁都看得清，谁都读得懂。这一本来明明白白的问题无须再言，每一个具体进行法律操作的司法工作人员，都已经清清楚楚知晓这一底线。在这一底线边缘的一些模糊问题和司法实践中一些疑难问题，是属于司法工作人员的“自由裁量”权限内的问题。法律一旦颁布实施，即具有绝对的权威性。按道理说在司法实践中，谁也不能对法律说三道四。然而这样一个再清楚明白不过的问题，由最高人民法院副院长再来

---

* 作者单位：华东政法大学。

① 宋范仲淹为相，锐意改革吏治，取诸路监司名册，将不称职者姓名一笔勾去。富弼在其侧云：“十二丈则是一笔，焉知一家哭矣！”仲淹回答说：“一家哭，何如一路哭耶！”参见朱熹：《五朝名臣言行录·参政范文正公》。十二丈即范仲淹，路为宋代大行政区名；一路哭，指一个地区的人民受害。《明史·河渠志二》：“语云：‘救一路哭，不当复计一家哭。’”

进行强调,提出“醉驾是否一律入罪”要慎重,很多学者专家也附和跟进。这样就变得与法律规定发生冲突了,有人认为作为最高法院不赞成醉驾一律入罪,欺负天下人不懂法,大有司法权力挑战立法权威的嫌疑。因此即使是最高法院的副院长也成了众矢之的,无法逃避。然而问题更在于,既然有最高法院以其司法权力挑战立法权威在前,作为司法机关中一向自视为最强力的公安机关也不甘寂寞,随后便有以其独有的行政优越位势来挑战司法权威,而检察机关的态度基本上是倾向公安机关这一边,着实让最高法院尴尬了一回。

然而,我们需要指出这其实是一个伪问题。最高人民法院领导的讲话意思是:不能认为只要达到醉酒标准驾驶机动车的,就一律构成刑事犯罪,动用刑罚追究刑事责任。这是以《刑法》第13条的“但书”规定作为根据的。作为最高人民法院的领导,是站在司法实践的角度与高度来说这番话的,这话并没有错。刑事立法规定一切醉酒驾车的行为都要构成犯罪,没有例外。但是在司法实践中,构成犯罪的是否一律追究刑事责任,则是由诸多因素所决定的。我国《刑法》总则不但有第13条“但书”的特别规定,而新增的危险驾驶罪属于分则,所有分则的适用都必须受总则制约,而且《刑法》第37条也有犯罪情节轻微不需要判处刑罚的,可以免于刑事处分的规定。正因为如此,最高法院对“醉驾入罪”提出紧急要求,即“醉驾入刑”符合《刑法》总则第13条规定,情节显著轻微的,就不能认定为犯罪。但从来没有一个刑法罪名,在法律刚生效施行之时,最高司法机关就紧急要求下级法院“应当高度重视,应当慎重稳妥”。

仔细品味上述讲话,其本质不在于醉酒驾车是否一律要入罪,这是刑事立法的权限;其本质在于“醉驾”是否一律要动用刑罚。法律是一种行为类型化的规定,而社会生活中的具体行为总是千差万别,形形色色。抽象与具体之间、类型与个体之间,既互为参照尺度、相互联系,又是相互区别的。因此依据《刑法》第13条的规定,提出要求本身并没有什么大错。只是作为最高人民法院主管刑事专业的领导,这么多犯罪都有一个情节较轻或情节显著轻微的问题不说,偏偏就说这一个犯罪。早不说晚不说,就在《刑法修正案(八)》刚刚实施之际,民众欢呼雀跃犹恐不及之时,就给民众的热情当头一盆凉水。这实在是在不恰当的时机就不恰当的话题说着被人理解为不恰当的话。

就现象来看,法律仅仅是一种纸面上的规定,真正要将纸面上的规定落实在千千万万个具体案件之中,必须要通过司法机关的实践活动。在这一实践活动中,首先是要解读何为醉酒?何为驾车?何为在道路上醉酒驾车?立法已有规定,一切就免谈,哪怕有立法解释,其他解释也就多余了。但是在中国,立法规定总是以高度抽象、高度原则、高度概括的形式加以表现出来的,而立法解释又总是如闺房大小姐，千呼万唤不出来。于是这一任务就由最高人民法院以其特有的高端优越位势，舍我其谁的心态加以承担了。但最高司法解释有时又往往通过某些会议文件、某个发言人讲话、某个领导讲话的形式出现，这种形式格外让人欲言又止，难以言说。此次最高人民法院副院长就是以会议讲话的方式见之于媒体的，这究竟是作为最高人民法院主管领导对执法活动发出的行政指令，还是同时作为刑法学者的个人对立法规定的理论解读和不同意见的探讨呢？令人难以分解。但是人们有理由质疑，醉酒驾车不问情节一律入刑正是《刑法修正案（八）》一个亮点，最高法院的这一表态是否有抵制立法权威的嫌疑。

然而问题并非到此结束，当国家的法律规定最高人民法院拥有法律的解释权，最高人民法院根据其对法律的理解通过一定的规范解释方式或者个案解释方式通过业务监督指导下级人民法院如何具体执行法律，最起码依然是我国目前一种合法的且又属常规的司法现象。只要最高人民法院的司法解释在形式上没有与法律发生明显的冲突，最高人民法院何错之有？而公安机关反其道而行之，不过是一种行政权力在挑战司法权威。而最高人民检察院的态度明显站在公安机关一边，又显示出一种特殊的傲慢。

二、如何确定“醉驾”才是个真问题
——“醉驾”是否一律入罪

刑法规范总是以高度原则、高度简洁、高度抽象的方式加以表现。法律再明确的规定，语言再详细备述，放在现实生活面前总是苍白无力的，总是无法穷尽整个社会现实生活中复杂多样的具体情形。从法理的角度来说，最高法院领导的讲话并没有什么大错，刑事立法上的“醉驾”一律入刑，并不等于在司法实践中“醉驾”就一律入罪。在司法实践中，立法规定是需要通过解释才能得以运用。刑法的运用过程就是一个刑法文本解释与具体案例相匹配的过程。《刑法修正案（八）》只是规定，在道路上醉酒驾驶机动车的，处拘役，并处罚金。然而就这么一个短短的条文规定，却蕴涵着丰富的法理内涵和复杂的社会情形。何为醉酒？何为驾驶机动车？何为在道路上？这些内容必须在司法实践运行过程中加以明确才能成为具体的执法规范。因此该领导嘱咐各级司法机关“应当高度重视，应当慎重稳妥”实在是没有错。但是如何重视各种模糊现象，如何稳妥确定各种具体界限，在这方面的确存在太多的理论与实践的真问题。

根据国家质量监督检查检疫总局、国家标准化管理委员会制定的《车辆驾驶人员血液、呼吸酒精含量阈值与检验》的规定，车辆驾驶人员血液中的酒精含

量大于或者等于 20mg/100ml，小于 80mg/100ml 的驾驶行为为饮酒驾车；车辆驾驶人员血液中的酒精含量大于或者等于 80mg/100ml 的驾驶行为为醉酒驾车。这是一个行政法规，它全面适用于行政执法过程中，同时又可以作为刑事执法的前置性法规。醉酒是一种生理现象（病理性的醉酒不在讨论范围之内），但事实上每个人对酒精的耐受力不一样，醉酒状态以血液中酒精的含量进行判定仅仅是科学的一种测量标准，并不是一种事实现象。有人滴酒不沾，100 毫升血液中只有 40～50 毫克酒精含量就已经酩酊大醉；有人海量，100 毫升血液中已有 100 毫克酒精含量依然神志清楚、行动自如。行政法规作为行政执法的基础固然没有问题，但作为刑事执法的前置性法规能否自然进入到刑法评价领域不是没有问题的，这显然是“醉酒驾车”是否要负刑事责任不能回避的问题。

其实从刑法的基本原理来看，醉酒驾车须负刑事责任，是以行为人具有刑事责任能力为前提的。尽管醉酒人的刑事责任能力与其主观心理和客观行为能力因醉酒发生了分离，但在法律上不受影响，依然认定其应当具有正常的刑事责任能力。而刑法中对行为人刑事责任能力的认定实际上是采取双层递进的标准加以认定的，即以人的刑事责任年龄为客观基础标准，以人的主观责任能力有无为主观衡量标准。人的刑事责任年龄是一个科学标准。因为是一个科学标准，所以也是一个客观标准，它不以人的意志转移为转移，它是以冷冰冰的客观材料为基础的一种记载。我国刑法规定人的刑事责任年龄以犯罪的性质为基础分为 14 周岁以上和 16 周岁以上两档规定，任何人达到这一规定，就具有了刑事责任能力的基础。这一标准是科学的，因而也是划一的。在科学前面人人平等。一个人没有达到刑事责任年龄，在法律上被认定为绝对没有刑事责任能力。但刑法原理同时表明，具有了刑事责任能力的基础，并不等于具有了刑事责任能力本身，就像具有了可以建造高楼大厦的基础，并不等于高楼大厦本身一样。因此一个人是否具有刑事责任能力还得通过主观责任能力的有无进行社会评价和司法评定。而主观责任能力的评定却是个人文标准，比如有无心神耗弱、精神错乱、梦游状态等。随着科学的发展，这些现象能否进入到科学领域进行评定尚在探索之中。但目前对人的主观责任能力的评定依然是一个社会人文标准，它充满着人文关怀的精神情趣却是不容否定和置疑的。今天《刑法》规定的是醉酒驾车，而不是酒后驾车。《车辆驾驶人员血液、呼气酒精含量阈值与检验》标准详细规定了车辆驾驶人员饮酒或醉酒驾车时血液、呼气中的酒精含量阈值和检验方法。仪器测量的结果是一种科学标准，它在每个人身上的反映都是一致的。但是它反映的是一种饮酒驾车或者酒后驾车的现象。酒后并不等于酒醉，醉酒的标准是人为设定的。是否饮酒可以通过仪器测量，在仪器前面人人平等，但是否酒醉却因人的个体差异而有所差异。现在对醉酒的测量，无论是吹气，还是测量血液，都是一种科学方法的运用，它没有人文关怀的精神内涵。当然有人会说，脱离了科学标准会不会出现放纵现象？其实对于何为醉酒，世界各国的标准本身就不绝对一样。在美国，只要驾车者驾车时其血液中的酒精含量超过60mg/100ml，就无条件吊销驾照，并可定罪处刑；若醉驾发生撞人事故，则以二级谋杀罪定罪处刑。英国认定司机酒后驾车的标准是每100毫升血液中的酒精含量超过80毫克，这一标准大大不同于其他欧洲国家20毫克至50毫克的水准。在德国，只要驾车者驾车时其血液中的酒精含量达到50mg/100ml，无须造成事故后果，就可定罪处刑。以上情况表明，这些国家的醉驾标准比我国的醉驾标准还要严格。但是在日本，对于醉酒驾车，日本法律并无准确数值规定，由执法人员根据驾驶员饮酒后的表现，例如是否能够正常驾驶、是否站立不稳、是否能走直线等做出相应判断。既然仪器是科学的产物，我们就能放心地加以测定。但这只是一个基础，正像一个人达到刑事责任年龄就具备了一个基础，是否具有刑事责任能力还得进行社会评价和司法评定一样。在社会生活领域中，一切都依赖科学手段注定是行不通的。因此我们提出应在仪器测量的基础上，进行人体平衡的步行回转试验或者单腿直立试验，评价行为人酒后的行为举止是否稳定（比如一字步、单腿独立等形式），语言表达是否流畅（比如读报、念字、写字等形式）等多种要素确定行为人是否处于“醉酒状态”，以此作为刑事处罚与行政处罚的区别界限。有一点我们必须向全体社会成员表明，刑法设定某种犯罪，不是为了喜欢看着人人成为罪犯。正像日本刑法学者西原春夫所说的：“可以说刑法是无用的，是一种为不处罚人而设立的规范。人们之所以把刑法称之为犯人的大宪章，其原因就在于此。”①法律本为人心所设，也为人心所解，更为人所执行，况仪器乎？况仪器的各种参数乎？在这方面，最高人民法院的司法解释是有所作为的。《车辆驾驶人员血液、呼吸酒精含量阈值与检验》只是个行政规范，行政规范进入到刑法领域作为评价基础，是要受刑事责任原则制约的。当然这一问题也可以由法医学会根据人体受酒精含量影响程度的实证材料，出台有关醉酒状态的认定标准作为司法解释的配套依据。

醉酒是饮酒的客观结果，饮酒后醉酒是一种客观事实。但“驾驶”是一种行为，行为就有一个过程问题。在人的社会中，行为总是以千姿百态的形式出现在人们面前。驾驶是一种怎样的行为和行为过程，人们会有不同的理解。刚坐上

---

① ［日］西原春夫著：《刑法的根基与哲学》，顾肖荣等译，三联书店上海分店1991年版，第33页。

驾驶位置算不算？刚点火启动发动机算不算？车轮刚滚动算不算？驾车行驶了多长距离为驾车行为？特别是《道路交通安全法》第119条规定，机动车是指以动力装置驱动或者牵引，上道路行驶的供人员乘用或者用于运送物品以及进行工程专项作业的轮式车辆。陕西省旬阳县金寨乡农民陈和金酗酒醉驾摩托车被判刑一案，更加大了认定驾车的复杂性。由此引发的一系列问题是，机场、码头的电动运输车算不算？同样电力助动的自行车算不算？尽管我们知道形而下的行为方式和机械种类总是无穷无尽的，只有饮酒行为或者即使处于醉酒状态，只要没有驾驶行为或者驾驶的不是机动车，刑法就管不着。但是不解决驾驶行为和何为机动车的标准，司法实践依然困惑重重。在这方面司法解释完全可以从形而上的层面进行规定：驾驶就是指将机动车发动以后轮式车辆移动一定距离（由有权部门进行界定）的行为。当然，由于电力助动车在设计时已经进行了速度限制，仍然相当于人力自行车，所以应当予以排除。

尽管《道路交通安全法》第119条规定，道路是指公路、城市道路和虽在单位管辖范围但允许社会机动车通行的地方，包括广场、公共停车场等用于公众通行的场所。但其实道路作为一种客观供人车共行的区域同样具有极大的复杂性。《刑法修正案（八）》中明确规定，在道路上醉酒驾驶机动车的才构成危险驾驶罪。根据这一规定，在乡村道路上就不能算，在单位内不允许社会公共车辆通行的道路就不能算，城市中从形式上不允许社会公共车辆通行的小街小巷就不能算。但即使这样，道路旁边的人行道能不能算？城乡交界的区域能不能算？单位与道路交界的区域能不能算？一个轮子在道路上，另一个轮子不在道路上算不算？总之法律没有明文规定的，司法解释就有作为的空间；而司法解释没有明确规定的，法官的自由裁量权就有作为的空间。

危险驾驶罪这个被社会公众寄予厚望的新罪名的设立与实施，对司法机关与司法人员来说实在是一个不小的挑战。其实最高法院的领导与其通过某种讲话作出原则性的指示，还不如通过更为具体的规范性司法解释规范司法工作。而一些带有社会主观性的问题，应当放心大胆地赋予法官们“自由裁量权”，让法官们具体把握，最高司法者不应当手把手地教法官们怎么判案。在一些临界现象上应当尽可能“让利”于行为人也是当代刑事司法理念的一种人文关怀精神的反映，社会公众也没有必要以集体狂欢的形式穷追猛打。

三、司法行政化蕴涵着法治方向的迷失

立法机关在多大的程度上吸收民意作为自己的立法基础，也就是在多大程

度上体现社会民主和立法民主的高度。但一部法律或一个法规制定颁布以后，就会直接面临着法院的执法操作、学者的研究解读和民众的舆情评价。而一个法律出台后，全社会能否奉为圭臬并在法治的轨道中加以理解、评价和执行，直接反映了这个社会的法治高度和法治进程。法律出台后，往往存在司法机关、学术理论界和社会民情舆论（当然司法机关、学术界理论工作者和社会民情舆论内部有时也是不统一的）站在不同的角度进行审视的现象。当这三者关系处于高度一致时社会法治的和谐状态就达成了一半。但当这三者之间因理解上的差异发生不同意见时，能否形成法律高于天的一种社会观念，对于今天的中国法治建设来说显得十分重要。在中国，虽然刑法理论工作者担负着更广泛的理论任务，既要为刑事立法提供理论储备，又要为刑事司法提供理论参考，也要为社会公众解读法律进行理论疏导。而社会民众今天借助网络平台，比以往任何时候发出更多更强的声音，这也是今天的法治建设中应当关注的问题。但在这三者中间，司法机关还是起着至关重要的作用，法律毕竟是通过司法机关的具体执法活动得到落实的。而司法机关对待法律的态度实际上在法治建设中起着风向标的作用，司法机关能否成为具有先进法治理念、严守法律底线和进行规范操作的"带头大哥"，实际上是中国法治建设成熟程度的检测指标。

此次最高人民法院领导的讲话被一些人认为是对立法权威的一种挑战，它实际上并不是以司法解释的方式出现的，而是以最高法院领导身份发表讲话的形式出现的。醉酒驾车是否要入刑，本身就是一个极有争议的问题，最后刑事立法采"治乱用重典"的观念解决这一难题也许符合了社会民众的意愿。国家为了实行法治，通过立法的方式颁布法律，作为最高法院，首先的态度是支持和贯彻，然后在具体的模糊问题上通过规范的司法解释予以明确。而以某种讲话的形式发表尽管可能实质上是合理的，但形式上与法律规范形式不相吻合的言语自然被人视为对立法权威的挑战。因为如果不是最高法院的领导讲这句话，这种话又能起多大作用？而公安机关又是以发言人的方式再重申其立场，因而同样被人认为是对司法权威的一种挑战，这些都开了一个法治的玩笑。

透过此次争议现象看实质，问题的要害主要在于某种社会主体以行政的角色、位越的优势、讲话的形式来表达对待法律的态度，这里就蕴涵着一个我们不能疏忽的深层问题，即如何尊重法律的权威与恪守司法机关的本职使命。因为某个领导的讲话与其说是一个讲话，不如说是个指示甚至是一种暗示；与其说是一种指示或者暗示，不如说是一种命令。事实上正是由于"醉酒是否要一律入罪"的讲话，一些地方法院不敢大胆地及时判案。据报道，日前北京市两个中级法院、十八个基层法院都收到了市高院《有关醉驾入刑的具体执行通知》。根据这一通知,市高院要求各级法院将所收到的、拟作为犯罪处罚的第一起和第二起醉驾案件向市高院上报,再由市高级人民法院上报给最高人民法院。同时,市高级人民法院要求各级法院,醉驾入刑符合《刑法》总则第13条规定,情节显著轻微的,不认定为犯罪。如果报请的醉驾案件中,已经采取强制措施的,法院可视案件的具体案情依法变更强制措施,保证程序合法。在最高法院还没有出台具体司法解释之前,人民法院在一些案件的定罪量刑上,还需征得上级法院意见。因此作为最高人民法院的领导在全国法院刑事审判工作座谈会上发表的讲话对于与会的各地法院具有特别的命令意义,该讲话在某种程度上引起了对"醉驾入罪"认识上的混乱和"醉驾用刑"适用法律上的滞后。法律颁布实施以后,如何贯彻执行还得受行政指示的制约和通过各种行政手段加以实现,法律的威严就会受到严重影响。

《宪法》第126条规定,人民法院审理案件依照法律规定独立行使审判权。《宪法》第127条规定,最高人民法院监督地方各级人民法院和专门人民法院的审判工作,上级人民法院监督下级人民法院的审判工作。如果我们对宪法没有解读错误,这里的监督是指业务监督。但在中国这种业务监督往往变成了行政监督。而在司法机关内部通过由上到下的形式发布行政命令来指导执行法律的司法行政化现象,既表明了上级司法机关具有的位阶优势,又表明了对下属司法人员执法能力的不信任,这是法治的硬伤。这同样需要我们在理性的高度上看待我们的整体司法能力,要知道司法实践中司法工作人员长期在这种行政命令的约束下和司法解释的牵引下恐怕再也没有仰望法律进行信仰的思考和面对问题进行全力索解的努力。过多的司法解释、行政命令甚至指示、批示、暗示,必定养成一大批毫无主见、不求思考和不求理论进取的懒惰法官,因为法官的裁判已无须进行任何价值上的选择和补充,只需要完成一个个简单的技术操作。本来在培养全社会对法律信仰的过程中,法典就是一部"圣经",正像在西方宗教信仰的领域里,基督教的教徒是拿着《圣经》用自己的心智与上帝对话一样,因此法官也应当是拿着法典以自己的心智与立法者直接对话。而现在大量过多的司法解释、行政命令甚至指示、批示、暗示出现,实际上就使得法官已无法再拿着法典直接与立法者进行对话,而只能拿着司法解释、行政命令甚至指示、批示、暗示与权力进行对话。如果最高法院不从更长远和更高的要求上提高对各级法官的素质培养,对那种促成法官们必须完成对自身生活阅历的丰富和知识储备跃升的必要性缺乏眼力,助长法官不去就个案的特殊性进行必要的深入研究而一味地求助于司法解释、行政命令甚至指示、批示、暗示的倾向出现与形成,就会助长权威大于法威的倾向出现与形成。那么其结果就有可能导致司法解释、行政命令甚至指示、批示、暗示更多，但法官的思维更僵化、态度更消极、素养更滞后的司法体制现象。

法治社会的一个重要标志就是全社会都能养成对法律的自觉信仰。法律必须被信仰，否则它将形同虚设。如果连我们的法官都无法信仰法律而只是信赖司法解释、行政命令甚至指示、批示、暗示更甚至仰望权力，我们国家何以能建立起对法律的信仰目标呢？这就是此次讲话争论背后蕴藏的更需要正视的深层次问题。

（2011年第7期）

从“但书”条款适用看司法如何遵循立法

李 翔*

醉驾入刑，本已经过多番民主而又审慎的立法审议，及至最后修改并通过的醉驾入罪条款，其态度可谓非常鲜明，即醉驾入罪，不视情节。① 然而，司法者是否在《刑法分则》所有罪名中，以实体法中的“但书”条款为由，对于罪或非罪的判断起到决定性的作用？立法者对于醉驾的入罪化努力是否会因此打折扣甚至付诸东流？

一、“但书”条款司法适用中的反思与检讨

以上的担心并非杞人忧天。实际上，置于我国刑法制度环境，“但书”条款在司法出罪化裁判中适用的随意性，多少暴露出司法者并未表以对立法者应有的尊重态度。对于司法实践中直接适用但书的做法，笔者认为至少可以从以下

---

* 作者单位：华东政法大学、上海市杨浦区人民检察院。

① 《刑法修正案（八）》一审稿中规定：“在道路上醉酒驾驶机动车的，或者在道路上驾驶机动车追逐竞驶，情节恶劣的，处拘役，并处罚金。”在二审稿中，措辞发生变化：“在道路上驾驶机动车追逐竞驶，情节恶劣的，或者在道路上醉酒驾驶机动车的，处拘役，并处罚金。”即对于醉驾条款，立法者取消了“情节恶劣”这一限制性条件。

3个方面进行质疑。

其一，我国刑法分则关于具体犯罪构成要件表述中，留给司法者作罪与非罪的解释空间是极其狭窄的。与国外大多数国家刑法“立法定性、司法定量”模式不同，在社会危害性理念引导下，我国《刑法》采用的是“立法定性加定量”的模式，即罪质因素与罪量因素均在刑事立法中得以体现。应予指出的是，在实质犯罪概念指导下，我国刑事立法中的定量因素是全方位的，其不仅体现在刑法总则中的犯罪概念，亦指导刑法分则中具体犯罪构成要件之设定。体现在刑法总则中的犯罪概念，就是《刑法》第13条犯罪概念中的“但书”条款，这是一种抽象意义上的统括性要求；体现在刑法分则中的具体犯罪，则为构成要件中的各种罪量因素，如数额犯中的数额要求、情节犯中的情节、结果犯中的具体危害结果等。亦即在我国实质犯罪概念统括下，具体犯罪构成要件中的罪量因素实质上起到区分罪与非罪的重大作用，而在我国行政处罚和刑事制裁的违法—犯罪二元机制之下，区分罪与非罪的任务自然应由立法者来完成。作为区分犯罪与违法的分水岭，罪量因素因此也应成为我国犯罪构成中的特有要素，从这种意义上来说，罪刑法定原则在我国刑法中要真正得以贯彻，还应体现在罪量因素的立法明确性方面。

其二，直接以但书规定作为司法出罪化理由，将使我国犯罪构成理论处于尴尬境地。在大陆法系刑法理论上，这种类似的价值评价则在犯罪构成体系内与实质违法性相关的重要理论，如社会相当性和超法规阻却事由予以完成。而依据奠基于社会危害性之上的我国犯罪客体理论，非犯罪行为当然因不具备严重的社会危害性而不能齐备犯罪构成。这给司法中对于个案的救济带来了难题，即如何将形式上符合犯罪构成的行为进行出罪化并完成充分的说理？如果仅仅以但书作为司法者出罪化理由，那相当于向世人昭示，司法活动中，社会危害性也意味着现有犯罪构成理论的失败，其不足以完成判别罪与非罪的功能，犯罪构成是成立犯罪的唯一标准原则也将难以得到恪守。“倘使犯罪构成连这项基本的使命都无法完成，试问这样的犯罪构成体系其正当性如何获得，其合理性又如何保证？”①

① 劳东燕：“论犯罪构成的功能诉求——对刑事领域冲突解决机制的再思考”，载《金陵法律评论》2001年第3卷。

其三,纵使将但书规定纳入犯罪构成要件之内予以考虑,[①]直接将但书规定作为司法出罪化理由,仍不可避免以下一些缺陷:第一,缺乏集中、统一的标准,导致但书的适用必定是零散的、无机制的;第二,这种任意性很强的司法出罪方式架空了刑事违法性标准,对刑事法治秩序造成冲击,破坏民众对于刑事法治的信任感;第三,与司法犯罪化相类似的是,这种以但书规定为由的司法出罪化同样反映了司法实践的实质解释冲动,而将其解释的标准作一拔高之后,无非就是一个社会危害性。亦即本应作为立法者设置罪行时考量的抽象的社会危害性因素,在司法实践中以但书规定运用的方式悄声无息地对社会危害性因素进行了再次评价,其中难免会发生具体评价中的冲突,无疑加大了司法权僭越立法权的风险。正如有学者指出的,"将这种'不认为是犯罪'的认定权交予司法机关行使,是不是会使司法机关的权力过大?这种不认为是犯罪的认定,不仅限于人民法院的认定,也包括侦查机关认为情节显著轻微不予立案或者中止侦查,包括人民检察院不起诉。多个司法机关行使这一权力会使这一规定的执行具有更大的随意性。"[②]

二、回归规范主义——但书不能单独作为司法裁判依据

由上述分析可知,司法实践中脱离刑法分则具体犯罪的犯罪构成标准而直接以但书作为司法出罪化依据的做法,是司法者没有对立法者予以最大尊重的根源。在刑法解释方法上,素有形式解释论与实质解释论之分,出于实质解释论的偏好,司法犯罪化与司法出罪化是司法实践中解释的两种偏向。对于司法中的这两种倾向,我们都应保持必要的审慎。以往讨论较多的是对于司法过度犯罪化从而偏离罪刑法定的质疑。[③] 而对于司法出罪化,我们同样须保持必要的克制。须知刑法不仅是犯罪者的大宪章,亦为善良人的大宪章,如果说过度的入罪化违背了罪刑法定保障人权之宗旨,那么不适当的出罪化同样不利于法益的

---

① 这里所指的是,行为虽有一定的社会危害性,但还不严重,因而尚未构成犯罪的情况。这种行为表面上可能符合刑法分则某一条文的规定,但因情节显著轻微,危害不大,实际上不构成该条文所规定的犯罪。参见马克昌主编:《犯罪通论》,武汉大学出版社 1999 年版,第 30 ~ 32 页;或者主张重塑我国的犯罪构成,将但书与正当防卫、紧急避险等正当行为作为犯罪构成的消极要件予以规定。参见张永红著:《我国刑法第 13 条但书研究》,法律出版社 2004 年版,第 174 页。

② 王尚新:"关于刑法情节显著轻微规定的思考",载《法学研究》2001 年第 5 期。

③ 孙万怀:"以危险方法危害公共安全罪何以成为口袋罪?",载《现代法学》2010 年第 5 期。

保护。因此,在司法操作层面,无论是入罪化还是出罪化均应当严格以犯罪构成为规格,亦即回归规范主义,司法者方能对立法者表以最大的尊重,司法者应当牢牢把握但书规定司法适用的逻辑规则。

其一,但书规定不能单独作为司法裁判依据。有论者认为,在行为符合刑法规定的犯罪构成的前提下可以直接根据但书宣告无罪,并举出陕西汉中蒲连升实施安乐死案的判决作为依据。① 殊不知,其恰恰以司法实践中的不当做法作为论证其观点的依据,是站不住脚的。在笔者看来,但书规定司法适用中的误区在于:一方面,其忽视了我国刑法中犯罪构成要件的实质属性却转而依赖犯罪概念中的实质标准。与大陆法系的形式构成要件有所区别的是,我国刑法犯罪构成中已具备一定的罪量因素,已掺杂立法者的社会危害程度的考量。对于司法者而言,这是指犯罪构成标准应当成为其认定犯罪的唯一规格。另一方面,其混淆了犯罪概念与犯罪构成之间的位阶关系,犯罪概念是犯罪构成的基础,犯罪构成则为犯罪概念个罪层面的具体化,若想以犯罪概念来完成区分罪与非罪的界说功能,不免失之于抽象,而无司法操作上的实益。由此,在我国"定性加定量"刑事立法模式下,在犯罪构成要件设置过程中,立法者已掺入社会危害性的考量,在司法认定过程中,犯罪构成则为司法者判断的唯一规格,不宜再以但书规定为由对其社会危害性程度再作一番评价,以此尊重立法者,从而防范司法恣意。

其二,但书规定不能单独作为司法裁判依据,并不代表其对司法实践的作用一无是处,事实上,其对司法中的出罪化起着重要的指导意义。"犯罪概念的普遍性意义只有在各个具体犯罪的犯罪构成中才能得以体现,此时的犯罪概念才是有意义的。"② 一方面犯罪概念中的但书规定对立法者提出了要求,即对于犯罪构成定量因素的规定应尽量做到明确;另一方面,也对司法者提出了要求,即对于犯罪构成要件的实质化解释倾向。当然,这并不意味着司法者的实质化解释可以脱逸于规范性的构成要件轨道,裁判的说理应紧密结合犯罪的具体情境,依据规范性的刑法分则的犯罪构成表述。而直接以但书规定作出出罪化的裁判理由则为典型的脱离规范主义的表现。

其三,但书规定对于司法的应用价值,应在规范性的犯罪构成范围内能合理发挥。在司法实践中,但书发挥作用应当遵从正确的逻辑思维方式。以抢劫罪的司法适用为例,我国《刑法》第 263 条规定:"以暴力、胁迫或者其他方法抢劫

---

① 张波:"刑法学的若干基本理论探讨",载《现代法学》2004 年第 6 期。

② 李翔著:《情节犯研究》,上海交通大学出版社 2006 年版,第 100 页。

公私财物的,处……"其中虽然没有对抢劫手段——暴力、胁迫或其他方法做进一步描述,也没有对抢劫数额做任何限制,但是如果行为人与被害人系亲属,采用的手段也轻微且抢劫数额极其微小,此时对行为人不定抢劫罪的思维方式有两种:一种看法认为,行为人的行为完全符合抢劫罪的犯罪构成,然后再用但书规定将其出罪化;另一种逻辑则是认为由于以上案件的具体情况,可以认为行为人的行为本身就不符合抢劫罪的犯罪构成,因此不能认为是成立抢劫罪。笔者认为后一种观点才是但书发挥作用的正确的逻辑思维模式。[①] 遵从宏观到微观、一般到特殊的视角,但书规定仅为一种定量宣言,其对司法的应用价值是间接性的,而最终落脚点应位于刑法分则中的规范化的构成要件。

然而,在立法中要完全实现罪量程度的明确化也是相当困难,甚至在此提出这种成罪之量的明确性要求本身是否有实际可能也是存在疑问的,但这并不表明笔者对其持悲观态度。要使司法者回归规范主义以最大程度尊重立法者,那么立法者也应做出自己最大的努力,以使罪量因素在分则条文中明晰化。如果说量的规定性在总则中只是一种宣言式的规定的话,那么,具体的定量内容应由分则来予以解决。综观刑法规定,主要有3种规定方式:一种是明列式,一种是概括式,还有一种是无规定。[②] 前两种规定方式包括情节犯、数额犯、结果犯等类型,立法者在刑法分则条文中对这些犯罪的定量因素至少已作出明确表态,从维持并平衡刑法必要的明确性与灵活性角度出发,笔者认为明列式与概括式均为可取。问题的关键在于,对于分则缺乏罪量规定方式的行为犯、危险犯等情形,应如何区分犯罪与一般违法,或者说是否有司法区分之余地?笔者认为,在我国,刑事违法与一般违法之间,是依照行为程度而划分,行为的程度实质上就为行为犯的罪量规定。如伤害罪与一般伤害行为,盗窃罪与一般盗窃行为等。理论上而言,行为犯中的行为亦有入罪程度上的标准,其区分应结合刑法与行政法等其他非刑事法律综合考察。

三、回到醉驾入罪的争议

让我们重新回到"醉驾是否一律入罪"的争议,观点的交锋可以说很大程度上根源于上述问题的未竟解决。支持"醉驾不应一律入罪"的论者,基本上都是从以《刑法》总则"但书"条款钳制刑法分则所有条款出发,以实质主义解释立

① 李翔著:《情节犯研究》,上海交通大学出版社2006年版,第100~101页。

② 李洁著:《论罪刑法定的实现》,清华大学出版社2006年版,第165页。

场，将某些较为轻微的醉驾情形解释为"情节显著轻微危害不大，不认为是犯罪"。例如，有观点指出，"我国《刑法》第13条的但书条款属于总则性规定，而总则对于分则具有全面的统领作用，适用于分则所规定的所有罪名。因此，对法律无特殊情节要求的行为犯、危险犯（如我国刑法中的非法拘禁罪、非法侵入住宅罪，包括危险驾驶罪）并非一律定罪，而是仍然要考虑总则的规定，对于情节显著轻微危害不大的，不作为犯罪处理。"①

笔者认为，以上论证理由的严谨性值得怀疑。从理论上来说，刑法总则条款当然具有统括分则的效力，其统括效力体现在对立法活动中的罪量宣示，旨在引导罪刑设置中罪量因素的明确性，然而但书规定的统括效力对于司法活动中具体罪名的认定而言，则应是具体的。也就是说，但书规定统括下的刑法分则条文的构成要件是明确而又具体的，司法者据以裁量的依据是犯罪构成的具体要件，而非脱离刑法分则具体构成要件的但书标准。司法中判断罪与非罪的依据，脱离开具体犯罪构成要件转投但书标准，无论从逻辑思维还是论理说服力方面都是不够到位的。故而，从深层次看，但书规定作为犯罪概念的一部分，其对司法认定的作用是间接的，而连接两者的桥梁则为分则条款中的具体构成要件。脱离开危险驾驶罪中醉驾犯罪的具体构成要件而谈醉驾出罪的抽象标准，在笔者看来是没有多大意义的，因为此种论证方式对于任何犯罪都能适用，进而忽略了罪与罪之间构成要件的差异性。

近日来，"醉驾不应一律入罪"的观点即凸显出这一问题。即在反对醉驾浪潮中形成的代表民意的醉驾条款，其剔除其他情节要求的规定本身就已表明立法者对其严重社会危害性的考量，亦即"醉驾"本身已被视作排除情节显著轻微不认为是犯罪的考量因素，以《刑法》第13条但书规定为由对醉驾作出司法出罪化。诚然，与立法活动所面对的"醉驾"这一抽象问题有所区别的是，司法者面对的必然是纷繁复杂的具体化的案件事实。最高人民法院的"醉驾不一定入罪"的态度是审慎的，但其给出的出罪理由却显得过于随意，合理的阐释应当从危险驾驶罪构成要件本身出发，而非动辄适用难以具体操作且不具说服力的抽象但书规定。

由此，我们须从醉驾条款之构成要件着手，方能真正探寻到罪与非罪区分之合理阐释。《刑法修正案（八）》最终定稿取消了草案一审稿中"醉驾条款"中的情节条件，我们由此也可看出立法者的态度：立法者赋予司法者对该罪的出罪解释空间是极为有限的，仅在于区分酒后还是醉酒，而这一区分标准则是明确的。

---

① 卢建平："一个刑法学者关于醉驾入刑的理性审视"，载《法制日报》2011年5月25日。

有学者认为，“就醉驾而言，其情形较为复杂，如果不正视其中的差异性，而简单地搞‘一刀切’，则不符合刑法谦抑性的理念”，①并认为区分“醉驾犯罪”与“醉驾违法”主要可以考虑如下因素：行为人醉酒的程度、醉酒的原因、醉驾持续的时间、醉驾的路程、醉驾的路段、醉驾的次数等。② 笔者对此不予苟同。一方面，“醉驾违法”的提法是否科学值得怀疑。对于酒后驾车行为，《道路交通安全法》第 91 条已明确区分酒后驾车与醉酒驾车，将前者界定为违法行为而将后者界定为刑事犯罪行为。另一方面，将行为人醉酒的程度等量刑情节作为司法出罪情节，实际上，我国法律已经明确了醉酒驾驶的认定标准，即每百毫升血液中含酒精 20 毫克以上为酒后驾车，每百毫升血液中含酒精 80 毫克以上为醉酒驾车。那么，在行为人已达到醉驾标准，再以醉酒的程度作为出罪考量因素，那么究竟酒精含量多少为醉驾的出罪标准呢？这不仅有损法律的明确性与严肃性，也不利于醉驾犯罪的严格执法，加大了司法裁量的恣意性。此外，醉酒的原因、醉驾持续的时间、醉驾的路程、醉驾的路段、醉驾的次数等仅仅是量刑情节，以一些所谓的酌定从轻量刑情节综合考虑为由，对醉驾作出出罪化的观点，也同样是值得质疑的。究竟酌定从轻情节的程度要轻到何种程度，要包含哪几项酌定从轻情节才能不认为是犯罪，其标准依然是模糊的。

当然，“醉驾”并非全部入罪的论点至少在逻辑的周延性上仍然是成立的，③但是，必须坚持在刑法分则规定的具体犯罪构成要件上进行解释，由于危险驾驶罪是被立法者列入“危害公共安全罪”中，由此决定了本罪所保护的法益在于公共安全，对于那些并非关涉公共安全的醉驾行为进行非罪化处理仍然是必要的。

（2011 年第 7 期）

---

① 刘宪权：“醉驾入刑应杜绝‘模糊地带’”，载《法制日报》2011 年 5 月 17 日。

② 同上。

③ 例如，有的学者指出，在没有车辆与行人的荒野道路上醉酒驾驶机动车的，因为不具有抽象的危险，不应以本罪论处。参见《人民法院报》2011 年 5 月 11 日。

“但书”是对抽象危险犯进行适用性限制的唯一根据

谢　杰*

一、刑事违法的实质解释:从社会危害中求证犯罪构成内含的可罚性基础

醉驾是否一律构罪问题之所以出现如此激烈的观点冲撞,根本上是由于我国刑法理论对《刑法》第13条犯罪概念以及社会危害性与犯罪构成关系问题的认知一直存在严重分歧。只有在刑法理论上厘清这一问题,才可能准确框定醉酒驾驶犯罪构成的规范边界。

我国刑法理论一般认为,从《刑法》第13条有关犯罪概念的规范表述分析,犯罪概念是形式与实质内涵的结合。犯罪概念的形式内涵表现为“依照法律应当受刑罚处罚”,其唯一指向便是犯罪构成;实质内涵表现为“危害社会”,即社会危害性。作为犯罪概念实质内涵的社会危害性具有定量化出罪功能——“情节显著轻微危害不大的,不认为是犯罪”。可见,混合性犯罪概念将犯罪的形式与实质特征拆分,形成以犯罪构成为核心的形式判断与以社会危害性为核心的实质判断组成的二元化犯罪判断标准,社会危害性的实质判断标准置于犯罪构成的形式标准之外。基于此,我国刑法理论中的代表性意见指出,罪与非罪的判定,不仅受犯罪构成的形式制约,而且受社会危害性的实质限定。犯罪认定分两步:第一步,看是否符合犯罪构成,不符合则直接排除其犯罪性(形式判断);第二步,如果符合犯罪构成,再看是否情节显著轻微危害不大,若是则不认为是犯罪;若非才认为是犯罪(实质判断)。① 这意味着罪与非罪的区分不是犯罪构成所能单独完成的。刑法“但书”条款对所有具体犯罪之罪与非罪的区分都有制

---

* 作者单位:上海市宝山区人民检察院。

① 储槐植、张永红:“善待社会危害性观念——从我国《刑法》第13条但书说起”,载《法学研究》2002年第3期。

约作用,这是一个社会危害性与刑事违法性共同发挥评价标准作用的过程。①考察某种行为是否构成犯罪,需要同时进行刑法条文分析与社会危害性认定,对情节显著轻微危害不大、不认为是犯罪的行为,可在宣告无罪判决的法律文书中,同时引用《刑法》第13条和《刑事诉讼法》第15条第1项的规定作为法律根据。② 醉酒驾驶在情节显著轻微危害不大的情况下可以出罪的观点,正是以这种刑法基础理论为支撑。

作为犯罪概念具体化的犯罪构成是追究刑事责任的唯一根据。然而,根据上述代表性意见,行为即使充足犯罪构成,若其危害程度尚未超出“但书”条款的限度,仍不能以犯罪论处。犯罪构成退化为认定犯罪的标准之一且不具最终决定性;社会危害性成为把握犯罪构成的量度与追究刑事责任的实质根据。由于社会危害性的规范内涵难以被清晰地界定,出罪与入罪将完全受制于含混、模糊、粗糙的综合情节考察,势必导致以实质判断的价值标准替代形式判断的规范标准,从而撼动甚至颠覆罪刑法定原则。因此,我国刑法理论中长期存在一种批判性意见,认为犯罪认定中犯罪构成的形式判断与社会危害性的实质判断之间的冲突,严重影响罪刑法定原则的贯彻,③应将社会危害性标准逐出犯罪认定的刑法解释过程。④ 按照批判理论的意见,在社会危害性标准与犯罪构成规范标准存在冲突时,应坚守犯罪构成而放弃社会危害性判断;行为是否具有犯罪性质的认定问题,社会危害性标准应让位于犯罪构成的规范标准。犯罪构成是认定犯罪根本且唯一的标准。根本不能将犯罪概念中的社会危害性及其定量标准作为犯罪构成之外的出罪机制;不能根据“情节显著轻微危害不大”认定相关行为不构成犯罪,除非个罪的犯罪构成明确配置了情节等危害性量化要素。如果坚持社会危害性批判理论,醉驾罪与非罪只能在危险驾驶罪的犯罪构成中寻找依据,以但书规定否定某种醉驾的犯罪性,将会出现符合犯罪构成的行为不是犯罪的法理紊乱。

社会危害性批判理论的合理性在于通过驳斥以犯罪构成外的社会危害性标准判断行为罪与非罪的传统理论捍卫罪刑法定主义,却在实用性、逻辑性、精确性三方面存有疑问。一是实用价值疑问。社会危害性批判理论是一种颠覆性、

---

① 赵秉志、陈志军:“社会危害性与刑事违法性的矛盾及其解决”,载《法学研究》2003年第6期。

② 高铭暄、马克昌主编:《刑法学》(上编),中国法制出版社1999年版,第81页。

③ 樊文:“罪刑法定与社会危害性的冲突——兼析新《刑法》第13条关于犯罪的概念”,载《法律科学》1998年第1期。

④ 陈兴良:“社会危害性理论:一个反思性检讨”,载《法学研究》2000年第1期。

毁灭性观点而非解释性、建构性理论，无法在刑法规范框架内为实践提供操作标准。在《刑法》第13条明确规定社会危害性及其量化尺度且没有任何规范修正动议的前提下，主张在刑法解释过程中完全剔除社会危害性的实质判断，根源性地否定刑法"但书"条款的合理性，只能停留于理论评判而无法指导实践。社会危害性批判理论的实用性阙如在当前醉驾是否一律入罪问题的激烈探讨中显得尤为突出。醉酒驾驶犯罪案件的司法者面对的是刑法规范的现实冲突：达到醉酒标准的状态下驾驶机动车即符合危险驾驶罪状的规范描述，而刑法条文又同时明确地要求情节显著轻微危害不大的不能认为是犯罪。任何司法者均不可能以社会危害性标准动摇罪刑法定原则需要重构为由无视《刑法》第13条。二是逻辑前提疑问。社会危害性批判理论自身的合理性建筑在其辩驳对象混合性犯罪概念成立的基础之上。但是，犯罪构成与社会危害性是否存在动态交互关系？能否通过刑法解释原理打通犯罪构成的规范判断与社会危害性的实质判断之间的逻辑脉络？形式判断与实质判断是否只能冲突而无法整合于犯罪构成的一元框架之内？上述问题在刑法理论上远未达成共识。这意味着不能绝对化地将我国《刑法》第13条解释为混合性犯罪概念。社会危害性批判理论的逻辑前提实际上并不坚实，选择将社会危害性逐出刑法注释学的"休克疗法"实无必要。三是批判准度疑问。社会危害性批判理论指出，对社会危害性判断的功能不加以限制，会强化社会危害性的入罪功能，形成对法治的破坏；主张否定社会危害性，主要是因为作为超规范的实质标准，社会危害性理论潜藏着侵犯人权的危险。①但《刑法》第13条规定的社会危害性及其量化尺度只具有单向性功能——出罪。在刑事犯罪圈不断扩张、国家刑罚权持续延伸的情势下，超规范的出罪空间与其说是对规范的背叛，不如说是对人性的关怀。社会危害性标准的致命伤在于其游离犯罪构成之外设置"情节显著轻微危害不大"的出罪空间。批判理论在强行赋予社会危害性出罪与入罪双向性功能的基础上对其进行否定，表明其批判精准度不高与论证严密度不强。

社会危害性理论与批判理论在不断交锋中互显不足。与此同时，我国刑法理论逐渐生成了一种在现有规范框架内探索解释性方案的分析进路。有学者提出，刑事违法性是犯罪的唯一特征，社会危害性及其程度是判断刑事违法性应予考虑的因素。《刑法》第13条关于犯罪的总则性规定，是犯罪概念，也是犯罪认定的指导规定；在判断行为是否符合刑法分则条文规定时，不能仅从形式上观

① 陈兴良："社会危害性理论：进一步的批判性清理"，载《中国法学》2006年第4期。

察，必须从社会危害性的实质方面考量。① 这种观点正确地认识到我国刑法中的犯罪概念并非社会危害性与刑事违法性的静态综合，而是社会危害性经由犯罪构成类型化为刑事违法性这一唯一特征的动态过程。犯罪概念是动态的概念，是对危害行为分析与犯罪性质判断过程的高度抽象。《刑法》第13条“危害社会的行为，依照法律应当受刑罚处罚的，都是犯罪”的规定表明危害行为根据法律判断属于犯罪的唯一条件是符合犯罪构成，故刑事违法性就是构成犯罪的危害行为的法律类型。危害行为之所以被评价为犯罪，其理由只能是法律将其类型化为犯罪。“情节显著轻微危害不大的，不认为是犯罪”实际上不是犯罪概念的反向界定，而是使用刑事违法性标准判断危害行为是否构成犯罪的一种解释方法与判断尺度。“显著”、“不大”、“不认为”等规范表述分别说明这种解释方法离不开价值判断、量化判断、主观判断。根据实质解释理论，构成要件的解释必须使符合构成要件的行为具有应受刑罚处罚程度的社会危害性，字面上符合构成要件、实质上不具有可罚性的行为应当排除于构成要件之外。② 刑法但书规定能在对刑法分则规定的具体犯罪构成要件进行实质解释的过程中发挥指导作用，补充说明行为的社会危害性程度，使犯罪构成整体说明犯罪本质以及行为的社会危害性达到了应追究刑事责任的程度。③

实质解释论准确地界定了刑法但书规定根植于犯罪构成框架之内但并非构成要件的基础定位。“情节显著轻微危害不大”是一种实质解释的标准、视角与方法。刑法分则部分犯罪配置了“情节严重”、“情节恶劣”、“数额较大”、“后果严重”等与“情节显著轻微危害不大”对接的构成要件（处罚条件），此时，构成要件实质解释的内在方法已经部分外化为构成要件的实体内容，但《刑法》第13条所树立的宏观性、指导性的实质解释方法本身并没有消失。因为那些没有配置“情节严重”等限制条件的犯罪，社会危害性及其量化标准不能直接成为具体犯罪的构成要件，或以实质解释的名义增设此类综合性的犯罪构成要件。《刑法》第13条所代表的社会危害性及其量化标准要求解释犯罪构成的过程以及形成是否构成犯罪的结论都必须经历对行为是否具有实质上的可罚性的判断流程。刑法但书规定明显是单向性实质解释的规范依据——即使根据刑法条文字面含义可以得出相关行为构成犯罪的结论，仍应分析该种特定犯罪的立法原旨

---

① 黎宏：“罪刑法定原则下犯罪的概念及其特征——犯罪概念新解”，载《法学评论》2002年第4期。

② 张明楷：“实质解释论的再提倡”，载《中国法学》2010年第4期。

③ 王志祥、姚兵：“论《刑法》第13条但书的功能”，载赵秉志主编：《刑法论丛》（总第18卷），法律出版社2009年版，第135页。

与保护的社会利益及其量度；形式上符合构成要件但实质上没有对特定犯罪所保护的社会利益形成具有刑罚处罚必要的侵害，不能认为构成犯罪。①

《刑法》第 13 条"但书"条款并非刑法分则具体犯罪的构成要件体系之外的出罪机制，亦非具体犯罪的构成要件可以直接无视的所谓不合理、极度模糊、动摇罪刑法定原则根基的不科学概念。《刑法》第 13 条所树立的社会危害性及其量化考察标准为犯罪构成还原特定行为的可罚性依据提供了规范上的方法论。对于醉酒驾驶犯罪而言，"在道路上醉酒驾驶机动车"不仅以规范用语的形式界定了构成要件的形式边界，而且蕴涵着与可罚性交相呼应的实质内容。所以，根据《刑法》第 13 条形成的实质解释的观点分析危险驾驶罪的本质，不是简单地将"情节显著轻微危害不大"转置为没有醉酒驾驶犯罪具体刑法规范依据的情节性限制条件，而是从社会危害的角度深度挖掘案件事实（醉酒驾驶行为）经过犯罪构成解释而能够被评价为犯罪的实质理性。

二、法律禁止的风险：醉酒驾驶行为被评价为犯罪的实质根据

《刑法》第 13 条树立了实质解释标准：犯罪构成是社会危害的法律类型，行为在表面上符合犯罪构成的字面表述，但不具有犯罪构成内含的社会危害，本质上不符合犯罪构成。对于醉酒驾驶犯罪而言，确立其犯罪构成类型化的社会危害，必须从醉酒驾驶抽象危险犯定位的形成及其正当性中予以探究。

以行为形成的危害形态为标准，可将犯罪划分为实害犯与危险犯。实害犯是指行为人必须对犯罪构成要件中的行为客体产生实际损害，才具有成立犯罪的可能。② 危险犯是指某一犯罪在构成要件设计上无须实际损害结果的发生，只要行为人使对象处于危险状态即成立犯罪。③ 危险犯表现为具体危险犯与抽象危险犯两种形态。具体危险犯要求设置犯罪所保护的社会利益存在客观的危险。而抽象危险犯则是法律认为特定社会利益具有典型性危险，直接把行为类

---

① 有一种实质解释的观点认为，当某种行为并不处于刑法用语的核心含义之内，但具有处罚的必要性与合理性时，应在符合罪刑法定原则的前提下，对刑法用语作出不利于被告人的扩大解释，从而实现处罚的妥当性参见张明楷著：《罪刑法定与刑法解释》，北京大学出版社 2009 年版，第 68 页。这种指向入罪的实质解释是没有刑法规范依据的。

② Roxin, Strafrecht, Allgemeiner Teil, 3. Aufl., 1997, S. 281.

③ Kindhuser, Gefhrdung als Straftat, Rechtstheoretische Untersuchung en zur Dogmatik der abstrakten und konkreten Gefhrdungsdelikte, 1999, S. 126.

型化为犯罪构成要件,不需要在具体案件中出现作为结果的危险。对抽象危险犯而言,危险是立法者根据社会风险量化评估后的法律拟制,代表强化社会利益保护的立法动机与社会危害提前控制的政策考量。

抽象危险犯是将特定行为本身作为一般而言包含着侵害社会危险的行为而加以禁止的犯罪类型,①是立法者根据社会利益保护与社会风险控制需要,将某些普遍被认为是对法益具有典型危险的行为抽离出来,直接对行为内容而非作为结果的危险进行规范勾勒。只要符合构成要件所描述的行为要件,行为即被假设为具有危险性。抽象危险犯属于立法推定的一种表现形式——抽象危险犯的行为与风险之间在立法上无法划清界限,因此直接认为"行为本身就带有抽象的危险性"。②

抽象危险犯的存在具有强烈的目标价值驱动。抽象危险犯的构成要件可以对社会利益进行周延且提前的风险控制,是一种对法益的前置化保护措施。尤其是被认为具有典型风险或风险范围难以被控制的公共危险行为,如果必须等到行为已经导致他人生命、健康、财产形成实际损害或具体危险的程度才能进行刑法惩治,刑法介入完全失去了预防作用,不符合现代风险社会法益脆弱的现实。立法者使用抽象危险犯保护社会利益,本质上是超越了刑法规范报应理念的局限性制度设计,使刑法规范、刑法适用、刑罚执行附加预防与震慑的动态意义。如果个罪的犯罪构成只能前进至具体损害情节或具体损害危险的程度,必须等到法律所保护的社会利益处于高度风险的状况下才能允许刑法介入,显然将使刑法的设置与适用成为一种对社会利益保护而言消极且迟延的规范应对。

《刑法修正案(八)》在充分认识抽象危险犯以及设立危险驾驶犯罪的正当性基础之后,深刻反思我国交通刑法尚未通过抽象危险犯的立法例对道路交通安全进行充分保护,最终对醉酒驾驶犯罪的刑法设置进行了制度选择。危险驾驶罪明确宣示,行为人在酒精的作用下醉酒驾驶机动车,对道路交通安全制造了普遍的风险,至于行为人在个案中是否形成具体危险以及是否具有其他严重情节等在所不问。即使危险驾驶行为没有造成任何损害,只要酒精测量检测出了行为人的酒精含量超标,即被认定为醉酒驾驶行为具有可罚性。立法者在对作为危险驾驶罪之一的醉酒驾驶犯罪设置罪状过程中,没有在刑法条文结构内附加一个足以导致危险的客观要件,明确为醉酒驾驶犯罪确立了抽象危险犯的基

① [日]西原春夫著:《犯罪实行行为论》,戴波等译,北京大学出版社2006年版,第107页。

② [日]小野清一郎著:《犯罪构成要件理论》,王泰译,中国人民公安大学出版社2004年版,第187页。

础定位。由于单纯从醉酒驾驶行为本身就足以认定其对法律保护的社会利益具有典型的危险性或者制造了不被允许的风险,立法者认为没有必要附加更为明确的具体危险情况以及其他一切补充证明其危害社会利益的情节作为判断依据。在醉酒驾驶犯罪的构成要件中,危险并非犯罪构成要件要素,控方无须在具体个案中证明醉酒驾驶行为是否对法律保护的社会利益制造了不被允许的风险。但是,法律禁止的风险仍然在实质上界定着醉酒驾驶犯罪的规范边界,只是这种风险已经由立法完成了推定任务,省却了司法上的证明工作。

抽象危险犯的可罚性实质在于行为制造了法律禁止的风险,立法者出于保护制度性利益的需要而对破坏制度性利益的行为进行扩张性的风险控制与损害结果预防,直接拟制某些特定行为具有破坏制度的危险与潜在性损害,通过刑法规范严格地加以提前保护。醉酒驾驶犯罪构成类型化的社会危害显然就是法律禁止或者不能容忍的交通安全风险。醉酒驾驶犯罪就是从醉驾行为的刑法控制出发,对道路交通安全的制度性利益进行提前保护。通过刑罚的最高强制力保障禁止醉酒驾驶行为的法律控制效果,刑法能够控制基于醉驾行为而极有可能引发的交通事故、交通肇事甚至更为严重的以危险驾驶的方式危害公共安全的行为。

醉酒驾驶犯罪以抽象危险犯的形式保护超越个人法益的制度性建构的立法例,着眼于“超个人法益”本身所具有的独立性特征。生命、健康、自由、财产、家庭等个人法益的核心内容,固然是传统刑法必须予以全面保护的对象。不特定人的上述生活利益,虽然具有复数性,却仍旧是个人利益的机械叠加,属于累积的个人法益,无法超越个人法益这一基础性定位。由于交通成为人与人之间进行社会交往的公共性工具,对于公共交通安全这一制度性建构,其存在本身就被视为“对个人法益得以具体实现的条件与保证”,①是主体之间进行社会交互活动的基础平台。因此,刑法固然应当强调对于个人生命、健康、财产等法益进行全面保护,但不能保持一种静态且孤立的利益保护状态,而必须积极且合理地从制度性建构的角度控制风险,对使个人利益得以具体实现的制度进行扩张性的刑法保护。因此,运用醉酒驾驶抽象危险犯的构成要件结构对道路交通安全制度进行前置化保护,并不是一种过度的刑法介入模式,而是充分保护与个人法益紧密相关且高于个人法益(累加)的制度性利益。

以人的安全、自由、财产为价值的利益保障,如果没有实现的机会和条件,势

---

① Kindhuser, Rationaler Rechtsgüterschutz durch Verletzungs – und Gef hrdungsverbote, in Aufgeklrte Kriminalpolitik oder Kampf gegen das Bse? BD. I,1998,S. 264.

必处于风险之中;个体法益以及集合的个人法益,如果没有制度性的保障,则不可能持久而真实地存在于社会生活中。对于作为个人法益得以实现且不断发展的机会、条件及可能,必须通过刑法规范的制度化措施为其提供强制性保障。醉酒驾驶犯罪构成的设置扩展至道路交通安全的制度性建构,避免个人利益的支配可能性得以实现与发展的条件陷入危险,从而实现控制风险的目标。刑法将超出社会容忍边界的高度风险行为犯罪化是风险社会的合适选择。① 风险的合理控制促进个人对于自身利益实现的安全感与确信感。在道路交通安全事故由于醉酒驾驶行为而频发的情况下,醉酒驾驶抽象危险犯的规范设置与有效运用,有利于弱化个人对刑法规范控制风险的不确信感与对日常道路交通使用生活的不安全感。

抽象危险犯对社会风险高度且灵敏的控制,不仅具有实现社会利益提前保护的功能,而且有效地执行社会行为规范的指引功能。无论是基于统计学证明,还是社会经验法则,抑或是政策需要,立法者将醉驾直接犯罪化,通过抽象危险犯的形式对醉酒驾驶行为的危险性加以明确规范,可以彰显一种重要的社会示范作用。国外的相关实证研究表明,对于极其危险的醉驾行为,刑事立法将其设定为抽象危险犯,能够有效警示并引导或塑成公众在风险社会中的行为模式。例如,德国犯罪学家以犯罪学中的学习理论为假设基础进行实证考察,得出的结论是:醉驾屡禁不止,行政处罚以及产生实际损害后的民事赔偿难以有效控制醉酒驾驶的危险行为,但使用刑事立法设定抽象危险犯——醉酒驾驶犯罪——能够有效地维持规范效力,强化从事交通运输的行为主体遵从规范的行为意志。② 刑法规范绝非局限于对过往犯罪行为的报应,还应具有防止风险发生为具体危险甚至演变为现实损害的预防功能,以及控制公众在风险社会中的心理恐慌的功能。由于风险社会中"危险行为—危险—实害后果"的传递流程涉及社会系统自我维持的安全问题,故通过抽象危险犯的形式进行风险控制与危机管理是政治国家确保社会稳定的必要选择。风险是包括醉酒驾驶在内的一切抽象危险犯成立犯罪的实质根据。

---

① 叶良芳:"危险驾驶罪的立法证成和规范构造",载《法学》2011 年第 2 期。

② Schünemann, Moderne Tendenzen in der Dogmatik der Fahrlssigkeits und Gefhrdungsdelikte, JA 1997, S. 798.

三、可反驳的风险推定：醉酒驾驶并非一律构罪的法理出口

从上述对抽象危险犯构成特点以及醉酒驾驶犯罪实质可罚性的分析中可以看出，醉酒驾驶构成犯罪的实质根据在于醉驾制造了法律禁止的道路交通安全风险。这种风险就是醉酒驾驶犯罪构成所内含的社会危害；这种风险的量度经由立法推定已经超过了“情节显著轻微危害不大”指向的刑法所能容忍的社会危害量度。所以，实施醉酒驾驶行为原则上构成危险驾驶罪，不仅是根据刑法规范表面意思形成的形式判断结论，也是符合醉酒驾驶犯罪构成实质解释的实然命题。

然而，是否有可能存在例外情况——行为人醉酒驾驶却没有制造危害道路交通安全的风险？笔者认为，这种假设在法律逻辑与实践经验上均是成立的。由于抽象危险犯不以法律所保护的社会利益受到实际侵害或存在具体危险为要件，行为的危险性由立法者拟制，一旦该种法律拟制与事实情况不符，且行为人有证据证明实际上不存在任何风险，完全可能产生形式上符合抽象危险犯的构成要件但实质上没有制造成立抽象危险犯所要求的法律禁止的风险。作为抽象危险犯构成要件形式化表现的法条与作为实质内涵的风险便无法形成统一解释。与此同时，危险行为在社会现实中也会出现拟制风险与实际风险的明显背离。以醉酒驾驶为例：行为人在酒吧畅饮之后准备醉酒驾驶车辆回家，此时警察正在酒吧外例行检查防止醉酒驾车，行为人发动车辆起步后尚未行驶多远即被警察拦下，经检测超过醉酒标准；行为人在夜间空旷的道路上醉酒驾驶车辆，其醉酒行驶经过之处均为人迹罕至、车辆极为稀疏的地段。对于实践中的上述情形，醉驾行为不可能对道路交通安全制造风险。既然法律禁止的风险是醉酒驾驶成立犯罪的实质根据，那么，在风险阙如的情况下，无论是在刑法理论上还是在司法实践中，理应否定没有实质风险的醉酒驾驶行为符合犯罪构成。

刑事立法推定危险行为具有侵犯制度性利益的实质风险但实际却没有发生，这种立法推定与行为实际之间的矛盾深刻根植于抽象危险犯本体之中。刑法的归责原则原本是以结果犯与实害犯的犯罪构成要件架构为出发点的，抽象危险犯的处罚基础不以具有社会危害性的结果为要件，而是从行为无价值的观点出发，在立法上将某种行为模式直接评价为对社会利益具有典型侵害性与高

度风险性。根据证明责任原理,法律推定实际上就是排除难以证明的要件。① 成立抽象危险犯不以结果或具体危险为必要,其犯罪构成要件的归责结构在立法上被简单化处理。既然没有结果,更没有必要审查因果关系,极大地缩减了犯罪构成要件的证明成本。并且,抽象危险犯还影响犯罪停止形态的认定,犯罪预备、未遂、既遂的界限因抽象危险犯的存在而变得模糊,将未遂等未完成行为以既遂犯的形式进行处罚,明显扩大了刑法处罚范围。正因如此,德国刑法理论中有观点感叹:抽象危险犯不合理地成为最节省司法认定成本的刑法架构。②

犯罪构成要件证明难度的降低与司法认定成本的缩减显然是一种效率化的实践,通过抽象危险犯发挥作用的刑法势必在极短的时间内对特定的社会利益进行强化保护。抽象危险犯透射出刑法规范已经成为控制风险与预防危害简易且便捷的工具。刑事司法必须对抽象危险犯的具体适用设置合理的节制机理,防止刑法工具滥用。

纵观刑法典所有条文,《刑法》第 13 条是能够对抽象危险犯进行适用性限制的唯一根据。刑事司法实践以情节显著轻微危害不大不认为是犯罪为规范依据,将没有制造实质风险的醉酒驾驶行为排除在危险驾驶罪的犯罪构成之外,是符合抽象危险犯构成要件实质解释原理的结论。围绕《刑法》第 13 条对醉酒驾驶犯罪构成进行实质解释的方法与进路是明确的,但实质解释的实体标准是模糊的。因为以危险行为风险阙如为条件推论社会危害不大的行为不构成犯罪,并不存在解释上的障碍——表面上符合醉酒驾驶犯罪的罪状却没有制造实质风险,这实际上就是醉酒驾驶"情节显著轻微危害不大",理应根据社会危害的实质解释标准认为醉酒驾驶行为本质上不符合危险驾驶罪的犯罪构成。然而,实践性难题是如何在醉酒驾驶犯罪的语境下将"情节显著轻微危害不大"的社会危害性量化标准进行类型化规定,从而在醉酒驾驶的行为状态中抽象出没有实质风险的行为类型。这种类型化规定不能与抽象危险犯的规范标准相抵触,同时必须是明确反映相关行为没有制造法律禁止风险的因素与特征,而非其他与行为风险性无关的评价指标。

刑法"但书"条款规定的所谓情节显著轻微危害不大不认为是犯罪,只是应当对犯罪构成进行实质解释的导向性规范,从但书规定出发不可能在实质理性层面具体地发现情节轻微与危害不大的类型化事由。刑法理论上有观点鲜明地指出,醉驾等危险驾驶行为在何种情况下属于"情节显著轻微危害不大",显然

---

① [德]罗森贝克著:《证明责任论》,庄敬华译,中国法制出版社 2002 年版,第 216 页。

② Hassemer, Kennzeichen und Krisen des modernen Strafrechts, ZRP, 2002 , S. 382.

是一个罪与非罪的模糊地带,目前为止没有形成切实可行的判断标准。① 实务中却仍有观点试图对醉酒驾驶情节显著轻微的情形进行类型化归纳:(1)行为人一贯表现良好,属于初次醉酒驾驶;(2)行为人是在他人力劝下醉酒,事后因未找到代驾者而自己醉酒驾驶;(3)行为人醉酒驾驶直至被警察拦下时尚未造成追尾等任何事故;(4)行为人醉驾后追悔莫及;(5)血液酒精含量检测略微超过醉酒标准等等。② 但是,上述情节显著轻微的类型化意见将醉酒驾驶行为所导致的结果性因素与醉酒驾驶者的人身危险性指标纳入抽象危险犯的实质判断标准,不仅与醉酒驾驶犯罪构成相抵触,而且脱离了法律禁止的风险这一醉酒驾驶之所以构罪的实质根据。

司法实践实际上无法按照一个固定的原则性实体标准对醉酒驾驶行为是否制造法律禁止的风险进行实质判断,更为合理的路径是根据道路交通安全常识、经验法则以及公平正义理念进行个案分析。如果根据道路交通安全常识等能够认为行为人所实施的醉酒驾驶行为没有对公共交通安全制造法律禁止的风险,应认定个案中的醉酒驾驶行为不构成危险驾驶罪。同时,醉酒驾驶犯罪构成要件实质判断的实体过程与结论,必须植入程序性的规范内容。醉酒驾驶是立法推定其制造法律禁止风险的危险驾驶犯罪行为。这种法律推定风险的本质是立法者从社会经验中推断出醉驾行为存在可反驳的、成立犯罪所必备的实质根据。控方只要证明血液酒精含量超过法定标准的驾驶员在道路上驾驶机动车辆即已履行证明责任,但允许行为人对醉酒驾驶抽象危险犯的立法推定进行反驳,通过反证的方式证明立法推定的醉酒驾驶危险行为实际上在个案中并不存在或者明显低于法律禁止的风险,进而主张从轻、减轻、免除处罚或不应以犯罪论处。法院应针对行为人提出的醉驾行为无实质风险的反驳意见,集中分析个案中的醉酒驾驶行为是否具有危险驾驶罪犯罪构成要求的实质可罚性,从而作出罪与非罪的结论。

以行为风险判断的证明责任分配机制为视角分析醉酒驾驶犯罪构成实体规范的特征,能够充分地廓清醉酒驾驶抽象危险犯的构成界限,合理控制危险驾驶罪对道路交通安全风险进行刑法控制的尺度。社会生活模式的迅猛变迁决定了作为社会控制手段之一的刑法规范同样处于持续调整的状态。实害犯、具体危险犯、抽象危险犯、行为犯以不同的犯罪构成特质围绕社会风险的性质与强度调

---

① 刘宪权:"醉驾入刑应杜绝'模糊地带'",载《法制日报》2011 年 5 月 17 日。

② 杨维汉:"理性看待醉驾入罪标准依法惩治醉酒驾车行为",载《人民法院报》2011 年 5 月 12 日;杜晓、谷艳东:"消弭醉驾入刑执法争议亟需细化法律",载《法制日报》2011 年 5 月 14 日。

整刑法控制模式。行为犯是“行为等于风险”的实体规定,不允许反驳;抽象危险犯是行为被立法者推定具有风险的法律推定,风险无须控方证明但允许行为人反驳;具体危险犯是行为被司法者根据基础事件推定具有风险的事实推定,风险需要控方证明且允许行为人反驳;实害犯是行为风险被证明已经形成实际损害,控辩双方由行为与风险的存在论辩证转向行为与结果的因果论辩证。对醉酒驾驶这一抽象危险犯而言,作为构罪实质的醉驾行为制造不允许的风险虽然已被法律推定,但仍不排除行为人反驳推定的法律权利与现实可能。行为人以优势证据反驳风险推定是醉酒驾驶行为在实质上不符合危险驾驶罪构成的程序出路;没有制造风险是醉酒驾驶行为并非一律构成犯罪的实体出口。

允许行为人反驳抽象危险犯对行为风险的法律推定,是合理控制抽象危险犯过度处罚无风险行为的有效路径。德国刑事法治实践与理论已经进行了尝试。德国刑法理论与实务长期以来对如何合理适用放火罪、醉酒驾驶罪等抽象危险犯的刑法规范存在极大争议,证成或否定从危险行为是否制造实质风险的角度对抽象危险犯构成进行实质解释的观点冲突异常激烈。①

在经过充分的理论探讨与判例解释之后,德国立法机关通过修正刑法的方式,在《德国刑法典》第306条a款加重放火罪中增设了第3项的规定:对于并不具有严重危险的放火行为,所判处的刑罚可以减轻至6个月以上、5年以下监禁的幅度。② 德国风险刑法理论在反思刑法保护社会利益过度提前的过程中,逐步认可行为人证明法律规定的危险行为没有制造不允许的风险,可以减轻或者免除处罚。③ 基于《德国刑法典》第46条“罪责是决定刑罚的基础,量刑应当平衡各种对刑罚产生影响的因素”④的规定,判例实践根据罪责原则减轻或免除无实质风险的危险行为的刑罚,⑤理论上亦普遍不承认抽象危险犯关于罪责的推定具有不可反驳性。⑥

德国刑法理论与实践没有在犯罪论体系中探索控制抽象危险犯的处罚范围,而是采取相对保守的实质解释路径,通过允许反驳风险推定减免危险驾驶等抽象危险犯刑罚控制风险刑法的规制强度。主要是因为《德国刑法典》中没有任何无实质风险的危险行为阻却违法性的规范依据,在实质违法性层面难以就

---

① Hillenkamp,40 Probleme aus dem Strafrecht,Besonderer Teil,9. Aufl. ,2001.

② StGB § 306a Sc hwere Brandstiftung (3).

③ Hillenkamp,40 Probleme aus dem Strafrecht,Besonderer Teil,9. Aufl. ,2001,S. 67.

④ StGB § Grundstze der Stra fzumessung.

⑤ BVerfGE 26,286(295); BVerfGE 49,187(253); BVerfGE 75,218(355).

⑥ Graul,Abstrakte Gefhrdungsdelikte und Prsumtionen im Strafrecht ,2001,S. 232.

反驳风险推定与抽象危险犯构成之间的关系问题形成逻辑缜密的论证。

我国《刑法》第13条为在犯罪构成的架构内否定无风险的危险行为的实质违法性提供了规范依据,可以直接在犯罪论体系中塑成限制抽象危险犯定罪范围的实质解释方法。醉酒驾驶构成犯罪的违法性实质在于该种危险行为对道路交通安全制造了法律禁止的风险。法律推定的醉驾危险行为没有实质风险一旦被证明,实际上就属于"情节显著轻微危害不大",其实体结果应当是不符合危险驾驶罪的犯罪构成。醉驾并非一律入罪的论断是正确的,但是,通过制定醉酒驾驶犯罪司法解释或者发布指导案例,对醉酒驾驶"情节显著轻微危害不大"的具体情形予以类型化是不可能完成的实体法任务。切实可行的思路是:在实体上肯定犯罪构成实质解释的合法性与合理性,确认风险是醉驾构罪的实质根据;在程序上肯定抽象危险犯风险推定的可反驳性,设置允许行为人通过优势证据反驳风险推定的操作机制。

(2011年第7期)

【栏目】 法律应当如何应对李昌奎案

【编者按】 2009年5月16日13时许,李昌奎在王家飞亲戚王庭金家门口遇见了王家飞,李昌奎当即同王家飞争吵并抓打起来,抓打中,李昌奎将王家飞掐晕后强行与其发生了性关系。见王家飞被强奸后醒来要跑,李昌奎提起一把锄头打在王家飞头部。王家飞当场倒地,李昌奎见状将王拖入王庭金家房内。此后,李昌奎又提起站在一旁的王家飞的3岁弟弟王家红,用其头猛撞房门,撞晕后再用绳子分别将王家红和已经昏迷的王家飞的脖子勒紧,后逃离现场。经法医鉴定,王家飞、王家红均系颅脑损伤伴机械性窒息死亡。2009年5月20日,李昌奎到四川省普格县城关派出所投案。案发后,经巧家县茂租乡社会矛盾调处中心调解,李昌奎家属付给王家飞家安葬费2万余元,并提供一块土地用于安葬。2010年7月,昭通市中级人民法院以强奸罪、故意杀人罪判处李昌奎死刑立即执行,并赔偿王家飞家3万元。一审判决后,李昌奎不服,向云南省高级人民法院提起上诉。2011年3月,云南省高级人民法院改判李昌奎死缓。云南省高级人民法院在(2010)云高刑终字第1314号判决书中,完全认可了昭通市中级人民法院查明的事实,但认为李昌奎有自首情节,且李昌奎事后积极赔偿被害人经济损失,认罪、悔罪态度较好,因此改判李昌奎死缓。案件改判之后,云南省高级人民法院田副院长在媒体上呼吁"我们不能以公众狂欢的方式杀人",并称应该以"李昌奎案"为起点,为中国死刑判决立下创新性的"标杆"。后迫于公共舆论的压力,同年7月13日,云南省高级人民法院宣布启动对李昌奎故意杀人、强奸案的再审程序。云南省高级人民法院对李昌奎案一纸看似平常的将死刑立即执行改为死缓的判决,引发了公众狂欢与司法权限的分歧。民意与司法的关系这一亘古至今的纠结通过极端案件得到充分展现的同时,刑事立法以及刑事司法中的规范也得以被重新审视。无论最终的结果是不是人们所期许的,冲突的展现本身如果有助于我们换位思考,逐步回归理性,争议的存在就不能说是没有意义。

从李昌奎案看“邻里纠纷”与“手段残忍”的涵义

车　浩*

2009年5月16日,云南巧家县村民李昌奎奸杀19岁少女王家飞后又摔死3岁儿童王家红,2010年7月15日云南省昭通市中级人民法院以强奸罪、故意杀人罪,数罪并罚判处李昌奎死刑,剥夺政治权利终身。2011年3月4日云南省高级人民法院以强奸罪、故意杀人罪,数罪并罚改判李昌奎死刑缓期2年执行。这一“由死转生”的判决,引发了社会舆论的巨大关注。网络上的民意调查显示,主张对李昌奎判处死刑立即执行的观点占据了绝对多数,而云南省高级人民法院则坚称二审的改判是依据国家法律和“少杀、慎杀”死刑政策的结果。其相关负责人进一步提出,“我们不会因为大家都喊杀,而轻易草率地剥夺一个人的生命。社会需要更理智一些,绝不能以一种公众狂欢式的方法来判处一个人死刑,这是对法律的玷污。”①云南省高级人民法院的强硬姿态更加激起了网民的愤怒,针对此案的各种争议愈演愈烈,有些甚至已超出了案件范围和理性尺度,由此引发一场轰动全国的舆论风暴。

这样一个万众瞩目的死刑案件,对于刑法学者而言实是一个最佳的研究样本,学者回应社会的责任也不容回避,因此我曾在公开场合委婉地、概括地表达过自己的观点。② 作为一个法律人,我无保留地支持云南省高级人民法院依法独立行使审判权;但是在法律适用上,我并不赞同其对于李昌奎案件的改判。本文无意去抽象地探讨司法独立与民意审判之间的关系,也不想简单地说“死刑

* 作者单位:北京大学法学院。

① “云南高院:不能以公众狂欢方式判李昌奎死刑”,载http://news.163.com/11/07 13/10/78R7VGIH0001124J.html。

② “新闻1+1:李昌奎案:情与法罪与罚”,载http://news.cntv.cn/ society/20110713/109021.shtml。我于7月13日在中央电视台“新闻1+1”节目中的这个评论,被一些网民解读为“支持云南高院”,其实明眼人看得出来,我支持的是法院的独立审判,但从专业角度,我并不完全赞同云南高院的改判,只是基于对司法独立的尊重,不想通过央视这样的平台对法官造成压力,也不想在电视上哗众取宠,所以采取了一种有节制的、委婉的表达方式而已。

政策适用于这样一个备受关注的案件是否合适”,[①]而是希望把围绕李昌奎案的各种抽象的“大词”和非理性的争议,尽可能地还原成刑事实体法和刑法教义学上的问题,从而在专业范围内客观、理性地加以探讨。

在我看来,李昌奎一案中可以从宏观层面落实为两个具体问题。一是云南高院主张的“邻里纠纷引发的杀人案件慎用死刑”的问题。二是民意舆论所聚焦的“杀人手段特别残忍”的问题。本文认为,这两个问题不能被简化甚至妖魔化为“枉法裁判”和“公众狂欢”,也不能满足于停留在刑事政策或司法理念的层面泛泛而论,而是应该放置在刑法教义学的框架内加以分析,从而呈现其法理内涵。因此,本文目的不在于评判李昌奎案判决的对错,而是希望从该案中提炼出的理论命题,未来可供在更多的具体个案中参考。

一、“邻里纠纷”不是空间性和物理性的地域概念,而是以熟人社会为情理基础、以特殊预防为刑罚目的、以直接关联性为教义学特征的法律概念

按照云南省高级人民法院相关负责人的说法,改判死缓,显然不是仅仅在宏观上抽象地坚持“少杀、慎杀”的死刑政策,而是依据对于“邻里纠纷引发的杀人案一般不判处死刑立即执行”这样一个具体的刑事司法政策的理解而做出的从轻选择。[②] 这个涉及“邻里纠纷”的死刑政策,来自于1999年《全国法院维护农村稳定刑事审判工作座谈会纪要》(以下简称《纪要》)。《纪要》明确指出,“对于因婚姻家庭、邻里纠纷等民间矛盾激化引发的故意杀人犯罪,适用死刑一定要十分慎重,应当与发生在社会上的严重危害社会治安的其他故意杀人犯罪案件有所区别。对于被害人一方有明显过错或对矛盾激化负有直接责任,或者被告人有法定从轻处罚情节的,一般不应判处死刑立即执行。”(该规定以下简称“邻里纠纷”)按照法院判决书的认定,李昌奎与被害人王家飞属于邻里纠纷而且之前存在感情纠纷,又有自首情节,于是二审根据《纪要》的规定精神对李昌奎判

---

① 因为将死刑政策适用于一个不受舆论关注的案件,当然也不会遭到任何的舆论压力,在这一类波澜不惊的案件中积攒了再多的“免死”经验,由于没有人关注,也不可能就改变民众整体上的死刑观念,当遇到药家鑫案、李昌奎案这一类案件时,还是一样要面对舆论的压力。何况,很多案件中大规模的舆论关注往往发生在判决之后,法官在审理很多案件作出死刑立即执行或死缓判决时,常常很难预料到其判决产生的社会效应。

② 对于这一点,云南高院相关负责人接受媒体采访时做出了明确的说明。载 http://news.cntv.cn/society/20110713/109021.shtml。

处死缓。那么，究竟应该如何理解《纪要》中所规定的"邻里纠纷"？云南省高级人民法院在李昌奎案件中适用该规定是否合适？

1. "熟人社会"背景下的"邻里纠纷"：一般预防作用有限

首先应肯定的是，这一规定并非如某些媒体所报道的那样，与公众舆论的情理之间存在尖锐的对立。相反，这恰恰是一项基于中国社会现实的、具有充分情理基础和法理内涵的政策。必须注意到这项刑事司法政策出台的背景和目的，是"维护农村稳定"，因此，理解"邻里纠纷"的出发点就是，这种纠纷主要是在农村中发生的邻里纠纷。《纪要》对此作了明确说明，"农民间因生产生活、邻里纠纷、婚姻家庭等内部矛盾激化为刑事犯罪的情况比较突出，农村中农民犯罪问题已成为影响我国社会治安稳定的重要因素，并在很大程度上决定着我国治安形势的走向。"因此，《纪要》出台的大背景是中国社会现阶段存在而且将长期存在的城乡二元结构。那么，农村发生的邻里纠纷引发的杀人到底有何不同于其他杀人案件的特点？为什么对于发生在农村的由邻里纠纷激化引发的杀人犯罪，一般不判处死刑立即执行，有利于"维护农村稳定"？

这首先涉及对"农村"的理解，不仅是一个地域性和空间性的概念，其中还包含着政治、经济、治理传统和文化观念等多方面的要素。费孝通先生在《乡土中国》中运用理想类型的方法将农村界定为"熟人社会"，由此与作为"陌生人社会"的城市相区分。① 在"熟人社会"中，人们之间存在一种特殊的熟悉关系。由于生产力水平的限制以及其他种种原因，这种社会中的绝大多数人的具体生活世界都很小。在这样的生活世界中，人们的关系，总是非常密切的，且是多维度的。② 例如，李昌奎案件中，李昌奎的母亲陈礼村与被害人王家飞的母亲陈礼金就是堂姊妹，两家是亲戚关系。③ 人们每天面对的都是左邻右舍、乡里乡亲，"每个孩子都是在别人家眼中看着长大的，在孩子眼里周围的人也是从小就看惯的"。④ 这种环境中的人，不可能对这个熟人网络滋生出整体性的仇恨；这种环境中出现的杀人事件，一定是在特定的个体或家庭之间基于某些特殊的原因发生，而不可能威胁到这个社区网络里的其他特定的熟人。因此，在农村可能会发生大量的杀人事件，但是极少会发生能被定性为"危害公共安全罪"的杀人事

① 费孝通著：《乡土中国》，香港三联书店1991年版，第8～10页。

② 苏力著：《道路通向城市》，法律出版社2004年版，第7页。

③ 据陈礼村说，"农忙的时候，我们两家还会互相帮助。"载 http://news.163.com/1 1/0713/10/78R7VGIH0001124J.html。

④ 费孝通著：《乡土中国》，香港三联书店1991年版，第9页。

件。人们会被发生在熟人之间的杀人行为震惊,也会感到难以理解,①但是由于无论是行为人还是被害人,以及引起杀人事件的缘由,在这个熟人社区中,都是特定和反常的,因而不会对整个社区治安的状况产生多大动摇,也不会给其他人带来恐慌和不安的心理。在这种情形下,人们主要关心的,仅仅是法律怎么惩罚这个人(特殊预防或报应),但并不太关心这种惩罚是否会对社区里的其他人产生规训效果(积极的一般预防)或威慑效应(消极的一般预防)。

只有从刑罚目的的角度澄清这一点,才能理解《纪要》将婚姻家庭、邻里纠纷(熟人社会)引发的杀人案件与其他发生在社会上(陌生人社会)的杀人案件相区分的意义。一方面,只有跳出地域和物理空间的狭隘角度去理解"邻里",才能将那些虽然在地理位置上属于"邻里"但是纠纷双方实际上属于陌生人关系的纠纷,排除出"邻里纠纷"的范围。例如,在很多大城市的小区中,人们虽然比邻而居,但却互不认识,从不往来。这种情况下双方偶遇后发生口角,一方将另一方杀害,就不适用"邻里纠纷"。另一方面,只有从"熟人社会"的角度来把握《纪要》的精神,才能进一步理解为何近年来法院对于"婚姻家庭、邻里纠纷"的适用范围,开始逐渐从农村扩展到城市,从婚姻、家庭、邻里进一步扩展到恋人、同事和朋友之间。② 因为在本质上,这一类关系都是属于特定范围内的"熟人"关系,发生在这种小范围的熟人社会中的杀人案件,与那些发生在陌生人社会中的针对不特定的陌生人实施的杀人行为相比,后者显然会给一般的社会公众带来远为剧烈的不安全感和恐慌感,严重威胁和损害社会治安与稳定。因此,对其在死刑政策上从重处罚,显然是由于后者比前者更有一般预防的必要性和意义。

总之,惩罚在熟人社会中因"婚姻家庭、邻里纠纷等民间矛盾激化"而杀人者的刑罚目的,主要是特殊预防而非一般预防。而所谓农村的"社会稳定",主要是看刑罚的一般预防效果;个别犯罪人的生或死,只要对于一般预防没有太大影响,对于社会稳定没有太大的威胁,那么,就只剩下从特殊预防的角度来衡量对其行为的惩罚必要性和程度了。

---

① 李昌奎案件中,李昌奎的母亲虽然是邻里纠纷的当事人,但是同样表示对于儿子的杀人行为感到不可理解。载 http://news.163.com/11/0713/10/78R7VGIH0001124J.html。

② 例如,在最高法院公布的第474号指导性案例(吴江故意杀人案)和第511号指导性案例(张俊杰故意杀人案)中,尽管被告人与被害人都是城市居民,但北京市高院和最高法院分别在复核意见中明确指出,由于恋爱矛盾或同事间纠纷引发的杀人案件应慎用死刑。参见最高人民法院编:《中国刑事审判指导案例》(侵犯公民人身权利、民主权利罪),法律出版社2009年版,第161~162页,第175~176页。

2. 以特殊预防为目的的"邻里纠纷"及其与报应理念的冲突

当主要从特殊预防的角度来考虑问题时,死刑立即执行无疑是最差、最不得已甚至是最该废除的选项。因为按照特殊预防理论,刑罚的任务仅仅在于阻止行为人将来的犯罪行为,而不是对于他之前的行为施以报应。早在19世纪末期,李斯特就在他的"马堡方案"中勾勒出了特殊预防的3种形式:对无法控制和矫正的惯犯进行无害化处理,对单纯的偶犯加以威慑,对可以矫正者实施矫正。[①] 因此,除非犯罪人是一个嗜杀成性、心理变态且不可改造的杀人恶魔,没有半点教育和矫正的可能,未来只要出狱就仍然还会继续杀人,否则,判处死刑立即执行在特殊预防的视角中就是一个最差的选择。一些调研报告也指出,由于恩仇文化的存在,以及世代同居在一处,邻里纠纷诱发的犯罪,很容易形成冤冤相报的恶性循环局面。[②] 而判处死刑立即执行往往容易进一步催生这种冤冤相报的困局。由此,人们就可以理解《纪要》所规定的,发生在农村这种熟人社会中的由于婚姻家庭、邻里纠纷等民间矛盾激化引发的杀人案件,对于被害人有过错或者被告人有法定从轻处罚情节的,"一般不应判处死刑立即执行"。一方面,发生在熟人社会且事出有因,说明严惩行为人对于一般预防(维护稳定)的意义不大;另一方面,被害人过错或行为人自首,说明行为人并非不可改造不可矫正者,这就属于特殊预防可以完成的任务。由此可见,《纪要》的政策精神所传达出的在刑罚目的上的追求,主要是基于预防目的,全面考虑了一般预防和特殊预防的因素。这就是《纪要》关于"邻里纠纷"的规定中所蕴涵的主要的法理背景。

但是,必须注意到,刑罚目的除了预防主义之外,还有报应主义的存在。尽管有学者根据各种理由主张报应思想不适合作为一种刑罚目的而只能作为一种限制和边界存在,[③]但是,以报应为主的综合性刑罚理论,即使在学界也仍然是大有市场,何况在一般的中国民众心中,"杀人偿命"的观念根深蒂固,这其中所蕴涵的报应刑的理念,在当下社会中始终是一种非常强大的力量。无视这种力

---

① Liszt, Der Zweckgedanke im Strafrecht, in ZStW 3, 1883.

② "河南省豫东监狱做好因农村邻里矛盾导致犯罪问题的调研",载 http://www.hapa.gov.cn/Article/pajszt/sfxz/jygl/200911/114201.html。

③ 这些理由包括:(1)报应刑主张的通过对犯罪人施加痛苦来弥补和消除先前痛苦的思想,只能在宗教信仰中才可以理解,但是权力来自于人民而非上帝的国家,不能要求任何人负有忠于宗教信仰的义务。(2)意志自由的不可证明性,使基于报应的罪责无法成为国家干涉的唯一根据。(3)报应刑无法成为与犯罪作斗争的有效手段。(4)报应刑追求的那种"赎罪"效果,即使发生,也是基于人格的心灵自主产生的,而不是由于报复性的惩罚产生。Vgl. Roxin, Strafrecht AT, 2006, §3, Rn. 8f.

量,有可能在另一个层面刺激"社会稳定"的问题。① 因此,从《纪要》所追求的根本目的即"维护稳定"出发来考虑,司法实践也不可能罔顾报应观念而单纯坚持预防主义,而是需要在预防与报应之间寻求某种妥协和平衡。因此,就必须对《纪要》中关于"邻里纠纷"的规定做出进一步的限制性解释。

3. 直接关联性:限缩解释"邻里纠纷"的方向及其理由

如何限制?方向仍然是,"邻里纠纷"不是一个纯粹物理性、空间性的地域概念。② 即使是在一个熟人社会中,也不能仅仅因为行为人与被害人在地理空间上处于同一个村子,就直接对其杀人行为引用"邻里纠纷"的相关规定。只有那些直接发生在行为人与被害人之间的纠纷激化而引发的杀人案件,才可以适用"邻里纠纷"。具言之,邻里纠纷中的"邻里",应该是制造纠纷的直接当事人;邻里纠纷中的"纠纷",应该是这些直接当事人所制造的特定纠纷。能够适用邻里纠纷的政策规定的行为人和被害人,都必须是特定纠纷的直接当事人;杀害与该纠纷没有直接关联的其他人,即使属于纠纷当事人的直系亲属,即使与行为人属于同一个熟人社会,也不应适用邻里纠纷的政策规定。例如,同属一村的两个村民甲和乙由于农田琐事而产生口角,甲在杀死乙后,又上门杀死乙家数口。在这类案件中,最多只能对甲杀死乙的行为认定为"因邻里纠纷矛盾激化引发的杀人",但是,甲杀死与该纠纷无关的乙的家人的行为,不能适用《纪要》中的关于邻里纠纷的规定。理论上做出这种限缩,除了上面提到的为了与民众的报应观妥协和平衡之外,还有以下几点考虑:

第一,本文所提出的"邻里纠纷必须具有直接关联性"的观点,可以在废除连坐制度、行为人罪责自负这些在现代社会已经没有任何争议的原则中获得同样基础的理由支撑。既然国家针对行为人实施的"杀人"行为(死刑),无论其父母亲属有多少不教之过,也仅仅施加于行为人本人,那么,行为人针对他人实施的杀人行为,要想获得《纪要》给予的政策优惠,也只能是施加于直接与之产生纠纷的当事人,而不能殃及其他无辜的当事人亲属。

第二,按照现代刑法学中的客观归责理论,并非所有在自然意义上存在的因果流程,都能归责于行为人,而只有实施了那些制造法所不允许的风险,同时该风险又直接地在结果中实现的行为,才能要求行为人负责。这些对于行为人归责时所施加的种种蕴涵价值评判的"直接关联性"的限制,同样也应该适用于对

① 在这个意义上提升的话,云南高院与公众舆论在李昌奎案件中的冲突,也可以看做是特殊预防主义与报应主义的对峙。

② 这部分的观点,在与苏力教授交流过程中受益良多,特此致谢。

行为人免责或者减责之时。“因邻里纠纷引发的杀人案件”中的“因”，同样不能是自然因果关系意义上的“因”。例如，张三因为与邻居李四产生纠纷，于是一怒之下杀死与该纠纷无关的甚至不在场的李四的亲属，尽管杀人动机与该纠纷之间存在前因后果的关系，但是这种自然意义上的因果关系，由于不具备直接关联性，因此不能被评价为“因邻里纠纷引发的杀人”。

第三，限缩解释“邻里纠纷”，反过来也有助于在刑事政策上激发出一般预防的效果。我在前面已经指出，《纪要》之所以规定“邻里纠纷”，主要是由于对这一类案件从轻处理不会对一般预防产生削弱影响，从重处理也不会加强一般预防的效果。但是在某些可能影响一般预防进而影响农村稳定的情形下，就应该对“邻里纠纷”进行限缩解释。

例如，在农村一些地区，存在很多游手好闲、不务正业甚至好勇斗狠者，作为熟人社会网络中的一员，他们当然也和社区中的其他成员有着千丝万缕的亲缘关系。常常有这样的案例：一开始只是两个普通农民发生口角纠纷，其中一人找来亲友中的“能人”①出面来为自己撑腰出气，于是该亲友赶到现场压制对方，最终争吵升级到斗殴，在厮打过程中该亲友将对方杀死。如果不对“邻里纠纷”做出限制，从地域性和自然意义上的因果流程来看，行为人的杀人行为，无疑属于“因邻里纠纷矛盾激化引发的杀人”。但是，如果对这一类行为也按照“邻里纠纷”规定给予政策优惠，不仅与一般民众的法感情抵触，更重要的是，放纵这些好勇斗狠者参与民间纠纷，必然会对农村的社会治安产生威胁，与《纪要》所追求的“维护农村稳定”的目的背道而驰。② 因此，通过对“邻里纠纷引发的杀人”做出直接关联性的限缩解释，能够发挥一般预防的作用：威慑那些与纠纷本无直接关联但是到现场煽风点火、加重事态甚至直接动手参与的“助拳”者，进而遏制和避免这些好勇斗狠者在各种邻里纠纷中逐渐升级成“村霸”、“乡霸”，影响农村的社会稳定。

此外，对于《纪要》中所规定的“婚姻家庭、邻里纠纷引发的杀人”，司法实践中也往往是适用于特定的主体之间。例如，作为最高法院发布的指导性案例，刊登于《刑事审判参考》（第 474 号）的“吴江故意杀人案”，就是在特定的恋爱主体之间参照适用了《纪要》的政策规定。被告人吴江与其女友吴俊因经济等问题

---

① 这种“能人”在东北方言中被称作“棍棒”，意指那些称霸一方的好勇斗狠者，其中有些在南方也被称为“混混”。这方面的最新研究，参见陈柏峰著：《乡村江湖：两湖平原“混混”研究》，中国政法大学出版社 2011 年版。

② 《纪要》中明确规定，一些地方出现的“村霸”、“乡霸”应作为重点打击对象；群体性械斗中的组织者和策划者应承担全部责任。

导致感情上产生隔阂。两人在汽车内聊天时发生争吵,吴江遂猛掐吴俊颈部,致吴俊机械性窒息死亡。北京市第二中级人民法院以故意杀人罪判处吴江死缓。法官在裁判理由中认为,《纪要》中所说的民间矛盾,具有矛盾主体相对固定、矛盾引发原因复杂琐碎、矛盾产生到激化有较长时间的积累演变过程等特点。根据这一理解,该案法官认为,恋爱矛盾在矛盾双方主体固定、存在感情基础等方面类似于婚姻家庭矛盾,因而可以参照《纪要》的政策规定予以处理。① 由此可见,只有在矛盾双方的固定主体之间,适用《纪要》中规定的"婚姻家庭、邻里纠纷引发的杀人"才是合适的。如果上述案例中,被告人将矛头指向了对方的亲友,例如杀死吴俊的父母等,就不再适合参照《纪要》处理。

4. 李昌奎案不宜完全适用"邻里纠纷"

按照我在这里主张的观点,由于李昌奎杀害了与纠纷没有直接关联的其他"邻里",而且其本人也很难算是该纠纷的直接当事人,所以难以享受《纪要》中"一般不判处死刑立即执行"的优惠。在该案中,在自然意义上引发血案的纠纷,是在被害人王家飞的母亲与李昌奎的哥哥之间发生的"收费纠纷",而王家飞、王家红与李昌奎本都不属于该纠纷的直接当事人。即使承认李昌奎与王家飞之间另外存在直接的"感情纠纷",但是无论如何,李昌奎与3岁幼儿王家红之间,不存在任何直接的纠纷,其杀死王家红的行为,不能被评价为《纪要》中规定的因"邻里纠纷"矛盾激化引发的杀人案件,因此即使其存在自首情节,也不宜适用"邻里纠纷引发的杀人一般不判处死刑立即执行"的规定。云南省高级人民法院的二审改判将李昌奎案放在《纪要》的背景下理解,方向是对的,不能说是没有根据的判决,但是具体到"邻里纠纷"的引用上,则是仅依据字面做了过于宽泛的、教条化的理解。

二、"手段残忍"是一个以社会一般观念为判断基准的规范性概念,其重点不仅针对具体的被害人,而且是对善良风俗的严重违反和对人类恻隐心的极端挑战

为什么李昌奎案件会引起媒体舆论这么大的关注?客观地来看,网络民意之所以一边倒地呼吁对李昌奎判处死刑立即执行,焦点在于,李昌奎对被害人王家飞先奸后杀、将无辜的3岁幼儿王家红摔死的杀人行为令人难以容忍,公众认

① 最高人民法院编:《中国刑事审判指导案例》(侵犯公民人身权利、民主权利罪),法律出版社2009年版,第161~162页。

为不处以极刑是不公正的，也无法平息愤怒。对于这一点，不能简单地评价为“公众狂欢”，而应该注意和觉察到其中的理性成分，将其与非理性的宣泄相区别，从而冷静地将民意中能够被转化为法律问题的部分。

将“杀人手段特别残忍”，视作汹涌民意中的理性成分，这与李昌奎案中一审判决死刑立即执行的基本理由和逻辑是合拍的。一审判决书中认定，“被告人李昌奎所犯故意杀人罪，犯罪手段特别残忍、情节特别恶劣、后果特别严重，其罪行极其严重，社会危害极大，应依法严惩，虽李昌奎有自首情节，但依法不足以对其从轻处罚。……决定执行死刑，剥夺政治权利终身。”这段判决书文字对于李昌奎的杀人行为，一连用了5个“特别”或“极其”加以形容，但是，仔细分析会发现，实体上的评价重心主要落在第一个“特别”也就是“手段特别残忍”之上。因为手段残忍是“情节恶劣”的表现形式之一，没有“手段残忍”，就无法把李昌奎案与其他杀死两人的案件在“后果严重”方面区分开来；至于“罪行极其严重”、“社会危害极大”等等，都是进一步加强语气，表达对这种使用残忍手段杀人行为的谴责。而云南省高级人民法院的二审判决书与一审判决书最明显的区别之一，就是去掉了关于“特别残忍的手段”这一至关重要的认定，最终做出对李昌奎改判死缓的决定。由此可见，是否认定“手段特别残忍”，可能是决定李昌奎生死的一个重要因素。那么，手段特别残忍究竟应否在死刑案件中发挥这样的作用？判断手段是否特别残忍的基准又是什么？

1. 在杀人案件中考虑“手段残忍”具有法理根据

我国《刑法》第232条故意杀人罪的条款中，并没有关于“手段残忍”的明文规定；目前也没有司法解释明确规定，以特别残忍的手段杀人的，就可以处以死刑立即执行。但是，没有直接的法律规定，并不等于缺乏法理根据。从体系解释的角度并探询立法者的意图，将《刑法》第232条故意杀人罪的条文规定与其他条文结合思考，可以得出以特别残忍的手段杀人者应予从重处罚的结论。

第一，《刑法》第234条故意伤害罪规定，“故意伤害他人身体致人重伤的，处3年以上10年以下有期徒刑；致人死亡或者以特别残忍手段致人重伤造成严重残疾的，处10年以上有期徒刑、无期徒刑或者死刑。”该条款明确规定，同样是致人重伤（造成严重残疾）的后果，是判处10年以下有期徒刑还是10年以上有期徒刑、无期徒刑甚至死刑，完全取决于该行为是否“以特别残忍的手段”实施。杀人与伤害是侵犯人身的犯罪中性质最为贴近的两类行为，甚至可以将杀人视作伤害的升级版，既然手段残忍在故意伤害罪的场合具有升格法定刑的功能，那么，在故意杀人罪的量刑时，将之作为一种从重处罚的情节加以考虑，就是合乎逻辑和法理的一贯性。

第二,根据新通过的《刑法修正案(八)》,《刑法》第49条增设了第2款,“审判的时候已满七十五周岁的人,不适用死刑,但以特别残忍手段致人死亡的除外。”这一款在给予老年人犯罪免死的优惠待遇的同时,也明确做出了以残忍手段杀人者不免死的例外规定。既然对于在刑法上倾斜照顾、给予免死优惠的75周岁以上的老年人,当其以特别残忍手段杀人时,量刑幅度也会因此从一律免死升级为适用死刑,那么,对于75周岁以下的、一般的成年人,当其以特别残忍手段杀人时,在量刑区间内从重处罚,是基于条文之间的自洽性和逻辑一致性而得出的合理结论。

第三,《刑法》第232条故意杀人罪的条文规定,“故意杀人的,处死刑、无期徒刑或者十年以上有期徒刑;情节较轻的,处十年以下三年以上有期徒刑。”按照立法说明和刑法理论的通说,“情节较轻”,主要是指防卫过当致使他人死亡、出于义愤杀人等情况;而手段残忍的杀人,无疑不属于“情节较轻”之列。考虑到故意杀人罪是一种非常严重的侵犯公民人身权利的犯罪,必须予以严厉打击,因此立法上对《刑法》第232条的刑罚规定比较特殊,是按照从重刑到轻刑的顺序列举,立法者此举正是为了提醒,“在司法实践中,对于犯故意杀人罪的罪犯,在量刑时应当首先考虑重刑。”①综上,既然在不具备“情节较轻”的情况下,杀人行为的量刑应该首先从死刑开始考虑,而手段残忍又能被合理地视作一种从重处罚的情节,那么,对于以特别残忍手段杀人者处以死刑并选择立即执行,就没有违反法律规定而是有着较为充分的法理根据。

2.“手段残忍”影响死刑判决已形成司法实践传统

在故意杀人的案件中,当其他因素不发挥影响或影响很小的时候,对于以特别残忍手段杀人者一般处以死刑立即执行,而对于不是以残忍手段杀人者一般处以死缓、无期徒刑甚至有期徒刑,这也是司法实践中长期以来形成的一种不成文的裁判惯例。

从1999~2010年间,最高法院在《刑事审判参考》(1~77集)上共刊载了63个关于故意杀人罪的指导性案例。根据我的筛查统计,除去那些包含诸如被害人过错、婚姻家庭邻里纠纷、限制责任能力、自首以及中止或未遂等影响死刑判决的特殊因素的案例之外,余下的不包含上述法定或酌定情节的、一般性的杀

---

① 全国人大法工委刑法室编:《中华人民共和国刑法条文说明、立法理由及相关规定》,北京大学出版社2009年版,第477页。其他国家也有类似的立法例,例如,《日本刑法典》第199条规定,杀人的,处死刑、无期或者3年以上惩役。

人既遂案例共有16个。[①] 其中,有13个案例虽然没有其他法定或酌定的从重情节,但被告人的杀人行为在判决书中被认定为"手段特别(极其)残忍",判决结果均是判处死刑立即执行。其余3个案例,判决书中均未认定杀人手段残忍,也均未判处死刑立即执行:一例是被告人驾车故意挤占车道致使追赶车辆车毁人亡,法院以故意杀人罪判处被告人无期徒刑;二例是被告人交通肇事后将被害人隐匿致使其得不到救助而死亡,法院以故意杀人罪判处被告人有期徒刑15年;三例是被告人追赶被害人迫使其跳水而不救助致使其死亡,法院以故意杀人罪判处被告人3年9个月。[②] 虽然这16个案例作为统计样本在数量上仍嫌不够,但是作为最高法院发布的指导性案例,其代表性和典型性毋庸置疑。从这个经验研究的结果来看,虽然还不能因此就得出"杀人手段残忍的就判死刑、不残忍的就不判死刑"这样的结论,但至少已经足以表明,手段残忍与法院的从重判罚之间存在很大的相关性。

值得注意的是,不仅是各地法院在审理杀人案件中形成了以特别残忍手段杀人者从重处罚的惯例,而且最高人民法院在上述各起判处死刑案件的复核中,都肯定了对下级法院这一判决尺度的支持。例如,在肖明明故意杀人案(指导性案例第490号)中,最高人民法院的复核意见指出,"肖明明归案后虽能如实供述自己的罪行,认罪态度较好,且系初犯,但其杀人手段特别残忍,情节特别恶劣,后果特别严重,不足以对其从轻处罚……"这充分说明,当不存在其他法定从轻情节时,即使被告人如实供述,[③]认罪态度好,也不足以抵消以残忍手段杀人带来的从重效果。由此可见,以特别残忍的手段杀人,虽然尚未在刑法典和司法解释中被规定为一种法定从重处罚情节,但是已经在司法实践中成为一种比较稳定的酌定从重处罚的情节,更明确地说,在没有其他情节影响的情况下,当法官决定是否对被告人判决死刑立即执行时,杀人手段是否残忍往往具有重要甚至决定性的意义。

3."手段残忍"的法理内涵:对善良风俗和人类恻隐心的挑战

同样的死亡后果,为何在杀人手段残忍时考虑从重处罚?本文认为,以特别

---

① 所引案例来自最高人民法院编:《中国刑事审判指导案例》(1999~2009),法律出版社2009年版;最高人民法院编:《刑事审判参考》(第69集),法律出版社2009年版;《刑事审判参考》(第75集),法律出版社2010年版;《刑事审判参考》(第76集),法律出版社2010年版。

② 最高人民法院编:《中国刑事审判指导案例》(侵犯公民人身权利、民主权利罪),法律出版社2009年版,第32页、146页、164页。

③ 自《刑法修正案(八)》通过之后,《刑法》第67条增设了如实供述可以从轻处罚的规定,将坦白从宽法定化,也成为一种法定从轻情节。

残忍手段杀人，与以一般的、非残忍手段（如下毒、开枪）杀人相比，在同样侵害了被害人的生命权之外，又多出了对于善良风俗和伦理底线的严重侵犯，以及对于作为“仁之端”①的人类恻隐心的极端挑战。

手段残忍侧重的不是对法益侵害程度和后果的判断（法益侵害说），而是着眼于对一种善良风尚和伦理观念的违反（规范违反说）；手段残忍并不必然造成更大的危害后果（结果无价值），但是却足以反映出与一般的杀人手段相比，该手段本身的反伦理、反道德性更加严重（行为无价值）。② 这就是立法者在故意伤害罪中对于以特别残忍手段致人重伤者提升法定刑，同时对于以特别残忍手段致人死亡的老年人亦不免死的原因。

4.“手段残忍”的判断基准：社会一般观念

如何判断手段是否特别残忍？既然手段的残忍性是对善良风俗的侵害，而善良风俗又来自于社会的一般道德观念，③那么手段是否“残忍”，就必须基于社会的一般道德观念，站在社会一般人的立场加以判断。这就涉及“手段残忍”的规范性特征。在构成要件要素种类上，有记述的构成要件要素与规范的构成要件要素之分。前者主要由记述或者描述性概念所表达，案件事实是否符合这些要素的判断，只需要一般的认识活动与基本的对比判断就可以得出结论；后者则是由价值关系的概念或评价概念所表达，法官对此必须“以特定的违法性为导向，以某种规范为前提理解构成要件要素和评价案件事实”。④《刑法》第234条故意伤害罪重伤条款和第49条老年人免死条款中的“特别残忍手段”，就是这样一种规范要素。它与第237条中的“猥亵”、第363条中的“淫秽物品”一样，必须“由法官通过补充价值的判断途径才可以予以确定”。⑤ 这里所谓的“补充价值的判断途径”，不是由法官根据自己个人的价值观进行补充，而是要根据社会的一般观念进行判断。正如日本学者内田文昭指出的，“规范的构成要件要素的确定，虽然在终局上由裁判官判断，但不可忽视的是，裁判官应当将证人、鉴定人等的判断作为资料，代表一般市民对之进行‘确认’，决不是通过裁判官自

---

① 《孟子·公孙丑上》。

② 车浩：“论被害人同意在故意伤害罪中的界限”，载《中外法学》2008年第5期。

③ “善良风俗”本来就是指法律外的社会伦理道德秩序，是维持人类社会生活所不可或缺的、最低限度的伦理道德标准。参见[德]卡尔·拉伦茨著：《德国民法通论》（下册），劭建东等译，法律出版社2003年版，第597～599页；郑玉波著：《民法总则》，中国政法大学出版社2004年版，第467页；陈自强著：《民法讲义Ⅰ：契约之成立与生效》，法律出版社2002年版，第151页。

④ 张明楷著：《犯罪构成体系与构成要件要素》，北京大学出版社2010年版，第193页。

⑤ [德]韦赛尔斯著：《德国刑法总论》，李昌珂译，法律出版社2008年版，第77页。

己的恣意判断来‘创设’它。”[①]由此可见，尽管这种规范性判断需要一个主观的评价，因而给予法官较大的自由空间，但是，立法者不允许法官进行完全个性化的评价，而只能从法官所处社会的一般社会伦理观念出发来评价。[②] 因此，在具体的个案中考虑杀人手段是否属于特别残忍时，法官不是根据自己的个人观念进行判断，而应该根据社会的一般观念进行判断。

进一步追问的话，法官应该如何将自己设想成为社会一般人，进而把握到所谓“社会一般观念”？这就要求法官应该善于观察社会，“通过考察案件事实的社会影响，了解一般人的观念”。[③] 案件产生的社会影响不是虚无缥缈的想象，而是有经验基础的事实。法官要能够从媒体舆论、民意呼声以及社会各界的反应当中，认定案件事实的社会影响，从中了解到社会一般人是否对某种杀人手段感觉到特别残忍。

恻隐之心，人皆有之。一般而言，法官也是社会中的一员，他个人的道德感不可能自外于社会一般观念，因此大多数情况下两者是合拍的。但是，法官也需要警惕的是，由于整天浸泡在专业范围之内，被各类数量庞大的恶性案件包围，以至于见怪不怪，极容易对于各种杀人手段之“残忍性”的免疫力升级，容忍度提高，恻隐心淡漠，变得不那么敏感甚至麻木起来。于是在某些个案中，法官的个人观念可能会与社会一般观念脱节，在社会一般人心中感到难以忍受的“特别残忍的手段”，可能在法官眼中由于司空见惯而认为尚属正常。此时，就极容易出现法官的判断与民众舆情之间的错位甚至对立。要想解决这种对立，正确的方式不是抽象地强调司法独立或舆情监督等“大词”，而是必须回到“手段残忍”这个概念本身。只有时刻牢记这是一个规范性、评价性的概念而非事实性、描述性的概念，而从法教义学和司法技术上讲，法官对于规范性概念的判断，本来就要依赖于社会一般观念，那么，法官就能够心平气和地从民意汹涌的社会影响中透视到其中所包含的社会一般观念，进而实现个人观念与社会一般观念的并轨，最终作出判断。倾听舆情是一种合理的妥协。“在社会生活中处于不同地位、具有不同经历的人，会从不同的角度理解规范的要素。所以，法官需要倾听各种不同的声音，斟酌各种不同的观点，吸收各种观点的长处，避免各种观点的缺陷，实现合理的妥协。只有合理的妥协，才能最大限度地做到根据社会的一般观念判断规范的要素。”[④]

---

① ［日］内田文昭著：《刑法概要》（上卷），东京青林书院1995年版，第162页。

② ［德］耶赛克、维根特著：《德国刑法教科书》，中国法制出版社2001年版，第159页。

③ 张明楷著：《犯罪构成体系与构成要件要素》，北京大学出版社2010年版，第209页。

④ 同上，第210页。

5. 李昌奎案应该认定“手段残忍”

根据某知名网站的网络民调显示,97.61%的网民要求判处李昌奎死刑。尽管这97.61%的网民意见不能代表全部的民意,但是这的确是一种值得注意和重视的声音。从支持对李昌奎判处死刑立即执行的这些声音所持理由来看,基本上都集中在李昌奎的杀人手段特别残忍。这种残忍性表现在两个方面:一方面,李昌奎将被害人王家飞掐晕后实施强奸,再用锄头猛击其头部,性质上属于先奸后杀;另一方面,李昌奎又对3岁的无辜幼儿王家红实施暴力,依据法院判决书的描述,“提起王家红的手脚将其头猛撞房间门框”。李昌奎杀死两个被害人特别是杀死3岁幼儿王家红的行为,在被媒体曝光后,激起了公众难以遏制的愤怒,这种愤怒感的来源,是矜老恤幼、保护儿童的善良风俗和道德观念遭到严重侵犯。“见孺子入井自然知恻隐,此便是良知,不假外求。”[①]3岁幼儿无辜被杀已经令人愤慨,而且还死于“倒提手脚摔死”这样一种比“推孺子入井”更加刺激人们恻隐之心的虐杀手段,实在是超出了国人道德感容忍的底线,直接地挑战公众作为“初一念”[②]的良知。在刑法上,这种严重侵犯善良风俗、极端挑战人类恻隐心、超出社会一般人容忍底线的、在文学修辞上被称为“令人发指”的杀人行为,应该被评价为“手段特别残忍”。

6. 手段特别残忍与自首情节并存时应进行具体权衡和选择

云南省昭通市中级人民法院一审判决书中认定李昌奎“犯罪手段特别残忍”是一个基于社会一般观念的正确评价,而且正是根据这一点,一审法院认为“虽李昌奎有自首情节,但依法不足以对其从轻处罚”。相比之下,云南省高级人民法院二审判决书中完全抹去了对其杀人手段的评价,但是又没有交代任何理由,并且正是遮蔽了“手段特别残忍”的认定之后,提出“被告人具有自首情节、认罪态度好、积极赔偿”等理由,从而得出改判死缓的结论。这样一来,二审法院就回避了李昌奎案真正的难题:当被告人的杀人手段特别残忍但又具有自首情节时,在这种酌定从重与法定从轻之间到底应该如何选择和平衡?

目前“两高”对这个问题并没有给出一律性、原则性的回答,司法实践中往往是在个案中具体权衡。例如,在2006年发生的河南赵春昌故意杀人案(指导性案例第476号)中,被告人与被害人发生口角后连砍被害人头部数刀致其死亡,两审法院认定被告人赵春昌杀人手段残忍,虽有自首情节但不予从轻处罚。

---

① 这是王阳明对于所谓“良知”的解释,对此的进一步阐发,参见钱穆著:《宋明理学概述》,九州出版社2010年版,第213页。

② 顾颉刚将王阳明所说的良知解释为“初一念”,即与生俱来的、天然的、不学而有的良能。参见顾颉刚著:《中国史学入门》,北京出版社2009年版,第195页。

但是，最高人民法院在复核时认为，“被告人犯罪手段凶狠，情节恶劣，后果严重……但鉴于有自首情节，对其判处死刑，可不立即执行”，最终撤销二审裁定，发回重审。① 再如，在2011年发生的西安药家鑫杀人案中，法官在判处被告人死刑的理由中指出，“被告人药家鑫作案后虽有自首情节并当庭认罪，但纵观本案……犯罪手段特别残忍，情节特别恶劣，罪行极其严重……依法仍应严惩，从轻处罚的辩护意见不予采纳。”②该案的死刑判决最终被最高人民法院核准。由此可见，在手段残忍和自首情节并存时，偏重前者而从重还是偏重后者而从轻，法官必须在个案中具体考察手段残忍程度等各种情节，在判决书中明确地做出选择并说明理由。这本来是一个考验和展现司法者专业智慧的最好试题，可惜的是，云南省高级人民法院在李昌奎案中连答错的勇气都没有，而是采用一种鸵鸟式的方法，完全回避手段是否残忍的认定，只在判决书上留下单一的从轻情节，这不仅在专业表现上令人遗憾，而且是一个可能引起再审的“法律适用错误”。

三、余论：通过技术渠道消解理念之争

李昌奎案所引发的轰动全国的舆论风暴，将云南省高级人民法院推到了风口浪尖。作为法律人，我始终反对媒体审判，坚定地支持云南省高级人民法院依法独立行使审判权。但关键的问题是，无论是来自民间的一些非理性的谩骂，还是法院方激烈的回应，通过一些大词将对方妖魔化，终归不是有效解决问题的良方。死刑存废与限制与否往往关乎价值立场，而价值立场层面的讨论，又总是具有难以争辩、不易说服的非逻辑性的特点。与其在宏观的价值理念上彼此对峙并试图高高在上地引导民众，莫如倾听和发现汹涌民意中的理性成分，将其转化为可以在逻辑和经验层面探讨的技术问题。这就是法教义学让人心平气和、理性沟通的功能和意义。这也是法院的判决书中应该重点展开说理的地方。

近年来发生的一些重大刑事案件广受关注，给司法机关相当大的压力，这反映出在这样一个变革的时代，司法不能够再以一种半神秘或者简单交代审理结论就打发公众的方式进行了。法官不是行政官员，判决书也不是一份言简意赅、

---

① 最高人民法院编：《中国刑事审判指导案例》（侵犯公民人身权利、民主权利罪），法律出版社2009年版，第168页。

② 药家鑫故意杀人案的判决书内容引自北大法律信息网，http://www.pkulaw.cn/fu lltext_form.aspx? Db = pfnl&Gid = 117789337&keyword = %e6%95%85%e6%84%8f%e6%9d%80%e4%ba %ba%e7%bd%aa%20%e6%ae%8b%e5%bf%8d&EncodingName = 。

以此表明官方权威的“红头文件”。司法是公开说理的职业，如果一份判决书缺乏充分说理和论证，将损害法官在民众心目中的职业公信力。在面对舆论质疑时，法官无法拿出一份言之成理、闪烁专业智慧的判决书来表明其观点，反而要通过事后的个别采访或新闻发布会来谈裁判理由，这种在法庭之外说理的现象，混淆了法官与行政官员的定位，是一种专业能力与职业舞台的迷失和错位。目前我国法院判决书主要是概括式的风格，法官缺少充分说理论证的发挥空间。李昌奎案件已经充分地暴露了这种概括式的、不说理的判决书的弊端：云南省高级人民法院的判决书既没有对如何理解和适用《纪要》中的“邻里纠纷”政策给予说明，又不交代任何理由地去除了一审判决认定的“手段特别残忍”，从而规避了手段特别残忍与自首情节并存时的抉择问题，而对于争议较多的赔偿问题也是一笔带过，完全没有展现出法官在审理案件过程中需要面对的各种因素以及如何平衡和选择的理由，最后径直给出一个改判死缓的结论。这种执业方式在李昌奎一案中所引发的民意汹涌的后果，应该足以为戒。

（2011年第8期）

罪刑法定主义视角下“赛家鑫”案再审问题之剖析

周 详*

前段时间，因交通肇事后杀人灭口的药家鑫，在网络民意支持下最终被判处死刑立即执行。该案余音未了，云南李昌奎强奸并杀死两人的二审判决又成为社会舆论的焦点。传统媒体、网络一边倒地质疑云南省高级人民法院改判死缓的判决结果，与“强奸 + 两条人命 = 死缓 = 18 年徒刑”的李昌奎案比较，网民戏称“药家鑫很冤枉”，李昌奎应叫“赛家鑫”。受到社会舆论高度关注的“赛家鑫”案近日起了变化。原审附带民事诉讼原告人对二审判决不服，向云南省高级人民法院提出申诉，云南省人民检察院向高级人民法院提出检察建议，认为云南省高级人民法院对李昌奎的量刑偏轻，应当予以再审。在舆论压力下，云南省

* 作者单位：中南财经政法大学刑事司法学院。

高级人民法院决定启动审判监督程序对本案进行再审。根据我国以往的司法实践,提起再审程序的案件,尤其是法院本身提起的再审,如果不出意外,改判几乎成为铁板钉钉之事。也难怪被害人家属的代理律师王勇对媒体表示:“赛家鑫”案再审应当会在较快时间内有结果,“我们对改判的信心较大”。① 但是理性地看,由媒体推动的“赛家鑫”案的再审,存在很多不合法治精神的刑事程序与实体问题。

100 年前,有两件大事值得国人纪念:1911 年 1 月,《大清新刑律》首次将罪刑法定原则引入中国刑法,开启了我国向现代法治刑法转型的进程。同年 10 月,辛亥革命推翻封建皇权制度,开启了中国民主法治的现代化进程。陈兴良教授曾言:“现代法治刑法的精髓,一言以蔽之,罪刑法定主义也。”②在此百周年祭之际,笔者下文特意从罪刑法定主义的视角,回观历史、解析现状、展望未来,对“赛家鑫”再审案存在的刑事法治问题进行剖析。

一、“少杀”、“慎杀”的法治理念与法律之关系

面对网民对“赛家鑫”案改判死缓结果的议论纷纷,云南省高级人民法院两位副院长接受采访时表示:“社会需要更理智一些,绝不能以一种公众狂欢式的方法来判处一个人死刑,这是对法律的玷污。”“我们现在顶了这么大的压力,但这个案子 10 年后肯定是一个标杆、一个典型。”“终审改判死缓,主要是基于目前法界提倡‘少杀’、‘慎杀’的理念,且李昌奎确有自首情节。”

云南省高级人民法院法官对网民的这一回应,遭到了普遍的质疑。质疑者的根本论据是“法律比法治理念更重要”。他们认为“少杀慎杀”、“10 年后将是标杆”只是一种理念,重审“赛家鑫”案,先要理清法律和理念谁重要,结论是“不能将理念凌驾于法律之上”。③

笔者认为,从刑事法治的角度看,“法律比法治理念更重要”的反驳理由根本站不住脚。作为刑事法治精髓的罪刑法定主义,绝不是一句空洞的口号,一条法律标语,其实质目的在于限制国家权力,保障犯罪人人权。考察我国的历史与现实,“法律比法治理念更重要”的流行观点恰恰是我国刑事法治难以取得实质

① “云南高院启动‘李昌奎案’再审程序,死者家属代理律师:‘我们对改判的信心较大’”,载《新华每日电讯》2011 年 7 月 18 日。

② 陈兴良著:《罪刑法定主义》,中国法制出版社 2010 年版,第 1 页。

③ “李昌奎奸杀案,法官不能将理念凌驾于法律之上”,载 http://opinion. nfdail y. cn/content/2011 -07/22/content_27040885. htm。

进步的绊脚石，该观点可谓危害至深。

回观历史，在100年来的刑事立法史中，我国并不缺乏罪刑法定原则的立法规定，然而违反罪刑法定主义理念之法律实践比比皆是，罪刑法定主义的理念并没有得到切实的贯彻。抽空了法治理念的法律只能是“金玉其表、败絮其中”。当初清末在沈家本的力主之下，罪刑法定原则首次写入中国刑法典之中，但当时资政院只审议通过了总则，还没来得及对分则进行审议，清廷就急不可待地发诏令将分则与总则一起颁布实行；在立法层面，由于“礼治”旧派的激烈反对，沈家本修律时不得不妥协，在《大清新刑律》正文之后增加一个体现封建伦理刑法特点，违反罪刑法定主义的《附则》五条；清廷在司法实践中也不可能严格按照罪刑法定主义的理念来司法。一个具有讽刺意味的例子是：对于力主罪刑法定入刑，以“尚志宽大”而名垂青史的沈氏来说，其《墓志铭》却选取他违法办案一事并赞扬他“用律能与时变通也”以志铭记。① 由此联想罪刑法定在中国的未来命运，令人唏嘘不已。蔡枢衡先生一语点破：“清《新刑律》所标榜的，只能是罪刑法定的空壳，殊少实际意义。”②后来国统区的几部刑法典均规定了罪刑法定原则，但在刑法典之外，颁布了更多的违反罪刑法定主义的刑事特别法，诸如《惩治盗匪法》、《暂行反革命治罪法》、《共产党人自首法》、《戒严法》等特别刑法，实质目的在于方便国民党“党治”的需要，因而在罪名的犯罪构成设置上，刑罚的轻重上、适用的刑事程序上均具有法西斯的特征，违反罪刑法定主义所要求的明确性、合理性、程序正当、排斥残酷的不均衡刑罚等诸多派生原则；军统等法西斯特务组织普遍存在刑讯逼供以及法外治罪处刑的做法。正如民国的雷震先生在1932年发表的《法治国家的真谛》一文所言：政府为了应付起见，往往以架空之罪名而陷人于罪，军阀时代称为“办乱党”，革命政府名曰“治反动”，询其何为乱党，则含义模糊，质以反动何义，则晦涩难解。……一个国家非届非常时期，不得随便宣布戒严，随意停止普通法而适用特别法，尤其不得将普通人民交付军事法庭，这是法治主义应当遵循的原则。近观中国今日如何？动辄以军事为名宣布戒严。而且不在戒严时，对于政治犯或其他嫌疑者，往往不依正当程序而遂行逮捕监禁，不经正规法庭而遂行审问处罚。似此而言法治，乌可得乎。……率直言之，中国今日之不守法者，为首就是政府。③ 所以毛主席在谈到国民党的“宪

---

① 沈在担任天津知府期间为平息民愤，将拐卖孩童的人犯立即处死。当时有人提醒说：按律，拐卖孩童没有使用迷药，不能处死刑。沈答：这是特殊情况，不能以“常例”论处，坚持处死。李贵连著：《沈家本传》，法律出版社2000年版，第73页。

② 蔡枢衡著：《中国刑法史》，中国法制出版社2005年版，第123页。

③ 何勤华、李秀清编：《民国法学论文精萃》（第1卷），法律出版社2003年版，第378～379页。

政”时说:他们是在挂宪政的羊头,卖一党专政的狗肉。

1997年大陆刑法典终于废除类推制度,将罪刑法定原则写入刑法典,但罪刑法定的现实命运也令人担忧。我国刑法立法中的部分条款就存在违反罪刑法定主义之嫌。例如《刑法修正案(八)》将“扒窃”入刑,没有数额、次数、“入户”、“携带凶器”等任何情节的限定,这与贪污罪这个“有身份的盗窃罪”的入罪标准产生极大不均衡。再如,非法持有假发票入罪后最高可处7年徒刑,刑罚明显偏高,毕竟非法携带枪支、弹药危及公共安全罪,非法持有枪支、弹药罪的最高法定刑也才3年或7年。司法实践中违反罪刑法定主义的判决也不少见,典型例子是2001年肖永灵投寄虚假炭疽杆菌案,该案被类推定罪为“以危险方法危害公共安全罪”,判决之后的第11天,《刑法修正案(三)》就增设了“投放虚假危险物质罪”。我国刑事司法解释中也有很多将法无明文规定的危害行为入罪的条款。例如有关司法解释将“购买、使用”(医疗器材)解释为“销售”,将“通过广告、征订等方式推销”(侵权产品)解释为“发行”,将(买卖)“伪造的国家机关公文、证件、印章”解释为“国家机关公文、证件、印章”等,数不胜数。难怪邓子滨教授发出令所有法学人瞠目结舌的感慨:“1997年《刑法》以来,我体验到取消类推不一定好,有类推不一定坏”,“罪刑法定写入刑法12年来,司法解释与审判实践都证明了这个原则的彻底失败”,“当下中国,罪刑法定原则不仅没有实现‘法的安定性’,反而有些神出鬼没了。”①

实际上在“法律比法治理念更重要”观念的影响下,在我国法学界长时间流行着这样的怪论:“我国古代也有罪刑法定原则(主义)”。当初沈家本在力主将罪刑法定写入刑法典时,就将我国古律的“无正条不处罚”作为“罪刑法定”立法的合法性根据,这恐怕不能简单地视为减少改革阻力的“托古改制”策略。我国著名的刑法学家蔡枢衡就认为中国古代一些朝代也实现着排斥比附援引的“无简不听”、“缘法断罪”等罪刑法定原则(主义),清《新刑律》第十条的规定只是古律的“翻案文章”。② 实际上至今还有学者坚持认为中国古代也有罪刑法定原则(主义)。在20世纪80年代后近30年时间里,中国刑法学的通说观点认为:苏维埃政府的刑法以及1979年《刑法》实行的是以罪刑法定为主,以类推制度为辅的原则,二者不矛盾,可以共存。可以说近百年来多数国人理解的“罪刑法定”大抵等于古之“缘法断罪”,今之“依法裁判”的法制主义,它并不必然是体现

① 邓子滨著:《中国实质刑法观批判》,法律出版社2009年版,第20~25页。他的这些话并不是肯定类推,否定罪刑法定原则的法治价值,相反他是力主将罪刑法定主义(原则)切实贯彻到法律实践与法学理论的构建中去。

② 蔡枢衡著:《中国刑法史》,中国法制出版社2005年版,第120~122页。

“限国权、保人权”法治理念的器物。这种“罪刑法定”与“类推定罪”的确并不发生根本冲突，相反二者作为工具均可服务于强化国家权力，严厉打击犯罪的政治目的。于是二者异化为一个立法技术的选择而不是价值观的选择问题：有比较完备、成熟的刑法典则规定罪刑法定，反之则规定类推制度。这种理解从一开始就走入罪刑法定原则的法律躯壳与理念相分离的歧途。

以上之罪刑法定原则的历史与现实的素描表明：我国的法治状况虽然不断地取得进步，但总不尽如人意，其根本原因不是法律规定出了问题，而恰恰是法治理念未能贯彻到现有的法律规定之中所致。春秋法家慎到曾言：“法之功莫大于使私不行，今立法而行私，是私与法争，其乱甚于无法。”

历史学家孙隆基曾经说“法国的启蒙运动发生在革命之前，中国的启蒙运动发生在革命之后。”①然而中国刑事法治理念之启蒙运动恐怕才刚刚开始，尚未深入人心之际，当媒体几乎异口同声地以“法律比法治理念更重要”为基本论据反对“赛家鑫”案的二审判决，笔者可以理解但实在是不敢苟同这种论调。

二、“赛家鑫”案改判死缓有法律依据与政策依据

批评“赛家鑫”二审案判决乃是法官“将理念凌驾于法律之上”的具体理由是：“赛家鑫”案改判死缓没有法律依据。他们认为“少杀慎杀”的死刑政策不是“不杀”，更不是“当杀不杀”。药家鑫都判了死刑立即执行，李昌奎就更属于当杀。“宽严相济”的刑事政策也应当遵循《关于贯彻宽严相济刑事政策的若干意见》的要求，“该宽则宽，当严则严，罚当其罪”。从法律规定的角度看，“自首从轻”量刑情节只是可以型从轻而不是应当型从轻情节，因而自首不能成为免死金牌。

其实“赛家鑫”案改判死缓至少有两个明确的法律依据，还有其他司法解释、刑事政策的依据。

1.《刑法》第67条规定的自首可以从轻或者减轻处罚的规定。自首可以从轻、减轻处罚的法律规定，对于个案来说，同一个法官只能在从轻（减轻）或者不从轻（减轻）两种结果进行唯一确定的选择。从形式上看，不同法官基于对案件事实的不同评价而选择任何一种确定的结果都有法律依据。凭什么说“赛家鑫”案的二审法官依据自首情节选择从轻没有法律依据？难道只有选择不从轻

---

① ［美］孙隆基著：《历史学家的经线：历史心理文集》，广西师范大学出版社2004年版，第51页。

的结果才唯一符合法律规定？尽管有人搬出“虽然具有自首或者立功情节，但犯罪情节特别恶劣、犯罪后果特别严重、被告人主观恶性深、人身危险性大，可以不从宽处罚”的司法解释，但问题是即使“赛家鑫”案的确属于“犯罪情节特别恶劣、犯罪后果特别严重、被告人主观恶性深、人身危险性大”，根据该司法解释那也仍然只是“可以”不从宽处罚，而不是“不得”从宽处罚。另外根据《全国法院维护农村稳定刑事审判工作座谈会纪要》以及《最高人民法院关于贯彻宽严相济刑事政策的若干意见》，“对于因婚姻家庭、邻里纠纷等民间矛盾激化引发的故意杀人犯罪，适用死刑一定要十分慎重。”“对于自首的被告人，除了罪行极其严重、主观恶性极深、人身危险性极大……一般均应当依法从宽处罚。对于亲属以不同形式送被告人归案……而认定为自首的，原则都应当依法从宽处罚。”“赛家鑫”案符合“邻里纠纷等民间矛盾激化引发的故意杀人犯罪”以及“自首”的情况，对其适用从轻或减轻处罚，当然有法律依据与刑事政策依据。

2.《刑法》第48条关于死缓的法律规定。该法条规定：“死刑只适用于罪行极其严重的犯罪分子。对于应当判处死刑的犯罪分子，如果不是必须立即执行的，可以判处死刑同时宣告缓期二年执行。”支持判“赛家鑫”死刑的人的代表性逻辑是：“笔者并非死刑的积极拥护者，也认同在‘可杀可不杀’情况下应‘少杀慎杀’的司法观念，但是，‘少杀慎杀’绝不等于‘该杀不杀’。正如一位法学家所说，法官在审理具体案件时，必须严格依据现行法律做出判决，即使法官本人持废除死刑的观点，也不能以个人好恶取代法律。”①可是持这种论调的人并没有认真研读《刑法》第48条的规定，忽视了死刑立即执行与死缓的适用对象都是“罪行极其严重的犯罪分子”，二者共同的前提都是“应当判处死刑”，换言之，死刑立即执行与死缓的对象都属于罪行极其严重的“当杀”、“该杀”之人。我国死缓制度的设立目的恰恰在于为“少杀慎杀”的国家刑事政策留下法律依据，死缓制度就是在死刑犯的“死门”旁边开一道“生门”。② 从这个角度看，说我国的死

① 李国民：“‘自首免死’不能没有底线”，载《检察日报》2011年7月4日。

② 在恩施土家族鱼木寨“大水井”古建筑群中，至今还保留着古代封建家法的建筑。宗祠大殿的讲礼堂是生杀予夺的“审判厅”，由护墙全包围，左右唯二石门供人进出。东为“承恩门”，直通天然刑场，又名“死门”。罪大恶极的人受审后将被从承恩门押到崖顶推下悬崖处死。西为“望华门”，门侧建牢房，又名“生门”。罪大恶极的人受审后也可能基于一定的原因免死而送入牢房。

缓制度就是一种“该杀(也可)不杀”的制度,[①]也没有问题。所以对于已经认定为“罪大恶极”或“罪行极其严重”的犯罪分子,在没有“必减情节”的前提下,法官判死刑立即执行或死缓,在形式上都有法律依据。但究竟判什么,的确依赖于法官个人持“该杀也可不杀”还是“该杀就一定杀”的观念。有不少学者转而批评我国决定人之生死的司法标准太模棱两可,进而提出在司法层面上应更多地建立起死刑适用的客观标准。[②] 可是这种建议只能是天方夜谭。事实上只要死刑存在一天,死刑政策和法律规范的“弹性”和“模糊”就属于必然现象,没有任何一个国家、任何一个人能够建立起这种所谓的死刑适用的客观标准。不可否认“该杀也可不杀”观与废除死刑的理念有一定的间接关系,但不必然等同于废除死刑的观念,而是我国在保留死刑的前提下的“少杀慎杀”刑事司法政策与死缓法律制度的应有之义。有很多人,包括某些刑法学者提出:“赛家鑫”案二审改判死缓“没有法律依据”,是法官“错误地将个人的废除死刑的观念凌驾于法律之上”的说法,[③]显然站不住脚。

另外,还有很多人拿药家鑫案与李昌奎案比较来支持判死刑,但这种实质主义思维同样违反罪刑法定主义的法治精神。在社会危害性的严重程度上看,李昌奎“强奸 + 杀死两条人命”的罪行要大于药家鑫杀死一人的罪行,没有人否认这一事实。但从刑事法治的角度看,这一事实判断却并不足以支持在法律上对李昌奎必判死刑的结论。罪刑法定原则并不仅仅只具有法无明文规定不为罪,法无明文规定不处罚的形式侧面,该原则的实质侧面也“排斥不均衡的、残酷的刑罚”。姑且不论那些已经废除死刑的欧洲国家或者大赦国际将死刑定义为“无益的、残酷的、有损人格的刑罚”之说,[④]即使在我国暂时保留死刑的前提下,也不能以某一既决的死刑判决个案中的“罪刑极其严重”的程度为铁定不动的

---

① 根据我国《刑法》第50条的规定,死缓基本上意味着不死,除非在死刑缓期执行期间,故意犯罪,查证属实的,由最高人民法院核准,执行死刑。死缓在法律属性上不是刑罚种类,而只是死刑的执行方式之一。但死缓与死刑立即执行毕竟在事实层面上存在“生存”还是“死亡”两重天的巨大质异,所以人们习惯上将死缓视为死刑立即执行的从轻乃至减轻处罚,乃至于将死缓视为与死刑不同的刑种,在事实层面也说得过去。因此本文中“死刑”一词在很多语境中一般而言特指民众眼中的“死刑立即执行”。

② 游伟:“公众期待建立死刑统一规范”,载《法制日报》2011年7月8日。桐子岚:“明晰量刑标准,判决方能免受争议”,载《南方日报》2011年7月8日。

③ “于志刚:‘赛家鑫’案无从宽处罚依据,呼吁废除死刑并非要立即废除”,载 http://legal.people.com.cn/GB/15194009.html。

④ 笔者是认同该说的。刑法学界普遍认为鞭刑等伤害身体的刑罚属于残酷的刑罚,因而世界上绝大多数文明国家废除了肉刑,那么必然包含伤害身体的过程且比肉刑更重的死刑反而不属于残酷的、不均衡的刑罚?这在逻辑上说不通。

标尺去衡量、决定其他个案的判决。从限制国家权力，保障犯罪人的人权的实质精神角度来看，罪刑法定主义中的排斥不均衡的、残酷的刑罚的派生原则，本意是“排斥对犯罪人不利的过重或残酷的刑罚”。如果以某些“罪刑极其严重”的个案标准作为衡量其他案件的标尺，我国死刑判决的标准就只能“节节攀低”，那么我国的刑事法治状况将不会有任何的进步，反而一步步后退，陷入万劫不复之困境。① 所以法院在个案中提高死刑判决的适用标准，恰恰符合现代刑事法治的精神。② 那种“比低不比高”而降低判死刑适用标准的个案判决则有违反罪刑法定主义之嫌。

西方法治国家死刑适用的法律实践也可以证明这一点。法国是最后一个废除死刑的西欧国家。法国在废除死刑之前，每年都会有一些因为社会民众强烈要求判决并执行罪犯死刑的个案出现。在法律上保留死刑的前提下，严重暴力犯罪个案之间的“死”与“不死”之间难有明晰界限，多少带有一点“抓阄”的意味。③ 但那些正准备执行死刑或已经执行了死刑的案例，如果与以前乃至同一天被赦免了死刑执行的案例相比，其罪行严重程度低或者只是大体相当的话，就会招致法律人士的广泛批评，在法治价值层面上没有法律人士肯定那种“比低不比高”的做法。在至今还保留着故意杀人罪等个别暴力犯罪的死刑的日本、美国（部分州）等几个发达国家，虽然个别年份的执行死刑的具体数据可能会有所反复，但总体趋势是逐步递减，每年死刑判决或执行的数量尽量控制在个位数以内，有时候甚至一年、几年不执行一起死刑。这并不是因为这些西方国家的“罪行极其严重”的暴力犯罪案件的数量锐减所致，而是“少杀、慎杀”的法治理

① 例如，在我国20世纪末期，盗窃罪只要达到3万元的“数额巨大”的司法解释标准，就可以判死刑，在严打期间甚至于出现盗窃一辆摩托车、一只狗，没有达到3万元的标准，也判了死刑的案例。当时盗窃罪判死刑的数量占我国死刑判决的一半。后来司法部门也觉得死刑判决中的这种“比低不比高”的做法不妥，所以在个案中又逐步提高盗窃罪判死刑的司法标准。在总结这一正确的司法实践经验的基础上，1997年新《刑法》将盗窃罪判死刑严格限制在“盗窃金融机构，数额特别巨大的”与“盗窃珍贵文物，情节严重的”两种不常见的情节。后来在司法实践中也罕见盗窃罪判死刑的案例。2011年《刑法修正案（八）》则干脆废除了盗窃罪的死刑。我们能说司法部门不断提高死刑的标准的做法，没有法律依据？违反罪刑法定主义？

② 我国近些年的死刑适用的司法实践基本上坚持了这一做法。进入21世纪，“保留死刑，严格控制和慎重适用死刑”一直是最高法院奉行的司法政策，并得到中央的认可与支持。最高法院收回死刑核准权后，严格把控死刑案件的证据规格、适用标准，死刑适用数量逐步下降。2007年最高法院死刑的不予核准率高达15%，全国判死缓的人数首次超过判死刑立即执行的人数（“最高法：2007年15%死刑案经复核被驳回”，载《北京晨报》2008年3月8日）。这其中，因事实不清、证据不足原因不核准的，约占三成；因少杀慎杀政策问题为由不核准的，占到七成之多，并渐有上升趋势。任法思：“少杀慎杀：法官一要坚持，二要解释”，载《新京报》2011年7月9日。

③ ［法］巴丹戴尔著：《为废除死刑而战》，罗结珍等译，法律出版社2003年版，第10页。

念在法律适用与法律解释中起了关键的作用。例如在美国，法官通过“不断发展的、作为一个成熟社会进步标志的，衡量体面的标准”对死刑条款与宪法进行解释而否定某些个案中的死刑判决，“因此，我国历史上某个时候允许的，在今天则不一定允许。”①

总之，坚持少杀、慎杀的刑事政策，控制死刑数量，除了具体的法官通过提高个案的死刑适用标准，别无他途。在杀与不杀的死刑适用标准的模糊地带，如果存在“轻的死了，重的放了”之“反常”对比，那也不能得出“杀对了，放错了”的结论。② 笔者不愿下“以前杀的个案都是错误的”的判断，但是却愿意下这样的判断：现在不杀的个案却是正确的。如果非要在“欲加之罪，何患无辞”与“欲减之罪，何患无辞”之间选择，③为什么当今中国人一定要选择前者而不是选择后者？

三、死刑案再审程序与罪刑法定主义之关系

我国并没有独立的“死刑案再审程序”，死刑案的再审适用于《刑事诉讼法》规定的一般的刑事再审程序。一般而言再审程序问题似乎专属于诉讼法研究的范畴，但实际上再审程序问题也与刑法中的罪刑法定主义有密切的关系。从历史渊源来看，罪刑法定主义最早起源于1215年英国《大宪章》中规定的程序正义原则，即不依正当法律程序，不得逮捕、监禁、流放或者处以死刑。大陆法系国家提出罪刑法定原则之初，反对的就是封建中的罪刑擅断主义，而“罪刑擅断”除了“法无明文规定也定罪，也处罚”的实体层面的意思之外，还指严重侵犯人权的刑讯逼供、非法收集、认定证据（包括证人证言）等程序不当的意思。当今刑法学界已经将英美法系国家的正当程序条款视为罪刑法定原则的一种特殊表

---

① ［美］博西格诺著：《法律之门》，邓子滨译，华夏出版社2007年版，第99页。

② 根据《圣经》故事拍摄的美国电影《耶稣受难记》中，有这样一个类似于药家鑫案与“赛家鑫”案“杀轻放重”的场景。耶稣被犹大出卖受公审，巡抚根本不想处死耶稣，企图用残酷的鞭刑惩罚之后放掉耶稣，但鞭刑之后民众仍然强烈要求处死耶稣。巡抚又从监狱里拉出一个十恶不赦的死囚巴拉巴，要愤怒的民众选择“放一个，杀一个”。民众异口同声，大呼“处死耶稣”，巡抚没办法，只能当场放掉杀人犯巴拉巴，处死耶稣。

③ 有学者认为“赛家鑫”二审改判死缓的判决说理不够甚至语焉不详，不能服众，以致民众反对后法官才被“倒逼”出来补充释案。参见杨兴培：“若在国外，李昌奎判决书该如何写”，载《法制日报》2011年7月12日。笔者不认同这种说法。即使二审法官提前将这些理由写进判决书，要求判死刑的民众还是不会满意的。难道民众对药家鑫案判死刑的结果满意，是因为该判决书说理充分吗？不是。事实上杀还是不杀，可供陈述的理由与法律依据就那么多，死刑判决书的说理程度与民众满意度之间的关系不大。

现形式，将罪刑法定主义分类为大陆法系模式与英美法系的程序正义模式。并且两种刑事法治模式开始呈现出相互融合的趋势，例如日本刑法学界借鉴美国宪政中的"适当处罚的原则"或"实体的正当程序"概念，发展出罪刑法定的实质侧面——合理性派生原则。①

我国属于社会主义法系，由于我国第一代刑法学人主要是留苏人员，第二代主要是留德、日人员，因此刑法学的大陆法系的色彩比较浓厚，但随着第三代留英美法系国家人员的增加，刑法学界对英美法系各种程序正义的观念的兴趣逐渐浓厚，程序正义的观念逐步被介绍、认同、吸纳，影响了部分刑法学人的思考方式，将对社会危害性、实质的犯罪概念、变更罪名的判决、当然解释等问题的实体法的思考，与无罪推定、疑罪从无、毒树之果、沉默权、一事不再理等程序正义观念保持逻辑的一致性。② 将程序正义观念视为我国罪刑法定主义的内容之一，将程序正义的许多理念和原则贯彻到实体法的适用与解释中去，这是当前我国刑事法治建设与发展中的一个趋势。我国的司法部门也开始进行这种制度创新，例如最高法院等5部门联合颁布的《关于办理死刑案件审查判断证据若干问题的规定》，就在部分意义上确立了死刑案件审理中的非法证据排除规则，其实质目的在于"依法、公正、准确、慎重地办理死刑案件，惩罚犯罪，保障人权"。因此在某种意义上讲，违反程序正义也就是违反了罪刑法定原则（主义）。

笔者认为"赛家鑫"死刑案再审在以下几个方面违反了罪刑法定主义。

第一，"赛家鑫"死刑案再审程序的启动缺乏法律依据。如前文的论述所言，"赛家鑫"案二审改判死缓有明确的实体法依据，在实体法层面并不构成"适用法律有错误"或定罪量刑的证据不确实、不充分的错案。也没有"有新的证据证明二审判决认定的事实确有错误"以及"审判人员有贪污受贿，徇私舞弊，枉法裁判行为"等刑事诉讼法明文规定的启动再审程序的事由。

第二，即使假定"赛家鑫"死刑案再审程序的启动有法律依据或勉强的事由，但这种企图改二审死缓判决为死刑立即执行的再审，也违反保障犯罪人权利为目的的"一事不二审"的现代刑事法治原理。

针对刑事案件的再审，最高人民法院有关司法解释明确规定，检察机关没有抗诉的再审案件"一般不得加重被告人刑罚"。这一解释并没有排除法院自行提起的再审加重被告人刑罚的可能性。③ 即使"赛家鑫"死刑案再审中，二审法

---

① 张明楷著：《刑法学》，法律出版社1997年版，第42页。

② 邓子滨著：《中国实质刑法观批判》，法律出版社2009年版，第100~103页。

③ 我国也出现过法院自行提起的再审案加重被告人刑罚的案例。参见张毅著：《刑事诉讼中的禁止双重危险规则论》，中国人民公安大学出版社2004年版，第357页。

院按照上述司法解释维持死缓的判决，也并没有堵截“一事二审”或“上诉加刑”的可能性。我国按照审判监督程序提起的再审并没有次数与期限的限制，再审的判决也仍然不是终极的生效判决，还可以“一而再，再而三”，没完没了的提起“再审”。假定“赛家鑫”再审维持死缓，检察院对第一次再审判决还可以再次按照审判监督程序提出抗诉，最高法院也还可以像刘涌案那样提起再审，这也不排除第二次、第三次……再审中加重被告人的刑罚。

但笔者认为这种加重再审中被告人刑罚的做法不仅仅在理念上违反了罪刑法定主义，在法律层面也违反了我国政府已经签署的《公民权利和政治权利国际公约》的相关规定以及我国《宪法》的相关规定。该《公约》第14条第7款明文规定了“一事不再理”原则。我国《民法通则》第142条、《民事诉讼法》第238条、《行政诉讼法》第72条均规定：国内法与国际法发生冲突时优先适用国际法。虽然刑事法领域没有类似的明文规定，但随着2004年我国首次将“国家尊重与保障人权”写入宪法，“国际法优先原则”的观点得到国内越来越多的学者的支持。如果将该公约规定的相关原则在法律修改中写入《刑事诉讼法》，在立法层面消除法律体系中的冲突与矛盾，当然是更优的选择，[①]但即使在我国刑事诉讼法正式确认该原则之前，也不妨碍我国在刑事司法实践中适用该法治原则。在我国刑事司法实践中也有实例，例如前文提及到的《关于办理死刑案件审查判断证据若干问题的规定》司法解释，就是在我国刑事诉讼法没有规定非法证据排除原则的前提下，按照现代法治原理以及相关的国际条约与宪法条款，确立了死刑案件司法适用中的非法证据排除规则。《公民权利和政治权利国际公约》也属于我国法律体系的一部分，该公约中的“一事不再理”原则是刑事司法准则的最低标准。[②] 根据“条约必须遵守”的国际法准则以及保障人权的宪法精神，我国的刑事司法也应该遵守该公约确立的有利于被告的一事不再理原则。另外，从罪刑法定主义所要求的刑事法严格解释的原则角度来看，严格解释原则反对只是对刑事法做出不利于被告的实质解释、目的解释及类推解释，但并不排除符合现代法治精神且有利于被告的实质解释、目的解释及类推解释。

① 我国《刑事诉讼法》的再次修改已经提上立法机关的议事日程。刑事诉讼法专家提出的建议稿中都有再审不加刑或者限制不利于被告的重审、再审的次数等立法建议。参见陈光中主编：《中华人民共和国刑事诉讼法再修改专家建议稿与论证》，中国法制出版社2006年版，第202页。陈泽宪、熊秋红主编：《刑事诉讼法修改建议稿与论证——以被指控人的权利保护为核心》，中国社会科学出版社2009年版，第18～19页。

② 苏彩霞：“从《公民权利和政治权利国际公约》看我国刑事再审程序改革”，载《环球法律评论》2004年春季号。

第三，在被告人确实犯有严重罪行前提下，我国以“有错必纠”、“不枉不纵”完美主义思维支撑下的死刑案再审程序，明显带有重刑主义的色彩，实际上异化为单向追求判决死刑（立即执行）的程序，这同样违反罪刑法定主义。

尽管我国《刑事诉讼法》明确规定公安机关、人民检察院在司法过程中应该全面收集、审查犯罪嫌疑人有罪、罪重、无罪、罪轻的证据之义务，但这种貌似辩证、全面、完美的规则设计，在司法实践中不能得到贯彻落实。例如我国人民检察院作为公诉机关的主要性质决定了其工作的重心是“打击犯罪”而不是保障犯罪人的人权。检察机关在履行法律监督职能时尽管通常宣称抗诉、提起再审等的理由是“量刑畸轻畸重”，但全国又有几起审判监督案件是以“量刑畸轻”为由而提起的？① 实际上在“限制国家权力，保障犯罪人人权”的罪刑法定主义未能深入人心的前提下，公安、公诉机关强化“打击犯罪、保护人民”获得“道德上与政治上的正确”的制高点，在司法实践倾向于无限激活柔性刑事法条文中的有利于“打击犯罪”的含义而尽量规避适用有利于犯罪嫌疑人的含义，②或者采取各种策略、潜规则架空保障人权、不利于“打击犯罪”的刚性条款。③

法院在性质上本应该属于中立机关，不过我国法院在现有的政治制度背景下也难免染上“强化打击犯罪”的色彩。例如我国无次数、期限限制的再审程序的制度设计本身就成为被害人或其家属无限申诉、上访的促动因素，加之在地方政府“维稳压倒一切”的政治要求下，法院很多时候也只能将法治所要求的法律教义学判断置于一边，在审判中无奈地选择屈从所谓的民愤、民意。④ 在绝大多数中国民众根本无法接受废除死刑，对限制、减少死刑的政策也多持反对意见的社会背景下，民愤或者社会民意在我国死刑判决中的确起着至关重要的作用，所

---

① 例如，海淀区人民检察院提起的33个刑事审判监督案件中，没有1件是以“量刑畸轻”为由提出抗诉的。参见孙立：《刑事审判监督案件精选精释》，中国检察出版社2009年版。

② 例如，《刑事诉讼法》中拘留3天是原则，延长37天是例外，律师会见在押犯人时侦查机关可以派员在场是例外等，但司法实践中“例外”规定变成了通常的“原则”，“原则”规定变成了无伤大雅之时的“例外”。

③ 例如，《刑事诉讼法》规定了禁止刑讯逼供等刚性条款，但司法人员总能找到规避法条且不负法律责任的方式与理由，这类违法现象屡禁不止，使得法律明文规定的禁止条款异化为“沉睡的条款”。

④ 社会民意这个东西，“它像一个难以捕捉的影子”（美国弗兰克法官语），太具有不确定性与非理性色彩。事实上社会公共事件中的民意、公愤的爆发往往不是案件事实本身，而是媒体挖掘报道的案外的某些敏感、细微的“新闻”因素所决定。例如，许霆案一审被判无期徒刑，最初网络民意几乎异口同声地认为应该判无罪，但仅仅因许霆在重审法庭上自我辩护时抛出了一句“取钱是为了替银行保管财产”的话。一时网络舆论哗然，导致原本同情许霆的网友纷纷倒戈，称许霆活该被判无期，乃至于改判死刑也不为过。药家鑫若不是在接受媒体采访时说了一句“农民很难缠”的话，估计网络民意的民愤也不会如此之大，以至于将自己送进了不杀不足以平民愤的“死门”。

以至今我们还没有看到一起“以判死刑立即执行不当”为由而要求改判死缓的再审案例。倒是过去的或者未来的死缓终审判决，很可能会因“赛家鑫”再审案树立的坏“标杆”、“示范”效应而不断地被推上前台，要求启动再审，改判为死刑。① 总之，以所谓的民愤、社会民意作为死刑判决中讲究社会效果的考量因素，必然牺牲刑事司法判决的“法律效果”。而如果将某个受民意影响而判死刑的案例树立为其他死刑案件判决的标杆，则更严重地背离现代刑事法治理念。

早在100年前，沈家本就说：如果“以刑为泄忿之方”，其流弊所至，将会使法“重中之重，更无穷已”。② 网民或者其他社会公众、媒体、其他机关都有批评或者监督司法判决的权利，但法院也有坚持法律原则的义务。从这一角度看，假定“赛家鑫”再审案中的法官哪怕冒着被社会舆论批判或者辱骂的风险，强调或者坚持对案件进行法律教义学的分析与判断，维持死缓判决的话，这就不是法官丧失良知与司法正义的表现，而是坚持良知与司法正义的可贵之处。果真如此，说“赛家鑫”案二审或者再审案树立起坚持罪刑法定主义的“一个标杆、一个典型”，在中国法治现状与语境下实为名至实归，并无不当。③

最后，借用革命导师孙中山先生临终前的一句遗言结束本文：如果说罪刑法定主义是一场具有革命性意义的法治思想启蒙与社会实践运动的话，那么“赛家鑫”再审案足以显示——它并不因为我国《刑法》中已有了罪刑法定原则的立法而自行成功，实际上“革命尚未成功，同志仍需努力。”

（2011年第8期）

① 网络上已经开始以“另一起药家鑫”、“翻版李昌奎”为题，不断翻出、热炒过去各地方法院判死缓的杀人案。

② 沈家本：《死刑唯一说》，载《寄簃文存》卷三。转引自张晋藩著：《中国近现代社会与法制文明》，中国政法大学出版社2003年版，第262页。

③ 当然，若将“赛家鑫”再审案与著名的辛普森案（美国普通民众眼中肯定是辛普森杀死两被害人，但法庭最后因证据瑕疵问题顶住舆论压力而判其无罪，民事上则判其因杀人而负巨额赔偿责任。即使日后发现有新的证据证明辛普森杀人，也不得在刑事上进行再审）相比，其刑事法治标杆意义还是要打点折扣。

从李昌奎案检讨数罪并罚时死缓的适用

姜 涛*

早在2010年7月,昭通市中级人民法院以强奸罪、故意杀人罪两罪并罚判处李昌奎死刑立即执行。但2011年3月,云南省高级人民法院改判李昌奎死缓。我们在争论司法独立性与民意关系的同时,实际上忽略了该案中另外一个非常重要的问题——数罪并罚时,死刑(缓期2年执行)吸收其他的刑罚是否违背了罪刑相适应原则?

作为一种现实的刑事政策选择,对于死刑不能采取"突然死亡法"的国度而言,死缓具有悬置死刑的重要意义,但是刑法在没有将死缓作为死刑必经的执行方式之前,①如何确保死缓的正当适用,一直是刑法学界关注的核心议题,各学科的学者都从自己的视角和规范出发,不断地对这个问题做出解释,形成了大量的学术积累。然而,在学界聚讼的有关死缓问题的研究中,始终有一个问题没有引起学界的应有关注,即在数罪并罚案件中,如果一人犯有数罪,其中一罪依法已经达到可以判处死刑的界限,但又因具有法定或酌定的从宽处罚情节而可以适用死缓。此时,法官可否因存在其他重大罪名,而阻却死缓的适用?这是司法实践中经常遇到的难题,而李昌奎故意杀人、强奸一案所引起的社会热议——是否应该对本案被告人判处死缓,恰给为刑法学界反思与理清这一命题提供了最佳契机。这就向我们提出了一个全新的刑法学课题:数罪并罚案件中的死缓应该如何适用?

一、李昌奎案向我们提出了什么样的法学命题

死缓被扭曲适用的情形在现实中并不鲜见,比如,2006年4月30日,湖北省宜昌市中级人民法院就刘志祥贪污、受贿、故意伤害、巨额财产来源不明一案作出判决,根据刘志祥的犯罪事实、性质和情节、悔罪表现及其社会危害程度,依照

---

* 作者单位:南京师范大学法学院。

① 国内已经有学者主张死缓应该为死刑执行的必经程序。参见张文、黄伟明:"死缓应当作为死刑执行的必经程序",载《现代法学》2004年第4期。

《刑法》有关规定，法院判决被告人刘志祥犯贪污罪，判处死刑，缓期2年执行，剥夺政治权利终身，并处没收财产人民币50万元；犯受贿罪，判处无期徒刑，剥夺政治权利终身，并处没收财产50万元；犯巨额财产来源不明罪，判处有期徒刑五年；犯故意伤害罪，判处无期徒刑，剥夺政治权利终身。数罪并罚，决定执行死刑，缓期2年执行，剥夺政治权利终身，并处没收财产人民币100万元。同时判决对刘志祥4000余万元的非法所得予以追缴。这一案件的死缓判决引起了社会的广泛关注，关注的焦点在于行为人除被判处死缓的罪名之外，还有两个罪名被判处无期徒刑和一个罪被判处5年有期徒刑，难道这些罪名的存在都因为吸收原则的存在而对死缓的适用没有任何影响吗？如果说这一案件尚不能引发学界对数罪并罚案件中的死缓适用标准之学术大讨论的话，那么最近被媒体炒作的沸沸扬扬的李昌奎案则迫使我们进一步思考：数罪并罚中死刑罪名之外的罪名（包括其他可以判处死缓的罪名）对死缓判决究竟有何影响？尤其是这种影响能不能使死缓判决升格为死刑判决？如果能，那么这种升格的正当性根据是什么？

云南省高级人民法院对李昌奎案一纸看似平常的将死刑立即执行改为死缓的判决，开启了中国近年来罕见的关于能否以公众狂欢方式杀人的大讨论。不无遗憾的是，社会各界对此关注仍然局限于“民意与司法的辩证关系”这一学术命题不能自拔，并没有关注本案中其他更有意义的争点。为何这么说？因为如何区辨民意与司法之间的关系，学界已经在早年的刘涌案、许霆案、邓玉娇案和今年的药家鑫案发生后，对此进行了广泛且具有重要意义的学术讨论。① 笔者是坚定的司法独立维护者，认为民意是立法民主化的基本保障，在司法活动中，民意只可以对司法不公或司法错误具有监督作用，但并不能成为左右司法判决的“第三力量”，法官判案只能服从于刑法规范和自我良知，这是司法独立化的需要。所以，民意与司法的关系并不是本文讨论的主题。本文关心的问题是：云南省高级人民法院以李昌奎自首、积极赔偿为由改判其死缓具有正当依据吗？或者说，这一判决是否存在明显的法律适用错误问题。对此，笔者拟从数罪并罚制度视角进行一番分析，而分析的核心命题是：在数罪并罚案件中，如果一罪已经达至死刑边界，同时又具有法定或酌定从宽处罚情节可以适用死缓，那么其他重大罪名的存在能否和这些从宽量刑情节相抵消，从而阻却死缓的适用？

---

① 关于这种讨论，详细请参见孙万怀：“论民意在刑事司法中的解构”，载《中外法学》2011年第1期；孔祥俊：“从司法的属性看审判与民意的关系”，载《法律适用》2010年第12期。

二、数罪并罚制度中的死缓适用规则之检讨

如何在数罪中贯彻罪责刑相适应原则，这是数罪并罚（日本称为合并罪，而德国称为实质竞合）制度的目的诉求，这一目的诉求不仅决定着数罪并罚原则的建构与适用，而且影响着刑法规定不明确之时，法官对数罪并罚原则适用的解释。但从中国刑法规定以及相关的刑法解释而言，我们并没有很好地体现这一点，因此，有给予反思的必要。

刑法对数罪并罚原则的不明确设定以及学界对此定位中的偏差，这是造成数罪并罚案件中死缓适用随意的“罪魁祸首”。我国《刑法》第69条规定：“判决宣告以前一人犯数罪的，除判处死刑和无期徒刑的以外，应当在总和刑期以下、数刑中最高刑期以上，酌情决定执行的刑期，但是管制最高不能超过三年，拘役最高不能超过一年，有期徒刑最高不能超过二十年。如果数罪中有判处附加刑的，附加刑仍须执行。”可见，我国《刑法》第69条关于限制加重原则的规定，明确地将死刑、无期徒刑排除在外。但刑法对于判决宣告中有数个死刑、无期徒刑或者最重刑为死刑、无期徒刑的应当按照什么原则实行并罚并未做出明文规定。对此，我国刑法学界一般认为，在这种情况下应采取吸收原则。吸收原则是指在所犯数罪分别宣告的刑罚中，选择其中最重的一种刑罚作为执行的刑罚，其中较轻的刑罚，被最重的刑罚所吸收，不予执行。按照学者的归纳，在我国刑法中，适用吸收原则的有以下两种情形：其一，判决宣告的数个主刑中有数个死刑或者最重刑为死刑的，采用吸收原则，仅执行一个死刑，而不得决定执行两个以上的死刑或者其他主刑。其二，判决宣告的数个主刑中有数个无期徒刑或者最重刑为无期徒刑的，采用吸收原则，仅执行一个无期徒刑，而不得决定执行两个以上的无期徒刑或者其他主刑，也不能将两个以上的无期徒刑升格为死刑。① 至于为何要采用吸收原则，国内学界并没有说明，日本学者的一段论述可以作为证成理由：“处以死刑或者无期的自由刑时，进而科处其他的刑罚，对受刑者是过于酷苛的，而且，一般也是无意义的。”②毫无疑问，这是一种遏制重刑的刑法立场，笔者对此并不持有异议。

---

① 高铭暄、马克昌：《刑法学》，北京大学出版社、法律出版社2005年版，第314~315页；张明楷著：《刑法学》（第2版），法律出版社2006年版，第460页。

② ［日］大冢仁：《刑法概论（总论）》（第3版），冯军译，中国人民大学出版社2003年版，第431页。

遏制重刑与反对滥用死缓并不矛盾，我们不能因遏制重刑的需要而滥用死缓，因为滥用死缓不仅不能达到遏制重刑的需要，反而会导致刑罚目的的实现不能。问题只在于，我国刑法所规定的数罪并罚制度是否给法官留下了滥用死缓的制度空间？不难看出，我国刑法在数罪并罚中死刑与无期徒刑的适用上就存在不明确之处，而学界对此问题的定位也没有关照到刑法分则具体罪名法定刑设置的特殊性并不全面。一方面，在数罪的宣告刑均为无期徒刑或者死刑的情况下，我们必须坚持吸收原则，并无法将两个或两个以上的无期徒刑升格为死刑。另一方面，从刑法分则具体罪名的法定刑设置来看，绝大部分死刑罪名的法定刑都是一种死刑与无期徒刑并存的格局，并且我国《刑法》第48条还独特性地规定了死缓制度，以减少死刑的适用。这就给其他罪名之存在影响死刑罪名之宣告刑提供了规范空间。更为具体地说，其他罪名的存在可以影响到法官对死刑或死缓的选择，否则，就可能存在罪刑不均衡现象。举例来说，甲和乙都实施了一个应当被判处无期徒刑的犯罪A，此外，甲还实施了另外一个可以被判处无期徒刑的犯罪B和可以判处10年有期徒刑的犯罪C，除非A罪的最高法定刑为无期徒刑，否则以吸收原则对甲判处无期徒刑，就会面临着刑法不公的诘难。更为重要的是，司法实践中法官在死刑与死缓之间左右为难甚至使滥用死缓的现象较为严重，[①]而问题的成因则在于死缓适用标准的不明确，这在数罪并罚案件中体现得尤为明显。数罪并罚从反向上意味着行为人的违法性大小与有责性大小胜过同种单独犯罪，以李昌奎案为例，本案既构成故意杀人罪，又构成强奸罪，同时，还实施了两个单独的故意杀人行为，这一数罪案件就比药家鑫案那种单一的故意杀人的违法性与有责性要大得多。这主要是从罪数上进行评价的结果，而不是刑罚评价方法的结论，可谓是罪行滔滔。但是，如果我们不把其他罪名作为死刑罪名之宣告刑选择的参数之一，则会出现这样的司法怪圈：犯罪危害重者反而被判处死缓，危害轻者却被判处死刑。因为数罪并罚需要对各个犯罪进行单独评价并得出量刑结果，然后再以吸收原则湮没其他犯罪的量刑结果，而单独犯罪则可能因情节特别严重或后果特别严重而直接被判处死刑。这是不正义的。

这一问题的存在恰恰是本文反思的基本立论点。笔者认为，就数罪并罚案件中的死缓适用而言，其他罪名的存在意味着死缓适用的限制上增加了新标准，我们要重视这一标准对死刑与死缓选择的影响。于此要追问的是：在数罪并罚

① 关于这一问题，已经有学者进行过专门研究，参见骆金勇：“论死缓刑的适用”，载《人民司法》2005年第1期。

中，死刑罪名符合适用死缓的条件，但被告人同时犯有其他严重的故意犯罪，此时，对死缓完全适用绝对的吸收原则是否具有正当性？笔者认为，这一问题的回答包含着3个逻辑相关的维度。

其一，对死缓适用不考虑其他罪名违背罪责刑相适应原则。作为刑法的基本原则，罪责刑相适应是检验死缓适用是否正当的最终标准。根据罪责刑相适应原则的要求，行为人承担的刑事责任应当与其行为的社会危害性相适应。在一罪的情况下，被告人具有适用死缓的条件而被判处死缓的案件一般并不存在太大的争议，但在数罪的情况下，因被告人至少一罪应当被判处死缓，同时，被告人还有其他罪行应当被判处刑罚。此时，则需要慎重考虑这种犯罪是否还有继续适用死缓的条件。目前，死缓日渐褪去其政治光环，而成为刑罚制度中的一部分，它在和死刑立即执行的变通适用过程中，必须遵守罪责刑相适应原则的要求。此时，如果我们不加分析地机械适用吸收原则，则可能会违背罪责刑相适应原则，民众也难以认同法院的裁判结果，从而导致司法权威的终结。因为数罪并罚不仅在于贯彻一罪一刑的刑罚原则，而且也是实现罪责刑相适应原则的必要手段。既然如此，这就需要以"统一分一合"的方法正确评估数罪案件的社会危害性，"统"意味着我们需要对数罪之社会危害性进行整体评价，"分"意味着我们应该对数罪分别定罪量刑，而"合"意味着应该在对数罪之社会危害性的整体评价的基础上，选择相应的数罪并罚原则，决定最终的宣告刑。长期以来，我们从技术上重视数罪并罚原则的运用，但却疏于从整体上评价整体犯罪的社会危害性，以至于在死缓适用上带来了随意现象。这在刘志祥案、李昌奎案等中得以集中体现，无论是刘志祥案，抑或李昌奎案，都有一罪被判处死缓，但同时存在其他罪名，如果我们不考虑其他犯罪对死缓选择的影响，则必然出现一个死缓罪名和犯多个死缓罪名所导致的刑罚完全一致的结果，量刑结果无法随着犯罪之责任程度的升高而"翩然起舞"，这并不符合罪责刑相适应原则的要求。对此，我们应意识到，尽管需要维护数罪并罚中的"一罪一刑"原则，但在数罪中至少一罪的最高刑为死刑的情形，司法实践经常面临的困境是死刑与死缓的两难选择困境，如果依照《刑法》第69条所规定的分别定罪量刑的方法，则针对某罪完全可以判处死缓，此时再依据吸收原则的话，则意味着其他罪的初次宣告刑被完全吸收，此案的最终宣告刑只能为死缓。这是十分危险的，依据这一原则判刑，只能"将错就错"或"一错再错"，李昌奎案的二审判决结果似乎就印证了这一问题的存在。

其二，吸收原则并不能存在于效果不同的法定刑中。就数罪并罚中的死刑适用来说，因其属于刑罚中的最高刑种，适用限制加重原则或并科原则就无法操作，毕竟，刑罚作用于人，而"人命只有一条"，这是其选择吸收原则的重要理由。问题是，中国《刑法》在规定死刑这一刑种的同时，还在全球范围内首创死缓制度，以限制死刑立即执行的适用，正如高铭暄教授所言，"如果要在我国刑罚体系中搜索'中国特色'的制度化因子的话，相信每一位刑法学人都会不假思索地俯首去捡拾'管制'和'死缓'"。[①] 然而也正是这一特色之处，意味着死刑与死缓具有完全不同的法律效果，由死刑变更为死缓，意味着对被告人的从宽处罚。于是我们必须面临与其他国家不同的刑法课题：死缓虽然是死刑的一种执行制度，但却也与死刑之间是一种"生死两重天"的局面。既然死刑与死缓对被告人影响甚巨，那么我们就不得不再次审视死刑、死缓在数罪并罚中的吸收适用问题，分析其他犯罪对死缓的适用是否具有实质性的影响，否则，就会出现以吸收原则来规避死刑适用的制度空隙。其实，《刑法》第69条只规定，死刑与无期徒刑不适用限制加重原则，而不适用的原因在于，死刑为最高刑，没有限制加重的可能，而无期徒刑没有期限限制，无法在最高刑期以上、总和刑期以下判刑。但是，立法没有明确的问题是，对于死刑与无期徒刑是否适用吸收原则。所以，对死刑和无期徒刑采用吸收原则仅仅是法学家一种学理解释，而这种学理解释又只是照搬了国外的刑法理论，而没有考虑到中国刑罚结构及其适用的特殊性，这种特殊性体现有二：一是独创性地把死缓作为死刑的执行方式，从而在客观上使死刑与死缓之间具有完全不同的法律效果；二是大面积地存在死刑，并且死刑与无期徒刑基本上共存在同一法定刑之中，而国外（尤其是吸收原则发源地的大陆法系国家）刑罚的最高刑多为终身监禁。由这种特殊性所决定，我们并无法实行绝对意义上的吸收原则，只能实行一种相对意义上的吸收原则，即在数罪中某一单独犯罪在面临死缓与死刑、无期徒刑与死缓的两难抉择时，应该充分考虑其他罪名之应判刑罚对这种抉择的影响。

其三，数罪中的非死罪名可以阻却死刑罪名的死缓适用。依据《刑法》第48条的规定，对于应当判处死刑的犯罪分子，如果不是必须立即执行的，可以判处死刑同时宣告缓期2年执行。"不是必须立即执行"，这一点乃是死缓制度的合理内核，也构成了死缓适用操作的核心判断因素。如何判断？刑法自身的规定犹如空中楼阁。学界一般认为，根据刑事审判经验，应当判处死刑，但具有下列情形之一的，可以视为"不是必须立即执行的"：犯罪后自首、立功或者有其他法定任意从轻处罚情节的；在共同犯罪中罪行不是最严重的，或者其他在同一或同类案件中不是最严重的；被害人的过错导致被告人激愤犯罪或者有其他表明容

---

① 高铭暄、徐宏："中国死缓制度的三维考察"，载《政治与法律》2010年第2期。

易犯罪改造的情节的;有令人怜悯的情节的;虽然极其严重罪行的证据充分、确凿,但其他应当留有余地情况的。[①] 这种认定从肯定死缓适用的角度观之是恰当与全面的。问题只在于,这是一种单向度的思维模式,即仅从死刑立即执行之排除适用的视角进行分析,而没有从双向角度进行综合考量,即没有考虑到排除死缓适用的情形,因而不能对数罪并罚中的死缓适用有所助益。笔者认为,在刑法没有明文规定死缓为死刑的必经程序的前提下,我们还必须区分死刑与死缓适用的条件区分。这是司法实践中的一大难题,正如一位曾在地方法院锻炼的死刑复核法官深有感触地说:"案件的事实总是很复杂,有时候死缓和死刑立即执行真的很难定夺",[②]司法经验表明,影响死缓判决的何止是量刑情节,在数罪并罚的情况下,一罪本就应该判处死刑,如果满足适用死缓的条件,我们尚须进一步考量它罪的存在对死缓的适用的影响。如前所述,数罪整体上的违法性与有责性远远超过单一的同种一罪的违法性与有责性。既然如此,法官对被告人是否判处死刑,则需要在考虑缓刑适用条件的基础上,综合考虑其他罪名对死刑罪名之死缓适用的影响,而不是对某罪单独进行评价并判处死缓后,再以吸收原则消化掉其他犯罪的应判刑罚,因为"数个行为虽然不是一个人格态度的发现,但在根底上是由一连串的人格形成联系起来的,在此意义上应当综合起来进行评价"。[③] 如此考虑,表面上背离了学界主张的吸收原则,其实却是对行为人之责任的全面考量,是对罪责刑相适应原则的全面贯彻,也是对刑罚目的的最大尊重。毕竟,行为人的责任才是法官量刑的基础,而不是单一的吸收原则这种技术性、形式化的规则设置。

既如此,在检讨数罪并罚中的吸收原则之际,一定要把量刑与责任的视角捡回来,刑罚的裁量不仅应当满足公众对已然犯罪的报应需求,而且应当考虑预防未然犯罪的功利需要。在数罪并罚中死缓与死刑的选择中,既然严格贯彻吸收原则会导致死刑罪名之外犯罪对死缓判决不具有任何影响,进而造成罪刑失衡现象,那么我们就不能以吸收原则这一形式理性为名,排除死刑罪名之外的其他罪名对死缓选择的实质影响。相反,我们应该慎重考量其他罪名之责任程度对死刑罪名之死缓选择的制约。更为具体地说,能否选择死缓必须考虑其他犯罪之责任程度与死缓适用条件的抵消问题。如此认定,也就把数罪并罚案件中的死缓适用规则的建构凸显出来。

---

① 张明楷著:《刑法学》(第2版),法律出版社2006年版,第424页。

② 赵蕾:"三百'生死判官'呼之欲出",载《南方周末》2006年3月30日。

③ [日]团藤重光著:《刑法纲要总论》,创文社1990年版,第449页。

三、数罪并罚案件中的死缓适用之规则建构

死缓适用是刑法中的量刑理论的缩写图,死缓的适用一方面要与犯罪人的责任相适应,而责任程度是与违法性大小和有责任的大小相称,违法性大小主要由犯情来决定,即由犯罪事实的情节来决定的,包括犯罪方法的残酷性、被害法益的大小、犯罪结果的轻重以及犯罪的社会影响等;有责性大小除了应考虑责任能力的程度、故意过失的类型、犯罪动机以外,还应该考虑行为人的年龄、性格、经历等不属于犯罪事实的因素。另一方面又要考虑一般预防与特殊预防的需要,既要发挥刑罚的威慑效应,唤醒与强化国民的规范意识,而且要考虑行为人的危险性格,①力促行为人能够改过自新。

就数罪并罚案件中的死缓适用而言,尽管包含着限制死刑的政策选择,但公正乃是其基本价值,而能否实现公正依赖于量刑标准的精确,而量刑标准是否精确,取决于如何建构数罪并罚案件中的死缓适用规则。国内刑事司法存在严重的死缓滥用问题,就李昌奎一案来说,单就其罪数而言,李昌奎的行为既构成了强奸罪,又构成了故意杀人罪,强奸罪之责任果真如《刑法》第69条的规定被故意杀人罪的宣告刑完全吸收吗?如果不能被吸收,那么强奸罪对行为人最终的量刑结果有何影响?此外,对于两条人命是否可以按照同种数罪进行并罚?如要回答这一问题,就不得不对数罪并罚案件中的死缓适用规则作出理性建构。这主要涉及两个方面的问题:

其一,把罪责刑相适应原则作为“不是必须立即执行”的最高标准。罪责刑相适应原则是裁量决定刑罚的基本准则,也是衡量刑罚适用是否公平的最主要标准。它要求在对犯罪分子决定刑罚时要做到罚当其罪,即“处罚每一种犯罪人的程度和轻重,以是否使罪犯觉得不值得犯罪,使他知道悔罪,并且警戒别人不犯同样的罪行而定”。② 罪责刑相适应原则必须通过量刑规律体现出来,量刑规律乃是犯罪的危害量与刑罚量交换的基本规律。其中,宣告刑围绕基准刑上下浮动正是量刑规律在量刑实践中发挥作用的具体表现形式。③ 而对重罪处以重刑,对轻罪处以轻刑,则是量刑规律作用的结果。依据我国《刑法》第48条的规定,“不是必须立即执行的”是适用死缓的核心要件,问题是:(1)死缓刑适用

---

① 张明楷著:《外国刑法纲要》,法律出版社2006年版,第411~412页。

② [英]洛克著:《政府论》,瞿菊农、叶启芳译,商务印书馆1982年版,第9~10页。

③ 姜涛:“认知、诠释与激活:一个关于量刑规律的解释程式”,载《江海学刊》2011年第1期。

的关键性要件是犯罪分子的罪行极其严重，但又不是必须立即执行的，其中，"不是必须立即执行的"这一规定过于抽象，并且主要是一个政策考量，在理论与实践上都难以把握，①以至于出现了死缓适用随意化的趋势。(2)不是把死缓的适用作为一个刑法问题看待，而是作为一种政策考量，转而认为对罪行极其严重犯罪分子适用死缓，不能简单地理解为是对其予以从轻处罚，适用死缓更不应以具有法定从轻情节为条件。② (3)由于受前两个因素的影响，最高人民法院在死缓与死刑适用立场上飘忽不定，比如，1999 年最高人民法院在《全国法院维护农村稳定刑事审判工作座谈会纪要》中指出，"对于因婚姻家庭、邻里纠纷等民间矛盾激化引发的故意杀人犯罪，适用死刑一定要十分慎重……对于被害人一方有明显过错或对矛盾激化负有直接责任，或者被告人有法定从轻处罚情节的，一般不应判处死刑立即执行。"而最高人民法院《关于贯彻宽严相济刑事政策的若干意见》的规定，"故意杀人、故意伤害致人死亡……要作为严惩的重点，依法从重处罚。"以上三个方面，导致司法实践中死缓的适用较为随意，这也是云南省高级人民法院对李昌奎案改判死缓的重要原因。

死缓适用如何才能走上规范化的轨道，学界开出的药方大致有三：一种观点主张将死缓作为死刑执行的必经程序，具体而言，在司法实践中逐步扩大死缓制度的适用，将死缓制度作为死刑的必经程序，即可在立法不做大的变动的前提下，有效地减少死刑立即执行。③ 另一种观点则主张确立先例标准促进死缓适用之规范化。这一观点认为死缓先例是目前规范死缓裁量最为可行的方法。死缓先例制度的价值在于通过明确死缓适用标准，守护中国《刑法》的第 2 条生死分界线，践行"国家尊重和保障人权"的宪法原则。完善死缓先例制度应该循序渐进地通过建立死缓裁判规范体系、编撰死缓先例、死缓先例法制化来实现。④还有观点认为死缓在适用的对象条件设置上不太符合罪刑法定主义，缺乏刚性；

---

① 以理论上的争议为例，学界分歧较大。有学者认为，"不必立即执行"应从下述六个方面加以考虑：(1)从罪行严重程度考虑；(2)从量刑情节考虑；(3)从犯罪起因方面考虑；(4)从犯罪人本身情况考虑；(5)从分化共同犯罪人考虑；(6)从其他因素考虑。参见高铭暄主编：《刑法学原理》(第三卷)，中国人民大学出版社 1994 年版，第 554 ~ 556 页。还有学者指出，"不必立即执行"应当考虑以下因素：(1)犯罪人的人身危险性；(2)受害人及其他人在本案中有无过错；(3)犯罪人是否在共同犯罪中起最重要作用；(4)犯罪人有无悔改或者自首立功表现；(5)是否"疑罪"；(6)是否有利于国际影响；(7)是否属于值得保存的"活证据"；(8)是否属于土地、山林、草场、水源等边界纠纷或者民族、宗教、宗派纠纷导致的犯罪；(9)是否属于少数民族、宗教人士、华侨、归侨和侨眷中的犯罪分子。马克昌主编：《刑罚通论》，武汉大学出版社 1999 年版，第 433 ~ 455 页。

② 骆金勇："论死缓刑的适用"，载《人民司法》2005 年第 1 期。

③ 张文、黄伟明："死缓应当作为死刑执行的必经程序"，载《现代法学》2004 年第 4 期。

④ 赵兴洪："确立先例标准促进死缓适用之规范化"，载《法学》2009 年第 11 期。

而在适用的结果取向配置上则又不完全符合刑法谦抑精神，缺乏柔性。因而主张有必要以立法解释或者司法解释的形式发布对“不必立即执行”认定的指导性意见，以矫正我国刑法关于死缓的技术规范存在刚柔失衡问题。[①] 笔者认为，观点一并不具有可行性，因为死缓为死刑的执行方式，在当前主张逐步减少、废除死刑的时代背景下，把死缓作为死刑执行的必经程序确实对减少死刑立即执行具有重要作用。问题是，死缓虽是治疗某些疾病的良药，但不是包治百病的灵丹，判处死缓基本上意味着被告人拿到了免死金牌，这在中国并不具有文化基础，因为杀人偿命的观念在中国根深蒂固，这构成了死刑适用的文化基础，也构成死缓全面适用的文化制约。[②] 更何况，把死缓作为死刑的必经程序并不能起到减少死刑的客观效应，毕竟死缓只是死刑的执行方式。观点二借鉴了判例制度，主张以判例形式确立死缓的适用标准，具有一定的合理性，但是确立这种先例的标准是什么？这就需要法官不断地创造、更新，其正如提出该观点的作者所指出，“认真分析这82份裁判文书后，笔者发现最高人民法院在复核死刑案件的过程中，多次就死缓适用理由确立了新规则，并且或严格遵循或创造性地发展了这些规则。”[③]既然是一个不断创造新规则的过程，也就不仅意味着遇到了新问题时失去了规则，而且还需要其他的规则对此加以限制，从而陷入一种循环论证，这正是观点二的问题之所在。同样的问题也出现在观点三中，立法完善固然是明确死缓适用标准的可行路径，但这种立法完善的标准是什么？观点三其实也没有明确回答。同时，三者的共同缺失还在于都没有明确回答死缓在数罪并罚案件中应该如何适用。

如何区分死刑与死缓之间的界限不只是一种政策的考量，也有法律标准——罪责刑相适应原则。众所周知，死缓制度的称谓，最早可追溯到土地革命战争时期的“死刑缓刑”，根据1930年11月《中共中央通知第185号关于苏区惩办帝国主义的办法的决议》的规定，对外国人可适用“死刑缓刑”。后来这一制度有扩大适用的趋势，比如，1951年《中共中央关于对犯有死罪的反革命分子应大部分采取判处死刑缓期执行政策的决定》指出：“凡应杀分子，只杀有血债者，有引起群众愤恨的其他重大罪行如强奸妇女、掠夺许多财产者，以及最严重地损害国家利益者；其余，一律采取判处死刑，缓期两年执行，在缓刑期间内劳动改造、以观后效的政策。”这主要还是从惩办与宽大相结合的刑事政策的角度进行

① 高铭暄、徐宏：“中国死缓制度的三维考察”，载《政治与法律》2010年第2期。

② 姜涛：“刑法中的聚众淫乱罪该向何处去”，载《法学》2010年第6期；姜涛：“全球化时代中国废除死刑的发展路径”，载《环球法律评论》2007年第3期。

③ 赵兴洪：“确立先例标准促进死缓适用之规范化”，载《法学》2009年第11期。

的规定。然而，随着1979年《刑法》将死缓制度纳入刑法典以及1997年《刑法》对这一制度的承继，死缓的适用标准已经由政策标准转变为法律标准，其中，“不需要立即执行”即是这一法律标准的简洁表达，尽管，这被学者们评价为一种“若有似无的模糊规定”。① 当务之急是，我们必须以刑法解释方式明确“不需要立即执行”的含义。

一个基本思路是：根据数罪的责任程度决定被告人是选择死刑抑或死缓。这又包含两个具体问题：首先，区分轻重不同的犯罪，并明确排在前列的重罪可以优先选择死刑。重罪与轻罪客观存在，这种区分与符合行为构成与违法性的行为有关，并对刑罚选择具有重大影响。举例来说，无论是《中共中央关于对犯有死罪的反革命分子应大部分采取判处死刑缓期执行政策的决定》规定的“杀有血债者”，抑或毛泽东同志又对第三次全国公安会议决议文件作出批示中指出的“对于有血债的或其他最严重的罪行非杀不足以平民愤者和最严重地损害国家利益者，必须坚决地判处死刑，并迅即执行”，②还是1997年《刑法》第232条对故意杀人罪的法定刑设置——故意杀人的，处死刑、无期徒刑或者十年以上有期徒刑，都可以看出故意杀人罪是刑法首选的死刑罪名，其他严重的暴力犯罪紧随其后，然后才是危害国家安全犯罪、危害公共安全犯罪和经济犯罪等。其次，在死刑罪名内部，我们应从犯罪整体的罪量评价死刑与死缓的适用，即把死缓定位在适用于一种达不到死刑所需要的罪量，但又高于无期徒刑之罪量的案件。如此一来，死刑、死缓与无期徒刑之间的罪量便成为一种阶梯关系，并呈现出由高到低的排列顺序。这种罪量上的差异恰恰是适用死缓的标准。当然，我们对此必须从量刑规范化角度进行一番合理的“算计”，即在全面掌握本案的量刑情节及罪名种类的基础上，客观评价这些量刑情节及罪数对死刑适用的影响。举例来说，如果一个故意杀人案件，行为人具有自首情节，则可以因具有法定从宽处罚情节而减少其罪量，从而倾向于死缓。较为复杂的情况是，同样是一个故意杀人案件，行为犯罪手段极其残忍，具有累犯和自首情节，并犯有其他非死故意罪名。此时，我们就需要把这3个量刑情节以及其他故意罪名进行综合考量，分析这种这一“裸罪”的罪量是增加还是减少，③如是增加，则阻却死缓的适用，相反，则可以选择死缓。如此“算计”，都是责任程度作用的结果。

其二，明文规定死罪罪名之外的其他罪名之宣告刑可以阻却死缓的适用。

---

① 陈兴良：“中国死刑的当代命运”，载《中外法学》2005年第5期。

② 《毛泽东选集》（第5卷），人民出版社1991年版，第41页。

③ 本文意义上的裸罪是一个行为在既遂状态下并排除各种量刑情节影响犯罪，比如，故意杀人案件中的把人杀死，盗窃案中的占有他人财物等。

一般而言，死缓适用意味着被告人具有可谅解的理由，而其他犯罪的存在又意味着这种可谅解的理由被冲抵而消失，因此，在数罪并罚案件中，当我们在死刑与死缓的边界进行"挣扎"时，我们必须考虑数罪中其他死刑罪名或非死罪名对死缓适用的影响，而不能单独对死刑罪名是否能够判处死缓进行衡量，再以吸收原则最终对被告人宣告死缓。因为对于一个行为人实施的数个犯罪而言，往往是行为人整体人格的体现，本来，人格、行为之间的关系如同"上帝"与"撒旦"一般，如果没有了"撒旦"，"上帝"也就失去了他存在的价值，同样的，如果没有人格又怎么知道并正确理解行为以及行为人应当承担的责任呢？只有将行为与人格置于同等重要的地位思考，方才符合二者之间唇齿相依的关系。[①] 在量刑阶段，仍然保持现行的以行为、行为造成的实害结果及人格为考察点的多元机制。从数罪并罚案件来看，对行为人的人格进行总体分析也是判断行为人犯罪之责任程度的必然结果，也是克服司法实践中数罪并罚案件罪刑失衡局面的必然路径。人格判断如何影响法官的最终量刑结果，这就涉及了量刑根据问题。

深层次分析，量刑的根据是什么？这在不同刑法理论间存在分歧。旧派以犯罪行为为中心构建其刑法理论，注重表现于外部的行为及其实害，处罚犯罪人必须以客观行为及其实害为根据，强调刑罚的量定应与客观行为及其实害相适应。新派则认为，刑事责任的基础是犯罪人的反社会性，处罚犯罪人是以行为人的反社会性为根据，刑罚的量定应与行为人的主观危险性相适应。旧派与新派的刑法理论各有其优缺点，因而合理吸收两者优点的合并主义被视为刑法学发展的必然趋势。[②] 其中，人格刑法学就是合并主义的产物，所谓的"人格刑法学"，是为了统合、扬弃古典和近代两派的刑法学而思考的问题。[③] 在人格刑法学看，现行法律规定，量刑由法官自由裁量。但是自由裁量仅仅意味着没有法律性特别制约，在实质上当然要求法官在考虑犯罪具体情节的基础上对该服刑者量定最合适的刑罚。既然刑罚包括绝对性和相对性，那么在量刑时就必须考虑与刑罚相适应的报应原理和改造机能。所谓报应原理就是适应犯罪的轻重对行为人科处的刑罚。犯罪的轻重必须根据该犯罪的具体违法性的轻重和责任的轻重来确定。违法性的轻重必须根据行为和行为人的侵害法益或者危害法益的程度、违反国家社会伦理规范的程度来确定。而确定责任的轻重时，必须考虑责任能力的程度、合法行为的期待可能性的程度、决定故意和过失各种要素具体达到

---

① 张文、刘艳红："人格刑法学理论之推进与重建"，载《浙江社会科学》2004年第1期。

② 张明楷："新刑法与合并主义"，载《中国社会科学》2000年第1期。

③ [日]大塚："人格刑法学的构想"(上)，张凌译，载《政法论坛》2004年第2期。

什么程度。确定刑罚的轻重必须以责任的轻重为核心。这就是量刑中的责任主义。① 而量刑的罪责与法官进行量刑的起点性行为构成有关,并且因此与那些在具体案件中对刑罚的严厉性程度有重大意义的全部因素有关。② 关于量刑中的责任主义,已经体现在各国刑法之中,比如,《德国联邦刑法》第46条第1项之规定:"行为人之责任为量刑之基础,且应该考量刑罚之效果是否符合社会上对行为人未来生活之期待。并应斟酌之。"《日本改正刑法草案》第48条第1项也规定:"刑罚应当根据犯罪的责任量定。"

问题是,这种责任的轻重在数罪并罚中如何判断,并影响死缓的适用呢?这并没有引起学者们的充分关注。其实,数罪并罚从本质上乃是一种量刑方法,它所论及的内容可以从两个层次逻辑展开:一是犯罪个数之间的数量关系比对,这是基于对罪数之单复的理解而展开的讨论,它可以使我们整体上感受这种犯罪带来的对法秩序的破坏及其程度,因而是对数罪之责任判断的重要依据,这需要从整体上评价;二是基于罪刑均衡原则进行的刑罚之间的选择适用,这是纯粹基于刑罚本身的特征与内容而展开的技术操作,目的在于贯彻一罪一刑原则,并求解案件最终的宣告刑,这具有计算理性的成分,因而是形式化的。不难看出,第二层次上的宣告刑选择依赖于第一层次上的责任整体判断,两者之间犹如"车之双轮,鸟之双翼",并无法截然分开。长期以来,我们在数罪并罚研究中较为重视第二个层面的技术操作,因而发展出了一系列的数罪并罚原则,而第一层次这种数罪与单独罪名之间的责任程度的比较以及比较后形成的数量关系,则没有受到学界的应有重视,因而也就无法从罪与刑的两极关系中找到量刑的实际根据,并把其作为死缓选择的最终评判标准。

笔者认为,我们必须重视数罪中其他罪名对死刑罪名之责任判断的增量效应。对此,大致可以区分为两个方面的问题:一是死刑罪名本身的责任的轻重,这需要根据犯罪人的年龄、性格、经历与环境、犯罪的动机、方法、结果与社会影响、犯罪人在犯罪后的态度以及其他情节,并应当以有利于抑止犯罪和促进犯罪人的改善更生为目的等加以判断。二是死刑罪名之外的其他罪名的责任的轻重,这类犯罪之责任轻重进行自我判断之后,必然会以某种方式潜在性地累加到死刑罪名的判断之中,并成为死刑罪名能否适用死缓的判断依据。换句话说,这部分责任的轻重是不能被死刑罪名吸收的,而是需要和死刑罪名的责任轻重叠加在一起,作为能否选择死缓的标准之一。两者的责任轻重合二为一,才是完整

① [日]大塚:"人格刑法学的构想"(下),张凌译,载《政法论坛》2004年第3期。

② [德]罗克辛著:《德国刑法学总论》(第1卷),王世洲译,法律出版社2005年版,第573页。

的行为人之行为的社会危害性、人身危险性等的综合体现,而这种综合体现才是法官决定被告人最终宣告刑的依据。我们即使在数罪并罚中坚持并贯彻吸收原则,也必须是在死刑罪名综合考虑了行为人的整体责任程度,并最终作出死刑或死缓判决之后,才能贯彻吸收原则,而绝不能单独针对死刑罪名进行评价并作出死刑或死缓判决,并以死刑罪名之责任吸收非死刑罪名或其他死刑罪名的责任。

那么,我们究竟应该如何具体建构数罪并罚案件中的死缓适用规则呢?对此,本文还有如下初步规划:(1)在数罪并罚中,如有两个或两个以上的死刑罪名单独评价都应当被判处死缓,说明犯罪的客观危害极其严重,并且具有极大的人身危险性,那么就会阻却死缓的适用,一般应该对被告人判处死刑。(2)在数罪并罚中,如有一个暴力性死刑罪名单独评价都应当被判处死缓,但同时犯有两个或两个以上的暴力性故意犯罪,或者犯有一个暴力性故意犯罪应当被判处3年以上有期徒刑的,则一般阻却死缓的适用,对被告人判处死刑。(3)在数罪并罚中,如有一个非暴力性死刑罪名单独评价都应当被判处死缓,但同时犯有两个或两个以上的暴力性故意犯罪,或者犯有一个暴力性故意犯罪应当被判处10年以上有期徒刑的,则一般阻却死缓的适用,对被告人判处死刑。之所以在数罪并罚中区分暴力性犯罪与非暴力性犯罪,并对阻却死缓适用的标准区别对待,这是因为:中国民众杀人偿命的报应观念还十分强烈,暴力性犯罪历来是刑法严厉打击的重点犯罪,并且国内刑法学者所主张的分阶段、分步骤废除死刑的路线,走出的也是一条"先废除非暴力犯罪的死刑,然后再废除暴力犯罪之死刑"的基本路线。①

理论研究深入到了这一步,还必须提及这种规则建构的意义:建构数罪并罚案件中的死缓适用规则,这并不是要树立死缓在数罪并罚案件中的故步自封的"霸权",而是希望以此来更加清楚地明确数罪并罚中的死缓适用标准,搞清楚死缓究竟应该在什么情况下可以适用,什么情况下阻却适用,从而规范死缓的适用,维护死刑判决的权威,因而这既是一个选择,也是一个挑战。

四、结论:李昌奎一案最终量刑结果之我见

本人是坚定的制度进化主义支持者,虽然拥护死刑废除,但又反对中国立即废除死刑,尤其是暴力犯罪案件中废除死刑;虽然力倡保留死缓制度并重视死缓

① 赵秉志:"论中国非暴力犯罪死刑的逐步废止",载《政法论坛》2005年第1期;赵秉志:"中国逐步废止死刑论纲",载《法学》2005年第1期。

在限制死刑适用中的作用，但又反对死缓的滥用以及由此带来的对司法权威的破坏，这都是中国法治实践中不可剥离的部分。正是基于这一立场，本文初步形成如下基本观点：在数罪并罚中，如果一罪或数罪中的法定最高刑为死刑，并存在死缓适用的条件，案件最终能否适用死缓，不能只考虑案件中的量刑情节，还必须从罪数上考虑其他罪名的负面评价。也因此，数罪并罚中死缓的适用必须受到其他罪名的制约，其他罪名则有可能成为死刑罪名之死缓适用的“阻却事由”。需要重申的是，我们并不能就单一犯罪进行单独评价并判处死缓后，又机械地套用吸收原则，最终得出只能判处死缓的结论。这是数罪并罚案件中的死缓适用最根本的立足点，舍此，死缓在数罪并罚案件中的正当适用就无从谈起。因此，必须慎重对待数罪并罚案件中的死缓适用问题，绝不能以那种不考虑中国现实的吸收原则为美丽外衣，规避更为实质的罪责刑相适应原则的贯彻落实。毕竟，量刑的根据是行为人的责任程度，这是我们需要在量刑中贯彻始终的。

重新聚焦李昌奎一案的死缓适用问题，本案的量刑必须考虑的要素是，被告人李昌奎具有自首情节、赔偿被害人损失等从宽量刑情节，并且 1999 年最高人民法院在《全国法院维护农村稳定刑事审判工作座谈会纪要》也指出，对于被害人一方有明显过错或对矛盾激化负有直接责任，或者被告人有法定从轻处罚情节的，一般不应判处死刑立即执行。① 而另一方面，依据最高人民法院《关于贯彻宽严相济刑事政策的若干意见》的规定，不仅“故意杀人、故意伤害致人死亡、强奸、绑架、拐卖妇女儿童、抢劫、重大抢夺、重大盗窃等严重暴力犯罪和严重影响人民群众安全感的犯罪，走私、贩卖、运输、制造毒品等毒害人民健康的犯罪，要作为严惩的重点，依法从重处罚”，并且“宽严相济刑事政策中的从‘严’，主要是指对于罪行十分严重、社会危害性极大，依法应当判处重刑或死刑的，要坚决地判处重刑或死刑”。就本案而言，不仅杀害两人，而且手段残忍，社会危害性极大，又符合判处死刑的条件。此外，《人民法院量刑指导意见（试行）》还把对于犯罪对象为未成年人这一弱势人员的案件，列为从重处罚之列，对此，可以增加基准刑的 20% 以下。就此而言，我们绝不能把《全国法院维护农村稳定刑事审判工作座谈会纪要》作为宣告刑选择的唯一依据，而是应该全面评估本案的正向量刑情节与负向量刑情节对最终宣告刑的影响。但在李昌奎案的二审判决

① 需要注意的是，这一会议纪要的内容，在最高人民法院《关于贯彻宽严相济刑事政策的若干意见》的规定中已经发生了变化，其第 25 条规定：“对于因恋爱、婚姻、家庭、邻里纠纷等民间矛盾激化引发的犯罪，因劳动纠纷、管理失当等原因引发、犯罪动机不属恶劣的犯罪，因被害方过错或者基于义愤引发的或者具有防卫因素的突发性犯罪，应酌情从宽处罚。”可见，它已经取消了“一般不应判处死刑立即执行”的内容。

中,这种全面评价量刑情节的选项早早就出局了。

更为重要的是,李昌奎一案所涉及的是数罪——故意杀人案(两个被害人)和强奸案,并且两者都属于我国刑法长期以来严厉打击的犯罪之一,依据《人民法院量刑指导意见(试行)》的规定,"强奸妇女、奸淫幼女一人一次的,可以在三年至五年有期徒刑幅度内确定量刑起点。"同时,就故意杀人来说,因其触犯的是同种数罪,对此,是否实行数罪并罚呢?我国学者指出,"对判决宣告以前一人犯同种数罪的,原则上应当并罚。"①笔者赞同这一观点并认为,对同种数罪实行并罚不仅符合一罪一罚的原则,有利于实现罪责刑相适应原则,而且有利于克服法官估堆量刑的弊端,实现量刑规范化。在罪责刑相适应原则之下,强奸罪的成立以及对故意杀人罪这一同种数罪实行并罚,就对法官能否对李昌奎以故意杀人罪判处死缓具有重要影响,它可以成为阻却本案中缓刑适用的重要理由。也因此,李昌奎一案在二审中被改判为死缓所引起公众的极大愤怒,就不完全是非理性的。也许此时我们应该谨记:违背法律正义的标杆案件"一将功成万骨枯",光荣并不属于李昌奎案的死缓判决,当死缓适用排除了其应有的适用标准之际,也就湮灭了幕后的能动司法的功劳。

(2011年第8期)

---

① 张明楷:"论同种数罪的并罚",载《法学》2011年第1期。

就独生子女免死对苏力教授说不

——纪念《法学》复刊30周年·名家论坛(五)

邱兴隆*

作为一位死刑废除论者,我理当为反对死刑的任何言说而欢呼。因为废止死刑也好,就具体人群或者犯罪提出死刑豁免也罢,至少在尊重生命这一出发点上应该能找到共同。毕竟,主张废止死刑与在具体的个案中支持死刑,貌似一个悖论。然而,当我品味了《法学》2011年第6期发表的苏力《从药家鑫案看刑罚的殃及效果和罪责自负》一文关于独生子女免死的言说后,我不但没有产生为此而欢呼的任何冲动,甚至也找不到不对其说不的理由。

我之所以无法为苏力关于独生子女免死的言说而欢呼,原因首先在于尽管我主张废除死刑,但是我所主张的是死刑应在立法上全面废除,因为我认为死刑在任何情况下都不是个好东西。而苏力言说所及,是死刑在立法上应该保留但不得对独生子女予以适用。换言之,在苏力看来,死刑在一般情况下是个好东西,但是一旦对独生子女适用,便会变成一个坏东西。正由于苏力的言说是以承认死刑是个好东西为前提,而我认为死刑无例外地不是个好东西,所以,我与苏力之间不可能存在契合。其次,苏力的言说的逻辑是,死刑给作为罪犯的独生子女的家人带来的不幸是一种所谓的殃及效果,因为株连无辜而有违罪责自负的原则,所以,为避免死刑的适用的这种所谓殃及效果以及对罪责自负的背离,唯有对独生子女免除死刑。而在我看来,所谓的殃及效果只不过是死刑的诸多虽然不可欲但又不可避免的消极效果之一,其与罪责自负原则搭不上界。换言之,由罪责自负原则得不出对独生子女免死的结论。相反,不但罪责自负不支持废止死刑,而且,刑法的任一基本原则均可能反对独生子女免死。再次,尽管我历来钦佩任何一位学术大家基于学者的霸气,但是,对苏力关于一切废止或限制死刑的其他观点都是胡说,唯有其关于独生子女免死的言说才是真理的那种唯我独尊,我很难服气。尽管我不想与苏力斗气,但是我的不服气赋予了我不服气的话语权。因为我的结论是,如果苏力关于独生子女免死的逻辑与理由能够成立,那我所主张的废止死刑的逻辑与理由就没有理由不成立。最后,尽管有人说法

---

* 作者单位:湖南大学刑事法律科学研究中心、湖南大学法学院。

律的生命不是逻辑而是经验,[1]但是,我总觉得法律人不能不讲逻辑。而在苏力关于独生子女免死的言说中,其一如既往地承续了不讲逻辑的风格。[2] 基于我感到独生子女免死的言说是其逻辑紊乱的产物,所以我的逻辑也不允许我为苏力的言说而欢呼。

有鉴于上,基于一个刑法学人的本能,我不能有话不说。所以,我不得不与苏力唱一出对台戏,对其独生子女免死论振臂高呼几声不!

一、连累家人:虽不可欲但又不得已

城门失火尚殃及池鱼,家门不幸,岂能不累及家人?独生子女因犯罪而被处死刑,涉及两个家庭,不,准确地说是两个家族断子绝孙。在不孝有三、无后为大、讲求传宗接代的中国语境中,说这对于任何一个独生子女家庭都是一种灭顶之灾,肯定不为过。同时,因为独生子女是支撑两个家族的顶梁柱,他的被处死,意味着少则两位(父母)多则6位(父母、爷爷奶奶、外公外婆)老人生活上面临老无所养的惨景。在这一意义上说,死刑对独生子女的亲属的贻害也莫大焉。因此,我完全赞成苏力关于死刑对独生子女家庭的连累不容低估的看法。

但问题在于,这样的连累效果是作为死刑不可避免地会造成的消极效果之一种而存在,我们因而能否如苏力一样,得出为杜绝它的存在而废止对独生子女的死刑的结论?

刑罚的作用机理表明,刑罚是把双刃剑,既可以产生有利于社会的积极影响也可以产生不利于社会的消极影响。[3] 关于刑罚的积极影响,也就是我提出的

---

① 美国最高法院大法官霍姆斯语。参见[美]霍姆斯著:《普通法》,冉昊、姚中秋译,中国政法大学出版社2006年版,第1页。

② 按照苏力自身的逻辑,他很可能认为是我根据自己的逻辑指责其不讲逻辑。但是,因为我不知道苏力讲的是什么逻辑,因此,在明示其所讲的是何种逻辑之前,我会始终坚持他是不讲逻辑的。这在本文后续部分将多次涉及。至于我说苏力一贯不讲逻辑,是因为根据我的逻辑,苏力确实不只是在关于独生子女免死的言说中不讲逻辑,而且,早在送法下乡与奸淫幼女不需对幼女有明知的言说中,就不讲我认为的逻辑。例如,在送法下乡的言说中,苏力论证的是审判委员会不能废黜,但其例举的却是一个本来不该判刑的警察经审判委员会讨论后仍然被判刑的案件(参见苏力著:《送法下乡》,中国政法大学出版社2000年版,第129~131页)。然而,在我看来,这一案例只能说明审判委员会也在办错案,因而无法支撑苏力所主张的审判委员会应予存留的立场。同样,苏力在没有确认制定法关于奸淫幼女的规定不需以对幼女的明知为主观要件的前提下,对最高法院关于奸淫幼女必须以对幼女的明知为必要要件的解释横加批判(参见苏力:"司法解释、公共政策和最高法院",载《法学》2003年第8期),实际上也犯了大前提不成立的逻辑错误。

③ [德]李斯特著:《德国刑法教科书》,徐久生译,法律出版社2000年版,第20页。

刑罚的功能,[①]学界的关注可谓够多的了,以致其早已进入了大学本科教科书。然而,关于刑罚的消极效果,学界虽亦有关注,但系统而深入的研究尚未提上议事日程。根据我的分类,苏力所谓的殃及效果,当属副作用或者说消极效果之一。[②]

死刑对犯罪人亲属的不利影响或者说连累效果固然存在,但其并非死刑消极效果的全部。除了对犯罪人的亲属,死刑对犯罪人本人、潜在犯罪人、受害人以及其他社会成员同样都固有或此或彼的不利影响。其与苏力所谓的殃及效果一样,同属死刑的消极效果之列。

对犯罪者本人而言,死刑的消极效果主要表现为恶化犯罪。具体来说,便是一旦实施犯罪,犯罪人可能基于对死刑的畏惧或者对生命的绝望而在犯罪中孤注一掷——在杀人时,基于杀一个保本,杀两个赚一个的心理而杀死多人;在实施强奸、抢劫与绑架等犯罪的同时,杀人灭口;在犯罪后,可能为逃避惩罚而伪造现场、毁灭证据、转移侦查视线、嫁祸于人乃至行凶拒捕;即使在因犯罪而被羁押候审期间,也可能基于绝望而对同监人犯或者监管人员施暴或基于求生的本能而越狱逃跑,并在成功脱逃后为报复社会或者基于生存的需要而继续犯罪。如此种种恶化犯罪的现象,与死刑的威吓难脱干系,构成死刑的最明显也是最严重的消极效果。

就对潜在犯罪人即尚未着手但徘徊在犯罪门口的人来说,死刑的消极效果虽不如对犯罪者本人明显与严重,但是其同样存在。主要表现在一旦其决意犯死罪,便会为犯罪后顺利逃避死刑的惩罚而精心策划、缜密设计、充分准备甚至在犯罪预备阶段派生出别的犯罪等。他们可能制订周密的犯罪方案,也可能物色犯罪同伙,还可能为犯罪而准备工具、创造条件。基于决意犯罪又畏惧死刑的心理而可能发生的如此种种行为,要么会增加破案难度,要么会扩大犯罪的危害。

就对受害人及其亲属而言,死刑的存在会强化其复仇的本能。犯罪让受害人亲身体验了犯罪所造成的痛苦,杀人罪则还让受害人的亲属经历了失去亲人的切肤之痛。死刑的存在,让受害人及其亲属本能的复仇愿望转化为非置犯罪人于死地不可的诉求,将死刑视为复仇的唯一合适的手段。一旦犯罪人最终未能如其所愿地被处死,受害人及其亲属便认为法律或者司法不公,轻者围堵法庭、聚众上访、冲击党政部门,重者对犯罪人或其亲属乃至其辩护人予以私力报

---

① 邱兴隆:“撩开惩罚的面纱——刑罚功能论”,载《法学研究》1998 年第 6 期。

② 同上。

复——通过此类加害行为满足其未能满足的复仇心理。受害人及其亲属基于死刑的存在而对死刑作为复仇手段的心理依赖，其实不只是会导致诸如此类的直接的不利影响，而且，更重要的是，其还会培植一种对司法乃至法律本身的不信任，导致司法与法律的权威性在受害人及其亲属心目中丧失殆尽。

至于以上人等之外以及苏力所关注的犯罪人亲属之外的其他社会成员，表面看来，虽然与犯罪以及刑罚的关联度不强而似乎不会受死刑的多大影响，死刑因而也不会对其造成多大的消极影响，但在实际上，死刑对其有着一种隐性的、慢性的、潜移默化的不利影响，即强化其对同类生命的漠视，贬低生命在其心目中的价值。至少，国家以死刑的方式向他们展现了一种血腥的杀人场面，培植与强化着一种同类相残的人性。不仅如此，鉴于死刑是一种人为的活动，而只要是人的活动就难免出错，所以，国家以司法的方式所犯的错杀在所难免。而被错杀的对象非这里所列的无辜的社会成员莫属。因此，只要有死刑存在，其便必然带来错杀无辜的消极效果。

过多的论证死刑的消极效果，会游离本文的主题。以上列举已足以表明，死刑的消极效果远非苏力所谓的殃及犯罪人亲属这一种，而是俯拾即是。由此引发的问题是，按照苏力的逻辑，为了避免殃及作为独生子女的犯罪人的亲属而应对独生子女免死，那么，死刑的其他消极效果是否也应避免？如果不应避免，我们有什么理由放任死刑恶化犯罪的效果的发生？我们又有什么理由对死刑强化复仇本能所带来的消极影响等闲视之？我们还有什么理由对死刑培植与强化人性的残忍熟视无睹？尤其是，我们有什么理由对国家假借社会的名义用死刑错杀无辜麻木不仁？

我不想把复杂的问题简单化，因为我知道，归谬法的以上运用虽然足以揭示苏力的独生子女免死论在逻辑上的不自洽，但是，这不足以展示死刑这把双刃剑的复杂的作用机制以及国家面对死刑的消极效果该作何选择。

死刑的消极效果与其积极效果一样，都是基于死刑的存在而产生的。正如有人因为怕死而不犯罪，也有人因为怕死但是仍然决意犯罪所以为避免死刑而杀人灭口一样，死刑的消极效果不但具有其发生的必然性，而且还具有与积极效果的共生性。换言之，既要追求死刑的积极效果，又要绝对避免死刑的消极效果，显然是不现实的。如果决定保留死刑，就得在相当范围内容许死刑的消极效果或此或彼地存在，而要彻底杜绝死刑的消极效果，唯一的选择只能是废除死刑。

基于对死刑的消极效果产生的必然性及其与积极效果的共生性的认识，在不愿废除死刑的前提下，要使死刑的效益最大化，不但要使其积极效果得到充分发挥,而且要使其消极效果得到最大程度的避免。这就意味着对死刑的效益的追求,实际上是一种取舍与平衡。也就是说,死刑的某一或者某些积极效果的实现,总是以放任其尽了最大努力避免但仍然不可避免地要发生的某一或者某些消极效果的发生为代价。

同样,人们[①]假定死刑能够实现对已然犯罪的报应而是公正的,能够实现对未然犯罪的遏制而是有益的,所以人们主张保留与适用死刑是必要的。但是,追求这种假定的公正与效益,以社会必须在一定程度上承担死刑的消极效果为前提。因为虽然人们可以为避免死刑的恶化犯罪的效果而做出种种努力,但是无法杜绝杀人灭口、死囚脱逃之类的事件的发生;[②]人们虽然可以设计出刑事附带民事诉讼、[③]受害人及其亲属申请抗诉之类的制度[④]来让受害人及其亲属表达其对国家的诉求,乃至动用法制教育以及涉诉上访应对机制等手段来避免受害人及其亲属未能满足对罪犯未判死刑的愿望而可能采取的极端行动,但是抬尸喊冤、冲击法院、进京上访之类的极端行为仍然比比皆是;人们虽然可以让法院通过新闻发言与案情通报之类的公开解释来就未对罪犯处以死刑向社会做出交代,[⑤]但是,在杀声如潮的舆论压力下,司法当局不得不通过二审改判死刑,[⑥]甚至不惜通过牺牲一事不再理原则,启动再审程序撤销生效判决、改判死刑立即执

---

① 请注意,在这里我用的是"人们",而不是"我们",更不是"我"。我以"人们"代表未必是"我"或者"我们"所认同的但也未必认同苏力的主张的一般人的认识。当然,凡以"我们"或者"我"为主语的认识,则是我的或者我所认同的认识。

② 广西女死囚冯凤成功逃离看守所为此做了很好的注脚。参见"广西两狱警失职致死囚脱逃分别获刑",载 http://news.163.com/09/0924/03/5JUQL8I200011229.html。

③ 参见《中华人民共和国刑事诉讼法》第7章。

④ 参见《中华人民共和国刑事诉讼法》第182条。

⑤ 如面对舆论的不满,云南省高级人民法院副院长田成友以接受记者采访的方式就没有判处李昌奎死刑立即执行做出了说明。参见"我骑虎难下,但死刑是时候改变了",载 http://epaper.xkb.com.cn/view.php?id=708807。

⑥ 二审撤销一审的非死刑立即执行判决而改判死刑立即执行,通过一明一暗的两种方式来实现。明的是根据刑事诉讼法的规定,由检察机关提起抗诉,二审支持抗诉意见,改非死刑立即执行判决为死刑立即执行判决。暗的则是指在检察机关没有抗诉但被告人提起上诉的案件中,由于受上诉不加刑原则的限制,二审法院无法直接撤销非死刑立即执行判决而改判死刑立即执行,于是乎,二审法院以撤销一审判决,发回一审法院重审的方式将案件退回一审法院,并以内函(只入法院的内卷而不向被告人与辩护律师出示的内部函件)的方式"指示"一审法院通过重审重新判处死刑立即执行。

行来迁就民意、满足民众的杀人欲;①人们虽然可以为避免错杀无辜而确立特殊的证据规则、②做出特殊的辩护规定③以及设计特殊的复核程序,但是,国家从未停止上演错判无辜者死刑的悲剧。④

苏力在死刑的众多不可避免的消极效果中单单看到了死刑对独生子女亲属的消极效果,并由此得出了应该废止对独生子女的死刑的结论。由此引发的问题是,苏力所看重的死刑对罪犯亲属的消极效果是否甚于死刑的所有其他消极效果,以至于我们不得不为避免作为死刑的单一的消极效果的前者而废止对独生子女的死刑,同时又要基于对非独生子女的死刑之可能的积极效果的追求而不得不容忍死刑的任一其他消极效果乃至所有其他消极效果的总和。

我不知道苏力能否对这一问题做出自圆其说的解答,因为其始终对这一问题保持沉默。但是我知道,人们对苏力的独生子女免死论所引发的上一问题,恐怕难以做出任何肯定的回答。尽管我无法证明但是我确信,人们完全可以主张,连累独生子女罪犯家人的消极影响再大,也不如死刑之恶化犯罪的消极影响大,因为前者不可能导致犯罪的独生子女亲属的生命的丧失,而后者则必然以更多的人的生命、健康与财产损失为代价;人们也完全可以主张,连累罪犯家人的消极影响再大,也不如死刑之强化复仇本能所带来的消极影响大,因为即使独生子

① 一事不再理或者禁止双重危险原则,通常只允许对判决既已生效的案件做有利于被告人的再审,而不允许对其做不利于被告的再审。而刘涌案中,在死刑缓期两年执行的二审判决已经生效的情况下,最高人民法院决定通过再审改判刘涌死刑立即执行。参见"最高法院改判刘涌死刑已于昨日执行",载 http://news. sina. com. cn/w/2003 - 12 - 23/14112448380. shtml。这可以视为违反一事不再理原则的适例。因此,在 2004 年于湘潭大学举行的"死刑的正当程序学术研讨会"上,我曾惊呼:"最高人民法院在启动再审程序对刘涌执行死刑的同时,也就宣告了一事不再理原则在中国的死刑!"不幸而被言中的是,李昌奎也已由云南省高级人民法院决定再审,其结果也是将已生效的死刑缓期两年执行判决改为死刑立即执行。该案成为违反一事不再理原则的又一例证。参见"云南高院启动男子杀 2 人获死缓案再审程序",载 http://news. sina. com. cn/c/2011 - 07 - 16/221922826168. shtml;"云南省高院再审判处李昌奎死刑",载 http://news. ifeng. com/society/special/lichangkui/content - 3/detail_2011_08/22/8595902_0. shtml。而这两个案件中的改判死刑立即执行,都明显地是基于舆论的压力。

② 如最高人民法院、最高人民检察院、公安部、国家安全部和司法部于 2010 年 6 月 13 日专门针对死刑案件联合发布了《关于办理死刑案件审查判断证据若干问题的规定》。

③ 参见《中华人民共和国刑事诉讼法》第 34 条第 3 款。

④ 1986 年辽宁省的"李化伟故意杀人案",被判死缓的李化伟在案发 15 年后才因真凶归案而沉冤得雪;1992 年甘肃省的"杨文礼、杨黎明、张文静抢劫、故意杀人案",被判死缓的杨文礼等也是在两年后真凶落网才洗脱冤屈;1993 年海南省的"黄圣育、黄亚全故意杀人案",在案发 10 年后真凶落网,被判死缓的"两黄"才被省高级人民法院改判无罪;1998 年云南省的"杜培武故意杀人案",同样也是因真凶落网,被判死缓的他才得以恢复清白。如果说这些冤案因所判处的都只是死缓而不足以说明问题,那么 1989 年湖南的滕兴善与 1996 年内蒙古的呼格吉勒图被以死刑错杀,则可谓够触目惊心的了。

女因犯罪而被处死，其亲属也不得不接受其系罪有应得这一现实，并忍气吞声地默默承受断子绝孙的痛苦。而死刑所强化的复仇本能得不到满足，则会直接引发受害人及其亲属的破坏社会稳定与秩序的行为，乃至直接引发对罪犯或其亲属的私力报复的恶果，并削弱其对司法与法律乃至政府与国家的信任；人们还完全可以主张，连累独生子女家属的消极影响再大，也不如错杀无辜的消极影响大，毕竟，前者在很大程度上是包括罪犯家人在内的绝大部分社会成员都可以容忍的一种消极效果，而后者则是全社会均无法容忍的消极效果。

由此，苏力必将陷入逻辑上的两难：要么承认独生子女免死不是一种必然的结论，而只不过是难以得到人们认同的一个随意性很大的命题，要么承认死刑的任一其他消极效果与死刑的连累独生子女罪犯亲属的消极效果一样值得关注，进而得出它们与连累独生子女罪犯亲属的消极效果一样甚至更值得杜绝的结论。然而，作为独生子女免死论首倡者的苏力肯定不会承认其煞费苦心地提出的这一论点不过只是一个不严谨而且得不到认同的命题。同样，在死刑的众多消极效果中只对死刑之于独生子女罪犯亲属的消极效果予以特别关注的苏力，也当然不会认为死刑的任一其他消极效果较此更值得关注。一旦其认为值得关注，将导致死刑应不只是对独生子女而且是对所有人均予废止的结论。毕竟，假如由对独生子女罪犯亲属的连累可以得出对独生子女应当免死的结论，那么，由恶化犯罪与错杀无辜等其他消极效果的不可绝对避免性就必然得出死刑应予彻底废止的结论。因为只有彻底废止死刑，才能从根本上杜绝诸如此类的消极效果的发生。但是，恰恰是苏力，以其特有的逻辑坚守着死刑不能彻底废止而只能对独生子女废止的论调，似乎没有发现或者不愿意承认，不彻底废止死刑与对独生子女废止死刑之间在逻辑上构成一对悖论。

二、独生子女免死：来自公正与效益的异议

刑罚的正当化根据在于奠基于报应观念之上的公正与植根于功利观念之中的效益。死刑之所以被人们认为是正当的，就在于人们假定其可以给刑罚的公正价值与效益价值的实现以助益。在这里，我撇开关于刑罚的公正与效益价值的实现是否需要死刑以及死刑究竟能给刑罚的这两大价值的实现以多大助益的质疑不问，而姑且假定自己对人们关于死刑可以给刑罚的公正价值与效益价值的实现以助益的命题予以认同。这样，我顺理成章地会提出的问题是，独生子女免死，究竟是符合死刑的公正与效益的要求，还是会阻碍死刑的公正与效益的实现？

在独生子女系80后与90后之主体的今天，杀人者与被杀者均有可能是独生子女。既存的公正观念难以偏袒作为杀人者的独生子女的亲属而忽视作为被杀者的独生子女的亲属的存在。药家鑫的父母因痛失独子而晚年凄凉，其状固然堪怜，但是，作为受害人的张妙的父母何尝又不因晚年丧女而惨切，既存的公正观念绝不会容许人们只同情药家鑫的父母而置张妙父母的感受于不顾。当如苏力所主张的一般，独生子女杀人可以免除死刑，类似于药家鑫父母一样的杀人者的父母固然可以从儿子仍然活在这个世界上而得到戚慰，但是，类似于张妙父母一样的受害人的亲属的创伤又该如何抚平？更何况尽管人们承认加害人的父母与受害人的父母都因与犯罪本身无关而具有人格上的平等性。但是人们的道德评价的天平天然就不会向加害人的父母而只会向受害人的父母倾斜！因此，当人们必须在同情杀人者的父母与抚慰被杀者的父母之间做出选择时，既存的公正观念只会选择抚慰被杀者的父母而不会如苏力一样选择同情杀人者的父母。

更为紧要的是，以上既存的公正观念正是支撑死刑的存在的价值根由所在。因为这一既存的公正观念要求杀人者付出生命的代价，死刑则是作为满足这一观念的手段而存在。尽管既存的公正观念进化到今天，已不再要求对所有杀人者均处以死刑，但是，它尚未进化到不要求对所有杀人者均处死刑的程度。而在独生子女占杀人者之主要组成部分的今天，一旦如苏力所言，独生子女成为免死牌，既存的公正观念将会受到致命的冲击。因为这意味着死刑将无法对多数杀人者适用，也就意味着多数杀人者将不需付出生命的代价！死刑赖以生存的价值将受到根本性的摧毁。

可见，对独生子女免死虽然可以避免死刑连累独生子女的亲属这一消极效果，但是，在杀人偿命的既存的公正观念得以改变之前，由此必然牺牲死刑对被杀者的亲属的抚慰功能并动摇死刑赖以存在的根基。在要么同情杀人者的亲属并牺牲死刑对公正价值的追求，要么让被杀者的亲属得到抚慰并使死刑的公正价值得以维持之间，人们的选择很自然地只会是舍弃前者，追求后者。这也就是说，为了维系奠基于既存的公正观念之上的死刑的公正价值，放任死刑对独生子女亲属的连累这一消极效果的存在，虽然是一种令人遗憾的选择，但又是一种迫不得已的必然的选择。

死刑的假定的效益价值，简单地说，就是通过对杀人者处以死刑而让其不再杀人并以死威吓其他意欲杀人的人，让其放弃杀人的意向，从而使更多的无辜的生命得以幸免于被杀。在这里，人们首先是假定杀人者只要存活在这个世界上，便拥有继续杀人的可能性，并认为死刑因从肉体上消灭了犯罪人而一了百了地使其继续杀人的可能性化为乌有;其次是假定总有一部分人是潜在的杀人者,他们尚未杀人但已形成杀人的意念,而死刑的存在构成遏制其将杀人的意念付诸行动以及当其已经付诸行动时促成其犯罪未遂或者中止犯罪的最强有力的手段,因为潜在的杀人者在决意杀人的同时不可能不考虑作为杀人之法律后果的死刑,换言之,其将因畏惧被杀而不敢杀人。既然如此,既存的效益观念只允许在证明杀人者不可能再杀人而且处死杀人者不可能收到遏制潜在的杀人者的杀人的前提下,才对杀人者不处以死刑。同理,对作为独生子女的杀人者免予死刑,除非证明所有独生子女杀人犯均不可能再杀人或者即使处死独生子女杀人犯,也无法收到遏制潜在的杀人的效果。

苏力完全可以证明药家鑫不具有再杀人的可能性:药家鑫一贯表现良好,从无前科与劣迹,并无杀人预谋而只属于激情犯罪,不具有强烈的反社会人格,犯罪后听从亲属的规劝而投案自首,具有明显的认罪意识与接受审判和惩罚的诚意,在庭审中痛哭流泪、当众下跪、追悔莫及,其悔罪意识与求生意识强烈。对于这样的人,不予立即处死而在保留两年的处死的可能性的威吓下给其一线生机,促其主动改造,并辅之以强制劳动与思想改造,最终消除其主观上的犯罪意识,同时以无期徒刑与长期徒刑为后盾在客观上剥夺或者限制其再杀人的可能性,这完全可以万无一失地保障其不可能再杀人。我不得不承认,这样的证明是无懈可击的。假如我是药家鑫案的合议庭成员,假如我作为法官投票权不受任何看得见或者看不见的手的牵引,我会基于同样的逻辑而以药家鑫人身危险性不大为由就对他的处死投上我的反对票,我甚至还会引证一句刑法格言即“改造可以改造者,不可改造者使之不危害”来告诫我的法官同事,说服他们认同我关于药家鑫属于可予改造者而不属不可改造者的结论,并促成他们与我一样就处死药家鑫投上他们的反对票。但是,我的这一认同只限于药家鑫,我的反对死刑票只会投向作为个案的药家鑫案,而未必能适用于作为杀人犯的“张家鑫”或“李家鑫”,除非这个“张家鑫”或“李家鑫”是第二个或者第三个人身危险性小的药家鑫!因为我的逻辑不允许我由药家鑫人身危险性小推导出所有杀人犯都人身危险性小,更不允许我由药家鑫是独生子——药家鑫人身危险性小,推导出所有独生子女杀人犯都人身危险性小,因为药家鑫是独生子与药家鑫人身危险性小之间并没有任何因果关联。由其他杀人犯也是独生子女无法得出其人身危险性也小的必然结论。相反,我的观察告诉我,在诸如“张家鑫”或“李家鑫”之类的大量独生子女杀人案中,罪犯往往并非如同药家鑫一般地一贯表现良好、无预谋地激情犯罪、投案自首与真诚悔罪,相反,他们劣迹斑斑、前科累累、有预谋有计划地杀人、毁尸灭迹、订立攻守同盟、转嫁罪责,甚至在押赴刑场执行枪决之时，挺胸昂首、“面对死刑我大笑”！①

如果综合药家鑫在犯罪前、犯罪中与犯罪后的表现，我们得出的是其人身危险性小、不需适用死刑的结论，那么，由“张家鑫”或“李家鑫”的此等表现中我们所得出的必然是相反的结论，即其人身危险性大，不堪改造，不适用死刑不足以剥夺其再杀人的能力。既然并非所有独生子女杀人犯都是人身危险性小且可以改造的杀人犯，对所有独生子女杀人犯一律免死，必然以损毁死刑的个别预防效果即剥夺杀人者的再杀人的能力为代价，质言之，便是必须让不特定的社会成员的生命处于来自未被处决的独生子女杀人犯的再度杀人的危险之中。然而，这样的危险是任何社会成员都不愿意承受的，因而也是死刑的效益理念所无法接受的。

也许，苏力还可以认为，即使是不堪改造，死刑也未必是剥夺作为人身危险性大的“张家鑫”或“李家鑫”们的再杀人能力的唯一手段。因为死刑缓期两年执行、无期徒刑与长达20年的有期徒刑不但足以使他们与社会相隔离，在客观上限制其再杀人，而且，长期的监禁即使不让其老死狱中，也足以“苦其心志，劳其筋骨，饿其体肤，空乏其身”，或消磨其意志，或损毁其体能，使其即使回归社会，也无心或无力再杀人。既然如此，基于刑罚的节俭性理念，对“张家鑫”或“李家鑫”们适用死刑便是多余的。尽管我完全可以同意这一说法，但是，我同意不等于人们会同意，更不等于死刑的效益理念会对此表示认同。只要是活着的人，只要其愿意再杀人，即使在狱中，其杀人之手也仍然可以伸向同监人犯或

① 我曾以辩护人的身份介入的这样一个案件，也许可以例证这种情况的存在：被告人刘某系出身单亲家庭的独生女，案发时为年仅21岁的大学二年级女生。其性行为紊乱，仅案卷材料所反映的与其同时保持性关系的人员就多达4人，包括其大学任课老师、网上聊天认识的男友、公共汽车上邂逅的老乡以及老乡介绍的国有公司老总。根据一般人的道德评价标准，可以认为她一贯表现不好。为了摆脱与其有性关系的国有公司老总谢某的纠缠，刘某隐瞒与谢某通奸的真相，对其男友谎称遭谢某强奸，教唆其男友并通过其男友邀约男友的中学同学，三人共同诱杀了谢某。为销毁罪证，在刘某的提议下，三人共同肢解谢某的尸体，并毁尸灭迹。其杀人的手段可谓残忍。为了减轻罪责，刘某事先曾将谢某诱至酒店发生性关系，并刻意保留了留有谢某精斑的内裤。在庭审中，刘某曾以内裤留有谢某的精斑作为证据，声称自己杀死谢某是因谢某对其强奸后意图长期霸占，试图误导法庭以受害人谢某有重大过错为由，对其从轻处罚，免于死刑。其犯罪计划之周密，拿通俗的话来说，其城府之深，远远超出了一般人的想象。在被执行死刑时，刘某面不改色，一路欢笑。其对死刑之藐视，由此可见一斑。关于本案的辩护词可参见邱兴隆：“刘忆故意杀人案一审辩护词”，载 http://blog. ti anya. cn/blogger/post_show. asp? BlogID = 1013466&PostID = 9706503；关于本案的判决书可参见“女生刘忆故意杀人案死刑判决书”，载 http://www. ruclaw. com/ redirect. php? fid = 53&tid = 150763&goto = nextnewset。

者管教人员;他甚至还可以越狱脱逃后,继续杀人。① 在这种情况下,人们很自然也是很理性考虑的不是处死杀人者会在多大程度上累及其亲属,而是不处死杀人者,包括自己在内的无辜者时刻有可能成为牺牲品。而这样的考虑,恰恰能得到死刑效益理念的支撑。因为按照刑罚的有效性与必要性理论,只要是有效而且必要的刑罚,都是正当的刑罚。而死刑之对于活刑无法遏制的再杀人,不但是有效的,而且是必要的。

是的,苏力完全可以令我不得不信服地说,"绝大多数人都不是因为害怕刑罚而守法的"。我甚至还可以引申一下,"绝大多数人不杀人不是因为害怕死刑"。但是,人们包括苏力与我都在坚信,总有人不违法是基于对刑罚的畏惧——他们不是不想犯罪,而是不敢犯罪,也总有人不杀人是基于对死刑的恐惧——他们不是不想杀人,他们甚至已经着手杀人,但是,他们因为害怕被处死而不敢杀人或者不敢把杀人进行到底。刑罚不是预防犯罪的唯一手段,死刑也不是遏制杀人的唯一措施,但是,人们坚信,刑罚是预防犯罪的必要手段,死刑是遏制杀人的必要措施,因为刑罚对于害怕刑罚的人是有效的,死刑对怕死的人是有力的。因此,除非苏力可以证明,所有独生子女都不需死刑的威吓便不会杀人,或者所有独生子女都不会畏惧死刑,其才可以得出死刑的一般预防效果的发挥不需要对独生子女适用死刑的结论。然而,苏力做不了这样的证明,也不应得出这样的结论。

不错,药家鑫是独生子,他明知杀人者死仍然杀人。不只是药家鑫,还有"张家鑫"、"李家鑫"乃至更多个独生子女都是明知杀人者死仍然杀了人。而这足以证明有相当一部分独生子女是不怕死的,事实上,每一起死罪的出现都是死刑威吓失效的证明。引申一下,每一起独生子女杀人案的发生,都是独生子女不怕死的明证。然而,由此,我们只能得出有的独生子女不怕死的或然性肯定判断,而无法以偏概全地得出所有独生子女都不怕死的全然性肯定判断。因为相对而言,没有杀人者总是占独生子女的绝大多数。尽管我们不应该武断地认为他们没有杀人都是因为害怕死刑,但是说他们中有哪怕是极少一部分人是因为害怕死刑才未杀人,应该也不是一种武断。

苏力认为,对独生子女免死,不会弱化刑罚的威吓效果。但是,他既无法也不愿去证明所有没有杀人的独生子女都不是畏惧死刑所致,也无法否认死刑足以阻止部分独生子女杀人。这样,人们完全可以反对这一立论,坚持相反的主

---

① 四川死缓犯人陈富山自监狱成功脱逃后继续杀人便是最好的例证。参见"死囚脱逃死刑!当庭咆哮嚣张!",载 http://news. sina. com. cn/o/2006 - 07 - 28/06549589584s. shtml。

张,即因确信一旦没有死刑的威吓,原来基于对死刑的畏惧而没有杀人的独生子女便会加入杀人的行列,而认为对独生子女的免死必然弱化刑罚的威吓效果。基于死刑的威吓效果的弱化意味着更多的无辜者将成为独生子女免死的牺牲品,死刑的一般预防效益因而必然受损,苏力所主张的独生子女免死论,自然也难以得到死刑效益价值的支撑。

三、独生子女免死:基于刑法原则的抵抗

苏力明知独生子女免死可能推导出死刑的彻底废止的结论,也意识到了独生子女免死难以得到人们所主张的公正与效益的证成,但是,其仍要坚持只对独生子女废止死刑的言说。于是,其无可奈何地将其立论的根据诉诸罪责自负。然而,即使这样,苏力仍然走不出逻辑上的尴尬,因为罪责自负虽然反对株连无辜,但其与苏力言说中所及的死刑之于独生子女亲属的连累效果根本不搭界。

在刑罚发达史上,罪责自负是作为对株连无辜的否定而出现的。但是,这里的株连无辜,说的不是刑罚的适用自然派生的一种结果,也不是刑罚适用的一种伴生状态,而是蕴涵着对刑罚的威吓效果的一种刻意的追求。原因在于,在当时的刑罚的设计者看来,单纯的惩罚犯罪者本人,虽然可以震吓部分社会成员,但是,仅此还不够,只有把与犯罪人有身份关联的人都作为刑罚的对象,才可以让人们对刑罚的畏惧发挥到极致。这样,一方面可以增加意欲犯罪者的心理强制——决意犯罪者不但要考虑自己受惩罚的后果,还要考虑自己犯罪可能对亲人、朋友、师长乃至街坊四邻的拖累。他们即使不为自己考虑,也要为可能被刑罚株连的他人考虑,从而不只是畏惧自己受惩罚而且还因为担心自己的关系人受到惩罚而不敢犯罪。另一方面又可以强化对犯罪的戒备,使人们因担心自己无辜受到刑罚的牵连而对可能发生在自己关系人中的犯罪高度警惕,甚至大义灭亲,检举揭发关系人的犯罪。单就刑罚威吓效果的发挥而言,株连无辜是刑罚的设计者煞费苦心的结果,也充分展现了其智慧与创造力。由此可以断定,只有发生在无辜者身上的不利后果是刑罚的运用者刻意追求的,始可以归为株连无辜。

苏力知道,连累独生子女罪犯的亲属,不是死刑的适用者所刻意追求的。因此,他承认"刑事惩罚,在法律的概念层面不连累他人"。然而,其非从罪责自负原则中找到独生子女免死的支撑不可,所以,他把连累独生子女罪犯的亲属这一不可欲的"殃及效果"扩大解释为"社会经验层面"的株连无辜。在这里,苏力想表达的实际上是这样一层意思:尽管法律不认同株连无辜,但是实际上,株连无

辜的结果总是不可避免地存在,死刑对独生子女亲属的连累就是这种法律不认同但事实上客观存在的株连结果的表现。如果我没有误读苏力,那么,我不得不遗憾地说,苏力的逻辑又一次出现了问题,因为他在偷换概念,因为他试图将不为用刑者刻意追求的死刑的消极效果强行塞进株连无辜的范畴。

根据苏力的逻辑,连累独生子女的亲属,虽然不是用刑者所追求的,但其是死刑之适用于独生子女所不可避免地带来的,因而仍属株连无辜。而我想说的是,如果不为用刑者所刻意追求的客观效果也可以被扩大解释为株连无辜的话,那么,死刑的株连效应,便远未限于独生子女的亲属,而是涉及所有无辜者。因为死刑可能恶化犯罪,使本可以不受害的无辜者成为被恶化的犯罪的牺牲品;因为死刑可能强化受害人亲属的复仇欲望,以致在犯罪人不被判处死刑时引发对其亲属乃至社会的私力报复;因为死刑可能错杀人,使任何无辜者均可能成为错杀的牺牲品。这样,我们是不是还该说,恶化犯罪、强化复仇欲以及错杀无辜也都是死刑的所谓不可欲的“殃及效果”,因而均是死刑的株连无辜的表现?如果这样,我们是不是该得出只要有死刑存在,株连无辜就在所难免的结论?进而是不是要根据苏力的逻辑得出死刑在任何情况下都会株连无辜,违反罪责自负原则,因而应予全面废止的结论?

不,这不只是以死刑的消极效果偷换了株连无辜的概念,而且阉割了罪责自负原则本身。罪责自负之于株连无辜的否定,以责任的要求取代身份的牵连而作为了刑罚的发动的根据。这里的责任,当指基于犯罪而产生的责任,即以刑事制裁主要是刑罚的担当来实现的刑事责任。它所强调的是刑事责任与刑罚止于犯罪者一身,用通俗的话来说即是“一人犯罪一人当”。至于不是基于刑事责任之担当的刑罚之外的任何结果,都不是罪责自负所关心的问题。换言之,只要不是让犯罪人之外的人承担刑事责任,只要不是让犯罪人之外的人替代犯罪人受到刑罚的惩罚,就不存在违反罪责自负原则的问题。

死刑是对独生子女罪犯本身而不是对其亲属适用,其亲属既未遭受死刑的惩罚,也未以死刑之外的任何方式替罪犯承担或者分担其刑事责任。在这种情况下,死刑何谈违反了罪责自负?药家鑫的父母没有因为儿子杀人而被处刑,也没有因为儿子杀人而受到任何追究,甚至也不用为儿子承担死亡赔偿的民事责任——至于苏力所言他们被列为刑事附带民事的共同被告,我敢说纯系无中生有的臆断,因为他们不可以也不应该被列为共同被告,也不用为已具有完全民事能力的儿子代为承担赔偿责任。至于药父、药母等亲属所承受的丧子之苦以及由此所将面临的老无所养等凄苦,尽管是难以想象的,但是这既不是作为刑事责任的替代或者分担而产生的,也不是作为一种刑罚惩罚而存在,它与罪责自负毫无纠结。

苏力的独生子女免死论，不但不能如其所愿地得到来自罪责自负原则的支撑，而且必然受到来自刑法3大基本原则的强烈抵抗。

苏力不是没有意识到其言说可能遭遇来自罪刑法定原则的抵抗，因为他也承认，对独生子女免死在制定法上没有既存的根据，只有所谓经验层面的独生子女犯罪从轻的原则的支撑。尽管罪刑法定主义发展到今天，并不要求任何从轻处罚都得有制定法上的明确授权，但是，在制定法上没有明文规定的根据可循的情况下，即使是有利于被告的选择，也不得游离制定法的精神太远，更不容与制定法的规定或其精神相背离。我认同，经验层面的许多制度或者规则，作为惯例，不但已深入中国刑事司法之骨髓，而且也早已获得民众的认同。对它们的遵循，不会被理解为对罪刑法定的背离。如大义灭亲、基于义愤而犯罪、受害人有明显过错、犯罪后真诚悔罪、积极赔偿受害人等，被冠之以“酌轻情节”而对犯罪人的量刑发生着从轻影响。但是，对独生子女犯罪从轻处罚，我不但从制定法上找不到任何只言片语的明示或者哪怕是任何暗示的线索，而且，也找不到司法解释或者判例上的根据。相反，我所见到的均是独生子女犯罪未受到任何基于其是独生子女而从轻的判决，甚至于诸如药家鑫一样的独生子女犯罪被处死的案件，也随时可见。坦率地说，苏力所言的独生子女犯罪从轻已成为当代中国刑事司法的一条经验规则，我还是首次在苏力这里听到。我实在不想随意给苏力的独生子女免死论扣上违背罪刑法定原则的大帽子，但是，我又委实不得不提醒，罪刑法定主义虽然偏重于对不利被告的量刑的制约，但绝不会对毫无制定法上的根据又无经验规则支撑的有利被告的量刑坐视不理。苏力为了证成其独生子女免死的言说，生造了一个独生子女犯罪从轻的子虚乌有的所谓经验规则，也许恰恰是其在罪刑法定主义的强大阻隔面前无能为力的表现。

如果仅限于药家鑫案，完全有理由在罪刑法定的框架内对药家鑫予以免死。因为药家鑫具有法定的可以从轻或者减轻处罚的自首情节，①而造成法官们不敢对其免死的理由或者原因，无论是受害人亲属不同意也好，还是国人皆谓不可不杀也罢，都非法定的理由或原因。倘若法官们果真以自首为由置受害人与国人的感受于不顾而对药家鑫免死，我倒觉得是罪刑法定主义的胜利。但是，令我百思不得其解的是，基于对药家鑫父母的同情，苏力竟置自首这一法定的免死理

① 被网民们命名为“赛家鑫”的李昌奎奸杀少女并摔死幼童，论罪当比药家鑫严重，但其因有自首的法定从轻情节而被云南省高级人民法院改判死刑缓期两年执行。尽管该二审判决同样引起了舆论的强烈不满，但不会有人指责其违反了罪刑法定。

由不顾,而硬要冒违反罪刑法定主义的危险别出心裁地找出独生子女作为没有任何制定法与经验层面上根据的免死理由。唯一的解释只能是,其把对药家鑫父母的同情凌驾于既存法律的规制之上了!

当然,苏力完全可以申辩说,其不是在既定的法律框架内即实然的层面提出对药家鑫之类的独生子女免死有据可循,而是认为,可以通过修改刑法将独生子女免死作为一条规则予以确认。如果这样,我当然无话可说。因为苏力完全可以说,我跟你说的是牛头与马嘴,对不上号。如果苏力说的是这些,我宁可撤回我的质疑,但是我需要苏力做出说明。你到底说的是按实然的法律主张可以不判药家鑫们死刑还是按照你说的修改法律后不判药家鑫死刑?这是一个悬案,我等待苏力的回应!①

我承认,罪刑法定只关注实然,而不关注应然。所以,如果苏力不是立足于实然而是立足于应然关注独生子女的问题,我可以撇开罪刑法定主义不管。但是,我想继续追问苏力,你考虑过罪刑相适应原则吗?

苏力显然没有考虑会有这一质问,也许从来没有想到有人提出这样的质问!但是,我必须提出质问,因为我是刑事法律人!

苏力先生,你主张独生子女可以免死!但是我想问的是,一个独生子女杀一人可以免死,然而,一个独生子女杀10个甚至100个人,你还主张免死吗?苏力肯定会说,因为他是独生子女,所以,我将免死进行到底!如果这样,我佩服苏力作为学者的个性与勇气!但是我想说的是,苏力未必有这样的个性与勇气!因为苏力在专注于刑不及无辜的同时,太不在意作为另一条刑法原则的罪刑相适应,自然没有底气面对来自这一原则的质疑。

我之所以说是太不在意,是因为苏力太关注死刑对独生子女之适用可能给其父母带来的连累效果,而在引证罪责自负的同时忽略了罪刑相适应原则。撇开自首不说,药家鑫也该死。尽管我是死刑废除论者,但是我仍然要说,在未废除死刑的前提下,药家鑫不死,谁死?制定法上的既定的死刑标准是"罪刑极其严重",苏力凭什么说药家鑫的罪行不是极其严重?一贯表现好也好,没有预谋的杀人也罢,基于真诚悔罪而跪地求生也罢,哪一点能否定药家鑫的罪行极其严重?没有,真的没有!既然没有,意味着药家鑫完全符合处以死刑的标准。苏力主张,药家鑫是独生子女,杀了他,他的父母就没法活了。我想问的是,根据罪刑相适应原则,他父母没法活了,就能减轻独生子女的犯罪的严重性吗?他父母没

① 同样的悬案也发生在苏力关于奸淫幼女不需要明知的言说中。参见邱兴隆:"一个半公正的司法解释",载《法学研究》2004年第6期。

法活了，与他的犯罪极其严重又有何关联？既然如此，不处死药家鑫，哪来的罪刑相适应？

作为人，我很同情药家鑫的父母的遭遇。但是，作为法律人，我知道同情的底线是法律的规定与精神，我更知道，当基于人性的同情超出法律的规制时，我无法服从人性而只能服从法律。因为我知道，真正的法律人，在法与情相冲突时，只能屈从于法而不应服从人性。我不敢说苏力情绪大于理性，但是，我不得不说，将心比心，苏力以普通人的良心取代了法律人的良知——为了药家鑫的父母不再有那么多的痛苦，而甘愿置罪刑相适应的刑法原则于不顾。

苏力应该是明知独生子女免死的最大障碍在于刑法面前人人平等的原则。不然，他就不会那么在意地论证其言说不会导致刑法面前不平等。但是，我觉得苏力在意的东西，实际上都是其底气不足的东西。

苏力单刀直入地说，对独生子女免死不会导致太大的不平等。因为有两个以上子女的人，要么是农民，要么是城市里的特殊阶层。而随着城市化节奏的越来越快，城乡差别必将越来越小，独生子女政策只适用于城市不适用于农村的例外将越来越没有市场。与此相适应，不杀独生子女与只杀非独生子女之间的心理反差不会越来越大，而只会越来越小，最终接近于零！

也许苏力的预测是对的。但是，我想问的是，独生子女政策施行以来，这30年的城乡生育差异所造成的农村多二胎与城市多一胎的格局该如何应对？在城乡差异完全消失、独生子女政策停止施行之前的将来，基于政策允许而出现的城乡生育差异必将继续造成的农村非独生子女又该怎么处置？按照苏力的意思，是不是因为将来不会有如此大的生育差异，所以，今天开始就可以不杀独生子女，而只杀非独生子女，任由作为非独生子女的农家子女作为国家杀戮的对象？还有，无论城市还是农村的非政策许可而出生的非独生子女，是不是因为其本身是政策不允许出生的便带有“原罪”，在其犯罪后就应该受到有别于独生子女的极刑处罚，以此来救赎其原罪？

我不敢想象，一个法律人会有如此的认识！不管他或者她是不是独生子女，他或她一旦出生为人，他或她就享有作为人而生存的权利！他或她不能因政策与法律不让他或她出生而在出生后不享有生存的权利，当然也不因其是不是独生子女而高人一等或者低人一头。但是，苏力非要说，独生子女不可杀，要杀的只是非独生子女。我不敢相信，苏力会在无意中以人是否独生子女为标准在划分等级。我更不愿意相信，苏力在有意划分这样的等级。不管苏力如何申辩，我想，在他声言独生子女不可杀的同时也就等于说非独生子女可杀。我不管将来的城市化规模有多大，也不管今天的城市化发展速度有多快，更不管明天的城乡差别有多小，我只想说，人一旦以是否独生子女为标准被决定是杀还是不杀，人就遭受了不平等的待遇，刑法面前人人平等的根基就不复存在。因为既然是否独生可以作为是否处死的标准，那么这一标准为什么不可以作为裁量其他刑罚时区别对待的标准？既然量刑可以因是否独生而异，那是否标志着人可以分为可死与不可死、可轻与不可轻两个等级？一旦承认人可以被如此划分等级，作为刑法面前人人平等的根基的人格平等将荡然无存！

其实，独生子女免死导致的不平等不仅源于政策允许的城乡生育差异，也不仅源于政策不允许的超生，而且苏力还忽视了一个极其不应该忽略的渊源，那就是源于计划生育政策对少数民族的倾斜。基于独生子女政策基本上不适用于少数民族，尤其是人口少的少数民族，根据人口普查，10年内少数民族人口的年均增长率高于汉族人口0.11个百分点。[①] 这意味着一旦苏力的独生子女免死论变为现实，少数民族子女被处死刑的概率将远远超过汉族子女。我想，死刑适用上所凸显出民族歧视的问题以及由所可能导致的民族矛盾是难以想象的。而这也是苏力没有想到的，或者因为想到了而有意回避的。

四、独生子女免死：站不住脚的根据

为证明其独生子女免死论的成立，苏力搜肠刮肚援引了历史的制度、现实的制定法乃至过时的政策，将其作为支撑独生子女免死论的直接或间接根据。然而，在我看来，其所援引的这一切，无一可以对其独生子女免死论起到证成作用。

被苏力引作独生子女免死论之直接根据的是在中国历史上盛行过近16个世纪的存留养亲制度。我不得不承认，单就着眼于为父母养老送终而言，存留养亲与独生子女免死论在表面上似有惊人的默契。然而，我不得不说，两者之间貌似而神离，完全不可通约。

一方面，存留养亲制度在历朝历代都无疑是作为例外情况在适用。因为在当时的历史背景下，对生育不但不是予以限制，而是放任甚至鼓励。这样，所谓的独子，本就罕见，而属“犯死，若祖父母、父母七十以上，无成人子孙，旁无期亲者，具状上请”[②]者就更是千里难挑其一。与此相反，在奉行计划生育的基本国策已逾40年，一对夫妇只生一胎的政策已执行近30年的今天，中国的现实是，

① “数据显示少数民族人口十年年均增长率高于汉族”，载 http://news. qq. co m/a/20110428/000770. htm。

② 《隋书·刑法志》卷二十五。

处于犯罪之高发年龄段的大都是独生子女。一旦独生子女免死得以制度化，死刑将只会作为例外情况而适用于极少数非独生子女。因此，如果说存留养亲制度下作为罕见现象而得以免死的只是极其个别的人，因而既不会对"杀人偿命"的朴素公正观念形成大的冲击，也不会在多大程度上对死刑的威吓力构成削弱，那么独生子女免死制度下幸免于死的则是犯死罪者中的多数。这样，至今仍然大有市场的"杀人偿命"式的公正观念将会受到毁灭性的冲击，人们所假定的死刑的威吓力也将不复存在。

另一方面，尽管苏力为了引起人们对面临死刑的独生子女的父母的同情，将死刑可能给独生子女父母造成的心理痛苦与生活悲惨予以了过分渲染，甚至于提醒人们注意药家鑫父母完全可能自杀，但是，必须看到的是，大部分独生子女罪犯的父母或者祖父母不可能已达70高龄以上，他们在子女被处以死刑后，尚可自食其力，即使退休了，尚有退休工资或者社保可资救济，哪怕在农村，也有土地与低保可资维生。毕竟，社会主义不允许饿死人！而且，在独生子女成为社会主体的今天与将来，父母与儿女之间的感情纽带相对松弛，相互之间的关联已不再十分强烈。能亲奉父母的独生子女，虽非没有，但确不多见。至于3代同堂、儿孙绕膝、其乐融融的晚年，对于将来的绝大多数中国老人来说，确系一种奢望。正是如此，即使是有儿有女的当代许多老人，也不再将安享晚年的幸福理解为儿孙的陪伴，而是宁愿远离儿孙栖身于敬老院、养老院与老年公寓之类的机构。习惯了没有儿孙陪伴生活的老人们，对儿孙们在感情上与生活上的依赖和寄托必将被冲淡许多。相应地，独生子女被处死刑而给其亲属带来的精神上的痛苦，当然要比苏力渲染的淡然的多。至少，在我记忆中，几乎没有听到过父母因儿子被处死而自杀的事件，所听到的反而是儿孙被杀令其父母或祖父母悲痛欲绝并最终含恨自尽的案例。①

在传统社会，老年人既无退休工资之类的稳定来源，也无社会保障制度之类的救济，独子被处死，意味着其父母必将陷于饥寒交迫的境地，甚至被推到死亡线上挣扎；而就精神痛苦而言，在当时，亲情几乎是老年人晚年生活的唯一精神支柱，独子被处死，意味着其年迈的父母失去了唯一的精神寄托和生活依靠。因此，如果说奉养父母是古代中国刑法法外开恩设立存留养亲制度的出发点，那么，在社会基本上已取代子女而担当起这种奉养之责的今天，再以这一理由来论证独生子女之免死，便难以令人信服与接受。

---

① 其实，不只是我听到过这样的案例，苏力本人不但听到而且还引证过这样的案例。参见苏力："司法解释、公共政策和最高法院"，载《法学》2003年第8期。

苏力是如此看好中国古代的存留养亲制度，以至于其甚至比照该制度中的死刑上请，来设计其独生子女免死制度，提议最高人民法院将是否独生子女纳入死刑复核的视野。然而，其却恰恰忘记了，在今日之中国，根本不存在激活存留养亲制度的前提。其非要挖掘出存留养亲这一历史上的本土资源，使之以独生子女免死的面目在毫无生存土壤的当下中国现实中复活，不得不说是让秦始皇迎娶杨贵妃——“对错了象”。

苏力还力图从现实的制定法的规定上寻找出对独生子女免死的间接支撑，不惜费大力地从孕妇或哺乳的妇女不判死刑以及《刑法修订案（八）》新增的老年人免死中推导对作为特殊人群的独生子女免死的根据。然而，我不得不着力指出，苏力的如此推导与引证，又一次“表错了情”。

之所以说其“表错了情”，是因为苏力只注意到制定法上免死的规定针对的是特定的人群，而忘了此等特定人群与独生子女没有任何可比性。审判时怀孕、正在哺乳的妇女免死，这不但是中国古今的传统，①而且是中外制定法的通例，②甚至已得到国际人权法的确认。③ 对此，存在多种解说。有人说，这是人类繁衍的需要，因为杀死孕妇或哺乳的妇女，同时也就杀死了未出生的生命或者影响了刚出生的生命的延续；也有人说，这是一种功利的考虑，因为在任何国度的任何时代，女人犯罪所占的都是极少数，而审判时怀孕或者正在哺乳的妇女更是凤毛麟角，对其是否处死，都无关紧要；还有人说，不对审判时怀孕或者正在哺乳的妇女处以死刑，是基于人道的考量……我不想考究在诸如此类的解说中，何者有理何者牵强，我只想说明的是，此类解说无一可以适用于犯罪的独生子女。当然，苏力完全可以说，既然怀孕与哺乳的妇女不可杀，为何作为独生子女的罪犯不可不杀？难道说，不杀独生子女不是基于人类繁衍的需要？难道说，不杀独生子女就不是对刑法人道主义的彰显？是的，苏力不但可以如此这般地而且还本可从孕妇与哺乳的妇女免死中挖掘更多的理由，并以此来找寻独生子女免死的类比

---

① 比如，唐、明律规定，被判死刑的孕妇，在产后100天之后始可执行。

② 参见《中华人民共和国刑法》第49条；外国关于孕妇免死大致分为三种情况：1. 对妇女犯罪不得适用死刑。如《危地马拉宪法》规定，死刑不适用于妇女；《蒙古刑法》也将妇女列为不得适用死刑的对象。既然所有妇女都不得被处以死刑，孕妇与新生儿的母亲当然包含在这一禁止中。2. 对怀孕的妇女不适用死刑或不判处死刑。如坦桑尼亚、安哥拉、博茨瓦纳等国。罗马尼亚刑法不仅规定孕妇不适用死刑，同时还规定有不满3岁的儿童的母亲，也不得适用死刑。3. 对怀孕的妇女可以判处死刑但应延期执行。如日本、废止死刑前的德国与比利时、突尼斯、土耳其、缅甸等国以及美国多数州。

③ 参见《公民权利与政治权利国际公约》第6条与《关于保证面对死刑的人的权利的保护的保障措施》第3项。

支撑。但是，我想，一个简单的经验事实可以告诉苏力，两者不可类比：水产资源法针对鱼类保护有禁渔期的规定，而禁渔期无疑是鱼类繁殖期；动物保护法针对动物保护有禁猎期的规定，而禁猎期无疑是动物繁殖期。我相信，苏力绝不会由此引申开来说，既然怀孕的母鱼或母鹿都不可以捕杀，为何独生鱼或者独生鹿就可以捕杀？因为尽管我不知道苏力是否有过钓鱼或者狩猎的经验，但是，我的经验是，每遇不可欲地钓上即将排卵的母鱼或者捕捉到了即将分娩的野禽，我都会不假思索地放生。但是，我从来没有去考量我钓上的鱼类或者所捕捉到的鸟类是否独生——如果没有苏力的独生子女免死的言说，我甚至从来就没有考虑过我为什么只对正在怀孕的鱼类或者鸟类放生却对鱼们或者鸟们是否独生不闻不问！

苏力还从《刑法修正案(八)》增设的老年人免死的规定类比支撑独生子女免死。然而，与孕妇或哺乳的妇女免死一样，老年人免死在古代中国代代相承，①在当代保留死刑的国家以及很多国家废除死刑之前，也不乏如此规定，②甚至于这也得到了国际人权文件的确认。③ 更为重要的是，对老年人犯罪不处死刑，即使在今天中国司法的经验层面，虽未成定制，但几成惯例。④ 老年人免死因而既有其本土历史传统参照，也有国外与国际的经验可资借鉴，更有本土现实惯例可循。《刑法修正案(八)》增设这一规定，显然易于得到人们的认同。⑤ 就此，人们同样可以做出立足于功利的解释。因为老年人犯罪的比例低，而犯死罪的人就更为罕见，不对其处以死刑，不会在多大程度上削弱死刑的威吓力。同时，老年人年老体衰，再犯罪的能力不强，而且其有生之年短暂，不对其处以死刑而只处以无期徒刑或者长期徒刑，其也会老死狱中。与此相反，独生子女免死不如老年人免死一样形成了传统，也没有国外或国际的经验可资借鉴，更无本土现实的惯例可循，因而很难为人们所接受。而且，在今天，独生子女已成为犯罪的

---

① 如《唐律疏议·名例》载："八十以上，十岁以下，及笃疾，犯反逆杀人应死者，上请。"

② 如菲律宾《修正刑法典》第47条规定，年满70岁以上的罪犯不得执行死刑。

③ 如《美洲人权公约》第4条第5项规定，超过70岁的人不得处以死刑。联合国经济及社会理事会在其1989年5月24日的1989/64决议中提出应该"确立一种最大年龄限度，超过这一限度，任何人便不得被判处死刑或者被执行死刑"。参见邱兴隆："国际人权与死刑"，载《现代法学》2001年第2期。

④ 如2002年，湖南衡阳市中级人民法院曾一审判处年满88岁的老人韦有德死刑立即执行，引起了包括我本人在内的许多人的不满(参见"九旬老人死刑风波"，载 http://news. sina. com. cn/c/2003-04-11/103991432s. shtml)。2004年2月，经最高人民法院专家们的研究，并由湖南省高级人民法院审判委员会集体研究决定，判处韦有德死刑缓期两年执行。载 http://news. 163. com/2004w02/12474/2004w02_1077760155244. html。

⑤ 即使这样，老年人免死条款尚且引发过很大争议，更何况独生子女免死？

生力军，也是死罪的主要实施者，人们没有理由不相信不对其处以死刑会大大削弱死刑的威吓力。更何况独生子女犯罪者大都是青壮年，其年富力强，犯罪的活力大，有生之年长，不对其处以死刑，则给其留下了很大的再犯罪余地。因此，苏力从老年人免死的规定中类比支撑独生子女免死的企图，只是徒劳。

一语道破天机！对独生子女免死的出发点不是基于对独生子女本人的宽容，因为他们情不堪怜，而在于对其亲属的同情。然而，我们可以，古人可以，甚至外国人也可以，接受以免死表达的对未成年人的宽容，因为在这种情况下的不宽容意味着残忍！但是，除了苏力，人们不可以，古人也没有，即使是外国人也不曾，接受基于对非罪犯的同情而对独生子女罪犯的免死。因为如前所述，人们会认为，这样的同情的表达会让社会付出很多很多——这将使社会付出牺牲死刑乃至整个刑罚的公正与效益的代价，这因而将危及死刑乃至刑罚赖以存续的根基。

仅此尚嫌不够，苏力还看似附带实则并非不经意地引证了独子不当兵与以独生子女为由所做的某些外交交涉，意图强化对独生子女免死的间接支撑的力度。

我没有当过兵，但是我对独子不当兵的政策并不陌生。我甚至知道，即使在穷兵黩武的民国末期，也奉行的是“三抽一，五抽二”的抽丁政策。尽管在兵源匮乏的时候，抽丁变成了抓(壮)丁，才有了川语版的电影《抓壮丁》，也才上演了王保长要抓作为“芋子娃儿”的父母的独苗苗的“芋子娃儿”去当兵的一幕。但是，俱往矣！独子不当兵也好，“三抽一，五抽二”也罢，已经而且还必将距我们越来越遥远。因为在今天的中国，几乎每个适龄男丁都是独苗苗，他们不会因其是“芋子娃儿”而享有不服兵役的义务，他们甚至不会因其是独生子女而免除逃避兵役所应受的处罚，[①]我们的兵役部门及其工作人员更不会因动员独生子女去当兵而被当做王保长。王保长不可能预料到今天会遍地都是“芋子娃儿”，但是他所声称的要抓“芋子娃儿”当兵的理由与今天的“芋子娃儿们”不得不当兵的理由有着惊人的暗合：兵员紧张！在适龄兵员都是“芋子娃儿”的今天，如果仍然奉行独生子女不当兵的政策，“谁来保卫咱妈妈”，“谁来保卫咱国家”？苏力硬要用过时的政策推导出独生子女免死的合理性，等于是让今天的人们都褪

---

① 2011年4月，武汉市江岸区政府对张某等3名拒绝服兵役的青年作出如下行政处罚的决定：自2011年1月起两年内，国家机关、社会团体和企事业单位不得对其实施招聘和录用；教育部门取消其今后报考高、中等院校资格；公安机关不得为其办理出境手续；工商行政管理部门不得为其办理工商营业执照；建议各级党团组织不予批准办理和接纳其为党(团)员。参见“武汉3人拒服兵役被行政处罚”，载 http://news.cn.yahoo.com/ypen/20110421/320451.html。

下西服而穿唐装。

更为有心但是更有说道的是，苏力甚至不惜引证这样的外交辞令①来补强其对独生子女免死论的支撑：新西兰地震后，中国驻新西兰大使馆希望新西兰，因中国实行独生子女政策的特殊国情，向在基督城地震中失去子女的中国家庭，发放特别抚恤金。苏力无疑是想说，既然奉行独生子女政策的国情可以促成中国驻新西兰大使馆请求对独生子女死者发放特别抚恤金，同一国情为何不能支持对独生子女免死。如果是这样，我不得不说，苏力又犯了不讲逻辑的老毛病：我们同情在新西兰地震中死难的中国同胞，如新西兰政府在同情这一请求的基础上，果真发放了特殊抚恤金，我们会举双手赞成。撇开这一同情不说，我们也绝不会嫉妒，至少我们不会为获取独生子女死者的特殊抚恤金而愿意死于新西兰的下次地震中。我们不会对驻新西兰大使馆所代表的中国政府的如此请求表示任何异议，还会对政府的如此义举充满感激之情。然而，独生子女免死不一样！首先，因犯罪而被处死的独生子女与地震中丧生的独生子女不一样，前者罪有应得、死有余辜，后者惨遭横祸、死于无辜。人们的同情心不允许人们不同情后者，也不会允许人们同情前者。诚如人们同情汶川地震中的每一位遇难者，但是人们不会同情任何一个药家鑫。其次，中国人不是新西兰的纳税人，新西兰政府愿意多出钱来抚恤中国同胞，中国人无权反对，但是中国人是中国公民，你要中国以对犯罪者免死来表示对其亲属的同情，中国人有权反对。最后，但是并非最不重要的是，驻新西兰大使馆代表中国政府请求发放特殊抚恤金，只会让中国政府深得人心，而一旦国家对独生子女罪犯免死，则国家很有可能民心尽丧——在任何时候，国家都不应该忘记，你基于对独生子女亲属的同情而对独生子女免死，固然可以获得罪犯亲属的人心，但是，你必然失去作为独生子女的受害人亲属的人心，而且，你很难得到作为局外人的其他社会成员的人心，因为必须要重申的是，人们的同情心通常只会倒向受害人一边，而不会偏袒加害人一边。

五、死刑的存废：信与不信才是一个问题

以上，我已多次明示或者暗示，独生子女免死一旦成立，彻底废止死刑就是

① 之所以说是外交辞令，是因为中国驻新西兰大使馆不可能不知道，这样的请求是无法得到满足的。因为新西兰不实行独生子女政策，它不可能为支持中国的独生子女政策而网开一面，正如即使是中国政府请求，其他保留死刑的国家也绝不会对在其境内犯死罪的中国独生子女罪犯免处死刑一样。但是，中国驻新西兰大使馆这样做，能让在新西兰境内的中国人感受到祖国的温暖，也能让全体中国人感受到中国政府对其公民的关怀。

一个必然的结论。但是,我反对独生子女免死,不等于我放弃了废止死刑的主张。我的意思是,在未全面废止死刑的前提下声言独生子女免死,是徒劳的,唯有全面废止了死刑,独生子女的亲属始可与任何人一样获得亲人犯罪不被处死的荣幸。然而,苏力不主张废止死刑,而只主张对独生子女免死。因为在他看来,废止死刑的所有言说都是一派胡言,难以得到民众的认同。而民意不可违!在民众义愤填膺的抗议声中,废止死刑的呼声再大,也永远只是一种孤鸿哀鸣。

但是,我还是要说,独生子女免死如能侥幸成为现实,彻底废止死刑的实现也就为期不远了。这不是一个复杂的逻辑问题,如果这样,我没有必要重复前文已经充分做出过的论证或者复述前文已经陈述的理由,而是一个简单明白的事实:在独生子女已经开始成为而且必将越来越成为犯罪的主力的当下中国,独生子女免死果真被提上议事日程,那还有几个"罪行极其严重"的人会被不幸地押赴刑场执行死刑?根据实存的制定法,未满18岁的人不得判处死刑,年满75岁的人一般也不得判处死刑。掐头去尾,也只有18岁至75岁的人构成死刑的候选人。而当下中国,作为犯罪高峰年龄的已满18岁不满30岁的人,基本上都是作为计划生育基本国策产物的独生子女,一旦独生子女免死成为现实,处于此年龄段的人也将高举免死牌。剩下的可以处死的,也就是处于犯罪低发年龄段的30岁至75岁的人——还要排除其中的独生子女与作为非独生子女的孕妇或哺乳的妇女。这样,只有处于犯罪高发区的少数非独生子女以及处于犯罪低峰年龄的非独生子女可以被判处死刑。我敢断言,这样,尚若是这样,中国的死刑至少可以减少90%!而且,这一被减少的死刑率会真正与日俱降——因为每天都有独生子女加入到免死者的行列之中,因为在独生子女政策不变的前提下,今天已经出生为人的未满18岁的人,绝大部分将以独生子女的身份步入免死的队伍之中。而45年后,今天的30岁以上的人都将进入老年人免死的序列,今天已满18岁不满30岁的人必将以独生子女的主体身份取代今天30岁至75岁的人的非独生子女的主体身份而成为免死的对象。至于今天已经出生为人的18岁以下的未成年人以及未来的45年内出生为人的人,同样绝大部分具有独生子女的身份,自然也将成为免死的对象。这样,尚若是这样,在45年后的中国,只有合法地或者非法地出生的少数非独生子女中的犯死罪者有可能被判处死刑。届时,废止死刑与死刑之间的渐近线必将接近为零距离!因此,我敢斗胆预言,依此类推,自独生子女免死成为现实之日起,彻底废止死刑在中国的实现为期也就是45年。

远吗?不远!如果有幸,我还可以在有生之年见证中国废止死刑的那一天!

苏力很可能不会苟同我的上一说法,因为他很可能不愿意与我在有生之年一同见证中国废止死刑的那一天。他为了避免45年后废止死刑与死刑渐近线的距离接近为零,为其独生子女免死论设定了3条除外规定,而其中的每一条都意味着对任何独生子女免死的限制。苏力说,对叛国罪、恐怖犯罪与严重危害公共安全的犯罪等,即使是独生子女也不得免死。顾头不顾尾!其似乎忘了他的独生子女免死论立足的不是犯罪的性质是否严重,而仅仅是对被处死的独生子女的亲属们遭遇的同情。药家鑫只是杀人,没有叛国,没有实现恐怖犯罪,没有危害公共安全,他的父母值得同情,所以药家鑫可以免死;"张家鑫"持枪抢劫银行,作案10起,杀死10人,他的父母值得同情,所以"张家鑫"也可以免死,因为他没有叛国,没有实现恐怖犯罪,没有危害公共安全;"李家鑫"奸杀幼女——按照苏力的主张,可以无论其是否明知是幼女,作案10起,强奸幼女10人,全部杀人灭口,他的父母值得同情,所以"李家鑫"亦可以免死,因为他没有叛国,没有实施恐怖犯罪,没有危害公共安全。"王家鑫"不可免死,因为他投敌叛国,纵然他是家中的独苗,纵然其上有衰老的爹娘;"马家鑫"也不能免死,因为他加入"东突",持枪拒捕,杀死了1名围捕他的民警,他实施的是恐怖活动,纵然其还有年迈的父母;"赵家鑫"更不能免死,因为他醉酒驾车,撞死了1人,危害了公共安全,纵然其祖父母、外祖父母已年逾80,父母已过6旬。这里,苏力又在以儿孙犯罪的性质是否严重,将独生子女的亲属划分为值得同情的与不值得同情的两个等级;这里,其又在践行着独生子女免死不违背平等原则的逻辑!

苏力又说,对双亲已故的独生子女犯其他死罪,不可免死。这里,其总算是讲了一回逻辑——既然没有值得同情与可怜的对象,也就没有为了表达同情而免死的前提,这在逻辑上是完全自洽的。但是,难道值得同情与可怜的仅仅是独生子女的双亲?如果虽然双亲已故,但祖父母、外祖父母白发人送黑发人,在送走同样是独生子女的儿女之后,将养老送终的希望寄托在独(外)孙身上,含辛茹苦将独(外)孙拉扯大,而独(外)孙犯下了杀人罪呢?难道他们不比那些杀人的独生子女的健在的双亲更值得同情与怜悯?是的,我有钻牛角尖的重大嫌疑。苏力完全可以说,把属于此等情况的独生子女再做不免死的例外就是。例外,又是例外!我不知道,一种主张或者规定,如果例外多了,它的普适性何在,它的理性又从何而来。要知道,只要有爬窗户的,就会有上房揭瓦的!口子一旦被例外撕开,理性就可能最终被例外撕裂。

苏力还说,对已生育子女的独生子女犯其他死罪,也不得免死。卸磨杀驴!人就是生育的工具,只要他或者她完成了繁衍后代的责任,人类就会生生不息。老的不去,新的不来。独生子女走了,他或她留住了他或她的根。他或她可以在刑场上安详地闭上他或她的双眼。有根就有希望,有根就会开花结果。他或她的父母从他留住的根中看到了这种希望，看到了希望之花在将来的怒放。于是乎，他们会化丧子的悲痛为养孙的力量，宁可自己历尽千辛万苦，将独（外）孙抚养成人，也不愿将抚养孩子的负担转嫁给社会与国家。因为养（外）孙而防老，在（外）孙儿身上寄托着他们安享晚年、养老送终的希望——但愿（外）孙儿不犯死罪，也但愿即使其犯死罪之时，（外）孙儿的妈妈或爸爸的任一方还健在，否则，作为父母双亡的独生子，其死罪难逃，祖父母或外祖父母的这一希望会再一次被扑灭而变得彻底的绝望。但是，苏力又忘了人的平等性！他又一次践行了独生子女的父母可以根据是否有孙辈而分为值得同情与不值得同情的两个等级的逻辑。在他看来，有孙辈的独生子女的父母可以低人一等。在这里，苏力还要将这种等级观念进行到底，在另一个层面上再次践行他的平等的逻辑。独生子女生育了独生子女，留下了他的根，他比没有留下根的其他独生子女少了很多遗憾，因此，处死留下了根的独生子女，不等于是对他的歧视，因为他留下了根的欣慰足以弥补他死的遗憾。因为他相对于没有留下根的其他独生子女罪犯而被提前剥夺的生命会在他留下的根上得到弥补或延伸，纵使其受到了歧视，他也死而无憾。

逻辑，该死的逻辑！苏力辛辛苦苦设计的独生子女免死论及其所做的制度设计包括其以上3项除外性规定，都毁于逻辑！苏力不会在意逻辑，因为他完全可以遵循法律不是逻辑而是经验的逻辑。因为他完全可以说，以上除外性规定，注重的是经验而不需考虑逻辑。经验告诉苏力，全面废止对独生子女的死刑，难以服众，难以得到民意的支持，因而难以变为现实。所以，其必须与民众妥协，所以他声称“无论犯什么死罪，独生子女都免死。肯定不成”。作为妥协的产物，才有了他关于独生子女免死的3条例外。经验，这确实是经验。在讲求“中庸”、“中和”与“折中”传统的中国，妥协甚至和稀泥，都是一种经验，而且往往是一种成功的经验。政治策略如此，经济发展如此，社会治理如此，法律实践岂能例外？疑罪从无与疑罪从有都是极端，不得罪国家就得得罪个人。所以，人们开发罪疑惟轻的本土历史资源，做了艺术性的折中，产生了屡试不爽的疑罪从轻的当代实践。尽管这种实践也导致了杜培武、李华伟与赵作海等多起死缓错案，但是，人们可以自豪地说，他们终究没有被错杀，人们甚至可以问心无愧地说，他们虽然坐了冤狱，但国家可以给其足够的补偿，足以抚慰他们受伤的心灵。他们也会对国家最终纠正了他们的错案而感激涕零。因为他们与苏力一样，知道吃饭也可能噎死人，因而会对国家错判他们死缓表示理解与宽容，他们甚至还会为自己没有被判死刑立即执行因而可以享用国家的补偿而庆幸。经验，还是经验，告诉了苏力，中国的老百姓是善良的。只要你能对他说话和气些，只要你能在此前提下，照顾到他的感受与情绪，只要你不站在他的对立面而是与他做出一些甚至一点点妥协，他就不会反对你，他甚至还会理解你、同情你直至支持你。正是基于对中国人的这种经验性的了解，苏力认为，不需逻辑上的自洽，只需在独生子女免死论上加以3点限定而与民众做出妥协，他就可以“判断中国民众大致可以接受这一规则”。

但是，在这里，我还是要说，苏力很可能犯了经验主义的错误。中国的老百姓虽然善良，但是他们好认死理，他们不但未必会像苏力所自信的一样“大致可以接受这一规则”，而且很有可能成为阻挡苏力独生子女免死论推进路上的“钉子户”。因为他们认为，杀人偿命、欠债还钱天经地义；因为他们确信，生命等价，杀人者不死，被杀者的生命便被贬值；因为他们认为，杀人者不死，就可能继续杀人！而没有死刑的威吓，独生子女就可以肆无忌惮地杀人，他们自身的生命就没有保障。这些，有的被他们奉为天理，有的被他们作为不需证明的常识，因而都是他们认为必须承认的死理。面对好讲死理的百姓，面对如此这般的死理，苏力的三大限定的妥协是无力的。中国式的经验是行不通的。苏力最好在确证“中国民众大致可以接受这一规则”之后，再得出“中国民众大致可以接受这一规则”的判断。不过，需要告诫苏力的是，在就独生子女免死征求民意之前，你准备好了吗？如果将这一高论挂在网上征求民意，即使你说的话再和气，也很可能被“砖头”砸的晕头转向。这也是经验。因为我有过因提出全面废止死刑而被砸的鼻青眼肿的经验，而我的经验告诉我，苏力也许缺乏的正是被砸的经验，网民们完全可能用“砖头”劈头盖脸地给他补上这一经验。

苏力甚至还要让中国的死刑永垂不朽！所以，他不但要不顾逻辑地给独生子女免死留有余地，而且还要反对全面废止死刑。为此，他在按照自己的逻辑逐一反驳他所归纳的废止死刑的理由后，再次提出了民意。因为民意只会认同他的有限制的独生子女废止论，而不会认同全面废止死刑论。

我不知道苏力所归纳的死刑废止论的5点理由从何而来，但是，我知道这5点不是废止死刑理由的全部，我更知道，其中无一是我作为废止论者所主张的理由，我甚至发现，苏力要么是没有读懂、要么是误读乃至曲解了至少是我的死刑废止论。

关于死刑的存废之争，如果把贝卡里亚视为死刑废止论的肇始者，至今已有200余年的历史。从经验的层面来看，在国际社会，废止死刑的实践一直没有中断过，而且，废止死刑的国家与地区已接近2/3。① 在我看来，持续两个多世纪的论争已经把保留与废止死刑的理由说得足够充分了，所以，我在主张废止死刑的同时，并未过多地复述那些早已为人所熟知的理由，而只想说明一个道理：死刑在道德上的正当性，是无法证明的——刑法不因有死刑而公正，也不因没有死刑而不公正；死刑相对于次严厉的刑罚（如终身监禁）在遏制犯罪方面的边际效益，也是无法证明的。至今没有人能证明，没有死刑，本该当死刑的暴力犯罪会在多大程度上上升，而有了死刑，该当死刑的暴力犯罪会在多大程度上下降。② 因此，在我看来，一切赞成死刑的视角，也都是反对死刑的视角，反过来说，也一样成立的是，一切反对死刑的视角，也都是赞成死刑的视角。③ 相应地，仅限于争论的技术层面，我认为，将死刑存废定位于一种游戏，也未见得有多大不妥。

但是，死刑存废之争涉及国家是否有权剥夺人的生命，人的生命是否具有不可剥夺的超然价值以及生命权是否属于不可剥夺的基本人权等理念上的与实践中的一些基本问题，它因而绝不只是一个技术层面的游戏，而是理论价值与实践意义兼具的一场论战。既然存废双方都已在各自的立场说清楚了自己的理由，而双方又不会轻易放弃自己的立场而向对方俯首称臣，我有理由认为，只要这个世界上尚有死刑存在，死刑存废之争就必将是一场持久的拉锯战。剩下的只是保留死刑的国家是信存还是信废的问题。国外保留与废止死刑的经验辅证了这一命题的成立：保留死刑的国家，无疑是坚守保留死刑的立场，用保留死刑的理由回击着来自废除论者阵营的攻击；废止死刑的国家，也肯定是采信的废止死刑的理由，并坚守着不得恢复死刑的立场。这实际上平等地赋予了保留论者与废止论者双方一种责任：如何让民众与当局接受保留死刑的理由，坚守保留死刑的

---

① 根据联合国经济及社会理事会秘书长第六个五年报告所提供的资料，截至1999年2月，世界上完全废止死刑、对普通犯罪废止死刑以及连续10年以上未执行死刑的国家和地区多达123个，没有废止死刑的国家和地区只有71个。See United Nations, Capital Punishment and Implementation of the Safeguards Guaranteeing Protection of the Rights of Those Facing the Death Penalty: Report of the Secretary - General, Annex 1, Table 2 - 4, para. 67, para. 68, para. 60 and Table 2, para. 108, E/2000/3.

② 大量研究表明，死刑与遏制犯罪的关联不大。See Thorsten Sellin, *The Penalty of Death*, London: Sage Publication, 1980, pp. 157 - 179; W. J. Bower and L. R. Pierce, Deter rence or Brutalization: What Is the Effect of Execution? *Crime and Delinquency*, Vol. 26, pp. 453 - 458. 在2004年于湘潭大学举行的"死刑的正当程序学术研讨会"上，陈兴良教授认为，应该由废止论者承担证明死刑不能有效遏制很多犯罪的责任。而我则认为，应当由死刑保留论者承担证明死刑具有大于终身监禁等次严厉的刑罚的遏制犯罪的作用的责任，如果保留论者承担不了这种责任，则其证明不了死刑是遏制犯罪所必要的。参见邱兴隆："死刑断想"，载《法学评论》2004年第5期。

③ 一切反对死刑的视角都是支持死刑的视角，是作为保留论者的陈忠林教授在2003年于湘潭大学举行的"死刑问题国际研讨会"上的发言中首先提出的。而一切赞成死刑的视角都是反对死刑的视角，则是作为废止论者的我为回应陈忠林教授的这一命题而在本次会议的发言中提出的。

立场，或者如何让民众与当局采信废止死刑的理由，转向废止死刑的立场。

苏力虽然主张对独生子女废止死刑，但是，其反对全面废止死刑，因而要让民众与当局接受保留死刑的理由，坚守保留死刑的立场。所以，他一方面以很难得有的逻辑杀伤力对废止论的理由予以反击，试图证明废止论的理由不成立，另一方面又根据经验而提出民意反对废止死刑，以图利用民意将废止论陷于人民群众的汪洋大海之中，让废止论者要么在民意面前望而却步、要么被民众的唾沫所淹死，将废止死刑的呼声阻隔在当局之外。

我是死刑废止论者，我有责任让民众与当局采信废止死刑的理由，转向废止死刑的立场。事实上，自提出废止死刑的命题以来，我一直在履行这一责任，尽管我不一定以书面的文字作为履责的方式。①

因此，尽管苏力所归纳的5点废止死刑的理由与我无关，但是其肯定与废止死刑的立场有关。我当然也有义务对苏力的反驳予以回击——我没有奢望说服苏力转向废止死刑的阵营，因为我知道一个成熟的学者不会轻易为他人的说服所左右而放弃自己的立场，②我只是想再次证明前面所述的命题，即任何保留死刑的视角都是废止死刑的视角。

我没有立足过废止死刑的历史潮流来主张废止死刑，但是，我很乐意承认废止死刑是一个历史的潮流。苏力说没有人看到过这一个历史的潮流。但是，我想告诉苏力的是，我看到了死刑由盛到衰的历史，我看到了以执行方式的不同划定死刑的等级的复杂的死刑在近世的消亡，我也看到了死刑由大面积的适用到限于小范围的适用的转变，我更看到了当代国际社会凫趋雀跃般的对死刑的废止——无死刑的欧洲即是明证。相反，尽管我也看到了个别国家在废止死刑之后又恢复了死刑，③但是我知道这是异例。因为绝大多数国家在废止死刑后没有再让死刑死灰复燃。我不知道，如果这不是潮流，还有什么可以称为潮流。我倒是认为，问题不在于我们是否承认废止死刑是一种潮流，而在于我们是否要顺应这一潮流。苏力完全可以不随波逐流，而自外于这一潮流，但是其无权剥夺我投身这一潮流的话语权，更无权扼杀我甘当弄潮儿的勇气。苏力可以固守既存的都是合理的之命题，为中国的死刑自外于废止死刑的潮流找寻理由，我也可以坚守只有合理的才应该成为既存的之信念，为中国投身于废止死刑的潮流奠基

① 除以论文的方式论证废止死刑的必要性之外，我更多的是以学术讲座与死刑案件辩护的方式来呼吁废止死刑。

② 如苏力的奸淫幼女不需以明知为必要的言说，虽然遭到了刑法学界几代学人的集团轰炸，但是其并未放弃这一言说。

③ 如1993年菲律宾国会通过恢复死刑法案，并于1994年1月恢复了死刑。

铺路。这才是学术自由,这才是大路朝天,各走一边!苏力有自外于废止死刑的潮流之外的权利,但是我也有投身废止死刑的潮流的自由。我们可以井水不犯河水,但是我不允许你用你的河水来污染我的井水!

我枚举过许多国家废止了死刑,而且,我一直关注又有哪些国家在加入废止死刑的队伍。但是,苏力误读了我。我没有也不会那么简单地认为,外国的月亮比中国的圆,因此,我没有也不会那么浅薄地认为,因为许多外国废止了死刑,中国就要废止死刑。我只是想探寻外国废止死刑的原因与经验何在,其能不能给我以某些启示,能不能为中国保留或废止死刑提供某种借鉴。换言之,我想揭示外国人与中国人之间是否有某种可以通约的理性,而这种可以通约的理性,如人权、人道与生命神圣,是否允许我们在死刑问题上持与废止立场截然相反的立场?我不会因为西方人穿西装而穿西装,也不会因为中国人穿长袍马褂而穿长袍马褂,我穿西装是因为我觉得西装庄重,我穿长袍马褂是因为我尊重中国服装文化!

我引证过贝卡里亚的一些言辞,如同苏力经常引证波斯纳一般,尽管我并不认为贝卡里亚废止死刑的言论句句是真理。在我赞成贝卡里亚的观点的时候,我引证他,是基于对前人的思想与贡献的尊重,至少基于基本的学术规范,我也应该如此做。更为重要的是,我不是为引证而引证,更不是在为了表明贝卡里亚说过的都是对的之意义上予以引证,我甚至不是为了引证贝卡里亚的言辞,而是这些言辞所表达的真理!我也会引证苏力,就在本文中,我也一直在引证苏力。我赞成贝卡里亚的观点,所以我引证贝卡里亚,我反对苏力的言说,所以我也要引证苏力。这是我的自由,苏力无权指责我只引证贝卡里亚来支持死刑的废止,而不引证苏力保留死刑的言说,因为我从苏力的言说中无法发现废止死刑的哪怕是一丝的启迪。当然,苏力更无权要求我只引证他保留死刑的言说而不引证贝卡里亚废止死刑的言说。因为我根本就不主张保留死刑。要引证苏力,也只会在批判他的言说时才予以引证。苏力认为,死刑肯定不能震慑全部暴力犯罪,甚至不能震慑许多非暴力犯罪,这不是废止死刑的理由,任何刑罚都无法做到这一切。我不知道苏力听哪位废止论者如是说过,至少我没有说过,而且,我也没有听到或者看到过任何一位废止论者如此说过。或许这又是我的孤陋寡闻。因此,我有足够的理由认为,苏力所针对的是他的假想敌,而不是我以及我所知道的任何废止死刑论者。我甚至不同意有些废止论者关于死刑没有威吓力的主张,因为我认为,喜生恶死是人之本能,只要有死刑存在,就有人会因为怕死而不犯罪。我只是说,死刑究竟有多大威吓力,尤其是相对于次严厉的刑罚,它的威吓力会更大多少,即其边际效益有多大,是无法证明的。而在无法证明的情况下，以死刑能比次严厉的刑罚具有更大的威吓力作为证明死刑存在的根据或者理由，是难以被人接受的。眼见为实！我看到的是国家从来就没有停止杀人，但是我却看不到国家通过杀人遏制了多少人杀人或者挽救了多少人的生命，我不得不要求国家证明其通过杀人挽救了多少人的生命。一旦国家担当不起这一证明责任，我就完全有理由要求国家停止以杀人所做的赌博。①

不错，吃饭还可能噎死人，人类不能因此而禁止吃饭。但是，吸毒可能要人命，人类应该禁止吸毒。因为吃饭是人类生存的需要，而吸毒不是维持人的生命所必需的，因此，我们为维持生命应该禁止有害于生命的吸毒。苏力用吃饭还可能噎死人来指责以死刑可能错判作为废止死刑的理由的荒谬，显然又犯了一个逻辑错误：人类不吃饭就会死亡，这是不需要证明的经验！所以不能因噎废食。但是，人类没有死刑未必就不能生存，甚至不等于不能一样好地生存。中国唐代有过废止死刑的尝试，而唐代人一样无恙地生存着；②日本历史上有过347年无死刑的奇迹，而在这347年，日本人并非是奇迹才存活了下来的；③世界上那么多国家与地区废止了死刑，那里的民众也没有成天生活于暴力犯罪的恐怖之中，他们同样衣食劳作，休闲享乐。苏力如果认为没有死刑，中国人就无法生存，那他必须承担这样的证明责任。

至于民意，我不认为是一成不变的，更不是不可引导的。我甚至认为，如果苏力能让民众“大致接受”他的独生子女免死论，我就敢说，我可以让民众“基本接受”我的死刑废止论。中国共产党人可以用“打土豪、分田地”6个字鼓动民众推翻一个旧政权，建立一个新政权，中国人可以通过改革开放而抛弃计划经济体制，重建一个深得人心的市场经济社会，中国政府可以通过将计划生育作为基本国策而说服（也许还有降服！）其习惯并坚守着多子多福传统的民众只生一个孩子，我就不信只要其愿意，同一个政府就不能以生命神圣的理念引导民意，使生命的价值通过废止死刑而得到升华。

我不是精英，我也不是不相信民众。然而，我也不愿意当民众的尾巴，更不想当民意的应声虫。因此，在我相信民众、认同民意之前，我会慎重地审视，理性地分析，因为我思故我在，反过来说也是一样，因为我在故我思——我必须有独立的人格与学格。毕竟，我就是我，不是你与他。当然，苏力也完全可以不为我的固执所动地同样固执地说，苏力就是苏力，我有我的逻辑！我是苏力，我怕谁！

① 邱兴隆：“死刑的效益之维”，载《法学家》2003年第2期。

② 唐玄宗“承大道之训，务好生之德”，于天宝六年下诏：“自今以后，所断绞、斩刑者宜除削此条。”参见沈家本撰：《历代刑法考》（三），中华书局1985年版，第947页。

③ ［日］森川哲郎著：《日本死刑史》，日本文艺社昭和五十三年（1978年）版，第34～35页。

六、独生子女:废止死刑还有话要说

与苏力不同,我不主张基于对独生子女亲属的同情而单列独生子女作为免死的对象。但是,我认为,在死刑存废之争中,基于独生子女的考量,完全可以增加全面废止死刑的分量,至少可以增加死刑废止论的感染力,扩大其受众,使更多的民众加入到支持至少是同情废止死刑的行列中来。

人口学界已成定论的是,由于独生子女在家庭中所处的地位特殊,容易养成其性格上的特异性。独生子女集父母、祖父母与外祖父母的爱于一身,导致来自多方面的溺爱与娇宠,而这容易使独生子女变得自私。同时,独生子女早期难养成尊重长辈、遵守纪律的自觉性,进入社会后又不易养成与人协同合作的精神。因此,独生子女普遍以自我为中心,并缺乏承受挫折的能力。如此等等,易于导致犯罪。事实上,当下许多罪案,都打上了独生子女心理偏易的烙印。药家鑫为掩饰自己的过失不惜杀人灭口,乱刀捅死一个鲜活的生命,可以说是极端自我中心的适例。而在杀人案中占有较大比例的因失恋或感情纠纷而杀人,则为独生子缺乏承受挫折的能力做了最好的注脚。

尽管独生子女犯罪是其自由意志的结果,心理偏异不构成对其免责的理由,但是,我们是不是该反省一下促成其犯罪的心理偏异的原因何在?父母、祖父母与外祖父母的溺爱与娇宠以及独生子女自身的修养固然是重要原因,但是,我们的国家与社会在推行独生子女政策的同时,是不是要对独生子女的心理偏异承担相当的责任?毕竟,无论是独生子女的长辈还是独生子女本人,都不愿意独生子女形成心理偏异。相反,心理偏异在一定程度上是独生子女的长辈以及独生子女自身被迫接受的现实,甚至可以说是他们为服从独生子女政策而做出的牺牲。既然心理偏异与独生子女政策的施行难脱干系,而心理偏异又构成独生子女犯罪的重要原因,那么,国家与社会是不是也应对独生子女的犯罪承担相应的责任?

其实,独生子女政策的推行,不仅只是导致了以上心理偏异,而且还带来了许多社会问题。最明显的是,独生子女政策造成中国"421"(4 名祖父母与 2 名父母皆由 1 名独生子女赡养)扭曲型家庭结构,让年轻夫妇背负沉重的赡养负担,以及男女性别比例的失衡。而前者容易导致独生子女基于生存而铤而走险地实施基于贪利动机的暴力犯罪,后者则会增加男性之间为争夺女性资源而犯罪的概率。在这一意义上,国家与社会也应对独生子女犯罪承担相应的责任。

不管国家与社会应对独生子女犯罪承担的责任有多大,也不管国家与社会应该如何分担独生子女犯罪的责任,只要承认国家与社会有如此这般的责任,只要国家与社会愿意承担其责任,我们就应该对独生子女犯罪人表示出一定的同情与宽容。这一定的同情与宽容只有通过缓和对独生子女犯罪的刑罚,始可得到体现。相应地,独生子女免死也就成了必然的结论。因为只要将犯罪的独生子女处以极刑,就意味着国家与社会不愿意承担甚至不愿意承认其应该担当的这种责任。让独生子女独自承担本应由国家与社会分担的责任,显然是不公平的。

同样是基于独生子女政策的考虑,废止死刑还可以避免国家失去犯罪人亲属方面的人心。"421"的家庭结构决定了死刑让独生子女的6位长辈断子绝孙,对于已婚的独生子女来说,还会让其配偶承受丧夫(妻)之痛,甚至还会让已生育的独生子女的后人痛失父(母)爱。不容忽视的是,这会在犯罪人的如此之多的亲人中培植一种仇恨——对国家以及国家的法律的仇恨,进而使国家与法律丧失在这部分人中的人心。一旦对独生子女免死,其亲属们只会对国家与法律感恩戴德,此等仇恨可以避免,国家与法律不但不会丧失而且只会深得这部分人的人心。

这岂不是与苏力不谋而合或者殊途同归?不!独生子女免死只是我的一个暂时的结论,而不是最终的结论。因为我知道,而且前文已反复强调,独生子女免死行不通。我只是想借用独生子女免死这一过渡性的结论来支撑我的全面废止死刑的终极性的结论。换言之,只有在全面废止死刑的前提下,才有可能做到独生子女免死。因为只有在全面废止死刑的情况下,独生子女免死论所不可避免地会导致的人与人的不平等待遇——对非独生子女的歧视以及对农民与少数民族的歧视——等问题始可得到避免。

其实,因要对独生子女免死而全面废止死刑,使非独生子女也"沾光"免死的理由,与政策允许的非独生子女作为独生子女政策的例外而出生的理由是一致的。原因很简单,无论国家是基于什么理由让非独生子女作为独生子女政策的例外出生,也就有理由让非独生子女作为独生子女免死政策的例外而免死。在这个意义上说,非独生子女"沾光"免死,源于其"沾光"的出生。因此,在全面废止死刑后,真正沾了独生子女免死光的只有少数非政策允许而出生的非独生子女。所以,我的终极性结论即全面废止死刑,与苏力的独生子女免死论在导致死刑的消亡方面的客观结果未必反差很大。

当然,我还应该再做一交代:即使我的独生子女免死这一过渡性的结论,也出自与苏力完全不同的前提。苏力的独生子女免死论立足的是对独生子女亲属的同情,而这违背了只有犯罪与犯罪人才是刑法的评价对象的刑法学常识。我的独生子女免死这一过渡性的结论,则出自基于对犯罪的原因的分析而对独生子女罪犯本身的同情与宽容，既有犯罪社会学上的根据，也吻合了只有犯罪与犯罪人才是刑法评价对象的原理。因此，苏力因为其前提不成立而无法使其独生子女免死论得到至少是刑法学人的认同，而我的独生子女免死的过渡性结论，则因前提完全成立而至少是刑法学人可以认同的。至于我由这一过渡性的结论引申出的全面废止死刑的结论，我想，只要国家勇于承担其应该承担的责任，只要人们意识到了国家对独生子女犯罪有责任而且应该与独生子女分担这一责任，就应该是不只是刑法学人，而且还包括国家与民众都可以认同的结论。

我于世纪之交的2000年基于自己的学术良心首次提出中国应全面废止死刑。[①] 此后的10余年，中国出现了许多与死刑相关的重大法律事件，药家鑫案即属其中之一。此类重大事件的发生以及学界与民众对它们的关注，都在不同程度地推进着中国的法制改革。孙志刚事件的发生，敲响了收容遣返制度的丧钟；杜培武、李化伟、佘祥林等死刑错案的被相继踢爆，不但促成了死刑复核权的回收，还催生了死刑证据规则与非法证据排除规则；刘涌被再审改判死刑立即执行以及李昌奎被撤销生效的死缓判决而改判死刑立即执行，引发了人们对中国式的实事求是的再审制度的反思，形成了修改刑事诉讼法引入一事不再理原则的动态。[②] 这无疑是可喜的，但同时也是可悲的。因为几成经验性的结论是：中国法制尤其是刑事法制的任何些微的改革，都得付出自由乃至生命的代价。

药家鑫死了，死在轰轰烈烈的氛围中！基于经验，我认为他不会白死，因为他引发了苏力关于独生子女免死的言说，让苏力为废止死刑做出了他的贡献——尽管其言说在我看来是不成立的，但是它进一步引发了我关于独生子女与全面废止死刑的关联的思考。假如有一天，中国真的如苏力所愿实现了独生子女免死，或者如我所愿基于独生子女的国情而全面废止了死刑，我想，人们会记住这其中包含苏力与我的共同贡献。当然，人们更不应该忘记，这是药家鑫用他的生命做出的贡献！

（2011年第10期）

① 我最先是应陈兴良教授的邀请在北京大学所作的题为《死刑的德性》的讲座中论证了死刑在道德上的正当性无法得到证明，并得出了应当废止死刑的结论。该讲座经录音整理后，收入陈兴良教授主编的《法治的使命》（法律出版社2003年版）与我主编的《比较刑法（第1卷·死刑专号）》出版。

② 邱兴隆："死刑的程序之维"，载《现代法学》2004年第4期；黄京平、彭辅顺："论一事不再理原则与我国的死刑案件再审"，载《现代法学》2004年第4期；昌智伟："探析我国刑诉法对'一事不再理'原则的移植"，载 http://www.criminallaw.com.cn/article/default.asp? id=4766。

编　后　记

本册文集主要包括近十年来刊发于《法学》月刊上的刑法文章。应该说，编辑解读的过程，本身就是一个研究的过程。

综观本册文集，我们注意到，所选入的文章有一半左右是针对国内外的热点刑法问题展开的专题研究，如针对死刑问题、危险驾驶入刑问题、天价过路费案、刑法修正去向问题等展开的专题笔谈，这些文章既针砭时弊，又充满怀疑精神，这无疑突出地反映了《法学》月刊时刻关注司法实践中的重大前沿问题和现实问题的办刊宗旨。

在编辑过程中，我们在感悟一篇篇文章所蕴涵的哲理与思辨的同时，也深刻感觉到进入21世纪以来的我国刑法学研究重心的变化。刑法学作为一个学科体系较为完善、学科基础较为扎实的学科，经过几十年的发展，理论体系本身日臻成熟。因此，不少学者开始对成熟的理论体系进行反思，近些年对刑法基础理论的研究方兴未艾，刑法学研究的去苏俄化、犯罪论体系、刑法方法论等问题，成为了近几年刑法学界研究的重大议题。而《法学》月刊当之无愧地成为了其中的记录者和见证者之一。

本册文集的编辑，历时半年有余，为保证校对质量，我们采用反复校对、交换校对、文字稿与电子稿同步校对等方法，在力求保证作者原意情况下，统一格式，规范脚注，纠正文字及标点差错，仍难避免还存在错误与遗漏，期待得到作者与读者的谅解和指正。

感谢卢勤忠教授、吴允锋副教授及刑法专业硕士研究生程婷、孙青、周立波、项嘉佳对校对工作付出的辛勤劳动！

刘宪权

2012年6月25日

领取稿费告知

尊敬的各位作者:

值华东政法大学建校60周年、《法学》创刊56周年之际,华东政法大学《法学》月刊社出版了《法学的历史》文丛,旨在以文献的方式反映新中国法制建设的进程以及法学理论的发展。为此,选萃了《法学》月刊自1956年创刊以来刊登的具有代表性的、能够反映当期现实问题和理论研究水平的文章。您的文章被我们选用,但由于各方面原因,我们无法与您直接取得联系,希望看到此通知后联系我们,以便发放您的稿费。具体事项如下:

1. 请告知您的信息,具体包括:(1)作者姓名;(2)文章名;(3)文章发表的卷名。可直接到杂志社领取稿费。如需要邮寄稿费的,为防止冒领,请将个人身份证号、收款账户、联系电话予以告知我刊。

2. 稿费的发放标准为每千字10元。

3. 杂志社地址:上海市万航渡路1575号华东政法大学六三楼《法学》月刊社。邮政编码:200042。联系电话:021-62071924。联系人:过纯益 汪池洲

感谢您的大力支持!

华东政法大学《法学》月刊社

2012年7月8日

图书在版编目(CIP)数据

法学的历史. 第12卷,刑法. 下卷:2003年~2011年/刘宪权主编. —北京:法律出版社,2012.9
ISBN 978-7-5118-3710-3

Ⅰ.①法… Ⅱ.①刘… Ⅲ.①法学史—世界—文集②刑法—文集 Ⅳ.①D909.1-53②D914.04-53

中国版本图书馆CIP数据核字(2012)第148358号

责任编辑/陈 妮 装帧设计/李 瞻

出版/法律出版社 编辑统筹/财税出版分社
总发行/中国法律图书有限公司 经销/新华书店
印刷/北京中科印刷有限公司 责任印制/吕亚莉

开本/720毫米×960毫米 1/16 印张/49 字数/850千
版本/2012年9月第1版 印次/2012年9月第1次印刷

法律出版社/北京市丰台区莲花池西里7号(100073)
电子邮件/info@lawpress.com.cn 销售热线/010-63939792/9779
网址/www.lawpress.com.cn 咨询电话/010-63939796

中国法律图书有限公司/北京市丰台区莲花池西里7号(100073)
全国各地中法图分、子公司电话:
第一法律书店/010-63939781/9782 西安分公司/029-85388843 重庆公司/023-65382816/2908
上海公司/021-62071010/1636 北京分公司/010-62534456 深圳公司/0755-83072995

书号:ISBN 978-7-5118-3710-3 定价:176.00元

(如有缺页或倒装,中国法律图书有限公司负责退换)